BOUQUINS

Collection fondée par Guy Schoeller
et dirigée par Daniel Rondeau

MARCEL COHEN
JÉRÔME PEIGNOT

HISTOIRE ET ART DE L'ÉCRITURE

ROBERT LAFFONT

ISBN : 2-221-10225-8
Dépôt légal : octobre 2005 – N° d'éditeur : 45217/01

Ce volume contient :

PRÉFACE
par Jérôme Peignot

HISTOIRE DE L'ÉCRITURE

LA GRANDE INVENTION DE L'ÉCRITURE ET SON ÉVOLUTION
par Marcel Cohen

L'ÉCRITURE ET LA PSYCHOLOGIE DES PEUPLES
avec la collaboration de Marcel Cohen • Jean Sainte Fare Garnot et Raymond Bloch • Alphonse Dain • James Février • Jean Filliozat Jacques Gernet • René Labat • Emmanuel Laroche Henri Lévy-Bruhl • Robert Marichal • Henri-Jean Martin Olivier Masson • Alfred Métraux • Maxime Rodinson Janine Sourdel-Thomine • André Vaillant

L'ART DE L'ÉCRITURE

CALLIGRAPHIE
Du trait de plume aux contre-écritures
par Jérôme Peignot

ÉCRITURES
par Charles Paillasson (XVIIIe siècle)

DU CALLIGRAMME
par Jérôme Peignot

DE L'ÉCRITURE À LA TYPOGRAPHIE
par Jérôme Peignot
suivi de
TYPOGRAPHIE D'HIER À AUJOURD'HUI
par Paul-Marie Grinevald

ANNEXES

TABLEAU DE L'ÉVOLUTION DE L'ÉCRITURE
par Claude Médiavilla

RÉPERTOIRE
Thèmes et grands noms des dynasties
de l'écriture et de la typographie
par Jérôme Peignot

GLOSSAIRE
par Jérôme Peignot

BIBLIOGRAPHIE
par Paul-Marie Grinevald et Jérôme Peignot

INDEX

AVERTISSEMENT DE L'ÉDITEUR

La première partie de ce volume est consacrée à « L'histoire de l'écriture », avec *La Grande Invention de l'écriture et son évolution,* du savant Marcel Cohen (1958), et *L'Écriture et la psychologie des peuples* (1963), nom d'un colloque où intervinrent les plus grands historiens de l'écriture comme, entre autres, Marcel Cohen, Raymond Bloch, Alphonse Dain, James G. Février, Jean Filliozat, Jacques Gernet, Henri Lévy-Bruhl, Robert Marichal, Henri-Jean Martin, Olivier Masson, Alfred Métraux.

Dans la seconde partie, « L'art de l'écriture », Charles Paillasson et Jérôme Peignot se font écho à trois siècles de distance : l'un traita de l'« art d'écrire » dans l'*Encyclopédie* de Diderot et d'Alembert, avec toute la rigueur nécessaire à un exercice qui sert à la fois la pensée et le comportement ; l'autre, romancier et universitaire passionné, issu d'une grande famille de fondeurs-typographes, traite de la place de l'écriture et de la typographie dans l'histoire de l'art, rendant palpables et visibles leurs formes multiples dans trois livres : *Calligraphie* (1983), *De l'écriture à la typographie* (1967) et *Du calligramme* (1978).

Le lien entre tous ces ouvrages est si naturel qu'il pourrait ne pas sembler prémédité : *L'Écriture et la psychologie des peuples*, auquel participa Marcel Cohen, est le prolongement de la réflexion qu'il engagea dans *La Grande Invention de l'écriture et son évolution.* Ces deux travaux constituent à bien des égards les fondements de la recherche actuelle sur les origines et les évolutions de la plupart des langues. À travers l'article de Charles Paillasson et les livres de Jérôme Peignot, s'esquissent ici, toujours avec la même exigence de continuité, une histoire et une esthétique de l'art de l'écriture et de l'art typographique.

Avec un souci semblable de cohérence, Jérôme Peignot et Paul-Marie Grinevald, ancien conservateur de la bibliothèque de l'Imprimerie nationale, ont établi une abondante bibliographie (située en fin de l'ouvrage) qui fait apparaître l'état des recherches d'aujourd'hui sur l'histoire de l'écriture

– réactualisant ainsi celle que donnait Marcel Cohen. Un index des noms propres (personnes, personnages mythologiques, lieux) et des noms de peuples, de langues et d'écritures, portant sur la totalité de l'ouvrage, facilite des parcours variés.

Le lecteur trouvera également dans la présente édition, réalisés par Jérôme Peignot, un « Glossaire » des termes techniques utiles à la compréhension de la pratique typographique, ainsi qu'un nouveau et fort riche « Répertoire des thèmes et grands noms des dynasties de l'écriture et de la typographie ». Il découvrira que (le) Baskerville est un homme avant d'être un caractère, que Gutenberg fut d'abord orfèvre, que le Bauhaus eut une influence considérable sur l'émergence d'une nouvelle typographie, ou encore ce qu'est la « typoésie ».

Un article de Paul-Marie Grinevald : « La typographie d'hier à aujourd'hui » fait le point sur les évolutions les plus récentes. Mais il a semblé nécessaire de ne pas aller au-delà de cette ouverture et de développer plutôt le grand chapitre de la typographie au plomb, afin de conserver à l'ensemble de l'ouvrage son unité et son équilibre. De l'œuvre de Marcel Cohen, publiée en 1958 en trois volumes – un volume de texte, un volume de planches, un volume de notes et d'index –, la présente édition donne le texte intégral, ainsi que les tableaux, schémas et cartes, mais n'a pas reproduit (pour des raisons techniques) les planches complémentaires, et a opéré une nécessaire sélection dans les notes, lorsque le contenu, essentiellement bibliographique, était devenu aujourd'hui obsolète. Les planches qui accompagnaient l'essai de Charles Paillasson ont été, pour les mêmes raisons techniques, écartées de cette édition. À l'exception de quelques langues rares, pour lesquelles des découvertes récentes ont pu modifier l'état des connaissances, l'ensemble des données rassemblées ici constitue un savoir essentiel et acquis pour tous.

Tous les auteurs qui se sont exprimés dans cet ouvrage l'ont fait avec une passion et une rigueur égales, et le même souci d'être accessibles. Cette rencontre inédite de savants, de techniciens et d'artistes de la langue, aux perspectives diverses mais complices, a permis que ce roman vrai des écritures soit lu dans toutes ses dimensions.

REMERCIEMENTS

Nous tenons tout particulièrement à remercier l'Imprimerie nationale, qui a autorisé la reproduction de l'ouvrage de Marcel Cohen *La Grande Invention de l'écriture et son évolution*, ainsi que les Éditions Armand Colin qui ont permis celle du colloque sur *L'Écriture et la psychologie des peuples*. Et Mme Anne de Closmadeuc pour son aide chaleureuse.

PRÉFACE

par Jérôme Peignot

À l'époque paléolithique, les hommes usaient de graphismes rythmés pour communiquer. Déjà se trouvait là tout ce qu'on qualifie du nom d'abstraction. Il est singulier d'avoir à relever comme l'a fait l'anthropologue André Leroi-Gourhan que le graphisme le plus primitif que l'on connaisse ne débute pas par une représentation plus ou moins approximative du réel mais par l'abstrait. Serions-nous davantage de plain-pied avec l'abstrait qu'avec la représentation du réel ? L'histoire de l'écriture semble le confirmer. Ainsi, tout comme avec l'écriture cunéiforme, les idéogrammes chinois et les écritures égyptiennes – l'écriture hiéroglyphique, le démotique et l'hiératique – à chaque fois, on assiste à une lente maturation des représentations imagées qui se solde par une abstraction. En d'autres termes, tout conduit à penser que ne voulant pas s'en tenir aux images, l'homme en serait comme inéluctablement amené à manipuler des signes abstraits. En ce sens, les Égyptiens peuvent être tenus pour le peuple le plus étonnant dans la mesure où, ayant pratiquement inventé l'alphabet matérialisé par un nombre restreint d'hiéroglyphes, ils l'abandonnèrent pour en revenir à leur écriture pictographique antérieure.

Mais dans la mesure où il s'agit de « rythmes », le tracé « abstrait » ne rend-il pas mieux compte de notre nature profonde ? Qu'y a-t-il, en effet, de plus intimement lié à notre être qu'un rythme ? Est-il même possible de nier qu'il s'identifie absolument à celui que nous sommes ? Pour autant, ce serait une erreur que de placer nos écritures contemporaines dans le droit fil de celles de l'homme préhistorique et de les tenir pour une quelconque rationalisation de ces « rythmes ». Un monde sépare ce premier mode d'abstraction du nôtre. L'homme de Lascaux, en effet, parvient avec ses prégraphies à s'exprimer de façon radicale, c'est-à-dire qu'il s'exprime tout entier sans laisser place à quelque équivoque que ce soit.

« Que s'est-il produit en même temps que l'invention de l'écriture ?, se demande Claude Lévi-Strauss[1]. Par quoi a-t-elle été accompagnée ? Par quoi a-t-elle été conditionnée ? À cet égard, on peut faire une constatation : le seul phénomène qui semble toujours et partout lié à l'apparition de l'écriture, non seulement dans la Méditerranée orientale mais en Chine protohistorique, et même dans les régions de l'Amérique où les ébauches d'écriture sont apparues avant la conquête, c'est la constitution de sociétés hiérarchisées, de sociétés qui se trouvent composées de maîtres et d'esclaves […]. Quand nous regardons ce qu'ont été les premiers usages de l'écriture, il semble bien qu'ils aient été d'abord ceux du pouvoir : inventaires, catalogues, recensements, lois et mandements, dans tous les cas, qu'il s'agisse du contrôle de biens matériels ou de celui des êtres humains, manifestation de puissance de certains hommes sur des richesses. »

Il s'est avéré que l'écriture – au sens habituellement donné au mot – a pour origine la volonté de tenir des comptes. Sur ce point, la Mésopotamie est par excellence le lieu des échanges commerciaux. Pour que cet ensemble d'opérations ait lieu d'une manière aussi satisfaisante que possible, il est nécessaire de disposer d'un système de quantification précis. Ainsi est-on fondé à affirmer que l'invention des lettres et celle des chiffres se sont trouvées confondues. Les lettres sont en quelque sorte mères des chiffres. Cela semble s'être fait d'une manière assez naturelle : lorsqu'on changeait tant de ballots de farine contre tant de têtes de bétail, il était d'autant plus important de stipuler de la manière la plus précise possible les termes du troc que nombre d'accidents voulus ou non pouvaient se produire en cours de route. Alors que le procédé dit des *calculi* était encore en usage, ces précisions étaient données par des objets – généralement des cailloux dont la forme et la couleur avaient fait préalablement l'objet d'un code – placés dans une cupule fermée. Confiée au convoyeur, celle-ci ne devait être ouverte qu'à la livraison du destinataire de la marchandise. Peu à peu, cette cupule et son contenu furent remplacés par des plaquettes de terre cuite, sur lesquelles étaient codifiés les termes de l'échange.

Entre la fin de la période néolithique et l'apparition des premiers systèmes constitués de signes (– 4000), la présence de l'écriture est attestée mais elle est constituée d'un ensemble de figures sans connexion aucune avec quelque forme linguistique que ce soit. C'est ainsi que l'hominien a très tôt identifié la trace du félin, de l'oiseau posé sur le sable, la boue ou la neige et a très vite eu l'idée d'utiliser ces empreintes pour signifier ces animaux – on pouvait donc lire et écrire sans faire référence au langage – puis les tracer pour les représenter.

Sur le plan morphologique, l'écriture n'a pas été d'emblée cunéiforme mais linéaire (pictographique), faite de lignes gravées dans la pierre ou

1. Voir Lévi-Strauss, *Tristes Tropiques*, Paris, Plon, 1955.

marquées à la pointe sur une plaquette d'argile molle (ultérieurement séchée au soleil ou, plus tard, et dans certains cas, cuite au feu). Ces tracés composent des ensembles assez simples, dont bon nombre sont de véritables croquis ou silhouettes d'objets aisément reconnaissables : têtes ou parties du corps de l'homme ou d'animaux variés, végétaux, ustensiles, phénomènes naturels. Leurs raccourcis et leur stylisation sont dans la ligne de ceux pratiqués depuis la fin du Ve millénaire, soit sur la céramique peinte, soit sur les sceaux gravés. L'évolution formelle de ces signes a été commandée par l'habitude bientôt prise (dès environ – 2900) de remplacer, sur l'argile, le tracé par la pression exercée au moyen d'un roseau dont l'extrémité était taillée non plus en pointe mais en biseau. Enfoncé légèrement sur l'argile, l'instrument imprimait à chaque fois une ligne qui allait en s'évasant selon la pression de la main, d'où un aspect claviforme ou cunéiforme. Un tel procédé a forcément conduit, ne fût-ce qu'en obligeant à décomposer les courbes en droites, à une stylisation plus poussée, laquelle a rapidement aboli tout ce qui pouvait subsister de « réaliste » dans les silhouettes primitives, et fait de chaque caractère quelque chose « en soi », un pur signe arbitraire et comme « abstrait » auquel nous appliquons le qualificatif d'« idéogramme ».

On aurait tort de croire pour autant que le pictogramme a disparu sous l'idéogramme qu'il a généré. Tant en ce qui concerne l'écriture cunéiforme que l'hiératique, le démotique égyptien ou encore les idéogrammes chinois, l'image est là dont les épigraphistes, les paléographes et les sinologues savent déceler la présence. En somme, et pour nous limiter à l'écriture chinoise, s'il est vrai que l'idéogramme n'est jamais qu'un pictogramme stylisé, il est vrai aussi que, pour l'essentiel, l'art du calligraphe chinois consiste à savoir établir un équilibre aussi instable que possible entre ces deux modes d'expression. En Chine, autant que le manque de distance par rapport au concret, l'excès d'abstraction est tenu pour une aberration. Écrire en chinois, c'est toujours plus ou moins jouer à cache-cache avec le référent et, mieux on y parvient, mieux on s'exprime.

Dans un texte célèbre, Paul Claudel a cru trouver dans notre écriture alphabétique une sorte de répondant à ce qui opère dans l'écriture chinoise. Il écrit en effet : « Les mots ont une âme, et dans le mot écrit lui-même, on trouve autre chose qu'une espèce d'algèbre conventionnelle. Entre le signe graphique et la chose signifiée, il y a un rapport. Tout aussi bien que la chinoise, l'écriture occidentale a pour elle-même un sens, et un sens d'autant mieux que, tandis que le caractère chinois est immobile notre mot marche[1]. » Et le poète de citer, dûment pourvu d'un accent circonflexe, le mot « rêve », écrit en lettres capitales ; un mot dans lequel il voit

1. Paul Claudel, « La philosophie du livre », « Idéogrammes occidentaux », « Les mots ont une âme », « L'harmonie imitative », in *Œuvres en prose*, Paris, Gallimard, « Bibliothèque de la Pléiade », 1965.

quelqu'un, les bras ouverts – le V – qui, en même temps, avance la jambe – la lettre R – et s'apprête à monter à l'échelle – la lettre E –, cherchant vainement à s'emparer de cette « note allusive » que rend l'accent circonflexe dans lequel le poète voit un oiseau qui s'envole à tire-d'aile.

De la même manière, dans les arts plastiques, un dessin peut suggérer beaucoup plus qu'il ne représente. Un arbre : la forêt, et une main : tout le travail de l'homme. Dans ce type de graphie, non seulement le pictogramme peut évoquer autre chose que n'en « contient » matériellement le signe utilisé, mais un tel élargissement est nécessaire dans la mesure où l'on n'a ici à sa disposition pour fixer la pensée que des croquis d'objets suffisamment précis et particularisés. Il faudrait donc autant de croquis que de réalités extramentales différentes (un pour le bœuf, un pour la vache, un pour le veau, un pour le buffle, etc.). Il en faudrait des milliers et, dans ce cas, la connaissance et l'usage d'une telle écriture seraient au-delà de son usage pratique. Outre l'objet premier qu'il « dépeint », le pictogramme peut se rapporter à d'autres réalités, rattachées à ce même objet par des procédures mentales plus ou moins fondées en réalité ou nettement conventionnelles, en tous les cas parfaitement connues et utilisées dans les représentations de l'art. Le pictogramme de la montagne évoquera ainsi les pays étrangers qui, en Mésopotamie, sont délimités à l'est et au nord par des chaînes montagneuses, ou encore le sillon rappellera tout le travail agricole. Cette extension s'impose d'autant plus qu'un certain nombre de ces réalités ne sont guère directement figurables. Quel est le profil de l'agriculture ? Comment dessiner la force, la férocité, le carnage, la terreur ou la tyrannie ? En présentant un lion par sa silhouette, sa tête, ou sa griffe ? Et comment donner mieux l'idée d'actions comme « aller », « marcher », « se tenir debout », sinon par le signe qui reproduit la partie du corps essentiellement impliquée dans toutes ces activités : le pied ?

Marcel Cohen répondra dans ce livre à la question. Cependant, parce qu'il nous laisse notre faculté de créer, du moins pour partie, le sens du texte que nous lisons, nous ne résistons pas au plaisir de citer le procédé utilisé par les Chinois pour venir à bout de ce problème. Un Chinois veut-il, par exemple, parler de la tendresse ? Il rapproche l'idéogramme de la femme de celui de l'enfant. Veut-il, tout au contraire, évoquer une querelle : il dessine deux fois l'idéogramme de la femme. Ainsi peut-on se représenter le sens de l'écriture chinoise voletant au-dessus de ces signes comme un feu qui, pour peu qu'il emporte notre conviction, nous embrase. Elle est belle cette écriture qui ne saurait avoir de cohérence que dans la mesure où elle nous incite, nous aussi, à nous exprimer.

Avant d'évoquer les diverses formes que la langue a prises ou prend encore, interrogeons-nous sur le rapport de l'écriture au langage. Cette question, Jacques Derrida se la pose dans son livre intitulé *De la gram-*

matologie. Il y écrit : « Selon la tradition occidentale qui règle non seulement en théorie mais en pratique (au principe de sa pratique) les rapports entre la parole et l'écriture, Ferdinand de Saussure ne reconnaît à celle-ci qu'une fonction *étroite* et *dérivée.* Étroite parce qu'elle n'est parmi d'autres qu'une modalité des événements qui peuvent survenir à un langage dont l'essence, comme semblent l'enseigner les faits, peut toujours rester pure de tout rapport à l'écriture[1]. » La langue a donc une tradition orale indépendante de l'écriture… Saussure en reprend la définition traditionnelle qui, déjà chez Platon et Aristote, se limitait au modèle de l'écriture phonétique et du langage des mots. Rappelons ici la définition aristotélicienne : « Les sons émis par la voix sont les symboles des états d'âme et les mots écrits les symboles des mots émis par la voix. »

Après quoi Derrida se réfère à ce que Saussure a appelé le « péché originel de l'écriture ». Malebranche, déjà, optait pour ce point de vue. Selon lui, c'est d'abord l'image graphique des mots qui nous frappe comme un objet permanent et solide plus propre que le son à constituer l'unité de la langue à travers le temps. Ce lien a beau être superficiel et créer une unité purement factice, il est beaucoup plus facile à saisir que le lien naturel, le seul véritable selon Malebranche, celui du son.

Sans parvenir à répondre à la question, celle qui consiste finalement à se demander qui, de l'écriture ou de la parole, a précédé l'autre, Derrida, dans une sorte d'illumination, parle de l'existence d'une « archi-écriture[2] ». « Le concept de l'écriture n'a pu historiquement s'imposer, précise-t-il, que par la dissimulation de cette archi-écriture consécutive à la volonté d'imposer une parole chassant son double et travaillant à réduire sa différence. Si nous persistons à nommer écriture cette différence, ajoute-t-il, c'est parce que dans le travail de répression historique, l'écriture était destinée à signifier le plus redoutable de la différence. Elle était ce qui, au plus proche, menaçait le désir de la parole vive, ce qui, du dedans et dès son commencement, l'*entamait.* » Reste à se demander pourquoi, tout en sous-entendant le mot, Derrida n'a pas osé affirmer que l'écriture n'est jamais que l'architecture du langage. Mais peut-être en le signifiant de manière implicite entendait-il nous en convaincre toujours davantage.

On ne sait donc rien et jamais on ne saura grand-chose de l'origine du langage. Touchant les prémisses probables de l'écriture, on est en revanche un peu moins mal pourvu. Encore peut-on hésiter sur la fonction première de cette invention. Rappelons-le, tel tient qu'elle ne pouvait se faire que chez un peuple agriculteur, contraint de dénombrer ses troupeaux, ses

1. Derrida traite des atermoiements de Saussure sur ce sujet dans le chapitre II, « Linguistique et grammatologie », p. 42 de son livre *De la grammatologie*, Paris, Éditions de Minuit, 1969.
2. *De la grammatologie*, *op. cit.*, chap. II, p. 83.

ressources ; tel autre y voit la superstructure fatale d'une économie où le commerce joue un rôle prédominant. Pour le jésuite Léon Wieger, l'écriture commença par être un instrument de gouvernement, d'administration. Mais, pour Jacques Gernet, sinologue, il se pourrait qu'à ses débuts l'écriture n'ait servi en Chine qu'à communiquer avec les dieux ou du moins avec certaines catégories de divinités. On peut ainsi, entre autres hypothèses, s'interroger sur une possible origine religieuse de l'écriture. La question est débattue par les spécialistes de la science de l'écriture dans *L'Écriture et la psychologie des peuples*, que nous reproduisons ici[1]. Impossible aujourd'hui de trancher sans présomption.

Autre question malaisée : l'écriture fut-elle inventée une seule fois sur la terre ou à plusieurs reprises dans l'Histoire ? Divers groupes humains surent-ils imaginer le même moyen de signifier et de fixer la parole ? Longtemps on tint pour « vrai » que l'Égypte et la Chine, vers le même temps, avaient élaboré l'une l'hiéroglyphe, l'autre l'idéogramme. Mais cette idée scandalisait les catholiques, lesquels prétendirent que Noé avait révélé aux Chinois leurs caractères.

Pour d'autres raisons, un grand orientaliste contemporain, Jean Botero, incline à penser que l'écriture, une fois inventée en un lieu de la planète, s'imposa à partir du IVe millénaire avant notre comput, date à laquelle les Sumériens en firent le premier usage, après quoi elle se propagea vers l'Orient puis l'Occident. Cela fut tenu pour certain jusqu'à ce qu'on découvre, en 1961, dans un site néolithique roumain, Tartaria, trois tablettes gravées dans l'argile, marquées de signes étonnamment proches de l'écriture sumérienne et de l'écriture crétoise de Cnossos. Soumises au carbone 14, les tablettes en question dateraient d'avant celles de Sumer ! De quoi ébranler ce peu que nous « savions » des origines de l'écriture au Proche-Orient : d'Uruk, ville sumérienne de l'âge du bronze, l'écriture aurait gagné l'Égypte. On ne saurait cependant tirer de cette découverte un argument définitif : l'imprécision du carbone 14, ou plutôt les niveaux géologiques de Tartaria, mis sens dessus dessous, faussent pour longtemps toute décision sur la chronologie relative de Sumer et du site roumain.

Que ces premières traces que nous avons de l'écriture soient sumériennes ou tartariennes, toujours est-il que l'invention parut à l'homme si précise et si merveilleuse à la fois qu'il s'en dépouilla modestement et que nombreuses sont les civilisations qui prétendirent l'avoir obtenue de leurs dieux. Lorsqu'on voulut, au XXe siècle, réformer l'écriture arabe si compliquée, si peu logique, privée de majuscules mais alourdie des quatre

---

1. On pourra aussi à ce sujet consulter l'hypothèse que j'ai soutenue à propos de l'origine religieuse hébraïque de l'écriture alphabétique, dans un « Petit essai d'épigraphie polémique » intitulé *Moïse ou la Preuve par l'alphabet de l'existence de Yahvé*, Grenoble, Jérôme Millon, 1988.

formes que peut prendre chaque lettre selon sa position : isolée, initiale, médiane ou finale, les docteurs de la loi crièrent au scandale. Comment réformer ce qu'Allah lui-même avait révélé aux hommes ? On ne s'étonne donc pas si les Égyptiens eux aussi vénéraient en leur dieu Thot le père de l'écriture ; ce qui n'empêcha pas certain roi d'Égypte de critiquer cette invention divine – à en croire le *Phèdre* de Platon. Socrate y dit du dieu égyptien qu'il inventa le nombre et le calcul, la géométrie et l'astronomie, le tric-trac et les dés, et, précisément, les lettres de l'écriture. Thot s'étant rendu près du roi Themous lui présenta ses inventions en lui disant que le reste des Égyptiens devrait en bénéficier. « Voilà, dit Thot en évoquant l'écriture, la connaissance qui procurera aux Égyptiens et plus de science et plus de souvenirs ; car le défaut de mémoire et le manque de science ont trouvé leur remède[1]. » À quoi le roi répondit : « Ô Thot découvreur d'arts sans rival, autre est celui qui est capable de mettre au jour les procédés d'un art, autre celui qui l'est d'apprécier quel en est le lot de dommage ou d'utilité pour les hommes appelés à s'en servir. Et voilà maintenant que toi, en ta qualité de père des lettres de l'écriture, tu te plais à doter ton enfant d'un pouvoir contraire à celui qu'il possède. En dispensant les hommes d'exercer leur mémoire, cette invention produira l'oubli dans l'âme de ceux qui en auront acquis la connaissance ; en faisant confiance en l'écriture, ils chercheront au-dehors, grâce à des caractères étrangers, non point au-dedans et grâce à eux-mêmes, les moyens de se ressouvenir ; en conséquence, ce n'est pas pour la mémoire, c'est plutôt pour la procédure du ressouvenir que tu as trouvé un remède. Quant à la science, c'en est l'illusion, non la réalité, que tu procures à tes élèves : lorsqu'en effet, avec toi, ils auront réussi, sans enseignement, à se pourvoir d'une information abondante, ils se croiront compétents en une quantité de choses, alors qu'ils sont, dans la plupart, incompétents ; insupportables, en outre, dans leur commerce parce que, au lieu d'être savants, c'est savants d'illusion qu'ils sont devenus ! »

On ne saurait être surpris que Socrate opte pour la position prise par Themous. Pour Platon, « Homère a fait l'éducation de la Grèce ». Parce qu'ils content la guerre de Troie, les épisodes de l'*Iliade* et de l'*Odyssée* constituent l'essentiel de ce que, pour en mériter le nom, tout Grec doit impérativement connaître. Mais comment nier qu'il s'agit bel et bien d'écrits datant du VIIIe siècle avant Jésus-Christ, rédigés dans une langue produit d'un mélange d'ionien et d'éolien ? Reste que l'ensemble est écrit en hexamètres dactyliques. Ainsi est-on fondé à penser que leur mode de transmission par les aèdes, qui connaissent ces chants par cœur, justifie

1. Voir Platon, *Phèdre*, quatrième partie : « L'invention de l'écriture : mythe de Teuth » in *Œuvres complètes*, tome II, 1er paragraphe, p. 74 et suivantes, Paris, Gallimard, « Bibliothèque de la Pléiade », 1942.

l'emploi de cette forme littéraire. Ce qui se chante se mémorise plus facilement et avec davantage de force de conviction.

Mais il y a dans l'attitude de Socrate à l'égard de l'écriture une autre raison. Tout son enseignement repose sur l'oralité, laquelle seule peut répondre aux exigences de la dialectique. L'un des interlocuteurs de ses *Discours* dit « blanc » tandis que l'autre dit « noir ». Pour Socrate, c'est de la confrontation de ces positions contradictoires que peut, que doit émerger la vérité. Comment le pourrait-elle dès lors qu'il s'agit d'un texte écrit pour lequel on est contraint d'opter, sans être en mesure ne serait-ce que de l'amender ?

À ce propos, qu'il s'agisse de l'écriture cunéiforme akkadienne, assyrienne, babylonienne ou encore sumérienne, elle a suscité chez les peuples qui l'ont utilisée d'authentiques symbioses. Chacun est la langue qu'il parle. Cela est attesté par le fait qu'entre deux adversaires celui qui remporte la victoire, par exemple Akkad sur Sumer, prend au vaincu ses signes en leur attribuant une valeur phonétique autre que celle qu'ils avaient primitivement. Ce n'est qu'à ce prix qu'on peut estimer un ennemi vaincu.

Dans *Tristes Tropiques*, Claude Lévi-Strauss a relevé ce point et montré qu'on se trouvait en l'occurrence en présence d'une attitude constitutive de la nature humaine. Il s'agit ici d'une peuplade d'Afrique du Sud, les Nambikwara. « Son symbole [celui de l'écriture] avait été emprunté tandis que sa réalité demeurait étrangère. Et cela en vue d'une fin sociologique plutôt qu'intellectuelle. Il ne s'agissait pas de connaître, de retenir ou de comprendre, mais d'accroître le prestige et l'autorité d'un individu – ou d'une fonction – aux dépens d'autrui. Un indigène encore à l'âge de pierre avait deviné que le meilleur emploi qu'on puisse faire d'une écriture c'était, à défaut de la comprendre, de s'en servir à d'autres fins. »

Sans doute cette attitude peut-elle expliquer en quoi un certain nombre de systèmes de transcription ou d'écritures restent encore partiellement ou entièrement indéchiffrés : les inscriptions proto-arméniennes, l'écriture de Byblos, les inscriptions de l'île de Pâques, le proto-élamite et le proto-indien, l'écriture sudarabique (écriture geiz). Mais il est infiniment probable que, comme dans le cas des inscriptions de l'île de Pâques, c'est volontairement que les auteurs qui les ont transcrites ont enfermé avec elles un message qu'ils entendaient bien conserver secret. On se pose encore la question de savoir pourquoi des bois ont été gravés avec des pictogrammes tracés en écriture boustrophédon[1] sur des plaquettes sans doute retournées pour être entièrement recouvertes.

Curieusement, aujourd'hui encore, cette fascination de l'illisible témoigne de notre souhait plus ou moins conscient de voir notre écriture conserver une part de sacré. Ainsi, en contrepoint à l'acharnement de cer-

1. Les lignes sont écrites dans les deux sens alternativement.

tains chercheurs travaillant au déchiffrement de ces « textes », les « écritures » d'Henri Michaux, de Max Ernst, de Requichot, de Twombly, de Degottex, d'autres encore, témoignent de la volonté de beaucoup d'artistes d'élaborer des écritures indéchiffrables propres à entretenir une communion au-delà du sens. Vraiment, étoufferions-nous dans le rationalisme auquel l'écriture nous assujettit ? Roland Barthes, qui est l'auteur discret de superbes *contre-écritures*, n'a pas hésité à le déclarer, qui écrit : « Cette pratique d'amateur, bien des motifs sans doute la provoquent : peut-être le rêve d'être un "artiste" complet, peintre et écrivain à la façon de certains hommes de la Renaissance ; peut-être l'envie d'étendre l'exercice de mon corps, de changer de main (même si c'est toujours la droite), peut-être la nécessité d'exprimer un peu de la pulsion qui est dans le corps (on dit que la couleur c'est, d'une certaine manière, la pulsion) ; peut-être, au contraire, le plaisir d'une sorte de confort artisanal (disposer ses pastels, ses encres, ses pinceaux, ses feuilles sur un établi) ; peut-être encore le soulagement (le repos) de pouvoir créer quelque chose qui ne soit pas directement dans le piège du langage, dans la responsabilité fatalement attachée à toute phrase : une sorte d'innocence, en somme, dont l'écriture m'exclut[1]. » On se souvient du fameux « ça parle » de Jacques Lacan. Et pourquoi le corps n'écrirait-il pas aussi ? « Le principe ultime de l'écriture, poursuit Roland Barthes, est qu'elle n'est qu'une notation, une copie du langage. Cette solution a valu tant que le langage a été capable de traduire la pensée ou, plutôt, lorsque la pensée a pu s'exprimer et se développer au moyen du langage. Aujourd'hui, la pensée commence à faire craquer les cadres désuets du langage et, partant, de l'écriture concrète, et nous voyons apparaître de nouvelles formes d'écritures abstraites qui, bien sûr, diffèrent profondément de l'écriture consonantique sémitique mais qui, comme celle-ci, sont autre chose qu'une sorte d'enregistrement phonographique du langage et, d'autre part, sont adaptées au rythme nouveau de notre pensée. »

Il n'est pas douteux que nombreux sont ceux qui emploient le mot « écriture » en lieu et place du mot « langage » ; qui ne savent pas que nombre de langues sont codifiées avec la même écriture et, enfin, trop vite, se convainquent que notre écriture dite romaine est, par excellence, l'écriture universelle.

En ce qui concerne l'emploi des mots « écriture » et « langage », le meilleur moyen de lever l'ambiguïté est d'indiquer que s'il existe environ six mille langues et/ou dialectes différents, seules quatre cents écritures se partagent le soin de les transcrire. Quant à la question de l'écriture universelle, supposons qu'il s'agisse de l'écriture romaine. Mais pour véhi-

1. Voir le catalogue de l'exposition *Typographies, écritures*, Maison de la culture de Rennes, 6-31 janvier 1978. Ainsi que *Carte, segni*, Milan, Electa, 1981.

culer quelle langue ? La seule langue anglaise, ou l'espagnole, ou encore la française, reconnue comme la langue officielle des Nations unies ?

Il existerait un moyen de sortir du dilemme : le recours à l'écriture idéogrammatique chinoise. Descartes a essayé de la définir a priori. Quant à Leibniz, il la tient pour l'écriture universelle idéale. Il avait saisi que n'importe quel caractère chinois pouvait devenir universel, rien n'empêchant chacun de le prononcer dans la langue de son choix. « L'écriture chinoise constitue, écrit James Février, un "espéranto pour les yeux" (B. Karlgren) puisque tout Chinois, quel que soit son dialecte, peut lire et comprendre un texte écrit par un Chinois parlant un autre dialecte, peu importe qu'il prononce chaque caractère différemment[1]. » Ainsi, par exemple, les uns comme les autres, même s'ils ne parlent pas le pékinois, langue dans laquelle le Grand Timonier les a écrits, sont en mesure de constater que les poèmes de Mao Zedong ne sont pas bons sous le seul prétexte que leur calligraphie ne l'est pas. On rétorquera qu'outre le problème des clés, déjà complexe en soi, l'écriture chinoise comprend un si grand nombre de signes que le commun des mortels n'a pas le loisir d'en acquérir l'usage. Sur les cinquante mille à quatre-vingt mille caractères existants, utilisés selon les époques, huit mille seulement restent actuellement en service, dont un millier sont nécessaires pour une écriture et donc une lecture de base. C'est encore trop, beaucoup trop sans doute quand, pour un milliard quatre cent millions de Chinois, savoir lire et écrire c'est savoir déchiffrer et tracer ces caractères-là.

Comment ne pas s'émerveiller devant le spectacle de l'habileté graphique dont témoignent, selon le mot de Marcel Cohen, « tous les systèmes consistant à présenter à la vue ce qui peut être exprimé par la parole » ? Personne, à notre avis, ne conteste que s'il existe bel et bien une calligraphie latine, son existence est généralement sinon niée, du moins oubliée au profit des calligraphies chinoise et arabe. La raison est due tout à la fois à la somptuosité de chacune de ses rivales et au fait que nous n'avons pas, pour nous exprimer, recours à l'idéogramme, lequel, stylisation du pictogramme, se prête davantage que nos lettres de l'alphabet à l'ascétisme comme aux joies dont les calligraphies précitées sont l'occasion. Quant aux hampes et aux boucles des lettres de notre alphabet, c'est moins complaisamment que celles de l'alphabet arabe qu'elles supportent ces superbes panaches et adjuvants graphiques qui expliquent la place que tient le calligramme dans la civilisation musulmane.

Non que nous ne soyons pas en mesure de faire preuve de génie calligraphique, mais seulement que, dans notre civilisation, la marge est plus étroite que dans d'autres. D'aucuns diront que cette étroitesse du champ calligraphique est un stimulant à la création. Nous nous garderons bien de

1. *Histoire de l'écriture*, Paris, Payot, 1948.

nous prononcer sur ce point et nous contenterons de reprendre ce que ce grand théoricien de l'écriture qu'est l'Anglais Alfred Fairbank exprime quand, dans une jolie formule qu'il ne faut pas traduire, il dit : « *To write quickly and clearly calls for a reconciliation of discipline and freedom*[1]. »

Parlons d'abord de cette « discipline ». Personne ne niera qu'elle est indispensable dans la mesure où, sans elle, l'alphabet entier risquerait de s'engouffrer dans le néant. C'est du reste pour le protéger, cet alphabet, qu'est née l'Association typographique internationale, dont la mission consiste à faire reconnaître, en tant qu'œuvres d'art, les alphabets créés par les dessinateurs de caractères. Ces alphabets recèlent dans leurs formes ce trésor graphique inestimable sans lequel la transmission de notre pensée serait impossible. Depuis Geoffroy Tory jusqu'à nous, en passant par Dürer, comme le livre de Massin *La Lettre et l'image*[2] l'atteste, les dessinateurs de lettres ont établi un rapport entre le corps ou le visage humain et la lettre. Pour Tory, « les lettres sont si naturellement bien dessinées que, à la semblance du corps humain, elles sont composées de membres, c'est-à-dire de nombre de points et de lignes consistant en esgalles partitions…[3]. » Et Tory d'ajouter : « La lettre A a les jambes élargies et épatées comme un homme a ses pieds et ses jambes en marchant et passant outre […]. Sa barre couvre précisément le membre génital de l'homme pour dénoter que pudicité et chasteté avant toute chose sont requises en ceux qui demandent accès et entrée aux bonnes lettres, desquelles le A est l'entrée et la première de tous les abécédaires. » Plus ou moins inconsciemment, ne jugerions-nous pas de la beauté autant que de l'efficacité d'une lettre au fait de savoir si oui ou non, nous nous reconnaissons en elle ?

Concernant la « liberté » dont parle Fairbank, on ne saurait mieux faire que de citer ce texte par lequel l'écrivain-poète-calligraphe belge Christian Dotremont décrit l'acte d'écrire ordinaire : « Ne faudrait-il pas s'élever contre la dictature de l'imprimerie, de la dactylographie ? Elles tuent la moitié de l'écrivain en tuant son écriture…[4]. » Oui, ce n'est pas douteux : outre qu'elle est le catalyseur d'un sens, l'écriture nous rend aussi à nous-même. Reste à savoir si cette « projection » opère d'autant mieux qu'il y a conformité avec l'idée qu'on se fait de l'écriture manuelle la plus lisible en même temps que la plus belle qui se puisse imaginer, ou bien, au contraire, dans la mesure où, pour son élaboration, a prévalu le souhait d'établir des archétypes.

---

1. Alfred Fairbank, *Calligraphy and Paleography*. Essay presented to Alfred Fairbank on his 70th birthday, edited by A. S. Osley, Londres, Faber and Faber, 1965, p. 14.
2. Paris, Gallimard, 1981.
3. Voir Jacques Mégret, « Geoffroy Tory », *Arts et métiers graphiques*, n° 28, Paris, mars 1932.
4. Voir *Grand hôtel des valises*, « Locataire Dotremont », présentation de Jean Clarence Lambert, Paris, Éditions Galilée, 1981.

S'il n'est pas facile de répondre de manière précise à la question posée il y a un instant, du moins deux faits historiques peuvent constituer un élément de réponse. Il s'agit du rôle joué par le pouvoir, à la fois dans l'établissement de la caroline, au VIIIe siècle, et dans son retour sous la forme de l'écriture humanistique[1] (XVe siècle). Si on épilogue toujours sur la nature exacte de l'intervention d'Alcuin dans l'élaboration de la caroline, en revanche, personne ne conteste le fait qu'il y ait eu, de la part de Charlemagne, la volonté de créer une écriture normalisée, capable de témoigner pour l'unification de son empire. « Du point de vue technique, la formation de la caroline n'a pas été le fruit d'une évolution plus ou moins spontanée ou inconsciente, mais le résultat d'une recherche délibérée[2]. » Cette minuscule est, de toutes les écritures latines, celle qui a eu l'avenir le plus long, le plus stable, le plus universel, et qui a pour nous l'intérêt le plus actuel. Comme toutes les écritures latines, elle procède, et à travers bien des vicissitudes, de cette autre écriture qui ne nous sert plus que pour les titres et pour quelques initiales : la capitale que les Romains employaient.

Par la suite, et bien qu'à juste titre on ait pu la considérer comme le mètre étalon de la lisibilité, cette caroline a perdu du terrain, cédant la place aux gothiques, lesquelles marquaient le retour en force de l'écriture ligaturée. Près de quatre siècles durant, la fractura l'a emporté, générant un foisonnement de types, lesquels semblaient rivaliser à qui favoriserait davantage le développement, non seulement des ligatures mais des hastes bouclées et des abréviations. En somme, la nature avait repris ses droits. C'est ainsi que les écritures ont proliféré au point, non seulement d'entraver l'échange intellectuel, mais, dans certains cas, de le rendre impossible. Tout le monde n'était pas capable de déchiffrer tout à la fois l'onciale irlandaise, la lombardique, la wisigothique espagnole, la mérovingienne de la francia du même nom, la bénéventine italienne ou, noyée dans ses « fioritures », l'exubérante gothique fraktur. Il y a fort à parier que si Pétrarque n'y avait mis bon ordre, c'eût été à nouveau le chaos. C'est en effet le poète qui, croyant redécouvrir « l'écriture romaine », a, une nouvelle fois, imposé la caroline. L'écriture humanistique de Bracciolini n'est rien d'autre, en effet, que la caroline mise au goût de la Renaissance italienne. Précisons tout de même que l'humanistique n'a pu s'établir qu'au prix de concessions de taille. En effet, à peine Jenson eut-il fixé l'alphabet dans une série de schémas, gracieux sans doute, mais rigoureux tout de même, qu'aussitôt les graveurs se rebellèrent. Ce fut le cas de Francesco Griffo qui, en 1501, conçut pour Alde Manuce la première

1. Au XVe siècle, des érudits rompent avec la tradition de la gothique pour s'inspirer de la caroline.
2. Charles Higounet, *L'Écriture*, Paris, PUF, « Que sais-je ? » (n° 653), 1976.

italique gravée. Le calcul était bon. Gérard Blanchard nous rappelle que, « grâce à ses soixante-huit ligatures qui éliminent les crénages et le rendent moins fragile d'emploi, ce caractère courant, qu'Alde réservait à l'édition des classiques latins en livre de poche, s'est d'emblée situé comme un concurrent direct du romain vénitien[1] ». Ce succès de l'italique s'explique. Blanchard parle d'un « tour de force technique et visuel ». Il eût pu dire davantage. Si, déjà, une écriture manuelle accomplie témoigne d'une belle invention, a fortiori, une réécriture de l'écriture.

Rares, très rares sont les typographes qui ont tenté de conférer à notre écriture alphabétique cette dimension qui est l'apanage de l'écriture manuelle. Gutenberg est de ceux-là, dont le souhait était de multiplier les types afin de reproduire les diverses particularités des écritures : ligatures ou abréviations d'usage. La casse de Gutenberg ne comprenait pas moins de deux cent quatre-vingt-dix types ; ainsi se faisait-il fort qu'on ne puisse discerner un manuscrit imprimé d'un autre passé par ses mains. Dans ce domaine, aussi, le fondeur fit école. En effet, un peu plus tard, cette fois en Angleterre, William Caxton opta pour la même attitude, non pas avec la lettre de forme, mais avec ces bâtardes gothiques réservées aux romans et aux livres de langues dites vulgaires. Si, en dépit du fait qu'ils contribuèrent à accroître singulièrement leur tâche, ces deux premiers graveurs de caractères tinrent tant à ne pas se départir du choix qu'ils avaient fait d'imiter l'écriture manuelle, c'est que, plus ou moins consciemment, Griffo a compris que par une graphie ligaturée ne transitait pas que le sens mais une dimension autre du message qui, si on en faisait fi, serait irrémédiablement perdue.

À cet égard, une aventure typographique mérite d'être relevée : c'est, par référence à ses grecs mais aussi à ses romains, celle de Garamond. On se perd dans les admirables méandres de ces lettres grecques dont on peut dire que leur seul défaut est de se plier par trop complaisamment aux arabesques des ligatures. Dès lors, on est pris, emporté dans ce tourbillon au point que, même si on ne parle pas cette langue, on en perçoit quelque chose. Mais ce succès a son revers. Sa splendeur graphique a joué un mauvais tour au Garamond. Considéré comme le sommet de la typographie de tous les temps, il est cependant resté… lettre morte. La mésaventure est à retenir. Elle prouve ce qu'il en coûte à se laisser par trop entraîner par les séduisantes sirènes de la belle calligraphie. La graphie née de cette exaltation a beau être la plus accomplie, elle ne retient plus assez le sens. A contrario, on peut dire du romain de Garamond qu'il nous est devenu familier. Il est sûr que, même si, à force de passer et de repasser sur elles, nous ne les voyons plus, ses ligatures y sont pour beaucoup. On comprend la raison de cette fascination et l'explication qu'on en

1. Voir Gérard Blanchard, *Pour une sémiologie de la typographie*, Paris, Éditions Rémy Magermans, document 73, 1979.

donne dit la différence entre lien et ligature. Alors que, liée comme elle l'est dans l'exemple donné par Barbedor, l'écriture devient uniforme, ligaturée, elle est le fruit d'une invention. Par la suite, celle-ci contribuera à retenir le lecteur prisonnier de sa lecture.

En 1953, Excoffon s'est exprimé au sujet de son fameux caractère ligaturé, le Mistral : « L'entreprise m'a longtemps paru irréalisable. Conserver toute la liberté, toute la spontanéité d'une écriture malgré les impératifs rigoureux de la technique du plomb semblait une gageure. Je m'y attachai. Plus j'allais avant dans ma détermination, plus celle-ci me semblait exigeante. En effet, j'étais persuadé qu'il me fallait jouer l'élan de la main qui déborde librement les formes de la convention, qui déforme les signes et n'en inscrit jamais deux de la même façon car chacun influence et est influencé dans le mot par le précédent et le suivant, par le bout de la ligne, par la vitesse de la pensée et celle de la main [...]. Voilà pourquoi, finalement, j'ai préféré ma propre écriture aux autres. Ce choix, ni pis-aller ni mouvement de la fatuité, m'était dicté par une obligation purement mécanique ; il me donnait un instrument de travail plus immédiat et plus précis. Enfin, pour obtenir une plus grande certitude dans l'alignement irrégulier moyen, une étude très poussée des données que fournit la cryptographie sur la fréquence des rapprochements des lettres en français m'a permis d'éliminer ou de prévoir, dans la plupart des cas, des suites d'alliances discordantes[1]. » En d'autres termes, après avoir analysé la situation en linguiste, Excoffon s'est arrêté à six bigrammes destinés à restituer, comme il dit, « l'entrain de l'écriture ». Finalement, le Mistral conserve l'inappréciable vertu d'attirer notre attention sur le fait qu'on ne saurait créer un nouveau caractère qu'au prix d'une courageuse remise en cause de l'écriture elle-même.

La maîtrise d'Excoffon est d'autant plus grande qu'il lui a fallu jouer au plus fin avec le plomb. Elle contribue à rendre étrangement anachronique le fait qu'après cinquante-cinq ans de photocomposition, il n'existe toujours pas, à ma connaissance, de caractère lié ou ligaturé, photocomposé, d'utilisation courante. Il faut à ce sujet citer l'article que l'Américain Joseph S. Scorsone a publié dans la revue *Visible Language* et qui, donc, traite des possibilités offertes par la photocomposition en matière de ligatures[2]. Que cette étude ait été motivée par le souhait, en limitant la chasse, de réduire le prix de revient de l'impression, c'est sûr. D'entrée de jeu, Scorsone nous précise « qu'une page de texte normale contient

1. Voir *Excoffon* édité par Excoffon Conseil, 49, av. Hoche, 75008 Paris. Voir Mistral, scripte dessinée par Roger Excoffon pour la fonderie Olive en 1953. Les travaux graphiques d'Excoffon sont très souvent animés par le geste. Ici, il s'inspire de l'écriture (voir www.bm-lyon.fr/musee/Visite/Lettre/Car Types/mistral.htm).

2. « Des possibilités des techniques modernes de composition dans l'accouplement des lettres ». Édition française : *Arts et techniques graphiques,* n° 90, Paris, mai-juin 1974.

plus de deux cents des bigrammes proposés par l'anglais ». Comment, dans ces conditions, le gain ne serait-il pas appréciable ? Bien qu'elle soit accompagnée de documents réalisés à l'occasion du vingtième congrès de l'Association typographique internationale qui se tint en 1967 à l'Unesco, et présentant « toutes les combinaisons possibles de bigrammes », cette enquête mériterait d'être poussée beaucoup plus avant, cela, bien entendu, pour la langue française.

Pourquoi se contenter de purs et simples rapprochements photographiques des lettres ? Pourquoi, oui pourquoi, depuis que la photocomposition existe et qu'elle permet la reconquête d'une part importante de la fascination que l'écriture manuelle exerce, assiste-t-on, au contraire, à ce laxisme ? On le devine : les mêmes intérêts déjà cités mais qui, cette fois, opèrent en sens inverse, en sont sans doute la cause. Ils ne peuvent être qu'à courte vue tant il est vrai qu'en matière d'écriture, on ne saurait longtemps faire l'impasse sur la main. Mais ne rechignons pas sur ce qui, tout de même, a été fait ! Et puis, cette enquête n'est pas sans apporter quelques enseignements. Conduite parallèlement pour une linéale (le Newsgothic) et pour une mécane[1] (le Century Schoolbook), elle assure que si, dans le cas d'une antique, « l'accolement des lettres n'altère pas leur forme », avec un alphabet pourvu d'empattements, « des aménagements sont nécessaires » ; autrement dit, que force est de concevoir d'authentiques ligatures. Par ailleurs, cette étude permet de se rendre compte qu'avec les mécanes, du fait de la personnalité dont ces lettres sont pourvues, ces « accolements » opèrent tout de même d'une manière plus satisfaisante que lorsqu'on a affaire à une antique. À lire ce texte, à regarder ces images, il semble que si on ne voit pas encore l'écriture typographique reprendre vie, du moins entrevoit-on comment elle le pourrait.

Dans *La Chose imprimée*[2], dictionnaire de John Dreyfus et François Richaudeau, on lit : « L'écriture des manuscrits avait multiplié l'emploi des lettres liées ou ligatures dont le principe fut conservé par les premiers imprimeurs. Reliant deux lettres ou plus en un seul signe, elles faisaient gagner du temps, de la place et apportaient dans la page une note d'élégante fantaisie. Afin de ne pas encombrer les casses de bigrammes ou de

---

1. « Linéale » et « mécane » réfèrent à la classification formelle la plus couramment utilisée, élaborée en 1954 par Maximilien Vox et adoptée puis complétée par l'Association typographique internationale (ATypI). Cette classification comporte trois ensembles : le groupe des « humanes », « garaldes » et « réales », qui constituent les caractères classiques, ou historiques ; le groupe des « didones », « mécanes » et « linéales », trilogie des caractères modernes issus de la révolution industrielle ; le groupe des « incises », « scriptes » et « manuaires », inspirées de la calligraphie. L'ATypI y a ajouté les « fractures », qui recoupent tous les caractères gothiques, et les lettres « non latines », qui désignent les écritures telles que l'hébreu ou l'arabe. Pour la classification de Francis Thibaudeau, voir le Glossaire, en fin de volume.

2. Paris, Retz, 1977.

trigrammes, on a réduit de plus en plus le nombre des ligatures. Certaines subsistent encore : Æ, Œ, æ, œ, ffi, ffl, fl, etc. La photocomposition permettrait de multiplier leur emploi et des études ont été faites en ce sens, notamment par Hermann Zapf. Mais leur abus ne risquerait-il pas de nuire à la lisibilité des textes ? »

Revenons sur ces lignes. Si l'on s'est privé de l'apport de ces ligatures, c'est donc qu'elles « encombraient les casses ». Mais alors, pourquoi, depuis que les lettres comme les bigrammes ou les trigrammes peuvent être stockées dans les mémoires d'ordinateur, n'a-t-on pas à nouveau fait appel à elles ? On le comprend d'autant moins qu'on estime que l'enjeu est bien plus que celui d'une « élégante fantaisie ». Est-ce que par l'intérêt qu'il porte à la question, Hermann Zapf, l'un des plus grands dessinateurs de caractères contemporains, ne prouve pas que telle est aussi son opinion ? D'aucuns avanceront que son attitude se justifie par le fait qu'il est de culture germanique. La cursive gothique, diront-ils, se plie plus naturellement aux ligatures que la romaine et il ne s'agit donc ici que de jeux qui ne nous concernent pas. Voire ! Zapf s'exerce aussi bien à partir de l'une que de l'autre des deux graphies. Dès lors que cette action nous incite à remettre notre typographie dans la voie qui est la sienne, celle qui ne l'écarte ni trop ni trop peu de l'écriture manuelle, au nom de quoi devrions-nous la récuser ?

Si, à l'époque, des artistes décidaient de créer un caractère, c'était bien parce qu'ils entendaient proposer leur vision de l'écriture, laquelle se traduisait aussi, et peut-être même surtout, par le choix des lettres à ligaturer et la manière dont ce lien opérait. Le résultat fut, à chaque fois, une indéniable préciosité graphique. En dépit du fait que, paradoxalement, non seulement ces ligatures n'entravaient pas la lecture mais la facilitaient, les lecteurs ne les ont pourtant pas retenues. Ne sont restés que les bigrammes ou trigrammes, qu'un mouvement plus naturel de la plume séparait des autres : les ff, fl et &, les ffi et ffl.

Avec la suppression des ligatures vient aussi celle des empattements. En son temps, pour des raisons essentiellement techniques et commerciales, l'Univers d'Adrian Frutiger a, en effet, pu passer à bon droit pour une réussite. En revanche, aujourd'hui, sa survie et a fortiori son triomphe ne sont plus fondés. Pis, ce caractère a mis le public dans un état de suggestion tel que plus personne n'ose seulement avancer qu'il pourrait être une entrave à la lecture, ce qu'il est pourtant. On perçoit la raison de cet étrange succès. Parce qu'elle met en œuvre une écriture bâton – dépourvue d'empattement – et donc, apparemment la plus simple de toutes, cette typographie-là ne saurait être que la plus efficace. En réalité, c'est au contraire qu'on assiste. Parce qu'elle est la plus abstraite, elle est la plus rébarbative. Sans doute l'argument n'a-t-il pas justifié Frutiger dans l'élaboration de son caractère qu'il a, rappelons-le, dessiné en 1957, pour la Lumitype, la première des photocomposeuses, aujourd'hui bien dépassée.

Déjà, Herbert Bayer, le responsable de l'atelier d'imprimerie du Bauhaus dont, par ailleurs, Frutiger s'est inspiré, avait fait un raisonnement du même genre. Bayer était même allé plus loin encore que son successeur puisqu'il a supprimé les capitales de son caractère dont il a rendu les formes du bas de casse à ce point standard qu'un grand nombre de leurs éléments sont permutables. En dépit de sa rigueur de réflexion, les faits ont donné tort à l'auteur du Grotesk de Dessau. Fort heureusement, les capitales sont réapparues et d'autres dessinateurs ont même proposé des caractères antiques ou linéales aux formes elles aussi rationnellement justifiées mais qui ont tout de même mieux tenu. C'est le caractère de E. Johnston pour le métro de Londres, celui de Gill ou bien encore le Futura de Renner qui lui disputent l'hégémonie. Nous nous libérerions de l'emprise de l'Univers et autres Helvetica si, contrairement aux dires des auteurs de *La Chose imprimée*, nous nous avisions que, plutôt que leur « abus », c'est la disparition des ligatures qui compromet la lisibilité des textes.

Certaines voix se sont élevées contre l'excès de rigidité de notre typographie. Sans doute pour avoir essayé en vain de lire l'œuvre complète de Jean Paulhan publiée en Univers chez l'éditeur Tchou, Dotremont se demandait si « dans la mesure où elles tuent la moitié de l'écrivain, en tuant son écriture, il ne faudrait pas s'élever contre la dictature de l'imprimerie et de la dactylographie ». Bien sûr, même aux fins d'aboutir à une œuvre plastique de qualité, il ne saurait s'agir de prôner l'idée d'une écriture déformée au point où Dotremont travestit la sienne. Pas davantage, de viser à une écriture entièrement ligaturée. Bien que celle-ci ait été pratiquée par des Grecs à des fins esthétiques, tout comme l'isolement des lettres les unes par rapport aux autres, la coupure est une conquête de l'esprit. Et puis, l'attrait de la ligature réside aussi dans le jeu qui, grâce à elle, s'établit. Les chatoiements de la dialectique graphique jouent leur rôle dans l'établissement du sens. Cette écriture harmonieusement ligaturée est à notre portée. Pour venir à bout de la réaliser, conduite à l'aide d'une mémoire d'ordinateur, une étude préalable serait nécessaire qui permettrait de définir avec précision celles des ligatures qui, finalement, conviennent le mieux à notre langue. On en arrive ensuite à imaginer comment il faudrait opérer. Il y a quelques années, l'Américain Donald Knuth a fait part de la manière dont, grâce à un procédé informatique complexe qu'il appelle la « métafonte » (dès lors qu'on parle bien de métalangue, pourquoi ne parlerait-on pas de métacaractères et, par voie de conséquence, de métafonte ?), il était possible de dessiner une *famille* entière de fontes. Expliquant comment son système fonctionne, Knuth précise qu'il diffère de ceux utilisés avant le sien en vue de la maîtrise de l'écriture typographique, en cela qu'il « décrit le mouvement de la plume et non les contours de la lettre ». Évidemment, avant de faire intervenir ce « cerveau », il faudrait imaginer un processus tel que le rapprochement de deux lettres à ligaturer déclencherait le dessin du lien le mieux habilité à les réunir.

Vous chercheriez en vain le mot « calligramme » dans un dictionnaire du début du XXe siècle. Il est une invention pure et simple d'Apollinaire. De ces calligrammes, le poète dit qu'ils sont « une idéalisation de la poésie verlibriste et une précision typographique à l'époque où la typographie termine brillamment sa carrière à l'aurore des moyens nouveaux de reproduction que sont le cinéma et le phonographe ». Toutefois, si Apollinaire a inventé le mot, il n'a pas inventé la chose. Étymologiquement, « calligramme » signifie le dessin de la pensée. Désigné autrefois sous le nom de « vers figurés », il existe depuis Simmias de Rhodes, lequel vivait trois siècles avant Jésus-Christ. On a dit de ses poèmes qu'ils étaient ceux d'un poète alexandrin de la décadence. En vérité, Simmias fut probablement un poète pétri d'ésotérisme et ce n'est pas par hasard qu'il se réfère aux formes de l'œuf, des ailes et de la hache bipenne. Les ailes ne sont pas sans parenté avec le labris crétois, dont, à leur tour, les formes incitent à reconstituer l'œuf platonicien.

Plus tard, Venance Fortuna, évêque de Poitiers au VIe siècle, et, au VIIIe siècle, Raban Maur, moine de l'abbaye de Fulda, réaliseront des poèmes en acrostiche (les premières lettres de chaque vers, assemblées, forment un mot). Ces poèmes se présentent comme des mosaïques, chaque petit carreau étant une lettre, certaines lettres de couleurs différentes traçant la figure. On remarque aussi que l'un de ces poèmes, une prière chrétienne, est composé de trente-trois lignes de trente-trois lettres chacune, trente-trois parce que c'est l'âge du Christ quand Il ressuscita.

« Dans la civilisation islamique, le calligramme est d'essence divine, écrit le poète berbère Abdelkebir Khatibi. […] Il doit déchiffrer, transcrire la parole inimitable et qui sera répétée dans le calligramme jusqu'au point aveugle du mouvement giratoire, la mort, le voile remis, le vide effacé par la main de Dieu[1]. » En d'autres termes, puisque la parole du prophète est sacrée, elle est donc capable de signifier deux fois, une par le sens, une autre par la forme.

Au XVIe siècle, Opitz, véritable militant de la poésie, constatant que ses contemporains n'y attachaient pas la valeur qu'elle méritait à ses yeux, proposait en même temps qu'une dévalorisation des mots leur réévaluation par le biais de la poésie visuelle. C'est ainsi qu'après qu'Alde Manuce eut, dans *Le Songe de Poliphile*, donné aux calligrammes leurs lettres de noblesse typographique, l'engouement pour le genre fut relancé. On peut citer, outre les labyrinthes d'Honorato Tiranti, de Wolfgang Fugger ou

1. Voir Abdelkebir Khatibi, *La Blessure du nom propre*, Paris, Denoël, « Les lettres nouvelles », 1974. Sur le même sujet, voir Abdelkebir Khatibi et Mohammed Sijelmassi, *L'Art calligraphique arabe*, Paris, Le Chêne, 1976.

d'Urban Wyss, les œuvres d'Angot de l'Éperonnière, de J.-R. Karst – le plus connu des poètes baroques allemands –, ou encore de Rudolf Wirtz qui marquent le retour à la référence au sacré. La thèse que je soutiens dans l'essai qui est repris ici est celle-ci : qu'il s'agisse de calligrammes en langue grecque, hébraïque ou arabe, ou bien codifiés en caractère romain, tous sont soit des textes sacrés soit des textes inspirés par l'amour, ce qui, après tout, revient au même. Ainsi force est d'admettre que, bien qu'émergés depuis belle lurette du bercail des formes, les mots en avaient conservé quelque chose dans leurs replis. Les images étaient là qui n'attendaient qu'une occasion pour apparaître. Mais peut-être le temps n'était-il pas encore venu. Générée par l'alphabet, l'abstraction n'aurait-elle pas donné sa pleine mesure ? À moins que nous ne soyons toujours pas revenus de ses prétendues aptitudes à exprimer le réel dans toute sa complexité ? Pour être visible, le référent d'un mot n'en est pas moins parlant. Comment, par exemple, en lisant le mot *Solidarność* qui se réfère à la révolte des ouvriers polonais contre l'oppression stalinienne, ne pas se convaincre que les militants qui l'ont trouvé sont fondés dans leur combat ? Comment, aussi, ne pas évoquer l'expression de la Bible : « Le Verbe s'est fait chair » ?

Une rétrospective sur l'évolution de la poésie visuelle du XXe au XXIe siècle nous incite à penser que nous avons été et que nous continuons d'être fascinés par le concret au point d'aspirer à y revenir. Le poète suisse Eugène Gomringer, l'inventeur de la poésie concrète dans les années 1920, en témoigne qui, dans une sorte de manifeste de la nouvelle poésie, écrit : « Comme il faut penser à la simplification formelle de nos langues et au fait que nos caractères sont des signes, on ne peut parler d'une *fonction organique de la poésie* que si elle s'introduit dans le processus de la langue. Pour cette raison, la poésie nouvelle est dans son tout et dans ses parties simple et visible d'un seul coup. Elle devient objet à voir et à utiliser. Objet de pensée, elle attache par sa brièveté et son extrême concision ; elle est mémorable ; elle s'imprime dans la mémoire comme l'image ; elle sert à l'homme d'aujourd'hui par son caractère de jeu objectif et le poète la sert par le don qu'il a pour le jeu. Il est celui qui connaît les règles du jeu et de la langue, l'inventeur de nouvelles formes. Par l'exemplarité de ses règles, la poésie concrète peut influencer la langue quotidienne[1]. »

Que conclure de ce retour délibéré au concret[2] ? Disons que ce n'est pas parce que l'ordinateur est venu à bout du dessin des lettres alphabétiques que, pour autant, nous sommes voués à ne plus pouvoir écrire sans elles.

---

1. « Vom Vers zur Konstellation in Poesia », *Concreta,* n° 3, 1956.
2. Pierre Garnier, *Spatialisme et poésie concrète*, Paris, Gallimard, 1968. Voir Jérôme Peignot, *Typoésie*, Paris, Imprimerie nationale, 1993 ; ainsi que *Typoèmes*, Paris, Seuil, 2004.

Pour finir, tentons d'expliquer pourquoi sont repris ici l'ouvrage de Marcel Cohen *La Grande Invention de l'écriture et son évolution*, le colloque du Centre international de synthèse, intitulé, dans le cadre de la XXIIe Semaine de synthèse, *L'Écriture et la psychologie des peuples,* et trois de nos propres livres : *Calligraphie* ; *De l'écriture à la typographie* et enfin *Du calligramme*.

Dans *L'Homme sans qualités*, Robert Musil évoque la mort du père d'Ulrich, le héros de son roman. Il s'agit d'un mathématicien qui a découvert une formule, laquelle, en son temps, a fait faire un bond en avant significatif au savoir en la matière. Et puis, voilà qu'un élève du vieil homme vient le voir sur son lit d'agonie. Le jeune homme a démontré qu'au problème soulevé par son professeur il fallait apporter une autre réponse que celle qui avait été fournie. La scène est belle au cours de laquelle le jeune savant explique à son maître en quoi, du moins partiellement, il s'est trompé. Mais le vieil homme s'obstine et on comprend bientôt qu'il entend mourir en emportant sa formule avec lui. Même si quelques-uns des propos tenus ici par Marcel Cohen – peu à vrai dire – ont été parfois contestés, nous avons cru essentiel de reprendre son remarquable ouvrage. Il faut, en effet, reconnaître à Marcel Cohen l'immense mérite d'avoir su, en s'effaçant toujours davantage devant son sujet, rassembler les indispensables données premières codifiées par les uns et les autres et qui demeurent acquises pour tous. Ce talent-là, nous le tenons pour une authentique création. Oui, nous tenons cette œuvre pour celle d'un écrivain en même temps que celle d'un grand historien.

Pour ce qui est de l'ouvrage *L'Écriture et la psychologie des peuples*, rien ne saurait mieux justifier notre choix que de rappeler ce qui, de manière radicale, oppose la scolastique à la dialectique en se nourrissant de leurs oppositions. *L'Écriture et la psychologie des peuples* reprend les attendus d'un colloque, autrement dit, quand bien même chacun des participants à ces assises aurait rédigé un exposé parfaitement organisé, son intention n'a pu être que de proposer une réflexion à la salle sollicitée de lui répondre. Les plus grands tenants du sujet sont là. Mais tandis que Robert Marichal, Henri-Jean Martin, Alfred Métraux et d'autres encore font un exposé, Alphonse Dain, Alexandre Koyré et René Sieffert attendent de leur répondre. Ces répliques sont reproduites ici[1]. On constatera que si certaines d'entre elles mettent à mal le propos tenu, elles ne l'annihilent pas pour autant. La plupart du temps, de la confrontation naît même une vision qui, en le transformant, donne au point de vue soutenu son véritable sens. Reste que nous aussi, lecteurs, sommes en mesure sinon de dire notre mot, du moins de juger des réflexions des affidés

1. Voir ci-dessous, p. 455, n. 1.

comme des opposants. Et si, forts de ces joutes, la vérité, c'est nous qui la détenions ?

Quant à nos propres livres, on nous épargnera d'avoir à les défendre. Tout au plus dirons-nous que si nous avons consenti à ce qu'on les reprenne dans cet ensemble, c'est qu'ils traitent de l'art de l'écriture, sujet qui n'a guère été qu'effleuré dans les ouvrages dont il vient d'être question.

Nous savons tous qu'il existe une calligraphie chinoise de premier ordre et avons eu aussi l'occasion d'admirer, ne serait-ce que sous forme de calligrammes, des calligraphies arabes. Mais rares sont ceux qui savent que, nous aussi, gens du romain, surtout au XVIIe siècle et jusqu'au XIXe siècle, avons élaboré une authentique et non moins somptueuse calligraphie. Nous avons voulu démontrer dans *Calligraphie* que cet art dit du « trait de plume » mérite d'être connu. Qui sait si, porté à la connaissance d'un plus grand nombre, il ne suscitera pas de nouveaux talents ? On peut l'espérer tant il est vrai, pour reprendre la formule de Roland Barthes, que « le désir humain d'inciser (par le poinçon, le calame, le stylet, la plume) ou de caresser (par le pinceau, le feutre) a traversé sans doute bien des avatars qui ont occulté l'origine proprement corporelle de l'écriture[1] ». Il ajoute : « Mais il suffit que de temps en temps un peintre (tel aujourd'hui Masson) incorpore des formes graphiques à son œuvre pour que nous soyons ramenés à cette évidence : écrire n'est pas seulement une activité technique, c'est aussi une pratique corporelle de jouissance. »

En ce qui concerne *De l'écriture à la typographie*, nous avons insisté sur le fait que l'art de dessiner des lettres s'inscrit dans le droit fil de l'art calligraphique. Or, de même que nous ambitionnons de réduire le nombre de nos langues à une seule, l'anglais, plus ou moins consciemment nous aspirons à ne plus faire appel qu'à un caractère unique lequel, d'ailleurs, existe déjà et à l'instar de l'Universal d'Herbert Bayer, homme du Bauhaus, s'appelle l'Univers : il est l'œuvre du dessinateur de lettres Adrian Frutiger. Nous avons cherché à montrer que si, paradoxalement, l'attitude va à l'encontre de notre nature profonde, elle risque aussi, non seulement d'entraver la lisibilité, mais de compromettre notre alphabet jusque dans son intégralité graphique.

Enfin, avec *Du calligramme*, nous avons voulu signifier que, loin d'être une invention du grand Apollinaire, ces prouesses tant littéraires que graphiques datent de longtemps, voire de toujours. C'est en écriture hiéroglyphique, par exemple, qu'a été transcrite la somptueuse stèle de Dedia datant du règne de Sethi Ier (vers 1300 av. J.-C.). Ce monument votif sculpté pour un chef des dessinateurs nommé Dedia illustre les possibilités que donnent au scribe les différentes orientations de l'écriture égyptienne. Mais bien d'autres écritures ont suscité de telles mises en

1. Voir Préface à l'ouvrage de Roger Druet, *La Civilisation de l'écriture*, Paris, Librairie Arthème Fayard et Dessain et Tolra, 1976.

image : l'écriture hiéroglyphique égyptienne, donc, mais aussi les écritures grecque, arabes[1] ou hébraïque. Enfin, nous soutenons dans ce livre l'hypothèse selon laquelle, rédigés dans quelqu'une de ces écritures, les calligrammes dignes de l'appellation se réfèrent tous à des textes sacrés ou bien amoureux. « Moi aussi, je suis peintre[2] » s'est écrié Apollinaire en faisant allusion aux calligrammes que, pendant la guerre de 1914, du fond de sa tranchée, il a adressés à Lou, la femme aimée. On le lui concédera d'autant plus qu'il fut aussi un écrivain qui sut nous faire, autant que lui, aimer celle qu'il aima.

J. P.

1. Il existe une bonne dizaine d'écritures arabes.

2. « Le recueil projeté d'idéogrammes lyriques mis en souscription en 1914 et qui devait comprendre tous les calligrammes figuratifs de la première section de notre recueil *Ondes* (terme que la « Lettre-Océan » nous oblige à interpréter comme désignant avant tout les ondes de la radio) était, comme en témoigne son titre *Et moi aussi je suis peintre*, une réponse poétique à la prise de possession de la lettre et du mot par la peinture cubiste, mais dès le *Bestiaire ou Cortège d'Orphée* de 1911 on voit posé de la façon la plus franche le problème du rapport entre le poème, son illustration et la page », Michel Butor, Préface à *Calligrammes* d'Apollinaire, Paris, Gallimard, « Poésie », 1966.

HISTOIRE DE L'ÉCRITURE

LA GRANDE INVENTION DE L'ÉCRITURE ET SON ÉVOLUTION

par MARCEL COHEN

Iam ualidis saepti degebant turribus aeuom, et diuisa colebatur discretaque tellus, […] auxilia ac socios iam pacto foedere habebant carminibus cum res gestas coepere poetae tradere ; nec multo priu'sunt elementa reperta. Propterea quid sit prius actum respicere aetas nostra nequit, nisi qua ratio uestigia monstrat.

Déjà on vivait retranché à l'abri de tours solides, et la terre était cultivée, avec des divisions et des limites, […] déjà on obtenait des secours et des alliés par des traités en règle, lorsque des poètes ont commencé à écrire dans des textes le récit des hauts faits : et l'invention de l'alphabet ne peut guère dater de plus loin. C'est pourquoi notre époque ne peut pas avoir de vues sur les événements antérieurs, en dehors des vestiges dont une étude rationnelle donne un aperçu.

LUCRÈCE
De natura rerum (Ier siècle av. J.-C.)
Livre V. Vers 1440-1442 et 1444-1448

Les hommes qui ont inventé et perfectionné l'écriture ont été de grands linguistes et ce sont eux qui ont créé la linguistique.

Antoine MEILLET
(*Bulletin de la Société de linguistique*,
t. XVIII, 1912-1913, p. CXIV)

Quel effet produirait, à un homme du XVIIe *siècle, l'idée de mettre à flot un navire en fer ?*
Autrement dit, quand l'idée de flottabilité s'est-elle détachée du matériau flottable (le bois) – origine de l'idée de navigation – et s'est-elle retirée dans la forme même du vaisseau ?…
… Qui nous donnera une histoire philosophique des inventions, racontée en fonction de l'esprit et non pas seulement de la technique ?

Jean-Richard BLOCH,
Cacaouettes et bananes,
Paris (Gallimard), 1929, p. 221-222

NOTE AU LECTEUR

par Paul-Marie Grinevald

Marcel Cohen naît à Paris en 1884. Il fait une brillante carrière de linguiste. Agrégé de grammaire, il suit les cours d'Antoine Meillet à l'École pratique des hautes études, et les cours de langues sémitiques de l'École nationale des langues orientales dont il est diplômé en 1909 (*Le Parler arabe des Juifs d'Alger*, Champion, 1912). Chargé de mission en Abyssinie en 1910-1911, il apprend l'amharique – qu'il enseignera par la suite, ainsi que le guèze, à l'École nationale des langues orientales – et rapporte une grande quantité de matériaux qui lui permettent de publier un monumental *Traité de langue amharique* (Institut d'ethnologie 1936). Il s'intéresse aussi bien aux aspects linguistiques qu'ethnologiques, devient un grand comparatiste et l'un des pionniers de la sociolinguistique. Après la Libération, il se consacra à des travaux de vulgarisation dans le souci de faire partager ses réflexions et son savoir avec un grand respect du lecteur par un discours clair et d'une grande richesse, comme en témoignent ses travaux sur le français (*Histoire d'une langue : le français*, Éditeurs français réunis, 1947, 2e éd. 1950), la sociolinguistique (*Pour une sociologie du langage*, Albin Michel, 1956), l'écriture (*La Grande Invention de l'écriture et son évolution*, Klincksieck, Imprimerie nationale, 1958). Il dirigea avec Antoine Meillet une somme sur *Les Langues du monde* (Champion, 1924 et CNRS, 1952). Il meurt en 1974, à Viroflay, dans les Yvelines.

Comme en témoigne la bibliographie que nous avons placée en fin de volume, les livres sur l'écriture se sont multipliés. L'histoire de l'écriture a fait de grands progrès, même s'il reste quelques écritures non encore déchiffrées. Nous avons choisi de rééditer ce livre de Marcel Cohen parce qu'il fait date, au point d'être omniprésent dans les bibliographies. Si d'autres livres plus récents retracent l'histoire de l'écriture avec parfois davantage de précisions, l'ouvrage de Marcel Cohen offre une riche et large synthèse. Il apporte une vue d'ensemble de la question, indispensable pour aborder ensuite les points précis, et demeure la source de nombreuses recherches qui se poursuivent de nos jours. Il annonce aussi le colloque *L'Écriture et la psychologie des peuples*, reproduit dans les pages de ce livre.

Les chapitres se suivent et s'articulent avec force. Cohen ne se contente pas de nous expliquer l'évolution des écritures, il nous en montre toutes les richesses. Il aborde tous les types d'écritures (picturale, musicale, mathématique, phonétique…), mais aussi leurs tracés et leurs outils. Il présente les mécanismes de l'invention de l'écriture, le rôle de l'écriture, son usage et ses développements. Même s'il effleure les techniques télévisuelles alors dans leurs balbutiements, elles sont bien présentes. Et surtout il connaît parfaitement la place centrale de l'écriture dans l'évolution de l'humanité, et plus encore dans les mouvements civilisateurs. En linguiste, Cohen sait que l'écriture est un « instrument intellectuel » qui confère, à celui qui le possède et le maîtrise, puissance de raisonnement, de réflexion et d'invention même.

P.-M. G.

CARACTÈRE ET RÉALISATION DE L'OUVRAGE

Le projet de ce livre sur l'écriture a été conçu vers 1936, alors qu'on avait commencé à agiter la question d'une série d'ouvrages sur les grandes inventions : dès le début, mes réflexions ont porté sur le mécanisme de l'invention et sur son application aux différentes langues. Masqué par des travaux plus urgents, ce projet s'est présenté à l'exécution dans les circonstances spéciales de la mise à la retraite anticipée par la loi raciale de 1940, ensuite de la vie clandestine imposée au militant qui s'était dérobé en automne 1941 au danger imminent d'arrestation. La rédaction a été commencée à Éragny-sur-Epte, au dernier trimestre de 1942 ; elle a été continuée et achevée en première version en 1943, à Mortefontaine-en-Thelle, second refuge dans l'Oise. Le minimum nécessaire de documentation m'est venu de bibliothèques de Paris grâce à des liaisons réalisées par des personnes dévouées. Une copie provisoire était faite, à la fin de 1943, quand la participation à la Résistance armée n'a plus laissé de temps pour l'étude. Après la Libération, dès la fin de 1944, revenu à l'Université, j'ai pu trouver dans les bibliothèques des compléments à ma documentation et faire lire mon manuscrit par des spécialistes de différents domaines, qui m'ont fait bénéficier de leurs connaissances. L'Introduction date de l'été 1947, moment où j'ai rédigé la version abrégée de cet ouvrage (*L'Écriture*, Éditions sociales, 1953). L'établissement en manuscrit d'une rédaction revue a commencé en janvier 1949 et a fini, avec quelques lacunes, en octobre 1949 ; la révision et le recomplètement se sont poursuivis en 1950 et 1951 avec une première élaboration de l'illustration.

Étant donné que les années précédentes, et spécialement 1948, ont vu paraître plusieurs ouvrages traitant de l'histoire de l'écriture, c'est sans scrupule que je m'en suis tenu à la rédaction la moins chargée possible, de manière à faire ressortir d'autant mieux les traits essentiels de l'évolution dans les inventions successives, ainsi que les voies de l'adaptation des écritures aux langues. [...]

Les transcriptions ou notations en écriture phonétique, généralement mises entre crochets, sont en partie expliquées en orthographe française ; pour le système employé, se reporter au chapitre X, « Écriture phonétique », p. 309.

Le plan de l'ouvrage, qui comporte forcément une part de compromis entre l'ordre systématique et les données historiques et géographiques, est plus ou moins justifié dans les *Notes liminaires* et les *Préambules*. [...]

[Ma reconnaissance va] à l'Imprimerie nationale, éditeur et imprimeur, à son personnel dirigeant et exécutant : la qualité de la réalisation ajoute à l'ouvrage un lustre quasi inespéré.

INTRODUCTION

L'ÉCRITURE GRANDE INVENTION SOCIALE ET INSTRUMENT INTELLECTUEL

NATURE ET DATE DE L'INVENTION

L'écriture est une des grandes inventions de l'humanité. Elle ne consiste pas dans l'application de forces physico-chimiques de la nature à des objets matériels (comme la poterie, la roue, etc.) pour la satisfaction de besoins élémentaires et généraux, en gros pour l'entretien de la vie. Elle s'applique à une production de l'esprit humain, le langage, qui peut lui-même être considéré sous l'angle d'une invention et qui est un instrument correspondant au besoin de communication et de combinaison des actions dans le groupe social. On peut dire que l'histoire de l'écriture s'insère dans celle du langage, et d'autre part s'insère dans l'histoire des signalisations et transmissions.

L'écriture consiste en une représentation visuelle et durable du langage, qui le rend transportable et conservable. Cette rallonge à un instrument qui consiste en bruits ou en gestes sans durée est réalisée au moyen de techniques à supports matériels solides. L'invention a été réalisée indépendamment en plusieurs foyers de civilisation assez développée, où s'est manifesté le besoin de communication étendue entre des groupes assez nombreux. Elle est restée à un stade rudimentaire dans des groupes lâches (les débuts de ce stade ne peuvent être datés). Elle ne s'est réalisée pleinement que dans des sociétés concentrées, nombreuses sur un espace restreint, essentiellement au stade qui est à la fois celui des villes et des états organisés, pour les besoins de l'administration de telles sociétés ; des écritures assez perfectionnées peuvent être datées grossièrement à environ six mille ans de nous. Le perfectionnement définitif, lié à un avancement plus poussé de la civilisation sous son aspect intellectuel, s'est produit au plus tôt deux mille ans plus tard, donc au cours du second millénaire av. J.-C., de manière à donner l'écriture alphabétique dont nous nous servons encore.

L'usage de l'écriture s'est étendu en surface et en profondeur, à mesure que les civilisations développées s'étendaient et poussaient leurs tentacules parmi les peuples plus arriérés, à mesure aussi que la couche cultivée augmentait parmi les populations avancées ; mais son emploi est encore loin d'être généralisé.

AUTRES INVENTIONS INTELLECTUELLES ET LEURS RAPPORTS AVEC L'ÉCRITURE

Le fonctionnement du cerveau de l'homme et ses besoins d'ordre spirituel ne se bornent pas à la partie de l'activité mentale dont le langage est l'instrument.

À mesure que les facultés pensantes de l'homme se développaient, toutes les techniques du corps ont connu un dépassement, avec des outils ou des instruments.

À la mélodie et au rythme dans l'expression musicale ont servi toutes sortes d'instruments de musique, qui paraissent être extrêmement anciens dans leur quasi-généralité, avec beaucoup de variété. Ils n'interviennent pas dans le développement de l'écriture ; mais des variétés de celle-ci ont fini par être appliquées aussi à la notation des morceaux de musique.

Un besoin d'ornementation avec des figurations d'objets, dont on ne peut pas dater l'origine, mais qui est de loin antérieur à l'écriture, s'est tôt manifesté, inégalement suivant les populations, dans les ornements du corps et des objets et dans les arts plastiques proprement dits : gravure, dessin, peinture, sculpture. Ceci plus ou moins en relation avec des « représentations » mystiques. On voit par l'histoire que l'écriture s'est développée presque entièrement à partir du trait dessiné ou gravé.

Une faculté distincte de celles qui s'expriment par le langage, mais qui répond dans l'ensemble aux mêmes besoins d'action réfléchie et concertée, est celle qu'on peut appeler en gros le calcul. Elle a eu et a encore toutes sortes d'instruments ; l'un de ceux-ci a dû être très tôt la *marque* durable. Celle-ci intervient sans doute pour une petite part dans la constitution de l'écriture, à côté de la représentation figurée ; elle y est presque toujours plus ou moins mélangée. D'autre part l'écriture supplée plus ou moins à son usage. On ne peut pas séparer entièrement les histoires de ces deux ordres de faits.

Pour satisfaire à une partie des besoins qu'il ressent, l'homme s'efforce d'agir par des moyens intellectuels là où l'industrie n'atteint pas. À ses tentatives pour l'action, en relation avec les conceptions qu'il se fait de l'ensemble de la nature et de la place qu'il y occupe, correspondent ce qu'on appelle en gros la magie, la religion, la philosophie, les sciences. La magie est sans doute mêlée à une partie au moins de l'art primitif et ne peut pas être négligée dans certains détails de la naissance et de l'usage de l'écriture. Les religions se sont tôt servies de l'écriture ; elles ont beaucoup contribué à l'extension de son usage, et l'expansion de certaines écritures a dépendu de celles de certaines religions. L'usage de l'écriture a rendu possible le grand développement de la philosophie et des sciences ; de son côté, elle s'est plus ou moins accommodée à leurs besoins.

L'ÉCRITURE ET LES MOYENS TECHNIQUES

L'écriture suppose un matériel : l'instrument pour écrire, l'encre lorsqu'il ne s'agit pas de gravure, et surtout la chose sur quoi écrire. Elle se trouve ainsi liée à toutes sortes de techniques industrielles. Son développement est parallèle à celui de l'emploi d'objets fabriqués, de manière de plus en plus complexe, au lieu d'objets trouvés et plus ou moins accommodés.

Aux débuts de la grande civilisation industrielle européenne est liée l'imprimerie. Les derniers progrès de cette civilisation ont pour résultat de remplacer une partie des emplois de l'écriture par divers instruments.

L'histoire de l'écriture est donc liée, naturellement, à celle de l'ensemble de l'industrie.

LES DIFFICULTÉS DE L'HISTOIRE DE L'ÉCRITURE

Dans les régions où l'écriture est née à époque ancienne, on ne possède aucune indication historique sur les origines ; pour certaines seulement, il y a des légendes mythiques. Les documents en eux-mêmes sont fragmentaires, au hasard des conservations, et des découvertes de l'archéologie et de l'exploration ethnographique ; beaucoup des documents anciens sont indéchiffrés.

Mais même aurait-on beaucoup plus de documents et tous éclaircis et utilisables, il faudrait encore s'attendre à ne pas percer les obscurités des origines ; on n'atteint que très exceptionnellement les restes-témoins, qui ont dû être en petit nombre, des produits d'essais tâtonnants qui ont fait place plus ou moins rapidement à des instruments mieux faits pour se multiplier et pour durer ; il est naturel que les stades d'accomplissement plus ou moins achevé que nous pouvons connaître se présentent à nous précédés d'étapes obscures.

Même pour les époques relativement récentes où on possède des écrits d'historiens et de grammairiens, les faits sont insuffisamment connus, n'ayant pas été assez étudiés par les contemporains. L'histoire de l'écriture est récente et lacunaire.

LE MÉCANISME DE L'INVENTION

On peut reconstituer le processus de la constitution de l'écriture à l'aide de l'étude interne des documents et de la méthode comparative. Il va de la représentation globale à l'analyse, du concret à l'abstrait. Pour le fond, on passe de la figuration du tableau d'une situation à la représentation symbolique des sons qui composent les mots ; pour la forme, on part du dessin figuré ou du tracé schématique pour aboutir au signe convenu ; en même temps le nombre des signes, d'abord en quantité quasi illimitée, se réduit à un très petit nombre.

Au début, il n'apparaît aucune volonté de représenter le langage. Les procédés primitifs sont en effet de deux sortes bien distinctes dont ni l'une ni l'autre ne figure les détails de la parole.

D'abord un signe, qui peut être un objet, une marque ou un dessin, peut être destiné à servir de repère ou d'aide-mémoire à un récitant ou à un messager : c'est une provocation fixée, servant à retardement et à nombre non limité de reprises, pour déclencher l'énonciation d'un texte établi, préalablement confié à une mémoire ; c'est l'objet ou le dessin qui fait parler.

D'autre part un dessin ou une suite de dessins représentant des choses et des actions de manière suffisamment claire, au moins dans le cadre d'une civilisation donnée, peuvent évoquer un ensemble de faits pour ceux qui les regardent à l'emplacement où ils sont laissés ou les reçoivent sur un support transportable : c'est un récit ou un message, pour donner des renseignements utiles. Il peut être « lu » dans une langue quelconque, et dans cette langue avec des mots quelconques ; il peut être compris et faire son effet sans passer en mots. C'est si l'on veut le dessin qui parle ; mais on dira plus justement, suivant l'usage encore actuel parmi nous, une histoire sans paroles. C'est la pictographie, dont nous parlerons comme d'une protoécriture.

L'écriture véritable répond à des besoins plus complexes : on éprouve le besoin de fixer réellement un texte déterminé. Ceci correspond à l'analyse décisive de la phrase en mots, ce qui suppose précisément une certaine conscience du mot, molécule de signification entrant dans des combinaisons diverses. C'est d'une manière générale le stade de l'idéographie.

Théoriquement on pourrait concevoir pour la réalisation un type picto-idéographique pur, chaque dessin représentant une idée-mot, avec autant de dessins différents que de sens distincts ; un pareil système devrait pouvoir être lu dans n'importe quelle langue.

Un exemple réel se rapproche de ce système, c'est celui du chinois. Ceci est dû au fait que la langue chinoise a des mots uniformément d'une seule syllabe, de forme fixe, sans aucune marque grammaticale. Chaque mot étant représenté par un signe différent, il faut des milliers de ces signes pour écrire. Mais en fait ce ne sont pas des dessins reconnaissables, de sorte qu'on ne peut s'en servir pour la lecture dans une autre langue que si on a appris leur signification en chinois : il y a donc déjà liaison de la langue et de la représentation écrite. Tous les autres systèmes actuellement connus s'écartent sérieusement de ce type, et ne peuvent être lus que dans une seule langue, comme il est naturel, chaque société ne se préoccupant que d'écrire son propre langage, de la manière la plus pratique possible.

Or il importe pour toutes les langues de type autre que celui du chinois de représenter non des racines, mais des mots réels, avec leurs marques grammaticales qui sont des variations internes ou des additifs (affixes). De plus il y a le plus souvent des mots accessoires (prépositions ou autres) qui indiquent des rapports et sont difficiles à représenter par des dessins. D'autre part la très grande abondance de signes à valeurs différentes est un fort embarras pour la mémoire. En fait, dans les exemples concrets, on voit que l'analyse en mots s'est accompagnée d'une certaine analyse interne des mots. Surtout on s'est aperçu que des mots courts étaient souvent pareils en son (homophones) à des parties d'autres mots, quelquefois à des mots entiers d'autre sens. Dans ces conditions est né le procédé du *rébus* à transfert que nous employons encore par jeu : le même dessin peut représenter un mot plus ou moins court, de sens concret, et un autre mot ou une partie de mot homophone ; ce procédé permet de réduire d'une manière appréciable le nombre des signes différents. Les parties écrites en rébus, représentant un groupe de sons toujours le même, indépendamment du sens, sont déjà des phonogrammes (écritures de sons) et non plus des idéogrammes (écritures d'idées).

On voit aussi dans les anciennes écritures en question qu'on s'écarte plus ou moins du dessin réaliste. On a d'abord des dessins schématisés, c'est-à-dire que les ensembles sont simplifiés, beaucoup de détails n'apparaissant pas (par exemple les yeux dans les figures) ; de plus bien souvent des parties sont représentées pour le tout : ainsi des cornes pour un boeuf. Il semble qu'on doive admettre que la schématisation a précédé le dessin : souvent les tracés ne représenteraient pas directement les objets, mais des gestes conventionnels adoptés dans le langage par gestes accompagnant et quelquefois remplaçant le langage parlé, qui a dû être autrefois beaucoup plus employé que dans le monde actuel, où il n'est usuel que chez certaines populations. De plus, au bout d'un certain temps, les dessins se schématisent dans le tracé lui-même, pour la commodité et la rapidité de celui-ci. Ceci suppose que le procédé psychologique a changé : de la reconnaissance de l'objet dans le dessin on est passé à la connaissance et à la reconnaissance d'un signe convenu ; le dessin est devenu caractère d'écriture. Les systèmes qu'on peut appeler idéo-phonographiques sont variés dans leur réalisation suivant que les parts de l'idéogramme et du phonogramme sont plus ou moins grandes ; ils doivent être décrits individuellement ; mentionnons seulement ici qu'ils fonctionnent dans l'ensemble avec quelques centaines de signes (moyenne : six cents).

Dans un stade suivant, par un progrès décisif, tous les mots sont découpés en petites parties, correspondant à ce que nous appelons les syllabes et souvent en syllabes simples dont le type ordinaire est une consonne suivie d'une voyelle (ainsi *ta*), sans qu'aucune corresponde à un mot entier, sauf par hasard. C'est un stade purement phonographique, c'est-à-dire que le son est représenté, sans qu'il soit tenu compte d'une signification. Les signes sont alors purement conventionnels, même lorsqu'il arrive qu'ils consistent en représentations d'objets plus ou moins reconnaissables. Ces signes sont en nombre réduit, environ de soixante à cent.

Il semble que ce n'est pas une analyse consciente qui a fait aboutir en certains points à une analyse en sons individuels, consonnes et voyelles détachées. Cette analyse ultime est résultée secondairement de l'habitude prise pour certaines langues de ne représenter expressément que les consonnes, le squelette consonantique suffisant à la reconnaissance des mots, qui se complètent dans la conscience du lecteur. Ce système est donc moins rigoureusement phonographique que le système syllabique ; mais il a mené indirectement à l'établissement du système phonographique parfait, lorsqu'on a complété l'*alphabet* consonantique par des signes représentant les voyelles. D'où le système alphabétique complet qui est le nôtre. Les signes sont purement conventionnels et ne rappellent plus du tout les dessins originels. Ils sont en nombre très réduit, de vingt-cinq à trente.

Le schéma qui précède fait ressortir les démarches successives qui correspondent à des progrès de l'esprit humain tant dans les vues théoriques que dans l'adaptation pratique d'un instrument.

Dans la réalité, ainsi qu'on le voit par ailleurs dans l'histoire des langues, et de bien d'autres choses, il y a constamment des mélanges et des chevauchements.

Dans les orthographes et dans les habitudes de tracés et de disposition de l'écriture alphabétique, il y a d'incessantes contradictions entre la représentation des sons, parties composantes des mots, et la représentation des mots pris comme unité. Il faut tenir compte constamment de ces deux éléments. De plus, il ne faut jamais oublier que les mots eux-mêmes sont des éléments de phrases ; il faut examiner dans quelle mesure ils sont isolés ou groupés.

L'histoire montre aussi qu'un système complexe constitué en un certain lieu et une certaine époque ne parcourt pas tous les stades. La normale est que, embarrassé de lui-même, il aboutit à une impasse. Le progrès se fait souvent, sinon le plus souvent, sur un autre terrain, où on peut avoir eu connaissance des stades antérieurs et de leurs inconvénients. Il y a donc des discontinuités, avec dépassements. Le résultat est fréquemment une substitution d'écriture dans un même domaine linguistique.

RÔLE ET USAGE DE L'ÉCRITURE ET DE LA LECTURE

L'emploi de l'écriture est fonction de son utilité dans une société donnée. Celle-ci est elle-même différente en raison des autres moyens employés pour les transmissions, les conservations, la publicité. On ne peut pas étudier complètement le rôle de l'écriture sans considérer en même temps diverses professions permanentes ou les fonctions occasionnelles de divers personnages.

L'écriture est devenue de plus en plus l'organe d'une mémoire collective. Elle ne s'est pas substituée simplement à un exercice de la mémoire individuelle ordinaire, mais à l'emploi de la mémoire cultivée par dressage chez des individus de catégories spéciales : messagers et hérauts, hommes de loi, aèdes, magiciens et prêtres, gardiens des traditions, etc. Elle a été utilisée différemment par ces différentes catégories, et a été souvent le propre de scribes professionnels.

Au total, même dans nos sociétés, comme le langage sert avant tout aux conversations au cours de la journée et au soliloque intérieur, le papier reçoit surtout les lettres missives, les comptes, les rapports, les notes et brouillons, les devoirs d'élèves et, pour l'imprimé, l'information journalistique. Oralement et par écrit, l'enseignement, la propagande, l'art littéraire ont une part quantitativement bien inférieure.

L'usage premier de l'écriture a dû être un peu partout le message plus ou moins officiel. Le second serait commercial et juridique : tenue des comptes, contrats. Pour la vie magique et religieuse, d'abord, suivant les lieux, des amulettes (qu'on doit porter sur soi) et des calendriers. Les inscriptions sur les tombeaux, pour en assurer la conservation et pour préserver une espèce de survie du mort, et surtout d'un mort important (notamment un roi qui veut perpétuer sa dynastie), sont souvent précoces. Puis se multiplient les proclamations et édits gouvernementaux ou des textes de traités, dans le chapitre de la publicité. Les chroniques, les recueils rituels ne viennent qu'ensuite. Les matières d'enseignement, ou les pièces de distraction, ensuite encore.

La lecture est à considérer parallèlement à l'écriture. En cas de message, est-ce le messager qui lit (accrédité par le texte qu'il porte), ou le destinataire ? Pour le contrat, il peut n'être lu que par celui qui est chargé de le conserver ou de le faire appliquer. Le texte magique de l'amulette, normalement, n'est pas lu par le porteur. Les inscriptions tombales et autres sembleraient n'avoir de valeur que lues par ceux qui les voient ; mais la vue même a une valeur, et ici le caractère ornemental est important. Le secrétaire scribe est souvent en même temps un secrétaire lecteur. Mais le contraire peut se produire : les philosophies et savants de l'Antiquité semblent avoir généralement dicté et non écrit eux-mêmes, mais lisaient ou relisaient ; il semble d'ailleurs que c'était généralement à haute voix.

Il faut se représenter que les documents écrits ont d'abord été uniques et non recopiés, faits pour une circonstance et dans un lieu donné, où ils restaient conservés. Les premiers groupements ont été des archives officielles ou privées, non proprement des bibliothèques. Des textes répétés, comme des édits inscrits en divers lieux ou des écrits rituels (ainsi ce qu'on appelle improprement le Livre des morts dans l'Égypte ancienne) étaient encore loin du livre circulant.

On doit dire qu'une première révolution dans l'usage de l'écriture et de la lecture a été l'apparition du livre manuscrit reproduit à nombreux exemplaires. Cette apparition, partout où elle s'est produite, a marqué le moment de l'étape importante où l'écriture, résultat du progrès général, devient un puissant moteur des progrès ultérieurs.

Cette apparition du livre est en relation avec celle de nouvelles professions, celle des scribes spécialisés comme copistes, pouvant être groupés en ateliers pour écrire sous la dictée, et celle beaucoup plus rare des philologues savants qui étudient les textes et préparent les éditions ; mais elle suppose aussi plus ou moins l'extension de l'instruction chez des non-professionnels. Parmi les premiers livres importants se rangent les grands recueils de textes religieux tels que la Bible.

Le livre permet à la fois la lecture en public, solennelle, rituelle, en différents endroits, et d'autre part la lecture individuelle et la méditation sur un texte.

La révolution de l'imprimerie a été d'abord surtout quantitative, en multipliant le livre et en abaissant considérablement son prix. Mais elle a été en même temps et de plus en plus qualitative, d'une part en donnant un public à la littérature en prose, roman ou traité philosophique, politique, scientifique, et surtout en faisant passer dans l'écrit un nouveau et énorme compartiment de la communication orale. L'imprimerie n'a pris tout son sens qu'à mesure qu'à l'almanach, précurseur, a succédé la presse périodique, puis quotidienne. Le journal, immense mangeur de papier, y inscrit l'information, naguère colportée de bouche en bouche, et la propagande, autrefois réservée à l'assemblée ou à la rencontre personnelle. Ici encore, nouvelles professions, nombreuses industries de l'imprimerie, corporations de rédacteurs.

Le XXe siècle avançant voit les nouvelles inventions concurrencer l'écriture sur son plus ancien et son plus récent terrain. Le téléphone épargne des quantités de lettres, et la radiodiffusion et la télévision commencent à faire pièce au journal, sans parler du reste. On ne peut pas mesurer encore les conséquences de cette nouvelle révolution.

LES ÉLÉMENTS ÉMOTIFS DE L'ÉCRITURE

Au point de vue purement intellectuel, le tracé n'importe pas. Mais de même que le langage est constamment pénétré d'émotion, l'écriture est inséparable de sentiments esthétiques et autres.

Dans certaines civilisations attardées, le caractère tracé inclut toujours quelque chose d'une force magique. Chez nous-mêmes, l'écrit n'est pas sans impressionner souvent par son existence même.

Les écritures servent assez souvent d'ornements. Leur usage peut se développer dans ce sens, de manière à devenir un adjuvant ou un substitut des arts de figuration.

Par eux-mêmes les tracés, si variés, ont une valeur esthétique répondant à un obscur sentiment des nations et d'autres communautés de civilisation.

Le tracé individuel reflète des traits du caractère et de l'intelligence.

ÉVOLUTION DES TRACÉS

En dehors des tendances esthétiques, les tracés dépendent de certaines conditions de commodité à l'usage.

Les matériaux employés peuvent n'être pas sans influence. Mais le principal en la matière est l'adaptation à l'emploi, dans les procédés généraux du tracé.

De déséquilibre en équilibre nouveau les tracés ont leur évolution propre, de sorte que l'origine commune de certaines écritures devenues très différentes d'aspect peut être indécelable si on ne possède pas les formes de transition. C'est une des difficultés de l'étude et une des raisons qui créent des lacunes dans l'histoire des écritures.

Le besoin de lisibilité fait souvent créer des modifications secondaires intentionnelles dans le tracé de certains signes.

LES CARACTÈRES ET LES SIGNES

La marque est distincte de l'écriture proprement dite. Elle sert d'ordinaire à des usages purement intellectuels, à part de la pensée ordinaire, comme le calcul et ses dérivations les plus perfectionnées.

Il y a lieu de distinguer, dans l'usage écrit, les caractères ou lettres et les signes. Ceux-ci ont généralement un tracé simple qui ne doit rien aux dessins ancestraux, et d'autre part ils peuvent plus ou moins s'utiliser avec des écritures différentes.

Dans l'écriture proprement dite, des signes-marques s'introduisent souvent pour noter ce que les caractères ne suffisent pas à représenter : c'est le cas notamment de toutes les ponctuations.

Pour la numération en chiffres, qui peut servir à part, mais qui se mélange souvent à l'écriture, les relations avec celle-ci sont variées ; des marques peuvent se confondre avec des tracés de caractères, des caractères plus ou moins modifiés peuvent servir de chiffres ou d'autres signes conventionnels de calcul.

Enfin des systèmes de signes-marques peuvent pour certains usages remplacer entièrement le tracé normal.

Ici comme ailleurs les interactions et les interférences se rencontrent normalement.

L'ÉTUDE DE L'ÉCRITURE

De tout ce qui précède, il résulte qu'il y a des conditions et des mouvements propres à l'écriture, dont il faut essayer de déterminer la nature et les allures. Ceci ne peut se faire qu'en considérant à la fois en elles-mêmes les choses que sont le système de représentation de la parole par des signes, le tracé de ces signes, l'emploi plus ou moins étendu de l'écriture, et la manière dont ces choses apparaissent, se figent momentanément, se modifient, disparaissent, en relation avec l'évolution d'autres éléments de la vie collective dans chaque société. Ici comme en d'autres matières, les mouvements particuliers qui ont chacun leur caractère et leur rythme propre se combinent les uns avec les autres et sont des composantes du mouvement d'ensemble.

PROLOGUE

Avant l'invention de l'écriture

NOTE LIMINAIRE

Ce vestibule de l'ouvrage, en un chapitre unique, est nécessaire pour situer l'écriture, avant de l'étudier. De vastes questions sont touchées ici, mais d'une touche légère : il s'agit de déblayer la voie avant d'aborder le sujet propre du travail. S'il est évité dans la rédaction du corps de l'ouvrage de revenir sur ces matières, le lecteur ne devra à aucun moment omettre leur existence.

CHAPITRE PREMIER

SIGNES, SYMBOLES, SIGNAUX AVANT L'ÉCRITURE ET À CÔTÉ D'ELLE

Préambule

Les peuples en possession d'une écriture en ont généralement attribué l'origine à quelque dieu mineur ou à quelque héros civilisateur, dont ce n'est pas la seule activité notable : l'écriture est légendairement liée à d'autres faits de civilisation.

Il convient que nous aussi nous mettions en lumière les connexions que nous pourrons discerner, en utilisant les ressources de la recherche comparative. Aussi bien les faits qui conditionnent une invention sont normalement complexes, la convergence de causes multiples à l'origine est inévitable, et l'invention réalisée ne subsiste pas sans liaisons multiples.

La curiosité devra se porter non seulement sur les circonstances sociales et les conditions du fonctionnement intellectuel, mais aussi sur le matériel fourni aux hommes de diverses régions par la nature environnante et par leurs industries usuelles.

Il ne faudra pas oublier que la conservation des matériaux est plutôt moins fréquente que leur élimination, et qu'il est naturel que la préhistoire que nous essayons de reconstituer comporte de graves lacunes. Aussi, de même que dans l'histoire des techniques en général il faut considérer, en face des pierres, des poteries dures, des métaux qui se conservent bien, tout ce qui est objet en os, en bois, en fibre, en peau, en poterie friable, en métal oxydable, on doit prendre garde, en ce qui concerne la fixation tangible des opérations de l'esprit, à tout ce qui est périssable, non conservable.

Plus encore, il faut tenir grand compte de ce qui est fugitif, non conservé systématiquement. L'abondance des signes qui ne comportent aucun tracé, alors qu'ils peuvent être suppléés à l'occasion par du dessin ou de l'écriture, est très grande. Si on veut situer l'écriture dans le temps et aussi, à l'époque présente, en extension, il faut relever le plus grand nombre possible de ces signes, dont certains ont encore un large emploi.

En particulier on considérera les signes que constituent souvent la présence ou l'absence soit d'un objet soit d'un être, et en cas de présence les positions réciproques et les diverses combinaisons. On pourrait encore considérer les signes que constituent les détails d'équipement ou d'ornementation des hommes eux-mêmes et aussi leurs groupements et attitudes. L'escorte est le signe du commandement autant que le sceptre. Les postures d'adoration sont une sorte de supplément ou de substitut du langage. Les gestes de contractants et de témoins au contrat ont une importance non encore abolie, et que l'usage postérieur de l'écriture n'a que partiellement restreinte.

Donc, préliminairement à l'histoire de l'écriture, les pages suivantes présentent un tableau sommaire, distribué suivant le fonctionnement de diverses activités et institutions, d'un certain nombre de représentations intellectuelles, fugitives ou durables, qui sont autres que l'écriture – et qui ne correspondent pas toujours à des emplois du langage. Elles ont souvent en commun avec l'écriture la décomposition ou analyse des opérations ou notions qu'il s'agit de symboliser. Elles n'évoquent pas directement des paroles, mais elles peuvent si on veut s'interpréter en paroles.

En outre, certaines marques dont il sera question sont à l'origine des chiffres, et ont pu avoir dans certains cas une influence sur l'écriture elle-même ; quant aux dessins, dont il y a aussi à parler, ils sont à l'origine même de son développement.

CHASSE, GUERRE, NOMADISME. – PROCÉDÉS D'INFORMATION

Les hommes en chasse ou en guerre peuvent se servir de marques perfectionnant les indications que donnent les traces laissées involontairement par les animaux et par les hommes : ce sont des branchettes cassées, des bouts de branches ou des plantes nouées, des encoches faites avec un instrument tranchant sur l'écorce des arbres, etc.

Une pierre, un ensemble de cailloux ou d'autres objets (ainsi des graines) peuvent être placés de manière convenue pour signifier quelque chose aux yeux de ceux qui les verront après le passage de celui qui a effectué le dépôt. Ici la marque réside, fait important, dans la position déterminée des objets, et en somme dans un tracé temporaire. On doit ajouter ici tous les signaux perceptibles à la vue ou à l'oreille qui constituent des mises en garde, des appels aux armes, des avis divers.

RENCONTRES, AMBASSADES, CONVENTIONS, MESSAGES

La rencontre comporte des gestes convenus, de paix ou de combat. En regard de défis ou de menaces, l'engagement pacifique de la poignée de main ou paumée, telle attitude valant un serment d'alliance.

Lorsqu'on doit s'exprimer à distance, avec envoi de messagers, les objets symboliques interviennent fréquemment.

Le bâton, de forme spéciale ou avec des ornements, ou un autre objet, peut servir seulement à accréditer un messager ; ainsi les bâtons du roi au Dahomey en Afrique occidentale.

Un objet envoyé peut aussi constituer un message en lui-même, par divers procédés.

– L'objet seul (ou la réunion de plusieurs objets semblables) a une signification : ainsi des flèches seront envoyées comme défi.

– Une réunion voulue d'objets comporte un sens plus ou moins compliqué, constituant un « discours par choses » (en allemand *Sinnrebus*). Ainsi dans l'envoi à Darius par les Scythes (raconté par Hérodote, livre IV, chap. 131-132) d'un oiseau, une souris, une grenouille et cinq flèches, la solution étant : « Si vous ne vous échappez en l'air comme l'oiseau, sous terre comme la souris, dans l'eau comme la grenouille, nos flèches vous tueront. »

– L'objet est incisé de traits auxquels s'attache une signification, comme des bâtons-messages des Australiens, entre autres ; ou bien il comporte des combinaisons de couleurs : ainsi chez des Indiens de l'Amérique du Nord, des enfilades de coquilles où le rouge signifie la guerre, le blanc la paix, etc. (voir ci-dessous, « Enseignement et divertissement », p. 32)

– Le nom de l'objet est pareil ou analogue à l'idée qu'on veut transmettre ; ainsi dans un pays où on dit de même « anneau » et « retour » un anneau est envoyé à un exilé pour le rappeler : c'est un rébus à transfert en choses.

– L'objet est une cordelette ou un ensemble de cordelettes, avec des nœuds ayant une signification convenue. Il y a des exemples en Chine préhistorique d'après la tradition, et en Nigeria dans l'Afrique moderne. (Pour les calculs, voir ci-dessous, « Marchés, comptes et paiements », p. 27.)

COMMANDEMENT ET PRESTIGE INTELLECTUEL

L'autorité du chef, le prestige du guide spirituel sont généralement appuyés par des signes extérieurs : port d'objets, ornements et vêtements spéciaux.

Le plus ancien symbole de prestige paraît avoir été le port d'un bâton spécial, dont nous connaissons les survivances dans le sceptre, la crosse d'évêque, le bâton du maréchal, la canne du tambour-major et même la canne de promenade en ville. Les bâtons de commandement jouent un grand rôle dans beaucoup d'anciennes civilisations. Compliqués d'ornements variés et symboliques, ils sont importants pour l'histoire de l'art primitif. À la conservation indéfinie de l'os et de l'ivoire nous devons la connaissance d'objets de ce genre chez les paléolithiques magdaléniens, dont l'usage est corroboré par l'emploi des mêmes objets chez les Eskimos actuels.

Lorsque le bâton est celui d'un récitant professionnel, les ornements peuvent facilement devenir des symboles de ce qu'il déclame, et éventuellement des aide-mémoire pour lui-même (voir ci-dessous, « Enseignement et divertissement », p. 32). Ainsi des orateurs ou récitateurs néo-zélandais jouent d'une massue gravée ; les généalogistes de la même population ont une tige cochée, mais comme ils savent par cœur l'énumération des ancêtres, il semble que cette tige serve à souligner leur récitation plutôt qu'à la guider. De même les prêtres de Tahiti et des îles Touamotou symbolisent les poèmes par un bâton ou un autre objet qu'ils déposent sur l'autel après la récitation (voir ci-dessous, « Enseignement et divertissement », p. 32). Ceci rappelle une tradition qui montrait des poètes grecs récitant un bâton à la main.

APPARTENANCE

Les distinctions entre des populations, surtout entre des fractions de populations physiquement homogènes, sont fréquemment marquées par des tatouages. Ceux-ci peuvent être des figures dessinées représentant un objet, spécialement un totem ; plus fréquemment ce sont des combinaisons simples de traits.

MARQUES DE PROPRIÉTÉ
brodées sur le linge à Örhalom
(Hongrie)

Pour noter l'appartenance du bétail, on emploie des marques sur le pelage, obtenues soit par des coupes dans la toison, soit par brûlure ou incision, ou aussi par teinture. Les « marques de propriété » peuvent être appliquées aussi à d'autres objets (ainsi de nos jours encore, en Hongrie, sur les vêtements et sur le linge). Elles peuvent même figurer, par utilité ou par jeu, sur des pierres, des pans de rocher, des monuments et ainsi traverser les siècles.

Les marques d'appartenance sont à l'origine du blason, c'est-à-dire des dessins distinctifs portés soit par certaines personnes nobles et par des hommes et objets de leur appartenance, soit par les membres d'une communauté. Un cas particulier est celui des armes parlantes ou en rébus figurant en image un objet qui rappelle le nom du titulaire.

L'emploi le plus général des « armes » proprement dites ou de symboles analogues est l'emploi sur les cachets ou sceaux dont l'application vaut la signature ou, dans des stades postérieurs de l'usage de l'écriture, accompagne la signature.

Sans doute faudrait-il tenir compte ici d'un caractère symbolique de l'ornementation d'objets personnels, même chez des gens qui ne sont pas personnages à prestige ; ainsi des cuillers sculptées, chez de nombreuses populations, précédant le chiffre de l'argenterie, de la vaisselle et du linge.

Les ornements symboliques des vêtements appartiennent à ce même ordre d'idées. Les dessins, soit représentations artistiques d'objets, soit ornements stylisés et répétés, y jouent un grand rôle ; ainsi les tracés de couleurs différentes tissés dans les lainages écossais sont des insignes de clans.

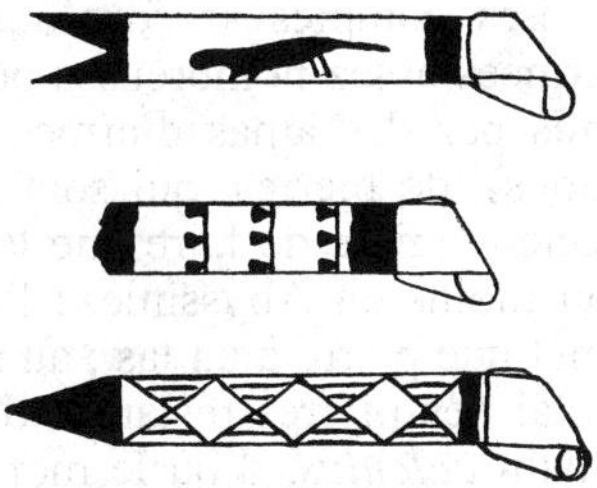

NŒUDS DE PÉNIS DES INDIENS BORORO portant les marques caractéristiques du clan du propriétaire

MARCHÉS, COMPTES ET PAIEMENTS. – PROCÉDÉS DE CALCUL

Le marché comporte généralement la présentation de l'objet à vendre. La proposition de contre-valeur peut se faire aussi en présentation d'objet. Dans diverses sociétés, la conclusion du marché se fait par le coup dans la main ou tope, qui vaut signature.

La présentation permanente d'objets à vendre est symbolisée par l'enseigne, qui consiste souvent en un objet ; ainsi la branche de sapin ou autre pour annoncer un débit de boissons est encore usuelle en Europe.

Le calcul comporte des opérations d'esprit plus ou moins compliquées, répondant souvent à un besoin actuel, qui ne met pas en jeu la mémoire. Il est nécessaire dans toute société à échanges et à salaire, alors même qu'on peut s'y passer d'écrire et de lire. Des hommes qui ne disposent ni de l'écriture ni de chiffres se tirent des difficultés du calcul (qu'ils sont incapables de faire de tête) par toutes sortes d'artifices matériels.

Le procédé sans doute le plus ancien est l'appel à certaines parties du corps et surtout des membres. Le calcul sur les doigts des mains et des pieds (là où la chaussure ne cache pas les orteils) est général ou quasi général. Il est très varié suivant les populations. L'emploi des totaux constitués par une main entière ou les deux mains, ou les mains et les pieds réunis, souvent le compte sur les phalanges, permettent de passer des unités aux dizaines, de là à de plus grands nombres. Des comptes manuels s'observent encore de nos jours, notamment entre des gens qui n'ont pas de langage commun. On en a constaté l'emploi entre des marchands hindous et d'autres, quelquefois sous la table, pour des transactions muettes et cachées.

Les mesures de longueur sont habituellement liées à des parties des membres : pouce, pied, coudée, etc. Une main ou deux mains fournissent des mesures de capacité.

Les comptes se font aussi avec des objets symboliques. Ainsi des armées assez nombreuses peuvent compter les morts et prisonniers ennemis par des amas d'armes, de trophées sanglants (obtenus par mutilations), de pierres, qui sont dénombrés au lieu des hommes eux-mêmes. Une manière de faire une « soustraction en action » est celle-ci (signalée au moins en Abyssinie) : l'armée partant en expédition, chaque homme met une pierre à un tas ; au retour, chaque survivant enlève une pierre ; le total des pierres restantes donne celui des pertes. L'emploi des cailloux (latin *calculus*, d'où le mot « calcul ») est très répandu : des groupes ou des rangées de cailloux permettent d'opérer sur dizaines ou centaines. Au lieu de cailloux on peut utiliser des coquillages, des fruits durs ou grosses graines, des petites crottes séchées d'animal.

La survivance dans les sociétés modernes est celle des jetons qui ont servi ou servent encore soit pour des comptes soit pour des jeux, librement, ou avec cadre tracé ; l'échiquier a été longtemps employé pour les calculs en Europe occidentale.

Les petits objets servant à compter peuvent être percés et enfilés. Ainsi les coquillages dits cauris.

De là on passe à l'instrument qu'est le boulier compteur, d'usage encore général de nos jours dans certaines régions (notamment en Europe orientale et en Chine) ; des grains y sont enfilés, avec un ordre et des colorations convenus : l'instrument de compte est permanent, alors qu'on n'y conserve pas de trace du calcul lui-même. Il est d'autres systèmes de marqueurs ayant les mêmes caractéristiques, comme ceux qu'on emploie pour les jeux de cartes.

Chez les populations où l'emploi de la fibre tordue joue un grand rôle (Mélanésie, Afrique, Amérique), le calcul se fait souvent au moyen de nœuds de cordelettes. La réunion des cordelettes, avec combinaisons de nœuds et de couleurs, permet des opérations compliquées. Leur conservation permet de garder trace de ces opérations, de faire des statistiques, des répartitions de redevances ou de distributions, d'établir des archives budgétaires. C'est ainsi que le *kipou*, en orthographe espagnole *quipu* (ensemble de cordelettes à calcul) a répondu aux besoins de l'administration dans l'État bien organisé des souverains appelés Incas (Pérou, Équateur, Bolivie actuels, XIIe-XVIe siècle), où l'écriture tracée n'était pas connue ; il semble avoir servi aussi à faire des espèces de calendriers et peut-être d'autre part à transmettre des messages.

Le signe incisé ou marque (en creux) apparaît dans le procédé des baguettes à encoches. Ainsi la Chine ancienne a connu des contrats signifiés par des bâtons incisés ; les baguettes à compter sont connues dans la tradition coréenne. L'usage de la taille de boulanger, entre autres, s'est perpétué en Europe même jusqu'à nos jours : une encoche faite sur deux pièces de bois accolées, dont l'une reste ensuite entre les mains du marchand, l'autre entre celles du client, est le signe de la livraison d'une unité connue (un pain) : c'est la conservation du témoin matériel d'une livraison jusqu'à la livraison d'une valeur d'échange[1].

Des formes analogues du crédit peuvent employer des traits marqués avec une matière colorante : l'exemple le plus proche de nous est l'ardoise chez le marchand de vin, un trait à la craie représentant une consommation.

JEUX À COMBINAISONS

Les jeux d'enfants ou de grandes personnes ont souvent des rapports avec les nombres et donnent lieu à des représentations.

Les jeux collectifs peuvent comporter des dénombrements réalisés par la situation même des personnes : divisions en camps adverses, en personnages de rôle différent (cheval et cavalier), rassemblement total après dispersion (cache-cache). À la distribution des groupes et des rôles sont liées les comptines rythmées ; on peut dire, inversement, que les groupements, entrées, sorties, sont des expressions matérialisées des comptines.

Les jeux à accessoires reposent souvent sur des comptes de coups réussis ou manqués, ou sur des comptes d'objets mis en certaines positions (osselets). Souvent un tracé sur le sol ou sur une tablette est nécessaire : marelle, jeux à trous et à billes, jeux à jetons (trictrac), etc.

Un cas particulier et important est le jeu de ficelle (*cat's cradle*, en anglais « berceau de chat ») pratiqué en Océanie, dans la majeure partie de l'Afrique, chez les Eskimos : les tracés y sont l'essentiel, mais sont temporaires ; ils sont d'autre part fréquemment symboliques et souvent en relation avec des récitations ; dans différentes régions et spécialement en Europe ce jeu n'est plus qu'un amusement.

---

1. Descriptions littéraires de la taille de boulanger : dans les environs de Saint-Étienne en 1869. « Les femmes tendaient un morceau de bois long de vingt centimètres environ, marqué de traits de lime. Tous ces bois étaient différents, les uns taillés dans une branche, les autres carrés, rabotés. Le boulanger avait les doubles, enfilés à une lanière. Il cherchait le nom inscrit sur la tête de ses bois, adaptait celui de la cliente, les "coches" correspondaient exactement ; chiffres romains, I, V, X, représentant le poids du pain délivré » (André Philippe, *Michel Rondet*, Paris, 1949, p. 169). Ailleurs, les coches peuvent être uniformément un simple trait ; les formes des bouts de bois peuvent être unifiées ; l'écriture pour le nom peut manquer. Dans le Hainaut, vers 1900 : « Le boulanger allait de porte en porte dans sa carriole. Il hélait la ménagère. Elle apportait sa "taille". C'était une planchette étroite et longue comme le fer d'un couteau ; Élie possédait la pareille. Il les juxtaposait et sur la tranche des deux, traçait à la scie autant d'encoches qu'il donnait de pains de six livres. Le contrôle était ainsi facile. Le nombre des encoches demeurait le même sur l'un et l'autre témoin. Impossible à la ménagère d'en effacer sur les deux à la fois ; impossible au boulanger d'en ajouter » (René Jouglet, « Les paysans », *Europe*, mars 1951, p. 61). Pour le calcul du temps, on connaît des calendriers incisés sur bois dans le monde germanique ancien, auquel ils ont été empruntés par le domaine finnois contigu.

MAGIE, DIVINATION ; ASTRONOMIE ; RELIGION

La magie et la divination, si importantes dans toutes les sociétés anciennes, et qui ont été si longtemps intimement mêlées au développement des sciences, ont fait usage de l'observation et de l'interprétation de signes naturels ou provoqués : ainsi la disposition de lignes ou de points sur certaines parties des entrailles de victimes de sacrifices, des tracés temporaires sur le sable.

ZODIAQUE

L'étude très ancienne de l'astronomie s'est faite au moyen de l'observation des constellations : combinaisons de points suggérant des tracés à lignes, qui eux-mêmes rappellent des objets. Le zodiaque[1], dont la division en douze parties repose sur la correspondance approximative entre la révolution apparente du soleil et les « maisons », comporte autant de tracés qui ont été, au moins dans la civilisation méditerranéenne, schématisés en symboles simplifiés, de même que d'autres dessins sont devenus des lettres.

On peut mentionner ici divers signes tracés se rattachant à des conceptions ou pratiques magiques ou religieuses qui ont été observées récemment en Afrique occidentale.

Le compte du temps, effectué par divers procédés (mesure de l'ombre portée par l'homme ou par un objet vertical, cadran solaire, bâtonnet à encoches avec repère déplaçable, cordelette à nœuds) est souvent en relation avec des cérémonies rituelles périodiques ou des prophéties.

Des hommes préhistoriques de la main desquels on n'a retrouvé aucun signe proprement dit gravé ou peint ont laissé, sur des parois de grottes ou sur des surfaces de rocher à air libre, des figures d'animaux et d'hommes en incision, en relief, en peinture ; certaines images figurent sur des objets en os et en ivoire (art paléolithique magdalénien).

Des images analogues se trouvent encore chez des populations qu'on sait dénuées de tout système d'écriture, comme les Bochimans en Afrique australe ; malheureusement, il semble qu'aucun enquêteur n'ait obtenu jusqu'ici de ceux-ci une interprétation de leurs œuvres.

Les préhistoriens sont d'accord pour penser que ces premières œuvres d'art ont dû être liées sinon dès l'origine au moins secondairement à des pratiques magiques, surtout à un envoûte-

1. Les dénominations sont, de haut en bas : *aries* « le bélier », *taurus* « le taureau », *gemini* « les gémeaux », *cancer* « l'écrevisse », *leo* « le lion », *virgo* « la Vierge », *libra* « la balance », *scorpius* « le scorpion », *sagittarius* « le sagittaire », *capricornus* « le capricorne », *aquarius* « le verseau », *pisces* « les poissons ».

ment du gibier : les scènes de chasse devaient être dessinées pour agir sur les animaux représentés, en facilitant leur capture ou leur multiplication. Savoir si la contemplation rituelle de ces images ne déclenchait pas des psalmodies d'incantations ? Il a pu y avoir alliance des premiers tableaux et des premières frises avec des textes rythmés à valeur magique.

Dans l'usage de la magie, jusqu'à nos jours, à côté des objets servant de talismans, on se sert souvent des charmes dessinés, de manière réaliste ou schématique, devant agir par ressemblance directe ou par symbole. Souvent le tracé, par le fait de le voir ou plus souvent celui de le porter sur soi ou de l'avoir présent sur une propriété (ainsi le montant de la porte) est censé agir par lui-même. Il est souvent doublé d'une formule écrite.

Mais l'attention prêtée aux choses dessinées ne doit pas faire négliger d'autres systèmes de signes. Les danses et mascarades qui jouent un si grand rôle dans les civilisations les plus arriérées que nous connaissions actuellement sont des ensembles expressifs, figurés par les attitudes, les positions et les mouvements en même temps que par l'accoutrement des figurants. Ceci pour la vue. Pour l'ouïe s'ajoutent des sons spéciaux, souvent pris comme symboles (ainsi la figuration d'un esprit mystérieux par le ronflement du rhombe), ou des rythmes significatifs des danses et des cérémonies.

Le symbole, forme conventionnelle, intellectualisée, de la représentation, est habituel dans les usages de la magie ou du culte, aussi bien avant qu'après l'invention de l'écriture. Or, à côté de nombreux objets placés rituellement dans et sur les tombes (notamment des armes), des offrandes aux autels et statues des ancêtres et des dieux, des combinaisons d'objets destinées à envoûter ou à délier, les hommes ont fait usage de tracés plus ou moins schématisés destinés à jouer le même rôle.

FIGURE TALISMANIQUE
dans un manuscrit abyssin[1]
[les grisés sont en rouge dans l'original]

1. La figure talismanique est extraite du manuscrit éthiopien n° 39 de la collection Marcel Cohen ; c'est une amulette (n° XIX) sur une longue bande étroite de parchemin (1,45 m × 0,06 m). Elle se trouve au milieu de la bande et accompagne des formules pour l'« enchaînement des démons ». Remarquer le visage incomplet, et les sortes de caractères entremêlés, avec des lignes terminées en œillets. Comparer les caractères bouletés ou lettres à lunettes.

Tels de ces tracés peuvent avoir pris des formes géométriques ou divers aspects ressemblant à des éléments de l'écriture des stades postérieurs, sans cependant qu'on puisse les assimiler à des suites de caractères, ni qu'on doive chercher précisément à « lire » leur ensemble.

Il en serait ainsi de nombreux tracés laissés sur les voûtes rocheuses et sur les monuments construits en grosses pierres (mégalithes) par des populations de l'époque néolithique en Europe occidentale et ailleurs. Il y a des chances pour que la même chose, sans plus, soit à dire des signes des galets peints qui ont été trouvés au Mas d'Azil en France (période mésolithique)[1] .

À époque contemporaine, on peut trouver des analogues dans des morceaux de bois ou de pierre des Australiens, dénommés d'un nom qu'on transcrit diversement en français, de *tyourounga* à *churinga*, et qui sont des objets sacrés, portant des tracés schématisés et conventionnels plus ou moins liés à des enseignements d'initiation pour l'époque de la puberté.

Des représentations analogues se trouvent sur certains tapas océaniens[2].

ENSEIGNEMENT ET DIVERTISSEMENT

Les rites et symboles peuvent être spécialement liés à une opération de mémoire, en même temps qu'à un sentiment esthétique ou à un appel d'obligation morale.

Des objets incluent en eux-mêmes des rappels d'événements ou des enseignements grâce à des formes imitées (dessins) ou à un symbolisme de formes, de dispositions et de couleurs.

On peut ranger ici, sur la limite de la pictographie, des robes portées par certains personnages chez les Indiens d'Amérique du Nord, où sont peintes des scènes de leur biographie. Le même usage se rencontre en Sibérie.

Il convient de mentionner ici des figurations sur les mâts-totems des mêmes Indiens.

Chez les mêmes populations d'Amérique il y a à noter les enfilades de coquilles (déjà citées ci-dessus p. 25), qu'on appelle des *wampoum* et qu'on

1. Il faut espérer que des découvertes et des études ultérieures éclairciront quelque peu le caractère de divers signes actuellement mystérieux. Sans doute faut-il penser à établir une continuité d'usage entre les plus anciens signes gravés et les éléments connus postérieurement, notamment les marques de propriété. À celles-ci se rattachent les sceaux dessinés. Dans les premières manifestations de l'écriture il faudrait marquer la place des signatures sur sceaux, précisément, et aussi des graffiti comportant la signature, augmentés de plus ou moins de détails personnels. Divers auteurs n'ont pas écarté l'idée de voir des signes arithmétiques sur les galets peints de la station mésolithique du Mas d'Azil (département de l'Ariège, France).

2. À Tahiti les tapas décorés de motifs géométriques sont usuels ; la famille royale a le privilège de porter des tapas non décorés, blanc écru ; les figurations humaines ne sont pas connues. (Renseignements de Joséphine Salmon-Nordmann.)

garde habituellement dans des sacs comme des sortes d'archives, une signification s'attachant au symbolisme des couleurs : le foncé est défavorable en général, le noir et le violet rappellent les dangers et les ennuis, tandis que le blanc dénote le bonheur en même temps que la paix, le rouge étant la guerre.

Dans la même région encore des paniers sont tressés de manière à évoquer des légendes.

D'autres fois des objets ornés symbolisent un proverbe (calebasses-proverbes au pays des Fon, poids-proverbes chez les Achanti, en Afrique occidentale), ou une chanson funéraire (tentures avec découpures appliquées au Dahomey).

Dans le cas de formulettes servant à nommer des hommes ou des animaux (notamment chez les Dogon du Soudan occidental), on peut dire que c'est l'être nommé qui est en quelque sorte un signe du dicton.

Pour l'ouïe, le rythme inclus soit dans la formule (dicton, proverbe), soit dans le vers ou la strophe du poème mythique ou autre, est aussi une sorte de concrétisation de l'opération intellectuelle : l'élément musical psalmodié ou parlé est à considérer lui aussi dans le chapitre des symboles.

Le fait de la récitation des poèmes peut à son tour être symbolisé par un objet visible et palpable : à l'exemple du bâton déjà cité (voir ci-dessus, « Commandement et prestige intellectuel », p. 25), il convient d'ajouter des dépôts d'objets tressés sur l'autel par les prêtres de Tahiti et des Touamotou. De même aux îles Marquises on rencontre des petites poches de fibres de coco tressées d'où se détachent des cordelettes à nœuds : le corps de l'objet représenterait le préambule mythique d'une liste d'ancêtres, les nœuds correspondraient soit à des noms d'ancêtres, soit à des strophes. Dans le même archipel, un objet analogue est décrit comme une sorte de récipient contenant les chants ; le tenant à la main, le barde demande aux assistants d'indiquer un poème ou un mythe qu'il récite ensuite ; des écheveaux à même fin sont solennellement remis aux jeunes gens après leur initiation aux textes traditionnels de la tribu. Les figures du jeu de ficelles sont souvent liées à des récitations déterminées.

Conclusion

Si nous considérons l'ensemble des manifestations brièvement passées en revue ici et d'autre part les usages de l'écriture et de la notation numérique dont il sera question ensuite, nous apercevons toutes sortes d'intrications qui nous confirment dans une vue qui s'imposait *a priori*, à savoir qu'en traitant de l'écriture il est nécessaire de garder présentes à l'esprit presque toutes les manifestations de la vie sociale. Ce faisant, on apercevra en cette matière comme en bien d'autres des relations d'interdépendance qui prennent souvent l'allure de développements compensatoires à des manques. Il est évident que l'écriture est un fait de civilisations développées, que dans toutes celles qui existent et ont existé la place de l'écriture est grande, celle des autres représentations sensiblement réduite. Mais il serait abusif de conclure de l'absence de l'écriture dans certaines civilisations à un dénuement total de moyens de répondre à certains des besoins que satisfait l'écriture.

PREMIÈRE PARTIE

Les stades de l'invention : de l'histoire sans paroles à la lettre

NOTE LIMINAIRE

L'ordre adopté dans la présente Première Partie tient compte en premier lieu des stades de l'invention : on va donc des images parlantes, puis des écritures en Amérique jusqu'à la constitution de l'alphabet, suivant une progression systématique, non dans un ordre historique ni géographique. Toutefois chacun des chapitres III *à* VII *traite de l'ensemble d'un bloc de civilisation, avec ses prolongements, de sorte que des perfectionnements par rapport au stade principalement atteint sont traités en même temps, en dépit des classements théoriques. Les notations numériques sont aussi traitées dans chacun de ces chapitres. En ce qui concerne l'« ancien monde » la chronologie reprend en partie ses droits avec le chapitre* VIII, *qui traite de l'apparition de l'alphabet, invention systématique la dernière en date et non dépassée par la suite. L'histoire de l'alphabet est poussée suffisamment, en ce qui concerne plusieurs régions, pour qu'on embrasse d'un coup l'achèvement de l'invention.*

La suite du développement – avec certains retours en arrière – est renvoyée à la Deuxième Partie où se trouve aussi la mention de quelques naissances d'écritures récentes, de type généralement préalphabétique, en diverses petites régions.

CHAPITRE II

LA PROTOÉCRITURE (PICTOGRAPHIE)

INDIENS D'AMÉRIQUE, ESKIMOS, SIBÉRIENS, AFRICAINS, OCÉANIENS, JUSQU'À NOS JOURS

Préambule

La communication de faits présents, passés ou futurs (projets) d'une part, le déclenchement de souvenirs de textes d'autre part peuvent se faire au moyen de dessins d'une ou plusieurs couleurs. C'est ce qu'on appelle *pictographie*, *pictogrammes* (racine latine « peindre » et racine grecque « écrire »), en allemand *Bilderschrift* (écriture d'images) et *Ideenschrift* (écriture d'idées).

La représentation du langage au stade pictographique ne constitue pas une véritable écriture, n'étant pas une figuration détaillée du discours parlé et ne dépendant pas d'une langue déterminée[1].

Il faut d'ailleurs distinguer soigneusement l'usage des dessins suivant qu'ils se suffisent à eux-mêmes en « parlant » à la vue (pictogrammes-signes ou dessins parlants) ou sont seulement un signal pour une récitation (pictogrammes-signaux ou dessins qui font parler).

Dans l'un et l'autre cas ces usages du dessin reflètent un exercice au moins débutant de la faculté de décomposition ou d'analyse : décomposition du discours suivi ou du récit littérarisé en moments correspondant

1. Le terme de « préécriture » adopté dans la première rédaction manuscrite de cet ouvrage était de nature à faire confusion, en marquant une démarcation trop absolue entre des procédés divers de communication par la vue. D'où l'adoption ici de « protoécriture ». Il doit être entendu que ce terme pourrait aussi s'appliquer à certains procédés examinés dans le chapitre premier. Dans James G. Février, *Histoire de l'écriture* (Paris, 1948), l'emploi du terme « écriture » a été étendu à la protoécriture, celle-ci étant distinguée comme « écriture synthétique ». Voir p. 49 : « Le passage de *l'écriture synthétique* – ou écriture des idées – à *l'écriture analytique* – ou écriture des mots – représente un grand progrès. » En réalité, la pictographie, qui ne représente pas le discours mais une partie de son contenu, comporte déjà l'analyse d'un ensemble de choses.

soit à des phrases ou fragments de phrases (et à des gestes déterminés), soit à des strophes ou autres morceaux déterminés.

Les pictogrammes des deux sortes se rencontrent surtout chez des populations de chasseurs et de pêcheurs-navigateurs, à civilisation relativement évoluée, avec diverses manifestations artistiques. Tout en étant distinct de l'usage artistique (plus ou moins magique) du dessin, et comportant souvent des tracés simplifiés, l'emploi de la pictographie suppose une habileté acquise dans le maniement de certains matériaux, tant comme supports du tracé que comme matière colorante et d'instruments à tracer, inciser, colorier.

INDIENS D'AMÉRIQUE ET ESKIMOS

Les Indiens nomades et chasseurs d'Amérique forment une société peu nombreuse, dispersée en groupes dont certains ont entre eux des rapports occasionnels, souvent sans avoir de langue commune pour se comprendre. D'après les études faites en Amérique du Nord, ces Indiens, habiles à tanner les peaux, par ailleurs aptes aux représentations artistiques (notamment pour un usage religieux, celui des mâts-totems), emploient le dessin pour des usages intellectuels variés. Ils confectionnent en pictogrammes-signes des messages et des notifications diverses : annonce d'un départ, projet détaillé d'une expédition, prévision du retour, disposition de terrains, direction de routes, avis sur des dangers, récit d'une expédition terminée, information sur de bonnes ou mauvaises conditions de vie. Ils se préoccupent de désigner des personnes ou des groupes par leurs noms (qui sont des noms d'animaux ou d'autres choses figurables par le dessin), de retracer des biographies. Ils ont le souci de fixer des dates : certains comptent par hivers, caractérisés et nommés au moyen d'un événement typique. Les pictogrammes-signaux (désignés par un terme spécial de la langue) correspondent à des strophes dans les chants didactiques des prêtres, qui comportent des récits mythiques et historiques concernant la tribu.

Le matériel est varié ; on rencontre notamment la peinture sur des peaux, des planches, sur des pièces d'écorce, l'incision sur des objets en os ou en ivoire.

Il arrive que tout un ensemble soit figuré d'un seul tenant, suivant le type de narration graphique qui, comportant la succession des faits en un seul tableau, peut commodément être appelé global.

Mais très souvent (chez les Ojibwa, les Dakota, des tribus indiennes de l'Alaska, chez les Eskimos du Groenland), il est fait emploi de petits dessins séparés, en rangées horizontales, se rattachant au type de l'image d'Épinal. Chaque figure représente un homme dans une attitude caractéristique (ainsi se servant d'une corne, comptant avec les doigts levés), un animal, un objet (en représentation simplifiée : triangle pour une tente, rond pour une île, etc.), ou des scènes plus complexes, à plusieurs personnages ou avec des objets et des personnages. Toujours, dans ce cas, il y a analyse, chaque petite image (quelquefois encadrée) correspondant à un épisode ou une circonstance, c'est-à-dire à un paragraphe court, à une phrase ou même un élément de phrase (notamment quand il s'agit de nombres) : on est donc en présence de signes-circonstances.

On doit croire que, au moins à l'intérieur d'un même groupe, les habitudes communes tant de représentation dessinée que d'abrègements conventionnels des exposés rendent la compréhension suffisamment assurée pour les messages ou récits.

Il faut tenir compte du fait que certaines figures peuvent représenter des éléments du langage par gestes qui est largement pratiqué par les mêmes populations : il comprend des figurations qui sont devenues habituelles dans un groupe ou un ensemble de groupes, leur permettant ainsi de converser malgré les différences de langue, mais qui ne sauraient être de caractère universel.

Les membres d'autres civilisations ne sauraient traduire à coup sûr le détail des « textes » figurés, ou reconnaître la correspondance avec des parties de textes récités ; les documents doivent être étudiés par les ethnographes avec l'assistance d'indigènes. Ce qui a été fait en ce sens en particulier pour les Indiens Couna [*kuna*], en orthographe espagnole Cuna, de l'isthme de Panama (de langue [*cibca*]), nous fournit divers renseignements importants.

Ces Indiens, qui ont contact avec la civilisation blanche et dont certains, instruits, sont capables d'expliquer oralement les dessins en espagnol ou en anglais ou même de rédiger eux-mêmes des descriptions et récits dans ces langues, usent de pictogrammes tracés notamment sur bois et sur papier, et d'une manière générale avec emploi de couleurs. Ils racontent que la pictographie est due à un personnage légendaire, le plus grand des héros civilisateurs qui a trouvé l'or et établi ou renouvelé diverses institutions (certains disent qu'il aurait vécu il y a huit cents ans).

Pour certains tracés traditionnels, la connaissance de leur valeur paraît n'être qu'imparfaitement transmise. D'ailleurs il semble que l'emploi du dessin, au moins en ce qui concerne les hauts usages (mythes), soit plus ou moins réservé aux intellectuels de profession (hommes-médecines ou autres).

Il nous est dit que les morts sont accompagnés, lors de l'enterrement, d'un chanteur qui dans une complainte décrit au défunt ce qui l'attend dans l'autre monde : ce chanteur est muni d'un texte peint comme aide-mémoire.

Les textes publiés sont des tableaux du type global ou des suites du type d'Épinal, ou des combinaisons des deux. Exemples de mythes : le navire du soleil, avec des esprits et des maladies ; le navire de la lune, accompagné d'autres astres ; les héros civilisateurs. Des textes concernent les oiseaux chasseurs de serpents. Un des textes est médical, représentant un chant destiné à accompagner et en partie apparemment à causer certaines cures. Dans l'ensemble ce sont des pictogrammes-signaux. Mais, si dans certains cas les informateurs ont fourni les paroles du chant d'après le pictogramme-signal, dans d'autres ils se sont bornés à énumérer les figures en nommant l'objet représenté (« rivière, démon, pierre de médecine », etc.), comme s'il s'agissait de pictogrammes-signes, mais ne fournissant pas de sens suivi, de suite d'épisodes. On voit ainsi comment, une tradition se perdant, un pictogramme peut être dépouillé de sa destination première.

Pour les parties de l'Amérique du Sud où vivent encore des Indiens nomades, on n'a que des documents isolés, sans études suffisantes. On pourrait se demander si l'usage actuel des pictogrammes chez les Indiens dispersés n'est pas un reste abâtardi d'une pratique plus raffinée, développée chez ceux des Américains qui ont possédé des civilisations urbaines avant l'arrivée des Européens. Ceci est bien peu probable ; il est plus vraisemblable que l'ensemble des Indiens, dans son évolution, a atteint le degré de culture où s'est développée la pictographie. Certains de ceux qui ont eu momentanément une société stabilisée dans des villes sont allés plus loin dans l'usage intellectuel des tracés : chez eux, vu le début de développement d'un système proche d'une écriture véritable, les anciens pictogrammes ont tendu à rétrocéder à un rôle secondaire et, en partie au moins, à l'usage d'illustrations.

Les Eskimos, dont il a été question ci-dessus en même temps que des Indiens, semblent continuer la civilisation préhistorique de l'Europe occidentale dite magdalénienne, et on peut se demander si celle-ci n'a pas connu la pictographie.

SIBÉRIENS

Dans les régions nordiques de l'Asie, chez des populations dont le genre de vie matérielle et intellectuelle est proche de celui des Indiens et des Eskimos, on rencontre aussi l'usage de pictogrammes.

Des chamanes (sorciers-prêtres) dans la région de l'Amour portent des robes en peau avec des dessins représentant des biographies, et aussi des mythes : usage à la frontière de l'art et de la pictographie (voir p. 32). On a signalé aussi des inscriptions sur rocher.

Spécialement intéressantes sont les lettres d'amour des jeunes filles youkaguires, tracées sur des écorces de bouleau, où les personnages et les objets sont stylisés suivant des conventions précises, et les sentiments même exprimés par des lignes convenues.

AFRICAINS

L'Afrique a jusqu'ici fourni peu d'exemples de pictographie proprement dite, si la matérialisation de textes dans des objets y est connue, si certains signes sont tracés et si d'autre part des procédés de transmission y sont développés en plusieurs endroits (langage tambouriné).

Il y a un exemple au moins partiel de pictographie à usage de communication (messages et même récits) dans les tracés *nsibidi*, en usage dans le sud de la Nigeria anglaise, chez des forgerons (hors-castes) et dans des sociétés de jeunes hommes. Les signes schématiques sont souvent employés comme tatouages.

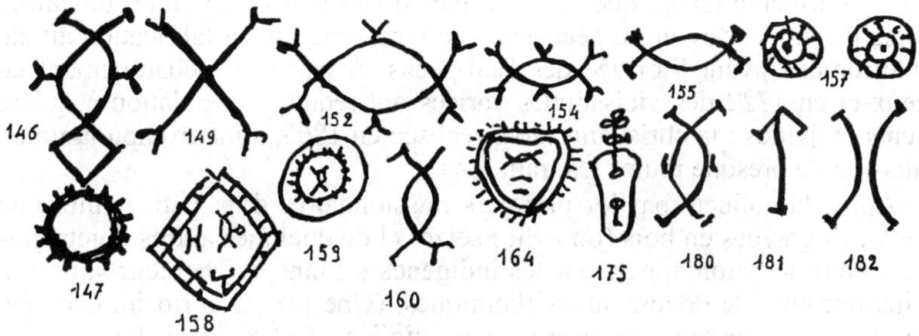

TRACÉS NSIBIDIS[1]

OCÉANIENS (ÎLE DE PÂQUES)

Diverses populations océaniennes se sont élevées jusqu'à l'usage de la pictographie. On a signalé des tracés sur rocher dans différentes îles. Il faut tenir compte en particulier, ici comme ailleurs, des dessins-charmes (quelquefois gravés sur bambou) qui peuvent être à la fois un substitut et une évocation à la mémoire d'un texte incantatoire. D'autre part des tatouages, dont certains couvrent tout le corps, peuvent être mis plus ou moins en rapport avec la pictographie, ainsi que des ornements sur objets.

On a publié des documents pictographiques de l'île de Célèbès et d'autres îles.

Le cas le plus intéressant, et qui vaut qu'on s'y arrête, est celui des tablettes de l'île de Pâques.

L'île de Pâques est située dans le Pacifique, sensiblement à égale distance (environ 4 000 km) des archipels océaniens les plus orientaux, les Touamotou et les îles Marquises et Gambier et de la côte du Chili ; elle n'a pas beaucoup plus de 100 km^2 de surface et semble n'avoir jamais compté

1. Les figures schématisées (qui ont été en partie relevées comme tatouages) ont les significations suivantes : 146. Deux jeunes filles portant des pots d'eau sur la tête. – 147. Le pot à eau. – 149. Bâtons Egbo. – 152-154-155. Amour (homme et femme couchés ensemble). – 157. Maison nsibidi (tatouage sur deux seins). – 158. Une maison ; dedans, un homme et une femme. – 159. Une maison, dedans, deux enfants. – 160. Un garçon malade et une fille couchés ensemble. – 164. Un homme malade et une fille (tatouage sur un sein). – 175. Non expliqué. – 180-181-182. Tatouages relevés sur une jambe (non expliqués).

plus de cinq mille habitants. Ceux-ci auraient constitué la descendance d'un groupe de Polynésiens, arrivés par une hardie navigation au XIIe siècle de l'ère chrétienne. Leur langue est un parler polynésien. Il ne se trouve pas trace d'autre peuplement ancien. Un esprit artistique puissant s'est entretenu dans cette société close, sans doute spécialement dans une partie de cette société, et est attesté par de nombreuses statues de grandes dimensions, en même temps que des figurines diverses liées au culte funéraire ; mais il semble y avoir eu décadence de telle sorte que la fabrication ait été interrompue avant l'arrivée des Européens. À partir du débarquement de ceux-ci en 1722 des vicissitudes variées ont réduit la population à quatre cents individus ; la christianisation, réalisée en 1865, a interrompu la transmission de presque toutes les traditions.

Après la collecte par les premiers missionnaires d'un petit nombre de tablettes gravées en bois (on a dit : seize) et de quelques autres objets gravés, dont un bâton appelé par les indigènes « canne de chanteur », on n'a plus retrouvé de documents authentiques. (Une fois la curiosité éveillée, les faux se sont malheureusement multipliés.) Cette circonstance a fait croire à tort à certains que les tablettes étaient très anciennes, et que l'usage en avait été perdu depuis très longtemps. Il n'en est rien : il a été possible de recueillir (en 1914) le souvenir des écoles où encore au XIXe siècle de futurs membres d'un groupe de savants de famille noble étaient exercés d'une part à retenir dans leur mémoire des chants et des traditions, d'autre part et ensuite à graver des signes sur des tablettes (après exercices préliminaires sur des feuilles ou des troncs de bananiers), en employant comme stylet un os de frégate. Dans les premières années, en apprenant les psalmodies de poèmes dont certains en particulier étaient des charmes, d'autres des éloges de chefs, les élèves exécutaient des jeux de ficelle, dont chaque figure correspondait à un chant. Les tablettes étaient tenues à la main, notamment à des concours annuels entre les maîtres de la jeunesse qui produisaient leurs élèves devant le roi et le public.

Si on ne connaît pas de tablettes pareilles ailleurs en Polynésie, une tradition dit que l'ancêtre conducteur de la migration, Hotou Matoua, aurait apporté soixante-sept tablettes. Il paraît certain aussi que la langue qui était évoquée par les signes était le parler polynésien de l'île (peut-être sous une forme archaïque ?).

On doit croire que l'usage des tablettes était au moins en partie celui d'aide-mémoire pour la récitation. Néanmoins il semble vraisemblable, à cause de divers traits de facture des objets (notamment remplissage de toute la surface plane quelle qu'en soit la forme et même des tranches des planchettes ; présence sur chaque tablette de signes en beaucoup plus grande quantité que les strophes ou vers des poèmes connus) que les dessins ont été au moins en partie ornementaux. Les quelques expériences tentées avec des indigènes (autour de 1875, puis en 1914) pour voir s'ils « lisaient » les tablettes ont donné des résultats négatifs : ou bien les tracés provoquaient des récitations de strophes qui ne paraissaient pas liées à des signes déterminés, ou bien l'indigène psalmodiait des descriptions des signes, sans indiquer d'interprétation par un sens continu.

D'autre part on doit mentionner qu'en 1770 des nobles indigènes ont tracé en guise de signature à un traité avec les Espagnols des signes du type de ceux qui sont gravés sur les tablettes.

Les tracés employés sont des dessins tous de même dimension, rangés en lignes régulières (dont certains signes apparaissent renversés par rapport aux signes de celles qui se trouvent en dessus et en dessous) ce qui donne une apparence d'écriture en texte suivi. Parmi les signes, dont on a compté cinq cents formes différentes, on trouve, à côté des silhouettes réalistes d'hommes, d'animaux, etc., des figures géométriques ; beaucoup de signes sont composites, étant des motifs géométriques avec des parties d'êtres vivants, comme des oreilles. La forme des signes semble donc indiquer (comme le confirme la tradition sur l'enseignement organisé) une ancienne formation méthodique d'un système gravé, visant à des buts déterminés.

Il semble qu'on se trouve en présence d'un emploi de la pictographie-signal, mêlée, d'une manière que les circonstances rendent malheureusement impénétrable, à un usage ornemental. Dans ce développement-impasse, il y a perfection de l'exécution matérielle, mais il n'y a aucune amorce d'un stade postérieur, d'un passage à l'écriture.

[L'interprétation ci-dessus n'est plus justifiée dans l'état nouveau de la question[1].]

Conclusion

Pour que l'écriture véritable succède à la pictographie, il fallait non que celle-ci arrive au tracé le plus fin et le mieux disposé, mais qu'elle évolue vers une autre sorte d'analyse, et par suite une autre expression des manifestations parlées. Cette évolution semble ne s'être produite de

1. Il semble qu'il faille maintenant admettre avec James G. Février (*Histoire de l'écriture*, Paris, 1948, p. 150) qu'à l'île de Pâques le stade pictographique a été dépassé. La considération finale portée au texte, ici, se trouvant infirmée, l'écriture de l'île de Pâques aurait trouvé sa vraie place au chapitre III, à côté des écritures d'Amérique centrale. En même temps, il faudrait marquer d'une réserve les considérations sur le fait de l'écriture n'apparaissant que dans des sociétés nombreuses et différenciées, connaissant les villes, ou en « écho » à la civilisation de ces sociétés (voir p. 214-220). Idée émise par Jean Poirier : la disposition à boustrophédon basculé dans le sens vertical s'expliquerait par la projection sur une surface plane des spirales inscrites sur des bâtons pictographiés. De même que le récitant océanien tourne le bâton, l'usager de la tablette le ferait pivoter circulairement à plat, faisant apparaître successivement chaque ligne avec les figures tête en haut. Voir dans *Littératures*, Paris, Gallimard, « Encyclopédie de la Pléiade », t. I, 1956, *Littératures océaniennes*, par Patrick O'Reilly et Jean Poirier, p. 1461-1492, « La pseudo-écriture des tablettes pascuanes (kouhan) », p. 1485-1487.

manière autonome dans aucune des civilisations de type social relativement inférieur où a paru et a persisté jusqu'à nos jours l'usage des pictogrammes (signes ou signaux).

CHAPITRE III

LES ÉCRITS PICTO-IDÉOGRAPHIQUES ET LA NOTATION NUMÉRIQUE DANS LES PLUS HAUTES CIVILISATIONS AMÉRICAINES

MAYAS ET AZTÈQUES, PÉRIODE DU IVe (?) AU XVIe SIÈCLE

Préambule

Des Américains, avant l'invasion européenne, se sont élevés jusqu'à la civilisation urbaine ; certains, seulement, ont usé d'un système de représentations qui est au moins en partie de l'écriture.

Sur les hauts plateaux de l'Amérique du Sud, les Aymaras [*aymara*], à l'est, paraissent avoir évolué les premiers et envahi la région occidentale. Leurs successeurs dans cette région, les Kitchouas [*q'ešwa*], ont eu un État organisé, fondé au XIIe siècle par Manco Capac, le premier des Incas, qui subsistait au moment de la conquête espagnole (prise de la capitale en 1534). Les conquérants ont recueilli et publié des renseignements d'après lesquels l'administration ne se serait servie que de kipous comme système de représentation. On sait que les connaissances traditionnelles étaient confiées à la culture systématique de la mémoire dans une caste de prêtres rhapsodes, qui étaient notamment chargés de réciter à un Inca nouvellement intronisé la chronique du règne précédent. Il y avait aussi un théâtre traditionnel. Même si on retient comme vraisemblable que la pictographie ne devait pas être ignorée de ces Indiens civilisés et que des documents ont pu être entièrement perdus, l'absence d'inscriptions et le silence des témoignages permettent de dire que l'empire des Incas représente un curieux exemple négatif à l'égard de l'écriture.

Dans certaines régions américaines, on rencontre, outre des emplois de la pictographie, divers tracés sur des rochers sans qu'une écriture véritable s'y soit développée.

Ce n'est que dans le Mexique méridional et dans son voisinage que se sont organisées des civilisations urbaines qui ont poussé plus loin les progrès.

LES MAYAS

Les Mayas [*maya*] ont d'abord eu des établissements, avec des villes ornées de monuments bien construits, notamment en forme de pyramides, dans l'actuel Guatemala ; un État ou une confédération de cités y a prospéré pendant l'époque dite de l'Ancien Empire. Les dates sont difficiles à connaître exactement ; les calculs du calendrier repéreraient une période antérieure à l'histoire proprement dite dès la fin du VIIe siècle avant l'ère chrétienne ; des objets ont été retrouvés portant des dates du Ier siècle avant et du Ier siècle apr. J.-C. ; la première stèle datée est de 327 suivant certains, mais d'autres parlent d'une stèle datée de – 113. Les historiens américanistes ne sont pas d'accord sur la période de floraison et la date de la chute de l'ancien empire (fin du IXe siècle ou premier tiers du VIIe siècle). En tout cas il y a eu abandon des villes du Sud, transfert des restes de la population vers le nord, en Yucatan où déjà se trouvaient des établissements mayas, fondation de nouvelles cités et finalement une nouvelle floraison à laquelle on attache le nom de Nouvel Empire, celui-ci ayant duré à peu près de la fin du Xe siècle au milieu du XVe siècle, en subissant dans les deux (ou trois ?) derniers siècles une influence étrangère, avec le règne de chefs toltèques originaires du Mexique du Nord. Les Espagnols arrivant en conquérants en 1539 ont trouvé une population en régression, les ruines des villes encombrées de végétation. Cependant un centre de civilisation indigène a persisté dans les forêts du nord du Guatemala, avec la cité de Peten Itza, bâtie sur l'île d'un lac, jusqu'à l'assaut victorieux des Espagnols en 1697.

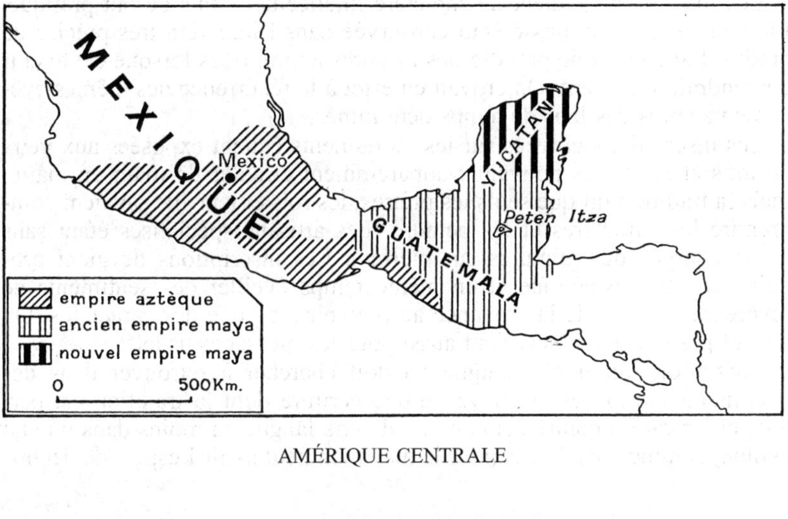

AMÉRIQUE CENTRALE

Après la conquête, de nombreuses traditions ont été mises en écrit par des indigènes, à différentes dates, en langue maya notée au moyen des caractères latins en orthographe espagnole, dans des livres mis sous le nom de Chilam Balam (textes d'anciennes chroniques, descriptions de cérémonies, prévisions d'événements, recettes médicales). Mais on n'a recueilli aucune explication littérale des inscriptions sur pierre qui sont nombreuses et des manuscrits dessinés et coloriés sur papier dont il n'a été conservé que trois (disposés comme les manuscrits aztèques, voir ci-dessous).

Toutefois le « livre du conseil » [*popol-vuh*] en caractères latins, en langue quiché, proche du maya, est peut-être une traduction ou interprétation de manuscrits en caractères indigènes.

La tradition maya attachait à l'introduction de l'écriture le souvenir d'un personnage du nom d'Itzamna, qui a peut-être été identifié secondairement à un dieu céleste ; celui-ci, fils du dieu créateur, avait pour fonction de gouverner la suite des jours et des nuits.

Grâce aux noms et aux termes du calendrier dus aux livres de traditions en maya ou en espagnol et aux éléments que fournit la langue maya moderne, d'ingénieux déchiffreurs ont déjà pu identifier le système de numération, le système et de nombreux éléments du calendrier, divers symboles astronomiques et mythologiques, des termes d'orientation, des désignations de maladies.

Les calculs du temps, en partie en liaison avec des cérémonies religieuses, dominent assez probablement dans les documents. Certaines inscriptions devaient être à la fois commémoratives et narratives. On sait qu'une stèle était érigée à la fin de chaque cycle de vingt années de trois cent soixante jours et était appelée du même nom que ce cycle [*katun*].

Les inscriptions étaient de caractère intellectuel, mais de but pratique. La connaissance du passé était conservée dans l'intention très précise de prédire l'avenir, et de prendre des mesures appropriées lorsque cet avenir deviendrait le présent. On croyait en effet à la récurrence des mêmes événements après des laps de temps déterminés.

Les inscriptions gravées sur les monuments étaient exposées aux yeux de tous et les livres pouvaient apparemment circuler de main en main ; mais la tradition dit que seuls les prêtres, les rois et leur fils savaient comprendre les caractères et les peindre (des artisans spécialisés étant sans doute chargés des gravures sur pierres). Les inscriptions devaient produire un effet esthétique et en même temps éveiller des sentiments de révérence à cause de la croyance au pouvoir magique des caractères. On ne sait pas si ceux-si servaient aussi pour les messages usuels.

Lorsqu'on sait quelle langue on doit chercher à retrouver dans des documents composés au moyen d'une écriture dont la tradition est perdue, et lorsqu'on connaît et comprend cette langue au moins dans un état évolué, comme c'est le cas pour le maya, on peut avoir l'espoir de déchiffrer les textes, espoir que les américanistes n'ont pas perdu. On peut théoriquement venir à bout du déchiffrement avec un « accrochage » à quelques mots repérables permettant d'analyser le système d'écriture. Encore faut-il qu'on soit bien en présence d'un système d'écriture employé seul, sans mélange d'éléments pictographiques. Il n'en est sans doute pas ainsi pour le maya ; les échecs subis jusqu'ici par les déchiffreurs peuvent provenir en partie de ce qu'ils ne se trouvent pas en présence d'un système cohérent et constant.

Comment se présentent les textes, et qu'a-t-on pu y discerner ? Les inscriptions mayas sculptées sont composées de petites figures en relief, à forme de carrés ou de rectangles à coins arrondis ; en les comparant à des cailloux, on a parlé d'écriture « calculiforme ». On a retrouvé aussi des fresques. Les mêmes signes sont dessinés et coloriés sur les manuscrits, et aussi sur des poteries. Il y a en plus des groupes de marques, qui sont des chiffres. Le compte des figures distinctes n'est pas établi sans conteste ; le nombre est compris entre trois cents et quatre cents.

Les figurines se présentent en rangées régulières, dont on ne sait pas si on doit dire que ce sont des lignes horizontales ou des colonnes verticales, puisqu'on ignore le sens de la lecture. Les rangées remplissent des carrés ou des rectangles entiers, ou bien laissent la place d'une image plus grande. On admet que ces images représentent des êtres, des choses, des événements, et qu'au contraire les petites figurines seraient au moins en partie destinées à évoquer des mots, et donc seraient des caractères d'écriture.

On dit que ce sont des hiéroglyphes[1] (du grec *hieros* « sacré » et de la racine *glyph* « sculpter ») : c'est le nom que les Grecs donnaient aux caractères égyptiens anciens, composés de dessins d'êtres, parties d'êtres et objets qu'ils voyaient gravés sur des monuments religieux et qu'ils ne comprenaient pas. On continue à appliquer ce nom à tous les caractères d'écriture, quelle que soit leur valeur, qui consistent en dessin de forme reconnaissable servant à la représentation du langage. (On l'applique quelquefois aussi à certains « signes mystérieux » qui ne sont pas des dessins ; cet emploi est évité dans le présent ouvrage.)

Il faut des termes plus précis pour désigner les caractères suivant leur valeur représentative. Ici interviennent les composés modernes du mot

1. L'emploi de « hiéroglyphe » avec un sens précis et celui de « picto-idéogramme » permettent d'éviter d'appliquer la désignation pictogramme (élément de protoécriture) à des caractères d'écriture. On pourra remarquer dans l'exposé l'absence d'un terme qui ne m'était pas connu avant 1952, celui de « logogramme ». Un effort a été fait dans le présent ouvrage pour employer des termes précis composés de « signe » : « signe-chose », « signe-mot », etc. Par ailleurs, les termes composés des éléments grecs -graphe, -gramme ont été employés avec des combinaisons, telles que « picto-idéogramme », destinées à préciser les idées et à éviter les confusions. Il a semblé légitime de continuer à parler suivant les cas de point de vue idéographique ou de point de vue phonographique.

grec *idea* et de la racine grecque « écrire » : idéographie, idéographique, idéogramme : ils servent à désigner la représentation des sens et non des sons ; par opposition, on emploie les composés de *phonos* « son », soit phonographie, phonographique, phonogramme, lorsqu'il s'agit de signes représentant des sons et non des sens. Pour les idéogrammes comme pour les phonogrammes, l'addition de « picto- » permet de désigner ceux qui ont un tracé hiéroglyphique, en dessins reconnaissables.

On a pu déterminer que certains au moins des hiéroglyphes mayas sont des picto-idéogrammes représentant des mots.

Cette représentation se fait par le procédé du *rébus simple* ou *rébus direct* (de latin *rebus*, ablatif pluriel de *res* « chose »). C'est ainsi qu'un cercle plus ou moins orné, image stylisée du disque solaire, évoque l'idée de « soleil » et aussi à l'occasion celle de « jour » 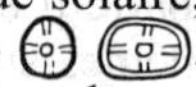.

On peut dire que, théoriquement au moins, cette valeur est compréhensible pour des gens quelconques, quelle que soit leur langue, le picto-idéogramme pouvant être défini dans ces conditions comme un signe-chose.

Mais en fait, par la difficulté même que les savants modernes éprouvent à interpréter les hiéroglyphes de diverses provenances, on voit que ces rébus ne sont pleinement compréhensibles que dans les territoires de certains peuples ou dans certaines aires de civilisation.

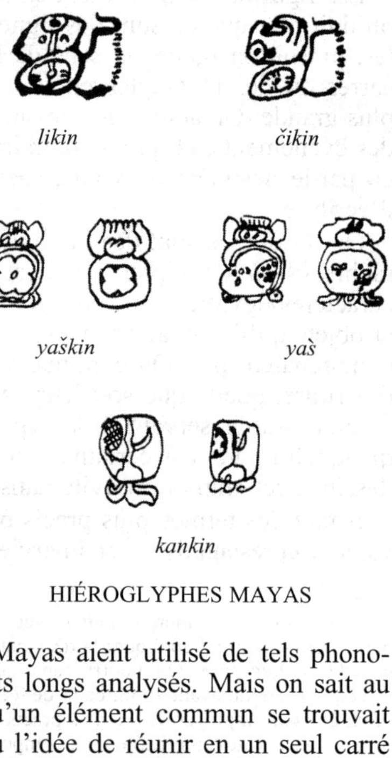

HIÉROGLYPHES MAYAS

En fait aussi, l'image en question ici semble bien avoir été liée chez les Mayas à l'énonciation du mot [*kin*] signifiant « soleil, jour » : le picto-idéogramme était donc un signe-mot ; étant ainsi lié à des sons assemblés (à supposer qu'il n'y ait pas eu de synonymes en maya pour les sens indiqués), il était en même temps un phonogramme ; on peut parler de picto-idéophonogramme.

Aucune des interprétations acquises ne permet de penser que les Mayas aient utilisé de tels phonogrammes pour écrire des parties de mots longs analysés. Mais on sait au moins qu'ils s'étaient rendu compte qu'un élément commun se trouvait dans certains composés et ils avaient eu l'idée de réunir en un seul carré deux tracés correspondant aux deux parties du composé. On trouve donc des dessins où figure le signe *kin* plus ou moins déformé ou réduit et qui représentent les mots [*likin*] « est », [*čikin*] « ouest », [*yaškin*] « soleil vert *ou* bleu » (nom de mois), [*kankin*] « soleil jaune » (autre nom de mois).

À vrai dire, là où on connaît des figures séparées des premiers éléments de ces composés, on ne les reconnaîtrait pas à la vue comme des composantes de la figure complexe ; il en existe d'ailleurs des variantes très divergentes entre elles. On entrevoit ici à la fois la grande fantaisie des artistes exécutants des figures et la connaissance chez eux et les lecteurs de leur temps et de leur milieu de conventions fixes qui permettaient d'identifier un caractère à certaine allure générale ou à certains détails obligés, malgré le jeu dans le tracé.

[Le déchiffrement a fait récemment des progrès.]

Ce qui est le mieux connu en ce qui concerne le système de notation maya, c'est la notation numérique.

Le système de numération était vigésimal (à base 20). Il y avait néanmoins trace du système décimal par le fait que les noms de nombre 10 et 12 à 19 étaient composés avec les noms des unités.

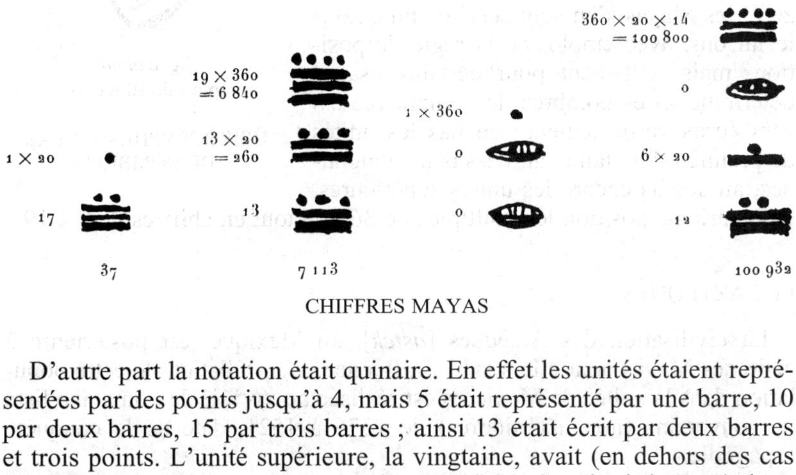

CHIFFRES MAYAS

D'autre part la notation était quinaire. En effet les unités étaient représentées par des points jusqu'à 4, mais 5 était représenté par une barre, 10 par deux barres, 15 par trois barres ; ainsi 13 était écrit par deux barres et trois points. L'unité supérieure, la vingtaine, avait (en dehors des cas où elle était inscrite comme unité de second degré, voir ci-dessous) deux représentations différentes, l'une hors du calendrier, rare dans nos documents, l'autre usuelle dans les comptes de temps, consistant en un picto-idéogramme représentant la lune, parce que les Mayas comptaient par mois de vingt jours et non de trente. L'unité supérieure à la vingtaine était double : 20 × 20 = 400 dans l'usage « civil » ou courant, mais de 18 × 20 = 360 dans les calendriers, de manière à cadrer avec l'année solaire. L'usage de points et de barres comme chiffres est une notation par marques, ou de type idéographique géométrique pour la forme, conventionnel pour l'emploi. Dans les textes mayas ces signes sont souvent stylisés de manière à se conformer à l'aspect général des tracés (ainsi un cercle au lieu d'un point).

Les nombres sont souvent aussi représentés par des picto-idéogrammes : vingt profils (sans doute de divinités) représentent les premiers nombres, ce qui correspond à notre habitude d'écrire dans un texte les nombres « en toutes lettres ». Ces nombres vont de 0 à 19.

Il existe en effet un zéro, qui a diverses figurations, dont il semble que la plus simple soit la coquille. Ce procédé de calcul semble être né spontanément chez les Mayas d'un usage de mesure du temps qui consiste à ne compter qu'à temps écoulé : de même que dans la division du jour en vingt-quatre heures nous disons zéro heure et tant de minutes, le premier jour non accompli est le jour zéro, le premier mois non accompli est le mois zéro. En possession de la notion de zéro, les Mayas s'en sont servi comme nous le faisons, avec emploi de la règle de position, mais seulement pour certains usages déterminés. Les nombres de comput (dates) sont écrits verticalement : en bas les unités de première vingtaine, au-dessus les vingtaines, au-dessus encore les unités supérieures, en quatrième position les multiples de 360, le tout en chiffres de 0 à 19.

Treize

Vingtaine

Signe *uinal*
(mois de 20 jours)

HIÉROGLYPHES MAYAS DE NOMBRES

LES AZTÈQUES

La civilisation des Aztèques [*astek*], au Mexique, est postérieure à celle des Mayas dont elle a subi l'influence. L'installation de cette population dans la vallée de Mexico s'est réalisée au XIVe siècle ; on a une liste de souverains (non héréditaires) de 1376 à 1521, date de la conquête espagnole.

Les Aztèques attribuaient l'invention de l'écriture dont ils se servaient au mythique [*ketsalkoat*^{l}], seigneur de la culture et des métaux.

Au Mexique, les Espagnols ont démoli beaucoup de monuments, peut-être ornés d'inscriptions. Mais un certain nombre de manuscrits (une quinzaine) antérieurs à la conquête, d'autres plus nombreux postérieurs à celle-ci ont été conservés. Ce sont de longues bandes en peau ou en espèce de papier en fibre d'écorce battue ou en fibre d'agave, peintes sur une face ou sur les deux, divisées en compartiments et pliées et repliées successivement dans les deux sens, comme un paravent (familièrement : pliage accordéon). On sait que les religieux espagnols se sont servis un certain temps pour l'évangélisation de l'écriture aztèque, qui devait donc être relativement pratique mais on n'a pas de détails sur cet usage[1]. De la même période on a des documents indigènes, en particulier des suppliques. Certains manuscrits portent des notes en espagnol qui facilitent beaucoup la compréhension. Mais on n'a ni description complète du système d'écriture ni traduction suivie assurée.

Au reste il semble bien qu'on peut dire qu'il n'y avait pas de véritables textes. Le type normal est l'image, dont certains éléments sont réalistes et d'autres symboliques, accompagnée d'une légende. Les images représentent souvent des événements faisant date, ainsi une expédition guerrière ; d'autres sont des réunions de personnages importants, d'autres encore sont des rôles de tributs. La pictographie et les picto-idéogrammes ont encore ici une grande place. Ainsi une soumission est figurée simplement par l'attitude du vaincu humilié devant le vainqueur. Ailleurs la prise d'une ville est représentée par toute une scène, où des guerriers arrivent sur des bateaux ; l'acte essentiel est symbolisé par une arme transperçant le nom de la ville, qui, lui, est figuré en hiéroglyphes. Des tributs sont indiqués par des dessins d'objets qu'on peut interpréter aussi bien comme des signes-choses que comme des signes-mots (par exemple des symboles de matières précieuses), accompagnés de chiffres.

Dans les conditions où se présentent les documents, il ne peut être question de dénombrer exactement les signes distincts ; on peut dire que le nombre en est de l'ordre de quelques centaines.

Certains hiéroglyphes ont pu être reconnus comme des idéo-phonogrammes, dont la valeur est celle du radical d'un mot déterminé (à l'exclusion des terminaisons).

La conscience de l'usage phonographique est prouvée par le fait que les Aztèques ont su faire le pas décisif qui mène à l'écriture proprement dite, en employant le *rébus à transfert.*

Celui-ci se mélange au rébus direct aussi bien dans diverses écritures que dans le jeu moderne du rébus. Ainsi un faiseur de rébus français peut user du rébus direct en dessinant un pot pour signifier « pot », un chapeau pour signifier « chapeau » et un homme devant un comptoir d'épicerie pour signifier « épicier » (éléments qui peuvent être explicités aussi bien dans une autre langue que le français) ; mais il peut employer le rébus à transfert, en dessinant le pot pour signifier « peau », un chat et un pot pour signifier « chapeau », un épi et l'acte de scier pour signifier « épicier ».

On n'a pas la preuve que les Aztèques aient employé les rébus à transfert de mot court à mot court isolé (type « peau-pot »). Mais on sait qu'ils

1. On a parlé d'une invention du père Jacobo de Testera, auteur d'un catéchisme en images. C'est d'après lui que les Indiens convertis auraient établi des textes analogues. On ne connaît pas de documents de ce genre postérieurs au XVIIIe siècle.

ont employé ce procédé pour figurer, en les décomposant, au moins certains noms de ville.

Voici comment les choses se présentent. Les villes ont des noms qui signifient « endroit de quelque chose », « près de quelque chose ». Dans certains de ces noms l'élément locatif, suffixe exprimant le lieu, est négligé, le nom de la ville au total étant figuré par un rébus simple ; ainsi pour la ville de Coatepek [*koatepek*] « endroit de la montagne aux serpents », le premier élément [*koa* (*t*^{l})] « serpent » est figuré par une tête et un cou de serpent surmontant une « montagne » [*tepe* (*t*^{l})] ; l'élément locatif *-k* est négligé. Dans d'autres noms, le suffixe locatif est figuré au moyen du rébus à transfert ; ainsi la particule [*t*^{l}*an*] « dans, parmi » est figurée par des dents (avec un bout de gencive ou dans une bouche entière) parce que [*t*^{l}*ant*^{l}*i*] signifie « dents » (comme on le voit, on néglige la fin de ce mot) ; de même la particule [*nawak*] « près de » est figurée par une volute s'échappant d'une bouche, ce qui correspond à [*nawa* (*t*^{l})] « parole ».

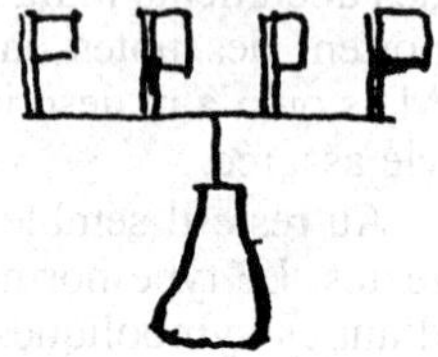

NOMBRE AZTÈQUE
80 haches de cuivre
(la base figurant
une hache est de couleur
jaune)

Les exemples montrent que le rébus à transfert n'est employé que lorsque le rébus direct n'est pas possible, et aussi que les inventeurs des signes ont dû se donner les facilités de l'« à-peu-près » en négligeant certains éléments courts.

Fait original, certains tracés auraient une valeur différente suivant la couleur employée pour les peindre.

Le système des chiffres aztèques sert à noter le système vigésimal. On emploie des points depuis 1 jusqu'à 19 ; un drapeau vaut 20 ; l'unité supérieure 20 × 20 = 400 est une chevelure (représentée comme une sorte d'arbre) ; le multiple 20 × 400 = 8 000 est une sacoche à encens. Il n'y a pas de zéro ; les signes de chaque ordre d'unités sont répétés autant de fois qu'il le faut comme le montre la figure ci-dessus.

Conclusion

En somme les hommes d'Amérique qui se sont le plus civilisés, dans la région subtropicale, ont commencé à dépasser le stade pictographique et ont par conséquent inventé l'écriture. Mais ils semblent n'avoir fait qu'un usage restreint et gauche de quelques idéophonogrammes.

Au reste, bien que la civilisation à caractère urbain et l'industrie raffinée qui en est la marque aient provoqué l'apparition de l'objet perfectionné qu'est le livre à feuillets, transportable et maniable, l'emploi de l'écriture ne paraît pas avoir été répandu dans cette contrée. C'est qu'au total les Américains paraissent s'être passés de la notation du langage tant pour les actes publics que pour les transmissions de la vie intellectuelle. Ce qu'il paraît leur avoir importé de noter, c'est ce qui se calculait : les répartitions d'objets dans la vie courante, les dates dans le retour des périodes cérémonielles et dans une certaine mesure la chronologie du passé en vue de la prévision de l'avenir ; aussi la notation numérique est-elle chez eux beaucoup plus perfectionnée que la représentation du langage.

De même que ces Américains ont manqué de certaines composantes de la civilisation matérielle connues ailleurs de longue date, comme les animaux de selle et de trait et la roue, et de la plupart des éléments des sciences en dehors de l'arithmétique usuelle et d'une astronomie restreinte, ils ne se sont pas élevés jusqu'à la notation précise de tout le langage, qui avait été réalisée bien antérieurement dans certaines régions de l'Ancien Monde.

CHAPITRE IV

L'ÉCRITURE IDÉOPHONOGRAPHIQUE ET LA NOTATION NUMÉRIQUE EN CHINE

DU IIIe MILLÉNAIRE AV. J.-C. JUSQU'À NOS JOURS

Écriture chinoise et écritures syllabiques et autres dans le voisinage chinois (peuples non chinois en Chine, Viêt-nam, Corée, Japon)

Préambule

Les régions fertiles de la Chine, surtout les vallées des grands fleuves et notamment les parties alluviales vers les côtes paraissent avoir été sinon les premiers grands centres de peuplement humain, au moins parmi les plus anciens. Elles sont encore au nombre des contrées les plus peuplées : on compte quelque cinq cents millions d'individus parlant chinois.

Les traditions chinoises font remonter à environ – 3000 ans l'établissement d'une organisation d'État. On date le véritable début d'une histoire continue de – 1200 environ. Confucius, organisateur de la religion et de la philosophie propres au pays a vécu au VIe-Ve siècle av. J.-C.

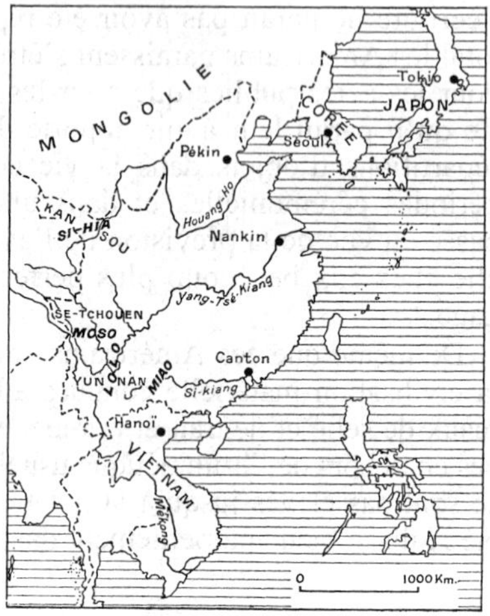

ASIE DU SUD-EST

Dès cette période, non seulement dans les villes, qui devaient compter plus tard parmi les plus grandes agglomérations connues, mais dans tous les territoires peuplés de manière dense, d'innombrables lettrés ont abondamment usé de l'écriture. Le système de recrutement des fonctionnaires par voie de concours date de l'époque des Han (– 200 à + 200). La littérature chinoise est une des plus riches qui soit ; son expansion a été favorisée par l'usage du papier et par des procédés d'impression. Elle comprend depuis longtemps des instruments d'étude qui sont des dictionnaires en même temps que des répertoires de signes.

Si malheureusement on n'a pas de documents contemporains des débuts de l'écriture en Chine, des traditions conservées par les écrivains permettent d'en reconstituer l'histoire dans une certaine mesure.

LE SYSTÈME *PA-KWA*

L'invention de l'expression par des signes est attribuée à l'empereur fabuleux Fou-hi, qui aurait répandu la civilisation vers – 2850. De cette époque dateraient les vêtements et la première législation.

K'ien Kouen

SYSTÈME PA-KWA

Les premiers signes tracés évoquant des éléments du langage n'auraient pas été des dessins, mais des combinaisons de barres, peut-être elles-mêmes transposition d'un système de cordelettes à nœuds mentionné par la tradition. Le système *pa-koua* [*pa-kwa*] a été décrit avec huit formes consistant en groupes de trois lignes continues ou interrompues, se référant aux deux principes qui sont censés gouverner les choses. Ce système symbolique a survécu jusqu'à nos jours chez les devins à la mise en usage de la véritable écriture, issue de la pictographie.

CONSTITUTION DE L'ÉCRITURE CHINOISE

Celle-ci, d'après la tradition, daterait de – 2500 environ ; elle est attribuée soit à des ministres-secrétaires, soit à des saints hommes, révérés plus tard comme petits dieux de l'écriture.

On n'a aucun document d'un stade hiéroglyphique proprement dit. Mais on peut reconstituer des dessins primitifs grâce aux tracés les plus anciens et à la connaissance qu'on a des significations, et par conséquent, en général, des choses représentées. L'opinion, qui a été émise, que souvent les caractères figureraient des gestes conventionnels évoquant un objet ou exprimant une idée est controversée.

Les plus anciens objets qu'on ait retrouvés portant des caractères sont des fragments d'écaille de tortue et d'autres matières d'origine animale (os, corne, ivoire), datant environ de – 1500 à – 1000. Le tracé était gravé à la pointe, et pouvait comporter des courbes diverses, y compris le cercle, aussi bien que des traits droits ou légèrement incurvés.

Les textes ainsi écrits se rapportent aux pratiques de divination. Faute d'avoir des documents d'un autre genre, nous ne pouvons pas savoir à quels besoins sociaux a correspondu d'abord l'emploi courant de l'écriture chez les Chinois.

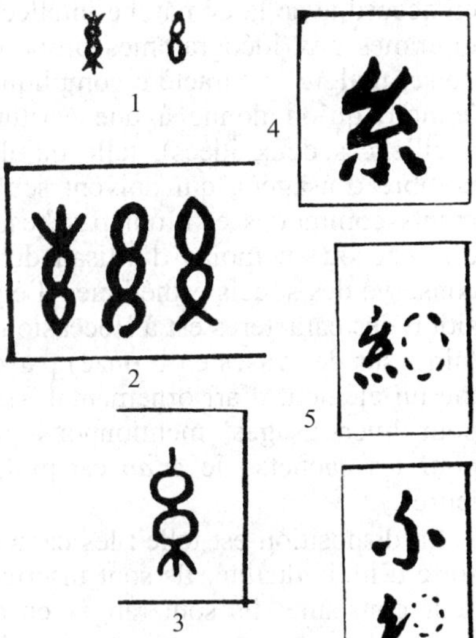

CARACTÈRE MI « SOIE »
1. Fin du – IIe millénaire. – 2. – Ier millénaire. – 3. Graphie réformée – IIIe siècle. – 4. Tracé actuel au pinceau. – 5. Le même dans un caractère complexe. – 6. Tracé simplifié préconisé récemment (en usage dans des brouillons et autres documents provisoires).

Par la suite l'écriture, où le caractère réaliste s'est de plus en plus effacé, a été travaillée de diverses manières par des lettrés et des calligraphes ; des écritures réformées auraient été mises en usage vers – 800 d'après des traditions ; une réforme réelle est datée de – 219. C'est à l'époque des Han (– 200 à + 200) que s'est formée l'écriture classique, avec emploi du pinceau, puis du papier, et qu'on a écrit les premiers traités sur l'écriture. De cette époque encore date une cursive dite *ts'ao* (ce mot étant écrit, comme tous les termes chinois du présent chapitre dans la transcription en usage dans les ouvrages français, en négligeant la notation des tons). L'écriture classique *k'ai* s'est stabilisée au

IIIe siècle et a duré jusqu'à nos jours (c'est elle dont les exemples figurent ici dans le texte). Il ne faut pas oublier que sa constitution a été le fruit d'une longue élaboration.

D'autre part, les Chinois se sont préoccupés depuis longtemps de la multiplication des documents écrits. La pratique de la gravure sur pierre à fin de report sur papier remonte au moins au début du VIe siècle ; au VIIIe siècle il y a eu des textes imprimés au moyen de la xylographie (de grec *xulon* « bois »), c'est-à-dire de la gravure de pages entières sur des planches ; on estime qu'au XIe siècle l'impression s'est généralisée, éliminant les livres manuscrits. De la même époque datent les débuts des caractères mobiles, fabriqués successivement en terre cuite, puis en bois, cuivre, étain[1].

L'écriture à la main se fait au moyen d'un pinceau qui permet de délicats tracés, avec pleins, déliés, légères courbes, petits crochets, mais qui impose le trait tiré de haut en bas ou horizontalement, à l'exclusion des mouvements remontants et circulaires. Ainsi la technique matérielle a agi en accord avec la démarche intellectuelle dans le passage des picto-idéogrammes aux idéogrammes proprement dits. En somme, l'écriture chinoise, malgré le caractère compliqué de son tracé, est une cursive ; c'est le nom qu'on donne à une écriture d'usage courant et rapide (cursif éveille ces deux idées), telle qu'elle peut être employée par un grand nombre d'usagers, qui doivent seulement savoir écrire avec des instruments commodes et n'ont pas besoin d'être spécialisés dans un travail d'artiste ou au moins d'artisan du tracé. Cette cursive qui d'ailleurs a conservé des soucis esthétiques d'équilibre dans la dimension et la disposition des caractères est à l'occasion reportée telle quelle sur matière dure (ainsi sur des vases en bronze) par des graveurs professionnels et constitue un élément d'art ornemental. (Il y a des tracés légèrement différents pour divers usages : mentionnons que l'écriture du – IIIe siècle sert encore pour les cachets ; le *ts'ao* est pratiqué par des calligraphes et certains lettrés.)

La disposition est telle : les caractères sont toujours séparés, ayant une sorte d'individualité. Ils sont inscrits chacun dans un carré idéal de grandeur constante. Ils sont rangés en colonnes verticales écrites et lues de haut en bas, en commençant par la droite de la page. Dans le cas d'impossibilité à écrire verticalement, on peut écrire horizontalement. La disposition verticale chinoise (lue de droite à gauche) est quelquefois adoptée pour des impressions savantes en Europe[2]. Mais on préfère l'impression

1. Le procédé ancien consiste à appliquer sur la pierre où les caractères sont gravés en creux un papier très mince qu'on mouille, puis qu'on encre à la brosse ; les caractères apparaissent en blanc sur noir.

2. On a annoncé qu'à partir du 1er janvier 1956 les journaux de Pékin adoptaient l'horizontale (de gauche à droite).

horizontale de gauche à droite ; de nos jours cette disposition se rencontre aussi en Chine.

Avant de décrire le système de représentation, disons qu'il répond imparfaitement à une des utilités de l'écriture, qui est de soulager la mémoire. En effet l'usage courant nécessite la connaissance de 6 000 à 8 000 caractères totalement ou partiellement différents ; un dictionnaire composé vers l'an 100 avait 9 353 signes ; un autre, du VIe siècle, 24 000 signes ; un dictionnaire officiel de 1716 comporte environ 50 000 signes expliqués ; les recherches historiques et savantes vont jusqu'à la connaissance de 80 000 tracés. Ceci vient de ce qu'il y a autant de signes que de mots. Il faut donc un apprentissage lent pour l'emmagasinement de très nombreux souvenirs visuels, demandant une souplesse naturelle ou péniblement acquise de la mémoire et des efforts prolongés.

D'autre part la constitution de ces nombreux caractères a reposé sur diverses opérations d'esprit compliquées et même raffinées, ou l'intelligence s'est exercée moins par l'analyse des sons du langage que par celle des idées.

La constitution du système graphique est étroitement liée au système de la langue ; sa persistance et sa fixité correspondent à un conservatisme marquant de cette langue, dont les variations paraissent avoir été minimes pour le fonctionnement, sinon pour la prononciation, depuis une époque lointaine. Au reste toute langue cultivée et abondamment écrite, sous une forme devenue classique, comme c'est le cas du chinois, est de caractère conservateur.

Le trait fondamental est que les mots sont tous composés d'une seule syllabe. Le radical est en effet monosyllabique ; il ne comporte aucune alternance (changement suivant la valeur grammaticale ou suivant la position), soit vocalique, soit consonantique ; il ne s'y ajoute actuellement aucun affixe (préfixe, suffixe ou infixe). Il n'en faut pas conclure que cet état ait existé depuis l'origine de la langue : les sinologues (c'est-à-dire les savants qui s'occupent du chinois et de la Chine) ont reconnu des traces d'anciennes dispositions plus compliquées des initiales et finales de mots, indiquant l'existence ancienne d'éléments ajoutés au radical ; mais il s'agit de faits passés. Dans le chinois classique, pour exprimer des modifications d'une idée on se sert de mots accessoires joints aux mots principaux, et les relations grammaticales sont exprimées essentiellement par l'emplacement des mots les uns par rapport aux autres. À vrai dire, à époque moderne, les mots accolés entre eux tendent à être sentis comme des termes uniques ainsi que des noms composés ou des formes de verbes avec auxiliaires en français, sans que ce sentiment soit exprimé graphiquement.

Dès le IIe siècle au moins, on a su faciliter la lecture des textes en séparant des groupes de sens par des signes de ponctuation.

Exemples de complexes :

Avec 手 *cheou* « main » et 背 *pei* « dos » se composent 手背 *cheou-pei* « dos de la main », 背手 *pei-cheou* « mettre les mains derrière le dos ».

Autour de l'idée fondamentale de « doigt » :
指著 *tche-tcho* « montrer », 指了 *tche-lo* « avoir montré », 指頭 *tche-t'eou* « doigt », 指節 *tche-tsie* « phalange ».

Dans ce système, les caractères se trouvent être à la fois des signes-mots (idéogrammes) et des signes-syllabes ou syllabo-phonogrammes, car ils se lisent toujours d'une manière déterminée dans la langue chinoise.

Les Chinois s'en sont arrêtés là, ne décomposant pas la syllabe écrite en ses phonèmes composants. Ils se sont en conséquence trouvés devant diverses difficultés, qu'ils ont résolues par divers procédés où se mélangent constamment la représentation des idées et celle des sons, de manière à aboutir aux méthodes précises de l'orthographe classique.

– Pour représenter des êtres animés, des parties d'êtres, des objets divers, on emploie des idéogrammes qui sont d'anciens picto-idéogrammes (rébus directs).

Ainsi 馬 *ma* « cheval », 日 *je* « soleil ».

Ces idéogrammes ont fréquemment plusieurs valeurs (*ou* sont polysémantiques), par emploi pour des idées connexes à un objet, le sens propre pouvant être effacé.

工 *kong* (équerre de charpentier), « travail de charpentier, travail en général ».

力 *li* (muscle-tendon), « force ».

攴 *p'ou* (main tenant un bâton), « frapper, action ».

– Pour représenter certaines idées (qualités, situations, quantités), on emploie des idéogrammes qui sont des tracés symboliques ayant une valeur intellectuelle.

Ainsi 上 *chang* « haut », 下 *hia* « bas ».

Les « signes simples » (première et deuxième catégories additionnées) ne constituent qu'à peine 1 % du total des caractères.

– Pour représenter certaines autres idées, notamment des abstractions, on combine intellectuellement et graphiquement, en un seul caractère plus compliqué, mais de même dimension que les autres, deux tracés fondamentaux du premier type ou s'il y a lieu, du deuxième type.

Ainsi 好 *hao* « aimer, bon » combine les tracés de 女 *niu* « femme » et de 子 *tseu* « fils ». 功, lu *kong*, combine les signes du travail et de la force (voir la première catégorie), avec le sens « travail accompli », « succès », « mérite ».

攻, lu également *kong*, combine les signes du travail et de l'action (voir la première catégorie) avec le sens « se mettre au travail », « s'attaquer à », « attaquer ».

Ces « signes-complexes sémantiques » constituent 5 % du total.

– En s'attachant cette fois non à l'idée, mais au son, c'est-à-dire en prenant les caractères simplement comme des syllabo-phonogrammes, on emploie le signe d'un objet pour évoquer quelque chose d'autre dont la désignation sonne de la même manière. C'est l'homologue du procédé du rébus par transfert sans décomposition avec des picto-idéogrammes.

En fait ce procédé, à l'état simple décrit ici, est relativement rare en chinois. Il a fourni des figurations de mots-outils qui se sont trouvés être homophones à des mots « pleins » désignant des choses, ces mots pleins ayant eux-mêmes disparu.

Exemple : dans 焉 *ien* « pourquoi ? comment ? », on reconnaît une ancienne figure d'oiseau.

– Dans la majorité des cas où s'est produit le transfert décrit dans la quatrième catégorie, le procédé phonétique est complété par un procédé intellectuel.

Celui-ci consiste dans l'adjonction au syllabo-phonogramme d'un « idéogramme de catégorie » (on dit quelquefois « idéogramme vide »), qui ne se prononce pas dans la lecture à haute voix, mais qui dans la reconnaissance du texte par le lecteur lui indique à quelle catégorie de sens, d'une manière large, appartient le mot représenté par le phonogramme. Les sinologues français appellent « une phonétique » le signe fondamental et « une clé » l'idéogramme de catégorie.

L'emploi de ce système complexe a dispensé les Chinois d'une analyse phonétique exacte, ceci de trois manières :

on n'a pas décomposé les syllabes en consonnes et voyelles ;

on a employé une même phonétique pour des syllabes de sons proches entre eux mais n'ayant pas des consonnes identiques ni des voyelles de timbre identique (ceci en diminuant le nombre théoriquement utile des phonétiques) ;

on n'a pas considéré comme phonétiquement distincts les mots ayant un même timbre vocalique avec des « tons » différents : en effet beaucoup de mots chinois sont distingués à l'audition par le fait qu'une voyelle de même timbre (ainsi *a*) peut être prononcée sur une note plus ou moins haute pendant toute sa durée ou avec une modulation soit montante soit descendante. Pour ce dernier manque, la plupart des autres écritures se rangent avec le chinois, par le fait qu'en général on n'y représente pas les hauteurs et les intensités.

Ainsi c'est d'une manière intellectuelle que les homophones ou quasi-homophones du chinois se trouvent distingués dans l'écriture.

Les homophones sont en effet très nombreux : on a compté qu'en pékinois la syllabe consistant en un son *i* correspond à soixante-neuf sens, dont trente-huit pour la prononciation à ton descendant. Cette multiplication des homophones (représentés de manières différentes) provient essentiellement des évolutions phonétiques qui ont fait se confondre des mots d'abord distincts.

Les lettrés se servent entre eux de l'écriture pour fixer des sens, quand la prononciation ne suffit pas, soit qu'il s'agisse d'homophones complets (avec même ton), soit au contraire que les interlocuteurs, de régions différentes en Chine, prononcent de manières divergentes. Le tracé se fait souvent non à traits d'encre sur du papier, mais du bout de l'index dans la paume du scripteur, l'interlocuteur observant les mouvements.

Les « signes-complexes phono-sémantiques » constituent environ 90 % du total.

Graphiquement, c'est-à-dire au point de vue du tracé, on compose un seul caractère avec la phonétique et la clé ; toutes deux sont plus ou moins réduites en dimension ; la clé est à un emplacement quelconque par rapport à la phonétique.

La plupart des clés existent par ailleurs comme idéogrammes des catégories 1, 2 ou même 3, ainsi dans les signes cités ci-dessus dans 1, *kong* est la clé 48, *li* la clé 19, *p'ou* la clé 66 ; mais certaines n'existent que comme clés. Beaucoup ont un tracé un peu différent de celui du caractère indépendant. Quelquefois la partie phonétique d'un caractère contient elle-même une clé.

Après des fluctuations dans la liste de ces clés, depuis au moins 1615 elles sont cataloguées au nombre de deux cent quatorze, et servent accessoirement au rangement des mots dans les dictionnaires : les clés incluses dans les caractères y sont rangées dans l'ordre du nombre croissant des traits qui les constituent (de un à dix-sept).

On jugera de la variété des catégories de sens indiquées par les clés en considérant la liste des clés à neuf traits (n°s 176 à 186) : « visage, cuir, lanière de cuir, poireau, son, tête, vent, voler, manger, tête chevelue, parfum ».

Exemples de caractères complexes :

方 *fang* « carré » sert de phonétique dans 枋 *fang* « bateau » (où la clé est 木 *mou* « bois »), 紡 *fang* « filer » (où le signe à gauche est la clé du textile *mi*, qui n'a pas d'existence indépendante) et 訪 *fang* « demander » (où le signe à gauche est la clé de la parole *yen*, représentant une bouche d'où les mots s'échappent).

Dans 桑 *sang* « mûrier », la clé du « bois » (voir ci-dessus) est surmontée de « trois mains » (instruments de la cueillette), servant à indiquer la prononciation. Ce signe complexe du « mûrier » est phonétique dans 嗓 *sang* « gosier », où la clé à gauche est 口 *k'eou* « bouche ».

Il faut noter que chaque clé étant commune à beaucoup de caractères, le procédé employé a eu pour résultat de diminuer beaucoup, non le nombre total de caractères, mais celui des tracés qui les composent, et par conséquent d'alléger d'autant l'apprentissage de l'écriture et de la lecture.

L'emploi purement phonographique des caractères existe traditionnellement dans l'explication en vue de l'apprentissage, autrement dit à fin d'enseignement. La prononciation de caractères usuels sert à gloser celle de caractères moins vite connus de l'apprenti. On peut recourir aussi à un artifice de décomposition, en figurant la prononciation d'un syllabogramme par celle de deux autres, le premier employé seulement pour son début et figurant le phonème initial, le second employé pour sa fin et figurant le reste du syllabogramme. C'est le système 反切 *fan-ts'ie* « recoupement » attesté dès le IIe-IIIe siècle chez les phonéticiens et les lexicographes, ne s'employant pas oralement.

Ainsi, soit 蝀 *tong*, mot rare désignant l'« arc-en-ciel ». On indique qu'il se prononce comme 東 *tong* « l'est » (qui comporte la même phonétique, sans la clé du reptile-insecte). On peut aussi l'épeler par 都 *t*(*ou*) « capitale » et 翁 (*w*)*ong* « vieillard ».

Pour l'enseignement, les savants chinois ont employé des signes de tons consistant en des petits demi-cercles : à l'angle inférieur gauche pour les deux tons égaux (1er et 2e des savants européens), à l'angle supérieur gauche pour le ton montant (3e ton), à l'angle supérieur droit pour le ton partant (ton descendant, 4e ton), à l'angle inférieur droit pour le ton entrant (non existant dans la langue nationale moderne).

Les sinologues se servent aussi d'accents dans les transcriptions complètes.

衣	« vêtement »	*yī*	ton égal supérieur
宜	« convenir »	*yî*	ton égal inférieur
已	« déjà »	*yì*	ton montant
意	« idée »	*yí*	ton descendant

(POUR LES USAGES RÉCENTS, VOIR CI-DESSOUS, p. 63
« EMPLOIS DE L'ÉCRITURE CHINOISE… »)

NOTATION NUMÉRIQUE

Pour la notation du système de numération, dans le système ordinaire, on emploie des signes-mots qui sont des noms de nombre, non des chiffres proprement dits ; certains figurent dans la liste des clés.

Les treize caractères les plus usuels représentent « un, deux, trois, quatre, cinq, six, sept, huit, neuf, dix, cent, mille, dix mille » ; il s'y ajoute, ce qui atteste le haut développement intellectuel chinois, des termes pour « cent mille, million, dix millions, cent millions, billions (milliards), dix billions, cent billions, trillions (c'est-à-dire billions dans le nouvel usage), dix trillions, cent trillions ».

Observations complémentaires. – Les dix premiers nombres ont une double représentation, l'une simple et reposant en partie sur des combinaisons de barres d'unité (figurations de marques ou d'objets symboliques), l'autre compliquée et faisant usage de signes-mots ordinaires ; ainsi *yi* « un » s'écrit – ou 壹. Pour 20, 30, 40, on écrit 2.10, 3.10, 4.10 qu'on énonce *eul-che*, *san-che*, *sseu-che* ; à ces trois termes correspondaient des signes simples dans un vieux système (employé du – VIe au – IIe siècle) ; d'autre part des signes à barres sont encore employés fréquemment pour les dizaines dans des paginations de livres (ainsi 廿 20).

Les noms de nombre sont écrits verticalement comme des suites de mots ; la particule *ti* 第 devant un nombre en fait un ordinal.

9	九	10	十	
100	百	5	五	= 15 × 10 000 = 150 000
10	十	10 000	萬	+ 7 000 + 900 + 16
6	六	7	七	= 157 916
		1 000	千	

Les Chinois modernes emploient aussi dans les pièces commerciales deux systèmes plus pratiques, avec des véritables idéogrammes-chiffres, et l'emploi de règles de position et du zéro. Tous deux se lisent horizontalement, de gauche à droite.

Dans le premier, les notations de la dizaine et des multiples de dix sont surmontées de leur coefficient en unités ; le zéro tient la place des catégories d'unités manquantes, à l'intérieur d'un nombre :

× ı ı   4 2
千百 OIII   1000 100 3
⏟
4203

Dans le second, des barres alternativement verticales et horizontales représentent les unités successives, des unités simples aux différents multiples de dix : toutefois, dans chaque catégorie, pour les nombres 6, 7, 8, 9, cinq barres sont remplacées par une barre dans la position inverse ; le zéro tient la place des unités manquantes :

≡ ǁ ⊥̳ ||||| O ⊥
3 2 7 5 0 6

Enfin le système européen, en chiffres chinois, a fait son apparition :

一 1
○ 0
三 3
103

EMPLOIS DE L'ÉCRITURE CHINOISE ET D'AUTRES ÉCRITURES PAR LES CHINOIS ET LEURS VOISINS

Le système chinois d'écriture, parvenu en une lente fabrication à un état d'équilibre où il s'est stabilisé, est une représentation de la langue. Il s'est constitué graphiquement en raison de l'existence des mots monosyllabiques et de nombreux homophones ; il dépend donc de la manière dont les mots se prononçaient en chinois au moment de cette constitution.

Mais comme pratiquement, en raison du monosyllabisme, il y a autant de caractères que de mots, lorsqu'on a fait l'effort d'apprendre par un exercice assidu de mémoire visuelle un nombre suffisant de caractères, on peut lire idéographiquement du chinois sans tenir compte de la prononciation de celui qui a écrit : exemple, entre autres, de discordance entre les opérations d'écriture et de lecture.

La coïncidence en un seul système de l'idéographie cohérente à signes-mots et d'un système à phonogrammes syllabiques a eu diverses conséquences.

En Chine même, un effort d'unification au XVIIe siècle a tendu à supprimer les différences dialectales qui résultaient de l'évolution divergente de la prononciation dans les diverses provinces et à imposer l'usage d'une langue commune, dite langue mandarine, dont la base était le parler de la capitale Pékin. Néanmoins la région méridionale, avec la grande métropole du Sud, Canton, a gardé ses langages propres, de sorte que de nos jours des Chinois de langage pékinois et de langage cantonais ne se comprennent pas mieux entre eux que par exemple au XVIIe siècle ne se comprenaient des Français du domaine de la langue d'oïl (français) et du domaine de la langue d'oc (provençal), alors que le français n'était pas encore langue commune enseignée partout. Mais les uns et les autres peuvent lire, bas ou haut, un texte, chacun avec leur prononciation, et par conséquent se comprendre mutuellement pourvu qu'ils sachent écrire ce qu'ils veulent se dire.

Le système chinois, véhiculé dans les pays voisins qui n'ont progressé dans la civilisation que postérieurement à la Chine et sous son influence, a été l'objet d'emprunts. Les particularités de ces emprunts dépendent à la fois des circonstances et du double caractère de ce système. En effet, le chinois écrit pouvant être plus ou moins bien lu idéographiquement en d'autres langues, cette possibilité s'est partiellement réalisée. La réalisation supposait que les gens qui en usaient avaient une culture suffisante pour lire beaucoup de signes-mots et d'autre part n'étaient pas trop troublés par la succession des idées (ordre des mots) et par la manière de les exprimer. Mais par ailleurs des caractères chinois pouvaient être, et ont en effet été parfois empruntés comme des phonogrammes.

Au reste l'écriture s'emprunte rarement seule. Elle est généralement transplantée avec un ensemble de civilisation intellectuelle, notamment sous ses aspects religieux et littéraires. Elle est d'abord employée par des gens qui plus ou moins apprennent la langue qui a été en premier lieu notée par cette écriture, ici le chinois. On peut dire que les savants du Viêt-nam, de la Corée, du Japon, etc., dispensés de l'invention d'une écriture, ont été plus ou moins prisonniers de celle qui leur était apportée. Ils ne travaillaient pas en partant de zéro, mais devaient subir des inconvénients en même temps que des avantages acquis. L'adaptation, dans ces conditions, est plus ou moins gauche, et on peut constater que le perfectionnement reste limité.

Quant aux créations ou implantations d'autres systèmes dans la sphère où s'est exercée l'influence chinoise, elles attestent les limites de l'emprise de cette influence.

Il est intéressant de noter que le chinois lui-même a connu dans le passé à certaines périodes des notations dans des écritures d'origine étrangère, ainsi l'écriture pagspa issue du tibétain et l'écriture tibétaine elle-même. À l'époque actuelle, ce sont d'autres formes de l'écriture alphabétique qui viennent en question.

L'écriture et les transformations politiques en Chine

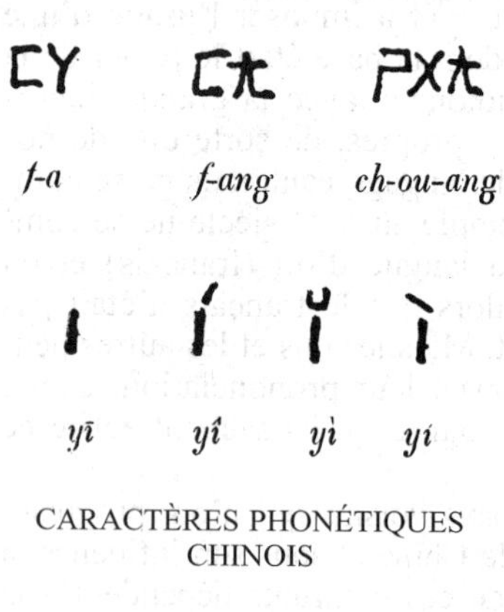

CARACTÈRES PHONÉTIQUES CHINOIS

La modernisation et la démocratisation de la Chine ont eu des conséquences pour l'instruction et pour l'écriture. La langue de Pékin ou de la région de Pékin, non plus sous la forme classique mandarine mais sous la forme moderne, a été proclamée langue nationale dès 1928. À partir de 1913 des réformateurs ont tenté l'établissement d'un système simplifié d'écriture. D'autres ont établi un « alphabet national », à trente-neuf signes, qui ne sont pas destinés à remplacer les caractères ordinaires mais à unifier la prononciation en représentant celle-ci à côté des caractères lors de l'apprentissage ; on y ajoute des signes des tons.

Dans la République populaire chinoise l'enseignement se répand rapidement, et la langue nationale gagne dans l'usage.

La « romanisation » préconisée par certains, combattue par d'autres, ne s'est pas imposée jusqu'à présent. (Situation changée en 1956[1].)

Noter qu'en Europe même les sinologues ne se servent pas de textes en transcription seule, mais ont l'habitude de la jonction des textes en caractères chinois et de la transcription en caractères latins.

L'écriture au Viêt-nam

Dans le Viêt-nam, dépourvu d'écriture alors qu'il tombait sous la domination politique chinoise, les textes chinois ont été introduits environ un siècle avant l'ère chrétienne. Seuls des lettrés (devenus très rares à l'époque moderne) ont appris à lire ces textes. La prononciation différente, dès le départ, de celle du Nord a été de plus fixée par un enseignement traditionnel vers le Xe siècle ; c'est pourquoi on parle de sino-annamite (ou sino-vietnamien).

Les textes « sino-annamites » s'accompagnent de la notation numérique chinoise.

Il est apparu à une date qu'on croit pouvoir fixer au début du XIVe siècle une écriture de la langue parlée (en vietnamien de prononciation non pédante *chữ nôm*, « écriture du Sud », ceci dans la notation *quôc ngữ* sur laquelle voir ci-dessous). Son usage s'est passablement répandu pour la correspondance et les contrats, et comme véhicule d'une littérature populaire ; proscrite à certaines périodes par le gouvernement, elle a été à d'autres moments employée même dans des actes officiels. Ce système comporte souvent un emploi phonétique des caractères chinois comme syllabophonogrammes, avec la prononciation vietnamienne du chinois et un sens vietnamien. Il y a bien des complications.

Tous les caractères ne sont pas pris tels quels. Certains sont altérés dans leur tracé ce qui se conçoit dans un système où la valeur idéographique peut être négligée. D'autres fois il y a combinaison de deux caractères, l'un fournissant la prononciation, l'autre l'idée : il s'agit de cas où les adaptateurs ne disposaient pas d'un signe chinois donnant exactement la prononciation du mot vietnamien et ont biaisé en conséquence. Ainsi *trăm* « cent » est écrit par un signe complexe 𤾓 à deux éléments : le premier est celui qui se lit en sino-vietnamien *lâm* (avec le sens « forêt ») 林, où *l* ne paraît que relativement proche de *tr* ; le second est la notation 百 de la centaine, en prononciation sino-vietnamienne *băch*, qui sert ici d'idéogramme de catégorie. Enfin des caractères chinois sont pris avec leur valeur de sens en même temps que

1. En même temps que ce projet d'écriture latinisée, les dispositions étaient prises pour la mise en usage de caractères simplifiés, d'après une décision du Conseil d'État du 28 janvier 1956 : deux cent cinquante caractères déjà adoptés dans la presse étaient mis en usage pour les impressions et les documents manuscrits en général à partir du 1er février. Pour mars était prévue la mise en service officielle d'autres simplifications, après examen, deux cent quatre-vingt-cinq caractères, cinquante-trois « radicales ».

de son : il s'agit alors d'emprunts de mots savants ; toutefois ils sont quelquefois lus en vietnamien et alors ils ont une valeur idéographique. Ce système, dédaigné des lettrés puristes, quoiqu'il ait été forcément créé par des lettrés, n'a pas été codifié et décanté ; il est resté varié et peu clair.

Aussi n'a-t-il pas offert de résistance sérieuse à l'expansion du système phonographique en lettres latines, le *quôc ngữ* « (caractères du) langage du pays », qui a été combiné par les missionnaires chrétiens dès le XVIIe siècle et qui a été pratiquement seul en usage depuis 1920 environ. Il est le seul instrument de l'instruction qui se développe rapidement depuis 1944 sous l'impulsion du Viêt-minh.

Le tableau suivant illustre à la fois les deux cas précédents et les deux cas suivants :

		PÉKINOIS	CANTONAIS	SINO-VIETNAMIEN	SINO-CORÉEN	SINO-JAPONAIS
越	[au] Viet	*yue*	*yüt*	*viêt*	*weul*	*etou*
南	[-]nam (Sud)	*nan*	*nam*	*nam*	*nam*	*nan*
多	[il y a] beaucoup	*to*	*to*	*ta*	*ta*	*ta*
山	[de] montagnes	*chan*	*chan*	*seun*	*san*	*san*
	Vietnamien :	*Viêt-nam*	*có*	*nhiêu*	*núi*	
	au	Viêt-nam	il y a	beaucoup	de montagnes	

L'écriture en Corée

La Corée, divisée en petits royaumes anciennement civilisés, mais, pour autant qu'on sache, sans écriture, s'est ouverte à l'influence chinoise surtout par suite d'un mouvement religieux : il s'agit du prosélytisme bouddhique aux IVe et Ve siècles.

À partir de ce moment les classiques chinois ont été étudiés par les lettrés coréens, qui ont reçu la langue chinoise comme langue savante et en ont naturellement appris l'écriture.

C'est, dit-on, pour faciliter l'étude qu'un lettré de la fin du VIIe siècle a ajouté aux mots chinois des caractères chinois tracés en plus petit ayant des valeurs syllabiques convenues (syllabophonogrammes), pour noter phonétiquement des particules et des suffixes du coréen, qui n'est pas une langue monosyllabique. Naturellement, ceci suppose qu'au moins les débutants lisaient idéographiquement, prononçant en coréen ce qui était écrit en chinois, et que les grammairiens avaient su distinguer le corps des mots principaux et le reste (affixes, particules).

L'écriture mixte, idéographique pour les radicaux seulement, est restée en usage en Corée, surtout pour les documents administratifs en coréen, jusqu'à l'annexion par les Japonais en 1910. Ceux-ci ont fait écrire les actes officiels suivant le même principe ; mais les éléments phonétiques ont été alors empruntés à l'écriture nationale coréenne (suivant un mode de faire déjà existant auparavant).

Cette écriture nationale date du milieu du XVe siècle ; on sait qu'elle a été combinée par une commission officielle, sur mandat d'un souverain. Malheureusement cette commission n'a pas laissé de procès-verbaux ; on ne sait pas comment elle a opéré. Le nom de l'écriture coréenne est *œn-moun* [*ön mun*] « langue courante » (dite aussi abusivement *pantchel* [*pan čəl*], ce qui est la prononciation sino-coréenne du « recoupement » *fan ts'ie*)[1] .

Le système en est alphabétique : on en conclut que ses créateurs ont voulu utiliser les avantages des systèmes alphabétiques qui pouvaient leur être connus par des livres venant de l'Inde et du Tibet, etc. Pour la forme des caractères, aucune comparaison n'est décisive : on a parlé d'anciens caractères indigènes (d'existence plus que douteuse), de caractères chinois très simplifiés, de dérivation de l'écriture indienne, peut-être sous la forme tibétaine, d'emprunts à l'écriture mongole ou à ses voisines. Il semble qu'au total on peut dire avec assurance que c'est un exemple, peut-être le plus réussi, d'une écriture combinée volontairement avec utilisation de principes d'abord appliqués ailleurs. Le bon exemple supplémentaire de réformes orthographiques a été donné à plusieurs reprises. Le progrès réalisé sur les prototypes non identifiés est la réduction des tracés fondamentaux à un petit nombre de figures simples et l'emploi de signes de catégorie, principalement une barre supérieure pour marquer que des consonnes occlusives sont aspirées (complétées par un souffle *h*) : ainsi ㄷ *t*, ㅌ *th*, ㄱ *k*, ㅋ k^h, ㅂ *p*, ㅍ p^h.

On emploie de nos jours quatorze signes de consonnes (autrefois dix-sept) et onze de voyelles.

Mais si le principe est alphabétique, la disposition des écrits reproduit celle des écrits chinois : en effet, on groupe consonnes et voyelles en syllabes dans des combinaisons à forme sensiblement carrée ; les syllabes sont rangées verticalement en colonnes qu'on lit de haut en bas et de droite à gauche. Il n'y a pas de ponctuation[2].

Cette écriture a été utilisée depuis sa fabrication pour des usages courants et une littérature populaire, les lettrés s'en tenant au système sino-coréen. Depuis le début du XXe siècle elle est devenue l'écriture nationale généralisée, et elle sert à l'enseignement depuis la fin de l'occupation

1. Le nom de l'écriture *œn-moun* « écriture vulgaire » (plutôt que « langue courante » comme indiqué au texte) est changé depuis le temps des débuts de la domination japonaise (1895) en *kouk-moun* ([*kuk-mun*] avec assimilation dans la prononciation en [*kun-mun*]) « écriture nationale ». Les deux noms sont, en sino-coréen, composés d'éléments chinois. Des Coréens voulant user seulement d'éléments nationaux ont lancé, postérieurement à l'éviction des Japonais en 1945, le terme *han kul* « grande écriture ».

2. Les complexes graphiques syllabiques, dont les imprimeries sont obligées de se servir, sont au nombre de plus de deux mille.

japonaise, non sans mélanges de caractères chinois. On a commencé à imprimer horizontalement (de gauche à droite).

Pour la numération, les Coréens ont écrit en général les nombres en toutes lettres ; par ailleurs ils se sont servis des nombres-chiffres chinois. De nos jours les chiffres arabes se répandent.

L'écriture au Japon

Le Japon, constitué en État sans doute vers le début du VIIIe siècle, n'a pas créé lui-même d'écriture (ceci dit malgré certaines légendes). On y a adapté plus ou moins bien l'écriture chinoise à la langue japonaise qui, loin d'être monosyllabique, comporte des mots souvent longs, où on distingue les radicaux et les particules et suffixes.

Au début du Ve siècle, l'écriture chinoise a d'abord été pratiquée au Japon surtout par des lettrés étrangers, chinois ou coréens, et des métis. Puis en particulier avec l'expansion du bouddhisme qui, introduit en 552, provoquait un besoin de textes nombreux, l'écriture s'est répandue, avec des textes en chinois lus avec la prononciation sino-japonaise.

Pour faciliter la lecture, l'écriture chinoise a été ultérieurement complétée par des signes chinois pris en valeur syllabique, servant à écrire les noms propres ou d'autres mots japonais insérés dans les textes chinois. Tardivement on a utilisé de simples points notant des désinences, ce qui est un exemple de marques servant d'idéogrammes grammaticaux. On cite une histoire japonaise écrite en 712 avec les caractères chinois, qu'on lisait idéographiquement en japonais en modifiant à la lecture l'ordre des signes écrits, de manière à substituer l'ordre syntaxique du japonais à celui du chinois.

Pour écrire vraiment en japonais, des caractères chinois « signes syllabes » pris avec une valeur phonétique syllabique (nommés *kana*), ont été utilisés de diverses manières dont l'histoire est compliquée. Les syllabaires qui ont subsisté ont dû se constituer à partir du VIIe siècle et se fixer plus ou moins ensuite du VIIIe au début du Xe siècle.

Dans sa constitution, le système comporte les voyelles isolées [*a, i, u, e, o*] et des syllabes composées de onze consonnes suivies de ces voyelles ; ceci est suffisant, étant donné que la langue japonaise n'a que des syllabes ouvertes et aucun groupe consonantique. On a cependant pris l'habitude, à partir d'une certaine période, d'ajouter un signe complémentaire pour noter *-n* en fin de syllabe dans des emprunts au chinois.

En ce qui concerne les tracés des caractères, ce sont dans l'ensemble des caractères chinois choisis pour leur valeur phonographique et simplifiés. D'autre part cinq des consonnes n'ont pas de tracé propre, mais sont représentées par les tracés de consonnes de même série phonétique, avec addition d'un signe diacritique : ainsi *g* qui alterne avec *k* dans certaines suites de syllabes (voir ci-dessous *kata-kana*, *hira-gana*) a le signe de *k* avec deux petits traits à droite ; c'est donc l'emploi d'une marque additionnelle, ou signe diacritique : カ *ka*, ガ *ga*.

En conséquence, on a constitué des tableaux de cinquante sons, en réalité quarante-huit, avec addition de *-n* final et suppression de syllabes inusitées.

Il y a deux syllabaires. Le *kata-kana* (*kata* voulant dire « fragment »), provenant de l'écriture chinoise classique ordinaire, est anguleux. Il a été employé autrefois pour les usages savants ; cet emploi subsiste dans une certaine mesure, en particulier dans des pièces officielles, et il s'enseigne à l'école primaire. Mais dans l'usage courant on emploie le *hira-gana* (« *kana* à tracé courant ») qui provient de l'ancienne cursive chinoise et comporte des traits arrondis.

Les textes sont disposés comme en chinois, en colonnes verticales, de droite à gauche. À époque récente on a commencé à imprimer certains ouvrages en lignes horizontales de gauche à droite.

L'usage courant est composite. Les radicaux sont écrits au moyen de caractères chinois lus idéographiquement en japonais (à moins qu'ils ne notent des mots eux-mêmes empruntés au chinois, lus avec la prononciation sino-japonaise). On les fait suivre de *kana* notant phonétiquement les suffixes ; éventuellement des particules entre les mots principaux sont notées de la même manière. De plus, on inscrit souvent en petit, à droite des caractères chinois, des *kana* indiquant leur prononciation, soit suivant le sens, soit suivant leur son en sino-japonais (compléments phonétiques).

Enfin dans certains textes où se trouvent des longues suites de mots chinois en ordre chinois, des signes conventionnels indiquent des déplacements à faire pour lire dans l'ordre japonais.

On fait usage d'une ponctuation.

La complication du système apparaît dès qu'on mentionne que les caractères chinois usuellement employés sont au nombre de deux milliers.

Pourtant la scolarisation de l'ensemble de la population s'est faite avec ce système depuis 1872, et les tentatives faites par des réformateurs, dans les dernières décades du XIXe siècle, pour le remplacer par un usage exclusif des *kana* n'ont pas rencontré le succès ; ils restent donc cantonnés dans des emplois partiels.

De même ont été vaines les tentatives, dont certaines remontent aux siècles passés, à partir de la fin du XVIe, pour faire adopter l'écriture latine ; le mouvement de la fin du XIXe et début du XXe avait une certaine force, mais n'a pas réussi[1].

1. À propos de l'usage sino-japonais : « Il lui expliquerait tout, dans sa propre langue, la langue écrite, qui leur était commune à tous les deux » (Pearl Buck, *Le Patriote*, trad. française, Paris, 1940, p. 260 ; relations d'un jeune Chinois avec une jeune Japonaise qu'il va épouser). Au sujet de la manière de considérer les caractères d'écritures (chinoise et latine) : « Partout, dans les réclames, affiches, écriteaux, dans tous les journaux et magazines, je voyais d'étranges lettres occidentales courant avec des contorsions de gauche à droite, zigzaguant en travers et non de haut en bas. Elles se mêlaient aux arabesques des caractères japonais avec de-ci de-là un solide signe chinois. Les Japonais commençaient à être fascinés par les lettres romaines. Auparavant ils avaient de la même manière employé un grand nombre de caractères chinois, ce qui

Pour la numération, les Japonais se sont servis au cours de leur histoire du système chinois courant et ils s'en servent encore dans la majorité des emplois. Ils ont commencé cependant à se servir du système européen, avec les signes d'unités chinois et le zéro.

L'écriture chez des populations non chinoises en Chine

Sans parler de certains peuples pourvus d'écritures d'origine occidentale qui se trouvent sur le territoire chinois (mongol, ouïgour, kazakh), il y a à considérer en Chine des populations ne parlant pas chinois, mais des langues de la même famille, du groupe tibéto-birman, plus ou moins bien classées jusqu'à présent ou bien des langues du groupe altaïque, qui ont usé à différents moments et pour des usages plus ou moins étendus d'écritures soit dérivées de l'écriture chinoise ou au moins influencées par elle, soit indépendantes d'elle.

L'existence de certaines de ces écritures (en général assez mal connues), à certaines périodes dans des régions limitées, répond à la floraison momentanée d'États maintenant disparus. D'autres résultent de pratiques locales de religion et de sorcellerie chez des populations restées en marge de la société chinoise.

Au nord-ouest, les Si-hia ou Hsi-hsia (Hia de l'Ouest, population « tangoute », élément tibétain) ont eu un État indépendant du Xe au XIIIe siècle et ont écrit dans leur langue. Des documents bilingues ont permis aux philologues chinois de lire les documents écrits dans des caractères ressemblant à des caractères chinois.

Des écritures créées par des éléments mongols ou voisins, nommés Khitan ou K'i-tan, à l'imitation de l'écriture chinoise ont été en usage au Xe siècle (documents qu'on commence à déchiffrer).

Aux Khitan ont succédé dans la même région les Djurtchet dits aussi Jou-tchen, proches des Mandchous, dont on a des inscriptions du XIIe au XIIIe siècle, avec une nouvelle écriture dérivée du chinois.

Au sud, dans le Yunnan (et aussi dans le nord du Tonkin), les Lolo ou Yi, dont la langue est du groupe tibéto-birman, possèdent une écriture, peut-être attestée dès le IIIe siècle par des témoignages chinois, dont on connaît une inscription du XVIe siècle et des stèles funéraires. Les caractères apparemment imités du chinois sont employés sur de nombreux manuscrits en papier soit en colonnes verticales de gauche à droite, soit, plus rarement, en lignes horizontales de droite à gauche. La tradition sub-

---

avait fait dire à Lafcadio Hearn : "Pour le cerveau japonais un idéogramme [chinois] est un tableau vivant ; il vit, il parle, il gesticule." Et toute l'étendue d'une rue japonaise est pleine de ces caractères vivants, dessins qui parlent aux yeux, mots qui sourient ou grimacent comme des figures » (Yanghill Kang, *Au pays du matin calme*, trad. française, Paris, 1936, p. 206 ; un jeune Coréen voyage au Japon).

sistant, on a pu publier des transcriptions et traductions. Récemment les Lolo ont adopté un alphabet latin.

Les Moso (du même groupe linguistique) qui vivent plus à l'ouest et usent, dit-on, de l'écriture tibétaine au nord, de la chinoise au sud, ont une écriture propre, sous deux formes, hiéroglyphique et syllabique ; elle semble être ancienne et avoir été utilisée pour la rédaction de documents religieux et historiques qui constituent la littérature nakhi.

Les tribus Miao-Tseu et populations voisines (dont l'appartenance linguistique au tibéto-birman n'est pas sûre) vivent surtout dans la province chinoise de Koueitchéou. Ils ont ou ont eu une écriture, à usage ésotérique semble-t-il, sans doute à base de chinois. Ils ont reçu d'autre part un système combiné par des missionnaires protestants. Ils ont aussi un alphabet latin[1].

CHAPITRE V

L'ÉCRITURE IDÉOGRAPHIQUE ET PHONOGRAPHIQUE CONSONANTIQUE ET LA NOTATION NUMÉRIQUE EN ÉGYPTE ANCIENNE

DU IVe MILLÉNAIRE AV. J.-C. AU Ve SIÈCLE APR. J.-C.

Écriture alphabétique méroïtique

ENSEMBLE DE L'HISTOIRE ET DÉCHIFFREMENT MODERNE

L'étroite vallée fertile du bas Nil et son delta, d'une superficie restreinte, sont peuplés de nos jours avec une grande densité (environ quinze

1. Les missionnaires protestants ont imprimé des évangiles en divers dialectes miao, avec des écritures différentes. On trouve dans la revue *La Chine* (Pékin), édition française, 1957, 2 (février), p. 28-29, un article sur les Miao ou Yao (ce seraient deux noms d'un même ensemble) : « La nationalité miao est une des plus anciennes nationalités de Chine. Elle compte deux millions cinq cent mille membres dispersés dans sept provinces : Kouei Tchéou, Yunnan, Setchouan, Hounan, Houpei, Kouangsi et Kouangtoung. Pendant des siècles ils sont restés sans langue écrite. Pour noter un événement ou pour tenir des comptes, ils faisaient des nœuds sur des cordelettes, gravaient des signes sur bambou, marquaient des traits et comptaient avec des pois peints en différentes couleurs : jaune pour le chiffre un, noir pour cinq, rouge pour dix. » Il n'est donc pas fait état d'une véritable écriture ancienne. En vertu d'une décision de 1950, une équipe de cent membres a été chargée d'enquêter sur les quatre dialectes qu'on distingue dans l'ensemble miao et de préparer l'alphabétisation latine ; des alphabets presque pareils entre eux et proches de celui qui a été combiné pour le chinois ont été adoptés en octobre 1956 (il est dit que l'alphabet des missionnaires a été « réformé » ; on ne spécifie pas duquel il s'agit). Dans la même région méridionale, dans le Kouan-sin, se trouvent les Tchouang (environ sept millions), de langue thaï, qui n'ont pas d'écriture propre.

millions d'habitants) et ont été vraisemblablement aussi peuplés aux époques prospères de l'Antiquité. On y retrouve les restes d'une civilisation développée, sans doute d'origine composite, africaine, asiatique, méditerranéenne insulaire depuis – 4000 au moins. Les monuments et textes conservés permettent de retracer une histoire à peu près continue depuis environ – 3000, avec des États organisés et de grandes cités.

Les conditions spéciales du sol et du climat, les habitudes d'enfouissement de nombreux objets dans les tombes (où des textes étaient souvent écrits sur les murs) et dans d'autres dépôts, ont permis la conservation de nombreux documents peints et écrits, s'ajoutant aux inscriptions sur pierre.

Néanmoins nous ne sommes pas renseignés sur l'origine des hiéroglyphes, que les Égyptiens attribuaient au dieu Thot, par ailleurs inventeur de la magie, patron des sciences, etc.

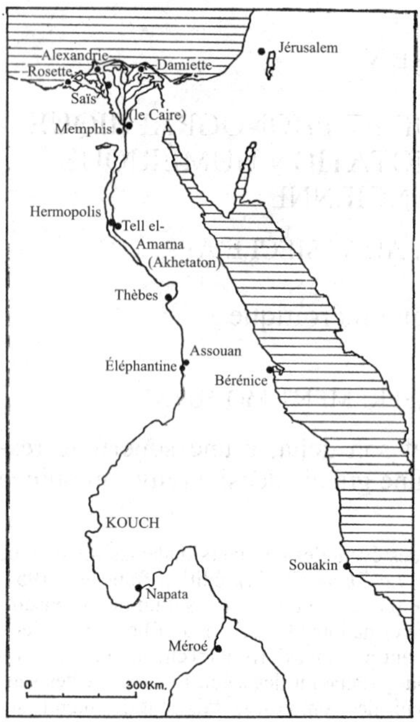

VALLÉE DU NIL

Les plus anciens documents (vers – 3000) nous montrent des images schématisées représentant un événement, par exemple une campagne militaire victorieuse (donc, des pictogrammes), accompagnées d'une légende, d'un texte écrit. Dans le système de cette écriture, l'élément idéographique et l'élément phonographique sont combinés dès la plus ancienne date où elle nous est connue.

Le système hiéroglyphique consistant en picto-idéogrammes et picto-phonogrammes a été pratiqué pendant la longue suite de siècles de l'Ancien, du Moyen et du Nouvel Empire et encore sous des dominations étrangères. Le caractère artistique en est remarquable. Non seulement chaque tracé gravé ou peint est d'une finesse qui permet de garder reconnaissables même de très petites images, mais la plus grande attention est portée à la disposition des figures les unes par rapport aux autres ; jusqu'au bout cette écriture est restée un ornement pour les monuments. À partir d'une époque qui a dû commencer environ en – 2500, le système hiéroglyphique a été doublé de cursives où les tracés très simplifiés n'étaient plus directement reconnaissables, où par conséquent les caractères étaient des idéogrammes proprement dits et des phonogrammes (d'abord le tracé hiératique, plus tard le tracé démotique). À partir du IVe siècle, dans l'Égypte presque entièrement christianisée, les textes en écriture indigène se font rares, les derniers sont du Ve siècle. D'autre part, on rencontre dès le IIe siècle l'utilisation de l'écriture grecque et c'est celle-ci, avec quelques compléments, qui a servi à écrire la littérature chrétienne de la langue copte, dernier état de la langue égyptienne. Le copte lui-même, peu après l'islamisation de l'Égypte au VIIe siècle, n'a presque plus été parlé ; il a été réservé à l'usage liturgique et à une partie de l'usage écrit.

On sait que les derniers prêtres égyptiens refusaient d'enseigner leur écriture aux chrétiens, qui dans l'ensemble d'ailleurs ne s'en souciaient pas. La tradition s'est donc éteinte, et on ne possède aucune description extérieure, de sorte qu'il a fallu à époque moderne procéder au déchiffrement. Le génial et patient Jean-François Champollion, qui avait acquis toutes les connaissances possibles au sujet de l'Égypte ancienne et possédait à fond la langue copte, a réalisé ce déchiffrement (moment essentiel, 1822) grâce à l'étude poussée d'un document heureusement découvert lors de l'expédition française de 1799 en Égypte, la pierre de Rosette[1] (dans le Delta).

Celle-ci porte le texte d'un décret d'un collège de prêtres en l'honneur du souverain Ptolémée Épiphane en – 193, gravé en trois versions : égyptien écrit en hiéroglyphes (texte tronqué), égyptien écrit en cursive démotique (incomplet aussi), grec. Le sens fourni par le grec ne suffisait pas à permettre le repérage des mots ; heureusement les noms propres de l'égyptien sont contenus dans un « cartouche », c'est-à-dire entourés d'une ligne. Le repérage et le déchiffrement en ont été commencés par l'Anglais Young. Champollion a su reconnaître que l'écriture était à la fois idéographique et phonographique, lire d'abord les noms grecs « Ptolémée », « Cléopâtre » en les décomposant correctement ; puis il a déchiffré dans des inscriptions en égyptien seul des noms retenus par la tradition historique comme Toutmosis. Muni ainsi de la connaissance de la valeur d'un certain nombre de signes, il a réussi à lire de proche en proche des textes entiers. Ses successeurs n'ont eu qu'à perfectionner sa découverte, notamment en reconnaissant la valeur strictement consonantique des phonogrammes, et en précisant la nature de diverses consonnes par la comparaison avec celles des langues sémitiques, qui font partie du même ensemble chamito-sémitique que l'égyptien.

L'histoire des déchiffrements fait partie de l'histoire du développement des sciences humaines. Les circonstances grandes et petites de la restitution d'une signification aux très nombreux documents égyptiens qui avaient été réduits au silence pendant des siècles, sont instructives : inter-

---

1. Rosette est une francisation du nom de lieu copte « Rachit » [*raśit*], arabe « Rachid » [*rašīd*], dont on ignore l'origine.

ruption totale d'une tradition par suite de changements politiques et religieux ; ignorance des peuples voisins et des conquérants au sujet de cette tradition ; avant la perte de cette même tradition, décision prise au moins une fois dans un certain groupe de célébrer un maître appartenant à une civilisation extérieure en même temps dans la langue des sujets et dans celle de ce maître ; conservation fortuite, puis exhumation fortuite à l'occasion d'une nouvelle conquête du pays, du document témoin de cette attitude d'hommage ; efficience de cette découverte par la rencontre avec le désir passionné d'un savant de la plus récente des grandes civilisations d'appliquer toutes les ressources de la science moderne à la restitution d'une écriture et d'une langue mortes, qui avaient représenté pendant des millénaires ce que la civilisation d'alors avait de plus perfectionné.

LE SYSTÈME DE L'ÉCRITURE ÉGYPTIENNE

Rien ne permet de croire que les Égyptiens aient passé, à époque préhistorique, d'un stade pictographique à un stade picto-idéographique pur à signes-mots, où chaque petite image aurait représenté un mot, où chaque mot aurait été représenté par une seule petite image. Dès les plus anciens textes on voit que les Égyptiens avaient élaboré une expression figurée qui était certes compliquée et assez malaisée d'emploi, et ne représentait pas entièrement tous les sons du langage, mais qui se lisait en ne chargeant la mémoire que de quelques centaines de signes (et non de milliers comme en chinois).

Ce système s'est conformé à certaines particularités de la langue.

L'égyptien comprend une majorité de racines à trois consonnes ; mais nombreuses aussi y sont des racines qui ne présentent que deux consonnes écrites (soit qu'elles n'aient eu en effet que deux consonnes soit que la seconde ait été géminée, ainsi *wrr*, ce que l'écriture égyptienne ne note par aucun signe) ; quelques-unes n'en ont qu'une, quelques autres en ont quatre ; parfois les deux dernières consonnes d'une racine à trois consonnes sont répétées, de manière à former un radical quinquilitère (ainsi *ndbdb*). Toujours les racines, senties comme telles, sont apparentes : c'est le squelette consonantique de la racine qui exprime l'idée. Cependant, dans le langage, les racines ne servent pas à l'état pur, mais complétées en mots. Ceux-ci, dans la langue flexionnelle qu'est l'égyptien, comportent souvent des affixes, suffixes ou préfixes, qui augmentent la racine en un radical plus long ; ces affixes eux-mêmes ont souvent une ou deux consonnes comme élément essentiel. Mais de plus les radicaux et les affixes contiennent des voyelles dont les variations en timbre et en quantité et l'emplacement différent par rapport aux consonnes (c'est-à-dire un système d'alternances), expriment des variations de l'idée.

Or l'écriture égyptienne ne représentait normalement que les consonnes. Donc, même lorsque toutes les consonnes étaient représentées phonographiquement, il restait dans cette écriture un aspect idéographique : le mot avec tous ses détails était suggéré au lecteur qui savait la langue, il n'était pas véritablement lisible pour un autre lecteur.

Aussi les savants modernes doivent-ils se résigner à connaître très imparfaitement le vocalisme et l'accentuation de l'ancien égyptien ; on les déduit tant bien que mal du copte, stade très évolué de la langue, et de quelques autres indications, notamment de quelques voyelles figurées dans des noms propres et de notations de quelques mots égyptiens dans des écritures qui figuraient les voyelles. Dans la transcription correcte en caractères phonétiques modernes, on n'emploie que des consonnes (et dans l'enseignement on prononce artificiellement avec une seule voyelle *e* prononcé comme dans le français *selle*).

L'égyptien, pour représenter soit les mots où le radical n'est pas plus long que la racine, soit ceux où il comporte des affixes, emploie dans des proportions différentes des procédés idéographiques et idéophonographiques, suivant une orthographe compliquée qui comporte des variations dans le temps et même des variantes pour une seule époque, et où on a pu déterminer qu'il existe assez souvent des éléments écrits qui ne devaient pas être prononcés (tout comme en français).

Quelques centaines de mots (environ sept cents) sont représentées par des picto-idéogrammes variés. On y trouve des êtres, des parties d'êtres (membres, etc., d'hommes et de bêtes), des végétaux, des objets plus ou moins stylisés, des détails de costume et de coiffure. Il y a aussi des attitudes variées des êtres humains ; dans ce cas ce sont probablement en partie des gestes convenus qui sont représentés.

Les exemples suivants montrent des racines plus ou moins longues. La transcription phonétique est dans l'ensemble celle qui est adoptée par les égyptologues en général.

Comme signe-mot représentant trois consonnes on peut citer  *ḫpr*, signe représentant le scarabée *ḫprr* (voir ci-dessous).

On emploie souvent des signes-mots différents pour des mots de sens différents qui ont les mêmes consonnes ; il y a donc des signes-mots homophones : ainsi on doit lire également *mr* :  « lier » (écrit au moyen du signe du « hoyau », dont une variante 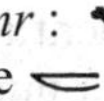 se lit *hn* avec le sens de « piocher »),  « malade » et « pyramide » (écrits au moyen du signe du « ciseau [emmanché] »),  « bassin » ou « bief de canal ».

Des idéogrammes peuvent correspondre à plus d'un mot, par transfert psychologique, en raison de contiguïtés d'idées. Ainsi l'image conventionnelle du soleil ⊙ peut désigner *rʿ* « soleil », *hrw* « jour », *rk* « temps, époque ». Au point de vue de l'idée, l'idéogramme est alors polysémantique (grec : *polus* « nombreux », *semantikos* « signifiant »), au point de vue de la lecture, le tracé est polyphonique, correspondant à plus d'une valeur phonographique.

L'usage fréquent du rébus à transfert a pour résultat la transformation du signe-mot d'idéogramme en phonogramme : dans ce cas un tracé est employé polysémantiquement, en représentant des homophones du mot qu'il a représenté initialement. Ainsi le dessin du « scarabée » représente l'idée de « devenir » *hpr*.

Cet exemple montre comment de pareilles équivalences permettent en particulier la représentation de notions qu'on dessinerait difficilement, en particulier des qualités. Ainsi  *wr* signifie « hirondelle » et aussi « (être) grand » ; *ꜥꜣ* signifie « colonne (en bois) » et « (être) grand ». Quelquefois le sens propre est tombé en désuétude et on ne rencontre que le sens dérivé ; ainsi au dessin  où on croit voir un cœur au bout de la gorge et de la trachée correspond *nfr* « (être) bon » ; dans ce cas les égyptologues ne sont pas toujours d'accord sur les interprétations des dessins ; ainsi  qui se lit *mꜣ* « (être) vrai » a été interprété comme une flûte, un piédestal, ou laissé comme signe douteux.

Il semble probable qu'au moment de la constitution de telles séries on a utilisé des homophonies imparfaites, en négligeant une consonne faible ; par la suite, si cette consonne s'est amuïe, l'homophonie est devenue totale : ainsi  *pr* « maison » est employé pour *pr* (*y*) « sortir », le signe  *mr* « hoyau » (voir ci-dessus) pour *mr* (*y*) « aimer ».

L'emploi abondant et mélangé de signes polyphoniques et de signes polysémantiques, certains étant les deux à la fois, aurait amené des complications extrêmes de lecture si l'écriture n'avait été complétée. Les compléments sont eux-mêmes soit idéographiques (*a*) soit phonographiques ou, comme on dit ordinairement, phonétiques (*b*).

a. Un grand nombre d'idéogrammes (environ deux cents) employés par ailleurs comme signes-mots peuvent être employés comme idéogrammes de catégorie, analogues aux clés du chinois ; les égyptologues les nomment « déterminatifs ». Ils n'étaient pas lus, mais ils dirigeaient la lecture. Ils étaient employés dès les plus anciens textes ; ils sont devenus de plus en plus usuels par la suite, inégalement ; les plus courants sont environ quatre-vingts.

Ils servent notamment à distinguer, pour la compréhension, les homophones, en indiquant à quelle catégorie de sens on a affaire. En effet ces idéogrammes « vides » caractérisent un ordre d'idées : une oie symbolise les oiseaux en général, un passereau la petitesse, le malheur et la méchanceté ; un homme portant la main à sa bouche évoque les idées de « manger », « parler », « penser », « éprouver ». Beaucoup d'entre ces signes distinguent des noms propres : dieu, déesse, homme, femme, grand personnage, pays, district, mer, fleuve, etc. ; ils servent comme nos majuscules, mais avec une spécialisation. D'ailleurs, même en dehors du cas des noms propres, la présence d'un déterminatif dans un petit groupe de signes peut servir à centrer l'attention sur un mot important de la phrase et faciliter à la lecture la coupe en mots. Les déterminatifs sont placés après les mots auxquels ils se rapportent.

b. La prononciation est souvent indiquée par l'emploi d'un ou plusieurs phonogrammes ; les égyptologues parlent dans ce cas de « compléments phonétiques ». À part l'emploi exceptionnel de certains éléments biconsonantiques, ces compléments représentent une consonne seule (signes monoconsonantiques). On admet que ce sont tous à l'origine des signes-mots, pris par rébus à transfert en fonction phonographique. Certains ont été choisis parce qu'ils représentaient des mots très courts, à une seule consonne comme *t* « pain » *i* « roseau ». D'autres sont employés phonographiquement sous la forme abrégée de l'initiale d'un mot où une consonne solide est suivie de une ou deux consonnes faibles ; ainsi *r* en face de *rꜣ* « bouche », *ḳ* en face de *ḳꜣꜣ* « colline » ; *d* reporte à *yd*, non employé en égyptien, mais connu en sémitique avec le sens de « main ». Pour environ la moitié, la valeur idéographique est perdue, et on ne sait pas quelle est la justification des tracés ; certains de ceux-ci ne sont même pas reconnus de manière sûre.

Au total il y a vingt-quatre signes de consonnes différentes, dont six ont des variantes de plus ou moins basse époque, soit trente signes au total.

Comme compléments phonétiques, ces signes se mettent auprès d'un signe-mot, employé soit comme idéogramme, soit comme phonogramme. Il n'y a de règle générale, ni pour les radicaux biconsonantiques, ni pour les triconsonantiques ; le ou les compléments peuvent fixer la prononciation soit de la consonne finale, soit de la consonne initiale, soit des deux pour les mots à deux consonnes, soit des deux dernières ou même des trois ou quatre pour des mots à trois ou quatre consonnes.

Exemples :

 *wr* « grand » (écrit avec le signe-mot *wr* et *r*) ;

 *ẖpr* « devenir » (écrit avec le signe-mot *ẖpr* et *r*) ;

 *tẖn* « obélisque » (écrit avec le signe-mot *tẖn* précédé des signes *t*, *ẖ*, *n*) ;

 *nfr* « bon » (écrit avec le signe-mot *nfr* et *f*, *r*) ;

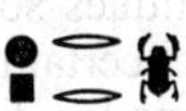 *ẖprr* « scarabée » (écrit avec le signe-mot *ẖpr* précédé de *ẖ*, *p* et deux *r*) ;

 *zmꜣ* « réunir », écrit avec le signe-mot *zmꜣ* (à droite) précédé de *mꜣ* (phonogramme biconsonantique) et surmonté de *z*.

L'usage des phonogrammes ne s'est pas borné à l'emploi de compléments phonétiques des racines ; il s'est étendu à tous les cas où il n'existait pas de signes idéographiques. Ainsi ont été écrits, en général, les affixes de la dérivation des noms et verbes et de la flexion, et aussi des mots accessoires à une ou deux consonnes.

Exemples :

 *ḥmf* « sa majesté » (signe-mot *ḥm* « massue », transféré au sens de « majesté » ; déterminatif du souverain ; signe *f* pour *-f*, suffixe possessif).

 *sğm-ty* « toi entendu » (signe-mot *sğm* « entendre » avec complément *m* ; phonogrammes *ty* et *y*).

 *ẖr* « sous » (aussi  avec complément *r*).

 *m* « dans ».

Enfin un certain nombre de radicaux triconsonantiques n'ont pas d'expression par signe-mot à valeur idéographique ou phonographique par transfert ; ils sont écrits phonographiquement, de préférence, au moyen d'un signe biconsonantique suivi d'un signe monoconsonantique ;

Ainsi 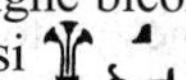 *ḥꜣ* + *ḳ* + déterminatif = *ḥꜣḳ* « razzier ».

À défaut de signe biconsonantique, on se sert seulement de signes monoconsonantiques. Ainsi 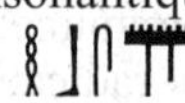 *ḥ* + *b* + *ś* + déterminatif = *ḥbś* « vêtir ».

Au total, malgré l'abondance des signes à valeur seulement phonographique (monoconsonantiques et biconsonantiques n'ayant pas de valeur idéographique connue dans la langue), malgré l'emploi fréquent des signes monoconsonantiques qui pourraient à eux seuls écrire tous les mots en entier, l'égyptien n'a jamais renoncé à l'emploi de l'expression idéographique.

Notons ici que l'emploi phonographique de certains signes de mots courts autres que ceux qui ont servi de signes monoconsonantiques a permis de noter des syllabes à voyelles déterminées, uniquement dans des mots (surtout noms propres) étrangers.

Ainsi  *sꜣ* « fils » pour *si*,  *rw* « lion » pour *ru*.

Dans les ouvrages d'égyptologie, les signes monoconsonantiques sont rangés en un alphabet, avec un ordre combiné en raison de certaines considérations phonétiques ; cet ordre a servi au rangement dans les dictionnaires.

On peut signaler à ce propos que l'abondante littérature égyptienne conservée n'a pas livré d'ouvrages grammaticaux ; on a retrouvé jusqu'ici un seul paradigme.

L'orthographe égyptienne comporte certains signes d'ordre intellectuel. En principe les signes-mots sont distingués par un petit trait vertical. Celui-ci peut être triplé pour indiquer que le mot est au pluriel. Par ailleurs les signes-mots eux-mêmes peuvent être répétés trois fois, également pour marquer le pluriel.

L'écriture égyptienne n'a connu ni ponctuation ni séparation des mots. Seuls les grands signes peuvent occuper une place à eux seuls dans la suite des caractères ; encore sont-ils souvent réduits pour laisser la place d'un autre au-dessous ou au-dessus d'eux. Les signes plus petits en hauteur et en largeur sont groupés en combinaisons qui s'inscrivent sensiblement dans un carré. Ces groupements peuvent chevaucher d'un mot à un autre.

La direction de l'écriture hiéroglyphique n'est pas toujours la même.

On peut écrire en colonnes, et cette disposition a été préférée à date ancienne ; les colonnes étant lues de haut en bas et en commençant par la droite. Mais la disposition horizontale a été de plus en plus employée, la direction de lecture étant de droite à gauche en général, quelquefois cependant de gauche à droite. Ce sont les figures d'hommes et d'animaux qui permettent de reconnaître immédiatement la direction : elles font face au début de la ligne. (Les impressions modernes ont adopté généralement la direction horizontale, de gauche à droite.)

Ce système se trouve constitué dès la plus ancienne période de la littérature égyptienne. Il n'a pas varié, en tant que système, pendant plus de trois millénaires.

Au cours de cette longue histoire, il se pose des questions d'orthographe : les égyptologues sont arrivés à reconnaître qu'aux périodes où on continuait à écrire une langue classique figée qui n'était plus la langue parlée, certains des éléments écrits n'avaient plus de correspondant dans la prononciation, mais avaient pris une valeur intellectuelle, communicable par l'œil (comparable à celle de l'-*s* grammatical du pluriel en français moderne).

Un certain nombre d'inscriptions montrent des jeux d'écriture qui consistent surtout dans l'emploi surabondant de phonogrammes, ceux-ci étant en partie inusuels : par raffinement, on emploie comme phonogrammes des signes biconsonantiques généralement employés comme signes-mots et on invente de nouveaux signes monoconsonantiques par abrègement de mots divers (ainsi *p* représenté par le signe 𓂙 *psg* « cracher ») ; dans les mêmes textes, on trouve la pratique de certains rébus-énigmes, analogues à ceux qui sont pratiqués de nos jours ; en tout ceci, on ne peut pas parler d'une véritable cryptographie (de *kruptos* « caché ») ou écriture secrète.

NOTATION NUMÉRIQUE

Pour la numérotation, qui était décimale, les Égyptiens ont usé de chiffres (signes-nombres).

Pour les unités de 1 à 9, des barres verticales ; pour les dizaines le signe 𓎆, répété autant de fois qu'il le fallait, et de même 𓍢 pour les centaines, 𓆼

pour les milliers, pour les myriades. Le têtard désigne 100 000 et l'homme à bras levés le million. Pour multiplier les dizaines ou les centaines de mille (rarement les milliers), on peut mettre en-dessous du signe les signes d'unités.

Les nombres sont écrits en mettant d'abord les unités les plus fortes.

Les nombres ordinaux comportent un élément complémentaire à la figuration du nombre cardinal (analogue à *-ième* du français).

Pour les fractions (à numérateur 1), *gś* « moitié » veut dire 1/2 ; par ailleurs *r* avec le sens « partie » se met au-dessus du dénominateur, ainsi 1/4.

ÉCRITURE MONUMENTALE ET ÉCRITURES CURSIVES

L'écriture, dans l'ancienne Égypte, était très employée pour l'usage public monumental, les principaux monuments étant des temples et des chapelles tombales. Les nombreux textes gravés manifestent l'alliance caractéristique de la royauté et de la religion. Les biographies des souverains destinées à les honorer en tant que morts révérés, mais qui secondairement constituent des textes historiques, tiennent une grande place dans la littérature gravée sur pierre. D'autre part les hiéroglyphes peints à l'intérieur des tombeaux reproduisent le rituel des morts (décrivant la destinée de l'âme séparée du corps, jugée par les divinités infernales) ; pendant longtemps les rites de pérennité après la mort ont été réservés aux grands de ce monde ; mais à partir de la XIIe dynastie (qu'on date de 2000 à 1760), les plébéiens en ont aussi conquis le bénéfice, et les rituels peints avec plus ou moins de soin se sont multipliés. Il convient aussi de rappeler les textes peints sur des bandelettes de momies et il faut mentionner les cachets (sceaux) en forme de scarabées, la plus répandue des « antiquités » égyptiennes.

HIÉROGLYPHES ÉGYPTIENS ENTIERS ET MUTILÉS

Toute cette imagerie suppose l'activité de nombreux artisans spécialisés dans la confection des inscriptions, mais qui peut-être ne savaient pas vraiment lire. Les hiéroglyphes étaient révérés par eux-mêmes et méritaient ainsi le nom que les Grecs nous ont transmis d'« écriture sacrée » ; leur aspect éveillait divers sentiments. Qu'ils aient été considérés comme doués d'une espèce d'activité pouvant être dangereuse, on en a la preuve dans le fait que des signes représentant des êtres vivants sont soit supprimés, soit mutilés, soit remplacés autant que possible par des équivalents dans des textes écrits à l'intérieur des tombes.

Il n'est pas douteux non plus que des dispositions aient été adoptées pour le plaisir de la vue : l'écriture monumentale était aussi ornementale.

L'écriture servait, en dehors des monuments, à satisfaire toutes sortes de besoins du gouvernement et des particuliers. Nous savons qu'au moins des souverains et de hauts personnages apprenaient à lire et à écrire. Il est sûr que les scribes professionnels étaient nombreux. Ils écrivaient à l'encre noire ou rouge, au moyen d'un pinceau de roseau, sur peau, sur étoffe, sur tablettes de bois, sur tessons et éclats de pierre et surtout sur des bandes de papyrus, sorte de papier fabriqué avec la tige de grands roseaux du Nil.

De très nombreux documents écrits par les scribes ont été retrouvés au hasard des dépôts et des bonnes conservations : textes religieux et historiques, textes juridiques et contrats, correspondances, littérature d'édification et de distraction (romans, nouvelles, théâtre), traités des sciences diverses qui s'étaient développées dans la civilisation égyptienne, en particulier médecine et astronomie ; la spéculation philosophique ne paraît pas avoir été représentée.

Les représentations figurées de véritables ateliers de scribes, l'existence de différentes copies conservées de certains textes et divers détails de facture de certains de ces textes ne laissent pas de doute sur le fait que les Égyptiens ont de bonne heure connu non seulement le document unique, de plus ou moins grande ampleur, et la répétition de textes rituels, mais de véritables opuscules ou livres édités.

Pour tous les emplois usuels en dehors des monuments, le tracé minutieux des hiéroglyphes était trop compliqué. Aussi les signes ont-ils été tôt abrégés en des tracés cursifs où la figuration dessinée, l'élément pictographique, disparaît. Nous avons conservé pour ce tracé le nom de hiératique ou « sacerdotal » que les Grecs lui avaient attribué au moment où on l'employait pour des usages solennels, parce qu'une autre écriture, la démotique ou « populaire », lui avait été substituée dans l'usage courant.

On a retrouvé des manuscrits en écriture hiératique datant d'environ – 2400. Ils sont abondants pour toute la durée de l'histoire de l'Égypte jusqu'à basse époque. Pour le hiératique gravé sur pierre au début du Moyen Empire (– 2160), on ne trouve que des graffiti ; quelques signes figurent sur des stèles de la XIIe dynastie (– 2000) ; du Nouvel Empire, à partir de la XXIIe dynastie (– 1200), on trouve des inscriptions entières.

Les signes employés sont environ au nombre de six cents. Ils sont généralement séparés ; on rencontre cependant certaines ligatures.

La direction a été au début verticale, en colonnes lues de la droite à la gauche ; vers – 2200 la disposition horizontale a été introduite, avec direction de droite à gauche ; des mélanges des deux dispositions ont subsisté longtemps. Au moins à partir de – 1500, on rencontre un rudiment de ponctuation dans des textes littéraires.

Dans la notation numérique, les barres d'unités du tracé ancien sont réunies de manière à former des signes d'un seul tenant. Couchés ces signes servent pour les quantièmes du mois.

Vers – 500, l'écriture a de nouveau nettement changé de tracé ; ce tracé récent sert pour noter la langue contemporaine évoluée, tandis que par ailleurs on écrivait encore en hiéroglyphes l'ancien égyptien classique. On donne à l'écriture de cette période, comme à la langue, le nom grec de démotique « populaire ».

Le démotique n'a pas été écrit qu'à l'encre ; il a été gravé sur pierre, à côté des hiéroglyphes, comme sur la pierre de Rosette ; on trouve des inscriptions jusqu'à la dernière partie du Ve siècle apr. J.-C. Dans l'écriture démotique il y a des ligatures de caractères plus abondantes qu'en hiératique. Pour la notation numérique, le démotique possède un système de chiffres, comportant les unités (1-9), les dizaines (10-90), les centaines (100-900). En correspondance avec la forme des noms de nombre, le tracé est différent pour le masculin et le féminin.

1 masculin féminin — 2 masculin féminin

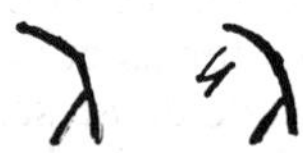

10 masculin féminin

CHIFFRES DÉMOTIQUES

Il y a des signes de quantièmes comme en hiératique.

Les opérations arithmétiques sont figurées : l'addition par la juxtaposition horizontale ou verticale ; la soustraction par un signe spécial entre le nombre dont on soustrait et le nombre à soustraire, et un autre devant le reste ; la multiplication par un signe entre les nombres à multiplier.

Mentionnons ici, en fin de cette revue des cursives, que certains savants ont cru pouvoir interpréter des caractères observés sur de très anciennes poteries comme des traces d'une écriture linéaire antérieure au système hiéroglyphique ; mais d'autres, qui paraissent avoir raison, pensent qu'il s'agit de quelques hiéroglyphes abrégés et frustes, et peut-être de quelques autres marques grossièrement dessinées en usage chez certains potiers.

Il y a un double aspect alphabétique de la fin de l'histoire de la cursive démotique, pour le copte et pour le méroïtique.

CARACTÈRES DÉMOTIQUES EN COPTE

En Égypte même, quelques signes démotiques ont été inclus, modifiés, dans l'alphabet grec employé pour écrire l'égyptien dans son dernier état, qu'on appelle le copte. Dès le IIe siècle av. J.-C. on connaît des notations d'égyptien en grec. Mais l'usage d'écrire couramment cette langue avec l'écriture alphabétique ne s'est développé qu'après l'expansion du christianisme, avec des tâtonnements. Certains ont employé les lettres minuscules grecques et ont représenté par des groupes de ces minuscules les sons du copte qui manquaient au grec. Mais dans le système qui a prévalu et s'est perpétué dans l'usage liturgique, le tracé adopté est celui des majuscules arrondies pour l'usage livresque (qu'on appelle « onciales »), et sept sons de consonnes manquant au grec sont représentés par des signes démotiques pris avec leur valeur phonographique habituelle ; ainsi le signe de la chuintante *š* (*šay*) et le *f* (*fay*).

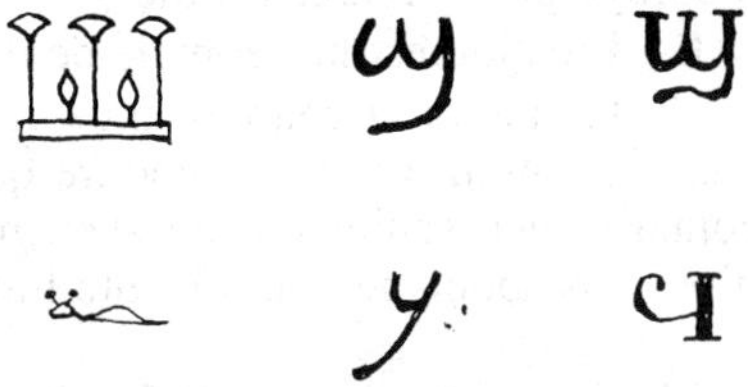

CARACTÈRES COMPARÉS
š en haut, *f* en bas
En hiéroglyphes, en démotique et en copte.

ÉCRITURES MÉROÏTIQUES

Au voisinage de l'Égypte, un tracé proche du démotique a fourni l'alphabet qui constitue l'écriture méroïtique cursive. Celle-ci a été en usage environ du – IIIe siècle au + IIe siècle pour noter la langue officielle du royaume de Méroé (dans l'actuel Soudan égyptien), langue qui paraît bien avoir été un langage chamito-sémitique du groupe couchitique.

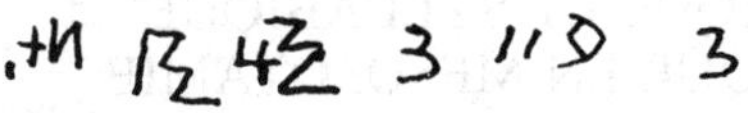

v^3l *n* v^3k *š* v^2q *š*

le noble *šk . nl* .

INSCRIPTION FRUSTE
SUR UN ROCHER
au-dessus d'une figure d'homme (v^2 et v^3 sont des signes de voyelles de timbre non déterminé).

Les inscriptions retrouvées dans cette région montrent un triple usage : des inscriptions sont en égyptien hiéroglyphique, d'autres en méroïtique : pour noter celui-ci, l'usage se partage en un tracé hiéroglyphique et un tracé issu du démotique. Dans ces deux derniers cas, le nombre des caractères est réduit à celui d'un alphabet qui comporte la notation de dix-sept consonnes et trois voyelles, trois sigles syllabiques portant le nombre des caractères différents à vingt-trois. Les caractères sont en partie ceux qui servent de signes monoconsonantiques en égyptien, en partie d'autres signes issus de l'abrégement de mots courts.

Un signe (généralement deux points superposés) est habituellement employé pour séparer les mots.

La direction est horizontale de droite à gauche.

Vu la date et la connaissance que nous avons d'une influence grecque dans la région, on doit admettre que les savants indigènes n'avaient pas connaissance seulement du système égyptien, et que par conséquent ils n'ont pas spontanément inventé l'alphabet.

L'existence même de l'alphabet méroïtique, et l'emploi alphabétique de certains caractères coptes empruntés au démotique, font d'autant mieux ressortir par contraste la persistance du système égyptien dans son fonctionnement propre, jusqu'à son extinction dans l'usage, par remplacement. Jusqu'au bout les scribes se sont imposé l'apprentissage de plusieurs centaines de signes et ont eu comme objectif essentiel l'évocation des mots dans leur entier, par la représentation combinée du squelette consonantique, du radical et des affixes ; l'analyse en un petit nombre de sons se répétant en des combinaisons variées n'a pas prévalu.

CHAPITRE VI

L'ÉCRITURE IDÉOGRAPHIQUE ET SYLLABIQUE ET LA NOTATION NUMÉRIQUE EN MÉSOPOTAMIE

DU IVe MILLÉNAIRE À LA FIN DU Ier SIÈCLE AV. J.-C. (SUMÉRIEN, AKKADIEN)

Certaines écritures anciennes de la vallée de l'Indus, de la région iranienne et de l'Asie Mineure

Préambule

L'histoire de l'écriture dite cunéiforme est liée en grande partie à l'histoire de la Mésopotamie, c'est-à-dire de la double vallée fertile de l'Euphrate et du Tigre, et du delta qui en constitue la terminaison au fond du golfe Persique, centre important de civilisation agricole et urbaine dont les conditions de peuplement étaient analogues à celles de l'Égypte. Mais en Mésopotamie même, à époque ancienne, deux langues sont à considérer (sumérien et sémitique akkadien). D'autre part les connexions sont à considérer tout le long de l'histoire de cette région : peut-être l'écriture n'a-t-elle pas été inventée sur place ; développée, elle s'est répandue en dehors chez des peuples d'origines variées.

Dans la même région, et sans doute non sans certaines relations, les découvertes archéologiques nous permettent de connaître des écritures qui ressemblent aux débuts de l'écriture sumérienne, mais qui semblent ne pas avoir évolué et ne pas avoir eu de prolongements : c'est par deux de ces exemples de développements apparemment bloqués que commence l'exposé qui suit. Nous disons « apparemment bloqués », car il n'est pas possible de prouver péremptoirement que ces deux systèmes qui paraissent ne pas s'être développés sur place ne sont pas l'un ou l'autre à l'origine de ce qui a évolué brillamment en Mésopotamie.

CIVILISATION ET ÉCRITURE ANCIENNES DE LA VALLÉE DE L'INDUS

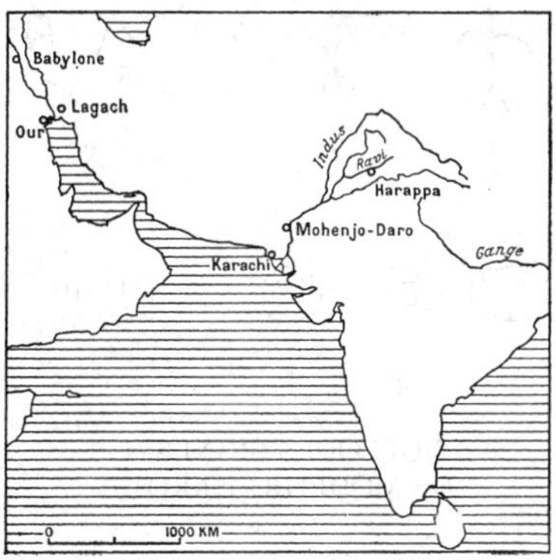

INDE

Des fouilles commencées en 1921 ont exhumé de très anciennes cités dans le bassin de l'Indus ; des vestiges se sont rencontrés aussi en d'autres points de l'Inde. Le développement de civilisation qu'attestent les restes découverts se marque notamment aux dispositions de voierie, avec des égouts ; on a pu déterminer aussi qu'il y avait des maisons à étages. Certains savants avaient cru pouvoir avancer la date du – V^{e} millénaire pour le début de cette civilisation, ce qui en ferait la plus ancienne connue ; mais on tend actuellement à penser qu'on ne peut pas remonter sûrement au-delà du – IIIe millénaire. Avant même que les fouilles soient exécutées, on avait trouvé des sceaux avec des caractères provenant de la région de l'Indus ; les documents trouvés surtout à Harappa et Mohenjo-Daro sont nombreux ; on en a trouvé d'analogues en divers pays plus à l'ouest, notamment en Mésopotamie. On en conclut à des relations commerciales au moins. Certains indices, d'après l'étude de squelettes exhumés, feraient penser que le peuple constructeur des villes de l'Indus a pu avoir une origine méditérranéenne. En tout cas, on ne perçoit aucun signe de continuité entre cette civilisation et celle des Indo-aryens qu'on pense être venus vers – 1500, ou celle des Moundas ou des Dravidiens qui ont subsisté par ailleurs dans l'Inde ; les Indo-aryens ne paraissent pas avoir eu d'écriture avant environ – 500, et on n'aperçoit aucun rapport entre cette écriture et celle des anciennes villes de l'Indus. Autant de raisons pour traiter brièvement ici de l'écriture de Harappa et Mohenjo-Daro, dans l'ambiance des anciennes civilisations du Moyen-Orient, comme d'une ancienne écriture hiéroglyphique de plus.

On n'a retrouvé aucun document écrit à l'encre, non plus qu'aucune grande inscription. Des petites plaques en céramique rectangulaires (environ 0,18 m × 0,10 m) ont peut-être été des sortes d'« ardoises », où on aurait écrit sur une couche mince de calcaire. En fait on ne connaît comme documents de l'écriture de l'Indus (que certains appellent protoindienne) que de nombreuses inscriptions sur des sceaux en pierre, certains en cuivre à surface plane, rarement cylindriques (on en connaissait environ mille six cents en 1940) et quelques-unes sur des épaules de grands vases en poterie. Les sceaux présentent en général une image (animal, animaux, personnage, etc.) et une ou deux lignes d'un petit nombre de caractères (ou de caractères et de chiffres).

Ces caractères sont pictographiques, représentant des hommes (1), des animaux, oiseaux (2), poissons (3), des bâtiments et objets non toujours déterminables (4). Certains combinaisons de barres (5) paraissent être des nombres figurés en chiffres.

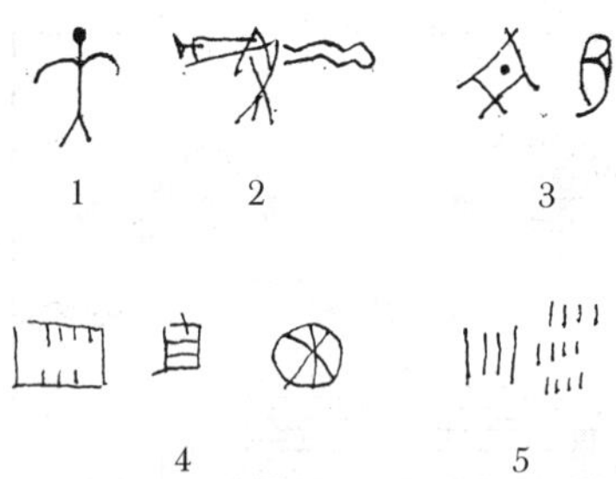

QUELQUES SIGNES
DE MOHENJO-DARO

Les savants qui se sont occupés de la question ne s'accordent pas entièrement sur le nombre de signes distincts. Il semble qu'il y en ait au moins trois cents. Ce nombre est grand, eu égard à la brièveté du total des documents conservés. D'autre part, en raison de cette brièveté, on peut supposer que tous les caractères existants ne nous sont pas connus. Le nombre même des signes laisse à penser qu'on est en présence d'une écriture idéographique, ou à dominance idéographique.

Cette écriture est indéchiffrée et on ne sait pas quelle langue elle notait.

SCEAU DE MOHENJO-DARO

ANCIEN ÉLAMITE (OU PROTOÉLAMITE)

En surplomb, à l'est de la Mésopotamie, la partie occidentale de la région iranienne a connu une civilisation contemporaine avec un État rival des cités et empires mésopotamiens. Le nom d'Élam est celui qu'on trouve dans les textes akkadiens et dans la Bible, les noms de la ville de Suse et de la Susiane sont attestés en akkadien, en hébreu et en grec. Ce sont principalement les fouilles de Suse qui permettent de faire remonter la plus grande prospérité de cette civilisation urbaine au – IVe millénaire.

Les documents écrits dits « protoélamites » se répartiraient environ de – 3000 à – 2500. On a retrouvé quelques inscriptions sur pierre, apparemment dues à des gouvernants et où il y aurait quelques noms de divinités, et de nombreuses tablettes en argile, qui paraissent être seulement des pièces de comptabilité ; certaines auraient peut-être été écrites à titre d'exercices.

Les caractères sont de type hiéroglyphique schématisé peu artistique, lorsqu'il ne s'agit pas de chiffres. On en a fait un répertoire de plus de cinq mille tracés ; mais il est probable que beaucoup sont des variantes de même signification.

Les valeurs ne sont que devinées idéographiquement lorsque des animaux ou objets sont reconnaissables. Les textes ne sont pas lus (sauf des débuts d'inscriptions sur pierre qui sont en écriture et langue akkadienne). La langue n'est pas connue ; on pense qu'il s'agissait d'une forme ancienne de l'anzanite ou élamite qui a été écrit plus tard dans la même région en caractères cunéiformes.

La disposition de l'écriture est horizontale ; la direction, déterminable surtout d'après les blancs des lignes incomplètes, est de droite à gauche toujours dans les tablettes de comptabilité, en partie seulement sur les documents en pierre, où se rencontre aussi la direction de gauche à droite.

PÉRIODE PICTO-IDÉOGRAPHIQUE MÉSOPOTAMIENNE

En Basse-Mésopotamie, l'archéologie constate vers – 4000 l'existence de villes, avec une industrie et un art développés ; on ne sait pas à quelle population les attribuer.

L'écriture qui devait se développer en écriture sumérienne apparaît dans les couches archéologiques qu'on date d'environ – 3500. Le nom de Sumer, Choumer [*šumer*] était le nom babylonien de la partie la plus méridionale de la Mésopotamie. On ne sait pas si les Sumériens (c'est le terme adopté) sont venus d'ailleurs pourvus de l'écriture, s'ils l'ont inventée sur place ou s'ils l'ont empruntée à une autre population. D'où sont-ils venus ? Certains ont supposé notamment d'après l'usage des tablettes en pierre et d'après certains détails religieux (épithètes du grand dieu national Enlil de Nippour et de sa déesse-associée) qu'ils auraient eu précédemment un habitat montagneux. La langue sumérienne, suffisamment étudiée grâce au déchiffrement des textes postérieurs, n'a pu jusqu'à présent être rattachée sûrement à aucune famille connue.

Les plus anciens documents, datés approximativement de – 3500 à – 3000, qui ont été rassemblés au nombre de plusieurs milliers n'ont pas encore été tous utilisés. L'écriture se présente d'abord sur des petites tablettes rectangulaires en argile ou en pierre, sous la forme de dessins frustes, en quelques traits sommaires (parfois complétés pour un détail par des traits supplémentaires faisant grisé), bien loin de l'aspect artistique des tracés égyptiens. Ils sont disposés de telle sorte qu'on doit lire de haut en bas, d'abord sur la droite.

Les anciens documents paraissent avoir un caractère purement idéographique, chaque figure représentant l'idée exprimée par un mot, sans que les caractéristiques grammaticales soient figurées. Dans ces conditions il n'est pas absolument sûr que la lecture se soit faite d'abord et seulement en sumérien.

Les signes recensés sont au nombre de près d'un millier pour l'époque où ils semblent avoir été le plus abondants ; mais comme beaucoup de tablettes sont encore inédites, ce nombre est sujet à être augmenté par la suite. Ces signes-choses représentent sommairement des êtres entiers (cas rare), des parties d'hommes ou d'animaux, des végétaux, des astres, des terrains, des objets divers.

Les documents de cette ancienne série paraissent devoir être interprétés d'une manière générale comme des pièces de comptabilité de centres administratifs et commerciaux à la fois, religieux ou non. Il se peut qu'un certain nombre aient été destinés à l'instruction des scribes, qu'on devait exercer à la reconnaissance et à la reproduction des nombreux signes.

ÉCRITURE SUMÉRIENNE

Les périodes de l'histoire reculée de la Mésopotamie sont difficiles à distinguer. Certaines évaluations des savants diffèrent de plusieurs siècles. Les indications doivent donc être prises comme hypothétiques, au moins dans les débuts.

Il paraît probable que déjà pour le dernier quart du IVe millénaire on peut parler d'écriture proprement dite dont il y a lieu de décrire d'abord le fonctionnement à l'usage de la langue sumérienne, sans qu'on puisse affirmer que l'emploi pour la langue sémitique mésopotamienne (akkadien) n'en soit pas aussi ancien. On peut suivre sur les documents retrouvés l'évolution qui se poursuivant à la fois dans le tracé et dans l'usage des signes a donné le vieux système cunéiforme commun au sumérien et à l'ancien akkadien. Il s'agit d'une période de mille ans environ. Au cours de cette période s'est effectuée la transformation du système picto-idéographique en un système idéophonographique.

Pour le tracé, des dessins reconnaissables, avec une position normale des objets dans la lecture verticale, ont subsisté dans des inscriptions sur pierre jusqu'à l'époque de Hammourapi (vers – 1700), en colonnes courtes superposées lues de droite à gauche ; la disposition verticale a subsisté encore par la suite sur les cachets. Mais sur les tablettes d'argile, peut-être assez tôt, l'écriture est devenue partiellement horizontale, se lisant en ligne de gauche à droite.

Il y a eu à l'adoption de cette disposition des raisons techniques de commodité pour l'écriture qui nous échappent en partie ; mais on ne peut pas douter qu'il y avait eu en même temps un changement dans la manière de considérer les tracés. Ceux-ci sont basculés sur la gauche de telle sorte que les objets représentés ne sont plus dans leur position naturelle (ainsi : jambe, pot, végétal couchés) : c'est que dès lors on n'avait plus des signes-choses, mais des signes-mots ou même des phonogrammes (signes-mots transférés, ou signes-parties de mots).

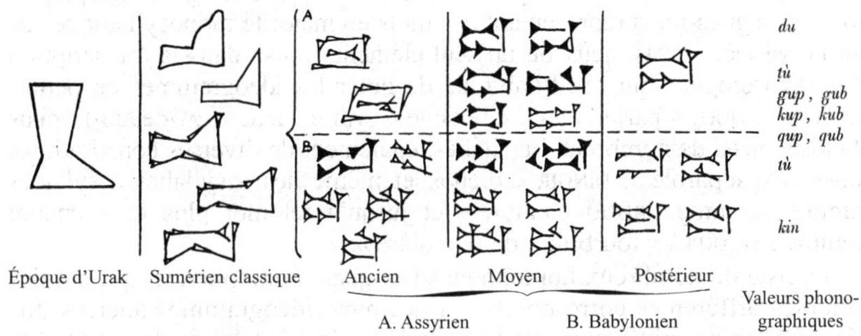

CARACTÈRES CUNÉIFORMES

Au reste, dès la période pictographique, des éléments intellectuels apparaissaient dans l'utilisation, notamment lorsqu'une partie était prise pour un tout (ainsi une tête d'animal pour l'animal entier). Par la suite, on voit que de nombreuses représentations ont été polysémantiques par association d'idées : ainsi le même signe figure « ciel » et « dieu », le signe de la « bouche » signifie aussi « dent », « parole », « parler », « crier ». On trouve des représentations complexes : ainsi un œuf près d'un oiseau pour l'idée d'enfanter ; même, abstraitement, deux lignes parallèles évoquent l'idée d'amitié, deux lignes se coupant celle d'inimitié.

Les étapes postérieures montrent la transformation de plus en plus poussée des dessins en caractères évocateurs de sons, à tracé apparemment quelconque, devant s'apprendre dans l'acquisition de la lecture et de l'écriture. On aperçoit comment dans l'évolution sont intervenues la commodité matérielle et la tendance à la relative rapidité, en raison du matériel à écrire, celui sur lequel on trace et instrument avec lequel on trace : en Mésopotamie, la tablette plus ou moins épaisse en argile et le poinçon en roseau, taillé d'une manière ou d'une autre.

La première démarche a consisté à éliminer les lignes courbes, remplacées par des traits brisés ; puis est apparu le mode de tracé caractéristique de l'écriture cunéiforme (à forme de « coin », nom inventé vers 1700 par le savant anglais Thomas Hyde) : chaque trait commence par une empreinte triangulaire, de sorte qu'on a des ensembles de « clous » à tête en triangle ; on emploie aussi comme éléments d'écriture des têtes de clous sans traits  ou avec des prolongements pour deux des côtés du triangle, constituant au total un angle avec trait transversal  : c'est ce dernier dispositif qui mérite le mieux la dénomination de « coin ».

Les signes sont quelquefois simples, plus généralement compliqués, pouvant aller jusqu'à des quinze traits disposés en directions diverses ; certains proviennent de la combinaison de deux signes anciens.

Le système sumérien comprend environ cinq cents signes. La plupart sont des signes-mots représentant des mots en majorité monosyllabiques de forme variée, à trois, deux ou un seul élément, (ainsi, dans la transcription des assyriologues qui ont l'habitude de noter les idéogrammes en petites capitales : DUG$_4$ « parler » ; KA « bouche » ; AB « vache », A « eau ») ; mais il existe aussi de nombreux bisyllabes, également de diverses constitutions, ainsi INIM « parole », DINGIR « dieu », et même des trisyllabes à syllabes simples, comme URUDU « cuivre » et jusqu'à tel mot plus long encore comme SAHARPEŠ « tourbillon de poussière ».

Il existe de nombreux homophones (ou quasi-homophones) qui ont des graphies différentes correspondant à des picto-idéogrammes anciens différents ; les assyriologues ont l'habitude de les distinguer dans la transcription phonétique en caractères latins par des accents ou (au-delà d'un nombre d'accents différent suivant la longueur des mots) par des numéros. Ainsi, à côté de A « eau », Á « bras », etc. On compte jusqu'à dix-sept signes qui se lisent SI.

D'autre part la polysémie, par notation commune d'idées connexes, s'est maintenue. Certains signes peuvent avoir ainsi jusqu'à vingt valeurs.

La connaissance des lectures a été fournie aux savants modernes par les travaux des maîtres akkadiens dont on a retrouvé les glossaires suméro-akkadiens où les idéogrammes avec leurs lectures tant sumérienne qu'akkadienne sont expliqués en caractères phonographiques syllabiques.

L'écriture sumérienne ancienne elle-même est phonographique, dans une certaine mesure, par emplois de rébus à transfert (ainsi GI(N) « être stable » est écrit par le signe du « roseau » *gi*).

Les phonogrammes ont divers usages :

– pour noter des nombreux affixes, qui s'ajoutent aux radicaux pour composer les mots, surtout les formes verbales ;

– pour écrire des particules n'ayant pas d'idéogramme (certaines en ont, sans doute par dérivation psychologique : *da* signifie « bras » et « avec ») ;

– pour constituer des compléments phonétiques analogues à ceux de l'égyptien, afin de distinguer les sens des signes polysémiques. Ainsi l'affixe -A qui est un indice de génitif est écrit -RA (idéographiquement « frapper ») après DINGIR « dieu », et -NA (idéographiquement « pierre ») après AN « ciel », les deux mots « dieu » et « ciel » étant représentés par le même idéogramme.

L'élément orthographique intellectuel est représenté de deux manières.

– De traits complémentaires de certains anciens picto-idéogrammes, on a formé un signe diversement composé, appelé en sumérien même *gounou* [*gunū*] « fardeau » d'où « surcharge, renforcement », qui s'ajoute dans certains caractères de manière à indiquer une idée complémentaire. C'est ainsi que de  « pied », on forme 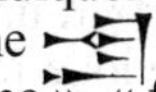 « fondation ».

– Des idéogrammes signifiant « homme », « femme », « pays », « montagne », etc., sont employés comme « idéogrammes de catégorie » devant ou après un mot dont le signe est polysémantique.

Les textes ainsi écrits dans la période antérieure à la prépondérance politique akkadienne sont nombreux et variés, notamment sur les domaines religieux et économique.

Beaucoup de textes sumériens que nous possédons datent de la période postérieure, où l'akkadien s'écrivait conjointement, avec la même écriture complétée et modifiée dans l'usage ; le sumérien avait alors des emplois comme langue religieuse et savante : cette situation durait encore sous les Séleucides (312-64 av. J.-C.), c'est-à-dire jusqu'à la dernière période de l'akkadien lui-même. Le sumérien s'est alors écrit de la même manière que l'akkadien, c'est-à-dire avec une certaine simplification du système ancien.

D'autre part il est arrivé que des scribes aient écrit le sumérien phonographiquement, pas seulement aux fins d'enseignement. En effet certains textes sumériens de caractère magique ont été rédigés (par des scribes étrangers) entièrement de manière phonographique, par décomposition des mots en syllabes.

Pour la notation numérique, voir ci-dessous « Notation numérique », p. 97.

L'ÉCRITURE AKKADIENNE

Les gens dont la langue était du sémitique de type oriental, qu'on appelle Akkadiens d'après le nom ancien [*akkad*] de la partie de la Mésopotamie située au nord de la région sumérienne [*šumer*] étaient peut-être en place avant l'arrivée des Sumériens ; mais ils n'avaient pas l'écriture ; ils ont reçu celle-ci, ainsi que d'autres éléments de civilisation, des Sumériens, dont ils devaient entretenir la langue par la suite à côté de la leur. Il y a lieu de distinguer une première période de prédominance sémitique, au IIIe millénaire, du règne de Sargon l'Ancien à Akkad (environ – 2400) jusqu'à la IIIe dynastie d'Our [*ur*] (environ – 2200).

Au point de vue de la langue, c'est l'époque du vieil akkadien, où on ne connaît pas de dialectes différenciés. Pour l'écriture la forme des caractères est la même que pour le sumérien dans sa seconde période. Pour l'emploi, les principaux traits qui devaient se développer postérieurement (voir ci-dessous) avaient déjà apparu.

Après une période de recrudescence de la puissance sumérienne, qui n'a pas fait disparaître l'akkadien, il s'est produit une nouvelle arrivée de Sémites venant de l'ouest, et à partir de ce moment (vers – 1700) il y a lieu de distinguer deux centres akkadiens, avec des dialectes distincts quoique très peu différents : d'une part au sud et en plaine les Babyloniens avec la ville de Babylone [*babilu*] sur l'Euphrate, d'autre part plus au nord, et en partie sur les contreforts montagneux les Assyriens, avec les villes d'Assour [*ašur*] et de Ninive [*ninua*] sur le Tigre. Le développement, qui a duré plus de deux mille ans, de l'usage de l'écriture cunéiforme pour la notation du sémitique oriental, s'est fait de manière compliquée, dans des centres différents dont certains ont exercé à certains moments une influence sur les autres. Les assyriologues ont à entrer dans beaucoup de détails et à distinguer des points précis dans une grande abondance de faits. Ici, les choses sont simplifiées dans toute la mesure du possible.

Les Akkadiens n'attribuaient pas l'invention de l'écriture aux Sumériens. Un de leurs mythes disait qu'un homme amphibie (nommé sous forme grecque Oannès, Oès) était venu enseigner aux hommes la pratique des lettres, des sciences et des arts, avec l'écriture, en même temps que la construction des villes et des temples ; il aurait laissé un livre au sujet des origines du monde et de la civilisation, avant de retourner à l'eau. D'autre part un texte du roi assyrien Sardanapale [*aššur-bani-aplu*], 668-626, dit que ses ancêtres auraient reçu l'écriture du dieu Nabou, fils du grand dieu Mardouk et de la déesse Tachmetou.

Pendant tout le développement des civilisations sumérienne et akkadienne, le principal support de l'écriture a été la brique d'argile, séchée au soleil ou cuite après l'inscription, ce qui a permis la conservation indéfinie de presque tout ce qu'on avait destiné à être mis de côté dans des archives et dans des bibliothèques, dont une partie a été heureusement retrouvée. Ainsi nous n'avons pas à notre disposition que les inscriptions monumentales, mais nous possédons les documents même répondant à tous les usages pratiques et intellectuels. Pour la vie familiale, commerciale, administrative : cachets, contrats, titres de propriété, correspondances, codes ; pour les pratiques religieuses et magiques : textes d'amulettes, de sortilèges et de divination ; toute une littérature surtout mythique ; enfin un matériel scolaire et scientifique (mathématiques, astronomie, médecine). Vu l'égale conservation, nous pouvons juger à peu près de l'importance relative des différents genres d'écrits. La prédominance, pour la masse sinon pour le prestige, des usages pratiques (où suivant les conceptions du temps doivent être compris les usages magiques et connexes) est manifeste.

L'écriture cunéiforme est tracée en creux. On a trouvé comme inscription en relief des noms royaux du IIIe millénaire (dynastie d'Agadé) inscrits sur des briques qu'on pense avoir servi de matrice pour l'impression en creux sur d'autres briques. On trouve aussi (à partir de la fin du même IIIe millénaire) des briques de fondation avec des caractères quelquefois mal alignés ou même retournés, de sorte qu'on peut conclure à l'emploi de caractères mobiles d'impression.

Une partie de ces documents montre un tracé des caractères à lignes et non à clous, ainsi I pour 𒁹, < pour 𒌋, qui se trouve aussi sur quelques inscriptions à l'encre sur poterie, que nous ne connaissons que postérieurement, vers la fin du IIe millénaire.

Au point de vue graphique, la période assyro-babylonienne a connu une évolution dans le sens de la simplification des caractères compliqués. Ceci de deux manières. D'une part le nombre des traits a été notablement diminué. D'autre part beaucoup de traits obliques ont été ramenés à l'horizontale ou à la verticale.

Un des aboutissements a été le tracé de l'assyrien classique (néo-assyrien de l'Empire assyrien des souverains sargonides au – VIIIe siècle).

C'est ce tracé qui est adopté dans les impressions modernes et c'est d'après lui que sont classées les listes de signes dans les manuels. En gros on commence par les caractères présentant un, puis plusieurs signes horizontaux ; on continue par les éléments obliques pour finir par les verticaux.

D'autre part un tracé babylonien a coexisté au tracé assyrien et a subsisté jusqu'au – Ier siècle.

Le tracé cursif une fois établi dans l'usage sur argile a été adopté aussi dans les inscriptions sur pierre, ce à quoi il n'était pas adapté et devait donner beaucoup de mal aux artisans. Tout souvenir des dessins primitifs a été aboli. D'autre part aucun souci d'esthétique monumentale n'a prévalu sur l'usage de l'écriture pratiquée tous les jours.

Le système d'écriture est resté jusqu'au bout de l'histoire de l'akkadien en grande partie idéographique : les signes-mots ont été pris par l'akkadien au sumérien, avec leurs valeurs, et ils étaient lus en akkadien ; ainsi le signe « dieu, ciel » 𒀭 du DINGIR, AN en sumérien était lu [*ilu*], [*šamû*] (formes de nominatif) en akkadien. (Les assyriologues emploient pour la transcription de ces idéogrammes la minuscule italique continue, le mot n'étant pas divisé en syllabes.)

Il existe des signes-mots même pour des adverbes et des prépositions : ainsi *adi* « jusqu'à » est souvent écrit par le signe 𒂗 *en*, par ailleurs idéogramme de sens « maître » (sumérien EN, akkadien *bêlu*).

Un autre usage des idéogrammes est celui de déterminatifs permettant de choisir entre différentes valeurs d'un signe polysémantique ; ces déterminatifs sont plus utilisés qu'en sumérien ; au nombre d'une vingtaine usuellement employés, ils se mettent devant les noms de dieux, d'hommes, de femmes, de pays, de végétaux, de certains métaux et ustensiles, etc. (certains, notamment pour les poissons et oiseaux, se mettent après le nom). On pense que sauf peut-être dans certains très vieux textes où ils auraient été lus, ces idéogrammes servaient à faciliter la lecture mais ne se prononçaient pas. Les assyriologues écrivent leur transcription au-dessus de la ligne, quelquefois les remplacent par une abréviation, ainsi ^{il} ou ^{d} pour 𒀭 employé comme déterminatif d'un nom de divinité.

Une autre espèce d'idéogramme vide (non prononcé) consiste dans l'emploi des mots qui en sumérien signifiant « pluralité », « dualité » se joignaient aux mots dont on voulait exprimer le pluriel ; on pense que lorsque ces signes étaient mis, le lecteur ne les prononçait pas, mais mettait automatiquement au pluriel ou au duel le mot qui en était pourvu ; ainsi *amêlu* « homme », suivi du signe 𒈨𒌍 MEŠ devait être lu *amêlû*, avec un *ū* long final marquant le pluriel.

Mais à côté des lectures idéographiques les signes akkadiens avaient souvent un emploi phonographique.

Théoriquement chaque signe peut avoir comme valeur phonographique toutes les lectures à valeur idéographique du sumérien, qui en akkadien ne représentent pas des mots mais des syllabes ou suites de syllabes. En fait, il s'est produit un choix, de sorte que d'une manière générale les valeurs conservées sont monosyllabiques et que tous les homophones n'ont pas été retenus dans l'usage. Pour 𒀭 il y a comme valeur phonographique *an*, mais non *dingir*.

Seulement il s'est ajouté aux valeurs sumériennes des valeurs akkadiennes consistant dans les radicaux de mots akkadiens représentés idéographiquement par les mêmes signes ; ainsi le même 𒀭 cité ci-dessus prend la valeur *il*.

La quantité des valeurs phonographiques est augmentée pour de nombreux signes par des variations qui sont mal expliquées : quoique le sumérien paraisse bien avoir connu l'opposition phonologique des consonnes sourdes (ainsi *k*) et des consonnes sonores (ainsi *g*), les scribes akkadiens emploient souvent les mêmes signes soit pour des sourdes soit pour des sonores (*ap*, *ab* ; *pi*, *bi*, etc.) ; de même, alors que le sumérien a des voyelles fixes, non alternantes, les scribes akkadiens emploient souvent un même signe comme s'il représentait des syllabes à voyelles variées ; ainsi le signe de *uḫ* vaut aussi pour *aḫ*, *eḫ*, *iḫ*.

D'autre part les Akkadiens ont eu besoin de représenter des consonnes qui n'existaient pas en sumérien. Comme les autres langues sémitiques, l'akkadien avait la série des consonnes dites emphatiques, comportant un élément laryngal, et qu'on a l'habitude de représenter en écriture phonétique avec un point en dessous. À époque ancienne les scribes ont généralement représenté ces consonnes comme des sonores (dans la mesure où ils distinguaient celles-ci des sourdes). Les assyriologues rétablissent dans leurs transcriptions les emphatiques, par la comparaison étymologique avec les autres langues (ils font de même pour la distinction sourde-sonore lorsqu'il y a lieu ; voir les exemples cités plus loin). Les Akkadiens eux-mêmes ont réussi, dans leur travail orthographique postérieur aux premiers efforts, à spécialiser dans la notation des emphatiques certains signes qui n'étaient plus employés autrement. Un travail analogue leur a permis de noter, en dehors de l'initiale de mot, l'occlusive glottale ɔ, qui dans les plus anciens textes est confondue avec *ḫ*, spirante vélaire, la seule consonne de l'arrière de la bouche que semble avoir connu le sumérien.

Les signes employés phonographiquement servent au minimum à écrire les éléments grammaticaux : prépositions (sauf celles qui sont pourvues d'idéogrammes), pronoms, etc. De plus ils servent à écrire de nombreux compléments phonétiques, plus abondants qu'en sumérien ; ils consistent généralement dans la dernière syllabe d'une forme verbale ou nominale, le radical étant écrit par un idéogramme ; quelquefois le complément phonétique est en tête, notant la prononciation de la première syllabe.

La proportion des éléments phonographiques par rapport aux idéogrammes a varié moins par périodes et par centres de culture que par genre d'écrits et en conséquence par corporation d'usagers ; cependant pour un même genre il y a eu des variations par périodes. Les idéogrammes sont plus abondants dans les textes historiques et dans les contrats, dont les Sumériens avaient donné des modèles ; mais dans les codes, dont on a peu d'exemples sumériens, dès les plus anciens, les phonogrammes sont employés même pour des radicaux verbaux. Dans les documents médicaux et dans les textes à l'usage d'initiés à l'art des présages, il en a été d'abord de même, mais plus tard les idéogrammes ont été plus abondants.

Voici des exemples de la complication du système. Les valeurs mises entre parenthèses sont celles qui résultent de l'interprétation critique des assyriologues modernes mais ne devaient pas paraître distinctes pour les Akkadiens, qui acceptaient des confusions orthographiques. La notation employée ici est la transcription en usage chez les assyriologues.

Le signe 𒉺 a en akkadien les valeurs idéographiques *kappu* « aile », *aklu* « chef », *nabū* (dieu), *ḫaṭṭu* « bâton, sceptre », *maḫāṣu* « frapper », et les valeurs phonographiques *ḫad* (*ḫat*, *ḫaṭ*), *ḫud*, *pa*, *sig* (*zag*).

Le signe 𒋻 a les valeurs idéographiques *nakāsu* « couper », *parāsu* « trancher », *šāmu* « fixer », *dānu* « juger », *dīnu* « jugement », *sūḳu* « rue » ; il a d'autre part les valeurs phonographiques *tim* (*dim*), *ḫas* (*ḫaz*, *ḫaṣ*), *kut* (*kud*, *kuṭ*, *ḳut*, *ḳuṭ*), *šil*, *tar* (*ṭar*).

Si on écrit à la suite 𒉺 𒋻, on lit une forme du verbe *maḫāṣu* terminée par *ḫaṣ*, soit *imaḫḫaṣ* « il frappe », *tamaḫḫaṣ* « tu frappes », etc., à choisir suivant le contexte (à moins que justement le contexte n'invite à se souvenir d'autres valeurs, d'où par exemple *ḫuṭ-ṭim* « museau »).

Le signe  a, en assyrien, la valeur idéographique *šakānu* (forme d'infinitif) « placer, établir, fonder » ; comme chiffre 4, il correspond aux lectures *irbit*, *arbaɔ* ; il a les valeurs phonographiques *gar*, *ša*, *nik* (*nig*, *niḳ*). En babylonien le signe en question est réservé au chiffre ; pour les autres valeurs, il y a un signe .

Pour écrire l'infinitif *šakānu* ou le permansif *šaknū* (3e pers. plur.), on ajoute un signe dont une des valeurs est *nu*, soit  ; si on veut exprimer une personne du passé, on ajoute un signe dont une valeur est *un*, soit 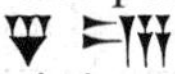 *iškun* « il a placé » (ou une autre personne du même temps, voir ci-dessus) ; pour le présent-futur on ajoute le signe  avec sa valeur *an* (voir p. 94) : 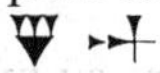 *išakkan* « il place (ra) » (ou une autre personne).

Noter que *šakānu* peut également être écrit par le signe-mot , signe qui a aussi les valeurs phonographiques *ga*, *ba*, *ma*, *mal*.

On observera que les mots ne sont pas séparés. Il n'y a pas de signes de ponctuation, à moins qu'on n'y range le signe  qui introduit des gloses (textes scolaires) ou sépare le sumérien de l'akkadien (textes bilingues). La séparation des mots par un signe  ou  se trouve dans les documents en vieil-assyrien trouvés en Cappadoce. On connaît aussi l'emploi de signes de répétition.

Un mot transcrit sans séparation est un idéogramme (signe-mot) ; les transcriptions des caractères phonographiques sont séparées par des tirets.

Il y avait au total pour les lettrés akkadiens, et il y a pour les assyriologues modernes, environ cinq cents signes à connaître, nombre multiplié par un nombre inégal de valeurs pour chacun, les plus rares étant d'ailleurs inutiles pour la lecture d'un grand nombre de textes.

La force de la tradition littéraire et de l'enseignement qui s'appuyait dessus chez des lettrés et des scribes apparemment nombreux, mais dont on connaît mal l'organisation professionnelle, a été telle que malgré la possibilité donnée, et utilisée dans certaines circonstances, de tout écrire phonographiquement, jamais les Akkadiens n'ont renoncé à l'idéographie.

En même temps ils se sont abstenus de faire un tri systématique dans le matériel phonographique donné, bien qu'ils aient fait un certain travail orthographique : la manière de figurer les consonnes emphatiques a été mentionnée ci-dessus ; on peut ajouter l'utilisation des syllabes consistant en une simple voyelle pour figurer les voyelles longues de la manière suivante : *ma-a-at* équivaut à *māt-* c'est-à-dire « pays » (à la forme sans suffixe dite de l'état construit). Cet exemple entre autres montre que les voyelles étaient représentées aussi bien que les consonnes. Les nombreuses syllabes à terminaison consonantique permettaient d'autre part de figurer les consonnes sans voyelles, les groupes et les consonnes géminées étant divisés entre deux syllabes ; ceci suppose qu'on n'a jamais eu à figurer de groupes à l'initiale et à la finale des mots ou que s'il y en avait on les figurait avec une voyelle orthographique.

Les syllabes employées sont de forme quelconque, à début vocalique ou consonantique, et à consonnes encadrant une voyelle.

Deux voyelles se rencontrant n'en valent qu'une ; ainsi on hésite entre les orthographes *ik-šud* ou *ik-šu-ud* « il a conquis ». Rarement et seulement à basse époque un signe peut valoir deux syllabes ouvertes (type *tara*).

NOTATION NUMÉRIQUE

La notation numérique se faisait au moyen de signes servant de chiffres, par conséquent représentant idéographiquement les noms de nombre. Un premier système n'a pas survécu à l'époque sumérienne.

À l'époque akkadienne, les unités jusqu'à 9 sont représentées par des clous, têtes de clous ou triangles plus grands, de la manière suivante :

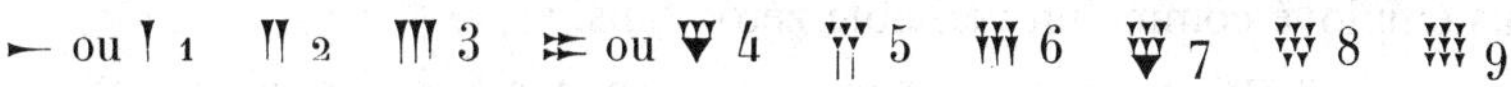

Un signe , l'angle, désigne les dizaines :

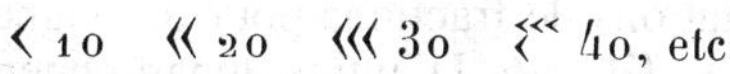

Les nombres intermédiaires sont notés par addition, ainsi :

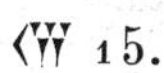

La centaine est notée par des combinaisons du signe 1 :

La multiplication par 10 note le millier :

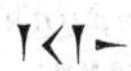

D'autre part, à partir de 60, il y a interférence du système décimal avec un système sexagésimal dont on ne sait pas quelle a été la raison d'être initiale.

Le nombre 60 *šuššu* sert d'unité et est noté, comme 1, par  ; les Grecs ont connu cette unité avec le nom de σῶσσος (le sosse).

Une unité supérieure est la dizaine de sosses, 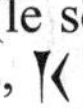 600 *nêr(u), νῆρος*, le nêr.

Au-dessus encore, la puissance au carré du sosse, 3600, a le nom de *šar, σάρος*, le sare, noté  .

À côté de cette numération commune, on trouve d'autres notations, avec l'unité de surface *bur* notée par  (6 hectares 35 ares) ou en unité de capacité (aussi de surface) appelée *gur* notée par  (252,8 litres ou 151,56 litres — 7,94 ha ou 1,33 ha, dans des textes différents).

Le système savant qui est celui des textes mathématiques montre l'emploi du système de position qui est aussi celui de notre numération, d'après lequel le même signe a des valeurs différentes suivant son rang dans le système écrit. Ainsi , au lieu d'être lu en additionnant : 60 + 60 + 30 + 2 = 152 comme dans l'usage courant était lu 1 (3 600) + 1 (60) + 30 + 2 = 3 692.

Ce système permettait d'écrire des grands nombres, toujours avec les combinaisons des deux uniques signes de base. Ainsi :

6 (60^3) 58 (60^2) 23 (60) 41

1 296 000 + 208 800 + 1 380 + 41 = 1 506 221

Si une des unités manquait (était nulle), faute d'avoir un zéro, on parait aux confusions en laissant un blanc ou en mettant le signe de séparation .

À l'époque des Séleucides (à partir de – 312), celui-ci était de plus en plus employé comme un véritable zéro. Ainsi :

pour 1 fois 3 600, pas de 60, 1 fois 6 = 3 606.

Il y a aussi les notations de fractions pour des signes du système décimal 1/3, 2/3, 5/6. D'autres appartiennent au système sexagésimal 2 30/60 = 2 1/2, 20 40/60 = 20 2/3.

Le signe *šu* se lit *kiššatu* « total ».

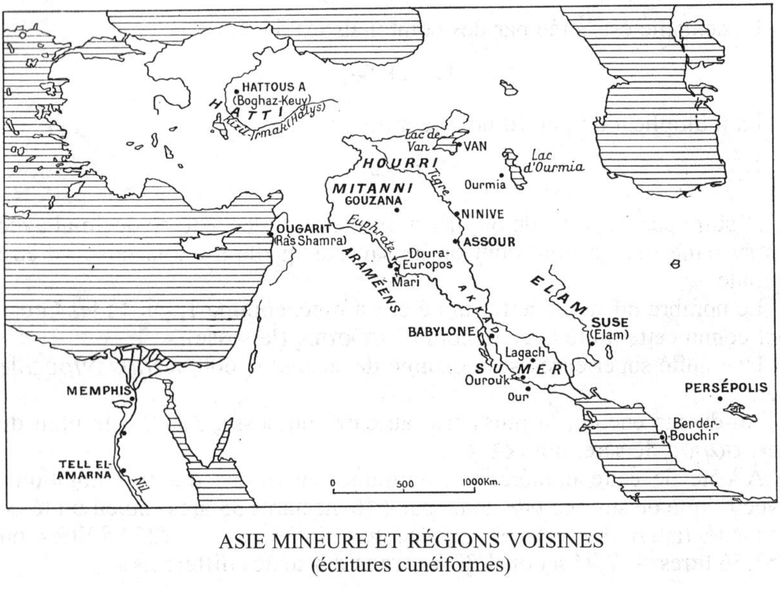

ASIE MINEURE ET RÉGIONS VOISINES
(écritures cunéiformes)

EXPANSION DE L'ÉCRITURE AKKADIENNE

Le prestige de la civilisation mésopotamienne, et la puissance politique, à différentes longues périodes, des États de langue akkadienne ont répandu dans les pays environnants l'écriture akkadienne, avec le matériel à écrire lui-même. Celui-ci s'est même répandu plus loin encore sur les marges du domaine, de sorte qu'il y aura à mentionner ailleurs des tracés cunéiformes d'autres systèmes. Mentionnons aussi ici en passant que le nom de la « tablette » en akkadien a voyagé au loin de sorte que ce nom *ṭupp*(*u*) semble bien avoir fourni le radical de ce qui est devenu le latin *tabula*, d'où pour nous « table » et « tablette » (tandis que la forme du pluriel *ṭuppāni* finissait par nous fournir, à travers le turc, « divan » et « douane »).

Ainsi a été atteinte toute une région où se mélangeaient des éléments variés dont certains paraissent pouvoir être reconnus pour caucasiques d'origine, dont d'autres étaient des gens venus apparemment de plus loin dans le Nord, avec des langues de la famille indo-européenne.

Dans certains cas, la langue akkadienne elle-même a été adoptée par des étrangers, et peut-être ces cas ont-ils été plus fréquents que nos connaissances d'après les fouilles ne nous permettent de le savoir. Lorsque certains peuples se dégageant plus ou moins de l'emprise akkadienne ont voulu écrire leur langue en empruntant l'écriture akkadienne, c'est à une époque relativement récente, longtemps après les débuts de l'akkadien, que le fait s'est produit : les innovateurs ont pu profiter de l'expérience des scribes akkadiens sans être liés comme eux par la tradition, et aussi d'expériences faites dans des domaines géographiquement plus ou moins proches et avec lesquels il existait des courants d'échanges plus ou moins actifs. On notera que certains des systèmes en question sont postérieurs aux débuts de l'usage de l'alphabet dans une partie de la région envisagée.

Élamite (moyen et récent)

Vers le milieu du IIIe millénaire, semble-t-il, les Élamites au lieu de développer le système d'écriture protoélamite (voir ci-dessus, « Ancien élamite », p. 86), ont adopté plus ou moins l'emploi de l'akkadien, avec son écriture. Au cours du IIe millénaire (autour de – 1300 d'après les datations récentes), ils ont écrit leur langue au moyen du système akkadien, en le simplifiant beaucoup, pendant quelques siècles, ce qui constitue la période du moyen élamite.

Les documents exhumés à Suse et à Liyan (île de Bouchir) ont été de lecture facile, la plupart des signes étant des phonogrammes babyloniens connus ; mais le sens a dû être deviné, ce qui a pu se faire, bien que d'une manière encore imparfaite, parce que les textes étaient de type connu (surtout briques de fondation). Le néoélamite ne se montre pas d'un grand secours.

Ce dernier état est représenté d'abord par les inscriptions trilingues des rois achéménides (V^e^-IVe siècle), dont le sens a été assuré dès la lecture de la version en vieux perse. On a pu ainsi établir les grandes lignes de la grammaire de cette langue éteinte, qu'on ne sait pas encore à quel groupe rattacher.

Les nombreuses tablettes, autour de six mille en bon état, découvertes récemment à Persépolis n'ont pas encore été suffisamment étudiées.

On ne compte dans l'écriture néoélamite que cent treize signes, dont quatre-vingts syllabiques, le reste étant des idéogrammes, en partie de ceux qui sont usuels en babylonien.

Halde ou khalde

C'était une langue ancienne de la région arménienne, qui était appelée Ourartou par les Akkadiens, d'où le nom d'ourartéen donné aussi à cette langue, qu'on a encore appelée vannique parce que les principaux documents ont été retrouvés sur le site de l'actuelle ville de Van.

ASIE MINEURE
(surtout pour le hittite)

1. Caractères droits (capitales : noms anciens ; romaine : noms modernes) : inscriptions hiéroglyphiques du IIe millénaire. – 2. Caractères penchés : principales inscriptions hiéroglyphiques du Ier millénaire. – 3. Caractères soulignés : sites ayant livré des textes cunéiformes.

Ces documents proviennent d'un État indépendant qui a connu une certaine floraison entre – 850 et – 640, avant d'être soumis aux Assyriens.

Les quelque deux cents inscriptions qu'on possède, dont deux bilingues avec version assyrienne, sont écrites en caractères cunéiformes, au nombre d'environ trois cents. C'est un extrait du stock phonographique akkadien ; les caractères représentent des syllabes de type varié.

Ces textes, incomplètement déchiffrés, livrent des éléments de chroniques. La langue, peut-être d'origine caucasienne, se groupe avec le hourrite.

Hittite, louvite et hatti (cunéiforme)

Ce sont les fouilles faites sur le site de Boğazköy (150 km à l'est d'Ankara) qui ont restitué à la connaissance plusieurs langues, dont des documents se trouvaient conservés dans les archives de l'ancienne capitale Hattoucha [*ḫattuša*] des Hittites. Ceux-ci étaient mal connus par des mentions akkadiennes, juives et égyptiennes. On sait maintenant qu'il a existé en Asie Mineure une grande puissance édifiée dans la période – XVIIIe à – XVIe siècle par des conquérants de langue indo-européenne qui ont porté, au moins dans la bouche de leurs voisins, le nom de Hatti ou Khatti (*ḫatti*) pris à la population qui était sur place avant leur arrivée.

Les influences de civilisation subies ont dû venir surtout de Mésopotamie, sans doute par l'intermédiaire du peuple hourrite.

Quelques documents de Boğazköy de caractère religieux sont écrits dans la langue d'origine non déterminée des Hatti. Certains sont traduits en hittite dans les textes où ils sont inclus. L'écriture est cunéiforme ; le déchiffrement est à peine ébauché[1].

Les tablettes les plus nombreuses, écrites du XVIe au XIIIe siècle en caractères cunéiformes, ont livré d'importants documents de caractère historique, comprenant des chroniques et des textes de traités avec des pays étrangers.

La langue est désignée dans les textes même comme étant celle de Nésa, de site inconnu jusqu'à présent. On s'accorde maintenant à la nommer hittite (non plus hétéen, ni hétite) et à la reconnaître, avec les dialectes proches, comme une division de l'indo-européen.

Le déchiffrement a été l'œuvre brillante du savant tchèque B. Hrozný en 1915.

Le démarrage a été dû à l'emploi par les auteurs des textes en hittite cunéiforme d'assez nombreux idéogrammes akkadiens y compris des déterminatifs. Cet usage, qui paraît étonnant et suppose que les usagers avaient une véritable familiarité avec les habitudes akkadiennes (il n'est pas impossible que certains aient été eux-mêmes des scribes akkadiens) a

1. Le système cunéiforme emprunté par les scribes hittites se rattache au rameau nord-ouest de cette écriture. Il a pénétré en Anatolie à l'ouest de l'Euphrate par la Syrie du Nord et la Cataonie (*kizzuwatna*). Les Hourrites ont dû être les intermédiaires.

permis d'obtenir sans documents bilingues une idée de la teneur des textes, et de délimiter les radicaux des mots. Les éléments employés phonographiquement le sont en général avec une ou au plus deux valeurs existant en akkadien ; ils sont en nombre réduit. Ainsi ont pu être lus d'abord les compléments phonétiques, qui ont révélé une flexion indo-européenne, ce qui a aidé au déchiffrement total. Des graphies phonographiques ont permis de connaître aussi la composition des radicaux.

Le sens d'un mot hittite peut être déterminé avec certitude quand une variante donne l'idéogramme correspondant.

Un dialecte proche du hittite cunéiforme est lu sur un petit nombre de tablettes dont l'une comporte une version hittite. Il s'agit du louvite [*luwi*] que des noms de lieux permettraient de situer dans le sud de l'Asie Mineure. Cette forme dialectale paraît au moins très proche du hittite hiéroglyphique dont il est question au chapitre suivant.

On a encore quelques documents d'une autre forme dialectale qu'on nomme palaïte [*palä*].

Hourrite (hourri [ḫurri])

C'est la langue de l'ancien pays de Mitanni, situé entre le Tigre et l'Euphrate moyen, connu par des documents provenant de Boğazköy et d'ailleurs. On lui reconnaît des traits communs avec le halde (ourartéen).

Dans toutes ces langues, y compris le hittite, ainsi que dans les documents en akkadien provenant de cette région, l'orthographe montre des traits d'akkadien ancien (surtout pour des confusions de sourdes et sonores et l'absence de distinction des emphatiques) : ceci a amené à supposer un emprunt ancien par les Hourrites, avec la préservation et la transmission par eux d'une ancienne tradition conservatrice.

Usage occidental de la langue akkadienne

Cet usage que nous connaissons par quelques documents en domaine asianique a été révélé comme un emploi diplomatique de grande envergure par les archives des pharaons Aménophis III et IV (vers – 1500) à Tell el-Amarna en Égypte : on y a trouvé surtout des correspondances diplomatiques provenant de la région syro-palestinienne, en akkadien, mais en partie avec des gloses qui révèlent du sémitique cananéen.

Il est possible qu'il y ait eu un intermédiaire hourrite, non sémitique, dans la transmission vers ce domaine sémitique occidental.

Dans les archives d'Ougarit, en Syrie, on a trouvé des documents akkadiens, et aussi du hourrite.

Pour l'ougaritique lui-même, voir chapitre VIII.

Pour le tracé cunéiforme du vieux perse, voir chapitre VII.

FIN DE L'ÉCRITURE AKKADIENNE ET SON DÉCHIFFREMENT MODERNE

Ce sont les « rois des rois » perses qui ont constitué un vaste empire héritier des États tombés en décadence, aussi bien en Élam qu'en Mésopotamie et plus à l'ouest (Cyrus Ier, à peu près de – 640 à – 600).

Déjà sous les derniers rois assyriens, la chancellerie se servait de la langue araméenne, écrite alphabétiquement, à côté de l'akkadien. C'est l'araméen qui a été employé par la chancellerie perse pour ses relations à l'ouest.

Mais il n'y a pas eu qu'une question de chancellerie : la langue araméenne s'est implantée dans le domaine de l'akkadien, et on estime que celui-ci a cessé d'être parlé dès le ve siècle av. J.-C. Il est possible que la commodité de l'écriture alphabétique de l'araméen ait contribué avec les circonstances politiques et économiques à son expansion généralisée et à l'élimination de l'akkadien empêtré dans son écriture compliquée et par suite réservée à un nombre restreint d'individus.

Néanmoins l'akkadien a continué à s'écrire jusqu'aux environs de l'ère chrétienne dans les milieux religieux et savants qui en gardaient la tradition, notamment du IIIe au Ier siècle sous les princes séleucides.

Mais cette tradition s'est éteinte ensuite sans que le système de l'écriture, ni pour l'akkadien ni pour les langues qui l'avaient empruntée, ait été décrit en une langue conservée par la suite.

L'exhumation s'est faite grâce aux inscriptions où Darius Ier (à Béhistoun dans le Kourdistan) et ses successeurs Achéménides ont voulu célébrer leur gloire devant leurs contemporains de différentes cultures et sans doute (on était déjà entré, notamment en Grèce, dans l'ère des historiens) les perpétuer pour la postérité. Ces inscriptions sont trilingues, avec trois versions en tracé cunéiforme d'espèces différentes : à gauche, l'akkadien, au milieu l'élamite, à droite le vieux perse : c'est celui-ci qui, déchiffré le premier par G. Grotefend, au début du XIXe siècle, a renseigné sur le contenu des textes. La version akkadienne n'a été l'objet du travail des savants occidentaux qu'au milieu du siècle : en 1844, H. Rawlinson rapportait une copie faite par lui. Les éléments de la découverte ont été : l'idée que la langue de ces inscriptions dont on voyait la ressemblance avec des documents mésopotamiens devait être du sémitique ; la cohérence des langues sémitiques qui fait qu'on dévoile assez aisément dans une langue non encore connue les éléments grammaticaux et lexicaux qui se rencontrent dans les langues parentes ; la connaissance par l'égyptien d'un système d'écriture mélangeant étroitement l'idéographie et la phonographie ; enfin le repérage des noms propres et des titres royaux grâce à l'inscription en vieux perse. En 1851, après que E. Hincks avait défini la méthode, H. Rawlinson dressait un premier tableau des signes ; le travail a été poursuivi surtout par Jules Oppert ; en 1857 la possibilité de lire les textes était acquise.

Les travaux ultérieurs ont permis de pousser jusqu'à la minutie la connaissance de l'akkadien et du sumérien, qui s'était révélé aux chercheurs notamment grâce aux syllabaires suméro-akkadiens établis pour les apprentis mésopotamiens dès le IIIe millénaire av. J.-C., mais dont le plus grand nombre provient de la période assyrienne classique du Ier millénaire. Les progrès réalisés dans la connaissance de l'akkadien ont finalement permis de reconnaître la mauvaise qualité des premiers textes déchiffrés, qui sont de l'akkadien de traduction.

CHAPITRE VII

ÉCRITURES HIÉROGLYPHIQUES ET SYLLABIQUES DU BASSIN ORIENTAL DE LA MÉDITERRANÉE

DU IVe MILLÉNAIRE AU Ve SIÈCLE AV. J.-C. (CRÈTE, CHYPRE, ASIE MINEURE, SYRIE ET PHÉNICIE)

Écriture syllabo-alphabétique du vieux perse (VIe-IVe siècle av. J.-C.)

Préambule

Des civilisations aussi anciennes que celles de la vallée du Nil et de la Mésopotamie, remontant comme elles à un peuplement déjà dense à la période préhistorique néolithique, se sont développées en divers points du bassin de la Méditerranée orientale, notamment en Crète, dans l'île de Chypre, dans la zone côtière à l'est. Les fouilles ont fait connaître, en divers endroits, leurs grandes villes, avec des techniques industrielles perfectionnées et des arts raffinés, spécialement dans la région dite égéenne, d'un nom antérieur aux invasions helléniques et autres venues du nord avec des langues indo-européennes. Ici la navigation, pour la création de ressources, a remplacé en partie l'agriculture ; elle a stimulé les échanges réglementés et les besoins de communication intellectuelle. Sur divers points de ce domaine ont apparu des écritures hiéroglyphiques, dont certaines ont évolué en tracés non pictographiques. D'autre part, si on n'a nulle part l'attestation sûre d'emplois idéographiques, on connaît des exemples de phonographie sous la forme syllabique systématique.

Malheureusement beaucoup de documents restent indéchiffrés, parce qu'on se trouve à la fois en présence de systèmes d'écriture non connus et de langues appartenant sans doute à des familles disparues ou dont on connaît des spécimens trop différents pour que les rapprochements puissent se faire. Des connexions avec les civilisations égyptienne, mésopotamienne et autres des mêmes époques sont plus que probables et il a pu y avoir certaines influences réciproques ; mais des inventions d'écriture indépendantes en divers lieux représentent la vraisemblance.

ÉCRITURES DE CRÈTE (MINOEN ET CRÉTO-MYCÉNIEN)

Dans l'île de Crète on a retrouvé beaucoup d'inscriptions que leur découvreur principal Arthur Evans a appelé minoennes, du nom du roi-prêtre légendaire Minos, souverain de Knossos (Cnosse), ancienne capitale, voisine du port moderne de Candie.

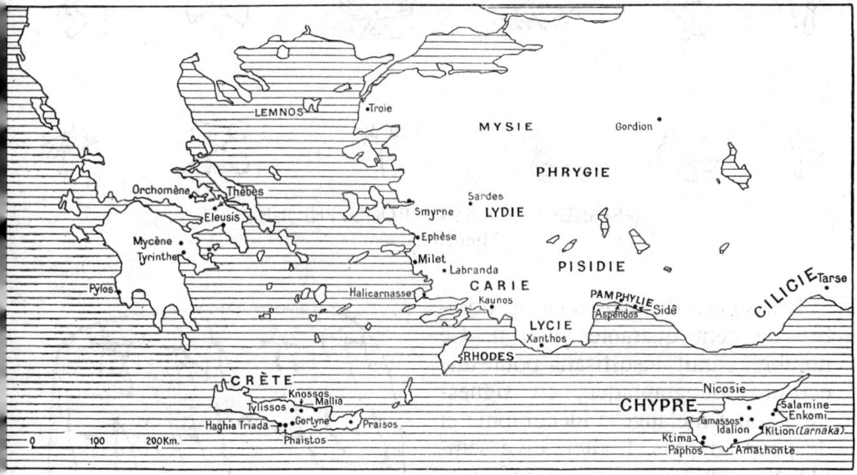

GRÈCE ET ASIE MINEURE OCCIDENTALE
Ktima est sur le site ancien de Paphos

Les documents sont de différentes périodes, dont certaines se chevauchent peut-être en partie, et de différents caractères ; mais tous ceux qui sont énumérés ici paraissent appartenir à une même civilisation, qui a dû rayonner en dehors de l'île (certains objets ont été trouvés ailleurs ; voir aussi ci-dessous « Écritures cypriotes », p. 109).

a. Dès le minoen ancien, vers – 3000, il y a des dessins sur des sceaux ou cachets, peut-être seulement décoratifs, ou à valeurs pictographiques conventionnelles.

b. Dans le minoen moyen, environ de –2100 à –1750, on trouve deux séries de documents gravés :

– Les plus anciens sont encore des tracés sur des cachets, desquels sont peut-être contemporaines des marques sur des pierres de construction et des vases.

Ici encore on ne peut pas être sûr d'avoir à faire à une écriture.

– Des documents postérieurs sont à la fois des tracés sur des cachets et sur des petites tablettes d'argile cuite, qui peuvent avoir été des étiquettes ou des documents de compte. Il est probable qu'il s'agit d'une écriture hiéroglyphique ; les signes, qui sont sensiblement les mêmes qu'à la période précédente, représentent des hommes, des parties du corps, des objets divers, ainsi une double hache caractéristique.

SIGNES CRÉTOIS HIÉROGLYPHIQUES
Minoen moyen

Les signes distincts sont au nombre de cent quarante environ. Ce nombre paraît insuffisant pour une écriture idéographique, en signes-mots, ou à mélange d'idéographie et de phonographie. L'alternative semble être entre un système rudimentaire de type pictographique à signes-choses et signes-circonstances ou au contraire un système syllabique déjà élaboré et trié, avec peut-être quelques idéogrammes.

Il y a des signes de numération qui seraient une barre pour les unités, un point pour les dizaines, une barre longue pour les centaines, un losange pour les milliers ; et aussi des signes de fractions.

La direction de l'écriture est tantôt de gauche à droite, tantôt alternativement dans les deux sens (*boustro-*

TABLETTE CRÉTOISE
Linéaire A

phedon, en grec : « à retour de bœuf », c'est-à-dire comme les sillons tracés alternativement en partant d'un bout du champ ou de l'autre).

On discute pour savoir si les documents du second type ne se prolongent pas jusque vers –1580, moment où on trouve déjà de ceux du type suivant.

c. Dans la période suivante, ou avec un court chevauchement, apparaît l'écriture dite linéaire (linéaire A et linéaire B) qui paraît bien continuer l'écriture hiéroglyphique. On compte qu'au moins un tiers des signes sont identifiables à des hiéroglyphes (ainsi le signe de la double hache). Il s'agirait donc d'un développement en cursive, au point de vue du tracé, avec abandon dans l'ensemble de l'aspect pictographique ; cependant les caractères sont encore de formes variées et non schématisés en tracés simples.

Les traits sont incisés ou, sur des poteries, tracés à l'encre.

– Le linéaire A, le plus ancien, se situerait vers –1800-1400 ; il est représenté essentiellement par des tablettes découvertes en Crète (Haghia Triada et Knossos).

On y distingue environ cent trente signes, assez souvent réunis par des ligatures. En défalquant les chiffres et certains tracés que certains croient pouvoir interpréter comme des idéogrammes, on retient le chiffre de quatre-vingt-cinq. En quantité absolue, il semble que ce puisse être le nombre voulu pour un syllabaire systématique ; si le système était déjà syllabique dans la période hiéroglyphique, il faudrait penser à une simplification progressive.

L'écriture va de gauche à droite.

– Le linéaire B est plus récent (début vers –1450 dans la période du minoen récent ou mycénien [créto-mycénien] ainsi nommé parce que, à cette époque, les Grecs auraient envahi la Crète et que la civilisation crétoise aurait atteint en particulier Mycènes) ; il s'est sans doute prolongé jusque vers –1200, moment où on croit pouvoir situer la submersion de la civilisation crétoise par une invasion dorienne. Il est représenté essentiellement par des milliers de tablettes ou fragments de tablettes découvertes à Knossos, puis sur le continent, à Pylos et à Mycènes.

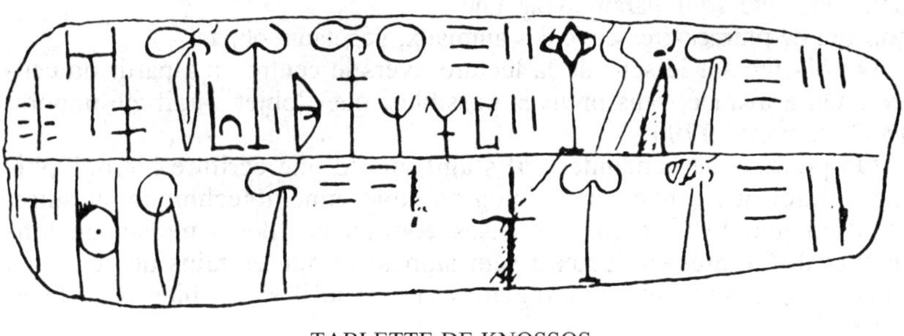

TABLETTE DE KNOSSOS
en écriture Linéaire B, n° 50 a (d'après Evans-Myres, *Scripta Minoa*, II, 1952)

On compte environ quatre-vingts caractères, dont quarante-huit ont été mis en rapport avec des tracés du linéaire A. On aurait donc affaire à une forme révisée et simplifiée de celui-ci. Le tracé des chiffres est : unités, ligne verticale ; dizaines, ligne horizontale ; centaines, cercle ; milliers, cercle avec quatre crans ; myriades, cercle avec un trait intérieur.

D'après les derniers travaux de déchiffrement, le linéaire B se lit en grec, avec des documents surtout de caractère économique. Le linéaire A paraît se prêter à un déchiffrement analogue. Voir le syllabaire ci-dessous p. 117.

D'autre part, on pense avoir du crétois (ou étéocrétois, c'est-à-dire « crétois véritable », d'après un terme homérique appliqué aux Crétois) dans quelques inscriptions postérieures en lettres grecques et dans une formule en écriture égyptienne. Mais ces documents ont peu renseigné sur la langue et n'ont pas fait avancer la lecture des écritures indigènes les plus anciennes.

DISQUE DE PHAISTOS (CRÈTE)

Un document isolé a droit à un paragraphe à part : c'est, découvert dans les ruines de Phaistos en Crète, en 1908, bien conservé, un petit disque en terre cuite (15 à 20 centimètres de diamètre), portant sur les deux faces des petits dessins répartis sur une ligne spirale : sur une face 123 signes en 31 groupes (des barres tracent des cases), sur l'autre face 118 signes en 30 groupes. On a compté 45 dessins différents, représentant des hommes, parties du corps dont une tête (qui paraît avoir une coiffure de plumes dressées), des animaux, végétaux, objets.

PARTIE CENTRALE DU DISQUE DE PHAISTOS (CRÈTE)

On discute sur le sens de la lecture : vers le centre ou à partir du centre ? On a avancé, sans preuves possibles, que l'objet aurait été importé en Crète, vers –1700.

On pourrait se demander s'il s'agit bien d'une écriture hiéroglyphique, plutôt que d'une série pictographique, mnémotechnique ou autre, ou d'un jeu. Le fait que les cases contiennent des « mots » de longueurs différentes (de deux à sept signes) et que certains de ces mots présumés se répètent encouragent à croire qu'il s'agit bien d'un texte écrit.

ÉCRITURES CYPRIOTES (OU CHYPRIOTES)[1]

Dans l'île de Chypre, on a retrouvé quelques documents avec des signes d'origine inconnue, qu'on a comparés sans décision à diverses écritures et qui attesteraient un essai d'écriture très ancien, peut-être du IIIe millénaire.

D'assez nombreux documents provenant de Chypre ou d'autres lieux (ainsi Ougarit) montrent une écriture qu'on a nommée cypro-minoenne ou cypro-mycénienne, où on a décompté au moins soixante caractères et des chiffres. Certains caractères ont été comparés de manière vraisemblable à des caractères minoens ; on pense à une introduction de l'écriture minoenne par les Mycéniens vers –1400, et à son emploi pour noter la langue préhellénique de Chypre.

On identifie d'autre part à une partie de ces signes cypro-minoens une partie des signes de l'écriture cypriote postérieure, celle des quelque quatre cents inscriptions trouvées en divers sites de l'île et à Abydos en Égypte, et qu'on s'accorde à dater d'une basse époque, autour du – Ve siècle, les dates extrêmes envisagées étant le – VIIe siècle et le – IIIe siècle.

Une minorité de ces inscriptions (généralement assez courtes), ne sont pas comprises ; on parle conventionnellement d'étéocypriote (cypriote véritable) pour ces textes qui proviennent pour la plupart du site d'Amathonte.

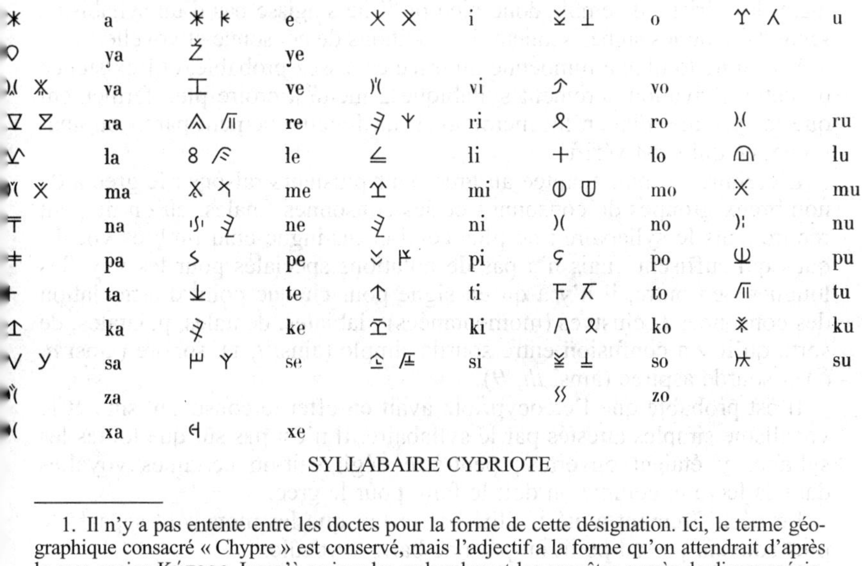

SYLLABAIRE CYPRIOTE

1. Il n'y a pas entente entre les doctes pour la forme de cette désignation. Ici, le terme géographique consacré « Chypre » est conservé, mais l'adjectif a la forme qu'on attendrait d'après le grec ancien Κύπρος. Jusqu'à ce jour les recherches et les enquêtes auprès de divers spécialistes n'ont pas permis d'établir l'histoire des formes françaises. Pour le nom ancien de l'emplacement de fouilles qui s'appelle de nos jours Dali, les auteurs modernes hésitaient entre Édalion et Idalion ; la mention de cette dernière forme dans Théocrite devait décider pour elle.

La majorité des inscriptions a pu être lue en grec, à partir du déchiffrement réussi brillamment par le savant anglais George Smith en 1871[1]. Il a lu une tablette de trente et une lignes de quarante-cinq caractères trouvée à Idalion (Dali) et déterminé le caractère dialectal du grec ainsi écrit, proche de l'arcadien (dans le Péloponnèse) : c'est pourquoi on a parlé de dialecte arcado-cypriote, terme qu'il vaut mieux ne pas maintenir.

Le système reconnu dans les inscriptions grecques en syllabaire cypriote est entièrement phonographique ; les cinquante-cinq signes qu'on y a identifiés sont des représentations de syllabes : la plupart représentent une consonne suivie de voyelle ; les autres paraissent représenter des voyelles seules, mais on ne peut pas être sûr qu'à l'origine ces voyelles n'étaient pas précédées d'une consonne légère (ɔ, occlusive glottale) dont le grec ne tient pas compte.

Il s'agit donc d'une analyse des mots en tranches phonétiques d'un type uniforme, ce qui permet de tout écrire avec un petit nombre de signes distincts ayant toujours la même valeur. Dans le cas observé, il y a 13 consonnes (en y comprenant la consonne ɔ ou zéro) et 5 timbres vocaliques, donc un total théorique de 65 ; en fait certaines syllabes n'apparaissent pas dans les inscriptions déchiffrées, de sorte que le total des syllabes rendues par un signe connu est de 55.

Les signes sont tous différents, sans parties communes apparentes constituant des séries ; il semble donc bien qu'il ne s'agisse pas d'un syllabisme secondaire où les signes seraient des additions de consonne et voyelle.

L'origine lointaine minoenne du tracé est assez probable, et l'existence de cette dérivation sûrement syllabique a incité à croire plus fermement que le système minoen lui-même avait un fonctionnement pareil ou analogue, ce qui s'est vérifié.

L'écriture est mal adaptée au grec pour plusieurs raisons : le grec a de nombreux groupes de consonnes et des consonnes finales, qu'on ne peut rendre dans le syllabaire ; de plus celui-ci distingue cinq timbres vocaliques qui suffisent, mais n'a pas de notations spéciales pour les voyelles longues ; en outre, il n'y a qu'un signe pour chaque point d'articulation des consonnes occlusives (momentanées) : labiales, dentales, palatales, de sorte qu'il y a confusion entre sourde simple (ainsi *t*, τ), sonore (ainsi *d*, δ) et sourde aspirée (ainsi *th*, θ).

Il est probable que l'étéocypriote avait en effet le consonantisme et le vocalisme simples attestés par le syllabaire. Il n'est pas sûr que toutes les syllabes y étaient ouvertes ; peut-être négligeait-on certaines voyelles dans la lecture, comme on doit le faire pour le grec.

Le déchiffrement a été facilité par le fait que les mots sont séparés le plus souvent par un point ou par une barre verticale.

1. Le déchiffrement par George Smith a été réussi à partir d'un texte bilingue, l'inscription cypro-phénicienne d'Idalion « sur marbre », trouvée en 1869.

La direction est en général de droite à gauche ; mais elle est de gauche à droite dans les documents du site de Paphos, où certains signes ont aussi une forme spéciale.

Le déchiffrement du cypriote est un bon exemple de la manière dont un savant doué pour ce genre de travail peut percer à jour un système d'écriture inconnu, lorsqu'il s'agit d'une langue bien connue. Inversement le non-déchiffrement des inscriptions cypriotes qui ne sont pas écrites en grec montre à quel point les meilleurs déchiffreurs sont désarmés, même lorsque l'écriture est connue, si la langue ne l'est pas. Dans ce cas la réussite dépend généralement de l'existence de textes bilingues assez étendus.

Il y a aussi des cas particuliers, comme celui des idéogrammes (ou signes-sens) du hittite cunéiforme.

D'autre part l'illusion d'avoir affaire à une langue connue a quelquefois engagé des chercheurs dans de faux déchiffrements.

HIÉROGLYPHES HITTITES

En domaine hittite au sens large et spécialement en Syrie septentrionale (en particulier à Karkemish et Karatepe), surtout sur les murs de palais royaux, on trouve des inscriptions monumentales gravées en creux ou en relief, dans un tracé hiéroglyphique. La même écriture se rencontre avec des formes simplifiées cursives sur des sceaux et sur des lamelles de plomb. Les dates extrêmes paraissent être –1500 et –600 (voir la carte, p. 100).

Deux écritures, l'écriture cunéiforme et l'écriture hiéroglyphique, ont donc été employées dans la même période, en domaine hittite, pour des usages différents et assez probablement pour noter des langages différents bien que proches. En effet les inscriptions hiéroglyphiques paraissent bien être rédigées dans une forme du louvite.

Les dessins qui constituent cette écriture sont particuliers, malgré certaines rencontres inévitables avec d'autres systèmes pour des figurations d'objets pareils ou analogues (ainsi des parties du corps humain) ; on ne peut pas leur assigner d'origine étrangère connue. D'autre part la constitution d'un système d'écriture dessiné à une époque aussi basse que le milieu du IIe millénaire paraît très peu vraisemblable. Il y a sans doute une histoire antérieure qui nous échappe.

La disposition des figures est en lignes horizontales, généralement boustrophédon, mais quelquefois de droite à gauche ou de gauche à droite[1]. Dans la ligne certains signes sont souvent superposés à d'autres (comme en égyptien) ; les mots sont souvent séparés par un signe.

1. Le boustrophédon des inscriptions comporte normalement la direction droite-gauche pour la première ligne. La direction gauche-droite est exceptionnelle.

Il y a de nombreux idéogrammes (plus de quatre cents catalogués) ; quelques-uns sont employés surtout comme déterminatifs. Ces idéogrammes sont généralement distingués par une marque.

D'autre part, la partie phonographique du système comporte environ quatre vingts signes syllabiques ; ces signes représentent presque toujours des syllabes ouvertes ; mais un petit trait additionnel sert à marquer que la syllabe est terminée par un *r*.

HIÉROGLYPHES DE PHÉNICIE (BYBLOS)

On a trouvé sur le site de l'ancienne Byblos une dizaine de documents qu'on attribue au – XVe ou – XIVe siècle, consistant en inscriptions plus ou moins longues (jusqu'à quarante et une lignes), en lignes (plus rarement en colonnes) sur des tablettes de bronze ou de pierre. Les caractères sont en grande majorité des dessins reconnaissables d'êtres, parties d'êtres ou objets, mais d'un tracé souvent négligent ou cursif, de sorte qu'on peut hésiter si certains sont ou non des variantes, pour une même représentation (d'où les chiffres différents qui ont été donnés de 140 et 100 et aussi la dénomination « pseudo-hiéroglyphique »). Une barre verticale avec un petit crochet doit figurer une unité. Le nombre des caractères fait penser à un système entièrement ou au moins partiellement syllabique.

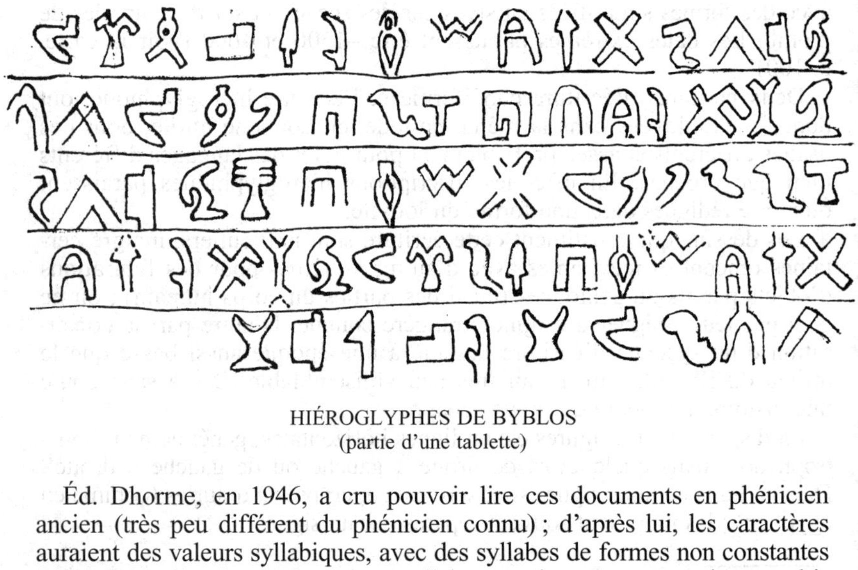

HIÉROGLYPHES DE BYBLOS
(partie d'une tablette)

Éd. Dhorme, en 1946, a cru pouvoir lire ces documents en phénicien ancien (très peu différent du phénicien connu) ; d'après lui, les caractères auraient des valeurs syllabiques, avec des syllabes de formes non constantes (ainsi *bi* et *ib*) ; de plus certaines syllabes auraient des expressions multiples, par des signes différents. La lecture irait de droite à gauche.

De certaines ressemblances entre certains signes et certains hiéroglyphes égyptiens, dans des ensembles nettement différents, il semble qu'il n'y a rien à conclure de particulier – pas plus que de ressemblances avec d'autres hiéroglyphes.

On n'aperçoit pas non plus de rapports à retenir avec les tracés du phénicien alphabétique, bien qu'il y ait certaines ressemblances. Celles-ci ne pourraient prendre une signification que s'il y avait des valeurs communes, ce qu'on ne peut préjuger si on ne pense pas le déchiffrement définitif. (D'ailleurs Éd. Dhorme lui-même n'en fait pas état.)

ÉCRITURE DU VIEUX PERSE

Comme la plupart des inscriptions tracées dans cette écriture ont été trouvées à Persépolis, ville capitale des souverains achéménides, on l'appelle quelquefois persépolitaine.

Elle n'est attestée que pour la période de cette dynastie achéménide, c'est-à-dire depuis environ –640 si on la fait remonter à Cyrus et si on attribue cette date au règne de celui-ci, depuis environ –521 si on la fait dater du règne de Darius (dont l'inscription de Béhistoun indique une intervention en matière d'écriture, pas clairement expliquée) ; on n'en connaît pas de postérieures à la chute de la dynastie au – IVe siècle. (Pour le déchiffrement, voir p. 103.)

On ne connaît cette écriture que sur pierre (en particulier de grandes inscriptions sur rocher), et sur quelques sceaux et tablettes métalliques (argent, or).

On a donc des raisons de croire qu'il s'agissait seulement d'une écriture monumentale et officielle de la langue de la famille royale. Il est impossible de savoir si on s'abstenait par ailleurs d'écrire cette langue ou si on l'écrivait, d'une manière que nous ne pouvons déterminer, sur des matières périssables. Il est intéressant de mentionner que les archives trouvées à Persépolis même étaient en élamite et qu'une inscription sur le tombeau de Darius était en vieux perse, mais en lettres araméennes.

En effet, avant même de décrire cette écriture, il sied de rappeler qu'elle semble n'être apparue que longtemps après la mise en usage de l'alphabet dans la région syro-palestinienne, et lorsque celui-ci avait commencé à se répandre en Mésopotamie. D'autre part sa composition en « clous » attesterait la double influence akkadienne et élamite même si on ne connaissait pas les inscriptions trilingues.

Toutefois, comme les signes n'ont aucun rapport avec des signes de même valeur dans les autres écritures cunéiformes, on ne peut pas exclure absolument l'hypothèse qu'ils pourraient être des dérivations de caractères anciens soit pictographiques soit linéaires auxquels notre documentation ne nous permet pas de remonter. Car il paraît étonnant que les souverains perses aient combiné ou fait combiner de toutes pièces une écriture à leur

𐎠	a	𐎵	n(u)
𐎲	b(a)	𐎱	p(a)
𐎨	č(a)	𐎼	r(a)
𐎭	d(a)	𐎽	r(u)
𐎮	d(i)	𐎿	s(a)
𐎯	d(u)	𐏁	š(a)
𐎳	f(a)	𐎫	t(a)
𐎥	g(a)	𐎬	t(u)
𐎦	g(u)	𐎰	ṯ(a)
𐏃	h(a)	𐎢	u
𐎧	ḫ(a)	𐎺	v(a)
𐎡	i	𐎻	v(i)
𐎩	j(a)	𐎹	y(a)
𐎪	j(i)	𐏀	z(a)
𐎣	k(a)	𐏂	tr(a)
𐎤	k(u)	𐏋	ḫšāyaṯiya, « roi »
𐎾	l(a)	𐏌	dahyu, « pays »
𐎶	m(a)	𐏍	
𐎷	m(i)	𐏈	Auramazdā, Ormuzd
𐎸	m(u)	𐏏	bumi, « terre »
𐎴	n(a)	𐏐, 𐏐	séparation de mots

ALPHABET-SYLLABAIRE VIEUX PERSE

usage. Cette possibilité très hypothétique est une justification pour le placement de l'étude de cette écriture dans le présent chapitre.

Une autre est le fait qu'il s'agit d'un système de notation qui repose essentiellement sur le découpage du mot en syllabes. Le sentiment de l'existence des mots eux-mêmes est affirmé par l'existence d'un signe de séparation.

Il s'agit en effet d'un système phonographique, où pourtant quatre signes sont des idéogrammes déterminatifs de noms propres (roi, dieu, pays, province).

Les phonogrammes sont au nombre de trente-six.

La plupart (vingt-deux) représentent, suivant les besoins de la lecture, une consonne (dans un seul cas un groupe valant consonne) suivie de la voyelle *a* ou sans voyelle.

Les voyelles *a*, *i*, *u* ont chacune un signe à part, qui peut servir isolément, ou combiné avec un autre signe, comme il va être dit.

Lorsqu'on ajoute le signe de l'*a* à une des vingt-deux syllabes à voyelle *a*, on obtient une notation de consonne + *ā* (*a* long).

La notation de *i* et *u* n'est pas constante : sept signes sont réservés à des consonnes suivies de *u*, quatre à des consonnes suivies de *i* ; mais on leur surajoute généralement les signes indépendants de *i* et de *u*. Pour les consonnes qui n'ont pas de signe spécial de cette espèce, si on veut exprimer la présence de *i* ou *u*, on ajoute de même la voyelle indépendante ; par exemple *p*(*a*)-*i*, le lecteur devant alors choisir entre *pi* et *pa-i*.

La graphie (manière d'écrire) n'est donc pas sans ambiguïtés, et la lecture comportait des interprétations pour les contemporains, comme elle en comporte pour les savants modernes qui se décident d'après leurs connaissances de l'état ancien de la langue iranienne, et avec l'aide des langues parentes. Il est à remarquer que l'écriture du vieux perse montre un état intermédiaire entre l'alphabet consonantique (ancien sémitique) où chaque caractère demandait une interprétation en ce qui concerne le vocalisme et l'alphabet complété par des voyelles indépendantes (grec). Ce qui l'apparente nettement à des systèmes syllabiques, comme ceux qui sont issus de l'akkadien et plus encore à celui du cypriote à type fixe de syllabe, c'est qu'il existe des tracés distincts (et sans rapports graphiques discernables entre eux) pour certaines syllabes à voyelles différentes.

Les mots sont séparés par 〈 ou \. Il n'y a pas d'autre ponctuation.

La lecture se fait de gauche à droite.

La notation numérique était empruntée dans l'ensemble au système mésopotamien, notamment le clou vertical pour les unités et l'angle pour les dizaines ; mais certaines combinaisons des clous d'unités ne sont pas les mêmes qu'en akkadien.

Considérations finales

Nous ignorons trop de choses pour tirer des conclusions nettes des indications groupées dans le présent chapitre. En particulier il paraît imprudent de se livrer à des considérations sur le domaine égéen et ceux qui l'avoisinent tant que le crétois et le cypriote non grecs n'auront pas été déchiffrés.

Il n'est pas inutile pourtant d'envisager certaines possibilités en même temps que certaines données acquises.

Il semble bien qu'on puisse soupçonner le déroulement d'évolutions autres que celles qu'on observe tant en Égypte qu'en Mésopotamie (une idéographie issue de la pictographie se mélangeant d'éléments phonographiques sans système bien déterminé). Il s'agirait d'une substitution plus ou moins directe et rapide du phonographisme à l'idéographie par le découpage du mot en tranches de forme sensiblement constante, essentiellement la consonne suivie de voyelle, représentant une émission de voix complète, sans considération de la valeur (sens proprement dit ou expression grammaticale).

Il faudrait supposer une évolution accélérée (avec le même point de départ que là où l'idéographie a duré – puisque les hiéroglyphes attestent le stade pictographique). La cause pourrait en avoir été un progrès plus rapide du raisonnement et de l'abstraction dans un milieu moins encombré de certaines traditions religieuses, en relation avec une constitution autre de la société, avec de moins grandes dépendances par rapport aux autorités religieuses et politiques, et à leur personnel d'exécution.

Au point de vue technique, on peut se demander si des signes (signes-syllabes) n'ont pas été abstraits de certains mots grâce au découpage de la première syllabe par la pratique du principe d'acrophonie (grec *akros* « extrême, à la pointe », *phōnē* « voix ») comme on pense le voir dans les hiéroglyphes hittites, question qui se pose aussi sur le domaine où s'est développé l'alphabet.

Le système syllabique comporte ses difficultés internes comme on le voit par l'arcadocypriote et le vieux perse. Celle de l'expression de la consonne sans voyelle, en particulier, se pose forcément, sauf dans de rares langues. De plus, si toutes les combinaisons utiles ont leur signe spécial, le nombre des caractères, tout en étant très inférieur à celui des systèmes mixtes idéophonographiques et sensiblement moindre que celui des systèmes phonographiques syllabiques à syllabes de type quelconque, reste encore nettement supérieur à celui des éléments distincts combinables que révèle l'analyse complète du mot.

Il semble que, vu les contacts habituels entre envahisseurs et envahis, dont on a ici l'attestation par l'existence des documents en grec, les événements historiques qui ont amené des bouleversements n'auraient pas justifié l'interruption des transmissions par enseignement (l'extinction totale du système égéen en particulier) si un nouveau pas dans un sens progressif ne s'était pas réalisé sensiblement dans la même région du monde civilisé[1].

1. Aucun document connu de grec créto-mycénien ne paraît pouvoir être daté au-delà de – 1200 ; les plus anciennes inscriptions grecques alphabétiques connues sont datées du – VIIIe siècle. À Chypre le cypro-minoen paraît s'arrêter un peu plus tard que – 1200 ; le cypriote postérieur, grec ou non, apparaît au plus tôt à la fin du – VIIIe siècle, l'alphabet ne se montrant sporadiquement que vers le – VIe siècle. L'intervalle de notre documentation doit-il

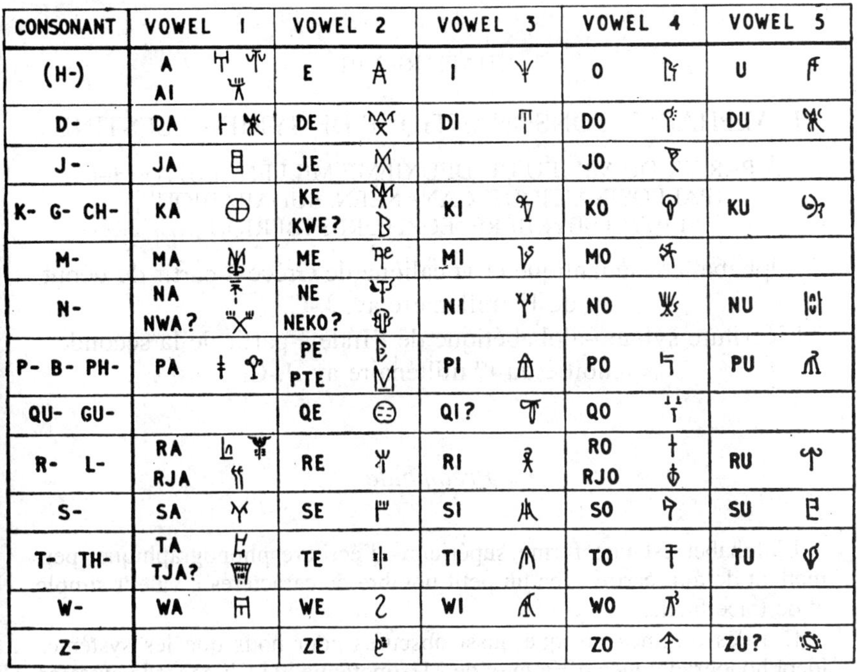

SYLLABAIRE LINÉAIRE B
(d'après Michael Ventris, dans *Antiquity*, 27, 1953, p. 202)

---

s'expliquer par des siècles sans écriture chez des populations qui en avaient expérimenté l'usage ? L'hypothèse a été avancée ; l'explication serait dans l'invasion des Doriens qui auraient, au moins en Grèce continentale et en Crète, anéanti tout enseignement. Cette vue, qui s'applique en tout cas mal pour Chypre, est combattue par Alan J. B. Wace. Il ne pense pas que les Doriens, Grecs comme leurs prédécesseurs, aient pu avoir une telle action obscurantiste. Il allègue que de toute manière les écrits conservés nous renseignent insuffisamment, puisque aussi bien il est invraisemblable que des gens possédant une écriture assez commode ne s'en soient servis que pour de petits documents de caractère économique – et il espère que des découvertes à venir éclaireront plus ou moins les faits. Un argument pour le fonctionnement d'une société d'Hellènes sans écriture pourrait être tiré des poèmes homériques, où il n'est fait mention que d'un seul message écrit, d'un caractère spécial (thème légendaire d'une victime désignée qui apporte elle-même le message qui doit causer sa mort, *Iliade*, chant VI, vers 155-170). Mais cet argument suffit tout au plus à montrer que l'écriture n'était pas encore d'usage répandu. En tout état de cause, l'exemple de Chypre est suffisant pour montrer la rencontre de l'écriture syllabique et de l'écriture alphabétique.

CHAPITRE VIII

L'ALPHABET CONSONANTIQUE DE SYRIE-PALESTINE

À PARTIR DU MILIEU DU DEUXIÈME MILLÉNAIRE AV. J.-C. (PALÉOSINAÏTIQUE, CANANÉEN, SUDARABIQUE, LIBYCO-BERBÈRE, ÉCRITURES IBÉRIQUES)

L'alphabet consonantique et vocalique de Grèce à partir du début du Ier millénaire av. J.-C.

L'écriture syllabo-alphabétique de l'Inde à partir de la seconde moitié du Ier millénaire av. J.-C.

Préambule

L'alphabet est une forme supérieure d'écriture phonographique, permettant de tout écrire avec un petit nombre de caractères à valeur simple et de tracé facile.

Il a des origines presque aussi obscures pour nous que les systèmes idéophonographiques d'Égypte, de Mésopotamie, de Chine, et le système présumé syllabophonographique de Crète.

Mais il paraît sûr qu'il s'est constitué beaucoup plus tard, apparemment au IIe millénaire av. J.-C. et peut-être pas dans la première partie de celui-ci.

Ceux qui l'ont constitué, sur la rive de l'extrémité orientale du bassin méditerranéen, ont pu avoir connaissance des avantages et des inconvénients des autres systèmes, lorsqu'ils ont éprouvé le besoin d'écrire. En effet, au témoignage des fouilles, des cités, sans doute centres de petits États autonomes, mais toujours menacés par les empires voisins, ont existé pendant le – IIIe millénaire ; mais on n'y a pas retrouvé de documents écrits. D'autre part, dans la période même de la constitution présumée et de la première expansion de l'alphabet, ces petits États ont employé l'akkadien comme langue diplomatique écrite, ainsi que le montrent les documents trouvés à Tell el-Amarna en Égypte.

Si l'alphabet porte témoignage pour un perfectionnement intellectuel, il convient d'essayer de se représenter dans quelle ambiance cette invention particulière s'est réalisée. Si nous envisageons dans l'ensemble la première partie du deuxième millénaire (pour cette période lointaine, et avec des histoires fragmentairement connues, il est souvent difficile de préciser à quelques siècles près), on entrevoit des déplacements de populations et, d'autre part, des changements sociaux, avec des conséquences pour la vie intellectuelle.

Dans la région syro-palestinienne, c'est peut-être à cette époque qu'il faut situer l'arrivée, en provenance du nord, des gens qui ont apporté les noms qui sont pour nous d'une part Philistins (d'où Palestine), d'autre part Phéniciens (d'où Phénicie). Mentionnons ici qu'on ne sait rien des langues qu'ils ont pu avoir avant d'adopter, on ne sait dans quelles circonstances, le langage sémitique occidental septentrional sous la forme cananéenne et peut-être partiellement sous la forme araméenne voisine et certaines autres formes proches.

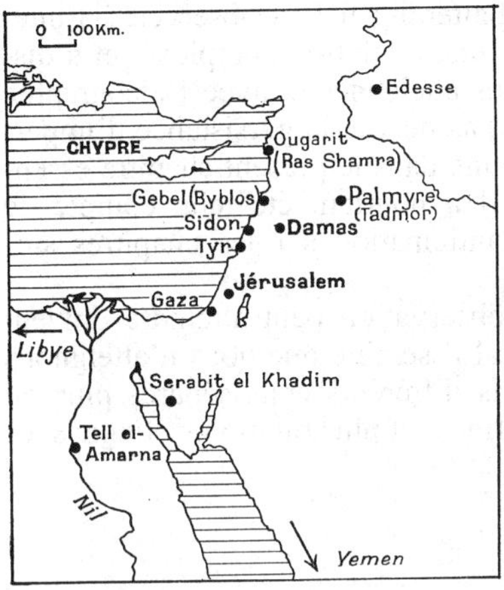

SYRIE, PHÉNICIE, PALESTINE

Ce sont ces langages qui ont été écrits alphabétiquement, au moins depuis les entours de – 1500, par des navigateurs-commerçants-industriels, sans doute habitués à des institutions au moins en partie de type démocratique dans de petites cités jalouses de leur indépendance.

L'invention de l'alphabet, qui paraît bien correspondre à un nouveau stade dans les applications de l'intelligence raisonnante, peut avoir correspondu aussi à un état social permettant à la fois une certaine autonomie des individus et un certain développement du savoir. (À ce sujet voir encore p. 415.)

Pour les origines de la forme matérielle du tracé de l'alphabet, dans l'état actuel de nos connaissances sur les différentes écritures du Proche et du Moyen-Orient et sur la vanité des comparaisons entre des tracés analogues de signes dans des ensembles différents (à moins qu'il n'y ait des séries complètes de valeurs identiques), les comparaisons telles qu'elles ont été instituées précédemment par des savants du siècle dernier avec l'égyptien hiératique ou avec l'écriture crétoise ne sont ici que mentionnées et non discutées.

Ce qui ne veut pas dire qu'il n'y ait eu aucune influence extérieure ni que certaines hypothèses qui paraissent périmées ne puissent être reprises sous de nouveaux angles et avec de meilleures chances.

L'idée d'une combinaison totale « à neuf » avec des signes géométriques conventionnels ne sera pas non plus retenue.

La vraisemblance paraît être pour un point de départ à figuration pictographique de fonctionnement inconnu, avec une évolution rapide vers le phonographisme. Ce serait un cas analogue à celui qui paraît s'être produit en domaine égéen, mais avec un aboutissement d'un degré supérieur au point de vue du caractère pratique de l'outillage.

Ce caractère pratique, pourtant, n'a pas été obtenu dès le début et n'a jamais été aussi complet qu'on le souhaiterait : il faut observer, à l'intérieur même de l'histoire de l'alphabet, une évolution complexe, et à discontinuités, en tenant compte d'attaches anciennes et avec l'idéographie et avec le syllabisme, et en ne perdant pas de vue la persistance d'imperfections et de difficultés. Ceci est examiné dans le présent chapitre essentiellement pour la période ancienne. Il a pourtant été tenu compte de certains prolongements ultérieurs en anticipation sur les chapitres suivants (voir à ce sujet p. 162).

Les différentes données que notre observation peut atteindre doivent être examinées successivement ; au total il semble que nous n'atteignons pas l'origine même de l'alphabet, mais différents états séparés plus ou moins proches de cette origine pour le tracé, et plus ou moins éloignés les uns des autres sur le terrain.

PALÉOSINAÏTIQUE

Les documents paléosinaïtiques ou protosinaïtiques sont ainsi appelés parce qu'ils ont été trouvés dans la presqu'île du Sinaï et que d'autre part on appelle sinaïtiques tout court des graffiti araméens très postérieurs de la même région.

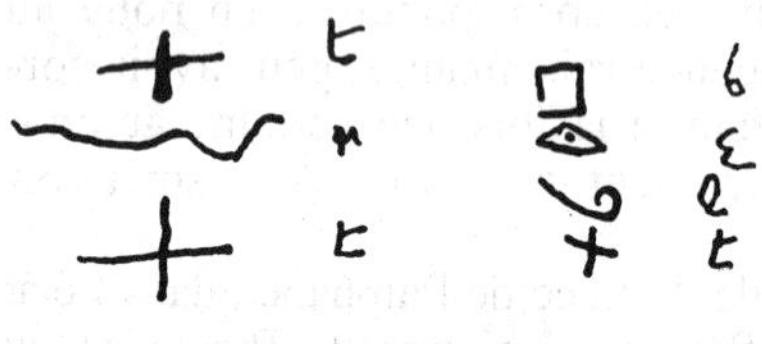

CARACTÈRES PALÉOSINAÏTIQUES

Ces documents, au nombre d'une quarantaine, textes courts ou mots isolés, sont gravés sur rocher ou sur des figurines en pierre. Le site dont ils proviennent (nom moderne Serabit el-Khadim[1]) est celui de gisements de turquoise exploités par les Égyptiens à différentes époques, comme le montrent des inscriptions hiéroglyphiques et des objets de provenance égyptienne. Il se trouvait là un sanctuaire de la déesse Hathor, qualifiée « dame des turquoises ». Il est question dans les inscriptions égyptiennes de la présence d'étrangers, confirmée par les inscriptions non égyptiennes : ces étrangers, carriers ou pèlerins, capables d'écrire dans leur langue, peuvent être supposés être venus de quelque centre plus septentrional. Pour la date, on a le choix entre environ – 1800 et environ – 1500, suivant qu'on se réfère à une date

1. Le second élément du nom veut dire en arabe « du serviteur », le premier est énigmatique. Le lexique arabe ne fournit que *srbṭ* « être long et mince (melon) ». En recourant à l'hébreu tardif, on trouve *šarbīṭ* « bâton, sceptre » (représenté dans le texte d'Esther, notamment IV, 11). On ne s'explique pas de quel serviteur il s'agit.

ou une autre de l'exploitation des turquoises : dans le premier cas, on se trouverait avant tout autre document alphabétique, dans le second cas à une période contemporaine de l'ougaritique, dont il est question ensuite.

En totalisant les signes apparemment distincts rencontrés dans les inscriptions, on en trouve environ une trentaine, ce qui est sensiblement plus que le nombre des caractères phéniciens mais à peu près équivalent au nombre des caractères sudarabiques. On s'attendrait, pour un syllabaire ou pour un système comportant des idéogrammes, à un nombre supérieur. Mais comme le matériel, restreint, pourrait ne pas fournir tous les signes qui existaient, le caractère alphabétique, très vraisemblable, n'est pas absolument prouvé.

Les tracés ressemblent pour une part à des dessins frustes ; d'autres ont un aspect géométrique. Certains se rapprochent sans peine d'hiéroglyphes égyptiens, d'autres de caractères phéniciens, certains des deux à la fois. De pareilles similitudes, nous l'avons déjà dit, ne sont à retenir que si elles sont en série et concordent avec des parités de valeur.

En fait, les essais de lecture avec des valeurs hiéroglyphiques égyptiennes, soit en égyptien, soit en d'autres langues, n'ont rien donné de satisfaisant. Au contraire certaines lectures alphabétiques en sémitique cananéen, obtenues en tenant compte des similitudes de tracés, paraissent vraisemblables, d'autres possibles.

La lecture la plus importante est celle d'un groupe de caractères qui se répète plusieurs fois, en général (cinq fois) verticalement, mais aussi horizontalement (une fois) de gauche à droite, et qui serait *bɛlt* « maîtresse, déesse » (féminin du bien connu phénicien Baal).

D'autre part un autre groupe vertical, qui se trouve plusieurs fois, seul ou avec *bɛlt*, se lit d'une manière vraisemblable *tnt* « don, ex-voto » (en hébreu radical *ntn* et *tn* « donner »).

Les consonnes seules seraient écrites, comme en général en sémitique ancien. Pour les formes des caractères, comparer le phénicien « classique ».

Si le paléosinaïtique doit bien être lu alphabétiquement en sémitique, il attesterait un état encore au moins partiellement pictophonographique. Si sa date s'avérait de manière sûre nettement antérieure à tous les autres alphabets anciens dont il est question ensuite, on pourrait croire à une évolution de cette forme allant aux formes non pictographiques. Si on descend la date, il faudrait admettre que nous n'avons pas de document contemporain du plus ancien usage, et que, en un point non déterminé (car les documents isolés du Sinaï ne peuvent guère passer pour avoir été élaborés sur place), il y a eu conservation archaïsante d'anciens tracés.

OUGARITIQUE

En raison de la date, malgré le type spécial de l'écriture, c'est ici qu'il convient de placer l'ougaritique dont la connaissance est due aux trouvailles faites à Ras Chamra (on écrit généralement Ras Shamra) « Cap du fenouil », à partir de 1930. Sur ce point de la côte syrienne, au sud-ouest d'Alep, près de Latakié (Laodicée), on a découvert et fouillé les ruines d'une ville qui paraît s'être appelée Ougarit[1] [*ugarit*] et avoir prospéré environ de – 1600 à – 1200. Il y a très peu d'inscriptions sur pierre. Il s'y est heureusement retrouvé des parties de bibliothèques en tablettes de terre cuite à la mode mésopotamienne.

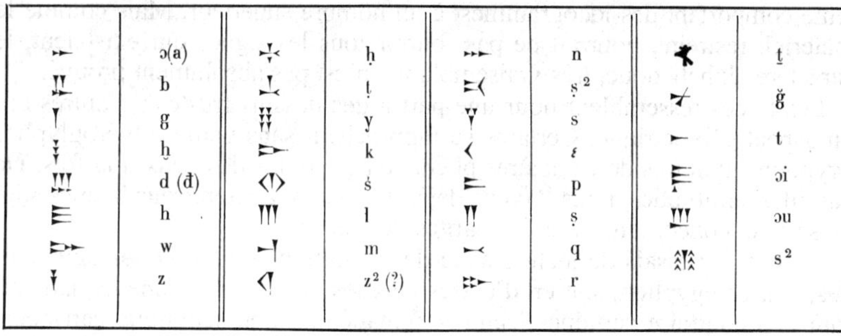

ALPHABET OUGARITIQUE

Les écritures qui y sont employées sont cunéiformes à l'exception de documents isolés.

La plupart des textes sont écrits en une langue sémitique que certains ont pensé être un dialecte cananéen ancien et conservateur, tandis que l'opinion qui prévaut la classe à part dans le sémitique occidental, à côté du cananéen et de l'araméen (ougaritique ou ougaritien ; on écrit aussi ugaritique ou ugaritien).

Le déchiffrement a été rapide parce qu'on a vite reconnu que le nombre des signes était à peu près celui de l'alphabet consonantique phénicien, et que les essais de lecture au moyen de mots cananéens usuels ont été tout de suite fructueux. L'opération était grandement facilitée par le fait que les mots sont séparés par un signe.

Les mots sont rangés en lignes horizontales ; la lecture se fait de gauche à droite comme en akkadien.

Les textes sont, pour un petit nombre, des documents de comptabilité. Les plus nombreux contiennent des parties de poèmes mythologiques apparemment d'origine phénicienne et plus précisément tyrienne : peut-être ces poèmes n'étaient-ils pas mis en écrit chez les Phéniciens eux-mêmes (en particulier les Tyriens) et ont-ils été notés pour la première et dernière fois

---

1. Le site d'Ougarit était marqué par un grand monticule ou tell, à huit cents mètres du bord de la mer, où se trouve le port actuel de Minet el-Beida, auprès duquel on a trouvé une ancienne nécropole. Les fouilles ont ramené au jour, d'année en année, de nouveaux documents écrits en ougaritique et autres langues ; elles se poursuivent.

par les gens d'Ougarit, influencés par les habitudes littéraires des Mésopotamiens, à qui ils ont emprunté, directement ou non, le procédé de l'écriture sur tablette ; mais d'autres découvertes pourraient infirmer cette supposition.

Les tracés des caractères ne paraissent pas s'expliquer par des valeurs phonétiques reconnues en akkadien ou d'autres langues écrites en cunéiforme jusqu'à présent connues de nous, bien qu'on ait essayé d'en expliquer certains comme des caractères akkadiens tronqués pour simplification. D'autre part certaines ressemblances frappantes avec le phénicien, ainsi pour *ɛ*, s^2, *n*, ont permis, malgré leur petit nombre, d'émettre sans invraisemblance l'hypothèse que le tracé de l'ougaritique est une stylisation cunéiforme de l'alphabet phénicien ou de son prototype.

Le système est l'alphabet consonantique, avec pourtant certaines expressions de voyelles.

Les signes sont au nombre de vingt-cinq avec quelques variantes. On en connaît l'ordre ancien (reproduit ici, p. 122) par la découverte d'abécédaires sur tablettes.

DOCUMENTS ANCIENS D'ORIGINE MAL DÉTERMINÉE

Ce paragraphe bref est mis ici pour mentionner quelques découvertes récentes, en divers lieux, de documents présentant des caractères qui sont peut-être de l'écriture alphabétique sémitique ancienne.

On cite quelques trouvailles faites en Égypte, datant du IIe millénaire.

Dans l'ancien pays de Moab, en Transjordanie, près du *Wadi el-Baluɛa*, a été trouvée une stèle de style égyptien, portant une inscription de quatre lignes, qu'on a datée du – XIVe, – XIIIe, ou – XIIe siècle. Aucun déchiffrement n'a pu être réussi jusqu'à présent.

Une inscription incomplète de vingt-cinq signes à forme géométrique trouvée en Babylonie est également indéchiffrée.

Quelques inscriptions très courtes, non interprétées, proviennent de Byblos et de divers points de Palestine.

Des considérations archéologiques incitent à dater certains de ces documents des alentours de – 1600, pour quelques-uns on a voulu remonter même jusqu'aux débuts du IIe millénaire.

Pour la forme des caractères, on observe diverses ressemblances avec des signes phéniciens, quelquefois aussi avec des signes paléosinaïtiques. Aucun déchiffrement valable n'a été donné.

Il faut attendre de nouvelles découvertes, permettant des lectures.

ÉCRITURE CANANÉENNE (OU PHÉNICIENNE)

Cette écriture, qu'on appelle généralement phénicienne, a servi à notre connaissance, sensiblement à la même époque, à différentes populations voisines de langue sémitique cananéenne.

Phéniciens

Les Phéniciens ont eu leurs cités maritimes sur la côte de Syrie-Palestine ; les principales étaient construites sur la côte de la région syro-libanaise actuelle : Byblos (actuel Djebel), au nord de Berytos (actuel Beyrouth) et plus au sud Sidon (actuel Saïda) et Tyr. Le nom que nous leur donnons est un terme grec qui paraît s'être appliqué à différents éléments d'Asie Mineure et des régions voisines avant de se restreindre à la région phénicienne proprement dite. Leurs origines paraissent avoir été mélangées et avoir comporté notamment des éléments caucasiens (type arménoïde). La seule langue qui jusqu'à présent est attestée chez eux est un aspect particulier du cananéen, très proche de l'hébreu.

Il est possible que l'alphabet cananéen se soit dégagé dans la pratique d'intellectuels phéniciens ; mais il n'est pas sûr qu'il ne provienne pas d'un centre civilisé cananéen voisin, mais non situé sur la côte, ou bien d'une colonie sémitique en Égypte ou ailleurs encore.

Du côté des Phéniciens, on ne connaît pas de légende au sujet de l'invention de l'écriture. Diverses traditions gréco-latines leur attribuaient nommément l'invention de l'alphabet. Tel auteur (comme l'historien latin Tacite au IIe siècle) fait des réserves, ne les considérant que comme des adaptateurs : cependant il faut peut-être entendre « adaptateurs de l'écriture », ce qui n'exclurait pas l'invention d'un perfectionnement comme l'alphabet.

On doit supposer que l'alphabet, instrument pratique, était très employé pour des usages courants, correspondance et écrits commerciaux divers ; il est à croire aussi qu'il n'était pas réservé à une caste de scribes, mais, dans une société d'armateurs et d'industriels, mis aux mains des particuliers, soit les maîtres eux-mêmes, soit leurs secrétaires libres ou esclaves. Mais la rareté des documents autres que monumentaux fait penser que l'écriture tracée pour les usages courants devait être périssable, soit que le support ait été de mauvaise conservation (peau ou sorte quelconque de papier), soit plutôt que l'encre ait été effacée souvent pour réemploi du support, suivant la technique de l'ardoise : en effet, diverses trouvailles de fragments de terre cuite avec des tracés à l'encre font penser à cette solution.

On ignore si les Phéniciens mettaient eux-mêmes par écrit leurs poèmes mythologiques, qu'on connaît maintenant par les textes ougaritiques, ou bien si ces poèmes restaient confiés à la mémoire de prêtres ou de rhapsodes[1].

Une traduction grecque a heureusement conservé la teneur de la relation, connue sous le nom de *Périple d'Hannon*, d'une expédition phénicienne qui aurait eu lieu au VIe siècle av. J.-C. ; mais nous n'avons pas le texte phénicien de ce récit ni aucun autre analogue.

Ce qu'on a retrouvé, ce sont d'une part des inscriptions soigneusement gravées sur pierre, qui sont d'une manière générale des inscriptions tom-

---

1. Noter qu'un texte égyptien mentionne une commande de papyrus faite par des Phéniciens pour la rédaction de chroniques.

bales, d'autre part des graffiti ou des petites inscriptions incisées ou écrites à l'encre sur de petits objets : spatules, tessons.

Partout on retrouve sensiblement la même écriture, dont même les formes les plus soignées ont une allure de cursive, avec des caractères sans symétrie, dont certains ont une hampe en haut, ou une queue en bas. Pour ce qui est de l'usage utilitaire, il est bon de rappeler que les inscriptions tombales elles-mêmes ne sont pas essentiellement des monuments d'apparat destinés au souvenir, mais ont pour la famille des morts illustres un rôle de publicité et de légitimation de propriété, et, par les anathèmes qui y sont exprimés, un rôle de protection contre les violateurs de sépultures.

Les inscriptions proviennent de différentes villes de Phénicie et aussi de colonies, à Chypre, en divers points de Grèce et d'Égypte, etc.

Aucune n'est datée avec une référence qui nous soit connue par ailleurs ; les princes ou grands personnages mentionnés sont généralement ignorés en dehors de cette mention ; un nom connu par exception comme Hiram est celui de plus d'un individu historiquement attesté et ne permet pas de repérage. Aussi les datations ne peuvent-elles être tentées qu'en vertu de considérations archéologiques (dates présumées d'objets de même provenance) ou de considérations plus ou moins hasardeuses sur les formes des caractères. Elles restent peu sûres dans le détail.

La plus ancienne grande inscription semble bien être celle du tombeau d'un personnage de Byblos, du nom de *ɔḥrm* (on vocalise hypothétiquement en Ahiram ; de même sont hypothétiques les autres vocalisations citées). Après l'avoir reculé jusqu'au – XIIIe siècle, les archéologues la situent plutôt maintenant à l'extrême fin du IIe millénaire ou au début du Ier millénaire, soit autour de – 1000 ; l'écriture en paraît archaïque par rapport aux inscriptions qu'on croit être nettement postérieures ; mais son tracé net, à formes régulièrement répétées pour les mêmes lettres, n'a rien de « primitif », et n'a aucun caractère pictographique. Deux petites inscriptions sur objets, à caractère cursif, seraient antérieures de deux, trois ou même quatre siècles et plus d'après certaines évaluations ; il n'y a pas de preuve qui emporte une conviction. La dernière inscription de Phénicie jugée archaïque (d'Elibaal) serait d'environ – 900. Deux anciennes inscriptions de Chypre seraient du – IXe et du – VIIIe siècle. On rapporte, avec doute, au – VIIIe siècle les précieux longs textes trouvés avec des textes hittites hiéroglyphiques à Karatepe en Cilicie.

Les plus nombreuses inscriptions trouvées en Phénicie se datent à partir du – VIe siècle ou du commencement du – Ve siècle. La plus longue est celle du sarcophage d'Echmounazar (– Ve s. ?) à Sidon. Bien qu'il soit vraisemblable que le phénicien n'ait pas ou guère survécu dans l'usage parlé à l'hébreu (remplacé par l'araméen dans l'ensemble vers le – IVe siècle), le phénicien aurait continué à s'écrire, au moins sur monuments : un texte de Byblos est attribué au IIe siècle apr. J.-C.

Cette histoire se prolonge grâce à celle de l'écriture de Carthage, ancienne colonie phénicienne devenue à son tour métropole en Afrique du Nord ; nous n'en avons que des documents en petit nombre et courts, mais assez variés : à côté des inscriptions tombales on peut citer des tarifs de sacrifices, des listes d'offrandes, diverses dédicaces. Les plus anciennes inscriptions remontent au temps de l'indépendance de Carthage, rivale de Rome, sans qu'on puisse préciser les dates, avec une écriture dite punique, à hampes et surtout queues prolongées, dans une certaine allure cursive.

L'emploi s'en prolonge après la chute de Carthage en – 146, en particulier à l'usage de princes numides, environ jusqu'au début de l'ère chrétienne. (On a des inscriptions bilingues avec du latin ou du libyque).

En même temps que cette écriture était entrée en usage une forme encore plus cursive, où divers caractères réduits à des traits à peine sinueux ou même droits se confondent, rendant les lectures difficiles, et qu'on distingue comme néopunique. Les plus anciens documents en sont contemporains de l'indépendance de Carthage ; elle est restée en usage sous la domination romaine jusqu'à environ la fin du Ie siècle apr. J.-C.

Malheureusement on n'a pas retrouvé les inscriptions que l'historien grec Polybe (IIe siècle) dit avoir été gravées en punique et en grec sur l'ordre du célèbre général Hannibal (– IIIe siècle) pour décrire l'état de son armée et ses succès et on n'a rien des écrits dont l'existence est attestée par des auteurs latins[1].

La lecture des inscriptions phéniciennes par les savants modernes n'a pas présenté de difficulté dans l'ensemble, et a pu être effectuée dès le XVIIIe siècle (abbé J.-J. Barthélemy, 1766).

La connaissance de l'hébreu, géographiquement voisin, incitait à chercher une lecture dans une langue parente. Le nombre de caractères était le même, soit vingt-deux, désignant une écriture alphabétique consonantique. Les signes pouvaient être facilement identifiés par leurs ressemblances à la fois avec ceux de l'hébreu (hébreu carré, forme de l'alphabet araméen), du samaritain (cananéen), et du grec, surtout grec des anciennes inscriptions.

Les inscriptions sont tracées en lignes horizontales, de droite à gauche.

Dans les inscriptions anciennes seulement, les mots sont séparés par des petits traits verticaux (ou des points).

Il n'y est pas fait usage de signes de certaines consonnes pour noter des voyelles (consonnes-voyelles, habituellement nommées du terme scolastique *matres lectionis* « mères de lecture[2] ». Le phénicien plus récent et

1. Le traité d'agronomie de Magon avait vingt-huit livres ; les traductions latine et grecque ont été perdues comme l'original. Le texte grec du *Périple* (punique) d'Hannon est d'authenticité plus ou moins douteuse.

2. *Matres lectionis*. Ce terme latin, avec son équivalent exact en hébreu, provient d'un grammairien du XVIe siècle. Certains auteurs emploient le terme de « lettres-voyelles », tels autres celui de « lettres de prolongation », à l'imitation de grammaires de l'arabe.

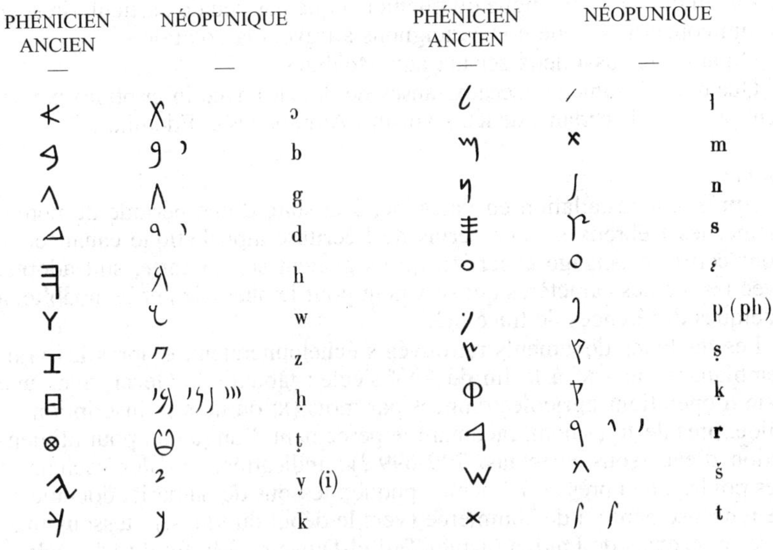

ALPHABETS PHÉNICIEN ET NÉOPUNIQUE

le punique emploient très peu ces lettres. L'usage en est au contraire généralisé en néopunique (partiellement en reflet d'une évolution phonétique atteignant les articulations laryngales).

Moabite, etc.

Pour le langage moabite, on ne connaît qu'une inscription ; ce document est précieux à plusieurs égards : par sa relative longueur, par son caractère, par la possibilité de le dater.

C'est une inscription triomphale d'un prince local du nom de *mšɛ*, qu'on vocalise Mécha. Comme il se vante de sa victoire sur un roi d'Israël, Omri, on pense que l'inscription date à peu près de – 850.

Les tracés des caractères sont pratiquement les mêmes que ceux du phénicien de même époque. Même disposition pour les lignes, lues de droite à gauche. Les mots sont séparés par des points. De plus des barres servent de ponctuation en fin de phrase. Il est fait un certain usage de consonnes-voyelles.

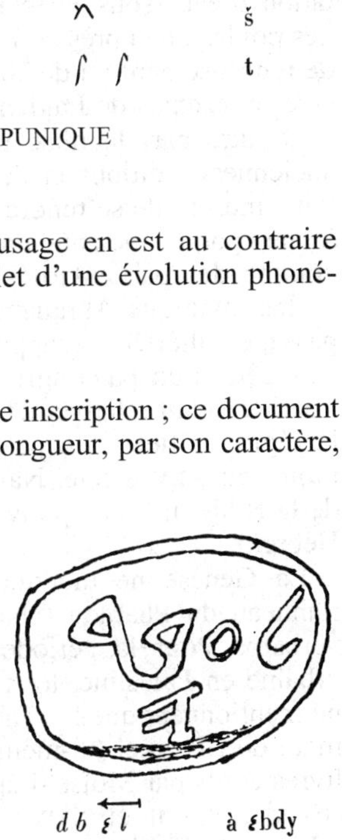

ANCIEN CACHET HÉBREU

La langue ne se distingue du phénicien que par peu de particularités, en ce qui concerne ce que nous atteignons à travers la notation.

On attribue aussi deux sceaux aux Moabites.

Quelques documents (sceaux, anses de cruches avec inscription) paraissent provenir de certains de leurs voisins, Ammonites et Édomites.

Hébreu

Après leur installation en Palestine, à la suite d'une période de nomadisme, les Hébreux se sont servis de l'écriture alphabétique cananéenne pour écrire le langage cananéen qu'ils avaient soit apporté, soit adopté, avec les mêmes caractères qui servaient pour le phénicien et le moabite, à quelques différences de tracé près.

Les quelques documents retrouvés s'échelonneraient, d'après les vraisemblances, du – Xe à la fin du – VIe siècle : tablette de Gezer, avec une liste d'opérations agricoles rangées par mois (Xe ou IXe s.) ; inscription de Siloé, près de Jérusalem, racontant le percement d'un tunnel pour alimentation d'eau (sous Ézéchias, 729-699 ?) ; indications sur des cachets et des poids, à peu près de la même époque ; tessons de Samarie, documents de rencensement ou de commerce (vers le début du VIIIe s.) ; tessons-missives et cachets de Lakich (actuel Tell el-Duweir), à la fin du VIe siècle.

D'autre part la mise par écrit et la conservation dans la Bible des anciennes traditions et des vieilles chroniques permettent dans une certaine mesure de se rendre compte de ce qu'a pu être l'usage de l'écriture à une époque ancienne chez le peuple hébreu. Naturellement il faut tenir compte des particularités de son histoire : départ de l'ancêtre plus ou moins mythique Abraham de la Chaldée civilisée et pourvue d'écriture, passage ultérieur (supposé ?) par l'Égypte, nomadisme au désert, conquête d'un pays agricole anciennement civilisé, mais où l'usage de l'écriture était relativement récent et sans doute peu répandu en dehors de la région côtière ; on pense que la conquête de Canaan remonterait au moins au – XVe siècle. Naturellement aussi, de ce que nous pouvons tirer de la Bible, nous ne pouvons rien conclure pour d'autres peuples que les Hébreux.

La Genèse ne mentionne qu'une fois un cachet (chap. XXXVIII) et l'anneau du Pharaon (chap. LXI) ; les messages paraissent être toujours verbaux. Pour la période précédant le passage à la vie sédentaire et urbaine en Palestine, les récits parallèles de l'Exode et du Deutéronome ne mentionnent que les Tables de la Loi mythiques, écrites deux fois de la main de l'Éternel lui-même (Exode, XXXI ; Deutéronome, IV et V), et les livres écrits par Moïse d'après les propres paroles du même Être suprême (Exode, X, VII et XXIV ; Deutéronome) qui constituent l'essentiel du « Livre de l'alliance », censé retrouvé dans le temple de Jérusalem, à l'époque du roi Josias, vers – 621 (d'après II Rois, XXII) ; notons qu'il s'agit ici, et dans différentes mentions ultérieures, non de tablettes mais d'un livre, vraisemblablement un rouleau. Des indications qui pourraient paraître authentiques sont la mention du graveur-brodeur Uri, doué du don d'enseigner (Exode, XXXI et XXXV) et la description des pierres précieuses portant les noms des tribus et faisant partie du costume d'apparat du grand prêtre (Exode, XXVIII). Le dénombrement rapporté dans Nombres, I et Exode, XXX suppose au moins un certain usage de l'écriture.

D'après les estimations des critiques modernes, quelques fragments poétiques de la Bible remonteraient au – XIIe siècle ou un peu avant ; mais composition ne veut pas dire mise par écrit. Ceci s'applique aussi au « Livre des guerres de Yahveh » (Nombres, XXXI) ou au « Livre de droit » ou « du juste » (Josué, IX, II Samuel, I) qui dateraient environ du – IXe siècle ainsi que de ceux des Psaumes qui peuvent avoir appartenu à un usage liturgique ancien.

Il est curieux qu'encore dans l'histoire de David (au – XIe s.) racontée par les livres dits de Samuel, la plupart des messages sont transmis verbalement ; il n'est question que d'une lettre écrite, dont le porteur ne devait pas connaître la teneur (lettre de David à son général Joab pour faire placer en un endroit exposé le messager lui-même, Uri, dans II Samuel, XI).

Il semble bien que les mentions du « Livre des Rois », cité maintes fois comme référence dans les Chroniques et les Rois, attestent que dès les premiers rois de Jérusalem (David et Salomon, environ de – 1050 à – 975) l'habitude était prise de faire écrire des Chroniques royales ; un secrétaire est cité une fois. À ce propos, noter la différence nette entre une chronique mise par écrit au jour le jour et un ouvrage littéraire : un registre d'événements n'est pas un livre d'histoire.

Le véritable travail de rédaction de la Bible, comportant à la fois une histoire du peuple hébreu et le recueil des prescriptions religieuses et autres, n'aurait commencé qu'au – IXe siècle, pour se poursuivre jusqu'au – Ve siècle.

D'autre part, l'activité des prophètes, à partir du – VIIIe siècle, s'exerçait verbalement, au moins jusqu'au transfert de la majorité de la population juive en Babylonie (– 586) ; toutefois ces prophètes écrivaient ou faisaient écrire quand ils ne pouvaient paraître en personne ; ainsi un écrit du prophète Élie est mentionné dans II Chroniques, XXII ; il faut surtout citer le discours de Jérémie dicté par lui à son disciple, le scribe Barouk, après vingt ans d'exercice oral de son ministère.

← *lɔršylqš* ← *hšwdqhmylšwry*
b š
Sekel d'Israël a[nnée] 2 — Jérusalem la Sainte

ANCIENNE MONNAIE JUIVE

Il y avait en effet des scribes dans le personnel ecclésiastique et Jérémie se plaint des altérations qu'ils auraient fait subir à la loi de Dieu. Quant à Ézéchiel, il parle du scribe céleste Nabou (connu des Babyloniens), muni d'une écritoire.

L'usage répandu de l'écriture et l'existence d'écoles ne sont attestés que pour les temps postérieurs à la captivité de Babylone. La rédaction complète du corps de la Bible se rapporte à cette même époque, après que les Juifs en exil avaient eu un contact prolongé avec la culture mésopotamienne. Mais l'usage de l'écriture par des laïcs, pendant la période même de la conquête de la Judée par les Babyloniens, est attesté pour les lettres de Lakich citées plus haut.

Certaines légendes juives attribuaient à Satan, ange déchu et adversaire de Dieu, et à ses compagnons l'enseignement aux hommes de l'écriture et aussi de la magie, comme traits d'une civilisation corruptrice (voir notamment le livre d'Hénoch, Ire partie). Mais d'autres traditions ont attribué l'invention de l'écriture à l'ancêtre légendaire Abraham. Les Phéniciens ne sont pas mentionnés.

Les Juifs du royaume de Juda, dont Jérusalem était la capitale, ont abandonné le tracé phénicien de l'écriture, en même temps qu'ils passaient de l'usage parlé de l'hébreu à l'araméen (environ – Ve siècle) ; l'hébreu conservé comme langue religieuse a été désormais écrit dans une forme de l'écriture araméenne, qu'on a dénommée l'« hébreu carré ».

Mais à l'âge de l'éphémère renaissance politique inaugurée par les Maccabées (– 140 à + 135), l'ancienne écriture juive se retrouve sur des monnaies, soit par résurrection artificielle, soit par usage officiel d'une tradition conservée dans certains cercles.

Samaritain

Dans Samarie, capitale du royaume d'Israël, qui avait échappé à la transplantation en Babylonie, l'araméen s'est substitué à l'hébreu dans l'usage parlé comme dans le royaume de Juda, et même il a servi par la suite comme langue religieuse ; mais le Pentateuque samaritain, hébreu de langue, a conservé une forme d'écriture issue de l'écriture cananéenne ancienne, ceci jusqu'à nos jours. Il y est fait usage du point de séparation entre les mots ; des blancs servent de ponctuation. Quelques inscriptions datent des IVe-VIe siècles apr. J.-C.

Araméen

Pour que le tableau du cananéen soit complet, il faut mentionner ici que l'écriture araméenne, qui était appelée à un si brillant avenir, est très clairement une forme prise par l'écriture cananéenne : elle a commencé à diverger, dans la région syrienne et pour la notation de parlers araméens, vers le – IXe siècle.

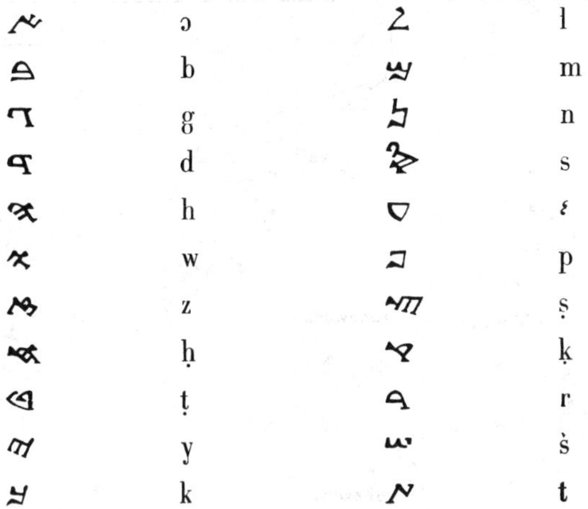

ALPHABET SAMARITAIN

Écritures de l'Inde

Il paraît vraisemblable, jusqu'à preuve du contraire, que l'ensemble des écritures de l'Inde a une origine sémitique. Il semble assez probable que l'emprunt se soit fait d'abord à une forme cananéenne ; toutefois une hypothèse d'emprunt au sudarabique n'est pas exclue, et peut être sera-t-on amené à envisager encore d'autres voies de transmission.

ÉCRITURES SUDARABIQUES ; ÉCRITURE ÉTHIOPIENNE

Le tracé sudarabique est apparenté au tracé cananéen et au grec qui en dépend, par la forme d'un grand nombre des caractères ; mais il est assez différent pour qu'on pense qu'il n'en provient pas directement mais est plutôt une autre dérivation du prototype.

Faute de documents et d'arguments probants, on ne peut pas décider si l'écriture sudarabique qui est attestée par des inscriptions depuis la région du Safa, au sud-est de Damas, jusqu'au sud de l'Arabie à l'ouest, dans des districts du Centre, dans la région du golfe Persique à l'est, et aussi en Afrique orientale, s'est formée dans le Nord et a gagné vers le sud de proche en proche ou si au contraire elle a d'abord pris son aspect propre dans l'Arabie du Sud après y avoir été transportée directement (plutôt par mer que par terre ?) et de là est remontée vers le nord.

Les inscriptions les plus anciennes seraient peut-être des inscriptions très courtes trouvées à Our en Chaldée : les signes sont en partie identiques à des signes sudarabiques ; mais on n'a pas lu de mots, et on n'est

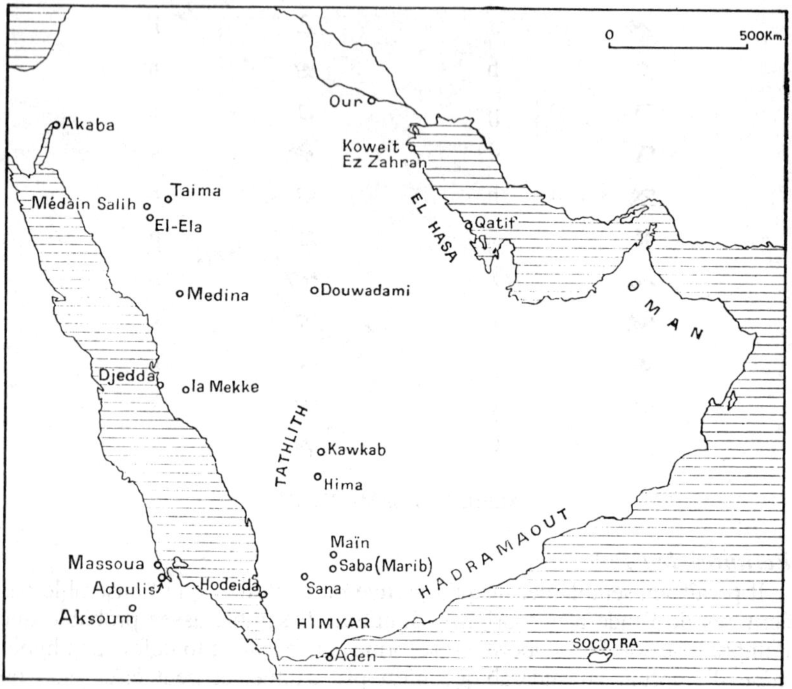

ARABIE

pas sûr de l'appartenance de ces documents. On a reconnu aussi deux caractères sudarabiques gravés sur une jarre, trouvée au nord du golfe d'Akaba [*ɛaqaba*(*t*)], et qui daterait du – VIIIe siècle.

Les différents aspects, des inscriptions soignées aux graffiti frustes, ont des caractéristiques communes, la principale étant la dominance de tracés géométriques à symétries régulières.

Sudarabique proprement dit

On l'appelle souvent himyarite, d'après le nom d'un petit royaume yéménite qui a été retenu par la tradition chez les Grecs, puis chez les Arabes, et a été repris par des savants modernes.

C'est l'écriture des anciens centres civilisés du Yémen et pays voisins (y compris l'Abyssinie du Nord) qui étaient remarquables d'autre part par leurs constructions à étages et par les travaux d'irrigation reposant sur la construction de grandes digues de retenue. On y a retrouvé les ruines de grands temples et sans doute de palais ; l'exploration est encore très incomplète.

Les inscriptions sont difficiles à dater. Il semble prudent d'admettre qu'on ne peut en faire remonter aucune avec vraisemblance au-delà du – VIIe siècle ; les dernières sont sans doute du + VIe siècle. Après l'établissement de l'Islam, la tradition de l'écriture s'est perdue.

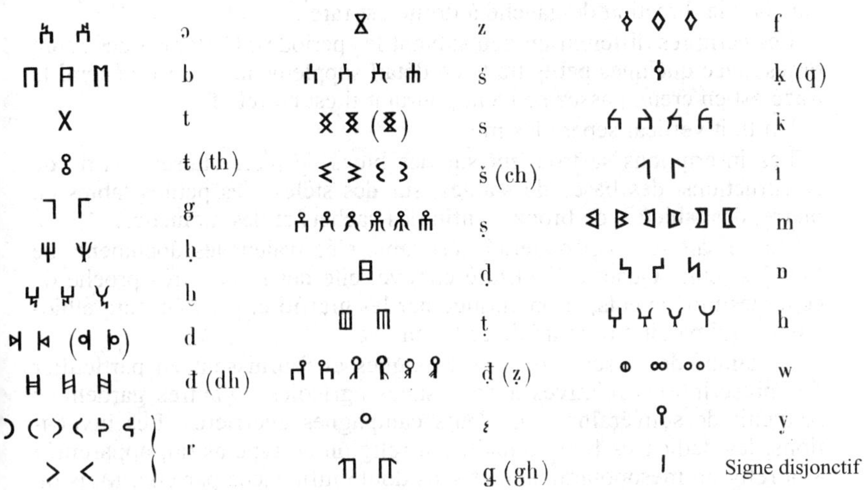

ALPHABET SUDARABIQUE

Elle a été déchiffrée sans grandes difficultés au XIXe siècle. La langue qui s'est révélée dans les nombreuses inscriptions relevées dès maintenant (plus de deux mille cinq cents) est proche de l'arabe, dont elle est distincte ; on l'appelle dans l'ensemble sudarabique (ou sudarabe). Le détail des inscriptions permet d'en distinguer les dialectes, dont les principaux sont le minéen et le sabéen. Ce nom est quelquefois appliqué sans raison valable à l'ensemble. Ce sont certains princes sabéens qui ont pris le titre de « roi de Himyar et Dhou Raydân », seule mention locale du terme himyar [*ḥmyr*]. Noter que les vocalisations des noms sont hypothétiques.

En effet l'écriture est rigoureusement consonantique, sans aucune amorce de notation des voyelles. Les consonnes sont au nombre de vingt-neuf. Si, comme il est probable, l'alphabet a été fait d'abord pour une langue septentrionale à consonantisme moins riche, des signes ont dû être créés pour le sudarabique.

L'écriture monumentale montre des formes géométriques. Les caractères sont rangés en lignes horizontales ; ils n'ont tous que des « corps », sans dépassements par le haut et par le bas. Presque tous sont de même hauteur ; exception est faite pour les deux qui sont circulaires ou quasi (*ʿ* et *w*). Y avait-il une difficulté technique pour les graveurs à tracer des cercles du diamètre correspondant à la hauteur des autres caractères ? Craignait-on, en leur donnant ce diamètre, de les faire paraître trop larges par rapport aux autres ?

La direction des lignes est souvent boustrophédon, la première partant de la droite ; d'autres inscriptions ont constamment la direction droite gauche ; la direction de gauche à droite est rare[1].

Les écritures diffèrent un peu suivant les périodes. Certains tracés sont ornés, avec quelques petits traits de détail supplémentaires. En général le tracé est en creux ; assez souvent pourtant il est en relief.

Un trait vertical sépare les mots.

Les inscriptions se trouvent sur des blocs de pierre faisant partie de constructions, des bases de statues, sur des stèles, des petites tables en pierre, des tablettes de bronze, enfin des cachets et des monnaies.

On ne sait sur quel matériel périssable s'écrivaient les documents de tous les jours. Quant à l'écriture cursive, elle devait être très proche de celle des monuments, si on en juge par les graffiti et par l'écriture éthiopienne qui paraît être issue de cette cursive.

Certaines des inscriptions sont longues et fournissent en particulier des prescriptions relatives à des usages agricoles. D'autres gardent le souvenir de souverains et de leurs campagnes guerrières. Les invocations, les dédicaces font connaître la religion de type astral, apparentée à la religion mésopotamienne et sans doute influencée par elle. Mais on n'a pas de documents de la vie de tous les jours, ni d'œuvres littéraires ou scientifiques.

(On a donné le nom de dédanite à du minéen trouvé dans la région de l'ancienne Dedan, aujourd'hui El-Ela.)

Lihyanite et thamoudéen

Dans la région des oasis d'El-Ela et Madain Saleh, dans le nord de l'Arabie, au sud de la Nabatène, on trouve deux séries d'inscriptions qui se lisent également (plus ou moins bien) dans un parler arabe (ou arabe du Nord).

Les unes sont monumentales, rangées en plusieurs lignes écrites de droite à gauche. On les appelle lihyanites, d'après le nom d'une ancienne population de cette région [*liḥyān*]. Les autres sont des graffiti courts, quelquefois écrits verticalement. On les appelle thamoudéennes ou tamoudéennes, d'après le nom d'une autre population [*tamūd*].

1. Cette disposition a un grand intérêt si on suppose que des inscriptions sur des monuments de sept mètres ou plus de côté sont réellement gravées pour être lues. La question est alors de savoir si c'est précisément cet usage monumental qui a amené la disposition du tracé aller et retour même sur des supports plus petits, ou si c'est l'habitude du tracé prise sur des supports quelconques qui a suscité l'emploi sur des faces entières de bâtiments.

Les caractères sont les mêmes que ceux du Yémen, avec de menues différences.

Les datations hypothétiques vont du – Ve siècle au + VIe siècle.

Safaïtique

Dans la région du Safa [*ṣafa*], sur des rochers, on relève des milliers de courts graffiti tracés sans régularité en diverses directions, dont la langue paraît être proche du lihyanite-thamoudéen (il s'agit surtout de noms propres), et dont les caractères sont du même type, plus fruste encore que le thamoudéen. Les dates ne sont pas connues, on peut admettre qu'elles sont antérieures à l'Islam.

Éthiopien

La langue et l'écriture sudarabiques ont pénétré en Afrique orientale, dans la région abyssine, par conquête et colonisation, à une époque non déterminable, sans doute de deux à quatre siècles av. J.-C. Au bout d'un certain temps, la langue a évolué suffisamment de manière particulière pour être sentie comme distincte, en même temps que la colonie devenait (vers le – Ier siècle) un État indépendant qui devait par la suite envoyer à son tour des expéditions militaires au Yémen (période probable IIIe – VIe siècle).

La langue de la capitale abyssine Aksoum a été écrite sur pierre au IVe siècle, d'abord en caractères sudarabiques, puis en caractères éthiopiens qui en représentent souvent des formes arrondies, reposant sans doute sur l'emploi manuscrit à l'encre ; et enfin, tout de suite après (sous le même règne), avec des compléments représentant les voyelles.

La constitution de ce syllabaire coïncide avec une influence grecque, prouvée en particulier par la présence d'une version grecque de la première inscription à caractères éthiopiens, celle de la stèle bilingue d'Aeizanas (*αειζανας*, *ɛēzanā*), ce qui n'exclut pas une influence concomitante de l'écriture indienne, dont on n'a pas de témoignage externe. La direction de l'écriture, fixée de gauche à droite dès cette époque sur toutes les inscriptions en caractères éthiopiens, vocalisées ou non, est due sans doute aussi à l'imitation du grec ; mais il y a ici encore concordance avec l'usage indien (voir le tableau p. 136-137).

Les dernières inscriptions d'Aeizanas prouvent que sous son règne la propagande chrétienne avait dès lors pénétré le royaume aksoumite, et il est vraisemblable que la littérature chrétienne en éthiopien classique ou guèze a commencé au Ve siècle avec la traduction de la Bible grecque. Mais si on a retrouvé quelques inscriptions postérieures au IVe siècle et des monnaies de divers rois de la période aksoumite, avec des caractères éthiopiens et la croix, aucun document sur matière périssable n'a été conservé.

ሀ ha	ሁ hū	ሂ hī	ሃ hā	ሄ hē	ህ hə (ĕ)	ሆ hō
ለ la	ሉ lū	ሊ lī	ላ lā	ሌ lē	ል lə	ሎ lō
ሐ ḥa	ሑ ḥū	ሒ ḥī	ሓ ḥā	ሔ ḥē	ሕ ḥə	ሖ ḥō
መ ma	ሙ mū	ሚ mī	ማ mā	ሜ mē	ም mə	ሞ mō
ሠ ša (sa)	ሡ šū	ሢ šī	ሣ šā	ሤ šē	ሥ šə	ሦ šō
ረ ra	ሩ rū	ሪ rī	ራ rā	ሬ rē	ር rə	ሮ rō
ሰ sa	ሱ sū	ሲ sī	ሳ sā	ሴ sē	ስ sə	ሶ sō
ቀ ḳa	ቁ ḳū	ቂ ḳī	ቃ ḳā	ቄ ḳē	ቅ ḳə	ቆ ḳō
በ ba	ቡ bū	ቢ bī	ባ bā	ቤ bē	ብ bə	ቦ bō
ተ ta	ቱ tū	ቲ tī	ታ tā	ቴ tē	ት tə	ቶ tō
ኀ ḫa	ኁ ḫū	ኂ ḫī	ኃ ḫā	ኄ ḫē	ኅ ḫə	ኆ ḫō
ነ na	ኑ nū	ኒ nī	ና nā	ኔ nē	ን nə	ኖ nō
አ ɔa	ኡ ɔū	ኢ ɔī	ኣ ɔā	ኤ ɔē	እ ɔə	ኦ ɔō
ከ ka	ኩ kū	ኪ kī	ካ kā	ኬ kē	ክ kə	ኮ kō

ወ wa	ዉ wū	ዊ wī	ዋ wā	ዌ wē	ው wə	ዎ wō
ዐ ʿa	ዑ ʿū	ዒ ʿī	ዓ ʿā	ዔ ʿē	ዕ ʿə	ዖ ʿō
ዘ za	ዙ zū	ዚ zī	ዛ zā	ዜ zē	ዝ zə	ዞ zō
የ ya	ዩ yū	ዪ yī	ያ yā	ዬ yē	ይ yə	ዮ yō
ደ da	ዱ dū	ዲ dī	ዳ dā	ዴ dē	ድ də	ዶ dō
ገ ga	ጉ gū	ጊ gī	ጋ gā	ጌ gē	ግ gə	ጎ gō
ጠ ṭa	ጡ ṭū	ጢ ṭī	ጣ ṭā	ጤ ṭē	ጥ ṭə	ጦ ṭō
ጰ p̣a	ጱ p̣ū	ጲ p̣ī	ጳ p̣ā	ጴ p̣ē	ጵ p̣ə	ጶ p̣ō
ጸ ṣa	ጹ ṣū	ጺ ṣī	ጻ ṣā	ጼ ṣē	ጽ ṣə	ጾ ṣō
ፀ ḍa (ṣa)	ፁ ḍū	ፂ ḍī	ፃ ḍā	ፄ ḍē	ፅ ḍə	ፆ ḍō
ፈ fa	ፉ fū	ፊ fī	ፋ fā	ፌ fē	ፍ fə	ፎ fō
ፐ pa	ፑ pū	ፒ pī	ፓ pā	ፔ pē	ፕ pə	ፖ pō

SYLLABAIRE ÉTHIOPIEN
(voir aussi les différents caractères additionnels éthiopiens, ci-dessous, p. 242 et 243).

L'écriture éthiopienne sur parchemin n'est attestée qu'à partir de la fin du XIIIe siècle, moment d'une renaissance, avec constitution d'un nouvel État centré vers le sud du massif éthiopien[1].

LIBYCO-BERBÈRE

L'usage d'une écriture alphabétique consonantique à tracé particulier se constate en Afrique du Nord, en différents endroits, des confins de l'Égypte à l'est jusqu'aux îles Canaries, dans les dépendances maritimes du continent à l'ouest.

Il est impossible de dater les graffiti sahariens et les inscriptions des Canaries. Il paraît cependant probable que beaucoup au moins des inscriptions sahariennes sont de temps « modernes », mettons du Ve siècle à nos jours. Il faut y noter la disposition relativement fréquente en spirale, qu'il est utile de mentionner à côté de la disposition verticale dont il est question ci-dessous. D'une manière générale ces inscriptions, aussi bien que celles des Canaries, restent à lire de manière sûre. Il semble qu'elles puissent sans erreur être attribuées dans l'ensemble au libyco-berbère.

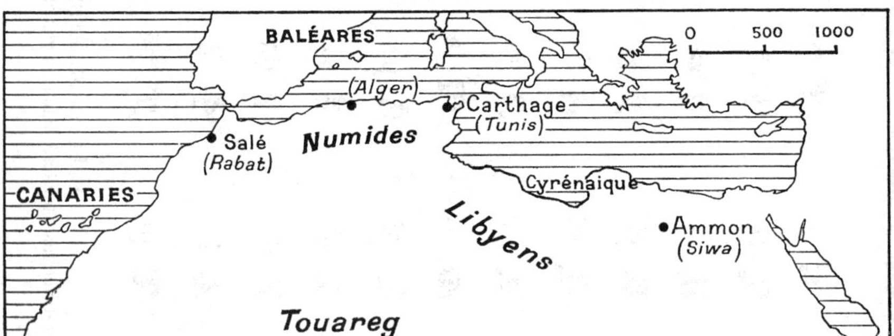

AFRIQUE DU NORD

Il convient de tenir compte soigneusement du fait établi des rapports des anciens Libyens avec les Égyptiens, les relations avec ceux-ci, ou avec les envahisseurs installés chez eux, n'ayant probablement pas toujours été belliqueuses et ayant pu comporter l'emprunt de l'écriture alphabétique à un élément de la région du Delta.

Une période datée est spécialement à considérer : c'est celle de l'usage de l'écriture dans des États indigènes d'Afrique du Nord occidentale, de dépendance ou d'influence punique, puis romaine, environ – 150 à envi-

1. Noter que l'aspect de l'éthiopien sur parchemin n'est pas sans rapport avec l'onciale grecque ou latine.

ron + 500. On nomme ces inscriptions soit « libyques », d'après le nom ancien des ancêtres des Berbères sous la forme grecque, soit « numides » (ou « numidiques »), d'après le nom transmis par les Romains d'une partie de la population nord-africaine.

La lecture n'en est pas aisée et il subsiste à son sujet pas mal d'incertitudes, bien qu'elle ait été facilitée par le fait qu'une partie des textes (tous sur pierre) sont bilingues : libyque-punique ou libyque-latin.

Malgré les doutes de certains savants, on peut affirmer, en particulier d'après des noms à forme caractéristique employés comme noms propres et certains mots encore en usage en berbère, qu'il s'agit d'ancien berbère.

La direction propre à ces inscriptions est la colonne verticale, lue de bas en haut, et en commençant par la colonne de gauche, avec des séparations de mots, non constantes (en particulier par des intervalles). Mais beaucoup d'inscriptions, en particulier par des bilingues, ont des lignes horizontales, de droite à gauche ; les mots y sont séparés par des points.

Plusieurs caractères rappellent des tracés phéniciens ou sudarabiques (ainsi pour *š, t*), d'autres sont des simplifications vraisemblables (ainsi *n*).

Au total, tenu compte surtout du caractère alphabétique consonantique d'ensemble, rien ne s'oppose à l'idée d'une dérivation indépendante du prototype sémitique.

Sans qu'on sache comment s'est faite la transmission, on retrouve à l'époque moderne l'écriture libyque chez une seule fraction des Berbères, les Touaregs du Sahara et de la boucle du Niger qui l'emploient de manière restreinte pour des correspondances et de rares autres usages.

Cette écriture porte un nom : on dit souvent en français « du tifinagh », mais en réalité [*tifīnag*] est un pluriel, celui de [*tafīnəḳ*]. Comme *ta-* est le préfixe du féminin, le radical du mot, isolé dans la langue, semble bien s'expliquer comme celui de « phénicien » ou « punique » ; ce qui n'est pas une preuve d'une origine proprement phénicienne ancienne ou d'un emprunt au punique, mais peut indiquer une tradition ancienne allant dans ce sens.

Dans l'ensemble les valeurs des lettres sont celles qu'on admet pour le libyque : dans une forme « ancienne » les tracés sont les mêmes, à peu de chose près. Dans la forme « moderne » une partie des traits séparés entrant dans la constitution de certains caractères sont remplacés par des points.

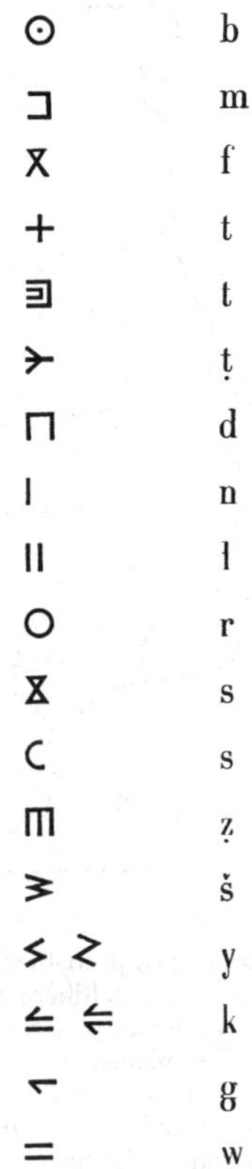

CARACTÈRES LIBYQUES

ÉCRITURES DE LA PÉNINSULE IBÉRIQUE

On a trouvé en Espagne de nombreuses (environ trois cents) inscriptions sur pierre, sur des monnaies, des lamelles de plomb, des poteries, etc. Quelque deux cents (pour la plupart inédites) proviennent du sud de la France (Languedoc).

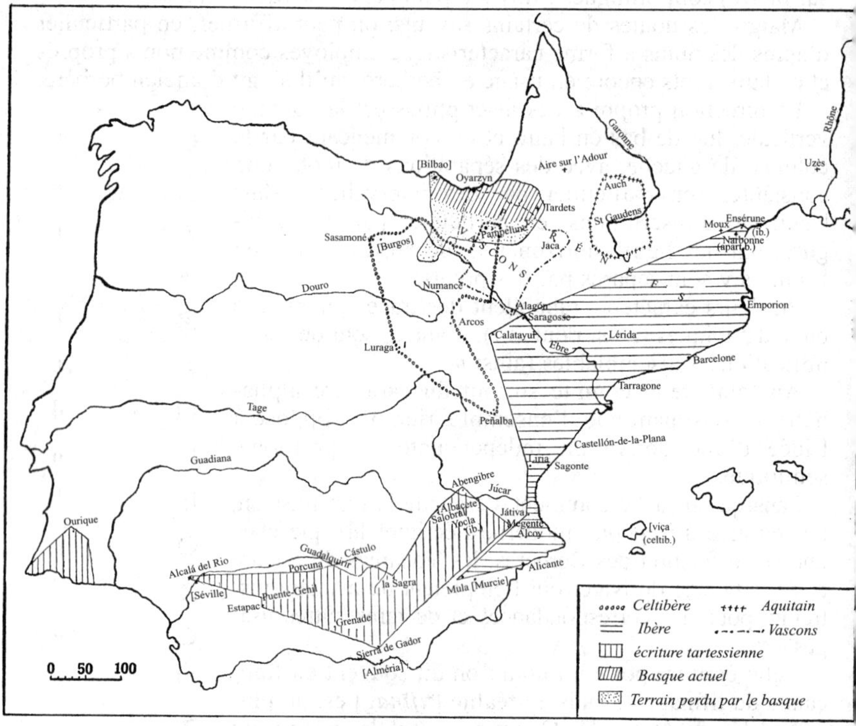

PÉNINSULE IBÉRIQUE

Domaines probables, déterminés d'après les éléments épigraphiques des langues aquitaine, vasconne, celtibère et ibère, et de la langue ou des langues notées au moyen de l'écriture tartessienne, aux environs de l'ère chrétienne.
À l'emplacement des villes modernes dont les noms sont entre crochets, aucun témoignage épigraphique des langues en question ici n'a été trouvé. Les limites du domaine où l'écriture ibère était en usage sont jalonnées par les points suivants : Ensérune, Jaca, Pampelune, Sasamón, Luzuga, Liria, Játiva. En dehors, Yecla (zone tartessienne) et l'île d'Iviça.
[Carte établie par René Lafon.]

Ces inscriptions sont tracées (en dehors de quelques exemples du latin et sans doute du grec) dans une écriture à caractères séparés tendant à une régularité géométrique.

On parle dans l'ensemble d'ibérique, spécialement ibère à l'est, de tartessien ou turdétan pour des inscriptions trouvées dans le sud qu'on a voulu rapporter à l'ancienne ville de Tartessos (région de Cadix).

Les noms propres en caractères latins, en partie sur les mêmes monnaies que ceux en caractères ibères, ont permis de rechercher et d'obtenir des lectures. On a donné des tableaux de vingt-six ou de vingt-huit caractères dont certains représentent des consonnes ou des voyelles, d'autres des syllabes.

On a transcrit de cette manière des petits textes présumés être en ancien ibère, qu'on ne comprend pas. Certains remonteraient peut-être au – ve siècle, aucun ne paraît être postérieur au début de l'ère chrétienne.

Les principaux sont écrits de gauche à droite, deux points séparent les mots. Il y a d'autres directions.

En tenant compte des valeurs présumées établies des caractères, on voit que certains peuvent se rapprocher du phénicien. Mais il y a aussi, valeur à part, des ressemblances avec du minoen ou du sudarabique. On ne peut pas trancher de la filiation d'ensemble. Il vaut mieux laisser provisoirement à part l'écriture ibérique dans l'ensemble ancien de l'alphabet.

Il semble probable que cette écriture a servi pour plus d'une langue, avant que la tradition s'en perde avec celle de la plupart des langues préromaines. Il semble bien qu'on doive admettre que le basque, seul survivant, n'est pas un reste de l'ibère : la connaissance qu'on en a n'a pas permis jusqu'à présent de comprendre les textes en écriture ibérique.

Une interprétation a cru pouvoir retrouver sur des monnaies des caractères libyques et même de la langue libyque.

Dans la péninsule Ibérique, particulièrement dans la province de Salamanque, on a trouvé de nombreuses inscriptions (plus de cinq cents) sur ardoises, présentant un petit nombre de signes (ressemblant aux chiffres romains I, II, III, IIII, V, X), quelquefois surmontés d'une barre horizontale. On a soupçonné un système convenu avec écriture par des chiffres.

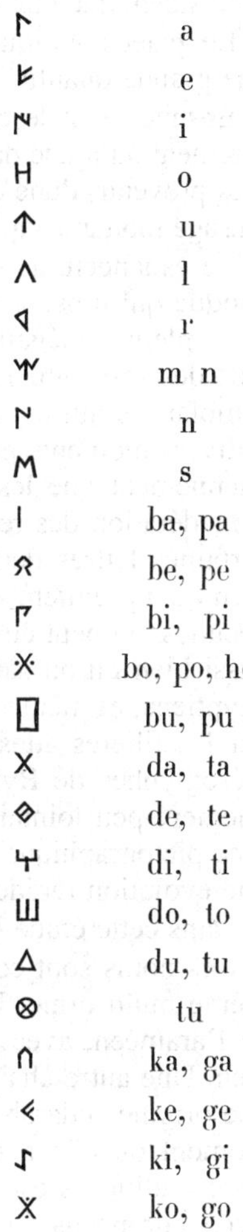

CARACTÈRES IBÉRIQUES

LES TRACÉS ET LES NOMS DES LETTRES ET L'ORIGINE PICTOGRAPHIQUE PRÉSUMÉE DE L'ALPHABET ; L'ORDRE DE L'ALPHABET

Si on met à part l'ougaritique, influencé par les habitudes graphiques de l'akkadien, que dire des tracés des écritures passées en revue ci-dessus ?

Le paléosinaïtique est vraisemblablement le plus ancien : il contient une grande quantité, sinon une majorité d'éléments hiéroglyphiques.

Ensuite vient le cananéen, le sudarabique et le libyque n'étant attestés sûrement qu'à une date plus basse, avec des formes qui peuvent être supposées provenir d'une évolution poussée dans le sens d'une stylisation surtout à usage monumental.

Le cananéen, appuyé par le grec qui en est dérivé et est attesté à une époque qui n'est sans doute plus basse que de peu de siècles, montre un tracé plein d'inégalités de dimensions et de directions des traits, d'autre part des ressemblances entre des lettres de valeurs très différentes, ressemblances qui ont créé des dangers de confusion et qui ont été écartées à divers moments par des expédients graphiques. Par ailleurs on ne voit aucunement que les caractères aient eu des formes groupées suivant la considération des ressemblances de prononciation des consonnes, ni que certaines lettres dérivent d'autres par l'addition voulue de traits. Donc, bien qu'à première vue on ne distingue aucun dessin dans les lettres cananéennes, on peut être disposé *a priori* à en reconnaître de stylisés et usés, aussi bien qu'on sait devoir en retrouver dans les caractères hiératiques égyptiens, et même dans les caractères akkadiens, où on n'est guidé que par les filières attestées dans la documentation. De plus l'existence des hiéroglyphes de Byblos, et les autres, géographiquement et chronologiquement peu lointains, dont il a été question, fortifient l'idée d'une origine pictographique à partir de laquelle l'alphabet se serait développé par une évolution rapide.

Dans cette étude il faut tenir compte des noms des lettres.

Ces noms sont connus par les éléments dispersés d'une tradition elle-même multiforme. Une première transmission nous vient de l'hébreu et de l'araméen, avec peu de différences, et remonte sans doute au phénicien. Une autre chaîne, fondamentalement en accord, a presque sûrement une origine sudarabique : elle est attestée pour l'Abyssinie au XVIe siècle, moment où elle a été communiquée à des savants européens ; depuis, cette tradition s'est éteinte en Abyssinie et elle n'y a reparu qu'avec des livres européens. Enfin, il y a les noms grecs, attestés environ au – Ve siècle, transmis on ne sait comment ; la plupart d'entre eux sont munis d'un *a* final qui, s'il est sémitique, serait araméen, mais a peut-être une autre origine. C'est aux deux premiers noms retenus par les Grecs, soit *alpha, bêta*, que nous devons le terme d'*alphabet*.

Presque tous les noms des lettres sont des mots connus en divers points des langues sémitiques, sinon dans toutes, mais dont nous ne pouvons guère apprécier la diffusion ancienne, dans la pauvre connaissance où les documents nous laissent pour les vocabulaires anciens. Ainsi pour des termes comme [*ɔlp*] « bœuf » pour la première lettre, [*nwn*] « poisson » pour *n*. L'étude du détail procure certaines surprises : le nom de l'*r* est [*reš*] en hébreu, avec un *ē* d'origine non déterminée, alors que l'*o* du grec *ρ́ω*[r^h*ō*] rappelle plus directement le nom de la tête en hébreu [*ro*(*ɔ*)*š*]. Noter en grec l'absence de la consonne finale : il n'est pas étonnant que des altérations de ce genre se soient produites dans une langue non sémitique, où les noms de lettres ne correspondaient à aucun sens connu ; aussi bien ces noms ont été abandonnés par la suite, notamment en latin. Pour les noms qui ne s'expliquent pas en sémitique, comme [*hē*] pour *h*, l'origine sémitique peut nous échapper, mais la possibilité de certains emprunts ne peut pas être exclue.

Une fois que l'on considère les noms des lettres, il est relativement aisé de reconnaître une correspondance entre eux et la plupart des tracés phéniciens : la tête de bœuf [*ɔlp*] alpha 𐤀 ; la maison [*byt*] bêta 𐤁 ; la main [*ywd*] iôta 𐤉, la main vue par la paume [*kp*] kappa 𐤊 ; l'œil *εyn*] 𐤏 ; la tête avec le cou [*rɔš*] r^hô 𐤓 ; le « signe » [*tw*] tau 𐤕.

Mais des questions se posent : les noms des lettres n'ont-ils pas été donnés après coup à des tracés d'origine non pictographique, ou dont le dessin primitif aurait été altéré, mis secondairement en rapport avec des objets ? On ne peut dire que ce soit impossible et en fait il semble bien que c'est ainsi que les runes germaniques ont été pourvues de noms. Ceci peut se produire de deux manières, soit qu'on choisisse arbitrairement ou en vertu de certaines préoccupations, par exemple d'ordre magique, des mots commençant par les différentes articulations, soit qu'on se réfère à des ressemblances fortuites des signes avec des choses (comme si notre *s* s'était appelé « le serpent »). On n'a donc pas la preuve que les noms traditionnels des lettres aient correspondu à des dessins originels. C'est pourtant ce qui est le plus vraisemblable.

Que d'autre part il y ait dans certaines lettres, ou au moins dans certaines de leurs schématisations secondaires, des ressouvenirs de certaines marques anciennes, au lieu de dessins, ce n'est pas impossible (voir le nom caractéristique du *t*).

Il est intéressant aussi de considérer ce que peut apprendre l'ordre des lettres dont la tradition a été conservée jusqu'à nous, implantée depuis longtemps par l'enseignement et fortifiée par son adoption dans la confection des dictionnaires.

Mais il faut noter qu'il y a à cette tradition une variante qui paraît représentée à la fois sur deux points éloignés l'un de l'autre. En latin le mot *elementum* s'explique par un alphabet qui commençait à la seconde moitié de celui que nous pratiquons, donc par *l*, *m*, *n*, de sorte que dire

« les éléments de la question » est exactement équivalent à dire l'« abécé de la question ». En éthiopien, qui représente sans doute pour ceci comme pour le reste la tradition sudarabique, *l* et *m* sont dans les quatre premières lettres, et [ɔ], correspondant à *a*, est à peu près au milieu de la liste. Peut-être l'alphabet ancien a-t-il été à un certain moment écrit sur un cercle, ou en deux lignes boustrophédon, et peut-être les deux parties pouvaient-elles s'interchanger.

Des hypothèses faites sur le groupement des lettres, aucune ne comporte de preuves ; il est bien possible que l'ordre adopté réponde à la fois à plusieurs préoccupations où ont pu entrer des considérations magiques et astrologiques (groupes de constellations ?) et intervenir des procédés mnémotechniques (séries d'objets familiers, de termes relatifs à l'eau, de noms de parties du corps) : remarquer qu'ici encore on tient compte et des noms et éventuellement des représentations de choses.

On n'a pu, dans les essais d'interprétation, invoquer l'articulation que pour le groupement partiel des liquides *l*, *m*, *n*. Il est sûr que dans l'ensemble le classement n'est pas phonétique pour les états que nous connaissons comme anciens.

LE CARACTÈRE DE L'ALPHABET CONSONANTIQUE SÉMITIQUE ; LA PART DU SYLLABISME ET DE L'IDÉOGRAPHIE

Pour bien juger du mécanisme de l'écriture alphabétique, il faut, comme pour sa forme, se replacer autant que possible dans l'ambiance où l'invention a pu s'amorcer, se réaliser et se stabiliser, et considérer le progrès obtenu dans ses limites exactes, en accord avec ce que nous savons des évolutions plus ou moins parallèles des écritures d'origine plus ancienne de régions voisines.

Le trait commun des écritures alphabétiques en général, c'est qu'elles ont un très petit nombre de signes, parce que les caractères correspondent à des parties de mots qui sont les plus petites possibles, et dans toutes les langues connues se trouvent être en toute petite quantité, alors que leurs combinaisons sont nombreuses. Ces petites parties sont des sons correspondant à un usage significatif, servant à composer et différencier des mots : c'est ce qu'on appelle techniquement des *phonèmes*, qui peuvent être des consonnes ou des voyelles. Les caractères qui servent à les représenter sont des *lettres*, qu'on pourrait nommer plus précisément des phonogrammes simples, c'est-à-dire des signes-phonèmes.

Le trait commun des écritures anciennes, ou plus récentes de type archaïque dont il a été question ci-dessus et qui ont servi à noter des langues sémitiques ou apparentées (le libyco-berbère est chamito-sémitique), est que les lettres n'y notent en règle générale que les phonèmes-consonnes, à l'exclusion des phonèmes-voyelles.

Il s'agit pour l'historien de l'écriture de bien situer à la fois le progrès que représente l'alphabet consonantique par rapport à des écritures autres, qui se sont développées plus tôt, et aussi les limites de l'invention et les déficiences du fonctionnement, en s'efforçant de les décrire méthodiquement.

Pour la vraisemblance de l'apparition d'une grande invention intellectuelle au moment où l'alphabet est apparu, il faut, comme il a été fait au début de ce chapitre, tenir compte du développement des sociétés civilisées. Mais pour le détail des réalisations d'une expression écrite du langage, il faut tenir compte des conditions propres des langues qui se sont d'abord servies de l'alphabet.

Répétons que nous ne pouvons pas faire l'histoire des débuts de l'alphabet[1]. Que nous le prenions sous la forme ougaritique ou sous la forme phénicienne, il se présente réalisé dans son fonctionnement propre, ainsi que se présentent dans le leur dès les plus anciens documents le système à la fois idéographique et syllabique du chinois ou le système mélangé d'idéographie et de phonographie de l'égyptien (pour le suméro-akkadien on semble bien remonter à un stade d'idéographie pure). Le stade idéographique et le stade idéographique et phonographique mélangés ont-ils été évités sur le terrain d'élaboration de l'alphabet, ou traversés rapidement sans que nous en ayons la trace ? Nous ne pouvons pas le dire. Nous pouvons seulement constater que vu la région et l'époque ceux qui ont fait office d'adaptateurs sinon d'inventeurs proprement dits, en appliquant l'écriture à des langues auparavant non écrites, ont pu (on ne peut pas dire plus) avoir connaissance des systèmes antérieurs environnants. Par conséquent ils ont dû connaître le signe-mot et ses inconvénients (besoin de le compléter par d'autres signes-mots ou par des signes-sons), les signes-sons consonantiques mêlés aux signes-mots (égyptien), les signes-sons syllabiques pour syllabes de forme quelconque mêlés aux signes-mots (suméro-akkadien), sans doute les signes-sons représentant des syllabes de type constant, à savoir consonne + voyelle (probablement égéen dès une époque ancienne). Cette énumération ne comprend que les grands systèmes connus, mais peut-être est-ce justement quelque autre écriture qui a provoqué l'imitation et la présumée volonté de perfectionnement des gens qui ont combiné l'alphabet.

Il est possible que, comme invite plus ou moins à le croire la tradition des noms des lettres, un jeu – jeu scientifique – sur les commencements de mots ait été un moment de l'invention, sous un aspect soit alphabétique soit syllabique. Ici intervient une considération sur une particularité des langues sémitiques anciennes, c'est à savoir que tous les mots commencent par une

1. Quelle que soit l'origine de l'ordre des lettres, et à travers les modifications dans différentes langues, l'ordre a acquis une importance particulière dans l'enseignement et pour la constitution des dictionnaires.

consonne, jamais par une voyelle. Là où un usager d'une autre langue pourrait avoir l'impression que le début de mot est vocalique, la consonne initiale est la petite occlusive glottale ou coup de glotte [ɔ], que les Français, sans en avoir conscience, articulent normalement au début de « un » dans la suite « j'en ai un », mais que les langues sémitiques anciennes isolent comme une consonne parmi les consonnes. Donc, si on s'attachait strictement au son initial des mots, on ne pouvait isoler que des consonnes, à l'exclusion des voyelles.

Disons tout de suite que la faiblesse de l'occlusive glottale fait qu'elle a disparu dans l'articulation de diverses langues de la famille chamito-sémitique (qui comprend les langues sémitiques) à divers moments, surtout lorsqu'elles étaient empruntées par des gens ayant des langues sans phonèmes laryngaux ou à petit nombre de phonèmes laryngaux. En ougaritique on trouve trois notations pour ɔ ; on pense qu'elles correspondent à la présence des trois timbres *o*, *i*, *u*. C'est donc que ɔ n'étant plus articulé on a éprouvé le besoin de représenter la syllabe initiale (noter que des scribes habitués au tracé cunéiforme connaissaient aussi les notations de voyelles). Dans ce cas, il y a donc à signaler une notation de la syllabe.

Mais ce n'est pas dans ce cas seulement qu'il faut parler de syllabe à propos de l'écriture sémitique ancienne.

En effet, la formule « dans l'écriture alphabétique sémitique ancienne on n'écrit que les consonnes » ne rend pas exactement la réalité. La manière de considérer les choses qui était sans doute celle des gens qui ont constitué le système alphabétique et en ont été les premiers usagers devait être à peu près celle-ci : « Chaque caractère tient la place d'une tranche de mot, avec une voyelle ou une autre ou même sans voyelle » ou, en introduisant notre vocabulaire moderne : « La lettre représente une syllabe dont la voyelle (qui peut être voyelle zéro) n'est pas spécifiée. »

Donc en réalité le système ancien néglige les voyelles, en fait abstraction. Après coup seulement, il a semblé que la place en avait été laissée libre graphiquement, et si cette place a été remplie tant bien que mal et plus ou moins constamment, en ce qui concerne le domaine sémitique, c'est par une modernisation, qu'il ne faut pas projeter anachroniquement dans la période originelle.

La vue que le plus ancien alphabet était en réalité un système syllabique implicite est confirmée, en plus des notations ougaritique et libyque, par les faits éthiopiens, indiens et sans doute vieux perse.

En effet, lorsqu'on a complété l'alphabet consonantique par des notations vocaliques constantes, sur des domaines où la voyelle *a* avait nettement la prédominance, on a pris la lettre comme symbole non de la consonne nue, mais de la syllabe ouverte consonne + *a*, et on n'a mis un signe complémentaire que pour les autres voyelles. C'est un indice assez clair que la lettre n'était pas le signe seulement d'un phonème, comme elle l'est pour nous.

Noter qu'en éthiopien la consonne nue est notée comme la consonne suivie de la voyelle la plus brève et neutre (que nous transcrivons *ə*) ; dans l'enseignement indigène il n'y a pas de terme pour « syllabe » mais seulement pour « caractère » ; une consonne sans voyelle est comptée aussi bien comme unité, et dans l'épellation lente est articulée avec *ə* à sa suite.

Voyons maintenant l'aspect idéographique de la question. Si la réduction du nombre des signes à une petite quantité est à l'opposé du principe idéographique et a permis par la suite de s'en dégager, le fait que tous les sons des mots (phonèmes) ne sont pas représentés est en réalité encore une application de la représentation idéographique.

Dans l'écriture alphabétique consonantique, le mot est reconnu grâce à ses consonnes ; l'image visuelle qu'elles forment évoque l'image auditive complète. La lecture véritable n'est possible que pour celui qui sait la langue : celui-là seul peut ajouter mentalement les compléments non représentés, s'il n'y a qu'une interprétation possible, ou, ce qui arrive plus souvent, choisir mentalement les compléments qu'il faut en raison du contexte, c'est-à-dire des autres mots de la phrase, pour lesquels l'opération se répète. Quelqu'un qui sait une langue voisine, ou sait imparfaitement la langue qu'il s'agit de lire (c'est le cas des savants modernes en face des documents sémitiques anciens, comme en face des documents égyptiens) peut, sans restituer tous les sons, comprendre tant bien que mal le sens des phrases. En faisant la lecture à haute voix, un étranger peut introduire des voyelles de son langage, un savant peut prononcer des voyelles restituées plus ou moins sûrement d'après ses connaissances, ou des voyelles conventionnelles.

Pour le mécanisme de la compréhension des langues sémitiques par la lecture, il faut tenir compte de la constitution de ces langues.

Mentionnons d'abord que la racine des mots y est apparente, comme elle semble bien avoir été aussi dans les états anciens de l'indo-européen : dans l'un et l'autre cas la signification, l'expression d'idées différentes, comme « marcher » ou « se coucher », « maison » ou « champ » s'attache essentiellement aux consonnes, les voyelles alternantes marquant les modifications des idées et les rôles des mots. Ainsi en arabe classique :

ktb « idée d'écrire », *kataba* « il a écrit », *katabū* « ils ont écrit », (*ɔu*) *ktub* « écris ! », *kātib* (*un*) « écrivant, écrivain », *kitāb* (*un*) « livre », *kutub* (*un*) « livres », etc.

Pour les langues sémitiques, des considérations numériques sont importantes. D'abord les consonnes sont relativement nombreuses, vu notamment l'existence des triades (sourdes, sonores, emphatiques) et d'une série laryngale (l'occlusive *ɔ*, les continues *ε*, *ḥ*, *h*). Ensuite les racines sont relativement longues, puisqu'elles sont normalement composées de trois consonnes (ces consonnes, solides, n'étant presque jamais amuies au cours de l'évolution dans les langues sémitiques anciennes). Les combinaisons possibles sont donc très nombreuses ; en conséquence les homophones sont rares ; chaque sens apparaît directement lorsqu'on connaît les consonnes radicales.

Il faut noter encore que les consonnes sont abondantes aussi dans les affixes qui caractérisent divers dérivés et formes grammaticales.

Pour la dérivation, voir en arabe classique le préfixe dans *maktūb* « écrit » ; pour la flexion, la conjugaison du parfait : *kataba* « il a écrit », *katabat* « elle a écrit », *katabta* « tu (masc.) as écrit », *katabti* « tu (fém.) as écrit », *katabtu* « j'ai écrit », *katabū* « ils ont écrit », *katabna* « elles ont écrit », *katabtum* « vous (masc.) avez écrit », *katabnā* « nous avons écrit ».

Les confusions qui résultent théoriquement de l'absence de notation de certaines voyelles (ainsi dans le tableau ci-dessus, au singulier pour *-at*, *-ta*, *-ti*, *-tu*) ne peuvent guère se produire dans la lecture d'une phrase complète, où d'autres éléments permettent la reconnaissance par exemple de la personne et du genre. Enfin, dans une langue donnée, il y a un ordre des mots fixé pour certains éléments, habituels pour d'autres : cet ordre permet de reconnaître assez facilement si on a affaire à un verbe ou à un nom, et parmi les noms de reconnaître le sujet et le complément d'un verbe transitif ; pour le complément de nom, il est constamment après le nom complété dans toutes les langues sémitiques anciennes.

Pour la lecture par mots entiers, pour la rapidité de la reconnaissance et de la devinette, il est bon que les mots soient nettement séparés dans les textes. C'est, d'après la description qui a été donnée dans les paragraphes précédents, ce qui s'est produit dans tous les états bien connus anciens de l'écriture sémitique. L'abandon partiel de cet usage semble n'avoir eu lieu qu'à des époques et en des lieux où déjà il y avait un changement notable de l'état qui vient d'être décrit.

En effet, il ne faut pas commettre d'anachronisme en sens inverse en transférant à une époque subséquente l'interprétation qui vient d'être tentée pour l'époque la plus ancienne.

De bonne heure s'est amorcée en sémitique même une évolution qui devait se précipiter ailleurs, en aboutissant au système alphabétique complet, à consonnes et voyelles, qui a agi secondairement sur la manière d'écrire les langues sémitiques.

Il s'agit de l'emploi des consonnes-voyelles. Lorsqu'une consonne faible dans son articulation s'amuit, et reste pourtant écrite, la lettre-consonne sans devenir précisément une lettre-voyelle peut indiquer l'emplacement et la qualité d'une voyelle, généralement une voyelle longue. Le fait est attesté dès le – IXe siècle en moabite.

Le procédé s'est développé en particulier dans l'hébreu écrit en caractères araméens. C'est ainsi que les signes des semi-voyelles *y* et *w* qui fonctionnent généralement comme consonnes ont pu exprimer respectivement des *i* et des *ē*, des *ū* et des *ō*, qu'un *h* non prononcé en fin de mot peut exprimer la présence d'un *-a*.

L'écriture arabe, après la période de début au VIIe siècle, a acquis par ce procédé le moyen d'exprimer constamment les voyelles longues *ā*, *ī*, *ū*.

Là où de tels faits se sont stabilisés, on peut dire que le système d'écriture devenait réellement et totalement phonographique alphabétique dans son esprit, encore que restant lacunaire dans la réalisation graphique.

La lacune a été comblée totalement et à tous usages d'abord en éthiopien (IVe siècle), sans doute sous une influence pressante du grec peut-être appuyée d'une influence indienne, par un recomplètement de l'alphabet en syllabaire.

Pour les langues plus septentrionales, hébreu, araméen, puis arabe, des notations complètes des voyelles n'ont été adoptées qu'à époque plus tardive, à partir du VIIe siècle, aussi sous influence grecque, pour les besoins de l'enseignement religieux et par suite dans l'enseignement en général, avec le désir d'assurer une prononciation orthodoxe des textes sacrés. Outre l'emploi plus étendu des consonnes-voyelles, on a adopté, pour pouvoir noter aussi des voyelles brèves, divers signes en dehors de la ligne.

La description des procédés concerne l'étude des orthographes en général et n'appartient pas ici. Mais le phénomène devait être mentionné dans le tableau de la période de formation.

En effet, bien qu'en dehors des textes sacrés les signes vocaliques soient restés en général inemployés, dès qu'ils ont été inventés et enseignés, ils ont toujours été virtuellement présents à l'esprit de tous ceux qui avaient appris à lire sur les textes voyellés de la Bible ou du Coran, et s'étaient d'autre part plus ou moins exercés au maniement de la conjugaison et de la déclinaison avec les voyelles caractéristiques des flexions : le mécanisme de la reconnaissance de mot et de la lecture au total était devenu différent de ce qu'il était avant l'existence des signes vocaliques.

Les alphabets sémitiques ainsi transformés dans leur esprit, et partiellement dans leur fonctionnement graphique, ont continué leur vie dans le monde moderne, à côté des alphabets consonantiques et vocaliques dont nous avons maintenant à examiner l'origine.

L'ALPHABET CONSONANTIQUE ET VOCALIQUE DANS LE MONDE GREC

Origine de l'écriture grecque

Les Hellènes (nom indigène) ou Grecs (nom employé par les Romains), venant du nord, se sont mis en place au cours du second millénaire av. J.-C. dans le sud de la péninsule des Balkans, dans les îles et sur une partie des côtes de la mer Égée, en se mêlant aux populations antérieurement établies.

Ils véhiculaient, en différents dialectes, une langue indo-européenne qui s'est imposée à tout le domaine où ils se sont établis. Le grec a éliminé peu à peu diverses langues non indo-européennes qui sont perdues pour nous, et aussi des langues qu'on pense avoir été indo-européennes, par exemple le macédonien, langage de cet État qui devait au – IIIe siècle faire par conquête l'unité de la Grèce, puis transporter le grec lui-même unifié, fondamentalement sous l'aspect du dialecte attique (région d'Athènes), dans de vastes régions du Proche-Orient.

S'ils ont imposé leur langue, les Grecs ont reçu des pays qu'ils envahissaient, ou des pays voisins avec lesquels ils entraient en relations, des techniques, des arts, des sciences qu'ils devaient ensuite développer brillamment dans certaines de leurs cités, où s'est élaboré un nouveau stade intellectuel de la civilisation occidentale.

Comme les autres peuples de langue indo-européenne venus du nord en Proche et Moyen-Orient, les Grecs n'avaient pas, anciennement, d'écriture. Quand et comment en ont-ils été pourvus ? Leurs légendes et traditions à ce sujet étaient diverses, répondant sans doute à des emprunts multiples. Suivant une légende, l'écriture est due à Hermès, une des divinités secondaires du Panthéon grec, messager des dieux, dieu du commerce, par ailleurs inventeur de la lyre. L'écriture serait ainsi rattachée surtout à l'usage pratique du négoce. Mais comme d'autre part le nom d'Hermès est donné à Hermès Trismégiste, patron mythique des hommes de magie et de science, l'autre aspect des usages de l'écriture apparaît aussi. Une autre légende parle d'une invention par les Muses, filles du dieu des arts Apollon, sur l'instigation du dieu principal Zeus : cette écriture aurait été employée d'abord par les Pélasges, nom donné par les Hellènes à une des populations antérieures à eux sur leur domaine. Une autre tradition encore attribue l'invention de l'alphabet ou son introduction dans le monde hellénique au héros civilisateur Kadmos, légendaire fondateur de la ville de Thèbes, à qui on aurait dû aussi l'art de construire les villes et la fonte des métaux ; or certains le disaient fils d'un roi phénicien, tandis que d'autres le faisaient fils d'un roi thrace, mais lui donnaient des compagnons phéniciens.

Dans quelle mesure les Hellènes se sont-ils servis des écritures égéennes ? Les tablettes de Pylos et de Mycènes, des vases avec inscriptions, trouvés notamment à Thèbes indiquent un emploi assez étendu de l'écriture crétoise sur le continent. D'autre part le grec a été écrit à Chypre (Cypre) au moyen de l'écriture cypriote, alors que l'écriture grecque classique existait déjà.

La seule écriture qui ait subsisté finalement sur le domaine hellénique est une forme de l'alphabet sémitique cananéen. Elle a été empruntée à une époque non précisée, sans doute aux alentours de – 1000, par une voie non déterminée. Les obscurités ne manquent donc pas ici encore à l'origine de l'histoire.

L'emprunt a été fait suivant toute probabilité aux Phéniciens navigateurs de la côte plutôt qu'à d'autres Cananéens. Mais il n'est pas sûr qu'il ait été fait directement par les Hellènes aux Phéniciens. Des langues asianiques, d'origine en partie sans doute indo-européenne, sont écrites avec des caractères grecs ou ressemblant à des caractères grecs. Sans doute certaines sinon toutes ont-elles pu emprunter l'écriture aux Grecs. Mais peut-on être sûr qu'inversement une des populations d'Asie Mineure n'ait pas servi d'intermédiaire pour l'introduction de l'alphabet cananéen en Grèce, et d'abord dans des colonies grecques établies en domaine asiatique (voir p. 193-194) ?

Les données sont les suivantes. Les écritures grecques, attestées par des inscriptions à partir du – VIIIe siècle (peut-être de la fin du IXe), ont des caractères, tracés séparément comme en cananéen, qui ressemblent de près aux caractères phéniciens. Les noms des lettres (qui ont pu être empruntés plus tard et par une autre voie que les tracés) reproduisent à peu près les noms sémitiques.

L'ordre est celui que les traditions hébraïque et araméenne ont conservé d'autre part.

La direction de l'écriture est de droite à gauche ou alternative (boustrophédon), commençant à droite ou à gauche sur quelques anciennes inscriptions grecques, alors que ce dernier usage n'est attesté ni pour le cananéen ni pour l'araméen. Ensuite la direction s'est fixée de gauche à droite, donc à l'inverse de l'usage cananéen et araméen.

Les mots ne sont généralement pas séparés.

L'écriture dans la vie grecque

Les Grecs, à la suite sans doute d'initiateurs égéens et aussi asianiques, ont été beaucoup plus artistes et intellectuels que les Phéniciens dont ils sont devenus les émules pour la navigation et le grand négoce.

En raison de la vie intérieure des cités, où la vie collective et individuelle se libérait de plus en plus du gouvernement des prêtres ou des rois absolus, les besoins sociaux conduisaient à des emplois variés de l'écriture. Dès les débuts, semble-t-il, de la constitution de l'écriture grecque, les inscriptions sur pierre se sont multipliées, sous la main d'artisans habiles, répondant aux besoins de réglementation civile en même temps qu'aux activités religieuses. Les villes avaient leurs décrets affichés ; il se trouve que ces « affiches » sur matériaux durs, conservées indéfiniment, ont passé de l'état de proclamation destinée aux contemporains et à leurs enfants à celui de documents historiques pour une lointaine postérité.

L'emploi de matériaux périssables ne nous a pas conservé de manuscrits anciens, avant que se soit répandu le papyrus emprunté à l'Égypte, et les papyrus eux-mêmes ne se sont retrouvés conservés en une certaine quantité que dans le sol préservateur de l'Égypte elle-même. On sait que les Grecs ont employé l'écriture à l'encre sur des matériaux divers, coquilles et poteries, mais non pour la conservation. On sait aussi que de nombreux documents temporaires étaient écrits au stylet sur une couche mince de cire étalée sur des tablettes généralement reliées entre elles en diptyques (suivant les besoins l'écriture était effacée pour réemploi de la cire).

On ne peut pas dire exactement à quelle époque la considérable littérature grecque, à commencer par les poèmes homériques, a cessé d'être répandue seulement par la voix des rhapsodes, compositeurs eux-mêmes ou simples récitateurs, à quel moment a commencé l'édition de livres dans des ateliers de copistes. Le – Ve siècle est une époque vraisemblable. Cependant encore au – IVe siècle, les représentations théâtrales, si importantes, restent une forme de diffusion orale de la littérature pour le grand nombre.

L'usage de l'écriture a dû être de bonne heure aux mains de l'ensemble du public. Toutefois les secrétaires, esclaves familiers à qui on dictait, ont dû épargner en général aux savants et aux écrivains la peine d'écrire. Tout un monde de copistes et libraires a fait partie de la société grecque. Il faut y ajouter les maîtres pour l'enseignement de la lecture et de l'écriture. Nous ne sommes pas renseignés autant que nous le voudrions sur les écoles. On peut mesurer à quelques faits le degré d'extension de l'instruction, par exemple lorsqu'on voit au – VIe siècle des soldats grecs mercenaires tracer des inscriptions en Égypte, avec les signatures de plusieurs d'entre eux et des Athéniens du – Ve siècle tracer leurs votes sur des tessons.

Au total, dans cette première époque de l'âge moderne où l'élaboration de formes nouvelles de la pensée philosophique, du raisonnement scientifique et de l'expression artistique par la parole s'est poursuivie surtout sur les côtes de l'Asie Mineure (notamment à Milet) pour aboutir à la grande floraison d'Athènes au – V^{e} et au – IVe siècle, puis à celle d'Alexandrie à partir du – IIIe siècle, l'emploi de plus en plus étendu de l'écriture a joué un rôle considérable.

Adaptation de l'alphabet à la langue grecque

L'alphabet sémitique a été adapté à l'usage du grec, directement ou après avoir été adapté à quelque autre langue. Cette adaptation s'est faite par tâtonnements divers, dans un monde politiquement et linguistiquement divisé ; elle s'est répartie sur une durée d'un demi-millénaire environ ; mais dès le début de ce que nous connaissons les voyelles étaient écrites.

Nous n'avons pas ici à examiner le détail ; mais si nous nous bornons à quelques indications sur la période classique et prenons, pour abréger, comme objet d'étude l'alphabet classique, nous ne devons oublier à aucun moment que celui-ci est un aboutissement, après une élaboration non concertée entre l'ensemble des usagers qui a duré plusieurs siècles, au bout desquels nous trouvons, au point de vue des tracés et des valeurs phonographiques, deux formes principales de l'alphabet consonantique et vocalique qui ont toutes deux survécu par la suite : l'alphabet grec commun et l'alphabet latin.

En gros, les faits sont les suivants : une forme orientale s'est peu à peu élaborée dans l'est du domaine hellénique ; c'est plus spécialement l'alphabet de Milet, ancien grand centre grec et en même temps lieu de passage de l'Orient à l'Occident ; la principale ville intellectuelle de la Grèce proprement dite, Athènes, a adopté cet alphabet officiellement en – 403 : cette fois, il s'agit d'une mesure délibérée. Ensuite, la langue d'Athènes devenant la base de la langue grecque commune à peu près unifiée après les conquêtes d'Alexandre de Macédoine et l'expansion de l'hellénisme, l'alphabet adopté par Athènes a seul subsisté à l'est. À l'ouest, il semble que des formes d'abord employées dans certaines des nombreuses colonies grecques aient été ensuite adaptées d'une part à l'usage étrusque, d'autre part à l'usage romain ; mais on ne peut pas, dans l'ignorance où l'on est de presque tout ce qui touche aux Étrusques, exclure l'idée qu'ils aient eu certaines relations avec l'Orient en dehors du canal grec.

MAJUSCULES	MINUSCULES	
Α	α	a
Β	β ϐ	b *ou* v
Γ	γ	g *dur*
Δ	δ	d
Ε	ε	é *bref*
Ζ	ζ ζ	z, dz
Η	η	ē *long*
Θ	ϑ θ	th
Ι	ι	i
Κ	ϰ	k
Λ	λ	l
Μ	μ	m
Ν	ν	n
Ξ	ξ	x (cs, gs)
Ο	ο	o *bref*
Π	π	p
Ρ	ρ	r, rh
Σ	σ ς	s
Τ	τ	t
Υ	υ	u, ou
Φ	φ	ph
Χ	χ	kh
Ψ	ψ	ps
Ω	ω	ō *long*

ALPHABET GREC USUEL

Pour le détail de l'adaptation ancienne de l'alphabet sémitique au grec, avec ou sans intermédiaire différent, nous sommes dans le noir. Mais nous pouvons dire avec certitude que la différence entre la constitution phonétique au point de départ (sémitique cananéen) et au point d'arrivée (grec classique) a été une circonstance heureuse puisqu'elle a abouti en fin de compte au recomplètement de l'alphabet par la création de lettres-voyelles, ce qui a permis une représentation phonographique complète pour les articulations.

Pour exposer les faits, il nous faut tenir compte d'une part de l'aspect du matériel graphique que nous fournissent les inscriptions, et d'autre part de son utilisation, dans la mesure où nous pouvons reconnaître, deviner ou soupçonner les faits phonétiques et les procédés graphiques employés pour les représenter.

Pour le vocalisme, nous avons à examiner à part la question des semi-voyelles et celle des laryngales.

En grec les semi-voyelles *w et y* ont généralement disparu en fonction consonantique. (Dans certains dialectes, *w* conservé avec renforcement, peut-être avec assourdissement, a été noté par un signe nouveau Ϝ appelé digamma, comme s'il avait été dérivé du Γ gamma par adjonction d'un trait ; *y* est représenté comme *h* à l'initiale de quelques mots.) En conséquence les lettres qui les représentaient pouvaient être attribuées aux traitements vocaliques des semi-voyelles, soit *i* et *u* (*ou* du français, postérieurement passé à *ü, u* du français).

Les recherches des comparatistes qui s'occupent de l'indo-européen ont rendu vraisemblable que dans des états anciens de cette famille de langues il a existé des consonnes laryngales analogues à celles du chamito-sémitique qui ne sont pas attestées comme telles dans les langues historiquement connues, mais se sont fondues avec des voyelles voisines. L'existence d'une notation d'un état ancien avec laryngales ou restes de laryngales dans une langue qui aurait servi d'intermédiaire entre le sémitique et le grec ou sur certains points du grec ancien fournirait la raison d'une circonstance par ailleurs non éclaircie. En sémitique chacune des laryngales peut s'accompagner (avant ou après elle) d'une voyelle quelconque, mais en grec il y a spécialisation : le signe de l'occlusive ɔ (phénicien 𐤀) est régulièrement pris pour noter la voyelle *a* (α) ; le signe de la continue sonore ɛ (phénicien *o*) est pris pour noter *o* (ο) ; le signe de la continue faible ou souffle, sans doute sourde, *h* (phénicien 𐤄) est pris pour noter *e* (ε) ; enfin le signe de la continue forte sourde *ḥ* (phénicien 𐤇) a un double aboutissement : par endroits employé comme *h* (forme majuscule H), dans l'alphabet classique il fournit à la fois par abrégement graphique l'esprit rude ʽ (à valeur de *h* en initiale de mot) et sous sa forme entière un *e* long(*ẹ*, c'est-à-dire *e* ouvert long) en minuscule *η*.

Si le fait capital pour nous est l'établissement des lettres-voyelles, les débuts de l'écriture grecque montrent un travail au moins aussi ardu pour arriver à une expression complète du consonantisme grec. La situation était telle (en envisageant le grec historiquement connu) : d'un côté le grec avait à figurer, comme consonnes inexistantes en cananéen, les aspirées sourdes p^h (classique *φ*), t^h (classique *θ*), k^h (classique *χ*) et les affriquées à terminaison sifflante k^s (classique *ξ*) et p^s (classique *ψ*) auxquelles il faut ajouter ce qui a été suivant les moments et les lieux z^d et d^z (classique *ζ*) ; en regard, les signes des consonnes sémitiques non grecques étaient disponibles, à savoir les emphatiques *ṭ* (phénicien 𐤈), *ḳ* ou *q* suivant la transcription qu'on adopte (phénicien 𐤒), et *ṣ* (phénicien 𐤑), de plus la sifflante 𐤎 (*samek*), superfétatoire du moment que le signe ש de la chuintante *š* était employé pour *s* du grec (Σ, σ).

Les solutions finales n'ont pas été celles qu'un phonéticien moderne inclinerait à adopter : *ṭ* a bien fourni *θ* et la sifflante a été utilisée pour *ξ*. Mais *χ* semble résulter d'une invention graphique voulue, aussi bien que *φ* et *ψ* ; il ne provient pas du signe de *ḳ* qui, ainsi que celui de *ṣ*, ne s'est perpétué que comme chiffre (voir chap. XII).

Au cours des essais locaux qui ne sont pas retracés ici en détail, certains Grecs ont utilisé, pour les consonnes aspirées, des groupes de lettres ; ainsi, dans les plus anciens textes connus, ΘΗ pour *θ*, ΚΗ pour *χ*, ΠΗ pour *φ*. Ces combinaisons ont été heureusement éliminées au profit des caractères simples (pour reparaître plus tard en latin).

Malheureusement la solution a été moins bonne pour les voyelles.

Lorsque l'évolution phonétique naturelle a d'une part transformé *u* (*ou* du français) en *ü* (*u* du français), pour lequel on a gardé le signe *υ* et d'autre part recréé de nouveau *u* (*ou* du français), et lorsque d'autre part les Grecs ont éprouvé le besoin de noter par des signes spéciaux à la fois les timbres et les longueurs de certaines voyelles (les *e* et les *o*), on a abouti au tableau suivant : tandis qu'un *ę̄* (*e* ouvert long) était noté par *η* et *ǭ* (*o* ouvert long) par *ω*, forme seconde de *o*, le *u* était noté comme une diphtongue *oü*, par *ου*, et *ẹ̄* (*e* fermé long) était noté comme une diphtongue *ei*, par *ει*.

Ainsi, très peu de temps après que l'adoption des lettres-voyelles avait permis l'application de la pratique nouvelle : une lettre pour chaque phonème, des combinaisons de lettres créaient des exceptions. De cette exception admise par les Grecs, nous souffrons encore dans la plupart des orthographes européennes.

Quoi qu'il en soit du détail de la réalisation graphique, c'est le mécanisme de l'écriture qui importe. Or, il paraît net que dans l'écriture grecque l'effort s'est porté sur la représentation des phonèmes, avec le désir de les représenter tous, que ce soient des bruits comme les consonnes ou des modulations de la voix comme les voyelles.

Ce désir plus ou moins conscient répondait à un besoin, en raison de la constitution de la langue grecque, qui présentait un état très évolué de l'indo-européen, avec un rôle très augmenté des voyelles.

En effet l'ancien type de racines apparentes à consonnes fixes (généralement deux) et voyelles alternantes n'apparaissait plus clairement que dans un petit nombre de racines, ainsi *gn*, *gen*, *gon* dans *γίγνομαι* « je deviens » ; *ἐγενόμην* « je devins » ; *γέγονα* « je suis devenu ».

Dans beaucoup de racines, surtout dans des verbes dérivés secondairement, des radicaux étaient caractérisés par une voyelle fixe autant que par le consonantisme, ainsi *λύω* [*lüō*] « je délie ».

Le même système ancien des alternances vocaliques, à degré *e*, *o* et zéro, était altéré en ce qui concerne les « sonantes » (ainsi nomme-t-on pour l'indo-européen à la fois les consonnes liquides et les semi-voyelles) de manière que l'emploi des voyelles était augmenté ; ainsi *n* à degré zéro (ou *n* voyelle *n̥*) devenait *a*. Des rencontres de voyelles étaient fréquentes, en particulier à cause de l'amuissement de la sifflante *s* en position intervocalique.

En fait, des mots pouvaient être constitués avec des radicaux sans consonnes solides, ainsi ὗς, *ʰüs* « cochon » et ὑιός *ʰüios* « fils » (où *h* est faible et où *-s* est une désinence) ; on voit comment il serait difficile de représenter de tels mots dans une écriture sans voyelles ; de même qu'il serait difficile de distinguer des mots divers avec une seule consonne comme ἰδέα, [*idẹa*] « idée », οἶδα [*oyda*] « je suis », εἴδη [*ẹ̄dẹ*] « une paire d'images » et δέ [*dẹ*] « d'autre part ».

Par ailleurs beaucoup d'affixes formatifs de conjugaison, notamment des désinences personnelles, consistent seulement en voyelles ; de même diverses désinences de la déclinaison des noms et pronoms. D'autre part on ne pourrait pas, le plus souvent, reconnaître l'espèce et le rôle des mots par leur place, car le grec a conservé une particularité ancienne qui fait que l'ordre des mots est sensiblement libre.

Donc, par des moyens qui nous apparaissent assez nettement, et de manière à satisfaire des besoins très clairs, il s'est constitué pour le grec, par transformation graduelle d'une écriture empruntée, un alphabet complet, à la fois consonantique et vocalique. Du coup les consonnes sont des consonnes nues, sans voyelle ; il n'est plus question de syllabisme. Le mot n'a pas à être lu globalement, mais en ses sons constituants les uns à la suite des autres ; le point de vue idéographique n'apparaît plus dans le système graphique.

Un signe secondaire de cet état de choses est que les graveurs et les scribes ont écrit les mots à la suite, sans aucune séparation (excepté dans la plus ancienne période).

Le sentiment du mot n'a pas été perdu pour autant. Les philologues et grammairiens grecs ont dû être aidés dans leurs analyses par le fait que l'écriture fournissait à l'observation visuelle tous les éléments des mots. Nous ne sommes pas bien renseignés sur les débuts du travail, mais nous connaissons assez bien les études des savants alexandrins, au – IIIᵉ siècle et dans la suite. Leurs travaux, par l'institution de l'esprit doux pour les mots à initiale vocalique qui n'avaient pas l'esprit rude (*h*), par la notation de l'accent de mot, par la séparation des mots au moyen d'un intervalle, apparu d'assez bonne heure (mais non généralisé), enfin par l'institution d'une ponctuation, attestent à la fois la conscience de l'existence des mots comme molécule de signification et des dispositions de leur agencement en propositions, unités de communication.

LES ÉCRITURES INDIENNES ET L'EXPRESSION DES VOYELLES

Il paraît extrêmement probable que les savants de l'Inde ont à un moment non précisé adopté l'usage de l'écriture, dont ils se passaient auparavant, sous la forme de l'alphabet consonantique sémitique, qu'ils ont remanié à leur usage. Il est malheureusement impossible de suivre l'histoire de ce remaniement : le point de départ exact est obscur, et nous n'avons aucun témoignage sur le travail réalisé.

क	ka	ख	kha	ग	ga	घ	gha	ङ	ṅa
च	ca	छ	cha	ज	ja	झ	jha	ञ	ña
ट	ṭa	ठ	ṭha	ड	ḍa	ढ	ḍha	ण	ṇa
त	ta	थ	tha	द	da	ध	dha	न	na
प	pa	फ	pha	ब	ba	भ	bha	म	ma
य	ya	र	ra	ल	la	व	va		
श	ça (śa)	ष	ṣa	स	sa				

PRINCIPALES VOYELLES EN DÉBUT DE MOT

अ a आ ā इ i ई ī उ u ऊ ū

ALPHABET-SYLLABAIRE INDIEN

Forme fondamentale (consonne avec *a*) en tracé nagari, avec transcription indianiste (les caractères pointés représentent des consonnes cérébrales)

Nous constatons seulement qu'il s'est fait d'une manière tout autre qu'en Grèce, dans une société d'ailleurs fort différente, encore que l'Inde du Nord ait été pénétrée comme la péninsule balkanique et les régions voisines par une invasion de gens parlant une langue indo-européenne. C'est cette langue, d'un type analogue à celui du grec, qui est à l'origine de nombreuses langues indo-aryennes qui devaient s'écrire dans la suite avec l'écriture indienne, laquelle devait servir aussi à d'autres langues de l'Inde et des régions voisines.

Dans la société indienne à castes fermées, la caste supérieure était celle des intellectuels-prêtres, les Brahmanes. C'est parmi eux que, sensiblement à la même époque que dans l'horizon hellénique, la philosophie et les sciences ont fait des progrès sensibles, d'une manière différente. Mentionnons que l'Inde qui a eu des mathématiciens à qui nous devons l'usage habituel, sinon l'invention du zéro, a eu aussi d'experts grammairiens qui ont pratiqué des classements phonétiques que les Grecs n'ont jamais connus, ceci peut-être même avant d'avoir adopté l'écriture.

De cette analyse phonétique nous avons le témoignage d'abord par le fait que les alphabets indiens (il y a plus d'une forme) comportent autant de signes-consonnes que d'articulations (phonèmes consonnes), dans un phonétisme abondant, et que dans les tableaux enseignés ces consonnes sont rangées suivant les points et les modes d'articulation à peu près aussi bien que peuvent le faire les phonéticiens européens modernes.

Il est pourtant prudent de ne pas reporter dans un temps lointain sur lequel nous sommes si mal informés, chez des lettrés que nous savons par ailleurs avoir été préoccupés avant tout de la bonne conservation et transmission des textes religieux, des procédés rigoureux de combinaisons voulues, originales et conscientes. Comme pour le sémitique et pour le grec, il faut supposer une part prépondérante de lente élaboration de proche en proche, avec des tâtonnements, sur des données transmises.

Le sentiment de la syllabe qui transparaît dans l'emploi de l'alphabet consonantique par les anciennes langues sémitiques, au lieu d'être atténué jusqu'à paraître disparu comme dans le système grec (dont nous n'avons aucune trace que les savants indiens en aient eu connaissance au moment où se constituait leur écriture), est apparent dans le système indien et passe même en quelque sorte au premier plan dans la manière dont les voyelles sont exprimées : si en effet elles le sont, tout comme dans le système grec, c'est par des procédés tout à fait différents.

Comme les lettres employées seules dans la ligne (l'écriture indienne est en effet en lignes horizontales) n'expriment pas une consonne seule, mais une consonne suivie de la voyelle *a*, le tableau des lettres est en réalité un alphabet-syllabaire.

Si, laissant de côté les formes anciennes où les marques de voyelles ont été ajoutées sous forme de petits traits aux tracés principaux des lettres, nous nous bornons à l'écriture qui a en général prévalu [*nāgarī*], nous voyons le système suivant.

Un signe (trait vertical) mis après une des lettres-syllabes indique que *a* doit être prononcé long (*ā*) ainsi ता *tā*.

Des signes avant, après, sur ou sous la lettre annulent la prononciation *a* et la remplacent par une autre voyelle, brève ou longue, ou une diphtongue.

Ainsi ति *ti*, ती *tī*, ते *te*, तै *tai*, तु *tu*, तू *tū*.

Toutes les voyelles ont aussi un signe complet, pour le cas où elles sont au début d'un mot, constituant syllabe (voir l'alphabet-syllabaire indien, p. 157).

Les consonnes sans voyelles isolées portent un signe spécial ; lorsqu'elles sont en groupe, d'une manière qui est le trait le plus original de l'écriture indienne, elles constituent des complexes graphiques avec celles qui sont suivies d'une voyelle (l'*a* étant dans ce cas annulé) sans ou avec combinaison graphique des tracés. Ainsi *tra*, *tta*, *kta*, *ktva*, *rpi*, etc., sont écrits d'un seul signe syllabique complexe. (Voir p. 245 et p. 335.)

Les mots sont écrits à la suite sans séparation et même l'écriture note soigneusement les accommodations phonétiques entre finales et initiales à la rencontre des mots. Mais la fin des phrases est marquée (généralement par un trait vertical).

Observation finale

On voit donc que les problèmes posés à la fois par l'existence de l'alphabet consonantique et le besoin d'une expression phonographique plus complète pouvaient être résolus – et ont été résolus – de manières différentes dans des régions différentes, étendues et importantes du monde civilisé.

CONCLUSION DE LA PREMIÈRE PARTIE

Pour essayer de nous rendre compte du mécanisme d'une invention dont nous nous servons journellement et naturellement, nous avons mis bout à bout des fragments d'évolution tels qu'ils se sont produits en divers coins civilisés du monde.

Nous avons passé en revue beaucoup d'événements intellectuels anciens et modernes.

Et parce que notre information est lacunaire, par suite de circonstances capricieuses (choix des matériaux plus ou moins imposés à l'homme par ses conditions de vie et conservation inégale des vieux documents ; préservations ou destructions au cours des guerres et autres catastrophes ; facilités, difficultés et réussites inégales des fouilles archéologiques ; habiletés et incapacités à résoudre certains problèmes de déchiffrement) le tableau est inégalement éclairé ; les parties obscures sont nombreuses.

Si on essaye de discerner un plan général, on voit que l'évolution ne se fait pas sur une ligne continue, qu'il y a des fragments d'évolution parallèles, des dépassements en dehors des parcours d'abord suivis.

Ceux-ci apparaissent généralement encombrés par ce qui a été d'abord une nouveauté et un progrès : l'instrument créé, dont on a pris l'habitude de se servir avec ses avantages et ses inconvénients, se perpétue, non pas seulement à cause de conservatismes variés dans la structure des sociétés (notamment castes de lettrés) et dans les superstructures (traditionalisme religieux, ankylose de l'enseignement), mais aussi parce que le besoin en partie satisfait n'appelle pas de manière urgente l'invention nouvelle.

Mais, parce que les diverses civilisations humaines communiquent plus ou moins entre elles, et parce que le besoin et la recherche de la commodité et d'un rendement supérieur, à l'usage d'un nombre croissant d'individus, sont des forces puissantes antagonistes des conservatismes limitateurs, le tableau envisagé sur une période assez longue et un espace assez vaste est celui du perfectionnement.

DEUXIÈME PARTIE

Les évolutions de l'écriture alphabétique

NOTE LIMINAIRE

L'achèvement de l'invention de l'écriture alphabétique par la représentation plus ou moins complète des voyelles, jusqu'où nous avons poussé la Première Partie, nous a menés jusqu'à la période où les documents historiques se multiplient, où les propagations de l'alphabet et leurs modes nous sont assez bien connus.

Le plan de l'exposition change donc ici, de manière à mieux mettre en lumière certains problèmes, en les examinant de plus près, mais aussi en les dissociant en partie pour mieux scruter les procédés des transformations. Dans de longs chapitres embrassant toutes les parties du monde où l'alphabet s'est répandu sous ses différentes formes, nous allons examiner l'expansion même des écritures alphabétiques, puis leurs adaptations aux différentes langues, et ensuite, ce qui se voit d'abord, mais a le moins d'importance en dehors d'un facile apprentissage, les transformations des tracés. C'est là que nous parlerons aussi un peu plus de certains métiers de l'écriture.

Contrairement à la méthode suivie dans la Première Partie, les notations numériques sont traitées à part dans un chapitre spécial. Un autre chapitre traite brièvement de la notation musicale qui est tardive. On voudra bien noter que le partage entre les Première et Deuxième Parties n'a pas été fait en tout avec rigueur. Au cours du chapitre VIII, *à propos des origines de l'alphabet et des différents dérivés du prototype inconnu, les histoires des écritures cananéenne et ibérique ont été suivies par anticipation jusqu'au bout tandis que figurait une simple amorce pour l'écriture araméenne et que l'étude était seulement commencée pour l'écriture sudarabique et éthiopienne et pour les écritures indiennes. Ainsi ont été évitées des répétitions d'une part, des dislocations de certaines histoires particulières d'autre part. Mais le lecteur, pour embrasser l'ensemble de l'expansion de l'alphabet, devra compléter les indications des chapitres* IX, X *et* XI *en se reportant pour une part au chapitre* VIII.

CHAPITRE IX

LA PROPAGATION DES ÉCRITURES ET LES MOUVEMENTS DE CIVILISATION

Préambule

Les propagations des écritures sont un cas particulier des échanges de peuple à peuple. De même que les techniques industrielles d'une part, les institutions d'autre part, elles s'empruntent ou ne s'empruntent pas, suivant les circonstances et les modes des contacts.

Plus que les écritures restées plus ou moins idéographiques, l'écriture alphabétique une fois inventée s'est propagée loin de sa région d'origine sous des aspects variés, suivant des modes qui ne coïncident pas avec les transferts et extensions de langues, autre aspect de la propagation intellectuelle.

Les causes d'exportation et d'importation, les modes de contagion, les adaptations avec des formes plus ou moins nouvelles, ont dépendu de quantités de conditions : contiguïtés géographiques, moyens de transport et courants commerciaux, guerres, colonisations, constitutions d'empires, résistances et renaissances nationales, expansions et reculs de grands mouvements d'idées, en particulier des religions universalistes qui se sont exprimées dans des textes écrits.

La carte d'extension de l'alphabet avec ses principaux aspects concorde plus ou moins avec des aires de civilisations. Mais chaque élément devrait être cartographié à part : en particulier il serait intéressant, si on avait des documents suffisants, d'examiner dans quelle mesure les courants commerciaux et religieux ont été associés ou dissociés.

Un des aspects de l'étude est que l'histoire des transports des écritures contribue à la connaissance des oppositions entre l'esprit de généralité, résultant de conditions matérielles plus ou moins cohérentes, et des particularismes qui subsistent ou qui se créent.

LES ÉCRITURES ARAMÉENNES DE LANGAGES ARAMÉENS (ET DE L'HÉBREU)

La grande expansion de l'écriture alphabétique sémitique s'est faite en plusieurs temps, grâce aux Araméens.

Les gens qui ont parlé anciennement l'araméen, langue sémitique occidentale septentrionale proche du cananéen, ont été d'abord apparemment des nomades éleveurs, comme apparaissent dans la Bible les anciens Hébreux, comme on a connu plus tard les tribus arabes. Ils semblent n'avoir jamais formé de grands États ni pratiqué de prosélytisme religieux avant le christianisme. Tout au plus ont-ils eu, aux confins des régions à nomades pasteurs et caravaniers et des régions à sédentaires agriculteurs, des cités de population mélangée où se développait le commerce de transit ; Damas est un très ancien centre important de ce genre, fondé, ou occupé après coup, par des Araméens. Il en est sans doute de même d'Alep.

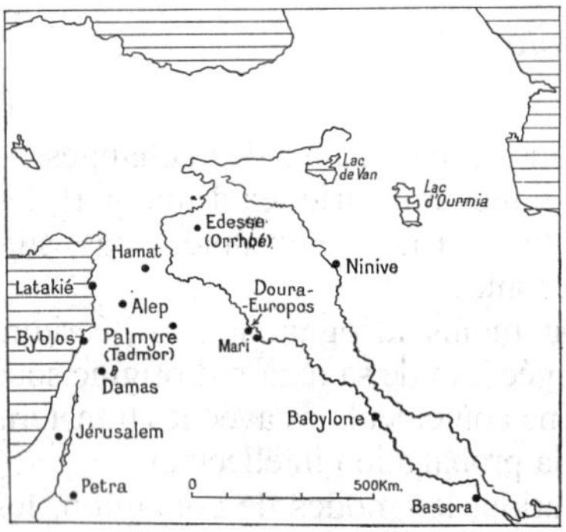

SYRIE ET MÉSOPOTAMIE
(araméen)

Sans doute n'est-il pas illégitime de reporter dans le passé ce que nous connaissons des habitudes des modernes Syriens, citadins migrateurs formant un élément important dans le commerce de la plupart des centres africains et une population flottante en nombre notable en Amérique, où ils ont de nos jours une littérature et une presse en arabe, et où on imprime leur langue religieuse syriaque. Dans l'Antiquité telle que nous la connaissons par les documents conservés, les Araméens sortis de chez eux apparaissent essentiellement comme des employés de bureau, des scribes de l'administration.

Araméen ancien

C'est à proximité de Damas et d'Alep qu'on a trouvé les plus anciennes inscriptions connues en une écriture araméenne encore extrêmement proche de l'écriture cananéenne, dont elle devait diverger par la suite, et qu'on rapporte aux – IXe et – VIIIe siècles. La plus longue, celle de Séfiré Soudjin, atteint cent lignes.

La direction est de droite à gauche comme en cananéen ; les plus anciennes inscriptions seules ont un point de séparation entre les mots.

La langue n'est pas constante et on n'est pas sûr de pouvoir bien interpréter le caractère de la rédaction de chaque inscription : on a cru trouver dans certaines soit des emprunts au moins orthographiques au cananéen, soit des traits particuliers d'un langage qui ne serait pas proprement de l'araméen, tout en étant très proche.

L'ancien tracé araméen, proche du phénicien (dont la direction de droite à gauche a été conservée dans les autres écritures araméennes citées ci-dessous), ne se trouve pas seulement sur des inscriptions de princes syriens, mais se rencontre dans les bibliothèques de tablettes cunéiformes de Babylonie (vers – 700), sur des titres ou étiquettes de documents, faisant supposer la présence de bibliothécaires araméens.

L'expansion de la langue araméenne aux dépens du cananéen et de l'akkadien est un fait très intéressant, mais qu'on ne suit pas dans le détail.

La disparition du pouvoir politique des Assyriens, puis des Babyloniens (prise de Babylone par le Perse Cyrus en – 539) a été fatale à leur langue. Les rois perses ont administré leurs domaines de langue sémitique et même égyptienne en se servant des employés araméens, qui écrivaient dans leur langue, avec leur écriture.

Sans doute doit-on supposer que le nombre de ces employés était grand, et que l'instruction était relativement répandue, avec la facilité de l'écriture alphabétique si maniable. Cependant il ne pouvait être question à cette époque d'une généralisation de l'école, et ce n'est pas par l'usage écrit seul qu'on peut expliquer le fait que, du – V^e^ au – IIIe siècle en gros le phénicien, l'hébreu et l'akkadien ont été de moins en moins parlés, remplacés par des parlers araméens.

Des inscriptions araméennes se rencontrent sur une grande aire de dispersion en Asie Mineure, en Afghanistan et jusqu'au Pendjab (inscription trouvée à Taxila, aux abords de l'Hydaspes, importante pour l'histoire des écritures de l'Inde, dont la datation par les savants a varié du – V^e^ au – IIIe siècle, voir la carte, p. 182).

Hébreu (carré)[1]

Au – Ve siècle la Bible était complètement rédigée et autour de – 300 des textes araméens (livres de Daniel et d'Esdras) y étaient admis pour le récit des événements les plus récents.

L'écriture de l'ensemble était une forme de l'écriture araméenne dont un nom en hébreu rabbinique a été « l'assyrienne » ou « la syrienne » [*ɔašurīt*] et qu'on appelle en paléographie et en typographie l'hébreu carré d'après un autre terme rabbinique. La forme traditionnellement fixée est presque pareille à celle qu'on voit sur les manuscrits en peau trouvés en 1947 dans une grotte du bord de la mer Morte (environ – 70 à + 70). Les mots y sont séparés par de petits intervalles.

Araméen d'Égypte

C'est une forme voisine qu'on trouve sur divers documents retrouvés en Égypte, en particulier à Éléphantine, datant des – V^e^ et – IVe siècles. Sur papyrus, et aussi sur poterie et sur peau, on a trouvé des

1. Cette dénomination « carré » ne se trouve pas avant le XIIIe siècle.

correspondances, des contrats et d'autres fragments d'écrits en araméen émanant de militaires juifs en garnison dans cette région et de leurs familles, de Perses, d'Égyptiens en relations avec les uns et les autres.

Les mots sont séparés par des blancs.

Après la décadence de l'Empire perse, sur les confins des États nés de l'empire d'Alexandre, au moment où l'Empire romain à son tour poussait sa puissance vers l'Orient, il s'est formé des petits États dont la langue officielle était araméenne.

Palmyrénien

Dans le désert de Syrie, sur la route de Mésopotamie, la ville oasis de Palmyre, avec ses dépendances, a constitué au cours du – Ier siècle un de ces États, détruit en + 273, lorsque l'« impératrice » Zénobie a été faite prisonnière par les Romains. On a de nombreuses inscriptions sur pierre en palmyrénien, la plupart votives et funéraires ; la principale est un grand texte de Palmyre qui indiquait les obligations du commerce de transit dans cette ville étape sur la route caravanière d'Orient en Occident.

L'écriture araméenne avait pris là un tracé particulier, qui a d'ailleurs varié par époques, et où on distingue des aspects plus ou moins monumentaux ou négligés. On y voit apparaître quelques liaisons de caractères, ce qui est une indication d'usage cursif. Malheureusement on n'a pas de documents sur matière périssable ; mais certaines inscriptions sont peintes et non incisées.

Il semble probable que si les scribes étaient araméens les caravaniers en général et sans doute aussi les guerriers dans la ville étaient de langue arabe, faisant partie de la dernière vague de l'ensemble sémite nomade en marche vers la sédentarisation partielle.

Nabatéen

La même situation, pour le peuplement et pour la langue, se retrouve dans l'État de Nabatène, dont le premier centre paraît avoir été Pétra, la ville de l'Arabie Pétrée au nord de la mer Rouge, tête de ligne de la route caravanière venant du sud, et qui s'est pendant une assez longue période étendu jusqu'à toucher Damas au nord, Yathrib (Médine) au sud : les Romains en ont fait en + 106 la province d'Arabie. Les Nabatéens ont tracé beaucoup d'inscriptions, surtout funéraires, en un langage araméen, où, dans la dernière période surtout, transparaissent des traits de la langue arabe. L'écriture nabatéenne a des rapports de tracé avec l'écriture palmyrénienne ; les liaisons de lettres y sont devenues plus fréquentes. Des intervalles (pas toujours nets) y sont laissés entre les mots.

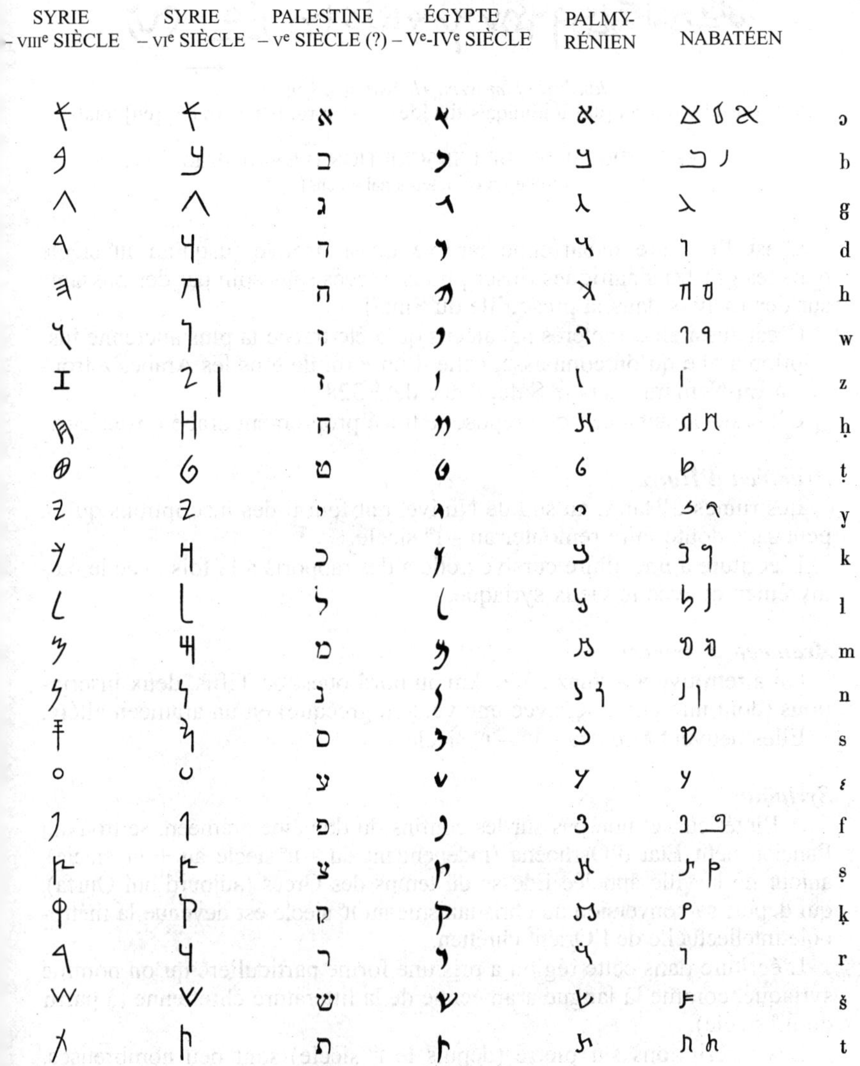

ALPHABETS ARAMÉENS

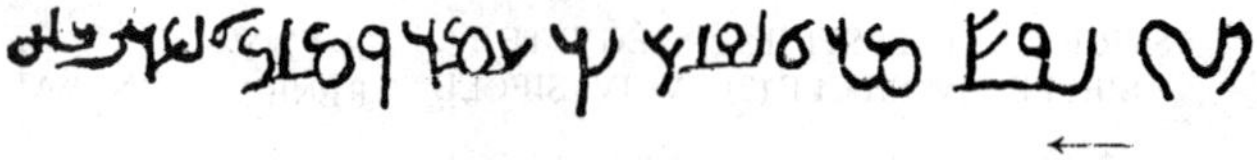

hlk brεlɔ klm wrmε rb šyql ɔrm špn yι
Ceci [est le] tombeau [de] Imroulqaïs fils [de] Amrou roi [des] Arabes [en] totalité

PREMIÈRE LIGNE DE L'INSCRIPTION D'EN-NEMARA
(arabe en caractères nabatéens)

C'est l'écriture nabatéenne tardive qu'on trouve jusqu'au IIIe siècle dans les graffiti sinaïtiques (inscriptions tracées sans soin par des passants sur des rochers dans la presqu'île du Sinaï).

C'est aussi en caractères nabatéens qu'a été tracée la plus ancienne inscription arabe qu'on connaisse, celle d'un « roi de tous les Arabes » trouvée à En-Nemara, dans le Safa, datée de + 328.

C'est sur le nabatéen que repose le tracé proprement arabe postérieur.

Araméen d'Hatra

Les ruines d'Hatra, au sud de Ninive, ont fourni des inscriptions qu'on peut sans doute faire remonter au – Ier siècle.

L'écriture a une allure cursive ; elle a des rapports à la fois avec le palmyrénien et avec le vieux syriaque.

Araméen d'Armazi

On a retrouvé à Armazi, à 22 km au nord-ouest de Tiflis, deux inscriptions (dont une bilingue, avec une version grecque) en un araméen altéré.

Elles peuvent être des – IIe – Ier siècles.

Syriaque

À l'intérieur, et non pas sur les confins du domaine araméen, se trouvait l'ancien petit État d'Osrhoène (indépendant du – IIe siècle au + IIIe siècle), autour de la ville appelée Édesse du temps des Grecs (aujourd'hui Ourfa), qui depuis sa conversion au christianisme au IIe siècle est devenue la métropole intellectuelle de l'Orient chrétien.

L'écriture dans cette région a pris une forme particulière qu'on nomme syriaque, comme la langue araméenne de la littérature chrétienne (à partir du IIIe siècle).

Les inscriptions sur pierre (depuis le Ier siècle) sont peu nombreuses. Certaines ont l'intérêt de montrer une direction verticale, de haut en bas, commençant par la gauche : les scribes semblent en effet avoir écrit régulièrement de haut en bas les manuscrits qu'on lisait ensuite de droite à gauche après redressement.

Un contrat de vente d'esclaves, trouvé à Doura-Europos, date de 243. Les documents chrétiens (premier manuscrit connu en 411) ont été

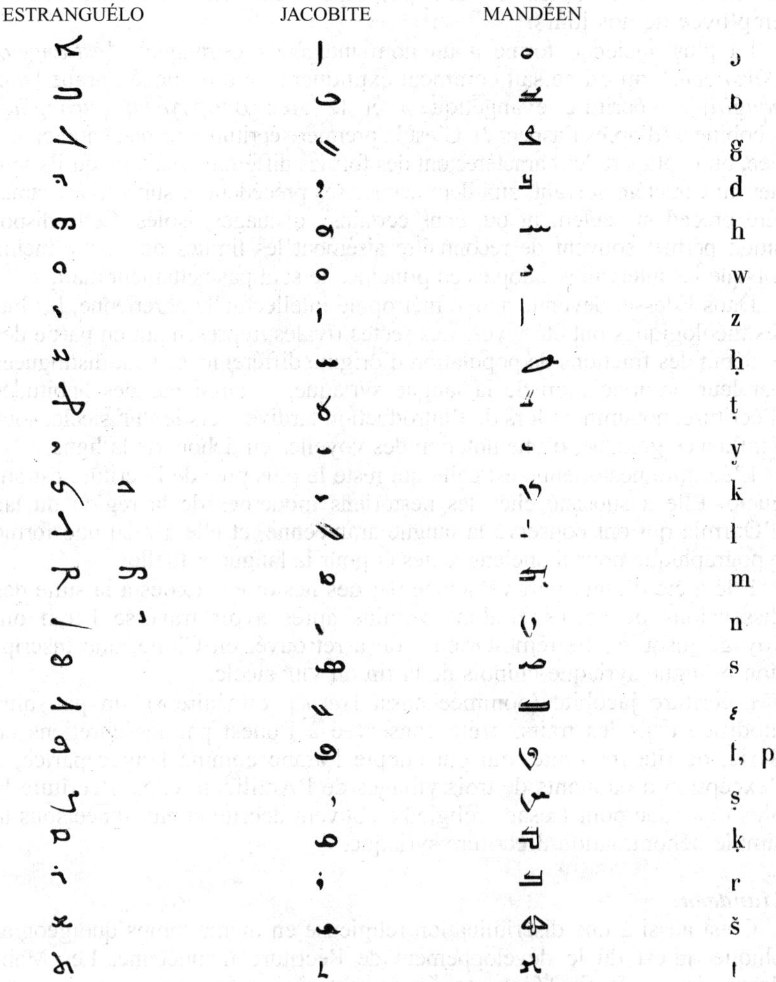

ALPHABETS SYRIAQUES

constamment recopiés et ont perpétué l'écriture syriaque, encore employée de nos jours.

La plus ancienne forme a un nom indigène : estranguélo [*estrangelo, estrangela*], qu'on ne sait comment expliquer : on a proposé l'arabe [*saṭr ɔanğiliy*], « écriture évangélique » et le grec *στοργγύλη* [*strongülẹ*] « bobine » (d'après l'aspect ?). C'est la première écriture presque entièrement liée, où la plupart des caractères ont des formes différentes suivant qu'ils sont liés au caractère suivant, aux deux caractères précédent et suivant, au caractère précédent seulement ou, dans certains voisinages, isolés. Cette disposition permet souvent de reconnaître aisément les limites des mots, même lorsque les intervalles, adoptés en principe, ne sont pas nettement marqués.

Dans Édesse, devenue active métropole intellectuelle chrétienne, les luttes théologiques ont été vives. Les sectes rivales, représentant en partie dès le début des fractions de population d'origine différente, se sont distinguées par leur prononciation de la langue syriaque, et aussi par des habitudes d'écriture, notamment lors de l'introduction tardive, vers le VIIIe siècle, sous l'influence grecque, d'une notation des voyelles en dehors de la ligne.

L'écriture nestorienne est celle qui reste le plus près de l'écriture estranguélo. Elle a subsisté chez les nestoriens modernes de la région du lac d'Ourmia qui ont conservé la langue araméenne, et elle a reçu une forme typographique pour d'anciens textes et pour la langue actuelle.

Elle a été d'autre part véhiculée par des nestoriens exilés à la suite des dissensions de sectes et dont certains après avoir traversé l'Iran ont voyagé jusqu'en Extrême-Orient ; on a retrouvé, en Chine, une inscription bilingue syriaque-chinois de la fin du VIIIe siècle.

L'écriture jacobite (nommée aussi [*serṭo*] « linéaire »), un peu plus modifiée dans les traits, a été conservée à l'ouest par les chrétiens de Syrie, de rite maronite, qui ont adopté l'arabe comme langue parlée, à l'exception d'habitants de trois villages de l'Antiliban. C'est l'écriture la plus répandue pour l'usage religieux, souvent décrite et enseignée sous la simple dénomination d'écriture syriaque.

Mandéen

C'est aussi à une discrimination religieuse en même temps que géographique qu'est dû le développement de l'écriture mandéenne. Les Mandéens, dans la Basse-Mésopotamie, se sont distingués comme une secte en marge du christianisme, dont des éléments très peu nombreux se maintiennent encore, en employant leur langage araméen à côté de l'arabe, dans la région de Bassora.

Leur écriture est une forme plus archaïque que celle du syriaque, plus proche de l'ancien araméen ; mais les caractères y sont liés aussi en majeure partie ; les signes des semi-voyelles *w* et *y* et de l'occlusive glottale *ɔ*, liées aux consonnes, servent à noter les voyelles *u* (*o*), *i* (*e*), *a*. Il y a des blancs entre les mots.

Karchouni (carchouni)

Lorsque l'arabe a remplacé l'araméen dans son domaine, il a été quelque peu écrit en caractères syriaques (complétés par des signes diacritiques). Cette notation a été appelée [*karšuni*] ou [*garšuni*], terme d'origine mystérieuse qui s'applique aussi dans l'Inde à une autre utilisation de caractères syriaques. Dans un manuscrit en karchouni on a rencontré aussi du grec transcrit dans le même caractère.

ÉCRITURES DÉRIVÉES DE L'ARAMÉEN DANS LA RÉGION IRANIENNE

En domaine perse, de langue indo-européenne-iranienne, une tradition parle d'un roi Tahmourath qui aurait arraché aux démons l'écriture, enlevée par eux aux bons génies et tenue cachée ; ce héros civilisateur aurait aussi enseigné le domesticage des animaux et l'art des constructions. Une autre tradition parle d'une écriture à sept formes dont l'une aurait eu trois cent soixante-cinq caractères.

L'essai constitué par le système vieux perse à tracé cunéiforme ne s'est pas répandu et ne paraît pas avoir duré après les Achéménides (539-380 av. J.-C.).

Par la suite, pendant une période, l'écriture grecque a été employée, jusqu'au début du IIᵉ siècle.

Mais l'araméen, qui avait été employé déjà comme langue administrative à l'ouest par les Achéménides, a pénétré aussi en Iran à certaines occasions et l'écriture araméenne sous différentes formes a servi aux Iraniens et a débordé jusque dans l'Inde.

La désignation pehlevi, c'est-à-dire *pahlavik*, qui représente une variante du nom « parthe » avec un suffixe, s'applique à quatre écritures différentes, les deux premières, celles des inscriptions, relativement proches de l'ancien araméen.

L'écriture septentrionale est attestée par quelques documents de l'époque du royaume parthe avec la dynastie arsacide (– 256 à + 224) et surtout par des versions, où le grec figure généralement en tiers, des inscriptions en moyen perse plus méridionales, de l'époque préislamique (dynastie sassanide 226-651).

Un type peu divergent se rencontre surtout sur des monnaies.

Une écriture sensiblement plus évoluée et de caractère cursif se trouve sur quelques papyrus datant du VIIᵉ siècle et dans les textes postérieurs.

Il existe une abondante littérature religieuse qui est la rédaction pehlevie (dite *zend*) des textes mazdéens, conservés par les opposants à l'Islam dont les descendants sont les Parsis presque tous émigrés dans l'Inde, et par les livres qu'ils y ont ajoutés ; les plus anciens de leurs manuscrits datent du XIVe siècle[1].

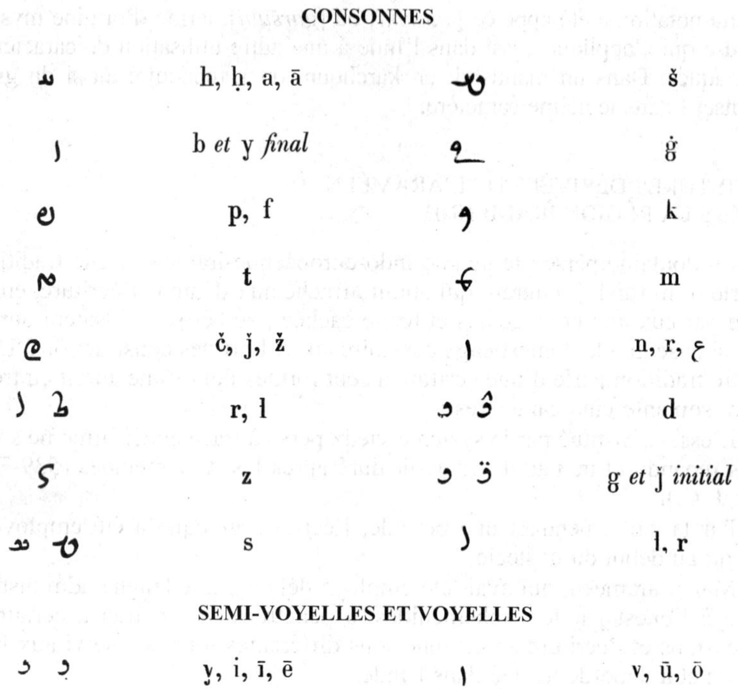

CARACTÈRES PEHLEVIS

L'écriture pehlevie qui a servi à les écrire s'est sensiblement éloignée comme tracé de l'écriture araméenne ancienne. Les liaisons de lettres y sont abondantes. Diverses lettres se confondent entre elles, en un tracé simplifié. L'adaptation à la langue iranienne non sémitique n'a pas été faite au moyen de créations de signes, de sorte que certaines lettres sont employées avec plus d'une valeur ; les signes de l'occlusive glottale et des semi-voyelles sont employées pour une notation des voyelles longues, quelquefois des brèves. La direction de droite à gauche est conservée. Les mots sont séparés par des intervalles.

1. Les Parsis, dont une dizaine de mille subsistent en Perse, ont émigré dans l'Inde à partir du Xe siècle ; vivant surtout dans la région de Bombay, ils y parlent gouzrati (en 1891, environ soixante-dix-sept mille, et treize mille ailleurs dans l'Inde).

Le fait le plus intéressant est que l'écriture pehlevie perpétue la tradition mésopotamienne de représenter certains mots par des idéogrammes. Comme dans le hittite cunéiforme, on trouve ici non des idéogrammes traditionnels provenant d'un ancien stade indigène et remontant à des pictogrammes, mais des tracés de mots empruntés à une langue étrangère : ce sont des mots araméens, écrits alphabétiquement ; ainsi pour [*šāh*] « chah, roi », on écrit [*mlkɔ*], qui a le même sens en araméen. L'emploi de compléments phonétiques montre que les mots étaient bien lus en iranien et non en araméen ; au reste, il s'est heureusement conservé le répertoire de ces mots araméens employés comme idéogrammes, avec la traduction iranienne.

Après l'islamisation au VIIe siècle, et l'adoption de l'écriture arabe pour la nouvelle langue littéraire (persan), l'écriture pehlevie n'a survécu en Perse que chez les peu nombreux Mazdéens qui ont pu se maintenir dans le pays. Mais elle paraît avoir joué un rôle dans la formation de diverses écritures en dehors de l'Iran.

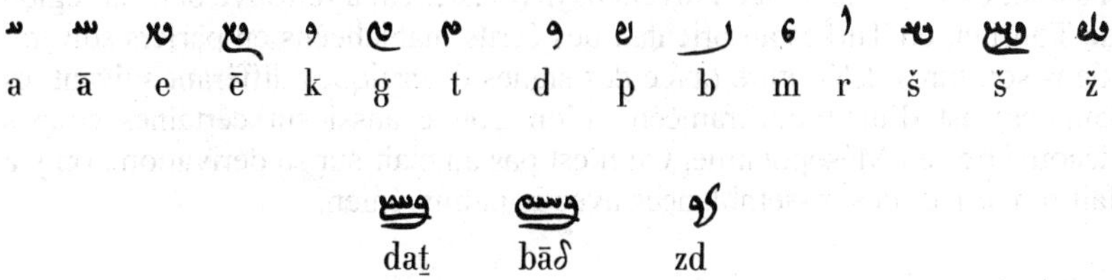

CARACTÈRES AVESTIQUES

D'autre part les mazdéens avaient conservé oralement, à côté de la version en pehlevi, la version ancienne des textes sacrés du mazdéisme, dont on fait remonter la partie poétique à Zarathoustra (– VIIe ou – VIe siècle) et qui constituent le recueil dit de l'Avesta (mot d'origine non élucidée). À une époque indéterminée l'Avesta a été mis par écrit ; l'écriture elle-même, qu'on nomme *avestique*, montre les traces d'une action délibérée, sur laquelle on n'est pas autrement renseigné.

La direction droite-gauche est conservée. La plupart des ligatures sont éliminées. Surtout des tracés distincts sont adoptés pour toutes les lettres ; l'alphabet a été augmenté de tracés nouveaux, de manière à représenter toutes les consonnes et voyelles (donc comme en grec), de sorte que le nombre des caractères atteint presque la cinquantaine en y comprenant quelques variantes (et sans les ligatures).

Il se trouve ici qu'en raison de circonstances spéciales dans la transmission religieuse les textes les plus anciens ont bénéficié d'une écriture et d'une orthographe renouvelées. Mais une autre circonstance, celle du petit nombre des Parsis et de leur incapacité à entretenir intégralement leurs traditions, fait que la valeur de certaines lettres n'est pas bien connue.

ÉCRITURES D'ORIGINE ARAMÉENNE EN ASIE CENTRALE ET SEPTENTRIONALE

En Asie, au-delà de l'Iran vers le nord, l'écriture araméenne a été adoptée par diverses populations de langue indo-européenne ou de langue altaïque, à la suite de divers mouvements religieux et politiques et en raison de l'établissement de courants commerciaux qu'on ne peut pas suivre dans le détail. Plus d'une fois des découvertes de manuscrits en diverses écritures permettent seules de connaître des migrations passées et de reconnaître les voies de pénétration de certaines propagandes ou de certaines expansions d'États.

Écriture manichéenne

La religion manichéenne est née au milieu du IIIe siècle de l'enseignement de Mani ou Manès, un temps en faveur à la cour des Sassanides (Perse), mais tôt exilé et itinérant en divers pays d'Asie. On a retrouvé dans la région de Tourfan, en Turkestan oriental, des écrits manichéens en parlers soit iraniens soit turcs. L'écriture (avec des signes diacritiques différant suivant les langues) est d'un type araméen qu'on trouve aussi sur certaines coupes découvertes en Mésopotamie. On n'est pas au clair sur sa dérivation ; on y a fait remarquer des ressemblances avec le palmyrénien.

Sogdien

Le nom de Sogdiane s'attachait dans l'Antiquité à la région qui est maintenant l'Ouzbekistan (Boukhara et Samarcande). La langue des habitants était iranienne. On la lit sur des documents retrouvés plus à l'est, en particulier dans le bassin de Tourfan. Les plus anciens remontent sans doute au IIe, peut-être même au Ier siècle. Le sogdien paraît avoir été une langue de relation, dont l'emploi est tombé en désuétude au moment de l'expansion mongole (XIIIe siècle). Les documents proviennent de gens de diverses religions (christianisme, bouddhisme, manichéisme).

L'écriture a une origine araméenne non exactement déterminée. Le tracé a subi une évolution indépendante au cours des siècles. La direction est de droite à gauche ; on a cependant des indications sur l'usage d'un tracé vertical. L'alphabet est consonantique, avec emploi de consonnes-voyelles. Il y a quelques idéogrammes à la manière pehlevie, consistant en mots araméens.

Il y a des intervalles entre les mots[1].

---

1. Il existe plus de quatre-vingts documents écrits du VIIIe siècle ; en plus du sogdien, un texte arabe et des textes chinois. Environ une moitié des textes sur peau, un quart sur papier, un quart sur bois. Les objets en bois sont des bâtons de 0,10 m à 1,32 m. Les textes sont incisés dans le sens de la longueur des bâtons, en lignes de longueurs et de dispositions diverses ; certains sont des lettres, notamment au roi, d'autres sont des documents d'affaires. Noter que certains textes sogdiens en écriture sogdienne sont traduits de traductions chinoises de textes sanskrits.

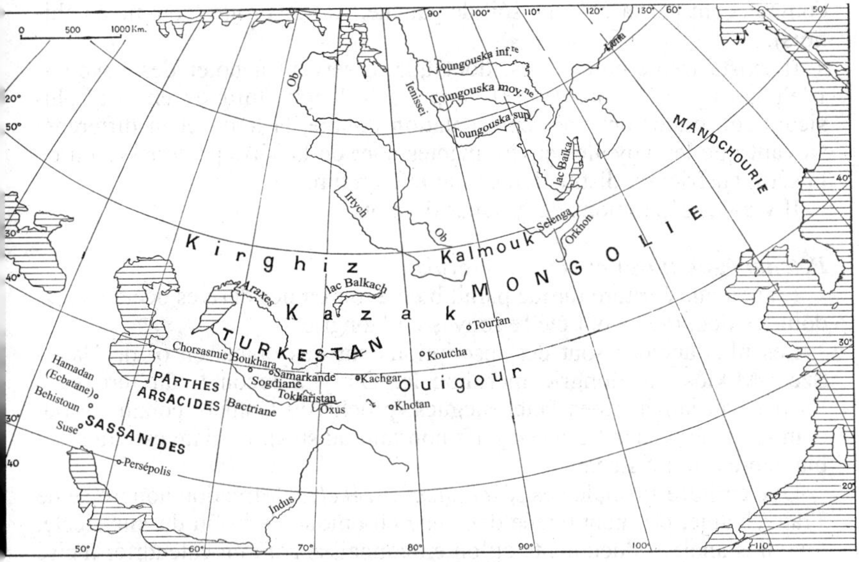

ASIE CENTRALE

Chorasmien

À l'ouest de la Sogdiane, l'iranien était parlé par les Chorasmiens, connus d'Hérodote. On a retrouvé dans cette région Khorezm ou Kharezm [*kh*^{w}*ārizm*] des signes anciens sur roche non encore interprétés. Des monnaies et objets en argent portent des inscriptions montrant une écriture d'origine araméenne dont la lecture n'est pas achevée, attribuée aux III-VIIIe siècles. D'époque musulmane, on a quelques gloses en écriture arabe.

Ancienne écriture turque

Les Turcs ont eu anciennement en Extrême-Orient une écriture d'origine araméenne, dont on ne sait pas exactement comment s'est faite la transmission. Un intermédiaire pehlevi arsacide est vraisemblable.

Les documents principaux sont des inscriptions du VIIIe siècle sur des stèles trouvées en Sibérie le long de l'Iénisséi et en Mongolie, dans la vallée de l'Orkhon. Il y a aussi des fragments de manuscrits provenant du bassin de Tourfan et plus au sud.

Le déchiffrement est dû à Vilhelm Thomsen (1893).

La direction de l'écriture est variable : horizontale de droite à gauche, de gauche à droite et quelquefois boustrophédon ; aussi verticale, le texte commençant par la colonne soit de gauche, soit de droite (comme en chinois).

Il existe trente-huit lettres, dont quatre servent à noter des voyelles. L'alphabet a été expressément adapté à la langue turque : en effet plusieurs consonnes ont une représentation double, la lettre étant différente suivant que les voyelles environnantes sont de la série postérieure ou de la série antérieure, distinction essentielle en turc.

Il y a des séparations de groupes de mots.

Petchénègue (turc) et vieux hongrois

L'ancienne écriture turque paraît bien avoir eu des dérivés occidentaux, dont les documents ont été retrouvés en Hongrie.

Les plus anciens sont des inscriptions sur des objets en or de Nagy-Szent-Miklós en Hongrie méridionale. On y a reconnu du turc sous l'aspect du langage des Petchénègues (proche du Coman, connu surtout comme langage des Caraïtes, juifs non talmudistes). La date est vraisemblablement le IXe siècle.

Une écriture spéciale des *sékèl* (*siculi, székelyek*), fraction hongroise de Transylvanie, est mentionnée dans une chronique de la fin du XIIIe siècle. Les plus anciens documents qu'on en connaisse sont un calendrier incisé de 1500 et une inscription dans une église en 1501. On cite des documents (incisés) jusqu'au XVIIIe siècle, surtout des alphabets. Mais cette écriture ne s'est pas répandue en dehors de son milieu spécial.

Les caractères se ramènent plus ou moins bien en partie aux caractères vieux turcs.

Il y a trente-deux lettres, dont sept signes de voyelles qui ne sont pas toujours employés. L'écriture va généralement de droite à gauche. Il y a des séparations de mots (par des points ou intervalles) ; mais certains mots sont joints.

Ouïgour

Les Ouïgours étaient des éléments turcs orientaux qui se sont transportés dans le Turkestan et ont subi une influence iranienne, d'où il a résulté qu'ils ont adopté l'écriture sogdienne, sous des formes peu modifiées (on en connaît trois).

Le tracé est en principe vertical mais on le rencontre aussi horizontal. Il y a des intervalles entre les mots et une ponctuation.

Cette écriture avec la langue ouïgoure se trouve depuis le VIIIe siècle dans des manuscrits manichéens (d'autres étant en écriture manichéenne), nestoriens et bouddhiques. Elle a servi à l'usage officiel et à d'autres dans l'empire turco-mongol organisé sur la fin de sa vie par le conquérant mongol Gengis Khan (mort en 1227).

Après sa période de floraison du Xe au XIIIe siècle au cours de laquelle elle a été employée même par les Mongols avant que ceux-ci en aient tiré un tracé propre à eux et dans des gloses chinoises, l'écriture ouïgoure a dû partager son aire d'emploi avec l'écriture arabe. On a encore de nombreux documents en écriture ouïgoure aux XIVe et XVe siècles (certains se sont trouvés à Stamboul). L'usage s'en est restreint progressivement du XVIe au XIXe siècle et a disparu au XXe.

L'apparition du bouddhisme avait d'abord fait écrire la langue en brahmi (IXe–Xe siècle). L'influence grandissante de l'islam n'a pas imposé immédiatement l'écriture arabe ; cependant celle-ci s'est répandue de plus en plus à partir du XIVe siècle pour la rédaction des livres en ouïgour ; elle a fini par dominer tout à fait. La langue moderne littéraire néo-ouïgoure, assez différente de l'ancienne, s'écrit seulement en écriture arabe (voir p. 189). Le cyrillique, essayé au cours de la période de guerre 1940-1945, ne s'est pas maintenu.

Mongol

La langue mongole a été écrite pendant une période au moyen du tracé ouïgour (une inscription serait de 1226).

C'est pour l'usage bouddhique qu'on en a plus ou moins modifié le tracé. Ce tracé modifié est appelé galik ou ghalik d'après un terme sanskrit voulant dire à peu près « abécédaire » (fin du XIIIe et XIVe siècle), avec des formes diverses de caractères, au nombre d'une centaine et il a été employé essentiellement pour la transcription des textes sanskrits. Une autre variante, peu modifiée, du ouïgour a constitué le mongol proprement dit, resté en usage jusqu'à l'époque moderne (avec une variante bouriate).

Il subsiste encore chez les Mongols de la Mongolie « intérieure » en territoire chinois et du Sin-kiang voisin, tandis que la République populaire de Mongolie (Mongolie extérieure) a adopté l'écriture cyrillique, employée aussi en Union soviétique en Bouriato-Mongolie.

Autrefois on a fait en mongol des transcriptions de textes chinois, tandis qu'inversement des ouvrages en langue mongole étaient écrits en caractères chinois, et que d'autres étaient écrits en caractères indiens[1].

La direction du mongol est verticale : les colonnes sont rangées de gauche à droite.

Kalmouk

Les Kalmouks ont une langue mongole à part, et une écriture qui est une variante du mongol, inaugurée en 1649.

---

1. Les Oïrates (trois cent cinquante à quatre cent mille), dans le Sin-kiang, conservent encore, notamment pour la presse, l'alphabet du moine bouddhiste Zaya Pandita (1648). Les Bouriates ont employé l'écriture mongole jusqu'en 1931 ; puis ils ont eu une écriture latine, avant l'écriture cyrillique (1938). L'écriture cyrillique a été adoptée par la République populaire de Mongolie en 1941. La Mongolie intérieure elle-même est passée au cyrillique à partir de 1955. D'autre part on a des témoignages d'un emploi d'une écriture indienne (employée pour le sanskrit) qui ne paraît pas s'être étendu.

Mandchou [manžu]

Le mandchou, langue toungouze, a acquis une importance politique, au début du XVIIe siècle, dans un empire indépendant. Le tracé est celui du mongol, avec une utilisation de points combinée par des lettres et ultérieurement révisée. Cette écriture est très peu employée à époque moderne, en raison de l'assimilation presque achevée des Mandchous aux Chinois.

Ces diverses écritures ont donc une histoire plus ou moins connue, où on voit l'action de princes et de lettrés pour adapter à leurs langues une écriture étrangère (celle du sogdien) qui avait par ailleurs cessé de servir à son usage antérieur, au moins de manière importante.

ÉCRITURES DE L'INDE

Une extension de l'écriture alphabétique considérable tant par la surface couverte que par les variétés de forme, est celle qui a atteint l'Inde et à travers elle une partie de l'Indochine et de l'Insulinde d'une part, le Tibet et d'autres régions au-delà d'autre part.

Comme en Grèce et ailleurs, des masses mouvantes de conquérants à langues indo-européennes sont arrivées dans l'Inde sans apporter d'écriture. Les intellectuels-prêtres entretenaient un savoir avec de grands poèmes religieux ; mais il semble que leur littérature ait été écrite tardivement, et sans doute les lettrés ont-ils préféré longtemps un mode de transmission orale qui perpétuait leur prestige et leurs privilèges.

Nous ne savons pas si l'ancienne civilisation de l'Indus subsistait encore lors de l'invasion indo-européenne et si l'écriture attestée par les sceaux de Mohenjo-Daro, etc. s'était développée : en tout cas, il n'y en a nulle mention dans toute la littérature indienne.

Ce que nous entrevoyons, c'est que les envahisseurs, qui devaient imposer leurs langues du groupe indo-iranien (ou aryen) à la plus grande partie de l'Inde, en se mélangeant aux éléments antérieurs (de langues mounda ou dravidiennes) sont devenus à leur tour des agriculteurs-éleveurs, des citadins, des marchands.

Ceux-ci avaient des relations terrestres et maritimes avec l'extérieur. Il faut tenir compte des courants qui encore aujourd'hui amènent des négociants et des artisans indiens dans les régions occidentales, en particulier l'Arabie du Sud et l'Afrique orientale, et se prolongent jusqu'en Afrique du Nord occidentale. Ainsi s'explique sans doute que le continent indien ait reçu de l'extérieur, par des émigrés rentrant au pays, l'écriture dont il devait faire ensuite un si grand usage.

L'histoire des écritures indiennes est spécialement obscure aux origines. Elles apparaissent en deux groupes distincts, avec des caractéristiques en majorité communes, dans des inscriptions du IIIe siècle av. J.-C. Comme il faut bien supposer une élaboration, on recule hypothétiquement d'un nombre, non précisé, de quelques siècles l'introduction de l'écriture dans l'Inde, avec ses deux formes principales.

Presque toutes les écritures indiennes peuvent se rattacher à une forme écrite de gauche à droite ; le nom n'en est pas fixe dans les listes des savants indigènes ; ce sont les savants européens qui se sont fixés sur celui de brahmi (*brāhmī*).

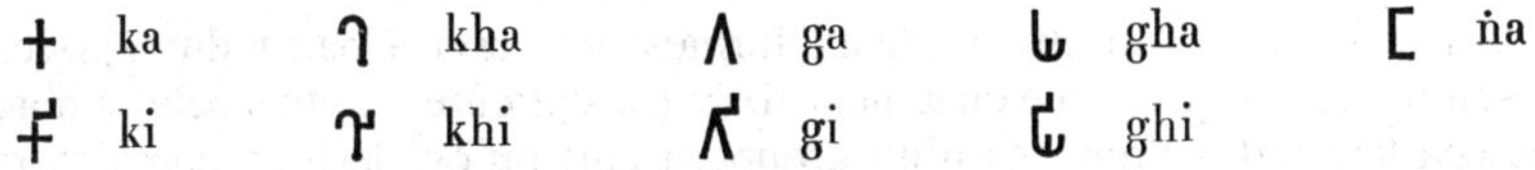

ÉCRITURE BRAHMI
Inde

En raison de l'idée préconçue et vraisemblable qu'il s'agit d'un tracé emprunté au monde sémitique, on a cherché des rapprochements entre les tracés des caractères et des tracés connus en phénicien (on peut s'adresser aussi au plus vieil araméen) ; en fait on n'en a trouvé qu'un petit nombre, et qui n'emportent pas la conviction. D'ailleurs il n'est pas invraisemblable que l'emprunt ait été fait plutôt à une forme sudsémitique.

Dans le nord-ouest de l'Inde, région où s'est exercée la suprématie perse, il s'est développé un autre tracé, employé en direction de droite à gauche, qui est resté en usage dans sa contrée d'origine jusqu'au IIIe siècle apr. J.-C.

Le nom précédemment choisi par les savants européens a été kharostri (*kharoṣṭrī*) ou kharosthi (*kharoṣṭhī*), d'après une indication d'origine chinoise de valeur douteuse ; il semble que dans l'avenir on doive préférer araméo-indien. En effet, c'est sans peine qu'on retrouve des rapports de tracés avec l'araméen, qu'on sait avoir atteint les confins indiens avec la conquête perse et être à l'origine des écritures iraniennes. Certains autres caractères, correspondant à des valeurs phonétiques inconnues au sémitique, s'expliquent par des traits ajoutés ou modifiés à certains des caractères du premier fonds.

Mais beaucoup d'indianistes sont d'accord pour penser qu'au total le tracé de cette écriture du Nord-Ouest et son fonctionnement ne s'expliquent entièrement que si on tient compte d'une influence de la brahmi, qu'on suppose avoir été constituée antérieurement. (Toutefois la thèse de l'antériorité de l'araméo-indien est aussi soutenue.)

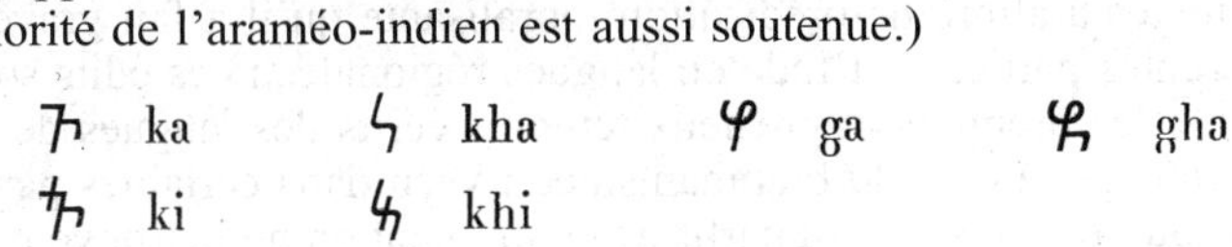

ÉCRITURE ARAMÉO-INDIENNE
Inde

Un mot ici aussi sur les expansions des deux écritures en direction nord vers l'Asie centrale (voir la carte p. 175).

L'araméo-indien a atteint la Bactriane ancienne et le Turkestan et semble s'y être éteint au VIIe siècle.

Des écritures dérivées de la brahmi se trouvent dans la même région et ont servi à l'exportation des textes sanskrits jusqu'en Chine et au Japon et pour des traductions et même pour des écrits en chinois.

Dans le Turkestan chinois deux formes ont servi à partir du IVe siècle jusqu'à une époque non exactement fixée (postérieure au VIIe siècle) à noter des parlers indo-européens d'un groupe à part qu'on désigne conventionnellement sous le nom de *tokharien* (koutchéen à l'ouest, agni à l'est).

Dans la même région (ancien royaume de Khotan) on a retrouvé des documents du *khotanais*, parler iranien, du VIIe au Xe siècle : textes bouddhiques traduits du sanskrit ou du tibétain. Ils montrent plusieurs variétés de tracés dérivés de la brahmi, avec certains signes additionnels.

D'autre part aux IXe et Xe siècles environ, des textes bouddhiques en écriture brahmi ont été écrits en langue turque.

Les Indiens civilisés avaient perdu toute conscience de l'emprunt de l'écriture à un monde extérieur. Ils ont attribué la création de l'écriture au grand dieu Brahma.

Il paraît tout à fait vraisemblable qu'ils ont inventé eux-mêmes de toutes pièces le système de syllabisme secondaire qui a fait de leurs deux types d'écriture une représentation phonographique complète avec notation des voyelles (alphabet-syllabaire) ; pour celles-ci la brahmi seule des deux distingue les longues des brèves.

Le travail intellectuel réalisé a reposé, semble-t-il, à la fois sur le souci religieux de fixer d'anciens textes dans tous leurs détails et aussi sur une faculté de raisonnement subtil et raffiné, où l'observation phonétique a trouvé à jouer son rôle. Sans qu'on puisse se référer comme pour la Grèce à l'histoire connue de centres intellectuels, on constate là une activité intellectuelle analogue, sensiblement dans la même période de quelques siècles.

Plus tôt qu'en Occident, les mouvements d'idées devaient se déverser dans une doctrine à tendances humaines universelles, celle du bouddhisme. Né au VIe-Ve siècle, ce mouvement était florissant au IIIe siècle. C'est à ce moment que l'empereur Asoka s'en est inspiré dans la rédaction de textes à allure de prédication moralisante qu'il a fait graver dans les différentes parties de l'Inde en langues régionales : ces édits sont restés comme les premiers et précieux témoins écrits des langues de l'Inde. Le bouddhisme, à côté du brahmanisme, a vécu dans certaines parties de l'Inde jusqu'au XVIe siècle (à partir de ce moment on ne le trouve plus que dans une partie de l'île de Ceylan). Ses adeptes, poussés par leur esprit religieux universaliste, ont recherché les relations avec l'extérieur.

Le bouddhisme s'est implanté solidement en Chine au Ier siècle apr. J.-C. et y a été florissant du IVe au Xe siècle, en poussant son expansion sur la Corée, le Japon et l'Indochine, avec transports de littérature indienne ; la décadence date du XVIe siècle.

Il faut tenir compte aussi des influences du bouddhisme dans diverses parties de l'Asie centrale et septentrionale. Il a triomphé au Tibet au VIIe siècle et s'y est maintenu depuis.

Dans l'Inde, le brahmanisme n'a pas cessé de vivre et de prospérer malgré la concurrence du bouddhisme pendant un temps et postérieurement de l'islamisme. Le polythéisme y est étroitement allié au système social de la division en castes, où les brahmanes constituent la caste supérieure de la hiérarchie en même temps que la caste intellectuelle.

La civilisation brahmanique a une littérature sacrée, dont les parties anciennes constituent ce qu'on appelle le Véda ou littérature védique. La langue en est une langue indo-européenne du groupe indo-iranien ou aryen, de type archaïque, c'est-à-dire conservant beaucoup de traits anciens, le sanskrit ou sanscrit (*saṃskṛta* « accompli »). Cette langue littéraire a pris sa forme classique dans les derniers siècles avant l'ère chrétienne et, toujours étudiée, écrite et même parlée par les lettrés, elle forme un lien intellectuel permanent entre les Indiens de différentes langues.

Cependant des littératures se sont développées aussi dans les langues indo-européennes des différentes provinces : on distingue les prakrits (*prākṛta* « ordinaire, courant »), dialectes anciens proches du sanskrit, ainsi que le pâli (« ligne [d'écriture] » ou « série [de textes] », langue d'une littérature bouddhique, et les différentes langues régionales modernes dont les principales sont l'hindi ou hindoustani, le mahrate ou marathe, le bengali.

Le développement des écritures suivant le développement social et intellectuel, la brahmi a pris des quantités de formes régionales, dont il ne sera pas autrement question ici. Ce qu'il est essentiel de savoir, c'est que certains tracés ont été appelés nagari (*nāgarī*), ce qui veut dire par ailleurs « citadin », mais a peut-être une autre origine en ce qui concerne l'écriture (caste brahmanique *nagar* en gouzrati) ; un de ces tracés qui s'est développé vers le XIIIe siècle a été appelé sans raison valable *devanāgarī* « nagari divin » par les savants européens ; on semble devoir s'accorder maintenant pour l'appeler simplement nagari. C'était à un moment essentiellement l'écriture employée à tous usages pour l'hindi et en partie pour le mahrate. Mais on l'a adoptée d'une manière générale pour l'impression du sanskrit, dans l'Inde et aussi en Europe, de sorte que cette écriture tend à devenir l'écriture à la fois savante et courante de toute l'Inde non musulmane. Elle se reconnaît immédiatement parce que presque tous les caractères ont en haut un trait horizontal, la succession de ces traits rapprochés les uns des autres paraissant constituer une ligne au-dessus de chaque mot ou groupe de mots (voir l'alphabet-syllabaire indien, p. 157) ; ils peuvent manquer dans l'écriture à la main.

Les écritures syllabiques de l'Inde dérivées de la brahmi, véhiculées par les courants commerciaux et religieux d'une civilisation à prestige, ont largement débordé le domaine des langues indo-aryennes, non sans quelques rencontres par places avec d'autres types.

Dans le sud de la péninsule, les langues dravidiennes plus ou moins littérarisées s'écrivent avec des formes dérivées de la brahmi, en particulier le tamoul ou tamil.

க	ka, ga	ங	ṅa	ஞ	ña	ண	ṇa
கி	ki, gi	ஙி	ṅi	ஞி	ñi	ணி	ṇi

ÉCRITURE TAMOULE
Inde

Dans le domaine de cette langue, l'écriture est augmentée de signes spéciaux pour écrire le sanskrit.

D'autre part on y emploie aussi une écriture cursive dite vattélouttou [*vaṭṭeḷuttu*] où certains ont voulu voir une forme prise directement au

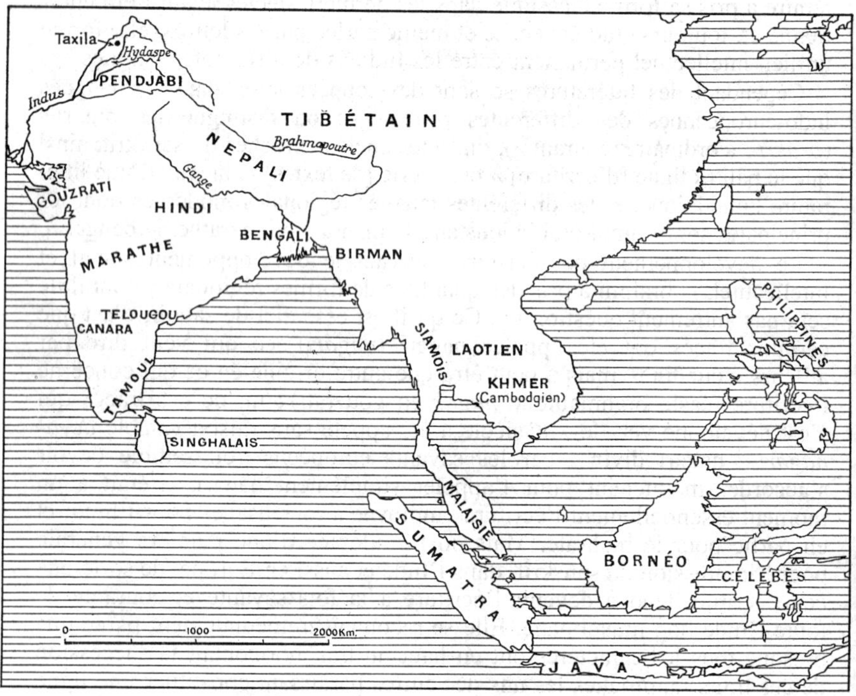

EXPANSION DES ÉCRITURES INDIENNES
(Pour le Nord compléter par la carte, p. 175)

phénicien et qui pourrait être à l'origine des écritures du Nord elles-mêmes ; mais cette idée est généralement rejetée et on pense maintenant que le tracé s'est formé sur place à partir du tamoul ordinaire employé pour la littérature.

Sur la côte de Malabar a existé, et survit peut-être encore, chez les « chrétiens de Saint-Thomas », le carchouni [*karšuni*], alphabet nestorien introduit au VIIe siècle, complété par huit signes de l'alphabet malayalam, qui est employé ailleurs en domaine dravidien.

Dans la même région, aux îles Maldives, on trouve deux écritures, l'une du groupe dravidien dans les îles du Sud, l'autre dans les îles du Nord : c'est une écriture mixte bizarre, écrite de droite à gauche, avec neuf signes qui sont les chiffres arabes de 1 à 9 pourvus de valeurs de lettres et neuf signes pris au dravidien (sous sa forme de telougou-canarais), les consonnes étant seules écrites.

Au nord de l'Inde, une écriture d'origine indienne est employée dans le Tibet bouddhiste : l'histoire dit que l'emprunt date du VIIe siècle et que l'écriture a été adaptée à la langue tibétaine d'un système très différent de l'indo-européen, par un lettré dont on a conservé le nom. On a signalé d'autre part l'existence temporaire d'un tracé d'un autre type que celui qui a subsisté, avec la disposition verticale. Les syllabes-mots sont séparées par un point. Trois sortes de traits servent de ponctuation.

ཨ	a	ཀ	ka	ག	ga	ང	ṅa
ཨུ	u	ཀུ	ku	གུ	gu	ངུ	ṅu

ÉCRITURE TIBÉTAINE

C'est au Tibet qu'on rencontre le curieux usage du moulin à prières, où l'oraison sous forme écrite est présentée continûment, avec un mouvement uniforme, d'une manière qui ne craint aucune déformation hérétique de la prononciation.

L'écriture tibétaine a connu une expansion directe : elle a servi à noter certains textes chinois, turcs anciens, ouïgours.

D'autre part, une expansion indirecte lui a été procurée par le syllabaire pagspa. En 1269, Khoubilai Khan, fondateur de la dynastie mongole en Chine et propagateur du bouddhisme, a fait venir du Tibet un lama pour combiner une écriture spécialement adaptée au mongol. Le lama était surnommé « le saint », en mongol pags-pa [*ʾp'ags-pa*], traduction du sanskrit *ārya* « noble » ; ce nom a été donné aussi à l'écriture qu'il a tirée du tracé tibétain. Elle a servi en Chine, jusqu'à la fin de la dynastie mongole en 1368, à écrire le mongol, et aussi à transcrire phonétiquement du chinois. En Mongolie, l'emploi s'en est prolongé jusqu'à la fin du XVIe siècle. Le tout pour des usages officiels.

À l'est de l'Inde, l'écriture a d'abord été adaptée par les Mon du sud de l'actuelle Birmanie à leur langue de la famille mon-khmer, à une époque non exactement connue (les inscriptions datées sont du IIᵉ siècle).

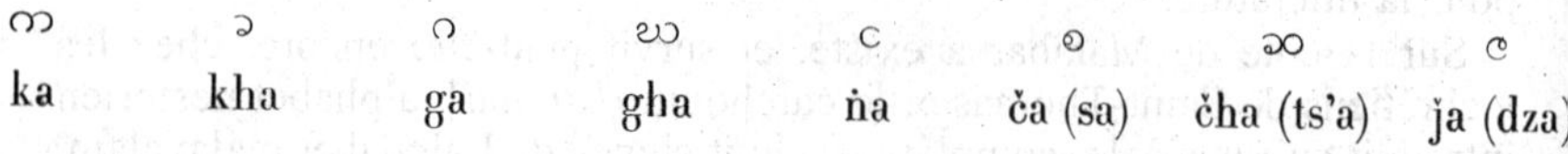

ÉCRITURE BIRMANE

Les Birmans, qui ont fini par conquérir tout le pays et assimiler ceux des Mon qui n'ont pas émigré au Siam, ont adopté à leur tour l'écriture des Mon pour écrire leur langue apparentée au tibétain.

Dans la péninsule indochinoise, la première adaptation d'une écriture indienne est celle que montrent les inscriptions tchames, en Annam et au Cambodge. La plus ancienne qu'on connaisse remonte au IIIᵉ siècle environ, mais elle est rédigée en sanskrit et en écriture indienne. Des inscriptions dans la langue tchame (qui est malayo-polynésienne) sont datées du Vᵉ au XVᵉ siècle ; il y a aussi des manuscrits.

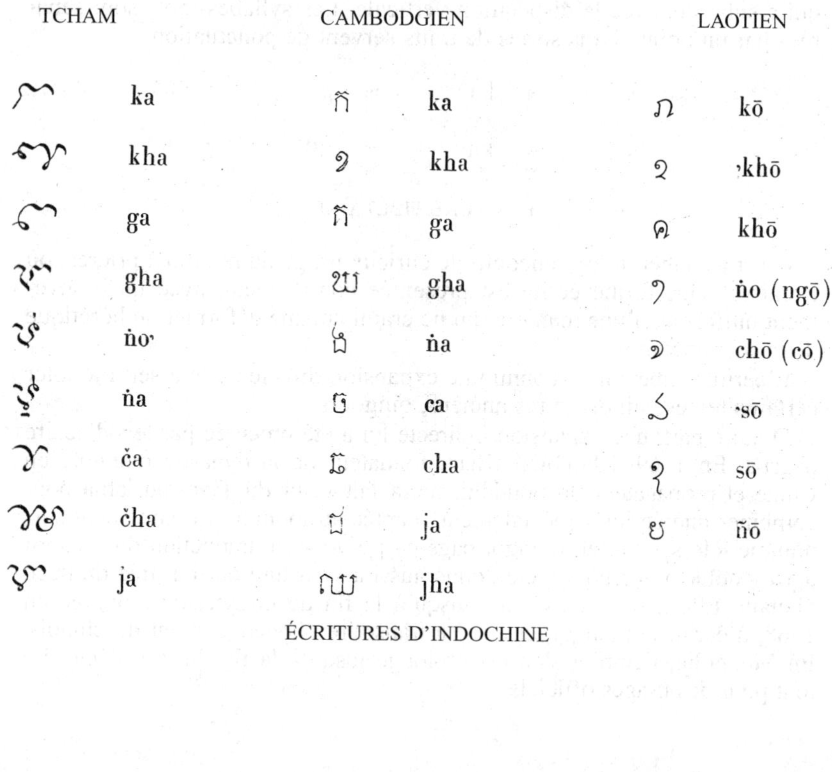

ÉCRITURES D'INDOCHINE

Des écritures également venues de l'Inde ont servi au cambodgien, langue du groupe mon-khmer.

D'autres ont servi aux langues thaï, le siamois, le laotien, d'autres variétés encore, avec des prolongements jusqu'en territoire chinois.

Ainsi l'écriture phonographique alphabétique, grâce à l'expansion de la civilisation indienne, a été adaptée à différentes langues de types variés, dont certaines sont des langues à tons (siamois).

Ces langues ont donc eu des écritures nationales d'usage commode qui ont manqué à la partie de l'Indochine qui avait été atteinte par l'influence chinoise (vietnamien ou annamite), où la solution est venue tardivement de l'écriture latine.

Pour le Sud-Est, on connaît mal les circonstances par lesquelles l'influence de la civilisation indienne a introduit l'écriture phonographique dans les grandes îles de l'Océanie occidentale (Insulinde).

L'usage de cette écriture s'est étendu à tous les emplois : civils, religieux, littéraires, politiques.

C'est ainsi qu'il existe une écriture javanaise et une écriture de Bali qui lui est apparentée.

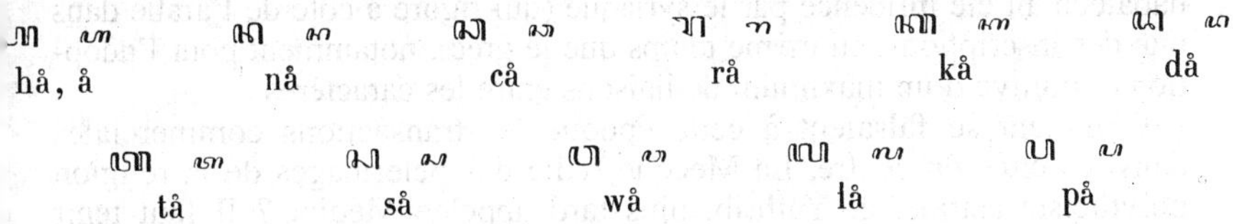

ÉCRITURE JAVANAISE

ÉCRITURE DE CÉLÈBÈS
[*bugis*]

Un autre groupe comprend l'écriture de Sumatra (batak), celle du sud de Célèbès (ou Sélèbès) et celle des Philippines (peut-être aussi une de Formose).

Plus on s'éloigne de l'Inde, plus aussi les tracés évolués deviennent différents de ceux qui étaient employés au départ.

Toutes ces écritures venues de l'Inde, reposant sur le principe phonographique employé consciemment, ont dû être ingénieusement adaptées avec les remaniements nécessaires aux langues d'origine et de types divers, soit par les soins des introducteurs indiens bilingues, soit par des savants indigènes eux-mêmes instruits des méthodes indiennes.

L'ÉCRITURE ARABE

Les Arabes, qui représentaient la dernière réserve de nomades de langue sémitique, mais possédaient aussi des villes importantes le long de la piste caravanière entre Yémen et Nabatène, aux portes des pays riverains de la Méditerranée, semblent n'avoir pas usé de l'écriture dans la vie sous la tente, où pourtant se pratiquaient des joutes poétiques.

Cependant, en dehors de l'emploi de l'écriture et de la langue araméenne par des éléments arabes plus ou moins nombreux en Nabatène et à Palmyre, et de l'emploi de l'écriture sudarabique dans des centres du nord de l'Arabie pour les parlers locaux, on peut noter avant l'Islam les commencements de la mise par écrit de l'arabe et de l'écriture arabe elle-même.

En effet, dans le Hauran, région avoisinant la Syrie, on a retrouvé des inscriptions heureusement datées. Celle d'En-Nemara, de 328 (voir p. 168), est encore en caractères nabatéens peu évolués. Les premières qui soient en caractères nettement arabes sont de 512 et 568 ; dès ce moment donc le tracé arabe existait, encore dépourvu de tout point diacritique pour distinguer les caractères dont les tracés se confondaient (on a des exemples de ces points au VIIe siècle). Il semble que l'aspect pris pour l'arabe par le nabatéen ait été influencé par le syriaque (qui figure à côté de l'arabe dans une des inscriptions, en même temps que le grec), notamment pour l'adoption définitive d'un maximum de liaisons entre les caractères.

Comment se faisaient à cette époque les transactions commerciales dans les cités du centre, La Mecque, ville des pèlerinages de la religion polythéiste astrale, et Yathrib, plus tard appelée Médine ? Il faut tenir compte de l'existence de groupes juifs. Mahomet lui-même, né en 571, grand caravanier et commerçant, a sans doute su écrire, bien qu'il ait usé de prédication orale.

Vient l'explosion de l'Islam, nouvelle religion monothéiste à prétentions universelles (prédication de Mahomet à partir de 611, rédaction orale du Coran[1], à la fois code religieux, civil et politique).

Dès le cours du premier siècle de la nouvelle religion, les documents se multiplient pour l'écriture arabe.

Dans le monde musulman, des légendes en relatent la naissance de diverses manières ; d'après l'une d'elles l'alphabet serait dû à six frères de la tribu de Tasm (*ṭasm*), dont les noms sont des termes mnémotechniques composés avec les lettres de l'alphabet dans l'ordre araméen (qui a été modifié par les Arabes) :

[*abuzad*], [*ḥuṭi*], [*kalamun*], [*safaṣ*], [*ḳorišat*].

1. Le Coran est un exemple de littérature orale, écrite secondairement. La tradition accompagnant le Coran n'a elle-même été écrite que trois siècles après la prédication. À ce moment l'usage abondant du papier a incité à beaucoup écrire. Mais la transmission et l'enseignement sont restés en grande partie oraux, avec récitation d'écrits appris par cœur.

Cette écriture devait avoir une fortune exceptionnelle tant pour la rédaction du Coran et de ses commentaires que pour tous les autres usages des Arabes, qui conquéraient en quelques dizaines d'années les anciens domaines de l'Empire perse et ceux des empires romains et byzantin en Afrique du Nord, s'installant dans les anciennes villes et en fondant de nouvelles (Bassora en 636, Bagdad, remplaçante de Babylone après des siècles, en 762), héritant de la culture et de la science helléniques.

La littérature arabe est une des plus riches qui soient, et l'écriture a servi à de nombreuses fins : inscriptions diverses, correspondances et actes, ouvrages de religion, de droit, de science, de littérature de distraction. En plus des fonctionnaires et employés de toutes sortes, les copistes et libraires ont été nombreux dans le monde islamique. L'impression en planches sur bois a augmenté depuis le Xe siècle la diffusion de quelques textes édifiants ; mais l'imprimerie a été tardive (XIXe siècle).

Pour la grande expansion de l'écriture dans le tracé arabe, les faits religieux ont une particulière importance. L'islam est une religion simple dans sa rigidité, qui a été acceptée comme règle de vie et de pensée par de nombreuses populations d'origine et de passé variés, avec un succès qui a débordé sensiblement les résultats premiers des conquêtes, des expéditions commerciales, des enseignements intellectuels. Les musulmans sont dans le monde environ trois cent soixante-cinq millions, alors que les gens ayant l'arabe pour langue maternelle sont à peu près soixante-cinq millions en tout (en 1956).

Or, si l'islam admet à égalité et en fraternité tout converti, quelle que soit son origine, qui prononce la formule du credo musulman, sa règle religieuse est singulièrement étroite en ce qui concerne la langue : pour un musulman, le Coran, étant parole de Dieu (en arabe Allah), doit être lu dans son texte original, c'est-à-dire en arabe classique, état de l'arabe sensiblement contemporain de Mahomet à qui Allah a « dicté » le Coran. L'orthodoxie interdit donc non seulement de traduire le Coran, mais de l'écrire sous une autre forme que celle qui a été reconnue comme canonique, en particulier sans les signes vocaliques complémentaires : un musulman apprend à lire sur le Coran voyellé et à écrire en copiant ce texte sur la tablette en bois recouverte d'un enduit calcaire qui sert d'ardoise.

Si ce musulman est de langue arabe, il commence à apprendre du même coup la forme classique de cette langue, langue savante, qui se pratique encore oralement entre lettrés. Ainsi s'explique en partie que l'arabe parlé ou « vulgaire » n'ait presque pas été écrit jusqu'à nos jours et que la langue religieuse soit restée aussi la langue littéraire. Ceci a l'avantage de conserver une expression littéraire unique à des gens de diverses nationalités dont les langages parlés ont divergé passablement. Ces divergences portent en particulier sur l'usure, la confusion ou la disparition des voyelles, et par suite de distinctions grammaticales fondées sur elles. Il faut d'ailleurs ajouter que la tradition est impuissante en ce qui concerne

ISOLÉES	FINALES	MÉDIALES	INITIALES	
ا	ـا			ʾ
ب	ـب	ـبـ	بـ	b
ت	ـت	ـتـ	تـ	t
ث	ـث	ـثـ	ثـ	ŧ
ج			جـ	ǧ
ح			حـ	ḥ
خ			خـ	ḫ
د	ـد			d
ذ	ـذ			đ
ر	ـر			r
ز	ـز			z
س	ـس	ـسـ	سـ	s
ش	ـش	ـشـ	شـ	š
ص	ـص	ـصـ	صـ	ṣ
ض	ـض	ـضـ	ضـ	ḍ
ط	ـط	ـطـ	طـ	ṭ
ظ	ـظ	ـظـ	ظـ	đ̣
ع	ـع	ـعـ	عـ	ɛ
غ	ـغ	ـغـ	غـ	g̣
ف	ـف	ـفـ	فـ	f
ق	ـق	ـقـ	قـ	ḳ
ك	ـك	ـكـ	كـ	k
ل	ـل	ـلـ	لـ	ł
م	ـم	ـمـ	مـ	m
ن	ـن	ـنـ	نـ	n
ه	ـه	ـهـ	هـ	h
و	ـو			w
ى	ـى	ـيـ	يـ	y̆
لا	ـلا			łā

ARABE NASKHI

diverses modifications de l'articulation des consonnes, par conséquent de la valeur des lettres qui les représentent : en fait le Coran n'est pas prononcé partout de la même manière.

PERSAN ET TURC

پ p   چ tch [č]   ژ j [ž]   ڭ g

MALAIS

ڬ g   ڠ ng [ṅ]   ڽ gn [ñ]   ڤ p

OURDOU		AFGHAN
ٺ ou ٹ	ṭ (cérébral)	ټ
ڎ ou ڈ	ḍ (cérébral)	ډ

QUELQUES CARACTÈRES ARABES MODIFIÉS

L'écriture arabe s'est répandue naturellement dans le domaine qui était non seulement islamisé dans l'ensemble, mais arabisé de langue. C'est ainsi qu'elle a éliminé d'abord les écritures sudarabiques en Arabie.

Tandis que le tracé éthiopien prospère chez les chrétiens d'Abyssinie, un langage éthiopien a revêtu l'écriture arabe pendant un temps chez les musulmans de Harar.

L'écriture copte en Égypte a été restreinte à l'usage religieux des chrétiens ; de même l'écriture araméenne en Syrie (voir « karchouni » à l'index). Seuls les juifs se sont servis de l'écriture de leur langue religieuse pour écrire aussi l'arabe parlé par eux.

Le fait qu'un musulman dont la langue maternelle n'est pas l'arabe doit apprendre à lire le Coran en arabe explique comment l'écriture arabe a été transférée à de nombreuses langues d'origines diverses dont certaines ne possédaient pas d'écriture, dont d'autres avaient une écriture d'autre origine. D'ailleurs les langues des pays islamisés ont emprunté de très nombreux termes arabes, non seulement pour les idées religieuses, mais aussi pour de nombreux termes de civilisation.

L'écriture arabe comportant des points pour distinguer des consonnes dont le corps de tracé est pareil, il n'a pas été difficile d'user du même procédé pour distinguer diverses consonnes qui n'existent pas dans la langue arabe.

Mais la notation des voyelles, même lorsqu'elle est employée complètement, ne distingue que les trois timbres *a*, *i*, *u* ; elle est donc insuffisante pour la plupart des langues ; d'ailleurs, en usant de l'écriture arabe, on néglige généralement les signes vocaliques ; aussi l'orthographe des langues qui ont adopté l'écriture arabe est-elle nettement déficiente.

L'écriture arabe a été appliquée au persan, éliminant l'écriture pehlevie. Elle a servi aussi à noter la langue afghane, également iranienne.

L'écriture arabe a servi pour divers langages proprement turcs ou autres langages altaïques. D'abord pour le turc osmanli, langue officielle de l'Empire turc, qui a joué pendant longtemps le rôle de directeur politique de l'Islam (héritage du Califat depuis 1294). De plus pour différentes langues du Caucase et du Turkestan. Actuellement cette écriture est employée en territoire chinois par les Kazakhs, au nombre d'environ cinq cent mille dans le nord du Turkestan, et par environ quatre millions d'Ouïgours, un peu plus au sud (province de Sin-kiang, au nord du Tibet). Dans ces régions, les populations des villes sont en majorité chinoises.

L'expansion des Mongols islamisés, entraînant en partie avec eux des Persans soumis à leur suprématie, a débordé au XVIe siècle sur l'Inde. Malgré la cessation de la domination mongole, les musulmans indiens sont au nombre de cent dix millions environ (en 1951). Il en résulte en particulier que la langue la plus répandue de la partie centrale du nord de l'Inde, qu'on appelle dans l'ensemble l'hindoustani, se présente sous deux aspects, l'hindi écrit en nagari et l'ourdou écrit en caractères arabes.

Une langue de la péninsule malaise, le malais, répandue comme langue de relation en Insulinde, et employée officiellement par l'administration hollandaise, s'est écrite avec l'écriture arabe. Pour la latinisation, voir p. 217.

Cette même écriture a été employée pour noter les langages, parents du malais, de Madagascar (malgache) et des îles Comores ; il y en a des restes.

En Afrique du Nord, les Berbères autres que les Touaregs se sont servis et se servent encore de l'écriture arabe pour écrire certains ouvrages dans leur langue.

En Espagne, au XVIe siècle, des musulmans convertis au moins extérieurement au catholicisme ont écrit de l'espagnol en caractères arabes. Inversement de l'arabe d'Espagne a été écrit quelquefois en caractères latins.

Dans le monde de l'Afrique noire, le tracé arabe a permis une expression écrite à diverses langues. À l'Est, le souahili, de famille bantoue, possède une certaine littérature dans cette écriture. De même à l'Ouest, parmi les langues soudanaises, le haoussa, qui sert de langue de relation dans une assez vaste région, le peul, organe d'une population de pasteurs et de commerçants, le kanouri de la région du Tchad.

Diverses autres langues encore dans la sphère de l'islamisation ou du pouvoir et de l'influence politique d'États musulmans ont emprunté occasionnellement l'écriture arabe. On a par exemple des textes slaves écrits de cette manière.

Des reflux de l'Islam ont eu pour conséquence des reculs de l'écriture arabe. Il y a quelques siècles, l'Espagne était reconquise à la fois par le christianisme et par l'écriture latine.

Depuis le XIXe siècle, des colonisations européennes et des christianisations partielles ont eu des conséquences, comme l'apparition d'un usage malgache de l'écriture latine.

De nos jours, la transformation du monde turc a abouti à la « latinisation » de la langue écrite, sans que la religion musulmane soit, pour autant, abandonnée ; en opposition à l'ancienne interdiction, le texte arabe du Coran a été imprimé dans l'écriture latine.

De même l'écriture arabe a été remplacée dans l'Azerbeidja et d'autres territoires dans le cadre de l'Union soviétique, d'abord par l'écriture latine, puis par l'écriture cyrillique, tandis que l'écriture arabe est encore maintenue en Chine chez des Ouïgours et des Kazakhs, comme il est dit ci-dessus p. 190.

ÉCRITURES JUIVES

Avant de quitter les écritures alphabétiques consonantiques, nous devons encore parler des écritures employées par les gens de religion juive.

L'écriture araméenne qui est devenue l'hébreu carré a suivi les destinées de cette religion.

Il n'existe pas chez les juifs d'interdiction rituelle de traduire ou de transcrire la Bible, ainsi que le prouve dès le IIe siècle avant J.-C. la version en grec, qui a peut-être été précédée de l'établissement d'un texte hébreu transcrit en écriture grecque. Cependant la situation est analogue à celle qui a été exposée ci-dessus pour le Coran. Depuis le Xe siècle, la Bible est toujours revêtue (en dehors des exemplaires lus culturellement à la synagogue) de l'apparat complet des voyelles et de la ponctuation qui donne des indications pour la psalmodie.

Mais d'autre part les savants juifs comme les arabes ont pris l'habitude, après avoir appris à lire sur la Bible, de se passer dans l'usage courant des voyelles autres que celles suggérées par certains emplois de signes de consonnes (consonnes-voyelles).

Dans le même usage non biblique, les lettrés juifs ont pris l'habitude de divers tracés plus rapides des caractères, qui cependant restent séparés.

Le tracé le plus général (toujours de droite à gauche) est celui qu'on appelle rabbinique ou rachi ; il était de tradition hispano-africaine et a servi en particulier pour écrire et répandre les ouvrages de Rabbi Chelomo Ishaqi [*raši*], commentateur célèbre qui vivait à Troyes en France au XIe siècle ; il a été pris comme type dans les impressions. Mais d'autres tracés se rencontrent, notamment chez les juifs (maintenant établis en Israël), chez ceux d'Afrique du Nord, etc.

Ces tracés rapides ont servi pour de nombreuses copies de textes religieux et de commentaires à valeur religieuse et civile, en hébreu et en araméen, de poésies hébraïques, d'ouvrages variés en hébreu employé comme langue savante.

Mais ils ont servi aussi aux juifs dispersés parmi diverses nations pour noter leurs langages maternels.

Les juifs englobés dans le monde arabe et parlant arabe écrivent en arabe moderne, mais en caractères hébraïques, leur correspondance et divers textes d'édification, d'instruction et de distraction et on parle de judéo-arabe.

Dans le milieu musulman iranien, les juifs écrivent le persan en cursive hébraïque d'où le terme de judéo-persan.

Avant la Renaissance, les juifs répandus en différentes régions de l'Europe chrétienne écrivaient de même les langues dont ils se servaient. C'est ainsi qu'on a conservé non seulement des glossaires hébreu-français, mais des poésies en ancien français sous le vêtement de l'écriture hébraïque.

Les juifs expulsés d'Espagne au XVIe siècle ont eu des destinées variées. Ceux qui ont émigré au Maroc, en Algérie et en Tunisie en rejoignant des groupes déjà arabisés ont en général adopté l'arabe, en perdant l'usage de l'espagnol ; certains, convertis à l'islam, se sont incorporés dans des bourgeoisies musulmanes, en particulier à Fès. De nos jours les juifs maghribins tendent en partie à abandonner l'arabe pour le français.

	א	c
	ב	b
	ג	g (dur)
	ד	d
	ה	h
	ו	u, w
	ז	z
	ח	ḥ
	ט	ṭ
	י	i, y
	ך כ	k
	ל	l
ם	מ	m
ן	נ	n
	ס	s
	ע	ʿ
ף	פ	p
ץ	צ	ṣ
	ק	ḳ
	ר	r
	ש	š, s
	ת	t

ALPHABET RABBINIQUE

D'autres émigrants sont allés habiter en groupes compacts dans certaines villes, surtout maritimes, du Levant, la plus forte agglomération de ce genre étant celle de Salonique ; ils ont gardé jusqu'à nos jours l'espagnol comme langue parlée et écrite, avec les caractères hébraïques (comme l'hébreu réduit à l'usage rituel) ; il existe donc une littérature judéo-espagnole.

Les juifs d'Europe centrale, refoulés par des persécutions, se sont massés surtout en Pologne et en Ukraine, en y transportant un parler allemand (dont le vocabulaire comprend beaucoup d'éléments hébreux et slaves) qu'ils sont encore nombreux à employer entre eux, même alors qu'ils savent et emploient l'allemand normal, le polonais, le russe, l'ukrainien, ou l'anglais s'il s'agit d'immigrants aux États-Unis : c'est le yidich [*yidiš*], qu'on appelle aussi le « jargon », qui a été très écrit, en caractères hébreux, et a pris rang de langue littéraire.

Les juifs venus en Palestine à la suite du mouvement sioniste qui a abouti à l'instauration de l'État d'Israël en 1948 restaurent l'usage de l'hébreu comme langue nationale, parlée et écrite. L'écriture traditionnelle, avec la seule expression imparfaite des voyelles par des signes de consonnes, a été conservée, alors que la langue a un vocabulaire modernisé par des néologismes et des emprunts. La jeune génération israélienne a maintenant cette langue pour langue maternelle.

Pour les juifs de divers pays qui ont en droit et en fait la situation des autres nationaux, il n'est plus question, en dehors de nouveaux venus non complètement assimilés, de langue ou d'écriture à part. À l'usage de ceux qui observent la religion mosaïste sans avoir de notions suffisantes d'hébreu, certaines prières usuelles sont transcrites en caractères latins, avec traduction en français, allemand, anglais, etc.

ÉCRITURE GRECQUE ET ÉCRITURES APPARENTÉES DANS LE MONDE MÉDITERRANÉEN AVANT L'ÉPOQUE CHRÉTIENNE

Pendant la première moitié du Ier millénaire, tandis que s'élaborait peu à peu l'écriture grecque, avec des adaptations d'emplois et de formes, des suppressions, des additions, la fixation dans l'ordre de gauche à droite, l'adaptation de l'alphabet se faisait aussi pour d'autres langues du bassin méditerranéen. La dominance des formes grecques, l'usage des lettres voyelles pareil dans l'ensemble, l'emploi de lettres grecques supplémentaires font penser que l'influence grecque a été prépondérante. Mais on ne peut pas s'abstenir de faire des réserves. Peut-être différentes populations ont-elles reçu l'alphabet sémitique autrement que par les Grecs, et on ne peut même pas être assuré que ceux-ci l'ont reçu directement des Phéniciens ; certaines influences grecques ont pu s'exercer après coup, de manière limitée.

Aussi pour cette période ancienne est-il prudent d'énumérer les emplois de l'alphabet sans émettre d'affirmations imprudentes sur les filiations.

On peut dire sans trop de crainte de se tromper que l'alphabet grec s'est répandu sans intervention du dehors dans les différents établissements de langue grecque : péninsule hellénique, cités des côtes d'Asie Mineure, îles de la mer Égée et colonies occidentales, surtout dans le sud de l'Italie et en Sicile. On distingue deux aspects principaux, l'un oriental, l'autre occidental. C'est l'aspect oriental qui a été fixé sous la forme ionienne, adoptée officiellement à Athènes en – 403.

Dans les îles, on a trouvé, en Crète, certaines inscriptions en caractères grecs qui doivent être de l'étéocrétois (voir p. 108) et à Lemnos un petit nombre de textes (en mots séparés) qui attestent peut-être une langue proche de l'étrusque.

En Asie Mineure, un certain nombre de langues plus ou moins tôt disparues, et qu'on ne connaît que par des inscriptions généralement peu nombreuses et difficiles à interpréter et par des noms propres, ont été écrites au moyen de caractères pris au grec, ou qu'elles avaient en commun avec le grec (voir la carte, p. 105).

Il y a à citer principalement le *phrygien*, qui semble avoir été d'abord la langue des Phrygiens ou Bryges, en Thrace, et avoir fait partie d'un groupe indo-européen thraco-phrygien assez proche du grec, puis le *lycien* ainsi que le *lydien* (dont l'écriture a généralement la direction de droite à gauche). Mots généralement séparés. Il y a aussi des écritures de Pamphylie, en particulier de Sidé.

Le *carien* a une écriture composite où on reconnaît des caractères grecs ou pareils à du grec et des caractères qu'on peut rapprocher de signes du syllabaire cypriote : en réalité les inscriptions ne sont pas définitivement lues, et on ne peut pas classer la langue carienne. Les mots ne sont pas séparés, excepté dans des textes trouvés en Égypte.

Pour en terminer avec l'Orient, on constate que dans le monde hellénistique, après les conquêtes d'Alexandre (356-323 av. J.-C.), l'écriture grecque s'est répandue plus que la langue grecque, servant à écrire diverses langues non encore écrites ou par substitution à des systèmes moins commodes. On a retrouvé des documents en égyptien (avant le copte), en babylonien de dernière période ; on a des raisons de croire à des emplois pour l'hébreu. On sait que le perse a été écrit en caractères grecs pendant quelques siècles. D'autres parlers iraniens ont reçu aussi des écritures dérivées du grec, ainsi celle qu'on trouve sur les monnaies des rois de Kouchane (*kuṣāna*) aux IIe-IIIe siècles. Les découvertes à cet égard ne sont sans doute pas épuisées.

Vers l'ouest de la Grèce, dans le nord-ouest des Balkans et en Italie, probablement dès le VIIIe siècle av. J.-C. au moins, la propagation de l'alphabet a atteint de nombreux langages qui devaient presque tous être éliminés dans les siècles suivants jusqu'au début de l'ère chrétienne, à l'exception du latin qui a peu à peu couvert la plus grande partie de ce domaine et l'a débordé (voir la carte, p. 196).

Un domaine indo-européen, dont l'apparition sur les bords du bassin méditerranéen a pu être contemporain de l'invasion hellène, mais qui devait disparaître, à moins que l'albanais moderne ne s'y rattache, peut être désigné sous le nom général d'*illyrien*.

Au nord, on date les inscriptions *vénètes* du VIer au Ier siècle, avec un alphabet du groupe nord-étrusque où on trouve des points intérieurs aux mots et l'emploi de la disposition boustrophédon.

Plus au sud, dans la région riveraine de l'Adriatique, on a retrouvé les inscriptions qu'on appelle *picéniennes* (d'après le nom de cette région), peut-être du – VIe siècle et des siècles suivants, avec un alphabet sans doute d'origine étrusque, qu'on trouve employé avec des points internes et une disposition serpentine où les lignes de direction alternée comportent aussi un renversement des lettres (alternativement tête en haut, et tête en bas à la ligne suivante).

Plus au sud encore se sont rencontrées les inscriptions *messapiennes* d'Apulie et de Calabre (V^{e}-Ier siècle av. J.-C. environ), dont l'alphabet sans doute d'origine grecque se trouve d'abord écrit en lignes de droite à gauche et boustrophédon, plus tard de gauche à droite.

Dans la région occidentale de la péninsule italique, dont le centre est l'actuelle Toscane, s'est développée depuis le VIIIe siècle au moins la civilisation *étrusque*, avec une langue non indo-européenne. Le domaine étrusque s'étendait vers le nord en direction des Alpes, vers le sud au moins jusqu'à la latitude de Rome, où une dynastie étrusque a régné au VIIe et au VIe siècle. Lorsque Rome s'est débarrassée de cette domination et a étendu peu à peu sa puissance, l'Étrurie a été peu à peu latinisée ; cependant l'étrusque n'est mort tout à fait qu'aux abords de l'ère chrétienne. Les inscriptions étrusques connues sont très nombreuses (environ dix mille) ; certaines sont longues, la plus étendue était celle qui s'est retrouvée sur les bandelettes d'une momie égyptienne (actuellement au musée de Zagreb). En conséquence on peut étudier l'écriture étrusque et en faire dans une certaine mesure l'histoire. Mais, bien que cette écriture soit parfaitement lisible et assurément de système alphabétique, bien qu'on possède de courtes inscriptions bilingues étrusco-latines, bien qu'on connaisse une portion du vocabulaire étrusque passé par emprunt en latin (par exemple le mot *persona*, d'abord « personnage de théâtre »), et qu'on ait déterminé certains traits grammaticaux, les savants modernes sont jusqu'à présent incapables de lire à la suite les textes étrusques et on n'a pas pu déterminer à quelle famille de langues se rattache l'étrusque ; on tend à croire qu'il pourrait appartenir à un ancien groupe autrefois étendu d'est en ouest dont les langues caucasiennes d'une part, le basque d'autre part seraient des vestiges.

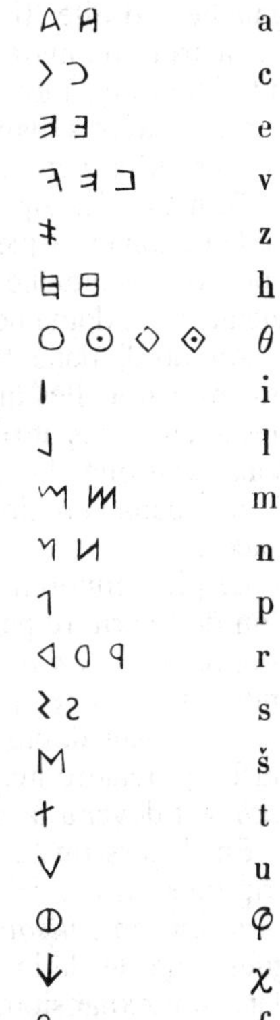

ALPHABET ÉTRUSQUE

L'alphabet étrusque n'est pas connu seulement par les inscriptions proprement dites, mais par un certain nombre d'abécédaires, sans doute employés pour l'enseignement, qui se trouvent notamment au bord de telle tablette d'ivoire, qui servait peut-être d'ardoise, ou sur des « épaules » de vases en poteries.

Pour les traits, la parenté avec le grec, et spécialement le grec occidental, est sûre. Mais c'est tout ce qui est assuré. Il est possible que les Étrusques aient acquis cet alphabet avant même de s'établir en Italie ; s'ils l'ont reçu des Grecs en Italie ou ailleurs, c'est sans doute sous une forme ancienne qui ne peut être dite ni orientale ni occidentale (voir p. 153).

La direction habituelle est de droite à gauche. Cependant il y a des inscriptions boustrophédon, et même des textes (certains anciens) écrits de gauche à droite. Il y a le plus souvent des séparations de mots (notamment trois points en ligne verticale). De plus on note l'usage de points intérieurs aux mots et on se demande s'ils ne sont pas en relation avec des divisions syllabiques et ne sont pas des survivances d'une ancienne écriture d'un autre système.

Pour tous les alphabets en général qui ont été retrouvés dans le voisinage de la région étrusque la question se pose de savoir s'ils ont une origine étrusque avec éventuellement des influences grecques ou inversement s'ils proviennent du domaine grec et ont subi plus ou moins l'influence étrusque.

Au nord, dans le domaine alpin, on rencontre diverses inscriptions, notamment celles qui sont dites *rétiques* (ou *rhétiques*) pour lesquelles on hésite entre des attributions soit illyriennes, soit italo-celtiques, notamment sous la forme du ligure, langue dont le domaine paraît avoir été assez étendu dans la région alpine occidentale mais qui n'a presque pas laissé de traces.

Le plus important, c'est l'acquisition de l'écriture par les populations proprement *italiques* de langue indo-européenne qui se sont mises en place sans doute à partir du début du Ier millénaire av. J.-C., et dont le *latin* est devenu la plus importante.

En dehors du latin, on a des inscriptions en *osque*[1] et *pélignien*, en *ombrien*, en *falisque* et autres, langues que le latin devait éliminer dans son expansion, comme il a éliminé l'étrusque.

Les directions montrées par les inscriptions sont : droite-gauche pour l'ombrien, le falisque, une partie de l'osque, le plus ancien latin ; boustrophédon pour du latin ancien ; gauche-droite pour la majeure partie de l'osque et pour le latin à partir du IVe siècle (sans doute grâce à l'influence décisive du grec).

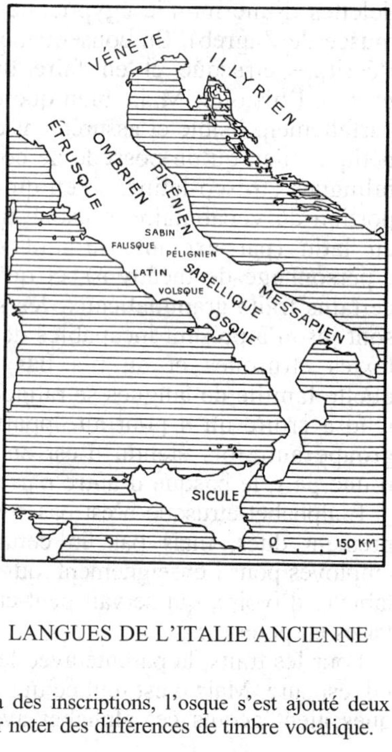

LANGUES DE L'ITALIE ANCIENNE

1. Au cours de la période pour laquelle on a des inscriptions, l'osque s'est ajouté deux caractères distingués par un signe diacritique, pour noter des différences de timbre vocalique.

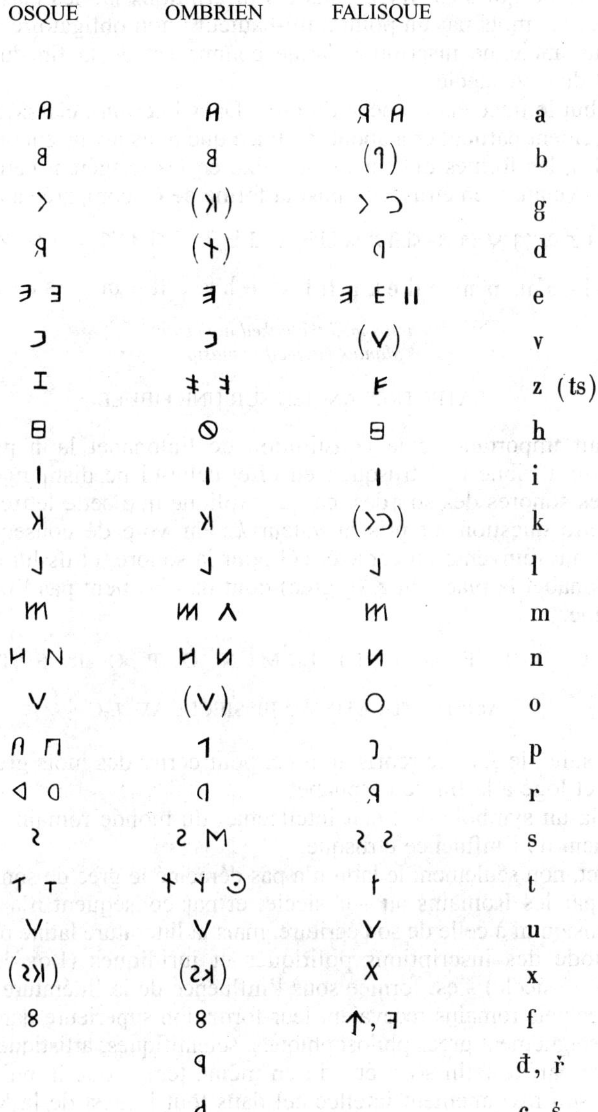

ALPHABETS ITALIQUES

La coutume qui s'est fixée dans les inscriptions latines classiques est de séparer les mots par un point à mi-hauteur ; non obligatoire.

La plus ancienne inscription latine connue est de la fin du – VIIe ou du début du – VIe siècle[1].

Au début le tracé était proche du grec. Dans l'écriture classique, dont le développement particulier a abouti au tracé que nous avons encore dans les majuscules, les formes ont sans doute fixé en les exagérant certains traits qu'on trouve aussi en étrusque (ainsi la forme de C, comparée au grec Γ).

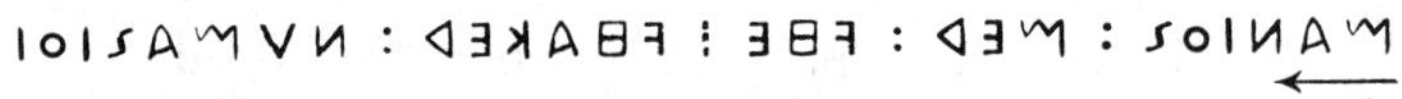

i o i s a m u n   d e k a h f   e h f   d e m   s o i n a m

manios med fhefhaked numasioi.
Manius me fecit numasio.

LATIN TRÈS ANCIEN SUR UNE FIBULE

Un trait important de la constitution de l'alphabet latin paraît bien devoir être attribué à l'étrusque : en effet celui-ci ne distinguait pas les consonnes sonores des sourdes, ce qui explique que cette lettre C dont il vient d'être question ait pris la valeur *k*. Par voie de conséquence les Romains ont réinventé un caractère G pour la sonore, et ils lui ont donné dans l'alphabet la place du Z (ζ grec) dont ils n'avaient pas l'usage dans leur langue.

A B C D E F G I (K) L M N O P Q R S T V X

ALPHABET LATIN AU IIIe SIÈCLE AV. J.-C.

Par la suite, le Z a été repris au grec, pour écrire des mots grecs passés en latin, et logé à la fin de l'alphabet.

C'est là un symbole de l'état intellectuel du monde romain, après son dégagement de l'influence étrusque.

En effet, non seulement le latin n'a pas déraciné le grec de son domaine, conquis par les Romains au – IIe siècle, et par conséquent n'a pas nui à son expansion ni à celle de son écriture, mais la littérature latine postérieure à la période des inscriptions politiques et juridiques (Loi des Douze Tables, – Ve siècle) s'est formée sous l'influence de la littérature grecque ; les intellectuels romains recevaient leur formation supérieure dans les centres d'enseignement grecs philosophiques, scientifiques, artistiques.

D'autre part le latin s'est étendu en même temps que la puissance de Rome et son rayonnement intellectuel dans tout l'ouest de la Méditerranée et à l'est dans une partie de la vallée du Danube.

1. Elle est écrite de droite à gauche ou boustrophédon. La direction de gauche à droite se trouve au – IVe siècle (?).

Dès lors il a fallu compter partout avec un enseignement scolaire du latin, qui a d'ailleurs été donné souvent par des maîtres grecs. On sait notamment, depuis l'exhumation de Pompéi, ensevelie par une éruption du Vésuve en – 79, que dès avant le début de l'ère chrétienne nombreux étaient les membres de la société romaine, même dans les couches humbles, qui se servaient de l'écriture.

La langue impériale a recouvert d'abord l'ensemble de la péninsule italique et de ses îles, faisant cesser peu à peu l'emploi des langues et des écritures autres que la latine.

Puis, à l'ouest, elle a conquis la majeure partie de la péninsule ibérique, éliminant là aussi plus ou moins complètement des langues et des écritures locales.

Elle s'est répandue, au sud, dans la région côtière de l'Afrique du Nord, à l'ouest de l'Égypte ; l'usage en est attesté par de nombreuses inscriptions ; divers écrivains latins ont été d'origine et plus ou moins de formation nord-africaine. De nombreux habitants de cette région ont dû être bilingues, comme les inscriptions tombales punico-latines et libyco-latines. Partiellement, en Cyrénaïque, l'écriture latine s'est substituée à l'écriture libyque pour des inscriptions en berbère.

Enfin, au nord, le latin a gagné en Gaule d'abord la partie méridionale, la « province romaine » (Provence), puis de proche en proche, après la conquête en – 50, le reste du territoire.

Si l'écriture latine s'est naturellement répandue avec la langue, elle n'a pas été employée de manière massive, pour noter d'autres langues avant l'expansion du christianisme. On a des inscriptions en *gaulois*, d'époque impériale ; pour l'ibère, voir p. 140.

LES RUNES GERMANIQUES. L'ÉCRITURE OGAMIQUE CHEZ LES CELTES INSULAIRES

La connaissance de l'alphabet a transsudé tardivement (au plus tôt IIe s. apr. J.-C.) du monde gréco-latin et de ses bordures chez les Germains et les Celtes.

Ces populations de langue indo-européenne, bien que leurs conquêtes ou incursions les aient menées en plusieurs endroits assez loin au sud, ne s'étaient pas incorporées aux régions de grande civilisation ancienne. Ils avaient des éléments de techniques perfectionnées (industrie du fer, de l'étain, chars à quatre roues), mais pas de grands établissements urbains, et chez eux les enseignements restaient oraux.

C'était le cas notamment pour celui des druides gaulois. En Gaule celtique on n'a pas retrouvé trace d'écriture indigène. L'écriture grecque empruntée aux colonies du littoral méditerranéen semble n'avoir servi que de manière très restreinte ; il y a aussi quelques inscriptions en caractères étrusques en Italie du Nord et en caractères latins.

On ne peut pourtant pas affirmer que les anciens Germains et Celtes n'aient eu aucun rudiment de notation écrite. Des traditions germaniques attribuent l'invention de l'écriture au dieu Odin ou à d'autres personnages mythiques. Des auteurs latins rapportent que diverses peuplades consultaient les sorts au moyen de baguettes marquées chacune d'un signe. Le mot allemand moderne *Buchstabe* « lettre » veut dire étymologiquement « baguette de hêtre ».

C'est par emprunt, mais sous une forme originale, que les Germains païens ont développé un certain usage de l'alphabet.

L'ignorance où on est des circonstances de l'emprunt et les formes particulières des caractères ont fait faire des hypothèses variées. On pense maintenant généralement que la pénétration a dû se faire à un point de contact permanent, dans la région alpine méridionale. Le développement de l'écriture chez les Germains serait un prolongement de celui des alphabets de type nord-étrusque, peut-être avec certaines influences latines.

Quelques détails sont donnés ici, pour n'y plus revenir, sur les *runes* (d'un mot germanique qui signifie « secret »).

Les runes se sont développées dans les différentes parties du monde germanique avant la christianisation et la mise en usage de l'alphabet latin avec lequel elles n'ont que peu coexisté. Elles ont été employées chez les Gots (dates mal précisées), en Allemagne jusqu'au VIIe siècle, en Angleterre chez les Anglo-Saxons jusqu'au Xe siècle ; leur extension principale s'est faite dans la Scandinavie tard christianisée, où elles étaient encore vivantes au XIVe siècle ; la tradition s'en est même conservée dans des cantons isolés de la Suède jusqu'au XXe siècle.

Dans les premiers siècles au moins, l'emploi des runes a été surtout un usage en quelque sorte d'apparat, en inscriptions gravées sur des objets (bijoux, armes, coffrets) et sur des pierres, bien qu'on ait des raisons de croire à l'emploi pour des messages, sans doute au moins en partie écrits sur bois. L'usage de cette écriture pour des ouvrages continus est tardif : le plus ancien manuscrit connu serait un code danois de la fin du XIIIe siècle.

La direction de l'écriture runique n'a jamais été complètement fixée : la direction de droite à gauche se trouve anciennement, mais la direction alternée, sous forme serpentine (lignes non parallèles), n'est pas rare ; la direction gauche-droite est la plus représentée ; les textes scandinaves les plus nombreux (à partir du Xe s.) sont inclus dans une surface allongée en ruban, limitée par un trait supérieur, avec aux extrémités une gueule et une queue de dragon : le caractère artistique accompagne ici le caractère mystérieux qui semble s'être spécialement attaché à l'écriture chez les anciens Germains.

Les mots, anciennement, n'étaient pas séparés ; dans une période postérieure il s'est introduit des séparations de mots et d'autres ponctuations.

Les runes ont varié au cours de leur évolution en forme et en nombre, le système ayant été refait à l'usage de langues différentes.

L'alphabet le plus ancien, de vingt-quatre signes, est rangé en trois groupes de huit, dans un ordre indépendant de l'ordre gréco-latin ; cet ordre repose peut-être en partie sur un classement phonétique ; peut-être reflète-t-il d'anciens enseignements magiques ou astrologiques ; en tout cas, il atteste un remaniement et un maniement original de l'écriture.

Chaque rune a un nom, qui est un mot ayant pour initiale le son que cette rune représente ; ainsi celle qui vient en tête est *f* (avec une forme proche de notre F), appelée en vieux norrois *fe* « bétail ». Ces dénominations acrophoniques pourraient faire croire à des survivances d'une ancienne pictographie ; mais on n'a aucune trace d'une telle figuration.

Des signes ont été ajoutés, pris on ne sait à quelles sources, ou combinés arbitrairement on ne sait pas toujours de quelle manière pour des sons qui n'avaient pas de représentation ancienne, ainsi le caractère þ pour la spirante interdentale sourde [*t*], *th* sourd de l'anglais.

En Scandinavie, on distingue trois états : jusque vers 658, les vingt-quatre runes anciennes ; vers 800, réduction à seize runes ; de 1 000 à 1 200, augmentation à vingt-trois signes environ, dont certains constitués par différenciation de signes anciens au moyen de points ou de petits traits attachés de préférence au trait principal de la lettre (il y a beaucoup de variantes).

ANCIEN ALPHABET SCANDINAVE RUNIQUE

Les formes des caractères anciens sont diverses ; on y remarque la répugnance aux traits horizontaux. Dans le dernier alphabet scandinave il y a une préférence nette pour un tracé avec une hampe verticale et des traits latéraux. Mais d'autre part, alors que les caractères sont séparés en général, les écritures scandinaves de la première et de la troisième période ont des ligatures par accolements de caractères.

La pratique des hampes verticales avec traits latéraux semble s'expliquer au moins en partie par une mise en rapport avec des systèmes d'encoches. En effet il existe des variétés de runes chiffrées, où les caractères sont remplacés par des représentations numériques, en tenant compte de leur classement habituel en séries. Ainsi le *k* est figuré par divers schémas qui expriment son rang de 6ᵉ signe de la 1ʳᵉ série.

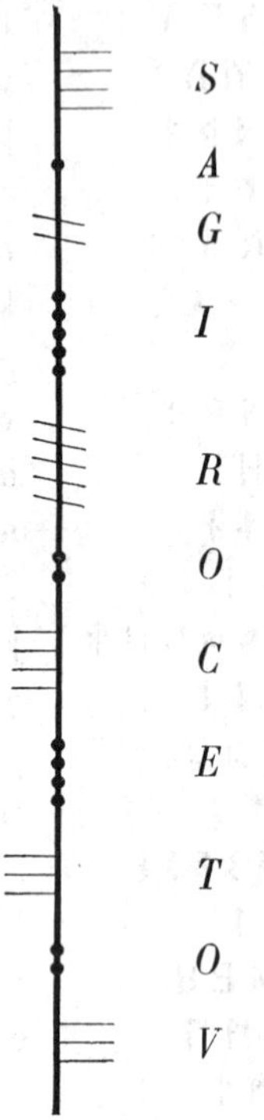

NOM IRLANDAIS
EN OGAM
(à lire de bas en haut)

Ces dispositifs expliquent l'ogam ou écriture ogamique.

L'écriture ogamique (ou oghamique) apparaît chez les Celtes des îles Britanniques (surtout en Irlande et au pays de Galles), et chez les Pictes d'Écosse, dont on ne peut pas préciser la langue, avant l'adoption de l'écriture latine (IVe s.), mais a subsisté quelque peu après cette adoption, puisqu'on a des inscriptions avec une version en latin au pays de Galles.

L'origine du nom est ignorée. Des traditions attribuent cette écriture à un héros mythique, Ogme ou Ogma ; mais il n'est pas sûr que ce nom même ne soit pas tiré de celui de l'écriture, qui est nommée et décrite dans des manuscrits irlandais du XIVe siècle.

Les usages anciens ne sont pas bien connus. Les inscriptions conservées sur pierre sont en général funéraires ; mais les manuscrits dont il est question ci-dessus ont certaines gloses marginales en ogam.

Les inscriptions se lisent en général verticalement, de bas en haut, les caractères étant tracés le long d'une arête qui sert de ligne ; sur manuscrit la ligne est horizontale et on lit de droite à gauche.

Les lettres, réparties en quatre groupes principaux, suivant des critères au moins en partie phonétiques (les voyelles sont toutes dans le même groupe), sont tracées de manière arbitraire, et non traditionnelle, ayant chacune un nombre de traits convenu, comme dans les runes chiffrées, suivant un numéro d'ordre. Si on considère l'écriture sur ligne verticale, la série vocalique est écrite en traits ou gros points traversant cette ligne horizontalement, une autre série se trace à gauche, etc. Le groupe supplémentaire (5e) a des tracés plus compliqués.

Les runes et l'ogam laissent entrevoir toute une élaboration, basée sur des éléments de civilisation indigène, opérant sur une technique d'écriture empruntée de l'extérieur.

ÉCRITURES DÉRIVÉES DU GREC OU INFLUENCÉES PAR LUI À L'ÉPOQUE CHRÉTIENNE (COPTE, NOUBA, GOTIQUE, ARMÉNIEN, GÉORGIEN, ALBANIEN, GLAGOLITIQUE, CYRILLIQUE, PERMIEN, ALBANAIS)

Lorsque le christianisme, en près de quatre siècles, a eu fini de se constituer, de se définir, de s'armer d'une abondante littérature, et est enfin devenu religion officielle impériale, il a d'abord contribué à répandre dans des couches populaires de plus en plus étendues l'usage du grec écrit en Orient, comme du latin écrit en Occident : ce grand mouvement spirituel et démocratique à la fois recrutait un nombreux clergé dans les milieux les plus humbles où il répandait ainsi l'instruction.

Son influence a débordé les limites de l'empire divisé, byzantin et romain, de manières diverses.

ⲁ	ⲃ	ⲅ	ⲇ	ⲉ	ⲍ	ⲏ	ⲑ	ⲓ	ⲕ	ⲗ	ⲙ	ⲛ	ⲝ
a	v (b)	g	d	e	z	i, è	ṯ	i	k	l	m	n	x
ⲟ	ⲡ	ⲣ	ⲥ	ⲧ	ⲩ	ⲫ	ⲭ	ⲯ	ⲱ	ϣ	ϥ	ϧ	
o	p	r	s	t	y, u	ph	ch	ps	ō	š	f	ḫ	
ϩ	ϫ	ϭ	ϯ										
h	ǧ (ancien g)	č	ti										

ALPHABET COPTE

En Égypte et dans le monde sémitique, le christianisme vainqueur a déterminé non une extension mais un recul du grec. Si les Évangiles ont d'abord été rédigés en grec en pays de langue araméenne, par la suite (soit seuls soit joints à la Bible) c'est dans les langues maternelles des chrétiens d'Orient qu'ils ont continué leur rôle d'édification auprès des petites gens, qui n'apprenaient pas le grec.

Une langue importante du Proche-Orient a reçu l'écriture grecque ; c'est le *copte*[1], dernier état de l'égyptien : la langue nationale est préservée, mais reçoit un habit nouveau et commode pour l'instruction de tous (le mouvement a commencé même avant l'expansion du christianisme au IIIe siècle). Il faut d'ailleurs se rappeler que dans l'élaboration de cette écriture des éléments de l'ancienne écriture égyptienne ont été utilisés.

GRÈCE ET PROCHE-ORIENT
(écriture grecque et autres)

Au VIIIe siècle, un royaume constitué en Nubie a adopté le christianisme, et en même temps l'écriture gréco-copte pour la langue *nouba*. Les caractères complémentaires nécessaires ont été pris à l'écriture méroïtique qui s'était constituée anté-

1. Divers documents magiques, gnostiques et manichéens, prouvent que l'écriture copte est antérieure à l'expansion du christianisme en Égypte.

rieurement dans la même région. On n'a pas de manuscrits postérieurs au XIe siècle.

Si les écritures issues de l'araméen ont subsisté, elles ont été influencées par le système grec. C'est ainsi que le syriaque, puis l'hébreu et l'arabe ont adopté l'usage de signes vocaliques pour compléter leur alphabet consonantique, ces signes pouvant être des voyelles grecques (cas du syriaque jacobite).

C'est aussi l'influence grecque (peut-être en partie appuyée de la connaissance du système indien) qui explique la constitution de l'alphabet-syllabaire de l'éthiopien.

Aux confins septentrionaux de l'Empire à l'est, le christianisme de langue grecque a atteint sur le Danube les Germains orientaux, les Gots, qui devaient par la suite perdre leur langue et se fondre parmi les populations diverses, de la Crimée à l'Afrique du Nord, en laissant parmi d'autres souvenirs le terme de « gothique » (ou gotique) plus ou moins mal appliqué.

Un Got chrétien, devenu évêque, Wulfila (311-384), a traduit la Bible, au moins en majeure partie, dans sa langue maternelle. Pour ce faire, il a doté cette langue d'une écriture (*gotique*), qui est du grec majuscule livresque, avec quelques caractères complémentaires sur l'origine desquels on discute : ils paraissent pris surtout au latin ; il est douteux que des runes aient été utilisées ; au total il y a vingt-sept caractères.

L'écriture va de gauche à droite comme le grec.

a i w a g g e l j o n s i e s u i s Ch r i s t a u s s u n a u s g u t s

« … [de l']évangile de Jésus-Christ, fils de Dieu ».

ÉCRITURE GOTIQUE

On a retrouvé divers fragments de la traduction de Wulfila, dont certains sur manuscrits du Ve siècle, et de rares autres documents non religieux dans la même écriture. Cependant celle-ci ne semble pas s'être beaucoup répandue ; aussi bien le gotique n'est pas devenu langue de culture.

À une des extrémités du domaine d'influence grecque, au Caucase, le christianisme a reçu une expression écrite en arménien, langue indo-européenne, et en géorgien, langue caucasienne du Sud.

MAJUSCULES	Ա	Բ	Գ	Դ	Ե	Զ	Է	Ը	Թ	Ժ	Ի	Լ
MINUSCULES	ա	բ	գ	դ	ե	զ	է	ը	թ	ժ	ի	լ
TRANSCRIPTION	a	b	g	d	e	z	ē	ə *muet*	tʿ	ž	i	l

PARTIE DE L'ALPHABET ARMÉNIEN

L'*arménien* a été écrit un temps dans des écritures d'emprunt, grecque, syriaque, pehlevie. D'après la tradition, c'est au Vᵉ siècle qu'un lettré du nom de Mesrop, d'abord secrétaire-interprète officiel, mais ensuite adonné à des œuvres religieuses, aurait eu l'inspiration de constituer un alphabet original, en se référant cependant à l'écriture grecque. Les caractères ont un tracé propre, homogène d'aspect ; ils sont employés séparés, en direction de gauche à droite. Pour répondre à l'analyse phonologique de la langue, ils sont nombreux : vingt-deux correspondent à des caractères grecs, avec des ressemblances de forme plus ou moins lointaines, quatorze autres ont des valeurs inconnues au grec ; il semble qu'ils reproduisent en partie au moins des tracés pehlevis. Si donc on se trouve ici plus ou moins sous la dépendance du grec, c'est avec une singulière autonomie.

GÉORGIEN ECCLÉSIASTIQUE	Ⴀ	Ⴁ	Ⴂ	Ⴃ	Ⴄ	Ⴅ	Ⴆ	Ⴡ	Ⴇ	Ⴈ	Ⴉ
	ⴀ	ⴁ	ⴂ	ⴃ	ⴄ	ⴅ	ⴆ	ⴡ	ⴇ	ⴈ	ⴉ
GÉORGIEN PROFANE	ა	ბ	გ	დ	ე	ვ	ზ	ჱ	თ	ი	კ
TRANSCRIPTION	a	b	g *dur*	d	e	v	z	h *faible*	tʿ	i	k

PARTIE DE L'ALPHABET GÉORGIEN

Fait curieux, c'est au même Mesrop qu'on attribue la création de l'alphabet *géorgien*, qui par son aspect et son fonctionnement est inséparable de l'alphabet arménien. On ne peut guère décider s'il s'agit de créations parallèles, ou si le géorgien est une dérivation secondaire. Les caractères sont ici aussi séparés, la direction est de gauche à droite. Les lettres sont au nombre de trente-huit, adaptées à la notation des nombreuses consonnes de la langue et de ses quelques voyelles. On distingue deux formes de cette écriture : des auteurs géorgiens attribuent à Mesrop le khoutsouri [*ḳutsuri*], « ecclésiastique », qui a des majuscules ; quant au mkhédrouli [*mḳedruli*], « militaire », qui n'en a pas, mais qui est doublé d'une cursive à ligatures, il serait antérieur, remontant à l'époque du premier roi du pays, Pharnavaz, vers le IIIᵉ siècle ; le premier, employé autrefois pour les textes chrétiens, est d'un aspect anguleux proche de l'arménien ; le second s'en éloigne par un tracé plus arrondi.

L'ancienne langue d'une population que les auteurs anciens appelaient de noms qui, modernisés, deviennent en français Albaniens ou Alvains, se retrouve sans doute dans l'oudi, actuellement très peu parlé dans un petit district au nord-est du Caucase. Un alphabet (*albanien*) analogue à celui du géorgien a été combiné pour cette langue, et la tradition dit que ce serait par le même Mesrop dont il a été question ci-dessus.

Cette écriture aurait été employée au moment d'une conversion au christianisme et aurait disparu d'assez bonne heure devant l'islamisation postérieure : on a retrouvé cet alphabet décrit dans un manuscrit arménien du XVe siècle donnant une collection d'alphabets.

En descendant dans le temps l'histoire de la christianisation, nous arrivons maintenant à l'ensemble des écritures *slaves*, qui est le plus important dérivé de l'écriture grecque, bien que pour certains aspects on ait pensé à l'intervention d'autres écritures.

Les Slaves, les derniers des peuples de langue indo-européenne qui étaient restés à l'écart des grands foyers de civilisation antique, n'ont reçu le christianisme qu'au IXe siècle, au temps de l'activité des apôtres Cyrille et Méthode, et dès lors les textes chrétiens ont été écrits en slave, dans la langue ancienne qu'on appelle vieux slave, vieux bulgare ou slavon.

Sans qu'on puisse débrouiller exactement la succession des faits et tout le détail de la formation, on constate l'existence de deux tracés alphabétiques, avec un fonctionnement presque pareil.

Il semble bien que l'écriture la plus anciennement répandue (sinon inventée) est celle qu'on a appelée, on ne sait pas pourquoi, *glagolitique* (de *glagol* « mot, parole ») et que la tradition attribue à Cyrille (ou Constantin) lui-même. La plupart des savants refusent d'admettre qu'elle puisse dériver d'un tracé grec minuscule fortement stylisé ; certains croient à une combinaison arbitraire ; d'autres se demandent s'il n'y a pas des éléments antérieurs qui nous échappent[1].

Cette écriture va de gauche à droite. Les caractères étant au nombre de trente-six, il est clair que le système représenté par le grec, qu'on doit en tout cas supposer connu de l'inventeur, a été complété volontairement, de manière à figurer l'état phonologique du slave. On observe qu'une partie au moins des caractères complémentaires doivent provenir de l'hébreu, ainsi **Ш** *ch* [*š*] (hébreu carré ש).

Cette écriture n'a été employée qu'environ deux siècles par des chrétiens qui devaient avoir par la suite une existence à part comme « ortho-

---

1. Si réellement un homme a voulu délibérément tracer des formes nouvelles, différentes des formes grecques dont il usait par ailleurs, pour la traduction des textes sacrés, il est peu probable qu'il se soit livré à des combinaisons graphiques sans point de départ. Malgré des formes éloignées des lettres grecques correspondantes, il faut sans doute parler plutôt d'une stylisation, dans un esprit cohérent, avec une très grande abondance de petits ronds. En ce qui concerne ceux-ci, un rapprochement s'impose avec les lettres bouletées ou à lunettes. Voir la figure, p. 31. Vraisemblablement ces caractères auraient été d'abord employés dans des textes magiques grecs, et formés par stylisation de caractères grecs. Les lettres slaves ont reçu en vieux slave des noms, indépendants des noms grecs, par utilisation du procédé acrophonique, sans référence aux formes ; ainsi *g* est *glagol* « parole », *d* est *dobro* « bon ». D'autres lettres sont aussi nommées d'après des mots usuels ; mais certains noms sont obscurs. Le nombre des caractères des deux alphabets a été flottant. Pour le glagolitique, trente-six dans les abécédaires anciens, nombre augmenté jusqu'à quarante, par des additions de lettres grecques et des ligatures. L'écriture glagolitique était encore écriture religieuse en Macédoine au XIe siècle et en Serbie elle se trouve jusqu'au XIIe siècle, mais elle avait disparu à l'Est. L'écriture glagolitique du slavon croate tend à tomber en désuétude, les fidèles qui l'employaient passant au croate en caractères latins.

doxes » ; de nos jours, on ne la trouve en usage que chez des Dalmates catholiques.

L'autre forme d'écriture du slave, qui porte le nom de *cyrillique*, quoiqu'elle ne soit pas comme la précédente attribuée à l'apôtre Cyrille, est sans doute née à peu près à la même époque ; elle se rencontre sur une inscription datée de 943. Elle présente un aspect du tracé grec livresque de cette époque. Elle comporte trente-neuf caractères qui autrefois ont servi de lettres et de chiffres à la fois et deux qui n'étaient que des chiffres. Les caractères complémentaires au grec ont sensiblement les mêmes formes qu'en glagolitique. C'est à partir du XIIIe siècle que le cyrillique a fait une concurrence victorieuse au glagolitique chez les orthodoxes[1].

Avec quelques modifications répondant aux divers états phonologiques, le cyrillique sert pour les langues slaves des orthodoxes : le russe, l'ukrainien, le blanc-russe, le bulgare, le macédonien, le serbe de Serbie et Monténégro (la même langue étant écrite en caractères latins par les Croates catholiques).

Depuis le XVIe siècle, jusque pendant la première moitié du XIXe siècle, le cyrillique a servi aussi à écrire le roumain, langue romane parlée par des chrétiens orthodoxes. Il sert actuellement au dialecte roumain moldave dans la République moldave soviétique.

CYRILLIQUE (russe)			GLACO-LITIQUE (ancien bulgare)	
А	а	*а*	ⰰ	a
Б	б	*б*	ⰱ	b
В	в	*в*	ⰲ	v
Г	г	*г*	ⰳ	g
Д	д	*д*	ⰴ	d
Е	е	*е*	ⰵ	e
Ж	ж	*ж*	ⰶ	ž

1. « Glagolitique » et « cyrillique » sont employés ici au masculin comme divers autres termes en -ique. Des slavistes préfèrent le féminin, d'après les noms slaves féminins en -itsa. L'origine et les dates respectives de ces deux écritures ont été et sont encore l'objet de controverses. L'opinion que le glagolitique (ou glagolite) provient de la minuscule grecque est maintenant généralement abandonnée. Il faut tenir compte d'abord du fait qu'avant l'activité prosélytique des deux frères grecs, Constantin (évêque sous le nom de Cyrille), né en 826, mort en 869, et Méthode (vers 815-885), du slave a été mis en écrit, en écriture grecque (majuscule) et en écriture latine.

CYRILLIQUE (russe)			GLACO-LITIQUE (ancien bulgare)	
			Ⰷ	dz
З	з	*з*	Ⰸ	z
И	и	*и*	Ⰹ	i
(I)	(i)		Ⰺ	i
К	к		Ⰽ	k
Л	л	*л*	Ⰾ	l
М	м	*м*	Ⰿ	m
Н	н	*н*	Ⱀ	n
О	о	*о*	Ⱁ	o
П	п	*п*	Ⱂ	p
Р	р	*р*	Ⱃ	r
С	с	*с*	Ⱄ	s
Т	т	*т*	Ⱅ	t
У	у	*у*	Ⱆ	u
Ф	ф	*ф*	Ⱇ	f
Х	х	*х*	Ⱈ	ch, x
Ц	ц	*ц*	Ⱌ	c (ts)
Ч	ч	*ч*	Ⱍ	č
Ш	ш	*ш*	Ⱎ	š
Щ	щ	*щ*	Ⱋ	šč
Ъ	ъ	*ъ*	Ⱏ	ŭ (ou *zéro*)
Ы	ы	*ы*	ⰟⰊ ⰟⰉ	y (*i* dur)
Ь	ь	*ь*	Ⱐ	ĭ (ou ')
(Ѣ)	(ѣ)	(*ѣ*)	Ⱑ	ě
Э	э	*э*		e
Ю	ю	*ю*	Ⱓ	ju
Я	я	*я*	(Ⱑ)	ja
(Ѳ)	(ѳ)	*ѳ*	Ⱚ	f
			Ⱔ	ę

CYRILLIQUE (russe)			GLACO-LITIQUE (ancien bulgare)	
			Ⱔ	ję
			Ⱘ	ǫ
			Ⱙ	jǫ
(Ѵ)	(ѵ)	*ѵ*	Ⱛ	i
			Ⱉ	ô

ALPHABETS SLAVES

Dans l'État russe tsariste, en Russie d'Europe et en Sibérie, la christianisation des gens de langues ouraliennes ou altaïques a fait utiliser l'écriture cyrillique pour certaines de ces langues dès le XVIIIe siècle (voir p. 257).

Ce mouvement a repris de nos jours, en s'étendant à certaines langues caucasiennes, en Union soviétique, où le cyrillique systématisé comme écriture phonétique a été substitué d'une manière générale à l'écriture phonétique latine qui avait été d'abord adoptée par l'administration soviétique pour les langues n'ayant pas d'écriture ou ayant une écriture trop incommode (surtout arabe).

Antérieurement à l'extension russe du cyrillique pour des langues finno-ougriennes, certaines de celles-ci avaient reçu l'écriture, sous la forme de l'alphabet *permien*, qui a servi à la christianisation des Komi ou Zyriènes et Oudmourt (compris dans un ensemble dit permien, dans la région de Perm). La conversion et l'alphabet sont dus à l'évêque Étienne de Perm, au XIVe siècle[1]. On a quelques textes et inscriptions et en particulier des alphabets, avec des noms des lettres. Celles-ci, au nombre de vingt-quatre, dérivent principalement du grec, secondairement du cyrillique ; certains tracés peuvent être influencés par d'anciennes « marques ». Les derniers documents seraient du XVIe siècle. Postérieurement, on trouve l'emploi de l'écriture cyrillique russe. Inversement, on rencontre des textes de langue russe écrits en alphabet permien (XVe-XVIe siècle).

L'*albanais* est une langue indo-européenne à part, reste de l'illyrien ou d'un groupe voisin. Longtemps il n'a pas été écrit ; les nombreux Albanais musulmans avaient l'arabe et le turc à leur disposition. Mais depuis le déclin de la domination turque dans les Balkans, l'albanais a commencé à s'écrire.

1. Étienne de Perm semble s'être inspiré des tracés tachygraphiques et cryptographiques. À partir du XVIe siècle alors que le cyrillique était employé pour l'évangélisation, des scribes russes ont employé l'alphabet permien comme écriture secrète.

Une écriture dite d'Elbasan (ville d'Albanie centrale), qui date peut-être du XVIIIe siècle, paraît reposer sur une cursive grecque stylisée[1]. De même l'écriture dite de Beïtha Kukju qui a servi vers 1840. Ni l'une ni l'autre n'ont pris d'extension. Au XIXe siècle, on a écrit d'abord généralement l'albanais en caractères grecs, en utilisant des signes diacritiques sur certaines lettres ; puis l'écriture latine (complétée) a prévalu.

Il est difficile d'énumérer tous les usages restreints de l'écriture grecque, aussi bien à l'époque chrétienne qu'antérieurement, pour écrire diverses langues. Un exemple de plus : du turc (petchénègue) a été trouvé en écriture grecque en Hongrie méridionale.

L'ÉCRITURE LATINE ET LA CHRISTIANISATION EUROPÉENNE

En Europe occidentale, pendant de longs siècles, la christianisation s'est faite, le catholicisme s'est établi et a fonctionné sans que d'autres langues que le latin soient mises par écrit chez les chrétiens. Cette situation n'a pas été seulement celle des régions où le latin s'est étendu comme langue parlée (Italie, Espagne, Gaule), mais aussi de régions de langues germaniques et celtiques, où il ne s'est pas constitué de véritable littérature écrite en runes.

Un individu, généralement futur clerc, qui apprenait à lire, apprenait en même temps le latin.

C'est ainsi qu'en Gaule la christianisation, avec usage des textes en latin, a beaucoup fait pour étendre le latin des classes riches aux classes humbles et des villes aux campagnes, d'où le gaulois était pratiquement extirpé vers le début du Ve siècle.

Du Ve au IXe siècle environ, la situation a été telle : latin écrit, conservé tant bien que mal sous sa forme classique, avec une prononciation sans doute altérée sans que l'orthographe se trouve modifiée, tant en domaine roman que germanique et celtique. C'est pour le latin que l'écriture a pris chez différentes écoles de copistes des aspects légèrement différents, qui se retrouveront plus tard à l'usage de langues nationales. À côté de cette langue écrite, les langages parlés, qui sont soit du latin évolué, du roman, soit des parlers d'autre origine : germanique, celtique, basque, d'autres peut-être encore qui ont disparu depuis. On a des témoignages sur la prédication en langage non latin ; mais les prières étaient toujours récitées en latin et les textes n'étaient pas traduits, au moins par écrit.

Cette situation ne s'est modifiée qu'à la fin du haut Moyen Âge, lorsque a commencé l'époque de l'organisation féodale qui est aussi celle des nationalités naissantes sur l'ancien territoire impérial et sur ses confins.

1. Écrivain albanais (d'Elbasan) Dhaskal Todhri (vers 1730-1805 ou 1806), de religion orthodoxe, a combiné une des écritures albanaises qui n'ont eu qu'une existence éphémère ; il serait parti du glagolitique.

Alors l'écriture a commencé à être employée pour les langages parlés, romans et autres.

Mais il est à remarquer que pendant longtemps cet emploi n'a pas été religieux, sauf pour d'humbles textes d'édification. Ce n'est pas par hasard qu'il faut tenir compte ici dans une certaine mesure des besoins de publicité gouvernementale. Le plus ancien texte suivi qu'on ait du français comme un des plus anciens textes allemands est celui de la teneur authentique des serments prononcés à Strasbourg en 842 par les souverains de France et d'Allemagne et par leurs armées.

Les grandes littératures féodales (à partir du XIe siècle en France) consistent en majeure partie en poèmes épiques qui propageaient la morale chrétienne accommodée à la nouvelle structure sociale, tout en reliant les traditions chrétiennes et gréco-latines aux anciennes légendes nationales.

Les rapports des langues dans l'exercice intellectuel ont eu pour résultat au point de vue de l'écriture que c'est l'alphabet latin qui a été adapté à l'usage de langues diverses par des gens qui continuaient à lire et écrire en latin pour la plupart des emplois. Aussi en général ont-ils évité d'inventer ou d'adopter par emprunt des signes nouveaux et ils ont fait peu d'usage des signes diacritiques. Là où l'alphabet latin était insuffisant pour représenter l'état phonologique, ils se sont efforcés de constituer les représentations complémentaires utiles par des groupements de signes, comme on en trouvait déjà quelques-uns en grec et en latin.

Cette situation s'est prolongée jusqu'à nos jours. Au cours des longs siècles de lutte où le latin a perdu peu à peu toutes ses positions jusqu'à ne conserver que l'usage liturgique, ceci en pays catholique seulement, et de rares usages académiques, son orthographe n'a cessé de réagir de manières variées sur les orthographes nationales.

Lorsque le christianisme a pris dans une partie de l'Europe un nouvel aspect et un nouvel élan avec la Réforme (XVIe siècle) qui a employé les langues nationales au lieu du latin, il en est résulté de nouvelles applications de l'écriture latine.

Pour les langues romanes nationales autres que le français, les débuts de la littérature se situent en italien au XIIIe siècle, en espagnol au milieu du XIIe siècle, en portugais à la fin de ce siècle (il convient d'ajouter le provençal et le catalan au XIIe siècle) Le roumain, en position spéciale, a employé d'abord l'écriture cyrillique (à partir du XVIe siècle) ; lorsqu'il a passé à l'écriture latine, il a usé d'une certaine liberté en adoptant des signes diacritiques.

Pour le celtique, dans l'Irlande tôt christianisée, le gaélique, qui avait déjà reçu une certaine expression graphique en ogam, a commencé à avoir une littérature en écriture latine à partir du VIIIe siècle ; elle devait se développer richement surtout à partir du XIe siècle. Les Irlandais ont eu l'idée de « pointer » des lettres afin de noter des sons pour lesquels l'alphabet latin ne fournissait pas de caractères. Après l'époque féodale,

EXTENSION DE L'ÉCRITURE LATINE EN EUROPE
(langues autres que le latin)
Entre parenthèses, écritures antérieures. Les numéros en chiffres romains correspondent aux siècles.
(Pour le polonais, l'estonien et l'albanais, voir p. 213-214.)

l'irlandais a reculé devant l'anglais : en 1911 on comptait seulement 20 000 individus ne sachant que l'irlandais, 560 000 bilingues, 3 810 000 ne parlant qu'anglais ; en 1926 le nombre des individus sachant l'irlandais n'était plus évalué qu'à 300 000 environ ; mais depuis l'instauration de l'État libre d'Irlande (1921), nommé Eire depuis 1937, celui-ci a rendu l'enseignement du celtique obligatoire dans les écoles, et en 1936 on a recensé environ 666 000 individus (dont environ deux cinquièmes de moins de quinze ans) pouvant parler irlandais.

La littérature gaélique s'est aussi développée en Écosse, mais là c'est surtout à partir du XVIe siècle, avec la Réforme.

Le gallois, au pays de Galles, a connu un beau développement commencé au VIIIe siècle ; la Réforme lui a donné à la fin du XVIe siècle une traduction de la Bible, qui a contribué puissamment à sa vitalité. Il est enseigné à côté de l'anglais dans les écoles ; en 1931 on comptait qu'il était su par plus d'un million d'individus dont 200 000 n'ayant pas d'autre langue (mais une plus grande partie de la population, environ 1 500 000, ne parlait qu'anglais).

Le breton, introduit en Armorique, Bretagne française, par immigration de la Grande-Bretagne aux Ve-VIe siècles, est resté longtemps sans être écrit ; depuis le XVIe siècle il y a eu une littérature religieuse, en partie théâtrale. De nos jours 1 000 000 d'individus environ parlent breton, mais presque tous savent le français.

Dans le domaine germanique, l'allemand a commencé à s'écrire au VIIIe siècle, avec les seules ressources de l'alphabet latin.

Le vieil anglais (qu'on appelle encore quelquefois anglo-saxon) s'est écrit aussi depuis le VIIIe siècle. Il a admis dans l'alphabet deux caractères supplémentaires, þ, ð, empruntés aux runes, pour noter les interdentales.

Le scandinave, où se conservaient et se développaient les runes, n'a reçu que tard l'écriture latine. Sous la forme anglaise peu modifiée, elle a commencé à servir au XIIe siècle au norvégien et à l'islandais.

Le suédois et le danois ne sont écrits qu'au XIIIe siècle, recevant l'écriture de missionnaires allemands, donc la forme allemande de l'alphabet, qui s'est ensuite adaptée pour quelques lettres aux besoins de la phonologie scandinave.

On a des documents bas-allemands du IXe siècle. Mais le néerlandais n'est devenu langue littéraire avec la traduction de la Bible qu'au XVIIe siècle.

Lorsque d'autres peuples, soit anciennement établis en Europe, soit nouvellement installés par suite d'une invasion, ont été atteints à leur tour par l'expansion du christianisme, sous la forme catholique avec le latin ou par la propagande de l'Église réformée, de nouvelles langues ont reçu l'écriture latine.

Parmi les langues slaves le polonais a été écrit littérairement à partir du XVe siècle (documents dès le XIVe), le tchèque à partir du XIIIe siècle ; le croate a eu une littérature à Raguse depuis la fin du XVe siècle.

Indo-européennes également, proches mais distinctes du slave, les langues baltiques ont été écrites à leur tour depuis la Réforme : du vieux prussien de Prusse orientale, maintenant disparu, on a des documents depuis le XIVe siècle, mais pas de littérature. Les textes protestants du lituanien et du letton sont du XVIe siècle.

L'albanais, après divers essais, est devenu une langue littéraire en écriture latine au XIXe siècle sous l'impulsion de missionnaires catholiques autrichiens.

Pour les langues de famille finno-ougrienne (faisant partie de l'ouralien), le finnois ou finlandais est attesté par quelques mots dès le XIIe siècle, mais ne s'est écrit vraiment qu'au XVIe siècle ; la littérature estonienne s'est développée au XVIe siècle (documents dès le XIIIe) ; du hongrois on a des textes dès le XIIIe siècle, une littérature propre au XVIIIe.

Pour le petit domaine du basque, en Espagne et en France, on a des documents depuis le XVIe siècle.

Les Maltais chrétiens (environ deux cent mille), dont le langage arabe ne s'est pas écrit pendant de longs siècles, ont commencé au XVIIIe siècle à se servir de l'écriture latine.

L'expansion territoriale de l'écriture latine a été limitée en Europe par l'existence d'autres écritures chez les chrétiens d'Orient non catholiques ni protestants.

En revanche, avec la colonisation, elle a recouvert tout le continent américain et occupé divers points des autres continents.

La propagande religieuse chrétienne qui continue et d'autre part certaines circonstances politiques étendent encore son domaine par de nouvelles latinisations, soit de langues non encore écrites soit écrites autrement.

LES MISSIONS CHRÉTIENNES EN DEHORS D'EUROPE ET L'ÉCRITURE

À partir du XVe siècle, le christianisme occidental a voyagé hors d'Europe, avec les grandes explorations et les colonisations lointaines. Le mouvement missionnaire, d'abord seulement catholique, plus tard catholique et protestant, a eu diverses conséquences pour l'usage de l'écriture.

D'une manière générale, il a étendu cet usage, le christianisme comme les autres religions universalistes tendant à répandre les textes sur lesquels il se fonde sous forme écrite.

Soucieux, même en Amérique lors de la conquête espagnole, à travers les massacres et les contraintes, d'atteindre les gens à catéchiser au moyen de leurs langues propres, les missionnaires n'ont pas été des ennemis systématiques des écritures indigènes lorsqu'elles existaient : un témoignage probant de ce fait est l'emploi temporaire de l'incommode système aztèque.

De même on peut constater de nos jours l'emploi de toutes sortes d'écritures vivantes, pour l'impression surtout des Évangiles par les propagandistes protestants. Plusieurs de ces écritures n'ont pas jusqu'à présent eu d'autre emploi pour certaines des langues livrées ainsi à l'impression ; on peut citer en exemple à cet égard diverses langues couchitiques d'Abyssinie, dotées par les missionnaires de l'écriture éthiopienne, quelquefois complétée de signes nouveaux.

Un cas extrême est représenté par la fabrication d'écritures « dans l'esprit indigène », dont on a quelques exemples (voir ci-dessous, « Nouvelles écritures non alphabétiques », p. 218).

Mais il peut y avoir un mouvement inverse pour l'utilisation de l'écriture latine, même lorsqu'il existe une écriture indigène, cas assez rare (comme jadis pour l'aztèque).

Ce qui au total est le plus fréquent est l'application de l'alphabet directement à des langues qui n'avaient jamais été écrites.

Dans leurs initiatives, ordinairement, les missionnaires ont employé plus ou moins heureusement l'orthographe de leur langue maternelle, dont d'ailleurs les catéchumènes ont acquis aussi plus ou moins l'usage. C'est ainsi, premier exemple, que des langues amérindiennes, notamment au Mexique, ont été écrites en orthographe espagnole au XVIe siècle.

Mais dans certains pays les missionnaires ont combiné des utilisations ou même des recomplètements de l'alphabet, en tenant compte avec assez de hardiesse du caractère particulier de la langue à noter. Le principal exemple est celui du *quôc ngữ* dont des missionnaires surtout portugais ont su doter le vietnamien dès le XVIIe siècle. On peut citer aussi, au XIXe siècle, l'emploi fait de l'écriture latine par des missionnaires protestants pour le malgache, auparavant peu et incommodément écrit en caractères arabes, emploi dont il reste quelque chose.

Aux Indes, dans la colonie portugaise de Goa (sur la côte occidentale), la langue des indigènes christianisés, qui est indo-aryenne, s'écrit en caractères latins (récemment il s'est produit un mouvement en faveur de l'écriture indienne).

Les applications les plus nombreuses de l'écriture latine à des langages non écrits sont sans doute celles qui se sont faites en de nombreux points d'Afrique.

Au total on estime qu'un millier de langages ont reçu des textes chrétiens dans différentes écritures par les soins de la propagande religieuse. Il faut faire figurer dans ce nombre les langages « cyrillisés » au XVIIIe siècle ou au XIXe siècle par la propagande orthodoxe dans l'ancien Empire russe.

Ce qui a été commencé à des fins religieuses a souvent été continué par les missionnaires eux-mêmes pour l'instruction en général. Des administrations civiles ont pu bénéficier de l'implantation de l'écriture ainsi réalisée. L'usage s'en est finalement plus ou moins étendu, suivant les différentes politiques coloniales et suivant aussi, surtout à époque récente, les mouvements d'opinions des populations intéressées.

On peut citer des exemples divers : ainsi, la naissance d'une presse malgache, le gros effort du gouvernement du parti Viêt-minh pour liquider l'analphabétisme dans le rayon de son pouvoir ou de son influence, effort continué par la République démocratique vietnamienne.

LES ÉCRITURES PHONÉTIQUES À USAGE SAVANT ET À USAGE COURANT (LATINISATIONS ET CYRILLISATIONS)

Il y a eu bien des fois dans l'histoire du passé, dans des conditions généralement très mal connues, des adaptations d'une écriture à des langues encore non écrites. Mais les connaissances linguistiques n'ont joué qu'un rôle très restreint dans ces fabrications, de manière consciente. C'est en général tant bien que mal que les besoins pratiques, religieux, intellectuels ont été satisfaits.

L'âge contemporain a vu se développer avant toute autre science de l'homme la linguistique, et dans la linguistique, assez vite, la phonétique. Les linguistes se sont préoccupés au cours du XIXe siècle d'analyser les sons du langage et de les noter aussi exactement que possible par l'écriture en faisant abstraction des orthographes nationales. Au XXe siècle, ils ont ajouté la phonologie à la phonétique, en se préoccupant de distinguer parmi les sons émis ce qui est essentiel au fonctionnement de chaque langue de ce qui est variante occasionnelle.

Fait important : sauf en ce qui concerne quelques descriptions détaillées en formules, les linguistes n'ont pas inventé de tracés nouveaux pour leurs notations ; ils se sont servis de l'écriture latine (et, récemment, de l'écriture cyrillique) perfectionnée par un tri systématique des emplois de lettres et par l'emploi également systématique de traits complémentaires à des lettres (accents, points, barres, boucles). Ils visaient à établir des usages pratiques pour les savants, et surtout un usage scientifique internationalement unifié ; malheureusement ils ne sont pas arrivés à adopter un alphabet unique et diverses réalisations pour les mêmes principes généraux sont simultanément en usage.

Pour la pratique, il y a lieu de bien distinguer dans l'emploi d'un même matériel ce qui est soit transcription ou notation phonétique à l'usage des savants, soit écriture à l'usage de tout le monde.

Les transcriptions servent aux orientalistes pour étudier plus commodément diverses langues mortes ou vivantes à écritures plus ou moins incommodes et aussi onéreuses à imprimer : écritures égyptiennes, cunéiformes divers, écriture chinoise, écritures de l'Inde, écritures arabes, etc.

La notation phonétique sert à noter exactement la prononciation des langues écrites ; elle sert aussi à mettre par écrit en vue de l'étude les langages non écrits, en particulier les patois dans le domaine des langues européennes, et différentes langues américaines, asiatiques, africaines, océaniennes.

Pour l'usage des non-savants, il faut noter d'abord que c'est une orthographe phonétique ou à peu près qui sert en général pour les langues fabriquées à usage international : espéranto, ido et autres.

D'autre part ce sont des variétés d'écriture phonétique qui ont été employées systématiquement, dans une période récente, soit pour doter d'écriture des langues non écrites de populations qu'il s'agit d'instruire, soit pour remplacer des écritures incommodes et non systématiquement adaptées.

C'est l'alphabet de l'Association phonétique internationale, assez répandu pour l'usage scientifique surtout dans les pays anglo-saxons, qui a été adopté avec quelques modifications par l'Institut international africain pour être recommandé à l'usage des langues négro-africaines, et qui a commencé pratiquement à servir, spécialement en Nigeria anglaise.

La Turquie nouvelle, se dégageant plus ou moins de l'islam, a procédé à la « latinisation » du turc en 1928 : une commission de savants a été chargée d'élaborer une orthographe au moyen de l'alphabet latin décanté et amélioré.

Une opération analogue a été envisagée pour la Perse ; mais le projet n'a pas été suivi.

En Union soviétique, les organismes dirigeants se sont donnés à tâche de généraliser l'instruction en permettant non seulement aux républiques associées et à tous les « territoires autonomes » qui en font partie, mais même aux petits groupes n'ayant pas de territoire administrativement propre, de donner l'instruction d'abord dans leurs langues maternelles. Pour atteindre cet objectif, l'alphabet latin, en principe sous la forme d'un des alphabets phonétiques en usage chez les savants, a été appliqué à des langues de diverses origines, non écrites ou écrites dans une écriture incommode. Un petit exemple significatif est celui des Aysor ou Assyriens, groupés surtout à Leningrad, qui écrivaient auparavant leur langage araméen dans l'écriture syriaque nestorienne.

Mais, postérieurement à ce mouvement de latinisation, en raison de la position éminente du russe dans l'Union des républiques socialistes soviétiques, de la possibilité nouvelle d'en introduire de bonne heure l'étude à l'école chez des populations désormais habituées à l'instruction, et en tenant compte d'autre part du fait que l'alphabet cyrillique, plus riche que l'alphabet latin, est aussi mieux adapté traditionnellement aux notations phonétiques, cette écriture cyrillique a été préférée. Elle a donc été généralement substituée à l'écriture latine, mais comporte également un usage systématique et rationnel. La cyrillisation a ainsi succédé à la latinisation.

En Indonésie, le nouvel État indonésien a adopté comme langue nationale un aspect du malais écrit non plus en caractères arabes mais en écriture latine (voir aussi p. 303). De même la langue nationale des Philippines, le tagalog, a une notation latine. C'est aussi l'écriture latine qui est adoptée pour de premiers essais de littérisation de langues amérindiennes en Amérique du Sud (ainsi kitchoua et aymara en Bolivie).

NOUVELLES ÉCRITURES NON ALPHABÉTIQUES (OU ALPHABÉTIQUES) DANS LE MONDE DE L'ALPHABET

Pour toutes les écritures d'usage étendu, les conditions de leurs origines sont plus ou moins obscures, et il en est de même pour les écritures peu répandues qui sont nées dans le passé en marge des écritures non alphabétiques. Mais dans le monde moderne des écritures alphabétiques, on a eu l'occasion d'observer avec assez de détail dans de petites aires bien délimitées quelques cas d'apparitions et aussi de transformations rapides d'écritures, sans toutefois que tout soit toujours élucidé.

Il s'agit en partie de cas où une écriture a été combinée par des gens qui avaient plus ou moins connaissance des systèmes développés dans les grandes civilisations et ont décidé de les imiter avec leurs moyens propres. Ce sont des cas curieux qu'on pourrait qualifier d'éclaboussures de civilisation.

Une autre série d'écritures mentionnées ici est due non pas à des indigènes ingénieux mais à des missionnaires européens qui se sont mis au point de vue de tels indigènes pour leur donner un moyen graphique indépendant des alphabets européens ; ils ont agi d'ailleurs au moins dans certains cas avec la collaboration d'élèves indigènes. Aucune des écritures de cette catégorie n'a eu une extension sérieuse et de plusieurs on sait qu'elles ont disparu après un bref succès.

Pour ce qui est des procédés, les exemples recueillis permettent de tout voir, de la pictographie à l'alphabet.

Amérique

Dans l'ambiance d'une mission protestante agissant dans l'Alaska à partir de 1885, des Eskimos ont entrepris de combiner une écriture pour leur langue. Des essais faits ont été perfectionnés à diverses reprises. On a signalé un premier état qui consistait en pictogrammes dont les uns étaient des signes-phrases, d'autres des signes-mots ; des états postérieurs montrent l'emploi du rébus à transfert ; plus tard encore les phonogrammes se multiplient, et à côté des pictogrammes apparaît, se mélangeant à eux, l'emploi de mots anglais (en lettre latines) comme signes-mots pour l'eskimo, et enfin de lettres latines isolées. Ces essais semblent actuellement abandonnés. Dans les Évangiles imprimés qui sont en circulation, à côté de trois versions en eskimo en caractères latins, on trouve encore une version dans une variante des écritures utilisées pour les Peaux-Rouges dont il va être question maintenant.

Tandis que dès le XVIIe siècle un missionnaire anglais avait inauguré un mouvement qui aboutissait à l'impression de la Bible dans un langage américain en caractères latins, postérieurement d'autres évangélistes dont l'activité s'exerçait au Canada chez les Algonkins ont voulu utiliser les habitudes graphiques indigènes ; c'est ainsi que de la pictographie des Micmacs [*mikmak*] Chr. Kander a tiré une écriture en signes-mots livrée à l'impression à Vienne en 1866 (remplacée depuis par l'écriture latine).

Suivant une autre voie encore, un Anglais du nom de John Evans, opérant au Canada vers 1841 sur d'autres langues du groupe algonkin, a fait œuvre d'inventeur en créant de toutes pièces un syllabaire. Dans celui-ci les voyelles isolées ont un signe spécial (un triangle dans quatre positions différentes), de même les consonnes sans voyelles ; pour les consonnes avec voyelles, il y a un tracé syllabique, la voyelle étant suggérée par la position de la consonne. Ce système original a rencontré un certain succès ; il y a encore au moins des Évangiles imprimés de cette manière, en kri (orthographe anglaise *cree*), le premier langage qui ait été ainsi pourvu, avec plusieurs variétés, en ojibwa (ou tchippewa), en tinné ou slavé et en eskimo (voir ci-dessus), et sans doute certains autres langages.

Aux États-Unis, chez les Iroquois autrefois établis en Georgie et Caroline (transportés dans une réserve en 1838), c'est un indigène, dont le nom dans sa langue était Sikwaya, qui a entrepris en 1821 de doter d'une écriture son langage tcheroki (anglais *cherokee*). Cet homme avait une connaissance rudimentaire de l'écriture latine et a reçu des conseils de certains missionnaires au cours de son travail. Son premier système était fait de signes-mots ; mais il a passé ensuite au phonographisme, avec des caractères syllabiques, d'abord au nombre de deux cents, comprenant certaines syllabes à terminaison consonantique ; le dernier état est un syllabaire, à syllabes ouvertes, de quatre-vingt-cinq signes. À côté de signes combinés arbitrairement, un bon nombre sont des caractères latins empruntés sans aucun souci de leur valeur. Ainsi *L* pour *tle*, *K* pour *tso*, *D* pour *a*, *W* pour *la*. Cette écriture s'est imprimée vers 1830 par les soins de missionnaires chrétiens, mais a disparu par la suite[1].

En Amérique du Sud, dans la région péruvienne, des inventions ont eu lieu, au XIXe siècle semble-t-il, chez des indigènes chrétiens, qui ont usé de pictogrammes, sans doute en grande partie sinon totalement comme signes-mots (en particulier documents ayamara). On a signalé une réalisation à la Terre de Feu.

Asie et Océanie

On a signalé chez les Tchouktches, vers 1930, la combinaison voulue d'une écriture par un individu du nom de Tenevil. Ayant combiné à son idée des signes-mots de tracé arbitraire, il a essayé de répandre ce système dans son entourage ; il ne semble pas que la tentative se soit développée.

Chez les Miao de la Chine méridionale, qui s'étaient créé eux-mêmes précédemment un système qui était sans doute une « éclaboussure » du chinois, les missionnaires européens, sans connaître ce système, ont créé une écriture syllabique qui a paru plaire aux indigènes, et ils l'ont employée pour leurs impressions.

---

1. Il existe aujourd'hui un certain nombre de journaux et de sites Web en tsalagi (cherokee). [NdÉ]

Ce système a été combiné au début du XXe siècle principalement par Samuel Pollard, qui s'est inspiré du système Evans, mais a fait œuvre nouvelle et a su noter ingénieusement les tons dans un tracé alphabéto-syllabique[1].

Les consonnes sont représentées par des tracés géométriques simples, arbitraires ; un signe de série (') note les aspirées en combinaison avec le signe de base de la consonne la plus voisine. Les voyelles sont notées par des signes du même genre, mais plus petits qui sont placés au-dessous ou à côté des signes de consonnes ; leur position plus ou moins élevée ou basse correspond aux hauteurs des tons.

Cette écriture est employée pour le langage des Hwa Miao, des Kopou [*ko-p'u*] et de certains Nosou [*nosu*], pour lesquels les missionnaires ont imprimé des évangiles et quelques autres textes religieux ; des milliers de gens s'en servent pour leur correspondance.

Pour des populations plus méridionales du Yunnan et de la Birmanie du Nord, d'autres missionnaires ont combiné des syllabaires dont les éléments sont des majuscules latines (en partie renversées), employées arbitrairement pour des sons divers.

En Océanie des écritures d'origine et de constitution mal connue ont été signalées.

Afrique occidentale (voir la carte, p. 221).

Un exemple clair d'invention récente est celui de l'écriture des Vaï, fraction des Mandingues, dont le territoire est à cheval sur la frontière Liberia-Sierra Leone. Elle a été combinée au plus tôt au XVIIIe siècle, plus probablement au début du XIXe siècle. Elle aurait été inspirée par une révélation à un jeune nègre qui avait commencé à apprendre à lire avec des blancs, suivant une des traditions ; mais il y a d'autres histoires, et il n'est pas absolument sûr qu'il n'ait pas existé antérieurement quelque système pictographique. Le système est syllabique avec, dans la dernière

1. Ayant écrit en 1949 à la Bible Society (Londres), j'ai été adressé au révérend W. H. Hudspeth, résidant au Canada après avoir longtemps séjourné en Chine et pratiqué le système Pollard. Il a pris la peine de répondre exactement à toutes mes questions (janvier 1950) et m'a aimablement copié les tableaux complets du système appliqué au miao, avec des exemples de mots pour chaque caractère. Les caractères sont de formes simples, comportant des angles et des courbes. L'inventeur ne s'est pas interdit les coïncidences avec les majuscules latines, ainsi pour L et S, mais le Δ grec a la valeur *gl*. Les formes ne sont pas groupées en raison des régions d'articulations de consonnes et l'ordre n'est pas un ordre phonétique rationnel. Toutefois il est notable que pour les occlusives et affriquées il n'y a qu'un tracé pour la sonore (prise comme élément normal) et la sourde, qui est distinguée par une marque (apostrophe) ; ainsi T = *d*, T' = *t*. Les voyelles et les nombreuses diphtongues ont toutes des signes plus petits que ceux des consonnes, et leur sont ajoutées (sans liaison), avec des positions variées qui indiquent les tons ; par exemple, le petit rond qui note une diphtongue *ou* analogue à celle de l'anglais *low* « bas ». La combinaison T_o [prononcée *dow* à ton bas égal] signifie « être en attente de ».

forme en usage (de nos jours), deux cent vingt-six signes, qui paraissent être de tracé arbitraire. La direction est de gauche à droite.

Dans la même région, chez les Mende de Sierra Leone, est en usage (restreint) un autre syllabaire, à la naissance duquel le vaï n'est peut-être pas étranger ; son invention est donnée comme récente. Dans les exemples publiés, la direction est de droite à gauche.

Chez les Guerzé voisins, on a reconnu l'existence d'une écriture syllabique analogue, non encore entièrement connue[1].

Une autre écriture est née, récemment semble-t-il, chez les Toma, à la frontière nord du Liberia, employée principalement en territoire français. C'est un syllabaire de cent quarante signes environ, avec un signe de ponctuation. Il y aurait des variantes locales[2].

Chez les Basa du groupe Krou, en Liberia, une autre écriture syllabique s'est quelque peu imprimée ; l'inventeur en est connu ; en 1943, il vivait en Amérique.

Chez des gens du Nigeria du Sud, une écriture a été signalée en 1943 mais n'est pas encore étudiée.

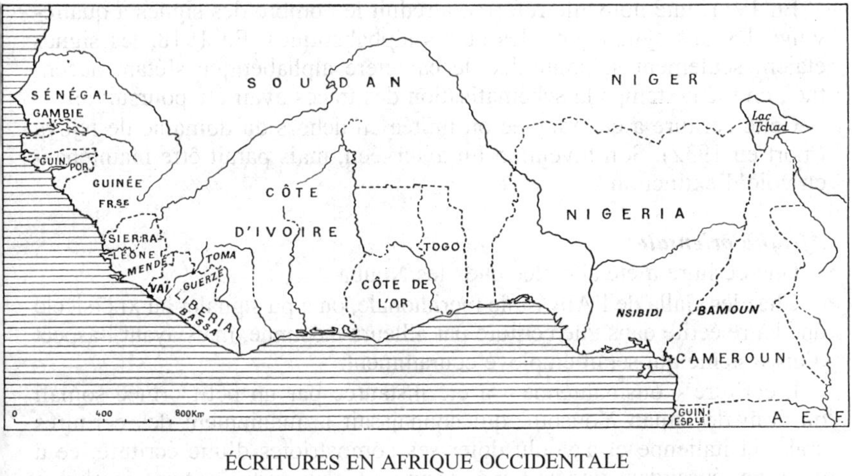

ÉCRITURES EN AFRIQUE OCCIDENTALE

1. La connaissance de cette écriture est due à deux missionnaires, Lassort et Lelong.

2. Cette écriture a été reconnue en 1940 et publiée par Joseph Joffre : « Sur un nouvel alphabet ouest-africain : le toma (frontière franco-libérienne) » dans *Bulletin de l'IFAN*, t. 7, 1945, p. 160-173, avec quatre pages de syllabaire et une page de texte. L'IFAN possède en outre un manuscrit de seize feuillets dus à Joseph Joffre (dont quatre ne sont pas de sa main), et m'en a envoyé les photographies en septembre 1949. Il m'a envoyé en même temps les photographies d'un manuscrit de cinq feuillets, du lieutenant Morand, contenant le syllabaire toma des Fagna (district libérien voisin du cercle de Macenta).

L'écriture des Bamoun (ou Bamom) dans la région de Foumban au Cameroun présente un intérêt tout spécial parce qu'on peut en suivre de près l'histoire, qui montre une évolution rapide, par la volonté de l'inventeur lui-même.

Celui-ci était un petit chef d'État ou roitelet, nommé Njoya, qui savait l'existence de l'écriture arabe et celle de l'écriture latine (chez les Allemands du Cameroun) et voulait avoir une écriture pour les besoins de son administration et l'instruction de son peuple. Il s'est entouré de « commissaires », leur faisant établir vers 1900 une liste de pictogrammes employés comme signes-mots, rangés de gauche à droite (sauf exceptions) ; arrêtée vers le chiffre de mille, cette liste a été immédiatement l'objet d'un enseignement. Mais des réformes successives sont intervenues. En 1907, les signes étaient simplifiés, de manière que certains perdaient leur aspect pictographique, et ils étaient employés comme phonogrammes syllabiques, avec décomposition des mots longs (emploi du rébus à transfert) ; même certains nouveaux signes étaient inventés en tant que phonogrammes ; ces signes étaient plus de trois cent cinquante. Dans le seul centre de Foumban plus de six cents personnes pouvaient s'en servir, et l'administration royale constituait des archives.

En 1911, une nouvelle réforme a réduit le nombre des signes à quatre-vingt, les uns syllabiques, les autres alphabétiques. En 1918, les signes étaient seulement soixante-dix, le caractère alphabétique s'étant accentué ; en même temps la schématisation des tracés avait été poursuivie.

Cette écriture a été adoptée ou imitée en dehors du domaine de Njoya (mort en 1932). Son invention lui a survécu, mais paraît être maintenant en voie d'extinction[1].

Afrique orientale

Une écriture a été signalée chez les Nouba.

Chez les Galla de l'Abyssinie méridionale, on a pu signaler au XIXe siècle une lettre écrite dans une écriture par ailleurs inconnue, mais ayant l'aspect d'un système qui serait employé couramment.

L'écriture « ousmanienne » a été instaurée par un petit prince somali du nom de Isman Yousouf, qui connaissait le maniement des écritures arabe et italienne et a voulu doter ses compatriotes d'une écriture, ce à quoi il a réussi dans une certaine mesure, puisque cette écriture, combinée en 1920-1922, semble s'étendre.

Les caractères paraissent être de forme arbitraire. Ils sont alphabétiques, comprenant consonnes et voyelles brèves et longues. La direction est gauche-droite.

---

1. Un des collaborateurs de Njoya a déclaré que certains signes égyptiens qui figurent dans l'écriture bamoun proviennent d'un livre sur l'Égypte vu chez un missionnaire allemand.

L'intérêt des expériences que constituent ces créations récentes, dont l'histoire est au moins partiellement connue, est très grand. On peut par comparaison avec elles s'imaginer les voies de certaines créations et évolutions anciennes.

En ce qui concerne les contacts de civilisations et certains de leurs contrecoups, l'intérêt en déborde l'histoire de l'écriture et peut donner par analogie des indications sur les modes d'emprunt et de remodellement d'autres techniques.

Spécialement frappantes sont les démarches d'esprit des missionnaires européens que leur contacts avec d'autres populations ont mis en état d'invention, d'où un néosyllabisme particulier qui pourrait avoir de l'avenir comme expression pratique de l'alphabétisme.

En effet, si celui-ci ne semble pas pouvoir être dépassé comme système en tant qu'expression de l'analyse du langage, on voit que des combinaisons graphiques systématiques peuvent se substituer à la variété capricieusement évoluée des lettres héritées du passé.

Considérations finales

L'emploi de l'alphabet s'est généralisé peu à peu dans le monde chez les gens instruits, sous diverses formes et avec diverses adaptations, à l'exception de l'Asie orientale où l'écriture chinoise et ses dérivés prévalent encore.

C'est l'écriture latine qui a eu la plus grande extension, non seulement sur la carte, mais par le nombre des usagers, si on considère qu'elle est employée par les populations les plus denses (en dehors des masses de certaines régions chinoises et indiennes) et que ces populations sont seules, avec celles du Japon, à bénéficier depuis un certain temps de l'instruction généralisée.

L'écriture la plus importante ensuite est l'écriture cyrillique, qui est en grande expansion récente avec l'essor général de l'instruction en Union soviétique et les cyrillisations de diverses langues.

Sur des domaines plus restreints, la vieille écriture grecque toujours vivante, les écritures arménienne et géorgienne bénéficient aussi d'une scolarité régulière.

L'écriture arabe conserve, malgré des reculs récents, une forte position et est encore en progression dans certaines régions d'Afrique ; mais nulle part elle n'est enseignée à l'ensemble d'une population.

Au contraire l'écriture hébraïque, sur le petit domaine maintenant israélien, a un emploi maximum.

L'écriture éthiopienne n'a pas une situation aussi favorable, l'instruction n'étant pas encore très répandue en Abyssinie ; mais sa position est solide, et destinée à s'étendre.

Les écritures de l'Inde avec une population très nombreuse (où le nombre absolu sinon relatif des lettrés est déjà grand), et leurs dérivés couvrent une surface considérable.

Le principe alphabétique s'est donc répandu comme la civilisation technique en général, comme aussi dans le passé les diverses religions universalistes qui continuent à vivre dans le domaine de cette civilisation.

Les vicissitudes de son expansion et de ses diverses réalisations, brièvement retracées dans ce chapitre, reflètent les circonstances des destinées des populations et des nations, avec des particularismes et des oppositions que les chapitres qui suivent permettent d'étudier sous divers aspects.

CHAPITRE X

ÉCRITURES ET LANGUES – LES ORTHOGRAPHES

Préambule

L'histoire de l'écriture prise sous un certain angle fournit un utile complément à l'histoire de l'évolution des langues. En particulier elle jette des lueurs sur la prise de conscience de leur langage par les éléments intellectuels des divers peuples. Elle reflète les luttes entre les esprits de tradition et de conservation d'une part, d'innovation en vue de l'efficacité d'autre part, entre les intérêts de castes fermées ou de classes privilégiées et ceux du plus grand nombre.

La question à examiner est celle-ci : comment, au cours de l'histoire, les écritures ont-elles été adaptées aux différentes langues ?

Jusqu'à quel point les sons produits par les organes vocaux et perçus par l'oreille ont-ils été notés ? Par quels emplois de lettres, isolées et groupées, et d'autres signes ? L'écriture note-t-elle d'autres éléments de la parole que l'articulation des phonèmes ou sons du langage ? Tels sont les éléments théoriques de la question de l'orthographe (mot grec composé de *orthos* « droit, juste » et racine « écrire »).

Question qui au regard de l'historien s'entoure de diverses circonstances suivant les lieux et les époques, et d'où résultent d'autres questions : où et quand y a-t-il persistance ou réfection ? Quelles sont dans l'une ou l'autre les parts de la contrainte, de l'imitation, de la routine, de l'examen réfléchi ? Lorsque des autorités réglementent l'orthographe, y a-t-il des motifs administratifs, religieux ? A-t-on souci d'intérêts mercantiles ? Suit-on une politique déterminée d'enseignement ? Quels sont les gens qui influent vraiment sur l'écriture comme sur la langue ? Quel est le rôle de ceux dont c'est le métier de reproduire des documents et d'en vendre, et quel est celui des écrivains, des savants et des professeurs ?

L'orthographe dépend en partie de l'emploi qui est fait de la langue. Des orthographes récentes ou non existent pour chacune des langues parlées passées à l'état de langues écrites. Souvent, à côté de ces langues on emploie une langue savante, à orthographe anciennement fixée, qui est suivant les cas une langue étrangère ou un état ancien de la langue nationale. Dans l'un et l'autre cas, la langue savante est conservée justement par l'écriture, accompagnée d'une tradition de lecture plus ou moins stricte et fidèle, qui donne lieu à un enseignement. De plus, les langues modernes écrites, soit grandes langues nationales à expansion de prestige, soit langues de petites nations, jouent le rôle de langues savantes vis-à-vis de parlers locaux qui ne sont pas ou qui sont très peu écrits, et ceci pose conjointement la question de la propagation de la langue commune et de celle de l'écriture, en gros la question de l'enseignement. Ici aussi interviennent toutes sortes de questions sociales.

Le présent chapitre ne saurait être une étude complète de toutes les orthographes ; en particulier il ne reprend pas ce qui figure à ce sujet dans la première partie du livre. Seules les principales langues dotées de l'alphabet y sont passées en revue, avec plus ou moins de détail, et le souci de caractériser les systèmes, en donnant certains aperçus sur l'enseignement dans divers pays, et sur certains mouvements de réforme.

Chemin faisant, deux questions se représenteront constamment, étroitement liées malgré l'aspect théorique de l'une, pratique de l'autre. La première est de savoir dans quelle mesure l'orthographe respecte le principe de l'écriture alphabétique qui est de représenter phonographiquement le langage, ou comporte d'autres éléments, surtout idéographiques. La seconde est de savoir jusqu'à quel point l'usage tant de l'écriture que de la lecture est rendu commode aux différents individus d'une société par le système employé.

Nous faisons ici presque toujours abstraction des tracés, réservés à une étude spéciale dans le chapitre suivant ; mais si on veut porter des jugements d'ensemble sur les diverses écritures, il faut tenir compte des liaisons entre forme et expression. Ainsi on pourra remarquer que l'écriture indienne, simple pour l'usage phonétique ou de lecture est de tracé relativement compliqué, ou encore que dans certaines écritures l'individualisation des mots trouve une expression dans une forme spéciale des lettres finales.

L'histoire que nous abordons concerne les parties les plus civilisées, les plus intellectualisées de l'humanité, à partir d'une certaine époque. Elle débute environ mille ans après l'invention de l'alphabet, vers – 500.

Tous les peuples dont nous aurons à parler n'ont plus seulement le souci d'envoyer un message, d'assurer l'exécution d'un contrat, de donner une publicité à un édit ou à un récit d'événements politiques, de rendre efficace la répétition d'un rite religieux ou d'une opération magique. Comme avant eux des peuples plus anciennement civilisés, mais avec beaucoup plus d'extension, ils ont déjà, ces gens pour nous « anciens », des préoccupations que nous pouvons qualifier de modernes : au moins assurer la conservation, la transmission et la propagation de longs textes religieux de caractère à la fois légendaire, historique, juridique, philosophique ; souvent rassembler des renseignements sur leur passé et sur d'autres peuples ; faire des recherches scientifiques variées, pour la connaissance du monde et la domination sur la nature.

Chez tous, sinon au début de l'emploi de l'écriture, au moins à un moment quelconque, soit par un développement spontané, soit grâce à une influence intérieure, il se révèle des préoccupations grammaticales : il se fait un travail d'étude sur la langue dans sa liaison avec l'écriture. Nous avons à faire à un stade de l'évolution que nous pourrions appeler grammatical, où à côté de l'ingéniosité et de l'habileté la volonté consciente de l'homme intervient de plus en plus.

Ici doivent trouver place quelques considérations théoriques et définitions de termes. Notons qu'il est utile de bien distinguer le point de vue écriture et le point de vue lecture.

L'expression par le langage vocal, quel qu'en soit l'usage, conversation, discours, récitation, se subdivise en éléments comportant une signification complète ; la longueur en va d'une exclamation ou d'un grognement jusqu'à une phrase complexe. Ces divisions correspondent à des unités de souffle, coupées par des relais seulement pour les très longues phrases. La phrase est l'unité d'expression.

Dans la phrase, le mot est l'unité de signification. Il a en général des caractéristiques phonétiques et grammaticales que les linguistes cherchent à déterminer : accent de mot, traitements spéciaux de l'initiale et de la finale, division en radical portant le sens proprement dit et éléments accessoires indiquant des modalités du sens, comme le nombre ou le genre, etc. Sans doute le sentiment du mot n'est-il pas absolument général chez les illettrés ; chez les gens peu lettrés qui se servent de l'écriture alphabétique, on constate que les fausses coupes de mots sont plus ou moins fréquentes. Néanmoins ce sentiment est habituel ; même des gens ignorants de l'écriture sont capables de désigner un objet par un mot seul, et, s'ils accèdent à un bilinguisme, de fournir *grosso modo* des traductions mot pour mot. Chez les individus instruits, le sentiment du mot est entretenu par la connaissance de la grammaire et l'usage du dictionnaire.

Toutes les écritures sorties du stade pictographique correspondent à un stade intellectuel où la phrase est analysée en mots. Toutes s'attachent à représenter le mot, soit par des procédés idéographiques seuls, soit par un mélange idéographique et phonographique, soit par le phonographisme. Les écritures alphabétiques basées sur la décomposition du mot dans ses éléments phoniques simples ne peuvent pas négliger le caractère insécable de l'unité de signification, et elles emploient en général divers procédés pour le mettre en valeur. À cet égard, il est très important de noter quelles écritures comportent ou ne comportent pas des séparations de mots.

Dans l'apprentissage de la lecture, c'est la reconnaissance du mot qui est l'essentiel ; elle reste au premier plan chez tous les lecteurs formés, aussi bien ceux qui, mal exercés, sont obligés de lire lentement à haute voix pour comprendre, que chez ceux qui sont capables de parcourir très vite un texte.

Dans la préoccupation de faire reconnaître les mots, les orthographes n'ont pas toujours seulement le souci d'en exprimer le son. Il arrive qu'on veuille en faire reconnaître soit l'origine, soit le rôle grammatical. Ce sont des aspects intellectuels de l'orthographe. Ainsi c'est par suite de l'emploi de *graphies* (manières d'écrire) *étymologiques* dans une orthographe *étymologisante* que le même son *k* est représenté en français par *c* dans « cœur » (latin *cor*), *qu* dans « quatre » (latin *quattuor*), *k* dans « kyste » (grec *kustis* « vessie ») et « kermesse » (flamand *kerkmisse* « messe d'église, fête patronale »), *ch* dans « chlore » (grec *khlôros* « vert »).

Les mots se décomposent en unités de son, qui sont les phonèmes. Ceux-ci sont en nombre limité, environ de vingt à quarante, dans tous les langages connus, qui ont ainsi chacun leur système phonologique (terme préférable à « phonétique ») défini. Ce sont ces unités-sons qui ont été reconnues dans le stade intellectuel supérieur, où ont pu naître les écritures phonographiques. Une reconnaissance encore incomplète mène au système syllabique primaire, une analyse définitive aboutit au système alphabétique, qui peut comporter secondairement une disposition syllabique.

L'écriture phonographique représente les phonèmes distincts, non les menus détails de la prononciation. On dit qu'elle est en générale phonologique, non phonétique. Qu'est-ce à dire ?

Chaque phonème n'est pas prononcé toujours de la même manière : il y a des variétés d'articulation, perceptibles en général à l'audition ; certains caractères de l'articulation sont nécessaires et suffisants pour que le phonème soit reconnu comme distinct des autres (ainsi *t* par rapport à *d*) et par conséquent fixent sans ambiguïté le sens des mots dans lesquels ce phonème entre comme élément de composition ; d'autres caractères sont secondaires ; chaque phonème comporte un jeu dans la réalisation. Ainsi pour qu'on perçoive un *r* il faut certains roulements ou certaines vibrations produites dans la bouche sans interruption du passage du souffle ; mais les modes de production peuvent être variés, même pour une seule et même langue ; ainsi *r* peut être roulé du bout de la langue, roulé de la luette, frotté ou raclé à l'avant ou à l'arrière de la bouche. Pour qu'on perçoive un *l* il faut qu'il y ait passage d'air latéral à la langue avec bruit de frottement, mais l'écoulement peut se faire des deux côtés ou d'un seul, droite ou gauche, et la langue peut être bombée soit à l'avant soit à l'arrière. Comme en général les variétés d'*r* ou d'*l* n'ont pas la valeur de phonèmes distincts dans une seule et même distincts dans une seule et même langue, il n'y a qu'un *r* et qu'un *l* dans les alphabets.

Quelquefois le jeu de la variation est commandé par le voisinage d'autres phonèmes dans le mot ou même dans un mot voisin, surtout dans ce qu'on appelle les assimilations : ainsi en français *b* est assourdi habituellement devant la spirante sourde *s*, sans être tout à fait un *p*, dans un mot comme « abstrait » ; *k* écrit *c* est sonorisé (donc à peu près *g*) dans « eczéma ».

Des variations proviennent de défauts individuels de prononciation : ainsi la qualité de l'*s* blésé chez les personnes qui « touchent de la langue ».

D'autres reposent sur des altérations propres à toute une collectivité ou à de nombreux individus de cette collectivité, marquant un changement phonétique comme il s'en produit constamment dans la vie des langues. Ainsi, en français, le son *œ̃* noté par *un* a sans doute ses jours comptés, de nombreuses fractions de la population *ɛ̃*, comme si on écrivait *in* (on confond *brun* et *brin*).

Les linguistes phonéticiens – et historiens aussi – ont à se préoccuper de ces détails, l'écriture les néglige en général. Elle est phonologique, parce qu'elle ne note pas les variations phonétiques minimes ; elle ne note les variations, et encore pas toujours, que lorsque le phonème est devenu semblable à un autre phonème de la langue ; ainsi en ancien français *v* final devenu *f* dans *vif* (latin *uiu* [*us*]). En conséquence dans beaucoup de langues on trouve des phonèmes notés par une même lettre (ou un même groupe de lettres) alors que leur prononciation est nettement différente, soit à cause de la situation et du voisinage dans le mot, soit pour des causes inconnues. Ainsi en français la même lettre *x* représente la consonne complexe *ks* dans « axiome », « toxique », « annexer » et la consonne complexe *gz* dans « exact », « hexagone ».

Si l'écriture alphabétique est phonologique dans l'ensemble, les orthographes le sont à des degrés différents. Il n'y a pas lieu ici, dans une étude résumée, de donner des noms distincts à tous ces degrés, mais il y aura avantage à désigner courtement, d'un terme bien défini, certaines des espèces d'orthographe.

Nous dirons qu'une orthographe est *phonologisante* lorsqu'un phonème ayant des prononciations nettement différenciées est cependant noté, en face de ces prononciations, par la même lettre (ou le même groupe de lettres), la position du phonème dans le mot ou la qualité des phonèmes en contact avec lui suffisant à faire reconnaître comment il doit être articulé.

Ainsi en russe les consonnes sonores comme *d*, *v* sont constamment assourdies en finale de mot sans changer de graphie ; par exemple *rod* « race » est lu *rot*, *ivanov* (nom propre) est lu *ivanof*.

En allemand, *ch* représente à la fois une spirante postpalatale ou médio-palatale et une spirante prépalatale sourdes ; on les reconnaît, et on articule en conséquence, suivant que la voyelle qui voisine est ou bien une voyelle d'arrière ou *a*, ou bien une voyelle d'avant : avec la spirante d'arrière, *Buch* « livre », *hoch* « haut », *ach* « ah » ; avec la spirante d'avant *dich* « toi », *echt* « pur », *Bücher* « livres ».

Nous dirons qu'une orthographe est *phonétisante* lorsque les variantes de prononciation en positions différentes ou en voisinages différents sont notées par des changements de lettres.

Ainsi en sanskrit *s* final affaibli est noté comme une espèce de *h*, par un signe spécial au-dessous de la ligne.

En latin *n* est remplacé par *m* devant *b* et *p*, ainsi *implere* « remplir », composé avec *in* « dans » ; *d* est remplacé par *p* devant *p* dans *apprehendere* « saisir », composé avec *ad* « à, vers ».

Noter qu'une même orthographe peut présenter des traits phonétisants et des traits phonologisants.

Lorsqu'une langue qui n'était pas écrite vient à l'être, on lui applique une orthographe *jeune* (ainsi le vieux français à partir du Xᵉ siècle). Quand par la suite la langue change profondément par évolution sans que l'orthographe soit modifiée, cette orthographe est *vieillie* ou *archaïque* (ainsi pour le français moderne).

Si l'écriture, pour une nouvelle langue écrite est combinée de manière originale et surtout avec des lettres nouvelles, l'orthographe jeune est en même temps *neuve* (gotique, arménien). Si on se sert du matériel pris à une autre langue sans le modifier sensiblement, l'orthographe quoique jeune est *usagée* (langues romanes).

L'écriture, à un moment donné, peut être modifiée ou complétée pour correspondre à un nouvel état de la langue, ou pour éliminer les inconvénients d'une écriture qui avait été soit héritée soit empruntée ; l'orthographe est alors *rajeunie* par réfection (réformes orthographiques de l'allemand, du russe) ou remplacée par une orthographe neuve (latinisation du germanique lors de la christianisation, aux dépens de l'usage des runes ; latinisation récente du turc, avec abandon de l'écriture arabe).

Dans le cas des langues de conserve, langues savantes lues souvent à haute voix alors qu'elles ne servent plus aux rapports sociaux normaux, l'orthographe peut être dite *hors âge*. Comme de plus les langues savantes sont souvent transportées dans des domaines divers, on peut parler aussi d'orthographe *hors lieu*.

Les rapports entre la prononciation et l'écriture dépendent de la plus ou moins bonne conservation d'une tradition, du plus ou moins grand écart entre l'état phonologique de la langue savante (au moment de sa sortie de l'usage courant) et celui de la langue des gens qui l'emploient, du caractère de l'enseignement, etc. Ainsi le latin a été autrefois prononcé en France à peu près comme l'ancien français ; à la Renaissance on a restitué l'articulation d'une partie des consonnes et voyelles anciennes ; la prononciation du latin a été et est encore différente dans les différents pays d'Europe.

Une orthographe jeune ou rajeunie, à moins qu'elle ne soit usagée ou étymologisante, est fondée sur le principe phonographique qui est de représenter chaque phonème par une lettre toujours lue et toujours lue de la même manière ; on peut dire courtement qu'elle est *phonétique*, comme *l'écriture phonétique* employée à usage savant.

Si au lieu d'être représenté par une lettre, un phonème est représenté par un groupe de deux ou même trois lettres (comme *ch* en français, *sch* en allemand pour *š*), on se trouve en présence de *graphies complexes*.

Les écritures phonographiques ont toutes une orthographe plus ou moins *déficiente*, ne notant qu'une partie des éléments auditifs du langage. Ainsi l'ancienne écriture sémitique ne note que les consonnes, l'écriture grecque ancienne note les consonnes et les voyelles (sans différencier toutes celles-ci). L'une et l'autre, comme la plupart des écritures, ne notent pas les accents de mot, qui sont pourtant en général un élément important de la prononciation.

Une orthographe peut être *complétée* : ainsi l'écriture sémitique a été plus ou moins complétée par des notations de voyelles brèves et longues.

Un effort supplémentaire peut compléter l'écriture et l'orthographe en notant les éléments des mots qui ne sont pas des phonèmes autonomes mais ont en partie une valeur phonologique. Quantité ou force des consonnes (signes de gémination dans certaines langues sémitiques), ton ou quantité des voyelles (siamois – langues indiennes, certaines langues sémitiques), accent de mot (grec alexandrin et postérieur).

Enfin, par un perfectionnement supplémentaire, on peut marquer les limites et les fractionnements des phrases, qui correspondent à des arrêts ou suspensions du souffle ou à des intonations ou modulations de la voix : ici intervient la *ponctuation* qui a une grande importance théorique et pratique, puisqu'elle dépasse le mot pour aider à la compréhension de la phrase, unité d'expression, et même, au-delà de la phrase, à la compréhension du discours ou du récit, unité d'inspiration.

ÉCRITURES SÉMITIQUES

Les écritures sémitiques, du moins dans l'usage courant, sauf l'éthiopienne, ne sont pas parvenues à une représentation complète des voyelles ; c'est dire que leur orthographe comporte toujours un élément d'interprétation par le lecteur, ou idéographique. Néanmoins, pour les différentes grandes langues littéraires, un travail a été fait, plus ou moins poussé et plus ou moins utilisé dans l'usage courant, dans le sens du recomplètement de l'orthographe déficiente.

Le seul procédé indigène, le seul aussi qui soit incorporé constamment à l'orthographe de certaines langues, a été l'emploi des lettres représentant occasionnellement des consonnes affaiblies pour suggérer la lecture des voyelles (nous parlerons en ce cas de « signes consonnes-voyelles »). Il y a sans doute des traces de ce procédé à époque relativement ancienne ; il s'est développé dans des mesures diverses en punique, en hébreu, dans les divers araméens écrits, en arabe : ici le recomplètement de l'orthographe a résulté de son vieillissement même.

Par ailleurs on a employé des signes de complément du type des accents, en dehors de la ligne, par une imitation incomplète du système grec des lettres-voyelles, ceci surtout dans l'usage religieux. Une incorporation de la notation vocalique à l'écriture a eu lieu en outre pour l'éthiopien, où l'innovation a produit un syllabisme secondaire.

Notons ici que les écritures consonantiques à signes vocaliques sous forme d'accents ou rendues syllabiques par des petits traits accessoires sont, théoriquement au moins, plus rapides de tracé que les écritures à voyelles écrites par des lettres, puisqu'elles comportent moins de caractères complets pour des mots de même longueur.

Écriture hébraïque

Dans la littérature religieuse juive, en hébreu biblique (qui a été mis par écrit sous l'aspect où nous le connaissons alors qu'il n'était plus parlé), en hébreu postérieur (talmudique, de *talmûd* « enseignement, commentaire ») et en araméen biblique et talmudique, puis dans tous les écrits religieux et profanes qui ont été composés en hébreu, les semi-voyelles *y* י et *w* ו non prononcées comme telles à l'intérieur ou à la fin d'un mot indiquent la présence respectivement d'un *i* ou d'un *e* long et d'un *u* ou *o* long. En fin de mot ה *h* non prononcé représenté *å* ou *e*, quelquefois *o*. En araméen, à la fin de certains mots ʾ א non prononcé indique la présence d'un *a*. C'est ce qu'on nomme dans la grammaire européenne de l'hébreu depuis le XVIe siècle des *matres lectionis* (en latin « mères de lecture »), ici signes consonnes-voyelles. On exagère sans doute rétrospectivement l'extension du procédé : il est probable qu'en hébreu parlé ou dans la tradition fraîche de l'hébreu récemment sorti de l'usage parlé et dans l'araméen de la même époque une part au moins de ces consonnes était articulée.

En hébreu moderne, notamment l'hébreu revivifié comme langue nationale parlée, écrite enseignée dans l'État d'Israël, l'emploi des consonnes-voyelles reste le seul procédé de notation des voyelles (sauf dans des manuels pour classes de début à l'école et pour éviter certaines confusions de mots).

D'autre part les érudits juifs dits massorètes (de *massorah* « commentaire »), en vue de maintenir la tradition sacrée, ont muni le texte biblique d'un système complet de notation par des accents, ceci parallèlement au travail du clergé chrétien pour le syriaque à partir du VIe siècle, donc un millénaire après que l'hébreu était sorti de l'usage parlé. Ce travail, poursuivi dans divers centres, avec emploi de signes différents, s'est fixé au XIIe siècle dans le texte canonique qui est muni de l'apparat dû à l'école de Tibériade en Palestine. Ce travail minutieux de traditionalistes, de grammairiens et de chantres est à plusieurs fins.

• *Consonnes*. L'emploi de formes spéciales pour certaines consonnes à la fin des mots (ainsi ך final au lieu de כ *k*) facilite la reconnaissance des limites de mots, surtout lorsque les intervalles sont petits.

Un point supérieur placé à droite ou à gauche distingue deux consonnes de l'hébreu : שׁ *š* (*ch* du français) et שׂ *s* (sans doute anciennement *ś*, *s* mouillé), auxquelles correspondait un seul signe et sans doute une seule prononciation en phénicien, d'où l'alphabet a passé à l'hébreu.

Un point dans une lettre indique une prononciation renforcée.

Pour certaines consonnes ce renforcement consiste toujours dans une certaine force et une certaine longueur, ce que nous appelons gémination (bien que ce ne soit pas un véritable doublement) et que nous notons dans l'écriture latine, même à l'usage phonétique savant, par la répétition, ainsi סּ *ss*.

Pour d'autres consonnes (les occlusives non emphatiques *p*, *b* ; *t*, *d* ; *k*, *g*) le renforcement est négatif : le pont note l'absence de la spirantisation qui s'est produite pour ces consonnes après voyelle en araméen, et par suite dans la prononciation traditionnelle des juifs parlant araméen, aboutissant par exemple à substituer *f* à *p* ; pour ces consonnes, lorsque la gémination se produit, elle n'est pas indiquée à part ; mais en fait toute consonne de cette espèce après voyelle n'est maintenue occlusive que si elle est géminée.

Par ailleurs, les manuscrits bibliques notent par une barre horizontale au-dessus de la lettre les consonnes spirantisées ; mais on se passe de ce signe dans les impressions.

Un point au-dessus de ה *h* indique qu'il doit être articulé après voyelle, en dernière syllabe de mot, alors que généralement il est muet en cette position.

Noter que la tradition a été incapable de maintenir fixe l'articulation des consonnes de l'hébreu mis en conserve avec une orthographe hors âge chez des gens qui pour la plupart ont eu pour langue maternelle des langues non sémitiques, ignorant les laryngales et les emphatiques. L'orthographe de l'hébreu redevenu langue parlée est donc fortement vieillie et comporte des notations multiples étymologiques pour un seul son, ainsi ט ancien *ṭ* et ת ancien *t* pour une seule prononciation *t* ; ק ancien *ḳ* et כ ancien *k* pour une seule prononciation *k*, etc.

←

| בְּרֵאשִׁית בָּרָא אֱלֹהִים אֵת הַשָּׁמַיִם וְאֵת הָאָרֶץ׃

→

***bərẹɔšíyṯ** | **bårâɔ ɔẹ̈lohíym** || **ɔẹṯ haššâmayím** | **wəɔẹṯ håɔårẹṣ** |||*

« Au commencement créa Dieu le ciel et la terre. »

HÉBREU AVEC SIGNES MASSORÉTIQUES
(début de la Genèse)

Mais les Israéliens de milieux parlant arabe articulent les consonnes à l'arabe de sorte que pour eux l'orthographe est beaucoup meilleure. La prononciation restituée à base d'articulation arabe a été adoptée au théâtre, au moins partiellement.

• *Voyelles*. Des signes placés au-dessous des consonnes (pour l'un d'eux au-dessus) permettent de distinguer diverses voyelles pleines, brèves ou longues : deux sortes d'*a*, deux sortes d'*e*, deux sortes d'*o*, enfin *u* (*ou* du français) ainsi רִ *ri*, דֻ *du*, קֹ *ḳo* ; *ū* est noté par ו avec un point au milieu וּ, *ō* est noté soit par le point au-dessus de la consonne, soit par ו avec point au-dessus ; *ī* et *ē* longs sont notés comme les brèves suivies de י.

Un signe unique indique soit qu'une consonne est sans voyelle (en dehors de la fin de mot où toute consonne non voyellée est prononcée seule), ou bien suivie d'un *ə* (*e* dit muet du français) ; ainsi דְ *d* ou *də* ; cette dualité d'emploi donne lieu à des règles compliquées pour distinguer correctement les deux lectures possibles.

Ce système vocalique avec des points ne sert pas dans l'orthographe hors âge du texte de la Bible. Les nombreux écrits non canoniques et l'hébreu israélien ont donc pour le vocalisme une orthographe très déficiente.

• *Accentuation et ponctuation*. Dans le texte biblique seulement, des accents placés au-dessus et au-dessous de la ligne indiquent la position de l'accent de mot par leur place sur une syllabe ou une autre, et la ponctuation par leur forme.

On les distingue en disjonctifs et conjonctifs : les disjonctifs sont des signes de ponctuation séparatifs, équivalant à des virgules, points-virgules ou points, tandis que les conjonctifs indiquent que le mot qui les porte a un accent propre faible ou n'en a pas et se joint au mot suivant en un groupe accentuel ; cette indication est pour certains groupes confirmée par un tiret.

Les mêmes signes indiquent comment on doit psalmodier le texte dans l'usage rituel, avec divers ports de voix. Il existe en plus un signe final de verset.

La séparation des mots par des intervalles apparaît dès les plus anciens manuscrits connus.

Pour l'hébreu israélien, la ponctuation européenne d'origine latine a été imitée.

La connaissance et l'usage de l'appareil massorétique n'ont pas été restreints à une caste de lettrés. Les juifs dans la dispersion hors de Palestine n'ont pas eu de clergé proprement dit et tous les membres mâles des communautés ont dû être capables de la lecture liturgique. Les juifs, presque toujours citadins, médecins, intellectuels divers, commerçants, banquiers, artisans, se servaient couramment de l'écriture, présentant sans doute un des premiers exemples, sinon le premier, de groupes de populations instruits dans leur grande majorité (au moins masculine). Mais l'instruction se faisait d'abord et surtout au moyen de la langue religieuse et savante, le cas des juifs hellénisés (notamment ceux d'Alexandrie), qui se servaient de l'écriture grecque, ne s'étant pas multiplié. Les juifs ont donc dans leur généralité, avant l'assimilation à divers milieux nationaux, et pour un assez grand nombre même après celle-ci, été entraînés dès l'enfance à lire la Bible en hébreu et même souvent à l'apprendre par cœur.

C'est ce qui explique, avec le parquement ancien dans les ghettos, l'application de l'écriture hébraïque aux langages maternels des juifs de différents pays.

De cette manière des langues autres que l'hébreu écrites en caractères hébraïques ont reçu des orthographes jeunes mais usagées.

Pour le judéo-arabe, le consonantisme hébreu fournissait l'expression des laryngales et d'une partie des emphatiques. Mais il fallait en plus des lettres supplémentaires pour les interdentales dans les parlers où elles existaient, pour une emphatique non existante en hébreu (soit *ḍ*, *d* emphatique, soit *ḏ̣*, interdentale sonore emphatique suivants les parlers) et pour les spirantes vélaires *ẖ* et *g*. Elles ont été obtenues, comme dans l'écriture arabe elle-même, par l'application de signes diacritiques, avec des variantes régionales. Ainsi le point au-dessus du signe de g fournit *d*, le point au-dessus du signe du *p* note *f*, le point au-dessus du signe de *g* fournit *ġ*, le point au-dessous du signe de *g* note *ğ* (ces deux derniers signes sont inversés en Tunisie).

Les consonnes géminées peuvent être notées par répétition suivant l'habitude latine. La répétition est d'autre part employée régulièrement en Algérie pour noter les semi-voyelles : יי *y*, וו *w*, les signes simples notant les voyelles longues י *i*, ו *ū*.

À l'intérieur des mots א note *ā*, à la fin des mots il note un *a* pur, tandis qu'un *a* tendant à *e* (*ä*) est plutôt noté ה. Les voyelles brèves intérieures ne sont pas écrites.

Pour les langues non sémitiques les signes sont employés en raison de la non-distinction des simples et des emphatiques et de l'absence de laryngales.

Pour l'ancien français, on trouve entre autres : ק pour *k* (*c*), ט pour *t* ; les semi-voyelles pour *i*, *e* pour *u*, *o* et א pour *a*.

Quelques traits du judéo-espagnol (de Salonique et autres villes du Proche-Orient) : ק sert pour *k* (*c*), ט pour *t* ; un petit *v* au-dessus de certains caractères indique un affaiblissement (ainsi pour *v*, ב avec ᵛ) ou un chuintement (ainsi pour *š*, ס avec ᵛ). Les semi-voyelles sont employées, avec confusion comme en ancien français, ו pour *u* et *o*, י pour *i* et *e*, א note *a* ; de plus il s'écrit sans être prononcé devant י et ו à l'initiale ou après voyelle.

Dans l'orthographe normalisée du yidich on rencontre les emplois suivants : ק pour *k*, כ étant *ḱ* (*ch* dur allemand), ט pour *t* (ת ne s'employant que dans les mots hébreux), צ pour *c* (prononcé *ṭ*, *ts* français), ש pour *š*, װ pour *v*, פּ pour *p* (פֿ étant *f*). Pour les voyelles, ו est réservé à *u* et י à *i* (mais י note aussi *y*), *e* est noté par ע ; on se sert de א pour *a* et de אָ pour *o*.

En judéo-persan il est fait usage de signes diacritiques, comme en judéo-arabe ; pour répondre à des besoins analogues. Exemple : כ a la valeur *k*, כ̇ correspond à *ḱ* خ. Mais les signes diacritiques manquent souvent, lorsque le sens est clair d'après le contexte. De plus les distinctions étymologiques ne sont pas toujours observées dans les emprunts arabes.

Écriture syriaque

L'araméen édessénien parlé a été cultivé en langue littéraire dans un milieu profondément hellénisé, comme le montrent de nombreux emprunts dans le vocabulaire de la langue. Les grammairiens qui ont entrepris de compléter l'alphabet consonantique dépendaient de l'enseignement grec, peu avant l'époque où celui-ci allait céder la place à l'enseignement arabe musulman, son héritier dans cette région. C'est en effet seulement au VIIIe siècle que le syriaque a ajouté à la notation des voyelles brèves en dehors de la ligne.

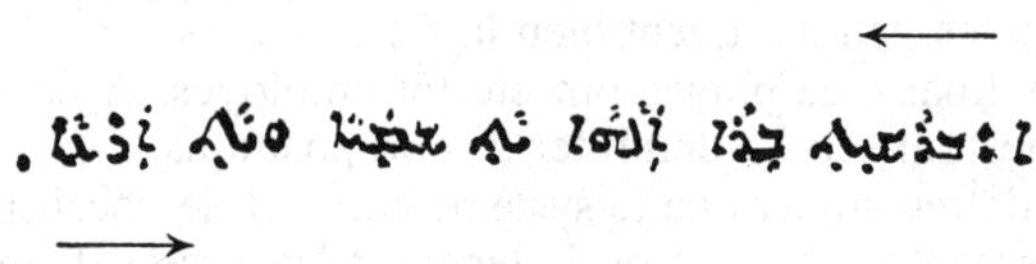

1. *bråšit brå ə alåhåə yåt šmayåə wyåt ərɛåə.*

« Au commencement créa Dieu le ciel et la terre. »

SYRIAQUE NESTORIEN
(début de la Genèse)

Les brèves ont été notées chez les nestoriens par des points, au-dessus et au-dessous des lettres. Les jacobites ont mis leurs signes de la même manière, mais ceux-ci ont été des tracés de voyelles grecques. Ainsi ont été notés : deux espèces d'*a*, *e*, *i*, *u* (et *o* avec le même signe). La voyelle ultra-brève instable *ə* est restée sans notation.

Dans des textes non vocalisés, pour guider la lecture, un point au-dessus désigne des consonnes ayant une voyelle pleine, un point au-dessous des consonnes sans voyelle.

←

܀ ܒܪܫܝܬ ܒܪܐ ܐܠܗܐ ܝܬ ܫܡܝܐ. ܘܝܬ ܐܪܥܐ ܀

→

. brišit broɔ ɔalohoɔ yot šmayoɔ wyot ɔarɛoɔ.

« Au commencement créa Dieu le ciel et la terre. »

SYRIAQUE JACOBITE
(début de la Genèse)

Pour les consonnes, depuis longtemps un point avait servi à distinguer ܕ *d* et ܪ *r*, dont les formes s'étaient confondues. Le même système a été adopté de manière à marquer la prononciation non spirante des occlusives sujettes à affaiblissement par un point au-dessus, tandis que le point au-dessous marque la prononciation spirante. La gémination n'est pas notée.

Des points ou petits traits sont employés pour indiquer qu'une consonne maintenue dans l'écriture n'est pas prononcée à la lecture.

Enfin un tréma a servi avant l'introduction des voyelles, et encore après, à désigner des mots au pluriel : c'est un signe de type grammatical, intellectuel.

Dans des manuscrits de la Bible il y a un système compliqué de notation de la cantillation, comme pour l'hébreu.

Par le fait que l'écriture syriaque lie presque toutes les lettres dans les mots, ceux-ci sont en général bien délimités, même si on ne met pas entre eux d'intervalles notables ; de plus il y a quelques formes de lettres spéciales aux finales, qui marquent bien la fin des mots.

Des points finaux de phrase ont été tôt employés. À époque plus tardive des signes ont servi à délimiter des propositions.

Il y a lieu de remarquer que le système complet de vocalisation syriaque est entré en usage au moment où la langue allait cesser d'être parlée pour être mise en conserve. Il a été employé essentiellement à l'usage religieux, cette langue savante s'étant conservée jusqu'à nos jours dans la liturgie[1].

Dans une période transitoire, longue d'un demi-millénaire (VIIIe-XIIIe siècle), l'arabe a été de plus en plus la langue parlée, finalement unique, des chrétiens des villes ; ceux d'entre eux qui étaient écrivains l'étaient norma-

1. Le syriaque employé comme langue liturgique et savante a théoriquement une orthographe hors âge, mais elle est employée par des gens parlant encore araméen ou parlant arabe. Dans les deux cas, les articulations caractéristiques sont conservées (laryngales, emphatiques). Il y aurait cependant quelques observations intéressantes à faire dans le détail, pour le vocalisme et même pour certaines consonnes.

lement dans les deux langues, comme Bar Hebraeus appelé aussi Aboulfaradj, au XIIIe siècle.

L'araméen est cependant resté parlé dans certains districts orientaux ; de nos jours il est fait usage de l'écriture nestorienne avec sa ponctuation, sur l'initiative de missionnaires protestants.

Les immigrés dans le domaine du russe ont reçu une écriture en caractères phonétiques.

Écriture arabe

Les grammairiens arabes, sans doute dès la fin du VIIe siècle, surtout à partir du VIIIe siècle, ont travaillé principalement en Mésopotamie où avaient fleuri et persistaient les études juives et chrétiennes avec des influences grecques. Leur œuvre a été en partie originale. C'est ainsi que, sans souci de la tradition, ils ont remanié l'ordre de l'alphabet consonantique complété par eux, en rapprochant des lettres de tracé pareil ou analogue et en tenant compte de certaines caractéristiques phonétiques (en particulier, rejet des semi-voyelles à la fin).

On ajoutait une ligature, le *lam-alif* لأ (*l* et ancien ɔ), lu *lā*.

Les noms des lettres eux-mêmes étaient en grande partie abrégés, passant d'anciens noms communs à des désignations de son (ainsi *bā* au lieu de *bayt* ou *bēt* « maison »).

À l'origine l'orthographe arabe, héritière d'une écriture araméenne, était usagée. De plus divers caractères s'y trouvaient introduits dès le début avec des tracés simplifiés. Pour ces deux raisons elle s'est trouvée avoir des signes polyvalents, soit que d'anciens signes distincts aient été confondus dans un même tracé (ainsi ر valant à la fois *r* et *z*), soit que l'arabe ait possédé deux phonèmes là où l'araméen n'en avait qu'un (ainsi *t* et l'interdentale sourde *t*, avec le tracé ٮ). Cette orthographe très déficiente a été et est encore employée par de nombreux lettrés, scribes et graveurs dans des manuscrits et dans la généralité des inscriptions.

Noter que dès l'origine, dans cette écriture du type lié (quoique certaines lettres ne se lient que d'un côté), les lettres ont la plupart une forme initiale et presque toutes une forme finale spéciale, et qu'il n'y a jamais de liaison d'un mot à un autre, de sorte que le découpage en mots n'est pas difficile bien que les intervalles entre des lettres non liées à l'intérieur des mots soient souvent plus grands que celui qui est laissé entre une lettre finale et l'initiale du mot suivant.

Néanmoins, lorsque l'orthographe est du type archaïque décrit ci-dessus, la devinette, par reconnaissance des mots suivant une démarche idéographique, n'est relativement aisée qu'à des lettrés exercés, et surtout lorsqu'il s'agit de formules connues. Elle est très ardue pour des lecteurs peu lettrés, et en général pénible pour les arabisants européens qui établissent des éditions et traductions.

Au cours d'une élaboration qui s'est étirée sur trois siècles, les grammairiens ont constitué, tout d'abord pour les éditions du Coran, une orthographe jeune et commode, en ce qui concerne le consonantisme, en se servant de points diacritiques : un point pour certaines lettres, ainsi ز *z* en face de ر *r*, غ *ġ* (spirante postpalatale ou vélaire sonore), en face de ع *ε* (spirante laryngale), ج *ğ* (affriquée prépalatale sonore, en orthographe française *dj*) et خ *ḫ* (spirante vélaire sourde, *j* de l'espagnol, *ch* allemand dur) en face de ح *ḥ* (spirante laryngale sourde) ; deux points pour ت *t* en face de ب *b* et pour ق *ḳ* ou *q* (occlusive vélaire emphatique) en face de ف *f* (ceci dans l'usage oriental ; en Afrique du Nord occidentale, respectivement ڧ et ڢ) ; trois points pour ش *š* (*ch* français) et ث *ṯ* (spirante interdentale sourde), cette liste n'étant pas tout à fait complète (voir ci-dessous p. 240, ض et ظ transcrits ici *ḍ* et *đ*).

La gémination de consonne est marquée par ّ, petit س au-dessus de la lettre, d'après le terme arabe *šadda* ou *tašdīd* « renforcement ». Ce signe, très utile étant donné le grand rôle de la gémination dans la morphologie arabe, manque habituellement quand on n'emploie pas les points diacritiques et souvent aussi quand on les emploie.

L'écriture consonantique arabe classique note les trois timbres vocaliques quand il s'agit de voyelles longues *ā*, *ī*, *ū*. Mais cette notation ne s'est pas établie dès l'origine de manière constante et elle ne va pas sans complications et ambiguïtés.

En effet les lettres و et ى comme signes consonnes-voyelles servent à la notation de *ū* et *ī* et notent aussi les semi-voyelles *w* et *y* soit avant voyelle (ainsi *wa*, *ya*, *wu*, *yi*) soit après *a* (*aw*, *ay*) ; il en résulte que par exemple un mot قيل peut être lu *qīla* « il a été dit » ou *qīlun* « propos » ou encore *qaylun*, titre royal sudarabique.

Quant à la notation de *ā* par un ا (ancien *ɔ*), elle ne s'est établie que lentement, en dehors de la finale ; depuis qu'elle est admise à l'intérieur, elle aide beaucoup à la reconnaissance de nombreux mots.

Voici un exemple de texte ne comportant que les signes des consonnes, des voyelles longues et de *ɔa* (élidé) :

←

هكذا تكون المعرفة التى لا تقرن بالضمير النقى والهمة العالية

Transcription, avec notation des voyelles brèves, élisions, géminations (par assimilation ou autres).

→

hakđā takūnu (ɔa)lmaεrifatu (ɔa)llatī lā tuqranu bi(sal)ḍḍmīri (ɔal)nnaqiyyi wa (ɔa)lhimmati (ɔa)lεāliyati

« Ainsi est la connaissance qui n'est pas unie à une conscience probe et à un dessein élevé. »

PHRASE ARABE AVEC CONSONNES ET VOYELLES LONGUES SEULES

Pour les voyelles brèves, un premier système qui n'a pas duré a consisté dans l'usage d'un point mis à des emplacements différents. Le système finalement adopté est le suivant : on emploie trois signes qui sont des tracés simplifiés de ا, و et ى, soit َ, au-dessus de la consonne, pour *a* bref, et *ā* lorsque ا suit, ُ au-dessus de la consonne pour *u* bref et *ū* lorsque و suit, ِ au-dessous de la consonne pour *i* bref et *ī* lorsque ى suit.

Lorsque ces signes sont redoublés à la fin des mots sous les formes ً (en général accompagné de ا), ٌ, ٍ, ils indiquent les finales de déclinaison dans l'état dit indéterminé, c'est-à-dire les voyelles suivies de *n*, soit *-an* (accusatif), *-un* (nominatif), *-in* (génitif, prépositif) ; ainsi رَجُلًا *rağulan*, رَجُلٌ *rağulun*, رَجُلٍ *rağulun* « homme ».

L'absence de voyelle est marquée expressément par un signe dit *sukūn* « repos », au-dessus de la consonne, ainsi pour le *k* de مَكْتُوبٌ *maktūbun*.

La lettre ا, la première de l'alphabet, était originairement la marque de ɔ (occlusive glottale). Dans le développement de l'écriture arabe, elle a paru être une marque seulement vocalique. En conséquence, pour marquer expressément la présence de l'articulation glottale, on a employé d'abord un point de couleur dans certains manuscrits anciens, puis le signe ء, appelé *hamza* « pression », et dont le tracé est une réduction de ع, qui est le signe d'un autre phonème laryngal. Il se met au-dessus (ou au-dessous) de ا, quelquefois au-dessus de و et de ى ou encore après ا, و, ى ; ainsi أَبٌ *ɔabun* « père », إِخْوَانٌ *ɔiḫwānun* « frères », رُؤَامٌ *ruɔāmun* « salive », رِئْمٌ *riɔmun* « gazelle », شَاءَ *šāɔa* « il a voulu », شَيْءٌ *šayɔun* « chose ».

L'accentuation n'est pas notée.

Les signes de ponctuation n'existent pas en général avant les impressions modernes, où ils sont employés inégalement. Mais des signes marquent toujours les fins de versets dans le Coran. De plus, dans celui-ci, des signes (que ne reproduisent pas les impressions européennes, et qui sont en couleurs dans des manuscrits et des impressions indigènes soignées) donnent des indications à la fois pour la division syntaxique et pour la psalmodie, comme en hébreu.

L'orthographe du Coran devenue hors âge et hors lieu dès que l'arabe classique a été langue savante de gens à prononciations dès l'origine diverses, et qui ont diversement évolué, est, avec l'apparat décrit brièvement ci-dessus, complète en ce qui concerne les phonèmes. Elle assure une lecture intégrale sans devinette et facilite l'apprentissage de la langue savante aux écoliers qui s'instruisent en lisant et copiant le Coran.

Elle n'assure pourtant pas une articulation uniforme en tous pays de langue arabe. Si l'enseignement maintient l'articulation de ɔ (*hamza*) et celles des interdentales chez des gens qui n'ont pas ces phonèmes dans leur langue, il n'a pu empêcher que partout (sauf peut-être en quelques coins d'Arabie) l'emphatique notée par ض, qui semble avoir été une consonne partiellement latérale, sorte de *ḍ*[l], se prononce comme ظ *đ* (interdentale sonore emphatique). De même ج est prononcé différemment en diverses régions ; ainsi, au lieu de *ğ* (*dj* du français), il sonne *ẓ* (*j* français) par exemple au Maroc et en Tunisie. (En réalité, faute de connaissances suffisantes chez les phonéticiens arabes, et à cause de certains manques de précision qui en résultent dans les descriptions qu'ils ont essayé de donner, on ne sait pas au juste comment ont été prononcés aux VIIe-VIIIe siècles ce ج et certaines emphatiques.)

En ce qui concerne les voyelles, la prononciation varie aussi ; dans certains milieux lettrés d'Orient, on articule *o* au lieu de *ŭ*.

La prononciation présente encore d'autres écarts chez des musulmans qui n'ont pas l'arabe comme langue maternelle ; c'est ainsi que les Persans et les Turcs prononcent pour ض-ظ un *ẓ* (*z* plus ou moins emphatisé).

L'orthographe arabe sans les signes complémentaires employés pour le Coran, à plus forte raison sans les points diacritiques de consonnes, est très déficiente et incommode ; l'écriture n'a pu être utilisée, avec l'abondance qu'on peut mesurer à la masse de la littérature arabe, que par des milieux lettrés, rompus dès l'enfance à un apprentissage où la mémoire joue un grand rôle, le premier acte étant l'effort d'apprendre tout le Coran par cœur. Ce milieu est assez étendu, puisqu'il comprend, avec un clergé relativement restreint, de nombreux fonctionnaires, employés et scribes ; les écoles coraniques sont fréquentées par de nombreux garçons (les filles n'étant pas instruites en général) et les lettrés se servent volontiers entre eux de la langue classique pour la conversation, en particulier lorsqu'ils n'ont pas le même langage parlé.

L'arabe moderne n'est presque jamais écrit chez les musulmans. Lorsqu'on l'écrit occasionnellement, l'absence des voyelles est plutôt un avantage qu'un inconvénient, les lecteurs exercés pouvant lire idéographiquement, en se contentant de comprendre sans lire complètement en réalité, ou en suppléant mentalement chacun les voyelles de son propre parler. (On peut d'ailleurs faire de même pour l'arabe classique.)

Par ci par là l'écriture réagit sur la prononciation ; ainsi des gens qui prononcent normalement ɔ pour *q* restituent parfois à faux *q* pour ɔ lorsque l'orthographe comporte le hamza, ainsi dans le nom du Coran, *qurɔān*, qui est alors prononcé *qurqān*.

Pour les langues autres que l'arabe écrites en écriture arabe, il s'est fait, en ce qui concerne les consonnes, des orthographes jeunes, surtout grâce à l'emploi des points diacritiques (voir la figure des caractères arabes modifiés, p. 189).

L'orthographe usagée a pu parfois rendre des services en tant que telle ; ainsi, en dehors des emprunts arabes, le turc n'avait pas d'emploi des emphatiques ; il s'en est servi pour exprimer indirectement la présence de voyelles profondes, les consonnes ordinaires étant supposées accompagnées de voyelles de l'avant de la bouche : ainsi ت *t* (*i, ü, ö*), mais ط *ṭ* (*a, o, u*).

Dans les nombreux emprunts arabes des langues littéraires, comme le turc et le persan en particulier, l'orthographe arabe est respectée et dans bien des cas (ainsi pour les laryngales, les emphatiques) ne correspond pas à la prononciation, et n'a qu'une valeur étymologique.

Pour les voyelles, le matériel arabe ne fournit que des signes en nombre insuffisant, avec ses trois timbres. Les signes vocaliques sont suivant les langues et l'usage local employés approximativement (ainsi *o* confondu avec *u*) ou négligés. Les lecteurs sont donc obligés de compléter, l'écriture restant en partie idéographique.

Au total ces orthographes usagées sont déficientes et incommodes, d'où la tendance à les remplacer par des orthographes jeunes et neuves en caractères phonétiques comprenant les voyelles avec les consonnes, lorsque se manifeste le besoin d'une instruction généralisée.

Écritures sudarabique et éthiopienne

En Arabie du Sud, l'alphabet consonantique, si du moins, comme il le semble, il a été reçu du Nord ayant déjà servi à une langue sémitique septentrionale, a été judicieusement complété au moyen de caractères nouveaux pour exprimer un consonantisme encore plus riche que le consonantisme arabe. Ainsi 𐩻 pour l'interdentale sourde *t* à côté de 𐩩 *t* ; 𐩭 pour la spirante postpalatale sourde *ḫ*, à côté de 𐩢 pour *ḥ*. La gémination de consonnes n'est pas notée. Les voyelles, même longues, et sans doute diverses diphtongues, sont restées inexprimées.

La lecture était facilitée par la rigoureuse séparation des mots au moyen de |, et par le fait que la langue avait des désinences verbales et nominales bien caractérisées en général par des consonnes (notamment les noms indéterminés avaient un *-m* final), peut-être aussi parce que le vocalisme était simple comme en arabe classique.

En passant à l'éthiopien, l'orthographe du tracé sudarabique a été systématiquement rajeunie. On a laissé tomber, sans aucun souci étymologique, les lettres qui ne représentaient pas des phonèmes distincts de l'éthiopien, ainsi les signes des interdentales. On a ajouté celles qui étaient utiles, ainsi ፐ pour *p* et ጰ pour *p̣* (emphatique).

Les caractères nus ont été affectés à la prononciation des consonnes suivies de *a*, la voyelle la plus usuelle. Pour les autres voyelles, on a inventé des signes attachés aux lettres : ils représentent *ā, ē, ī, ō, ū* et *ə*. Malheureusement, faute d'un sentiment exact de la syllabe, les consonnes sans voyelles sont représentées comme celles qui sont suivies de *ə*, ce qui impose une interprétation (Voir le syllabaire éthiopien, p. 137).

Les labiovélaires propres à l'éthiopien ont reçu dès l'époque aksoumite des caractères où l'expression de la labialité se mélange à celle des voyelles dans des marques attachées à droite ou en bas des lettres représentant des postpalatales ou vélaires :

ቈ ḳ^{w}a	ቊ ḳ^{w}ī	ቋ ḳ^{w}ā	ቌ ḳ^{w}ē	ቍ ḳ^{w}ə
ኈ ḫ^{w}a	ኊ ḫ^{w}ī	ኋ ḫ^{w}ā	ኌ ḫ^{w}ē	ኍ ḫ^{w}ə
ኰ k^{w}a	ኲ k^{w}ī	ኳ k^{w}ā	ኴ k^{w}ē	ኵ k^{w}ə
ጐ g^{w}a	ጒ g^{w}ī	ጓ g^{w}ā	ጔ g^{w}ē	ጕ g^{w}ə

CARACTÈRES ADDITIONNELS ÉTHIOPIENS
notation des labio-vélaires

Une sérieuse déficience est l'absence d'un signe de gémination. L'accentuation n'est pas notée.

Les mots sont séparés par ፡. De plus il s'est constitué, secondairement, une ponctuation, dont l'élément essentiel est ። avec des variantes pour la fin de phrase ; ፤ pour séparer des membres de phrase est moins employé.

Le guèze d'Aksoum fixé dans cette orthographe au IVe siècle s'est survécu d'abord comme langue religieuse, pour la transmission du texte biblique et des textes évangéliques et autres textes chrétiens anciens traduits du grec. Il a servi en même temps comme langue savante, après que d'une part la langue parlée avait assez évolué sur place pour devenir distincte de la langue classique (depuis le Xe siècle à peu près), en allant vers la forme que nous connaissons comme le tigrigna actuel, et que d'autre part les centres de gouvernement et de civilisation s'étaient déplacés, passant du nord de l'Abyssinie à des régions plus méridionales de langue amharique. C'est dans cette langue savante, avec une orthographe désormais hors âge, qu'ont été traduits de l'arabe ou écrits de manière originale de nombreux ouvrages religieux et des chroniques.

Comme l'enseignement a été donné en amharique au moins depuis le XVIIe siècle, peut-être dès le XIIIe, la tradition a malaisément maintenu la prononciation. Elle a préservé heureusement la connaissance des géminations de consonnes et celle de l'emplacement des *ə*, ainsi que celle de l'accentuation. Mais elle a mal conservé la prononciation des consonnes, qui sont articulées en gros à la manière amharique. Certaines ne sont pas prononcées du tout (en général l'occlusive glottale *ɔ* አ et la spirante laryngale *ε* ዐ). D'autres sont confondues entre elles ; ainsi l'ancien *ḍ* ou *ḏ* ፀ est confondu avec *ṣ* ጸ ; l'ancien *ś* ou *š* ሠ est confondu avec *ṣ* ሰ ; *ḥ* ሐ et *ḫ* ኀ sont confondus avec *h* ሀ.

Il en résulte que l'orthographe de la langue savante est devenue en principe étymologisante, en pratique confuse, avec des variantes souvent capricieuses.

Les lettres représentant les consonnes atteintes par les confusions reçoivent dans l'enseignement oral des noms permettant de les distinguer, alors que les noms traditionnels sont perdus depuis le XVIIe siècle semble-t-il et que les caractères sont désignés par leur son.

L'amharique, langue de l'enseignement et du gouvernement, est devenu à son tour une langue écrite, avec des chants royaux depuis le XIVe siècle, des ouvrages lexicaux sans doute depuis le XVIIe siècle au moins, des chroniques royales depuis le milieu du XIXe siècle, divers ouvrages et une presse périodique au XXe siècle.

ሸ	ša (cha)	ሹ	šū	ሺ	šī	ሻ	šā	ሼ	šē	ሽ	šə	ሾ	šō
ቸ	ča (tcha)	ቹ	čū	ቺ	čī	ቻ	čā	ቼ	čē	ች	čə	ቾ	čō
ኘ	ña (gna)	ኙ	ñū	ኚ	ñī	ኛ	ñā	ኜ	ñē	ኝ	ñə	ኞ	ñō
ኸ	ꝁa (kha)	ኹ	ꝁū	ኺ	ꝁī	ኻ	ꝁā	ኼ	ꝁē	ኽ	ꝁə	ኾ	ꝁō
ዠ	ža (ja)	ዡ	žū	ዢ	žī	ዣ	žā	ዤ	žē	ዥ	žə	ዦ	žō
ጀ	ǧa (dja)	ጁ	ǧū	ጂ	ǧī	ጃ	ǧā	ጄ	ǧē	ጅ	ǧə	ጆ	ǧō
ጨ	č̣a (tcha)	ጩ	č̣ū	ጪ	č̣ī	ጫ	č̣ā	ጬ	č̣ē	ጭ	č̣ə	ጮ	č̣ō

CARACTÈRES ADDITIONNELS ÉTHIOPIENS
(amharique, etc.) ; notation de prépalatales

À une époque qu'on ne peut préciser, l'alphabet-syllabaire a été complété pour représenter des consonnes prépalatales que le guèze ne possédait pas (ou avait perdu de bonne heure, si le ሠ a été un *ś*). La chose a été faite originairement au moyen d'un signe diacritique consistant en un tréma, qui s'est trouvé ensuite rattaché au sommet de caractères notant des consonnes non prépalatales ; ainsi on a ጀ *ǧa* à côté de ደ *da*, ኘ *ña* à côté de ነ *na* ; pour le ጨ *ča* à côté de ጠ *ṭa* les « cornes » d'abord employées ont été remplacées par des « pieds ».

La constitution de ce lot de caractères est un trait d'orthographe innovante et phonétisante.

D'autre part les caractères qui sont en surnombre en raison des confusions phonétiques sont encore employés, avec plus ou moins de régularité, dans les assez nombreux mots empruntés au guèze, de sorte que pour ces mots l'orthographe est étymologique, avec des flottements ; ainsi ንጉሥ ፡ ou ንጉስ ፡ *nəgūs* « roi » (subordonné à l'empereur), à côté du guèze officiel ንጉሠ ፡ ነገሥት ፡ : *nəgūsa nagast* « roi des rois, empereur » qui est le titre de celui que les Européens appellent à tort « négus » ; de même ዓመት ፡ plutôt que አመት ፡ « année ».

L'aspect étymologique de l'orthographe a été longtemps entretenu par le fait que toutes les écoles étaient ecclésiastiques et qu'on y apprenait à lire sur le guèze. Mais depuis 1900 l'enseignement laïc a été inauguré à Addis-Ababa et s'est développé ensuite, formant de nouvelles générations de gens instruits, des deux sexes, dont certains continuent leur formation en Europe ou en Amérique, et qui en général ne savent pas le guèze. Une tendance à l'abandon des graphies étymologiques s'est révélée dès la fin du XIXe siècle, et divers signes s'en manifestent dans les manuscrits et publications.

La volonté innovante s'est marquée en particulier par l'autonomie qu'a reçu le signe caractérisant les labio-vélaires avec des anciens *a* longs (*ā*) actuellement prononcés *a* pur, par contraste avec l'ancien *a* bref (*a*) dont le timbre s'est altéré. On s'en sert (avec des variantes graphiques) pour noter de nombreuses suites *wā* et aussi *yā* après consonne.

ሏ	ሟ	ሯ	ሷ	ሿ	ቧ	ቷ	ቿ	ኗ	ዟ	ዯ	ዷ	ጧ	ጯ	ጿ	ፏ	
$l^w\bar{a}$	$m^w\bar{a}$	$r^w\bar{a}$	$s^w\bar{a}$	$\check{s}^w\bar{a}$	$b^w\bar{a}$	$t^w\bar{a}$	$\check{c}^w\bar{a}$	$n^w\bar{a}$	$z^w\bar{a}$	$y^w\bar{a}$	$d^w\bar{a}$	$ṭ^w\bar{a}$	$\check{ç}^w\bar{a}$	$ṣ^w\bar{a}$	$f^w\bar{a}$,	etc.

CARACTÈRES ADDITIONNELS ÉTHIOPIENS
(notation du *wā* après consonne)

L'écriture éthiopienne a commencé à s'appliquer à d'autres langues encore, surtout au tigrigna qui a joué un rôle de langue officielle dans la colonie italienne de l'Érythrée (période 1890-1940).

Pour cette langue, qui a conservé les consonnes laryngales, l'orthographe issue du guèze a un caractère à peu près entièrement phonétisant, non pas étymologique.

L'emploi pour des langues couchitiques, presque uniquement par des missionnaires européens, n'a qu'une petite extension. Certains signes ont été créés pour des phonèmes non éthiopiens.

ÉCRITURES DE L'INDE

Bien que l'alphabet-syllabaire ait pu être introduit dans l'Inde par des marchands et qu'il ait eu de bonne heure certains usages profanes, il semble avoir été travaillé surtout par des lettrés, gardiens de la religion et du savoir. Ceux-ci ont eu un particulier souci d'assurer la récitation ou la lecture avec une prononciation exacte de grands recueils de textes religieux, philosophiques et scientifiques écrits dans la langue savante, le sanskrit, que nous n'atteignons pas à l'état de langue parlée d'une population déterminée, mais qui par ailleurs est effectivement employée oralement comme organe de l'enseignement et comme instrument de communication entre savants.

Le travail d'adaptation que ces lettrés ont fait sur l'écriture dont ils se sont servis les révèle bons phonéticiens, les premiers que nous montre l'histoire.

Tout d'abord ils ont adopté ou inventé autant de signes que la langue comportait de consonnes, et il les ont disposés en séries suivant des points et des modes d'articulation : occlusives (consonnes momentanées) simples, sourdes et sonores, ou aspirées (c'est-à-dire suivies d'un souffle), également sourdes et sonores, soit post-palatales (ou aussi gutturales), soit prépalatales, soit cérébrales ou cacuminales (avec un relèvement de la langue), soit dentales ordinaires, soit labiales ; de même pour les consonnes spirantes ou continues.

De plus les Indiens ont voulu noter complètement les voyelles. Chaque consonne nue de l'écriture étant considérée comme prononcée avec la voyelle *a* (*a* bref), de beaucoup la plus fréquente dans la langue, à cause de la confusion avec *a* des anciens *e* et *o* qui jouent un si grand rôle en grec et en latin, des signes ont été combinés pour représenter les autres voyelles. Ces signes se trouvent soit dans la ligne à côté des caractères, soit au-dessus, soit au-dessous. En outre, comme beaucoup de mots commencent par une voyelle, des lettres ont été inventées ne représentant que des voyelles. Parmi les voyelles se trouve, suivant un trait particulier de la phonétique sanskrite, qu'on attribue aussi à l'état le plus ancien de l'indo-européen auquel nous puissions remonter par la comparaison, un *r* voyelle (en écriture phonétique *r̥*), avec sa longue *r̥̄*.

D'autre part, on s'est trouvé devant le problème des consonnes articulées sans voyelle subséquente, au contact d'une autre consonne. Les savants de l'Inde ont complété l'analyse du mot en syllabes. Ils ont conçu la syllabe à initiale consonantique complexe. Pour représenter une syllabe de cette espèce, ils ont combiné les signes de consonnes les uns avec les autres soit par accolement latéral soit en groupes disposés verticalement, en sorte que des lettres plus ou moins simplifiées sont prononcées sans voyelle, la dernière seule et la plus complètement tracée étant prononcée avec voyelle (*a* en l'absence d'autre signe). Pour le cas où le procédé est inapplicable, c'est-à-dire pour une consonne finale, on emploie un signe qui fait prononcer cette lettre comme consonne sans *a* : c'est le *virāma* « arrêt, repos ». Noter que les groupements de consonnes, comme le syllabisme, sont un élément d'écriture rapide. Voir p. 158 et p. 335.

Par souci de précision dans l'enseignement de la langue savante, les lettrés ont adopté des pratiques phonétisantes : ils ont noté les modifications de phonèmes dues à l'accommodation entre consonnes contiguës à l'intérieur d'un mot ou même entre la fin d'un mot et le début d'un mot étroitement joint. Dans ce cas un signe sert d'apostrophe pour indiquer l'élision d'un *a* initial.

Les mots ne sont pas normalement séparés, et il n'y a de signes d'accent qui les individualisent que dans les anciens textes védiques. Cependant la fin des mots peut être marquée, lorsqu'il n'y a pas de voyelle finale, par la présence du *virāma* ou par l'état spécial, noté dans l'écriture, d'une consonne finale : en particulier les nasales en cette position sont remplacées par le point au-dessus dit *anusvāra* « son subséquent (à la voyelle) » et des sifflantes sont remplacées par le *visarga* : ou souffle fort [*ḥ*].

Dans les impressions modernes on sépare les mots (non composés) à moins qu'ils ne soient réunis par une liaison exprimée par un caractère syllabique complexe chevauchant de l'un à l'autre.

Une ponctuation a été adoptée pour séparer des phrases et des membres de phrases. Un système plus complexe ne se trouve que dans certains manuscrits anciens.

Constituée sur une rigoureuse base phonétique à l'usage d'une langue indo-européenne, l'écriture indienne pouvait être transférée à d'autres langues de l'Inde et à des langues des régions voisines, en leur fournissant des orthographes jeunes, par des adaptations faites dans le même esprit de libre remaniement.

Néanmoins l'influence prestigieuse du sanskrit se fait sentir dans diverses écritures, ainsi celle du khmer, par la présence de lettres qui ne correspondent pas à des phonèmes de la langue et ne peuvent guère servir qu'à la représentation de mots sanskrits empruntés : ce sont des traits d'orthographe étymologisante.

L'étude de l'accommodation à chacune des langues « indianisées » d'écriture est intéressante, comme peuvent le montrer les deux exemples suivants :

En tibétain, des caractères non prononcés sont employés conventionnellement, en raison du sens pour différencier des monosyllabes homophones : c'est un cas d'orthographe à compléments intellectuels.

On peut signaler spécialement la bonne orthographe phonétisante (datant du XIIIe siècle) du siamois, qui en raison de sa structure monosyllabique (syllabes ouvertes : consonne + voyelle) n'a pas besoin de groupes compliqués de lettres. Les mots ne s'y distinguent que si on en connaît le ton : les lettrés ont inventé quatre accents pour les tons. Cependant, en raison de la conservation de certaines graphies alors que la prononciation a évolué, l'orthographe a maintenant en partie un aspect étymologisant. L'absence gênante de séparation des mots est corrigée dans les impressions modernes où on adopte aussi la ponctuation européenne.

ÉCRITURE GRECQUE

Les Grecs se sont constitué lentement une bonne orthographe jeune en utilisant d'abord les ressources de l'alphabet consonantique importé par eux pour la notation de leur phonèmes tant voyelles que consonnes, ensuite en ajoutant des signes inventés (comme *ψ* pour *ps*, *χ* pour k^h), et en utilisant des graphies complexes (comme ου pour [*u*] *ou* du français).

Comme on n'est pas allé jusqu'à inventer un signe pour la prononciation *ṅ* de *n* devant *k*, *g*, celle-ci est suggérée par l'emploi en cette position de *γ*, *g* : *ἄγγελος*, *angelos* « envoyé, ange », *ἔγκυκλος*, *eṅküklos* « en cercle, rond ».

Après l'adoption de l'alphabet ionien par Athènes en – 403, l'orthographe s'est trouvée unifiée, en même temps que l'ionien-attique devenait la *κοινὴ*, *koinè* « (langue) commune » de la Grèce.

Ensuite, c'est à Alexandrie, fondée en – 331, que l'orthographe a été complétée par des écoles de grammairiens, d'abord à l'usage savant ; leurs innovations n'ont été adoptées que très lentement et ont été généralisées seulement après plus de mille ans par les scribes de Byzance.

Esprits

Longtemps le signe du sémitique *h*, devenu H, a servi à la fois pour la voyelle *ę̄* (minuscule *η*) et pour le souffle *h* ; comme celui-ci ne se rencontrait qu'au début des mots (comme trace d'une ancienne consonne affaiblie, surtout *s*, aussi *y*) devant une voyelle, l'interprétation était facile et la confusion des signes sans grand inconvénient. Néanmoins la gêne de cette confusion et le sentiment que le souffle initial n'était pas vraiment une consonne ont fait différencier les signes ; à une époque non précisée on a commencé a écrire ⊢ (H coupé en deux) pour le souffle initial ; cette notation que nous appelons « esprit rude » (latin *spiritus asper*) s'est répandue à partir du Iᵉʳ siècle (époque impériale romaine) et à pris plus tard la forme de ̔ (au-dessus de la ligne). Ce signe a été mis aussi à *r* initial (*ῥ*) en raison d'un détail de prononciation que nous connaissons mal.

D'autre part il semble que les grammairiens aient eu le sentiment qu'aucun mot ne commençait réellement par une voyelle, d'où l'invention du signe inverse de l'esprit rude pour noter l'esprit doux (latin *spiritus lenis*), soit finalement', qui correspondait peut-être au moins chez certains à une attaque vocalique brusque ou coup de glotte.

Les anciens manuscrits conservés d'époque alexandrine n'ont que l'esprit rude, et non constamment. C'est plus tard la pratique byzantine qui a généralisé les esprits.

Accents

Un perfectionnement important, auquel s'attache le nom d'Aristophane de Byzance, avec la date de – 260, est l'introduction des accents, signes faits pour noter la place et le caractère de l'accent de mot. Celui-ci n'était pas en grec à une place fixe ni à des places connues par une formule simple en raison de la qualité des voyelles (comme en latin), sauf dans les verbes ; des quasi-homophones étaient distingués seulement par l'accent ; il était donc important d'en avoir une notation, d'autant plus que de nombreuses personnes n'ayant pas le grec pour langue maternelle devaient l'apprendre au moins en partie par la lecture. Accessoirement certaines dispositions des accents indiquent quels petits mots secondaires doivent être groupés avec des mots voisins. Cependant les accents (aigu ´, grave `, circonflexe ˜) ont été longtemps réservés à l'usage de la philologie. Les papyrus retrouvés en Égypte, d'époque alexandrine et postérieure, n'ont les accents qu'occasionnellement dans les textes littéraires, non dans les documents de la vie courante. Ils n'ont pas été employés dans les anciens parchemins à époque romaine et n'ont été généralisés qu'au VIIᵉ siècle.

Séparation des mots

La séparation des mots a en général été mal respectée. Si certaines inscriptions antiques ont une marque de séparation entre les mots, la plupart écrivent les mots à la suite, laissant au lecteur l'effort de discrimination. Nous ignorons quel était l'usage manuscrit à Athènes. En général, les manuscrits qui ont été retrouvés en Égypte sont sans séparation. On cite des séparations à époque alexandrine dans un ouvrage grammatical vers – 300 et dans un ouvrage sur l'astronomie au IIe siècle av. J.-C. Les séparations par l'écartement se trouvent plus souvent dans des documents courts de la vie courante, à l'usage de gens peu instruits ; quelquefois on emploie un point ou une virgule dans des cas où une confusion était à craindre. L'usage de l'écartement s'est étendu à partir du VIIe siècle ; aux IXe et Xe siècles, il arrivait encore qu'on ne sépare que des mots longs.

Pour le grec comme pour d'autres langues, l'habitude de séparer ou non les mots dans l'écriture doit être considérée en relation avec les faits de prononciation : or, nous savons par des graphies et certains autres témoignages qu'il se faisait des liaisons en grec, avec accommodation de consonne finale à l'initiale du mot suivant ou élision de voyelle : la continuité avait donc une réalité pour le lecteur.

Ponctuation

Les grammairiens grecs, à partir d'une date non déterminée et en tout cas à Alexandrie, se sont attachés à séparer les phrases et membres de phrase par des signes de ponctuation, ce qui était une innovation de grande importance. La marque de fin de phrase (:) se trouve sporadiquement dans de vieux manuscrits à partir du IVe siècle. La ponctuation plus complète d'Aristophane de Byzance, qui comporte pour marquer la fin des parties de phrase, ne se trouve que rarement employée dans les papyrus ; la virgule n'apparaît dans l'usage courant qu'au IXe siècle.

Peu à peu on s'est aussi habitué à marquer, de diverses manières, les divisions en paragraphes.

Notation des quantités vocaliques

Pour la compréhension d'une versification fondée essentiellement sur une prosodie utilisant les contrastes de voyelles brèves et longues, comme celles-ci n'étaient qu'en partie distinguées par l'orthographe (ainsi *ο* pour un *o* bref, *ω* pour un *o* long), les signes de quantité ¯ longue, ˘ brève ont été introduits par les philologues ; mais ils n'ont servi qu'à l'usage scolaire.

C'est pour le même usage qu'on a inventé l'iota souscrit, petit *ι* (*i*) mis sous certains *α* (*a* long), *ω* (*o* long) et *η* (*e* long) en finale de mots qui avaient été anciennement suivis de *i* prononcé ; c'est un signe purement intellectuel étymologisant, sans valeur pour la prononciation, mais qui permet de distinguer pour l'œil certaines désinences ; à ce titre les philologues ont fini par le généraliser dans les textes du grec ancien, langue savante en conserve.

Lorsque Byzance (Constantinople) est devenu le centre intellectuel de l'Empire d'Orient qui a subsisté jusqu'à la conquête turque en 1453, on s'est servi de siècle en siècle de la langue classique pour écrire de nombreux ouvrages dans cette langue savante, sans se soucier de faire suivre par l'orthographe l'évolution de la prononciation : cette orthographe est donc devenue du type hors âge, d'autant plus que le grec n'était pas lu que par des gens de langue grecque.

C'est seulement à époque récente, peut-être vers la fin du XVIIIe siècle, qu'on a écrit du grec moderne. Même les plus conservateurs des écrivains, qui se tiennent le plus près possible de la langue ancienne, ont dû enregistrer des changements grammaticaux, ainsi des altérations de la déclinaison, avec des chutes de consonnes finales. Les écrivains novateurs qui au XIXe siècle se sont décidés à employer littérairement la langue réellement parlée ont été le plus loin qu'ils ont pu dans l'usage des formes populaires. Mais les uns et les autres, pour toute consonne ou voyelle prononcée, ont gardé les anciens caractères ou assemblages de caractères. En raison des changements de prononciation, on se trouve en présence d'une orthographe neuve usagée.

Pour les consonnes les inconvénients ne sont pas grands, parce que si certaines ont changé de prononciation, il ne s'est pas produit de confusions entre d'anciens phonèmes : ainsi pour *θ*, anciennement t^h (*t* aspiré) devenu *ŧ* (interdentale sourde), pour *δ*, anciennement *d*, devenu *đ* (interdentale sonore) et pour *β*, anciennement *b*, devenu *v* (alors qu'il n'y avait pas d'autre *v* dans la langue). La consonne *χ* a une double valeur, phonologiquement distinguée, *ḫ* spirante sourde postpalatale près des voyelles d'arrière et de *a* et *ϵ* spirante sourde prépalatale près des voyelles d'avant (comme le *ch* allemand). De même le *γ* note *g̨* spirante sonore postpalatale près des voyelles d'arrière et de *a* et un *y* fort à l'avant.

D'autre part le grec moderne possède dans quelques mots d'anciens groupes à premier élément nasal simplifiés en occlusives sonores, écrits par nasale + occlusive sourde (ainsi *μπαίνω béno* « j'entre », ancien *ἐμβαίνω*). En conséquence les graphies complexes *μπ mp*, *ντ nt*, *γκ gk* servent pour noter respectivement *b*, *d*, *g* dans des emprunts, et en particulier pour écrire les noms propres étrangers dans la presse.

Pour les voyelles la situation est fâcheuse, du fait que les anciens *ę̄* (*η*), *ẹ̄* (*ει*) et *ü* (*υ*) se sont confondus avec *i* (*ι*), d'où quatre notations pour la seule voyelle *i*, dont trois par graphie étymologique.

Le conservatisme orthographique entraîne des difficultés d'apprentissage. Il suppose chez les maîtres une connaissance de la langue savante s'ils doivent connaître la raison des graphies qu'ils enseignent, et il impose aux enfants une routine, non fondée sur la prononciation, qui s'acquiert difficilement. C'est un obstacle à la bonne généralisation de l'instruction en langue moderne.

Il faut voir d'autre part quelles sont les conséquences pour la langue ancienne. Celle-ci se trouve, dans l'enseignement grec, prononcée à la moderne, c'est-à-dire d'une manière très éloignée de sa réalité passée. Par contre, la prononciation scolaire et universitaire occidentale, basée dans l'ensemble sur la prononciation latine ancienne du grec, se trouve être moins éloignée d'une prononciation restituée (avec ce qu'on peut savoir des articulations anciennes) que celle qui est employée en Grèce même. D'autre part on peut dire que la prononciation grecque commune à tous les textes, modernes et anciens, peut faciliter l'accès des textes anciens à un plus grand nombre d'élèves et donner au public grec cultivé le sentiment de la continuité de la langue.

On emploie l'alphabet avec l'ordre que l'usage a établi pour le grec ancien, et les anciens noms des lettres sont conservés.

ÉCRITURES DÉRIVÉES DU GREC OU EN DÉPENDANT PLUS OU MOINS (À L'EXCEPTION DES ÉCRITURES CYRILLIQUES)

Ces écritures ont le trait commun d'avoir été adaptées délibérément aux langues pour lesquelles elles ont été créées, avec adoption de caractères étrangers au grec.

Copte

Dans l'orthographe qui a été retenue pour l'usage religieux du copte on a adopté, afin de compléter l'alphabet grec en consonnes, sept signes pris à l'ancienne écriture égyptienne, sous la forme démotique.

Toutefois nous ne savons pas si au total les caractères étaient en nombre suffisant et si on n'a pas négligé des notations de laryngales ou d'emphatiques encore prononcées.

Pour les voyelles, non notées en égyptien d'une manière générale, les habitudes grecques ont été suivies ; ainsi, en face des voyelles simples comme *a*, *i* on a *ou* pour *u*.

Dans des dialectes autres que le bohaïrique, qui est le plus représenté dans la littérature, on trouve des notations par répétition, comme *oo*, sans doute pour noter des quantités longues. De même c'est la répétition d'une lettre qui indique la gémination de consonne.

Les adaptateurs ont été embarrassés à cause de l'existence en copte de la voyelle brève neutre *ə* (*e* dit muet du français) que le grec n'avait pas. La difficulté a été résolue de différentes manières. Pour le dialecte bohaïrique (dans le Delta), on a employé ϵ dans le corps des mots (ce qui fait une confusion entre *ə* et *e*) et un accent sur la première consonne d'un groupe de consonnes précédé de *ə* au début d'un mot. Pour le dialecte saïdique (en Haute-Égypte), la notation est uniforme et univoque : un trait au-dessus d'une consonne précédée de ə, au-dessus de deux consonnes séparées par ə.

On se sert en outre, dans une partie des manuscrits, d'accents pour indiquer l'accent de mot, et de ponctuations.

Dans les manuscrits les mots ne sont en général pas séparés. Dans certains au moins des blancs séparent des phrases.

Nous ne savons pas quelle a été l'évolution de la prononciation pendant la période de vie du copte, dont l'usage parlé s'est peu à peu restreint jusqu'à n'être presque plus que langue liturgique depuis le XVIIe siècle (bien que des contemporains aient cherché à le ranimer). La prononciation liturgique ne nous reporte donc authentiquement qu'environ à ce XVIIe siècle.

Gotique

L'inventeur de l'alphabet gotique n'a retenu dans l'ensemble que les signes grecs dont il avait besoin pour noter sa langue ; certains d'ailleurs ont changé de valeur. Le θ a pris la valeur de la spirante postpalatale labialisée que les germanistes transcrivent par *hw* ou par une combinaison de ces deux caractères (*ƕ*). Les lettres nécessaires ont été ajoutées (voir p. 204).

Pour les voyelles, certaines graphies complexes ont été employées : *ai* notant *ẹ* ouvert et *au* notant *o*.

On semble se trouver devant une orthographe jeune et neuve à la fois, qui a dû être bonne.

Les mots n'étaient pas séparés ; les phrases l'étaient par un point.

Arménien

L'alphabet arménien a été constitué dès l'origine en raison des besoins de la phonologie de la langue, avec la création du nombre de caractères qu'il fallait, sauf une exception, *u* étant écrit comme en grec avec une graphie complexe (équivalant à *ow*).

L'arménien, après quelques siècles, a connu un rajeunissement : comme *aw* s'était simplifié dans la prononciation en *ō*, on a ajouté un nouveau caractère *o* pour se dispenser de la graphie complexe.

Une lettre prononcée *f* a été ajoutée pour noter cette consonne dans des mots étrangers.

Les mots sont séparés. On emploie, au moins à époque moderne, des majuscules, une ponctuation qui comporte deux virgules, dont une faible (écrite comme une apostrophe), et des accents d'expressivité.

Géorgien

L'alphabet géorgien, fait suivant la même méthode que l'alphabet arménien, fournit aussi une orthographe simple et bien adaptée à la prononciation.

ÉCRITURES CYRILLIQUES DE LANGUES SLAVES ET AUTRES

Vieux slave ou slavon

L'alphabet cyrillique, qui a seul survécu dans l'usage des langues slaves en général, et l'alphabet glagolitique sans doute un peu plus ancien, ont été combinés en une orthographe jeune et nouvelle, avec tous les caractères nécessaires pour un état phonologique assez complexe.

Ainsi, dans le tracé cyrillique, on trouve **ш** *š* (*ch* du français) ; **в** étant devenu *v* dans la prononciation du grec, le caractère est pris en slave avec cette valeur, et un autre est créé pour *b* au moyen d'un trait : **б**.

Des signes existent pour des voyelles nasales : **ѫ** pour *õ* (*on* du français), **ѧ** pour *ē* (*in* du français).

Des diphtongues à début *y* étant senties comme des phonèmes distincts, des graphies complexes les notant ont été contractées en un tracé qui est une lettre nouvelle : cyrillique **ю** *yu*, **ꙗ** *ya* **ѥ** *ye*.

Les autres alphabets slaves sont des adaptations du cyrillique slavon.

Dans les manuscrits vieux-slaves les mots n'étaient pas séparés.

Russe (ou grand-russe)

Le russe a commencé à s'écrire usuellement au XIIIe siècle, mais longtemps il n'a pas été considéré au lieu du « slavon-russe » comme langue littéraire ; les savants conservateurs, dont certains ont utilisé le slavon jusqu'au XVIIIe siècle, se désintéressaient de son orthographe, qui se formait peu à peu dans les chancelleries.

Elle a été définie au début de l'histoire de la Russie moderne, en 1708, par une décision de Pierre le Grand. À partir de ce moment la littérature s'est brillamment développée. L'orthographe a été de nouveau définie et officiellement fixée en 1885.

Dans l'ensemble cette orthographe jeune était bonne quoique usagée, étant adaptée à l'état contemporain de la langue. Il n'y avait pas plusieurs signes différents pour une même consonne, et les signes étaient en nombre suffisant pour qu'il n'y ait pas de graphie complexe. On n'avait pas tenu compte en général de l'étymologie ; ainsi un ancien groupe *d-yu* étant devenu *žu* (français *jou*), dès le début on a écrit *ž* + *u*, soit **ж** *y*, et il y a des alternances *d-ž*, ainsi **видит** *vidit* « il voit », **вижу** *vižu*« je vois ».

Cependant il restait des éléments traditionnels étymologiques, surtout en ce qui concerne le vocalisme. (Pour les consonnes, noter la conservation de la graphie *-ogo* dans des finales prononcées *-ovo*.)

Dans une centaine de radicaux et dans des éléments morphologiques usuels on écrivait l'ancienne diphtongue ѣ *ye* à *y* réduit, alors qu'on pouvait écrire la voyelle *e* (même lettre en russe qu'en latin) qui se prononce de même. Le caractère était rangé dans l'alphabet avant *э* (voir p. 208).

Par élégance, on écrivait la lettre *i* issue du ι grec, au lieu de **и** issu du η grec qui est devenu le *i* habituel du slave, lorsqu'une autre voyelle suivait dans le mot, et on la mettait à la suite dans l'alphabet avant le **к**, voir p. 208.

Le fait principal concerne les fins de mots. Le « signe mou » **ь**, qui a noté anciennement une espèce d'*ĭ* bref, lequel s'est amui par la suite, sert à caractériser une consonne « molle » ou mouillée, c'est-à-dire suivie d'un petit *y*, en finale de mot plus fréquemment qu'au début ou à l'intérieur. Par conservatisme, on a maintenu à la fin de mots actuellement terminés par une consonne dure le « signe dur » **ъ**, représentant d'un *ŭ* bref disparu au cours de l'évolution, et par parallélisme graphique on l'a mis même à des mots qui n'avaient jamais eu d'*ŭ*.

Une réforme, préparée dès 1904, mais qui s'est heurtée à l'esprit conservateur, n'a été promulguée et appliquée qu'après la Révolution, au début de 1918. Elle a éliminé tous les éléments traditionnels dont il vient d'être question ; en particulier on fait l'économie, dans tous les sens du mot – car il y a des répercussions dans les dépenses d'impression à l'abandon de signes superflus – de l'inutile « signe dur » en fin de mot.

L'ordre de l'alphabet est dans l'ensemble celui du grec, avec des intercalations et l'addition en queue des caractères inventés pour le slave (voir le tableau des alphabets slaves, p. 207-209).

Les anciens noms slaves des lettres sont perdus. On articule les valeurs des lettres comme pour le latin, les consonnes étant suivies ou précédées d'une voyelle (généralement *e* ; *a* pour certaines lettres) : *a*, *be*, *ve*, *ge*, *de*, *ye*, *že*, *ze*, *i*, *i kratkoe* (= court), *ka*, *el*, *em*, *en*, *o*, *pe*, *er*, *es*, *te*, *u*, *ef*, *xa*, *ṭe*, *če*, *ša*, *šča*, *otdelitel'nŷy znak* (signe de séparation, ancien signe dur), *i̊*, *myagkiy znak* (signe mou), *ẹ*, *yu*, *ya*.

L'orthographe russe n'est pas encore d'un maniement simple. Il y a des signes pouvant avoir des valeurs différentes et il arrive que le même son soit représenté par des signes différents.

Une complication qui n'a pas d'inconvénient pour la lecture, mais qui rend moins claire la constitution de la langue, est que la distinction entre consonnes dures ou ordinaires et consonnes molles ou mouillées n'est pas marquée de manière uniforme.

Certaines lettres représentent une consonne toujours dure, d'autres une consonne toujours molle.

D'autres consonnes peuvent être dures ou molles : pour celles-ci l'état mou n'est pas représenté par un caractère spécial, mais soit par l'addition du signe mou, en finale de mot ou de syllabe, soit pas le fait qu'elles sont suivies d'une lettre notant une diphtongue à début *y* : е [*ʸe*], я [*ʸa*], **ю** [*ʸu*]. D'autre part *y* comme second élément de diphtongue est noté par la lettre de valeur *i*, avec un signe diacritique **й**.

Les consonnes sonores (occlusives et spirantes non liquides) en fin de mot sont assourdies dans la prononciation ; mais l'orthographe maintient dans ce cas la notation de la consonne sonore ; ainsi в est *v* en général, mais *f* en fin de mot, alors qu'il existe par ailleurs ф *f*. La lecture correcte suppose donc une interprétation, avec la connaissance de la règle qu'il n'y a pas de consonnes sonores en fin de mot en dehors des liquides ; l'orthographe est ici phonologisante : certains signes ont deux valeurs et certains sons se trouvent notés de deux manières. Ceci a un inconvénient pour l'écriture sous la dictée, si on propose sans contexte éclairant une syllabe *rot* qui peut être род *rod* « race » ou рот *rot* « bouche », et analogues.

La principale difficulté concerne l'alternance de timbre entre les mêmes voyelles (mêmes au point de vue étymologique et graphique) accentuées et atones : ainsi *o* non accentué se confond souvent avec *a*, il peut aussi être *ə*; d'autre part *a* non accentué est généralement *ə*, plus rarement *a* ; *e* accentué, à moins qu'il ne soit suivi d'une consonne molle, est prononcé ^{y}o, parfois *o* (*e* dans des emprunts).

En présence de cette orthographe phonologisante, il faut pour lire ou pour écrire correctement, une interprétation, à laquelle les usagers doivent être exercés. On a pourtant introduit le tréma sur *e*, *ë* pour noter la prononciation en *o* ; mais cette lettre complétée n'est employée régulièrement qu'à des usages scolaires.

D'autre part l'interprétation n'est efficace que si on connaît l'emplacement de l'accent de mot, qui est mobile en russe, comme il l'est partiellement en grec, se trouvant à des places variées suivant les mots et pour ces mots suivant leurs emplois flexionnels. Or l'usage d'un signe d'accent (sur voyelle) n'a été introduit que dans les ouvrages d'enseignement et surtout dans les dictionnaires. Il en résulte que l'usage de l'orthographe du russe a de sérieux inconvénients pour qui ne parle pas couramment cette langue, comme langue maternelle ou comme langue acquise à côté d'une autre langue maternelle.

La ponctuation occidentale est en usage en russe et dans les autres langues slaves écrites en cyrillique.

Dans ces langues, l'ordre de l'alphabet est fondamentalement le même qu'en russe.

Blanc-russe (ou biélorusse)

Pour cette langue, très proche du grand-russe, l'alphabet russe est employé (mais avec *i* mais non и).

L'orthographe est plus phonétisante : ainsi un *o* inaccentué devenu *a* est noté effectivement par *a*.

On a adopté un signe ў pour *w* second élément de diphtongue.

Ukrainien (ruthène)

L'alphabet a été accommodé au phonétisme de la langue.

Les caractères ы, э ne sont pas employés, non plus que le signe ъ ; le signe de mouillure ь porte le nom ancien *yir*.

Le г étant prononcé *h*, le son *g* est noté par une nouvelle lettre, qui est un г modifié en ґ.

Pour les voyelles et semi-voyelles prépalatales, le système diffère du russe : є [*yẹ*], е [*ẹ*], и [*ẹ*], й [*y*], і [*i*], ї [*yi*].

Bulgare

Le bulgare, langue vivante, n'est écrit littérairement que depuis le XIXe siècle (après des essais semi-savants du XVIe au XVIIIe siècle). L'écriture adoptée a été celle du russe, avec peu de différences ; l'orthographe est dans les conditions analogues avec moins de complications, surtout parce que la distinction de consonnes dures et molles n'a pas subsisté.

Il y a comme en russe des traits phonologisants. Ainsi les sonores sont prononcées sourdes en finale sans que l'écriture le note : por « corne » prononcé *rok*. De même *o* inaccentué est fermé en *u*, mais reste écrit *o* : ainsi вода *vudá* « eau ».

L'accent, mobile, n'est pas noté.

Les archaïsmes graphiques ont été l'objet depuis 1892 de projets de réforme. Cette question a donné lieu à des discussions passionnées, à des mesures coercitives suivies de réactions publiques, qui ont été en 1923 jusqu'à une émeute contre un ministre qui avait incliné une réforme dans un sens conservateur. Pour la même question, par la suite, des savants partisans de certaines innovations ont reçu des menaces de mort.

Une réforme a été finalement édictée en 1945, parallèle à celle qui a été appliquée au russe en 1918 et elle est entrée dans l'usage de la République populaire bulgare.

La lettre ѣ a été supprimée de l'alphabet ; conformément à la prononciation, son remplacement donne lieu à des différences régionales : à l'ouest du pays on a toujours *e*, mais à l'est, au lieu de cet *e*, il y a я (*ya*) dans certains cas déterminés.

Le signe ѫ appelé [*yus*] qui anciennement représentait un son nasal que l'évolution a éliminé et qui terminait autrefois l'alphabet a été supprimé. Il est remplacé par ъ (avec valeur d'*a* neutre *ạ* transcrit conventionnellement *ă*) ; le même ъ devenu muet en finale de mot ne s'y écrit plus. Dans l'énoncé de l'alphabet cette voyelle neutre suit uniformément les sons consonantiques ; ainsi *dă, ră, fă*.

Macédonien

La Macédoine, constituée en 1945 comme un des éléments de la République populaire fédérative yougoslave, a maintenant une langue littéraire, avec une orthographe officielle qui est prise dans l'ensemble au serbe. Un signe est repris au slavon.

Antérieurement l'orthographe employée pour des usages restreints était plutôt l'orthographe bulgare. En Macédoine méridionale l'écriture grecque a été plus ou moins employée depuis le XVIIIe siècle et l'est encore.

Deux caractères spéciaux ont été créés pour le macédonien littéraire, à savoir Ќ et Ѓ pour noter *k'* et *g'* (ou variantes).

Serbe[1]

Le serbe a commencé à se dégager du slavon et à devenir langue littéraire à la fin du XVIIIe siècle, et il a été fixé dans la première moitié du XIXe siècle par Vouk Stefanovitch Karadjitch, en orthographe croate Vuk Stefanović Karadžić (1787-1864), écrivain, folkloriste, traducteur, grammairien et lexicographe qui lui a combiné une orthographe. Celle-ci est devenue usuelle vers 1840, et officielle dans la principauté de Serbie après 1860.

Le réformateur a supprimé résolument tout ce qui existait en russe et aurait été inutile pour le serbe.

D'autre part il a adopté des lettres nouvelles pour représenter des consonnes prépalatales : ћ pour *č́*, *tch* mouillé, en croate *ć*, provient du vieux cyrillique serbe (bosniaque) ; ђ en est tiré comme une variante graphique, notant la sonore *ǧ́*, *dj* mouillé, en croate *đ*; џ pour *ĝ*, *dj*, en croate *dẓ*, a été pris à l'alphabet cyrillique du roumain ; *j* provenant du latin sert pour *y* ; les liquides mouillées љ *l'* et њ *n'* sont créées.

C'est donc une orthographe jeune et neuve, bien adaptée à la langue.

On énonce les noms des lettres en prononçant le son correspondant, uniformément suivi de *e* pour toutes les consonnes.

L'accent de mot, qui est à des places variées, soit fixe, soit alternant, n'est pas marqué dans l'usage courant.

Dans les grammaires et lexiques, il est noté, par des signes utilisés ou inventés, de la manière suivante : accent montant bref ̀, montant long ́, descendant bref ", descendant long ̑. Le signe de longueur ¯ ne s'emploie que hors de l'accent.

Langues non slaves

L'écriture cyrillique a connu une large extension à des langues non slaves. L'influence de la religion orthodoxe avait fait adapter cette écriture au roumain, langue romane, quand il s'est écrit à partir du XVe siècle ;

---

1. Il y a des textes administratifs dès le XIIe siècle. Des textes littéraires se sont composés aux XVIe et XVIIe siècles autour de Raguse et en Bosnie (où l'aspect graphique un peu spécial donne lieu à l'appellation *bosančica*). Dans le même temps le slavon continuait à s'écrire en Serbie.

l'écriture latine s'y est substituée au milieu du XIXe siècle. Mais le roumain sous son aspect oriental moldave est maintenant écrit en cyrillique dans la République soviétique de Moldavie.

Au cours du XIXe siècle, d'une part des savants russes se sont servis de l'écriture cyrillique pour noter certaines langues à usage scientifique, d'autre part un certain usage en a été fait à des fins religieuses et même littéraires. Au Caucase, la langue iranienne ossète a eu une Bible en écriture cyrillique dans la première moitié du XIXe siècle, et d'autres textes vers la fin du même siècle et au début du XXe.

Pour les langues caucasiennes, on peut citer le début d'une littérature en abkhaz.

La liste des évangiles des éditions protestantes comporte l'emploi de l'écriture cyrillique pour une quinzaine de langues diverses non indo-européennes pendant la même période (ainsi pour le lapon en 1878).

Dans l'Union soviétique, depuis 1939, dans les régions où l'« alphabétisation » avait été effectuée d'abord au moyen de l'emploi de l'écriture latine, et où d'autre part l'apprentissage du russe comme langue seconde s'est généralisé dans les écoles à partir de la deuxième ou de la troisième année d'enseignement, l'écriture cyrillique est employée d'une manière générale pour les langues enseignées. Les compléments nécessaires ont été ajoutés ; ils consistent quelquefois en caractères latins pour les orthographes jeunes nouvellement constituées.

Voici une liste, rangée par familles, de langues cyrillisées de 1939 à 1950[1] :

— Langues indo-européennes : langue romane, le moldave ; langues iraniennes : ossète, tadjik.

— Langues ouraliennes : *a*. finno-ougriennes : mordve, oudmourt (votiak), mari (marri, tchérémisse), komi (zyriène), khanti (ostiak), mansi (vogoul) ; *b*. samoyède (nenets).

— Langues altaïques : *a*. groupe turc : azéri (azerbaïdjanais), ouzbek, kazakh, turkmène, kirghiz, tatare, bachkir, yakoute, tchouvache, koumyk, karakalpak ; *b*. mongol : bouriate, khalkha, oïrat ; *c*. toungouze-mandchou : évenk (toungouze), éken (lamout), manaï (gold).

— Langues paléoasiatiques et voisines : tchouktchi, koriak ; eskimo.

— Langues caucasiennes : tcherkesse, kabardi, adyghé, abkhaz ; avar, dargwa, lak, lesghi.

On peut prendre comme exemple le mongol, langue importante. L'élaboration et les essais ont duré de 1941 à 1950.

---

1. La liste repose sur une communication de l'Institut de recherches scientifiques pour les écoles nationales de l'Académie des sciences pédagogiques de la République de Russie (1950 ou 1951).

MONGOL	RUSSE	TRANSCRIPTION PHONÉTIQUE	MONGOL	RUSSE	TRANSCRIPTION PHONÉTIQUE
а	а	*a*	с	с	*s*
б	б	*b*	т	т	*t*
в	в	*v*	у	у	*u* (valeur *ou* du français, lettre russe)
г	г	*g*	у	ü allemand	*ü* (valeur *ü* du français, lettre latine)
д	д	*d*	ф	ф	*f*
е	е	*ye*	х	х	*ꝁ*
ё	ё	*yo*	ц	ц	*ţ* (ts)
ж	дж	*ǧ* (dj)	ч	ч	*č* (tch)
з	дз	*ḑ* (dz)	ш	ш	*š* (ch)
и	и	*i*	щ	щ	*šč* (chtch)
й	й	*y*	ь	мягкий знак	signe mou
к	к	*k*	ы	ы	*i̊*
л	л	*l*	ът	твердый знак	signe dur
м	м	*m*	э	э	*e*
н	н	*n*	ю	ю	*yu*
о	о	*o*	я	я	*ya*
ө	ö (allemand)	*ö*			
п	п	*p*			
р	р	*r*			

MONGOL TRANSCRIT EN CYRILLIQUE

Il y a des règles d'emploi phonologique : ainsi *g* est prononcé *k* en fin de mot et devant une consonne sourde.

LATIN

Lorsque le latin a commencé à s'écrire vers le VIIIe siècle avant J.-C., en empruntant l'écriture soit directement au grec, avec des influences étrusques, soit à l'étrusque pourvu lui-même de l'écriture sous une forme grecque, l'alphabet a été dans l'ensemble bien adapté à la langue dans une orthographe jeune[1].

En général, chaque consonne et chaque voyelle distincte par le timbre a été notée par une lettre et une seule, toujours de même valeur (ainsi *s* ne représentait que la sifflante sourde, *c* était prononcé *k* aussi bien devant *i* que devant *o*). (Sur cette lettre voir encore ci-dessous.)

1. Réforme de Chilpéric. Au témoignage de Grégoire de Tours (*Historia Franciae*, V, XXXII, 44), ce roi mérovingien du VIe siècle avait décidé d'ajouter divers caractères grecs à l'alphabet latin (le passage n'est pas très clair sur la liste et l'emploi de ces lettres) et avait imposé par circulaire l'enseignement ainsi modifié. (Référence due à P. Burney.)

L'adaptation a été facilitée par le fait que le latin avait moins de consonnes que le grec ; il n'a pas reçu par exemple le θ ; mais il a pris le χ avec sa valeur en grec occidental, c'est-à-dire celle de *x* (représentée en grec oriental par un autre signe ξ) et en le mettant à la même place ; c'est là un élément d'imitation ; sans l'exemple grec, il n'est nullement sûr que le groupe *ks* aurait été traité comme un phonème.

D'autre part certains besoins du latin ont été satisfaits au moyen de caractères qui n'ont subsisté en grec classique que comme chiffres : le digamma Ϝ (ancien *w*) est devenu F, le qoppa ϙ est devenu Q pour noter k^w ou *kw* ; mais on y a ajouté inutilement le *u*.

Un trait curieux d'orthographe usagée se rencontre dans l'histoire du C, du K et du G ; ici l'influence de l'étrusque est manifeste, même si l'ensemble de l'alphabet latin n'est pas venu de cette langue. Comme il n'y avait pas en étrusque de distinction des sourdes et des sonores, le signe de *g* (grec Γ) aurait pu être considéré comme inutile ; il a été au contraire très employé, le rôle du signe K étant réduit d'autant. Le latin ancien se trouve avoir Γ, modifié graphiquement en C, à la fois pour les sons *k* et *g*, tandis que *k* s'emploie peu, à l'époque classique seulement dans quelques mots, comme *kalendae* « calendes ». Mais ici est intervenu après une longue période un trait d'orthographe neuve ; à la fin du – IVe siècle, semble-t-il, le signe G a été inventé, avec la barre qui le différenciait du C ; dès lors *c* n'a plus été prononcé *g* que dans certains noms propres où il a subsisté archaïquement (ainsi *Caius*, en abrégé *C*). Autre trait de remaniement voulu : tandis que le *c* gardait dans l'alphabet la place qu'il avait en tant que *g*, le *g* a pris la place du *z* (grec minuscule ζ) dont le latin du – IVe siècle n'avait pas l'emploi.

Il y a lieu de noter que le latin n'a pas fait de distinction graphique entre les emplois vocaliques et consonantiques de *u* et *i*, ce qui est un trait phonologisant. L'essai fait au Ier siècle par l'empereur Claude d'employer F renversé (Ⅎ) pour la voyelle *u* n'a pas réussi. Alors que l'emploi consonantique de *u* et de *i* comme semi-voyelle avait fait place à l'articulation d'une vraie consonne à époque romane, l'indistinction graphique devait subsister jusqu'au XVIIe siècle.

Lorsque la langue latine a été cultivée sous l'influence du grec et que des mots de cette langue ont été empruntés en nombre par des lettrés qui désiraient ne pas en défigurer la prononciation, l'alphabet a été complété. En supplément à U prononcé comme le français *ou*, on a pris au grec attique sa lettre de forme ϒ qui est devenue ainsi Y avec la prononciation qui était alors *ü* (*u* du français) ; comme plus tard en grec même υ s'est prononcé *i*, il en est résulté en latin puis en français le nom d'« *i* grec », et l'emploi purement graphique de *y* comme voyelle. D'autre part on a repris au grec le ζ (majuscule Z), peut-être au début avec une prononciation telle que *dz* (?), en tout cas dans la suite comme *z*, sifflante continue sonore. Ces deux lettres ont été mises en queue de l'alphabet. Sans augmenter celui-ci, on a adopté des graphies complexes pour noter les occlusives sourdes aspirées du grec : *ph* pour *φ* [p^h], *th* pour *θ* [t^h], *ch* pour *χ* [k^h] ; ces graphies se trouvent dans certains alphabets grecs archaïques ; en latin elles avaient le minimum d'inconvénient puisque *h*, sans doute dès lors non prononcé, ne figurait pas ailleurs après consonne.

L'alphabet semble n'avoir pas été récité avec les anciens noms des lettres, sauf pour *z* qui a gardé son nom, d'après le témoignage postérieur des langues romanes ; les autres consonnes, comme les voyelles, se sont nommées d'après leur son. L'habitude s'est introduite, on ne peut dire à quel moment, d'articuler un *e* avant les continues ou spirantes (*f*, *s*), et un *i* devant *x*, tandis que les occlusives étaient suivies de *e* (pour *b*, *p*, etc.), sauf pour *ka* et *qu* ainsi distingués de *c* (anciennement prononcé *ke*). La lettre *h* ne correspondant plus à une articulation a dû recevoir un nom ; les langues romanes et l'anglais attestent un *akka* (français *hache*), tandis que l'allemand a le simple *ha*.

L'orthographe du latin a été phonétisante en ce sens que des assimilations de consonnes ont été marquées, sans souci de conserver l'uniformité de graphie dans une racine ou pour un préfixe ; ainsi *scriptus* « écrit », de *scribere* « écrire », *accidere* « arriver », de *ad* « à, vers » et *cadere* « tomber ». Mais lorsqu'il n'y avait pas confusion avec un phonème existant dans la langue de manière indépendante et pourvu d'une lettre, l'assimilation n'a pas été marquée ; ainsi *n* est écrit dans *anceps* « douteux », alors qu'on prononçait *n* postpalatal [*ṅ*].

Pour les voyelles, l'orthographe latine a été déficiente ; alors que l'orthographe grecque classique avait été complétée pour noter la plupart des voyelles longues, en latin on n'a noté régulièrement que les timbres, bien que la quantité ait joué un rôle phonologique important. C'est ainsi que pour les mots à finale *a* au nominatif singulier, ce nominatif ayant *ă* (*a* bref) est distingué ainsi de l'ablatif qui a *ā* (*a* long) : *rosă* « la rose », *rosā* « par la rose ». Des mots quasi homonymes sont distingués par la quantité : *lēgis* « de la loi », *legis* « tu lis ». Les distinctions de quantité étaient essentielles aussi pour la versification adoptée à l'imitation de la poésie grecque. Sur certaines inscriptions on trouve des quantités longues notées par un apex ´ ou, lorsqu'il s'agit de *i*, par un prolongement en hauteur. Mais ces signes ne sont pas employés dans les manuscrits. Les grammairiens de l'époque impériale ont utilisé les signes ¯ et ˘, comme les philologues grecs, à usage savant.

Seuls aussi ils ont employé ´ pour marquer l'emplacement de l'accent de mot. Celui-ci était à place fixe, dans les bisyllabes sur la première syllabe, dans les mots plus longs sur l'avant-dernière syllabe si elle était longue (à voyelle longue ou fermée), ainsi *uidére, modéstus*, sur la précédente, si l'avant-dernière était brève, ainsi *dóminus*, avec *i* bref. Faute de marques de quantité, un signe d'accentuation aurait été utile pour la lecture par les étrangers, mais elle n'était pas importante pour qui savait bien le latin.

La séparation des mots était marquée en général par un point dans les inscriptions, quelquefois dans les manuscrits. La séparation par des intervalles n'est pas ancienne, et ne s'est régularisée qu'au XIe siècle (voir p. 347).

La ponctuation prise au grec, avec des signes en partie différents, ne devait s'employer régulièrement qu'au IXe siècle.

L'orthographe du latin n'a pas été modifiée pendant la période classique (environ Ier siècle avant et Ier siècle après J.-C.) et pendant la période postclassique impériale (environ jusqu'au IVe siècle), alors que la prononciation avait commencé à changer pour divers détails. C'est ainsi qu'on a maintenu dans l'écriture *-s* et *-m* non prononcés en fin de mot après voyelle (sauf certaines restitutions « distinguées » de *-s*), et qu'on n'a pas noté par un signe les élisions de voyelles finales devant un mot commençant par voyelle (qui nous sont connues par la versification). L'orthographe de ce temps était donc vieillie et avait un aspect intellectuel (désinences pour l'œil).

Entre-temps, l'instruction s'était répandue, avec des écoles assez nombreuses, souvent tenues par des Grecs. Lorsque le latin a été enseigné, en dehors d'Italie, à des gens dont ce n'était pas la langue maternelle, l'orthographe a influé sur la prononciation, manière d'annuler le vieillissement. C'est ainsi que *-s* et *-m* finaux se sont trouvés restitués ; le premier a joué ensuite un rôle capital dans la morphologie du français, et aussi de l'espagnol et du portugais pour le pluriel (alors que l'italien n'a pas de pluriel en *-s*).

Par la suite le latin a été écrit sous sa forme classique avec très peu de modifications, comme langue savante, par des milieux instruits restreints (pendant longtemps surtout ecclésiastiques). Mais cette langue figée en est venue à se prononcer de manières variées, suivant les pays, tant de langues romanes que de langues autres (celtique, germanique, etc.), en conformité d'ensemble avec les phonologies de ces langues.

Cette orthographe hors âge a connu bien des vicissitudes. Voici celles qui se sont produites pour la France.

La « renaissance » de Charlemagne et Alcuin au IXe siècle a consisté dans une restauration de la graphie en même temps que de la prononciation. Faute de distinguer la langue classique et celle qu'ils parlaient, les clercs en étaient arrivés à diverses confusions, ainsi de certains *e* et *i*, certains *p*, *b* et *v* (écrit *u*). Les instructions d'Alcuin ont fait rétablir l'orthographe ancienne, et partiellement en même temps la prononciation ancienne.

Mais le latin a continué ensuite à être prononcé à la manière du français évolué et évoluant ; ainsi les voyelles suivies de *m*, *n* ont été prononcées comme des voyelles nasales (la consonne étant amuie) ; certaines consonnes s'amuissaient (ainsi *b* dans *obscura*).

Au moment de la Renaissance du XVIe siècle, en partie sous l'influence de l'humaniste Érasme, on s'est efforcé de revenir à une prononciation plus proche de l'antique. Les consonnes, dès lors, ont été en principe toutes articulées, en particulier les *-m* finaux, de sorte que *-em* a été prononcé [*-ęm*] au lieu de [*ã*], et *-um* a été prononcé [*-om*], au lieu de [*õ*] ; le mot *quanquam*, resté comme « cancan » dans la langue française, a été prononcé [*kwãkwam*] en tant que latin.

Dans la prononciation restituée des linguistes et philologues modernes, qui est répandue partiellement dans l'enseignement mais qui rencontre encore beaucoup de résistances, on articule [*-um*] (français *-oum*) et de même à l'intérieur des mots on élimine les voyelles nasales.

L'Église catholique, principal usager du latin de nos jours, a suivi le mouvement en employant la prononciation correcte de [*u*] (*ou* du français) en toute position et en tous pays ; elle a adopté, par un compromis, la prononciation à l'italienne des consonnes (d'où [*č*] *tch* du français au lieu de *k* pour *c* devant *e, i*)[1].

L'orthographe du latin dans son état vieilli a dominé la constitution de l'orthographe pour toutes les langues nationales qui ont été écrites successivement avec l'écriture latine : elles ont eu ainsi des orthographes jeunes, mais usagées. Le degré de bonne ou mauvaise correspondance entre écriture et prononciation a dépendu de l'état phonologique des langues au moment de l'adoption de l'alphabet, de leurs évolutions postérieures et de la plus ou moins grande résistance des milieux lettrés à la modification des notations suivant ces évolutions. Certaines innovations ont eu un caractère national, d'autres se sont généralisées et par une action en retour ont changé l'aspect du latin tel qu'il s'écrit et s'imprime désormais ordinairement (emploi de *v* et *j*).

L'exposé qui suit, ci-dessous, de « Langues romanes » à « Usages savants de l'alphabet » p. 305, est un résumé de l'histoire des orthographes en écriture latine, à compléter, pour certains détails intéressant le tracé et la fabrication des écrits, par des passages du chapitre suivant. En général seuls les états d'aboutissement classiques et les derniers remaniements sont considérés ; les principales langues à expansion et à histoire importante sont examinées avec plus de détails ; diverses littératures dialectales sont omises (ainsi en domaine roman : wallon, sarde).

LANGUES ROMANES

Les orthographes des langues romanes sont plus ou moins bien adaptées selon que les langues se sont plus ou moins éloignées du latin et qu'on a ensuite plus ou moins innové.

---

1. À la suite d'une demande de membres du clergé de France, une lettre du pape à l'archevêque de Bourges (10 juillet 1912) recommandait la prononciation à la romaine, avec [*č*] (*tch*) pour *c*, supprimant *ü* au profit de *u* (*ou*) et toutes les voyelles nasales. Après quelques flottements cette prononciation à la romaine s'est généralisée dans l'Église catholique en France.

Le principal trait commun, dû à une évolution du latin avant la constitution des différentes langues, est l'usage à double fin des lettres *c* et *g*, qui ont continué à noter la prononciation occlusive devant les consonnes et les voyelles d'arrière, mais notent des affriquées ou spirantes devant les voyelles d'avant. D'une manière générale, la ponctuation est celle qu'on emploie à époque moderne pour le latin.

Italien

L'italien, qui est le latin évolué dans la contrée où il était né, s'est relativement peu éloigné de la langue ancienne. La langue littéraire est à base de dialecte toscan (région de Florence), avec élimination des prononciations particulières à ce dialecte. L'orthographe a été établie dans l'ensemble au XIIIe siècle ; elle a été réformée au XVIe siècle, pendant lequel ont été admises les lettres *v* et *j* (pour celle-ci voir ci-dessous).

C'est aussi depuis cette époque qu'on a renoncé aux graphies étymologiques grecques telles que *ph* pour *f*.

L'alphabet enseigné est le suivant, les noms des lettres étant indiqués ici en écriture phonétique sous chacune d'elles :

a	b	c	d	e	f	g	h	l	m	n	o
a	*bi*	*či*	*di*	*ę*	*ęffẹ*	*ği*	*akka*	*ęllę*	*ęmmę*	*ęnnęo*	*ọ*

p	q	r	s	t	u	v	z
pi	*ku*	*ęrrę*	*ęssę*	*ti*	*u*	*vi*, aussi *vu*, *vẹ*	*ḍęta* ou *ṭęta*

Un groupe de consonnes supplémentaires, non enseigné à l'école élémentaire, ne concerne que les emprunts étrangers, surtout des noms propres : *k*, *w*, *x*, *y* et *j*, à valeur [*y*] qui subsiste encore au lieu de *i* entre voyelles dans des noms propres (exemple *Scialoja*) alors qu'il a été éliminé ailleurs (*librajo* devenu *libraio* « libraire »)[1] .

L'alphabet comprend les lettres employées dans l'écriture, mais non les graphies complexes nécessaires pour l'apprentissage de la lecture. En effet, pour les phonèmes manquants et pour certains de ceux qui se sont scindés en deux on a adopté des graphies complexes.

L'italien souffre des inconvénients d'une orthographe usagée :

– en ce qu'il a maintenu l'exclusion de *k* et l'usage de *q* pour *k* dans le groupe *kw*, où on peut remarquer d'autre part que la position consonantique de *u* n'est pas autrement notée, ainsi *quattro* [*kwáttro*] « quatre » ;

– en ce qu'il a gardé les lettres *c* et *g* dans les mots où elles étaient anciennement employées, alors qu'à une légère variation ancienne des phonèmes *k* et *g* suivant le voisinage vocalique s'est substituée au cours

1. Noter que *i* latin écrit *j* dans les éditions modernes est prononcé [*y*] comme dans les noms propres italiens et étrangers en général. D'autre part *j* peut être prononcé *ž* par les personnes qui savent que tel nom étranger présente cette articulation dans la langue d'origine.

de l'évolution une scission en deux paires de phonèmes pouvant se trouver devant n'importe quelle voyelle, à savoir *k-č* (*tch*) et *g-ğ* (*dj*).

La lettre *c* est articulée *k* devant *a*, *o*, *u*, mais *č* devant *e*, *i* (voir *camera* « chambre », *cera* « cire »). Pour figurer *k* devant *i* ou *e*, on utilise la vieille graphie complexe *ch* des mots grecs à χ passés en latin, qui n'est heureusement pas ambiguë puisque k^h a cessé de se prononcer de manière distincte et que *h* n'est pas employé par ailleurs, sauf dans quelques formes du verbe *avere* (latin *habēre*) « avoir », où il constitue une graphie étymologique, elle-même de moins en moins usitée (*ho* « j'ai », *hai* « tu as », *ha* « il a », *hanno* « ils ont ») : ainsi *chi* « qui », *che* « quoi », où l'ancien *u* de *kw* a disparu, *schizza* « esquisse ». Le son *k* a ainsi trois notations : *c*, *ch*, *q*. D'autre part la graphie complexe *ci* permet de noter *č* (plus généralement avec mouillure *č́*) devant *a*, *o*, *u : ciascuno* « chacun », *ciocco* « bûche », *ciuffo* « toupet ».

La lettre *g* est articulée *g* devant *a*, *o*, *u* (*piaga* « plaie », *lago* « lac », *gustare* « goûter ») et *ğ* devant *e*, *i* (*gelare* « geler », *girare* « tourner »). Pour représenter *g* devant *e*, *i*, on emploie *gh*, formé par parallélisme à *kh*, ainsi *piaghe* « plaies », *laghi* « lacs ». Pour représenter *ğ* devant *a*, *o*, *u*, on emploie la graphie complexe *gi*, ainsi *giallo* « jaune », *saggio* « essai », *giù* « en bas ». Les sons *g* et *ğ* ont donc chacun deux notations.

L'*s* note la sifflante sourde, conservée même entre voyelles dans la prononciation standard : *tesoro* « trésor ». Cependant, par un phénomène phonologisant, elle note aussi la sonore *z*, lorsque *s* est assimilé à une consonne sonore subséquente, comme dans *slanciare* « lancer », prononcé [*zlanšāre*]. D'autre part, la sonorisation de *s* intervocalique en *z* se rencontre, par variation locale, soit dans tous les mots où il figure, soit dans une partie d'entre eux.

Quant au *z*, il note un phonème qui est lui-même à double réalisation *ţ* (*ts* du français) ou *ḍ* (*dz* du français), les deux prononciations ne pouvant être distinguées pour la lecture que par une connaissance de l'usage : *zucchero* « sucre » a la sourde, *zanzara* « moustique » a la sonore ; de même pour la géminée : *razza* avec la sourde, *azzurro* avec la sonore.

Le phonème chuintant sourd *š* (*ch* du français), inexistant en latin, est encore rare en italien. Il est noté par la graphie complexe *sc* en général devant *e, i* (*scelerato* « scélérat », *scivolare* « glisser ») et par la graphie *sci* devant une autre voyelle (*scioperato* « désœuvré, chômeur », *asciugare* « essuyer »).

La consonne *ḽ* (*l* prépalatal ou mouillé) est notée par la graphie complexe *gli* devant voyelle, ainsi *famiglia* « famille », *figlio* « fils » (exceptionnellement *gl* seulement dans *gli* « les ») ; *ñ* (*n* prépalatal) est noté par *gn* (ainsi *bagno* « bain »), et aussi, habituellement, *gnomo* « gnôme », *gnostico* « gnostique »). Le *g* de *gli* n'a l'articulation occlusive suivie de *l* que si une consonne suit (*anglicano* « anglican ») et exceptionnellement dans *ganglio* « ganglion » ; de même *g* + *n* dans un mot nettement savant : *gneiss*.

L'ancien *u* consonne (semi-voyelle), devenu spirante labio-dentale, s'écrit *v* comme en français.

Les lettres redoublées correspondent toujours à une gémination dans la prononciation : *bello* « beau », *piccolo* « petit », avec *ll, kk*.

La notation du vocalisme est très claire. Il n'y a pas de question de quantité, les voyelles longues n'ayant pas de rôle en italien. Les diphtongues sont prononcées comme suites de deux voyelles, qu'elles soient anciennes ou résultent de la diphtongaison d'une ancienne voyelle simple : *sarai* « tu seras », *Paolo* « Paul », *buono* « bon », *siepe* « haie ».

Au total, si on laisse de côté le double état du phonème noté par *z* et les variations de *s* intervocalique ainsi que les rares exceptions relevées ci-dessus pour des graphies complexes, les lettres et groupes de lettres sont toujours prononcés de la même manière, sauf pour les consonnes *c* et *g*, ainsi que *s* groupé avec une consonne suivante, mais certaines lettres varient de valeur dans des conditions définies. Toute lettre (ou groupe de lettres) correspond à une articulation effective, aucune n'est écrite et non prononcée. Donc, dès qu'on connaît l'usage des graphies complexes qui ne figurent pas à l'alphabet et la double prononciation de *c*, *g* et *s* commandée par le voisinage, il n'y a pas de difficulté de lecture. Il n'y a pas non plus de difficultés pour « mettre l'orthographe » en écrivant, en dehors de l'emploi exceptionnel de *h*.

Puisqu'il n'y a plus de graphie étymologique depuis le XVIe siècle pour les mots venus du grec, *ph*, *th*, *ch*, *y* du grec y sont écrits *f*, *t*, *c* (*ch*), *i* : ainsi *teatro* « théâtre », *filosofia* « philosophie », *psicologia* « psychologie ».

L'accent de mot est généralement sur l'avant-dernière syllabe (accent pénultième). Lorsqu'il se trouve sur la syllabe précédente (antépénultième), il est marqué par ´ dans les ouvrages scolaires et dictionnaires, quelquefois dans les textes (ex. : *médico* « médecin »). Quand il est sur la voyelle finale, il est marqué par ` : *recitò* « il récita », *città* « cité », *virtù* « vertu ».

On emploie ` comme signe intellectuel pour distinguer *è* « (il) est » de *e* « et », et pour caractériser certains mots invariables courts : *più* « plus », *però* « pourtant ».

L'accent aigu distingue certains homonymes : *dánno* « ils donnent », *danno* « dommage ».

L'accent circonflexe peut être employé pour distinguer, lui aussi, certains homonymes : ainsi à (*tu*) *studi* « tu études », s'oppose *studî* « les études », qu'on peut encore écrire à la mode ancienne *studj* (et aussi *studii*), mais qui de plus en plus s'écrit simplement *studi*, conformément à la prononciation.

L'apostrophe s'emploie dans les élisions : *dell'arte* « de l'art » (pour *dello arte*).

Espagnol

L'espagnol est du latin évolué après transfert dans la péninsule Ibérique. La langue littéraire, à base de castillan (parlers de la province de Castille), a conservé une partie notable de la phonologie latine de la fin de la période impériale. Cependant la prononciation de divers phonèmes a changé plusieurs fois, de telle manière qu'il s'est produit des rencontres entre certains d'entre eux, ce qui a amené des variations dans l'orthographe qui semble avoir constamment eu tendance à être phonétisante, avec des rajeunissements, allant jusqu'à l'adoption de signes non latins. L'orthographe a été définie par l'Académie espagnole, successivement en 1726, 1741, 1763, 1803, 1815, 1884, 1952.

L'usage ainsi adopté est suivi aussi pour l'espagnol d'Amérique.

L'alphabet enseigné, où des graphies doubles ont été introduites, est :

a, b, c, ch, d, e, f, g, h, i, j, l, ll, m, n, ñ, o, p, q, r, rr, s, t, u, v, x, y, z.

Les occlusives sont nommées par leur son suivi de *e* (ainsi *te*), sauf *q* nommé *qu* [*ku*] ; les spirantes sont nommées par leur son précédé et suivi de *e*, ainsi *efe*, *rr* est nommé *ere doble* ; *h* est nommé *hache* [*ače*], *j* est nommé *jota* [*ḫota*], *x* est nommé [*ekis*], *y* est nommé « *i* griega », *z* est nommé *zeta* [*ŧeta*] ou *zeda* [*ŧeda*].

Les innovations sont : *j* et *v*, comme dans les langues modernes en général, postérieurement à l'expansion de l'imprimerie ; *ch* représentant *č* (*tch* du français), *ll* représentant *l* prépalatal ou mouillé ; *ñ*, *n* prépalatal (français et italien *gn*), écrit au moyen du « tilde », de *titulum* (*n* réduit qui apparaît dans les manuscrits comme signe d'abréviation, *ñ* valant *nn*) ; *rr* notant un *r* fort qui se distingue de *r* simple (ainsi *pero* « mais », *perro* « chien »), mais qui quoique mis à son rang dans l'alphabet n'est pas encore à part dans les dictionnaires. Il manque encore dans l'alphabet la graphie complexe *gu* ; la graphie complexe *qu* prononcée *k* devrait figurer au lieu de *q*.

La lettre *k* qui ne figure pas dans l'alphabet n'est employée que pour écrire quelques mots étrangers.

Toutes les lettres simples écrites se prononcent, à l'exception de la lettre *h* qui est étymologique. Elle s'écrit à l'initiale de mots qui l'avaient déjà en latin, amuie de bonne heure, ainsi *hombre* « homme », *haber* « avoir ». Dans de nombreux autres elle se trouve à la place d'un *f* latin qui est devenu un souffle avant de s'amuir dans la prononciation standard, : *hacer* [*aŧer*] « faire », [*hijo*] [*iḱo*] « fils ».

Elle a été introduite aussi dans certains mots à ancienne initiale vocalique : *huevo* « œuf ».

Le caractère usagé de l'orthographe s'est marqué à la double valeur de *c* et de *g*.

Dans la prononciation moderne, *c* représente *k* devant *a*, *o*, *u* (*camino* « chemin », *corte* « court », *cuatro* « quatre »), et l'interdentale sourde *ŧ* devant *e*, *i* (*cesta* « panier », *ciego* « aveugle », *ciencia* « science »). Pour noter *k* devant *e*, *i*, on écrit *qu*, graphie complexe archaïque (*que* « qui », *pequeño* « petit »).

La lettre *g* représente *g* devant *a*, *o*, *u* (*gatto* « chat », *gota* « goutte », *gusto* « goût »), mais *ẖ* devant *e*, *i* (*gemir* « gémir », *agil* « agile »). Pour noter *g* devant *e*, *i*, on emploie *gu* (*guerra* « guerre », *Guillermo* « Guillaume »).

Il suffit donc de savoir les règles concernant le voisinage pour ne pas faire d'erreurs de lecture. Mais il peut y avoir des erreurs d'écriture, notamment sous la dictée, parce qu'il y a des notations doubles ou triples dans les conditions suivantes.

La lettre *z* note *ŧ* devant toutes voyelles. Dans un état antérieur, en gros au XVIe siècle, la confusion avec *c* n'existait pas, *z* étant articulé comme en français (sifflante sonore).

Mais alors avait été adoptée une lettre à signe diacritique, c'était le *ç* : la cédille a été introduite en français, en francisant le nom espagnol *cedilla* ; le *ç* notait un *ţ* (*ts* du français), en particulier pour les anciens *-ti-* du latin, ainsi dans *coraçon* « cœur ». Ce *ţ* s'étant confondu avec *ŧ*, la graphie *ç* a été éliminée.

De nos jours, on tend à éliminer *z* devant *e*, *i*, en n'employant que *c* ; mais c'est facultatif.

Le phonème complexe *kŧ* se trouve représenté par *cc* dans un mot comme *accion* « action ». Mais *ks* reste noté par *x* devant consonne : *extraño* « étranger ».

La lettre *j* note *ꝁ* devant toutes voyelles, se rencontrant ainsi comme en français avec *g*, devant *e*, *i*, pour la même raison : *i* devant voyelle, devenu semi-voyelle, a abouti à une spirante plus solide, ainsi dans *juego* « jeu » (lat. *iocus*). Il y a en outre une troisième notation pour *k* devant toutes voyelles, c'est *x*, le groupe *ks* non suivi de consonne ayant passé par *š* (*ch*) du français pour aboutir à la spirante postpalatale ; cette graphie ne subsiste plus guère que dans les noms propres ; ailleurs on lui substitue résolument *j* sans souci de l'étymologie ; ainsi *ejercito* (latin *exercitus*) « armée » ; en face de ancien *Xeres*, on emploie maintenant usuellement *Jerez*.

Une difficulté est née du fait que les anciens *b* et les anciens *u* consonne se rejoignent en un *ƀ* ou *v* bilabial. En général, les dictionnaires écrivent suivant l'étymologie, qu'il faut donc connaître pour bien mettre l'orthographe ; ainsi *beber* « boire », mais *voz* « voix ». Cependant cette habitude n'est pas toujours suivie, et la préférence peut être donnée à des combinaisons répondant à des préoccupations graphiques : *b* à l'initiale : *boz*, *v* après consonne : *alvedrio* « (le libre) arbitre », *v* à la suite d'un *b* : *bivir* « vivre ».

Il n'y a aucune graphie étymologique grecque (*ph*, *th*, etc.). La lettre *y* n'est employée comme voyelle que dans la conjonction *y* (prononcée *i*) « et » ; par ailleurs elle note la spirante prépalatale légère *y*, ainsi *ayer* « hier », *buey* « bœuf ».

Par ailleurs, les voyelles en combinaison avec d'autres en diphtongue restent écrites comme voyelles ; ainsi *bueno* « bon », *Juan* « Jean » ; *ciego* « aveugle ».

Il n'y a rien à remarquer pour les voyelles.

L'accent n'est en général pas marqué, étant habituellement à une place connue suivant une règle simple (sur l'avant-dernière syllabe dans les mots terminés par une voyelle, par *n* ou par *s*, sur la dernière syllabe dans les mots terminés par une consonne autre que *n* et *s*) ; il est marqué par ´ sur la voyelle de la syllabe quand il est à une autre place ; ainsi *último* « dernier », *continuó* « il continua », *exposición* « exposition ».

Le même signe sert à un usage intellectuel en distinguant des homonymes. Ainsi *dé* « que je donne » en face de *de* « de » ; *sí* « oui » en face de *si* « si » (conjonction).

L'usage espagnol a innové pour la ponctuation, en mettant soit un point d'interrogation, soit un point d'exclamation renversés au début des phrases terminées par ces signes : *¿Y qué objeto tiene esa comedia ?* « Et quel est le sujet de cette comédie ? »

Portugais

L'orthographe portugaise a été longtemps capricieuse. Les travaux d'une commission nommée en 1910 au moment de l'instauration du régime républicain ont abouti dès 1911 à la fixation de règles (un décret de 1938 concerne l'accentuation). Des conventions ont été faites ensuite, de manière à unifier l'usage adopté au Portugal et celui qui régnait au Brésil : celle qui a été conclue en 1931 a été révisée en 1945 et rompue en 1955.

L'alphabet actuellement enseigné ne comprend ni les lettres qui ne se trouvent que dans les emprunts (y compris le *y* des mots grecs) ni les graphies complexes. Il est constitué comme suit (avec notation approximative des noms des lettres) :

a	b	c	d	e	f	g	h	i	j	l	m
a	*be*	*se*	*de*	*ę*	*effᵊ*	*že*	*ōga*	*i*	*žọta*	*el̲*	*ęmᵊ*

n	o	p	q	r	s	t	u	v	x	z
ęnə	*ọ*	*pe*	*kẹ*	*errə*	*esə*	*te*	*u*	*vę*	*šiš*	*ze*

Remarquer l'absence de *k* et *w*.

Des graphies complexes pour les consonnes non représentées dans l'alphabet sont composées avec *h* ; ce sont : *lh* [*l̦*], *nh* [*n̄*], *ch* [*š*].

Les voyelles nasales, analogues à celles du français, sont notées de différentes manières. En finale de mot, voyelle suivie de *m*, ainsi *bom* [*bō*] « bon ». Au début ou à l'intérieur de mot, devant consonne, voyelle suivie de *n* ou *m* suivant l'étymologie, ainsi *campestre*, *antigo*, avec [*ã*]. En combinaison avec une voyelle suivante dans les terminaisons des mots, emploi du tilde : *nação* [*nasãᵘ*] « nation », *opiniões* [*opiniõiš*] « opinions ».

Le dédoublement de *c* et *g* aboutit à l'emploi de graphies complexes. Tandis que *c* représente *k* devant *a*, *o*, *u* et *s* devant *e*, *i*, on emploie *qu* pour *k* devant *e*, *i*. De même, à côté de *g* prononcé *g* ou *ž*, on emploie *gu* pour [*g*] devant *e*, *i*.

Ces graphies complexes n'ont pas une valeur constante ; dans quelques mots le *u* est prononcé *w*, ainsi *quatro* [*kwátro*] « quatre » ; *guela* [*gwela*] « gosier » (avec *i* on peut employer un tréma : *argüir* [*argwir*] « arguer »).

La lettre *s* a des valeurs différentes suivant les positions, fait d'orthographe phonologisante : *s* à l'initiale, *š* en finale, *z* entre voyelles. Pour noter *s* sourd entre voyelles, on emploie, comme en français, *ss* et *ç*. De manière analogue à *s*, *z* varie en prononciation, étant *š* en finale.

Sauf *h* amui et maintenu par tendance étymologisante, tout ce qui est écrit se prononce. Il n'y a pas de difficulté en général pour la lecture (voir cependant *qu*, *gu*, *ch* et ajouter que *x* ne note pas moins de quatre sons : *z*, *š*, *s*, *ks*).

Pour l'écriture, les graphies étymologiques imposent un apprentissage spécial.

Des graphies différentes de même valeur figurent dans ce qui précède : *c*, *s*, dans certaines positions, *ss*, *ç* ; *g*, *j* ; *s* entre voyelles, *z* ; *ch*, *s* et *z* en finale.

En outre les graphies grecques sont encore en usage comme en français : *ph* = *f* ; *th* = *t* ; *ch* = *k* (donc, double valeur possible de *ch*) ; *y* = *i*.

L'accent est noté par ´, mais non obligatoirement, lorsqu'il n'est pas pénultième, ce qui est le cas ordinaire.

L'accent sert de marque intellectuelle pour distinguer les pronoms sujets *nós* [*noš*], *vós* [*voš*], des pronoms compléments *nos* [*nuš*], *vos* [*vuš*].

Catalan

Bien qu'écrit depuis le XIIe siècle, le catalan est resté longtemps non réglementé. L'orthographe s'est fixée vers 1921.

L'alphabet est le suivant, avec la prononciation approximative (*a* étant « neutre », entre *a* et *ə*).

a	b	c	d	f	g	h	i	j	k	l	ll	m
a	*be*	*se*	*de*	*ęfa*	*ge*	*ak*	*i*	*žota*	*k*	*ela*	*ęḷa*	*ẹma*

n	o	p	q	r	s	t	u	v	x	y	z
ẹna	*ǫ*	*pe*	*ku*	*ęrra*	*essa*	*te*	*u*	*be*	*iks*	*i grega*	*zęta*

Noter que *y* n'est employé que dans la graphie complexe *ny* [*ñ*].

La lettre *x* note *š*, ainsi dans *xifra* « chiffre » [*šifra*] ; *š* est noté *ix* dans *caixa* [*kaša*] « caisse ».

Français

L'état compliqué de l'orthographe française tient à des croisements de circonstances elles-mêmes très complexes. On ne peut le comprendre qu'en distinguant les époques du développement du français lui-même.

Celui-ci est un état du latin transplanté dans le domaine du gaulois celtique, et beaucoup plus évolué que les langues romanes méridionales ; la base de la langue littéraire qui a prévalu est le dialecte francien de l'ancien domaine royal, avec Paris, Orléans et d'autres villes. Il a subi des influences germaniques.

Le vieux français ou ancien français était écrit uniquement (à partir du xe siècle) pour la littérature d'agrément (en partie religieuse) – qui au reste se propageait presque uniquement par récitation – et pour quelques usages de la vie courante, le latin gardant tous les usages savants, servant à la justice et à l'administration, comme à la théologie, à la philosophie et aux sciences. L'orthographe, qui n'était pas réglementée, était neuve ; elle s'était constituée sans peine avec l'addition d'un petit nombre de graphies complexes ; elle comportait certaines doubles valeurs, étant usagée – sensiblement dans les mêmes conditions que l'orthographe italienne.

Le *c* était *k* devant *o*, *u* (dès lors prononcé *ü*) et *ț* (*ts*) devant *e*, *i* ; devant un ancien *a* resté *a* ou passé à *c*, *ə*, *k* était devenu *č* (*tch*) qui a passé ensuite à *š* : c'est ce qu'on a noté par la graphie complexe *ch*. Par ailleurs le *k* était assez souvent employé, avec sa signification phonétique claire, au lieu de *qu*, devenu graphie complexe inutile alors que *u* (*w*) ne s'articulait plus après lui, ainsi *ki* pour « qui ».

Le *g* était *g* (dur) devant *a*, *o*, *u*, et *ğ* (*dj*), plus tard *ž* (*j*) devant *e*, *i*.

Le *s* se prononçait *s* (dur) ou *z* suivant sa place dans le mot, la prononciation *z* étant celle qu'on entendait entre voyelles. La lettre *z* n'était pas employée.

Lorsqu'on employait *h*, en dehors de la combinaison *ch*, c'était pour noter effectivement le souffle servant de phonème, dans des mots empruntés au germanique comme « heaume » (comparer allemand *Helm* « casque ») ou influencés par lui comme « haut » (anciennement « aut »), d'après le mot germanique qui se retrouve dans l'allemand *hoch*. Mais on écrivait *ome* « homme », *onor* « honneur » (avant l'époque des restitutions graphiques savantes).

Pour représenter dans des emprunts la prononciation à la française du *w* germanique initial (prononcé comme l'anglais *w* ou le français *ou* dans « oui » [*wi*]), on a employé la graphie complexe *gu*, prononcée à peu près *gw*, ainsi dans « Guillaume » (comparer l'anglais William). Par la suite le *w* s'est amui, et *gu* s'est trouvé représenter *g* (dur) devant *e*, *i*.

D'autres graphies complexes ont représenté des consonnes prépalatales : *il*, *ill* pour *l̦*, *gn* et *ign* pour *ñ*.

L'ancien *u* avait passé à la prononciation *ü*, et il n'y avait pas encore de nouveau *u* dans le premier état de l'ancien français ; lorsqu'il en est reparu, on a eu recours à la graphie complexe *ou*.

Les voyelles longues (anciennes ou allongées secondairement) s'étant diphtonguées étaient notées par deux signes de voyelles, articulées l'une et l'autre, d'où de nombreux *ai*, *au*, *ei*, *oi*, etc. Il est probable que les voyelles nasales n'existaient pas encore ; si elles s'entendaient, les consonnes nasales étaient encore articulées à leur suite ; ainsi *on* notait $o + n$ ou $\tilde{o} + n$.

Comme au total on n'employait aucun signe n'ayant pas existé dans l'écriture latine, la seule lettre *e* devait représenter *ẹ* (*e* fermé, *é*), *ę* (*e* ouvert, *è*) et la voyelle neutre *ə* (*e* dit muet) ; les signes de voyelles *u* et *i* continuaient (et ont continué jusqu'au XVIIe siècle) à représenter aussi les consonnes *v* et *ž* (*j*). L'observation des positions atténuait l'inconvénient de cette situation : ainsi *u* et *i* étaient normalement consonnes devant une voyelle, voyelles après une consonne : ainsi *uiue* « vive », mais *bu* « bu ».

Les consonnes affaiblies étaient notées comme des consonnes ordinaires ; ainsi dans les plus anciens textes on trouve *d* dans *padre*, ancien *patre*(*m*) « père », où *d* devait être prononcé *đ* (interdentale sonore) ; mais de telles consonnes ont tôt disparu par amuissement et ont cessé de s'écrire : il n'y avait plus alors de question orthographique.

Les consonnes géminées devenues simples dans la prononciation étaient simples aussi dans l'orthographe : ainsi *bele* « belle ».

L'accent de mot, toujours en finale (sur la dernière syllabe ou l'avant-dernière lorsque la dernière n'avait qu'une syllabe très brève), restait non marqué sans inconvénient. Jamais par la suite on n'a eu à introduire une marque de l'accent de mot, et les marques inventées par les anciens grammairiens grecs ont été employées à un autre usage.

Au total l'orthographe neuve de l'ancien français offrait peu de complications et ne présentait que peu d'ambiguïtés.

Cette situation devait devenir mauvaise par la suite, dans une seconde étape de l'évolution de la langue qui commence en gros au début du XIVe siècle.

Il faut considérer à part l'évolution phonétique et les autres faits.

Les principaux caractères de l'évolution phonétique ont eu des conséquences pour l'orthographe, parce que celle-ci n'a pas été modifiée en raison des changements réalisés, soit qu'on ait continué à écrire de diverses manières des sons devenus identiques, soit qu'on ait continué à écrire des sons amuis.

• *Consonnes*. Des consonnes complexes (affriquées) se sont réduites à des spirantes : *ţ* est devenu *s*, d'où équivalence de *c* devant *e* et *i* et de *s* prononcé sourd (et de *ss*) ; *ğ* est devenu *ž*, d'où équivalence de *g* devant *e*, *i* avec *j* issu d'un ancien *i* consonne (semi-voyelle).

Le *h* a cessé de s'articuler comme souffle ; mais la lettre est restée comme expression du hiatus : « le heaume, le héros, le haut, trahir ». Elle s'est introduite comme signe orthographique (évitant l'articulation *v* de *u*), par exemple dans « huit », « huile ».

Presque toutes les consonnes finales de mot ont cessé de se prononcer, sauf devant un mot commençant par une voyelle étroitement joint au précédent. Ainsi l'*s* du pluriel, l'*r* de *-er*, le *-t* de 3e personne singulier dans les verbes (« il finit ») et même *-n* avec *t* au pluriel (« finissent »).

À l'intérieur des mots, *s* a cessé de se prononcer devant une consonne dans les anciens mots français, ainsi dans *estre* (moderne « être »).

• *Consonnes et voyelles nasales*. Les consonnes nasales se sont fondues dans une voyelle précédente (d'où prononciation purement vocalique *on* [õ] dans « bonté », par exemple), ou bien ont influencé la voyelle précédente en continuant à se prononcer, quand une voyelle suivait ; ainsi « bonne » prononcé *bõnə* (plus tard *bõn*, puis *bọn* par dénasalisation) : les voyelles nasales se trouvent notées par un complexe graphique voyelle + consonne, ainsi *on*.

Pour ce qui est des timbres, la voyelle nasale *ĩ* (*in*) a perdu son son propre pour se confondre avec *ẽ* (*en*) ; mais celui-ci s'est confondu avec *ã* (*an*), sauf s'il est précédé de *i* (comme dans « chien »), d'où la double notation du son *ẽ* (*en* et *in*) et la double notation du son *ã* (*an* et *en*), par conséquent la double valeur de la graphie *en*. Les réductions de diphtongues dont il est question ensuite ont ajouté *ain* et *ein* comme représentation de *ẽ*.

• *Diphtongues*. La plupart des diphtongues se sont réduites à de simples voyelles ; d'où une nouvelle série de graphies complexes faisant ou non double emploi avec des graphies simples. Il n'y a pas double emploi pour *ou*, *eu*. Il y a confusion de *ai* avec *e* ouvert (moderne *è*, *ê*), de *au* avec *o* fermé (moderne généralement *ô*). Une évolution spéciale a fait que *ei* (*ey*) devenu *oi* (*oy*) a été ensuite prononcé dans une première période soit *ẹ* (cas dans lequel on a fini par écrire *ai*, ainsi « français » pour ancien « françois »), soit *wẹ*, pour lequel on a continué à écrire *oi*, même quand la prononciation est finalement devenue *wa* (ainsi dans le nom propre « François »).

• *Voyelle caduque*. La voyelle faible et neutre *ə* (*e* dit muet, féminin ou caduc) a fini par cesser de se prononcer en fin de mot et à l'intérieur de celui-ci quand il n'y a pas certains groupements de consonnes (ceci dans la prononciation du français normal au nord de la Loire ; les conditions sont différentes dans le Midi). Mais on continue à écrire toujours *e* anciennement prononcé, de sorte que la lettre *e* marque tantôt l'articulation *ə*, tantôt l'absence de voyelle.

L'évolution phonétique a donc amené des changements profonds, consistant dans l'ensemble en un vieillissement avec établissement de nombreuses graphies étymologiques.

Les circonstances de l'extension de l'emploi du français à tous usages au lieu du latin ont fait que la tendance étymologisante a été renforcée. Il n'y a pas eu de rajeunissement dans un sens phonétique, et de nouvelles confusions sont apparues.

La substitution du français au latin s'est faite en passant par les esprits et les mains de gens qui savaient et pratiquaient le latin. Il s'est fait une sorte de transfusion du vocabulaire intellectuel latin dans le vocabulaire français. Dans cette espèce de vie commune de deux langues qui étaient des états différents du même langage séparés par environ mille cinq cents ans, les mots transférés dans l'usage nouveau sous leur forme ancienne conservaient leur orthographe ; mais ils étaient prononcés à la française (comme on faisait pour le latin dans l'enseignement et à l'église), et leurs finales étaient adaptées à l'usage grammatical du français (ainsi *constitutio*, latin classique [*kõstitutio*], accusatif *constitutionem* [*kõstitutione*] est en français « constitution » [*kõstitüsyõ*]).

On a continué à penser en quelque sorte les mots latins à travers les mots français. Le mode d'instruction y obligeait presque, puisque l'enseignement était toujours donné en latin, à un nombre restreint d'enfants. À ce propos il ne faut pas perdre de vue que même lorsque beaucoup plus tard l'enseignement a été donné en français le latin a continué à en être l'objet essentiel dans la classe dirigeante. Même quand l'instruction a commencé à se répandre largement, en plein XIXe siècle, la lecture a été encore enseignée à des gens d'humble condition sur des livres écrits en latin.

Les lecteurs français ont été en somme habitués à connaître et reconnaître une physionomie des mots en partie indépendante de leur prononciation ; ils ont été rendus indifférents, par des habitudes transmises de génération en génération, à la diversité de valeur des lettres ou groupes de lettres (y compris la non-prononciation ou valeur zéro) et à la diversité de notation pour un seul et même son.

Aux XIVe et XVe siècles on a maintenu toutes les graphies qui rappelaient le latin. Ainsi *ai* dans « sain » à cause du latin *sanus*, mais *ei* dans « sein » à cause du latin *sinus* ; *s* non prononcé dans « escole » (« école ») à cause du latin *scola*. Alors que *ti* devant voyelle se prononçait *sy*, on maintenait l'orthographe avec *t* de « instruction », « action », etc., à côté de « torsion » qui avait déjà *s* en latin, et de « succion » qui avait *c*.

Bien plus, on réintroduisait des graphies latines dans de vieux mots du français ; ainsi *h* dans « homme » (ancien « ome »), *qu* dans « qui » au lieu de l'ancien « ki ».

Un fait particulièrement important pour ses suites a été l'habitude reprise au latin d'écrire *ph* (pour *f*), *th* (pour *t*), *ch* (pour *k*) et *y* (pour *i*) dans des mots venus du grec, soit ayant passé par le latin, soit empruntés directement.

C'est de manière analogue que plus tard on a gardé des graphies de mots empruntés à d'autres langues. D'où un regain d'emploi de *k* surtout à cause d'emprunts germaniques comme « képi » ou « kermesse », mais aussi d'emprunts à d'autres langues y compris le grec, et l'introduction de *w* de l'allemand et de l'anglais.

Les copistes, imprimeurs, et écrivains du XVIe siècle ont voulu une orthographe étymologisante, comme le prouvent certaines de leurs erreurs : ils ont ajouté *l* (non prononcé) dans des mots où le latin *l* était devenu devant consonne *w* avant de se fondre dans une voyelle précédente : ainsi « saut » issu de *saltus* a été écrit « sault », « mout » issu de *multum* a été écrit « moult » ; de manière analogue on s'est habitué à transporter la graphie *sc* de « science » au verbe « sçavoir » pour « savoir », faussement rattaché au latin *scire* (il provient de la racine qui se trouve dans « sapience »).

Des essais de rajeunissement systématique de l'orthographe dus à certains savants de la Renaissance (surtout le grammairien Meigret) n'ont pas abouti.

Cependant l'orthographe a fini par être en partie rajeunie surtout par recomplètement grâce à un travail technique des calligraphes d'abord, puis de certains imprimeurs savants. Il est remarquable que l'invention de signes soit restée réduite au minimum ; il y a eu surtout des réemplois.

Déjà au XIVe siècle un accent avait été mis sur des *i* alors sans point, pour éviter des confusions dans des suites *ii*, *ui*, etc. ; avec l'imprimerie le point sur l'*i* a été généralisé.

L'habitude d'écrire d'une manière spéciale *i* au début d'un mot avait déjà mené des copistes du XVe siècle à spécialiser *j* pour la notation de la prononciation *ž* à l'initiale ; cet emploi a fini (l'aboutissement se situant seulement au XVIIe siècle) par se généraliser en toutes positions, tandis que d'autre part la valeur de semi-voyelle était notée au début du mot ou entre voyelles par une nouvelle utilisation du signe *y* (« yeux », « essayer »). De même la graphie *v* pour *u* à l'initiale notant généralement la consonne *v* a fini par être généralisée dans cet emploi aussi à l'intérieur du mot.

Le *ç* cédille (pris à l'espagnol) a été mis en concurrence avec la graphie complexe *ce* pour des emplois de *c* prononcé *s* devant *a*, *o*, *u*, et a finalement prévalu (ainsi *commenca*, puis *commencea*, puis « commença »).

Les accents ´, ` et ^ ont distingué les *e* des *ə*, quand la position devant consonne finale de syllabe n'appelle pas la prononciation *ę* pour *e* sans accent (ainsi « perle »). D'autre part on a commencé à distinguer par ^ les espèces d'*a* et d'*o*.

L'accent grave a été employé comme signe intellectuel surtout dans « à » et « là ».

Noter aussi l'emploi de l'apostrophe et celui du tréma.

Lorsqu'au XVIIe siècle, pour la première fois, le gouvernement s'est préoccupé de régenter la langue, en déléguant son autorité à l'Académie française, celle-ci s'est prononcée sciemment pour l'orthographe étymologique (préface de la 1re édition du *Dictionnaire*, 1694). Elle a cependant épuré cette orthographe en laissant tomber les *l* faussement restitués au XVIe siècle.

Dans l'édition de 1740 quelques pas ont pourtant été faits dans une direction phonétisante. C'est alors que *s* non prononcé devant consonne a été remplacé par l'accent circonflexe, ainsi dans « être », « âpre ».

Entre-temps on a renoncé à certaines graphies par ligatures en finale, qui ont leurs origines dans la période de l'ancien français. De l'emploi de *-z* pour *-ts* et de son faux transfert il a subsisté la finale verbale *-ez* (« vous chantez ») et les mots « nez », « chez ». L'emploi de *x*, par faux transfert de *-us* tracé comme *x* à la suite d'un *u* rétabli dans l'orthographe, a subsisté dans les pluriels en -(*e*)*aux*, dans quelques pluriels en *-oux* et dans des mots comme « faux » (ancien *faus* écrit *fax*). L'habitude d'ornementer *i* final en *y* (« roy ») s'est perdue peu à peu.

Au XIXe siècle l'orthographe de l'Académie a été imposée et généralisée, avec l'instruction obligatoire. Elle a été appliquée rétrospectivement aux auteurs devenus classiques des XVIIe et XVIIIe siècles. Elle a résisté aux tentatives de réformes, notamment celle de 1904, soutenue par les linguistes historiens de la langue.

L'état orthographique présent, extrêmement compliqué, résulte principalement de trois composantes :

– Évolution phonétique assez rapide qui a beaucoup éloigné la langue de son état initial, qui a usé beaucoup de finales à usage grammatical, et qui a créé un état où un grand nombre de mots ont des formes différentes suivant le contexte.

– Constitution d'un vocabulaire mélangé à très forte proportion de mots savants (empruntés au latin ou au grec, ou fait d'éléments pris à ces langues).

– Conservatisme orthographique obstiné.

En considérant le matériel en lui-même, on constate :

l'abondance des graphies complexes : *ch*, *gu*, *ss*, *au*, *ou*, etc. ;

les nombreuses présences de graphies diverses pour un seul son : *k* représenté par *c*, *k*, *qu*, *ch*, *ck* ; *ã* représenté par *an*, *en*, suivis ou non de lettres non prononcées (en finale : *-ant*(*s*), *-ent*(*s*), *-ang*(*s*), *etc.*) ;

la présence de lettres non prononcées (ainsi *p* de « compter ») ou prononcées seulement dans certains entourages, ceci surtout pour les finales qui ne sonnent qu'en « liaison » : *-z*, *-s*, *-t*, etc. ;

la fréquence de prononciations multiples d'une même lettre ou d'un même groupe : *s* = *s*, *z*, zéro ; *z* = *z*, zéro ; *y* = *y*, *i* ; *ch* = *š*, *k*, etc.

En ce qui concerne les graphies polyvalentes, la lecture peut être dirigée par la connaissance de certaines règles ; ainsi *s* est *z* entre voyelles ; en fin de mot il est muet à moins qu'une voyelle suive dans un mot joint au précédent et alors on prononce *z*.

D'autres lectures ne sont assurées que si on sait l'étymologie des mots ; ainsi « chélidoine » est lu avec *k* comme venant du grec.

D'autres lectures encore reflètent la connaissance de faits de phonologie morphologique (morphonologie), ou traitements différents suivant les catégories de mots. Ainsi il y a contraste entre le substantif « argutie » (où *ti* = *si*) et le participe féminin « engloutie » (où *t* reste prononcé comme dans le masculin « englouti ») ; contraste entre substantif et verbe dans « nous portions [avec *ty*] des portions [avec *sy*] ».

En considérant l'emploi de ce matériel en général, on constate que tout se passe comme si les gens qui écrivent avaient à la fois les préoccupations suivantes :

– Faire connaître la prononciation.

– Faire connaître l'origine des mots, en particulier en distinguant les mots hérités dits populaires et les mots dits savants empruntés surtout au latin et au grec ; accessoirement permettre de reconnaître l'origine commune de mots hérités et de mots empruntés (ainsi *a* de « sain » facilite le rapprochement avec « santé », le *p* de « compter » celui avec « comput », etc.).

– Différencier pour l'œil d'assez nombreux homophones monosyllabiques : « et », « est » ; « père », « pair », « paire », « pers », etc.

Si maintenant on considère spécialement les finales, on y constate un fonctionnement particulier :

a. Des lettres-consonnes non prononcées généralement sont prononcées devant voyelle dans des groupes de mots (phénomène des liaisons) : pour l'œil, il y a présence constante de la lettre ; pour l'esprit, c'est une caractéristique de certains groupements de mots. Ainsi : les enfan(ts), le(s) gran(d)*s* enfan(ts) ; un garçon, u*n* enfan(t), un gran*d* enfan(t). Les liaisons ont varié du XVIIe siècle à nos jours et sont actuellement différentes suivant les milieux et la tenue du discours ; le français familier les restreint, la prononciation pédante les multiplie par influence de l'orthographe. Elles interviennent encore dans la catégorie suivante.

b. Des lettres en général non prononcées matérialisent pour l'œil, exceptionnellement pour l'oreille (en cas de liaison), d'anciennes caractéristiques grammaticales :

– *s* du pluriel nominal et pronominal (articulé dans certaines liaisons) ;

– *e* du féminin des adjectifs et participes (faisant prononcer une consonne précédente, comme dans « petite », « précédente » ; articulé lui-même après consonne dans certaines prononciations lentes, notamment dans des récitations poétiques à l'intérieur du vers, dans le chant, et dans la prononciation méridionale) ;

– *e* (*-es*, *-ent*), *s*, *t*, dans des formes verbales personnelles (articulées dans les mêmes conditions que pour les deux premiers cas) ;
– *r* de l'infinitif en *-er* (articulé dans des liaisons pédantes).

Il résulte de tout ceci que l'orthographe française surajoute au principe phonographique un double aspect intellectuel, étant étymologisante et grammaticale.

Cette orthographe extrêmement compliquée présente de grandes difficultés dans la lecture et pour l'application correcte dans l'écriture, et par conséquent pour l'enseignement.

L'alphabet enseigné est le suivant :

a	b	c	d	e	f	g	h	i	j	k	l	m	n
a	*bẹ*	*sẹ*	*dẹ*	*ẹ*	*ẹf*	*žẹ*	*aš*	*i*	*ži*	*ka*	*ẹl*	*ẹm*	*ẹn*

o	p	q	r	s	t	u	v	w	x	y	z
ọ	*pẹ*	*kü*	*ẹr*	*ẹs*	*tẹ*	*ü*	*vẹ*	*double vẹ*	*iks*	*i* grec	*zẹd*

Les noms adoptés dans l'enseignement traditionnel (en principe avec *e* après les occlusives et avant les continues) permettent de distinguer les lettres prononcées de même :

sẹ pour *c*, *ẹs* pour *s*, *žẹ* pour *g*, *ži* pour *j*, *ka* pour *k*, *kü* pour *q*, double *vẹ* pour *w*.

Remarquer les dénominations spéciales « hache » [*aš*], « ix », « zed » (avec altération de la finale de l'ancien nom).

Dans l'usage scolaire actuel, qui suit à distance une suggestion des grammairiens de Port-Royal au XVIIe siècle, on évite en général ces noms, au moins au début de l'apprentissage, et on articule chaque consonne suivie de *ə*, *bə*, *fə*, etc. ; quelques maîtres se bornent même, autant que possible, à l'articulation consonantique.

Cet alphabet est fait pour l'écriture, non pour la lecture, puisqu'il ne comporte ni les voyelles à accents ni les graphies complexes, ni le *ç*.

Aux accents il faut ajouter deux signes orthographiques.

Le tréma permet de parer à certains inconvénients des graphies complexes pour les voyelles : comparer « haïr » à « haie », « aiguë » à « Aigues-Mortes ».

L'apostrophe permet d'éliminer de l'écriture des voyelles non prononcées à la fin de mots joints étroitement à un mot suivant ; ainsi « il m'aime » (isolé : « me » avec *e* prononcé), « l'énergie » (article féminin isolé « la »). On se sert de ce signe pour figurer la prononciation familière ou populaire en le substituant à des *e* non prononcés.

Certaines observations chiffrées permettent de mieux apprécier la complication d'une orthographe telle que celle du français, et son éloignement du principe phonographique : on a compté trente-six manières d'écrire [*o*], cinquante-deux d'écrire [*ã*], cinquante-cinq d'écrire (*ę*).

Le caractère complexe de l'orthographe du français a trouvé une expression scolaire. On distingue en effet deux orthographes. D'une part l'orthographe d'usage, qui concerne à la fois l'application phonétique, les graphies étymologiques et les caprices traditionnels. D'autre part l'orthographe de règles, qui concernent l'application de marques grammaticales, généralement sans modification de la prononciation, surtout *s* du pluriel et *e* du féminin. (Il y a modification de la prononciation quand un *-e* fait prononcer une consonne latente, comme dans « haute », « prise ».)

Les projets de réforme, qui reparaissent périodiquement, doivent tenir compte de cette division.

L'apprentissage par épellation ou syllabation étant très malaisé, on est amené à préférer souvent la reconnaissance de mots entiers (lecture globale), inclus ou non dans des petites phrases, comme s'il s'agissait de signes-mots : la complication de l'orthographe amène à une recrudescence de la méthode idéographique.

Une autre manifestation de la même tendance est l'opinion souvent exprimée que les mots ont une physionomie donnant une sensation d'ordre affectif et quasi esthétique qu'on ne saurait changer ; ainsi des usagers ont l'impression qu'on ne saurait congrument représenter par *om, fam* ce qu'ils sont habitués à voir écrit (ou en quelque sorte dessiné) par « homme », « femme ».

Lorsque l'apprentissage est complètement réalisé, ce qui prend plus de temps qu'avec une orthographe simple et comporte d'assez nombreux insuccès, les enfants se trouvent avoir appris, en même temps que la lecture et l'écriture, un certain nombre de notions grammaticales sous un aspect périmé, et de vagues notions sur l'histoire d'une partie des mots.

En réalité, la conquête de l'orthographe dans l'écriture n'est jamais complètement réussie que pour les enfants les mieux doués et pour ceux qui poursuivent longtemps leurs études, c'est-à-dire, sauf cas individuel, ceux qui font partie de la classe riche et relativement cultivée ou ceux qui poursuivent leur apprentissage (dont l'orthographe est la partie essentielle) pour entrer dans la catégorie nombreuse des fonctionnaires et employés. La bonne application de l'orthographe française actuelle est une marque de classe ou de métier.

Même les milieux qui ont hérité de traditions de lecture sont atteints par le choc en retour du principe phonographique de l'écriture alphabétique que constitue l'influence de l'orthographe sur la prononciation.

Cette influence a pour résultat des restitutions de phonèmes amuis, ou des prononciations par fausse restitution de lettres qui ne correspondent pas à une présence ancienne de phonèmes. On peut noter ainsi des restitutions de consonnes et même de groupes en finale : « suspect », prononcé [*süspekt*] à côté de [*süspę*]. Fausse restitution : « dompter » (latin *domitare*), prononcé *dõpte*. Surtout les consonnes doubles, qui ont été transférées graphiquement du latin en français, sont prononcées de plus en plus comme des géminées, ce qui est une nouveauté phonétique en français : « collègue », « effort », « accorder », etc.

Notons pour terminer les jeux orthographiques, combinés en raison de la complication de l'orthographe. L'un consiste à compliquer à plaisir des graphies qui se trouvent être simples ; ainsi « la pompe à *phynance* (finance) ». Inversement on trouve l'emploi plaisant de l'orthographe phonétique, surtout dans des dénominations publicitaires d'objets : « le *kistir* (qui se tire) », sorte de tringle de penderie, ou les « semelles *kisuzpa* (qui [ne] s'usent pas) ».

Langue d'oc (provençal-occitan)

Les parlers d'oc du midi de la France, abondamment écrits, n'ont pas reçu de fixation par l'enseignement.

Une orthographe a été constituée à l'est au XIXe siècle par Mistral, écrivain et philologue, avec le nom de provençal. Avec quelques traits archaïsants, elle est employée de nos jours par les tenants de l'occitan, qui a son centre à Toulouse. Il y a des variantes de valeur des signes suivant les dialectes locaux.

Dans l'ensemble, l'orthographe est plus proche de celle des langues méridionales que de celle du français, par le fait que l'évolution phonétique a causé moins de confusions et d'amuissements que dans celui-ci.

Presque toutes les consonnes et voyelles écrites se prononcent dans les parlers de l'Ouest ; dans ceux de l'Est, beaucoup de consonnes finales sont amuies.

Les graphies étymologiques grecques ne sont pas employées.

Les principales indications de valeur sont seules données ici.

Pour les voyelles : *u* est prononcé [*ü*] comme en français ; la voyelle finale atone correspondant à *-e* du français a des graphies et prononciations variées ; pour la langue de Mistral c'est *-o* qui dans certaines régions se rapproche de *-e* du français. Il n'y a pas de voyelles nasales.

Pour les consonnes non groupées : *c* devant *e*, *i* est *s* comme en français, *g* devant *e*, *i* est prononcé à l'est soit [*ğ*] *dj* du français, soit [*ḍ*] *dz* du français, et de même *j* devant toute voyelle (à l'ouest diverses prononciations).

Des graphies complexes sont : *ch* prononcé [*č*] *tch* ou [*ṭ*] *ts* ; *ss* pour *s* sourd entre voyelles ; pour *ñ*, comme en français *gn* (auquel les « Occitans » substituent *nh*).

Dans les dictionnaires modernes, *ch* a reçu une place à part.

Romanche (rétoroman)

Le romanche, ensemble de parlers rétoromans, langage maternel de quarante-cinq mille personnes environ dans le canton des Grisons (Suisse), a été reconnu en 1938 comme langue nationale, c'est-à-dire comme langue autorisée et officiellement employée localement, mais non comme langue fédérale de l'État suisse. (En Italie les parlers rétoromans employés par quatre cent mille habitants du Tyrol et du Frioul ne bénéficient d'aucune reconnaissance officielle et ne s'écrivent pratiquement pas.)

Le romanche des Grisons s'écrit, de manière non unifiée, sous cinq formes différentes, qui sont entrées dans l'usage littéraire (notamment par des traductions du Nouveau Testament) à partir de 1527. (La bibliographie des ouvrages romanches dépasse quatre mille numéros.)

Les orthographes sont encore en partie non fixées.

Le haut-engadinois, qui fait partie du sous-groupe appelé ladin, a une orthographe étymologisante, le sursilvan et d'autres dialectes ont une orthographe phonétisante. La Ligue romanche qui s'occupe de la conservation, de l'usage littéraire et spécialement de l'enseignement du romanche, se sert alternativement des deux dialectes, avec leur orthographe propre : elle est *lia rumantscha* (ladin) les années paires et *ligia romantscha* (sursilvan) les années impaires.

Les conflits au sujet de l'orthographe ont été en 1925-1926 jusqu'à un autodafé de livres scolaires récemment imprimés en une orthographe nouvelle du dialecte ladin.

Les orthographes séparées ou concurrentes pour un même dialecte sont toutes du type usagé, avec des emprunts aux grandes langues de relation : français, italien, allemand, non sans certaines combinaisons originales.

Ainsi le son [*č*] peut se trouver noté par *tsch* (voir ci-dessus les noms de la Ligue) ou *ch* (ce qui rappelle l'anglais) ou encore *tg* (du sursilvan, avec une prononciation un peu différente).

Les groupes *gl* et *gn* sont employés comme en italien. Dans l'enseignement, on apprend une liste des lettres simples en usage, suivie des groupes et enfin des consonnes rares ; l'ordre est original. Ainsi pour le ladin :

i, u, a, m, j, ü, r, o, n, e, v, h, t, ö, l, p, b, f, d, s, c, k, ch, g, sch, qu, dsch, tsch, gl, gn, z, c, x.

Roumain

Les Roumains qui ont subi, entre autres, des influences slaves, ont eu d'abord l'écriture cyrillique. Au XIXe siècle, il s'est constitué une orthographe mixte, mélangeant les caractères cyrilliques et latins. L'écriture latine a ensuite prévalu, adoptée officiellement en 1860. L'orthographe était jeune et en partie neuve, comportant seulement des caractères simples, dont certains avec marque diacritique.

L'alphabet enseigné a été le suivant (jusqu'en 1954) :

a, b, c, d, e, f, g, h, i, j, l, m, n, o, p, r, s, ș, t, ț, u, v, z, ă, â, î.

Les noms donnés dans l'enseignement primaire se composent des sons représentés suivis de la voyelle *î* [*ï*] ; dans l'enseignement secondaire on emploie quelquefois *e*. Dans cet enseignement on insère *x* et *y* entre *v* et *z*.

Il y a des éléments usagés, et certains traits étymologisants.

Le *c* est généralement [*k*] mais il est [*č*] devant *e*, *i* ; le *g* est généralement [*g*], mais il est [*ğ*] devant *e*, *i*.

On n'a pas inclus dans l'alphabet les graphies complexes *ch* et *gh* qui expriment *k* et *g* devant *e*, *i*.

Les caractères non latins, autres que *j* et *v* qui sont employés comme en français, ont reçu les valeurs suivantes : *ș* est [*š*] (*ch* du français), *ț* est la dentale affriquée (*ts* du français) ; *ă* est une voyelle neutre prononcée entre (*a*) et [ə] ; *â* et *î* notent un *i* profond [*i̊*], le premier à l'intérieur des mots, le second à l'initiale ainsi qu'à la finale de certains infinitifs de verbes.

Notons que *u* se prononce comme en italien ; *e*, de timbre moyen, se diphtongue en *ie* à l'initiale de mots anciens.

L'accent de mot reste non marqué, ce qui n'est pas sans inconvénient, puisqu'il se trouve à des emplacements variés, que notent les bons dictionnaires.

L'orthographe de 1860 a mis du temps à s'imposer. On notait encore au début de notre siècle que certains écrivains préféraient y mélanger des graphies étymologiques ; ainsi *scim* pour *știm* « nous savons ». D'autre part un mouvement de réforme dans un sens surtout phonétisant a abouti en 1932 à une décision académique, qui n'avait pas force de loi. Elle a servi de base à une réforme officielle élaborée par la suite et poussée plus loin, qui a été promulguée de manière à prendre effet en avril 1954. Un délai a été laissé pour l'application intégrale dans l'enseignement ; d'autre part un dictionnaire orthographique faisant foi avait été publié dès 1953.

Dans celui-ci, les lettres *ș* et *ț* reçoivent définitivement une place à part, cessant d'être entremêlées avec *s* et *t*.

La réforme supprime des graphies étymologiques. L'*â* est éliminé au profit de *î* (ainsi dans *rumînă* « roumaine ») ; des *-u* finaux non prononcés sont supprimés (*ochi* au lieu de *ochiu* « œil ») ; on écrit comme on prononce *ie* à l'initiale des mots (sauf dans certains pronoms et des formes du verbe « être »).

LANGUES CELTIQUES

Les orthographes ont été établies sur la base de l'orthographe latine pour les langues des îles Britanniques, sur la base de l'orthographe française pour le breton.

Irlandais

L'irlandais moderne possède l'alphabet appliqué à l'irlandais ancien depuis le début de la littérature dans cette langue (VIIIe siècle), sensiblement avec le même tracé, passé des manuscrits à l'impression (voir l'alphabet irlandais, p. 346). Mais l'emploi des caractères latins ordinaires s'étend maintenant de plus en plus.

La liste des caractères est la suivante (en tracé latin) : *a*, *b*, *c*, *d*, *e*, *f*, *g*, *h*, *i*, *l*, *m*, *n*, *o*, *p*, *r*, *s*, *t*, *u* (noter que *c* et *g* ont toujours les valeurs [*k*] et [*g*]).

Les lettres portent les noms anglais dans l'enseignement, inauguré il y a une cinquantaine d'années seulement ; toutefois *a* est articulé comme en français.

Plusieurs des consonnes irlandaises ayant une prononciation faible dans certaines positions, on a recouru à une notation phonétique innovante, en mettant un point, signe uniforme, au-dessus des lettres lorsque la prononciation en est affaiblie, l'affaiblissement pouvant aller de la spirantisation des occlusives jusqu'à l'amuissement, pour *f* ; dans le tracé latin le point au-dessus est remplacé par un *h* après la lettre ; ainsi *dh* et non *ḋ* représente *d* spirantisé en [*đ*] interdental, *ch* et non *ç* est [*ƙ*].

Certaines finales ont disparu avant la mise par écrit de l'irlandais, mais alors que par la jonction des mots elles avaient modifié l'initiale subséquente. Il en résulte que des débuts de mots ont des aspects différents suivant ce qui précède. (Une consonne supplémentaire provenant de l'ancienne liaison est quelquefois détachée par un tiret.) Par exemple : alors que « maison » est *teach* [*teak*] à l'état isolé, après la préposition *i* (anciennement *in* comme en latin), on a *dteach*, donc *i dteach* « dans la maison ».

Les voyelles longues sont distinguées par un accent aigu ; ainsi *á*.

Le système comporte beaucoup d'inconvénients, l'orthographe n'ayant pas suivi l'usure qui s'est produite dans l'évolution phonétique ; en effet pendant longtemps l'irlandais écrit n'a été pratiqué que par des érudits qui ont tendu à l'écrire de manière archaïque. On cite en exemple le nom celtique de la capitale irlandaise écrit *Bhaile Átha Cliath* « agglomération du gué des claies », prononcé [*b'l'ā k'l'iə*]. (Dublin, en irlandais « noire-rade », est le port attenant.)

L'usage actuel résulte cependant d'une réforme faite en 1945, qui a éliminé une bonne part des inconvénients, et qui est progressivement de mieux en mieux appliquée.

Gaélique d'Écosse

L'alphabet employé est l'alphabet latin, dans des conditions analogues avec la même épellation qu'en irlandais. Le signe de longueur vocalique est l'accent grave.

Il y a comme en irlandais des discordances entre la graphie et la prononciation. En particulier les liaisons, qui existent, ne sont pas notées.

Gallois

Le gallois, depuis le XVIe siècle, a une orthographe usagée, mais jeune et bien accommodée à la langue. Les graphies complexes sont incluses dans l'alphabet enseigné. Les noms restent dépendants de la tradition latine.

a	b	c	ch	d	dd	e	f	ff	g	ng	h	i	l	ll
ā	*bī*	*ek*	*eꝁ*	*dī*	*ed̲*	*ē*	*ev*	*ef*	*eg*	*eṅ*	*āitš*	*ī*	*el*	*eʟ* (*l* sourd)

m	n	o	p	ph	r	rh	s	t	th	u	w	y
em	*en*	*ō*	*pī*	*əf* (*fī*)	*er*	*ʀī*, *ʀō* (*r* sourd)	*es*	*tī*	*et*	*l̄*	*ū*	*ə*

On emploie quelquefois l'accent circonflexe pour une voyelle longue, notamment une voyelle longue suivie de semi-voyelle.

L'accent aigu marque quelquefois des voyelles brèves accentuées.

Les changements phonétiques qui résultent de rapprochements de mots sont notés phonétiquement par des changements de lettres ; ainsi *pen* « tête », *ei ben* « sa (homme) tête », *ei phen* « sa (femme) tête », *fy mhen* « ma tête ».

Breton

Le breton n'a été écrit dans de véritables ouvrages que depuis la seconde moitié du XVe siècle, subissant l'influence du français.

L'orthographe en a été changée plus d'une fois.

Un système a été combiné en 1908 par l'Entente des écrivains bretons et appelé KLT, devant s'appliquer aux dialectes de Cornouailles (Kerne), de Léon et de Tréguier, le vannetais (de Vannes) ayant d'autre part une orthographe particulière.

Une tentative a été faite en 1941 pour un compromis englobant le vannetais ; ce nouveau système est employé dans certaines publications récentes.

Voici l'alphabet KLT (La prononciation des voyelles, des consonnes et des groupes est celle du français, sauf indication contraire.)

a b k d e f g gn h (*souffle*) ch c'h (= *ꝁ ou g*) i y (*semi-voyelle*)
j l (i)lh (*l̦*, *l mouillé*) m n o p r s t u v w (*anglais*) z

En outre, on emploie comme en français *ou* et *eu*. Les voyelles nasales, ailleurs que devant une consonne nasale, sont marquées par l'addition de *ñ* (ou *n̄*) ainsi *on̄* (= *õ*).

Différents détails d'articulation ne sont pas notés. L'accent tonique n'est pas marqué[1].

LANGUES GERMANIQUES

Les orthographes ont été établies sur la base de l'orthographe latine, indépendamment des langues romanes. Cependant les mêmes lettres complémentaires *j* et *v* ont été adoptées après l'expansion de l'imprimerie. Les graphies complexes sont fréquentes, les accents sont rares.

---

1. Une orthographe universitaire de la langue bretonne a été élaborée, sur la base KLT par la faculté de lettres de l'université de Rennes pour l'enseignement officiel (facultatif) du breton, et approuvée par le ministère de l'Éducation nationale le 16 juin 1955. Une partie des notations par *F* sont remplacées par *'F* ou *V* ; dans la plupart des cas, *H* est substitué à *C'H*.

Allemand

L'orthographe a été fixée dans l'ensemble au XVIe siècle ; elle a été modifiée par des réformes d'abord partielles (dans certains États), puis impériales. L'orthographe devenue obligatoire en Allemagne en 1907 a été adoptée aussi en Autriche et en Suisse.

L'alphabet enseigné est le même qu'en français (toutefois pour le tracé dit « gothique » on ajoute les ligatures ß *sz* et ꜩ et *tz*).

Ne comprenant aucune des graphies complexes, c'est un alphabet pour l'écriture, non pour la lecture.

Les lettres sont nommées dans l'ensemble à la manière latino-romane, ainsi *be*, *ef* ; on dit *ha* pour *h*, *ka* pour *k*, *ku* pour *q*. Mais les lettres additionnelles ont des dénominations prises à l'hébreu : *j*, prononcé *y*, est « yod » et *v*, prononcé *f*, est « faw » (hébr. *waw*). La lettre grecque *y* a un nom grec : *ipsilon* (« *i* mince ») ; *z* est appelé *zed* (prononcé *tsȩt*).

En raison de la faible distinction des sourdes et des sonores dans diverses provinces allemandes, et de leurs échanges possibles en fin de mot suivant des prononciations régionales, il arrive qu'une épellation dictée spécifiée « *p* dur » (*hartes p*), « *b* mou » (*weiches b*), etc.

Les valeurs des lettres et des graphies complexes sont généralement constantes. Certaines sont doubles, à interprétation fixe en raison des positions, selon une tendance phonologisante. Certaines valeurs varient suivant les régions, le vaste ensemble Allemagne-Autriche n'ayant pas une prononciation standard unifiée. Cependant on peut se référer à une norme qui est l'« allemand scénique » (*Bühnendeutsch*), seul invoqué ici, afin de simplifier l'exposé.

L'évolution de la prononciation qui a produit certaines confusions et la persistance de certaines habitudes archaïques de scribes amènent des notations multiples pour certains phonèmes.

Le son *k* est noté par *k* (*Kuh* « vache », *Akademie* « Académie ») ; mais *kk* est remplacé par *ck*. Dans le groupe *kw*, *k* est noté par *q* et *w* par *u* (*quer* « en travers »). La lettre *c*, employée seule et non en groupe, a constamment la valeur *ț* (*ts*), mais la lettre *z* a pris la même valeur (sauf dans la combinaison ꜩ où elle est *s* et dans la combinaison ß où elle contribue à noter *s* sourd).

La lettre *g* est la notation régulière et unique de *g* (dur) ; mais ce phonème est spirantisé dans certaines prononciations, en certaines positions, et reste noté de même. Ainsi *Wagen* « voiture » prononcé [*wāgn̥*], *artig* « sage » prononcé [*artie*]. De plus *g* entre en combinaison avec *n* (*ng*) pour noter *ṅ* (nasale postpalatale), ainsi *singen* [*ziṅən*] « chanter ». La lettre *s* est prononcée *s* sourd en fin de mot, par exemple dans *Glas* « verre ». Au début d'un mot devant voyelle et à l'intérieur entre voyelles, *s* représente *z*. Pour représenter *s* sourd intervocalique, on emploie *ss*, ainsi *Wasser* « eau ». À l'initiale devant consonne *s* passe à *š*, ainsi dans *Stein* « pierre ».

Par suite de l'évolution phonétique, *v* a pris la valeur *f* ; en conséquence la lettre *v* double la lettre *f*. Le son *v* est noté par l'ancienne ligature de *u* et *v* devenue *w*.

La lettre *h* isolée note le souffle *h* quand il est articulé (à l'initiale). Mais celui-ci s'est amui après voyelle. Il en résulte que *h*, étymologique ou non, après une voyelle est une notation de quantité longue ; ainsi *sehr* [*zẹ̄r*] « très ».

Par tendance phonétisante, *t*, prononcé [*t̔*], c'est-à-dire *t* suivi d'un léger souffle, était autrefois noté *th* ; cet usage a été supprimé par la réforme du début du XXe siècle ; ainsi *Tür*, précédemment *Thür* « porte ».

D'autre part *h* entre en combinaison avec *c* dans des graphies complexes. La combinaison *ch* correspond à une double prononciation, mais toujours à une spirante sourde : *k* postpalatal au voisinage de *a*, *o*, *u* et ϵ̄ (prépalatal) au voisinage de *e*, *i* ; le premier dans *Woche* « semaine », le second dans *flechten* « tresser ».

La combinaison *sch* note la chuintante sourde *š* (*ch* du français), ainsi *Schule* « école ». Cette notation compliquée est née de l'évolution phonétique, les *š* étant d'anciens *sk̄* (*sk*) dans les mots du fonds germanique. Elle n'est pas ambiguë, la suite *s* + *ch* ne se trouvant qu'avec un suffixe senti comme en dehors du mot, par exemple dans *Häuschen* « maisonnette ».

Les sonores *ž* et *ğ* qui ne figurent que dans des emprunts ou des noms propres étrangers sont figurées par *dsch*.

Les consonnes redoublées dans l'écriture ne sont pas prononcées géminées mais simples (sauf pour de rares géminations expressives, comme dans *immer* « toujours »). En fait, elles constituent une expression de la brièveté pour la voyelle qui précède (voir ci-dessous *Stille*).

La voyelle *e* est prononcée *e* (*e* moyen ou ouvert ou dans certains cas fermé), lorsqu'elle n'est pas combinée avec une autre voyelle. En fin de mot entre consonne quelconque et liquide orale ou consonne nasale, elle disparaît, et on entend une consonne-voyelle, telle que [*r̥*], [*n̥*], etc.

Après voyelle, *e* s'est amui, mais sa présence maintenue indique la quantité longue de la voyelle qui précède ; ainsi *Tier* [*tīr*] « bête », *dieser* [*dīzr̥*] « celui-ci ».

Des voyelles qui n'avaient pas de notation en latin ayant apparu au cours de l'évolution de l'allemand ont été notées par une voyelle du latin suivie d'un *e* ; cet *e*, lorsqu'il était ajouté non à droite mais au-dessus de la lettre, a fini par se muer dans le tracé gothique en un double accent représenté dans le tracé latin pas un tréma, d'où *a̋* ou *ä, ae* pour *a* palatalisé ressemblant ou identique à *ę*, *ő* ou *ö, oe* pour *ö* (*eu* du français, *e* arrondi), *ű* ou *ü*, *ue*, pour *ü* (*u* du français).

Les diphtongues *e* + semi-voyelle ont passé, *ei* de [*ẹy*] à [*ay*] et *eu* de [*ew*] à [*ǫy*], ainsi dans *Stein* [*štayn*] « pierre », *Scheune* [*šǫynə*] « grange ».

De ces diverses notations résultent des confusions entre *ä* et *e, ei* et *ai, eu* et *äu*.

La longueur vocalique a une valeur phonologique en allemand (ainsi on différencie *Stille* [*stìlə*] « calme » et *Stiele* [*stīlə*] « tige »). L'orthographe exprime indirectement les différences de quantité : en gros les brèves se trouvent en syllabe fermée intérieure ou finale inaccentuée ou devant une consonne géminée ; les longues se trouvent en syllabe ouverte ou finale accentuée sans signe spécial (comme dans *geben* [*gẹ̄bn̥*] « donner », *grün* [*grǖn*] « vert »), ou avec un signe qui peut être la répétition de la voyelle (*Haar* [*hār*] « cheveu », *leer* [*lẹ̄r*] « vide »), ou la présence d'un *h* ou d'un *e* non prononcé (voir ci-dessus *sehr*, *Tier*, *dieser*).

Par graphie étymologique, on emploie, dans les mots venus du grec, *ph* pour *f*, *th* pour *t*, *y* pour *ü* (ainsi « physionomie »). Pour les χ du grec, la situation est complexe ; la graphie *ch* a la valeur *k* devant *a*, *o*, *u* (ainsi dans *Chor* « chœur ») ; mais au voisinage de *e*, *i* elle est *ϵ* comme dans les mots allemands (ce qui se trouve en concordance avec la prononciation du grec moderne) ; ainsi *Technik* [*teϵnik*] « technique ».

L'accent de mot, qui peut se trouver à des places diverses, n'est pas marqué.

Un accent est employé comme signe intellectuel de discrimination de sens dans *éin* « un seul » en face de *ein* « un » (nombre ou article indéfini).

L'allemand est encombré de graphies complexes, qu'aucun mouvement réformateur jusqu'à présent ne cherche à éliminer, car elles ne créent pas de difficultés de lecture.

Pour les confusions ou valeurs multiples de consonnes ou voyelles et pour la notation désordonnée de la quantité vocalique, les difficultés ne se produisent pas non plus dans la lecture, mais dans l'écriture, en raison du caractère étymologique de nombreuses graphies. Un réformateur a calculé qu'en raison de ces complications plus d'un tiers des premières années d'étude doit être consacré à l'apprentissage de l'orthographe correcte.

Le mouvement réformateur s'est manifesté activement en 1946. Mais aucune réforme n'a été édictée.

Néerlandais (*hollandais, flamand, afrikaans*)

La langue néerlandaise est un langage du groupe bas-francique, qu'on appelle en français hollandais pour la Hollande, flamand pour la Belgique flamingante et pour le petit district de même langue en Flandre française ; il n'a qu'une forme écrite, enseignée en Hollande et en Belgique. Transporté en Afrique du Sud par les Boers, il y est appelé afrikaans et y présente diverses particularités.

L'orthographe s'est constituée dès le XIIIe-XIVe siècle ; elle a subi au XVIIe siècle l'influence de l'orthographe allemande, et présente une physionomie analogue, avec abondance de graphies complexes, notamment pour les voyelles, le tréma n'étant pas employé.

Une réglementation a été établie en 1863. Un mouvement réformateur s'est manifesté depuis 1891. C'est pour l'afrikaans qu'il a d'abord abouti à quelques changements en 1920. Ensuite une réforme a été promulguée en Hollande en 1936, mais n'a pas été entièrement mise en pratique. L'application a été précisée plus tard, en accord avec la Belgique, où après fonctionnement d'une commission nommée en octobre 1945 la réforme a été établie par un arrêté du 9 mars 1946.

L'alphabet enseigné est le suivant :

a	b	c	d	e	f	g	h	i	k	l	m	n
a	*bẹ*	*sẹ*	*dẹ*	*ẹ*	*ẹf*	*ꝁẹ*	*ha*	*i*	*ka*	*el*	*em*	*en*
o	p	q	r	s	t	u	v	w	x	y	z	
ọ	*pẹ*	*kü*	*er*	*es*	*tẹ*	*ü*	*vẹ*	*vẹ̄*	*iks*	*ę*^{y}	*zet*	

Les graphies complexes de voyelles non comprises dans l'alphabet sont les suivantes : oe [*u*], ui [*ọ̈*], eu [*ọ̈*]. Il y a en plus de nombreuses diphtongues.

La réforme a été réalisée de manière modérée.

On a éliminé des répétitions de voyelles *ee*, *oo* qui n'avaient pas de valeur phonétique ; mais on a laissé subsister des exceptions.

La graphie *-sch* ne subsiste que lorsque *ch* est articulé (comme *ꝁ*), et non lorsqu'il s'agit d'un simple *s* dans la prononciation ; cependant on a maintenu les finales *-isch* d'adjectif, où *ch* n'est qu'une marque pour l'œil.

Des désinences casuelles *-e*, *-en*, *-n* dont l'usage ne subsiste, de manières diverses, que dans certains dialectes, sont devenues facultatives dans l'orthographe. C'est donc un principe de liberté concernant un point d'orthographe « de règles ».

L'orthographe nouvelle devenue officielle est enseignée aux enfants. Elle ne s'est pas encore généralisée entièrement dans les journaux et les livres.

Anglais

L'anglais a une histoire parallèle à celle du français, sensiblement aux mêmes époques, dans des conditions naturellement différentes.

Le vieil anglais (ou anglo-saxon) a reçu l'écriture latine à partir de la christianisation au VIIIᵉ siècle. Il a gardé la rune þ pour représenter l'interdentale sourde, tandis qu'un *d̲* barré ð représentait la sonore.

L'anglais moderne s'est formé sous l'influence du français, auquel il a emprunté beaucoup de mots « populaires » du vieux fonds et beaucoup de mots savants transférés du latin, cependant qu'il empruntait aussi directement au latin et plus tard au grec. L'orthographe a été remaniée suivant les habitudes françaises ; notamment les caractères propres des interdentales ont été abandonnés.

L'alphabet enseigné est le même qu'en français, valable pour l'apprentissage de l'écriture, mais non de la lecture.

Les noms des consonnes sont constitués par les sons de ces consonnes, suivis de *e* prononcé *i* pour les occlusives (*b* est appelé [*bī*] *i*), précédés de *e* pour les continues (*f* est appelé [*ef*]). Noter de plus que *g* est nommé [*ğī*], *j* est nommé [*ğē*], *h* est nommé [*ẹ̄*^{i}*č*], *k* est nommé [*kẹ*], *q* est nommé [*k*^{y}*ū*], *w* est nommé *double u* [*dọbl̥ yū*], *z* est nommé [*zed*].

Les voyelles sont nommées d'après une de leurs prononciations :

a [*ẹ̄*^{i}], *e* [*i*], *i* [*ä̅*^{y}], *o* [*ō*^{u}], *u* [*yū*], de plus *y* est appelé [*wẹ̄*], naturellement aussi lorsqu'il est consonne.

Les consonnes *c*, *g*, *s* ont des emplois usagés, ce qui entraîne des complications.

Le *c* est *k* devant les voyelles écrites *a*, *o*, *u* (*car* [*kā*] « voiture », *cold* [*kō*^{u}*ld*]« froid », *cup* [*kăp*] « tasse ») et devant consonne (*chronicle* [*krọnikl̥*] « chronique ») ; il est *s* devant les voyelles écrites *e*, *i*, *y* (*centre* [*sẹntə*] « centre », *city* [*sitĭ*] « ville », *cycle* [*sä̅*^{y}*kl̥*] « cycle »).

Le *k* sert pour *k* devant *e*, *i* (*keep* [*kīp*] « garder », *king* [*kiṅ*] « roi ») ; *qu* sert pour le groupe *kw* (*queen* [*kwīn*] « reine »).

Le *g* est *g* (dur) devant les voyelles écrites *a*, *o*, *u* (*game* [*gẹ̄*^{y}*m*] « jeu », « gibier », *good* [*gud*] « bon »), et devant consonne (*grave* [*grẹ̄*^{i}*v*] « tombe ») ; devant *e*, *i* il n'a pas une valeur constante ; il peut être *g* (dur) : (*get* [*gẹt*] « obtenir », *give* [*giv*] « donner », *girl* [*gö̅l*] « fille »), mais aussi *ğ* (*German* [*ğə̄mən*] « allemand », *giant* [*ğaənt*] « géant »).

L'*s* note suivant la position dans le mot et le voisinage *s* ou *z*, ce dernier entre voyelles et généralement en fin de mot après voyelle, et d'autre part après consonne sonore, ceci notamment pour l'*s* du pluriel. Pour exprimer *s* sourd dans ces positions on écrit *ss*, ainsi dans *kiss* « embrasser », *Bessy*, nom propre féminin. Toutefois, devant une voyelle écrite *u*, *s* est prononcé *š* à l'initiale de certains mots et *ž* à l'intérieur après voyelle : *sugar* [*šugə*] « sucre », *sure* [*šuə*] « sûr », *pleasure* [*plẹžə*] « plaisir ».

Pour les consonnes ajoutées : le *j* note *ğ* (*join* [*ğọ*^{y}*n*] « joindre »), le *v* note *v* (*vote* [*vọ*^{u}*t*] « vote »).

Les semi-voyelles sont notées par *w* (*wait* [*wē*^{i}*t*] « attendre ») et *y* (*year* [*y*^{ə}] « année »).

Le *h* a sa valeur originelle de souffle ; il entre en plus dans des combinaisons.

La graphie complexe *ch* note l'affriquée sourde *č* (*church* [*čə̄č*] « église ») ; *sh* est la notation habituelle de la chuintante sourde *š* (*ship* [*šip*] « bateau »).

Le groupe *gh* a noté un *g̡* (spirante postpalatale sonore) qui a eu ensuite différents traitements, d'où différentes valeurs de la graphie complexe : *g* (comme dans *ghost* [*gọ̄*^{u}*st*] « esprit, spectre »), *f* comme dans *cough* [*kọ̄f*] « toux », ou amuissement total en tant que consonne (voir ci-dessous, à propos des consonnes amuies).

La suite *wh* note soit *w* soit une consonne complexe *hw* à l'initiale des mots (*wheel* [*wīl*] et [*hwīl*] « roue ») ; *who* « qui » est prononcé [*hū*].

Le groupe *th* note les deux interdentales, sourde (*thing* [*ṫiṅ*] « chose ») et sonore, celle-ci entre voyelles (*wheather* [*wẹđə*] « temps [température] »), mais aussi à l'initiale d'éléments pronominaux (*this* [*đis*] « ceci, ce[lui-ci] », *the* [*đi*] article « le, la, les »).

Le groupe *ng* note en général la nasale postpalatale *ṅ* (*song* [*såṅ*] « chant »), mais quelquefois *ṅ* + *g* à l'intérieur de mots comme *finger* « doigt ».

Dans les finales (de mots venus du latin) en *-tion, -sion* (après consonne), *-ssion*, les groupes *ti, si* notent *š* (ainsi dans *position* [*pǫzišən*], *mission* [*mišən*] ; dans *-sion* après voyelle, *s* note *ž* (*division* [*divəžən*] « division ») ; dans *-ture, t* note *č* (*nature* [*nẹ̄čə*] « nature »).

Pour les voyelles, lorsque les premiers usagers de l'orthographe anglaise ont éprouvé le besoin de noter certaines quantités longues, ils ont employé la répétition de lettres : *oo*, actuellement [*u, ū^w*], *ee*, actuellement [*i, ī^y*]) ; ainsi dans *foot* « pied », *feet* « pieds ».

L'évolution phonétique de l'anglais a été rapide et est allée loin depuis l'établissement de l'orthographe ; mais celle-ci a été maintenue sans aucun changement autre que l'introduction du *j* et du *v*. Elle est dans l'ensemble étymologique, tant pour les anciens mots germaniques que pour les mots empruntés.

Disons ici que pour les mots d'origine grecque on garde aussi étymologiquement *ph* prononcé *f*, *th* prononcé *t*, *ch* prononcé *k*, *y* prononcé comme un *i* de l'anglais. (Par ailleurs *y* est employé ornementalement au lieu de *i* en fin de mot ; ex. *city* « cité ».)

Autre graphie étymologique : des consonnes sont écrites répétées bien qu'il n'y ait pas de géminées dans la prononciation (*better* [*bẹtə*] « mieux »).

En plus des consonnes à diverses prononciations réalisées en raison de l'étymologie, il y a lieu de noter de nombreuses consonnes amuies qui sont maintenues dans l'orthographe (sans qu'en général elles reparaissent par liaison comme en français) ; citons *k* dans *kn-* (*knife* [*na^yf*] « couteau »), *w* dans *wr-* (*write* [*ra^yt*] « écrire »), *gh* en finale après voyelle dans certains mots (*through* [*trū*] « à travers »), *gh* intérieur devant consonne (*thought* [*tǭt*] « pensée », *neighbour* [*nẹ̄^ybə*] « voisin ») ; *r* en finale, où il reparaît en liaison (*never* [*nẹve*] « jamais », *far* [*fā*] « loin », mais *Far-East* [*fār-īst*] « Extrême-Orient », *farmer* [*fāmə*] « fermier »).

De même on écrit des voyelles non prononcées (et qui ne sont pas sujettes à reparaître), surtout *e* en finale de mot (*game* [*gẹ^ym*] « jeu, gibier »), ou suivi d'une liquide qui devient liquide-voyelle (*written* [*ritn̥*] « écrit »).

Rarement les graphies étymologiques peuvent servir à distinguer des homophones parmi les très nombreux monosyllabes ; ainsi *known* « connu » et *noun* « nom » [*nǭ^wn*] ; voir ci-dessous *pray*, *prey*.

Certains des homophones sont écrits pareils, ainsi *like* [*la*^{y}*k*] « aimer » et « comme ». Mais au total il y a peu d'homophones, grâce à la grande richesse de la langue en phonèmes vocaliques.

En effet l'anglais actuel n'en possède pas moins de vingt et un : treize voyelles brèves, très brèves ou longues et huit diphtongues, ceci sans compter les liquides-voyelles *l̥*, *m̥*, *n̥*. Les voyelles et diphtongues ont des graphies variées, provenant soit de voyelles, soit de diphtongues, soit de voyelles ou diphtongues combinées avec des consonnes amuies, sans que la graphie permette de préjuger à elle seule du caractère bref, long ou diphtongué de la lettre-voyelle ou du groupe écrit ; notamment d'anciennes diphtongues écrites avec deux lettres (*oa*, *ea*, *ie*) sont des voyelles simples, inversement d'anciennes voyelles simples écrites avec une seule lettre (*a*, *i*, *o*) sont des diphtongues. En réalité la prononciation varie suivant deux facteurs : l'un est la disposition syllabique (syllabes ouvertes ou anciennement ouvertes, syllabes fermées diverses) ; l'autre est l'accentuation : les voyelles accentuées et non accentuées sont différentes ; il y a aussi des traitements différents avant et après l'accent et notamment en finale.

Or l'accent de mot se trouve à des places variées non définies par des règles simples, et il n'est pas marqué dans l'orthographe.

Au total la prononciation ou non-prononciation des consonnes et voyelles écrites, leur articulation, y compris la quantité pour les voyelles, s'interprètent en un système à la fois étymologisant et phonologisant difficile à décrire et à enseigner.

Voici des exemples, en plus de ceux qui ont été donnés ci-dessus à propos de diverses graphies ; ceci avec la prononciation standard généralement recommandée.

La voyelle *a* note cinq sons différents, pour lesquels on voit intervenir l'accentuation, la disposition syllabique et le voisinage de consonnes prononcées ou amuies :

[*ä*], c'est-à-dire *e* très ouvert bref, en syllabe accentuée fermée ou ouverte : *fat* [*fät*] « gras », *matter* [*mätə*] « matière, fait ».

[*å*], c'est-à-dire *a* très reculé, ou *o* très ouvert, en syllabe accentuée, devant *l* vélaire : *fall* [*fål*] « tomber » ;

[*ā*] ou plutôt [*ạ̄*], c'est-à-dire *a* un peu reculé, long, en syllabe accentuée autrefois fermée par un *r* ou un *r* suivi d'une autre consonne, l'*r* étant maintenant amui : *far* [*fā*] « loin », *farm* [*fām*] « ferme ».

[*ẹ̄*^{y}], *e* fermé long légèrement diphtongué, en syllabe accentuée ouverte, ou autrefois ouverte (fermée par une consonne suivie d'un *e* actuellement non prononcé) : *favour* [*fẹ̄*^{y}*və*] « faveur », *fate* [*fẹ̄*^{y}*t*] « sort ».

[*ə*] en syllabe inaccentuée initiale : *alike* [*əlä*^{y}*k*] « pareillement », en syllabe inaccentuée finale, avec *r* non prononcé : *peculiar* [*pẹkyulyə*] « particulier » ; [*ə*] ou zéro, en syllabe inaccentuée posttonique fermée : *peasant* [*pẹzənt*] ou [*pẹzn̥t*] « paysan ».

D'autre part l'anglais a une espèce d'*ă* bref qui est noté par *u* dans des syllabes accentuées fermées : *but* [*băt*] « mais ».

Certaines voyelles notées par *a* peuvent être aussi notées autrement, ainsi ẹ̄^{y} est représenté dans les mots suivants par deux voyelles écrites (diphtongue graphique), suivies ou non de consonne non prononcée : *main* [*mẹ̄*^{y}*n*] « principal », *pray* [*prẹ̄*^{y}] « prier », *prey* [*prē*^{y}] « proie, butin », *feign* [*fē*^{y}*n*] « feindre », *neighbour* [*nẹ̄*^{y}*bə*] « voisin ».

La voyelle très brève et neutre *ə* est représentée par des combinaisons très variées en syllabe inaccentuée (voir des exemples plus haut).

Les complications ne s'arrêtent pas là. L'anglais présente des phénomènes de morphonologie ou phonologie morphologique que l'écriture n'exprime pas et qui ne peuvent s'interpréter à la lecture que si on les connaît par ailleurs. Ainsi *ea* est souvent la notation de *ī* en syllabe accentuée, mais dans le verbe *to read* « lire » on prononce *ī* pour l'infinitif, mais *ẹ* pour le passé et le participe également écrits *read*. Dans le verbe *put* « mettre », *u* est lu *u* (*ou* du français) et non *ă* comme dans *but* « mais ». Le même mot graphique *use* est lu [*yūz*] s'il est le verbe « employer » et [*yūs*] s'il est le substantif « usage ». (Voir encore plus haut pour les prononciations de *th* et pour des prononciations spéciales à des suffixes et à des éléments pronominaux.)

D'autre part on peut mentionner comme emploi de signe intellectuel grammatical l'usage de l'apostrophe dans l'indice d'appartenance *'s* qui est ainsi distingué de *s* du pluriel, malgré l'identité de prononciation : *the cats* « les chats », *the cat's tail* « la queue du chat ».

En somme, dans un système où on a calculé qu'il y a six cent cinquante-huit combinaisons graphiques pour quarante sons, la lecture n'est pas assurée par l'orthographe. On doit pour lire correctement apprendre à reconnaître les mots en quelque sorte par leur physionomie ; l'usage comporte une interprétation idéographique. Le passage de l'audition (dans la dictée) ou de la pensée à l'orthographe correcte ne peut se faire que grâce à un apprentissage malaisé, qui présente au moins autant de difficultés que celui qui est nécessaire pour le français, et entraîne les mêmes conséquences pour le caractère de classe et de caste de l'orthographe actuelle.

Il ne s'est guère révélé jusqu'à présent de velléités de réalisations des réformes dont on a beaucoup parlé. Il y a lieu cependant de noter qu'aux États-Unis d'Amérique une ou deux simplifications isolées ont été introduites (mais non généralisées) ; ainsi on écrira *thru* et non *through* « à travers ».

Les rapports de la langue et de l'orthographe ont stimulé à époque récente l'étude phonétique de l'anglais. Les bons dictionnaires indiquent après chaque mot la prononciation au moyen d'une notation phonétique en orthographe anglaise simplifiée, où les consonnes amuies ne figurent pas et où les voyelles sont représentées par des signes constants, avec renvoi à des « mots-clés », l'accent étant marqué.

La majorité des professeurs pratique la notation phonétique, dans le système de l'Association phonétique internationale, et une partie du public a commencé à s'habituer au mécanisme de ce système.

Langues scandinaves

• *Période ancienne.* C'est sous la forme anglaise ancienne que l'écriture latine a commencé à l'ouest la conquête du domaine scandinave sur l'emploi des runes, avec l'expansion d'une littérature originale à partir du Xe siècle, en Islande et aussi en Norvège. Les plus anciens manuscrits conservés (en Islande) sont du XIIe siècle ; c'est sans doute de la fin de ce siècle que date un traité grammatical dont l'auteur proposait certains signes qui n'ont pas été adoptés.

L'orthographe était généralement phonétisante, avec des créations de signes, qui abondent dans les manuscrits. Les impressions modernes des anciens textes ont normalisé l'orthographe, en ne retenant que cinq de ces signes.

Les caractères runiques þ et ẟ pour les interdentales étaient adoptés.

Le *z* a été utilisé originairement pour *ts*.

Pour les voyelles : *ǫ* note [*å*], *ę* conjointement avec *ae* et *oe* note [ẹ], l'*o* barré en travers *ø* note [*ọ̈*].

De plus les longues sont marquées d'un ´.

• *Période moderne.* Il faut distinguer les différentes langues, y compris celle des Féroé, qui est négligée dans l'énumération qui suit.

• *Islandais moderne.* La tradition s'est perpétuée en Islande, mais des difficultés se sont produites, après de profondes transformations de l'état phonologique par une évolution dont l'essentiel s'est réalisé aux XIVe et XVe siècles. Il y a eu divers flottements dans l'orthographe ; on a commencé à essayer de fixer celle-ci à partir de la seconde moitié du XVIIIe siècle ; au cours du XIXe siècle des philologues et grammairiens ont proposé des systèmes où se sont amalgamées à doses différentes les tendances phonétisantes et étymologisantes. Successivement différentes orthographes ont été introduites dans l'enseignement, vers 1850, en 1898, en 1918 et enfin en 1929.

L'orthographe moderne conserve l'essentiel de l'ancienne ; elle emploie encore þ et ẟ.

On y trouve plusieurs traits étymologisants, d'où l'emploi de différents caractères ou graphies complexes pour un même phonème : ainsi *s* et *z*, *j* et *y* (provenant graphiquement de *ij*), *ei* et *ey*, *é* et *je*. Dans l'usage actuel *ö* est [*ǫ*] et *œ* note [*ö*].

Le ´ est un signe de longueur.

Les discussions sur l'orthographe ne sont pas éteintes en Islande, la pratique étymologisante restant soumise à contestation.

• *Débuts du danois et du suédois*. Ces deux langues ont été écrites à partir du XIIIe siècle au moyen de l'alphabet latin apporté par les missionnaires allemands.

Les anciens textes emploient généralement *th* et *dh* pour les interdentales ; quelquefois cependant þ et ð sont utilisés, comme à l'Ouest. Pour la suite il faut distinguer les pays ; mais on peut noter d'une manière générale qu'en raison de l'évolution phonétique qui a amené des confusions ou des amuissements de phonèmes les orthographes qui n'ont pas été réformées à temps ni assez rajeunies se trouvent être en partie étymologisantes et plus ou moins incommodes. Ainsi on peut noter des cas comme celui de *nj* initial maintenu alors que la prononciation est *j* [*y*] ; on a pu dénombrer en suédois vingt représentations différentes de [*š*].

• *Suédois moderne*. L'orthographe a été un peu simplifiée en 1906. Des propositions de réformes ont été faites en 1934. On continue à discuter sur l'opportunité de caractères spéciaux et de graphies étymologiques.

L'ancien *ø* a été abandonné pour *ö*, comme en allemand, tant pour [*ǫ̈*] que pour [*ọ̈*] .

L'*å* est employé étymologiquement pour un certain nombre des voyelles prononcées [*ọ*], dont d'autres sont notées par *o*. D'autre part *o* note indifféremment [*ǫ*] et [*ọ*], mais aussi une espèce d'*u*, par graphie étymologique.

• *Danois*. Le danois a servi de langue littéraire commune au Danemark et à la Norvège jusqu'à la fin du XVIIe siècle (on parle pour cette période de dano-norvégien) ; depuis le début du XVIIIe siècle, la question de l'orthographe purement danoise est à part.

L'évolution ayant introduit de profonds changements dans la prononciation, l'orthographe est devenue vieillie et étymologisante ; on a pu l'accuser d'être presque aussi mauvaise que celle de l'anglais.

Il y a eu cependant des réajustements, une réforme datant de 1892. Un mouvement réformiste s'est manifesté depuis 1917, et a abouti à des modifications en 1948. (C'est notamment à cette date qu'on a abandonné les majuscules des noms communs.)

Il y a lieu de noter l'emploi différenciateur de *ö* pour [*ǫ̈*] ouvert et de *ø* pour [*ọ̈*] fermé, utilisé aussi en norvégien.

Anciennement *aa* a été employé pour [*ǫ*], mais il a cédé maintenant à *å*.

L'importance particularité phonétique (à valeur phonologique) qu'est l'articulation du *stød*, occlusive glottale à l'intérieur de certaines voyelles, n'est pas notée.

La consonne *d* est employée à la fois pour [*d*] et pour la spirante interdentale [*đ*].

• *Norvégien.* Le norvégien se détachant du danois au début du XVIIIe siècle s'est écrit sous la forme littéraire qu'on appelle langue d'État (*riksmål*), avec des formes en partie danoises ; vers la fin du XIXe siècle on a commencé à écrire une forme purement norvégienne dite *landsmål* « langue du pays » ou *nynorsk* « norrois moderne » ; les deux formes sont en concurrence et il se pose des questions d'orthographe pour l'une et pour l'autre.

L'orthographe établie pour le *landsmål* en 1893 a été réformée en 1910 et en 1917, surtout par la suppression de consonnes correspondant à des phonèmes amuis. Cette dernière partie de la réforme de 1917 a été appliquée aussi au *riksmål.*

Pour l'usage de *å*, voir ci-dessus au suédois, pour celui de *ö* et *ø*, au danois.

LANGUES SLAVES ET BALTIQUES

Polonais

L'orthographe du polonais s'est élaborée au XVe siècle, à partir du latin, en milieu catholique, non sans quelques regards du côté orthodoxe de langue russe. Cette orthographe est jeune. Des lettres inutiles de l'alphabet latin ont été négligées (*q*) ; certaines sont utilisées, agrémentées de signes diacritiques à nombreux usages ; des lettres nouvelles ont été ajoutées (*j*, *w*) ; des graphies complexes sont employées.

Tout se lit, toujours de la même manière. Les sons différents n'ont en général qu'une notation. Il y a très peu de graphies étymologiques. Notons cependant le double [*ž*], *ż* et *rz*.

La mouillure des consonnes est en principe marquée par un signe diacritique, dans certains cas au moyen de la lettre *i* subséquente.

Les lettres nues (et *ł*) sont énumérées d'abord, puis les lettres à signe diacritique, puis les complexes. Dans les dictionnaires les lettres accentuées (ou diacritées) sont intercalées, après les lettres simples (ainsi *ć* à la suite de *c*). Les complexes ne sont pas séparés ; mais ceux qui sont composés avec *z* se trouvent naturellement en queue d'article ; seul le groupe *ch* constitue une inclusion dans les *c*.

Les noms dépendent de la tradition latine, mais indiquent en général la prononciation :

a	b	c	d	e	f	g	h	i	j	k	l	ł	m	n
a	*bę*	*ţę*	*dę*	*ę*	*ęf*	*gę (g'ę)*	*ha*	*i*	*yǫt*	*ka*	*ęl*	*ęł*	*ęm*	*ęn*

o	p	r	s	t	u	w	x	y	z	ż
ǫ	*pę*	*ęr*	*ęs*	*tę*	*u*	*vu*	*iks*	*īgręk (ĭgręk)*	*zęt*	*žęt*

ć	ń	ś	ź
t'ä	*ęn̄*	*ęš̋*	*žęt*

ó	ą	ę
u appelé *ǫ kreskovanę* (*o* barré)	*ō*	*ē*

cz	dz	rz	sz	ch
č appelé *ṭezęt*	ḍ appelé *dęzęt*	ž appelé *ęrzęt*	š appelé *ęszęt*	ꝁ appelé *ṭeha*

L'accent, presque toujours pénultième, n'est pas marqué.

Tchèque

L'orthographe tchèque s'est formée dès le XIIIe siècle, à partir de l'alphabet latin, en laissant de côté le *q* inutile. Des réformes successives ont été effectuées depuis le XVe siècle. Les dernières modifications ont eu lieu en 1949.

Le *j* et le *v* ont été ajoutés. Les consonnes mouillées ont été notées (au lieu des graphies complexes du début avec *h*) par la superposition d'un point qui est devenu finalement un petit *v*[1]. L'apostrophe sert par ailleurs de signe de mouillure auprès de certaines lettres. Il n'y a qu'une graphie complexe : *ch*, avec la valeur du *ch* allemand dur [ꝁ].

Les voyelles longues sont marquées par ´. L'accent (en début de mot) n'est pas noté.

L'alphabet est le suivant :

a	b	c	č	d	e	f	g	h	ch	i	j	k	l	m	n	o	p
a	*bę*	*ṭę*	*čę*	*dę*	*ẹ*	*ẹf*	*gę*	*ha*	*ꝁa*	*i*	*yę*	*ka*	*ęl*	*ęm*	*ęn*	*ǫ*	*pę*

r	ř		s	š	t	u	v	x	y	z	ž
ęr	*ęř*	(*r* prépalatal sonore, sourd en finale)	*ęs*	*ęš*	*tę*	*u*	*vę*	*iks*	*ipsilǫn*	*zęt*	*żęt*

Il est question de supprimer *y*, qui est prononcé comme *i*.

Slovaque

Le système est le même qu'en tchèque, mais la différence de phonétisme se reflète dans les différences alphabétiques. Notamment il n'y a pas de *ř*. En 1952, certaines modifications étaient en passe de se réaliser.

Croate

Le croate est la même langue littéraire que le serbe, l'usage commun ayant fait l'objet d'une convention en 1850. Antérieurement le croate s'était écrit anciennement en glagolitique, puis à partir du XVe siècle dans un alphabet latin employé surtout à Raguse.

Cet alphabet a été révisé au début du XIXe siècle par Ljudevit Gaj, de manière à calquer l'alphabet serbe cyrillique. Il a l'aspect suivant :

---

1. Les signes diacritiques en ˇ ne seraient pas issus de point, mais de lettres. Jan Hus (1369-1415) a écrit un traité *De orthographia bohemica* : au lieu des groupes de lettres (qui se sont perpétuées en polonais), il préférait la superposition. Ainsi, *š* pourrait être issu de la superposition de *z* à *s*. À l'époque de Hus, le signe diacritique n'était pas essentiellement une marque de « mouillure » ; il était appliqué à *l* pour distinguer *l* vélaire [*ł*] de *l* ordinaire ; mais cette distinction a disparu par la suite de la prononciation et de la graphie.

a, b, v, d, đ (aussi *dj, ǵ* pour [*ǧ*]), *e, ž* (*j* du français), *i, j* (pour [*y*]), *k, l, lj* (rarement *ļ*, pour [*l̓*]), *m, n, nj* (rarement *ń*, pour [*n'*]), *o, p, r, s, t, ć* (pour [*č'*]), *u, f, h* (pour [*ḱ*], [*h*] ou zéro), *c*, (pour *ţ*), *č, dž* (pour [*ǧ*]).

Les assimilations sont marquées en général, par changement de lettre ; ainsi, du radical *srb* « serbe », *srpski* « serbe » (adj.). Mais *d* est gardé par certaines personnes devant *s*, quoique assourdi : *beògradski* « de Belgrade ». L'accent qui est à des places variées, en dehors de la finale, et se déplace fréquemment dans la flexion des mots, n'est pas marqué dans l'usage courant. Pour la description grammaticale on emploie le système du serbe cyrillique.

Slovène

Le slovène suit les mêmes principes alphabétiques que le croate et le tchèque. L'alphabet est un peu différent, en raison des différences du système phonologique.

Lituanien

Le lituanien, écrit depuis le XVIe siècle, est devenu langue nationale après 1918, avec une orthographe renouvelée. Cette orthographe est jeune et neuve, avec des caractères accentués, qui remplacent en partie des graphies complexes antérieurement prises au polonais.

L'alphabet est le suivant

a, ą (long, anciennement nasal), *b, c* (pour [*ţ*]), *č, d, e, ę* (long, anciennement nasal), *ė* (fermé long, légèrement diphtongué [*ẹ̄ª*]), *f* (dans les mots étrangers), *g, h* (dans les mots étrangers), *i, į* (long, anciennement nasal), *y* (*i* long), *j* (prononcé [*y*]), *k, l, m, n, o, p, r, s, š, t, u* (*ou* du français, *ü* après consonne molle), *ų* (long, anciennement nasal), *ū* (*u* long), *v, z, ž*.

Les consonnes sont régulièrement dures devant les voyelles *a, ą , u, u, ū*, molles devant *e, ę, ė, i, į, y*. Lorsqu'on doit marquer le caractère mou (mouillé) devant une voyelle d'arrière, on met *i*, ainsi *ciul̃pti* « sucer ».

Le tilde qui figure ici sur *l* est employé, non constamment, pour indiquer un second élément de diphtongue, semi-voyelle ou liquide.

L'accent qui est musical et mobile n'est marqué qu'à usage d'enseignement, de la manière suivante : ` sur voyelle brève, ´ intonation descendante sur voyelle longue, ~ intonation montante sur voyelle longue.

Letton

Le letton ou lette, écrit depuis la fin du XVIe siècle, est devenu comme le lituanien langue nationale en 1918, et a reçu un alphabet analogue, jeune et neuf, phonétiquement adapté. Auparavant on employait diverses graphies empruntées à l'allemand, ainsi *z* pour [*ţ*], *sch* pour [*š*].

L'alphabet actuel est :

a, b, c (pour [ţ]), *č, d, e, f* (dans des mots étrangers), *g, h* (dans des mots étrangers), *i, ie* (pour *yẹ*], *j* (pour *y*), *k, l, m, n, o* (dans des mots étrangers), *p, r, s, š, t, u, uo* (à peu près ^{w}o), *v, z, ž.*

Les consonnes molles ou mouillées n'ayant pas de signe spécial sont notés par ´ dessus ou dessous *ǵ, ķ, ļ, ņ, ŗ.*

Les voyelles longues sont marquées par ¯ : *ā, ē, ī, ū.*

L'accent de mot est sur la première syllabe, avec des intonations différentes indiquées, pour l'enseignement seulement, de la manière suivante : ` intonation descendante, ˉ intonation traînée, ^ intonation rude (compliquée, comportant entre autres une occlusion glottale et une montée en terminaison).

ALBANAIS[1]

L'écriture latine actuelle de l'albanais résulte d'une décision prise en 1908, confirmée en 1912. Il y a un projet de réforme.

L'orthographe est jeune et neuve, mais emploie plus de graphies complexes que de caractères accentués.

Le système est le suivant :

a, b, c (pour [ţ]), *ç* (pour [č]), *d, dh* (pour [đ]), *e, ë* (genre de *ə*, comme *ă* roumain), *f, g,* (*gj* pour *g´*), *h, i, j* (pour *y*), *k, l* (*ll* pour [ł]), *m, n* (prononcé [ṅ] devant *g, nj* (pour [*n´*]), *o, p, q* (pour *ky*), *r* (*rr* fortement roulé), *s, sh* (pour *š*), *t, th* (pour *t̄*), *u, x* (pour *ḍ, dz* du français), *xh* (pour *ǧ, dj* du français), *y* (pour *ü*), *z, zh* (pour [*ž*]).

Pour le dialecte guègue (septentrional) on emploie ^ afin de noter les voyelles nasales : *â, ê,* etc.

[LANGUES IRANIENNES]

Pour les langues iraniennes qui ont connu un moment de latinisation, voir p. 257.

LANGUES NON INDO-EUROPÉENNES À ÉCRITURE LATINE EN EUROPE (ET DANS LA PARTIE ASIATIQUE DE L'UNION SOVIÉTIQUE)

Langues finno-ougriennes (ou ouraliennes)

• *Hongrois*. Du hongrois s'est écrit depuis le XIIIe siècle en écriture latine ; la littérature ne s'est développée qu'au XIIIe siècle.

---

1. Voir aussi ci-dessus, p. 209-210.

L'orthographe actuelle a été fixée en 1910.

Elle est jeune et nouvelle ; elle comporte, en plus de *j* et *v*, des accents et des graphies complexes, celles-ci rejetées en fin d'alphabet.

Cependant l'orthographe n'est pas toujours phonétique ; elle ne tient pas compte de certaines altérations par contact dans la formation des mots, de manière à garder intact l'aspect des radicaux.

a	á	b	c	d	e	é	f	g	h	i	í	j	k	l	m	n
ǫ	*ā*	*bẹ*	*ṭẹ*	*dę*	*ę*	*ẹ̄*	*ęf*	*gẹ*	*ha*	*i*	*ī*	*yẹ*	*ka*	*ęl*	*ęm*	*ęn*

o	ó	ö	ő	p	r	s	t	u	ú	ü	ű	v	y	z
o	*ọ̄*	*ö*	*ọ̈̄*	*pẹ*	*ęr*	*ęš*	*tẹ*	*u*	*ū*	*ü*	*ǖ*	*vẹ*	*ipsilǫn*	*zę*

cs	ez (ne s'emploie plus)	gy	ly	ny	sz	ty	zs
čẹ	*ṭẹ*	*d'ẹ*	*ęy*	*ęñ*	*ęs*	*t'ẹ*	*žẹ*

La lettre *x* (*iks*), ainsi que *q* et *w*, ne servent que dans des emprunts.

• *Finlandais*. Le finlandais ou finnois, écrit depuis le XVIe siècle, a une orthographe sensiblement fixée depuis la fin du XVIIIe siècle.

L'alphabet enseigné suit l'ordre scandinave :

a, *b* (seulement dans des mots étrangers), *c* (seulement dans des mots étrangers), *d*, *e*, *f* (seulement dans des mots étrangers), *g* (seulement dans des mots étrangers et dans la graphie *ng* [*ṅṅ*]), *h*, *i*, *j* (pour [*y*]), *k*, *l*, *m*, *n*, *o*, *p*, *r*, *s* (avec prononciation mouillée), *t*, *u*, *v*, *y* (pour [*ü*]), *x* (seulement dans des mots étrangers), *z* (seulement dans des mots étrangers), *ä* (pour [*ę*] très ouvert), *ö*.

Le redoublement d'une voyelle marque la quantité longue, ainsi *aa*. À date ancienne *ee* est passé à *ie* et *oo* est passé à *uo*. De même, la répétition marque la longueur des consonnes.

• *Estonien*. L'estonien s'est écrit au XVIIe siècle.

L'orthographe a été fixée plus tard (date douteuse).

a, *b*, *d*, *e*, *f* (mots étrangers), *g*, *h*, *i*, *j* (pour *y*), *k*, *l*, *m*, *n*, *o*, *p*, *r*, *s*, *t*, *u*, *ü* (on écrit aussi *y*), *v* (avant 1918, on employait *w*), *x* (mots étrangers), *z* (mots étrangers), *ä*, *ö*, *ő* (sorte de *ü* profond).

Les degrés de force des consonnes ne sont pas distingués.

Les voyelles longues sont notées par la lettre répétée.

• *Carélien*. Dans le territoire carélo-finnois en URSS, le carélien, comme le finnois, s'écrit en caractères latins.

• *Autres langues ouraliennes*. Diverses langues du groupe finnois et le samoyède avaient été latinisés avant d'être cyrillisés, voir p. 257.

Langues turques

• *Turc (turk, turquien) de Turquie*. La latinisation du turc s'est effectuée en 1928, suivant un plan déterminé, avec la volonté de ne pas employer de graphies complexes et d'employer le moins de lettres accentuées possible[1]. C'est donc une orthographe jeune et neuve, aussi bonne que possible.

La dépendance par rapport au latin (caractère usagé) se marque encore dans la conservation de l'ordre traditionnel avec insertions ; mais on énonce les désignations des lettres d'après leur prononciation (sauf pour ğ qui n'est jamais initial).

a	b	c	ç	d	e	f	g	ğ	h	i	i	j	k
a	*bę*	*ğę*	*čę*	*dę*	*ę*	*fę*	*gę*	*yumušak g*	*hę*	*i̊*	*i*	*žę*	*kę*

l	m	n	o	ö	p	r	s	ş	t	u	ü	v	y	z
lę	*mę*	*nę*	*o*	*ö*	*pę*	*rę*	*sę*	*šę*	*tę*	*u*	*ü*	*vę*	*yę*	*zę*

Le *yumušak* g « g mou » est prononcé spirant [*g̡*].

Les lettres *q*, *w*, *x*, auxquelles on substitue souvent *k*, *v*, *ks*, ne se trouvent que dans des noms étrangers.

• *Langues turques et altaïques d'Union soviétique*. Dès 1917 le gouvernement soviétique s'est préoccupé de doter d'un alphabet phonétique en caractères latins les langues d'Union soviétique écrites de manière incommode en caractères arabes (azéri, etc.) ou extrême-orientaux (ouïgour, mongol) ou non écrites (voir p. 217).

En 1926 un congrès réuni à Bakou a fixé une liste de caractères pouvant répondre à tous les besoins : 25 caractères de l'alphabet latin avec valeur unique, 8 caractères accentués et 58 signes supplémentaires à employer éventuellement suivant les besoins des langues particulières.

Le système a été appliqué en particulier, en 1927, avant la réforme turque, à l'azéri ou azerbaïdjanais de la région de Bakou, qui est très proche du turquien (de sorte que l'intercompréhension peut se réaliser sans apprentissage). De légers remaniements ont eu lieu en 1929.

À partir de 1939, on a commencé à remplacer les alphabets en caractères latins par des alphabets en caractères cyrilliques, employés eux aussi phonétiquement. La liste des langues concernées par cette réforme figure ci-dessus p. 257.

Voici le système latin tel qu'il avait été appliqué à l'uzbèque ou ouzbek (*ŏuzbek*), qui est une langue bien distincte du turquien et la plus parlée de

1. Dès l'adoption de l'écriture latine en Turquie, malgré l'interdiction religieuse ancienne, la Direction des affaires religieuses a assuré l'édition de Corans arabes transcrits dans la nouvelle écriture, avec prononciation turque (*ŭ* représenté par *ü*, en dehors du voisinage emphatique, *ă* représenté par *e*). En outre le Coran a été édité plusieurs fois en traduction turque.

son groupe (environ quatre millions cinq cent mille habitants de l'Ouzbekistan).

a, *ə* [*ä*], ʙ [petit *b* majuscule ; articulé à peu près comme *b*], *c* [*č*, *tch* du français) ; *ç* (*ğ*, *dj* du français), *d*, *e*, *f*, ꞑ [*g* vélaire], *g*, *χ* ou *x* [*ḱ*], *h* [*h* allemand ou anglais], ъ [*i̊*, i d'arrière], *i*, *j* [*y*], *k*, *l*, *m*, *n*, *η* [*ṅ*, *ng* de l'allemand ou de l'anglais], *o*, ɵ [*ö* allemand, *eu* français], *p*, *q* [*k* vélaire], *r*, *s*, *ş* [*š*, *ch* du français], *t*, *u* [*u*, *ou* du français], *v*, *z*, *ʐ* [*ž*, *j* du français], ʾ [occlusive glottale].

Dans la cyrillisation, les caractères cyrilliques sont employés avec leur valeur ordinaire, ainsi ч [*č*] au lieu de *c*, ш [*š*] au lieu de *ş*.

Certains signes sont employés avec une valeur phonétique non russe, ainsi э pour *ə*.

Certains signes modifiés sont ajoutés, ainsi une sorte de н, pour *ṅ*.

Certains signes latins modifiés sont gardés, ainsi le *o* barré ɵ pour *ö*.

Enfin on renonce à certaines nuances non indispensables, ainsi les *k* et *g* vélaires sont notés *k* et *g* comme les médiopalataux, la distinction pour la prononciation se faisant phonologiquement en raison du voisinage vocalique.

Basque

Les textes écrits depuis le XVIe siècle ont emprunté des traits orthographiques soit à l'espagnol soit au français.

Il subsiste des usages multiples, où les habitudes sont en partie différentes en Espagne et en France, notamment dans les journaux (depuis 1888).

Une académie de la langue basque s'est constituée en 1918, siégeant à Bilbao. Elle a donné son estampille à un alphabet de vingt-sept caractères, composé comme suit (avec l'indication de la prononciation, là où il y a une différence avec le français).

a, *b*, *d*, *d̄* [*d′*, mouillé], *e*, *f*, *g* [toujours occlusif], *h* [comme en anglais et en allemand), *j* [prononciations variées suivant les régions, *ž*, *d′*, *g′*, *ḱ*], *k*, *l*, *m*, *n*, *ñ* [fr. *gn*], *o*, *p*, *r*, *ŕ* [*r* fort], *s* [tendant à *š*], *t*, *t̄* [*t′*, mouillé], *u* [fr. *ou*], *ü* (fr. *u*), *x* [*š* ou *š′*], *z* [*s*, un peu mouillé].

De plus des affriquées sont représentées par des graphies complexes : *ts*, *tx*, *tz*. Des aspirées de certains parlers sont notées *ph*, *th*, *kh*.

Langues caucasiennes

Le géorgien, langue caucasienne du Sud, a été écrit depuis longtemps et reste écrit avec son écriture particulière. Des langues caucasiennes du Nord ont été très peu écrites, vers la fin du XIXe siècle et au début du XXe, soit avec des lettres russes, quelquefois mélangées de latin (dargwa, abkhaz), soit avec des caractères arabes (avar).

Les principales ont été latinisées sous le régime soviétique, mais ensuite cyrillisées, liste donnée p. 257.

Langues paléoasiatiques (sibériennes)

Ces langues sont inscrites ici pour mémoire, ayant été cyrillisées après avoir été latinisées ; voir la liste donnée p. 257.

Néoaraméen

Les Aysors, de langue néoaraméenne, immigrés en Union soviétique, et notamment dans la région de Leningrad, ont reçu l'écriture phonétique à caractères latins dans la période de latinisation.

Maltais

Dans le passé, l'arabe de Malte n'a pas été plus écrit en caractères arabes que les autres formes d'arabe moderne chez les musulmans et chez les chrétiens d'Orient. Mais, parlé par des catholiques dans le voisinage de l'Italie, il s'est écrit en caractères latins au XIXe siècle.

Les détails orthographiques ont varié sur certains points et ne sont pas encore fixés d'une manière unanimement admise, les décisions de sociétés littéraires étant discutées.

Dans l'ensemble, on se sert de l'alphabet latin, avec des valeurs constantes des lettres. Il y a peu d'additions, une partie des articulations arabes inconnues du latin (emphatiques) s'étant éliminée (ainsi *ṭ*, confondu avec *t*).

L'orthographe est donc jeune et neuve.

La liste des lettres est la suivante :

a, *b*, *c* [*č*], *d*, *e*, *f*, *g* [*ğ*], *ġ* [*g*], *h*, *ħ*[*ḥ* spirante laryngale sourde spéciale de l'arabe], *i*, *j* [*y*], *k*, *l*, *m*, *n*, *għ* [*ε*, sonore de *ḥ*], *o*, *p*, *q* [*ḳ* de l'arabe, ou sa réduction en occlusive glottale], *r*, *s*, *t*, *u*, *v*, *x* [*š*], *z*.

L'orthographe est phonologisante en ce sens que des assourdissements de sonores en finale ne sont pas notés.

La graphie *ie* note une diphtongue provenant d'anciens *ā*.

LANGUES DIVERSES EN DEHORS D'EUROPE ET DES PARTIES ASIATIQUES DE L'UNION SOVIÉTIQUE

Les écritures cyrillique et latine se sont répandues en Europe avec la christianisation. Les Européens colonisateurs ont transporté l'écriture latine dans leurs navigations au-delà des mers, en même temps qu'ils propageaient plus ou moins le christianisme (voir « Les missions chrétiennes en dehors d'Europe et l'écriture », p. 214-215).

Alors que dans l'ancienne période, antérieure à la constitution de la linguistique en général et de la phonétique en particulier, les missionnaires ont en général pratiqué des adaptations mixtes des orthographes de leurs langues maternelles et du latin, à époque moderne les phonéticiens sont entrés en jeu, et beaucoup de missionnaires se sont faits phonéticiens.

L'histoire est complexe, et n'est pas retracée ici. Les faits principaux sont exposés pour un passé qui se prolonge dans le présent, et quelques indications seulement sont données pour des faits récents.

Vietnamien

Le cas le plus important est celui du vietnamien (annamite), langue monosyllabique à tons, pour laquelle l'écriture chinoise n'était pas devenue d'un usage pratique et étendu. Des missionnaires de langues latines (portugais, italiens, français, catalans) ont su au XVIIe siècle faire une application ingénieuse de l'alphabet latin hardiment complété avec des signes diacritiques à côté des graphies complexes.

L'écriture ainsi combinée s'appelle le *quốc ngữ* (« pays-langue », caractères pour langue du pays). Elle est devenue écriture nationale et sert maintenant à l'« alphabétisation » rapide de l'ensemble de la population.

L'ensemble se présente comme suit, avec indication des prononciations :

a, *â* [sorte de *ə*], *b*, *c* [*k*, devant *a*, *o*, *u*], *ch* [*t'* mouillé], *d* [*z*, pouvant passer à *y*], *đ* [*d* occlusif], *e* [*ę* , ouvert], *ê* [*ẹ* fermé], *g* [devant *a*, *o*, *u*], *gh* [*g* devant *e*, *i*], *gi* [*ž*], *h* [*h* comme en anglais et allemand], *i* [écrit *y* dans certains cas], *k* [employé devant *e*, *i*], *kh* [*ꝁ*], *l*, *m*, *n*, *ng* [*ṅ*, devant *a*, *o*, *u*], *ngh* [*ṅ*, devant *e*, *i*], *nh* [*ñ*], *o* [*ọ* ouvert], *ô* [*ọ* fermé], *ơ* [sorte de *o* non arrondi], *p*, *ph* [*p̣* spirant], *qu* [*kw*], *r* [*z* cacuminal], *s* [*s* cacuminal], *t*, *th* [t^{h}], *tr* [*č* cacuminal], *u* [*u*], *ư* [sorte de *u* non arrondi], *v*, *x* [*s*].

La notation des tons des voyelles est assurée de la manière suivante : ton égal, non noté ; ton aigu *á* ; ton descendant, *à* ; ton interrogatif grave *ả* ; ton interrogatif aigu ou brisé *ã* ; ton grave ou lourd *ạ*.

Malgache

Ce sont aussi des missionnaires chrétiens qui, au début du XIXe siècle, ont donné au malgache à Madagascar, et d'abord à son dialecte principal (imerina), une écriture latine, qui a fait renoncer presque partout à l'emploi de l'écriture arabe, et qui est devenue l'instrument de l'enseignement officiel comme de celui des missions.

L'alphabet est le suivant (ne comprenant pas les graphies complexes) :

a, *b*, *d*, *e*, *f*, *g* (occlusif), *h* (souffle sourd ou sonore), *j* (affriqué, dentale + sifflante, à peu près *dz*), *k*, *l*, *m*, *n*, *o* (prononcé *u*, *ou* du français), *p*, *r*, *s*, *t*, *v*, *y*, *z*.

L'*y* se met quelquefois après *i*, se prononçant comme lui ; il est employé en finale de mot ; cette habitude provient de la pénurie de caractères *i* lors des premières impressions.

On énonce toutes les consonnes avec une voyelle à la suite, soit *a* soit *e* moyen, ainsi *ba*, *fa*, etc.

On emploie des graphies complexes pour noter des affriquées et des consonnes nasalisées qui sont des phonèmes uniques malgré l'apparence graphique : *ts*, *tr*, *dr* ; *mp*, *mb*, *nt*, *nd*, *nts*, *nj*, *nk*, *ng*, *ntr*, *ndr*.

Les voyelles *i* et *o* servent à noter aussi les semi-voyelles *y* et *w*.

Les longueurs vocaliques, qui distinguent certains quasi-homonymes, sont quelquefois marquées par un accent.

L'orthographe, n'est pas complètement adaptée à l'état phonétique actuel de l'imerina, qui comporte divers amuissements. Elle fait encore plus de difficultés pour d'autres dialectes.

Bahasa indonesia « langue indonésienne »

C'est la langue officielle récemment adoptée par la république d'Indonésie, qui a une population de soixante-dix millions. Pour constituer une vraie langue de civilisation, un institut est chargé d'augmenter le vocabulaire de base qui est celui du malais. Celui-ci s'était antérieurement répandu comme langue de relation en Indonésie, surtout chez les musulmans, avec l'emploi de l'écriture arabe. Les Hollandais ont pratiqué la latinisation qui sert maintenant pour cette langue ainsi que pour d'autres langues indonésiennes (en particulier le javanais). En conséquence il y a eu une certaine influence de l'orthographe néerlandaise (ainsi *ng* pour *ṅ*, *nj* pour *n̄*).

Autres langues d'Asie et d'Océanie

L'écriture d'origine indienne a résisté au Cambodge à des tentatives d'adoption de caractères latins.

À Goa, dans l'Inde, petite colonie portugaise christianisée, la langue indigène (dialecte marathe) s'écrit en caractères latins[1] ; mais une campagne s'est développée en faveur de l'écriture indienne.

Aux Philippines, l'écriture latine prévaut pour le tagalog, qui est officiellement répandu comme langue enseignée.

La République populaire chinoise a maintenant décidé d'adopter l'écriture latine[2].

---

1. C'est le konkani, dialecte du marathe, qui s'écrit à Goa en caractères latins.

2. Les signes adoptés sont en majorité pris à l'alphabet latin, avec la même valeur ou une valeur voisine ; *ŋ* provient du système de l'Association phonétique internationale, **Ч** du cyrillique ; il y a en plus *z, c* et *s* avec un crochet à droite (pour les chuintantes). Au total trente caractères, rangés dans un ordre qui tient compte des articulations. Les tons sont notés par :

ˊ (montant), ˋ (descendant), ˇ (descendant-montant), ¯ (égal)

La liste est la suivante (avec définitions plus ou moins précises pour les chuintantes continues ou affriquées) :

Langues indigènes d'Amérique

Les missionnaires espagnols se sont diversement servis de l'écriture latine. De nos jours, il tend à se créer une presse indienne en caractères latins dans différents États. Il y a une réalisation en guarani au Paraguay, une pour le kitchoua et l'aymara en Bolivie[1].

Langues africaines

Les essais faits par les missionnaires sont repris plus ou moins par des administrations coloniales. L'écriture latine est utilisée à époque récente surtout sous la forme préconisée par l'Institut international africain (voir p. 217 et p. 311).

Les impressions sans doute les plus répandues sont celles du haoussa en Nigeria anglaise (le haoussa étant une langue de relation pour laquelle l'écriture arabe a aussi été employée dans une certaine mesure).

LANGUES FABRIQUÉES

Les langues fabriquées par divers inventeurs visent par définition à un usage international, et doivent être indépendantes d'une orthographe nationale quelconque avec ses traditions particulières.

Celles qui ont été faites au XIXe siècle, avec des éléments lexicaux pris à des langues indo-européennes et des grammaires de type européen, dans

---

B (*b* sourd, sorte de *p*) ; p (*p*` aspiré) ; m, f, d (*d* sourd, sorte de *t*) ; t (*t*` aspiré) ; n, l, g (*g* sourd, sorte de *k*) ; k (*k*` aspiré) ; ŋ (*ng* anglais) ; h (*h* fort ou *ƙ*) ; ɥ (sorte de *t* + *c*) ; q (comme le précédent, aspiré) ; x (*š́*, *ch* du français mouillé) ; [ʒ] (sorte de *dj* sourd) ; [*c*] (sorte de *dj* sourd aspiré) ; ş (*š*, *ch* du français) ; r (à peu près *ž*, *j* du français) ; z (*ds* sourd) ; c (*ds* sourd) ; c (*đs* sourd aspiré) ; s (*s*) ; j (*y*) ; w (*w*) ; a (*a*) ; o (*o*) ; e (*e*) ; i (*i*) ; u (*u, ou* du français) ; y (*ü, u* du français).

Mais cet alphabet n'a pas été adopté officiellement, l'étude a continué ; en juillet 1957, quatre systèmes étaient présentés conjointement aux discussions.

Cette note est, pour une part, rendue caduque par l'adoption du pinyin (en 1958), foncièrement différent du système présenté ici. [NdÉ]

1. Exemple particulier. Avant 1948, José Antonio Arze, professeur de sociologie à l'université de La Paz (Bolivie), président du comité central du Parti de la gauche révolutionnaire, avait combiné un alphabet phonétique, utilisable à la machine à écrire, pour noter les langues kitchoua (quichua, quechua), parlée par environ cinq millions d'Indiens, et aymara, parlée par environ deux millions (?) d'Indiens (dans la région de l'ancien empire des Incas), ayant au moins dans l'ensemble un même état phonétique. Il avait établi des spécimens de tracts, et on devait publier un journal mensuel. Au cours de conversations à Paris et Viroflay en 1948, cet alphabet était légèrement modifié et distribué en un tableau phonétique. Mais c'est avec de nouvelles modifications par J. A. Arze et en suivant sensiblement l'ordre traditionnel que le projet était ronéoté en 1954 avec le titre : *Alfabeto fonético para las lenguas g'eshua* [*sic*] *y aymara* (planado en Paris, en 1948, por el linguïsta francés M. Marcel Cohen y el profesor boliviano Dr José Antonio Arze). Ce projet devait être présenté au *III° Congreso indigenista interamericano*. À ce congrès étaient admises comme langues officielles « las lenguas nativas aymara, quechua y guarani ». Un des points de l'ordre du jour était « *Posibilidad de adoptar un alfabeto fonético común, para todas las lenguas indigenas americanas* ».

l'ensemble ont été dotées d'orthographes rigoureusement phonographiques, l'apprentissage de l'orthographe devant coïncider avec celui de l'alphabet. Les alphabets ont été plus ou moins innovants par rapport au latin.

Le volapuk (de Johann Martin Schleyer, en 1879) a l'alphabet suivant, avec les valeurs françaises, sauf indication contraire :

a, *ä* [ę], *b*, *c* [ǧ], *d*, *e* [ẹ], *f*, *g* [g], *h* (allemand ou anglais), *i*, *j*, *k*, *l*, *m*, *n*, *o* [ọ], *ö* [ō], *p*, *r*, *s* [s], *t*, *u* [u], *ü* [ü], *v*, *x*, *y* [semi-voyelle], *z*.

L'espéranto (de Zamenhof, en 1887) a l'alphabet suivant :

a, *b*, *c* [ț, *ts* du français], *ĉ* [č], *d*, *e* [ẹ], *f*, *g* [g], *ĝ* [ğ], *h*, *ĥ* [ꝁ], *i*, *j* [y], *j* [ž], *k*, *l*, *m*, *n*, *o*, *p*, *r*, *s* [s], *ś* [š], *t*, *u* [ū], *ŭ* [ŭ] *v*, *z*.

L'ido (espéranto réformé, 1907) n'utilise que des caractères sans marque diacritique, et en conséquence se sert de graphies complexes. La liste est la suivante :

a, *b*, *c* [ț], *d*, *e*, *f*, *g* [g], *h*, *i*, *j* [ž], *k*, *l*, *m*, *n*, *p*, *q* [devant *u* prononcé *w*], *r*, *s* [s], *t*, *u* [*u*], *x*, *y* [semi-voyelle], *z* ; *sh* [š], *ch* [č].

Postérieurement, d'autres langues fabriquées, dont la première en date est l'occidental (1922), ont été plus rapprochées, dans un esprit moins « schématique » et plus « naturaliste », des grandes langues occidentales. Dans cet esprit, les inventeurs ont accepté dans leur alphabet des traits d'orthographe usagée, notamment l'emploi du *c* avec deux valeurs différentes.

USAGES SAVANTS DE L'ALPHABET

Emploi phonétique des orthographes nationales

De tout temps les rédacteurs d'ouvrages ou courts textes divers ont eu à figurer des mots étrangers, souvent des noms propres ; ils l'ont fait dans leurs orthographes nationales, employées le plus phonétiquement possible, quelquefois avec des groupes complexes nouveaux pour figurer des sons étrangers. Les curieux de langues étrangères et de documents étrangers ont noté ainsi des listes de mots, quelquefois des textes anciens.

Parmi les documents littéraires en écriture latine, le premier à citer est le passage punique, mis par Plaute dans la bouche d'un Carthaginois, et accommodé en vers latins (dans la comédie *Poenulus*).

Des vocabulaires et exceptionnellement des textes de langues diverses se trouvent à partir du XVIe siècle dans les ouvrages des missionnaires et d'autres voyageurs. (On a surtout à citer les missionnaires espagnols en Amérique et le Français André Thevet.)

Au XIXe siècle, l'étude des langues non-écrites s'est développée ; elle a été faite par des missionnaires, des fonctionnaires coloniaux, des explorateurs, des professeurs. Toujours, au début, souvent encore dans la suite (alors que l'écriture de notation phonétique existait déjà), les auteurs d'ouvrages descriptifs se sont servis de l'écriture alphabétique comme ils y avaient été habitués par l'usage de leur langue maternelle, en s'efforçant toutefois de se borner aux emplois phonographiques usuels, à l'exclusion des graphies étymologiques, et en éliminant les inconvénients de l'orthographe usagée (en donnant toujours la même valeur à des lettres ou groupes de lettres).

On peut citer comme un des principaux exemples les études de langages berbères et arabes de l'Afrique du Nord par René Basset et ses disciples dans le dernier quart du XIXe siècle (il y a des survivants de ces pratiques). On y voit par exemple *š* représenté par *ch*, *u* représenté par *ou* du français.

De pareilles manières de faire n'ont que des inconvénients réduits lorsqu'il s'agit d'usages pratiques, comme dans le cas d'accession de langues de pays colonisés à l'usage écrit ; en effet, les écoliers à qui on inculque une pareille orthographe sont aussi plus ou moins instruits dans la langue de colonisation. Ainsi, de même que dans une colonie française on pourra s'habituer à écrire *ch* pour *š*, dans une colonie anglaise on pourra user de *sh*, dans une colonie italienne de *sc*(*i*), etc.

Mais les ouvrages descriptifs sont à usage international pour des milieux savants. À cet usage, les graphies nationales sont gênantes par leur multiplicité, même quand elles ne sont pas ambiguës. Au reste, elles le sont souvent ; dans une langue qui possède le souffle prononcé qu'on note *h*, une graphie *sh* par exemple peut être *š* ou *s* + *h* ; de même, dans une langue qui a *o* et *u* (*ou* du français) et n'a pas d'*ü* (*u* du français) – il y a beaucoup de telles langues – *ou* se lit *o* + *u* ; par conséquent, il est mauvais d'employer ce groupe pour signifier seulement *u*.

Certaines personnes qui ont conscience des inconvénients de leur orthographe nationale croient faire preuve d'un suffisant détachement à son égard, et d'esprit scientifique, en adoptant des graphies d'orthographes nationales autres que celle de leur langue maternelle ; ainsi tel Français adopte *sh* ou *sch* au lieu de *ch* : ce n'est nullement recommandable.

Un palliatif qui évite les ambiguïtés, mais surcharge la typographie, consiste à souligner, par un trait droit ou une accolade, les lettres composantes d'une graphie complexe ; ainsi Maghrib ou Maghrib pour l'arabe [*magrib*] « Occident ». C'est ce procédé qui a été adopté dans l'importante publication qu'est l'*Encyclopédie de l'Islam* (à partir de 1913 ; seconde édition commencée en 1951).

Notons en passant que la plupart des personnes insuffisamment instruites en linguistique confondent les notions de « lettre » et de « phonème ». C'est ainsi qu'on lit dans de nombreuses grammaires des phrases telles que : « En espagnol, la lettre *j* se prononce en raclant de la gorge », au lieu de : « La lettre *j* représente la consonne spirante postpalatale sourde [*k*] ».

Dans des grammaires et des dictionnaires, tant à l'usage des nationaux que des étrangers, on se préoccupe de noter la prononciation sans ambiguïté et d'indiquer les variantes autorisées. Jusqu'à présent, le procédé généralement utilisé est l'emploi des graphies les plus simples et les plus claires des orthographes nationales, avec élimination des valeurs multiples et des doubles emplois, et naturellement sans intercaler de lettres muettes ; souvent on donne un tableau de ces graphies, en définissant les phonèmes par un renvoi à un mot usuel.

Ainsi un dictionnaire français pourra noter que « ingrédient » se prononce *ingrédyin* ou *ingrédyan*, que « examen » se prononce *egzamin*, mais que « spécimen » se prononce *spécimène* (ou *spécimen'*).

De telles notations, pour des langues conservatrices comme le français ou l'anglais, sont des préfigurations d'une orthographe réformée.

Transcriptions orientalistes

Le problème du recomplètement de l'alphabet latin par des signes permettant de figurer des sons représentés par des caractères d'autres écritures dans diverses langues orientales s'est présenté de bonne heure aux orientalistes européens.

D'une manière générale ils se sont efforcés de faire connaître à leurs lecteurs et à leurs élèves, comme ils les connaissaient eux-mêmes, les écritures orientales et à lire les textes dans ces écritures.

Mais en expliquant les prononciations des caractères de ces écritures, ou bien en citant des mots isolés ou même des fragments de textes à l'usage de lecteurs non spécialistes, ils se sont trouvés amenés à employer les caractères latins.

L'histoire de ces transcriptions commence au XVIe siècle au moins pour le sanskrit et le chinois. L'usage s'est développé au XVIIe et XVIIIe siècles. Ainsi l'*Encyclopédie* de Diderot-d'Alembert a donné des tableaux d'écriture indienne avec transcription.

L'usage des transcriptions s'est étendu au XIXe siècle de plusieurs manières.

Lorsqu'on a opéré le déchiffrement d'écritures dont la tradition s'était perdue, on a opéré en employant des caractères latins, ainsi principalement pour l'égyptien ancien et pour les langues écrites en caractères cunéiformes.

D'autre part, lorsqu'on a établi des ouvrages de grammaire comparée, il s'est montré nécessaire de noter les mots de langues différentes dans un système unique, les mots écrits dans une écriture autre que latine ou grecque étant accompagnés d'une transcription, ou même en supprimant tous les caractères orientaux.

Les transcriptions se sont trouvées nécessaires pour les citations de noms propres et d'autres éléments à l'usage des historiens en général.

Enfin l'extension des études orientalistes dans les universités, et le coût maintenu élevé ou augmenté des impressions en caractères orientaux, ont abouti à l'impression de textes, grammaires et dictionnaires en transcription seulement.

De nos jours des usages se sont établis par spécialités, d'une manière internationale dans l'ensemble, avec des variantes nationales cependant (surtout pour le chinois). Les spécialités différentes sont dans l'ensemble : le domaine de l'indianisme, celui des langues sémitiques, des écritures cunéiformes et de l'égyptologie, celui de la sinologie.

L'absence d'entente universelle fait que certains signes sont employés de manières différentes dans les différents domaines. Ainsi les indianistes emploient le point en dessous (par exemple *ṭ*) pour noter la prononciation cacuminale (ou cérébrale) des dentales, tandis que les chamito-sémitisants l'emploient pour noter le phénomène particulier dit « emphase ».

La variété se montre dans le présent ouvrage, puisque les habitudes des différents groupes orientalistes ont été respectées (sauf exceptions signalées) dans les chapitres consacrés aux différentes écritures et dans les transcriptions de textes sur les planches – tandis que la notation phonétique préférée par l'auteur a été adoptée par ailleurs (voir le tableau ci-dessous p. 312 ; pour le cas de *ꝁ*, *ḫ*, p. 310).

Translitération

Lorsqu'on écrit un ouvrage comportant des transcriptions ou tout entier en transcription au sens large, c'est-à-dire avec emploi des caractères latins, la question se pose de savoir si on doit employer la transcription, au sens étroit, ou la translitération.

Cette question est une question de méthode, de procédé savant, non de graphie au sens de choix des caractères.

La translitération consiste dans un transfert, caractère à caractère, d'une écriture dans une autre, sans aucune interprétation. Tandis que la transcription proprement dite comporte soit la connaissance de la prononciation dans une langue vivante ou de conserve à tradition continue, soit une interprétation quand il s'agit d'une langue morte à tradition interrompue.

Prenons l'exemple du grec. Si on translitère, on met *ou* (deux lettres) pour ου (deux lettres), de même *ei* pour ει , pour ξ on pourra mettre *x*, pour ψ p^s ou analogue (une seule lettre, avec signe accessoire). Si on transcrit on mettra *u* pour ου, *ẹ̄* pour ει (à époque classique) ; on pourra mettre *ks* pour ξ, *ps* pour ψ.

Voici un autre exemple : si on trouve en akkadien trois caractères cunéiformes se suivant, avec des valeurs reconnues par ailleurs *ba*, *a*, *ab*, on translitère si on écrit *ba-a-ab*, on transcrit si on interprète en *bāb*.

Écriture phonétique

Le matériel qui sert pour les translitérations ou transcriptions interprétantes sert aussi pour représenter, indépendamment des orthographes ordinaires, tout langage vivant non écrit ou même écrit, soit avec la plus grande exactitude phonétique possible dans les détails, soit avec certaines simplifications supposant un point de vue phonologique.

Les linguistes historiens et comparatistes, qui tentent à l'occasion des restitutions du passé, de même que les phonéticiens acousticiens, se sont servis en général du matériel latin augmenté d'accents divers, occasionnellement de quelques lettres grecques ou d'autre origine (arabe, russe).

Ils ne se sont pas servis jusqu'à présent de tracés systématiquement combinés, sauf pour certains détails. Un phonéticien, Otto Jespersen, a construit des espèces de formules algébriques pour décrire brièvement les éléments d'articulation d'un phonème ; mais ce n'est pas devenu, même pour lui, une écriture[1].

Si les tentatives faites jusqu'à maintenant par les linguistes (surtout conférence de Copenhague en 1925) pour unifier l'usage en ce qui concerne le choix de tous les caractères n'ont pas abouti, ils sont néanmoins d'accord sur les principes, et les divergences de réalisation n'ont pas d'inconvénients majeurs dans des ouvrages qui s'adressent à des spécialistes, savants formés ou étudiants, qui ont une érudition et une souplesse suffisantes pour passer sans trop de peine dans leurs lectures d'une notation à une autre, en attendant l'unification désirée.

Le principe général (déjà posé dans la grammaire de Port-Royal en 1660[2]) est simple ; c'est celui par où tout alphabet serait parfait, la question de l'orthographe étant réduite à un minimum : *un signe par son, une valeur unique pour chaque signe*[3].

Si les graphies complexes sont quelquefois admises, c'est seulement pour des phonèmes qui ont eux-mêmes un caractère complexe, ainsi *ts* pour noter un *t* affriqué, qui commence comme *t* et se termine comme *s* ; mais les rigoristes – parmi lesquels se range en ceci l'auteur de ce livre – préfèrent même dans ce cas une notation par une seule lettre telle que *ṭ* ou au moins avec une seule lettre sur la ligne telle que t^s.

---

1. Par exemple, *b* est défini par αOβ¨γ¨dOει (lèvres α fermées, pointe de la langue β au repos, corps de la langue γ au repos, voile du palais δ fermé, glotte ε en vibration).

2. Les principes de Port-Royal se trouvent dans *Grammaire générale et raisonnée* de Antoine Arnauld et Claude Lancelot, 1660, 2e édition 1664, chapitre v, « Des lettres considérées comme caractères… » : « Il aurait fallu observer quatre choses pour les mettre en leur perfection : 1. Que toute figure marquast quelque son […] – 2. Que tout son fust marqué par une figure […] – 3. Que chaque figure ne marquast qu'un son, ou simple ou double. – 4. Qu'un même son ne fust point marqué par de différentes figures. »

3. Il est fait abstraction ici et dans la suite de ce chapitre du détail de l'emploi phonétique de l'écriture cyrillique pour différentes langues. L'apprentissage réciproque des deux systèmes latin et cyrillique est nécessaire dans bien des cas.

Le second principe est de noter tout ce qu'on entend quand il s'agit d'une étude proprement phonétique. Mais ce principe comporte un corollaire, qui est la simplification dans le sens phonologique, pour l'étude générale d'une langue comme pour l'usage pratique.

Par exemple si on écoute et si on note en même temps du français, de l'anglais et de l'allemand, il y a lieu de remarquer que d'une manière générale le français a un *t* alvéolaire avec passage direct à la voyelle suivante, que l'anglais a un *t* cacuminal ou cérébral, noté *ṭ* ou *ṯ* et que l'allemand a un *t* aspiré, suivi d'un léger souffle, noté t^h ou t^c, et il y aura lieu de prendre note des divergences éventuelles soit dans certaines positions, soit par une particularité individuelle du sujet observé, soit par un emploi occasionnel ; par exemple, pour tel Français, *t* légèrement affriqué (sur le chemin de *ț* ou t^s) en finale. Mais si, en dehors de l'étude proprement phonétique, on décrit les systèmes phonologiques du français, de l'anglais et de l'allemand, il suffira (après avoir décrit leur type particulier d'articulation) d'employer partout le *t* simple.

Au point de vue graphique, noter que pour une seule langue on peut employer sans inconvénient telle lettre comme *j* qu'il est recommandé de proscrire de l'écriture phonétique à cause de son usage multiforme dans les langues nationales (*ž* en français, *ğ* en anglais, *y* en allemand, *ꝁ* en espagnol).

Dès 1853, l'égyptologue et africaniste Lepsius s'est préoccupé d'établir un *alphabet standard* utilisable pour toutes les langues du monde ; il a employé des caractères accentués et des caractères grecs.

Ce système a été adopté par Friedrich Müller dans le *Grundriss der Sprachwissenschaft* (1876-1888), et par la suite avec peu de divergences par de nombreux linguistes.

Les habitudes particulières de différentes écoles et de différents groupes de spécialistes tiennent quelquefois à l'influence de certaines orthographes nationales. Ainsi les slavistes se servent plus volontiers des caractères à ˇ pour les chuintantes (par exemple *š*) employé en tchèque et en croate ; les romanistes ont des reflets du français dans l'emploi du *c* barré, à peu près ϵ (modification du *c*, donc rappelant *ch*) pour *š*, et de *u* pour *ü* (tandis que *u*, français *ou*, est écrit par un *u* avec une boucle en haut à gauche) ; les sémitisants emploient généralement *q* pour *ḳ* (occlusive vélaire emphatique) et *ẖ* pour *ꝁ* (spirante postpalatale sourde) à cause du rapport graphique entre hébreu ק, arabe ق et le *q* latin, et parce que l'arabe خ *ẖ* est un succédané de ح qu'on transcrit par *h* pointé *ḥ*. (Dans le présent ouvrage *ẖ* a été employé quand il s'agissait d'arabe.)

Ce sont surtout des considérations de *tracé* qui ont inspiré la confection du système de l'Association phonétique internationale, rival de ceux qui sont inspirés de Lepsius. Il se rattache à la pratique de l'angliciste phonéticien Sweet (1877) et a été formulé par le phonéticien Paul Passy en 1887. Il s'est répandu surtout dans le monde anglo-saxon, non seulement pour les descriptions scientifiques, mais pour l'enseignement et enfin pour des usages pratiques. Ses derniers et notables succès ont été son adoption pour des latinisations en Union soviétique et par l'Institut international africain dans un tableau d'écriture recommandé (et déjà quelquefois appliqué) pour les langues africaines. Des caractères ont été fondus pour ces applications dans de nombreuses imprimeries et introduits dans des claviers de machine à écrire.

Les promoteurs de ce système se sont efforcés de ne pas employer de signes diacritiques du type des accents, avec l'idée d'éviter le plus possible des levés de main dans l'acte d'écrire. Les procédés adoptés à cet effet ont été divers : emploi de formes archaïques, comme *ʃ* (ancien *s* long) pour *š* ; interruption de traits, comme *ɔ* pour *ǫ* (*o* ouvert) ; addition de traits, ou crochets, comme *ɲ* pour *ñ*, *η* pour *ṅ* ; variante de tracé comme *ʒ* avec queue en bas pour *ž* (français *j*), tandis que *z* même manuscrit se tient sur la ligne ; emploi de lettres grecques comme *ε* pour *ę* (*e* ouvert) ; lettres retournées comme *ɒ* pour *a* profond *å* et *ʌ* pour l'*a* particulier de l'anglais « but », s'ajoutant à *ə* pour *e* muet et voyelles analogues qui est employé aussi dans les systèmes dérivés de celui de Lepsius. Toutefois le système ainsi conçu n'a pas pu suffire à tous les besoins : on a employé tout de même des accents, comme ˜ pour les voyelles nasales (ainsi *ẽ*), et on se sert de graphies complexes comme *ts* pour *ṭ*, au mépris du principe « un signe pour un phonème ». Au reste l'emploi manuscrit du système semble malaisé à qui ne s'y est pas longuement exercé et n'a pas un tempérament qui s'y prête.

L'écriture phonétique décrite ci-dessous, et employée dans les notations phonétiques (généralement entre crochets) du présent livre, est du groupe des systèmes dérivés de celui de Lepsius. Elle a été fixée d'abord pour l'enseignement à l'Institut d'ethnologie de l'Université de Paris et recommandée pour les questionnaires d'enquête linguistique qui ont été répandus par cet Institut et par la Commission d'enquête linguistique (CEL) des congrès internationaux ; à peu de choses près, c'est celle qui est utilisée dans la seconde édition de l'ouvrage *Les Langues du monde* (1952).

Le tableau en est donné ici, avec l'exposé des principes de confection et des indications pour l'emploi soit scientifique soit pratique.

Les consonnes et les voyelles les plus répandues dans le monde peuvent être figurées par des lettres qui se trouvent dans l'alphabet français (alphabet latin complété). On conserve pour ces phonèmes les notations de cet alphabet, standardisées ; en conséquence les catégories de consonnes sourdes (sans voix) et sonores (avec voix, c'est-à-dire vibrations des cordes vocales) ne sont pas distinguées par des signes de série, mais par des tracés différents.

Consonnes

	OCCLUSIVES		CONTINUES (SPIRANTES)		LIQUIDES		SEMI-VOYELLES.
	SOURDES.	SONORES.	SOURDES.	SONORES.	ORALES.	NASALES.	
	—	—	—	—	—		—
Labiales............	*p*	*b*	—	—	—	*m*	*w* (1)
Labiodentales...	—	—	*f*	*v*	—	—	—
Dentales (alvéolaires).....	*t*	*d*	*s* (2)	*z*	*r*, *l*	*n*	—
Prépalatales......	—	—	—	—	—	—	*y* (3)
Postpalatales (gutturales).......	*k*	*g* (4)	—	—	—	—	—
Laryngales........	*h* (5)	—	—	—	—	—	—

(1) Comme en anglais (*way*, français : *tramway*). – (2) Comme dans « sage » et « parasols ». – (3) Comme dans « payer ». – (4) Comme dans « gare ». – (5) Comme dans : allemand « haben », anglais « have ».

Triangle ou trapèze des voyelles

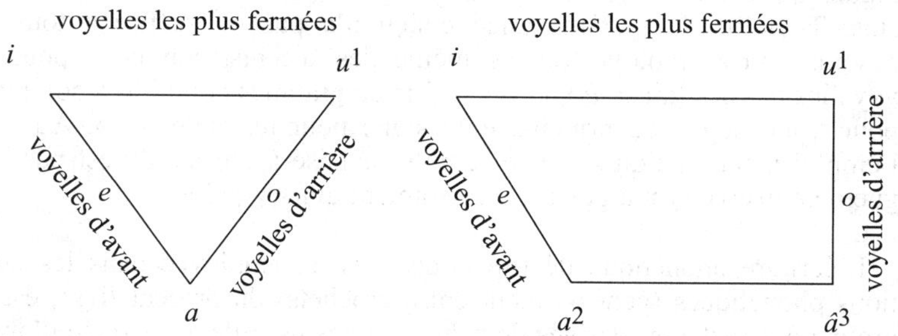

1. Français *ou*. – 2. Comme dans français « patte ». – 3. Comme dans français « pâte ».

Pour les phonèmes qui ne figurent pas dans ces tableaux fondamentaux, on adopte des signes pour spécifier un mode d'articulation, autant que possible les mêmes pour toute une série. Chaque fois que c'est possible ces signes sont pris soit à des orthographes nationales soit à des usages établis chez les grammairiens et philologues. Les caractères grecs ne sont pas employés ici, à la fois parce qu'ils ne comportent pas de signes de série et parce que leurs formes, d'ailleurs non habituelles pour beaucoup d'usagers, rompent l'unité du tracé.

Consonnes

• *Mouillure.* Les consonnes mouillées, c'est-à-dire suivies d'un très léger *y*, sont représentées par la lettre suivie d'un apex ´, ainsi *b*´, *s*´.

Si l'élément de mouillure est plus important, on le note par ^{y}, ainsi b^y, s^y.

• *Labialisation.* L'élément complémentaire est généralement un léger *w*, à noter par ^{w}, ainsi k^w, p^w.

Si cet élément est occlusif, on le note par ^{p}, ^{b}, ainsi k^p, g^b (de certaines langues négro-africaines, où on peut noter aussi ^kp, ^gb, si l'élément postpalatal domine).

• *Glottalisation.* L'élément complémentaire est un léger coup de glotte (occlusive glottale) ; on le note par l'apostrophe ou esprit doux du grec ; ainsi *k'*, *p'*, *s'* (en caucasien, dans certaines langues américaines et africaines, etc.).

• *Aspiration.* L'élément supplémentaire est un léger souffle ; on le note par ʿ, esprit rude du grec : *p*ʿ, *t*ʿ. Si le souffle est plus fort, on le note par ^{h}, p^h, t^h.

• *Emphase.* Comportant une tension de l'articulation, avec constriction laryngale. Notée par un point en dessous : *ṭ*, *ḳ* (sur *q*, voir ci-dessus, p. 310, *ṣ*, etc. (dans les langues sémitiques, en berbère).

• *Spirantisation.* Phénomène fréquent qui rend les occlusives spirantes sans déplacer ou en déplaçant peu leur point d'articulation.

On emploie la barre de spirantisation (d'abord employée pour le *đ* en germanique, voir p. 287 « Anglais »).

Ainsi *đ, ŧ* (*t* à double barre), interdentales (anglais, grec moderne, arabe, etc.) ; *ꝑ* (ou *f* bilabial), *ƀ* (*b* et *v* de l'espagnol), *ꝁ* (*ch* dur ou *ach*-laut de l'allemand, χ dur du grec moderne, *j* de l'espagnol, خ de l'arabe, etc. ; sur *ḫ* voir ci-dessus, p. 310), *ǥ* (*γ* du grec moderne devant *a*, *o*, *u*, غ de l'arabe, etc.), *ε*, avec emploi du *c* traditionnel latin pourvu d'une barre (*ch* doux ou *ich*-laut de l'allemand, χ mou du grec moderne).

• *Chuintisation* (articulation spéciale proche des sifflantes), avec le ˇ slave : *š* (*ch* du français), *ž* (*j* du français), *č* (anglais *ch*, français *tch*), *ğ* (anglais *j*, français *dj*).

• *Cérébralisation* (prononciation cacuminale ou roulée), pour les dentales seulement, un tréma en dessous : *t̤*, *d̤*, *n̤* (anglais, langues de l'Inde, avec un recul plus grand).

• *Affrication sifflante* pour les dentales : *ţ*, *ḑ*, à la rigueur t^s, d^z ; de même pour d'autres consonnes s'il y a lieu : k^s, g^z

• *Prépalatalisation* de certaines liquides, qui en fait des phonèmes à part, proches des consonnes mouillées (voir ci-dessus) : *ñ* comme en espagnol (*gn* du français), *l̰*, *l* mouillé (*gl* de l'italien).

• *Postpalatalisation* pour *n* devant postpalatales, d'où *ṅ*, notation des indianistes (*ng* de l'allemand et de l'anglais).

Pour *r* prononcé dans l'arrière-bouche, avec ou sans action de la luette on peut employer *ṙ*.

• *Consonnes-voyelles.* Un rond en dessous, notation des indianistes : *l̥*, *n̥*, *r̥* (finales allemandes *-el*, etc., anglais *-le*, etc., serbe *srb*), *s̥* (comme dans français *pst*).

• *Consonnes longues*, dites faussement géminées ; emploi du signe – comme pour les voyelles ou répétition, ainsi *p̄* ou *pp*, *m̄* ou *mm*, etc.

Certaines consonnes ne figurant pas dans l'usage latin, même de manière approchée, veulent des signes en dehors de l'alphabet français.

• *Laryngales.* Le latin ne fournit que *h*, qui sert pour le souffle ordinaire ; avec un point en dessous *ḥ*, il sert pour noter une spirante laryngale sourde prononcée avec la glotte presque fermée (ح de l'arabe). Pour la sonore correspondante on emprunte le signe de l'arabe ع, réduit de manière à tenir dans la ligne *ε*, qui peut être représenté aussi typographiquement par le chiffre Ɛ renversé.

• *Clics.* Consonnes prononcées avec succion, ou inspiration buccale ; dans les langues khoïn de l'Afrique du Sud, ce sont des phonèmes autonomes de la langue ; ailleurs ils ne servent en général que comme exclamations. (Le bruit de baiser est un clic labial.)

On a le choix entre la représentation par une lettre indiquant le point d'articulation principal avec un signe complémentaire, ainsi *b*, clic labial, *t* clic dental, ou des signes conventionnels, tels que //, etc.

Voyelles et semi-voyelles

• *Quantité.* Indiquée par les signes gréco-latins de longue et de brève : *ā* (*a* long), *ă* (*a* bref).

• *Nasalisation.* Indiquée par le tilde, employé en portugais *õ* (*on* du français, *ǫ* du polonais).

• *Timbre.* — Ouverture et fermeture en général. Pour une voyelle d'articulation déterminée, vers l'avant ou vers l'arrière de la bouche, la langue peut être plus ou moins relevée (et la mâchoire inférieure abaissée, plus ou moins proche de la mâchoire supérieure). Avec la langue plus relevée, on a la prononciation fermée, notée par ̣ , ainsi ẹ (*é* du français), avec la langue moins relevée, on a la prononciation ouverte, notée par ̨ , ainsi ę (*è* du français).

— Timbres intermédiaires. Le caractère fermé d'une voyelle peut faire qu'elle s'approche du timbre d'une autre voyelle normalement plus fermée ; on note alors par le signe de cette voyelle, mis au-dessus de la lettre, ainsi *ẹ* avec *i* au-dessus intermédiaire entre ẹ et *i*, *ọ* avec *i* au-dessus intermédiaire entre ọ et *u* ; de même *å* intermédiaire entre *a* moyen et ǫ ; au lieu de *a* avec *e* au-dessus on emploie généralement *ä* emprunté à l'allemand, pour un *a* proche de ę.

— Timbres mixtes : ce sont ceux de voyelles où les rapports de position entre la langue et les lèvres ne concordent pas avec les articulations habituelles, connues par les voyelles latines. On note par le tréma : *ö*, c'est-à-dire *e* (langue relevée de l'avant) avec lèvres avancées comme pour *o* (en français *eu*) ; *ü*, c'est-à-dire *i* (langue relevée de l'avant) avec lèvres avancées comme pour *u* (français *u*). De même *ẅ* pour la semi-voyelle correspondante (*u* dans français « lui »).

Mais il y a d'autres notations : rond au-dessus de *i* au lieu du point *i̊*, pour *u* (langue relevée à l'arrière) avec lèvres rétractées comme pour *i* (**ы** du russe, **ı** du turc).

Un *ö̧* très bref, quelquefois un *e* ou *i* très bref, prononcé d'une manière en quelque sorte neutre, est représenté par *e* renversé *ə* (par exemple *e* muet du français).

• *Emploi semi-vocalique des voyelles.* À côté des semi-voyelles ou semi-consonnes pleines, très proches de consonnes, notées par *y*, *w*, on peut avoir à noter l'emploi d'une voyelle comme élément semi-vocalique très proche d'une voyelle, dans une diphtongue. Le signe employé est ̯ , ainsi *ai̯* avec *a* comme centre vocalique (*a̯i* serait la même diphtongue avec *i* comme centre vocalique).

• *Accent* (ou accent tonique). L'accent de mot se fait sentir principalement sur les voyelles, accessoirement sur des consonnes voisines ; on le note par un accent sur la voyelle de la syllabe accentuée. (Voir ci-dessous « Ton ».)

• *Ton.* Des voyelles peuvent être caractérisées par une modulation, ou une note fixe plus ou moins haute (ainsi en chinois, annamite, etc.) : on a le choix entre une numérotation des tons, avec renvoi à une description, et des signes conventionnels, tels que ˊ ton montant, ˋ ton descendant, etc.

Lorsque l'accent de mot a une modulation caractéristique, on adopte des signes correspondants, comme dans certaines orthographes (voir p. 256).

La liste ci-dessus est loin d'épuiser toutes les articulations que les phonéticiens ont à caractériser, et celles qu'on peut avoir à noter au cours d'enquêtes linguistiques.

Pour combler les lacunes, on emploie divers procédés.

L'un d'eux consiste dans le tracé des lettres en petites capitales : ainsi pour noter un assourdissement ; par exemple le mot français « abstrait » peut être écrit [*aʙstrẹ*] pour noter que le *b* est assourdi, sans être cependant un *p*.

Si, comme il est recommandé, les majuscules ne sont pas employées dans l'écriture phonétique, elles sont aussi disponibles pour noter une particularité quelconque.

D'autre part il est habituel de mettre au-dessus de la ligne les phonèmes faiblement articulés.

Le système n'est pas clos, mais extensible. On peut y puiser pour l'usage pratique, comme il a déjà été fait pour certaines langues nationales.

Conclusion

L'histoire des orthographes de l'écriture alphabétique montre une évolution continuée après l'invention de l'alphabet, reflétant la vie des langues (apparition, floraison, crises, disparition). On y constate l'interférence constante, mais à effets inégaux suivant les lieux et les temps, entre deux principes, l'un mobile et novateur d'adaptation de l'écriture à la prononciation, l'autre conservateur et sclérosant de maintien des traditions au mépris des changements de prononciation.

D'intention, l'application d'une écriture alphabétique complète à une langue est faite pour représenter ou mieux resuggérer ce qui est dit, de manière que la vue permette au lecteur d'identifier et de se restituer sans effort de réflexion et d'interprétation les mots tels qu'ils ont été prononcés (ou plus généralement formulés en langage intérieur) par celui qui a écrit, qui peut être le lecteur lui-même.

Les orthographes neuves sont adéquates à ce but ; sauf les cas de changement d'écriture (voir ci-dessous p. 320), elles sont faites pour des langues qui n'ont pas encore été écrites. Ici il faut distinguer divers cas. Dans l'un d'eux, le peuple qui acquiert l'écriture n'avait pas de civilisation comportant une culture intellectuelle très développée, ceci dit sans mépriser les littératures orales (cas du got avant la christianisation). Dans d'autres, la culture intellectuelle avait déjà une expression écrite et alors la nouvelle langue écrite accède à la dignité de future langue cultivée par une victoire sur une plus ancienne langue savante, soit langue étrangère (cas du slave en face du grec), soit ancienne langue parlée du même domaine sortie après de longs siècles de l'usage courant (cas du français en face du latin). Toujours, l'adoption de l'écriture accompagne une crise quelconque : d'une manière générale les nouvelles mises par écrit de langues européennes et d'autres ont marqué plus ou moins des éveils de nationalités, cependant que des couches plus nombreuses des populations étaient admises à l'instruction.

Si les langues nouvelles en tant que langues écrites (et prenant par là conscience d'elles-mêmes) n'ont pas de tradition propre qui s'oppose à l'emploi phonétique de l'écriture, elles dépendent cependant pour leur orthographe du matériel d'écriture fourni. Suivant la plus ou moins grande familiarité avec l'usage précédent de ce matériel, suivant aussi une capacité plus ou moins grande d'analyse phonologique et d'invention graphique, ou bien on ajoute des caractères nouveaux ou bien on se contente de grouper des caractères donnés en graphies complexes. Ainsi le français a été bridé par l'intensité de la culture latine en France.

Ici interviennent des besoins plus ou moins grands, l'état phonologique de la nouvelle langue écrite pouvant être sensiblement équivalent à celui de la langue qui prête son écriture ou au contraire beaucoup plus compliqué (cas de l'arménien). Souvent les caractères ajoutés ne sont pas inventés, mais adaptés d'une écriture nationale antérieure (caractères égyptiens en copte, runiques en vieil anglais).

Mais l'évolution des langues parlées ne s'arrête jamais ; au bout de quelques siècles elle a toujours des effets sensibles, même là où l'enseignement agit comme frein ; et alors il y a un décalage entre l'état de langue que reflète l'orthographe initialement adoptée et l'usage vivant, d'où une contradiction plus ou moins gênante, et qu'on s'attendrait à voir éliminer si le principe alphabétique était toujours senti consciemment et si l'enseignement ne se préoccupait que des rapports simples que ce principe implique entre prononciation et écriture.

Seulement l'orthographe n'est pas réglée par la masse des usagers, mais par des milieux intellectuels restreints et des professionnels dont les préoccupations et les intérêts sont divers : copistes de différentes sortes, imprimeurs (depuis le XVIe siècle), maîtres pour les enfants du premier âge ou pour les adolescents, gardiens du « bon usage », historiens de la langue, enfin autorités administratives.

Quelquefois le souci de la facilité d'apprentissage et d'emploi, de la clarté (on pourrait dire de la loyauté) de correspondance entre ce qu'on entend et ce qu'on voit, conduit à des réformes plus ou moins poussées de l'orthographe.

Plus souvent, c'est le désir de ne pas changer les habitudes, de préserver la continuité de la langue écrite et enseignée, qui l'emporte dans un sens conservateur. Plus on a attendu, plus la réforme à faire devrait être radicale, et plus on répugne à effectuer une coupure, à récrire sous un aspect très changé des livres déjà anciens, à enseigner une orthographe neuve. On tend alors à adapter plutôt l'enseignement à l'orthographe que l'orthographe à la commodité de l'enseignement de la lecture et de l'écriture.

C'est ainsi que dans notre monde moderne occidental, pour de grandes langues cultivées dont l'aspect phonologique se trouve avoir été transformé relativement vite, le français et l'anglais, l'emploi de l'écriture est devenu de moins en moins phonétique, de plus en plus intellectuel ou idéographique – étymologique dans les deux langues, de plus grammatical en français. Dans l'enseignement on emploie toutes sortes d'artifices, et on admet conjointement les deux principes contradictoires que l'écriture représente la prononciation et qu'on doit garder aux mots l'aspect avec lequel ils ont été transmis par tradition écrite, ce qui est proprement plonger les enfants dans une sorte de mensonge perpétuel[1].

Au reste, pour les rapports entre langue écrite et langue parlée, il faut tenir compte des caractères différents des civilisations et des sociétés.

Là où subsistent, aux mains de corporations de lettrés plus ou moins fermées, des langues savantes distinctes de la langue parlée, on voit clairement que la vie intellectuelle se poursuit sur un autre plan de civilisation que la vie courante. C'est le cas du monde arabe avec l'arabe classique, de l'Europe préféodale (et en partie féodale) avec le latin. Les langues savantes et figées ont naturellement une orthographe immobilisée, tandis qu'en regard les langues vivantes non-écrites n'ont pas d'orthographe du tout. Dès que les langues parlées sont cultivées, plus ou moins vite et plus ou moins complètement, comme langues savantes, avec rupture plus ou moins brusque des clôtures de castes, il se produit des interférences entre les plans de civilisations plus anciens et plus récents, et il se crée des états mixtes comportant des contradictions internes. Ce sont des contradictions de cet ordre (avec l'intrusion des mots savants dans le vocabulaire) qui causent le trouble profond d'orthographes comme celles du français et de l'anglais.

Si le trouble est grand, il faut cependant en mesurer avec pondération l'importance dans l'ensemble des faits concernant la langue et l'enseignement. Les difficultés d'orthographe paraissent plus grandes aux étrangers qu'aux usagers nationaux qui subissent dès l'enfance un apprentissage et une sorte d'intoxication. Il faut considérer certaines proportions et certaines compensations : si l'allemand par exemple a une orthographe relativement facile à apprendre, le jeu des trois genres et des déclinaisons dans les noms y fait de grandes difficultés aux nationaux peu cultivés comme aux étrangers ; l'anglais au contraire compense ses délicatesses de prononciation et ses complications orthographiques par une simplicité grammaticale inégalée dans les langues d'Europe ; en français l'apprentissage

1. À propos du mensonge des orthographes, cette citation d'Urbain Domergue, grammairien fameux, s'adressant à Napoléon en 1805 : « Ose ordonner la réforme de notre orthographe, et le mensonge abécédaire, qui prépare à tous les mensonges, ne déformera plus les jeunes esprits. »

de l'orthographe comporte en même temps l'acquisition de certaines notions grammaticales. Mais au total, même en Allemagne, on se plaint à juste raison de la longueur de temps nécessaire pour que les jeunes gens arrivent à être exercés à un emploi suffisamment correct de l'orthographe.

À l'époque contemporaine, dans le monde des machines et des sciences, des moyens de transports rapides, et surtout de l'instruction généralisée, de nouvelles tendances apparaissent tant pour les suppressions des anciens rapports de classes que pour les communications et rapprochements entre peuples, et on peut en attendre diverses réactions non seulement pour le choix des écritures, mais pour la constitution des orthographes.

Ainsi l'état des choses présent pour les langues à écriture latine répond surtout aux besoins et aux tendances d'une classe dirigeante relativement nombreuse (encore que ne représentant qu'une proportion très limitée des populations), qui a été longtemps instruite de manière spéciale par l'étude des langues anciennes classiques, latin et grec, et par la pratique assidue d'auteurs nationaux datant de deux à quatre siècles, et qui se montrait plus ou moins fière de se distinguer de la masse peu instruite. Cette situation est en voie de changement assez rapide.

En France en particulier on entrevoit comment l'esprit nouveau pourrait mener à une réforme plus ou moins poussée ou à des réformes successives de l'orthographe nationale. Déjà au XIXe siècle, plus encore au XXe, une grande partie des écrivains a eu le souci de rapprocher la langue écrite de la langue parlée, l'enseignement des langues anciennes a connu le déclin, l'enseignement moderne avec la culture à la fois par le français et par les langues étrangères vivantes prend de plus en plus de place, même dans la classe bourgeoise. D'autre part la masse admise à l'instruction, depuis plus d'un demi-siècle maintenant, peut commencer à manifester ses besoins en matière d'enseignement. Des situations analogues s'observent en tous pays d'Europe occidentale. Il n'est pas indifférent d'autre part de rappeler qu'en Union soviétique le nouveau régime a mis en œuvre une réforme assez profonde de l'orthographe qui s'est chiffrée en grandes économies d'efforts pour l'apprentissage, ainsi que de temps et de matériel pour la composition imprimée en raison de la suppression d'un signe inutile qui était précédemment très souvent employé.

Entre-temps le développement de la science linguistique, tant dans sa partie historique que dans l'observation des langues vivantes, fournit de meilleures perspectives sur l'histoire des langues, qui comprend celle de l'orthographe. Avec une conscience plus claire de la réalité des faits, on peut aboutir à de meilleures règles d'usage. Les besoins des savants ont fait se développer chez eux d'abord un usage strictement phonographique de l'écriture, unifié internationalement au moins dans son principe. Cet usage a reçu des applications pour des langues diverses non cultivées et aussi pour des langues cultivées antérieurement pourvues d'écritures incommodes. Il a commencé à se répandre dans l'enseignement comme orthographe auxiliaire, et on aperçoit comment il peut préparer des réformes étendues. En tout état de cause, les rajeunissements d'orthographes se multiplieront sans doute dans un avenir prochain[1].

Un autre ordre de faits est à considérer : c'est la substitution totale d'une écriture à une autre avec constitution systématique d'une orthographe neuve. Ce phénomène révolutionnaire ne se produit que dans des cas de grands changements politiques ou idéologiques ou les deux à la fois. Pour les siècles passés, nous avons eu à considérer l'extension de l'alphabet aux dépens d'autres systèmes d'écriture (disparition des anciennes écritures nées en Égypte, Mésopotamie, Crète ; restriction à l'expansion de l'écriture chinoise). Dans le monde moderne, l'accession à des aspects divers de la civilisation européenne a été accompagnée de latinisations et cyrillisations.

Sans glisser à la prophétie, il serait peu raisonnable de ne pas envisager la possibilité, dans des remaniements politiques et sociaux de l'avenir, d'une unification des tracés alphabétiques divers par l'adoption d'une écriture phonographique d'un aspect nouveau qui serait combinée pour le meilleur usage universel possible, en abandonnant les figures variées prises par les lettres de notre alphabet au cours de ses évolutions.

CHAPITRE XI

LES TRACÉS

MÉTIERS, ARTS ET JEUX DE L'ÉCRITURE

Préambule

Des écritures de même origine se présentent avec des aspects différents, souvent si différents qu'on ne pourrait reconnaître l'unité primitive sans la comparaison de formes anciennes encore peu divergentes dans l'évolution qui entraîne les tracés, comme toutes choses. Cette comparaison n'est possible, naturellement, que si les documents sont assez abondants, présentant

1. Les avantages d'un système nouveau, strictement phonétique, s'il était accepté universellement, seraient de réaliser la réforme de l'orthographe pour toutes les langues qui n'ont pas d'orthographe neuve, de permettre de n'apprendre qu'un seul système graphique et orthographique pour toutes les langues et de présenter un apprentissage facilité par le caractère rationnel des signes, en rapport avec les articulations. Les précurseurs sont déjà présents ; une réalisation d'emploi serait possible si les circonstances étaient favorables.

les formes de transition ; comme ces conditions sont rarement réalisées, les filiations d'écritures sont difficiles à étudier, même quand il y a eu évolution sur un domaine restreint et relativement cohérent. À plus forte raison, l'historien des tracés est désarmé, ou très mal armé, lorsque, comme il est normal, l'évolution est saccadée, à cause de propagations brusques, de transferts, avec l'intervention sûre, probable ou possible de personnes manifestant une volonté et un esprit d'invention déterminés.

Les évolutions des formes d'écriture sont commandées en partie par l'utilité, l'efficacité à atteindre un but. À travers tout, ainsi que le langage doit être distinct à l'audition et organisé pour l'expression des idées, l'écriture doit présenter un certain degré de clarté à la vue.

Mais ce but est atteint de manières qui sont très différentes suivant les temps et les lieux, où les exigences même de la vue des usagers sont indéfiniment variables.

Il y a lieu de décrire les variétés, mais aussi de tenter de les interpréter. Les systèmes de tracés qui dans toutes sortes de conditions résultent du choix des formes de caractères et de leurs assemblages ont, comme les systèmes de sons et de formes grammaticales, leurs cadres et leurs lois qu'on pourra chercher à déterminer.

Les écritures se sont répandues avec l'expansion et le prestige de certaines civilisations qui se sont faites impériales et de certaines religions universalistes : comme dans les écritures non alphabétiques l'écriture chinoise et l'écriture cunéiforme, il y a à citer les exemples des écritures alphabétiques arabe, grecque, latine, etc. Lorsque le contact entre la civilisation donneuse et la civilisation emprunteuse n'a pas été intime et prolongé, les tracés nés secondairement sont devenus vite nettement divergents ou ont été combinés sciemment comme différents par des inventeurs. Ces nouveaux tracés ont pu avoir eux-mêmes par la suite une expansion autonome et diversifiée : c'est le cas du grand groupe des écritures de l'Inde, d'une manière plus restreinte celui de l'écriture runique.

À l'intérieur des grands ensembles, les peuples ou les nations, presque toujours de langues différentes, se caractérisent souvent, en dehors de l'adaptation propre de l'écriture à la langue, c'est-à-dire de l'orthographe nationale, par un tracé particulier. C'est ainsi par exemple que les écritures servant pour les différentes langues sémitiques sont différentes entre elles, que l'écriture latine a connu la variété dite gothique et le tracé irlandais, etc.

Les variations des formes de caractères n'obéissent pas seulement à la commodité, en raison des instruments traceurs, des objets sur lesquels on écrit, etc., et au besoin de clarté par la distinction des signes. Il existe des convenances d'ordre affectif, de sorte que les caractères eux-mêmes et aussi leur disposition procurent à l'esprit des membres des groupes humains qui les emploient certaines satisfactions, en concordance avec les tendances de cet esprit. L'écriture touche à l'art du dessin même alors qu'elle s'est définitivement écartée de ses origines pictographiques ;

comme l'art, elle intéresse la psychologie collective ou psychologie des peuples. Esthétique et psychologie sont matières délicates à toucher, et des dernières auxquelles on ait appliqué des méthodes scientifiques ; raison de plus pour ne pas s'abstenir de rechercher ce qui peut être dit de manière positive, soit comme notion acquise, soit au moins comme suggestion de recherches pour l'avenir.

En chaque région où l'écriture est employée, il existe un art du beau tracé, une calligraphie, et généralement une ou plusieurs corporations (graveurs, copistes) pour l'exercer, en maintenir la tradition, y apporter des innovations suivant les goûts de l'époque. Le caractère bien tracé peut être une petite œuvre d'art en lui-même ; les dispositions des caractères en lignes, en colonnes, en surfaces entières comportent d'autres éléments d'art. Ainsi, pour prendre des exemples en dehors de l'écriture alphabétique, l'hiéroglyphe égyptien est un dessin d'être ou d'objet joli en soi, les groupements qui en sont faits répondent à des règles fermes d'esthétique ; de même le caractère chinois, qui a cessé d'être du dessin imitatif, est un dessin ornemental délicat et souvent compliqué.

Cet art de l'écriture n'est pas isolé. Une inscription peut être un monument par elle-même ; plus souvent elle est liée à une œuvre d'art, qui peut être une poterie, une sculpture, ou a sa place dans l'ensemble d'une architecture. Que l'on pense ici encore à une inscription hiéroglyphique sur un obélisque, à une inscription chinoise sur une porte monumentale ou sur un vase de bronze.

Il y aurait lieu d'étudier à ce point de vue la question des directions : l'horizontale et la verticale ne se sont sans doute imposées que dans la mesure où il y avait des monuments dont l'assise était forcément la ligne horizontale du sol, l'autre direction étant généralement perpendiculaire (il faut penser aussi à l'oblique, notamment d'objets pyramidaux) ; la stèle est une réduction de mur ; la feuille rectangulaire doit être elle-même sans doute considérée comme une réduction de stèle. Les conditions sont différentes pour les poteries, ou les armes gravées, etc. La meilleure contre-épreuve est faite par des inscriptions serpentines ou de directions quelconques (ainsi pour le domaine libyco-berbère) chez les nomades[1].

1. Dans l'architecture, l'oblique se montre soit dans les pyramides du type égyptien, à grandes surfaces triangulaires (en fait sans inscriptions en Égypte), soit dans des édifices dont les étages sont à retrait. Les façades de bâtiments à section rectangulaire sont volontiers terminées de manière ornementale, avec apparition de l'oblique et de la courbe. Les stèles ont souvent un sommet autre que droit (exemple : la stèle funéraire du prêtre Agbar du – VIIe siècle, bas-relief surmonté d'une inscription sur la partie supérieure à sommet arrondi). Il faut tenir compte d'objets-supports qui semblent ne rien devoir à l'architecture et être faits spécialement pour la commodité de la lecture : en Mésopotamie ancienne, prismes à plusieurs faces, petits cylindres. Une surface peut être occupée principalement par une image, la partie écrite devant s'accommoder du reste, dans une direction ou une autre (voir par exemple la pierre de Lemnos).

L'art de l'écriture a un rôle plus ou moins grand dans l'art ornemental suivant que le dessin, la peinture et la sculpture sont plus ou moins en usage ; c'est ainsi que la répugnance de l'Islam à la figuration d'êtres animés[1] a fait se multiplier les usages ornementaux de l'écriture ou, comme nous disons, les arabesques, qui suivent les détails d'architecture plus ou moins contournés en stuc ou les formes de divers objets. Inversement on voit, chez des Africains sans écriture, des sculptures qui s'interprètent en proverbes.

Mais sans doute l'analyse ne doit-elle pas se borner à l'esthétique. Puisque les tracés individuels révèlent des particularités d'esprit de celui qui écrit, les tracés nationaux doivent permettre dans une certaine mesure de rechercher des particularités de l'esprit collectif des peuples. Cette recherche reste à faire dans l'avenir.

Mentionnons ici qu'il sera sans doute important de distinguer les écritures à caractères séparés (signe graphologique d'analyse et d'intuition) des écritures où la liaison l'a emporté (signe de logique déductive). Il y aurait sans doute aussi des conclusions à tirer des directions : verticale ou horizontale, et marches diverses dans l'une ou l'autre disposition, qu'il ne suffit peut-être pas d'expliquer par les commodités matérielles de la mise en écrit.

Revenons à des points plus proprement techniques. L'écriture a, et a pris de plus en plus un caractère pratique, où intervient le besoin de rendement rapide. Il y a lieu d'examiner dans les écritures, tant chez les scribes professionnels que chez les autres usagers, les effets de la lutte constante entre la rapidité et la clarté.

Ceci ramène à l'étude des formes : la rapidité des tracés mène à des confusions des caractères fournis par l'état initial, par la tradition. C'est l'occasion de réfection par différenciations.

Quelles que soient les causes qui ont créé les tracés des caractères, de même que les langues ne comportent, parmi tous les phonèmes possibles, qu'un certain nombre de consonnes et de voyelles rangées inconsciemment en système équilibré que la science linguistique s'exerce à discerner, un alphabet peut être étudié comme un système clos dans son équilibre de formes ; les rencontres de formes identiques avec des valeurs différentes qui se remarquent entre divers alphabets ne font qu'illustrer l'autonomie de ceux-ci.

---

1. Cette interdiction est biblique (Décalogue) ; elle n'est pas proprement coranique, mais elle résulte de nombreuses « paroles du Prophète » (*ḥadīt*). La raison donnée repose sur le sens ambigu de la racine *ṣwr* qui peut exprimer la création par Allah aussi bien que la reproduction en image : or l'homme ne doit pas imiter Dieu. L'interdiction a été généralement observée en Occident ; les lions sculptés de la cour de l'Alhambra de Grenade (Espagne) constituent une curieuse exception. Mais l'Orient a connu le brillant développement, notamment, de la miniature persane. À l'époque moderne la photographie est admise tant pour l'usage privé que pour l'illustration des livres et des journaux.

Toutes ces considérations doivent entrer en jeu dans la description particulière des différents tracés que nous offrent l'histoire et l'observation contemporaine des alphabets. À vrai dire une partie des études suggérées dans les considérations ci-dessus sont à peine abordées dans le développement qui suit : il y est surtout question des principaux types, et principalement de l'écriture latine ; à propos de celle-ci, quelques détails sont donnés sur les réalisations imprimées en Europe.

En situant les tracés, en examinant en même temps les matériels à écrire, on a l'occasion de mentionner les divers métiers de l'écriture.

La mention des tracés individuels conduit à un aperçu sur la graphologie.

L'étude ne serait pas complète sans des indications sur les diverses transpositions de l'alphabet, et sur les jeux qui se font au moyen de dispositions convenues de caractères.

ÉCRITURES SÉMITIQUES, LIBYCO-BERBÈRE

Phénicien et araméen ancien, avec l'hébreu carré et ses dérivés

Sur les inscriptions en phénicien, en moabite, en araméen ancien, nous constatons que les artistes en écriture du second et du premier millénaire av. J.-C. savaient disposer les textes en lignes horizontales bien tracées, bien délimitées par des marges.

Les caractères, séparés, nettement incisés en creux, sont d'une seule espèce (pas de distinction entre minuscules et majuscules, ce qui est le fait le plus général et n'aura pas à être mentionné par la suite).

Les dimensions et les dispositions sont assez variées, certains caractères dépassant la ligne au-dessus, les autres au-dessous. Si on veut mieux se représenter les choses, il faut préciser : en réalité il y a le corps des lettres inscrit entre deux lignes idéales ; c'est en dehors de ces deux lignes que s'étendent les hampes en haut, les queues en bas.

Les traits droits sont soit verticaux soit obliques, plus rarement horizontaux ; il y a des courbes, notamment le cercle qui constitue la lettre *o ε*.

On a l'impression du report sur pierre, sans souci d'équilibre symétrique ni de fioritures ornementales, d'une écriture usuellement employée d'une manière libre, tracée avec un instrument assez souple. Au reste la découverte de tessons avec écriture courante du même type indique que même sur ce support dur on se servait d'encre liquide, avec une plume sans doute en roseau, taillée en pointe ou terminée en pinceau fin. Le phénicien montre donc un cas d'écriture courante pouvant servir d'écriture monumentale.

Cette écriture nous apparaît au cours de son évolution, sans doute plusieurs siècles après son origine. On constate que certains caractères, probablement en raison des simplifications de formes antérieures bien distinctes par tendance à la rapidité, se confondent dans leur tracé général, et ne se distinguent que par des détails, de manière plus ou moins voulue, différant suivant les lieux et les moments. Ainsi dans le phénicien du – VIIIe siècle environ, sous la tête du *b* on voit la courbure du trait vertical à gauche ; sous la tête du *d* il y a un trait en oblique vers la droite (tandis qu'en phénicien archaïque on trouve un *d* sans hampe, comme par ailleurs en grec), *r* a un trait dirigé de même, mais plus long.

Phénicien.... 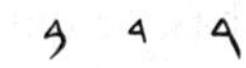 Néopunique.. 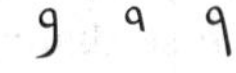

b d r

CARACTÈRES PHÉNICIENS ET NÉOPURIQUES

La pratique phénicienne s'est perpétuée en punique, non sans que l'aspect général change sensiblement dans le néopunique, par la plus grande liberté du lancé dans les traits avec des queues en partie prolongées.

Dans l'usage hébreu, à Siloé, on observe une propension à replier les queues vers la gauche.

Inscription de Siloé...  Samaritain.... 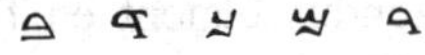

b k m *b d k m r*

CARACTÈRES DE L'ANCIEN HÉBREU ET DU SAMARITAIN

L'unification en hauteur par repliage se remarque dans l'écriture samaritaine ; d'autre part on peut y discerner un souci ornemental : terminaisons des traits par des points plus épais, dépassement d'un trait sur un autre dans les angles ; ce dernier procédé distingue nettement le *d* du *r*.

Dans l'écriture araméenne telle qu'elle nous apparaît dans les papyrus d'Égypte, l'écriture a subi une première évolution, due à un mode de tracé différent, sans doute avec des instruments changés. Soit que les scribes n'aient employé que les traits de haut en bas, comme font les Abyssins, soit qu'ils aient seulement évité les retours latéraux, les tracés fermés se sont tous ouverts, comme il était arrivé en phénicien pour un seul caractère, *ṭ*, qui est en cercle en phénicien archaïque , ouvert par la suite . C'est ainsi qu'on trouve désormais privés de « têtes » *b* , *d*  et *r*  (pratiquement confondu avec *d*) et *ε*  au lieu du cercle, où l'ouverture est spécialement frappante. En même temps les caractères se sont alignés en hauteur.

Les dispositions se sont régularisées dans l'hébreu carré. En majorité les traits y sont verticaux ou horizontaux, les angles droits sont fréquents. En général les caractères ont la même hauteur, le ק *ḳ* seul, en dehors des lettres finales, a un dépassement vers le bas ; le ל *l* a un net dépassement vers le haut qui le distingue de ר *r* ; celui-ci a gardé de la tête supprimée un moignon qui est un petit point, tandis que le ד *d* se distingue par l'angle droit au sommet et ב *b* par un angle droit à la base. Remarquer que י *y* est mis à la hauteur du sommet des autres lettres, mais est écourté, se distinguant ainsi de ו *w*. Le tracé est caractérisé en partie par des renforcements à forme de point comme dans ע *ε*, שׁ *š*, *ś* ; la tête ainsi faite distingue ז *z* de ו *w* et la base pointée à gauche évite la confusion de ת *t* avec ח *ḥ*. Des lettres finales, dont l'emploi a pour effet de bien marquer des limites de mots, ont conservé droits des traits ailleurs repliés : ך à côté de כ *k*, ן à côté de נ *n*, ף à côté de פ *p*, ץ à côté de צ *ṣ* (ם final à côté de מ *m* se distingue par la fermeture du bas, ce qui le rapproche de ס *s* qui reste distinct par sa corne à gauche).

L'écriture rabbinique a sensiblement les mêmes formes, avec des traits volontairement incurvés, une hampe plus haute de ל *l* et une hampe en haut à א (aleph) au lieu du classique א (voir l'alphabet rabbinique, p. 192).

Les écritures juives postérieures ont des caractéristiques analogues, avec des aspects variés, toujours en caractères séparés sauf la ligature de א et ל qui est employée par endroits dans les manuscrits et même des impressions.

La Bible nous apprend que chez les juifs les petits écrits ou les livres étendus étaient en forme de rouleau. Cette disposition a été conservée jusqu'à nos jours pour les textes canoniques de la Bible à usage rituel.

Dans les manuscrits conservés en nombre à partir du xe siècle, on voit que les lignes sont soigneusement alignées dans la composition de la page. Pour éviter à la fois de couper des mots et de laisser un blanc en finale de ligne, les scribes s'arrangent en élargissant certains caractères : ﬦ *m*, ﬨ *t*. Les marges sont bien régulières. Il y a généralement des ornementations en début de chapitre. Il est usuel qu'un commentaire en écriture rabbinique coure autour du texte en hébreu carré, avec des festonnements et entrelacements à effet ornemental. Le tout suppose une habileté raffinée des copistes.

Les impressions ont reproduit la manière des bons scribes. Dans l'hébreu rabbinique, il y a lieu de noter la grande abondance des abréviations : c'est un élément idéographique de l'écriture, où la rapidité de l'expression graphique s'accompagne, pour des choses usuelles, d'un facile usage de la mémoire.

Si nous revenons à des écritures araméennes qui n'ont été employées qu'un temps et pour lesquelles nous n'avons guère que des inscriptions, nous voyons que le palmyrénien et la nabatéen montrent, chacun avec un style particulier, l'égalisation des caractères en hauteur. D'autre part tous deux révèlent des soucis ornementaux. Le palmyrénien a plus de fioritures. Les deux écritures montrent le début des liaisons de caractères, plus abondantes en nabatéen, ce qui est un trait d'écriture rapide qui n'a pu apparaître que dans un usage courant.

Ces liaisons sont encore plus fréquentes dans le tracé des manuscrits mandéens, qui par ailleurs conserve sensiblement la tradition ancienne des formes, avec un aspect général carré.

Syriaque

Les écritures syriaques, tant dans les inscriptions que dans les manuscrits, ont une toute autre apparence que les autres écritures araméennes dont il a été question ci-dessus.

Les caractères sont de hauteur inégale ; en général ils sont écrasés, petits de corps, avec exagération de certaines hampes ; ils comportent souvent un trait oblique. La liaison est la disposition normale ; quelques caractères seulement ne sont pas liés au caractère qui les suit. C'est essentiellement un tracé courant rapide, avec un grand souci de continuité, plutôt que d'élégance et d'ornementation. Ce qui ne veut pas dire que les scribes ne recherchaient pas un style. Cette recherche est prouvée par le fait même qu'il y a différentes variétés d'écriture syriaque.

Voici ce que sont devenus dans l'écriture jacobite la plupart des caractères dont il a été question ci-dessus (forme à l'initiale, sauf le *z*) :

ܒ *b*, ܕ *d*, ܪ *r* (avec distinction par le point),
ܙ *z*, ܛ *ṭ*, ܠ *l*, ܥ, *ε*, ܢ *n*, ܦ *p*, ܩ *ḳ*, ܫ *š*.

L'écriture des manuscrits soignés est devenue celle des impressions. Les tracés des caractères sont faits de telle sorte qu'on n'aperçoive pas à la lecture d'intervalles entre les caractères liés.

Au moins pour le tracé jacobite on sait que les lignes qui se lisaient de droite à gauche étaient écrites de haut en bas (et par conséquent en succession de gauche à droite). Ceci est prouvé en particulier par des inscriptions qui ont été tracées ainsi sur rocher, ou dans des encadrements de portes, où forcément elles doivent être lues aussi verticalement. On observe aussi que les voyelles grecques qui ont été transférées telles quelles à l'écriture jacobite sont, à droite ou à gauche des lettres, orientées comme en grec, lors du tracé vertical ; elles deviennent horizontales lors de la lecture, après conversion à angle droit, ainsi ᵀ *ε e*, ⁼ *η i*. Malheureusement on n'a pas de détails sur les manières de faire des scribes ; on a dû écrire sur des bandes étroites, ne contenant que quelques lignes, disposées sur la main gauche étendue, la main droite traçant suivant une ligne verticale, avec des espèces de lancés pour les hampes à gauche, les queues à droite, le tout avec le moins d'interruption possible. Cet usage subsiste en partie ; il se rencontre aussi pour l'arabe.

La disposition verticale, tant pour la lecture que pour l'écriture, dans des écritures d'Extrême-Orient de provenance araméenne provient sans doute de l'habitude syriaque, en partie consolidée par une influence chinoise.

Arabe

L'écriture arabe procède du même principe général que l'écriture syriaque : c'est une cursive liée, avec des corps réduits pour les lettres. Mais la main est différente. À l'analyse du détail, on peut constater plus de hampes verticales en haut, plus de courbes en bas, notamment pour les queues hardies de diverses lettres finales (ou isolées) : tracé où une élégante fantaisie a un large rôle.

On distingue deux formes principales de l'écriture arabe. La plus ancienne est dite koufique, d'après le nom de la ville de Koufa, centre savant en Mésopotamie. C'est celle des premières inscriptions arabes et aussi, en général, stylisée de diverses manières, celle des inscriptions monumentales postérieures. Elle ne comporte pas les points qui servent à distinguer les anciens caractères confondus par le tracé et ceux au moyen desquels on a combiné des caractères nouveaux en raison de l'abondance du consonantisme arabe.

Un néo-koufique, pourvu des points diacritiques, a été employé comme écriture courante à différents moments et en différentes régions : c'est encore l'écriture préférée au Maghreb (Afrique du Nord occidentale) et notamment au Maroc. (On a fondu en Europe des caractères pour imprimer dans cette écriture.)

L'autre forme, plus arrondie et plus libre, est appelée naskhi [*nasḫī*]. C'est celle qui est généralement adoptée pour les impressions, tant indigènes qu'européennes.

Les principales formes confondues, qu'on a distinguées secondairement par des points (voir p. 238) sont, à l'initiale et au milieu des mots : ﺑ *b*, ﺗ *t*, ﺛ *t*, ﻧ *n*, ﻳ *y* ; ﻓ (maghribin ﭬ), ﻗ (maghribin ﻓ) *ḳ* ; en finale et isolément, les confusions sont moindres : ب, ت, ث sont pareils, mais on a ن *n* et ى *y* ; ف *f* est différent de ق *ḳ*.

Le د *d* (doublé de ذ *ḏ*) se distingue peu de ر *r* qui descend au-dessous de la ligne mais il y a confusion (à part le point) entre ر *r* et ز *z* ; ces lettres ne se lient jamais à une lettre suivante, et n'ont par conséquent pas de forme finale spéciale.

Cette écriture arabe, dans les manuscrits et dans beaucoup d'impressions indigènes, ne se tient pas strictement sur la ligne, tous les caractères isolés n'étant pas juste à la même hauteur ; souvent deux ou trois caractères liés sont superposés ou à demi superposés.

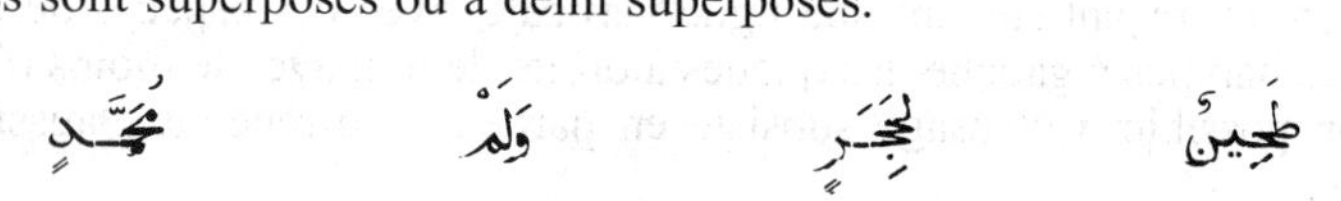

muḥamma-d^{in} *walam* *liḥağar*^{in} *ṭaḥīn*^{un}

MOTS ARABES VOCALISÉS

C'est le même tracé qui sert à tous usages : écriture courante familière, livres manuscrits et imprimés. Même les modifications à effet ornemental ont pour point de départ les caractères ordinaires.

Un essai de création de majuscules en Égypte par le roi Fouad en 1931 ne semble avoir eu que peu de suites.

L'abondant usage de l'écriture dans le monde islamique a occupé et occupe de nombreuses corporations, du graveur sur pierre à l'écrivain public.

La gravure sur pierre ou sur stuc a été le métier de nombreux et habiles artisans, qui ont souvent usé de l'écriture en relief. D'autres ont gravé sur métal et pratiqué l'incrustation. Les combinaisons les plus variées de symétries et d'entrelacs se rencontrent dans les frises, les encadrements, etc. Les formes des lettres sont souvent profondément modifiées en raison des dispositions ornementales. (Une de ces modifications consiste dans l'allongement plus ou moins considérable d'un trait horizontal pour occuper un espace déterminé.)

L'art calligraphique a été la discipline d'écoles qui ont eu des maîtres célèbres dans leur partie ; on sait les noms de ceux qui ont lancé de nouvelles modes, telles celles qui se retrouvent nationalisées en quelque sorte dans des usages de peuples qui ont l'écriture mais non la langue arabe.

C'est ainsi qu'à partir du XIVe siècle dans les manuscrits divers et dans les impressions modernes sur planches, on trouve le persan et l'hindoustani (ourdou) écrits en arabe « suspendu », où les mots sont posés en oblique, le début au-dessus, la fin au-dessous de la ligne, ce qui (en atténuation aux autres difficultés de lecture) les rend faciles à délimiter.

Les Persans ont d'ailleurs une autre écriture usuelle, dite « brisée », où les lettres sont souvent entrelacées.

En Turquie on s'est servi de diverses variétés de tracés. L'un d'eux, caractéristique de l'usage courant, dit *riḳɛa*, a été adopté pour l'impression notamment de journaux, non seulement en turc mais aussi en arabe dans les provinces de l'ancien Empire turc.

Des tracés à caractères séparés et à formes plus ou moins aberrantes ont des usages magiques.

Les omoplates de chameaux, anciennement utilisées, ne pouvaient pas servir pour des écrits étendus. On sait que les premiers Corans étaient écrits sur peau de gazelle. Mais le support général de l'écriture chez les Arabes a été le papier, de papyrus d'abord, de chiffon ensuite[1].

L'instrument à écrire est la plume de roseau, dont la pointe est taillée obliquement, le côté le plus long à droite.

Le livre en pages est en usage depuis le VIIIe siècle au moins, et il y a tout un art de la reliure[2]. En Perse, on insère des miniatures.

---

1. Le premier tirage sur papier connu daterait du Xe siècle, peut-être du VIIIe. Il consiste, comme divers autres, en une sourate du Coran, tandis que d'autres pièces consistent en listes de noms d'Allah, ou en d'autres textes propitiatoires. La xylographie a paru assez tôt en Égypte, mais est restée d'emploi limité.

2. De l'arabe a été imprimé en Italie à partir du XVIe siècle, mais une imprimerie n'a été installée en Égypte qu'au moment de l'expédition de Bonaparte (1799). L'imprimerie officielle du Caire a été fondée en 1821.

Les exemplaires du Coran donnent lieu à une activité artistique à part, avec leurs voyelles et autres signes de lecture et leurs en-têtes de chapitre ornés, et l'emploi de plusieurs couleurs.

Les commentaires d'un livre sont souvent écrits dans les marges.

Sudarabique et éthiopien

L'écriture sudarabique présente vis-à-vis de l'écriture arabe le plus vif contraste. Elle a tous les caractères d'une écriture monumentale. On ne lui connaît qu'une forme, les petits objets avec inscription et les graffiti qu'on a pu recueillir ne montrant pas de forme cursive distincte, non plus en somme que l'éthiopien.

Les caractères sont séparés. Ils tiennent tous entre deux lignes d'écartement égal partout, entre lesquelles on peut concevoir une troisième ligne idéale marquée notamment par les pointes des angles de certaines lettres. Lorsqu'il y a ce qui pourrait être une hampe dans une autre écriture, le corps de la lettre est diminué dans sa hauteur de manière que l'ensemble ne fasse pas de dépassement : ainsi dans 𐩱 *ɔ* en face de 𐩨 *b*. (À propos de ce dernier caractère, remarquer qu'il a la même forme, trois côtés d'un rectangle, que dans l'hébreu carré, mais avec l'ouverture en bas ; c'est le même tracé auquel, par une évolution toute différente, a abouti une autre lettre pour former le Π *p* en grec). Deux caractères arrondis sont généralement plus petits que les autres, se tenant au milieu de l'interligne ; ce sont *o* *ɛ* et ∞ ou **oo** *w* ; était-ce en raison de la technique du tracé[1] ? Voir pour le grec p. 336.

Tous les signes nécessaires pour exprimer le plus riche consonantisme du sémitique ont été créés sans faire appel aux points détachés ; du moins s'il y a eu de tels points au début, ce qui n'est pas impossible, ils ont été rattachés secondairement : on ne trouve que des petits traits formant angle ou des petits cercles ; ainsi 𐩶 *g* غ, 𐩻 *t* ث.

Les formes sont géométriques, c'est-à-dire que les caractères consistent en figures simples de lignes droites ou courbes, ou d'assemblages peu compliqués de figures simples, le tout en combinaisons claires, du premier coup distinguables entre elles. De nombreux caractères sont symétriques par rapport à un axe vertical, d'autres le sont par rapport à la ligne horizontale médiane idéale, ou ont les deux symétries à la fois.

Les exemples suivants montrent les équilibres de formes et aussi combien sont différentes diverses consonnes dont les confusions sont étudiées plus haut pour des écritures nord-sémitiques :

---

1. Une lettre en cercle parfait est plus large que les caractères habituels de beaucoup d'écritures (sudarabique en particulier), qui sont plus hauts que larges, d'où trouble dans les écartements présumés réguliers. De là provient l'ovalisation habituelle de l'*o* qui prend ainsi une largeur moyenne.

𐩨 *b*, 𐩩 *t*, 𐩺 *y*, 𐩵 *d*, 𐩧 *r*, 𐩸 *z*, ◊ ou ⬦ *p*, 𐩤 *ḳ*.

Les caractères qui ne sont pas symétriques par rapport à un axe vertical mais ont une dissymétrie totale sont tracés dans un sens ou dans l'autre suivant la direction de la ligne dans la fréquente disposition alternative (boustrophédon). Entre parenthèses, cette disposition qui repose sur la continuité, comme si c'était toujours une seule ligne écrite qui était indéfiniment repliée, impose à celui qui écrit et à celui qui lit un petit effort pour posséder le maniement de deux formes inversées d'une même lettre, ainsi ˥ et Γ *g* ; cette petite complication est réduite au minimum en sudarabique par l'abondance des caractères rigoureusement symétriques.

Le souci de clarté et d'équilibre qui a manifestement présidé à l'ordonnance de cette écriture s'accompagne de recherches d'élégance dans les tracés, variables suivant les périodes.

C'est ainsi qu'on voit à l'époque la plus ancienne la forme arrondie de Y *h* et la forme anguleuse de 𐩣 *m*, tandis que plus tard on trouve la forme carrée de Ⴤ et une courbe dans 𐩣. À la dernière époque, on a employé des formes incurvées ou tordues comme Ψ *h* ou à petits éléments supplémentaires comme Ʃ au lieu de 𐩦 *š*. Ces élégances viennent-elles d'une écriture sur matière souple ? Attestent-elles quelque influence étrangère ?

En tout cas les graveurs sur pierre ont toujours été habiles à tracer exactement sans bavures les inscriptions en creux ou en relief, bien margées.

Une recherche graphique limitée à l'écriture de noms propres sur des inscriptions (en titre ou en exergue) ou isolés, notamment sur des monnaies, est la constitution de monogrammes, favorisée par la forme des caractères.

L'écriture éthiopienne, telle que nous la connaissons dans les inscriptions des IVᵉ et VIᵉ siècles, puis dans les manuscrits sur parchemin à partir du XIIIᵉ siècle est une forme un peu assouplie mais très peu modifiée de l'écriture sudarabique.

C'est un exemple d'écriture monumentale devenant une écriture livresque.

Les caractères n'ont qu'une forme, employée à tous usages. Cette forme est constante, la direction des lignes s'étant stabilisée, de gauche à droite.

L'écriture en caractères séparés a favorisé l'expression de voyelles par des signes complémentaires qui étaient à l'origine des petits traits ou cercles ajoutés à un endroit déterminé du tracé de la consonne.

Plus tard les traits sont devenus des points ; certains traits inscrits avec décalage latéral ont paru être des brisures du trait principal. Au total on ne peut pas indiquer simplement un procédé pour l'adjonction de chaque signe vocalique, de sorte que pour l'enseignement on a construit un syllabaire comportant des tracés de toutes les consonnes avec toutes les voyelles (voir le syllabaire éthiopien, p. 136-137).

Exemples, avec l'ordre éthiopien des voyelles :

ሀ *ha*, ሁ *hu*, ሂ *hi*, ሃ *hā*, ሄ *he*, ህ *hə*, ሆ *ho*
ለ *la*, ሉ *lu*, ሊ *li*, ላ *lā*, ሌ *le*, ል *lə*, ሎ *lo*
በ *ba*, ቡ *bu*, ቢ *bi*, ባ *bā*, ቤ *bē*, ብ *bə*, ቦ *bo*

On peut remarquer que, comme la hauteur des caractères doit rester constante, lorsqu'une marque vocalique comporte un allongement vers le bas, le corps de la lettre ou le montant symétrique à celui qui porte l'allongement se trouve rapetissé (voir surtout la série à *ā*). On notera aussi que les signes de *ə* et de *o* ne sont pas constants.

L'instrument du scribe abyssin est le roseau taillé, avec biseau au bout ; en raison de la direction inverse de l'écriture par rapport à l'arabe, c'est la pointe de gauche qui dépasse. D'autre part l'usage qu'on fait de l'instrument est tout différent. En effet en Abyssinie on trace toujours les traits en allant de haut en bas et en succession de gauche à droite, sans courbes et presque sans lignes horizontales. Les traits courts sont réduits à de gros points, qui sont en fait de petits carrés. Les nombreuses courbures, les cercles, les traits horizontaux sont suggérés par le rapprochement judicieux des bâtonnets (quelquefois légèrement renflés par endroits) et des petits carrés. Dans ce mode d'écriture essentiellement discontinu il y a souvent de petits intervalles entre les éléments des lettres. Mais le rapprochement suggère les lignes non tracées ; c'est ainsi en particulier que le tréma des caractères complémentaires amhariques paraît comporter une ligne horizontale, ainsi pour *ša* ሻ.

Traditionnellement on fait usage de quelques rares ligatures, par emploi d'un trait en commun pour deux lettres, ceci surtout dans le nom de Dieu : እግዚአብሔር *əgziəabəhēr*.

Cette disposition se retrouve dans des monogrammes analogues à ceux du sudarabique qui sont employés sur des cachets ou dans des signatures manuscrites.

Les manuscrits en parchemin se présentent en livres pliés, brochés ou plus généralement reliés avec des couvertures en bois. La bande roulée ne se rencontre que pour des écrits à caractère magique, généralement destinés à être portés sur la personne.

Les copistes de manuscrits sont des clercs spécialisés dans ce métier, comme d'autres se spécialisent dans la théologie. La différenciation entre ces vocations est plus grande qu'ailleurs ; en effet en Abyssinie, jusqu'à l'époque contemporaine, les savants ecclésiastiques se contentaient de la lecture, donnant leur enseignement de manière exclusivement orale ; ils ne faisaient aucun usage personnel de l'écriture, étant même malhabiles à tracer quelques mots. Le métier artistique du scribe a connu des écoles régionales, des styles et des modes changeant suivant les lieux et les époques, sans que l'écriture subisse aucune modification importante.

On a utilisé l'encre rouge surtout pour des titres ou pour certaines lignes vers le haut des pages et pour des noms de personnes sacrées.

Des miniatures à pleine page se trouvent dans d'assez nombreux manuscrits.

Depuis la fin du XIXe siècle l'emploi de l'écriture s'est répandu en Abyssinie, avec la mise par écrit toujours plus abondante de l'amharique, langue parlée qui devient langue cultivée, et avec les débuts d'une instruction publique en dehors des écoles religieuses[1]. Le papier, le crayon, la plume en fer, le stylographe, le crayon à bille ont paru et se sont répandus.

Dans les jeunes générations, surtout chez les personnes qui ont voyagé et étudié en Europe ou en Amérique, le mode d'écriture change assez rapidement. Il y a dès maintenant une manière rapide de tracer les caractères syllabiques, avec des courbes véritables et des traits lancés. Même, chez certains, est apparue la tendance à lier entre eux ces caractères : mode d'abord observée dans des signatures, mais qui s'est étendue. On assiste donc à la naissance d'une cursive, plus rapide et beaucoup moins claire que l'écriture classique. Celle-ci s'est conservée dans les impressions, qui se multiplient. Dans la plupart des ouvrages récents de caractère profane, et dans la presse, les deux points de séparation entre les mots sont négligés, on se contente d'intervalles à la manière européenne. D'autre part la ponctuation est plus abondante que dans les manuscrits d'autrefois.

Récemment a été posée la question d'une réforme de l'écriture qui systématiserait l'expression des voyelles et rendrait plus facile la fabrication des machines à écrire pour l'usage abyssin.

Libyco-berbère

L'écriture libyque a en commun avec le sudarabique l'aspect géométrique général des caractères, séparés, tous de la même hauteur, avec des droites, quelques angles, des cercles et demi-cercles.

Une différence est qu'il y a trois caractères consistant en traits séparés (alors que le sudarabique n'a qu'exceptionnellement le *w* en deux petits cercles) : ce sont le *k*, avec deux barres, dont l'une ou les deux avec un crochet (≦ ou ⇐), le *l* et le *w* qui ont chacun deux barres droites et se distinguent par leur direction contraire, horizontale pour *l* dans les inscriptions verticales, verticale dans les inscriptions horizontales ; et inversement pour *w* (|| et =).

Dans le tifinagh touareg moderne, les traits sont partiellement remplacés par des points, ainsi pour *k* et pour *w* qui est ainsi bien distinct de *l*, et

1. Noter que traditionnellement les écoliers abyssins n'ont pas d'ardoise ou analogue (ni de tables). L'apprentissage de la lecture se fait (ou se faisait) sur des feuilles de parchemin portant le syllabaire, attachées sur une baguette tenue à la main. Avant l'introduction du papier, les rares exercices d'écriture se faisaient (du moins en dehors des scribes spécialisés) sur des pages de garde de livres.

dans des lettres qui manquent au libyque, comme *h*, avec barres en touareg ancien IIII, points en touareg moderne ⁝).

L'écriture étant assez pauvrement employée chez les Touaregs, en missives, graffiti, ornementations d'objets, et non à usage funéraire ou autre usage monumental, le caractère géométrique, ressemblant à des usages monumentaux connus ailleurs, représente une stylisation étonnante.

Une indication à retenir est que les Touaregs connaissent un usage fugitif de l'écriture : dans les soirées communes, caractéristiques de la société touarègue, des jeunes filles et jeunes hommes, sortes de cour d'amour, les couples en conversation galante s'écrivent du doigt dans la paume. Une écriture à traits simples et séparés même éventuellement dans la composition d'un seul caractère est spécialement propre à ce jeu, et il paraît assez naturel que l'évolution se fasse partiellement de barre à point. Mais on peut peut-être aller plus loin et se demander si la stylisation observée ne dépend pas précisément de cet usage, et ceci dès l'époque libyque, malgré l'emploi monumental pendant la période punico-romaine.

Des voyageurs avaient cru pouvoir dire que le scribe, en cas de lettre écrite chez les Touaregs, était toujours une femme ; ce renseignement est maintenant infirmé ; les femmes ne savent pas seules écrire ; mais elles savent écrire, alors que dans beaucoup de sociétés elles ne sont pas ou ne sont que peu instruites de ce moyen de communication.

Dans le touareg moderne, les finales comportant un *t* après une consonne (sans interposition de voyelle, même réduite) sont écrites avec une ligature ainsi +ⵎ *mt*, ce qui paraît étonnant dans cette écriture à séparations. Mais si on considère que, contrairement au libyque qui a connu un signe de séparation, le touareg écrit les mots à la suite, on voit que ces ligatures ont l'effet de marquer les fins de beaucoup de mots (la désinence *-t* étant très usuelle pour des féminins de noms et de verbes).

De plus le touareg a un signe vocalique (anciennement barre, maintenant point) qui ne s'emploie que pour une voyelle finale. Dans certains parlers au moins ce ne serait que pour *a* ; mais dans les mêmes parlers il est possible que dans ce cas les signes de *y* et *w* servent exceptionnellement pour *-i* et *-u*. En conséquence les limites d'un grand nombre de mots se trouvent marquées.

ÉCRITURES DE L'INDE ET ÉCRITURES DÉRIVÉES

Quelle que soit l'origine des écritures de l'Inde, on y observe un développement propre, varié, cependant avec une certaine unité dans l'aspect général des formes.

क *ka* ङ *ṅa* र *ra* क्र *kra* ङ्क्र *ṅkra*

CARACTÈRES INDIENS (NAGARI) SIMPLES ET COMPLEXES

Les anciennes écritures, brahmi et araméo-indien, se présentent en lignes ; mais les caractères ne sont pas astreints à avoir rigoureusement la même hauteur. Les courbes et boucles sont assez nombreuses, et s'harmonisent facilement avec la variété des formes de l'art ornemental indien.

Dans le type nagari avec majorité de lettres à barre supérieure il s'introduit une certaine rigidité ; cependant une partie des signes vocaliques et d'autres se trouvent au-dessus de la ligne.

D'autre part, les combinaisons à caractères superposés supposent des inégalités de hauteur.

L'originalité principale de l'écriture indienne, ce sont les combinaisons de caractères pour allier en une syllabe graphique une ou plus d'une consonne sans voyelle à une consonne suivie de voyelle. Pour la nagari usuelle on a compté environ deux cent cinquante combinaisons usuelles de ce genre ; le nombre est plus grand encore si on tient compte des variantes ou combinaisons occasionnelles.

Ces combinaisons, qui peuvent chevaucher d'un mot à l'autre, sont d'exécution diverse, certaines consistant en un accolement ou conglomérat de caractères entiers, d'autres, qui peuvent s'appeler plus proprement ligatures, comportant des communautés de certains traits à des caractères voisins. Les tracés résultants sont souvent compliqués, entortillés même. Il est légitime de penser qu'il y a eu concordance entre le procédé adopté par les grammairiens pour écrire les groupes de consonnes entre voyelles et les possibilités visuelles que comportaient leur tempérament et leur esthétique.

L'Inde a fait et fait grand usage de l'écriture. Les scribes, y compris les écrivains publics, semblent avoir été toujours nombreux. Des bibliothèques sont mentionnées dans des textes assez anciens (on a retrouvé des manuscrits du Iᵉʳ siècle).

Les matériaux employés ont été divers, en dehors de la feuille de palmier qui est le plus répandu. Il ne semble pas qu'il y ait à tenir compte du parchemin, interdit par la religion brahmanique. Anciennement, surtout au Nord, l'écorce de bouleau a été répandue, des étoffes ont été utilisées. Le papier a été apporté par les musulmans au XIᵉ siècle, mais ne s'est pas généralisé.

La feuille de palmier imputrescible, encore employée de nos jours, fournit un support naturel, ne demandant presque pas de préparation. C'est elle qui a donné sa forme au livre indien, qui a souvent un demi-mètre, quelquefois près d'un mètre, comme largeur de page, la hauteur n'étant, couramment, que de 3 à 4 centimètres : on a donc de très longues lignes, et seulement quelques-unes par page. Les feuillets sont attachés ensemble par des ficelles passant par un, deux ou trois trous suivant la longueur de la feuille employée. On ajoute des plats en feuilles plus épaisses ou en bois.

Dans le Nord, l'instrument à écrire est plutôt la plume de roseau. Dans le Sud, c'est le stylet en fer, qui égratigne la feuille de palmier, en gravant. De la poussière de charbon est souvent mise dans les creux pour obtenir une écriture noire.

Les écritures, en se répandant à partir de l'Inde septentrionale, ont pris des aspects différents très nombreux, qui constituent comme un musée de tempéraments variés. Il y a eu des écoles de calligraphes, et des modes qui se sont plus ou moins répandues dans telle ou telle direction.

D'une manière générale, on n'a à tenir compte en chaque endroit et à chaque époque que d'une espèce d'écriture, qui sert à tous usages.

Dans l'Inde du Sud et à Ceylan, l'aspect général de l'écriture est arrondi ; les ligatures se font en largeur, ainsi singhalais ස *sa*, ස්ස *ssa* ; ත *ta*, ව *va*, ත්ව *tva*.

Au nord de l'Inde, le Tibet a un tracé adapté à la représentation de mots monosyllabes quelquefois compliqués, qui sont séparés par un point. Les ligatures se font en hauteur. Exemple : བསྒྲུབས་ *bsgrubs*, parfait du verbe *sgrubs-pa* « accomplir ».

Un fait intéressant est que pour figurer, dans des mots sanskrits seulement, le *ṭ* (cérébral) on retourne le signe de *t* dental : ཏ *ta*, ཊ *ṭa*.

En Indochine, l'ancienne écriture tchame avait pris un aspect contourné caractéristique (voir le tableau des écritures d'Indochine, p. 184).

L'impression que procure le javanais est à la fois analogue et différente, surtout dans l'écriture à double trait (voir l'écriture javanaise, p. 185).

En regard des écritures précédentes, celles du Sumatra (batak) et de Célèbès (voir l'écriture de Célèbès, p. 185) ont un aspect rapide et simplifié.

ÉCRITURE GRECQUE

L'écriture grecque a subi, au départ de formes très proches de celles du phénicien, toute une évolution propre, qu'on suit assez bien sur de nombreuses inscriptions, puis sur des papyrus et parchemins, avec aboutissement à deux formes dont il faut distinguer et rapprocher l'histoire, l'écriture monumentale et livresque ou majuscule et l'écriture cursive ou minuscule.

Le passage des formes anciennes à la forme dite normale qui est celle de l'alphabet d'Athènes à la fin du – Ve siècle, montre l'établissement progressif des formes géométriques, définies comme pour le sudarabique par l'égalité de hauteur des caractères, les symétries (ou dissymétries totales) par rapport à un axe vertical, ou par rapport à une ligne de partage horizontale ; d'une manière générale les lettres sont axées verticalement sur la ligne horizontale idéale (ou entre les lignes horizontales idéales). Sur pierre elles ont des traits d'épaisseur égale, de même creusement ou de même relief, avec une élégance claire. Comme exemple de symétrisation secondaire on peut considérer A (ancien A) et M (ancien ʍ).

Il est intéressant d'observer les traitements différentiels des lettres « à tête » qui menaçaient de se confondre en phénicien : le *b* a reçu un « corps », puis s'est stabilisé, avec deux demi-cercles symétriques B ; *r* s'est stabilisé avec un seul demi-cercle P ; pour *d* la forme sans queue a été adoptée, puis assise sur la ligne : ◣ puis Δ.

Voici un exemple de péripétie : dans l'ancien attique le *g* avait appuyé son côté ouvert sur la ligne du bas, en V renversé Λ, tandis que *l* était écrit avec un petit crochet en bas à droite ⱡ, dans une forme proche de celle qui a donné L majuscule latin ; mais dans l'alphabet grec commun le *g* était redressé en potence Γ (comme en sudarabique), tandis que le V renversé symétrique par rapport à l'axe vertical médian Λ était adopté pour *l* (encore une fois comme en sudarabique ; mais celui-ci n'a pas l'homologue A).

L'histoire de la majuscule ne s'est pas arrêtée avec la normalisation de – 403.

À l'époque hellénistique ou alexandrine, il y a eu tendance à plus de variété, moins de régularité. D'où des épaississements voulus de pleins contrastant avec des déliés, un petit dépassement de chaque côté pour la barre du haut de la lettre Π, à pieds encore inégaux ; habitude (homologue à celle du sudarabique) d'écrire plus petites que la hauteur normale les lettres rondes o et θ, ainsi que l'oméga Ω.

À partir de l'époque romaine (début du – IIe siècle environ), la tendance ornementale s'est accentuée, par l'épaississement de l'extrémité des traits, par la brisure de la barre dans l'A, etc. Mais d'autre part les symétries se sont perfectionnées : O et Θ ont repris la même hauteur que les autres lettres ; c'est à ce moment que le Π a égalisé ses pieds.

À Byzance, en époque chrétienne, les tracés des lettres sont plus grêles dans l'ensemble, mais ce qui donne surtout un aspect particulier, ce sont des traits adventices de dépassement comme dans À, Δ̀.

Pour l'époque ancienne nous n'avons malheureusement, en dehors des inscriptions sur pierre, que des inscriptions sur des poteries, aucun papyrus antérieur au – IVe siècle ne nous étant connu.

Nous savons mal comment était employée l'écriture dans la vie courante, notamment pour la correspondance et dans l'activité des écrivains et des savants. Il est probable que les auteurs écrivaient peu eux-mêmes, mais dictaient plutôt à des esclaves secrétaires. Dans quelle mesure ceux-ci écrivaient-ils d'abord à la pointe sur des tablettes garnies d'une couche de cire avant de recopier ou de redicter à d'autres scribes ?

Pour les supports, on sait que le bois a été anciennement employé : les lois de Solon avaient été affichées sur les faces d'un prisme quadrangulaire en bois monté sur pivot. On connaît l'emploi de fragments de poteries. On sait que des coquilles étaient utilisées pour des votes à Athènes, des feuilles d'olivier pour le même objet à Syracuse.

La matière courante a été le feuillet végétal, sans doute d'écorce au début, plus tard de fibre de papyrus.

L'instrument pour écrire à l'encre était le roseau taillé en pointe.

Les livres étaient faits sous formes de rouleaux. C'est vers le début de l'ère chrétienne qu'on a commencé à adopter la forme du livre plié en pages, qui a prévalu au IVe siècle, en même temps que l'usage du parchemin. Certains ont été ornés de miniatures depuis le Ve siècle.

Des ateliers de libraires existaient dès l'Antiquité : un texte y était sans doute dicté à plusieurs scribes à la fois.

Ainsi le livre pouvait se répandre, et d'autre part on pouvait constituer des bibliothèques publiques, comme celles d'Alexandrie, cette capitale fondée en – 331. Malheureusement aucun de ces dépôts n'a été conservé. La bibliothèque d'Alexandrie a été brûlée non, comme le répète la légende, par le calife Omar au VIIe siècle, mais d'abord dans les opérations de César contre Pompée (– 48 et 47), puis dans les luttes entre chrétiens et païens à la fin du IVe siècle. L'histoire ancienne du livre grec nous serait donc entièrement fermée, n'étaient les découvertes de papyrus conservés dans le sol égyptien. Des documents existent pour le – IVe siècle ; ils sont assez abondants à partir du – IIIe siècle pour que nous puissions suivre à peu près l'évolution de l'écriture, depuis l'époque alexandrine, tant pour les livres que pour les documents privés.

Les plus anciens papyrus que nous ayons montrent l'aspect livresque de l'écriture monumentale, auquel on donne généralement le nom d'onciale (voir ci-dessous, « Écriture latine », p. 342). C'est cette écriture qui devait donner naissance aux écritures copte, gotique, cyrillique. L'alphabet copte en donne une bonne idée d'ensemble.

L'aspect général reste vertical, anguleux, symétrique. Cependant quelques arrondissements d'angles, avec un abaissement de la hauteur des lettres marquent le caractère particulier de cette écriture ; on y remarque aussi quelques dépassements hors des « deux lignes ».

Une forme un peu différente se remarque dans des documents administratifs : l'« écriture de chancellerie » a des formes plus grêles et plus de dépassements hors du gabarit.

Ces caractères se sont exagérés dans l'écriture courante dont on constate l'existence dès le – IIIe siècle, et qui mérite le nom de cursive.

La caractéristique essentielle du tracé rapide est le rapetissement du corps des lettres, qui a pour contrepartie des dépassements au-dessus et au-dessous, comme en phénicien. Ce qui tend à faire croire que le processus ne tient pas à une ancienne tradition conservée en marge de la géométrisation, c'est que ces dépassements sont restreints sur les plus anciens documents et se sont développés ensuite, de même que les liaisons entre caractères, qui, elles, ne sont pas attestées sur le domaine phénicien et n'ont apparu que tardivement en domaine araméen[1].

Cette cursive devait devenir la minuscule et concurrencer de plus en plus l'emploi de l'écriture livresque. On en trouve des exemples peints sur certaines des premières églises. Elle a été définitivement constituée au VIIe siècle, et elle est devenue au IXe siècle l'écriture normale même pour les livres, d'où les formes plus tard reproduites par l'imprimerie, qui dès lors sont restées stables, avec cependant divers styles calligraphiques.

Dans le tracé on doit donc remarquer les dépassements comme dans β *b*, μ *m*, ρ *r*, χ k^h, et aussi les inclinaisons qui rompent la verticalité, dans γ ou λ, et les arrondissements d'angles plus marqués que dans l'écriture livresque, notamment α, ε,enfin des simplifications, comme celle de υ, sans queue.

Les liaisons ont été annoncées d'abord par des prolongements de traits d'une lettre vers une autre, qui ont abouti plus tard à des jonctions.

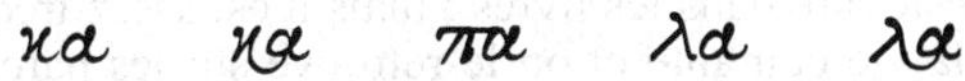

Ces liaisons, abondantes et se faisant même de mot à mot tant que ceux-ci n'étaient pas séparés par un intervalle, mais qui figuraient inégalement dans les livres suivant les styles, ont été éliminées finalement de la forme typographique, et par suite de l'usage scolaire en dehors de la Grèce.

Mais les liaisons n'ont fait que se répandre en Grèce dans l'écriture à la main. Toutefois, comme à partir du VIIe siècle la séparation des mots s'est implantée peu à peu, avec l'accentuation et la ponctuation, les liaisons restent internes aux mots.

L'existence concomitante des deux types d'écriture a donné lieu à leur mélange sous la forme de l'usage des « majuscules ». D'après nos documents cet usage aurait commencé non dans les livres, mais dans des documents privés, où on trouve d'abord une « grande lettre » au début du texte, ou en tête de ligne. On signale des majuscules en début de phrase dans un contrat de 88. Cet usage de la majuscule, qui nous est familier, est étrange par l'aspect mélangé qu'il donne à l'écriture. C'est un usage ornemental, d'une esthétique particulière, qui ne se rencontre que dans peu d'écritures. On ne pourrait invoquer l'utilité en sa faveur que s'il s'agissait d'un emploi au début de phrase en absence de ponctuation. Avec la ponctuation en prose et la mise à la ligne en vers, il ne s'agit que d'une disposition satisfaisant un goût spécial.

Mais le tracé des caractères en entier, séparés ou liés, minuscules ou majuscules, n'est pas tout dans l'usage des scribes. Il faut encore connaître leurs procédés pour abréger leur besogne par des contractions ou suppressions de caractères. Voici un aperçu de la question pour le grec.

1. Les ligatures des manuscrits seraient des éléments de la tachygraphie passés dans l'écriture livresque.

Déjà sur des inscriptions de l'époque romaine on trouve des ligatures de caractères, où deux lettres ont un trait en commun, ainsi N ligaturé avec E (NE).

Dans les manuscrits byzantins, il est fait grand usage de combinaisons de ce genre, et même de tracés rapides où les caractères ne sont plus reconnaissables. Certaines de ces ligatures servent en toutes positions comme celle de *ο* et *υ* en ȣ ou celle de *τ* et *ο* en τ͂ο. Les plus fréquentes toutefois sont des espèces de représentations abrégées de finales usuelles des noms ou des verbes, et de prépositions et conjonctions courtes. Ces ligatures ont été adoptées dans les anciennes impressions et étaient encore usuelles au XVIIe siècle, comme indices surtout d'un goût esthétique particulier ; depuis on a préféré la clarté, et la constance de forme des signes (sauf certaines différences à l'initiale comme *β* en face de *ϐ* intérieur, ou à la finale comme *ς* en face de *σ* intérieur).

Dans des papyrus du IIIe siècle on trouve des mots écourtés en finale. Cet usage est resté rare dans les livres ; mais il est assez fréquent pour des documents de la vie courante et on le retrouve sur les parchemins postérieurs. Souvent dans le mot écourté on écrit en l'air la dernière lettre tracée, ainsi $πολ^{ε}$ pour *πόλεμος* « guerre ».

Dans les manuscrits de la Bible dite des Septante et dans d'anciens textes chrétiens écrits sur parchemin on trouve des abréviations spéciales pour les noms sacrés : $\overline{\Theta C}$ pour *θεός*, $\overline{KC}$ pour *κύριος*. Dans l'usage moderne, même abréviation qu'avec l'écriture latine.

ÉCRITURE CYRILLIQUE

L'écriture cyrillique, telle qu'elle a été employée dans les livres manuscrits et a passé ensuite dans l'usage typographique, ne s'est guère écartée dans le tracé des caractères de la majuscule grecque dont elle procède.

Mais l'esprit ornemental de l'époque byzantine s'y est continué et accentué. Spécialement caractéristique est la forme de Д *d*. (Voir le tableau des alphabets slaves, p. 207-209).

Certains des caractères ajoutés ont des points en annexe comme Ц *ț*, d'autres des traits courbes comme Ж *ž*.

Le besoin de différencier des lettres qui auraient pu se confondre a abouti à des réfections, par légères modifications. Or il se trouve que le nombre limité des combinaisons simples de traits droits a produit une rencontre de forme, pour une valeur différente, avec l'alphabet grec et avec l'alphabet latin : l'ancien H *η* du grec est devenu И *i* ; par contraste, la barre oblique de N est devenue horizontale et on est retombé dans la forme H avec la valeur *n*.

L'usage des majuscules ou grandes lettres s'est introduit en cyrillique comme en grec. Mais ici il ne s'agit pas de deux types différents de l'écriture. Les grandes lettres sont en effet des petites lettres agrandies. Les seuls contrastes à noter sont pour A a et E e, où ce sont les minuscules qui s'écartent du type, ayant rejoint la forme adoptée par ailleurs dans l'alphabet latin, non sans l'influence de celui-ci.

Il s'est développé d'autre part, dans l'usage courant, à côté d'abord de l'écriture des livres manuscrits, et à côté de l'écriture imprimée ensuite, une cursive qui a pris des formes en partie nouvelles. C'est une écriture plutôt arrondie, avec de nombreuses courbes, et dans l'ensemble inclinée, non plus verticale (voir le tableau des alphabets slaves, p. 207-209, colonne 3). Dans l'usage manuscrit, les caractères sont liés dans l'ensemble, plus ou moins suivant les tempéraments et les habitudes ; les dépassements en haut et en bas sont aussi plus ou moins accentués. Imprimée avec caractères séparés, cette écriture, comme l'italique à côté de la romaine, sert pour distinguer des mots, des phrases, des paragraphes cités, des indications scéniques dans les pièces de théâtre, etc.

Écrit à la main, ou imprimé, ce tracé, dans la forme enseignée depuis Pierre le Grand, a plus ou moins subi l'influence du tracé latin.

Il y a lieu de remarquer un certain nombre de caractères qui s'écartent de la forme ordinaire de la typographie. Ainsi *a* est *а*, de type latin (en face de а) ; *b* est *б* (avec une forme manuscrite rappelant le *δ* grec) ; en face de г, *g* est *г* ; *d* est soit *д*, soit en manuscrit *g*, rejoignant le *g* latin ; *i* est *и* (comme *u* en écriture latine), *p* est *п* (comme *n* en écriture latine) ; *t* est *т*, comme *m* en écriture latine ; en écrivant à la main, on le surmonte généralement d'un trait, soit *m̄*, pour éviter la confusion avec *ш š* (certains préfèrent se servir de la forme imprimée т) ; *r* est *р* (comme *p* en écriture latine), *č* est *ч* (en écriture à la main ressemblant à *r* en écriture latine).

On voit par cette liste combien de rencontres se sont produites avec des lettres latines d'autres valeurs.

Notons encore le point initial de *л l* et de *м m*, obligatoire pour éviter des confusions (avec *г g* et *и i*), et dans les écritures à la main les boucles qui remplacent les points de *и*, *ţ* et *щ*, *šč*.

On emploie des lettres suivies d'un point, comme dans l'usage occidental et grec, pour les prénoms et aussi pour les titres et appellations donnés aux personnes[1].

ÉCRITURES ARMÉNIENNES ET ÉCRITURES GÉORGIENNES

À cause de leur origine, voisine sinon commune, et de leurs ressemblances effectives de tracé, il y a lieu de réunir ces deux écritures de pays voisins.

---

1. Le slavon a employé des abréviations chrétiennes, à l'imitation du grec, pour Dieu, la Mère de Dieu ; mais le nom du diable est toujours écrit en entier.

L'arménien minuscule a des caractères souvent assez contournés dont certains à hampe ou à queue compliqués, qui font plutôt l'effet d'une cursive. Pourtant l'écriture livresque, qui est devenue l'écriture imprimée, à caractères séparés, est doublée d'une cursive nommée « écritures des notaires », qui s'imprime comme « italique ». Dans l'une et l'autre écriture on emploie des majuscules, qui s'écartent en partie du tracé minuscule pour l'emploi en inscriptions monumentales. Voir le tableau de l'alphabet arménien, p. 204.

EXEMPLES : majuscule Ա minuscule ա italique ա *a*
— Ղ — ղ — ղ *ł*

Le géorgien a connu pour l'usage livresque manuscrit deux écritures :
— anguleuse et d'aspect général analogue à l'arménien, l'écriture ecclésiastique, avec des majuscules ;
— arrondie de forme et d'aspect éloigné de l'arménien, l'écriture laïque ou vulgaire qui n'a pas de majuscules. C'est l'écriture généralement adoptée pour les impressions de textes modernes (voir le tableau de l'alphabet géorgien, p. 205).

Une forme cursive avec des liaisons est l'écriture courante à la main.

ÉCRITURE LATINE

Majuscule (capitale) et onciale des inscriptions et des livres (sans la cursive)

L'écriture latine, de même origine que la grecque, s'est géométrisée de manière analogue.

L'aboutissement a été l'égalisation de toutes les lettres en hauteur, leur assise verticale.

Dans le détail des tracés, l'abondance des demi-cercles est frappante, ainsi dans D, C, S, etc. On peut remarquer aussi que les caractères symétriques à droite et à gauche comme A, H, M sont moins nombreux que ceux qui ont un trait vertical à gauche B, P, R, E, F, D, L. Nombreux sont ceux qui ont le haut et le bas symétrique : B, C, D, E, H, N, O, S, X, Z.

Les confusions de signes ont été éliminées ou évitées par des modifications des caractères. L'ancienne lettre *g* (avec valeur *k*) ayant pris la forme C, la sifflante qui était notée avec cette forme a reçu une représentation S consistant en deux demi-cercles en sens contraire. L'ancien signe du *p* (voir p. 337) ayant fermé sa boucle supérieure aboutissait à P ; il y aurait eu confusion avec le signe de *r* si celui-ci n'avait reçu un trait supplémentaire au-dessus du demi-cercle, d'où R.

L'écriture monumentale, dès un temps ancien, a reçu dans certaines inscriptions une allure un peu sèche et raide, avec des arrêts marqués aux extrémités des traits. L'emploi de l'*i* allongé pour *ī* a rompu l'égalité en hauteur, ainsi que l'emploi occasionnel de l'accent pour marquer d'autres longueurs de voyelles.

Pour Rome comme pour la Grèce nous sommes assez démunis de documents sur l'usage courant de l'écriture. Il est intéressant de savoir que même des Romains instruits semblent avoir lu à haute voix, et non intérieurement ; mais la documentation est insuffisante[1].

En ce qui concerne les supports de l'écriture il y a lieu de mentionner, à côté des inscriptions sur pierre, l'emploi des métaux : le bronze a été employé pour des tablettes comme d'autre part dans des revêtements de colonnes comportant souvent des textes, on s'est servi aussi de tablettes de plomb.

Le bois était employé aussi ; une planche recouverte d'une pellicule de calcaire servait pour des inscriptions temporaires sur la place publique ; il en est venu au français le nom *album* (sens propre « le blanc ») avec un autre emploi. Saint Jérôme au IVᵉ siècle mentionne des tablettes et des cubes en bois pour enseigner l'alphabet. On a retrouvé récemment en Afrique du Nord des tablettes en bois écrites de la fin du Vᵉ siècle[2].

Nous savons par des historiens que des documents d'archives anciens étaient écrits sur toile.

Le papyrus n'a pas été tôt importé à Rome, mais y a été ensuite abondamment employé pour faire des écrits ou des livres roulés (d'où le nom *volumen* « volume »). Le parchemin a suivi, pour faire surtout des livres pliés[3].

Le principal instrument pour tracer à l'encre a dû être le roseau fendu, qui a traversé les siècles et a été encore en usage en Italie au XVᵉ siècle. Mais les Romains avaient peut-être aussi des plumes en bronze ou en argent. L'usage de la plume d'oiseau, qui devait durer jusqu'au XIXᵉ siècle, a commencé probablement au VIᵉ siècle.

Par ailleurs le poinçon de métal, d'os ou d'ivoire servait pour écrire sur la cire recouvrant une tablette à bords saillants ; les tablettes attachées par

---

1. Dans un passage des *Confessions* (VI, 3), saint Augustin exprime son étonnement d'avoir constaté l'habitude de saint Ambroise de lire des yeux seulement, et cherche des explications à cette manière de faire pour lui insolite (éviter les questions sur les passages lus, ménager sa voix).

2. Il s'agit de planchettes généralement rectangulaires, quarante-cinq tablettes pour trente-quatre documents ; la plus longue a vingt-six centimètres. L'écriture cursive va dans le sens des fibres. Certains documents sont palimpsestes.

3. Le papyrus, employé en Grèce, a été adopté à Rome dès l'essor de la littérature de l'époque républicaine. Il est resté en faveur jusqu'aux IVᵉ-Vᵉ siècles et n'est sorti entièrement de l'usage qu'à la fin du IXᵉ siècle. À partir du IIIᵉ siècle au moins, il y a eu des livres pliés (*codex*, pluriel *codices*) en papyrus. Le parchemin apparaît dès les abords de l'ère chrétienne (mentionné par Cicéron), mais est d'abord une matière peu estimée, concurrençant plutôt les tablettes de cire que le papyrus. Il y a eu des livres sur parchemin depuis le IIIᵉ siècle au moins, et d'abord sous forme roulée. À partir du IVᵉ siècle, on peut noter que l'aspect plié a le dessus.

deux ou trois ou empilées pouvaient constituer un écrit plus ou moins étendu[1].

À côté des secrétaires particuliers des écrivains et des administrateurs, il y avait des scribes chargés de prendre des notes aux assemblées, et appelés en conséquence *notarii* (d'où le français « notaire » qui a pris une autre valeur).

L'écriture des inscriptions a été d'abord seule, et ensuite parallèlement à d'autres, utilisée aussi pour les livres. On distingue deux sortes de « capitale » : la capitale carrée, rare dans les manuscrits, et la capitale rustique, qui y est plus fréquente, alors qu'elle est au contraire plus rare dans les inscriptions ; elle se reconnaît surtout à des traits moins raides, à un tracé moins soigné d'une manière générale ; dans les manuscrits on note l'A sans barre Λ et l'M à jambages extérieurs obliques ΛΛ. L'usage de la capitale pour écrire des manuscrits n'a pas dépassé le VIIIe siècle.

De bonne heure la capitale s'est modifiée, pour des usages courants, en une écriture plus arrondie, et avec des dépassements en haut et en bas. On en trouve des exemples dans des graffiti de Pompéi, donc dès le Ier siècle.

Le nom d'*onciale* qu'on applique à des formes livresques figure (sans qu'on soit sûr que ce soit avec le même sens) chez saint Jérôme, dans la préface au livre de Job : *uncialibus litteris* « en lettres onciales ». Ce nom est un mystère ; il dérive de *uncia*, qui désigne un douzième ; comme mesure de longueur, c'est un pouce, de plus de deux centimètres, dimension exagérée pour des lettres de livre ou de missive ; on a proposé « douzième d'une ligne de douze lettres », disposition numérique assez fréquente ; un rapport avec *uncus* « crochet » ne donne rien de satisfaisant.

L'usage de l'onciale était assez répandu et estimé au IIIe siècle pour qu'elle ait été admise pour tracer des inscriptions. C'est l'écriture des livres de luxe dès le IVe s. et elle est restée l'écriture de livres soignés jusqu'au VIIIe siècle.

Dans les livres en onciale, on a conservé l'habitude d'écrire les titres et les lettres initiales de phrase en capitales ; ainsi s'est introduit en latin l'usage des majuscules.

Les paléographes (de grec *palaios* « ancien » et racine « écrire ») appellent souvent semi-onciale le tracé de la minuscule dans sa première période (voir ci-dessous « Cursive majuscule et écriture, minuscule jusqu'au XIIe siècle »).

Des abréviations se trouvent déjà dans les inscriptions anciennes, les mots abrégés étant représentés par la lettre ou les deux lettres initiales et

---

1. Les tablettes de cire sont attestées au XIVe siècle. L'usage aurait atteint le XVIIe siècle. Mieux, Abel Hermant, dans une plaquette de dix pages non datée (texte antérieur à 1950, date de sa mort), éditée par une fabrique de stylographes et intitulée *L'Écriture à travers les âges*, a écrit : « On se servait encore, il y a peu d'années, à la poissonnerie de Rouen, pour prendre note des adjudications, de tablettes enduites de cire [avec un style]. »

un point[1]. C'est ainsi qu'on écrit généralement les prénoms des noms romains à trois éléments, par exemple *P. Cornelius Scipio* pour *Publius*. La « signature » de la république romaine était le célèbre « S.P.Q.R. », *Senatus populusque romanus*.

Dans les manuscrits on trouve, en plus, des abréviations avec des signes convenus représentant une lettre ou un groupe de lettres usuel. Ainsi un trait au-dessus d'une lettre, horizontal ou ondulé (*titulum* d'où *tilde* en espagnol, puis en français) dispensait d'écrire des nasales *m* et *n* ou d'autres éléments usuels comme *er*, ainsi *adũsū* = *adversum* ; l'apostrophe remplaçait une finale, par exemple dans *bon'* pour *bonus*.

De même des prépositions, entre autres mots usuels, recevaient des abréviations convenues : *p̄* = prae ; *p* = per ; *p* = pro ; *p'* = post.

Ces abréviations graphiques ou sigles sont à considérer en relation avec la sténographie (voir ci-dessous, p. 360 « Écritures universelles »). On en usait peu dans les livres écrits pour la lecture en public, mais avec abondance dans ceux qui étaient faits pour l'usage privé.

Cursive majuscule et écriture minuscule jusqu'au XII*e siècle*

L'histoire de la minuscule latine est difficile et compliquée à suivre. Difficile, parce que pour l'Antiquité et le haut Moyen Âge (avant l'époque féodale) les documents familiers et actes divers n'ont pas été conservés en général. Compliquée en particulier parce que après la décadence et la division de l'Empire romain il faut tenir compte des histoires particulières des différentes régions, et de leurs interactions à certaines périodes.

De plus, il faut tenir compte de ce qu'on connaît de l'histoire en partie parallèle de la cursive dite majuscule. Cette cursive consiste en un tracé très rapide des lettres capitales, pour l'usage courant. On la trouve à Pompéi sur des tablettes à couche de cire avec les caractères séparés (et des mots un peu écartés) ; dans des tablettes retrouvées en Dacie, et datant du IIe siècle, les liaisons sont nombreuses. Jusqu'à la fin du IIIe siècle on trouve des tracés à caractères séparés et où même les caractères sont disloqués en traits séparés : on attribue cette manière à l'habitude d'écrire sur la cire. Plus tard, au contraire, les liaisons se multiplient, et à l'intérieur des caractères la rapidité se marque spécialement par un plus grand arrondissement des angles. Un style spécial se remarque pour l'usage de la chancellerie impériale.

Une cursive secondaire de formation analogue a pris dans les chancelleries locales des formes de moins en moins claires et utilisables, de sorte que finalement l'usage en a été interdit par des décrets de l'empereur Frédéric II au début du XIIIe siècle.

1. Les abréviations ont subsisté pendant des siècles, jusque après le début de l'imprimerie. Il faut tenir compte aussi des monogrammes.

La minuscule primitive (semi-onciale) peut être considérée comme une forme de la cursive majuscule, influencée par la capitale livresque, à partir du Ve siècle.

Il faut distinguer les développements nationaux.

En Italie, la minuscule lombarde s'est développée au VIIe siècle et devait survivre jusqu'au XIIIe siècle. En Espagne wisigotique, les dates vont du VIIIe siècle finissant au XIIe (avec usage de l'*i* long qui devait devenir le *j*). En France mérovingienne, l'histoire commence au VIIe siècle. Entre-temps, en Irlande, où la cursive n'avait pas pénétré, il s'était développé depuis le VIe siècle un aspect semi-cursif particulier de l'onciale. Même en France, au VIIIe siècle, une influence de l'onciale freinant l'évolution de la cursive se faisait sentir dans les livres.

Une espèce de convergence des influences italienne, française, irlandaise s'est opérée à la cour germanique de Charlemagne, qui a édicté en 789 la réforme de l'écriture des livres. C'était une des manifestations de la première Renaissance. La minuscule *caroline* reposait en grande partie sur le tracé irlandais entre-temps introduit au grand centre d'études de Tours et dans d'autres par les moines venus d'Irlande, mais non sans emprunter à la cursive méridionale.

Une fois constituée, répandue par les copies faites en France et en Allemagne, la minuscule caroline a influé sur le développement ultérieur des minuscules méridionales, jusqu'à leur abandon.

En Angleterre, son expansion a été plus lente : au Xe siècle, on la trouve employée dans les textes de livres latins ; mais l'écriture anglaise issue de l'irlandaise subsistait modifiée pour les autres usages ; c'est seulement après la conquête normande au XIe siècle que l'écriture continentale est restée seule maîtresse en Grande-Bretagne.

Mais en Irlande l'écriture irlandaise avec plusieurs variétés a poursuivi son existence en marge des autres types, même lors de l'introduction de l'imprimerie, de nos jours elle a été décrétée écriture officielle de l'État irlandais et se voit notamment sur les timbres-poste ; mais elle est menacée par la concurrence persistante de l'écriture latine ordinaire.

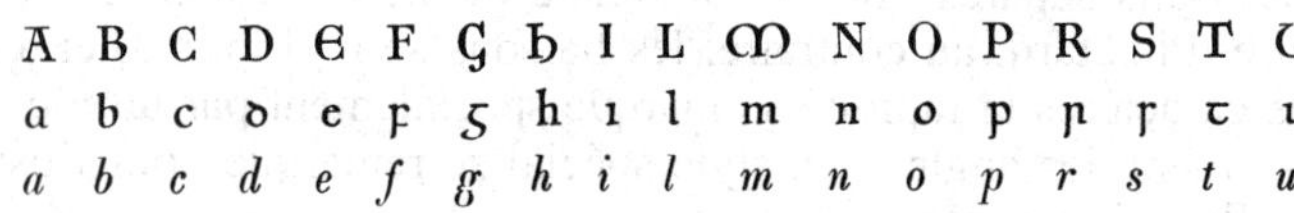

ALPHABET IRLANDAIS

La minuscule caroline ou carolingienne est une écriture très claire, à traits modérément appuyés, finement tracés, avec une préférence pour des facettes plutôt que pour des courbes ou des angles accusés.

Dans la minuscule latine, comme dans la minuscule grecque, la principale caractéristique est le rapetissement relatif du corps des lettres, avec les dépassements soit en haut (comme *b*) soit en bas (comme *p*). De plus, il y a tendance à augmenter l'usage des boucles, ainsi dans *e*. Remarquer que l'*m* à trois jambages, assez tôt apparu, s'est stabilisé.

Les liaisons des lettres sont fréquentes dans la minuscule ; avant la réforme de Charlemagne elles se faisaient même de mot à mot, suivant des commodités graphiques ; mais à partir de la fin du VIIIe siècle, on a évité de plus en plus de tels chevauchements ; cependant, ce n'est qu'au XIe siècle que les mots ont été presque toujours correctement séparés[1].

Dans l'écriture carolingienne ce sont des caractères de demi-onciale qui servaient comme des majuscules pour des passages marquants, des tables, etc., et assez souvent pour des débuts de phrases.

Les abréviations étaient employées comme précédemment.

Pendant toute cette période (environ Ve à XIIe siècle) les livres ont été faits dans les abbayes, par les moines copistes. L'instruction qui s'était répandue sous l'administration romaine s'était restreinte après le démembrement de l'Empire. L'enseignement était presque borné aux milieux ecclésiastiques. Même les écoles publiques et gratuites fondées par Charlemagne, et qui ne lui ont guère survécu, étaient attenantes à des églises.

Les églises et abbayes seules avaient besoin de livres ; mais elles en avaient un besoin régulier pour le culte, et pour l'enseignement des clercs ; il y avait donc de véritables ateliers de librairie religieuse.

Les livres étaient surtout écrits sur parchemin.

Le papier de chiffon n'était pas encore connu. On sait qu'à l'époque mérovingienne et carolingienne on achetait en France des papyrus d'Égypte, par rouleaux de dix mètres de long.

L'emploi de la plume d'oie qui a commencé au VIe siècle s'est développé à côté de l'usage continué du roseau. La plume était généralement coupée carrément, non à pointe fine.

D'autre part, le crayon a fait son apparition sous forme de stylets de cuivre rouge, or, argent, plomb ou de vrais crayons à la moderne, à mine en plomb fondu enclose dans un étui de cuir.

Écriture et livre – XIIIe-XVe siècle

Chez les copistes de la fin du XIIe siècle, la mode est venue dans les abbayes de France et d'Allemagne de rétrécir les lettres ; bientôt elles devaient devenir anguleuses, des angles au sommet ou à la base de traits droits épais remplaçant les courbes : c'est la naissance de l'écriture qu'on a nommée gothique, comme l'architecture ogivale et qui comme cette architecture a connu la floraison au XIIIe siècle. Il y a eu nettement

1. Avant même que la séparation des mots soit établie de manière constante, on a utilisé un point en fin de ligne lorsque la fin d'un mot était reportée à la ligne suivante. Au XIe siècle, en même temps que la séparation se régularisait, ce point a été remplacé par un tiret, qui est devenu systématique au XIIe siècle ; à ce moment il était répété en tête de la ligne suivante devant la fin de mot. D'autre part, pour éviter la coupe, on faisait quelquefois des lettres plus petites en fin de ligne. Voir aussi ci-dessus, chapitre X, p. 261.

concordance de goût entre l'art du copiste et celui des architectes. (En gardant ici l'orthographe *gothique* avec *h*, on marque la différence avec l'écriture de la langue gotique).

Au XIVe et au XVe siècle la gothique livresque a été envahie de traits excessifs, de fioritures diverses.

Au reste, la mode de l'écriture gothique ne s'est pas répandue dans toute l'Europe occidentale : l'Irlande est restée fidèle à son ancien tracé ; en Italie et en Espagne, loin d'adopter les angles, les copistes ont de plus en plus arrondi les caractères ; ainsi s'amorçait une nouvelle répartition des écritures suivant les nationalités.

Il est à noter qu'au XIIIe siècle, en même temps que l'écriture était plus compacte elle se faisait volontiers plus petite : la dimension des bibles diminuait. Or, ce fait coïncide avec l'emploi nouveau des lunettes : en effet, les « besicles » sont signalées comme répandues largement au début du XIVe siècle ; l'usage en a donc commencé au XIIIe.

Une circonstance dont il faut tenir compte est la rareté et la cherté du parchemin, alors que le papier n'était pas employé pour les livres. Ce fait économique a eu des conséquences : les textes de beaucoup de manuscrits anciens profanes ont été supprimés par les moines qui se réservaient du parchemin. Lorsque la destruction a été incomplète on arrive à lire le texte ancien sous le plus récent ; les manuscrits de cette espèce, connus surtout pour les VIIIe et IXe siècles, sont dits palimpsestes (de deux mots grecs voulant dire « à nouveau grattés »), le parchemin neuf n'étant utilisé qu'après un premier grattage ou ponçage[1].

C'est à la fin du XIIIe siècle qu'on a commencé à historier de vignettes les lettres initiales de paragraphes qui dès l'époque romaine et surtout à l'époque mérovingienne avaient été souvent tracées en diverses couleurs : l'art de l'enlumineur s'est ajouté à ceux du scribe et du miniaturiste.

Dès le XIIIe siècle cet art des livres n'était plus confiné dans les abbayes. Les grandes universités sont nées ; les privilèges de la plus grande, celle de Paris, sont du début du XIIIe siècle ; elle entretenait pour ses besoins de nombreux scribes et en 1292 vingt-quatre librairies avec ateliers de copistes dépendaient d'elle. Au XIVe siècle, les rois de France, les ducs de Bourgogne et autres grands feudataires ont aussi leurs ateliers de copistes et commencent à constituer des bibliothèques. Celle du roi Charles V (1364-1380) contenait neuf cent dix volumes ; à la même époque, le duc d'Orléans en avait quatre-vingts dans la sienne.

Les rois et les autres princes avaient des services civils avec de nombreux fonctionnaires rédigeant des actes et tenant registres. Entre les mains

1. On doit admettre que le terme s'est appliqué sans souci étymologique exact, lorsqu'il s'agissait de lavage, seule méthode en ce qui concerne les papyrus, appliquée aussi aux parchemins. Pour ceux-ci, il faut tenir compte de grattages, attestés déjà anciennement par les expressions *charta rasa, charta de qua fuit abrasa scriptura*.

de ces employés, en face de l'écriture des livres, une écriture plus cursive se développait, toujours plus employée. Elle était caractérisée surtout par des traits de liaison et par des traits lancés et repliés dont certains constituent des boucles (ainsi pour *l, h*) qui devaient se perpétuer jusqu'à nos jours dans l'écriture à la main enseignée par les calligraphes ; il y a eu aussi des finales de mots à fioritures ornementales.

Certains usages des scribes dans le tracé devaient avoir plus tard de grandes conséquences pour la constitution finale de l'alphabet.

Le v pointu (à valeur d'*u* voyelle ou consonne) de la majuscule latine était arrondi en *u* dans la minuscule ; mais on écrivait généralement v pointu au début des mots, ce qui a formé le tracé du *v* consonne. D'autre part, à partir du XIIIe siècle on trouve des liaisons ou ligatures de *u* et *v* se suivant ; c'est ce qui a fourni le tracé du *w*.

L'*i* écrit long au début des mots a fourni plus tard le tracé du *j*. D'autre part, le même *i* écrit long et avec une courbe en fin de mot a donné l'*y*, se confondant dans le tracé avec *y* venu du grec. Il est resté employé ornementalement, même dans les impressions, jusqu'au XVIIIe siècle en français (*roy*, etc.) ; il fait encore partie de l'orthographe anglaise ; d'autre part, il a fourni la notation de la semi-voyelle à l'initiale et entre voyelles (« yeux », « voyelle »).

Des ligatures employées en finale ont persisté. Celle de *ts*, confondue avec *z*, a subsisté jusqu'à nos jours dans les secondes personnes du pluriel des verbes (« vous chantez ») et jusqu'en 1760 pour les pluriels de noms et participes (*bontez* « bontés », *déchirez* « déchirés »), elle est ornementale dans *nez* qui l'a reçue induement. Celle de *us* confondue avec *x* a été transportée comme finale ornée, de manière superfétatoire, à des mots où l'*u* figurait ; ainsi on a eu et on a encore les pluriels en *-aux* (ce qui serait en décomposant *-auus*).

Écriture imprimée

Au XVe siècle, l'imprimerie est née ; au XVIe siècle il n'est plus question de livres écrits à la main. Quels ont été les effets de cette révolution industrielle sur le tracé de l'écriture latine ?

Les premières impressions sont apparues comme une concurrence sur le marché des manuscrits pour les documents ou livres les plus demandés : bibles, calendriers, lettres d'indulgence[1]. L'imprimé était un succédané bon marché du manuscrit. Aussi n'était-il pas question à ce moment de changer

1. Les premières reproductions non manuscrites se sont faites sur des planches en bois, au XVe siècle. D'abord des gravures avec peu de texte (Bible des pauvres), puis des ouvrages entiers, ainsi un Donat (grammaire latine). Les datations des premières impressions à caractères mobiles ne sont pas entièrement établies. Le premier ouvrage typographique de Gutenberg serait de 1447. Voir la reproduction d'une page de la « Bible à 42 lignes » sortie des presses de Gutenberg à Mayence avant août 1456, peut-être en 1455. On date de 1476 les premières impressions en Angleterre.

le tracé des lettres : les graveurs de matrices ont reproduit les tracés en faveur, gothique au centre, irlandais ou carolingien au nord, arrondi en Italie.

Mais au XVIe siècle les circonstances ont changé. L'imprimerie avait pris son indépendance. Son essor accompagnait celui du mouvement de la Renaissance, avec le retour à l'étude des auteurs profanes de l'Antiquité.

Or les textes de ceux-ci ont été imprimés d'abord en Italie (en 1469, à Rome, éditions de Virgile, Tite-Live, César) ; ces éditions, répandues au-dehors avant d'être imitées, ont répandu le goût de l'écriture italienne qu'on appelle humanistique, et qui s'est formée à Florence avec des formes qui marquent un retour vers la minuscule carolingienne. D'ailleurs l'écriture ne se présentait pas seule, mais accompagnée des arts de la Renaissance italienne : peinture et surtout architecture.

Dès lors l'écriture gothique, comme l'architecture ogivale, était abandonnée en France. Aux éditions en écriture gothique ont succédé les impressions en « romaine », à travers une période de transition : dès 1470, la première imprimerie française, celle de l'Université, inaugurait ses éditions par des livres en caractères humanistiques ; au XVIe siècle on voit que les deux premiers livres de Rabelais, en éditions « populaires » sont imprimés en gothique (1533 à 1535) ; mais le Tiers Livre a paru en 1546 dans les caractères nouveaux.

Le triomphe de l'écriture romaine a été complet vers la fin du siècle en France ; il s'est étendu aux ateliers des Pays-Bas et peu après en Angleterre.

Mais les imprimeries allemandes ont maintenu au XVIe siècle l'usage de l'écriture gothique. C'est ainsi qu'a été imprimée la Bible de Luther (1545) à un très grand nombre d'exemplaires, puis la littérature religieuse et profane de l'Allemagne jusque vers la fin du XIXe siècle. De même, a-t-on remarqué, l'architecture allemande de la Renaissance a été beaucoup moins influencée que l'architecture française par les modèles italiens. Les pays scandinaves ont suivi l'usage allemand, mais seulement jusqu'au milieu du XIXe siècle, moment où ils se sont rattachés au groupe occidental et méridional. Dès lors l'écriture gothique apparaissait essentiellement comme une écriture nationale allemande. Elle a en effet été maintenue quelque temps comme telle par les tenants d'un germanisme étroit. Cependant la tendance inverse à rentrer dans la norme générale a prévalu depuis le début du XXe siècle, où on a institué officiellement le double enseignement scolaire des deux écritures. Depuis 1933, le IIIe Reich a favorisé l'extension de l'usage de la romaine, dont il a édicté la généralisation en 1941 sous le nom d'« écriture normale » (*Normalschrift*).

Le tracé de la minuscule romaine, qui s'est formé surtout dans les grandes imprimeries de Bologne, est caractérisé par sa clarté d'ensemble, avec des courbes nombreuses, mais sobres, les caractères étant bien distincts les uns des autres (y compris l'*i* avec son point).

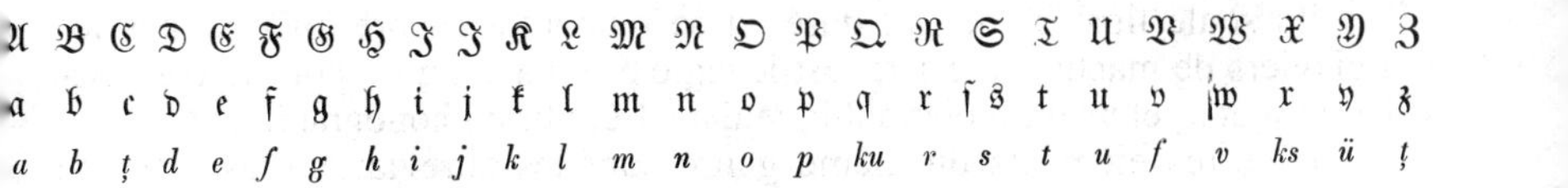

ALPHABET ALLEMAND GOTHIQUE

La forme livresque manuscrite était doublée d'une forme courante, qui a donné à la fois l'écriture manuscrite usuelle de toute l'Europe occidentale, sauf l'Allemagne, longuement fidèle à la main gothique, et l'écriture imprimée dite italique, qui sert dans les livres à mettre certains passages à part (citations, etc.) ou en relief (termes techniques, mots en langues étrangères, etc.).

L'italique a pour caractéristique essentielle une légère inclinaison, en face des caractères droits de la romaine. Étant donné les rapports différents de noir et de blanc, l'œil, pour les passages où on l'emploie, reçoit l'impression d'une coloration différente. Peu de caractères diffèrent dans les fontes usuelles (remarquer *a* et non a, *v* et non v). Les différences par rapport à l'écriture manuscrite de même type sont la séparation de tous les caractères et l'absence de boucles aux hampes (*b*, *h*, *l*).

Ajoutons que la gothique imprimée ne connaît pas de tracé correspondant ; pour produire un effet analogue de contraste on y emploie l'écriture écartée, avec des intervalles augmentés entre les lettres[1]. Par suite, les imprimeurs allemands se servent usuellement du même procédé quand ils impriment en romaine.

Ce qui reste à dire s'applique en grande partie aussi bien à la figure gothique qu'à la figure romaine de l'écriture latine imprimée.

Le métier de l'imprimeur comporte des besoins et des ressources autres que celui du copiste à la main. La fixité et l'uniformité des tracés y sont assurées par l'emploi de caractères gravés une fois pour toutes. On tend à ne pas multiplier les formes différentes, par exemple pour les initiales, finales, etc. Surtout, pour diminuer le nombre des matrices et pour unifier leurs dimensions en largeur, on a intérêt à éviter les liaisons de caractères et aussi les ligatures, bien que l'emploi des unes et des autres puisse accélérer la composition.

Aussi, après la toute première période où les imprimés imitaient les manuscrits, a-t-on à peu près éliminé les liaisons de lettres ; seuls ont subsisté couramment le groupe de *s* et *t*, jusqu'à la disparition du *ſ* long intérieur opposé à *s* court final à la fin du XVIIIe siècle, et la demi-liaison *fi*.

1. Impression « écartée » (en allemand : *gesperrt*). Ce procédé n'est pas réservé à la typographie allemande ; il se rencontre aussi au moins pour l'italien, pour le polonais et pour le russe.

La seule ligature qui ait duré, et se rencontre encore, même dans les claviers de machine à écrire, est le sigle & ou analogues pour la conjonction « et », élément idéographique dans l'écriture phonographique.

D'autres éléments du même genre sont les abréviations usuelles en lettres, faites suivant différents procédés :

a. lettres du début avec un point : etc. « et cætera » ; ex. « exemple » ; v. « voir » ; c.-à-d. « c'est-à-dire » ; s.v.p. « s'il vous plaît » (pour ce dernier la graphie réagit sur l'énonciation, et « essevépé » a pris une existence). Il faut ajouter les prénoms figurés par l'initiale : P. « Paul », Ch. « Charles », etc. ;

b. une lettre du début et une lettre du milieu, avec un point : cf. « confer », ou « confer », « conférez » (quelquefois lu *conf.*) ; cp. « comparer », « comparez » ;

c. une lettre du début et la fin du mot en petits caractères en haut, dans les appellations de personnes : M^{r} (ou M.) « Monsieur » ; Mme « Madame » ; Mlle « Mademoiselle ».

En français, en général, la lecture idéographique est directe, en ce sens qu'on lit le mot abrégé ; cependant il peut arriver que *cf.* soit lu « comparer » ou « voir ». En anglais la lecture idéographique indirecte ou à la seconde puissance se rencontre : ainsi *etc.* peut être lu « *and so on* », *v.g.* (*verbi gratia*) est lu « *for instance* » (« par exemple »).

Occasionnellement les procédés *a* et *c* sont appliqués à des mots variés, avec un raccourcissement plus ou moins poussé, surtout dans des documents administratifs où le même mot revient souvent et est compris sans être écrit au long (ainsi, *adm^{ion}* « administration ») et l'usage de l'abrègement est courant dans les livres scientifiques et d'enseignement, notamment pour la grammaire (adj. « adjectif », vb. « verbe », etc.).

L'écriture imprimée a tendu à supprimer les doubles formes et les emplois ornementaux des lettres. C'est ainsi qu'entre autres résultats *v* et *j* ont pu être à la longue spécialisés comme notation de consonnes (voir p. 349).

Dans l'écriture romaine, ce sont les anciennes capitales qui ont été adoptées comme majuscules.

L'usage de celles-ci est réglé par des modes nationales, et a changé avec les époques. Les impressions françaises du XVIIe siècle mettaient encore des grandes lettres à beaucoup de noms communs désignant des notions plus ou moins abstraites et n'ayant pas normalement de pluriel, comme la Justice, la Musique, etc. ; en français actuel on écrit encore généralement « l'État » au sens politique, distingué de « l'état » où on se trouve. En allemand, la coutume s'est établie de mettre une majuscule à tous les substantifs, ce qui est un trait d'orthographe grammaticale. En anglais, on met une majuscule aux mots principaux dans les titres, ce qui est un emploi purement ornemental. De nos jours la recherche d'une certaine simplicité restreint l'emploi des majuscules. En allemand, un certain nombre d'auteurs devancent une réforme demandée et probable en supprimant la majuscule des substantifs. En France (et sans doute ailleurs), des poètes surtout en vers libres s'abstiennent de mettre une majuscule au début de chaque vers comme l'habitude s'en est implantée.

L'imprimerie a étendu et régularisé l'usage de la ponctuation, incluant la coupe des mots avec un tiret. Ceci fait partie de la mise en pages qui est comprise dans le métier et l'art de l'imprimeur, comportant les dispositions les plus claires possibles des alinéas. Il y a des calculs précis, modifiés quelquefois en raison de modes temporaires et de certains goûts déterminés, pour les écartements des lignes, les largeurs des marges latérales et des espaces en haut et en bas des pages.

Dans le cadre des grands genres établis de la romaine et de l'italique, la fantaisie individuelle et les goûts esthétiques, ainsi que certaines variations utiles pour la clarté par la diversité (les caractères « gras »), ont continué à se manifester par la gravure de toutes sortes de variétés de caractères, différant par des détails de forme et de dimension. C'est l'homologue des recherches calligraphiques, et aussi bien le tracé initial est fait à la main, métier spécial d'artistes et d'artisans. Parmi ceux qui ont pour métier de tracer à la main des caractères d'imprimerie, on peut citer les personnes chargées d'écrire les noms sur les maquettes des cartes de géographie. De même encore sont tracés initialement à la main les caractères pour la machine à écrire, qui substitue le tracé imprimé au tracé calligraphique : la nécessité d'y avoir des caractères égaux en largeur dans un même registre impose la préférence pour certaines formes : ainsi *m* est rétréci.

Noter enfin, à propos du métier de l'imprimerie, que les correcteurs emploient des signes convenus qui sont de véritables idéogrammes : ₰ (abréviation de *deleatur*, en latin « qu'il soit détruit ») « supprimez » ; ⊔⊓ « transposez » ; # « écartez », etc.

L'écriture non imprimée au temps de l'imprimerie

Si l'écriture imprimée est issue de l'écriture des livres manuscrits, elle a fini par fixer dans une certaine mesure l'apparence générale de l'écriture à la main.

Les anciennes cursives, qui avaient multiplié les exagérations de fioritures et avaient abouti au XVIe siècle à une complication proche de l'illisibilité, ont été réglementées.

Il s'est créé ou plutôt recréé un enseignement calligraphique qui a une double application, à la fois pour toutes les corporations de scribes professionnels et pour l'usage privé de ceux, toujours plus nombreux, qui apprennent à écrire pour des besoins personnels. Les professeurs d'écriture ou de calligraphie ont contribué à entretenir la tradition de diverses écritures anciennes, retenues pour des usages spéciaux, et d'autre part à lancer des modes nouvelles.

Il faudrait faire un historique distinct et par pays tant de l'écriture des actes et registres que de l'écriture scolaire et de l'écriture libre des adultes, tracer aussi l'histoire des diverses corporations qui se servent professionnellement de l'écriture.

En France, le XVIe siècle a vu l'élimination progressive des formes compliquées issues de la gothique devenues quasi illisibles et le triomphe de la forme manuscrite de l'italique. Dans celle-ci, l'usage manuscrit a, avec les mêmes formes générales, des tracés nettement différents de l'écriture imprimée ; pour la facilité de l'acte d'écrire, on évite les interruptions de tracé, on recherche systématiquement la liaison des caractères. La forme enseignée des caractères comporte un petit trait à droite pour la liaison avec le caractère suivant. C'est la continuité sans doute qui a fait prévaloir, à époque relativement moderne, la forme de l'*r* manuscrit sur celle qui est restée la forme imprimée. C'est la continuité encore qui s'exprime dans les boucles du *b*, de l'*h*, de l'*l*. Désir de continuité et goût de la courbe se combinent dans les formes de l'*a*, du *v*, de l'*x*.

Ce tracé italique a été pratiqué aussi en Allemagne au XVIe siècle pour le latin et les langues étrangères en général, tandis qu'il se créait pour l'allemand une forme anguleuse, correspondant à l'écriture gothique des livres, dont la vraie dénomination dans le pays est *Frakturschrift* « écriture brisée ». Les liaisons y sont pratiquées comme dans l'écriture italique, avec des boucles, mais l'angle est préféré à la courbe ; on peut remarquer spécialement le tracé de la lettre la plus employée de toutes, le *e*.

En France, la fin du XVIe siècle, le XVIIe ont eu dans l'ensemble une grande écriture droite, plutôt large en général. Les maîtres d'écriture, après l'adoption définitive au XVIIIe siècle de la taille de la plume en pointe, ont enseigné l'art du plein (tracé en général en descendant) et du délié (pour les traits remontants). D'autre part, on a enseigné des majuscules plus ou moins compliquées et ornées. Enfin, dans les usages professionnels, les écritures spéciales et ornementales ont été enseignées pour les titres, les en-têtes, etc. ; la gothique, qui perpétue l'ancienne forme du XVe siècle, la ronde carrée et appuyée, la bâtarde qui en est comme une forme allégée, nommée aussi « lettre parisienne », écritures qui demandent l'emploi de la plume à bec large.

Le milieu du XIXe siècle a vu paraître, surtout chez les femmes, une écriture dite anglaise, penchée et plutôt anguleuse, qui a influencé l'écriture scolaire.

Depuis l'enseignement obligatoire, les maîtres d'écriture se sont multipliés en la personne des instituteurs. Les questions d'écriture se débattent entre pédagogues. Ainsi on a connu des polémiques entre les tenants de l'écriture penchée et ceux de l'écriture droite. Ces derniers ont invoqué moins des arguments de goût qu'une considération médicale, en montrant que l'écriture penchée favorise la préparation de scolioses, parce qu'elle déporte sur le côté droit le petit enfant qui apprend à écrire. Le dernier combat s'est livré pour le *script* qui ressemble à la minuscule caroline et rapproche l'écriture à la main de l'écriture imprimée[1].

Du XVIe au XIXe siècle, l'apprentissage des diverses sortes d'écriture, l'acquisition d'une bonne main ont été l'essentiel de la formation des nombreux employés que demandait la fabrication de tous les écrits à usages administratifs en exemplaire unique ou en nombre réduit qui ont échappé à l'imprimerie. L'exercice de l'écriture a été le gagne-pain d'innombrables scribes, employés des administrations publiques et privées, greffiers de justice, clercs de notaire et d'avoués, expéditionnaires de ministères, teneurs de livres du commerce, etc., copistes de toutes espèces, auxquels il faut joindre les secrétaires, depuis ceux des rois, qui avaient mission d'imiter leur écriture en de soi-disant autographes, jusqu'aux écrivains publics, secrétaires occasionnels de ceux qui, avant l'instruction obligatoire, avaient besoin d'écrire quelque demande ou une lettre à leurs proches.

Mentionnons aussi en passant les amusements souvent commercialisés des artistes calligraphes qui consistent à dessiner en toutes petites lettres des images, surtout le portrait d'un personnage connu, avec le texte de sa biographie, de son éloge, ou de son dénigrement, usage qui d'ailleurs a été imité en typographie[2].

---

1. L'écriture penchée à pleins et déliés et majuscules ornées de courbes et de boucles a obtenu le succès d'abord dans les pensionnats pour jeunes filles riches ; on a retenu le nom de l'écriture du « Couvent des Oiseaux ». Le nom devenu technique est celui d'« écriture anglaise » ; les imprimeries possèdent cette écriture pour les usages où on veut imiter l'écriture calligraphique à la main tout en travaillant typographiquement (notamment cartes de visite, faire-parts divers). L'anglaise prend scolairement le double nom d'« écriture penchée » et d'« écriture droite ». En effet celle-ci conserve les pleins et les déliés, les liaisons, et les majuscules à fioritures. Dans *Méthode d'écriture droite en sept cahiers*, de C. Robquin (Paris, Hachette, s. d., avant 1920), la notice en p. 2 de couverture recommande, avec l'appui d'autorités médicales et pédagogiques, l'écriture droite pour éviter les myopies et les déviations de la colonne vertébrale et ajoute : « L'écriture droite est d'ailleurs notre vieille écriture française, et il y a longtemps que les Anglais, les Américains, les Suisses y sont revenus par raison d'hygiène. Ajoutons qu'un arrêté de M. le ministre de l'Instruction publique a autorisé l'emploi de l'écriture droite dans toutes les épreuves des examens de l'Enseignement primaire. »

Le script représente un changement radical : écriture droite, à caractères séparés, très proches de la romaine imprimée pour la minuscule, avec quasi-identité pour les majuscules. Un extrait de l'arrêté ministériel du 17 octobre 1945 indique : « *Cours préparatoire*, minuscules (écriture anglaise, écriture script facultative) ; *Cours élémentaire*, de même pour les majuscules ; *Cours moyen et supérieur*, écriture cursive ordinaire (gros, moyen, fin), écriture script. » Celle-ci est donc rendue officielle, remplaçant la *ronde* précédemment enseignée dans les mêmes classes. Certains maîtres, au moins en France et aux États-Unis, la considérant comme bonne surtout pour les débuts, passant ensuite à l'écriture liée.

2. Pour l'impression, on peut signaler ici l'exemple du *Cinquième Livre* de Rabelais : le poème à début et fin en vers courts, milieu en vers plus longs, inscrit dans l'image d'une « dive bouteille » en ovale. Pour le manuscrit (reproduit par la gravure dans l'édition) : les *Calligrammes* de Guillaume Apollinaire (Paris, 1918), où les vers sont écrits en divers sens de manière à constituer des dessins.

Au XXe siècle, l'emploi plus étendu de la circulaire imprimée tant dans l'usage administratif que dans les opérations de commerce, et surtout l'apparition de la machine à écrire et l'extension de la sténographie, ont changé les conditions, diminué de beaucoup l'importance de la calligraphie.

C'est un modèle convenu de l'écriture – pas toujours le même – qui est enseigné aux enfants. Mais avec la généralisation de l'écriture les écarts individuels sont inévitables et de plus en plus admis même par des pédagogues rigoristes en la matière, pourvu que l'écriture reste suffisamment claire.

On peut mentionner que dans le tracé rapide, chez beaucoup d'individus, les lettres minuscules *n* et *u* tendent à se confondre d'une manière souvent gênante ; cet inconvénient est évité en Allemagne dans le gothique ou le romain manuscrit par l'emploi d'un accent sur *u*.

TRACÉ INDIVIDUEL, EXPERTISE EN ÉCRITURE, GRAPHOLOGIE

Sauf peut-être chez le graveur et le calligraphe tenus par des règles strictes de métier pour la direction, la dimension, l'épaisseur des traits, le tracé a un caractère individuel. L'impulsion donnée transmise au bras, au poignet, aux doigts qui écrivent (chez des infirmes, au pied ou à la bouche), produit chez chaque individu qui écrit des effets différents. Il y a des différences individuelles soit minimes soit assez importantes dans la direction des traits et leur ampleur, dans la pression plus ou moins forte exercée à chaque instant sur l'instrument qui sert à tracer, dans la disposition des caractères sur la ligne, etc. Même lorsqu'il s'agit de copies soignées, qui s'efforcent à l'impersonnalité, les particularités se révèlent généralement à première vue, de sorte qu'on reconnaît une écriture, comme on reconnaît un visage et un corps, et comme on reconnaît une voix ; à plus forte raison, si l'écriture est plus libre, comme elle l'est dans une lettre ou dans une rédaction quelconque faite pour l'usage personnel. La variété la plus grande est celle qu'on trouve dans les signatures, où la volonté plus ou moins consciente du « scripteur » est justement d'affirmer sa personnalité. Les paléographes s'efforcent de classer les tracés par époques, par régions, par écoles. Lorsqu'ils font acte de philologues, ils s'efforcent de distinguer dans un même manuscrit les différents copistes, non seulement par leurs habitudes intellectuelles (particularités orthographiques, correction plus ou moins grande, telles ou telles espèces de fautes), mais à leur graphisme individuel.

La reconnaissance des écritures a une utilité judiciaire, soit qu'on veuille identifier l'auteur d'un écrit non signé et non avoué, soit qu'on veuille discerner un faux, où une écriture individuelle a été sciemment et frauduleusement imitée.

De cette utilité est né le métier d'expert en écriture. Pour reconnaître l'identité de source de deux documents, ou au contraire la dualité des scripteurs de deux pièces données, en déjouant les habiletés des faussaires, l'expert doit se garer des ressemblances naturelles entre des écritures-sosies et éviter toute autosuggestion ; à cet effet, il doit s'armer de méthodes rigoureuses d'examen, comportant autant que possible des mesures, constituant une graphométrie. Les erreurs restent néanmoins fréquentes.

La graphologie est une interprétation psychologique de l'écriture. Les écritures individuelles se classent par catégories. Même sans étude spéciale, pour un milieu donné, on reconnaît sinon à coup sûr, du moins en général avec assez peu de chances d'erreur une écriture d'homme ou de femme, de personne cultivée ou d'ignorant, de scribe professionnel, d'individu adulte, valide et normal ou d'enfant, de vieillard, d'impotent.

Les graphologues se sont appliqués à définir des signes de détail qui permettent de préciser ces notions, et en outre, de reconnaître les traits individuels d'intelligence, d'aptitudes diverses, et de caractère.

Cette étude n'a été précisée, appliquée à l'écriture latine, que dans la dernière partie du XIXe siècle. Elle n'est pas encore reconnue comme valable par tout le monde.

Il faut reconnaître qu'elle ne donne pas automatiquement de bons résultats, avec peu de connaissances et sans un certain talent spécial : n'en est-il pas de même de la médecine, par exemple ? Une grande difficulté est qu'on s'entend mal sur les définitions des traits de caractère qu'on décèle ou croit déceler. Loyauté et dissimulation, hardiesse et timidité, féminité chez l'homme, hommasserie chez la femme, etc. ; les individus intéressés et leurs proches n'accueillent pas certains jugements sans réactions de vanité ou d'amour-propre, tandis que de son côté le graphologue examinateur a ses préférences et préjugés qui peuvent gauchir plus ou moins son jugement.

Cependant les résultats positifs sont suffisants pour que la graphologie se développe rapidement et assure ses méthodes. Ce sont des médecins qui en ont fait récemment le plus souvent usage, avec succès.

La méthode, tout empirique à l'origine, consiste en des rapprochements entre tracés et traits de caractères qui ont en partie l'allure de truismes. Ainsi, écriture grande : grandeur d'idées ; écriture petite : minutie et mesquinerie ; écriture large, grandes marges : générosité, prodigalité ; écriture serrée, petites marges : avarice, etc. De même pour les traits particuliers : absences de point sur l'*i* : négligence ; point haut placé : idées élevées, mysticisme ; barre de *t* fortement tracée : volonté forte ; tracée au-dessus de la hampe : autoritarisme ; absente : volonté faible.

Le principal théoricien de la graphologie, Jules Crépieux-Jamin (1859-1940), a marqué la nécessité de définir surtout les caractères généraux des écritures et leurs classements de valeur. Il a aussi insisté sur l'obligation de juger les « résultantes », une faculté ou un défaut n'ayant pas la même signification chez un individu très doué et de caractère généreux ou chez un spécimen malheureux d'humanité.

Pour nous en tenir aux rapports entre les écritures individuelles et les types d'écritures dont il a été question ci-dessus à propos de l'évolution de l'écriture latine, on constate : que les individus cultivés se dégagent des formes calligraphiques enseignées et se rapprochent de celles de l'écriture imprimée ; que les esprits originaux et les savants inventifs divisent volontiers les mots, en négligeant de nombreuses liaisons de caractères ; que les esprits intuitifs et métaphysiciens arrivent à des disjonctions complètes ou presque ; qu'au contraire certains des individus bien doués lient scrupuleusement, la logique déductive dominant dans leur genre d'intelligence ; que les artistes lancent des traits qui par eux-mêmes ont une beauté de forme, qu'au contraire les esprits humbles, routiniers s'en tiennent à des tracés malgracieux des formes enseignées à l'école.

Si on remarque qu'il y a des écritures révélatrices de professions et de milieux qui décèlent non seulement des habitudes communes, mais des communautés d'aptitudes et de disposition (ainsi de nombreuses écritures de médecins ont une étroite parenté), si on considère aussi que les écritures se classent par nationalités, on est amené à penser que les tracés à la main portent en partie la marque de caractères collectifs. D'où naît l'idée que la graphologie pourra s'étendre à une interprétation des tracés divers tant du présent que du passé pour définir certaines caractéristiques des groupes humains qui les ont employés ou les emploient : étude qu'on entrevoit à peine, mais qui a des chances de se développer.

TRANSPOSITIONS DE L'ALPHABET

Un alphabet peut être transposé sans cesser d'être lui-même dans son principe, et dans son application orthographique à une langue donnée. Des tracés volontairement combinés peuvent être substitués aux tracés normaux. Ou bien la valeur des lettres peut être intervertie par des combinaisons convenues. Ou bien les lettres tracées peuvent être remplacées par des signaux visibles d'autre sorte. Enfin les signes au lieu d'être perçus par l'œil peuvent être destinés à l'oreille ou au sens tactile. Chacun de ces procédés correspond à des utilités déterminées.

Écritures secrètes

• *Écritures magiques*. La magie et la divination se sont emparées de l'écriture. Il en est résulté des tracés qui sortaient volontairement des formes consacrées, soit par des modifications systématiques des caractères, soit par de véritables inventions de signes.

Ainsi sont apparus dans le monde grec et le monde sémitique des caractères qu'on nomme lettres à lunettes ou bouletées parce qu'elles comportent des cercles au bout des traits. On ne peut pas dire si elles ont été liées en mots. On les rencontre dans des amulettes musulmanes et dans des amulettes éthiopiennes[1].

On trouve pour l'arabe des séries entières d'alphabets magiques où les caractères restent séparés dans la constitution des mots ou formules, et où les caractères à lunettes sont fréquents.

En Europe, les runes ont eu par elles-mêmes plus ou moins des usages magiques ; ceux-ci ont inspiré des transpositions de cette sorte de caractères.

On peut se demander si les lettres « arbitraires » publiées par Geoffroy Tory en France au XVIe siècle n'ont pas eu une origine et un emploi magiques.

• *Écritures-jeux*. Les enfants, autour de l'âge de dix-douze ans, dans les pays à instruction généralisée, inventent souvent des formes, qu'ils cherchent à faire originales, pour les lettres de l'alphabet, dont ils réservent la connaissance à un groupe restreint qui constitue une petite société d'initiés (où d'autre part s'emploient des argots à déformation systématique des mots, ou d'autres langages inventés).

• *Cryptographie ou « écriture cachée, secrète » (du grec kruptos « caché » et racine « écrire »*. Les procédés et les buts en sont variés.

On peut citer comme exemple intéressant le cas particulier du bourgeois anglais Samuel Pepys qui, au XVIIe siècle, tenant son journal qu'il voulait secret, s'usait les yeux à l'écrire suivant un système de caractères connu de lui seul, et qui a été péniblement déchiffré, en termes techniques « décrypté », de nos jours. Généralement la cryptographie sert à l'envoi de messages confidentiels : message d'un gouvernement à ses fonctionnaires, surtout à ses représentants en pays étrangers ; messages entre divers échelons du commandement militaire en temps de guerre ; messages entre commerçants : le but est toujours de réserver la connaissance du texte à un individu ou à un petit nombre d'individus participant à un système d'informations secrètes ou à des opérations dont la préparation doit échapper aux non-participants.

Des alphabets magiques à caractères connus de peu d'initiés peuvent servir ainsi. Le plus souvent on se sert de systèmes à « clé », où les lettres sont changées de valeur, généralement suivant des combinaisons numériques, ou sont remplacées par des chiffres, également avec des conventions sur des valeurs : dans les deux cas on peut parler à bon droit de langage ou message « chiffré », ou simplement de « chiffre ».

Les conventions sont très variables. Elles comportent souvent l'emploi d'une « grille », dispositif permettant de lire des lettres ou des chiffres

---

1. Voir aussi ci-dessus, p. 206, n. 1.

avec transposition de place. Elles comportent souvent aussi l'emploi d'un « code » où les mots ont un sens non habituel (et qui peut à lui seul constituer le « chiffre » sans qu'il y ait de modification aux procédés ordinaires d'écriture et de lecture). Dans les administrations qui emploient les messages chiffrés, ceux-ci sont établis par un « chiffreur » qui connaît la convention ou a en mains le code ou la grille ; à l'arrivée ils sont lus par un « déchiffreur » qui possède les mêmes éléments.

Les « décrypteurs » sont des spécialistes qui ont des méthodes spéciales (lesquelles ne sont efficaces que chez des gens doués pour ce genre de travail) qui permettent de percer à jour dans un temps plus ou moins long toutes les écritures secrètes.

Un système simple de transposition où un signe a constamment la même valeur est facile à décrypter dès qu'on sait à quelle langue on a affaire. Le chiffrage et le décryptage dans ces conditions sont pratiqués comme jeu de société. Les runes chiffrées représentent un système de transposition de cette espèce.

Écritures universelles[1]

Diverses tentatives ont été faites, plus ou moins en dépendance de l'alphabet.

Tachygraphie (sténographie)

Il est de fait que l'écriture à la main, et de nos jours à la machine, même chez un secrétaire très exercé et très vif de gestes, est plus lente que la vitesse normale de la parole et même du discours oratoire. Le problème s'est posé d'accélérer la vitesse de l'écriture, lorsqu'on veut noter au vol un discours prononcé en public, une déposition en justice, une lettre ou un ouvrage dictés sans ralentissement notable du débit.

Donc, dans les sociétés où les assemblées avaient le plus d'importance et où les secrétaires ont été le plus employés, on a établi des systèmes dits de tachygraphie (de grec *takhus* « rapide »), la moderne sténographie en étant un cas particulier.

Pour la Grèce ancienne, on sait que Xénophon (environ 427-355) a employé un système rapide pour noter l'enseignement oral de son maître Socrate.

Une inscription retrouvée à l'Acropole d'Athènes, et qui date de – 350 environ, malheureusement incomplète, décrit un système de tachygraphie, qu'on a donc eu l'intention de publier et sans doute d'enseigner. Ce sys-

1. Ce sujet pourrait être inséré ailleurs, n'étant pas lié à l'alphabet. Cependant les auteurs de systèmes « pasigraphiques » (du grec *pas* « tout ») ont généralement fait usage au moins partiellement de l'alphabet, avec ou sans les chiffres et plus ou moins de signes inventés. Il s'agit de systèmes pouvant être lus en n'importe quelle langue, par conséquent idéographiques.

tème phonographique en principe, avec syllabisme secondaire, consiste à composer des syllabes où le centre graphique est le signe de voyelle, complété par un petit trait complémentaire à une place convenue pour exprimer différentes consonnes (à gauche pour celle qui précède, à droite pour celle qui suit).

Une autre inscription trouvée à Delphes (vers – 300 ?) reposerait sur des signes représentant des groupes de consonnes.

Plus tard, on trouve le témoignage de Plutarque (environ 45-125) qui donne comme courant le métier de « séméiographe » (du grec *sémeia* « signes » et racine « écrire »), qui serait celui de sténographe, mais sans dire à quelle date il remonte ; d'autres témoignages confirment son information au IIe siècle.

Des documents sur papyrus ou sur tablettes de cire trouvés en Égypte sont du IIe, IIIe ou VIIIe siècle.

Le système, qui n'est pas connu dans tous ses détails, repose sur le même principe, sinon tout à fait sur le même enseignement que l'inscription d'Athènes.

D'une manière qui semble indépendante, à une période postérieure, au monastère de Grottaferrata, fondé près de Rome en 1002, était enseigné un système particulier dont on a des documents sur parchemin jusqu'au XIIIe siècle.

Mais ici il se pose un problème : il s'agit de véritables manuscrits, où les esprits et les accents sont marqués. En conséquence, il semble que le système soit employé à titre de brachygraphie (du grec *brakhus* « court » et racine « écrire »), c'est-à-dire d'abrègement, de manière à raccourcir le travail du copiste et d'user moins de parchemin, matière plus ou moins rare et coûteuse. Ceci suppose d'ailleurs que les textes ainsi écrits (peut-être sous la dictée) pouvaient être assez facilement relus par des lecteurs bien instruits du système.

C'est sans doute à ce système ou à un autre de tendance analogue que sont dues les ligatures byzantines qui représentent un besoin de rapidité et de resserrement à la fois.

Pour le latin, Plutarque, en indiquant l'existence de la pratique tachygraphique, ne donne pas de renseignements suffisants ; on n'est pas sûr de l'exactitude de tous ceux d'Isidore de Séville (560-636). Des scribes, appelés *librarii*, organisés en équipes se relayant comme les modernes sténographes de nos assemblées, notaient dès les temps républicains les débats politiques et judiciaires. Malheureusement rien n'est resté des archives qui pouvaient être constituées par ce moyen. On attribuait au poète Ennius (240-169) mille cent combinaisons de signes. Le secrétaire de Cicéron (106-47), appelé Tiron, aurait fait un recueil des signes en usage de son temps ; en tout cas, postérieurement, on s'est habitué à nommer la tachygraphie latine *notes tironiennes*. Enfin, le savant et philosophe

Sénèque aurait établi un répertoire de cinq mille signes, dont certains de son invention.

Nous savons que des *notarii* se sont servis du système peu à peu enrichi – et enseigné – pour noter des débats judiciaires, notamment des plaidoyers, et aussi des sermons chrétiens.

Pour les documents conservés contenant des notes tironiennes, le premier, isolé et non déchiffré, est de 362 ; ensuite viennent des diplômes du VIIe siècle, avec certaines notes du même genre. La connaissance que nous avons du système provient des documents d'enseignement, consistant en lexiques de signes avec leur transcription en lettres latines accompagnés de textes d'exercice généralement pris dans les Psaumes. De cette manière, on a pu reprendre chez les paléographes modernes un enseignement qui n'a pas dépassé le XIe siècle, et entreprendre le déchiffrement des documents d'époque mérovingienne et carolingienne.

Malheureusement on n'a pas de procès-verbaux entiers, notamment des conciles ; sans doute ne les conservait-on pas, surtout sous cette forme.

Les documents conservés sont surtout des documents de la chancellerie royale, écrits en lettres latines, mais qui ont des résumés et des notes diverses en tachygraphie. Peut-être la question d'économie de place a-t-elle joué (voir ci-dessus à propos du grec). Mais on peut supposer aussi que ce qui est écrit en écriture ordinaire avait été copié (peut-être sur un brouillon sténographié) et que les suppléments ont été dictés, ou pensés par le scribe lui-même et notés au plus vite ; en tout cas le fait de la présence de ces notes sur des documents officiels semble indiquer qu'elles pouvaient être relues facilement.

Le système, tel qu'on le connaît, ne comporte pas un tracé rapide de toutes les lettres des mots, mais de très fortes réductions du nombre de ces lettres ; il y a couramment une ou deux lettres seulement pour un radical de mot. Les caractères sont des lettres latines ou grecques, ou des signes combinés spécialement. D'autres signes représentent des préfixes ou des terminaisons (on s'en dispense pour des verbes à la troisième personne, des substantifs au nominatif). Au total c'est un système de type idéographique avec décomposition des mots, en raison d'éléments communs, nécessitant l'apprentissage d'un grand nombre de signes.

Lorsque le symbole adopté pour un radical consiste dans la ou les lettres initiales, on est dans le domaine des abréviations connues ; on s'en écarte lorsque des lettres sont liées et combinées de manière à n'être plus reconnaissables.

Fait intéressant, un autre système au moins a vécu parallèlement aux notes tironiennes ; il nous est connu par des documents du VIe siècle au début du XIe siècle ; ce sont des brouillons, des résumés, des notes d'actes civils. Les signes sont des syllabes ; les mots étant entièrement écrits, ces signes sont donc en nombre assez réduit. D'après certains interprétateurs, ils proviendraient en général de notes tironiennes.

Du XIIe à la fin du XVIe siècle, si des essais ont été faits, rien n'en a subsisté.

C'est après la Renaissance, et d'abord en Angleterre où s'étaient développées la vie parlementaire et les grandes entreprises industrielles, qu'a paru le système moderne, qu'on nomme sténographie (du grec *stenos* « étroit, serré » et racine « écrire »).

Le premier système, de la fin du XVIe siècle, a inauguré la pratique qui dans l'ensemble a été suivie ensuite par les nombreux auteurs de remaniements successifs. Elle comporte un aspect d'orthographe phonétique (ou jeune et nouvelle), en ce qu'on ne note que des choses entendues et qu'il n'y a aucune graphie étymologique. La réalisation graphique est une mixture phonographique et idéographique, avec des aspects syllabiques ; elle est gouvernée à la fois par le désir de rapidité, obtenue par l'aisance du tracé, et par le besoin d'intelligibilité.

Pour le corps des mots, les lettres correspondant aux sons entendus sont toutes figurées par des petits traits droits, disposés en diverses directions (horizontale, verticale, oblique) et des boucles ou des ronds, donnant par leur réunion des groupes de lettres. On s'est efforcé d'obtenir des tracés « coulants » pour les groupes les plus usuels dans la langue à noter, ce qui a mené à des analyses statistiques qui devaient se refaire un peu autrement dans la suite, afin de trouver les dispositions les plus commodes du clavier de la machine à écrire.

Un autre travail de linguistique pratique a été le recensement des finales usuelles ; certaines, dans certains systèmes, sont purement et simplement omises (comme on fait dans les écritures ordinaires pour des parties plus ou moins grandes des mots, en cas d'abréviations usuelles) ; d'autres sont figurées par un tracé spécial qui est syllabique d'un côté, puisque les finales sont généralement monosyllabiques (français *-ment, -tion,* etc.), et idéographique de l'autre puisque ces finales portent une signification.

Certains systèmes au moins emploient des différences de dimension d'un même tracé pour figurer des éléments différents : procédé destiné à utiliser l'automatisme du geste appris, bien différent de l'esprit ornemental des majuscules dans nos écritures normales.

Les divers systèmes de signes, préconisés par de nombreux inventeurs et réformateurs se sont partagés la formation des professionnels en Angleterre, en France, en Allemagne, etc. L'usage de la sténographie s'est généralisé surtout pour établir les procès-verbaux des débats parlementaires et pour la préparation de la correspondance commerciale.

Un procédé différent consiste en un système employant les lettres de l'alphabet, avec réduction des mots aux repères essentiels, par conséquent nettement idéographique, mais avec le matériel alphabétique que tout le monde connaît.

Cette manière de faire a pu être mécanisée par la construction de petites machines à écrire. La dernière en date et la seule répandue en France est la sténotype Grandjean[1]. Portative et silencieuse, elle est employée surtout pour des procès-verbaux divers (conférences, petites réunions).

Dans ces pratiques sténographiques, la recherche porte entièrement sur la rapidité. La lisibilité est secondaire ; en effet, on considère qu'il suffit qu'elle soit personnelle et temporaire ; le sténographe ou sténotypiste est pratiquement seul à relire les notes prises, en s'aidant des souvenirs frais. Ces notes sont donc en général traitées comme un brouillon, qui est aussitôt que possible reproduit en écriture ordinaire, presque toujours à la machine. Cependant la sténotypie (en caractères ordinaires de machine) et la sténographie bien exécutée suivant une méthode connue permettent la relecture après un temps écoulé et l'« interlecture » par d'autres que le scripteur.

Le type professionnel est celui de la sténo-dactylo, qui peuple les bureaux modernes des administrations publiques et privées.

Alphabet des sourds-muets

Lorsqu'on s'est préoccupé d'éduquer les sourds-muets, l'abbé de l'Épée (en France, 1788) a combiné un alphabet manuel (dactylogique, du grec *daktulos* « doigt ») : les mains figurent les lettres par des positions convenues, avec écartements et entrecroisements divers des doigts, rappelant plus ou moins le tracé des majuscules latines.

À vrai dire cet alphabet manuel joue le rôle de la parole, non de l'écriture, puisqu'il ne comporte pas de conservation, mais il a en commun avec l'écriture le fait d'être lu.

On ne l'enseigne plus depuis qu'on a commencé à enseigner aux sourds-muets l'usage de la parole ordinaire, articulée en ce qui concerne l'émission, lue d'autre part sur la bouche de l'interlocuteur, enseignement appuyé sur la lecture et l'écriture normales.

Mais, au moins parmi les élèves de certaines écoles, les sourds-muets entretiennent pour leurs relations entre eux la tradition de l'alphabet manuel. Il serait intéressant de savoir dans quelle mesure ils mélangent l'usage d'un emploi développé de la mimique.

Alphabets pour aveugles

Les aveugles doivent lire avec leurs doigts, en utilisant le sens tactile spécialement exercé.

Le premier fondateur d'une école spéciale pour aveugles, Valentin Haüy (Paris, 1784) avait fait réaliser l'écriture latine avec caractères en relief.

Le système actuellement le plus employé est celui de l'inventeur Braille, aveugle lui-même, qui a été adopté en France en 1852.

1. Les machines à sténographier ont leur histoire depuis 1827. La sténotype Grandjean date de 1910 environ (société d'exploitation constituée en 1923).

S'écartant résolument du tracé latin, il a figuré quarante lettres (dont les lettres accentuées), les chiffres, la ponctuation, avec les combinaisons de points en relief sur un tracé théorique de deux colonnes de trois points.

Le choix des figures ne dépend pas d'un classement phonétique ni d'un rapport entre la fréquence et la complication ; les premières lettres de l'alphabet ont été faites d'abord avec un minimum de points : *a* un point ; *b* deux points, etc.

Le braille a été adapté à diverses écritures alphabétiques (cyrillique, arabe, indien).

Les tracés sont faits soit par des clairvoyants, soit par des aveugles, au moyen d'un poinçon spécial. On est arrivé aussi à réaliser l'impression.

D'autres systèmes ont été inventés. Certains emploient des traits. D'autres se servent de points comme le braille, mais en se rapprochant autant que possible de la majuscule romaine.

Une conférence internationale a eu lieu en 1950 en vue de l'unification des procédés.

Alphabets télégraphiques

Le transport du discours à distance a été réalisé par divers systèmes, depuis les signaux à bras, sans ou avec conservation d'un tracé.

Le premier télégraphe alphabétique réalisé pour des communications régulières a été celui de Chappe (1793). Les lettres de l'alphabet français, les finales *-tion* et *-ment* et le point, y étaient représentés par les positions variées de deux petites tiges aux extrémités d'une plus grande, et on les observait à la lunette d'une station élevée à une autre.

Le télégraphe optique réalise des lettres par des émissions plus ou moins longues de lumière vive.

Par le télégraphe électrique on a réalisé l'écriture à distance. Au début (télégraphe Steinheil, 1837, puis Morse, 1837-1843, adopté en France en 1844), on ne pouvait transmettre que des points ou des courtes barres par interruptions du courant. C'est ainsi qu'a été réalisé l'alphabet Morse, où les lettres, les chiffres et quelques autres signes sont figurés par des combinaisons simples. On connaît bien le signal de détresse S.O.S.

L'alphabet Morse a été employé pour l'oreille, les points étant remplacés par des émissions brèves, les barres par des émissions plus longues, quand on a commencé à communiquer par télégraphie sans fil au moyen de la cellule photo-électrique autour de 1900. Il est encore en usage à côté de la transmission de la voix par radio. Il peut servir aussi tactilement, par exemple au moyen de pressions des doigts (usage attesté chez des scouts).

Les coups frappés, pour des signaux, ou pour des conversations entières, sont connus par ailleurs dans des transmissions à travers des matières solides, chez les mineurs au fond des mines, chez les détenus dans les prisons. C'est également au moyen de coups frappés, par l'intermédiaire généralement de tables légères, que des spirites convaincus pensent recevoir des communications de défunts. Le nombre des coups correspond à la place des lettres dans l'alphabet (un coup pour *a*, deux coups pour *b*, etc.).

JEUX DE L'ÉCRITURE

Le rôle social de l'écriture serait incomplet si elle n'entrait dans les jeux. Certains ont déjà été mentionnés plus haut : les alphabets-jeux des enfants, la cryptographie pratiquée comme jeu de société, et surtout les rébus simple et à transfert qui sont importants à connaître pour l'histoire de l'écriture « sérieuse ». Les rébus ont connu de grands développements avec l'essor de périodiques qui en ont proposé régulièrement à leurs lecteurs, avant la mode victorieuse des mots croisés.

Des devinettes variées sont à base de plaisanteries relatives à l'écriture ; notamment des espèces de rébus graphiques reposent sur l'identité de noms de lettres avec des mots courts ou des parties de mots[1] :

l n n é — *o p y* — *l i a é t* — *l v* — *l i a* — *m é*
Hélène est née au pays grec, elle y a été élevée, elle y a aimé,

l i a — *v q* — *l i é* — *d c d* — *a g* — *é k c*
elle y a vécu, elle y est décédée, âgée et cassée.

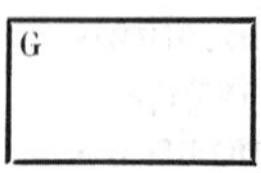

« Le roi Pépin, sans air (*r*), sans eau (*o*), sans lit (*l'i*), sans pain (*pin*), sans le peu (*le pe*) qui lui reste, gémit (*g* mis) seul dans un coin. »

JEUX DE LETTRES

Les *acrostiches* (mot grec composé de *akros* « pointe, début » et *stikhos* « vers ») sont des combinaisons poétiques, où le début et quelquefois la fin de chaque vers est une lettre déterminée. En hébreu, le Psautier a recueilli des psaumes alphabétiques, où chaque verset commence par une des lettres de l'alphabet, dans l'ordre traditionnel.

---

1. Sur le rébus existe une petite étude qu'on ne peut se procurer que par hasard : Octave Delepierre, *Essai historique et bibliographique sur le rébus* (Londres, sans nom d'éditeur, 1870, in-8 °, 24 pages et 15 planches de rébus, les neuf premières donnant intégralement deux rondeaux français d'Alione [1521]). Il est question, p. 18, du « rébus graphique », avec deux exemples analogues à celui d'Hélène porté au texte ; l'un d'eux est : *g a c o b i a l n* « j'ai assez obéi à Hélène ». Un autre comporte un effet de disposition :

pir — *vent* — *venir*
un — *vient* — *d'un*

« Un soupir vient souvent d'un souvenir »

Des rébus graphiques de ce genre ont été édités en un jeu dont je possède quelques cartes et dont j'ignore la date. O. Delepierre indique que c'est le périodique parisien *L'Illustration* qui a inauguré le rébus donné en devinette aux lecteurs, avec un succès foudroyant : on se vantait de vingt-cinq mille abonnés attirés ainsi la première année (1843). Les rébus existent encore dans des périodiques, malgré l'invasion des mots croisés.

Dans les diverses langues européennes, des versificateurs ont écrit de courts poèmes (ainsi des sonnets) où les lettres initiales (et aussi les finales dans l'acrostiche double) constituent un nom propre ou une courte formule.

L'*anagramme* ou *logogriphe* consiste à regrouper les lettres d'un ou deux mots de manière à en composer d'autres, qui peuvent n'avoir pas de signification s'il s'agit de noms propres.

Ainsi l'anagramme composé pour lui-même de François Rabelais : Alcofribas Nasier ; « de façon suis royal » combiné pour François de Valois[1].

Aux anciens jeux de cette espèce, proposés aux lecteurs individuels des journaux, se sont ajoutés, à partir de 1923, les mots croisés qui connaissent une si grande vogue. Le jeu consiste en combinaisons de tracés réalisés en partie au moyen de mots ayant en commun certaines lettres. Il repose à la fois sur un emploi des mots comme éléments des tracés de figures (combinaisons de petits carrés blancs et noirs dans un carré plus grand), sur des hasards de concordances orthographiques (des lettres se trouvant en commun dans des mots horizontaux et verticaux) ; il exerce l'ingéniosité des joueurs en faisant appel à leurs connaissances lexicales et historiques, puisque les données des problèmes posés sont des définitions plus ou moins humoristiques des notions dont les noms retrouvés doivent remplir de leurs lettres les séries de cases restées blanches, sur le gabarit imprimé.

Les mots croisés sont devenus obligatoires, au moins en France, pour un journal à grand tirage, qui désire le maintenir. Ils favorisent en outre la vente des dictionnaires usuels[2].

---

1. L'anagramme de François de Valois est donné dans Joachim du Bellay, *Deffence de la langue françoise*. Ce jeu n'est plus très vivace. On connaît cependant l'anagramme de Paul Verlaine fait par lui-même : « Pauvre Lélian » ; celui de Jules Claretie ne devait pas être de son propre fait : « je sue l'article ». Une variante est le « métagramme » ; le suivant était donné comme devinette dans un périodique de 1890 : « Avec C je suis responsable (clé), par B vraiment indispensable (blé). »

2. L'exemple donné dans le texte a été composé spécialement pour les lecteurs de ce livre par Gaston Cohen, dans le style usuel. Les mots croisés ont été précédés, et peuvent encore être accompagnés par d'autres jeux de disposition, proposés avec des définitions, lesquelles peuvent être offertes sous forme rimée. Voici lue sur une coupure en ma possession qui ne peut malheureusement pas être située autrement que dans le temps (1890), la proposition du premier terme d'un « mot carré » : « Mon premier est un instrument – qui jadis, dans la politique – servait de dernier argument – à tout gouvernement pratique – voulant trancher la discussion. ». Ce mot carré était :

S A B R E
A R L E S
B L O I S
R E I N E
E S S E N

On construit de même des mots en triangle et en losange.

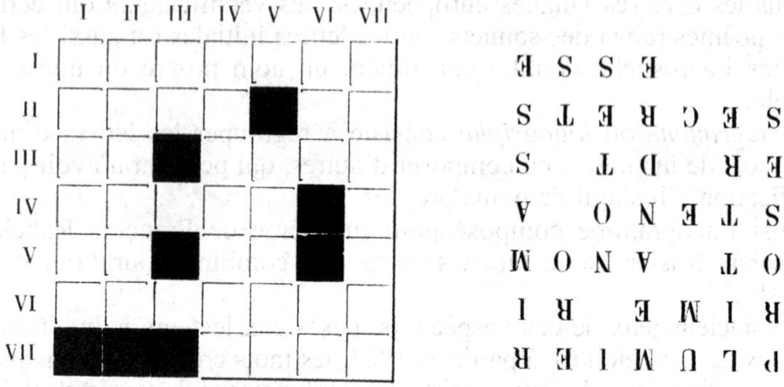

Horizontalement : I. Boîte à outils. – II. À la fin de la ligne. – Participe passé. – III. Article grec inversé. – Prénom féminin inversé. – IV. Champion de vitesse. – V. Note inversée. – Deux qui se cognent aux dents. – VI. Ne s'écrivent pas. – VII. Pièce de fer en forme de lettre.

Verticalement : I. Tout le monde en écrit. – II. La loi et les prophètes. – III. Lettre grecque inversée. – IV. La pensée en a. – V. Peu de lettres et peu de mots. – VI. La mine du crayon en langue étrangère, mais inversée. – Figuration d'une affriquée dentale en orthographe française. – VII. Imparfait du subjonctif d'un verbe familier à certains écrivains.

MOTS CROISÉS

Une autre fabrication, avec édition, est celle de jeux inspirés des mots croisés, dont certains s'accompagnent de petits lexiques.

Le *lexikon* se joue avec des cartes portant chacune une lettre (exceptionnellement une figure de diable) et un chiffre de valeur, et comporte des combinaisons variées rappelant plus ou moins des jeux de cartes, mais où il s'agit de composer des mots et non des séquences de figures ou de nombres.

Le *diamino*, comporte des petits carrés épais de bois portant aussi chacun une lettre (ou un diable) et un chiffre, qu'on pose les uns à côté des autres comme des dominos, de manière, ici encore, à composer des mots dans des tracés qui rappellent les mots croisés[1].

L'origine des mots croisés n'est pas établie de manière absolument sûre. L'invention daterait de 1923, par Arthur Wyne, anglais, qui serait parti des mots carrés en y insérant des cases vides. Un *Journal des mots croisés* a été publié à Paris dès 1925. La mode de ces jeux suscite certaines publications lexicales à l'usage des « cruciverbistes » ou « mots-croisistes », en particulier avec classement inverse (par la fin des mots). Les anagrammes, mots carrés, en triangle et en losange et les mots croisés sont employés à fin d'enseignement.

1. On peut classer dans la catégorie des jeux divers matériels pédagogiques mis à la disposition des enfants, notamment les cubes alphabétiques. Par la même occasion on peut mentionner les biscuits et les pâtes alimentaires en forme de lettres, et rappeler la vogue des inscriptions sur des bonbons en France à la fin du XVIIIe siècle.

Aperçu résumé

L'alphabet a évolué de telle sorte qu'il s'est créé des types de tracés différents. Certains ont coïncidé avec le terrain d'un peuple et d'une langue, d'autres sont communs à un grand nombre de nations et sont un trait caractéristique de grandes aires de civilisation. Mais il peut se produire de nouvelles différenciations à l'intérieur même d'aires cohérentes, et d'autre part il se produit des extensions de ces aires, sans ou avec changements des tracés. Ceux-ci peuvent évoluer plus ou moins sur place, mais les plus grands changements proviennent généralement de transferts.

Dans les évolutions sur place les transformations peuvent résulter de changements plus ou moins inconscients et non expressément voulus. Mais le plus souvent des substitutions se font volontairement, par emprunt d'un tracé, soit adopté sans changement, soit plus ou moins modifié. La volonté de créer un alphabet national et bien adapté à une langue déterminée peut mener à de véritables inventions.

La volonté intervient spécialement lorsqu'il y a besoin de différencier des caractères qui ont été confondus par l'évolution graphique. La non-communication entre des domaines séparés fait que dans ces remaniements la même combinaison de traits peut prendre des valeurs différentes dans des alphabets différents.

Les allures générales des tracés dépendent plus ou moins des goûts esthétiques difficiles à définir. Mais le caractère des écritures dépend aussi beaucoup des matériels employés, des conditions industrielles des sociétés.

Il dépend aussi des circonstances historiques qui ont réglé l'usage fait de l'écriture dans chaque civilisation. Il y a des prédominances momentanées de certains types d'écriture, et des interactions entre les divers types : monumental (et quelquefois ornemental), à usage d'enseignement (livresque) et à usage courant (actes, registres, correspondance, brouillons de rédactions personnelles). Suivant les circonstances une écriture courante peut devenir une écriture monumentale, et au contraire une écriture d'apparat peut donner naissance à une cursive pour l'usage courant.

Les cursives, cherchant la rapidité, peuvent arriver à perdre la lisibilité et devenir inservables, ce qui produit de nouveaux processus évolutifs.

Finalement, dans la presque totalité du monde moderne industrialisé, c'est l'écriture imprimée qui est devenue la norme ; l'écriture à la main, dans la mesure où elle subsiste, en dépend directement.

Les métiers de l'écriture ont changé, par l'effet des conditions qui ont influé aussi sur les tracés.

Suivant les époques et les lieux, le rôle des graveurs, celui des copistes, celui des secrétaires, ont été plus ou moins grands ; les habiletés artisanes et intellectuelles se sont déplacées.

Finalement, à époque moderne, avec l'imprimerie et la machine à écrire, les gestes appris fournissant un gagne-pain ne sont plus ceux du tracé.

Mais d'autre part, en raison de l'instruction généralisée, à l'habitude de la lecture individuelle se juxtapose l'exercice général du tracé à la main, avec un caractère qui n'a plus rien de professionnel, et qui prend de plus en plus des formes différenciées individuellement.

CHAPITRE XII

LES NOTATIONS NUMÉRIQUES

Préambule

À côté de toutes les formes de l'écriture alphabétique, on trouve un système ou plus d'un système de notation idéographique des nombres.

Ces systèmes évoquent les noms de nombre, qui peuvent par ailleurs être écrits phonographiquement comme tout autre mot (nous disons : écrire un nombre en toutes lettres) et ils servent à figurer de manière plus ou moins pratique des opérations de calcul.

Les systèmes les plus anciens rappellent l'usage des marques et des objets groupés pour faire des comptes. Ce sont des représentations d'unités simples ou d'unités supérieures, qui généralement s'accolent en s'additionnant.

D'autres systèmes utilisent comme chiffres les signes alphabétiques ; le nombre des signes est assez grand pour que chaque unité avant dix et chaque dizaine avant cent, et plus ou moins de nombres supérieurs, aient leur figuration différente : le nombre de signes est plus grand, mais il en faut moins pour écrire chaque nombre.

Enfin les systèmes les plus perfectionnés n'ont besoin que d'un nombre réduit de signes, les unités de première série et le zéro. Les nombres sont représentés jusqu'aux valeurs les plus élevées sans limitation, au moyen des positions dans les suites de ce petit nombre de signes.

En étudiant les réalisations de ces systèmes dans ce qui nous est accessible de l'histoire depuis l'invention de l'alphabet, on voit qu'il y a constamment des relations entre la lettre et le chiffre, opérant dans les deux sens, soit par l'emploi de la lettre comme signe idéographique, soit, plus rarement, par l'attirance du chiffre vers la lettre avec rappel d'un mot abrégé (initiale de nom de nombre).

SYSTÈMES ADDITIONNELS À PETIT NOMBRE DE SIGNES

Phénicien

Le système du phénicien lui est commun avec l'ancien araméen à la réserve de différences de détail.

On emploie des barres verticales pour les unités 1-9. Les barres sont tracées avec des groupements par trois : || ||| 5, ||| ||| et ⁞⁞⁞ 6.

Isolément ou placé à droite en haut ou bien au-dessus de barres d'unités, 10 est figuré par une ligne horizontale droite ou plus ou moins fortement incurvée :

⌒ ou ‾ 10 ; |||‾, |||̂ 13.

Pour 20, on trouve deux barres, séparées ou reliées, avec des aspects divers, ou deux crochets réunis en un seul signe ; l'existence et l'emploi d'un signe 20 semble constituer une trace de système vigésimal : — —, =, N̄, ʒ, m, 3.

Les dizaines supérieures peuvent être notées avec des 10 ou avec des 20 (et des 10 s'il y a lieu) : ⌒ ⌒ ⌒ ⌒ ou N̄ N̄ 40, — N̄ N̄ 50.

Il existe pour 100 un signe avec différentes combinaisons barre-crochet ou barre-rond : /⌒\, /o\.

Ougaritique

Dans les textes littéraires, les nombres sont écrits en toutes lettres ; il en est de même aussi dans certains comptes, mais les chiffres apparaissent dans des documents administratifs. Ce sont les signes mésopotamiens, ꓔ pour l'unité, ‹ pour la dizaine.

De plus on trouve des figurations de fractions usuelles :

⊢ 1/2 et ⊢ 1/3.

Palmyrénien et syriaque

Le système palmyrénien est du type phénicien. Mais ici les barres (obliques) / ne sont jamais plus nombreuses que quatre ; en effet il existe pour 5 un signe y, où on peut voir un reste de système quinaire.

Au-dessus il y a le signe pour 10 ⟶ et un signe 3 pour 20, comme en phénicien, servant à écrire les dizaines suivantes : ⟶333 70.

Les centaines sont exprimées par l'accolement de signes d'unité et de dizaines, par conséquent avec multiplication : ⟶ y 500.

Pour 1 000, on emploie le même procédé de multiplication, mais on met une barre au-dessus du nombre : ⟶⟶)) 2 000.

Du palmyrénien dérive un système employé en syriaque.

Nabatéen

Les unités sont des barres verticales ; on peut écrire | | | | pour 4. Mais il y a aussi un signe en croix analogue à χ. Le signe de 5 est 𐢩, celui de 10 𐢪 ou analogue comme en phénicien ; 𐢫 est 20 et 𐢬 est 100.

Sudarabique

Les inscriptions sudarabiques montrent un système à addition (de droite à gauche).

Les unités ne sont représentées par des barres verticales que jusqu'à 4 (ainsi | | 2).

Les chiffres supérieurs sont représentés par des lettres ou parties de lettres qui sont des initiales de noms de nombre : 𐩭 *ḫ* pour *ḫmś* « cinq », 𐩲 *ε* pour *εšr* 10, 𐩣 *m* pour *mɔt* « cent », 𐩱 *ɔ* pour *ɔlf* « mille ».

Entre 10 et 100 les opérations se font comme entre 1 et 10, avec un signe 𐩿 pour 50, qui est un 𐩣 coupé.

Les nombres sont encadrés entre des signes-parenthèses en forme d'échelle, ce qui exclut toute confusion avec des lettres ainsi 𐩽 𐩭 𐩣 | | 𐩽 205.

Grec

Le système additionnel se trouve dans des inscriptions et dans des papyrus.

Les barres figurent les quatre premières unités.

Pour les unités supérieures on emploie les initiales des noms de nombre :

Π *πέντε* 5 Δ *δέκα* 10 H *ἑκατόν* 100 X *χίλιοι* 1 000 M *μύριοι* 10 000.

Lorsqu'on le peut, au lieu de répéter des chiffres par addition (de gauche à droite), on emploie la multiplication au moyen du signe de 5, qui a une forme « encadrante » 𐅅 Δ Δ Δ Π | | | | 539.

Italique

L'italique en général, le latin en particulier ont eu le même système que le sudarabique et le grec ancien, à l'exclusion du système alphabétique : ce sont les chiffres romains dont nous nous servons encore.

Les signes sont donc ceux de l'unité (I), de 5 (V), 10 (X), 50 (L), 100 (C), 500 (D) et 1 000 (M), employés suivant le type additionnel de gauche à droite (ainsi CCXXXIII, 233). On trouve cependant l'usage habituel de la soustraction pour le nombre en dessous d'une unité supérieure, représenté par le signe de l'unité inférieure placé à gauche[1] : IV = 4, IX = 9, XL = 40, XC = 90, CM = 900.

---

1. Pour 4, l'usage n'est pas constant ; dans l'emploi postérieur des chiffres romains on trouve IIII à côté de IV, ainsi : MDCLXIIII, 1664.

À côté de I qui est certainement une ancienne marque, il est possible que V, 5 (latin) et X, 10 (latin, osque, ombrien) aient aussi une origine extraalphabétique.

Les chiffres supérieurs dont on peut suivre le développement apparaissent comme des dérivés de lettres de l'alphabet grec ancien dont on ne se servait pas dans l'alphabet, rapprochés secondairement de caractères de l'alphabet latin.

Pour 50, le signe est l'ancien ∨ (et formes voisines) k^h, assimilé secondairement à L.

L'ancien t^h ⊕ ∈ est devenu par étapes C, sous l'influence de l'initiale de *centum* « cent » (mais c'était) qui servait pour 100 en osque).

L'ancien p^h grec Φ a longtemps servi pour 1 000 ; ce n'est qu'au haut Moyen Âge que M, initiale de *mille* « mille », lui a été substitué. Mais sa moitié droite, qui servait pour 500, a subsisté, confondue avec D.

Dans les inscriptions, les nombres sont généralement surmontés d'une barre horizontale.

D'autre part la même barre peut indiquer la multiplication par 1000 ; $\overline{V}$ = 5 000.

L'encadrement indique la multiplication par 100 000 : [X] = 1000 000.

Il a existé de plus différents signes pour noter des mesures, poids et monnaies.

Inde

Des systèmes de notation additionnelle (ou additionnelle et multiplicative) ont été en usage dans l'Inde, où le système à zéro leur a succédé, les systèmes alphabétiques restant en marge.

En araméo-indien, les signes ressemblent de près à des signes araméens, notamment les barres d'unité verticales.

Le chiffre 4 est indiqué par quatre barres séparées, parallèles dans les inscriptions d'Asoka ; mais ailleurs on trouve la croix χ inclinée (voir le nabatéen), et elle sert à composer d'autres nombres par addition.

Pour les chiffres 2 et 3 on trouve aussi des ligatures Ͱ 2, |ᴎ 3 dans certains textes.

Le chiffre 10 a la forme d'une crosse ʅ ; redoublé avec ligature il donne une espèce de 3.

On a encore un signe pour 100, avec des variantes, et même, isolément (car les documents existants donnent peu de grands nombres), un signe ع pour 1 000.

Comme en palmyrénien, on trouve la multiplication des centaines par des chiffres d'unités placés à droite.

Par ailleurs, contrairement à l'araméen, et bien que la direction de l'écriture soit de même de droite à gauche, les nombres les plus grands sont à gauche ; mais ceci tient à ce que dans la langue les unités sont énoncées d'abord, puis les dizaines, puis les centaines, contrairement au sémitique.

Pour la brahmi, les inscriptions d'Asoka ne font connaître que les chiffres pour 4, 6, 50, 200 ; mais on connaît dans une inscription de Nasik (dans la région de Bombay), datant du Ier ou du IIe siècle après J.-C., une série qui, avec des lacunes, pousse jusqu'à 70 000, les lectures étant assurées par l'énoncé des nombres en toutes lettres à côté des chiffres.

Or les nombres 1 à 3 sont exprimés par des barres horizontales, le 4 est soit une croix soit une forme un peu différente. Il y a ensuite des chiffres pour les unités 5 à 10, puis pour les dizaines, 100 et 1000, les centaines intermédiaires et les milliers supérieurs ayant des signes qui dérivent du 100 et du 1 000 ou étant fournis par multiplication.

Ces chiffres, dans des manuscrits qui ne sont pas les plus anciens, ressemblent plus ou moins à des lettres (mais on a remarqué que ce n'est pas à des lettres de l'écriture employées dans les manuscrits où se trouvent ces chiffres). Dans quelle mesure s'agit-il de marques d'origine inconnue, de sigles non reconnaissables ou vraiment de lettres altérées, c'est ce qu'on ne peut décider.

Dans les notations par addition les chiffres les plus bas sont à droite, contrairement à l'ordre de l'énoncé dans la langue. (L'écriture des textes va de gauche à droite).

Ce système dit parfois « des pseudo-lettres » a persisté à côté du système décimal à zéro pour la numérotation des feuillets de certains manuscrits. (On en a des exemples au XIXe siècle pour le Népal.)

Une forme du même système est d'autre part encore en usage en pays tamoul et autres districts dravidiens (où cependant l'usage du zéro a pénétré). Il se rapproche beaucoup plus du système connu dans les mondes sémitique et italique, en ce que des signes spéciaux sont en moindre nombre que dans le système indien septentrional ; cependant il y a des signes distincts pour les dix premiers chiffres ; on a en plus seulement ceux de 100 et 1 000. Certains signes ressemblent à des lettres.

On procède par addition, en mettant les unités inférieures à droite des supérieures (10.2 = 12) ; mais on procède par multiplication pour exprimer les dizaines entre les centaines, les centaines entre les milliers (l'unité inférieure à gauche : 2.10 = 20).

1 000.9.100.4.10.9 = 1 949
2.1 000.2.100.5 = 2 205

Lorsque tous les multiples successifs de 10 sont représentés on peut se permettre de supprimer les signes des dizaines et des centaines. Donc le premier nombre peut être écrit 1.9.4.9, comme dans le système à zéro ; mais en raison de l'absence de ce zéro, on ne peut pas opérer de la même manière s'il manque un échelon, comme dans le second nombre, où il n'y a pas de dizaines, et qu'on ne peut donc pas abréger (2.2.5 serait 225).

Le singhalais a un système intermédiaire entre celui du Nord et celui du tamoul, où il y a des signes spéciaux pour les dizaines de 20 à 90, soit vingt chiffres en tout.

SYSTÈMES ALPHABÉTIQUES

L'origine de l'emploi des lettres de l'alphabet comme chiffres ne nous est pas connue. Tant chez les Grecs que chez les juifs il est d'époque tardive, au plus tôt – IVe siècle (?). (L'ordre suivi ici n'est pas chronologique.)

On doit se demander quelles ont été les raisons intrinsèques de l'adoption de ce système. On a sans doute vu un avantage à écrire les nombres avec moins de signes.

Accessoirement des négociants voyageurs ont peut-être préféré employer un système dont l'interprétation échappait aux étrangers ignorants de l'alphabet et de son ordre. (De nos jours encore des commerçants ont des chiffres non usuels pour des étiquettes).

Enfin l'emploi de lettres comme chiffres permet les combinaisons de mots mnémotechniques inventés, ou employés arbitrairement, pour figurer des nombres.

Inversement, en interprétant la valeur numérique des lettres de mots divers des textes, il arrive qu'on se livre à des calculs aboutissant à des interprétations symboliques et à des prévisions : ce sont les calculs cabalistiques.

Hébreu

Le système tel qu'on le trouve en usage pour l'hébreu depuis le – IIe siècle (époque des Maccabées), consiste à employer les neuf premières lettres pour les unités, les neuf suivantes pour les dizaines jusqu'à 100, celles qui restent pour des centaines[1].

א	1	י	10	ק	100
ב	2	כ	20	ר	200
ג	3	ל	30	ש	300
ד	4	מ	40	ת	400
ה	4	נ	50		
ו	6	ס	60		
ז	7	ע	70		
ח	8	פ	80		
ט	9	צ	90		

1. À noter l'usage de 6 + 9 pour éviter 10 + 5, formant le début de יה du tétragramme divin יהוה ; de même, on évite יו 16 qui évoque aussi le nom divin et on le remplace par טז (9 + 7). Les lettres-chiffres ont persisté chez les juifs : David Cohen les a vues encore employées en judéo-arabe à Tunis par son grand-père (né vers 1856). Dans l'État d'Israël les chiffres arabes sont adoptés.

Dans la pratique usuelle, de 500 à 900, on combine ת 400 avec les autres chiffres de centaines, ainsi תק 500 (400 + 100) ; תתק 900 (400 + 400 + 100).

Mais dans les calculs cabalistiques on emploie les lettres finales en complément de l'alphabet, soit, ך 500, ם 600, ן 700, ף 800, ץ 900.

Pour les milliers, on utilise les unités avec un point au-dessus : א̇ (aussi א̈) 1 000 ; ב̇ 2 000, etc.

Pour distinguer les nombres des mots, on emploie l'apex simple ou double, ainsi ′ב 2 ; ″רלג 233.

Syriaque (pehlevi)

Le système fonctionne comme en hébreu.

On lui connaît une variante, où la liste des chiffres s'arrête avec celle des dizaines. Les centaines sont représentées par les dizaines avec un point au-dessus.

Pour les milliers, les myriades et les centaines de mille, on emploie les signes des unités avec des signes diacritiques différents :

 2 myriades + 3 milliers = 23 000.

De l'araméen, l'usage des lettres servant de chiffres s'est étendu au pehlevi.

Arabe

Le système alphabétique a précédé l'adoption des chiffres indiens, et a subsisté parallèlement à eux.

Dans un premier système de numération, l'ordre de l'alphabet sémitique septentrional avait été conservé, les lettres additionnelles de l'alphabet arabe étant mises à la suite pour arriver jusqu'à 100.

Les lettres-chiffres de ce système groupées en mots mnémotechniques donnent dans l'usage oriental :

أَبْجَد *ɔabuğadin* : 1, 2, 3, 4 ; هَوَز *hawazin* : 5, 6, 7 ;

حُطِي *ḥuṭiya*: 8, 9, 10 ; كَلَمُن 20, 30, 40, 50 ;

سَعْفَص *saεfaṣ* 60, 70, 80, 90 ; قُرِشْت *ḳuršat* : 100, 200, 300, 400 ;

تَخَذْ *taḫuđ*: 500, 600, 700 ;

ضَظَغْ *ḍađug*: 800, 900, 1 000.

Au Maghrib, on a adopté un ordre différent, où

س = 300, ص = 600, ش = 1 000, ض = 90, ظ = 800, ع = 900.

Dans la même région, des mots mnémotechniques réunissent les unités de même rang, les 1 ensemble (1, 10, 100), les 2 ensemble (2, 20, 200), etc., dans le système dit, d'après le premier mot أيقش *ɔaykaš*, c'est-à-dire, 1, 10, 100, 1 000. Ce système a subsisté dans certains ouvrages savants de mathématiques, astronomie et géographie. Il se trouve employé aussi dans des chronogrammes, c'est-à-dire dans des mots ou suites de mots dont le choix est tel que les lettres additionnées comme chiffres fournissent une date.

Cet emploi des chronogrammes se retrouve chez les Persans et les Turcs.

Un autre système à vingt-sept signes se trouve usité en Espagne à la fin du XIIe siècle. Ces signes sont les chiffres alphabétiques grecs peu modifiés dans la forme. Le système était probablement employé dans l'usage courant, avec l'aide de jetons et d'abaques à colonnes, pour effectuer les calculs. Il semble avoir passé au Maroc au XVIe siècle et avoir été employé dans les registres officiels.

Depuis, avec le nom de [*gubāri*], il est devenu un système à caractère secret, employé par des notaires pour les calculs des règlements de successions.

Les comptables des pays musulmans, soit dans l'administration, soit dans des entreprises privées, emploient encore d'autres chiffres de système sans zéro, notamment les chiffres *diwāni* « administratifs » et *siyāḳ* « d'affaires ». Les tracés sont surtout des espèces de monogrammes abrégés des noms de nombre arabes.

Ces usages ont été signalés particulièrement en Égypte, en Turquie et en Perse. Il semble qu'une volonté de garder le secret des écritures comptables soit à l'origine de ces emplois.

Grec

À l'époque alexandrine, les Grecs ont employé un système soigneusement élaboré, qui utilise des caractères par ailleurs tombés en désuétude, de manière à obtenir trois séries de neuf chiffres, les lettres étant munies de l'apex.

α'	β'	γ'	δ'	ε'	ς' (1)	ζ'	η'	θ'
1	2	3	4	5	6	7	8	9
ι'	κ'	λ'	μ'	ν'	ξ'	ο'	π'	ϙ' (2)
10	20	30	40	50	60	70	80	90
ρ'	σ'	τ'	υ'	φ'	χ'	ψ'	ω'	ϡ' (3)
100	200	300	400	500	600	700	800	900

1. Ce signe est l'ancien Ϝ ou digamma, voir F du latin, sous une autre forme, appelée ἐπίσημον Ϝ αῦ ; plus tard il a pris une autre forme ϛ, nommée *stigma* (c'est-à-dire combinaison de *sigma* (*s*) et de *t*.
2. Ce signe est le koppa, *q* du latin.
3. Ce signe est l'ancien *san*, nom substitué au *sade* sémitique, omis dans l'alphabet et replacé en queue ; d'après sa forme on l'appelle *sampi*, c'est-à-dire combinaison de *san* et *pi* (π).

Pour les nombres à plusieurs signes, on ne met qu'un apex au bout :

$$\varkappa\delta' = 24.$$

Les milliers sont représentés par les unités avec un apex en bas à gauche :

$${}_{,}\alpha = 1\,000 \quad {}_{,}\beta = 2\,000$$

En mettant un point ou un M à la fin d'une suite de chiffres, les mathématiciens ont su représenter les myriades :

$${}_{,}\delta\varepsilon' = 4\,000 + 5 \times 10\,000 = 40\,050\,000.$$

Par ailleurs, on emploie les lettres de l'alphabet classique dans leur ordre naturel, sans intercalation, pour désigner les divisions d'un ouvrage, ainsi les chants de l'*Iliade* et de l'*Odyssée*. C'est le reste d'un emploi plus étendu qui remonte peut-être au – IVe siècle.

Éthiopien

Les Abyssins ont emprunté les chiffres alphabétiques grecs, apparemment dans le même temps où ils constituaient leur syllabaire ; on les trouve dans les inscriptions du IVe siècle, à l'exclusion de l'ancien système sudarabique.

Les signes grecs, figurant ici à côté d'un autre tracé de l'alphabet, font figure de caractères arbitraires, de véritables chiffres indépendants des lettres. Ils se sont plus ou moins écartés de leur tracé grec. Certains ont été rapprochés dans leur forme de signes du syllabaire éthiopien, à cause de ressemblances extérieures, sans qu'il soit aucunement tenu compte de l'ordre, ainsi ፶ 50, ፻ *ya* 100.

À époque moderne, sans doute au XVIIe siècle, on a pris l'habitude de distinguer les nombres en encadrant chaque caractère-chiffre de deux parenthèses horizontales, ainsi ፴፱ 39.

Les chiffres grecs n'ont été empruntés que jusqu'à 100 inclus. Pour exprimer 1 000, on écrit ፲፻ 10.100 (le nom de nombre 1 000 n'existe pratiquement pas dans la langue) ; pour 2 000, on écrit ፳፻ 20.100 (et on dit de même, comme nom de nombre) ; pour 10 000, il y a un nom de nombre, qu'on écrit ፻፻ 100.100.

Dans les textes guèzes, pour la série des noms d'unités le plus souvent employée, qui a une terminaison en *-t*, on trouve couramment un des deux états du mot décliné indiqué par un complément phonétique ቱ *-tu* (nominatif et cas prépositionnel) ou ተ *-ta* (accusatif) s'ajoutant à un chiffre (comparer la notation des nombres ordinaux dans l'habitude française et voir pour le russe p. 385).

D'autre part le chiffre ፳, correspondant du *x* grec, représentant ዕሥራ : *ɛəšrā*, en prononciation traditionnelle *əsra* 20, est employé quelquefois idéographiquement pour écrire les deux premières syllabes du nom Israël, soit ፳ኤል : au lieu de እስራኤል : *əsrāəl*.

Copte

Dans l'usage des manuscrits saïdiques (Haute-Égypte), on trouve généralement les nombres écrits en toutes lettres. Dans l'usage bohaïrique (Delta), les chiffres grecs ont été empruntés comme tels.

Toutefois, le signe de 90 est modifié et pour 900 le signe copte ⳁ a été substitué au *sampi*.

Les chiffres sont distingués par un trait horizontal au-dessus ainsi ⲃ̄ 2.

En doublant ce trait on obtient l'expression des milliers, ainsi ⲁ̿ 1 000, ⲃ̿ 2 000, ⲓ̿ 10 000.

Gotique

Le gotique a eu trois séries 1-9, 10-90, 100-900, comme le grec, en employant les lettres de l'alphabet gotique issu du grec, avec intercalation, comme en grec aussi, de quelques signes qui ne sont pas employés comme lettres.

Arménien

Les lettres de l'alphabet arménien servent de chiffres, soit sous la forme minuscule surmontée d'un trait horizontal, soit sous la forme majuscule[1].

On a les séries : 1-9, 10-90, 100-900, et de plus 1 000, 10 000 et 20 000.

Géorgien

Les lettres du géorgien sont employées comme chiffres[2].

Nombreuses, elles ont fourni quatre séries complètes : 1-9, 10-90, 100-900, 1 000-10 000.

On a signalé que des commerçants emploient des barres d'unité pour des nombres intermédiaires entre les dizaines.

Slave

Les lettres de l'alphabet glagolitique et de l'alphabet cyrillique ont reçu des valeurs numériques avec des ordres différents. Avec l'adjonction en

---

1. Pour les valeurs au-dessus de 100 les scribes procèdent assez souvent par multiplication (ainsi 9 × 100 = 900, 3 × 1 000 = 3 000). Les grands nombres se rencontrent peu dans les manuscrits. Les lettres-chiffres sont normalement, dans le cours d'une texte, surmontés d'un signe (trait horizontal simple avec crochet initial). Elles ont été employées seules jusque dans le XIXe siècle. De nos jours, on les emploie à peu près comme les chiffres romains en France.

2. La dernière lettre, employée autrefois pour une sorte d'*h*, n'est plus employée que comme chiffre, avec la valeur soit de 10 000, soit d'un grand nombre non déterminé. De nos jours, les lettres-chiffres sont réservées à certains emplois, à peu près comme en arménien.

cyrillique, moins riche en lettres, de certains signes qui ne servent que comme chiffres (voir le grec), on a constitué les séries 1-9, 10-90 et 100-900[1].

Inde

Le système alphabétique n'est pas d'un emploi normal dans l'Inde. Même si on admettait que certains chiffres des systèmes à addition-multiplication sont issus de lettres, le fonctionnement serait différent.

Les lettres non déformées sont employées pour la numération dans des usages spéciaux, soit depuis l'adoption du zéro, dans le système avec zéro (voir ci-dessous, « Système à zéro »), soit depuis une époque qu'on ne peut déterminer – forcément postérieure à l'établissement de l'alphabet-syllabaire – indépendamment du système avec zéro.

Un de ces usages est la pagination des manuscrits (de même qu'en Europe on foliote quelquefois par *a*, *b*, *c*, *d*, etc.), ceci depuis d'anciens manuscrits en pâli (langue littéraire méridionale) : le syllabaire complet fournit une série numérique allant de 1 à 544 ; si on veut aller plus loin, on recommence en mettant devant les caractères un signe spécial.

D'autre part, des savants ont imaginé des systèmes ingénieux, plus ou moins compliqués.

Voici celui d'un ouvrage mathématique datant des premiers siècles de l'ère chrétienne. Les caractères consonantiques de l'alphabet-syllabaire, soit sous la forme simple (avec *a*), soit avec addition du signe de *ā* indifféremment, sont employés dans l'ordre phonétique adopté par les grammairiens, d'abord pour les unités de 1 à 25, puis pour les dizaines de 30 à 100 inclus. Les mêmes lettres avec les voyelles *i* ou *ī* ont leur valeur multipliée par 100 ; avec la voyelle *u* ou *ū*, la valeur est multipliée par 10 000 ; les autres voyelles fournissent de plus grands nombres encore, comme si on ajoutait six, huit, dix, douze, quatorze et jusqu'à seize zéros.

L'inventeur de ce système, l'astronome Āryabhaṭa, voulait combiner en vers faciles à retenir les syllabes exprimant ainsi les grands nombres dont il avait besoin pour sa science.

---

1. L'alphabet glagolitique a été employé avec son ordre, qui n'est pas celui du cyrillique (ainsi au début la deuxième place est gardée par la lettre prononcée *v*). Les lettres additionnelles (ne servant que comme chiffres) du grec sont insérées comme en grec (voir ci-dessus, p. 206), mais dans l'un et l'autre alphabet confondues en partie avec des caractères slaves. Dans le cyrillique, 6 est le *stigma* grec, 90 est le *koppa* ; pour 900 (où le grec a le *sampi*), on a hésité entre Ѧ, dernière lettre de l'alphabet, et Ц, qui a prévalu. Ce système a été vivant jusqu'au XVIIe siècle ; il a continué à être employé plus ou moins au XVIIIe et même au XIXe siècle ; il est encore connu par son maintien dans les textes liturgiques.

Tibet

À côté du système à zéro, le système d'écriture (issu de l'écriture indienne) est encore souvent employé pour la numération, notamment dans les registres de comptabilité.

Les caractères syllabiques avec *a* donnent une première série jusqu'à 30 ; avec *i*, on obtient 31-60 ; avec *u*, 61-90 ; avec *e*, 91-120 ; avec *o*, 121-150. Puis, avec un signe additionnel à la base des consonnes, on compose une seconde série jusqu'à 300.

SYSTÈME À ZÉRO

Le système décimal avec emploi des positions et le zéro, tel que nous l'employons, ne comporte que dix signes.

Son origine est obscure, et sans doute complexe. Il faut y considérer d'une part le système, avec ses caractères, et les signes sous les plus anciennes formes connues.

Pour le système, il faut tenir compte que la plus ancienne utilisation qu'on connaisse d'emploi de la position est celle qu'en ont fait les Babyloniens, accompagnée à époque tardive d'une figuration du zéro.

D'autre part, des amorces d'emploi de la position existent partout où il y a multiplication par accolement ; on a vu (ci-dessus p. 374) qu'on peut ainsi approcher du système à zéro.

Il s'agirait de savoir si la tradition mésopotamienne s'est transmise par une voie ou une autre, ou si l'invention s'est reproduite.

Dans la première hypothèse, on s'est demandé si la transmission ne s'est pas faite, sans qu'on en ait de témoignage formel et direct, à travers les pythagoriciens grecs, qui pratiquaient des spéculations mathématiques et, d'autre part, passaient pour faire mystère de leurs connaissances. Lorsqu'on trouve le système en exercice dans l'Inde, sans qu'il y ait de témoignages sur son origine, on peut aussi bien supposer une transmission néopythagoricienne à travers des initiés qu'une transmission de Mésopotamie, par des voies aussi mystérieusement obscures que celles qui, suivant les probabilités, ont apporté l'écriture sémitique dans l'Inde.

Dans ces conditions, la question de l'origine des signes a beaucoup d'importance. Elle est encore controversée. On sait que dès qu'il n'y a pas évidence manifeste, les discussions sur les dérivations de formes sont difficiles à conclure. En tout cas, il semble y avoir accord pour chercher l'origine des neuf signes d'unités dans les neuf premiers signes d'un système soit de chiffres-marques, soit de chiffres-lettres.

Inde (et régions voisines)

Les premiers documents sont les suivants, dans l'Inde (d'où les Arabes reconnaissaient avoir emprunté les chiffres qu'ils devaient transmettre à l'Europe).

Le nombre 346 écrit probablement, mais non sûrement, dans le système à zéro (il ne contient précisément pas de zéro) est lu dans une inscription de la fin du VIe siècle. On conclut d'une stance d'une poésie indienne que le zéro existait précisément au VIe siècle, avec la forme d'un point, la forme du cercle est attestée sur une inscription au IXe siècle. La série entière est connue au Cambodge au VIIe siècle.

Une théorie, s'appuyant spécialement sur la forme des chiffres arabes dits de Fès, employés comme forme secrète par des notaires, voudrait que les formes des chiffres indiens s'expliquent à partir de la majuscule grecque.

Il paraît plus fondé d'accepter le rapport avec l'ancienne série indienne des chiffres (voir ci-dessus, « Systèmes additionnels à petit nombre de signes », p. 371), qui s'appuie spécialement sur la ressemblance de 2 et 3 avec les ligatures de deux et trois barres, et diverses autres analogies (surtout 𑁭 7), malgré les divergences d'autres chiffres.

Noter que l'ordre dans les nombres est le même que dans l'ancien système, les valeurs les plus hautes étant à gauche. (On a fait remarquer d'autre part que c'était aussi l'ordre mésopotamien.)

Le système à zéro s'est répandu dans les écritures de l'Inde et des pays voisins, avec des variations de tracé qui suivent plus ou moins les aspects de ces écritures dans l'ensemble.

Deux exemples sont donnés ici pour l'Inde du Nord, la forme nagari qui est la plus employée actuellement et (en dessous) la forme gouzratie qui a un large domaine dans l'Ouest.

१	२	३	४	५	६	७	८	९	०
1	2	3	4	5	6	7	8	9	0
૧	૨	૩	૪	૫	૬	૭	૮	૯	૦
1	2	3	4	5	6	7	8	9	0

CHIFFRES INDIENS

L'Inde présente des exemples de transposition du système à zéro en caractères de l'alphabet-syllabaire, liés spécialement au besoin d'établir des mots ou des vers mnémotechniques.

Le système dit *kaṭapaya*, d'après sa première colonne (voir ci-dessous) est employé dans l'Inde méridionale surtout chez les mathématiciens, et dans des ouvrages astrologiques et médicaux. Les équivalences sont les suivantes :

ka	*kha*	*ga*	*gha*	*ṅa*	*ca*	*cha*	*ja*	*jha*	*ña*
1	2	3	4	5	6	7	8	9	0
ṭa	*ṭha*	*ḍa*	*ḍha*	*ṇa*	*ta*	*tha*	*da*	*dha*	*na*
1	2	3	4	5	6	7	8	9	0
pa	*pha*	*ba*	*bha*	*ma*					
1	2	3	4	5					
ya	*ra*	*la*	*va*	*ça*	*ṣa*	*sa*	*ha*	*ḷa*	
1	2	3	4	5	6	7	8	9	

On a donc le choix entre quatre notations alphabétiques pour les cinq premiers chiffres, trois pour 6 à 9, deux pour zéro.

Un autre procédé consiste à attribuer au zéro et aux neuf chiffres, des noms symboliques plus ou moins nombreux qu'on leur substitue en écrivant. Ainsi *kha* « vide » étant une des expressions de zéro, et *veda* étant pris pour 4, à cause des quatre livres védiques, *kha-veda* veut dire 40.

De même, au Tibet, dans certains ouvrages d'astrologie, les chiffres sont remplacés par des noms symboliques.

Arabe et monde musulman

Il semble que c'est dès la première expansion de l'Islam que les Arabes ayant pris contact avec l'Inde ont adopté les chiffres indiens avec le zéro. Pour presque tous les usages, ils étaient implantés chez eux au IXe siècle.

Noter que les nombres se lisent de gauche à droite (dans le sens indien), au rebours de l'écriture arabe.

Le tableau ci-joint donne les formes ordinaires, dites *hindi* « indiennes » :

١	٢	٣	٤ (variante ۴)	٥ (variante ۵)	٦	٧	٨	٩	٠
1	2	3	4	5	6	7	8	9	0

CHIFFRES ARABES
(forme hindi)

Dans certains manuscrits de mathématiques au Maghrib, les chiffres ont un autre tracé, dits *gubāri* de غبار « poussière » (comme une certaine écriture).

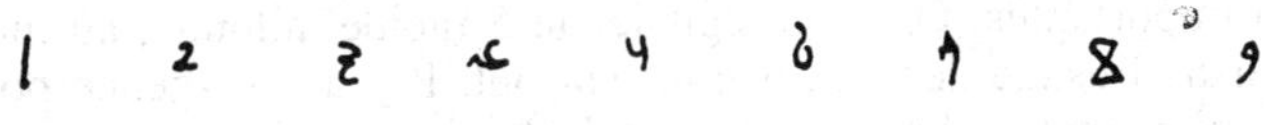

CHIFFRES ARABES
(forme gubāri)

Ce même tracé se rencontre aussi en Orient, mais sans le zéro, dont l'emploi est suppléé par un système différent : on met un point au-dessus des chiffres des dizaines, deux points au-dessus de ceux des centaines, trois au-dessus de ceux des milliers. On ne sait pas l'histoire de ce système :

$$\dddot{7}\ \ddot{8}\ \dot{4}\ 3 = 7\,843 \qquad \dddot{8}\ \ddot{6}\ 7 = 8\,607$$

Europe et prolongements (influence européenne)

La première apparition des chiffres modernes en Europe au XIe siècle se fait sous une forme proche du *gubāri* arabe occidental (souvent appelée « chiffres gobâr »), qui s'est perpétuée jusqu'à nous avec quelques modifications de tracé.

Mais dans cette première apparition, le zéro ne figure pas. Sans doute n'était-il pas nécessaire dans les premiers emplois qui ont été faits avec des abaques ou tables de calcul, où la règle de position suffisait. La donnée authentiquement sûre la plus ancienne est l'emploi dans l'*abacus* de Bernelinus, élève de Gerbert d'Aurillac (pape sous le nom de Sylvestre II, mort en 1003) dont on a un manuscrit de 976.

Mais, d'autre part, les neuf chiffres avec la dénomination d'*apex* (au pluriel *apices*) sont insérés dans un ouvrage de géométrie dont on a un manuscrit du XIe siècle, qui attribuait (faussement) l'ouvrage au mathématicien italien Boèce (470-524), ministre du roi ostrogot Théodoric. Aussi parle-t-on ordinairement des apices de Boèce.

L'histoire de la pénétration des chiffres avec le zéro, par l'intermédiaire des Arabes, n'est pas connue. On aperçoit qu'ils ont d'abord été employés par les mathématiciens. Ce n'est guère qu'au XIIIe siècle qu'ils ont été adoptés par des commerçants, en particulier en Italie (Florence). Au XIVe siècle leur emploi est étendu ; ce n'est guère que pour la fin du XVIe siècle qu'on peut dire qu'il se trouve généralisé.

Les détours de cette aventure se marquent d'une manière particulière dans le vocabulaire français où les mots « chiffre » et « zéro » proviennent tous deux de l'arabe [*ṣifr*] « zéro ».

Les plus anciennes formes attestées ont eu peu à évoluer pour aboutir aux formes actuelles qui n'ont plus changé, sauf les variantes de goût qui atteignent aussi les lettres. Le 2 moderne est du XIe siècle, le 5 du XVe-XVIe, le 7 du XVe.

Les chiffres servent, avec la même forme, à côté des écritures latine, grecque, cyrillique.

Les variantes de l'écriture manuscrite, soit calligraphique, soit rapide, sont peu importantes. On peut signaler le 5 rapide, allongé, au moins en France, dans l'usage des comptables surtout. Il y a divergence pour le 7 suivant qu'on met la barre (ainsi généralement en France) ou qu'on la proscrit (ainsi en Angleterre).

Le système à zéro, en tant qu'« européen » tend à se répandre en s'associant à des écritures diverses, soit entièrement adopté avec la série des chiffres « arabes » (ainsi dans l'usage israélien), soit avec mélange de chiffres.

Dans le domaine des écritures sémitiques, en Abyssinie moderne, le zéro avec sa forme 0 ou avec celle de la lettre **ዐ** s'ajoute aux neuf premiers chiffres éthiopiens pour le fonctionnement du système de position, qui se répand à côté du système ancien.

Il en est de même dans l'Inde pour le tamoul, avec les neuf premiers chiffres du système ancien subsistant.

Dans toutes les langues, les chiffres se lisent idéographiquement, de sorte qu'ils correspondent à des mots variés, par exemple en français, allemand, etc.

D'une manière à première vue paradoxale cette circonstance rend très difficile l'acquisition du calcul dans une langue étrangère. Les signes sont solidement liés dans l'apprentissage enfantin aux noms de nombre de la langue maternelle, et n'ont rien qui permette d'évoquer un mot d'une langue apprise postérieurement.

Cependant les signes peuvent être complétés, au moyen de compléments phonétiques différents suivant les langues.

Ainsi, dans le russe, pour les nombres cardinaux qui sont déclinés, par exemple 5^{oro} (= *pjatovo* « de cinq »).

Cet usage est surtout répandu pour les nombres ordinaux. Ceux-ci peuvent être désignés par un signe idéographique, intellectuel ; ainsi dans l'usage partiel allemand du point (2. « zweiter »). Plus souvent on met une ou des lettres de complément à droite, au-dessus de la ligne. Ainsi : français, 2eme ou 2me ou 2e « second » ou « deuxième » ; anglais, 2nd « second » ; allemand, 2ter « zweiter » (avec déclinaison : génitif 2tes).

L'addition de ° invite à employer en français la terminaison adverbiale qui rappelle l'ablatif latin : 1° « primo », 2° « secundo ».

SURVIVANCES DES ANCIENS SYSTÈMES EN EUROPE

L'usage des chiffres arabes n'a pas supprimé entièrement, en particulier en Europe, l'emploi d'autres signes de numération.

En ce qui concerne le chapitre des marques, on peut ajouter à ce qui est mentionné au Prologue l'emploi des figurations de nombres par des points ou équivalents sur des jeux : dés, dominos, cartes.

On peut citer aussi l'habitude de faire des relevés numériques, par exemple dans un dépouillement de scrutin, en traçant des barres qui forment les quatre côtés et une diagonale d'un carré qui équivaut à 5 : ⧄ (on compte ensuite les carrés).

Il faudrait tenir compte aussi de nombreuses marques en usage dans certains commerces pour l'étiquetage[1].

Le système additionnel des chiffres romains reste employé pour des indications de dates sur des monuments et des monnaies et pour les numéros d'ordre des souverains. Il a aussi plusieurs usages en librairie : pour l'indication des parties d'ouvrages (tome Ier, livre II, partie III, chapitre IV) et pour les paginations de préfaces et introductions qui sont imprimées en dehors de la pagination du corps de l'ouvrage, généralement après la composition de celui-ci (en terme de métier « feuille de lettres »).

En ce qui concerne les systèmes alphabétiques, dans les énumérations détaillées en chapitres et paragraphes, ceux-ci sont souvent désignés par des lettres majuscules ou minuscules : A, B, C ; *a*, *b*, *c*, etc.

Lorsque l'alphabet est épuisé ou si on fait des sous-paragraphes, il arrive qu'on redouble les lettres (*aa*, *bb*, etc.) et aussi qu'on se serve de lettres grecques.

L'usage des lettres-chiffres se rencontre aussi dans la désignation des lignes d'autobus, dans l'immatriculation des automobiles, etc.

COMPLÉMENTS DE LA NUMÉRATION PAR CHIFFRES (ET USAGES DÉTOURNÉS DES CHIFFRES)

La série des chiffres s'est complétée peu à peu par un appareil de signes qui ont une valeur idéographique, indiquant différentes sortes de nombres et des opérations. Ainsi la barre de fraction, horizontale ($\frac{3}{8}$) ou oblique / (3/8), avec le signe de pourcentage %, la virgule des décimales (0,50), les signes des quatre opérations usuelles (+ − × :).

La liste s'en augmente constamment avec le progrès des mathématiques, et les symboles nouveaux sont plus ou moins répandus par l'enseignement.

Ils ont débordé des mathématiques sur la logistique qui recherche la rigueur mathématique dans l'étude du raisonnement, et on peut s'attendre à des extensions ultérieures de ces symbolisations graphiques.

L'histoire de ces signes qui relève de celle des marques en général serait à suivre dans le détail. On y rencontre un fait spécialement intéressant : c'est que certains d'entre eux au moins avant de prendre la forme

1. Le sujet est seulement indiqué ici. La vie moderne, et spécialement tout ce qui touche à l'administration des personnes et des choses, demande des figurations exactes et rapides qui de plus en plus se réalisent par des graphiques divers. Ceux-ci entrent de plus en plus dans l'enseignement même. Ce sont les substituts à la fois de développements en mots et de tableaux de chiffres. Un exemple pittoresque a été donné dans *Le Figaro* des 2-3 février 1952 par Georges Ravon qui avait eu connaissance d'un système inauguré dans l'administration des finances (direction générale des impôts) pour établir des tableaux des installations de ses services ; exemples □ figure une situation juridique stable, ⁑⁑ une situation matérielle satisfaisante, tandis que ⸢ indique le précaire et ⌠ le fâcheux.

de marque à tracé géométrique qui semblerait devoir résulter d'une très ancienne pratique ou d'une convention expresse, ont été des mots écrits, qui se sont peu à peu schématisés, en s'harmonisant au caractère idéographique des chiffres eux-mêmes. Ainsi + s'explique par une stylisation de *plus* et – par une stylisation de *minus*[1].

Ce sujet comporterait l'étude de toutes les abréviations et tous les symboles pour les mesures variées.

Indiquons ici une curiosité : au Bengale et dans d'autres parties de l'Inde, on emploie pour la pagination de préfaces de livres (là où en France on use des chiffres romains) un système formé avec les signes qui symbolisent les divisions de la roupie, monnaie-unité.

Une division particulière du sujet abordé ici comprendrait ce qui concerne l'emploi des lettres à des usages mathématiques. Des majuscules et minuscules latines et des minuscules grecques sont employées soit en géométrie, soit en algèbre, et doivent être enseignées à ce titre par exemple en pays à écriture cyrillique.

L'*x* de l'algèbre a une histoire particulière : il semble bien que l'usage en ait été pris à l'espagnol, au moment où la lettre *x* était employée pour noter le son *š* (*ch* du français) ; elle avait été prise à l'initiale du mot arabe [*šayɔ*] désignant « une chose (quelconque) ».

Il convient aussi de rappeler l'usage des lettres latines et grecques pour désigner des corps, des composés et des radiations en chimie et physique[2].

Si les lettres servent souvent pour signifier des choses nombrées ou qu'on pourrait désigner par un numéro d'ordre, en revanche les chiffres peuvent être substitués aux lettres, soit dans leur ordre habituel de l'alphabet, soit

1. Pour + la dérivation d'un signe représentant *plus* en entier n'a guère de partisans, mais on a sérieusement pensé à une stylisation de l'abréviation par l'initiale *p̄* ; cependant plusieurs auteurs croient à une stylisation de *et*. Pour – on a pensé aussi, plutôt qu'à *minus*, à une simplification de *m̄* ; mais certains croient à une marque commerciale. L'un et l'autre signe ont apparu vers la fin du XVe siècle, se sont plus ou moins répandus au XVIe siècle et n'étaient pas encore généralisés au XVIIe siècle. C'est seulement au cours de ce siècle qu'a commencé l'emploi pour *multiplié par* de × qui avait auparavant été employé pour joindre des nombres à multiplier disposés deux par deux l'un sous l'autre.

2. Le signe ∞ pour l'*infini*, qui est entré dans l'enseignement usuel, a été répandu dès le VIIe siècle pour représenter le nombre 1 000 ; il a été donné avec sa valeur actuelle par le mathématicien anglais John Wallis en 1655. Pour l'emploi des lettres grecques, l'usage commun connaît ε *epsilon*, petite quantité ; μ *mu*, millième de millimètre ; rayons α *alpha*, etc. Les mathématiciens ont, pour les mathématiques supérieures en constant développement, recours à des lettres hébraïques, dans la théorie des ensembles. Ils utilisent des accents : Ă, Ã, Â, Ā, A*, et des lettres retournées ∀, ∃. Exemple notable : en analyse vectorielle, un opérateur vectoriel a été désigné par un Δ grec retourné ∇ ; il a été nommé : a) par abréviation *del* ; b) par retournement du mot *atled* ; c) *nabla*. Ce dernier terme est le nom de la harpe à forme triangulaire : hébreu classique *nębęl*, postérieurement *nabla*, qu'on trouve en grec νάϐλα ou νάϐλας. *Nabla* a prévalu et il est entré dans l'argot de l'École polytechnique sans doute peu avant 1936, date où il est enregistré dans Roger Smet, *Le Nouvel Argot de l'X* (Paris), avec le sens de « truc, machin », d'où les dérivés *nablater* « boutiquer, bricoler », avec *nablatage* et *dénablater*, *dénablatage*.

avec des équivalences diverses en raison de conventions : ceci est un rappel des usages cryptographiques.

Les chiffres peuvent aussi représenter des notes de musique.

On ne peut pas quitter l'étude amorcée ici sans mentionner l'usage des croquis cotés ou non et des représentations géométriques variées des opérations de calcul.

CHAPITRE XIII

ÉCRITURE MUSICALE

ÉCRITURE DE LA DANSE

L'élaboration de l'écriture musicale, à laquelle on peut ajouter celle de la danse, constitue une conquête de plus des systèmes de signes tracés sur l'apprentissage par routine et la transmission de mémoire à mémoire.

Pour les grandes civilisations antiques du Proche-Orient on n'a rien, qu'un document mésopotamien douteux.

Mais une notation chinoise par des signes au-dessus des caractères d'écriture pourrait remonter très haut dans le passé ; elle paraît s'être fixée au même moment que l'écriture classique (à partir de – 200) et subsiste encore.

L'Inde a connu des notations successives en accompagnement des textes, depuis la littérature védique mise par écrit à une époque mal fixée avant l'ère chrétienne.

Les Grecs, peut-être depuis le – ve siècle (on n'a de manuscrit qu'au – Ier siècle), ont développé un système de notation surtout avec des lettres en diverses positions (naturelle verticale ou basculée). Mais ce système a fini par s'éteindre. Il a pu être déchiffré de nos jours au moyen de traités anciens dont certains nous sont parvenus.

Les Alexandrins (– IIIe siècle) ont eu l'idée d'employer les accents grammaticaux pour indiquer la modulation de la voix chantée en même temps que de la voix parlée. Ainsi surtout l'accent aigu (´) a noté une montée de la voix, l'accent grave (`) une descente. Le système s'est compliqué et on a obtenu l'ensemble des neumes[1] (du grec πνεῦμα [?]) qui indiquaient diverses modulations : montée, descente, tenue, combinaisons

1. Le terme « neume » entré en français ecclésiastique au XIVe siècle n'est pas d'origine claire.

diverses de ces trois éléments, ainsi que des trilles. Les neumes étaient marqués au-dessus des mots.

Ce système grec qui s'est développé à l'époque byzantine a été utilisé de diverses manières dans le Proche-Orient à époque chrétienne.

En hébreu, les accents qui marquent la ponctuation dirigent aussi la psalmodie avec divers ports de voix ; ce système est attesté aussi pour l'arabe.

Les neumes ont été appliqués au syriaque, au copte et à l'arménien[1].

Pour l'éthiopien, on emploie des neumes dont certains ont la forme de lettres. Mais on emploie concurremment un autre système qui consiste à écrire au-dessus de la ligne certaines lettres des paroles d'un chant connu.

Pour l'usage de l'église catholique, dans le plain-chant et aussi pour des musiques profanes, les neumes se sont employés régulièrement, avec des formes simples pour le grave, l'aigu, etc.

Les notes ont été d'autre part enseignées par les lettres, de A à G dans la tradition didactique du Xe au XIIe siècle. Elles correspondent aux notes de la gamme moderne, dans l'ordre, de *do* à *si* : C D E F G A B.

À une époque que les historiens ne peuvent pas déterminer exactement, on a eu l'idée de représenter le dessin des mélodies en mettant les signes neumatiques plus ou moins haut au-dessus du texte chanté et en inscrivant les lettres qui désignaient les notes.

C'est un moine bénédictin, Gui d'Arezzo (mort en 1050), qui a introduit l'usage de la portée, d'abord de quatre lignes ; les neumes y étaient posés en raison de leur hauteur mélodique, et leur tracé était uniformément réduit à un point ; une lettre-note servait de clé pour indiquer le son de base.

Le même inventeur a pris dans l'hymne à saint Jean-Baptiste des mots ou débuts de mots en tête des vers pour nommer les notes, d'où la série réduite à l'hexacorde *ut*, *ré*, *mi*, *fa*, *sol*, *la*. En 1673 le musicien Bononcini a préconisé *do* (de *dominus*) au lieu de *ut*. C'est au XVIIe siècle aussi qu'on a réintroduit la septième note, dont le nom *si* est composé des initiales des deux derniers mots de l'hymne à saint Jean-Baptiste : « sancte ioannes[2] ».

Dans l'usage moderne, suivant les pays, on emploie ces dénominations, avec *do* ou *ut*, ou on conserve les anciennes dénominations par les lettres, et diverses indications écrites se font en conséquence.

1. Il existe une notation neumatique en tibétain.

2. L'attribution de l'échelle des notes désignée par des lettres à saint Grégoire, pape de 590 à 604, a un caractère légendaire. L'idée de la désignation par des lettres a pris probablement son origine en Italie au Xe siècle. La pratique est entrée en France avec Guillaume de Dijon (G. de Volpiano), réformateur de l'abbaye de Fécamp à partir de 1064 ; les lettres ont été encore employées, d'abord par Gui d'Arezzo, de manière un peu différente.

Peu à peu se sont établies les conventions qui permettent de mesurer la longueur relative des notes (ronde, blanche, noire, croche, double-croche, etc.) et des silences, et les signes accessoires pour les hauteurs : dièse et bémol, les signes des clefs.

La barre de mesure a été adoptée au XVIe siècle, d'abord pour les tablatures (voir ci-dessous).

Ainsi est réalisée une écriture musicale complète, qui est détachée à la fois de l'écriture et de la voix chantée, et permet d'écrire et de lire la musique pour n'importe quel instrument.

On a inventé aussi d'autres notations.

Pour divers instruments à touches (orgue), à cordes pincées (luth, guitare) et à vent avec des trous (comme la flûte et le piston moderne), on a combiné des systèmes dits de tablature qui n'indiquent pas les notes mais les gestes à faire sur l'instrument pour produire ces notes en appuyant d'un certain doigt à un emplacement déterminé.

D'autre part, pour éviter l'écriture assez longue sur la portée, on a recouru à des notations chiffrées. L'une d'elles était due à J.-J. Rousseau qui la présentait à l'Académie des sciences en 1742. Une méthode française moderne utilise les chiffres de 1 à 7 pour les notes, o pour les silences ; des systèmes de points et de barres permettent d'indiquer les octaves, les accidents, les longueurs des notes, etc.

Il existe d'autre part une sténographie musicale et une méthode de notation Braille pour les aveugles.

Au total l'écriture musicale, après avoir accompagné l'écriture ordinaire, s'en est détachée.

Sous une forme ou une autre, elle constitue un système de signes ne dépendant pas des langues, semblable en ceci à des idéogrammes purs. En conséquence elle est internationale.

La danse consiste en combinaisons qui se répètent, et qu'on enseigne, de mouvements en nombre limité, qu'on caractérise et qu'on nomme pour l'enseignement.

Pour fixer et pour transmettre brièvement la description d'une danse simple ou d'une « chorégraphie » compliquée, on a commencé récemment à adopter des notations au moyen de tracés divers.

ÉPILOGUE

L'écriture et d'autres inventions

CHAPITRE XIV

L'ÉCRITURE ET L'OUTILLAGE INDUSTRIEL (REPRODUCTION ET TRANSMISSIONS)

PROCÉDÉS DE REPRODUCTION DE L'ÉCRITURE

Gravure au burin et moulage (estampage, lithographie)

L'incision de caractères sur pierre, sur métal, etc., a été possible dès que les artisans ont disposé d'un outil assez dur pour entamer la matière et y faire des creux avec précision. Il est probable que ce travail précis du graveur en écriture a toujours été lui-même une reproduction – à titre de copie généralement unique pour les inscriptions sur pierre – d'un brouillon incisé sur matière molle ou tracé à l'encre.

Les archéologues modernes reproduisent des inscriptions qu'ils veulent étudier, au moyen d'estampages, c'est-à-dire de moulages en papier : ainsi des textes affichés dans un lointain passé peuvent recevoir une multiplication posthume.

Dès leur origine les sceaux ou cachets ont été destinés à la reproduction en nombre illimité, par impression sur une matière molle, telle que l'argile ou la cire, sur laquelle les creux se reproduisent en relief. C'est ainsi que pouvaient signer, avec leur cachet précieusement préservé des changements de main, des personnages ne sachant pas écrire.

En Mésopotamie ancienne on a trouvé des briques-matrices ayant sur une face, en relief, des noms de souverains de la ville d'Agadé dans la première moitié du – IIIe millénaire, sur l'autre face, une poignée : évidemment c'étaient des instruments d'impression. D'autre part, on a trouvé (datant semble-t-il au moins de la fin de ce même IIIe millénaire) des briques de fondation avec des textes relatant des fondations d'édifice dont certains se répètent de telle sorte qu'on peut penser à une répétition mécanique par impression. On y a remarqué des inégalités d'alignement dans les lignes, et des tracés de caractères basculés sur le côté ou inversés (tête en bas), de telle sorte qu'on a pensé qu'il avait peut-être été fait usage de caractères mobiles dans une sorte de composteur.

En Chine, à partir du IIe siècle apr. J.-C., la coutume s'est introduite de graver sur des stèles de pierre des classiques de Confucius et son école dont on faisait des estampages destinés à l'enseignement, et non pas seulement à l'étude de quelques savants, comme les estampages des archéologues. Au VIe siècle, ce sont des textes bouddhiques entiers qui sont gravés pour le même usage sur des parois rocheuses en vue ou à l'intérieur de grottes et aussi sur des stèles et des piliers.

Xylographie

C'est en Chine et en Corée qu'apparaît d'abord la reproduction des écrits par la gravure sur bois ou xylographie (de grec *xulon* « bois » et de la racine « écrire »).

D'après certains témoignages, des textes bouddhiques auraient été imprimés ainsi à la fin du VIe siècle. Les plus anciens documents conservés sont des feuillets portant des formules magiques (provenant du Japon, en 764), puis un livre entier daté de 868 ; des dictionnaires dateraient aussi de la fin du IXe siècle. Au Xe siècle on a imprimé les classiques confucéens en entier et tout le canon bouddhique (au total cent trente mille planches)[1]. Au XIe siècle, fait capital, on cesse de copier des manuscrits.

L'extension de l'impression, comme celle de l'estampage, n'était réalisable que dans un pays possédant une industrie du papier. Or, le papier, en pâte de bambou, aurait été inventé en Chine au IIe siècle ; il y était usuel en tout cas, au moins à partir du IVe siècle. Il a été introduit à Samarcande au milieu du VIIIe siècle ; on en a employé à Bagdad et à Damas dès la fin du même siècle. Des fabriques de papier de chiffons de lin ont fonctionné ensuite en Égypte, puis à Fès et en Espagne musulmane au XIIe siècle.

Les impressions arabes sur planches commencent au XIe siècle, pour les besoins de l'édification.

En Europe, la gravure sur bois a servi surtout pour les images, avec ou sans légendes écrites, à partir de la fin du XIVe siècle. Cependant, au XVe siècle, des éditions de livres scolaires ont précédé l'impression en caractères mobiles.

Imprimerie à caractères mobiles

C'est en Chine encore qu'ont été réalisées les premières impressions à l'encre avec des caractères mobiles, au milieu du XIe siècle. Les premiers caractères étaient en terre collée ; plus tard on en a fait en brique, en bois

---

1. « La xylographie commence en Asie Centrale [indianisée autour de 1000] pour les textes indiens très courts (formules religieuses ou magiques). Elle est surtout usitée au Tibet et en Mongolie pour faire de grandes planches gravées qui servent à tirer les textes canoniques ou autres qu'on veut reproduire à grand nombre d'exemplaires » (extrait d'une lettre de Jean Filliozat du 16 juillet 1956). Voir aussi ci-dessus, chap. IV, p. 56.

et en cuivre, ceux-ci d'abord en Corée. (La technique européenne a été introduite au XIXe siècle.)

En Europe, l'imprimerie s'est réalisée et propagée dans la période de la Renaissance ; elle a été un des éléments de la révolution intellectuelle de ce temps.

À la suite des croisades, entre autres conforts, le linge de corps s'était répandu. Il avait fourni la matière première pour la fabrication du papier de chiffons en Europe. Le papier, devenu usuel en Grèce au XIIIe siècle, avait gagné les pays occidentaux et y était répandu au milieu du XIVe siècle.

Les caractères mobiles d'imprimerie datent en Europe du XVe siècle ; c'est dans la seconde moitié de ce siècle qu'on a su graver les matrices en métal dur et y couler les caractères en métal mou.

La presse à bras, modeste machine à moteur humain, est alors devenue usuelle, et a répondu aux besoins de l'impression pendant plusieurs siècles.

L'écriture du livre était dès lors mécanisée.

Les conséquences de l'impression des livres ont été considérables d'abord pour la crise de la Renaissance et de la Réforme, puis pour l'établissement des littératures classiques en langues modernes, accompagnées de l'étude des humanités sous les espèces des littératures latine et grecque, en bref, pour la forme de la culture telle qu'elle s'est répandue dans la noblesse en partie déféodalisée et la bourgeoisie en cours d'ascension vers le pouvoir ; cette culture échappait à l'ombre de l'Église, même quand on discutait de religion, de même que le livre avait cessé de se fabriquer dans les cloîtres.

Le beau livre imprimé de ce temps, où il était encore un objet de demi-luxe, a fait le lecteur individuel, cultivé et informé, en dehors des centres de réunion, des universités, des grandes bibliothèques et des théâtres.

Plus modestement, l'almanach a commencé à répandre une culture intellectuelle dans le menu peuple.

La brochure imprimée a participé aux luttes religieuses, et spécialement, en même temps que la Bible, à l'expansion du luthéranisme, dans des langues auparavant non écrites. Le libelle politique atteignant toutes les couches de la population a fait son apparition en France au moment de la Fronde (1648-1653).

Au cours du XVIIe siècle (en même temps que les services de poste s'organisaient) la presse périodique a commencé à paraître. En France : *Gazette de France*, 1631 ; *Journal des Sçavans*, 1665 ; *Mercure Galant*, 1672.

Au XVIIIe siècle, les livres, y compris la grande et fameuse *Encyclopédie*, se sont répandus ; les imprimeries de Hollande, par où on échappait à la censure française, ont été des centres d'émission d'idées.

Les feuillets volants disséminés par le colportage, les périodiques, puis les premiers journaux quotidiens[1] ont eu une grande importance dans la

1. Premier quotidien en France : *Le Patriote français* de Brissot (1789).

préparation de la Révolution française et dans les événements qui en ont marqué le cours[1]. Les luttes autour de la « liberté de la presse » (c'est-à-dire de l'édition, et non des journaux) ont été un des aspects des mouvements sociaux, avant et après le triomphe de la bourgeoisie, et dans les premières luttes contre sa suprématie.

Imprimerie et machinisme modernes

La période du développement du grand capitalisme à concentration et surproduction et des machines modernes à vapeur, puis à combustible liquide et à électricité, a été celle de nouvelles rencontres de l'écriture avec la mécanique.

Au XIXe siècle, le rôle des journaux quotidiens n'a cessé d'augmenter ; répandus partout par les services postaux, voyageant de nuit par le chemin de fer pour atteindre, dès le matin même, des lecteurs éloignés du lieu d'impression, ils constituent la plus grande part de la masse imprimée, la pâture intellectuelle de ceux qui ne lisent pas ou presque pas de livres. Il faut tenir compte aussi des périodiques divers[2].

Au XXe siècle, l'industrie du journal, avec des tirages qui se chiffrent désormais par des centaines de mille ou des millions, a reçu une machinerie appropriée. La machine à composer a remplacé le « labeur » de la composition à la main. Le ou la typographe moderne, comme la ou le dactylographe, travaille en pianotant sur un clavier, celui de la linotype (de anglais *line* « ligne » et *type* « caractère d'imprimerie ») à partir de 1886, ou celui de la monotype (de grec *monos* « seul ») à partir de 1896.

Ces machines comportent le jeu de matrices gravées qui se disposent à la commande des touches, et la fonte instantanée de caractères destinés à ne servir qu'une fois (mais dont la matière ressert indéfiniment). La linotype fond des lignes entières. La monotype fond des caractères séparés ; sa construction comprend des bandes à trous, comme celles du métier à tisser Jacquard, comme aussi celles qui permettent l'exécution mécanique de la musique dans le pianola et instruments analogues. D'autres machines, avec intervention de rayons lumineux, ont été conçues et remplaceront sans doute les précédentes une fois, à moins que d'autres inventions ne les rendent inutiles.

---

1. Les premiers périodiques (annuels ou semestriels) sont de l'extrême fin du XVIe siècle ; les premiers hebdomadaires sont nés au début du XVIIe siècle, d'abord, sans doute simultanément à Augsbourg, Strasbourg, Anvers ; le premier développement aux Pays-Bas a été vite suivi en Angleterre, vers 1620, précédant l'initiative de Théophraste Renaudot avec sa *Gazette de France*.

2. Beaucoup de personnes, surtout à la campagne, sont atteintes non par le quotidien mais par l'hebdomadaire. Il faut tenir compte aussi de la clientèle de mensuels, soit par abonnement, soit par achat dans les gares. Dans l'une et l'autre catégorie, tenir compte aussi de la presse enfantine.

Le tirage des journaux se fait continûment par des machines « rotatives » sur des bobines de papier journal en pâte de bois, une nouvelle fabrication du support de l'écriture ayant accompagné cette fois encore le changement dans la manière de produire l'écriture elle-même.

La linotype et surtout la monotype servent aussi de plus en plus pour composer des livres, en particulier les ouvrages à grand tirage, livres scolaires, encyclopédies, etc. En dernier lieu apparaît la lumitype[1].

Machine à écrire

Les grands établissements commerciaux et industriels modernes ont eu besoin d'une nouvelle corporation de scribes. À l'usage de celle-ci, la machine à écrire a été conçue comme une petite imprimerie privée, pour la mise au net en petit nombre de textes de lettres, notes de service, circulaires, etc., d'abord tracés en sténographie ou en notes rapides.

L'emploi du papier carbone permettant de faire en même temps un ou plus d'un exemplaire supplémentaire, l'emploi de la machine a supprimé l'ancien copie-lettres commercial.

C'est une machine relativement simple, mais qui ne pouvait être construite en grande quantité qu'avec l'outillage de la grande industrie.

Les caractères gravés, déclenchés par la frappe sur une touche du clavier, abaissent un ruban encré qui vient toucher le papier placé au-dessous. On obtient ainsi une écriture rapide, mais uniforme et claire, en caractères séparés, qui sont ceux de l'imprimerie.

Le « tapage » à la machine, combiné avec les procédés de reproduction à petit nombre, satisfait les besoins de correspondance et en partie ceux de publicité, deux emplois importants de l'écriture à la main dès ses lointains débuts. Mais la machine à écrire née de besoins commerciaux s'est de plus en plus répandue pour d'autres usages. Son emploi dans les administrations publiques a accompagné le phénomène social de la féminisation des professions, la dactylographie étant surtout un métier de femme.

À l'usage des écrivains et des savants, elle permet l'établissement rapide de manuscrits clairs et immédiatement pourvus d'un double, soit copie du brouillon par un secrétaire ou par l'auteur lui-même, soit au moyen de la frappe directe de l'auteur du texte.

Dans ce dernier cas, qui devient de plus en plus fréquent, l'instrument a perdu en partie son usage premier de réduplicateur ; d'autre part, l'écriture personnelle n'est plus seulement exclue de la copie, mais délogée même du brouillon.

---

1. La lumitype résulte d'études faites en France vers 1925. C'est seulement en 1956 qu'elle y est mise en vente par les établissements Deberny-Peignot. Cette machine à clavier et à bande perforée (à trous) trace les caractères par projection de la lumière sur une surface sensible : d'où son nom. C'est la suppression du plomb ou autre métal dans la composition de l'imprimé.

Noter qu'inversement pour faire plus « lettre personnelle » dans des relations commerciales, on adopte quelquefois comme « caractère machine » l'italique, de préférence aux caractères droits.

La dactylographie est devenue une matière d'enseignement répandue, tandis que celui de la calligraphie se restreint de plus en plus.

Une variante de la machine à écrire est l'instrument de la sténotypie (voir p. 364).

D'autre part, il faut mentionner que la comptabilité commerciale est accélérée et régularisée par l'emploi de plus en plus large de machines à calculer.

Procédés de reproduction de l'écriture à la main et à la machine

La multiplication des documents écrits n'a pas bénéficié que du progrès de la petite et de la grande mécaniques. Divers procédés ont été utilisés qui relèvent plus ou moins de la chimie.

L'utilisation des encres grasses, celle d'acides corrosifs, celle de matières absorbantes et de matières sensibles à la lumière permettent des reproductions en un plus ou moins grand nombre d'exemplaires, avec des matériels de manipulation souvent simples et à la portée des particuliers. Ces procédés sont en grande partie, comme la xylographie, communs à la reproduction des dessins et à celle de l'écriture.

L'encre à copier a été utilisée, avec l'emploi du papier dit « de soie » et une petite presse à vis, dans le copie-lettres des commerçants qui permettait, avant l'expansion de la machine à écrire, de garder un double de la correspondance.

Une couche colorante sur un papier (papier carbone) permet d'obtenir un ou plusieurs exemplaires supplémentaires de ce qu'on écrit à la main en appuyant suffisamment (notamment au crayon et au stylo à bille) et surtout en tapant à la machine.

L'encre à copier encore, par report sur une matière absorbante, couche gélatineuse sur une étoffe ou pâte à copier gélatineuse ou argileuse (avec glycérine) dans une forme permet la polycopie (de grec *polus* « nombreux ») avec un tirage qui peut atteindre une moyenne de cinquante exemplaires bien lisibles. Ainsi peuvent se confectionner des circulaires commerciales, administratives ou politiques (tracts), des documents à usage scolaire (textes de devoirs, corrigés), etc.

L'emploi du stencil, feuille de papier paraffiné, au travers de laquelle on pratique de petites perforations (en écrivant à la main avec une petite molette dentée, une lime fine se trouvant sous la feuille, ou en tapant à la machine sans ruban encreur) permet un tirage analogue à celui de l'imprimerie. On peut le faire à la main avec un rouleau encreur. Plus généralement, en emploie une petite machine maniée à la main, ronéo ou autre. Le tirage peut se continuer tant que le stencil ne se déchire pas, au moins à cent exemplaires. Les documents « ronéotés » ont le même usage que les autres documents polycopiés ; comme eux, ils ont souvent un aspect plus ou moins défectueux. Mais des progrès ont été faits récemment dans cette petite industrie, augmentation du nombre d'exemplaires, rapidité et sûreté de tirage par l'électrification, etc.

La lithographie (de grec *lithos* « pierre »), la gravure sur zinc ou cuivre, les différents procédés plus modernes de gravure photomécanique permettent le report sur une planche à graver, et le tirage par impression, sans limitation de nombre. Ces procédés sont appliqués à la reproduction de l'écriture à la main ou à la machine, ou de combinaisons des deux, avec s'il y a lieu des figures variées. L'utilisation principale est à usage d'enseignement et de science.

On édite de cette manière, à moindres frais que la composition imprimée quand il s'agit de tirages restreints, des cours professoraux qui sont destinés à un public limité d'étudiants et ont plus ou moins un caractère de rédaction temporaire.

Le même procédé d'édition s'est révélé le meilleur pour des ouvrages d'érudition qui d'une part sont destinés à un petit public de spécialistes et d'autre part comportent souvent l'emploi de caractères qui n'ont pas été gravés pour l'impression ou n'existent que dans de rares imprimeries : c'est ainsi en particulier qu'ont été réalisés divers ouvrages d'égyptologie et d'assyriologie. Accessoirement, ces procédés procurent un regain d'existence au métier de copiste, surtout de copiste savant.

Les procédés de photogravure ne servent pas qu'à l'édition d'ouvrages nouveaux. On sait faire des reproductions anastatiques (de grec *ana* « de nouveau, en retour » et latin « pose ») de livres imprimés qu'il est trop coûteux ou trop difficile de composer à nouveau. Ainsi des éditions épuisées plus ou moins anciennes sont de nouveau mises sur le marché, généralement à l'usage de milieux restreints d'érudits ou d'amateurs de livres.

Applications de la photographie

Les procédés de la photographie créés au XIXe siècle et qui continuent à se perfectionner ne servent pas seulement, en ce qui concerne l'écriture, aux usages de la photogravure mentionnés ci-dessus et à l'illustration abondante de livres, notamment des livres scolaires. Ils permettent aussi une utilisation nouvelle et étendue des bibliothèques, des musées, des monuments non transportables et des documents isolés chez des possesseurs divers.

On photographie, pour l'étude, des inscriptions en place ou transportées dans des musées ; concurremment avec l'estampage, l'épreuve photographique permet au savant épigraphiste d'étudier le texte à loisir. L'édition éventuelle par photogravure permet l'étude à un nombre non limité de savants et d'étudiants.

De même on photographie des pages de manuscrit ou des manuscrits entiers, en vue de l'étude hors des lieux où ils sont conservés. Pour l'étude (et quelquefois pour l'édition), on se contente souvent de négatifs sur papier en blanc sur noir.

Que ce soit pour les inscriptions ou pour les manuscrits, la copie par la lumière qu'est la photographie élimine toutes les erreurs que peuvent faire des hommes copiant à la main, si soigneux qu'ils puissent être.

La microphotographie (du grec *micros* « petit ») a été appliquée d'abord pour le transport sous un volume très réduit de documents et de journaux, notamment par pigeons voyageurs. L'armée anglaise a diminué ainsi le poids des correspondances des troupes en campagne.

Depuis que la pellicule de film très étroite et de longueur quelconque est devenue d'usage courant et que d'autre part les appareils de projection à lampe électrique n'irradiant que peu de chaleur se sont perfectionnés et répandus, l'idée est venue de photographier en petit soit des documents illustrant un exposé, soit le texte même d'un exposé, soit enfin des livres entiers. La projection sur grand écran permet la lecture ou l'étude collective. On a réalisé en outre la projection sur petit écran, ou machine à lire, qui tient sur une table et restitue aux textes leur dimension originelle sous les yeux du lecteur individuel. Il a pu arriver ainsi qu'un livre destiné à une diffusion réduite soit édité en microfilm sans passer par l'imprimerie[1].

Les copies réduites des livres, des collections de journaux, peuvent être conservées notamment comme doubles dans les bibliothèques ou dans des dépôts annexes, avec un encombrement minime. Elles peuvent aussi, pour les documents rares, être envoyées de bibliothèque à bibliothèque ou à des particuliers.

Les difficultés de conservation du contenu des masses imprimées qui augmentent constamment d'une manière considérable semblent écartées par le procédé de la copie photographique.

L'ÉCRITURE VISIBLE À DISTANCE

Le temps n'est plus où seulement des lettres écrites très grandes pouvaient être lues à distance, de jour.

Maintenant c'est dans l'obscurité que les applications industrielles des progrès de la physique permettent des lectures par le public, à des distances plus ou moins grandes.

La projection sur l'écran dans une salle est l'application la plus fréquente (titres et sous-titres des films cinématographiques, publicité sur écran, etc.).

---

1. Dès 1931, un microfilm avait été mis en vente, en même temps qu'un livre (Marcel Cohen, *Études d'éthiopien méridional*, Paris), mais chez un autre éditeur (maintenant présumé disparu), en complément de l'illustration (photographie d'un manuscrit).

Les enseignes et réclames lumineuses se multiplient. Des machineries assez simples permettent d'utiliser des tubes de verre visibles de jour de manière permanente, pour y rendre de nuit les gaz luminescents, de sorte que des caractères se forment, s'effacent et se reforment en attirant le regard des passants, ainsi invités à lire le nom d'une firme.

Un clavier à pianotage, machine à écrire d'un genre spécial, permet en allumant des lampes électriques à incandescence, de former des lettres qui défilent en haut d'un bâtiment, réalisant le journal lumineux, avec la publicité et les informations.

Mentionnons aussi la projection nocturne sur les nuages. Enfin, pour le plein jour, on connaît l'écriture dans le ciel par les avions, soit que ceux-ci se disposent par groupes en tracés de lettres, soit qu'ils émettent des tracés de fumée.

ENREGISTREMENT ET REPRODUCTION DE LA VOIX

Prise de documents

Par l'emploi de la plaque vibrante un nouveau chapitre s'est ouvert, celui de l'enregistrement mécanique de la voix, inscription à trace non discernable normalement à l'œil et restituant la parole à l'oreille, de manière à concurrencer l'écriture.

En 1878 a été réalisé le phonographe, machine qui utilise une plaque vibrante dont les vibrations se communiquent à une pointe qui trace sur une matière friable entraînée par un mouvement de rotation. En sens inverse les vibrations transmises par les inégalités du tracé à une pointe mousse reliée à la plaque vibrante restituent les sons. Le phonographe a permis l'enregistrement et la conservation d'un document parlé aussi bien que d'un chant ou d'un morceau de musique instrumentale.

Les progrès ont été rapides, les applications variées. (Dans ce qui suit il est fait abstraction de l'intervention de la cellule photoélectrique qui facilite les enregistrements et les reproductions.)

À l'usage des directeurs d'entreprises commerciales ou d'autres personnes éprouvant le besoin de dicter, le dictaphone réalise une inscription soit sur cire soit sur un fil pouvant conserver quelque temps l'impression des variations d'un courant électrique obtenue par les vibrations d'une plaque. Cet appareil remplace l'office d'un ou d'une sténographe. Le dictaphone opérant en sens inverse peut dicter le document à la dactylographe.

L'inscription peut être faite dans un but scientifique. Comme le cylindre ou le disque en cire sont fragiles à transporter et que le tracé s'use très vite à la reproduction, on préfère employer des disques en Celluloïd, en métal friable (laiton ou autre) ou autre matière peu dure qui peuvent être écoutés environ une cinquantaine de fois avant usure. Des disques analogues sont employés pour les services radiophoniques.

Le petit disque, qu'on envoie facilement par la poste, a permis d'obtenir la lettre phonographique.

Récemment (ceci étant écrit en 1949) s'est répandu le magnétophone, qui enregistre sur un très long ruban étroit à la surface duquel une émulsion métallique se magnétise comme le fil du dictaphone. On emploie aussi des fils, où on a pu rendre durable l'impression électromagnétique. On évite ainsi la limitation de la durée de l'inscription. Celle-ci n'est pas usée par la reproduction.

Antérieurement avait été réalisée par voie photographique la bande sonore du cinéma parlant (et sonore), qu'on n'utilise pratiquement que jointe à la prise de vue mais qui constitue un enregistrement phonographique.

Édition

Pour l'édition, l'inscription est reportée sur une matière dure, qui est un disque solide en métal dur : c'est l'équivalent des matrices pour la fonte des caractères d'imprimerie. Dans ces matrices on coule des disques en matière assez ferme pour permettre un grand nombre d'auditions (disque ordinaire de phonographe). Il y a donc une édition phonographique comme une édition typographique pour des textes aussi bien que pour la musique.

La bande sonore du cinéma est reproduite en « positif » d'après le « négatif », en nombre non limité.

Diffusion sonore

Un autre type de diffusion est l'emploi des documents, soit uniques soit édités, par la voie de la radio (depuis 1920 environ). C'est ainsi qu'on reproduit à plusieurs émissions et pour un nombre illimité d'auditeurs des discours, des débats contradictoires, des reportages, etc., préalablement enregistrés.

Depuis l'industrialisation du magnétophone, l'enregistrement est facilité et on peut donner plus facilement si on le désire des pièces de théâtre entières, ou des livres lus à haute voix.

La projection du cinéma parlant constitue une autre sorte de diffusion.

Étude scientifique

On peut ne pas se soucier de la reproduction sonore, mais désirer étudier par la vue les inscriptions des sons entendus.

Le procédé le plus ancien, et encore en usage, est le cylindre inscripteur (réalisé par Marey vers 1875) sur lequel une feuille de papier reçoit l'inscription sur noir de fumée ou autrement. Les tracés ainsi obtenus sont étudiés à la vue simple, à la loupe, au microscope par les savants qui s'occupent de phonétique expérimentale (ou instrumentale), principalement Rousselot, depuis environ 1890. Un autre procédé a consisté à amplifier et tracer à nouveau les marques du sillon creusé par l'aiguille dans le tracé phonographique. Un autre encore a été la photographie directe d'une flamme influencée par les vibrations de la voix. En dernier lieu d'autres procédés ont permis des analyses acoustiques très fines et d'autre part des reproductions synthétiques de la voix.

Substitution aux documents écrits

Le phonographe peut en partie remplacer le livre d'enseignement : l'usage s'en répand pour l'apprentissage des langues étrangères, avec l'avantage de fournir un modèle. On a commencé à éditer dans le même but des bandes de cinéma (sous le nom de miméphone).

Le cinéma parlant remplace pour des foules de spectateurs à la fois les représentations théâtrales et la lecture solitaire des pièces de théâtre. Le « documentaire », remplace des conférences avec projection (récits de voyage, exposés, de découvertes scientifiques) ou des articles de revue des mêmes genres. Les « actualités » remplacent une partie du journal.

Un écrivain amateur d'anticipation (H.-G. Wells, *When the Sleeper Wakes*, 1906) a prévu un petit cinéma parlant avec relief et couleur, remplaçant la lecture individuelle d'un roman.

TRANSMISSION DE L'ÉCRITURE

Pour des transmissions de messages à longue distance l'Antiquité n'a connu que des relais de signaux (surtout des feux dans la nuit).

La transmission de véritables messages, avec transposition de l'alphabet, a été réalisée par le télégraphe Chappe.

Le télégraphe électrique, après avoir employé lui aussi une transposition de l'alphabet, a pu par d'ingénieux appareils synchronisant des effets électriques au départ et à l'arrivée reproduire, pour le récepteur les lettres envoyées d'un clavier émetteur. L'appareil Hugues (1855) demandait un long apprentissage aux opérateurs ; mais l'appareil Baudot (1877), d'autres encore sont d'un maniement assez simple.

L'appareil de l'inventeur Belin (1907) transmet par le fil ou les ondes émises sans fil des tracés variés et même des images. C'est ainsi qu'un belinogramme peut reproduire l'écriture manuscrite et qu'on peut maintenant envoyer à n'importe quelle distance une signature autographe.

TRANSMISSION DE LA PAROLE

Le cri discipliné et modulé, qui peut être répété par relais, est déjà un procédé de transmission orale de messages à distance plus ou moins longue.

En utilisant les modulations du langage, surtout là où les tons de hauteur différents ont une nette valeur lexicale et grammaticale, des langages sifflés ou des langages tambourinés sur tambours de bois à deux notes jouent pour certaines populations, par ailleurs dépourvues d'écriture, le rôle de primitif téléphone, avec transmission par relais.

La voix peut être amplifiée par une embouchure évasée et porter ainsi plus loin. Les masques du théâtre antique jouaient en partie ce rôle. Le porte-voix en forme de cornet a été employé surtout dans la marine moderne.

Pour des communications à l'intérieur d'un bâtiment, on a utilisé de longs tuyaux pourvus aux extrémités de cornets, appuyés à la bouche pour parler, à l'oreille pour écouter ; cet appareil est appelé aussi porte-voix.

Le téléphone, avec fil (depuis 1878) ou sans fil (depuis 1920), utilisant la plaque vibrante et le courant électrique, transmet la parole à de très grandes distances. La conversation téléphonique remplace d'innombrables lettres, répondant au besoin du message ; la particularité est que la réponse est immédiatement obtenue.

La radio permet la transmission sans traces (mais avec aide de la vue, lorsqu'elle devient la télévision, réalisée depuis 1931), à n'importe quelle distance et pratique en même temps la multiplication indéfinie.

Telle qu'elle est employée actuellement, elle remplace surtout les journaux, pour l'envoi de nouvelles officielles ou non, et dans l'ensemble pour tout ce qui est du domaine de la publicité. De plus elle comporte toute une activité d'art et d'enseignement. Le théâtre radiophonique est usuel, le roman radiophonique se répand. Autant de substitutions au livre et au périodique.

Mais au départ, à l'émission, le parleur lit le plus souvent un texte écrit : l'écriture alors n'est pas éliminée, mais transmise d'une manière spéciale.

Conclusion

L'imprimerie a donné à l'écriture une forme spécialement claire ; elle a réalisé la multiplication en grand nombre et sans erreur de textes écrits, permis leur transport et leur conservation facile et relativement peu coûteuse tant au domicile des particuliers que dans des dépôts publics.

Les procédés photographiques facilitent la diffusion et la conservation des documents rares, et remplacent en partie l'imprimerie.

L'enregistrement par le phonographe et le cinéma parlant ajoutent la conservation de la voix elle-même à celle de la pensée représentée par l'écrit, et dispensent de la lecture.

Enfin le téléphone et la radio, dispensant également de la lecture, remplacent l'écriture pour tous les usages où la conservation n'est pas désirée. (L'établissement du texte écrit ou enregistré pour la radio, dicté au téléphone, peut assurer en outre cette conservation.)

À mesure de l'invention des machines à écrire et machines à parler, les métiers se sont modifiés ; diverses corporations se sont restreintes, d'autres sont nées.

En conclusion, si de nos jours l'usage de l'écriture et de la lecture continue à se répandre et semble devoir peu à peu gagner tous les hommes en même temps et spécialement dans les pays les mieux équipés par la civilisation mécanique moderne, l'écriture et la lecture sont dès maintenant concurrencées pour un certain nombre de fonctions importantes par l'emploi de divers appareils nouvellement inventés.

RÉSUMÉ PERSPECTIF
(Chapitre XV)
RÉSUMÉ SYSTÉMATIQUE
(Chapitre XVI)

CHAPITRE XV

DES PETITES FIGURES DESSINÉES À LA TÉLÉVISION ; DES MESSAGES, CONTRATS ET AMULETTES AUX ROMANS ET AUX TRAITÉS SCIENTIFIQUES

En dehors des langages, qui expriment par la voix et communiquent par l'intermédiaire de l'oreille les sentiments, les volontés, les idées et les combinaisons d'idées, les sociétés humaines se sont créé des signes, généralement faits pour être vus, momentanés ou durables, qui évoquent des circonstances de la vie sociale, facilitent des opérations d'esprit (surtout le calcul), matérialisent des conventions, provoquent le déclenchement de souvenirs utiles à la permanence des rapports sociaux, des croyances communes, des connaissances communes.

Parmi ces signes, les sociétés développées possèdent l'écriture, qui assure les communications, à l'intérieur de groupes plus ou moins étendus, de manière transmissible dans l'espace et dans le temps. Cet instrument de communication intellectuelle double le langage en présentant à la vue ce que celui-ci fournit à l'oreille. Il ne représente pas tous les détails de la parole, mais les resuggère en permettant à celui qui lit de repenser, par l'interprétation acquise de traits convenus, ce qu'a pensé celui qui a écrit.

Un stade préliminaire est le propre de groupes restreints de pêcheurs et de chasseurs, encore peu différenciés, mal munis de techniques industrielles, généralement mobiles et exposés à rencontrer en paix et en guerre d'autres groupes analogues avec qui ils n'ont pas d'autre langage commun qu'un langage de gestes (cas des Peaux-Rouges d'Amérique, des Eskimos, des Océaniens). Ce stade consiste dans l'emploi de séries de dessins le plus souvent schématisés et disposés en ligne qui sont avant tout des appels à l'attention et des communications de renseignements actuels, ou des repères de récits et de textes d'enseignement généralement rythmés.

L'emploi de ces dessins comporte une décomposition des suites de phrases en tableaux. Les signes correspondent à des choses qu'exprime le langage, non aux mots dont le langage se compose. C'est ce qu'on appelle la pictographie.

Lorsque certains des groupes restreints éprouvent le besoin de garder trace d'opérations de calculs, des marques incisées et des nœuds symbolisent des nombres ou des combinaisons de nombre.

Des ensembles de cordelettes à nœud ont suffi aux besoins d'une de ces sociétés qui s'est agglomérée et stabilisée avec usage de l'agriculture, mais sans développer d'industrie mécanique, avec une organisation à survivances en partie communautaires (les Incas).

L'écriture proprement dite est apparue en des pays et à des moments divers, chez des peuples dont l'évolution s'est précipitée, qui sont comme partis en flèche et ont constitué des sociétés de type supérieur pour leur temps : dans l'ensemble les plus anciennes sociétés du type antique, à travail servile (d'esclaves proprement dits ou de serfs). Ces sociétés connaissent en même temps des perfectionnements techniques et la différenciation des conditions, avec la complexité corrélative des échanges et des règlements concernant la propriété et sa transmission par héritage.

Les écritures sont des inventions de citadins, dans des États organisés, grands ou petits ; elles sont nées dans des villes pourvues de temples, de palais, de bureaux administratifs et de maisons de commerce.

L'écriture véritable trace bout à bout et donne à reconnaître au lecteur les unités de sens que sont les mots qui composent les phrases. Deux procédés s'entremêlent, à des doses différentes, dans toutes les écritures connues : la représentation de l'idée qu'exprime le mot, ou idéographie ; la représentation des sons ou phonèmes qui composent les mots, ou phonographie. Dans les deux cas, de manières diverses, le langage a été analysé pour pouvoir être matérialisé par le tracé : démarche intellectuelle qui ne s'est produite qu'avec le développement de la civilisation.

L'histoire des inventions de l'écriture est lacunaire. Pour aucun système on ne connaît vraiment le début ; pour tous, on est sans moyens pour suivre exactement tous les fragments d'évolution attestée. De plus certaines écritures dont la tradition s'est abolie ne sont pas déchiffrées ou sont mal déchiffrées.

Dans tous les cas où on peut suivre ou au moins entrevoir l'histoire, le progrès va, par l'analyse progressivement perfectionnée, d'un grand nombre de signes à un moindre nombre ; finalement les progrès supérieurs ont abouti à l'emploi d'un tout petit nombre de signes qui composent l'alphabet.

Les écritures sont toutes, semble-t-il, sorties de la pictographie ; à peine subsiste-t-il un léger doute précisément en ce qui concerne l'alphabet. Des systèmes de marques n'apparaissent que très exceptionnellement (comme le système ogamique) dans l'histoire de l'écriture proprement dite, mais ils sont à l'origine des signes numériques qui se mêlent à l'écriture. On peut dire que les écritures sont réellement sorties de la pictographie : en général les dessins ne subsistent pas très longtemps quand l'idéographie et la phonographie s'installent. (Cependant, les hiéroglyphes égyptiens ont eu une longue existence, à usage ornemental.)

Le tableau suivant schématise grossièrement l'histoire des écritures, en raison des régions et des temps. Les dates d'origine sont toutes plus ou moins hypothétiques ; les pointillés indiquent les périodes douteuses. De gauche à droite, on va dans le sens de la progression vers les procédés les plus pratiques.

Quelques systèmes isolés mal connus ou d'importance mineure n'ont pas trouvé place dans ce tableau (écriture ancienne de l'Inde, écriture du vieux perse, écriture méroïtique, les runes, l'écriture coréenne, l'écriture japonaise, l'écriture vietnamienne).

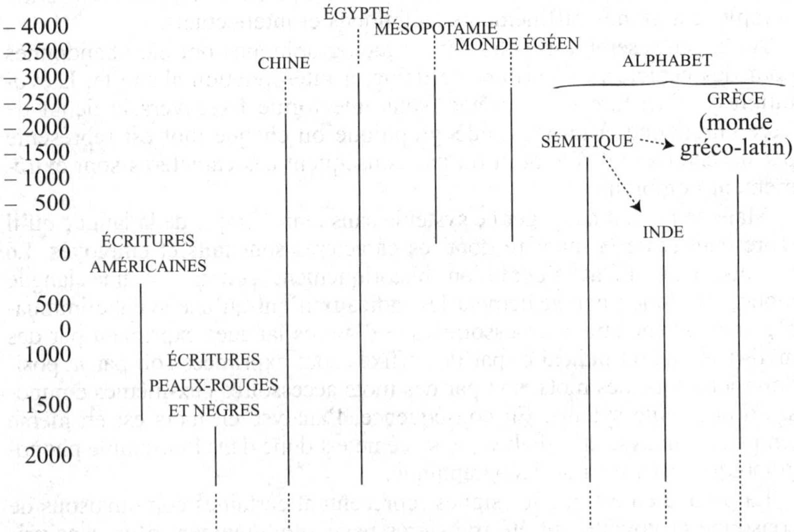

Pour les civilisations de l'Amérique centrale, qui n'ont pas connu l'essor des grands développements intellectuels et techniques, nous sommes en présence de deux systèmes sensiblement du même stade rudimentaire. Le tracé y est resté pictographique, même dans le livre, qui a existé comme forme et maniabilité, mais qu'on devrait peut-être plutôt appeler album. La difficulté du déchiffrement de ces écritures mal lues provient apparemment au moins en partie de ce qu'on ne se trouve pas en face d'un système de notation du langage entièrement réalisé. Les computs de temps paraissent dominer. Néanmoins, on a pu reconnaître que le premier stade d'analyse a été atteint : non seulement des mots sont représentés, mais des figurations de mots servent à représenter des parties d'autres mots, qui se trouvent avoir le même son (représentation d'éléments homophones par rébus à transfert).

Les systèmes récents, qui ont paru chez des Indiens d'Amérique et des nègres d'Afrique occidentale munis par emprunt de certains produits de la civilisation technique et intellectuelle développée, ont l'avantage de nous montrer des évolutions rapides, de la pictographie parfois, ou au moins de l'idéographie presque pure, au phonographisme syllabique ; mais ils ne sont pas autonomes, étant des reflets de l'écriture des blancs civilisés, d'où il suit que ce ne sont pas des véritables exceptions à la naissance « urbaine » des écritures. Aussi ont-ils été traités dans le corps de ce livre en annexe à l'étude de l'alphabet.

Les Chinois ont depuis longtemps de grandes villes et une administration à fonctionnaires instruits ; il s'est développé chez eux une civilisation complexe à grands raffinements techniques et intellectuels.

Assez vite, semble-t-il, les tracés pictographiques ont été abandonnés pour des caractères d'écriture véritable, à interprétation abstraite. L'évolution de l'écriture s'est arrêtée, sous une forme fixée vers le début de l'ère chrétienne, à un stade idéographique où chaque mot est représenté par un caractère différent et où par conséquent ces caractères sont extrêmement nombreux.

Mais on ne doit pas juger ce système sans tenir compte de la langue qu'il représente et de la manière dont les caractères sont faits et employés. Le chinois, dans l'état d'évolution historiquement connu, est une langue monosyllabique ; non seulement les radicaux n'ont qu'une syllabe immuable, mais les notations accessoires que d'autres langues expriment par des modifications du radical et par des affixes sont exprimées soit par la position réciproque des mots, soit par des mots accessoires eux-mêmes composés d'une seule syllabe. En conséquence, l'analyse en mots est en même temps une analyse en syllabes ; le système est donc dans l'ensemble phonographique aussi bien qu'idéographique.

La preuve en est que les signes représentant certaines combinaisons de consonne et voyelle ont été transférés psychologiquement d'un sens primitif à un autre sens exprimé par les mêmes sons ; ces signes sont devenus ainsi polysémantiques.

Afin de les distinguer en rétablissant des caractères différents pour les sens différents, on a adjoint aux signes phonographiques des signes eux-mêmes par ailleurs employés phonographiquement, mais qui en combinaison désignent des catégories d'idées. Aussi bien, si les Chinois n'ont pas poussé l'analyse phonographique jusqu'à la dissociation de sons simples, en revanche ils ont poussé plus loin qu'aucun autre peuple l'analyse psychologique des catégories. Les caractères sont donc normalement complexes et la plupart d'entre eux contiennent un élément idéographique exprimant la catégorie, qui est commun à beaucoup d'entre eux. En conséquence, si les signes totaux se comptent par milliers, les composantes de signes sont en nombre limité à plusieurs centaines.

Le caractère phonographique en même temps qu'idéographique de l'écriture chinoise a fait que, transférée par emprunt sur des domaines voisins (Viêt-nam, Corée, Japon), elle a pu donner naissance à des applications au moins partielles du phonographisme syllabique.

En Égypte, les pictogrammes (hiéroglyphes) ont été employés jusqu'au bout d'une longue histoire, mais seulement pour l'usage monumental ; dans l'écriture courante, après un millénaire environ, les signes n'ont plus été des dessins reconnaissables, mais des tracés abstraits.

Le système est essentiellement idéographique : il s'agit de faire reconnaître les mots en leur totalité, avec le radical plus ou moins long porteur du sens fondamental et les affixes à valeur grammaticale.

Même dans les écritures cursives, les signes essentiels sont toujours des signes-mots. Ces signes-mots, qui sont en nombre restreint (quelques centaines) sont souvent polyphoniques, un même idéogramme représentant par transfert psychologique des notions exprimées par des sons différents, ou polysémantiques parce que des mots homophones de sens différents ont été représentés par l'idéogramme correspondant à l'un des sens. Donc, ces signes-mots sont complétés par des signes supplémentaires : les uns sont des compléments idéographiques ou idéogrammes de catégorie qui distinguent les sens, les autres sont des compléments phonétiques qui distinguent les sons. Les signes qui servent de compléments phonétiques pour les radicaux sont seuls à représenter des affixes.

Ces compléments phonétiques sont à l'origine eux-mêmes des signes de mots, en majorité à deux consonnes ; une trentaine d'entre eux, les plus employés, sont des mots à une seule consonne. Ces signes sont employés par transfert, en ne tenant compte que des consonnes : dans le procédé de suggestion qu'est l'écriture, les Égyptiens ont en effet négligé les voyelles.

La preuve que l'analyse phonographique qu'est la décomposition en consonnes est bien effectuée, c'est qu'il arrive souvent qu'un signe monoconsonantique soit employé comme complément phonétique pour spécifier la prononciation d'une consonne initiale ou finale du radical.

La découverte de la lettre était donc faite en puissance. Mais elle n'a pas été généralisée dans l'emploi ; jusqu'au bout, on a maintenu une orthographe où l'essentiel était l'emploi des signes-mots, malgré la complication qui en résultait dans l'usage de l'écriture, même si la lecture était relativement facile pour des gens exercés au maniement du système.

En Mésopotamie, chez les Sumériens, puis chez les Akkadiens, le système a été essentiellement du même stade que le système égyptien. Mais les pictogrammes, au reste frustes et peu artistiques, ont été tôt remplacés pour tous usages par les tracés cunéiformes. D'autre part, l'analyse phonographique a été différente.

En sumérien, on employait principalement les signes-mots. Mais il y avait beaucoup de mots courts d'une syllabe, composés d'une voyelle diversement encadrée de consonnes ou même solitaire. Des syllabes de cette espèce pouvaient être transférées pour écrire des parties de mots longs, spécialement des affixes : la phonographie s'ajoutait alors à l'idéographie.

Il y avait plus encore qu'en égyptien des signes polyphoniques ou polysémantiques, avec une plus grande abondance de valeurs différentes. La lecture devait demander un grand effort, ou une grande habitude des formules habituellement employées. Elle était aidée d'une manière assez restreinte par des idéogrammes de catégorie et des compléments phonétiques.

En akkadien, dans l'usage habituel des textes quelconques, on a gardé le signe-mot au cours d'une longue histoire. Mais on l'a entouré, pour représenter la prononciation exacte des mots et spécialement pour exprimer les affixes grammaticaux, de compléments phonétiques, consistant en syllabes de type quelconque. Ces signes sont restés multiples d'une part, polyvalents d'autre part, et nombreux (plusieurs centaines) ; si certaines valeurs sumériennes sont tombées en désuétude, d'autres sont apparues par l'emploi des radicaux courts de l'akkadien lui-même, transférés de l'usage idéographique à l'emploi phonographique.

La preuve que le système maintenu par tradition orthographique avait été dépassé par le progrès intellectuel est fournie par de nombreux documents écrits en syllabo-phonogrammes, le plus souvent à la fois en sumérien devenu langue savante et en akkadien, langue courante, qui expliquent les idéogrammes et fournissent les traductions des mots sumériens.

Le système a l'avantage de représenter les voyelles aussi bien que les consonnes ; mais, indépendamment des polyvalences, la non-réduction des syllabes à une forme fixe maintient l'abondance des signes et le caractère peu pratique de l'écriture.

Les Égéens sont partis eux aussi d'un système pictographique. Mais il semble que chez eux le progrès intellectuel ait été plus rapide dans l'analyse phonétique. Dans les pictogrammes crétois, plus encore dans les caractères linéaires, le nombre des signes a été réduit à un nombre qui dépassait de peu la centaine. Le hasard qui a fait conserver du grec écrit dans le syllabaire cypriote descendant du système crétois ou d'un système voisin, a permis de connaître le fonctionnement d'une écriture purement phonographique où les caractères sont des syllabo-phonogrammes dont le nombre n'atteint pas la centaine.

Ici les syllabes ont une forme fixe, composée régulièrement d'une consonne suivie d'une voyelle. L'étape vers le phonographisme et le petit nombre de signes à valeur fixe était donc franchie.

Mais le système égéen, comme les systèmes égyptien et mésopotamien, s'est éteint sur place sans laisser de descendance.

Donc, dans les anciens foyers de la civilisation occidentale, comme en Chine pendant la période IVe-IIIe millénaire, l'écriture idéographique est issue plusieurs fois de pictographies primitives. Chacun des systèmes a évolué plus ou moins vite et plus ou moins complètement vers l'usage phonographique, sans atteindre l'étape de la décomposition constante du mot en ses éléments les plus simples.

L'invention de l'alphabet, composé de lettres qui ne représentent chacune qu'un son du langage ou phonème, ne s'est produite qu'une fois à notre connaissance.

Elle s'est produite, selon toutes vraisemblances, au départ d'un système pictographique idéographique, qui aurait connu une maturation très rapide, et à coup sûr a poussé plus loin que les systèmes qui ont précédé.

Le lieu de l'événement était situé au centre de la région de civilisation dont les systèmes précédents occupaient les côtés. L'époque était nettement postérieure aux naissances des autres écritures : milieu du deuxième millénaire av. J.-C.

On ignore dans quelle mesure les expériences faites en Égypte, Mésopotamie et région égéenne ont été utilisées sciemment par les inventeurs du pays côtier de Syrie-Palestine. Mais on doit observer qu'en ce lieu et ce temps des étapes de civilisation avaient été franchies. On y aperçoit les prodromes de la vie de cités où l'individu acquérait plus d'autonomie en regard du pouvoir despotique des prêtres et des rois. Si on se permet une comparaison, quand on pèse les circonstances de la naissance de l'alphabet en marge des grands empires, on peut penser à la réunion qui devait se faire au XVIe-XVIIe siècle, dans les Pays-Bas, d'esprits libres émigrés de pays voisins plus grands et des imprimeries les plus hardies dans le recomplètement de l'alphabet par des caractères nouveaux et dans l'application d'une ponctuation perfectionnée.

À partir du moment où l'instrument intellectuel simple et commode qu'est l'alphabet a été inventé, il s'est répandu de telle sorte que, se substituant aux autres écritures, fournissant une écriture à des langues qui n'en avaient pas, il a finalement parcouru le monde presque entier, arrêté seulement aux contours du domaine où l'écriture chinoise a subsisté, non sans y pénétrer quelque peu.

L'histoire des expansions de l'alphabet, de son adaptation aux goûts esthétiques et aux langues de divers peuples, peut être suivie dans les grandes lignes, encore qu'il reste beaucoup de lacunes dans notre information, parce que les documents écrits même des peuples civilisés ont été inégalement conservés.

La propagation de l'alphabet s'est faite en plusieurs temps et séparément sous trois grandes formes, à l'intérieur d'aires de civilisation et par des projections ou protubérances de celles-ci. Cette propagation ressemble à celle de certaines grandes familles de langues, mais elle en est indépendante et les croise en maints endroits.

Né sur un point du domaine des langues sémitiques, l'alphabet s'est étendu sur la totalité de ce domaine et a débordé sur celui d'une autre langue chamito-sémitique, le libyco-berbère. D'autre part, sous deux formes particulières, l'écriture sémitique s'est étendue au-dehors. D'abord, l'écriture araméenne, par une propagation mi-intellectuelle (fonctionnaires de langue araméenne), mi-religieuse (christianisme), puis l'écriture arabe par une propagation à la fois religieuse et politique (Islam), le commerce aussi s'en mêlant dans les deux cas, ont atteint dans une partie de l'Asie des peuples de langue indo-européenne (Iran) et des peuples de langue altaïque (Asie Mineure, Turkestan, Mongolie), enfin des peuples de langue océanienne (Malais) et des peuples de langues négro-africaines (Souahili, Haoussa, etc.).

D'autre part, une écriture alphabétique a paru dans l'Inde ; malgré les aspects divergents, nous croyons pouvoir admettre que c'est un dérivé du même alphabet que dans le monde sémitique. Cette écriture, avec un aspect syllabique, a conquis toute l'Inde, puis a débordé avec l'influence de la civilisation indienne vers le nord et à l'est sur les domaines de langues plus ou moins lointainement apparentées au chinois (Tibet, Birmanie, Siam), à l'est et au sud-est sur les domaines de langues océaniennes (Insulinde, Philippines).

Enfin et surtout, adopté et perfectionné par les Grecs d'Asie Mineure et de Grèce, l'alphabet a gagné sur les rives septentrionales de la Méditerranée les peuples de langue indo-européenne et certains autres (Étrusques) ; puis, avec l'expansion de la civilisation gréco-latine et du christianisme, il a gagné l'ensemble de l'Europe, atteignant le reste des populations de langue indo-européenne (Celtes, Germains, Slaves, Arméniens), des populations de langue finno-ougrienne (Finnois, Hongrois) et même de langue caucasienne (Géorgiens) ; il a enfin été transporté en Amérique avec la colonisation européenne chrétienne, et de la même manière a fini par atteindre des points de l'Asie orientale (vietnamienne) et de l'Afrique (notamment pour le malgache, importé d'Océanie à Madagascar).

Si on envisage les grands ensembles de types d'écriture alphabétique, on voit que la carte des écritures coïncide non avec celle des familles de langues mais avec celle de nappes de civilisation, telles qu'elles ont reçu leurs contours surtout avec l'expansion des grandes religions et la propagation de leurs livres sacrés.

Mais à l'intérieur de chaque grand groupe d'écritures, les nations isolées par leur organisation politique, leur langue, leur religion (qui est souvent une variété d'une des grandes religions), ont donné à l'alphabet des aspects très divers répondant de manière subtile et difficile à formuler à des esprits particuliers, faits en partie de goûts artistiques, non sans influence parfois de conditions dues au matériel employé pour écrire.

Ainsi, à considérer seulement les tracés, sans parler encore de la manière dont les lettres sont employées, le nombre des écritures tend finalement à rejoindre celui des langues écrites. Il est toutefois loin d'y atteindre. Par exemple, le tracé de l'écriture arabe échappe, à des détails près, au compartimentage national ; de même l'écriture de l'Inde du Nord à usage savant à époque moderne ; surtout l'écriture latine s'est implantée avec peu de diversités d'aspect chez des peuples divers et elle continue son expansion sous une forme unique pour l'œil (où d'autre part les orthographes diverses constituent des variantes nationales).

Donc, s'il y a au total sensiblement moins d'écritures que de langues écrites, il existe néanmoins un grand nombre d'apparences de l'alphabet initial très diverses, et dont l'origine commune n'est pas reconnaissable à première vue ni quelquefois après examen, de la même manière que les langues de même origine ont divergé de telle sorte que ceux qui les emploient sans se comprendre mutuellement n'en soupçonnent pas la parenté. D'ailleurs, de même que les individus peuvent apprendre par l'oreille et par l'œil des langues étrangères, ils apprennent facilement à lire et à écrire dans une écriture qui n'est pas celle de leur langue maternelle.

L'histoire de la diversité des tracés est intéressante à suivre en elle-même. On peut essayer d'y discerner des lignes générales d'évolution et des causes particulières de différences et de rencontres, soit dans l'aspect total, soit dans des formes de détail.

Toujours il s'agit de fragments d'évolution, évolution plus ou moins rapide et radicale, avec des sauts ou des paliers d'arrêt, des convergences d'influence et des remous.

Les types résultants varient par la direction, en lignes ou en colonnes, par les séparations ou liaisons des caractères, par leurs angles, leurs courbes et leurs boucles, les symétries et les dissymétries. Les besoins de l'écriture, qui recherche en général la rapidité, et de la lecture, qui veut la clarté, se heurtent et il se produit naturellement des confusions, et par la suite des réfections où on voit intervenir la volonté dans la recherche de la lisibilité. Par ailleurs, il semble que l'intervention de la volonté pour la fabrication d'un tracé soit un cas plutôt rare. Il semble qu'en général on se serve d'abord des tracés hérités ou empruntés. Secondairement se forment plus ou moins vite, par suite de toutes sortes de causes inconsciemment subies, les tracés plus ou moins géométriques, plus ou moins ornés, etc., qui sont le reflet de mentalités diverses. De même, pour une écriture quelconque, le tracé à la main montre des différences individuelles spontanées, dont l'interprétation relève du diagnostic de la graphologie.

Ce qui importe surtout pour l'histoire de l'alphabet comme instrument de communication intellectuelle, c'est le mécanisme de la représentation du langage.

Ici encore nous avons à observer des évolutions d'un matériel qui, formé une fois avec ses caractéristiques par transformation d'éléments antérieurs, continue à se transformer en se diversifiant. Les adaptations variées se font par l'utilisation plus ou moins neuve du matériel hérité ou emprunté, non par des combinaisons dépendant entièrement de la science et de la volonté.

Le cadre général de l'étude à faire est l'examen des rapports entre la phonographie et l'idéographie. Celle-ci ne s'exprime plus dans le système alphabétique par les blocs que sont les signes-mots, excepté les chiffres et les signes servant au calcul, mais par des combinaisons des lettres elles-mêmes, quelquefois par leur forme (lettres finales de certaines langues sémitiques, majuscule en tête de phrase dans l'écriture latine) et par la séparation des mots et l'articulation de la phrase au moyen de la ponctuation.

Au total, c'est le mode d'emploi des lettres, ces petites pièces de mécanisme simples à tracer et à reconnaître et commodément disposables en un très grand nombre de combinaisons, qui assure la reconnaissance des mots, et par là la compréhension du discours écrit.

La constitution du langage fait qu'il intervient une étape intermédiaire du démontage, lorsqu'il s'agit d'analyse, et du montage dans le mécanisme de représentation. La syllabe est chose variée suivant les langues ; d'une manière générale, le sentiment de l'existence de cette « tranche du mot » est entretenu, lorsqu'on s'occupe d'écrire et de lire, par le fait que certaines consonnes ne peuvent pratiquement pas s'articuler sans voyelle voisine. Ainsi s'explique naturellement le fait que le syllabisme ait précédé l'alphabétisme et que secondairement la syllabe apparaisse graphiquement distincte dans des écritures fondamentalement alphabétiques (surtout écritures de l'Inde).

Si on veut se rendre compte aussi complètement que possible des opérations intellectuelles qui se réalisent avec l'aide du tracé visible, il faut distinguer les opérations de l'écriture et de la lecture.

L'écriture comporte l'apprentissage de mouvements ; elle a ses règles propres de commodité et de rapidité ; elle est très différente pour ceux qui en font soit peu, soit beaucoup d'usage, pour ceux qui l'emploient de manière privée ou ceux qui en usent par profession à l'intention d'autres lecteurs ; parmi ces professionnels les cas sont très différents, pour ceux qui doivent écrire soigneusement, lentement, en réalisant de beaux tracés ou pour ceux au contraire qui doivent prendre des notes en écrivant le plus vite possible ; pour ceux qui tracent à la main ou pour ceux qui placent l'un à côté de l'autre des caractères gravés à l'avance ou en déclenchent la succession en appuyant sur des touches.

La lecture comporte essentiellement les opérations, intellectuelles, de reconnaissance des mots et de compréhension des phrases. Elle est à son tour très différente pour un lecteur peu exercé qui est obligé d'ânonner à haute voix en ajoutant l'audition à la vue, pour ceux dont la profession comporte aussi la lecture à haute voix, pour le lecteur particulier et exercé à la fois, qui parvient à reconnaître très rapidement la signification en lecture mentale, en ne lisant véritablement qu'une partie des lettres, ceci dans un double sens, à savoir qu'il n'a pas besoin de les percevoir toutes et qu'il n'a pas besoin de les percevoir en entier. Le retentissement mental est aussi très différent pour l'individu peu lettré qui reconnaît tout juste les significations et pour l'individu cultivé qui a une conscience développée du rôle grammatical des mots, de leur histoire, des idées scientifiques et philosophiques qu'ils portent.

Dans l'histoire des adaptations de l'alphabet à l'expression des différentes langues, en bref dans l'histoire des orthographes, il sied de distinguer les lieux et les périodes, en tenant compte des développements intellectuels, qu'il faut eux-mêmes situer dans leur cadre social ; et naturellement il convient de se garder de juger du passé et du lointain avec les conceptions qui résultent de l'usage européen moderne. Celui-ci d'ailleurs, ne l'oublions pas, se contente encore en général d'une représentation incomplète du langage, où en particulier l'accent de mot n'est habituellement pas figuré.

Dans le monde sémitique, où l'alphabet a été inventé, pendant près de deux mille ans on a écrit presque uniquement avec des lettres représentant les consonnes, les voyelles n'étant pas figurées, ou étant figurées pour une part très réduite au moyen de consonnes non prononcées comme telles. Le mot était reconnu au moyen de son squelette consonantique ; ceci était facilité par la constitution de langues où la majorité des racines étaient caractérisées par trois consonnes et où la majorité des affixes comportait aussi des consonnes. Une aide secondaire pour la compréhension, non toujours utilisée, était la séparation des mots par des marques, ce qui est encore un élément idéographique. Ce n'est que dans l'ambiance d'un monde intellectuel beaucoup plus avancé, à partir du IVe siècle, que toutes les voyelles ont été notées – et encore pas constamment dans certaines langues – soit par des signes vocaliques d'emploi non constant, soit comme des accents en dehors de la ligne des caractères (syriaque, hébreu, arabe), soit par des traits ajoutés aux caractères (éthiopien).

L'Inde a eu tard un alphabet, qui est très probablement une apparence de l'alphabet sémitique, mais il semble que c'est très vite sinon dès le début de l'emploi que les voyelles ont été notées à l'usage de langues où le mot se reconnaissait mal par ses seules consonnes. L'époque, vers le – Ve siècle, était celle d'un développement très avancé dans la philosophie et certaines sciences, dont la grammaire et la phonétique, et où allait commencer dans le bouddhisme un vaste mouvement de réforme morale à tendances universalistes. Ici le sentiment de la syllabe a prévalu : les voyelles ont été marquées par des signes adjoints aux consonnes. L'écriture notant tous les phonèmes, la lecture a pu se faire de proche en proche, à la longueur d'une phrase ; les mots n'étaient plus isolés pour l'œil, étant écrits sans séparation, et même l'orthographe a tenu compte de certaines accommodations de finales au début des mots suivants. Le principe phonographique prévaut donc nettement sur l'idéographie.

Les Grecs ont adopté l'alphabet sémitique lorsqu'il avait déjà plusieurs siècles d'existence, autour de l'an 1000 av. J.-C., à une époque où se faisaient déjà sentir les prodromes d'un nouveau développement, comme dans l'Inde, de la philosophie et des sciences, celui qui à partir du – Ve siècle devait constituer la base de la civilisation occidentale moderne. D'une part le rôle des voyelles était essentiel dans la langue où les mots réduits aux consonnes auraient été difficiles à identifier ; d'autre part il s'est trouvé que les consonnes étaient moins nombreuses que les consonnes sémitiques et que des caractères étaient ainsi disponibles pour l'expression des voyelles. Ainsi s'est constitué le système que nous employons encore, avec des caractères distincts, écrits également sur la ligne, pour les consonnes et pour les voyelles, donc pour tous les phonèmes. Les mots ont été déchiffrés de caractère en caractère et l'habitude de les séparer par une marque s'est généralement perdue. L'écriture et la lecture ont été ainsi réduites essentiellement à une application brute de la phonographie.

Mais le nouvel âge intellectuel de l'Occident n'était pas seulement celui d'une philosophie qui cherchait, en dehors des religions, des conceptions du monde, celui de la géométrie et de la physique : l'étude du langage y a eu sa place. Les savants grecs, en particulier les Alexandrins, à partir du – IIIe siècle, ont raisonné sur le mot et ses constituantes phonétiques. Encore qu'ils aient peu pratiqué l'étude des articulations, ils ont su, poussés par l'étude de la facture des vers à alternances de syllabes longues et brèves, reconnaître les quantités des voyelles même lorsqu'elles n'étaient pas exprimées par l'écriture, et distinguer diverses sortes de syllabes. Ils ont pu aussi reconnaître les variations de l'accent de mot en grec, et ils ont inventé des signes pour les noter, heureuse innovation qui a persisté pour le grec et n'a été que trop peu imitée ailleurs.

C'est eux aussi qui ont commencé en Europe à introduire l'emploi de la ponctuation, notation des mouvements de la phrase, qui s'attache à leur caractère logique : nouvelle idéographie, non plus du mot mais des ensembles de mots.

C'est au cours de longs siècles que l'habitude s'est acquise de séparer constamment les mots par des intervalles ; cette application d'une notation idéographique, désormais complémentaire et non contraire à la notation idéographique, désormais complémentaire et non contraire à la notation phonographique, s'est généralisée en Europe autour de l'an 1000 – au moment où les langues parlées qui devaient devenir des langues nationales commençaient à s'écrire. Lentement aussi, la ponctuation est devenue d'usage courant ; elle n'a été tout à fait implantée et régularisée qu'au moment où l'expansion du livre a fait un bond de grande ampleur avec l'imprimerie, au XVIe siècle.

L'alphabet consonantique et vocalique mis au point par les Grecs était donc le triomphe du principe phonographique : les mots étaient reconnus après avoir été lus élément simple par élément simple.

Ce système a été appliqué maintes fois à nouveau, lors de l'adoption de l'alphabet par divers peuples, mais il faut distinguer les histoires particulières et discerner les entorses que les circonstances ont fait donner au principe phonographique.

Dans les écritures dérivées directement de l'écriture grecque, on a procédé au tri des lettres, laissant tomber celles qui étaient inutiles, utilisant certaines avec nouvelles valeurs, inventant ou empruntant ailleurs des caractères supplémentaires, ainsi en étrusque et en latin à l'ouest, plus tard en copte au sud, en gotique, en slave au nord-est ; l'arménien et le géorgien ont participé à ce mouvement.

Mais des tendances conservatrices ont joué de différentes manières. Il s'est manifesté diverses fois une répugnance à inventer des signes nouveaux suivant les besoins.

L'alphabet restant constant en nombre de lettres, ce qui est avantageux pour l'apprentissage du tracé, on a employé pour représenter certains phonèmes des groupes de lettres, ce qui est gênant à la fois pour l'apprentissage de l'orthographe lorsqu'on écrit et pour celui de la lecture.

Le grec n'a que les graphies complexes *ου* (*ou*) et *ει* (*ei*) pour deux voyelles simples [*ū*] et [*ẹ̄*]. Le latin littéraire a eu *ph*, *th*, *ch* pour transcrire φ [p^h], θ [t^h], χ [k^h] du grec. C'est dans l'écriture latine, employée par des gens qui pratiquaient le latin comme langue savante et ne voulaient pas retoucher la composition de l'alphabet latin, que le mal s'est propagé. Ainsi, la chuintante sourde qui n'existait pas en latin, et qui est apparue au cours de l'évolution phonétique dans la plupart des langues modernes de l'Europe, y a reçu des notations variées par graphie complexe : français *ch*, anglais *sh*, allemand *sch*, italien *sc* (*i*), polonais *sz*, etc. ; le tchèque et le croate seuls ont retrouvé un signe unique *š* (où un ancien point mis au-dessus de la lettre a été heureusement transformé en une partie du nouveau caractère dérivé de *s*). Si on a pourtant ajouté à l'alphabet latin des signes nouveaux, à savoir (avec des valeurs différentes suivant les langues) *j*, *v*, *w*, c'est en utilisant des variantes graphiques qui s'étaient introduites dans le tracé sous la main des scribes.

Le conservatisme en matière d'écriture a eu d'autres conséquences plus graves.

Partout, d'une manière générale, pour une même langue, on garde les signes une fois employés, alors que la prononciation évolue.

Si les phonèmes étaient transformés de la même manière en toute position dans le mot et quel que soit le voisinage, il n'y aurait aucun inconvénient à ce que les lettres changent de valeur (sinon la défiguration des langues anciennes à la lecture).

Mais en fait il arrive très souvent que les phonèmes se divisent. Ainsi la sifflante sourde devient fréquemment sonore entre voyelles : la lettre qui la représente correspond alors à deux prononciations, que le lecteur doit savoir distinguer, par exemple en français au début des mots (« sage ») ou au milieu (« roseau »). Si on veut, dans la position où l'altération est normale, figurer la prononciation ancienne correspondant à la lettre, on est amené à inventer un nouveau signe ; ainsi, en français la graphie complexe *ss* (« passer ») : on a alors deux graphies pour la seule sifflante sourde.

D'autre part, il peut arriver que la langue ait déjà possédé une autre notation pour le phonème dans l'état transformé ; ainsi la sifflante sonore est notée par le *z* en français dans des mots empruntés à des langues diverses. Le résultat est qu'on a encore dans ce cas deux graphies pour le même phonème, ici la sifflante sonore (comparer « hasard » et « bazar »).

Enfin, il arrive que des consonnes et voyelles cessent de se prononcer, et que, cependant, on en maintienne le signe (une lettre) dans l'écriture : ainsi, *-s* final du français, qui ne s'entend que dans les liaisons et dans quelques mots où il est restitué grâce à la possibilité fournie par l'orthographe.

Donc, dans les orthographes traditionnelles, il arrive souvent qu'une lettre corresponde à plus d'un phonème ou à un état zéro (graphie polyvalente) et que, d'autre part, un phonème soit représenté de plus d'une manière (graphie multiple), situation analogue à ce qui s'était produit dans l'orthographe idéographique cunéiforme et hiéroglyphique et dans certains phonogrammes qui en étaient issus.

Or, toutes les orthographes de langues qui ont adopté l'écriture latine (avant 1920) sont traditionnelles en ce sens que ces langues ont reçu cette écriture alors que la prononciation était déjà décalée par rapport à la graphie et parce qu'on n'a pas confectionné de nouveaux signes simples en nombre suffisant ni trié parmi les doubles emplois.

En conséquence, les usagers ont pris l'habitude de voir des mots écrits d'une certaine manière non totalement en raison de leur prononciation actuelle, mais en partie en raison de leur histoire. Ces mots ont donc une apparence en partie indépendante du simple usage de la phonographie. L'orthographe étymologique fait apparaître une espèce particulière d'idéographie, qui ne s'ajoute pas à la phonographie mais en contredit le principe et l'exercice.

La pratique est hybride. On enseigne la lecture comme si l'écriture était fidèle au principe phonographique. Mais plus ou moins consciemment on applique le principe étymologique, en superposant l'enseignement de l'orthographe à celui de la simple mécanique de l'écriture et de la lecture. Au reste ce n'est pas nouveau dans l'histoire de l'écriture : les égyptologues ont pu se rendre compte qu'en égyptien classique, langue à orthographe vieillie, certaines graphies n'étaient maintenues que pour l'œil.

Le français présente un exemple spécialement intéressant, où la graphie étymologique a pris une place excessive, en particulier à cause d'une évolution phonétique rapide qui à causé l'amuissement de beaucoup de phonèmes en certaines positions, et de l'absence délibérée de réformes : le principe de l'orthographe étymologique a été expressément adopté par l'Académie française à la fin du XVIIe siècle, et maintenu depuis, notamment pour les graphies grecques. On est arrivé en français à une nouvelle pratique, à savoir que des lettres muettes y sont la marque de catégories grammaticales, comme l'*s* du pluriel des noms. Inversement c'est en français qu'on observe le mieux une réaction du principe phonographique, par la restitution dans la prononciation de certains des phonèmes amuis dont le signe était resté écrit (ainsi *r* des infinitifs en *-ir*).

Le principe phonographique est défendu par les savants qui s'occupent de l'étude des langues et spécialement de la phonétique. Pour l'usage savant ils ont créé, avec les ressources du matériel latin ou cyrillique convenablement trié et enrichi au moyen de variantes modifiées de certains signes, une écriture phonétique.

Cette écriture, avec diverses adaptations, a été appliquée pratiquement, à époque récente, à des langues qui n'étaient pas écrites auparavant ou qui avaient une écriture trop incommode. Le phonographisme intégral est donc pour ces langues mis délibérément en pratique, accompagné des cas particuliers d'idéographie que sont les abréviations d'une part, les chiffres d'autre part.

La question de savoir comment on a écrit, comment on écrit encore n'a son plein sens que si on se demande en même temps : qui écrivait, qui écrit ? Il faudrait pouvoir confronter constamment à l'histoire proprement dite de l'écriture une histoire des professions de l'écriture et une histoire de l'école. À défaut, on peut au moins essayer de voir dans les grandes lignes quelle a été et quelle est la place de l'écriture dans la vie sociale.

Depuis qu'elle a été inventée c'est une part toujours croissante, sauf certaines régressions locales et temporaires, qu'elle a prise dans la vie des hommes en société, contribuant à modeler le compartimentage des sociétés et modifiant l'existence individuelle.

Dans les sociétés antiques les plus avancées, elle a été d'abord maniée par des professionnels, secrétaires des personnages à prestige, dirigeants politiques et intellectuels des groupes et peut-être, dans une certaine mesure, par ces personnages eux-mêmes. Elle a été pratiquée par des artisans spécialisés, graveurs et copistes, dont l'activité a dépossédé en grande partie les professionnels de la mémoire, récitants d'hymnes ou de généalogies, hérauts proclamateurs d'édits (mais nous avons encore le garde-champêtre et son tambour).

En Égypte, en Mésopotamie, il faut sans doute penser aux scribes comme groupés autour des temples et des palais, les premiers étant en même temps des centres d'affaires commerciales.

Dans les cités phéniciennes et grecques, on doit se représenter une extension de l'usage, une laïcisation, une déprofessionnalisation partielle. Tendance qui s'est étendue dans le monde romain où on sait que les écoles se sont multipliées, ce qui fait apparaître, ou se développer, la profession de maître d'école.

L'Inde a eu dans l'histoire une physionomie spéciale, par le fait que les brahmanes, caste de lettrés, étaient au sommet de cette hiérarchie des castes ; mais une grande partie de l'enseignement a été et est encore orale.

La Chine a eu une autre sorte d'originalité, les gens rompus à l'écriture et à la littérature étant aussi les administrateurs, nommés après avoir réussi les épreuves de concours du mandarinat, ce qui suppose une active transmission de l'enseignement.

Le christianisme, religion d'abord de petites gens et d'esclaves, appuyant sa propagande sur des textes, a d'abord d'une certaine manière démocratisé l'instruction et l'écriture ; c'est lui qui a fait passer à l'état de langue écrite diverses langues auparavant incultes, donc a étendu le champ d'emploi de l'alphabet.

Toutefois, pendant que ces progrès externes se poursuivaient à l'intérieur des limites de l'Empire romain disloqué, envahi par des populations incultes qui ne se christianisaient et ne s'instruisaient un peu que petit à petit, la culture se restreignait momentanément au clergé, recruté il est vrai de manière démocratique, et se bornait à peu près aux matières religieuses. Cependant l'administration et la justice avaient aussi besoin de scribes. Ainsi a été traversée une grande partie de l'époque proprement féodale. Ceci pour l'Europe chrétienne. Entre-temps, en pays musulman, il semble que l'usage de l'écriture et de la langue savante à la fois avait un peu plus d'extension, sans néanmoins avoir aucune tendance à se généraliser.

Cependant la dernière période féodale avant l'essor des royautés et des bourgeoisies voyait la fondation des grandes universités, surtout au XIIIe siècle, et à la fin de ce même siècle on signale la connaissance étendue de l'écriture chez des marchands, à Venise, métropole maritime comme les grandes cités où autrefois avait paru l'alphabet.

Après deux siècles sans extension massive, le XVIe siècle est celui d'une sorte de débordement de l'écriture avec l'aide de l'imprimerie.

Avec les grandes explorations et les colonisations qui ont suivi, de nouveaux champs s'étaient ouverts à l'écriture latine dans des pays lointains. Au moment où le capitalisme commençait ses progrès, d'autres extensions ont accompagné la propagande de la nouvelle forme de christianisme, le protestantisme, qui a d'une part gagné de nouvelles langues européennes à l'écriture, d'autre part répandu la lecture dans les pays occidentaux. Au XVIIe siècle, en France, un premier essai d'instruction populaire assez étendu a été fait afin de réinstruire dans le catholicisme des enfants de protestants.

Pourtant ce n'est que le grand mouvement démocratique de la Révolution française qui a essayé vraiment de généraliser l'instruction, sans y parvenir : il s'est avéré impossible de trouver un instituteur ou un moniteur pour chaque village de France. Les progrès ont été ininterrompus, mais lents, au cours du XIXe siècle, avec le capitalisme industriel montant : celui-ci a eu besoin de plus en plus d'employés et d'ouvriers sachant lire et écrire, cependant que les couches non possédantes aspiraient elles-mêmes à l'instruction. Ainsi, presque un siècle après 1789, en 1885, a été enfin décrétée l'instruction obligatoire en France. L'usage de l'écriture a été, à la fin du XIXe siècle, étendu à l'ensemble des populations de l'Europe occidentale, de plus en plus industrialisée, des États-Unis d'Amérique, où l'industrie s'est développée spécialement vite, et du Japon, entré tout d'un coup dans la civilisation mécanisée.

Le XXe siècle a vu la « liquidation de l'analphabétisme » dans l'immense territoire de l'Union soviétique.

Ainsi l'écriture est sortie, récemment, et non encore partout, des limites de castes et de professions. Ses progrès continuent.

Elle tend à devenir pour tous les hommes une sorte de fonction individuelle, à l'instar du langage dont elle est le doublement visible : c'est une des caractéristiques d'une civilisation de plus en plus compliquée et comportant pour chaque individu des aptitudes acquises de plus en plus complexes : désormais, les futurs hommes et femmes civilisés normaux, après avoir appris à marcher et à parler, apprennent aussi à lire et à écrire.

C'est à l'aide de la lecture et de l'écriture que des maîtres s'efforcent de développer leur intelligence et de leur en faciliter l'exercice. Munis du moyen de communiquer et de recevoir les communications, leurs possibilités de relations avec d'autres individus sont indéfiniment étendues dans l'espace et le temps. En même temps l'instrument qui sert à ces communications est aussi celui par lequel s'exerce et s'augmente leur vie individuelle dans les choses de l'esprit. Au départ, on peut évoquer un messager qui, protégé des attaques par un interdit superstitieux, porte (comme on peut voir encore de nos jours en Afrique des porteurs d'une lettre dans un bâton fendu) une lettre d'un chef à un autre chef, écrite par un secrétaire et destinée à être lue par un autre secrétaire. Après de longs siècles, hier, on peut se représenter le paysan ou la paysanne sous la lampe écrivant une lettre à un parent, notant sur son calepin ses dépenses et ses rendez-vous, ou lisant son journal.

Pour aujourd'hui, il faut ajouter : écoutant son poste de TSF ou attentif à la télévision.

Au cours de la progression de la civilisation matérielle, la rencontre de l'écriture avec des inventions techniques a modifié son rôle.

L'invention de l'imprimerie, permettant la multiplication indéfinie de l'écrit, a répandu de plus en plus les communications intellectuelles, y compris celles du présent avec le passé, par la lecture individuelle.

En même temps s'est constituée une nouvelle corporation nombreuse d'artisans de l'écriture, qui a en partie dépossédé celle des copistes.

Par ailleurs, dans la société contemporaine, la profession des employés-secrétaires a foisonné, se servant de l'instrument nouveau qu'est la machine à écrire.

D'autre part les inventions les plus récentes remplacent en partie l'écriture et la lecture par d'autres moyens de transmettre le discours à distance et aussi de conserver la parole et la transmettre dans le temps. Nouveaux moyens de communication intellectuelle, qui n'arrêtent pas la marche vers la généralisation de l'écriture dans l'usage individuel, qui en limitent cependant l'emploi. Entre-temps, sans parler des ouvriers qui sont employés à la fabrication des disques, des films, des lampes émettrices et réceptrices d'ondes, etc., sont apparues de nouvelles professions de la communication : télégraphistes, téléphonistes, parleurs de la radio, cinéastes.

Ainsi se produisent des changements profonds dans les moyens qui servent aux relations intellectuelles, au moment où ont commencé à se réaliser de profonds changements sociaux.

L'écriture, née du développement intellectuel, a profondément influé sur lui, en lui permettant une extension considérable.

Pour l'homme de pensée, l'acte d'écrire, en extériorisant le langage intérieur, matérialise ses réflexions, les rend indépendantes de sa mémoire, et lui fournit un point de départ et un appui pour les travaux qu'il entreprendra ensuite. La lecture lui fournit la société et le secours des écrivains, philosophes et savants, de tous pays et de temps écoulés ; en effet, la plupart des œuvres importantes, depuis quelque trois mille ans, se sont conservées, et leur action persiste.

À l'origine, l'écriture a d'abord servi à assurer des transmissions et des proclamations d'usage immédiat et momentané, ou des conservations valables pour quelques générations. Encore maintenant la majorité des écrits n'est pas destinée à la conservation indéfinie. Que l'on considère les correspondances privées et commerciales, les registres de toutes sortes, les contrats et les actes, les circulaires et prospectus, les rapports, les procès-verbaux de séances. S'il est utile pour les relations sociales que certains de ces papiers se conservent un certain temps, s'il est heureux pour la besogne des historiens que quelques documents de cette espèce aient subsisté du passé, et si on conçoit l'utilité d'une conservation partielle dans des archives, à l'intention d'historiens futurs, il n'est ni possible ni désirable que cette masse subsiste.

On peut en dire autant des journaux, tant pour les informations que pour la publicité. Autant encore des livres d'enseignement et de simple vulgarisation. Autant même de la plus grande partie de la littérature de distraction, non pas œuvre d'art en général, mais aliment spirituel plus ou moins grossier, à consommer au jour le jour.

Aussi bien cette part indispensable mais inférieure de l'activité intellectuelle tend maintenant à échapper à l'imprimerie, qui conserve, pour se confier à l'onde qui transporte instantanément et partout, mais s'évanouit aussitôt.

Dès les temps anciens l'écriture, à côté des usages momentanés, a servi, sans que les usagers l'aient toujours expressément pensé, à établir un lien entre les générations. Dans la mesure où les documents se conservaient sur matière solide ou étaient recopiés en nombre suffisant pour avoir des chances de survivre aux destructions partielles – et par ailleurs continuaient à être compris – elle s'est substituée aux transmissions précaires de mémoire individuelle à mémoire individuelle et a fondé une mémoire collective.

Ainsi ont été conservés, grâce à un choix naturel, par la publicité plus vaste et plus durable donnée aux œuvres principales des hommes, tant dans le domaine politique que dans les activités spirituelles diverses, les souvenirs des grands événements, les enseignements des anciens législateurs, philosophes et savants, au total l'expérience des temps passés.

Cette accumulation de souvenirs, transmis de génération à génération et de peuple à peuple, non seulement a permis des vues d'ensemble sur le développement de l'humanité, de ses croyances et de ses pensées, la jouissance de chefs-d'œuvre littéraires de toutes époques et de toutes origines, mais elle a favorisé aussi les réflexions ultérieures sur les données acquises.

Ainsi a pu s'accélérer le progrès de la science qui porte à la fois sur la connaissance et l'utilisation des forces de la nature et sur la reconstitution du passé et du mouvement d'évolution qui va de ce passé au présent.

La même époque d'activité intellectuelle féconde a vu l'emploi de l'électricité, l'interprétation des fossiles de tous ordres, le déchiffrement des hiéroglyphes égyptiens et des écritures cunéiformes embaumés dans le silence, l'étude historique et scientifique des langues, y compris les langues anciennes conservées seulement par l'écriture.

La science des sociétés humaines, qui est en train de se développer, et doit servir finalement à gouverner l'évolution même des forces sociales, a eu son germe dans l'invention de l'écriture.

Celle-ci est un phénomène, entre autres, dans l'évolution humaine. Comme tous les éléments d'une évolution, elle est en connexion avec tous les autres. Comme pour tous les autres éléments aussi, son caractère et sa fonction changent à mesure que dans le déroulement des choses les plans se déplacent, et, fragment de l'ensemble en mouvement, elle contribue elle-même à en modifier l'allure.

CHAPITRE XVI

FORMULAIRE D'ESSAI POUR UNE ÉTUDE SCIENTIFIQUE DE L'ÉCRITURE

Préambule

Chaque élément qui apparaît et se développe au cours de l'évolution générale des choses a ses caractéristiques et son mode particulier d'évolution, qui le distinguent, sans naturellement le détacher des connexions avec tout le reste. L'écriture est un de ces éléments : apparue au cours de l'histoire du langage au début des développements des grandes civilisations, elle a pris des caractères variés, qui la relient à divers autres faits sociaux, de manières variées, dans des conditions spéciales aux sociétés qui l'emploient ; au travers de ces variétés l'étude scientifique doit arriver à reconnaître certaines conditions qui sont le propre de l'instrument intellectuel particulier qu'est l'écriture.

Il s'agit de discerner les formes d'action et de réaction qui ont joué dans la marche de l'écriture depuis les premiers stades compliqués et incommodes, encore qu'efficaces à la mesure de certains besoins, jusqu'à une réalisation technique accomplie en son genre et durable, en rapport avec un stade supérieur de la civilisation ; puis celles qui ont joué dans l'histoire de cette réalisation provisoirement arrêtée dans sa définition, mais non abstraite de l'évolution ni retirée des contradictions.

Si l'investigation scientifique fait bien son office, elle doit pouvoir énoncer des formules qui définissent dans l'ensemble et dans le détail, en elle-même et dans ses connexions, l'expérience qui s'est réalisée naturellement, dans beaucoup de conditions différentes. Comme il s'agit d'une partie des hautes activités intellectuelles, l'influence des conditions de production n'y apparaît qu'indirectement et en arrière-plan ; comme d'autre part les activités dont il s'agit sont celles de sociétés déjà avancées dans l'évolution, l'effet de volontés concertées s'y marque plus d'une fois, et dans le gouvernement rationnel qui doit résulter de meilleures connaissances, ces volontés pourront avoir un rôle plus grand.

Les formules qui suivent se sont dessinées au cours du travail qui s'exprimait sous forme d'exposé continu. Elles reprennent donc la matière de l'ouvrage sous un autre aspect, et en mettant mieux en lumière certains des points de vue qui y sont à peine indiqués.

Ces formules ne veulent être que des définitions et des constations de faits ayant une réalité dans certaines circonstances déterminées du passé et du présent rangés systématiquement. Les exemples donnés après les énoncés sont précisément des exemples. Des études poussées sur chaque écriture d'un domaine particulier devront permettre, si les formules ont été assez bien établies, de classer les faits qu'on observera en les répartissant sous ces formules. Comme il s'agit d'une première mise en place et d'une première approximation, il faut s'attendre à ce que certains énoncés doivent être modifiés et un grand nombre ajoutés : c'est ce que veut dire le mot « essai » mis au titre.

On peut voir que dès maintenant des réalisations de techniques primitives, certaines antérieures à l'écriture ou au contraire très perfectionnées, avec les ressources les plus modernes, ont pu être mises sous les mêmes rubriques, parce qu'elles remplissent les mêmes fonctions ou des fonctions analogues dans des conditions différentes.

FIXATION ET TRANSPORT DU LANGAGE

Modes de communication intellectuelle

— Le besoin de fixer et de transporter des paroles par des instruments de communication intellectuelle se fait de plus en plus sentir à mesure que s'étendent et se compliquent les relations sociales qui ont favorisé la création du langage et se sont développées par lui.

— Les moyens de fixer et de transporter le langage se perfectionnent en raison des progrès des facultés intellectuelles et des techniques, dont ils favorisent eux-même les progrès.

— La communication peut être à petite extension dans l'espace et à petit retardement.

Message laissé en vue, porté par messager à pied, transmis par signal audible relayé – pour un individu ou pour un petit groupe.

— La communication peut être étendue par le transport à longue distance.

Messager muni d'un moyen de transport à longue distance. Transport par signaux optiques. Transport électrique.

— La communication peut être rendue permanente et se reproduire à retardement, pour une période réduite et à l'usage d'un petit nombre.

Contrat. Testament. Registres divers.

— La communication peut être offerte à l'usage immédiat d'un grand nombre de destinataires.

Inscription. Affiche. Livre. Journal. Radio. Cinéma parlant. Télévision.

— La communication peut être rendue permanente pour un public indéfini (grande multiplication) et pour une période indéfinie (grand retardement).

Livre. Phonographe. Cinéma parlant.

— La communication rendue permanente, multipliée et transportable, diminue les nécessités de réunion.

— La communication rendue permanente, multipliée et transportable restreint le rôle des professions de la mémoire.

— La communication rendue permanente, même non multipliée et transportable, établit un lien entre les générations comme une mémoire collective ; multipliée et transportable, elle établit un lien plus fort.

a. Inscriptions uniques. *b.* Inscriptions répétées. Livres. Phonographe. Cinéma parlant.

— La communication rendue permanente, multipliée et transportable, augmente la vie intellectuelle personnelle, par l'usage de la lecture individuelle.

— Les instruments d'enregistrement servent pour l'usage personnel à extérioriser et rendre permanent le langage intérieur, déchargeant la mémoire et facilitant la réflexion.

Aide-mémoire. Notes de composition. Brouillon d'œuvres diverses, soit par écriture personnelle, soit par dictée à un secrétaire ou à un instrument enregistreur.

Détail des usages sociaux

a. Procédés de transport et de fixation du langage dans les groupements restreints :

— Transport d'avis par amplification et retransmissions de sons.

Cris modulés. Langage sifflé. Langage tambouriné.

— Transport de messages par déplacements individuels de mandataires supposés fidèles et capables de se souvenir d'un message court.

— Séries de figures dessinées, transmises par messager ou laissées en vue à un endroit de passage, pour remplacer un message verbal.

Pictographie, par pictogrammes-signes.

— Mémorisation par des professionnels du bien intellectuel collectif, en suites de mots rythmés (efficaces magiquement, émotives, instructives).

— Figurations tracées, en particulier séries de figures dessinées, servant de déclencheurs pour la récitation par les professionnels.

Pictographie, par pictogrammes-signaux.

b. Fonctions de l'écriture dans les sociétés nombreuses (avec des villes) :

Messager

— Le sceau confié ou l'empreinte du sceau transportée accrédite un messager.

— La lettre-missive, originairement écrite au départ et lue à l'arrivée par un professionnel, assure la transmission du message privé ou officiel indépendamment de la mémoire et de la fidélité du messager.

Rite

— L'inscription tombale (tracée par un professionnel, artisan manuel) assure la propriété de la sépulture et sa protection contre les violateurs, pérennise l'éloge funèbre, fournit au mort les formules nécessaires à son salut.

— L'amulette-charme-prière-recette (écrite par un professionnel intellectuel) met aux mains d'un particulier un moyen d'action magique, religieux ou médical, à conserver, à porter sur lui ou à lire, indépendamment de la mémoire d'un professionnel récitant.

Proclamation et publicité

— L'inscription officielle (tracée par un artisan manuel) sur un monument public ou dans un lieu de passage fréquent, pérennise à l'usage des passants capables de lire une proclamation d'un gouvernant, d'un grand personnage ou d'une assemblée.

Édits. Lois. Dédicaces. Prescriptions financières. Tractations intéressant la collectivité.

Enregistrement

— Les contrats (rédigés et copiés par des professionnels) assurent la permanence et la publicité dans les transactions, indépendamment de la bonne foi et de la mémoire des contractants et des témoins.

— Les testaments (rédigés par le testataire, écrits généralement par des professionnels) assurent la publication après la mort de dispositions voulues par le défunt.

— Les actes judiciaires (rédigés et copiés par des professionnels) assurent l'exécution des jugements, indépendamment de la mémoire et de l'honnêteté des fonctionnaires.

— Les édits et ordres, les règlements administratifs, copiés par des professionnels, authentifiés par le sceau ou la signature de l'autorité, et circulant, font foi pour la légitimité des actes publics.

— Les registres de comptes, redevances, recensements, etc. (tenus par des fonctionnaires publics ou employés privés) pérennisent les comptes de matières, monnaies, individus, etc., indépendamment de la mémoire des fonctionnaires et des administrés.

Rôles d'impôt. État civil, etc.

— Les registres de chroniques (écrits par des professionnels) pérennisent les nouvelles sur les événements quotidiens, indépendamment de la mémoire des participants, des témoins et des traditionalistes professionnels.

Textes traditionnels à usage public

— Les livres, plus rarement de longues inscriptions (recopiés par des artisans) conservent les textes religieux, les coutumes et les codes, indépendamment de la mémoire des prêtres et des gardiens des traditions et des lois ; ils substituent la lecture publique ou privée à la récitation.

Activité intellectuelle en général

— Des livres (recopiés par des copistes professionnels) conservent les poèmes, les pièces de théâtre, les contes et longs récits, en substituant la lecture individuelle ou en petit cercle à la récitation publique et à la représentation.

— Les livres (établis et recopiés d'après le brouillon ou sous la dictée des auteurs) conservent, pour la lecture individuelle et l'enseignement, les commentaires théologiques et juridiques, les réflexions et discussions philosophiques, les procès-verbaux d'expériences, les plans de recherches scientifiques, les études historiques, les discours, etc.

Fonctions supplémentaires de l'écriture imprimée

a. La carte de visite représente la personne dont elle porte le nom pour une visite ou un message.

b. Le livre imprimé (par les typographes) multiplie les actions du livre copié à la main.

c. L'affiche multiplie la proclamation pour le passant.

d. La circulaire et le prospectus (catalogue) portent au lecteur individuel les prescriptions de l'autorité, les offres du négoce, la propagande politique, prolongeant l'affiche, l'enseigne et la montre, remplaçant la réclame parlée du camelot et du démarcheur, les discours des candidats, etc.

e. Le journal (rédigé par des professionnels intellectuels) porte au lecteur individuel l'échange de nouvelles, auparavant non professionnalisé.

f. Le journal et la brochure portent au lecteur individuel le discours politique et la propagande, prolongeant et remplaçant les assemblées.

Fonctions des machines de fixation et de transport du langage (fabriquées et maniées par des professionnels) :

a. La photomécanique remplace l'imprimerie pour la multiplication de l'écriture individuelle, ou la reproduction d'une chose déjà imprimée.

b. Le phonographe et le cinéma parlant fixent et conservent le langage avec la voix, sans écriture, et remplacent en partie l'imprimerie.

c. Le télégraphe augmente la rapidité et la portée du message écrit.

d. Le téléphone remplace le message et dispense du déplacement pour la longue conversation.

e. La radio remplace le journal, l'affiche, la circulaire, la brochure ; porte à domicile le théâtre, des récitations, des leçons, etc., en supplément à la lecture individuelle.

TECHNIQUE INTELLECTUELLE DE L'ÉCRITURE

— L'écriture naît de manière normale du dessin employé symboliquement.

— L'évolution de l'écriture procède des dessins qui évoquent directement des objets, des actions ou des idées (pictographie) aux signes qui évoquent les noms ou des parties des noms des objets, actions ou idées (idéographie ou phonographie).

— L'évolution de l'écriture procède du grand nombre de représentations (pictogrammes ou pictogrammes altérés) au plus petit nombre possible, à combinaisons multiples (phonogrammes, rarement pictophonogrammes).

— La réduction du nombre des signes est obtenue par une décomposition progressive de l'ensemble du discours, en passant par les stades : signe-circonstance, signe-chose, signe-mot, signe-syllabe, signe-phonème.

— La décomposition progressive correspond à des facultés et habitudes progressives de raisonnement.

— La première démarche essentielle est l'isolement du mot, unité de sens (idéographie).

— La seconde démarche essentielle est le découpage du mot en parties pouvant être isolées par l'oreille indépendamment de la signification (phonographisme, syllabique généralement).

— La troisième démarche est le découpage du mot en ses parties perçues par l'oreille les plus simples ou unités-sons (alphabétisme).

CARACTÈRES DES SYSTÈMES D'ÉCRITURE

Caractères généraux

— Un système peut être pur, représentant seulement les éléments de significations (*a*) ou seulement des éléments entendus (*b*) :

a. peut-être des textes de vieil élamite seulement en signes-mots ?

b. des textes en orthographe phonétique (ou à peu près) sans séparations de mots et sans caractères spéciaux de fins de mot : majorité des inscriptions grecques, anciens manuscrits latins en capitales (plus ou moins évoluées).

— Généralement un système est mixte, représentant le mot (unité-sens) et des composantes du mot (tranche de mot, unités-sons).

— Un système peut être à la fois intégralement idéographique et phonographique.

EXEMPLES : *a.* le chinois où les caractères sont à la fois idéogrammes et syllabophonogrammes.

b. le système alphabétique en orthographe jeune avec les lettres groupées en mots.

— Un système peut être idéographique et accessoirement phonographique.

EXEMPLE : égyptien et mésopotamien à idéogrammes complétés par des phonogrammes.

— Un système peut être phonographique et accessoirement idéographique.

EXEMPLES : *a.* le pehlevi, avec des mots araméens lus idéographiquement ;

b. l'écriture latine avec des abréviations (idéographie secondaire).

Caractères des systèmes à éléments phonographiques

— Des signes notant une syllabe de forme quelconque ou plus d'une syllabe font partie d'un système primitif de décomposition, opérant par homophonie avec des mots courts entiers.

EXEMPLE : aztèque, sumérien.

— Des signes monoconsonantiques aussi bien que bi- ou triconsonantiques peuvent résulter d'un système primitif de décomposition par homophonie négligeant les voyelles.

EXEMPLE : égyptien.

— Les syllabo-phonogrammes de composition fixe (consonne, plus rarement groupe de consonnes + voyelle) sont l'indice d'une analyse de type phonétique.

EXEMPLE : grec en syllabaire cypriote.

— Un système de décomposition en sons (à lettres ou monophonogrammes) peut n'exprimer qu'une partie des sons et une partie seulement des caractères de ces sons.

Consonnes seulement. Consonnes et voyelles. Consonnes indépendamment de la sourdité ou sonorité, de la longueur (gémination). Voyelles indépendamment de certains timbres, de la quantité, du ton.

— Un système alphabétique à base consonantique peut être complété par des signes vocaliques accessoires.

EXEMPLE : hébreu.

— Un système alphabétique à base consonantique peut comporter une recomposition secondaire en syllabes, par combinaison de signes vocaliques avec les signes-consonnes.

EXEMPLE : éthiopien, écritures de l'Inde.

— Le système alphabétique est normalement phonologique, ne notant pas les variantes de phonèmes qui ne servent pas à distinguer des mots ni les menus changements de prononciation suivant les positions dans le mot et les voisinages.

Il est appliqué de manière plus ou moins phonétisante et phonologisante.

— Un système phonographique visant à être clair en raison des sens comporte des séparations de mots :

EXEMPLE : sudarabique ; écritures européennes modernes.

— Un système phonographique à consonnes et voyelles peut être complété par l'indication des accents de mot.

EXEMPLE : grec, partiellement espagnol, italien.

— Un système phonographique peut être complété par l'indication des accents de phrase, coïncidant avec des groupements significatifs des mots.

Ponctuation.

— Un système phonographique peut être à la fois complété et altéré par des indications intellectuelles et des marques esthétiques.

EXEMPLES. Dans les langues européennes modernes : espèces de mots indiquées par des majuscules. Catégories grammaticales indiquées par des lettres muettes (français) ou par des accents (français *à*). Histoire des mots indiqués par le choix des lettres ou par des lettres muettes (graphies étymologiques), homophones distingués par l'orthographe. Lettres ornementales à l'initiale ou à la finale de mots (majuscules en tête de phrase ; *-y* en anglais et dans les noms propres français).

CONDITIONS D'ÉVOLUTION DES SYSTÈMES D'ÉCRITURE

— Dans une évolution en une période et en un lieu donnés certains des stades seuls peuvent être réalisés ou non de manière durable.

Cunéiforme suméro-akkadien : idéographie durable, phonographisme pur non réalisé.

Alphabet sémitique : pictographie non durable (?), idéographie non réalisée.

— L'évolution est freinée ou même bloquée jusqu'à l'extinction de la langue par la constitution d'une langue littéraire classique, expression d'une société elle-même stabilisée.

EXEMPLE : égyptien, akkadien.

— Un système en cours d'évolution peut changer d'esprit sans changer sensiblement de forme.

EXEMPLES : diminution du rôle de l'idéographie, augmentation du rôle du phonographisme en égyptien et akkadien ; éléments intellectuels (idéographie secondaire) avec l'écriture latine en Europe moderne.

— Un système en cours d'évolution peut changer d'esprit et sensiblement de forme.

EXEMPLE : notation secondaire des voyelles en sémitique.

— Une évolution peut être de type accéléré si une langue ou des langues accèdent à l'usage intensif de l'écriture en un point de convergence de hautes civilisations et à une époque de progrès intellectuel.

EXEMPLES (douteux) : syllabaire égéen ? alphabet sémitique ?

— L'évolution peut être interrompue par cessation d'emploi à cause de l'abandon d'une langue classique.

EXEMPLE : égyptien.

— Une évolution peut être interrompue par cessation d'emploi à cause de la suppression de l'autonomie d'une civilisation.

EXEMPLE : Aztèques.

— Une évolution commencée pour une langue peut se poursuivre pour une autre ou plusieurs autres langues empruntant le système par contagion de civilisation (*a*), ou se substituant à la langue pour laquelle le système a été créé (*b*).

a. Cunéiforme en élamite et vannique ;
b. Sumérien et akkadien.

PROPAGATION DES SYSTÈMES D'ÉCRITURE

— La propagation d'un système d'écriture se fait habituellement au départ des centres intellectuellement et techniquement les plus développés, atteignant des domaines sans écritures ou à système inférieur d'écriture.

— Le système le mieux élaboré et le plus commode prévaut en général.

EXEMPLE : extensions de l'alphabet.

— Le prestige politique et intellectuel et le prosélytisme religieux peuvent véhiculer un système d'écriture qui n'est pas le mieux élaboré ni le plus commode.

EXEMPLE : extension de l'écriture arabe.

— Un système peut être exporté avec un matériel intellectuel (littérature).

EXEMPLE : chinois.

— Un système peut être exporté avec un personnel intellectuel.

EXEMPLES : scribes araméens ; missionnaires bouddhistes, chrétiens.

— Un système peut être adopté sur place par des envahisseurs.

EXEMPLES : syllabaire cypriote chez les Grecs ; alphabet araméen chez les Perses ; alphabet grec chez les Étrusques et Italiotes en Italie.

— Un système peut être importé par des éléments voyageurs d'une société sans écriture apte à la recevoir.

EXEMPLES : adoption de l'alphabet en Grèce ; admission de l'alphabet dans l'Inde (?).

— Le système importé peut être élaboré et perfectionné dans l'adaptation à la langue importatrice.

EXEMPLES : grec, indien (s'il y a eu importation).

— Les importateurs peuvent devenir à leur tour exportateurs.

EXEMPLES : Grecs, Indiens (s'il y a eu importation).

— Sans qu'un système soit exporté, son influence peut se faire sentir à l'extérieur sur d'autres systèmes.

EXEMPLE : introduction des signes vocaliques en sémitique sous l'influence grecque.

— La connaissance imparfaite d'un système peut provoquer l'invention d'un système inférieur chez des populations attardées à un stade intellectuel moins élevé.

EXEMPLE : systèmes récents chez des Peaux-Rouges et chez des Africains.

ADAPTATIONS DES SYSTÈMES D'ÉCRITURE AUX LANGUES (ORTHOGRAPHES)

Adaptations successives

— Lorsqu'une langue qui n'avait pas d'écriture vient à être écrite par invention d'un système, il se produit une adaptation brusque du système à la langue (orthographe neuve et jeune).

EXEMPLE : invention des signes-mots partout où elle a pu avoir lieu.

— Si un système évolue à l'usage de la langue pour laquelle il a été inventé, en passant par des stades de perfectionnement, il se produit des réadaptations successives par bonds.

EXEMPLE : substitution de syllabo-phonogrammes à des signes-mots (égéen [?], bamoun).

— Lorsque l'évolution marque un arrêt à un stade quelconque, l'adaptation se fixe à un degré d'expression qui résulte du stade atteint.

Idéographie ou phonographie, ou mélange. Phonographe plus ou moins déficiente.

— Le besoin ressenti d'exprimer des éléments du langage auparavant non exprimés fait procéder à une nouvelle adaptation par recomplètement.

EXEMPLES : *a.* en grec, invention de notations pour des quantités longues de voyelles ; invention des accents ;
b. en hébreu et en arabe, invention d'un signe de longue (gémination) des consonnes ;
c. en italien et espagnol, notation partielles de l'accent de mot.

Adaptations des systèmes empruntés

— Lorsqu'un système est emprunté, soit pour une langue non écrite, soit pour une langue écrite dans un autre système, il se produit une adaptation brusque du système (orthographe jeune).

— Dans l'adaptation lors d'un emprunt, on peut transférer des éléments intellectuellement usagés.

EXEMPLE : idéogrammes chinois en japonais ; idéogrammes akkadiens en hittite.

— Dans l'adaptation lors d'un emprunt, on peut transférer des éléments phonographiquement usagés (orthographe jeune usagée).

EXEMPLE : emploi de *s* du latin médiéval à deux valeurs dans des langues romanes nouvellement écrites.

— L'abondance du transfert d'éléments usagés est en raison directe de la familiarité avec la langue donneuse.

EXEMPLES : *a.* idéogrammes chinois transportés, avec l'usage de la littérature chinoise ;
b. orthographes latines transférées par les clercs se servant du latin comme langue savante.

— L'abondance du transfert d'éléments usagés est en raison inverse de l'extension du milieu écrivant et lisant.

Petite extension : valeurs sumériennes des signes chez les scribes akkadiens ; graphies grecques chez les Romains et les Européens instruits.

Grande (ou relativement grande) extension : orthographes neuves du copte, gotique, slave ; réforme de l'orthographe en Italie au XVIe siècle.

— Dans l'adaptation lors d'un emprunt ont peut transférer le fonctionnement du système en éliminant les caractères usagés des éléments (orthographe jeune et neuve).

EXEMPLE : latinisation du turc.

— Après l'adaptation-emprunt, les éléments exprimés peuvent être les mêmes que dans la langue donneuse.

EXEMPLE : alphabet consonantique et vocalique du grec pris par le latin.

— Après l'adaptation-emprunt, les éléments exprimés peuvent être autres que dans la langue donneuse.

EXEMPLES : le grec, l'éthiopien expriment les voyelles que n'exprime pas le sémitique ancien ; le siamois exprime les tons que n'expriment pas les écritures de l'Inde.

— Le matériel emprunté peut être utilisé intégralement (*a*) ou partiellement (*b*).

EXEMPLES : *a.* langues européennes à alphabet latin ;
b. alphabet sémitique en grec.

— Le matériel emprunté peut être augmenté (*a*) ou non (*b*).

EXEMPLES : *a.* alphabet grec en copte ;
b. alphabet latin dans les langues européennes.

— Les augmentations peuvent se faire :

Par reprise à une écriture antérieure.

EXEMPLE : caractères démotiques en copte.

Par emprunt à une autre écriture.

EXEMPLE : caractères latins dans le serbe (cyrillique).

Par différenciations de caractères au moyen de traits.

EXEMPLE : latin G.

Par différenciations de caractères au moyen d'accents.

EXEMPLE : espagnol *ñ*.

Par différenciation de caractères au moyen de changements d'orientation.

EXEMPLE : en tibétain, retournement de droite à gauche des signes sanskrits de dentales pour écrire des cérébrales.

Par accolement de caractères (graphies complexes).

EXEMPLE : français *ch*.

Par invention de caractères.

EXEMPLE : grec *ξ, ψ*.

— L'adaptation par tri et ajouts résulte de l'analyse phonologique de la langue emprunteuse.

— Le choix des procédés dépend de l'initiative et du conservatisme.

— Le conservatisme est plus grand à l'intérieur d'une aire de civilisation.

EXEMPLE : minimum de variations dans l'écriture arabe.

— L'invention est plus libre dans le transport d'une aire de civilisation (grande ou petite) à une autre.

EXEMPLE : écriture indienne en dehors de l'Inde, slave par rapport au grec.

Orthographes jeunes, vieillies et rajeunies

— Dans une orthographe jeune et neuve d'un système alphabétique, chaque phonème reconnu comme distinct et autonome est représenté par une seule graphie (lettre simple ou graphie complexe) qui a toujours la même valeur.

EXEMPLES : phénicien, grec, latin, cyrillique, nagari.

— Dans la mesure où une orthographe est phonétisante, des phonèmes distincts non autonomes reçoivent une expression graphique soit par signe spécial (*a*) soit par emploi spécial du signe d'un phonème autonome (*b*).

EXEMPLES : *a.* sanskrit : visarga ;
b. *ṅ* écrit par γ en grec devant *x*, γ.

— Dans la mesure où une orthographe est phonétisante, des assimilations sont notées par la substitution du signe d'un phonème distinct à celui d'un autre.

EXEMPLES : *a.* sanskrit : accommodations dites *sandhi* ;
b. latin $n > m$ devant labiale.

— Dans la mesure où une orthographe est phonologisante, des phonèmes distincts non autonomes ne reçoivent pas d'expression graphique propre.

En anglais et en russe, pas de notation spéciale des voyelles atones, qui sont souvent *ə*.

En latin, maintien de *n* pour *n* devant palatale.

— Dans une orthographe jeune comprenant des éléments usagés, des graphies peuvent être polyvalentes, avec des valeurs différentes suivant la position ou l'entourage (trait phonologisant).

EXEMPLE : français *g* valant *g* ou *ž* ; italien *g* valant *g* ou *ğ*.

— Dans une orthographe jeune comportant des éléments usagés, un phonème peut être représenté de manière multiple suivant la position et l'entourage (trait phonologisant)

EXEMPLE : en français *g* est représenté par *g* ou *gu*, en italien il l'est par *g* ou *gh* ; *ž* est représenté en français par *g* ou *j*, en italien *ğ* est représenté par *g* ou *gi*.

Le vieillissement dans l'orthographe se produit par le décalage entre l'orthographe fixée et la prononciation évoluant.

Le vieillissement n'est pas perceptible tant que les phonèmes représentés par des lettres restent tous prononcés et prononcés de manières distinctes.

Le vieillissement devient sensible dès que des phonèmes se confondent ou cessent de se prononcer, toujours ou en certaines positions, et lorsqu'il apparaît de nouvelles distinctions de phonèmes.

Lors du vieillissement sensible il arrive qu'une graphie prenne des valeurs différentes, y compris zéro (graphies polyvalentes) et qu'un même phonème soit représenté par des graphies différentes.

EXEMPLES : *a.* en français *s* valant *s*, *z* et zéro ; *s* représenté par *s*, *c*, *t* (devant *t*) ;
b. en bas latin *u* valant *u* et *v*, *i* valant *i* et *ž*.

— Le vieillissement sensible rend l'orthographe phonologisante ou augmente son caractère phonologisant.

EXEMPLE : sourdité, des consonnes sonores finales en russe.

— Le vieillissement sensible rend l'orthographe dans une plus ou moins grande mesure étymologique et non plus phonographique (c'est un fait idéographique).

EXEMPLES : *a.* en arabe classique (de nos jours), emploi soit de ضَ soit de ظ ;
b. en espagnol, emploi soit de *c* soit de *z*.

— Le conservatisme étymologisant d'un milieu instruit fait introduire dans une langue vivante servant de langue écrite la graphie originelle des emprunts faits par voie écrite tant à des langues en conserve qu'à des langues vivantes.

EXEMPLES : graphies grecques (*ph*, *th*, *ch*, *y*) en latin et dans des langues européennes modernes ; *ck* de l'allemand en français.

— Le conservatisme étymologisant d'un milieu instruit peut faire maintenir dans l'écriture des éléments amuis ou y introduire des éléments non prononcés parce qu'ils rappellent l'aspect originel des mots.

EXEMPLE : *a.* en français, maintien de *p* dans « sept » ; introduction de *p* dans « compter » (ancien « conter », latin *computare*).

— Lorsque le conservatisme étymologisant fait maintenir dans l'écriture des éléments amuis ou employer des accents pour distinguer des accents pour distinguer des homophones, il s'introduit un élément intellectuel dans l'écriture phonographique.

EXEMPLES : *a.* en italien, distinction de *ha* et *a* ;
b. en français, distinction de *a* et *à*.

— Lorsque le conservatisme étymologisant fait maintenir dans l'écriture des éléments amuis qui ont servi de caractéristiques grammaticales, il s'introduit un élément intellectuel dans l'écriture phonographique.

EXEMPLES : en latin impérial, maintien de *s* du nominatif singulier et de l'accusatif pluriel ; en français, maintien de *-s* du pluriel, de *-e* du féminin.

— Une nouvelle adaptation partielle ou totale de l'orthographe à la prononciation évoluée constitue un rajeunissement par tendance phonétisante.

— Le rajeunissement de l'orthographe peut se faire par la substitution d'une notation phonétique à une notation phonologisante.

EXEMPLE : introduction des lettres *v* et *j* en français à partir du XVIe siècle.

— Exceptionnellement, le rajeunissement peut substituer une notation phonologique à une notation phonétique.

EXEMPLE : en allemand, suppression de la graphie *th* pour *t* (de type aspiré).

— Le rajeunissement de l'orthographe peut se faire par élimination des signes des éléments amuis.

EXEMPLE : en français au XVIIIe siècle, suppression de *s* non prononcé devant consonne (« estre ») ; en russe, suppression de ъ en fin de mot ; en anglais américain, suppression de *gh* dans « through ».

— Le rajeunissement de l'orthographe peut se faire par introduction de nouvelles lettres dans l'alphabet.

EXEMPLE : addition de *v* et *j* à l'alphabet latin (voir ci-dessus, « le rajeunissement de l'orthographe… »).

— Le rajeunissement de l'orthographe peut se faire par la proscription des graphies étymologiques.

EXEMPLE : abandon des graphies grecques en italien ; passage en français de « shawl » à « châle » ; abandon de ѣ en russe.

— Une orthographe vieillie se rajeunit automatiquement par la restitution dans la prononciation d'éléments amuis restés écrits, ou l'apparition dans la prononciation d'éléments étymologiques auparavant non prononcés.

EXEMPLE : en français, prononciation des finales des noms de nombre : « cinq », « dix », etc. ; prononciation de consonnes longues (géminées) : « collègue » (pas encore général).

Conditions de la lecture et de l'application de l'orthographe correcte en raison des déviations du principe phonographique

— Plus il y a d'éléments de prononciation non exprimés par des signes, plus la part d'interprétation est grande dans la lecture.

EXEMPLES : absence de signes vocaliques dans des textes en langues sémitiques ; abréviations en général.

— Plus il y a de signes ne correspondant pas à un élément prononcé, plus la part d'interprétation est grande dans la lecture.

EXEMPLE : anglais « knife » ; français « compter », « aspect ».

— Plus il y a de signes ambigus ou polyvalents pouvant provoquer des prononciations différentes, plus la part d'interprétation est grande dans la lecture.

EXEMPLE : français « signal », « diagnostic » ; « nous portions des portions ».

— L'interprétation est phonologique si le choix de prononciation pour un signe polyvalent (y compris la non-prononciation) est guidé par la connaissance d'emplois déterminés de ce signe suivant la position et l'entourage dans le mot.

EXEMPLE : *ch* de l'allemand ; consonnes finales assourdies en russe ; consonnes amuies en fin de mot en français.

— L'interprétation est grammaticale si le choix de prononciation pour un signe polyvalent (y compris la non-prononciation) est guidé par la connaissance d'emplois intellectuellement déterminés de ces signes suivant les catégories de mots ou les rôles des mots.

EXEMPLE : français « couvent » substantif ou verbe ; anglais « use » substantif ou verbe ; français « tous » pronom ou adjectif.

— L'interprétation est étymologique si le choix de la prononciation pour un signe polyvalent est guidé par la connaissance de l'origine et de l'histoire du mot.

EXEMPLE : français « cheval » et « chélidoine », « chrétien ».

— Plus il y a de signes ambigus à la lecture (y compris la non-prononciation), plus l'écriture en orthographe correcte demande d'autres connaissances que celles du mécanisme de l'écriture phonographique.

— Plus il y a de signes différents ayant la même valeur à la lecture, plus l'écriture en orthographe correcte demande d'autres connaissances que celle du mécanisme de l'écriture phonographique.

EXEMPLE : espagnol *c* (devant *e*, *i*) et *z* ; français *in*, *ein*, *ain*, etc.

— Plus la part d'interprétation est grande dans la lecture et plus les connaissances requises pour l'application correcte de l'orthographe sont grandes, plus l'orthographe s'écarte du principe phonographique.

— Moins l'orthographe est fidèle au principe phonographique, plus elle est faite pour des milieux instruits.

— Quand, en vue du secret, les signes ne doivent être lus qu'en partie ou sont délibérément changés de valeur suivant une convention, l'écriture est remplacée par la cryptographie et la lecture est remplacée par le déchiffrage.

FORMES ET ÉVOLUTIONS DES TRACÉS

Conditions générales

— Chaque écriture constitue un système de formes.

— Les formes d'écriture dépendent du goût artistique des groupes sociaux qui les emploient.

— Les formes d'écriture dépendent de l'emploi qui est fait de l'écriture dans chaque société.

— Les formes d'écriture dépendent du matériel employé et de la manière dont on l'emploie.

— Les formes d'écriture dépendent du mode d'adaptation de l'écriture à la langue (orthographe).

— L'évolution détruit les équilibres des systèmes de formes et en reconstitue d'autres.

— L'évolution est lente et pratiquement suspendue dans les périodes et les milieux où le goût artistique, l'emploi de l'écriture, le matériel et les habitudes orthographiques ne changent pas.

— L'évolution se précipite dans les périodes ou les milieux où le goût artistique, l'emploi de l'écriture, le matériel, les habitudes orthographiques sont changés.

— Une nouvelle évolution se produit chaque fois qu'une écriture est transférée d'un milieu dans un autre.

— L'évolution qui a pour point de départ un transfert est plus ou moins rapide et les changements sont plus ou moins radicaux suivant que le milieu donneur et le milieu emprunteur diffèrent plus ou moins dans le goût artistique, l'emploi de l'écriture, le matériel utilisé et les habitudes orthographiques.

— Dans les systèmes évoluants, des effets divers sont produits par les besoins ou soucis d'élégance, de rapidité, de clarté ou lisibilité et par les recomplètements orthographiques (ponctuation).

Formes différentes d'un système d'écriture en raison des emplois

— Dans un milieu social employant l'écriture de différentes manières, il tend à se créer différentes formes d'écriture.

Écriture des monuments, des livres, des écrits à usage momentané, etc.

— Les formes différentes d'écriture peuvent coexister pendant de longues périodes.

EXEMPLE : en Égypte ancienne, hiéroglyphes et cursives.

— Une forme d'écriture peut se substituer à une autre.

EXEMPLE : dans les livres en écriture grecque et latine, substitution de la minuscule à la majuscule.

— Il peut se produire des mélanges de formes d'écriture.

EXEMPLE : dans le livre en écriture latine, majuscules dans la minuscule ; emploi de l'italique.

— Les besoins de publicité contribuent à créer des tracés lents, grands, souvent à symétries.

Écritures monumentales.

— Les besoins de lecture individuelle répétée contribuent à créer des tracés lents de moyenne ou petite grandeur.

Écritures livresques.

— Les besoins d'écriture rapide pour un emploi unique ou des usages peu répétés créent des tracés rapides, plutôt petits.

Écritures courantes ou cursives (missives, brouillons).

— Une écriture de tracé rapide peut être adaptée à l'usage lent et grand.

Cursives devenues monumentales : hiératique égyptien, cunéiforme, écriture arabe.

— Un tracé rapide peut être adapté à l'usage lent et petit.

Cursives majuscules grecque et latine devenant minuscules de livres.

— Un tracé rapide d'usage courant peut devenir illisible et être remplacé.

Cursive latine majuscule au XIIIe siècle ; cursive minuscule au XVIe siècle.

Disposition des tracés

• *Ensembles*

— Les ensembles écrits s'inscrivent normalement dans un rectangle.

— À l'intérieur du rectangle, les ensembles écrits se fractionnent normalement en rangées horizontales (ligne) ou en rangées verticales (colonnes).

— Les lignes, rangées de haut en bas, peuvent être écrites et lues de droite à gauche ou de gauche à droite ou alternativement dans les deux sens.

— Les colonnes (rangées de droite à gauche ou de gauche à droite) peuvent être écrites et lues de haut en bas ou de bas en haut, ou alternativement dans les deux sens.

— La direction d'écriture peut ne pas être la même que celle de la lecture.

EXEMPLE : écriture syriaque (partiellement).

— La rangée continue peut être employée soit sur des côtés en équerre, soit circulairement sur un cylindre, soit en spirale sur un cercle ou en serpentant sur une surface non limitée, etc.

• *Caractères et lignes, dimensions*

— Les caractères ou combinaisons de caractères s'inscrivent normalement dans un rectangle virtuel.

— Dans les écritures lentes, grandes et régulières en lignes, les caractères ont tous pour hauteur l'écartement entre deux lignes idéales.

Voir l'exception des écritures ornementées ou ornementales (ci-dessous).

— Dans les écritures rapides, le corps des caractères seul se tient entre les deux lignes idéales, des dépassements (hampes et queues) de divers caractères atteignant des lignes supplémentaires idéales au-dessus et au-dessous.

— Dans des écritures ornementées et ornementales des traits peuvent dépasser la norme des deux ou quatre lignes.

EXEMPLE : koufique ornemental ; écritures indiennes diverses.

— Dans les écritures à recomplètements orthographiques secondaires, des signes sont placés au-dessus ou au-dessous des caractères principaux, soit dans l'intervalle des quatre lignes idéales, soit même en dehors.

EXEMPLE : signes vocaliques de l'arabe ; accents dans l'écriture latine.

• *Groupements de caractères*

— Le souci du groupement des caractères en mots ou en syllabes peut faire placer des caractères les uns au-dessus des autres, généralement avec maintien de la hauteur normale par rapetissement des caractères.

EXEMPLE : hiéroglyphes égyptiens de petite hauteur superposés ; combinaisons de caractères dans les écritures indiennes.

— Le souci du groupement des caractères en mots peut faire intercaler dans la ligne des signes qui ne sont pas des caractères.

EXEMPLE : en sémitique, point ou barre de séparation des mots.

— Le souci des groupements de caractères en mots peut faire laisser des intervalles libres.

EXEMPLE : écritures européennes modernes.

— Le souci de ne pas couper de mot en fin de ligne et en même temps de ne pas écrire de lignes de longueur inégale peut faire : *a.* modifier des formes de caractères ; *b.* exagérer des intervalles.

EXEMPLES : *a.* caractères larges en hébreu ;
b. akkadien.

— Le souci des groupements de mots peut faire intercaler des signes qui ne sont pas des caractères.

EXEMPLE : signes de ponctuation.

— Le souci des groupements de phrase peut faire laisser des lignes incomplètes, avec au bout soit un blanc (*a*), soit un remplissage par un ou des signes (*b*).

Alinéa dans l'usage européen (*a*) ; éthiopien (*b*).

Forme des caractères et élégance

• *Géométrisation et symétrie*

— Dans certaines écritures lentes et grandes, les caractères tendent à se géométriser (avec des symétries).

— Dans les formes géométriques les caractères peuvent avoir un axe vertical ou horizontal médian ou les deux.

Caractères en carré, rectangle allongé, angle à pointe en bas ou en haut, en cercle ou ellipse.

— Dans les formes géométriques les caractères peuvent avoir un montant latéral.

Caractères en partie de rectangle ou à demi-cercle.

• *Angles et courbes*

— Avec un matériel et des procédés qui supportent mal les courbes, les courbes peuvent être figurées par des traits droits et des angles.

EXEMPLE : cunéiforme ; éthiopien.

— Avec un matériel et des procédés qui se prêtent surtout aux courbes, les traits droits peuvent s'incurver et les angles s'arrondir.

EXEMPLE : cursive latine moderne.

• *Parties ornementales des caractères*

— L'élégance peut faire mettre des points d'arrêt au bout des traits ou des petits traits d'arrêt aux angles.

EXEMPLE : hébreu carré ; latin (capitales) ; certaines écritures indiennes.

— L'élégance peut faire prolonger des traits au-delà des sommets d'angle ou allonger des courbes ouvertes.

EXEMPLE : cyrillique ; arabe.

— L'élégance peut faire sinuer des traits.

EXEMPLE : certaines écritures indiennes ; cambodgien ; javanais.

• *Contraste de dimensions et de formes*

— L'élégance peut faire mélanger des caractères de type grand et de type petit.

EXEMPLE : la plupart des emplois de majuscules en écritures latine, grecque, cyrillique. (Voir ci-dessus, les écritures ornementées et ornementales, p. 444.)

— L'élégance peut faire mélanger des caractères simples ou moins simples suivant des dispositions à expression idéographique.

Initiales ou finales d'ornement.

• *Effet d'éclairement*

— Dans la gravure, l'élégance peut faire varier le creusement.

— Dans la gravure, l'élégance peut faire remplacer le creusement par le relief.

— Dans la gravure et dans l'écriture à l'encre, à la plume ou au pinceau, l'élégance peut faire varier les traits en finesse et en épaisseur.

• *Couleurs*

— Le souci d'élégance peut faire employer des couleurs différentes.

Initiales, titres, etc.

Simplifications, liaisons, combinaisons de caractères ; rapidité

— Les caractères, qui sont généralement d'un seul tenant par eux-mêmes, sont normalement séparés entre eux.

— La rapidité tend à faire simplifier certaines combinaisons de traits à l'intérieur des caractères.

— La rapidité fait rapprocher l'extrémité d'un caractère du début du caractère suivant.

— Dans certaines formes rapides, une partie ou la totalité des caractères sont joints.

— Lorsqu'on ne soulève pas l'instrument à tracer dans l'écriture rapide, il s'ajoute des traits supplémentaires (droits ou à boucles).

— Lorsqu'on soulève l'instrument à tracer dans l'écriture rapide, il se produit des ouvertures.

Ruptures de courbes fermées ; séparations de traits droits.

— Certains systèmes orthographiques provoquent des combinaisons de caractères (consonne et voyelle, plus d'une consonne et voyelle) qui demandent moins de temps à tracer que des caractères séparés.

Éthiopien ; écritures de l'Inde.

— Le désir de grande rapidité fait substituer à des suites de caractères distincts, séparés ou liés, des combinaisons de traits où les caractères peuvent n'être plus reconnaissables ni même discernables.

Ligatures diverses. Cursives mal lisibles.

Confusion et différenciation des caractères ; lisibilité

— Des caractères originairement distincts mais ayant des ressemblances de tracé peuvent tendre à se confondre par suite de la rapidité du tracé.

— Le besoin de lisibilité impose des réfections secondaires pour la différenciation de caractères devenus semblables.

— La réfection peut se faire :

par accentuation de certains angles (hébreu ד) ;
par additions de traits (latin R) ;
par adjonction de signes diacritiques (arabe ز).

— Au cours de l'évolution sur des domaines séparés des caractères d'abord dissemblables peuvent prendre des formes semblables (la même forme correspondant alors à des valeurs différentes).

EXEMPLES : *a.* P en grec-latin ;
b. H en latin-cyrillique.

Changements radicaux des tracés de systèmes existants pour des usages spéciaux

— Les besoins de secret à l'usage d'un groupe restreint peuvent faire modifier profondément les formes traditionnelles ou créer des combinaisons voulues de traits.

Écritures magiques. Écritures-jeux. Caractères arbitraires.

— Le besoin d'écriture ultra-rapide peut faire abandonner le tracé traditionnel pour des formes convenues.

Sténographie.

— Les besoins d'individus dans des conditions spéciales peuvent faire abandonner le tracé traditionnel pour d'autres formes combinées.

Écriture Braille pour aveugles.

— Des emplois de matériels spéciaux de transmission peuvent faire remplacer le tracé traditionnel par d'autres signes.

Alphabet Morse.

Combinaisons systématiques de nouveaux systèmes graphiques reflétant le langage

— Figurations pictographiques (signes-circonstances et signes-choses).

Toutes écritures en pictogrammes à leurs débuts, notamment eskimo de l'Alaska, Écritures pictographiques de missionnaires.

Signalisations routières (cassis, écoles, etc.) non liées à une langue déterminée.

— Tracés quelconques, avec variétés en nombre suffisant pour les besoins (signes-mots, signes-syllabes, signes-phonèmes).

Stades ultérieurs de l'eskimo de l'Alaska, vaï, bamoun, etc., au cours de leur développement.

— Tracés combinés en formes simples et régulières (faciles à apprendre), sans relation avec les articulations.

Systèmes Evans et Pollard.

— Tracés combinés en formes simples et régulières, en relation avec les articulations.

Amorce en ogam.
Lalogrammes de Martin Kloster-Jensen.
Projet Jean Camion.

[Propositions de tracés systématisés alphabétiques indépendants des formes latines et valables pour toutes langues, en orthographe phonétique.]

— Figurations des concepts, valables pour toutes langues, avec matériel en principe quelconque.

Pasigraphies diverses, utilisant en fait des éléments de l'écriture alphabétique.

Figuration d'opérations d'esprit, en substitution du langage

— Les chiffres.

Issus de marques ou non.

— Les figurations opératoires du calcul.

+, −, etc.

— Les figurations algébriques.

Consistant en lettres.

— Les figurations de logique symbolique.

EXEMPLE : ⊃ implication.

ENSEIGNEMENTS RELATIFS À L'ÉCRITURE
(EN DEHORS DE L'EXÉCUTION DES TRACÉS)

Ordre des caractères

• *Pour l'usage général*

— Un ordre peut être constitué, ou un ordre traditionnel peut être modifié par des groupements où interviennent des conditions extérieures à l'écriture : par exemple groupements magiques ou non de mots choisis suivant le principe acrophonique et fournissant des noms de lettres.

Alphabet originel ?
Runes.

— Un ordre constitué peut être perpétué en raison d'une tradition non explicite, avec ou non des noms de lettres créés d'après le principe acrophonique.

Hébreu, avec noms de lettres acrophoniques généralement compréhensibles.
Grec, avec noms de lettres sans signification ; latin, en général sans noms de lettres.

— Un ordre traditionnel peut être modifié par des regroupements de tracés.

Arabe.

— Un ordre traditionnel peut être enseigné et utilisé dans les dictionnaires sans modification, en dépit de recomplètements, ou avec les recomplètements étymologiques en queue.

Latin avec caractères grecs.
Français au XVIIe siècle.

— Un ordre traditionnel peut-être modifié pour l'enseignement et pour la confection des dictionnaires par des insertions (éventuellement suppressions) en raison :

a. De rajeunissements d'orthographes usagées et vieillies.
b. De la constitution d'orthographes jeunes.

(Les insertions peuvent être celles de caractères diacrités ou de groupes graphiques.)

a. Français complété au XVIIIe siècle par *j* et *v*.
Espagnol avec *j*, *v*, *ñ*, *ch*, etc.
b. Turc latinisé.

— Un ordre peut-être constitué à neuf, ou secondairement par modification au mépris d'une tradition et enseigné, en considération des tracés.

Chinois avec classement des caractères par clés, et de celles-ci par nombre de traits.

— Un ordre peut être constitué à neuf, ou secondairement au mépris d'une tradition et enseigné, en considération des articulations.

Écritures indiennes, à classement phonétique.

• *Pour la sténographie*

— L'ordre est constitué et enseigné en tenant compte des fréquences d'emploi des sons et groupes de sons.

• *Pour les machines à clavier*

— Les touches sont disposées en raison de l'analyse du langage (en caractères latins ou autres), en tenant compte de la fréquence d'emploi et de la facilité des mouvements.

Noms des lettres

— Les lettres peuvent être désignées par des noms traditionnels en raison du principe acrophonique dans la langue de constitution d'un alphabet.

Probablement alphabet des langues sémitiques.

— Les lettres peuvent être désignées par des noms en raison du principe acrophonique dans une langue empruntant un système sans ses noms de lettres.

Runes.
Slave.

— Les lettres peuvent être désignées en majeure partie en raison de noms traditionnels et en petite partie en raison de la prononciation.

Arabe. Grec.

— Les lettres peuvent être désignées en raison de la prononciation (éventuellement avec quelques noms traditionnels).

Écritures de l'Inde.
Latin et dérivés.

EMPLOIS DE L'ÉCRITURE ET PROFESSIONS

Aux stades préurbains

— La préécriture en pictogrammes-signes est peu employée ; elle peut être maniée par tout individu sachant dessiner.

— La préécriture en pictogrammes-signaux est peu employée ; elle est maniée par des professionnels intellectuels, comme moyen accessoire de leur profession.

— Dans la sphère d'influence d'une grande civilisation une écriture provenant de cette civilisation et modifiée peut servir d'une manière plus ou moins rudimentaire à des usages divers professionnels ou non professionnels.

— Dans la sphère d'influence d'une grande civilisation, une écriture peut être combinée volontairement et appliquée à des usages divers professionnels et non professionnels.

Au stade urbain, sans l'imprimerie

— L'écriture est plus ou moins abondamment employée par des fractions restreintes de la société, spécialisées dans certaines professions, ou participant à la direction.

— Des secrétaires peuvent être entièrement occupés en tant que tels.

— Les scribes-secrétaires peuvent être en même temps petits fonctionnaires (administration), employés de greffe (notaire, justice), employés de commerce, adjoints aux prêtres.

— Le « patron » (politique, religieux, négociant) peut plus ou moins lire et écrire (ou seulement lire).

— Les copistes agissent individuellement ou en petit atelier (artisanat du livre).

— Les graveurs ou peintres copistes, ouvriers d'art, n'ont pas besoin de comprendre ce qu'ils tracent (de savoir lire).

— L'apprentissage de la lecture et de l'écriture est généralement lié aux études religieuses et aux locaux du culte.

— L'extension de l'organisation administrative d'une administration plus ou moins démocratique de recrutement peut faire apparaître la profession de maître d'école laïc.

Avec l'imprimerie, sans l'industrie électrique

— La lecture et l'écriture tendent vers la généralisation chez les gens de toutes professions.

— La lecture et l'écriture sont de plus en plus un besoin dans l'exercice des métiers non plus seulement d'administration et de répartition, mais de production.

— En raison des besoins accrus, l'importance du métier de maître d'école (enseignant fondamentalement l'écriture, la lecture, l'orthographe avec le calcul) est en croissance continue.

— Les métiers de calligraphe et maître d'écriture diminuent constamment d'importance.

— Les particuliers (non pourvus de secrétaires) emploient l'écriture non par métier mais comme adjuvant au métier.

— Les particuliers emploient l'écriture pour la correspondance privée, en dehors du métier.

— Les métiers de secrétaires individuels et d'écrivains publics se restreignent en raison de l'usage abondant de l'écriture par un plus grand nombre d'individus.

— Les métiers de secrétaires de bureaux variés prennent une importance croissante, et comportent des apprentissages poussés (avant le machinisme, en calligraphie ; depuis le machinisme en sténographie et dactylographie).

— Les métiers artisanaux de graveur sur pierre, peintres en lettres, etc., diminuent d'importance.

— Les différents métiers industriels de l'imprimerie prennent une importance croissante.

— Les besoins de l'écriture provoquent des fabrications industrielles : machines à imprimer, machines à écrire, stylographes, etc.

Avec l'industrie électrique

— La restriction de la correspondance écrite a pour contre-partie l'apparition des métiers nouveaux du téléphone.

— La diffusion par la radio et le cinéma s'accompagne de la formation de nouveaux professionnels, modifie les conditions de l'enseignement.

L'ÉCRITURE
ET LA PSYCHOLOGIE DES PEUPLES

avec la collaboration de

Marcel Cohen • Jean Sainte Fare Garnot

et

Raymond Bloch • Alphonse Dain • James Février • Jean Filliozat
Jacques Gernet • René Labat • Emmanuel Laroche • Henri Lévy-Bruhl
Robert Marichal • Henri-Jean Martin • Olivier Masson • Alfred Métraux
Maxime Rodinson • Janine Sourdel-Thomine • André Vaillant

NOTE AU LECTEUR

par Paul-Marie Grinevald

Les actes de la XXIIe semaine de synthèse sur *L'Écriture et la psychologie des peuples*, organisée par le Centre international de synthèse fondé par Henri Berr et dirigé alors par Paul Chalus, marquent une étape importante dans l'historiographie, tant sur le plan de l'écriture que pour l'histoire du livre. Le projet d'un tel colloque remonte à une question que Marcel Cohen se posait dans son ouvrage sur l'écriture reproduit ci-dessus : « Puisque les tracés individuels révèlent des particularités d'esprit de celui qui écrit, les tracés nationaux doivent permettre dans une certaine mesure de rechercher des particularités de l'esprit collectif des peuples » (p. 746).

Introuvable depuis de nombreuses années, sauf dans les grandes bibliothèques, *L'Écriture et la psychologie des peuples*, plus qu'une histoire de l'écriture, est le résultat d'une confrontation intellectuelle d'une rare qualité. Les différentes interventions offrent une réflexion intense sur les grands ensembles d'écritures, leurs rapports avec les différentes composantes des peuples qui les ont engendrés et surtout de nombreuses perspectives de recherches. Le dialogue entre les savants réunis lors de cette semaine est un exemple remarquable de fécondité, de convivialité et de pluridisciplinarité qui a fait école et qui peut être un modèle pour tous. À la lecture, tant des conférences que des discussions[1], on est saisi par la clarté du discours, par la présentation des connaissances empreintes toujours d'interrogation, de doute, de questionnement. Les auteurs parlent de l'évolution des écritures en rapport avec l'évolution des langues, ne négligeant pas la question des orthographes, celle du rapport que les écritures

1. Dans la perspective de la présente édition, nous avons conservé toutes les Discussions qui apportaient un écho et des compléments encore actuels à la conférence qui les précédait. Dans l'édition originale déjà, quatre de ces conférences n'étaient pas suivies d'une Discussion, et, pour l'une d'entre elles (« Les hiéroglyphes », par Jean Sainte Fare Garnot), une note indiquait que la matière de la Discussion à laquelle elle avait donné lieu avait été intégrée au texte publié de la conférence.

entretiennent chacune entre elles, les influences comme les originalités propres à chaque système.

Depuis ce colloque, les travaux sur l'écriture se sont multipliés, chez les historiens, les paléographes, les antiquisants, les calligraphes, les linguistes, et les graphistes avec autant de points de vue différents que d'auteurs ou presque. La recherche a progressé. Nos connaissances sur la naissance des écritures se sont précisées. Et pourtant, ce colloque, autant que l'ouvrage de Cohen, et au même titre que la célèbre *Histoire de l'écriture* de James G. Février, nous présentent, avec la plus grande pertinence, les éléments fondamentaux et indispensables pour appréhender un sujet aussi vaste que celui de l'écriture.

P.-M. G.

AVANT-PROPOS

Ce volume présente les dix-huit exposés et la substance des importants échanges de vues qui ont constitué la *XXII*[e] *Semaine de synthèse*, organisée, du 3 au 11 mai 1960, au Centre international de synthèse. Nous avions suggéré aux historiens d'étudier les rapports qu'on peut dégager entre l'histoire de l'écriture et les particularités psycho-sociologiques des divers milieux humains. Voici la teneur de cette proposition :

« Puisque les tracés individuels révèlent des particularités d'esprit de celui qui écrit, les tracés nationaux doivent permettre dans une certaine mesure de rechercher des particularités de l'esprit collectif des peuples. » Cette remarque de Marcel Cohen dans son ouvrage sur *La Grande Invention de l'écriture et son évolution*[1] justifie le projet d'entreprendre une recherche systématique dans ce sens, les résultats, quels qu'ils soient, ne manquant pas d'être instructifs. Tel sera l'objet de notre *XXII*[e] *Semaine de synthèse*.

« Dans cette *Semaine*, il ne s'agira pas d'une étude des problèmes techniques posés par l'invention et l'évolution de l'écriture – ceux-ci se trouveront nécessairement évoqués –, mais d'une recherche sur les raisons qui ont poussé l'homme dans cette voie, et sur les conditions intellectuelles et sociales qui, aux divers stades de la civilisation, ont, à la fois, résulté de cette découverte et provoqué ses progrès. Il sera donc question de problèmes relevant de la psychologie des peuples, de la sociologie et de l'histoire, qui peuvent, semble-t-il, recevoir quelque lumière d'une étude appropriée des origines, des transformations et des fonctions de l'écriture. Les spécialistes qui accepteront de collaborer à cette *Semaine* seront donc invités à traiter, par exemple, des points suivants :

1. Paris, Imprimerie nationale et Klincksieck, 1958, 2 vol. et 1 vol. de planches [dans la présente édition, p. 3]. Cf. du même auteur, *L'Écriture*, Paris, Éditions Sociales, 1953.

« *a*) Conditions sociales, besoins intellectuels ou affectifs qui ont conduit à l'invention de l'écriture ou à son adaptation et à ses successives transformations. Importance qualitative de l'écriture.

« *b*) Importance quantitative de l'écriture. Importance de la multiplication des copies. Qualité sociale des scribes et des autres producteurs ou reproducteurs d'écriture. Histoire et cause des variations. Enseignement de l'écriture.

« *c*) Rôle conservé durant ce temps par la transmission orale et les autres moyens d'expression et de communication (artistiques et techniques). Rapports de la parole et de l'écriture ; influences réciproques.

« *d*) Conclusions pour le domaine considéré. Traits psychologiques et sociologiques qui se trouvent éclairés par cette étude. Leurs rapports éventuels avec d'autres faits historiques. »

Tel était le thème général. Il avait été mis au point avec le concours de M. Marcel Cohen, directeur d'études à l'École pratique des hautes études, professeur honoraire à l'École des langues orientales, le plus qualifié de tous les savants qui se sont penchés sur le problème de l'écriture. Nous avions bénéficié aussi de l'aide précieuse de notre ami M. Jean Sainte Fare Garnot, directeur honoraire de l'Institut français d'archéologie orientale, professeur à la Sorbonne, et qui, au Centre international de synthèse, est le directeur de la Section des sciences historiques, philologiques et archéologiques.

Les savants, malgré la difficulté du sujet, ont répondu nombreux à notre appel, comme en témoigne le programme de la *Semaine* :

1. *Les Primitifs. Signaux et symboles. Pictogrammes et protoécriture* par ALFRED MÉTRAUX, spécialiste attaché au Département des sciences sociales de l'UNESCO.
2. *La Chine. Aspects et fonctions psychologiques de l'écriture* par JACQUES GERNET, professeur à la Sorbonne.
3. *Les hiéroglyphes. L'évolution des écritures égyptiennes* par JEAN SAINTE FARE GARNOT, directeur d'études à l'École pratique des hautes études.
4. *L'écriture cunéiforme et la civilisation mésopotamienne* par RENÉ LABAT, professeur au Collège de France.
5. *La civilisation égéenne. Les écritures crétoises et mycéniennes* par OLIVIER MASSON, maître de conférences à la faculté des Lettres de Nancy.
6. *L'Asie Mineure. Les Hittites, peuple à double écriture* par EMMANUEL LAROCHE, professeur à la faculté des Lettres de Strasbourg.
7. *Les Sémites et l'alphabet. Écritures concrètes et écritures abstraites* par JAMES FÉVRIER, directeur d'études à l'École pratique des hautes études.

8. *Les Sémites et l'alphabet. Les écritures sudarabiques et éthiopiennes* par MAXIME RODINSON, directeur d'études à l'École pratique des hautes études.

9. *Les écritures indiennes. Le monde indien et son système graphique* par JEAN FILLIOZAT, professeur au Collège de France.

10. *L'écriture grecque, du* VIII*e siècle avant notre ère à la fin de la civilisation byzantine* par ALPHONSE DAIN, directeur d'études à l'École pratique des Hautes Études.

11. *Étrusques et Romains. Problèmes et histoire de l'écriture* par RAYMOND BLOCH, directeur d'études à l'École pratique des hautes études.

12. *L'écriture latine et la civilisation occidentale du* I*er au* XVI*e siècle* par ROBERT MARICHAL, directeur d'études à l'École pratique des hautes études.

13. *L'écriture arabe et son évolution ornementale* par JANINE SOURDEL-THOMINE, directeur d'études à l'École pratique des hautes études.

14. *Le monde islamique et l'extension de l'écriture arabe* par MAXIME RODINSON, directeur d'études à l'École pratique des hautes études.

15. *L'imprimerie. Origines et conséquences d'une découverte* par HENRI-JEAN MARTIN, attaché de recherches au Centre national de la recherche scientifique.

16. *L'écriture cyrillique et son extension* par ANDRÉ VAILLANT, professeur au Collège de France.

17. *Les écritures latines. Extensions passées et récentes* par MARCEL COHEN, directeur d'études à l'École pratique des hautes études.

18. *L'écriture et le droit* par HENRI LÉVY-BRUHL, directeur d'études à l'École pratique des hautes études.

Chacun de ces éminents spécialistes, au cours des discussions, dans un remarquable effort de synthèse, porta son attention sur les problèmes soulevés par ses collègues. C'est ainsi que de nombreuses comparaisons furent esquissées, que des rapprochements s'imposèrent, que des différences furent soulignées, que des filières se trouvèrent éclairées d'un jour nouveau. Ces échanges de vues – dont certains eurent une portée scientifique incontestable – permirent la participation des auditeurs ; ils montrèrent, comme aussi la séance consacrée aux perspectives d'avenir et aux conclusions, le grand intérêt que cette enquête a suscité, à plusieurs niveaux.

La plupart des séances ont été présidées par M. Marcel Cohen, quelques-unes par M. Jean Sainte Fare Garnot. M. Charles Virolleaud, membre de l'Institut, vieil ami du Centre international de synthèse et de son fondateur Henri Berr, nous avait promis d'être des nôtres ; mais un empêchement de santé nous a privés de sa présence. M. Édouard Dhorme, membre de l'Institut, professeur honoraire au Collège de France, et M. Pierre Chantraine, membre de l'Institut, professeur à la Sorbonne, nous firent l'honneur de présider l'un la séance consacrée aux écritures cunéiformes, l'autre celle où furent examinées les écritures égéennes et hittites. M. Otto Koefoed-Petersen, conservateur du Département égyptien et oriental à la glyptothèque Ny Carlsberg de Copenhague, de passage à Paris, s'est fait un plaisir d'assister à plusieurs de nos séances et de présider celle au cours de laquelle son collègue, M. Jean Sainte Fare Garnot, étudia les écritures égyptiennes.

À tous ces savants qui, malgré leurs recherches, leur enseignement, leur nombreuses charges ont bien voulu nous réserver de leur temps, soit pour nous conseiller, nous aider, venir présider des séances, soit pour présenter des exposés peu faciles à préparer ou pour participer aux échanges de vues, nous exprimons notre vive reconnaissance.

Paul CHALUS
Secrétaire général
du Centre international de synthèse

I

LES PRIMITIFS

SIGNAUX ET SYMBOLES, PICTOGRAMMES ET PROTOÉCRITURE

par Alfred Métraux

Logiquement, un exposé sur les formes embryonnaires de l'écriture devrait commencer par une description et une énumération de tous les cas où des groupes humains font usage pour communiquer leur pensée ou pour alléger la mémoire de moyens aussi rudimentaires que bâtons cochés, cordes à nœuds, objets symboliques etc. Je crains cependant de m'engager dans des sentiers battus et d'évoquer des faits trop connus.

En revanche, les systèmes pictographiques me paraissent devoir nous retenir plus longuement, car ne sont-ils pas à l'origine même de l'écriture proprement dite ? Certains de leurs aspects méritent d'être examinés très attentivement. Tout d'abord, nous distinguerons rigoureusement entre les pictographies au sens strict du terme et les éléments pictographiques des écritures hiéroglyphiques. En analysant une pictographie, on ne perdra pas de vue la part revenant à la convention et à la stylisation dont les tendances varieront considérablement selon les sociétés. Si bien qu'il est parfois malaisé de discerner entre une représentation artistique et une représentation purement pictographique. Ces différences se manifestent surtout dans les modalités des dessins ou des peintures. En règle générale, les pictographies ne recherchent pas l'effet esthétique et tendent visiblement à la simplification et à l'abréviation. Tout ce qui ne concourt pas à l'expression graphique de l'idée principale est à peine ébauché, sinon complètement négligé. C'est précisément à cause de cette économie que les éléments des pictographies se transforment rapidement en symboles.

Le scribe (si dans ce contexte on me permet l'emploi du terme), qui incline naturellement à se conformer aux traditions et aux conventions artistiques de son groupe, s'y dérobe dans la mesure où il les adapte à une fin différente. Il lui faut bien sacrifier le souci esthétique à l'information. La pictographie, en tant qu'art figuratif, peut être, dans la même civilisation, en opposition totale avec un art décoratif, géométrique et abstrait. C'est là le cas des Indiens des Grandes Plaines des États-Unis qui à la fois rendent avec vivacité et exactitude des scènes de chasse ou de guerre dont ils veulent fixer le souvenir et ornent certains objets d'usage journalier, tels que leurs récipients à pemmican ou leurs carquois, de dessins purement abstraits.

Il existe deux types bien distincts de pictographies : les pictographies qui relatent un ou plusieurs événements, nous fournissant à leur sujet des renseignements d'un caractère général, et les pictographies aide-mémoire. Les études consacrées aux pictographies accordent généralement une place très large aux Indiens de l'Amérique du Nord. À juste titre d'ailleurs, car peu de peuples dits « primitifs » en ont fait un tel usage et nous offrent des formes de cet art aussi variées, depuis les pictographies consignant les épisodes d'une chasse ou d'une guerre jusqu'à la pictographie, simple moyen mnémotechnique pour la récitation de formules magiques.

Lettre envoyée par un Indien Cheyenne appelé « Tortue-suivant-sa-femme » à son fils « Petit-homme »
(D'après Garrick Mallery, *Pictographs of North American Indians*, Washington, Government Printing Office, 1886, fig. 61, p. 160).

Les pictographies peuvent présenter de véritables récits en images comparables à nos bandes illustrées. Elles évoquent alors les diverses phases d'une action, ses acteurs et même des aspects du cadre dans lequel ils se meuvent — rivières, montagnes, forêts. À ces dessins s'ajoutent parfois des éléments symboliques, indications abstraites se rapportant aux circonstances décrites. Par exemple dans un ensemble de petits tableaux relatant les péripéties d'une expédition guerrière, on suggérera la férocité et la ruse des combattants par les images d'un félin et d'un serpent. On identifiera parfois les principaux personnages par des signes distinctifs, tels que leur blason totémique ou l'animal dont ils portent le nom. Nous avons là une première ébauche de phonétisme, puisque ces dernières images sont censées exprimer un nom ou une partie de nom propre. Ainsi, le chef cheyenne qui s'appelle « Tortue-suivant-sa-femelle » sera représenté par un personnage surmonté de deux tortues. « Petit-homme » sera identifié à une silhouette d'enfant dessinée au-dessus de sa tête. Cette expression des noms propres ne pose guère de difficultés lorsqu'il s'agit de choses concrètes, mais elle met à dure épreuve l'imagination du scribe s'il lui faut rendre par la pictographie des idées abstraites. Pour transcrire le nom d'un individu appelé « Grande-route », un Indien Oglala a eu recours à la combinaison symbolique suivante : des traits parallèles avec des traces de pas font songer à la « route », un oiseau peint près de celle-ci évoque la rapidité qui est, évidemment, un des attributs des « bonnes routes ». Il est clair que seuls ceux qui connaissent déjà les noms correspondant à ces symboles sont à même de les déchiffrer. À ce titre, ces dessins auront donc une valeur mnémotechnique. Prenons comme autre exemple le nom propre « Bonne-belette ». De la bouche de l'animal, dessiné de façon réaliste, sortent deux traits ondulés qui d'ordinaire symbolisent le flot des paroles. Ce signe étant utilisé pour les « bons discours », on suppose que le lecteur ne retiendra que l'adjectif et oubliera l'idée de discours.

Les pictographies employées pour faciliter la récitation de textes religieux ou magiques consistent en une succession d'images se rapportant chacune à l'élément saillant d'une phrase, d'un membre de phrase ou d'une strophe, d'où le nom d'« écriture de phrase » (*Satzenschrift*), qui leur est donnée. Les pictographies sur écorces de bouleau des Indiens Ojibwa en sont un bon exemple. Prenons, à titre d'échantillon, les phrases suivantes : « La maison du Grand-Esprit. Vous avez entendu parler de lui. Je vais m'y rendre. » Si nous nous reportons à la pictographie, nous voyons une hutte, en coupe transversale, renfermant un oiseau anthropomorphisé, le « Grand-Esprit ». Si la formule contient le nom de l'Oiseau-tonnerre, celui-ci porte ses attributs. L'image d'un tambour suffit parfois à rappeler l'ensemble d'une phrase où cet instrument est mentionné.

Les Indiens Cuna, du sud de l'isthme de Panama, possèdent eux aussi une écriture pictographique autrefois gravée et peinte sur des tablettes de bois, mais qui, aujourd'hui, est simplement dessinée avec des crayons de couleurs sur des feuilles de papier. L'emploi de cette « écriture » est réservé à une catégorie spéciale de prêtres-magiciens, les *nélé*, sorte de médecins de la tribu. Comme la plupart des maladies sont attribuées à la malignité d'esprits ayant dérobé l'âme du patient, il faut, pour les traiter, contraindre le ravisseur surnaturel à lâcher sa proie. Les *nélé* s'y emploient en récitant de longues incantations. Un bon « homme-médecine » – un *nélé* – doit connaître donc un très grand nombre d'invocations, puisque les mauvais esprits foisonnent. Il soulage sa mémoire en transcrivant par le moyen d'images réalistes ou de signes symboliques les formules appropriées à chaque cas. Un simple exemple illustrera ce rapport entre les dessins et le chant magique. Examinons la première rangée de signes, correspondant à un chant magique, reproduit dans l'ouvrage de Nordenskiöld. Nous y voyons représentés successivement une rivière, un homme, une hutte, une série de points. Les dessins signifieront : « À l'endroit où les rivières se rencontrent, là pour votre profit Dieu a placé une maison et des pierres magiques. »

L'écriture pictographique des Indiens Cuna est incontestablement ancienne. Il y est déjà fait allusion au XVIe siècle. Sans doute s'étendait-elle sur une zone assez vaste, car à la même époque les chroniqueurs espagnols signalent l'usage de l'écriture chez les Indiens Catio du nord de la Colombie et, il y a quelques années à peine, une pictographie du type Cuna a été découverte chez les Indiens Motilon du Venezuela, sur les confins de la Colombie.

Pour mémoire, je citerai les fameuses annales des Indiens Dakota, les « énumérations d'hivers » (*winter counts*). Chaque année, ou plus exactement chaque hiver est caractérisé par un événement saillant représenté sur une peau de bison par un symbole. Un drapeau rappellera un traité de paix, une tête de bœuf l'arrivée du bétail, une peau de bison une bonne année de chasse, etc.

Quant aux peuples de l'Afrique occidentale, du Ghana au Nigeria, les proverbes si populaires dont ils émaillent leurs propos sont aussi utilisés comme thèmes décoratifs pour les calebasses. La locution proverbiale « Tel père, tel fils » sera évoquée par un fil et une aiguille, et l'expression « Le monde est vaste comme un baobab qu'on se saurait embrasser » sera traduite graphiquement par un homme essayant en vain de serrer un arbre entre ses bras. Des sculptures sont également employées pour matérialiser des proverbes.

L'écriture des Aztèques du Mexique, qui nous est connue par les rares manuscrits ayant survécu à la conquête espagnole, n'est qu'une pictographie dans laquelle on voit poindre les débuts du phonétisme. Parmi les dessins coloriés relatant divers événements mythiques ou historiques, les principaux personnages et les sites géographiques sont identifiés au moyen de rébus, d'ailleurs approximatifs puisqu'il n'y est pas toujours tenu compte des désinences. Ainsi, le nom propre *Téocaltitlan* est-il décomposé en plusieurs syllabes qui sont rendues par les images suivantes : lèvres (*tentli*), rue (*otlim*), maison (*calli*) et enfin dent (*tlantli*). Le procédé se rattache très étroitement à celui décrit plus haut, qui consiste à suggérer le nom d'un personnage par les images des êtres ou des choses entrant dans la composition de son nom. Les Aztèques sont allés plus avant dans la voie du phonétisme. Ils ont réussi à rendre par des images des sons séparés en recourant à une véritable analyse phonétique.

L'écriture maya pose à la science des problèmes particulièrement ardus, dont la solution paraît encore lointaine. Ceux qui en ont entrepris le déchiffrement se répartissent en deux groupes selon qu'ils partent de l'hypothèse que cette écriture est de caractère phonétique ou qu'ils la considèrent comme encore mal dégagée de la pictographie et des idéogrammes. Sans doute la vérité est-elle entre ces deux extrêmes. Les quelques progrès accomplis dans le déchiffrement nous font entrevoir une écriture combinant des idéogrammes à des éléments phonétiques et faisant déjà usage de déterminatifs.

Parmi les travaux consacrés au déchiffrement de l'écriture maya on citera ceux du professeur Knorosov, qui s'est également préoccupé de la lecture des tablettes de l'île de Pâques. Les recherches du professeur Knorosov ont provoqué les critiques acerbes d'un jeune ethnographe allemand, le Dr Th. Barthel, de l'université de Tübingen. Ces deux savants ont publié un résumé de leurs travaux dans les *Actes du Congrès des américanistes* de Copenhague de 1957. Knorosov croit avoir découvert la valeur phonétique de cinquante glyphes mayas, mais Barthel lui conteste le bien-fondé de ses interprétations. L'article de Barthel n'apporte guère d'éléments nouveaux, mais il est utile par le tableau qu'il trace de l'état du déchiffrement des inscriptions mayas. Il a sans doute raison de rappeler que pendant trop longtemps les savants ont concentré leurs efforts sur les manuscrits mayas, dont il reste trois, et que le moment est venu de donner plus d'importance aux inscriptions sur pierre. Leur nombre s'accroît à mesure que de nouvelles villes mayas sont fouillées. Ces inscriptions brèves sont associées à une date ou à des séries de chiffres lisibles sans difficulté. Une fois les chiffres éliminés, nous nous trouvons en présence de « glyphes » incompréhensibles, mais dont on parviendra peut-être à découvrir la valeur idéographique ou phonétique par des comparaisons avec d'autres inscriptions. Barthel est convaincu du caractère phonétique de certains glyphes et il entrevoit la possibilité d'accroître la liste de ceux déjà identifiés. Un des principaux obstacles auxquels se heurtent les chercheurs dans leur tentative de déchiffrement tient à notre connaissance très imparfaite de l'ancien maya. Cette langue pourra être reconstituée par une étude comparative des différents dialectes mayas parlés aujourd'hui au Mexique et au Guatemala.

Le professeur Marcel Cohen a noté qu'on pourrait s'étonner de ce que l'écriture soit restée inconnue dans un empire aussi vaste et bien organisé que l'était celui des Incas. Sa surprise est partagée par les chroniqueurs espagnols, qui nous ont en décrit avec enthousiasme les richesses et les admirables institutions. L'un d'eux, Montesinos, raconte qu'une écriture, dont les signes étaient gravés sur des feuilles, était en usage dans les royaumes fabuleux qui ont précédé les Incas, mais qu'elle aurait disparu, ayant été interdite par les Incas. Plus récemment, un archéologue péruvien, M. Larco Hoyle, a cru découvrir les éléments d'une écriture sur les vases de la civilisation mochica, qui a fleuri sur la côte nord du Pérou, il y a environ mille ans. Il s'agit de représentations de haricots avec des marques géométriques dont l'aspect rappelle les glyphes mayas. Ces haricots étant portés par des personnages qui lui semblent être des messagers, M. Larco Hoyle n'hésite pas à les interpréter comme les signes d'une écriture. Cette théorie, fort bizarre, n'a guère eu de succès, bien que certains archéologues américains aient cru bon d'en tenir compte. À mon avis, les haricots figurés dans l'art mochica servaient de marques ou de jetons dans des jeux qui survivent encore chez les Indiens modernes.

Un archéologue argentin, M. Ibarra Grasso, a repris l'hypothèse de l'existence d'une écriture dans les anciennes civilisations du Pérou. À l'en croire, elle aurait survécu dans ces pictographies assez rudimentaires dont les Indiens modernes de la Bolivie se servent pour apprendre par cœur le Credo et d'autres prières catholiques. Les Indiens Aymaras et

Quechuas de la Bolivie ne se sont pas contentés de dessiner les symboles qui correspondent aux mots ou aux idées des textes liturgiques. Ils les ont également représentés par des statuettes en terre cuite disposées en cercle sur un socle d'argile. Il n'est pas impossible que les Incas eurent recours à des pictographies pour relater les exploits de leurs empereurs ou simplement pour aider leur mémoire lorsqu'ils récitaient les hymnes à la gloire de leurs dieux, mais en aucun cas ils ne l'ont fait systématiquement. Les chroniqueurs, à l'affût de la moindre information relative à l'écriture, n'auraient pas manqué de le noter. Tout semble indiquer que la représentation graphique des prières catholiques remonte au XVIIe siècle, lorsque cette méthode a été popularisée par les jésuites de la région de Juli, sur les bords du Titicaca.

Il est peu probable que les cordelettes à nœuds ou *quipu* dont se servaient les fonctionnaires des Incas pour transcrire les résultats de leurs recensements aient pu être utilisées, comme le prétendent certains chroniqueurs espagnols, pour conserver le souvenir d'événements historiques. Tout au plus, grâce à ce système, aurait-on pu fixer certaines dates. Les bardes qui chantaient les exploits des Incas et se transmettaient oralement de véritables poèmes épiques ne se servaient pas, à notre connaissance, de moyens mnémotechniques. On ne saurait donc rapprocher les *quipu* de l'ancien Pérou des cordelettes nouées que les prêtres des Marquises faisaient glisser entre leurs doigts afin de n'oublier aucune des strophes des interminables chants récitatifs qu'ils psalmodiaient lors des cérémonies religieuses.

Quoi qu'il en soit, la principale, sinon la seule, fonction des *quipu* était de transcrire des nombres selon le système décimal. L'emplacement ainsi que la forme des nœuds permettaient de distinguer les unités, les dizaines, les centaines, les milliers (le chiffre le plus fort qui ait été lu est 10 000). Le zéro correspondait à l'absence de nœud à l'endroit où normalement celui-ci aurait dû figurer. Ce système suffisait sans doute aux besoins d'une administration qui devait être constamment renseignée sur les ressources humaines et matérielles de l'Empire. L'habileté avec laquelle les statisticiens, appelés *quipukamayoc*, maniaient les écheveaux de ficelles a évidemment nui au développement de tout autre système d'écriture.

Si dans le déchiffrement des hiéroglyphes maya on n'enregistre que de lents progrès, l'écriture de l'île de Pâques a fait l'objet d'importants travaux qui, bien qu'ils n'en dissipent pas entièrement le mystère, nous rapprochent de sa solution. L'écriture de l'île de Pâques a été découverte par Mgr Jaussen, évêque de Tahiti, à la suite d'un hasard fort curieux. Ayant reçu de ses ouailles de l'île de Pâques, en signe d'hommage, une cordelette faite avec leurs cheveux, il eut la surprise de constater que le morceau de bois autour duquel elle était enroulée était couvert de signes étranges, assez semblables à des hiéroglyphes. Mgr Jaussen était un esprit ouvert, préoccupé de questions d'ethnographie. L'importance de sa découverte ne lui échappa point. Plusieurs tablettes couvertes de signes furent recueillies par ses soins. Ce sont des tablettes de formes diverses sur lesquelles ont été gravés des dessins, les uns réalistes figurant des personnages, des animaux et des objets, d'autres purement géométriques. Ces symboles, de même hauteur, sont disposés en ordre régulier le long des cannelures de la tablette. Dans chaque rangée, les signes sont renversés par rapport à l'autre, si bien qu'à la fin de chaque ligne la tablette doit être retournée afin que les signes de la rangée suivante se trouvent dans leur position normale. Il ne s'agit donc pas à proprement parler d'une écriture boustrophédon.

Les tentatives des missionnaires pour obtenir des indigènes la clé de leur écriture n'aboutirent pas. Invités à lire les tablettes, les *rongorongo*, c'est-à-dire les chantres, prêtres spécialisés dans l'art de graver les tablettes et de réciter les hymnes sacrés, se mirent à psalmodier des hymnes, sans doute analogues à ceux des autres peuples polynésiens. Comme les chantres n'arrivaient pas à s'accorder sur le texte correspondant aux tablettes qui leur furent présentées, le P. Zumbohn en conclut qu'ils ne savaient pas « lire » et renonça à poursuivre son enquête.

Mgr Jaussen, lui, se montra plus persévérant ; ayant appris qu'un certain Metoro, Pascuan établi à Tahiti, avait autrefois étudié à l'école des prêtres, il le convoqua pour qu'il lui déchiffrât une des tablettes reçues par ses missionnaires. Metoro lut sans trop hésiter le fragment qu'on lui confia ou, plus exactement, se mit à psalmodier des phrases tout en suivant les glyphes du regard. Jaussen transcrit le texte que son informateur récitait. Malheureusement, la traduction qu'il nous en donne est fort décevante. À quelques strophes d'anciens hymnes sont mêlées de simples descriptions ou énumérations des symboles que Metoro avait sous les yeux. Le tout ne signifiait pas grand-chose et Mgr Jaussen, malgré son zèle et les espoirs qu'il avait placés en Metoro, se déclara vaincu. Il ne publia même pas le texte qu'il avait obtenu et qui parut après sa mort.

Je ne puis ici exposer les autres tentatives qui furent faites pour arracher leur secret aux tablettes. En 1914, Mme Routledge, à qui nous devons un des ouvrages les plus complets sur l'île de Pâques, apprit qu'à la léproserie de l'île vivait un vieillard qui avait été l'élève des *rongorongo*. Elle obtint de lui quelques renseignements assez vagues, mais avant même que s'achève son enquête, le dernier des *rongorongo* mourait, emportant avec lui notre dernier espoir de déchiffrement des tablettes avec l'aide des indigènes.

En 1934, au cours d'un séjour d'environ six mois que je fis à l'île de Pâques comme chef de la mission française envoyée par le Dr Rivet, je m'employai à recueillir tout ce qui dans les traditions de l'île m'eût conduit à découvrir la vraie nature de cette écriture. Je m'attachai spécialement à ce problème en raison des circonstances qui étaient à l'origine de la mission. En 1932, un linguiste hongrois, M. de Hevezy, avait cru établir un rapprochement entre les signes des tablettes de l'île de Pâques et ceux qui apparaissaient sur les sceaux découverts à Harappa et à Mohenjo-Daro, dans la vallée de l'Indus. Malgré les quelque cinq mille ans séparant la civilisation de l'île de Pâques et celle de l'Indus, les signes étaient si semblables qu'il eût été audacieux de se montrer sceptique. Ce qui m'inquiéta à ce moment ce fut précisément la trop grande similitude de ces deux écritures. L'hypothèse de Hevezy, quelque peu oubliée, n'est plus défendue que par les tenants de l'extrême diffusionisme. C'est pourquoi je ne m'étendrai pas davantage sur ce sujet.

Les essais de déchiffrement que j'ai entrepris, ainsi que l'examen de tous les témoignages existant sur l'écriture, m'ont convaincu que la soi-disant écriture pascuane n'était qu'une pictographie inventée par les *rongorongo*, pour faciliter la récitation de leurs interminables psalmodies. Un inventaire des signes me persuada que leur multiplicité n'était qu'apparente et que ce foisonnement était dû surtout aux combinaisons des signes simples. Les pourcentages des différents signes apparaissant sur une tablette me parurent inconciliables avec l'hypothèse d'une véritable écriture. À mon avis, ces tablettes n'étaient que des aide-mémoire utilisés par les chantres polynésiens. Chaque strophe de leurs poèmes correspondait à un ou plusieurs signes. Je comparais ce système aux écheveaux de ficelles des Marquises, dont les nœuds servent également d'aide-mémoire aux chantres dont le nom est identique à ceux de l'île de Pâques. J'avais également comparé les tablettes de l'île de Pâques aux jeux de ficelles que les indigènes ont associés à des poèmes. Tel était donc l'état du problème de l'écriture de l'île de Pâques. Mes théories, ainsi que celles de mes prédécesseurs, ont été remises en question par l'ethnographe allemand, le Dr Th. Barthel, professeur à l'université de Tübingen. Il a consacré un énorme ouvrage aux tablettes de l'île de Pâques sous le titre de *Grundlagen zur Entzifferung der Osterinselschrift*. La somme d'érudition contenue dans ce livre est immense. Même si les conclusions auxquelles Barthel est parvenu étaient contestées, son livre restera la base de toutes recherches et hypothèses nouvelles sur la question. Il a réuni le premier corpus des textes de l'île de Pâques et a dressé l'inventaire complet des symboles qui s'y trouvent. Il nous donne le contenu des vingt-six tablettes dispersées à travers le monde et ceux du fameux bâton de Santiago de Chile, mesurant 1,50 m et couvert de milliers de signes. Le Dr Barthel a eu aussi le mérite de retrouver à Grottaferrata, près de Rome, les notes prises par Mgr Jaussen au cours de ses entrevues avec Metoro. Elles ont été pour lui « une véritable pierre de Rosette ».

Il n'est pas aisé de résumer en quelques phrases le cheminement de la pensée de Barthel, les hypothèses sur lesquelles il s'est fondé pour donner une interprétation neuve des tablettes. Tout d'abord, ce savant croit avoir établi que les hiéroglyphes de l'île de Pâques ne sont pas les signes d'une pictographie, mais constituent une véritable écriture, dont les caractères fondamentaux seraient les suivants :

– Les symboles conventionnels adoptés dans cette écriture limitent les possibilités d'expression du scribe. Les caractères fondamentaux se ramènent à cent vingt, mais on compte de mille cinq cents à deux mille combinaisons de signes.

– Les signes représentent des têtes, des bras, des personnages, dont les gestes sont significatifs pour l'interprétation du signe. Ils figurent aussi des animaux, des plantes, des objets manufacturés, des objets naturels et des dessins géométriques dont le sens est abstrait.

– L'écriture consiste en idéogrammes qui peuvent avoir plusieurs significations toutes voisines ; ainsi, un même signe aura le sens de « soleil », « feu » ou « étoile ». Il existe plusieurs idéogrammes correspondant à une seule et unique idée.

– Les couleurs sont représentées par des objets dont la couleur est celle que l'on veut indiquer. Le gingembre par exemple correspond au « jaune ».

– Certaines idées abstraites comme celles de « couper » ou de « tordre » sont rendues par des signes qui les suggèrent.

– Aux êtres surnaturels correspondent des symboles. Le dieu Tiki est un crâne. La notion de tabou est évoquée par une branche.

– Le scribe a parfois recours à des images. Ainsi exprimera-t-il l'idée de « femme » par une fleur.

– Le scribe fait usage de métaphores, par exemple, d'un bâton fendu lorsqu'il parle de « jumeaux », un « personnage mangeant » pour un récitateur de poèmes, etc.

– Enfin, et cela est capital, certains signes ont un caractère phonétique. Cette évolution décisive d'une écriture idéographique au phonétisme a été facilitée par la nature même des langues polynésiennes où les homonymes abondent. Le mot pour « coquillage » signifie aussi « prier » ; *hua* signifie à la fois fruit et fils. Comme les Aztèques, les Pascuans ont utilisé le rébus pour exprimer des idées inexprimables autrement.

– L'écriture de l'île de Pâques ne correspond donc point à une phrase entière avec ses particules grammaticales. À cet égard, elle demeure une écriture embryonnaire. Le scribe dégage les idées fondamentales qu'il exprimera sous une forme télégraphique. Cette écriture comporte donc des mots clés dont la séquence constitue la communication. Entre le texte proprement dit et les signes tracés, la relation est partielle. Ainsi, le signe « roi » suivi du mot *tapa*, se lira *tapairu* : reine.

Bref, selon Barthel, l'écriture de l'île de Pâques ne disposerait que d'un nombre très limité de signes que compléteraient diverses combinaisons. Il ne s'agirait en aucun cas d'une pictographie, mais d'une écriture combinant les idéogrammes ayant un ou plusieurs sens avec des signes à valeur phonétique qui permettent d'exprimer des noms propres par le système du rébus. Il s'agit par conséquent d'un texte condensé, aux éléments phonétiques limités qui, tel qu'il est, se prête néanmoins à la lecture.

Fort de sa méthode, Barthel a tenté le déchiffrement de quelques passages des tablettes. Ses traductions sont assez brèves et il est loin d'avoir réussi à nous donner le contenu de la plupart des tablettes, bien qu'il croit en reconnaître le caractère. On ne saurait donc parler du déchiffrement de cette écriture. Barthel nous présente des hypothèses, les unes séduisantes, d'autres hasardeuses. Cependant, ses conclusions, quoique contestables, nous fournissent une base de départ extrêmement solide.

Plusieurs savants russes, dont le professeur Knorosov, se sont consacrés au déchiffrement des tablettes. Ils sont parvenus à des résultats partiels qui, malheureusement, ne coïncident pas avec ceux de Barthel. M. Knorosov dispose de moyens techniques considérables et a, en outre, à sa disposition les tablettes du musée de Leningrad, fruit de diverses expéditions russes dans le Pacifique. L'écriture des Pascuans aura livré son secret lorsque les savants s'accorderont sur sa lecture. Malgré les remarquables progrès effectués, ce jour paraît éloigné.

Barthel doute que l'écriture de l'île de Pâques ait été inventée dans l'île. Il l'attribue au génie des prêtres de l'île de Raiatea dans le groupe des îles de la Société, d'où elle se serait répandue dans la Polynésie au hasard des migrations. Le hasard a voulu qu'elle survécut uniquement à l'île de Pâques, la plus lointaine des îles polynésiennes et la plus isolée.

Le professeur Heine-Geldern a rattaché les hiéroglyphes pascuans à ceux de la plus ancienne écriture chinoise, laquelle, selon lui, dériverait d'un prototype encore inconnu, inventé il y a de nombreux millénaires en Asie Centrale. L'écriture de Mohenjo-Daro n'en serait qu'un dérivé. Les Polynésiens auraient trouvé cette écriture dans les îles de la Polynésie où elle aurait été en usage parmi une population néolithique venue de la Chine du Sud, au cours du premier millénaire avant J.-C. Cependant, on oublie trop qu'une bonne partie des signes sur les tablettes représentent des animaux et des objets propres à l'île de Pâques, à sa civilisation. Celle-ci a été frappée à mort en 1864.

Avant de terminer, je voudrais m'étendre un peu sur les écritures que des peuples dits « primitifs » ont inventées sous l'influence de notre écriture, sans cependant qu'il y ait eu transmission directe d'un système à l'autre. Ce mode de diffusion a été décrit par le professeur A. Kroeber sous le terme de « diffusion par stimulation » (*stimulus diffusion*). Il ne s'applique pas seulement à l'écriture mais à toutes techniques qui, sans être empruntées directement, ont été en quelque sorte recréées par un groupe humain, lequel, sans en connaître le détail, en avait pourtant une idée sommaire. Dans le domaine qui nous concerne, un exemple classique nous est fourni par l'Indien cherokee Sequoya, qui eut l'idée de constituer un syllabaire pour sa langue en utilisant des signes de son invention ou des lettres de notre alphabet, auxquels il donna une valeur phonétique de son choix.

L'écriture des Vaï du Liberia a une origine analogue. Son inventeur, un certain Doalu Bukere, qui prétendait que son système lui avait été révélé en songe, savait en fait que les Blancs ou les Arabes communiquaient par des signes écrits. Il semblerait cependant que l'écriture syllabique des Vaï, encore vivante aujourd'hui, dériva d'une pictographie transformée en écriture phonétique. En ce cas, le rôle de l'inventeur se serait borné à simplifier et phonétiser une écriture idéographique. Les Mende du Sierra Leone connaissent aussi une écriture syllabique, invention d'un tailleur.

La plus surprenante des écritures dues à une diffusion indirecte est celle de Njoya, roi du pays Bamoun au Cameroun. Il créa avec l'aide de ses conseillers une écriture qui en quelques années évolua de la pictographie et de l'idéographie au syllabisme et même, paraît-il, à l'alphabet. Toutes ces étapes furent franchies en une vingtaine d'années. Le système originairement composé de trois cent quatre-vingt sept symboles fut réduit à quatre-vingts. Il est intéressant de noter que dès son premier stade cette écriture en partie pictographique contenait déjà des rébus.

Une excellente étude sur l'écriture des indigènes des îles Carolines, en Micronésie, a paru à la Smithsonian de Washington. Plusieurs savants, dont le superdiffusioniste Imbelloni, attribuaient à cette écriture une origine orientale et y ont vu un vestige d'un système d'écriture « indo-pacifique ». Les recherches de M. Risenberg et de Shigeru Kaneshiro ont définitivement démontré que l'écriture syllabique des îles Carolines dérive de l'alphabet latin adopté à une date relativement récente.

Sans doute pourrions-nous allonger la liste des groupes qui ont réinventé l'écriture sous l'influence d'une civilisation qui en faisait un usage courant. J'aurais souhaité, par exemple, vous entretenir des écritures adoptées à l'époque contemporaine par les Esquimaux. Nous aurions pu aussi remonter les siècles et nous demander si certaines particularités de l'écriture runique ne sont pas dues au fait qu'elle est, elle aussi, le produit d'une « diffusion par stimulation ».

Le sujet même de cet exposé m'a contraint de passer rapidement d'un continent à l'autre et de mettre sur le même plan des civilisations qui ont peu de points communs. Cependant, je me suis prudemment gardé de reconstituer l'histoire de l'écriture en établissant arbitrairement des séries évolutives, en mettant bout à bout des renseignements épars empruntés aux peuples les plus divers. Dans cet exposé forcément très bref, mon propos a été de caractériser les formes embryonnaires de l'écriture chez quelques « peuples sans écriture ». En outre, j'ai cru utile pour les discussions qui vont avoir lieu de vous fournir quelques renseignements sur l'état actuel du déchiffrement d'écritures propres à des civilisations exotiques et lointaines et qui, pour cette raison, n'ont reçu qu'à une date récente toute l'attention qu'elles méritaient.

Discussion

Mme DIETERLEN. – M. Métraux a traité d'une question que nous étudions depuis quelques années en Afrique occidentale. Je voudrais signaler qu'il existe une publication sur les *Signes graphiques soudanais* de M. Griaule et moi-même, dans la collection « L'Homme », Cahiers d'ethnologie, de géographie et de linguistique, dirigée par M. Lévi-Strauss.

Depuis la parution de cet ouvrage en 1952, des enquêtes ont été poursuivies dans cette région. Elles ont porté non seulement sur la morphologie, la décomposition, la classification et la multiplication des graphies – qui se sont révélées extrêmement nombreuses – mais aussi sur les théories indigènes qui s'y rapportent : derrière les signes il y a des idées. Chez les Dogons par exemple, quatre catégories de graphies, allant du signe abstrait au dessin réaliste, connotent, dans la pensée indigène, une progression, une dynamique, et rappellent pour chaque être, chose ou idée ainsi désignés leur réalisation, leurs caractères, leurs fins.

L'existence des idéogrammes dans cette région de l'Afrique pose un problème historique : ils ne semblent pas, pour le moment, avoir été l'apanage de gens ayant voulu exercer une autorité politique. Mais ils sont l'objet de représentations chargées de sacré : ils ne sont connus que des initiés, et seulement utilisés par les responsables les plus qualifiés des cultes. Leur valeur est telle – les tracer fait persévérer dans son être la chose désignée – qu'ils interviennent à tous les niveaux de l'initiation, pour être révélés progressivement à celui qui atteint le plus haut grade. Plus un homme connaît de signes et plus il est instruit de la structure de l'univers.

Il y a là une source certaine d'études fécondes sur la valeur des idéogrammes, et peut-être sur l'origine de leur usage comme écriture. Certains résultats de ces enquêtes sont en cours de publication.

M. LENOIR. – Je voudrais souligner l'importance de la séméiologie. Elle est au cœur du sujet : nous sommes en présence d'une phase intermédiaire entre l'émission de sons et le besoin de griffer la pierre. Un certain nombre d'exemples en ont été donnés au cours de la communication. À côté du langage par signes, par gestes, il y a l'art d'exprimer l'action avec des bâtonnets de couleurs comme chez certains Indiens du Sud-Ouest nord-américain, avec des flèches ou des branchages liés ou déliés chez les Papous Kinai Purai Delta, avec des paniers ou des pelles chez les esclaves nègres dans la Casa Grande brésilienne aux jours de révolte. Ainsi s'atteste la prépondérance de l'action dont les moments successifs ne se détacheront que plus tard, grâce au jeu de consonnes et de voyelles combinées. Comme telle, comprise dans son ensemble en une vision de peintre, elle tend au symbole. Ce qui s'impose à l'esprit, c'est l'image dans sa réalité concrète, vécue. Une élaboration, brusque ou lente suivant les peuples, en fera, avec la complicité du signe inscrit, un schème d'où l'univers beaucoup plus restreint des sens fera surgir l'idée, puis le concept.

D'autre part, je rappelle mes articles parus en 1927, dans la *Revue de sociologie de l'institut Solvay*, sur le soulava mélanésien : un grand collier fait de coquillages de différentes couleurs circulant d'année en année à l'intérieur de la Société de commerce du Koula, résumant selon toute vraisemblance des connaissances d'astronomie nautique très étendues, les rappelant et renforçant les alliances – et le quipu. Je rattachais celui-ci à la science des nombres pour y voir, davantage que des comptes d'administration dépendant de l'économie politique de l'empire incacique, des périodes astronomiques concernant les planètes. J'inclinerais maintenant à penser que la diversité de sept couleurs, correspondant au centre du monde et aux six orients dans la direction desquels viennent se grouper les êtres et les choses en conformité avec les mythes et les rites, tente de comprendre et de retenir l'univers comme s'étendant à l'entour du domaine vital au réseau de cordelettes et de nœuds. Ils font que ce qui est voué à la disparition ne puisse pas s'oublier.

M. Faublée. – M. Métraux a parlé de la réduction d'un élément réaliste par schématisation, je rappelle qu'il y a déjà pas mal d'années, des préhistoriens ont voulu identifier des signes schématiques des galets du Mas d'Azil ou des peintures rupestres d'Espagne à un alphabet. Là, Obermaier – qui, naturellement, ne pensait pas à un alphabet[1] – a montré qu'un dessin figuratif aboutit à un schéma illisible. Dans le domaine de la préhistoire, ceci touche au sujet de l'exposé.

M. Métraux a souligné l'importance des proverbes et de leur transcription. J'ajouterai que les poids à peser l'or de la Côte d'Ivoire et de la Côte de l'Or[2] figurent souvent des proverbes. Au musée des Missions africaines de Lyon, les poids sont exposés, non pas selon ce qu'ils figurent, mais d'après les dictons qu'ils expriment. Cette présentation n'a pas été imaginée par le missionnaire conservateur de ce musée, mais lui a été dictée par ses informateurs qui gardaient l'usage et le sens des anciennes représentations.

Dans la question de la pictographie, je crois qu'il serait utile de distinguer plusieurs sortes de documents. Il est facile de représenter, par un procédé pictographique, un événement passé. Mais nous sommes très près de l'écriture quand la pictographie ne décrit pas une chose vue, mais exprime un ordre. Nous connaissons peu d'exemples de ces pictographies. Mais j'ai ici, sous la main, un exemple qui appartient à une société européenne, contemporaine. Ce papier a été pris, en 1917, sur le cadavre d'un officier d'état-major allemand, sur la ligne Hindenbourg. Cet ordre comprend de l'écriture normale et des signes pictographiques ou symboliques. Un élément particulier intervient ici : la nécessité d'utiliser des signes difficiles à déchiffrer, de garder un secret. En ce cas, une pictographie est maintenue parallèlement à l'alphabet.

---

1. Voir *El hombre fósil*, p. 366 *sq.*, pl. XXIII et XXIV.
2. Voir par ex. D. Paulme, *Poids et proverbes en Côte d'Ivoire et Côte de l'Or* (in *Le Musée vivant*, 1948, p. 32-34).

M. Métraux ne croit pas à l'hypothèse du passage d'une « écriture » à travers le sud de la Chine, vers l'Indochine, puis vers la Polynésie. Nombre de savants traitant de la Polynésie ou de l'Indonésie ont fait le voyage en avion, ou sur un bateau à moteur. Je crois que les influences océaniennes – en comprenant l'Indonésie dans l'Océanie – qu'on peut trouver en Asie vont du sud vers le nord, et non du nord au sud. Le passage par la Chine me semble improbable, pour ne pas dire impossible. M. Métraux émet des doutes sur la comparaison entre des pictogrammes de Mohenjo-Daro, des Cuna de Panama et de l'île de Pâques, appartenant à trois civilisations que personne n'ose rapprocher. Il s'agit évidemment de ressemblances fortuites. Y aurait-il d'autres pictogrammes que ceux de l'île de Pâques dans le monde océanien ? Très loin à l'ouest, en domaine indonésien, mais qui appartient à la même civilisation océanienne, nous avons un témoignage. Ce manuscrit pictographique a été recueilli au XVIIe siècle, dans le sud-ouest de Madagascar[1]. Il servait de mémento lors de l'« élévation » pour les génies de la nature vivante[2]. Or, il n'y a aucune ressemblance entre les signes de ce manuscrit et ceux des tablettes de l'île de Pâques.

À part deux ou trois fac-similés ce manuscrit est resté inédit. L'éditer fait partie de mes projets. Je dois avouer que la référence de Boothby a été trouvée par hasard, en cherchant tout autre chose. Les documents qui signalent la découverte de cet ouvrage ont été tronqués. Retrouver les lettres originales n'est pas commode. Dans le catalogue de l'exposition « Écriture et livres à travers les âges », organisée lors du XXIe Congrès international des orientalistes, la pl. I reproduit les ff^os 7 b (en bas) et 8 a (en numérotant les ff^os dans l'ordre arabe), qui ne sont pas spécialement typiques. Il en est de même de la figure éditée par Jully en 1899[3]. En 1948, ma femme et moi avons enquêté dans la région où ce type de livre était en usage au XVIIe siècle, au cours des mêmes rites, sans trouver aucune trace de l'emploi d'un mémento de ce genre.

M. Fabre-Luce. – Dans quelle mesure peut-on considérer que les langages humains, ou les écritures humaines, ont suivi et suivent une évolution dans les grandes lignes analogue, dont on pourrait tracer un schéma idéal ? Par exemple, vous nous avez dit : les Mayas étaient en train de…, ou bien : les Mayas allaient trouver… Y a-t-il une évolution vers l'abstraction ? Y a-t-il d'autres évolutions qu'on pourrait noter, qui auraient des traits communs à toutes les évolutions qu'on a pu observer ? Je sais que c'est là une question très vaste ; je sais, d'autre part, qu'elle a fait l'objet de discussions intéressantes où des opinions diverses ont été exprimées par des esprits éminents. Je pense qu'il serait intéressant d'avoir votre sentiment là-dessus, et j'aimerais bien savoir si vraiment on peut apercevoir certains signes de l'unité de l'esprit humain, ou si les hommes sont enfermés plus ou moins dans des sys-

1. BNF, Mal. pol. 18, 14 ff^os sur peau de bœuf.
2. Boothby, 1630, trad. de son texte dans Grandidier, *Ouvrages anciens concernant Madagascar* t. III, p. 73.
3. Jully, *Revue de Madagascar*, texte p. 236, fig. – le haut en bas – p. 227.

tèmes, des structures mentales différentes, que leurs écritures expriment, et qui représentent, par conséquent, des directions fondamentalement différentes de l'esprit humain.

M. MÉTRAUX. – La question est d'importance. C'est précisément celle à laquelle notre science, depuis sa création, cherche à répondre. C'est elle qui alimente les plus graves de nos débats. Je dirai même qu'elle est la question fondamentale. Le XIXe siècle a cru en posséder la solution. Il était convaincu qu'en raison de l'identité fondamentale de l'esprit humain, l'évolution des civilisations suivait une courbe ascendante à peu près identique et que les peuples dits « primitifs » représentaient des jalons dans la marche vers un progrès qui ne pouvait être que la civilisation européenne contemporaine. Une forte réaction contre cette vue optimiste et simpliste de l'histoire de l'humanité s'est déclenchée à la fin du siècle. Les fondateurs de l'école historique allemande, le grand anthropologue américain Franz Boas et bien d'autres ont démontré tout ce que cette conception avait d'arbitraire. L'histoire reprenait ses droits avec ses hasards, ses caprices, ses retards, ses transformations rapides. Notre siècle, qui a vu les civilisations néolithiques franchir en quelques années les millénaires qui nous séparent de la préhistoire, a détruit cette notion commode d'une évolution constante et régulière.

Dans le cas précis qui nous concerne, pouvons-nous dire, par exemple, que l'écriture maya allait évoluer dans le même sens que les écritures du bassin de la Méditerranée ? Allait-elle devenir entièrement phonétique, atteindre le stade du syllabisme pour aboutir à l'alphabet ? Nous n'en savons rien. Il est possible qu'étant l'apanage d'une classe de prêtres lettrés, elle ait fini, comme les hiéroglyphes égyptiens, par se scléroser et rester indéfiniment un système compliqué mêlant les idéogrammes aux signes phonétiques.

Chaque fois que nous constatons des évolutions parallèles, nous espérons établir des lois. Le pouvons-nous en dépit des facteurs imprévus de l'histoire ? Les cultes messianiques si nombreux dans le passé et le présent nous offrent d'étranges parallèles que n'expliquent pas des contacts historiques. Peut-être nous faudra-t-il construire, à l'exemple de Leslie White, un nouvel évolutionnisme qui tiendrait compte des diversités et des transformations propres à certains cadres géographiques ou à certains types de culture. Je le répète, nous touchons là à la base même de notre science.

M. BOURDIER. – Les prétendus « primitifs », que M. Métraux nous a si brillamment évoqués, sont contemporains de l'histoire ; ils ont subi l'influence de la grande vague de civilisation liée à la découverte de l'agriculture, vague issue du Proche-Orient et qui commença à se propager vers le VIe ou le Ve millénaire avant notre ère. L'écriture, évidemment, n'a pas pris ses racines chez ces faux « primitifs », mais chez les primitifs véritables, les hommes du Paléolithique supérieur eurasiatique, qui sont à l'origine des civilisations du Proche-Orient, et dont l'évolution s'est faite lentement entre les années – 30000 et – 6000 environ (le début du Paléolithique se situant, rappelons-le, vers – 600000).

ART PRÉHISTORIQUE SCHÉMATIQUE
(Croquis de F. Bourdier.)
PS : Paléolithique supérieur : A : Aurignacien ; G : Gravettien ; M : Magdalénien.

Le grand public, comme peut-être quelques historiens, a eu tendance à voir dans les figurations préhistoriques l'expression d'un art magnifiquement réaliste ; s'il en était ainsi, l'écriture aurait été issue de scènes réalistes venues de la préhistoire et plus ou moins organisées en pictogrammes ; des auteurs, comme Dawson et Jensen, ont effectivement tenté, jadis, de lire les figurations préhistoriques à la manière des pictogrammes indiens évoqués par M. Métraux ; ces auteurs ont abouti à des naïvetés manifestes. Des recherches ont montré à M. Leroi-Gourhan que certaines figurations des grottes ornées étaient plus fréquentes vers l'entrée et d'autres vers le fond de ces grottes ; mais l'ordre des figurations semble rester cependant très variable (dans la mesure où nous pouvons supposer que les figures d'une même grotte sont de même âge ou de même tradition) ; les grottes ornées ne semblent donc pas renfermer de véritables pictographies.

En revanche, les gisements préhistoriques ont livré des signes schématiques dès le début du Paléolithique supérieur ; en outre, certaines parois de grottes, ou certains niveaux archéologiques, ont montré des séries de figures constituant des termes de passage entre une représentation réaliste et une représentation schématique (voir les éléments 23 à 37 et 48 à 50 de l'illustration ci-contre[1]) ; la schématisation existe incontestablement dans l'art préhistorique ; elle est un élément de la psychologie des hommes du Paléolithique supérieur et aboutit à la création de véritables idéogrammes qui annoncent l'écriture. Si on fait commencer l'histoire avec l'apparition de l'écriture, le Paléolithique supérieur constitue donc une véritable protohistoire.

◀ 1. Pierre à cupules, La Ferrassie, Moustérien. – 2, 3. La Ferrassie, A. – 4. Os (à coches numératives ?), La Ferrassie, A. – 5. Montespan, PS. – 6. Rochebertier, PS. – 7. La Madeleine, M. – 8. La Croze (Combo del Bouitou), M. – 9. Marsoulas, PS. – 10. Hongrie, XIXe siècle (Musée de l'Homme). – 11. Allemagne XVIIe siècle ? (Musée de l'Homme). – 12. Laussel, G. – 13, 14. La Ferrassie, A. – 15. Castanet, A. – 16, 17. D'après Leroi-Gourhan, localités non indiquées. – 18. La Ferrassie, A. – 19. Porte-bonheur vers 1900. – 20. Australie, récent. – 21. V. 16. – 22. Laussel, PS. – 23 à 26. Cabreret, PS. – 27 à 30. La Madeleine, M. – 31. Raymonden, M. – 32. Lourdes, M. – 33. Lespugne, M. – 34. Tursac, G. – 35. Pekarna, PS. – 36. Petersfeld, M. – 37. V. 16. – 38, 39. Malta, M. – 40, 41. Méditerranée orientale, époque historique. – 42, 43. Vistonice, PS. – 44, 45. Aveyron, chalcolithique. – 46. Malta, M. – 47. – Bulgarie, récent (Musée de l'Homme). – 48. Laugerie Basse, M. – 49, 50. La Madeleine, M. – 51. La Zouzette, M. – 52, 53. Atlas, Maroc, âge du fer. – 54. Fuencaliente, Espagne, Mésolithique ? – 55. Le Castillo, Espagne. – 56. Cougnac, PS. – 57 à 60. Lascaux, M. – 61. Fontalès. – 62. V. 16. – 63. Les Combarelles, PS. – 64. Marsoulas, PS. – 65. Font de Gaume, PS. – 66. Cougnac, PS. – 67. Les Trois Frères, PS. – 68. Cougnac, PS. – 69, 70. V. 16. – 71. Font de Gaume, PS. – 72. V. 16. – 73. La Clotilde, PS. – 74 à 77. Lascaux. – 78. Idéogramme hittite : Dieu. – 79. Symbole sur une boule de bracelet (Extrême-Orient ?). – 80. Boule de bracelet (Extrême-Orient ?). – 81. Fragment de bandeau, Mézine, M. – 82. Isturitz, M. – 83. Lourdes, M. – 84. Isturitz, M. – 85. Malta, M ou Mésolithique ancien. – 86 à 100. Le Mas d'Azil, Mésolithique ancien.

---

1. Tous les numéros entre parenthèses cités dans ce texte renvoient aux éléments numérotés de l'illustration « Art préhistorique schématique ».

Le symbolisme, évident à l'âge du renne, a dû constituer un élément essentiel de la pensée de l'homme préhistorique bien avant, dès le Moustérien (entre – 70000 et – 30000 environ), comme le suggère l'emploi de l'ocre rouge, évoquant très certainement le sang et la vie, et la fabrication de boules de pierre parfaitement arrondies par piquetage (bolas) ; celles-ci avaient peut-être la signification qu'elles ont encore dans certaines traditions historiques où elles évoquent le cosmos et sa puissance autocréatrice. Au Moustérien apparaissent aussi les cupules (n° 1), symboles stellaires, a-t-on prétendu, peut-être aussi symbole de la blessure et de la défloration, ou bien réservoir d'eau lustrale, car dans la mentalité primitive les symboles ne s'excluent probablement pas l'un l'autre mais doivent se superposer, s'interpénétrer, comme les images de nos rêves. Les cupules rituelles sont étroitement associées aux plus anciennes figurations préhistoriques (Aurignacien ancien de la Ferrassie) ; elles se rencontrent jusqu'à l'époque actuelle.

Les premiers signes gravés connus (pendeloques de La Ferrassie, n°s 2, 3) sont en forme d'« X » ; par la suite, sur des objets ou sur des parois de grottes seront figurés des signes en « I V X Y » placés les uns à la suite des autres (n°s 5, 9) ; ces signes, soigneusement gravés et manifestement alignés, étaient interprétés par Piette comme une écriture que Peyrony rapprochait, un peu trop audacieusement, des alphabets créto-égéens. Il serait peut-être plus vraisemblable d'y voir soit des signes numératifs [comme ceux que les bergers hongrois traçaient naguère sur des planchettes (n° 10) ou nos chiffres romains] soit des signes « computatifs », des symboles du calendrier, comme ceux que l'on gravait encore, il y a quelques siècles, sur les bâtons runiques (n° 11).

Le plus ancien idéogramme que nous soyons capables de « lire » de façon certaine apparaît dès l'Aurignacien ancien, à la Ferrassie, vers – 27000, associé à de vagues figures animales et à des cupules (n° 18). Il représente le sexe féminin et entre apparemment dans la grande lignée des figurations de la femme prise comme double symbole de la fécondité et de la puissance créatrice. Tantôt ce signe est très schématique (n°s 16, 17, 21) tantôt il est d'un réalisme évident (n° 13) ; il peut affecter la forme d'une empreinte de sabot d'équidé (n° 14) et pourrait être alors à l'origine d'empreintes légendaires (pas de la mule de saint Martin), d'amulettes en pied de cheval magdaléniennes et de notre fer à cheval porte-bonheur (n° 19). Dans l'Aurignacien, la vulve est parfois surmontée d'un double arceau (n° 15) ; chez les Australiens actuels, rappelons-le, le double arceau céphalique peut symboliser l'eau et le sang (n° 20).

À Laussel, en Dordogne, vers – 21000, certains signes féminins tiennent à la fois du pubis et du croissant de lune (n° 12). On sait que ce gisement a livré trois célèbres « Vénus » sculptées ; l'une semble tenir un vague disque, la deuxième un croissant et la troisième une corne de bovidé (corne à boire ?) marquée d'une douzaine de traits qui avaient évidemment une signification, probablement numérique (n° 22). Il est donc permis de penser que l'association femme-lune-eau-fécondité, si fréquente dans les religions historiques, remonte jusqu'au Paléolithique supérieur.

On connaît plus de cent statuettes de « Vénus » préhistoriques dont les trois quarts sur le territoire russe, et ce sont elles qui sont manifestement à l'origine des déesses de la fécondité des plus anciennes civilisations historiques ; certaines statuettes de Malta en Sibérie (n°s 38, 39) rappellent étrangement des figurations archaïques méditerranéennes (n°s 40, 41) et des pendeloques de ce gisement (n° 46), probablement de petites déesses schématisées, évoquent des ornements presque identiques de la bijouterie populaire actuelle de Bulgarie (n° 47).

Comme dans les religions des temps historiques, si la déesse-mère semblait tenir un rôle essentiel, l'homme n'était pas exclu, symbolisé avec évidence par des phallus et probablement aussi par des signes en flèches ou en arête de poisson (n°s 52-55) comme celui gravé sur le phallus de La Zouzette (n° 51), vers – 14000). La flèche, cependant, pourrait avoir aussi une signification directionnelle d'après Breuil, sans parler de son sens d'envoûtement que nous retrouvons sur les cœurs percés gravés sur nos arbres (n°s 56, 58). Certains signes, à la fois serpentiformes et en arête de poisson, évoquaient peut-être des cheminements d'êtres ou d'astres ; d'autres signes semblent représenter le rameau et la plume (n°s 57, 61).

L'abbé Breuil et Saint-Perier ont consacré un bel ouvrage aux poissons dans l'art préhistorique ; ils ont mis en évidence des stylisations transformant des figurations de poissons en des signes pectiniformes aussi simples que nos lettres (n°s 48-50) ; comme ils l'ont montré, le poisson pouvait avoir un sens phallique, que sous-entendait notre « poisson d'avril » sur certaines cartes postales de l'époque 1900.

André Leroi-Gourhan a fait remarquer la fréquence du groupement femme-bison dans l'art des grottes préhistoriques (j'ai noté, dans certaines gravures populaires pyrénéennes récentes, l'association de la Vierge et du taureau). A. Leroi-Gourhan rappelle aussi les curieuses métamorphoses femme-bison imaginées par les hommes préhistoriques de Cabreret (n°s 23-26) et de Pech-Merle ; d'autre part, il y a plus d'un demi-siècle, l'abbé Breuil avait mis en évidence l'existence d'un idéogramme corne de bison-œil de bison (n°s 27-30) ; à mon avis, l'œil pourrait symboliser la vulve, et la corne le mâle ; ainsi l'idéogramme évoquerait la puissance créatrice bisexuée.

Certaines découvertes ne permettent plus de douter de l'existence de statuettes bisexuées représentant une femme dont le haut se termine en phallus (n° 34) ; là encore on se trouve probablement en présence du grand symbole uranien de l'autocréation de l'univers. Ces statuettes bisexuées pourraient être à l'origine de signes schématiques tels que les « claviformes » (n°s 35-37) et de statuettes simplifiées (n°s 42, 45) dont la silhouette se retrouve dans certaines perles des dolmens en oméga ou en ancre (n°s 44, 45), comme l'a montré Sauter.

Avec W. G. Gaerte, il est permis de penser que certains signes schématiques que les préhistoriens interprètent comme des huttes, des toits, des boucliers, voire des pièges à esprits (n°s 61-72), pourraient être des figurations du cosmos, un cosmos conçu, comme dans les plus anciennes civilisations historiques, par la superposition de l'eau souterraine, de la terre, de l'air et de la voûte céleste soutenue par des piliers et retenant l'eau du ciel. On peut rapprocher ces schémas préhistoriques de certains idéogrammes orientaux anciens (n° 78) ou bien actuels, comme ceux figurés sur les boules « porte-bonheur » (n°s 79, 80). Des signes en « marelle » existent aussi dès le Paléolithique (n°s 73-77), en particulier dans la célèbre grotte de Lascaux ; est-il besoin de rappeler que les marelles de nos enfants comportent ciel et terre ? Notons, en passant, un objet sculpté de Brassempouy (vers – 25000 ?), interprété avec vraisemblance comme un bouchon d'outre, dont la tête conique est ornée de lignes « ondées » pouvant symboliser la pluie (lignes verticales) et l'eau (lignes horizontales).

Dès les niveaux les plus anciens du Paléolithique supérieur on trouve des amulettes constituées par des coquillages percés dont l'usage a persisté, dans le monde entier, même en Europe, jusqu'à nos jours ; actuellement ils symbolisent surtout les organes féminins et favorisent la fécondité, l'abondance ou la chance. Dans l'Antiquité, l'hélice évoquait à la fois la spire du coquillage et la voûte céleste tournant autour de l'Ourse, tandis que la double spirale en « S », de la Chine à la Gaule, était l'idéogramme du tonnerre. Partant de ces vues, on pourrait interpréter une des faces de la célèbre plaquette percée de Malta, en Sibérie, comme une figuration cosmique (n° 85) ; la grande spirale centrale pourrait être l'Ourse ou le Soleil, la plus petite Sirius ou la Lune, tandis que les trois spirales qui les entourent symboliseraient le tonnerre (l'autre face montre trois serpents rappelant ceux des Euménides). La symbolique de la Chine ancienne permettrait peut-être une interprétation plus précise de cette curieuse plaquette. Notons, dans le Magdalénien pyrénéen, l'association de la spirale et du taureau schématisé par la corne, l'œil et la crinière (n°s 31-33, 83) ; un os sculpté de Lourdes semble évoquer un monde cosmique (n° 83).

Dans le gisement magdalénien de Mézine, en Ukraine (vers – 14000) on a découvert des objets probablement rituels, s'ornant d'un décor géométrique imitant manifestement un entrecroisement de bandes (lanières de peau ou d'écorce, tiges ou feuilles de graminées, etc.) ; ce décor de chevrons et de grecques (n° 81) a pu inspirer l'ornementation des tapis rituels et de certaines mosaïques antiques. Un psychologue spécialisé dans l'art primitif, Luquet, a suggéré ingénieusement[1] que notre arithmétique et notre géométrie auraient pu naître, au temps de Pythagore ou avant, de certains nattages rituels qui résolvaient les surfaces en damiers et rendaient sensibles à l'œil des progressions arithmétiques simples, comme celles des côtés d'une grecque ou d'un élément de swastika.

De cette brève incursion dans l'art préhistorique il faut d'abord retenir que les figurations schématiques apparaissent dès l'origine de cet art et qu'elles sont parfois d'un tracé aussi simple que celui de nos chiffres romains ; lorsqu'elles restent figuratives, comme dans les représentations de l'organe féminin, nous pouvons pressentir leur signification ; dans certains cas on peut

1. *Journal de psychologie*, 1929, t. 25, p. 742.

même suivre la transformation d'une figure réaliste en un signe schématique, ce qui permet d'affirmer que des idéogrammes, comme ceux d'où naîtront nos chiffres et nos lettres, existaient au Paléolithique supérieur, et entouraient déjà l'homme d'une « forêt de symboles ».

Piette voyait dans les signes schématiques peints sur les galets du Mas d'Azil (nos 86-100), vers – 6000, une sorte de terme de passage entre l'art paléolithique et l'écriture proprement dire. Cette hypothèse est très improbable puisque l'écriture est incontestablement née en Proche-Orient ; il faut rechercher son origine dans l'art paléolithique de l'Europe orientale qui a dû gagner le Proche-Orient lors du changement climatique clôturant l'âge du renne ; pour en être certain, il faudrait des fouilles plus nombreuses dans le Paléolithique supérieur et le Mésolithique de ces régions, fouilles accompagnées de datations par le carbone radioactif. Des recherches ont montré que l'agriculture était déjà présente en Israël vers – 6000, c'est-à-dire deux mille ans à peine après l'âge du renne. De cette agriculture naquirent les grandes civilisations où les comptables et les notaires, pour leurs travaux, furent obligés de laïciser tout un ensemble de signes liés au rituel religieux ; cependant, ces signes, abandonnés par les grandes religions socialisées, semblent avoir plus ou moins persisté jusqu'à une époque récente dans les traditions populaires.

Ni le langage, ni même l'art de fabriquer ne sont le propre de l'homme ; mais il est le seul, dans le monde vivant, à pouvoir tracer des représentations symboliques du milieu extérieur ; dès que l'art paléolithique apparaît, l'accélération de l'histoire devient sensible ; les figurations de la « Caverne » furent les premières ébauches de notre « miroir du monde ».

M. Cohen. – Il y a là un monde, celui des représentations préhistoriques qui ne sont évidemment pas des écritures comme nous l'entendons, mais qui sont tout de même des signes signifiant quelque chose. Il y a tous les signes des dolmens, et bien d'autres, qu'on a souvent essayé d'interpréter soit comme des symboles simples, soit comme des rudiments d'écriture, et qui donneront lieu encore à beaucoup d'interprétations, et sans doute à des découvertes qui ne nous sont pas accessibles jusqu'à présent.

Je voudrais répondre aussi à M. Fabre-Luce. Il est certain qu'il y a eu sur des domaines séparés, non communicants, des évolutions, ou des amorces d'évolutions analogues. Je suis convaincu, pour ma part, sans pouvoir en faire la preuve, que notre alphabet sort d'une pictographie qui s'est développée probablement très vite, et qui a passé au symbolisme assez rapidement. Cette évolution semble avoir commencé en beaucoup d'endroits et avoir été poussée plus ou moins loin. Il y aurait donc une espèce de constante, une possibilité qui s'est offerte aux hommes de manière répetée.

Je disais que cette évolution, ou des évolutions analogues se sont produites par suite d'une circonstance qui paraît s'imposer : le fait que le dessin passe facilement au schématisme ; c'est ce que nous voyons dans un certain nombre d'évolutions d'écritures. Faut-il alors parler de l'unité de l'esprit humain ? Je veux bien… On peut aussi parler des circonstances analogues qui s'imposent à l'esprit humain, et qui le conduisent dans des chemins analogues en des lieux et temps différents.

En ce qui concerne le fait que les choses s'arrêtent en certains endroits et vont plus loin en d'autres, il y a, en effet, des circonstances historiques, c'est ce que nous disait M. Métraux, qui se présentent : cela peut être la destruction d'une civilisation par une conquête et un arrêt brusque. C'est ce qui s'est passé en partie en Amérique, mais en partie seulement, parce que la civilisation maya était déjà tombée en décadence avant que les Espagnols n'interviennent ; il y avait eu une espèce d'autodestruction. Je crois qu'il faut faire intervenir ici plusieurs variantes dans l'idée de l'évolution : nous sommes tentés par une espèce de simplification, quand nous sommes évolutionnistes (c'est le cas de la civilisation intellectuelle actuelle dans son ensemble, quoiqu'il y ait des protestataires) : on est tenté de décrire une courbe générale de l'évolution, et d'essayer, par différents procédés, de voir comment on passe d'un état à un autre, etc. Je pense que cette évolution existe, en effet, qu'il y a un progrès général, mais que dans le détail, il est naturel qu'il y ait des interruptions, des achoppements. J'ai essayé d'exposer cette vue très brièvement dans un petit article de quatre pages intitulé « Discontinuité et dépassement »[1] . J'y ai exprimé cette idée qu'il est naturel qu'à un moment donné une évolution s'interrompe en un endroit, ce qui ne veut pas dire qu'elle ne sera pas reprise en d'autres. Dans certains cas il y a une perfection qui est atteinte sur un point et qui bloque la suite ; la perfection même d'une exécution, comme par exemple dans l'écriture de l'île de Pâques, peut être l'obstacle à la continuité : on se sert de la chose parfaite et on ne va pas plus loin ; on voit des faits de cet ordre dans l'histoire des techniques. Il ne faut pas oublier que les Égyptiens avaient une trempe du cuivre qu'on n'a pas retrouvée depuis, que les Romains nous ont laissé, à Paris même, des ciments que nos ingénieurs et chimistes n'ont pas encore retrouvés, etc.

La civilisation de l'Amérique centrale, qui nous a laissé de si beaux documents, de si belles sculptures et de si beaux manuscrits représentant une perfection matérielle, avait une raison tout à fait spéciale d'être en flèche en ce qui concernait l'écriture, et en même temps une raison de s'arrêter : c'était que ces gens croyaient au retour des mêmes événements d'une manière cyclique : ils avaient besoin d'un calendrier. Ceux qui ne croient pas à ce retour des choses s'en moquent, ils veulent simplement avoir des chroniques de ce qui s'est passé. Mais ces gens-là étaient convaincus que dans un cycle de cinquante-deux ans et ses multiples, les événements devaient se reproduire. Alors on était obligé de calculer : dès qu'il y a eu un clergé assez bien organisé et des techniciens de la sculpture, du dessin et de la couleur, il s'est réalisé des rudiments d'écriture en réponse à ce besoin. À ce moment ils étaient en flèche relativement. Ne parlons pas d'une manière absolue, puisqu'il s'agit de la période de l'an mil environ jusqu'au XVe siècle ; c'était bien après les Mésopotamiens et les Égyptiens, dans un autre monde, isolément, ces Américains en étaient arrivés là pour répondre à leurs besoins intellectuels ; ils étaient en avance sur d'autres Américains qui n'avaient pas les mêmes besoins, mais d'autre part, ils n'avaient pas de raison d'aller plus loin.

---

1. *La Pensée*, n° 14, sept.-oct. 1947.

II

LA CHINE

ASPECTS ET FONCTIONS PSYCHOLOGIQUES DE L'ÉCRITURE

par Jacques Gernet

Les rapports entre psychologie et écriture sont à double sens. Des besoins d'ordre psychologique ont influé au cours de l'histoire sur l'écriture : sur sa création, son développement, ses formes diverses et le système plus ou moins organisé qu'elle constitue. Mais en retour, les effets de l'écriture sur la « psychologie des peuples » sont sans doute bien plus profonds qu'on ne serait généralement tenté de le croire. C'est assurément ce second aspect du problème qui est de beaucoup le plus riche. C'est aussi celui où la recherche peut progresser de la façon la moins conjecturale, car si les conditions dans lesquelles l'écriture a été créée et modifiée nous sont ordinairement assez mal connues, en revanche nous ne manquons pas de données sur les incidences psychologiques de l'écriture.

Quelle démarche adopter et comment assurer ses pas dans un domaine où, à moins de garde-fou, on serait tenté de ne fournir que des impressions personnelles et hasardeuses ? On ne peut admettre en tout cas que les peuples, dans ce qu'ils ont précisément de populaire et de spontané, ont exercé une influence décisive sur la formation et le développement de l'écriture, puisque l'histoire nous apprend bien au contraire que cet instrument du pouvoir politique ou religieux (et, le plus anciennement, d'un pouvoir dont les fonctions politiques et religieuses étaient indissolublement confondues) est resté très longtemps l'apanage d'un petit nombre de spécialistes ou de groupes sociaux privilégiés. Ce sont en effet les données mêmes de l'histoire qui doivent nous guider : il est clair que les fonctions et les aspects psychologiques de l'écriture sont en rapport étroit avec ses emplois et avec les groupes sociaux plus ou moins restreints qui en ont détenu l'usage et qui étaient intéressés à sa conservation.

Dans le cas de la Chine, la matière est si riche, si étendue dans le temps et elle mériterait tant de travaux que je ne pourrai qu'effleurer certaines questions et indiquer quelles me semblent être les grandes lignes d'une évolution. Je voudrais montrer principalement comment cette fonction de pure communication intellectuelle, de transmission d'un contenu sémantique à l'exclusion de tout autre élément, qui est la fonction essentielle que nous attribuons aujourd'hui à l'écriture, ne s'est dégagée que lentement et par étapes, et comment ces étapes correspondent à des modifications du social qui ont amené des extensions successives des emplois de l'écriture et de son usage. C'est en somme toute l'histoire de l'esprit humain qui se trouve intéressée par celle des fonctions et de la place de l'écriture dans la société. Le témoignage de la Chine est ici, sans doute, exceptionnel. En effet les données chinoises s'étendent sur plus de trois millénaires et elles seraient surabondantes pourvu qu'on en fît une collecte systématique, car les Chinois ont toujours porté un vif intérêt à leur écriture et à son histoire. Mais surtout, le type d'écriture qui s'est développé et maintenu dans cette partie du monde est profondément différent de ceux qui se sont imposés partout ailleurs. Toute écriture est pour nous une transcription plus ou moins exacte des sons du langage et il est de fait que la Chine et le Japon sont aujourd'hui les seuls pays où l'écriture ne soit pas de type alphabétique. Depuis ses débuts jusqu'à nos jours l'écriture chinoise est restée dans son principe un répertoire de signes dont chacun correspondait à un sémantème. Même si on ignore tout des faits chinois, on soupçonne l'intérêt considérable que peut avoir l'étude des aspects et des fonctions psychologiques d'une telle écriture aux différents moments de l'évolution historique. Or, cette évolution a été bien plus importante que des clichés trop répandus sur l'immobilisme des sociétés orientales ne le font penser d'ordinaire.

Mais avant d'aborder les questions qui nous intéressent directement, il n'est pas inutile de préciser le type d'écriture auquel nous avons affaire en Chine et d'indiquer les raisons proprement techniques qui l'ont imposé et en ont ensuite rendu le maintien nécessaire. Cela afin de mieux apprécier la marge laissée à la psychologie et la dépendance que lui imposent en fait certaines conditions objectives.

Dès ses premiers spécimens connus, vers 1400 avant J.-C., l'écriture chinoise a les aspects d'une sorte d'algèbre. Alors que la pictographie se maintient ailleurs, comme dans les hiéroglyphes égyptiens, les écritures maya ou aztèque, avec un luxe de détails étonnant, la stylisation et l'économie de moyens sont si poussées dans l'écriture chinoise la plus anciennement connue que les signes y font beaucoup plus souvent figure de « lettres » que de dessins. Mais de plus, dans sa constitution même, cette écriture abonde en formations abstraites (signes retournés, opposés, traits marquant telle partie d'un signe) et en combinaisons de signes simples qui servent à la création de nouveaux symboles. Ainsi, dès ses premiers témoignages, l'écriture chinoise paraît s'être engagée beaucoup plus avant sur la voie de la notation idéographique que tout autre type d'écriture. Il est vrai que, dès ce moment, et surtout au cours des époques ultérieures, cette écriture a eu plus ou moins recours aux emprunts phonétiques, certains signes étant employés pour leur son indépendamment de leur sens originel. Mais cet emploi phonétique des signes n'a jamais pu être assez large pour altérer dans son principe l'écriture chinoise et l'amener sur la voie de la notation phonétique. En effet, dans une langue monosyllabique comme l'était

CHRONOLOGIE DE L'HISTOIRE DE CHINE

PRINCIPALES PÉRIODES		L'ÉCRITURE
	Av. J.-C.	
Débuts de la civilisation	1700	Naissance de l'écriture chinoise.
du bronze en Chine	1600	
SHANG	**1500**	
(XVIe ? -XIe s.)	1400	
Période Yin	1300	Date des inscriptions divinatoires de Anyang
Capitale des Shang à Anyang	1200	sur os et écailles (1348-1111).
(1348-1111).	1100	
ZHOU occidentaux	**1000**	
(XIe s. – 770)	900	Inscription sur bronze, de l'époque Zhou.
Période Chunqiu	800	
Printemps et Automnes	700	
(722-481).	600	
Royaumes combattants	**500**	
(481-221).	400	
Empire QIN	300	Naissance de l'écriture cursive.
(221-206)	200	Réforme de l'écriture chinoise par le Pre-
HAN	100	mier Empereur (Shihuang des Qin).
(de – 206 à + 220)		
	Apr. J.-C.	
Trois Royaumes (220-260)	100	Documents Han sur lamelles de bambou ou
Jin occidentaux (260-317).	200	de bois retrouvés en Asie centrale.
Invasions barbares	300	Rédaction du dictionnaire *Shuowen* (+ 100).
(Dynasties du Nord et du Sud).	400	
SUI	**500**	
(581-617)	600	Manuscrits sur papier retrouvés à Dunhuang,
	700	caractères nouveaux créés par l'impératrice
TANG	800	Wu Zetian (vers 690).
(618-907)	900	
Cinq Dynasties (907-960).	**1000**	
SONG	1100	Premières recherches d'épigraphie chinoise.
(960-1279)	1200	
YUAN (Mongols)	1300	
(1280-1367)	1400	
MING	**1500**	
(1368-1644)	1600	Âge d'or de la philologie chinoise (impor-
QING (Mandchous)	1700	tants travaux sur l'épigraphie et l'histoire de
(1644-1911)	1800	l'écriture).
	1900	
RÉPUBLIQUE CHINOISE		Travaux de Wang Guowei et Luo Zhenyu
(1912-1948)		sur les inscriptions Shang (premières années
RÉPUBLIQUE POPULAIRE	**2000**	du XXe s.). Adoption d'une transcription offi-
DE CHINE (1949…)		cielle en caractères latins (1958). Adoption
		de quelques caractères d'écriture simplifiés.

le chinois ancien, les traits distinctifs qui se trouvent groupés en une seule émission de voix sont nécessairement plus nombreux que dans les syllabes d'une langue polysyllabique, si bien que chaque signe d'écriture ne peut pratiquement servir qu'à la notation d'un seul mot, sauf dans les cas relativement limités d'homophonie. L'écriture reflète donc l'état de la langue : chaque mot-syllabe ayant généralement une prononciation qui lui est particulière ne peut être théoriquement noté que par un signe qui s'applique uniquement à lui à l'exclusion de tous les autres. Ainsi, au caractère synthétique du mot-syllabe du point de vue phonétique répond le caractère synthétique du signe du point de vue graphique. Il n'en va pas de même dans une langue polysyllabique, car les mêmes signes peuvent y servir plusieurs fois : la constitution d'un syllabaire y est possible et son usage finit par s'imposer pour des raisons d'économie quand cette technique plus ou moins secrète et sacrée que semble avoir été tout d'abord l'écriture est devenue un vulgaire moyen de communication.

Sans doute les risques de confusion et les difficultés de lecture n'ont-ils jamais été rédhibitoires et bien des écritures ont fonctionné en dépit de ces inconvénients. Ce fut peut-être le cas de l'écriture chinoise dans la période troublée qui va du ve siècle à la fondation de l'Empire en 221 avant J.-C. Ce qu'on en sait semble indiquer que les emplois phonétiques de caractères d'écriture pour la notation d'homophones et de mots de prononciations voisines y ont été plus répandus encore qu'à l'époque archaïque. En outre, le morcellement de la Chine en plusieurs États a eu alors pour conséquence un développement indépendant des graphies et des styles. L'usure phonétique, inégale selon les dialectes, et l'évolution indépendante de ces dialectes furent une cause de confusion plus grave encore. Ainsi, quand le pouvoir impérial, après l'unification politique, entreprit d'unifier l'écriture, on recueillit un nombre surabondant de formes graphiques dont il fallut éliminer une bonne part. Mais aussi, afin d'éviter les confusions, il apparut nécessaire de distinguer ce qu'on pourrait appeler les homogrammes. Telle est l'origine des « clés » de l'écriture chinoise, signes simples destinés à marquer avec quelle catégorie d'objets le caractère entier était en rapport. Ce type de formation (clé + phonétique) a été, comme on sait, très prolifique. Mais comme, dès les débuts de l'Empire, les « phonétiques » ne pouvaient fournir en fait qu'une indication très approximative sur les prononciations, variables selon les régions, et que c'est seulement l'ensemble d'un caractère qui permettait de l'identifier avec tel mot de la langue, il est clair que cette réforme, loin de marquer un progrès dans le sens de la notation phonétique, était au contraire un des moyens auxquels le pouvoir central eut recours pour unifier, à défaut de la langue, l'écriture, et pour imposer, à des fins administratives, une langue graphique qui pût être comprise dans toutes les parties de l'Empire indépendamment des diversités dialectales. Le fondateur de l'unité impériale et ses conseillers sont sans doute responsables de cette conception audacieuse qui fit la fortune du chinois comme langue écrite de civilisation et lui assura une durée et une extension si étonnantes. La langue graphique officielle qui fut établie comme norme pratiquement immuable depuis la fin du IIIe siècle avant J.-C. jusqu'à nos jours n'a cessé de s'enrichir au cours des siècles – tout d'abord en servant à la notation des Classiques et des autres textes antérieurs à la fondation de l'Empire, puis par les usages qu'en firent des générations de fonctionnaires et d'écrivains – alors que s'accentuait l'évolution phonétique des dialectes ; si bien que la substitution d'une transcription phonétique aux caractères d'écriture est restée chose inconcevable jusqu'à l'adoption d'une langue nationale fondée sur le parler de Pékin et l'abandon de la langue écrite des lettrés.

Le caractère artificiel et savant de l'écriture chinoise la plus ancienne invite à penser qu'elle était l'apanage plus ou moins secret d'un corps de spécialistes et c'est ce que confirment l'archéologie et l'histoire. Les premiers signes que nous ayons figurent sur des os de mouton et des carapaces de tortue qui servaient à la divination par le feu. Ils furent tracés par des devins attachés à la cour royale des Shang (XVIe-XIe siècles avant J.-C.). Interprètes de tout ce qui est dessin et porte le nom de *wen*[1] (craquelures produites par le feu sur les carapaces préalablement sanctifiées, signes célestes, constellations…), ces scribes devins maniaient peut-être également les baguettes d'achillée destinées à former des combinaisons de lignes interrompues ou continues aux significations ésotériques. Il est significatif que l'écriture ait été comptée anciennement au nombre des Six Arts : rites, musique, tir à l'arc, conduite des chars, écriture et science des nombres (c'est-à-dire essentiellement science divinatoire), disciplines qui, selon la tradition confucéenne, visaient à la formation des honnêtes gens, mais qui paraissent avoir été, à l'origine, des arts nobles de caractère magique. Ils impliquaient une maîtrise psychosomatique, preuve de « sagesse » (*xian*), qui habilitait au commandement (cela est particulièrement sensible dans le cas du tir à l'arc).

La période de formation de l'écriture chinoise ne nous est pas connue. Mais on peut supposer que les motifs qui ont incité à recourir d'abord au dessin, même stylisé, sont bien de caractère magico-religieux. La remarque a été déjà faite bien souvent : le dessin est un mode d'appréhension des

---

1. Le mot *wen* signifie ensemble de traits, caractère simple d'écriture. Il s'applique aux veines des pierres et du bois, aux constellations, représentées par des traits reliant les étoiles, aux traces de pattes d'oiseaux et de quadrupèdes sur le sol (la tradition chinoise veut que l'observation de ces traces ait suggéré l'invention de l'écriture), aux tatouages ou encore, par exemple, aux dessins qui ornent les carapaces de tortue (« La tortue est sage, dit un texte ancien – c'est-à-dire douée de pouvoirs magico-religieux –, car elle porte des dessins sur son dos »). Le terme *wen* a désigné, par extension, la littérature et la politesse des mœurs. Il a pour antonymes les mots *wu* (guerrier, militaire) et *zhi* (matière brute non encore polie ni ornée).

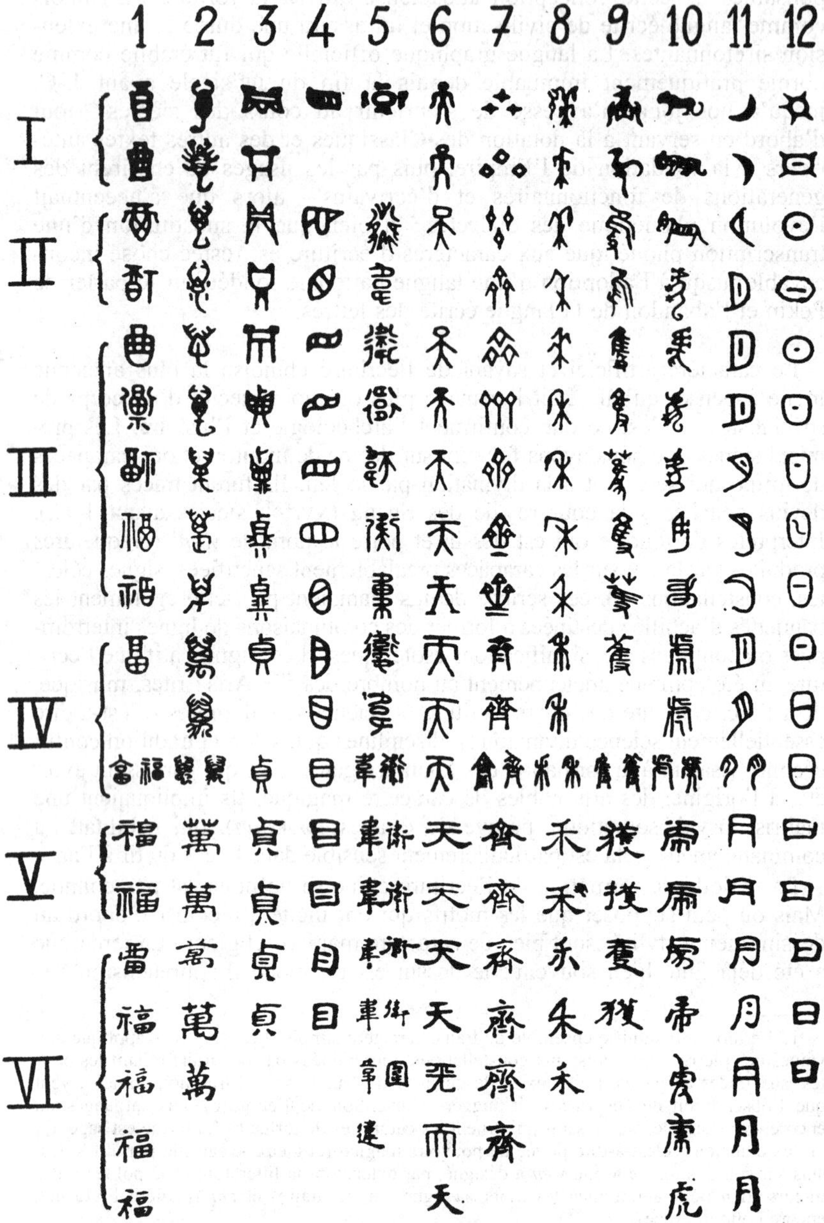
1 2 3 4 5 6 7 8 9 10 11 12
I
II
III
IV
V
VI

êtres et de leur essence tout aussi efficace que le verbe. Il y a une magie du dessin comme il y a une magie de la parole. Si bien qu'il est possible que l'écriture n'ait pas été à ses débuts ce qu'elle est pour nous : une sorte de décalque de la parole, mais, sur le plan des pratiques magiques et religieuses, un mode d'action parallèle et différent. Les faits chinois semblent confirmer un tel parallélisme et inclinent vers une pareille interprétation.

Le rituel du serment entre royaumes entre le VIIIe et le Ve siècle avant J.-C. révèle que certaines divinités étaient informées de l'acte oralement et d'autres par écrit. Les parties se frottaient les lèvres du sang de la victime devant un tertre où avait été sacrifié l'animal. Puis elles prononçaient à voix haute le texte du serment qui avait été inscrit sur une tablette. Cette tablette était ensuite enterrée au-dessus du corps de la victime, afin sans doute de faire connaître l'acte aux divinités du monde souterrain. De façon analogue, lors des rites solennels qui avaient lieu à la cour des rois (et des seigneurs) et qui nous sont connus par des inscriptions sur bronze de la première moitié du Ier millénaire, le texte des donations, des nominations, des investitures, des procès judiciaires était inscrit sur une tablette, lu à voix haute devant le temple des ancêtres royaux et reproduit ensuite par les bénéficiaires sur des vases cultuels : les esprits ancestraux, attirés par le parfum et la fumée des offrandes, en avaient ainsi connaissance. Dans un contrat sur tablette du IXe siècle après J.-C. pour l'achat d'un tertre funéraire figurent les formules suivantes qui s'inspirent sans doute, dans leur parallélisme, d'une tradition beaucoup plus ancienne : « Le texte de ce contrat a été écrit par la Carpe ; il a été lu par la Grue. Que la Carpe descende dans les profondeurs des Sources Jaunes (séjour des morts) ; que la Grue monte au Ciel. »

Il semble donc qu'il y ait eu anciennement en Chine une spécialisation d'emploi entre la parole et l'écrit dans les rites religieux. La parole était adressée de préférence aux divinités du monde visible et aux ancêtres promus à l'état de dieux, divinités bienfaisantes, et l'écrit aux puissances punitives et vengeresses du monde chthonien. Dans tous les cas, entre l'époque des inscriptions sur os et écailles de la fin des Shang et le VIIe siècle

◀ Ci-contre : tableau montrant l'évolution de certains caractères d'écriture depuis les origines à nos jours. La pictographie fait place très tôt à une stylisation si poussée que le dessin primitif n'est plus reconnaissable.
De gauche à droite : 1. Abondance (jarre pleine d'alcool) : bonheur. – 2. Insecte (probablement un scorpion). Emprunt phonétique pour « myriade ». – 3. Divination. Pureté rituelle (à l'origine, dessin d'un tripode). – 4. Œil. – 5. Défense de ville. – 6. Ciel (dessin anthropomorphe). – 7. Égal, de même niveau. – 8. Céréale. – 9. Capture à la chasse. – 10. Tigre. – 11. Lune, mois. – 12. Soleil, jour.
De haut en bas : I. Signes pictographiques les plus anciens (XVIIIe-XVIIe s. ?). – II. Écriture de l'époque Yin (XIVe-XIe s.). – III. Écriture des inscriptions sur bronze de l'époque des Zhou (première moitié du premier millénaire). – IV. Écriture de la fin de l'époque dite des Royaumes combattants (Ve-IIIe s.). – V. Écriture officielle de l'empire des Qin (vers – 220). – VI. Écritures des époques postérieures aux Han.
D'après M. Hua Shih-Fu de Shanghai.

avant J.-C., l'écriture paraît bien être restée l'apanage de collèges de scribes qui étaient versés dans les sciences divinatoires – et, par là-même également, dans certaines techniques positives qui faisaient appel aux nombres – et qui servaient d'assistants aux princes dans leurs cérémonies religieuses. L'écriture eut alors sans doute pour fonction essentielle de permettre, dans la divination et les pratiques religieuses, une sorte de communication avec le monde des dieux et des esprits. C'est dire la puissance redoutable qui lui était vraisemblablement reconnue et le respect mêlé de méfiance dont les spécialistes de l'écriture devaient être entourés. Sans doute cette puissance de l'écriture a-t-elle exclu pendant longtemps des emplois profanes dans une société prisonnière de ses rites dans ses actes et dans sa forme de pensée.

Les fonctions du « faiseur de tablette » (*zuo ce*), devin et astronome, se sont étendues, probablement à partir du VIIIe siècle, à la rédaction des annales royales. Ce n'est pourtant pas là, comme on pourrait le croire, un emploi tout à fait profane de l'écriture, mais bien au contraire rituel[1]. De même, la rédaction des premières lois pénales dont le texte fut fondu sur des chaudières de bronze en 535 avant J.-C. ne constitue pas une nouveauté radicale : ce sont encore des formules efficaces, des *verba sacra*, qui sont inscrits dans le bronze. Pourtant, l'apparition des annales et des lois écrites est déjà l'indice des progrès du pouvoir politique. Elles annoncent les changements qui vont suivre.

Pour que l'écriture serve principalement à d'autres fins que le rite et pour que se modifient en même temps les fonctions psychologiques de l'écriture, il fallait un profond bouleversement. L'étape décisive dans l'histoire de l'écriture en Chine sera franchie au cours de cette période révolutionnaire qui s'ouvre à la fin du VIe siècle et se termine par l'unification impériale en 221 avant J.-C. Bien que nous ne puissions que soupçonner l'importance de son évolution au cours du millénaire précédent, le monde chinois n'était sans doute pas resté jusqu'alors immuable. Mais la puissance de la religion, des rites et des hiérarchies n'y avait pas encore été ébranlée. Elle devait l'être par suite des progrès de l'État et de la centralisation politique. Cette modification du monde chinois, tout d'abord insensible mais qui s'accélérera avec le temps, eut pour premier effet de généraliser les applications de l'écriture à des fins proprement administratives et profanes. Mais surtout elle provoqua à la longue une dissociation entre le politique et le religieux, entre les arts de la guerre et du gouvernement d'une part, les rites et la morale d'autre part, et c'est de cette rupture que devait naître la pensée positive. Ce ne furent plus dès lors uniquement des spécialistes des choses invisibles et divines qui manièrent l'écriture, mais des gens habiles dans ces techniques diverses dont les États naissants avaient le plus grand besoin

1. Cf. J. Gernet « Écrit et histoire en Chine » *Journal de psychologie*, janvier-mars 1959.

pour affermir leur puissance : stratégie, balistique, diplomatie, agriculture, méthodes de gouvernement, fiscalité, droit pénal… C'est à ce moment sans doute que se développèrent des formes distinctes de l'écriture, en rapport avec ses différents usages : cursive pour la notation sténographique de la parole, écriture officielle, sigillaire, écriture des stèles…

Ainsi, l'écriture tend à devenir à cette époque un simple outil de communication, d'enregistrement et d'expression de la pensée. L'étonnant, c'est que, malgré les transformations radicales que subit le monde chinois pendant les trois siècles qui précédèrent la fondation de l'Empire, elle ne le soit pas devenue tout à fait et qu'elle ait gardé au contraire, dans certains de ses emplois, tout son prestige, et que ses accointances avec la magie, la divination et la religion aient persisté.

Que l'écriture, tout en assurant ces fonctions profanes qui nous semblent lui être inhérentes, soit restée chose efficace, bienfaisante ou néfaste, on en a tout au long de l'histoire de la Chine impériale des preuves innombrables. Et ces témoignages, parce qu'il intéressent différents milieux d'une société de plus en plus complexe, indiquent que les aspects magico-religieux de l'écriture se situent eux aussi à différents niveaux. Deux séries principales de faits pourraient être retenues : ceux qui ont trait aux emplois officiels et spécialement impériaux de l'écriture, ceux qui touchent à ses emplois populaires. Je ne pourrai ici qu'en dire un mot, car une étude détaillée de ces pratiques reste à faire et mériterait d'être faite.

Quand le pouvoir impérial s'affermit sous les premiers Han (IIe et Ier siècles avant J.-C.), la morale nobiliaire et le ritualisme de l'Antiquité furent restaurés et réinterprétés au profit de l'État. Ainsi, c'est une conception ritualiste de l'écriture qui s'imposa dans les milieux dirigeants. L'empereur fut dès lors le gardien et le seul détenteur de la norme graphique et l'écriture devint une affaire d'État. Parce que l'écriture était l'ensemble des symboles représentant et évoquant tous les êtres de l'univers et parce qu'il était admis que l'empereur avait pour privilège et pour fonction principale d'attribuer à chacun son nom et son rang, l'écriture ne put être modifiée par ceux qui l'employaient. Seul l'empereur était habilité à proscrire certains de ses signes ou à en mettre de nouveaux en circulation. Pendant toute la période impériale, depuis les Han jusqu'aux temps modernes, une grande partie de l'activité politique fut consacrée en Chine à l'octroi des noms, au choix des caractères propices pour la désignation des ères, des divinités, des bâtiments officiels, des villes, des fonctions… Les tabous qui frappaient les noms de famille et les noms personnels des empereurs furent observés dans tout l'Empire.

Le prestige de l'écriture explique sans doute dans son originalité cette institution spécifique du monde chinois que constitue le mandarinat : les fonctionnaires chinois se définissent d'abord comme lettrés, calligraphes, gens habiles aux compositions littéraires et au choix des appellations – ou plutôt des signes – efficaces et bénéfiques. Du fait des vertus qualifiantes de l'écriture, son usage fut conçu en Chine comme un moyen de gouvernement – l'activité politique étant un mélange, étonnant à nos yeux, d'actes rituels, religieux et positifs.

Comme le visage, les caractères de l'écriture et particulièrement ceux qui expriment l'individualité (noms de famille et noms personnels) recèlent des vérités cachées. C'est ce que prouve une pratique divinatoire amplement attestée : les caractères complexes peuvent être décomposés en éléments plus simples qui servent à former des phrases oraculaires ou des dictons prophétiques.

En fin, dans les milieux populaires ou semi-populaires, on peut mentionner les témoignages en faveur des morts, brûlés à l'adresse des dieux, les charmes écrits à valeur thérapeutique qui sont avalés par les malades ou portés contre la peau, les écrits destinés aux dieux et qui sont enterrés (ou plus rarement immergés), comme il arrive également dans certaines pratiques du culte officiel.

On se demandera pourquoi, après la profonde révolution qui eut lieu en Chine à l'époque des Royaumes combattants (Vᵉ-IIIᵉ siècles) et le développement remarquable de la pensée positive qu'elle entraîna, l'écriture a gardé une partie des fonctions psychologiques qu'elle détenait antérieurement. Cela tient pour une part à l'instauration d'un pouvoir politique fondé sur le rite, mais aussi, et sans doute pour l'essentiel, à ce que l'écriture chinoise est un répertoire de symboles distincts et singularisés.

L'écriture, n'ayant pas abouti en Chine à une analyse phonétique du langage, n'a jamais pu y être sentie comme un décalque plus ou moins fidèle de la parole et c'est pourquoi le signe graphique, symbole d'une réalité unique et singulière comme lui, y a gardé beaucoup de son prestige primitif. Il n'y a pas lieu de croire que la parole n'ait pas eu anciennement en Chine la même efficacité que l'écriture, mais sa puissance a pu y être en partie éclipsée par celle de l'écrit. Au contraire, dans les civilisations où l'écriture a évolué assez tôt vers le syllabaire ou l'alphabet, c'est le verbe qui a concentré en lui, en définitive, toutes les puissances de la création religieuse et magique. Et, en effet, il est remarquable qu'on ne trouve pas en Chine cette valorisation étonnante de la parole, du verbe, de la syllabe ou de la voyelle qui est attestée dans toutes les grandes civilisations anciennes depuis le bassin méditerranéen jusqu'à l'Inde.

Les caractères de l'écriture chinoise sont assez singularisés pour servir immédiatement de marques (marques donnant pouvoir, marques d'identité, de propriété, de fabrique…) : les sceaux chinois portent régulièrement des caractères. Il n'en est pas de même dans les civilisations de l'Occident ou du Moyen-Orient où le dessin est de règle sur les sceaux. Syllabaires et alphabets sont formés de signes trop uniformes pour servir de marques. Surtout, aucun d'eux ne caractérise une réalité unique, car chacun entre au contraire en composition dans un nombre indéfini de mots écrits.

Le nom écrit peut être en Chine le substitut de toute représentation de la personne (statue ou dessin). C'est ainsi qu'au moment où l'on a fait entrer l'âme du défunt dans sa tablette funéraire, les caractères de son nom y sont inscrits. Les dieux qui veillent aux portes des maisons et en interdisent l'accès aux mauvais génies sont tantôt figurés par des peintures, tantôt seulement par leur nom écrit. Enfin, les signes de l'écriture servent très couramment en Chine, comme chacun sait, à l'expression des vœux. Les caractères signifiant bonheur, longévité, succès dans la carrière mandarinale, richesse sont reproduits à satiété sur les bijoux, les vêtements, le mobilier, et sous des formes extrêmement variées. Cet usage est particulier à la Chine et on n'en a l'équivalent dans aucune des civilisations où l'écriture est une décomposition phonétique du langage. Si les caractères de l'écriture servent ainsi en Chine à l'expression des vœux, c'est d'abord parce qu'ils ont une forme spécifique qui correspond uniquement à la réalité qu'ils sont chargés d'évoquer, et en second lieu en raison de leur valeur esthétique et de leur fonction ornementale.

Les signes de l'écriture s'incorporent l'essence des êtres, mais à l'inverse, l'autographe retient une part de la personnalité de son auteur. Les écrits de la main de l'empereur ont toujours été en Chine l'objet d'une sorte de vénération. L'art calligraphique a été conçu par les Chinois comme une technique propre à l'acquisition de certaines vertus et la maîtrise de cet art comme la preuve de qualités éminentes. « La parole est la voix de l'esprit, l'écriture le dessin de l'esprit, dit un auteur de la fin du Ier siècle avant J.-C. C'est à l'indication donnée par la voix et par le dessin que se reconnaissent l'homme de bien (l'homme cultivé des hautes classes) et l'homme de peu. » On peut dire que la calligraphie a eu chez les lettrés chinois, au moins jusqu'à l'époque des Tang (VIIe-Xe siècle), les fonctions d'une ascèse quasi religieuse et l'on connaît tel moine bouddhique qui en fit son unique occupation, isolé au sommet d'un pavillon pendant trente ans. La copie inlassable des inscriptions et des calligraphies célèbres était conçue comme un moyen pour s'assimiler le génie propre du scripteur ou de son époque. « Quand les mœurs changent, dit un auteur de l'époque des Tang, l'écriture change aussi. » On voit donc que l'idée, sinon la technique, de la graphologie est ancienne en Chine. En outre, l'intérêt porté à cet art non figuratif qu'est la calligraphie a suscité très tôt une analyse esthétique et des conceptions qui ne se sont fait jour qu'à une époque beaucoup plus tardive en Occident où l'on restait au contraire attaché au réalisme classique. Les critiques chinois firent une distinction entre la beauté formelle et l'équilibre d'une part, la force interne et l'inspiration d'autre part. Le concours de ces deux qualités distinctes était à leurs yeux nécessaire pour que l'œuvre calligraphique fût parfaite : « S'il n'y a que la force et qu'il manque la beauté, les caractères ressembleront à de grands blocs de pierre arides. S'il n'y a que la beauté et qu'il manque la force, ils auront l'air de magnifiques nénuphars sans racines. » Ainsi la calligraphie a-t-elle influencé profondément les conceptions picturales, car la peinture, art du trait, ne se distingue pas traditionnellement de la calligraphie. Si l'écriture chinoise a donné si tôt naissance à un art savant et complexe, c'est à cause de sa richesse graphique et de la stylisation de ses formes : aussi ses fonctions et ses aspects esthétiques sont-ils également plus riches que ceux des autres écritures. Elle n'a pas seulement valeur ornementale comme l'écriture hiéroglyphique égyptienne figée dans des formes immuables ou comme l'écriture arabe : elle constitue un art à elle seule et le tempérament individuel du calligraphe s'y exprime. C'est pourquoi les procédés de reproduction fidèle de la calligraphie ont été développés en Chine antérieurement aux techniques qui ne visaient qu'à la diffusion courante des textes. La pratique des estampages sur pierre paraît remonter aux environs de l'an 500 après J.-C., mais elle a encore cours aujourd'hui parce qu'elle constitue un mode de reproduction bon marché et exacte des belles calligraphies : elle ne fait pas double emploi avec l'imprimerie qui vise à la satisfaction de tout autres besoins.

CALLIGRAPHIE ET ANALOGIE
AVEC DES DESSINS FIGURATIFS

Chez les meilleurs calligraphes, chaque caractère constitue un tout équilibré dont aucune partie ne pourrait être dissociée, et il est en même temps animé d'un mouvement qui lui donne vie. L'analogie avec des dessins figuratifs est possible (les dessins placés à droite des caractères sont donnés à titre d'illustration)

Dessins de Chiang Yee

Il existe deux attitudes profondément différentes à l'égard de l'écriture selon que l'écrit est fait pour durer (stèles, bronzes) ou qu'il est fait pour être communiqué et diffusé, et lorsque ce qui importe surtout ce n'est pas tant la durée que la multiplication. La première attitude d'attachement à la lettre et à sa durée – il faut ajouter : à sa forme – est antérieure à la seconde dans l'histoire des écritures. Elle a subsisté très longtemps en Chine dans les classes lettrées et s'est maintenue même après la découverte de l'imprimerie. Voilà qui explique, en partie, la lenteur avec laquelle la technique de reproduction xylographique s'est répandue en Chine. Elle était en usage dès les VIIIe et IXe siècles dans les milieux populaires et dans les communautés religieuses où elle servait à la reproduction de calendriers, d'almanachs, de dictionnaires élémentaires, de talismans, de formules magiques et de petits textes sacrés. Dans un cas, la reproduction visait à satisfaire des besoins profanes, dans l'autre des besoins religieux, particulièrement chez les bouddhistes. L'accent est mis en effet dans le bouddhisme sur les vertus particulières de la multiplication des textes sacrés et des formules magiques. Mais il a fallu presque deux siècles pour que cette technique populaire soit véritablement adoptée par les hautes classes. Les Classiques avec leurs commentaires autorisés ne furent imprimés pour la première fois à frais publics qu'au Xe siècle et cela non pas précisément pour que ces textes fussent plus largement diffusés, mais parce que la xylographie apparut tout d'abord comme un équivalent provisoire de l'inscription sur pierre. L'État n'avait alors ni les fonds ni la tranquillité nécessaires pour entreprendre une œuvre aussi longue et coûteuse que la gravure traditionnelle sur stèles. L'important en effet n'était pas de diffuser, mais seulement de *fixer* le texte des Classiques et celui de leur interprétation officielle. Aussi bien des décrets impériaux interdisent-ils, dans les débuts de la xylographie en Chine, l'impression à titre privé des Classiques ou encore des calendriers, car c'est aussi un privilège du pouvoir central que l'établissement du calendrier.

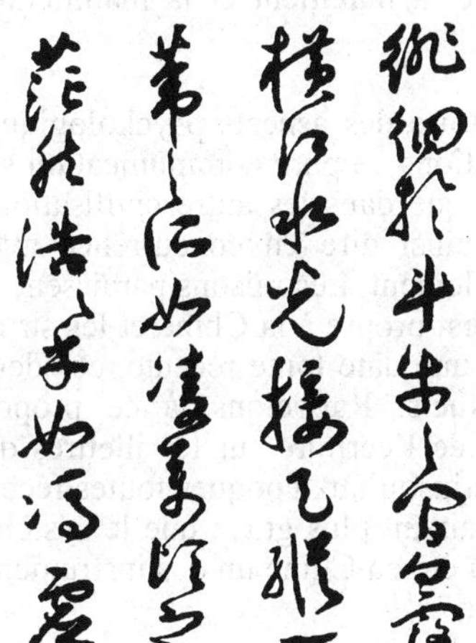

ÉCRITURE CHINOISE
(Coll. Chiang Ta-Ch'uan, Kiu-Kiang)

Alors que les écritures alphabétiques sont assez étroitement liées à cette réalité changeante qu'est le langage, ce qui fit au contraire de l'écriture chinoise – et de la langue écrite chinoise – un remarquable instrument de civilisation, c'est son indépendance à l'égard de l'évolution phonétique et à l'égard des diversités dialectales et même linguistiques. Les Japonais, dont la langue diffère pourtant si profondément du chinois, par son polysyllabisme et sa syntaxe, ont emprunté tout leur vocabulaire graphique savant à la Chine. Cet héritage pèse d'un poids si lourd et il a une telle valeur à la fois du point de vue sémantique et du point de vue esthétique que les Japonais n'ont pu se résoudre à le sacrifier au profit d'une écriture alphabétique qui aurait pour effet une confusion des sons et des formes. En Chine même, la persistance des graphies depuis l'Antiquité jusqu'à nos jours a eu des conséquences analogues : les caractères d'écriture n'ayant pas changé dans leur forme ont enregistré au cours des âges un nombre sans cesse croissant de significations. Aussi bien, ce qui fait la difficulté du chinois littéraire, ce n'est pas tant la richesse et la complexité de l'écriture – qui forme malgré tout un système harmonieux et qui possède sa logique propre – que cette multiplicité de sens et d'emplois qui proviennent d'époques diverses et d'usages différents de l'écriture.

Cet enrichissement ininterrompu de la langue écrite qui fit de l'écriture comme le dépositaire de tout l'héritage intellectuel de la Chine a eu pour effet de réduire la langue parlée au rôle le plus humble : celui de l'expression des banalités quotidiennes. Voilà sans doute qui explique pour une part la place de l'écriture dans la civilisation chinoise et celle des classes lettrées dans la société chinoise. Cette situation anormale s'est maintenue aussi longtemps que les structures sociales traditionnelles dont elle témoigne à sa façon. La rupture ne s'est produite qu'à une époque récente, au début du XXe siècle. Aujourd'hui même, les besoins modernes d'enseignement, de communication, de diffusion, l'unification linguistique et la fixation d'une langue savante de type dissyllabique inspirée de la langue parlée doivent amener logiquement l'abandon d'une écriture inutilement compliquée dès lors qu'elle n'a plus pour objet que de noter une langue compréhensible à l'audition. Seul l'attachement esthétique et sentimental des Chinois à leur écriture traditionnelle la maintient et la maintiendra peut-être longtemps encore.

Ce qui ressort en conclusion de l'histoire des aspects psychologiques de l'écriture en Chine, c'est que les fonctions de pure communication s'y sont développées bien plus tardivement que dans les autre civilisations. Ces fonctions s'y sont trouvées pour ainsi dire en concurrence avec d'autres : rituelles et esthétiques principalement. Les raisons paraissent en être surtout le type même d'écriture qui est propre à la Chine et les structures sociales qui y ont persisté jusqu'à une date toute récente, ces deux aspects n'étant pas sans rapports mutuels. Rappelons, à ce propos, l'influence indirecte mais très profonde de l'écriture sur les illettrés qui forment la grande masse des populations jusqu'aux époques toutes récentes. Il est clair que cette influence est d'autant plus grave que le système graphique est plus complexe : l'écriture a été en Chine un des instruments les plus efficaces de domination politique.

Il y a assurément des différences radicales entre une écriture qui se présente comme un répertoire de symboles distincts et singularisés et les écritures syllabaires ou alphabétiques dont les signes élémentaires et peu nombreux font dès l'abord figure d'outils. Et si l'on considère du point de vue de la Chine ces écritures analytiques qui sont celles de nos civilisations d'Occident, il semble que l'invention de ces éléments simples – ces στοιχεῖα – qui suffisent à eux seuls à noter tous les mots du langage n'a pu être que le fait de populations marchandes habituées à manier cette autre réalité abstraite et uniforme, commune mesure de toutes choses, qu'est la monnaie.

L'écriture porte donc témoignage sur cette réalité profonde qu'elle a contribué à former et qui est le génie propre de chaque civilisation.

Discussion

M. Martin. – Vous avez souligné le contraste entre la lenteur de la diffusion de la xylographie en Chine, et la rapidité de la diffusion de l'imprimerie en Europe.

En un mot, on peut dire que la xylographie semble n'avoir pas été en Chine le ferment qu'a été l'imprimerie en Europe. Or, si on recherche les causes de la rapidité de la diffusion de l'imprimerie en Occident, on en trouve deux, je crois essentielles, pour schématiser à l'extrême : l'imprimerie s'impose très rapidement en Europe parce qu'elle peut disposer, dès son apparition, de réseaux commerciaux existants et très bien organisés dans cette région du monde qui est déjà assurée d'une certaine unité économique. D'autre part, sans aucun doute en Occident, l'imprimerie favorise l'ascension de classes sociales dynamiques. Voici donc maintenant ma question : le fait que le xylographe n'ait pas agi en Orient en tant que ferment tient-il à la structure mentale des Chinois, comme on le dit souvent, au fait que les Chinois aiment la belle calligraphie, ou bien au fait qu'il y avait en Chine un certain manque d'unité économique et une certaine stagnation sociale ? N'y aurait-il pas avantage à pousser les recherches dans ce sens ?

M. Gernet. – Il est exact que l'imprimerie par planches xylographiques ne s'est vraiment diffusée en Chine qu'au moment où l'économie chinoise a connu un essor sans précédent, du XIe au XIIIe siècle. À cette époque, il existe en Chine une certaine unité économique grâce aux grandes artères qui relient les parties les plus peuplées et les plus actives de l'Empire chinois (région de K'aifong dans le Nord, Sseutch'ouan et bas Yangtseu). Les livres imprimés au Sseutch'ouan et au Kiangsou-Tchôkiang font eux-mêmes l'objet d'un commerce à longue distance. Des facteurs économiques sont donc certainement responsables de la lenteur avec laquelle s'est diffusée l'imprimerie en Chine et votre remarque me semble très juste. Mais je n'ai voulu insister ici que sur les aspects psychologiques que posait le problème de la reproduction des textes. Or, il n'y a pas de doute que, pour les milieux lettrés, la multiplication des textes n'a pas un intérêt primordial : au contraire, c'est l'inscription sur stèle qui reste à leurs yeux la forme idéale de l'écrit. Cette attitude a contribué de son côté à freiner le développement de l'imprimerie du VIIIe aux Xe et XIe siècles.

Mme VANDIER-NICOLAS. – Je crois que la laïcisation est antérieure à la fondation de l'Empire. Elle correspond au développement d'une « cursive » qui jouait un rôle à l'époque des Royaumes combattants, aux IVe-IIIe siècles avant J.-C. La tradition voit dans ce style une forme abrégée de l'écriture des scribes impériaux sous les Ts'in. En fait, elle dérive bien plutôt de l'écriture ancienne et possède tout un passé. Il s'agit, à l'origine, d'une écriture de brouillon qui n'avait pas d'existence officielle et qui se propagea presque à l'insu du pouvoir.

La complexité des tâches qui incombèrent sous les Han aux fonctionnaires impériaux favorisa sa diffusion. Elle resta cependant suspecte à l'orthodoxie qui lui attacha un sens néfaste. Son prestige n'en fut que plus grand aux yeux des indépendants et de ceux parmi les lettrés qui entretenaient des rapports avec les milieux sectaires, taoïstes ou bouddhistes.

Grâce à l'obscurité qui avait été son lot, elle avait gardé, d'ailleurs, sa force expressive. Aussi, et même dans les milieux imprégnés de culture confucéenne, tous ceux qui avaient le sens de l'art et les non-conformistes tout particulièrement ont préféré ce style d'écriture à tous les autres. Il y a eu là un fait qui, au point de vue social, est intéressant et qui mériterait d'être étudié.

M. AURIAULT. – Vous nous avez parlé de littérature populaire ; je pense que jusqu'aux derniers temps la langue écrite était l'apanage de quelques lettrés, ou d'une fraction assez mince de la population. Pourrait-on préciser l'étendue du public qui pouvait lire la littérature populaire ?

M. GERNET. – À la fin de l'époque mandchoue le public était déjà assez considérable. Quant à la classe lettrée, elle est difficile à chiffrer et tout dépend des époques.

M. DEMIÉVILLE. – Il me semble que M. Gernet a fort bien exposé, avec la mesure et les nuances nécessaires, quelques-unes des raisons pour lesquelles la Chine ne renonce pas encore, toujours pas, à son écriture non phonétique. Cela a quelque chose d'extraordinaire. Avant leur prise du pouvoir, les communistes chinois étaient feu et flamme pour la romanisation. Je me souviens d'un ami dont le fils était en Chine, dans les années 1935 : ils se seraient crus perdus de s'écrire autrement qu'en romanisation. Autre souvenir non moins significatif : celui des séances de la Commission internationale de coopération intellectuelle de la Société des Nations qui se tenaient au Palais-Royal, après la Première Guerre mondiale. On y voyait poindre périodiquement un vieux savant japonais à barbe de fleuve, le professeur Tanakadate, aujourd'hui disparu, qui depuis le début du siècle prêchait l'adoption du Rôma-ji, c'est-à-dire de la romanisation du japonais. Prêche dans le désert : la propagande de l'Association pour le Rôma-ji (Rôma-ji-Kai) n'a eu aucun succès, alors qu'ainsi que M. Gernet nous l'a dit l'emploi d'une écriture non phonétique ne trouve aucune justification proprement linguistique dans le cas du japonais, pas plus et moins encore que dans le cas de langues comme le tibétain, le thaï ou le birman qui sont des langues de type monosyllabique comme le chinois, mais s'écrivent à l'indienne. La principale objection invoquée, notamment à la diète impériale, était que l'abandon des caractères couperait le Japon de ses traditions y compris la tradition chinoise. On s'est donc borné à simplifier la graphie d'un certain nombre de caractères chinois – exemple récemment suivi par le gouvernement populaire de Chine – et à réduire le nombre des caractères enseignés dans les écoles primaires (moins d'un millier) ou utilisés dans les publications courantes (moins de deux mille). L'obstacle à la romanisation a donc été surtout d'ordre culturel au Japon ; mais il y avait aussi des arguments d'ordre politique et religieux. Du temps où le militarisme battait son plein, avant la Seconde Guerre mondiale, on montait en épingle, à la diète, le sacrilège qu'il y aurait eu à transcrire en lettres « romaines » le texte des édits impériaux. Et je crois bien qu'en Chine aussi, *mutatis omnibus mutandis*, c'est de ce côté, du côté de la politique culturelle, qu'il faut chercher une des principales raisons de cet anachronisme extraordinaire que constitue le maintien en plein XXe siècle de ce que les Russes appellent à juste titre des hiéroglyphes. Il y a certes des difficultés pratiques, et des plus graves, la transformation de tout le matériel typographique et livresque d'un immense pays ne saurait s'opérer en un jour, comme cela s'est fait par exemple en Turquie. Tout de même, il y a autre chose… je m'étais toujours dit : ils vont abandonner leur écriture, cela va de soi, tout y conduit, leur adoption d'une *koinè* vulgaire comme instrument littéraire, la désuétude croissante de la veille langue classique, le bouleversement des programmes d'éducation ; ce n'est qu'une question d'années. Mais M. Gernet nous dit que cela sera peut-être très long, et je commence à le croire comme lui. Il se confirme que le gouvernement populaire entend procéder dans ce domaine avec une sage et prudente lenteur. On en est toujours aux préparatifs, aux recherches préalables, aux expériences partielles ; on se défend de rien brusquer, on se récrie que la romanisation ne signifiera pas la mort des caractères. Il faut bien reconnaître qu'au Viêt-nam l'adoption de la romanisation dite quôc-ngu a détourné la culture de ses sources chinoises traditionnelles. M. Gernet vient de nous parler des origines magiques de l'écriture chinoise. N'en reste-t-il pas quelque chose, ne serait-ce que dans ce sentiment de confraternité en quelque sorte initiatique qui reste vivace là-bas même chez les illettrés, pour qui le caractère reste le signe d'une société d'initiés à laquelle il a le sentiment d'appartenir ? Le communisme chinois est nationaliste. L'écriture chinoise n'est pas qu'un outil, elle ne sert pas qu'à noter la langue ; elle est parallèle. Même chez nous autres sinologues étrangers il en est qui attrapent ce sentiment ; il y en a aussi qui ne sont pas très sinologues et qui ne se rendent pas très bien compte de tous les inconvénients de cette écriture, mais qui la défendent mordicus. Il y a là une part d'esthétique ; comme il arrive souvent, la religiosité s'est mutée en esthétique. Pour ma part, je n'en suis pas. Je me borne à constater que le pays le plus traditionnel du monde, alors qu'il procède à la critique la plus radicale de ses traditions, a beaucoup de peine à lâcher son écriture traditionnelle. Cela viendra peut-être, je le crois, et cela me paraît souhaitable ; on n'y est pas encore.

Mlle Brunot. – On a dit que la difficulté qu'on rencontrait à abandonner cette écriture tenait à ce qu'il y avait des parlers si différents d'une région à l'autre de l'immense Chine que si l'on transcrivait les textes en caractères romains ou en caractères phonétiques, on ne se comprendrait pas du tout ; alors qu'actuellement les lettrés de n'importe quelle partie de la Chine comprennent ce qui est écrit dans les caractères idéographiques. Est-ce bien une des raisons ?

M. GERNET. – C'était tout à fait exact. Il est évident que la romanisation de l'écriture chinoise n'est devenue possible que de nos jours avec la diffusion d'une langue parlée commune.

M. RUHLMANN. – L'emploi en Chine, pendant si longtemps, de cette écriture-là a-t-il déterminé un fonctionnement de l'esprit chinois différent de celui qu'aurait déterminé l'écriture alphabétique ? Et si oui, différent en quoi ?

M. GERNET. – Il me semble que les écritures analytiques et de type phonétique tendent nécessairement à ne transmettre que le sens et que leur valeur d'outil de communication s'est affirmée très tôt, alors que l'écriture chinoise, en vertu de la singularité de chacun de ses signes et de ses aspects esthétiques, est restée beaucoup plus riche de résonances qui ne sont pas purement sémantiques. Cela n'empêche nullement d'ailleurs, comme je l'ai indiqué, que l'écriture chinoise ait eu les mêmes fonctions de pure communication que les autres écritures, et la chose est trop évidente pour qu'il soit nécessaire de le rappeler.

M. RUHLMANN. – Peut-on dire par exemple que la recherche scientifique ou les découvertes dans tel ou tel ordre de sciences ont été facilitées, ou, au contraire, gênées, en Chine, par l'emploi de cette écriture ?

M. BOULIGAND. – Voici de brèves indications quant à la récente activité scientifique en Chine, très forte dans les universités de la République populaire, aussi bien qu'à l'extérieur, notamment dans les universités américaines qui comptent déjà pas mal de savants chinois.

La théorie des nombres est représentée à Pékin par le professeur Loo-Keng Hua, directeur de l'Institut de mathématiques ; son livre, en chinois, de 1953, sur *La Théorie additive des entiers premiers* issue du problème de Goldbach (lettre de ce dernier à Euler, 1742), et du problème de Waring (1770), a paru à Leipzig traduit en allemand chez B. G. Teubner (1959). Dans la refonte en cours de l'*Enzyklopädie der mathematischen Wissenschaften* on a fait appel à L. K. Hua pour écrire un important chapitre sur le thème voisin : « Application de sommes exponentielles à la théorie des nombres ». Ses travaux dans cette voie transgressent les résultats obtenus par le mathématicien russe Vinogradoff.

En matière de logique, appliquée aux fondements de la mathématique, il faut citer le professeur Hao-Wang (Harvard University) qui a rénové le point de vue de B. Russel, orienté vers la hiérarchie des types[1].

En physique théorique le prix Nobel 1957 a été décerné aux docteurs Yang (Univ. Columbia) et Lee (Inst. Advanced Study-Princeton) pour avoir établi la non-conservation de la parité dans les interactions faibles[2].

1. Cf. *Les Systèmes axiomatiques de la théorie des ensembles*, collection de Log. Math. Dirigée par Mme P. Février, Paris, Gauthier-Villars, 1953, fasc. 4.
2. Cf. *La Nature*, mars 1959, p. 108.

On peut signaler des faits du même ordre à propos des savants japonais, entre lesquels il suffira de citer H. Yukawa, prix Nobel, dont les travaux théoriques ont enrichi l'étude des particules élémentaires.

Ces exemples insignes donnent un témoignage convaincant. Est-il besoin de dire que les savants d'Extrême-Orient, souvent familiers avec au moins une langue européenne (notamment l'anglais), ne se distinguent en rien de leurs émules occidentaux quant à la manière de raisonner ? Et loin d'avoir diminué leur potentiel de théoriciens, l'effort linguistique peu commun qu'ils ont fourni semble au contraire leur conférer une grande souplesse dans la recherche.

M. DURAND. – Chez les Vietnamiens, tout était auparavant transcrit en caractères chinois, et actuellement tout est romanisé. Quelles sont les raisons de ce succès de la romanisation ?

M. GERNET. – C'est la colonisation portugaise, puis française, qui est responsable de cette évolution.

Dr HUAN. – La langue vietnamienne est peut-être la seule langue en Extrême-Orient qui a pu s'adapter, à mon avis, au système de transcription en caractères romains. C'est ce que nous appelons au Viêt-nam le système des ouvrages rédigés en quôc-ngu. Cette méthode de transcription des langues chinoises ou d'origine chinoise, telles que le vietnamien, le japonais, le coréen, a été tentée pour la première fois en 1548 par un Japonais, Yajiro, converti au catholicisme par saint François-Xavier. Cette romanisation (Rôma-ji en japonais) a été vite adoptée par les missionnaires européens à Faifoo, ville du Centre-Viêt-nam pour évangéliser les Japonais. De là un autre groupe de missionnaires, dont le R. P. Alexandre de Rhodes, créa pour la langue vietnamienne le quôc-ngu sur le modèle du Rôma-ji japonais. Comme notre langue vietnamienne comporte en principe six tons dont l'un est du registre des sons « unis, émis sans changement de voix », et les cinq autres du registre des sons « obliques », c'est-à-dire, un « bang » et cinq « trac », elle s'adapte parfaitement à la transcription latine à l'aide des accents tels que l'accent aigu, l'accent circonflexe, l'accent grave, etc. Le système est si bien fait qu'à partir de la Première Guerre mondiale, et avec l'essor du journalisme, cette écriture en quôc-ngu a détrôné l'ancienne transcription de la langue avec les particules chinoises. Le quôc-ngu est considéré à juste titre comme l'instrument le plus efficace pour l'émancipation du peuple viêtnamien et le moyen sans doute le plus sûr pour la diffusion de la culture occidentale comme orientale. Si donc, la romanisation a eu au Viêt-nam le seul grand succès en Extrême-Orient, alors qu'elle a essuyé nombre d'échecs en Chine et au Japon, c'est peut-être grâce à la structure linguistique toute particulière de la langue vietnamienne.

Lt-Cl THOMAS. – Je crois que l'un des succès de la romanisation au Viêt-nam, c'est que la langue parlée vietnamienne était à peu près uniforme du nord au sud. Ce succès ne pouvait se concevoir en Chine où les langues sont si diverses.

M. SIEFFERT. – On a fait allusion plusieurs fois déjà, et en particulier M. Gernet et M. Demiéville, au cas du japonais qui utilise l'écriture chinoise. Il y a là un problème très important de transposition, car, comme vous le disiez, la langue japonaise est aussi mal faite que possible pour utiliser les caractères chinois. Les Japonais l'ont résolu par l'invention d'un système phonétique, encore se sont-ils arrêtés à mi-chemin ; ils étaient tout près d'avoir un système phonétique complet, et ils ont malheureusement pris le système chinois dans son ensemble, pour donner le système d'écriture certainement le plus compliqué qui existe à l'heure actuelle, puisqu'il est au moins deux ou trois fois plus compliqué que le système chinois pur.

D'autre part, il y a la question de la romanisation : le japonais se prêterait parfaitement en théorie à la romanisation ; du point de vue phonétique, il n'y a pas de difficulté, il n'y a même pas ces problèmes de ton, d'homophonie. Et pourtant les Japonais n'ont pas romanisé malgré une tentative qui a sombré dans le ridicule le plus complet. J'ai assisté plusieurs fois à des discussions de spécialistes japonais sur cette question : ils étaient d'accord pour simplifier leur écriture, c'est-à-dire simplifier quelques caractères, ce qui revient à faire apprendre deux caractères au lieu d'un dès qu'on veut lire quelques textes littéraires anciens. Mais ils étaient tous opposés à la romanisation, et la raison n'était pas du tout sentimentale mais pratique : c'est parce qu'au Japon, il n'y a actuellement et pratiquement depuis près d'un siècle pas d'illettrés. Le problème ne se pose même pas : tout le monde sait lire. Alors il n'y a aucune raison de simplifier une écriture, de perdre le contact avec treize siècles de littérature, avec tous les classiques, de perdre les avantages esthétiques de cette écriture, pour faire plaisir à quelques Européens qui ne veulent pas se donner la peine d'apprendre les caractères.

C'est en somme ainsi que les Japonais résument la question. Et je dois reconnaître qu'ils n'ont pas entièrement tort, car pour les besoins scientifiques, les scientifiques japonais se débrouillent fort bien, rien ne les empêche d'utiliser les symboles mathématiques, les symboles chimiques, etc. Ils se sont forgé une langue scientifique qui est parfaitement claire, alors que le japonais littéraire ne l'était pas du tout, mais il suffisait, en somme, de quelques conventions, et de faire ce qu'a fait Descartes au XVIIe siècle et quelques autres quand ils ont décidé d'écrire dans des langues qui jusque-là n'étaient pas même des langues littéraires et, en tout cas, pas scientifiques. Mais à partir du moment où on se décide à utiliser un outil linguistique pour tel ou tel besoin scientifique, il est très facile de perfectionner cet outil ; c'est ce qu'ils ont fait. Quand on veut savoir si les Chinois romaniseront ou non, je crois qu'il faut regarder du côté des Japonais, il faut voir ce qu'ils ont fait. En Chine, peut-être n'a-t-on pensé à la romanisation que parce qu'il y avait beaucoup d'illettrés, que par conséquent on aurait pu reprendre la question à la base. Au Japon, il n'en était pas question.

M. Bareau. – Ce problème de la romanisation, en Chine comme au Japon, se rapproche un peu de celui de la réforme de l'orthographe en France. Dans le fond, l'orthographe française représente également une langue écrite, et la principale objection que l'on fait à cette réforme, c'est de rompre le contact avec cette langue écrite qui nous a apporté plusieurs siècles de littérature et de culture.

M. Haudricourt. – À propos des chiffres et du système décimal, celui-ci a toujours existé en Chine : il n'y a jamais eu une révolution du système décimal. Les chiffres n'ont jamais été employés dans l'écriture pour remplacer les nombres. Les nombres 1, 2, 3... 10 sont représentés par de véritables caractères chinois. Ils ont en général deux formes, une forme simple et une forme compliquée : la forme simple ne rappelle en rien un chiffre, c'est un caractère chinois. La forme compliquée, représentant plus spécialement la prononciation, est employée pour les billets de banque, pour éviter les falsifications. Plus le caractère est compliqué, plus il est difficile à imiter[1].

Il faut noter en particulier l'absence d'une unité abstraite. Les caractères qui servent à énumérer ne sont pas les mêmes que ceux qui servent à compter. En ce domaine-là, il n'y a pas eu généralisation comme chez nous, où nous avons le chiffre comme seul idéogramme, et les noms de nombre en lettres alphabétiques. Pour les calculs, en chinois, il y a des chiffres qui sont différents des caractères, mais ils ne sont employés que pour les calculs, dans les opérations. Et cela ne les a pas empêchés d'arriver au XIIe siècle à des calculs algébriques très compliqués, avec des nombres négatifs, des exposants négatifs, mais indiqués d'une tout autre manière que nous, sur des échiquiers, sur du papier quadrillé en quelque sorte. Le zéro, les Chinois et les Hindous en disputent la priorité parce que la première mention du zéro se trouve sur une stèle en Indochine, une stèle cambodgienne qui est écrite dans un alphabet d'origine hindoue, mais qui est tout de même dans une région où il y a eu une influence chinoise très forte. On peut dire que les Chinois indiquent le zéro sur leur casier par une absence de chiffre, mais c'est tout de même du côté de l'Inde qu'apparaît le zéro soit sous forme d'un rond ou sous forme d'un point[2].

M. Ladis. – Y a-t-il une raison logique à ce que l'écriture chinoise s'écrive en lignes verticales ? Y a-t-il aussi une raison à ce que certaines écritures s'écrivent de gauche à droite et d'autres de droite à gauche ?

M. Sainte Fare Garnot. – L'égyptologie peut apporter sa contribution modeste et limitée dans le temps, bien sûr, à l'étude de ce problème. Les Égyptiens écrivaient habituellement sur des rouleaux de papyrus. Or il est naturel de tenir ces rouleaux dans la main gauche pour la raison que, les

1. Voir l'article de J. Needham et A. Haudricourt, in *Histoire générale des sciences*, dirigée par René Taton, Paris, Presses Universitaires de France, tome I, 1957, p. 188-192, où sont donnés tous les détails relatifs à cette question.

2. Les questions de calcul chez les Chinois sont traitées dans le volume III de Needham, *Science and Civilisation in China*, paru en 1959, p. 1-168.

droitiers étant en très grande majorité dans le monde, la main droite est déjà occupée ailleurs ! La position *inverse* des deux mains est donc pratiquement exclue. Mais dans ces conditions, pourvu toutefois que le système d'écriture le permette, ce qui était le cas en Égypte où, théoriquement, une ligne d'écriture peut être tournée vers la gauche ou vers la droite, c'est de droite à gauche que, pour éviter toute fatigue et obtenir un meilleur rendement, le scribe écrivait. L'habitude une fois prise, les Égyptiens ont continué à écrire le plus souvent dans cette direction lorsqu'ils employaient d'autres supports, en pierre ou en bois. Mais, comme le facteur technique dont j'ai parlé ne jouait plus, rien ne les empêchait d'écrire *aussi* de gauche à droite, en tournant, cette fois, les signes figurant des êtres animés vers la gauche, lorsqu'ils avaient une raison de le faire. C'est le cas, par exemple, sur les bas-reliefs qui montrent un roi et un dieu face à face. Si le roi est à gauche, les paroles qu'il prononce regardent, comme lui, vers le dieu. Elles sont donc à lire de droite à gauche, comme en hébreu et en arabe. Quant au dieu, représenté à droite, sa réponse sera orientée vers le roi, à gauche, et elle se lira, par conséquent, de gauche à droite, comme dans les écritures occidentales. Mais ce sont là des particularités graphiques propres aux inscriptions lapidaires, ou, à la rigueur, tracées sur bois. Le rôle joué par le support est primordial.

M. Cohen. – À la lumière des constatations que j'ai pu faire lors de mon récent voyage en Chine, et des conversations que j'ai eues avec des linguistes chinois, je voudrais revenir sur ce que disait M. Demiéville.

Les dirigeants communistes chinois sont extrêmement préoccupés de la durée future de leurs travaux actuels et de la généralité de ce qu'ils peuvent faire sans heurter les traditions qui sont vivantes en Chine comme ailleurs. Une partie des dispositions politiques et économiques les plus modernes, les plus conformes à la doctrine et à la politique communistes, s'adaptent très bien à certaines habitudes chinoises très anciennes, en ce qui concerne la vie rurale qui est la plus importante de toutes. Et c'est évidemment une des préoccupations des dirigeants chinois d'obtenir du travail solide en le faisant avec une certaine prudence.

En ce qui concerne la langue, la préoccupation première des Chinois, c'est d'unifier la langue, autant que possible. Ils ont reconnu que pour cette unification il fallait absolument une orthographe phonétique. Que les caractères soient des caractères inventés comme ils l'ont fait il y a quelques dizaines d'années, ou des caractères adoptés, les caractères latins, qui ont l'avantage de les mettre en communication avec le monde occidental, le fond est qu'ils veulent des caractères phonétiques pour enseigner le mécanisme de l'écriture aux enfants, et aux adultes analphabètes. C'est ainsi que maintenant la situation est telle que les caractères chinois ne sont pas abandonnés, mais que les caractères latins sont introduits dans l'enseignement d'une manière générale. C'est avec les caractères latins qu'on apprend le mécanisme de l'écriture.

III

LES HIÉROGLYPHES

L'ÉVOLUTION DES ÉCRITURES ÉGYPTIENNES

par Jean Sainte Fare Garnot

La plus caractéristique et, à bien des égards, la plus intéressante des écritures égyptiennes est l'écriture hiéroglyphique, appelée aussi, quelquefois, « monumentale », parce qu'on la rencontre, habituellement, gravée ou peinte – ou gravée et peinte – sur des monuments d'une certaine importance[1]. En outre les anciens Égyptiens ont inventé et pratiqué deux « cursives », le hiératique (dès l'Ancien Empire) et le démotique (à partir du VIIIe siècle avant J.-C.), dont ils se servaient pour écrire, au calame, sur papyrus, sur des éclats de calcaire ou des fragments de poterie. Ces trois écritures nous apprennent beaucoup de choses, et fort instructives, sur les aptitudes, les goûts, les tendances, la psychologie des sujets des pharaons. On trouvera, dans les pages qui vont suivre, un exposé relatif à leurs traits dominants et aux enseignements les plus révélateurs qu'on en peut tirer[2].

Les hiéroglyphes égyptiens forment une collection très étendue de petites images, stylisées mais dessinées avec grand soin et, dans l'ensemble, fort jolies. Ces signes ont pour modèles à peu près tout ce que l'on pouvait trouver dans la vallée du Nil et aux abords de celle-ci, sous les pharaons : décor naturel et paysage (y compris les données cosmiques et notamment les astres), animaux, plantes et roches, hommes et dieux, objets manufacturés de toutes sortes, bâtiments les plus variés[3]. À ce titre ils constituent, pour l'archéologue, l'historien ou l'ethnographe, une mine d'informations très riche, dans l'ensemble facile à exploiter (on l'a dit plus haut, les hiéroglyphes sont non seulement bien dessinés ou bien

1. Temples, tombeaux, sarcophages, stèles, statues, etc.

2. Sur les écritures égyptiennes on consultera l'ouvrage, toujours actuel, de Henri Sottas et Étienne Drioton, *Introduction à l'étude des hiéroglyphes*, Paris, Paul Geuthner, 1922, les beaux livres de Siegfried Schott, *Die Hieroglyphen*, Mayence, 1951, et Pierre Lacau, *Sur le système hiéroglyphique*, Le Caire, 1954 (résumé dans *Annuaire du Collège de France pour 1945-1946*, Paris, 1945, p. 120-124, et les exposés relatifs à la question dans le *Handbuch der Orientalistik* dirigé par Bertold Spuler, et les grammaires classiques d'Adolf Erman, Adriaan De Buck, sir Alan Gardiner et Gustave Lefèbvre (2e édit., Le Caire, 1955, avec la collaboration de Serge Sauneron).

3. La liste la plus complète se trouve dans l'*Egyptian Grammar* de sir Alan Gardiner, 3e éd., Londres, 1957, p. 438-548.

gravés, mais très souvent peints) et d'une exceptionnelle valeur. Sous le Moyen Empire égyptien (2160-1580 avant J.-C.[1]) et la XVIIIe dynastie (1580-1314 avant J.-C.) on en connaît environ sept cent trente, dont à peu près deux cent vingt sont d'un usage courant et quatre-vingts d'un usage très courant. Sur ces quatre-vingts signes, vingt-quatre servent à noter une seule consonne (ou, dans quatre cas, une « semi-consonne ») et se rencontrent donc à chaque instant ; on les appelle des « unilitères ». D'autres hiéroglyphes, les « bilitères » et « trilitères », notent, dans l'écriture, les groupes de deux ou trois consonnes les plus fréquents en ancien égyptien ; quant aux voyelles, on ne les écrit pas, à moins qu'il ne s'agisse des semi-consonnes ı̯ (*yod*) et u̯ (*waw*) vocalisées.

Ces signes s'emploient de trois manières. Ou bien l'image traduit à la fois une idée et un mot ; elle suggère, par vue directe, une certaine notion, et en même temps elle évoque le nom de l'être, de l'objet ou de l'action qu'elle représente[2]. Ou bien l'image n'est plus que le véhicule d'un ou de plusieurs sons ; on l'emploie pour transcrire, non plus le nom de son modèle (*Khŏprer*, le scarabée sacré), mais les consonnes servant à former ce nom, dans des mots différents (*Khōper*, « venir à l'existence »). Ou bien enfin l'image n'est plus que le véhicule d'une idée, abstraction faite des mots qui, normalement, expriment cette idée. Dans ces différents cas, le même signe égyptien portera des noms différents ; on dira qu'il joue le rôle, tantôt de signe-mot (premier cas), tantôt de signe phonétique ou, mieux, de « phonogramme[3] » (deuxième cas) et, quelquefois (troisième cas), de « déterminatif ». C'est là une terminologie précise, simple. Encore faut-il s'y habituer. Quelques exemples nous y aideront.

Comme signe-mot, l'hiéroglyphe de la maison (un enclos rectangulaire, à une seule porte, vu d'en haut [illustration, page suivante, *a*]) écrit le mot « maison ». Sa mission est double : l'image, à elle seule, fait songer à une maison et en même temps, par convention, elle note le mot qui désigne cette maison. Il y a coïncidence absolue de deux langages : langage visuel et langage parlé.

En ancien égyptien « maison » se dit *pĕrī*[4]. Comme phonogramme, le signe de la maison pourra donc écrire tous les mots et toutes les syllabes où

1. En comprenant la « deuxième période intermédiaire ». Ces dates, approximatives, sont celles que donne le chanoine Étienne Drioton, *L'Égypte pharaonique*, Paris, 1959, p. 121.

2. La distinction, fort juste, entre signe-objet (l'objet pouvant être un être animé) et signe-action est due à Pierre Lacau. Exemples : l'homme accroupi, signe-mot de l'homme en soi, servant à écrire le mot « homme » ; le bâton, signe-mot du bâton dans le mot « bâton », sont des signes-objets. Mais l'homme debout, se servant d'un bâton, signe-mot du verbe « frapper », est un signe-action. De même l'homme levant les bras pour adorer, le nageur, le taureau grattant le sol et en faisant jaillir un nuage de poussière (*Textes des pyramides*), etc.

3. Ce terme, d'origine anglaise, est aujourd'hui couramment employé.

4. La vocalisation de ce mot nous est connue par le copte.

se rencontrent, en totalité ou en partie, les consonnes *p*, *r* et *ī*. Ainsi le verbe « sortir », à l'infinitif *pĭrre*, le substantif « hiver », *prōīĕt*. Dans ce rôle l'image, en elle-même, ne transmet plus aucune information directe. Associée à certaines consonnes, comme une note de musique est associée à un certain son, elle est devenue, dans l'écriture, leur symbole.

Au contraire, comme déterminatif, l'hiéroglyphe de la maison cesse d'être prononçable et n'a plus qu'une valeur idéographique. Placé à la fin des mots désignant un édifice, ce déterminatif indique au lecteur à quelle idée générale ces mots se rattachent et les classe, d'emblée, dans une série. Il s'agit là de langage visuel, non de langage parlé.

HIÉROGLYPHES
Choix de signes

Étudions la graphie la plus complète – il y en a d'autres, abrégées – du nom du soleil, comme dieu, telle qu'on la rencontre sous le Moyen et le Nouvel Empire (illustration, *b*). Ce nom comprend trois consonnes : un *r*, un *ayin* (une spirante laryngale sourde, propre aux langues sémitiques et à l'égyptien) et une consonne « faible » (*aleph* ou *yod* ?) qui, parce que finale, n'était ni prononcée ni même écrite. On notera ce nom, dans les textes, par un signe-mot reproduisant les contours du soleil, avec un point au centre du disque. La vocalisation de ce signe-mot, lorsqu'il écrit le nom du soleil, est *rê* ; le copte nous l'a conservée. Mais ce même signe-mot peut suggérer d'autres idées, correspondre à d'autres notions, celle de « jour », entre autres, dans la série du mois ou par opposition à la nuit, et en pareil cas sa lecture sera *hŏrw*[1], non *rê* ; bref, comme signe-mot, l'hiéroglyphe du soleil est polyphone. On aura donc soin, lorsqu'on voudra écrire le mot « soleil », d'ajouter au signe-mot un « déterminatif », et ce sera un dieu barbu accroupi (illustration, *c*). La présence de cette image muette oriente vers la bonne lecture et la bonne interprétation, c'est-à-dire *Rê*, le dieu-soleil, et non *hŏrw*, le jour. Mieux encore, pour rendre toute confusion impossible, on fera précéder l'hiéroglyphe du soleil, ainsi « déterminé », de deux « phonogrammes », la bouche humaine, vue de face (valeur *r*) et l'avant-bras, vu de profil (valeur *ayin*), c'est-à-dire des deux premiers éléments de sa lecture, jouant le rôle de « compléments phonétiques » (illustration, *d*)[2].

1. Cette forme, ancienne, aboutit en copte à *hŏow*.
2. L'expression, d'origine allemande, est elle aussi passée dans les usages.

En principe, on l'a vu plus haut, tout signe égyptien peut être employé comme signe-mot, comme phonogramme ou comme déterminatif. Dans la pratique, il en va autrement. Certains hiéroglyphes ne sont jamais signes-mots, la chouette, par exemple (phonogramme *m*), le pied humain (phonogramme *b*), un linge plié d'une certaine façon (phonogramme *s*) ; les mots auxquels ils correspondent ont disparu de la langue[1]. D'autres, au contraire, sont toujours signes-mots (toutes les images exceptionnelles, les dieux-oiseaux, sur leur perchoir, l'éléphant, l'hippopotame, la sauterelle, le char de guerre, la balance) ou toujours déterminatifs (le personnage barbu, accroupi, tenant un fouet dit *nekhekh*, un petit oiseau à queue ronde appelé, conventionnellement, « l'oiseau du mal », parce qu'il détermine les mots dont le sens est hostile ou péjoratif).

À l'époque classique (XIIe-XVIIIe dynasties) les signes-mots, moins nombreux qu'autrefois, sont encore très employés ; ils continueront de l'être, en particulier dans les noms divins et dans certaines formules stéréotypées, jusqu'à la fin de la civilisation égyptienne antique. On les rencontre isolés, suivis le plus souvent d'un petit trait vertical servant à les reconnaître, ou bien accompagnés de phonogrammes qui les précèdent, les encadrent ou les suivent et donnent tout ou partie de leur lecture.

L'emploi des phonogrammes, dès l'Ancien Empire, s'est considérablement développé. Leur raison d'être est double. D'une part, en guidant le lecteur vers la bonne lecture, ils éclairent le sens des hiéroglyphes à valeurs phonétiques multiples. D'autre part on les utilise pour écrire certains mots très simples et très courts (pronoms, prépositions) et d'autres mots énonçant des faits ou des idées qu'on ne peut pas traduire en images, ainsi : « durée », « éternité », « père », « fils », « mari », « femme » (au sens d'épouse) et certaines catégories de noms propres, dépourvus de signification[2], tels qu'Ounas, Téti, Pépi, etc.

Quant aux déterminatifs, leur fonction consiste à éviter toute confusion entre les mots homophones, entendons par là ceux dont le consonantisme est le même[3] (**pōter* « voir », déterminé par un œil, et **ptŏr* « qui ? », déterminé par l'homme portant la main à sa bouche). En outre, placés à la fin des mots, ils en rendent l'identification plus aisée et « coupent » les textes, dans une certaine mesure, tout au moins. Les déterminatifs peuvent être doubles (celui de l'eau et celui de l'homme portant la main à sa bouche déterminent le verbe « boire »). Quelques-uns, par exemple le

1. Le premier et le troisième, qu'on n'avait sans doute pas souvent l'occasion d'employer, n'ont laissé aucune trace. Le deuxième a été remplacé par un mot nouveau, *rŏd*, qui s'écrit phonétiquement (*r* et *d*) et que la jambe pliée « détermine ».

2. Habituellement, les noms propres égyptiens ont un sens, qu'il s'agisse de substantifs, d'adjectifs, de formes verbales ou de phrases entières.

3. Ces mots sont très nombreux, aussi *b* + *aleph* correspond aux substantifs « bélier » et « esprit » ; *m* + *n* aux verbes « durer » et « être malade ». Naturellement le vocalisme de ces mots homophones pouvait différer, et il en était ainsi dans de nombreux cas.

rouleau de papyrus caractéristique des idées abstraites et aussi les déterminatifs « géographiques » (signe de la ville, signe des pays étrangers), ont joué un très grand rôle.

L'exposé qui précède aura mis en lumière, il faut l'espérer, les traits essentiels du système hiéroglyphique. Sa précision est extraordinaire. Quand les règles en sont appliquées fidèlement, on ne peut guère se tromper ; les compléments phonétiques et les déterminatifs rendent presque impossible toute erreur de lecture. Un autre avantage du système est de s'écrire de gauche à droite ou de droite à gauche, en lignes ou en colonnes, la préférence étant au reste donnée, neuf fois sur dix, au sens inverse du nôtre. L'orientation d'un texte est liée à celle des hiéroglyphes représentant des êtres animés ou des objets dissymétriques ; lorsqu'ils sont tournés vers la droite, l'inscription doit se lire de droite à gauche et lorsqu'ils sont tournés vers la gauche, c'est le contraire. On peut ainsi disposer les textes de façon très variée ; sur un même relief, qui nous montre un roi et un dieu en tête-à-tête, les inscriptions (généralement en colonnes) relatives à ces deux personnages se font face, elles aussi. L'écriture hiéroglyphique a d'autres qualités encore et rien n'est plus foncièrement égyptien. Un grand nombre des signes qui la composent représentent, répétons-le, les créations et les productions les plus originales du royaume des pharaons : dieux à têtes d'animaux, personnages momifiés, cobras et vipères à cornes, papyrus et lotus, pyramides et obélisques, tables d'offrandes, couronnes et sceptres, emblèmes et symboles, tels que le pilier *Djed* et la célèbre « croix de vie ». D'autres signes, il est vrai, ont pour modèles des êtres ou des objets que l'on rencontre en tous temps et en tous lieux, mais dans ce dernier cas, les signes n'en sont pas moins révélateurs du génie national car ils obéissent, nous le verrons bientôt, aux lois particulières du dessin égyptien.

L'écriture égyptienne, comme toutes les écritures, a ses faiblesses, mais celles-ci ne sont pas très graves et, du reste, on en a vite fait le tour. La principale réside, semble-t-il, dans la multiplicité de ses signes. Il y en avait vraiment beaucoup et leur apprentissage exigeait un effort d'autant plus grand qu'un certain nombre font double emploi ou même triple emploi. À côté des *polyphones*, à valeur double ou triple, dont on a parlé plus haut, il existe, en ancien égyptien, des *homophones* notant la même consonne (dès la XVIIIe dynastie, deux *m*, deux *n*, deux *s* et deux *t* sont en usage) ou le même groupe de consonnes (par exemple *m* + *r, t* + *aleph*, et ainsi de suite). Bref l'écriture égyptienne, très perfectionnée, n'était pas très accessible, et c'est pourquoi, du temps des pharaons, les illettrés étaient, en Égypte, si nombreux.

Un second reproche que l'on a fait à cette écriture est d'avoir plusieurs orthographes au lieu d'une seule, comme en grec, en latin et même en arabe. Selon qu'un signe-mot est accompagné, ou non, de compléments phonétiques, en nombre d'ailleurs variable, suivant qu'un mot écrit phonétiquement est suivi d'un seul déterminatif (variable aussi) ou de deux, on obtient des graphies longues et des graphies courtes au sein desquelles, du reste, les homophones peuvent introduire un troisième élément de variété. L'aspect de ces graphies est assez différent ; toutes, pourtant, sont légitimes. La véritable question n'est pas de savoir si cette pluralité d'orthographes existe (personne ne songe à le nier) mais si elle est fâcheuse. On ne voit pas très bien les inconvénients qu'elle présente, la nature et l'identité des mots demeurant, dans tous les cas, bien reconnaissables ; au contraire elle a des avantages certains. L'existence de graphies longues et de graphies courtes donne à l'écriture une merveilleuse souplesse ; compte tenu de l'espace disponible, sur un rouleau de papyrus ou un bloc de pierre on a recours, indifféremment et, plus d'une fois, alternativement, aux unes et aux autres.

Quant à l'absence de notation des voyelles, si déconcertante aux yeux des Européens, les anciens Égyptiens, avant l'invention des signes diacritiques, n'éprouvaient, semble-t-il, aucune peine à s'en accommoder, pas plus qu'elle n'a gêné, ultérieurement, les scribes hébreux et musulmans. Tout bien considéré, les prétendues faiblesses du système hiéroglyphique sont insignifiantes ; au contraire il a de nombreux points forts et, en ce qui concerne l'efficacité, ses qualités l'emportent, de beaucoup, sur ses défauts.

Dans tout ce qui précède, les hiéroglyphes ont été étudiés en tant que *signes* ; il faut maintenant définir leurs caractères et même – nous allons le voir – leurs propriétés en tant qu'*images*. Sous ce rapport, comme on pouvait d'ailleurs s'y attendre, les hiéroglyphes apparaissent stylisés. Il est nécessaire, en effet, que des images appelées à jouer le rôle de signes se laissent identifier du premier coup et soient, autant que possible, faciles à reproduire. Les signes égyptiens ont donc été délibérément – et fort adroitement – simplifiés. Qu'il s'agisse des contours généraux ou des détails intérieurs, l'essentiel s'y trouve, et rien de plus. D'autre part, et la chose est aussi très naturelle, ces signes, comme les autres images égyptiennes, sont régis par un système de représentations profondément intellectualisé ; les lois auxquelles ils obéissent sont les lois mêmes du dessin. C'est pourquoi les hiéroglyphes ont les mêmes particularités que les éléments du décor mural, dans les temples ou les tombeaux. Tantôt leur silhouette correspond, du point de vue de l'observateur, à un seul angle de vision ; le soleil, l'œil et la bouche de l'homme sont dessinés de face, le ciel, le pied humain, le lion de profil. Certains objets (le bassin, la ville circulaire) apparaissent, dans l'écriture, vus en plan ; d'autres beaucoup plus nombreux, se présentent en élévation. Tantôt les angles de vision sont combinés. Le signe du chemin montre celui-ci vu d'en haut, mais les buissons qui le bordent (au nombre de trois) sont vus de côté. Le taureau, la vache ont les cornes de face et la tête de profil. Les « masques », c'est-à-dire tout ce qui peut dissimuler quelque chose d'important, de significatif, sont, à dessein, supprimés, soit par « décalage vertical » (le vautour et le cobra représentés au-dessus des corbeilles dans lesquelles ils reposent) soit par transparence (le signe du bassin est figuré en coupe, de sorte que l'eau de ce bassin est visible). Enfin les échelles sont multiples. Les signes égyptiens ne sont pas répartis au hasard, mais d'après des règles strictes, ayant pour objet de réaliser des groupements agréables à l'œil. C'est pourquoi les scribes les distribuent à l'intérieur de carrés invisibles auxquels nous avons donné le nom de *quadrats*. Dans ces carrés, l'usage est d'assembler deux signes hauts juxtaposés, deux signes larges superposés, ou quatre « petits signes ». Il y a aussi des groupements complexes où petits signes, signes larges et signes hauts sont associés d'une manière ou d'une autre, mais toujours en vue d'atteindre un certain équilibre pictural. Or presque toujours ces hiéroglyphes, à quelque catégorie que, par leur forme, ils appartiennent, sont dessinés à une échelle autre que celle de leurs voisins. Reprenons l'exemple, tiré du nom du dieu Rê, cité plus haut. Dans un premier quadrat nous trouvons, superposés, une bouche humaine (phonogramme *r*) et un avant-bras humain (phonogramme *ayin*) de même longueur ! Dans un second quadrat prennent place un soleil tout petit (signe-mot) et un dieu accroupi, relativement grand (déterminatif). Ni ce personnage ni le disque solaire ne sont à l'échelle de la bouche ou de l'avant-bras, et c'est ce qui, justement, permet de les combiner de façon harmonieuse et claire (illustration, p. 507, *d*).

Une des croyances égyptiennes les plus anciennes, les plus courantes et au premier abord les plus singulières est l'idée que les images sont dotées ou du moins peuvent être dotées d'une vie propre. La décoration des temples et des tombeaux repose tout entière sur cette idée ; bien loin d'être imaginaires, les scènes qu'elle nous montre, les situations qu'elle dépeint sont réelles et profitent, les unes aux morts, les autres aux dieux. Qu'aux yeux des anciens Égyptiens les images, dans certains cas, aient été vivantes ou, si l'on préfère, que certaines images, à destination religieuse, aient été en quelque sorte animées, nous en avons des preuves multiples. Les martelages de statues et de reliefs, si fréquents dans l'Égypte antique, au terme ou au début d'une période de crise, nous fournissent l'une des meilleures. Si l'on coupait les mains, si l'on crevait les yeux des statues représentant un adversaire ou un être jugé impur, si l'on effaçait les effigies de certains rois, détestés ou méprisés, c'était bien pour les aveugler, les paralyser ou, mieux encore, les détruire. Or ce qui vient d'être dit de la « ronde bosse » et des images plates ou en léger relief vaut aussi, dans les mêmes conditions, pour les hiéroglyphes. Les martelages, par exemple, sont étendus, systématiquement, aux cartouches royaux, aux noms divins accompagnant, sur les monuments, telles ou telles images et quelquefois ces noms proscrits, divins ou royaux, là où ils se rencontrent seuls, notamment dans les textes, font aussi l'objet de mutilations. Assurément les applications de la théorie des images vivantes avaient leurs limites. Il ne semble pas que, dans l'ancienne Égypte, les lettres privées ou administratives, les listes d'ouvriers ou de denrées, les quittances, dont les *ostraca*[1] du Nouvel Empire ou de la Basse Époque nous ont conservé tant d'exemples, aient été considérées comme imprégnées de vie. Il en allait autrement, toutefois, avec les textes religieux, ou simplement inscrits sur des monuments religieux. Les textes, réputés vivants, étaient par eux-mêmes actifs, qu'ils eussent ou non des lecteurs. Ainsi s'explique la présence, *sous* la couronne d'un colosse de Ramsès II, au temple de Louxor, d'un cartouche royal absolument invisible et pourtant efficace, ou bien sur les queues d'aronde assemblant les blocs d'un monument de Séthi Ier. Grâce à ces cartouches *vivants*, cette couronne, ce temple appartenaient pour l'éternité aux souverains qui les avaient marqués à leur nom et les entreprises des usurpateurs qui, un jour, voudraient se les approprier – la chose était assez courante[2] – étaient vouées à l'échec.

On comprend, dès lors, que sous l'Ancien Empire les signes dangereux, gravés dans les appartements souterrains des pyramides royales, aient été coupés en deux, pour les rendre inoffensifs. Quels signes ? Les hommes tenant un bâton, une arme, des fauves, des serpents. Les images varient d'une pyramide à l'autre. Celle-ci prive de leurs corps toutes les images humaines, indistinctement. Le lion, la vipère à corne, mutilés dans telle autre, ne le sont pas ailleurs. Non seulement, pour les raisons qu'on vient de dire, certains signes étaient amputés mais d'autres, notamment ceux qui représentent des animaux impurs (les poissons), faisaient l'objet d'une proscription absolue[3]. Inversement, les hiéroglyphes, dangereux (au moins en puissance) parce qu'animés, étaient aussi vulnérables ; à travers eux l'on pouvait faire du mal (ou simplement du tort) aux êtres dont ils servaient à écrire le nom. C'est pourquoi, dans les caveaux funéraires de la VIe dynastie ou du Moyen Empire, les signes-mots des dieux-animaux, le faucon d'Horus, l'ibis de Thot, le chacal d'Anubis, ne figurent jamais (on les remplace par leur « lecture phonétique », composée de phonogrammes) et les noms d'autres divinités, par exemple Osiris et Isis, sont fréquemment protégés par le recours à une graphie inhabituelle.

1. Ces *ostraca* sont des éclats de calcaire ou des tessons de poterie qui remplaçaient, dans les usages courants, le papyrus, trop onéreux.

2. Le grand sphinx en granit rose du musée du Louvre (A 23), que les archéologues attribuent le plus souvent à Amenemhat III, de la XIIe dynastie, a été usurpé successivement par un roi hyksos, par Mineptah, de la XIXe dynastie, enfin par un Sheshonq, de la XXIIe dynastie. Le cartouche du roi fondateur soigneusement gratté, a disparu. Pierre Montet, avec vraisemblance, y reconnaît Khippren.

3. Dans tout l'ensemble des *Textes des pyramides*, on ne connaît qu'un seul exemple d'emploi de l'hiéroglyphe *in* figuré par un gros poisson du Nil, le *Latès*. Encore s'agit-il d'une étourderie, comme l'a bien montré Pierre Lacau dans son étude magistrale, *Suppression et modification de signes dans les textes funéraires* (*Zeitschrift für aegyptische Sprache und Altertumskunde*), 1919, vol. 51, p. 1-64. Voir aussi, du même auteur, *Suppression des noms divins dans les textes de la chambre funéraire* (*Annales du Service des antiquités de l'Égypte*, 1926, t. XXVI, p. 69-81 et 2 fig.).

Dira-t-on que ce sont là des usages anciens, que la théorie des signes vivants ne fut plus, assez tôt, qu'un souvenir ? Ce serait commettre une lourde erreur. L'usage des « statues guérisseuses », en effet, ne s'est généralisé qu'à la Basse Époque, entre les XXIIe-XXXe dynasties[1]. Or la raison d'être de ces statues est de transmettre, par contact, les vertus curatives des textes religieux et magiques dont elles sont couvertes. Encore faut-il, pour être doués de ces pouvoirs, que ces textes soient vivants ! On versait de l'eau sur la tête, les membres, le corps de ces statues, et l'eau en se répandant, absorbait au passage les propriétés bénéfiques des formules gravées sur la pierre. Cette eau miraculeuse, recueillie dans un petit bassin, solidaire de la statue ou placé devant elle, était ensuite offerte aux malades ; on espérait bien qu'après l'avoir bue ceux-ci seraient guéris.

L'écriture hiéroglyphique a fait son apparition relativement tard, vers la fin de la seconde civilisation énéolithique (Nagada II, Gerzéen), à une époque où les divers groupements installés dans la vallée du Nil étaient déjà constitués en petits États, probablement même en royaumes, et où les techniques, notamment celles de la taille de la pierre et de l'ivoire, avaient atteint un haut degré de perfection. Deux hiéroglyphes, dont l'un est un signe-mot et l'autre un phonogramme, se voient en effet sur la palette prédynastique en schiste gris dite « de la chasse »[2] . Mais cette écriture s'est développée avec une rapidité extraordinaire et, sous la Ire dynastie, certains signes, en particulier celui de la ville, commencent à être employés comme déterminatifs[3]. Les inscriptions gravées ou peintes sur les vases d'Abydos ou de Sakkarah sont habituellement courtes et nous font connaître des noms propres (dieux, rois, grands personnages, fonctionnaires, prêtres, simples particuliers), des noms géographiques, des titres, des mesures ou des dates, mais quelques-uns de ces noms sont de véritables phrases (« un soutien [*ka*] est apparu pour moi »[4]) et d'autres phrases, très simples, figurent sur les tablettes commémoratives en ivoire qui datent, elles aussi de la Ire dynastie (« Première célébration de la [fête d'] "abattre les gens de l'Est"[5] »). À l'époque de Djoser, le fondateur de la IIIe dynastie, pour lequel l'architecte Imhotep bâtit, à Sakkarah, le grand ensemble funéraire de la pyramide à degrés et de ses annexes, la notation de textes d'une certaine étendue est

1. Pierre Lacau, *Les Statues « guérisseuses » dans l'ancienne Égypte* (*Monuments et Mémoires publiés par l'Académie des inscriptions et belles-lettres, Fondation Eugène Piot*, Paris, 1922, t. 25, p. 211-227 et 1 planche).

2. W. Stevenson Smith, *A History of Egyptian Sculpture and Painting in the Old Kingdom*, 2e éd., Oxford, 1900, fig. 25, p. 111.

3. P. Lacau et J.-Ph. Lauer, *La Pyramide à degrés*, Paris, 1959, t. IV, Ier fascicule, pl. III, fig. 1 pl. 7, n° 33.

4. W. Spiegelberg, *Zeitschrift für aegyptische Sprache und Altertumskunde*, 1897 (Band 35) p. 7 et suiv.

5. P. Lacau, *Sur le système hiéroglyphique*, Le Caire, 1954, p. XX.

passée dans les usages, comme en témoignent les fragments d'inscriptions, si curieux, trouvés par Schiaparelli à Héliopolis et conservés aujourd'hui au musée de Turin[1]. Un peu plus tard, sous Snefrou et sous Khéops, les premiers rois de la IVe dynastie, les biographies, par définition assez longues, font leur apparition sur les murs des tombeaux privés, hypogées ou mastabas[2]. Quant aux grands textes religieux, mythologiques ou rituels, que nous trouverons inscrits, beaucoup plus tard, à la fin de la Ve dynastie et sous la VIe, dans les appartements souterrains des pyramides de Sakkarah, la rédaction de certains d'entre eux est sûrement antérieure au début de la Ire dynastie[3]. Il est peu vraisemblable qu'on ait attendu trois ou quatre siècles pour les noter par écrit et peut-être le hasard des fouilles nous restituera-t-il un jour leurs versions les plus anciennes, consignées, sans doute, sur des rouleaux de papyrus.

L'écriture hiéroglyphique est demeurée relativement stable mais elle a connu, surtout à partir de la Basse Époque et plus encore à l'époque gréco-romaine, une certaine évolution ; progressivement elle s'est allégée et enrichie. Si l'on compare le répertoire des hiéroglyphes, dans les *Textes des pyramides* et dans les *Textes des sarcophages*, on s'aperçoit qu'entre l'Ancien et le Moyen Empire, bon nombre de signes compliqués, trop longs à dessiner, ou représentant des objets archaïques, ont disparu. Mais des signes nouveaux s'ajoutent, sous la XIe ou la XIIe dynastie, aux signes anciens que l'on avait conservés ; c'est ainsi que le déterminatif du dieu assis ou de la déesse assise, plus exactement accroupie, remplace désormais, à la fin des noms de dieux ou de déesses, l'image, autrefois classique, du faucon sur son perchoir. Le déterminatif des noms d'homme a changé aussi ; ce n'est plus l'homme assis sur un fauteuil à pieds d'animaux, mais le personnage accroupi, un genou en terre, l'autre dressé (Gardiner, *Egyptian Grammar*, Liste des signes, A I). Le monogramme servant à écrire le nom du prêtre funéraire s'est inversé ; le signe du battoir, au lieu d'être placé, comme sous l'Ancien Empire, en dessous de deux bras qui semblent le tenir (Gardiner, D 31), est maintenant superposé au signe du *ka*, mains levées vers le ciel. Les conditions d'emploi de quelques hiéroglyphes ont varié, pour des raisons diverses. Ainsi, en finale de mot, le *yod* (*i* consonne), noté autrefois par le panache de roseau simple (Gardiner, M 17) ou tout simplement omis, s'écrit, sous le Moyen Empire, au moyen du double panache de roseau. L'image du personnage accroupi (Gardiner, A I), dont il vient d'être parlé comme déterminatif, s'emploie aussi, comme pho-

---

1. Dessins au trait de ces reliefs dans W. Stevenson Smith, *A History of Egyptian Sculpture and Painting in the Old Kingdom*, *op. cit.*, fig. 50, p. 135. Il s'agit de textes religieux.

2. Les textes (non traduits) de ces biographies ont été rassemblées par Kurt Sethe, *Urkunden des alten Reichs*, Leipzig, 2e éd., 1933.

3. Cf. J. H. Breasted, *Development of Religion and Thought in ancient Egypt*, New York, 1912 (2e tirage 1959). Chap. III, notamment p. 85-87.

nogramme, pour transcrire le pronom suffixe de la première personne du singulier ; c'est là une nouveauté importante. Des changements phonétiques ont eu lieu, et se reflètent dans l'écriture ; certains sons, à l'origine bien distincts (en particulier le *z* et *s*) ont fini par se confondre et désormais les signes qui servaient à les transcrire s'emploient les uns pour les autres. Il est arrivé aussi qu'un hiéroglyphe correspondant à deux consonnes (bilitère) soit utilisé, à partir de la XIe ou de la XIIe dynastie, pour écrire la première seulement de ces deux consonnes. C'est le cas du signe représentant la couronne rouge (Gardiner, S 3), d'abord bilitère (valeur *nt*), puis unilitère (valeur *n*). Enfin c'est au début du Moyen Empire que remontent, d'une part les premiers essais connus de cryptographie (au moins sous sa forme « thématique »), d'autre part l'apparition, dans la transcription des noms propres étrangers, et des noms de pays étrangers, de l'écriture dite – à tort ou à raison – « syllabique »[1].

Au début de la XVIIIe dynastie, les changements survenus dans les usages et les croyances aboutissent à l'invention et à l'adoption de plusieurs hiéroglyphes caractéristiques : le cheval (Gardiner, E 6), le char de guerre (T 17), le cimeterre, ou *harpé* (T 16), la couronne bleue (S 7), l'oiseau à tête humaine (G 53) personnifiant l'esprit des morts, dans ses courses vagabondes. L'homme accroupi, tenant en main un fouet à chasser les démons, remplace, comme déterminatif des noms d'hommes, le signe plus simple en faveur sous le Moyen Empire. La collection des « monogrammes » s'enrichit de plusieurs unités : le signe *kher* (Gardiner, N 7) surmontant le vase d'albâtre *heb* (W 5), dans le mot « prêtre lecteur » ; le disque solaire et ce même signe *kher*, dans l'expression « durée de chaque jour » ; le signe *heqa* (538) planté sur un boisseau de grain (U 11) dans le nom (*heqat*) d'une mesure.

Les textes de la XIXe dynastie ne présentent qu'une ou deux particularités d'écriture dignes d'être notées dans un exposé très général, comme celui-ci, mais elles sont importantes. L'emploi du signe de l'œuf (H 8) pour écrire le mot « fils », devient, sous Sethi Ier et Ramsès II, tout à fait constant[2].

L'image du « nœud d'Isis » (V 39) remplace, à Abydos, celle du dieu Seth, dans les cartouches du roi Sethi Ier [3] et, dans les textes funéraires, se

1. Sur cette écriture, dont la théorie a été formulée par William Foxwell Albright, voir G. Lefèbvre, *Grammaire de l'égyptien classique*, Le Caire, 2e éd., 1955, § 48, p. 34-35, et, pour la bibliographie, sir Alan Gardiner, *Egyptian Grammar*, Londres, 3e éd., 1957, § 60, p. 52, note 2. Selon Pierre Lacau, ce procédé d'écriture ne noterait pas vraiment des voyelles et servirait uniquement à caractériser comme tels les mots étrangers et certains mots rares ou techniques.

2. Dans cet emploi, le prototype de l'œuf n'est pas l'œuf lui-même, mais l'abréviation, en hiératique, du signe du canard.

3. En pareil cas, il est généralement précédé du signe-mot représentant Osiris accroupi, coiffé de la couronne *Atef*. Sur l'interprétation cryptographique de ce groupe (Osiris = *s* ; le nœud = *ti*), voir E. Drioton, *Revue d'égyptologie*, 1935, t. II, p. 4, note I.

rencontre comme signe-mot pour désigner une amulette de jaspe rouge[1]. La femme accroupie, bien connue comme déterminatif des noms propres de femmes (B I) acquiert, sous ce même règne et aussi à Abydos, une valeur phonétique. Elle servira désormais à écrire le pronom suffixe (et pronom possessif) de la première personne du singulier, quand ce pronom se rapporte à une femme[2]. D'autre part, c'est au temps des souverains ramessides que, dans l'écriture, on commence à noter les finales atones au moyen d'un *t* (en principe caractéristique du féminin), sans plus s'occuper du genre des mots.

À partir de la Basse Époque, l'évolution de l'écriture hiéroglyphique, jusque-là partielle et assez lente, se généralise et s'accélère. Quand, sous les Ptolémées et les Césars, cette évolution atteindra sa plus grande amplitude, les conditions d'emploi des signes auront subi des transformations profondes. Les textes innombrables gravés sur les murs des temples ptolémaïques et romains ne ressemblent que d'assez loin, sauf exception, à ceux du Nouvel Empire ; les nouveautés qu'on y rencontre sont si abondantes, si déconcertantes aussi, que, dans bien des cas, un bon connaisseur des inscriptions classiques ne peut, sans aide, les interpréter, ni même les lire.

Au cours de la Basse Époque et de l'époque gréco-romaine, l'écriture hiéroglyphique se transforme et s'enrichit grâce à la mise en œuvre de deux principes fort simples : attribution (massive) de valeurs phonétiques nouvelles aux signes anciens ; création de signes nouveaux (en assez petit nombre). Les applications de ces principes ont été très variées ; examinons d'abord celles du second. Quelquefois l'invention est totale. Le nom, si connu, de l'Ennéade Héliopolitaine peut désormais s'écrire au moyen d'un phonogramme trilitère dont les textes du Nouvel Empire ne nous ont laissé aucun exemple : un petit quadrupède à longues oreilles est représenté émergeant d'un vase à fond plat (illustration, *e*). Seuls dépassent le haut de la bête, la tête et les pattes, qui font le geste de l'adoration. Les verbes (il y en a plusieurs) signifiant « protéger » ont pour idéogramme, à partir de la XXIIe dynastie, un personnage debout dont les bras, auxquels sont attachées deux ailes, sont inclinés vers le sol, ou encore un vautour en train de couver. Quelques-uns de ces signes sont de véritables rébus. Le lion « passant » (valeur phonétique *m*) tenant un couteau *(d + s)* écrit le mot *mōdes* « violent » ; ce même lion, couché (valeur phonétique *r*), tenant ce même couteau *(ds)*, peut noter, dans l'écriture, l'adjectif « splendide » *(dōser)* . En d'autres cas, il n'y a pas vraiment création, mais transformation de signes préexistants. Ainsi la bouche humaine *de profil* a été employée, par les scribes de la Basse Époque, pour écrire la consonne *r*, que leurs prédécesseurs, depuis toujours, exprimaient à l'aide de la bouche humaine *de face*. De même le substantif

1. Sir Alan Gardiner, *Egyptian Grammar*, *op. cit.*, p. 508.
2. G. Lefèbvre, *Grammaire de l'égyptien classique*, *op. cit.*, p. 387.

« commencement » se rencontre, dans les textes tardifs et très tardifs, noté par deux variantes du même signe, le protome de lion à patte dessinée verticalement (forme nouvelle) ou horizontalement (forme classique). L'apparition d'un signe modifié n'entraîne pas, en effet, la disparition de son prototype.

Les applications de l'autre principe dont il a été fait mention plus haut sont nombreuses ; en voici quelques-unes. On peut changer en unilitère un plurilitère dont on abrège la lecture. Ce signe équivaut dès lors à la première des consonnes qu'il notait autrefois. Les bilitères *n* + *w* (un vase rond) et *b* + *aleph* (le jabiru, un échassier d'Afrique) s'emploient pour écrire *n* et *f*. Les trilitères *s* + *b* + *aleph* (l'étoile à cinq branches) et *yod* + *aleph* + *t* (une butte, avec trois buissons) prennent les valeurs phonétiques *s* et *yod*. On obtient ainsi quantité de nouveaux unilitères et les homophones se multiplient. Autre procédé, qui sert à former de nouveaux plurilitères : les « jeux d'écriture », par association d'idées, ou d'images. La vipère à cornes *entrant* dans une grotte deviendra le signe-mot du verbe « entrer » ; *sortant* de la même grotte, elle se changera en un autre signe-mot, celui du verbe « sortir » (illustration, *f*). L'ibis Thot est un dieu « habile » ; son image permettra d'écrire l'adjectif « habile ». Le soleil et la lune sont les *deux* astres majeurs[1] ; le mot « deux », le cas échéant, sera évoqué par les signes jumelés du soleil et de la lune. Enfin, l'évolution de la phonétique contribue, elle aussi, à modifier les équivalences traditionnelles. À l'époque ptolémaïque, ou même plus tôt, le *d* ancien est passé à *t* ; le *k*, le *q* et, souvent le *g* se sont confondus, il n'y a plus que deux *h* au lieu de quatre, à l'origine. Un mot tel que *dgi* « voir » se rencontre donc, dans les textes de Basse Époque, avec un *t* à l'initiale et un *k* ou un *q* en seconde position. Inversement, « Aton », le nom du disque solaire, peut désormais s'écrire comme si sa deuxième consonne était un *d*, non un *t*. Et ainsi de suite.

Les moyens d'expression qui donnent à l'écriture égyptienne tardive une originalité si frappante lui sont, en partie du moins, bien antérieurs. Quelques-uns d'entre eux se rencontrent en effet dans les textes cryptographiques de la XVIIIe dynastie, notamment la « variation matérielle », qui modifie légèrement l'aspect d'un signe ancien, la transformation (par acrophonie) de plurilitères en unilitères, enfin les jeux d'écriture et les rébus à l'aide desquels on crée de nouveaux plurilitères, ou l'on attribue des valeurs phonétiques nouvelles à des plurilitères anciens. La cryptographie que, sauf erreur, les anciens Égyptiens ont inventée dispose d'autres ressources encore. Le plus simple mais non le moins curieux de ses procédés consiste, dans un texte rédigé « en clair », à bouleverser l'ordre naturel de succession des signes ou des mots. Ce procédé, auquel le chanoine Drioton a donné le nom de « cryptographie par perturbation », est

1. Ces dieux, étant tous deux de sexe masculin, ne constituent pas un couple véritable, mais du moins une paire.

couramment employé dans les brèves inscriptions gravées sur le plat des « scarabées historiques mineurs ». En voici deux exemples typique, transposés en français : « Khon-est ma protection- sou » = « Khonsou-est ma protection » et : « Amon-de-Thèbes-loué-celui- qui est dans », qui signifie en réalité : « Approuvé d'Amon est celui qui est dans Thèbes ». Ce sont là, on en conviendra, des phrases plutôt banales et leur déchiffrement, d'autre part, est facile. Nous n'en saisissons que mieux l'une des particularités de la cryptographie égyptienne, très différente de celle que nous connaissons et pratiquons.

Dans la plupart des cas, il s'agit en effet non pas de voiler le contenu d'un message, comme dans notre correspondance diplomatique ou militaire, mais d'en renouveler l'intérêt en le présentant de façon insolite. Tantôt un défi est jeté à l'habileté des lecteurs (les Égyptiens appréciaient beaucoup les énigmes), tantôt – comme à Louxor où, sur deux architraves, le même texte est donné, une fois en clair, une fois en cryptographie – on cherche à les intéresser, à les éblouir par la virtuosité et la science dont témoignent les auteurs des inscriptions en écriture secrète.

Quelquefois, dans les textes de ce genre, des hiéroglyphes de grande taille, représentant des dieux, des rois, des hommes, en mouvement ou arrêtés, et même des objets ou des symboles, sont disposés sur la pierre comme s'ils faisaient partie d'une procession. Il faut alors parler de « cryptographie ornementale ». Celle-ci est dite « thématique » lorsque ces personnages (éventuellement ces objets) semblent participer à une action, jouer un rôle dans une « scène »[1] .

Comment l'écriture hiéroglyphique, si parfaite en son genre, et liée pendant tant de siècles au destin même de l'Égypte, a-t-elle fini par disparaître ? Son abandon semble avoir eu pour cause des faits d'évolution interne, et on ne peut guère l'expliquer que par le déclin de la religion nationale et l'expansion du christianisme. Ce n'est pas, à vrai dire, qu'un interdit ait été jeté sur cette écriture à cause des images païennes que l'on y trouvait en assez grand nombre. Mais la faveur croissante accordée, pour les usages courants, à l'une de ses cursives, le démotique, avait peu à peu cantonné le système hiéroglyphique dans la transcription des textes

1. Cette terminologie est empruntée au chanoine Étienne Drioton, grand spécialiste de la cryptographie, à laquelle il a consacré toute une série d'articles. Voici les principaux (quelques-uns d'entre eux sont de véritables monographies) : « Essai sur la cryptographie privée de la fin de la XVIIIe dynastie » (*Revue d'égyptologie*, 1933, p. 1-50) ; « Une figuration cryptographique sur une stèle du Moyen Empire » (*ibid.*, p. 203-229) ; « La cryptographie égyptienne » (*Revue lorraine d'anthropologie*, conférences 1933-1934, Nancy, 1934, 28 pages) ; « Les protocoles ornementaux d'Abydos » (*Revue d'égyptologie*, 1953, t. II, p. 1-20) ; « Le cryptogramme de Montou de Médamoud » (*ibid.* p. 21-33) ; « Recueil de cryptographie monumentale » (*Annales du Service des antiquités de l'Égypte*, 1940, t. XL, p. 1-123) ; « La cryptographie du papyrus Salt 825 », (*ibid.*, 1942, t. XLI, p. 99-134) ; « La cryptographie par perturbation » (*ibid.*, 1945, t. XLIV, p. 17-33).

religieux, notamment sur les murs des temples. Bientôt les prêtres furent les seuls, non seulement à l'employer, mais encore à pouvoir le lire. À mesure que leur nombre diminua, que leur recrutement se tarit, que les sanctuaires païens furent abandonnés, détruits ou transformés en églises, les chances de survie de l'écriture hiéroglyphique devinrent de plus en plus minces et, à la fin, tout à fait nulles. Ainsi entra dans l'oubli, en même temps que les croyances religieuses au service desquelles elle avait été si longtemps, l'une des inventions les plus remarquables du génie égyptien, l'une aussi des plus caractéristiques.

Tout ce qui précède a trait aux hiéroglyphes ; il faut maintenant parler, en quelques mots, de leurs cursives. L'écriture monumentale, en raison de sa perfection même, et compte tenu des détails assez nombreux qui devaient figurer dans les signes un peu compliqués, avait un inconvénient grave : elle était lente à graver, ou à sculpter. De très bonne heure les scribes qui écrivaient à l'encre noire ou à l'encre rouge, sur des objets en pierre, sur tessons ou sur papyrus, allégèrent, pour ainsi dire, l'écriture hiéroglyphique. Dans notre terminologie, quand les signes hiéroglyphiques, à peine simplifiés, continuent d'être écrits, indifféremment, de gauche à droite ou de droite à gauche, le plus souvent en colonnes, ces signes sont appelés « hiéroglyphes linéaires »[1] . Dès que la simplification s'accentue, et lorsqu'on les écrit uniquement de droite à gauche, même lorsqu'ils sont en colonnes, on a affaire à la plus ancienne des deux cursives, le « hiératique ». Les caractères de cette tachigraphie, qui apparaît sous la Ire dynastie[2], mais ne se développe qu'un peu plus tard, ont été bien mis en lumière par Henri Sottas et Étienne Drioton[3].

D'abord les signes se schématisent, les détails figurés sont moins nombreux et l'on réduit à l'essentiel les contours des objets représentés. Dans la forme hiératique du filet d'eau courante (le signe *n*), il n'y a plus d'ondulations (vaguelettes), mais une ligne assez épaisse et presque droite (illustration, *g*). En outre les proportions ne sont plus les mêmes. Le rouleau de papyrus, signe-mot, ou encore déterminatif (des idées abstraites), hiéroglyphe long et mince, est devenu un petit signe, ramassé sur lui-même, une sorte de zig-zag (illustration, *h*). Le trait vertical, « indicatif » des signes-mots (illustration, *i*), s'est au contraire allongé. Un second trait de l'écriture hiératique est l'adjonction aux signes d'éléments diacritiques extérieurs à ces signes. Un point marqué au-dessus d'une courte ligne droite identifie

1. G. Lefèbvre, *Grammaire de l'égyptien classique*, *op. cit.*, § 67. Observation p. 46.

2. Non pas dans des textes suivis mais dans l'écriture, au moins, de certains signes. Le fait s'observe sur des inscriptions, tracées à l'encre, que portent certains vases trouvés dans les souterrains de la pyramide à degrés (communication de Pierre Lacau).

3. Dans leur livre si remarquable, *Introduction à l'étude des hiéroglyphes*, Paris, 1922, p. 45-48.

celle-ci à l'hiéroglyphe de la négation : les bras étendus, en opposition, mains ouvertes (illustration, *j*). Un petit trait, ou même deux, accrochés à un signe large, lui confèrent une valeur phonétique nouvelle, et ainsi de suite. Troisième caractère de cette cursive : l'apparition de nombreuses ligatures, soit dans un même signe (les trois traits du pluriel, entre autres), soit entre plusieurs signes (celui du visage humain et de la bouche, dans une certaine préposition [illustration, *k*]). Dans tous les cas, le but à atteindre est le même ; compte tenu des possibilités et aussi des exigences d'un instrument nouveau, le calame, il s'agit de gagner du temps, d'écrire plus vite. La nature de cet instrument a beaucoup influé sur l'écriture manuscrite égyptienne ; on s'est efforcé d'arriver à un tracé, autant que possible ininterrompu, que l'on obtient tantôt par petites touches rapides (dans le signe de la natte, servant à écrire la consonne *p* [illustration, *l*]), tantôt d'un seul coup de pinceau (les signes représentant certains oiseaux, notamment le vautour percnoptère [illustration, *m*] et beaucoup d'autres signes courants, le crible, la bouche, le pain, la corde roulée sur elle-même). On travaille dans le sens d'une plus grande facilité. Les modifications apportées aux hiéroglyphes sont parfois importantes et assez souvent les formes de la cursive n'ont plus avec leurs prototypes qu'une ressemblance très vague. Au contraire, transposés en hiératique, les hiéroglyphes complexes – la guêpe, la sauterelle, le crocodile, d'autres encore (illustration, *n, o*) – demeurent en général très reconnaissables.

Une dernière particularité de cette cursive est de n'admettre qu'une seule orientation : on l'écrit toujours de droite à gauche (voir le fac-similé, au trait, de texte hiératique sur ostracon). La forme même (un rouleau) de la surface à couvrir la plus typique et la plus courante (le papyrus) rendait impraticable, sinon impossible tant il aurait été gênant, tout effort pour écrire, au calame, de gauche à droite. Il suffit, pour s'en rendre compte, de tenter l'expérience. Les hiéroglyphes, au contraire, qu'ils soient en lignes ou en colonnes, peuvent s'écrire dans les deux sens, à condition de tourner dans la direction voulue les signes représentant des êtres animés, vus de profil[1]. En revanche l'écriture hiératique admet des usages multiples ; on l'emploie pour écrire les œuvres les plus diverses : textes religieux ou historiques, littérature pure, documents administratifs, correspondance, quittances, listes d'objets ou de personnes, et sur les surfaces les plus diverses : pierre, bois, papyrus. Toutefois, quand la nouvelle cursive, le « démotique », est devenue la plus courante (IVe siècle avant J.-C.), le hiératique s'est cantonné, assez vite, dans la notation des textes religieux ; de là son nom d'écriture « sacerdotale ».

À partir du VIIe siècle avant J.-C. (XXVIe dynastie) une seconde cursive, issue d'une branche locale du hiératique, indépendante de la tradi-

1. Rappelons que, pour lire l'égyptien ancien, il faut toujours aller à la rencontre des signes *orientés* ; cf. Gustave Lefèbvre, *Grammaire de l'égyptien classique*, *op. cit.*, § 65-66, p. 44.

tion thébaine[1], est née et s'est développée graduellement[2]. Réservée, en théorie, aux usages administratifs et aux besoins de la vie courante, elle a reçu le nom, bien trouvé, d'écriture « populaire » (en grec : démotique) mais, tout comme le hiératique, elle n'a pas tardé à servir à toutes fins si bien qu'on a, dans cette écriture de notaires, des œuvres littéraires (romans, livres de sagesse) ou religieuses (Livre des Morts, textes magiques, etc.) en assez grand nombre. Cette nouvelle cursive est plus linéaire encore que l'ancienne, dont elle dérive. La simplification est poussée à l'extrême ; de nombreux signes, encore nettement différenciés en hiératique, sont maintenant confondus (voir le fac-similé, au trait, de texte démotique sur ostracon). Sauf dans quelques cas (le signe de la vipère à corne, par exemple, qui note la consonne *f*) ils ne ressemblent plus du tout à leurs prototypes hiéroglyphiques.

La plus ancienne des deux cursives a disparu la première, quoiqu'elle soit restée en usage fort tard, et jusqu'à l'époque impériale. Les causes de sa disparition sont les mêmes que celles des hiéroglyphes : ceux qui la connaissaient et l'employaient appartenaient aux clergés païens. À mesure que grandissait, en Égypte, l'autorité et le rayonnement de l'Église chrétienne, leur nombre n'a cessé de décroître sans qu'il fût question de les remplacer. Quant au démotique, ce système a résisté plus longtemps (le texte démotique le plus récent que l'on connaisse est une inscription de Philae datant de 473 avant J.-C.). C'était, on l'a dit plus haut, l'écriture des officiers ministériels, non celle des prêtres et, dans la société égyptienne christianisée, les premiers nommés continuaient à jouer un rôle. La mort lente du démotique, « fossilisé » dès la fin du IIe siècle après J.-C., est étrangère, semble-t-il, à des considérations religieuses. Cette écriture, dans laquelle bien des signes ou groupes de signes avaient acquis des valeurs phonétiques nombreuses, était devenue trop difficile ; on ne pouvait l'apprendre ni la déchiffrer sans de grands efforts. L'Égypte, depuis longtemps, connaissait et appréciait l'alphabet grec, plus simple et plus complet, grâce à ses signes-voyelles. Au temps des empereurs chrétiens c'est lui qui triompha, sous la forme d'une belle « onciale », à laquelle on adjoignit quelques signes démotiques[3] pour transcrire certains sons proprement égyptiens. Ainsi périt la dernière des cursives, remplacée par l'écriture copte.

---

1. C'est ce qu'a démontré Michel Malinine, dans une communication au Congrès des orientalistes (Paris, 1948) et dans son livre, *Choix de textes juridiques en démotique et en hiératique anormal*, Paris, 1950. Je tiens à remercier mon collègue Malinine qui, sur l'histoire du démotique, m'a fourni de précieuses informations.

2. Entendons par là que, d'une part, le démotique a été de plus en plus employé et que, d'autre part, il s'est perfectionné. Voir à ce sujet Henri Sottas et Étienne Drioton, *Introduction à l'étude des hiéroglyphes*, *op. cit.*, p. 50, qui parle d'un « progrès continu ».

3. Au nombre de sept.

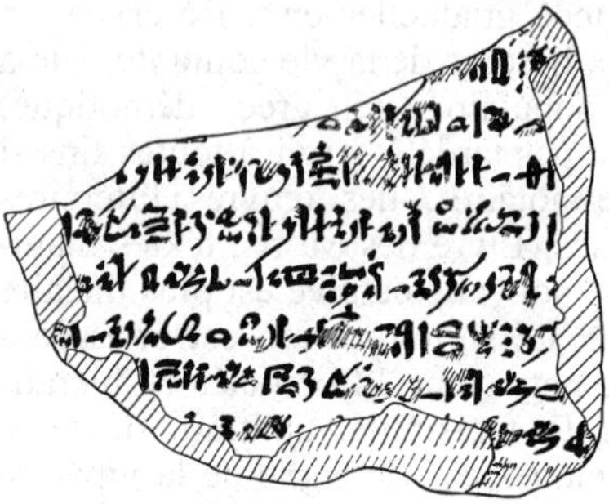

FAC-SIMILÉ, AU TRAIT, DE TEXTE HIÉRATIQUE SUR OSTRACON (NOUVEL EMPIRE)
Aimablement communiqué par Georges Posener

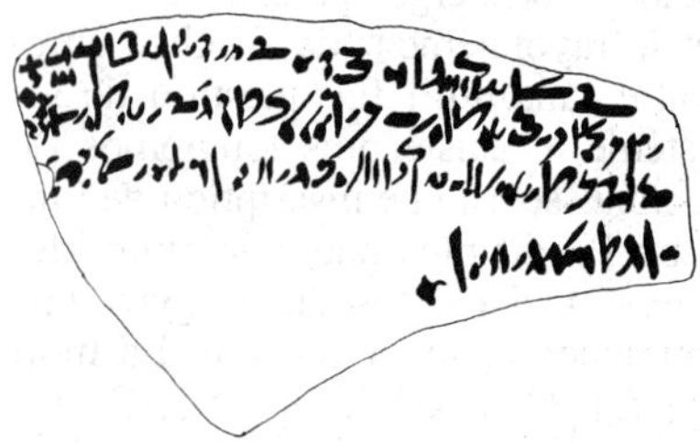

FAC-SIMILÉ, AU TRAIT, DE TEXTE DÉMOTIQUE SUR OSTRACON. DÉBUT DE L'ÉPOQUE PTOLÉMAÏQUE
Aimablement communiqué par Michel Malinine

Bien qu'ils n'aient jamais tenté, sous le Nouvel Empire, d'en imposer l'usage à leurs vassaux et à leurs alliés d'Asie, dans la correspondance diplomatique (les bureaux de la chancellerie ne se servaient, en Égypte même, que des cunéiformes), les pharaons et leurs sujets se faisaient de leur système d'écriture une idée très haute et la considéraient comme d'origine divine. Thot l'ibis l'avait, croyait-on, inventé, en même temps que les langues du monde. Il en était aussi le patron ; bien souvent les scribes de la XVIIIe dynastie se firent représenter, par les statuaires, accroupis, en train d'écrire, devant une image de babouin, animal sacré de Thot, juché sur un socle. Thot, au reste, prêchait d'exemple ; on le voit constamment en train d'écrire, sur les murs des temples (où il inscrit sur les fruits d'un grand perséa le nom du roi agenouillé sous cet arbre) ou les papyrus (dans la scène de la « psychostasie », ou pesée des bonnes et mauvaises actions, lors du jugement des morts[1]). Dans ce rôle, il a pour assistante une très ancienne déesse, Séshat, dont le nom est révélateur puisqu'il a des chances de signifier « celle qui écrit ». Créée et diffusée sous de tels auspices, l'écriture égyptienne ne pouvait être une invention banale ni une technique vulgaire ; elle jouit, dès le début, d'un grand prestige et les scribes, c'est-à-dire les professionnels de l'écriture, occupèrent très tôt, dans la société égyptienne antique, une situation élevée. À quel point ils étaient estimés, un usage bien curieux permet de s'en rendre compte. Nombreux, en effet, sont les grands seigneurs des IVe et Ve dynasties dont on a des statues de pierre (granit ou calcaire) en

1. L'étude de cette scène vient d'être reprise de façon originale et convaincante par Jean Yoyotte, *Le Jugement des morts dans l'Égypte ancienne*, Sources orientales, vol. IV, *Le Jugement des morts*, Paris, Le Seuil, 1961, p. 15-80.

« scribe accroupi ». Plusieurs, dont les princes Ka-Ouab (Boston) et Séti-Ka (Paris, Louvre), étaient fils de roi. Quatorze cents ans plus tard, à la fin de la XVIIIe dynastie, l'une des personnalités marquantes de l'époque, Haremheb, un général qui devait bientôt accéder à la royauté, se faisait représenter, non en chef de guerre mais en scribe. Une belle statue de granit gris, aujourd'hui au Metropolitan Museum de New York, le montre dans l'attitude classique, jambes repliées et croisées, déroulant sur son pagne un rouleau de papyrus.

Cette supériorité, non seulement du lettré, mais de l'écrivain, ainsi reconnue et proclamée dans les sphères les plus hautes, n'a rien que de très naturel. Quatre facteurs principaux sont à l'origine du développement de la civilisation égyptienne antique : le cadre géographique et les ressources naturelles, l'institution monarchique et les croyances religieuses (la première, au reste, inséparable des secondes), enfin les techniques et les sciences, mais les trois derniers de ces facteurs ne pouvaient trouver leurs conditions d'application les meilleures sans recourir à l'écriture. Si les traditions relatives aux origines du monde, aux aventures et aux pouvoirs des dieux et des déesses peuvent, à la rigueur, se transmettre de bouche à oreille, les rituels divins et funéraires doivent, pour conserver leur efficacité, être fixés par écrit et les « images vivantes » que sont les scènes sculptées sur les murs des temples et des tombeaux ne peuvent se passer de titres, ou même de légendes, qui les précisent et les complètent. Quant à la monarchie pharaonique, non seulement elle dépendait de rites nombreux et complexes, dont la recension écrite était indispensable, mais les temples et les tombeaux que les souverains faisaient bâtir, pour leurs dieux ou pour eux-mêmes, n'avaient de sens que marqués à leurs noms et revêtus de leur protocole, de leur titulature complète. D'autre part, quel que fût le rôle, évidemment très grand, des secrets de métier, transmis directement, et de l'enseignement oral, les techniques et les sciences avaient besoin, pour être étudiées, diffusées, perfectionnées, d'ouvrages de référence et d'aide-mémoire[1].

Partout ailleurs, à toutes les époques et sauf exceptions (certains peuples précolombiens, nombre de tribus africaines), l'écriture s'est révélée très importante et très agissante dans la constitution et le développement des sociétés civilisées. Nulle part, toutefois, cette importance et cette participation aux frais d'évolution ne se sont manifestées et réalisées plus clairement et plus naturellement, compte tenu du milieu géographique et de ses ressources, des aptitudes et de la mentalité des

1. Est-il besoin de rappeler que les papyrus égyptiens de la Haute et de la Basse Époque nous ont conservé des ouvrages de médecine, un traité de chirurgie, des catalogues de signes, avec l'explication de ceux-ci (Papyrus Petrie, trouvé à Tanis, et Papyrus Carlsberg, n° 1).

habitants, que dans la basse vallée du Nil, au temps des pharaons. Il est donc normal que les scribes égyptiens aient été, en un sens, des privilégiés et se soient considérés comme appartenant à une élite. Leur nombre n'était pas bien grand et ils n'ignoraient pas que leur écriture, à tant d'égards si remarquable, était aussi très complexe, Sa maîtrise exigeait un long apprentissage et d'ailleurs ne l'apprenait pas qui voulait. Sur ces dispositions d'esprit, les témoignages abondent et certains sont fort pittoresques. Des scribes du Nouvel Empire, de passage à Sakkarah, avaient inscrit sur les murs d'une chapelle, datant du règne de Djoser, quelques lignes élogieuses mais criblées de fautes. Un de leurs confrères, plus expérimenté, qui vint ensuite, nous a laissé aussi un grafitto, dans lequel il les juge et les condamne. En voici le texte, traduit par le chanoine Drioton : « Le scribe aux doigts habiles, un scribe d'une habileté sans égale parmi les gens de Memphis, le scribe Amenemhat, est venu. Je dis : "Explique-moi ces mots. Je suis écœuré lorsque je vois l'œuvre de leurs mains. On dirait l'œuvre d'une femme sans esprit [...] que n'y a-t-il eu quelqu'un qui les eût dénoncés avant d'entrer dans le temple. J'ai vu un scandale ; ce ne sont pas des scribes inspirés par Thot."[1] » Inversement, l'éloge du scribe habile, l'exaltation de son rôle dans la société égyptienne et l'affirmation de sa prééminence sont des lieux communs de la littérature sapientiale. Ces thèmes sont énoncés et développés sous le Nouvel Empire, dans maints écrits littéraires, notamment la *Satire des métiers*[2], où toutes les autres professions font l'objet d'un dénigrement systématique. Le Papyrus Lansing est de la même encre ; en voici un extrait : « Passe le jour entier à écrire avec les doigts et, pendant la nuit, fais la lecture. Prends pour amis le rouleau de papyrus et la palette, car c'est plus agréable qu'on ne saurait l'imaginer. L'écriture, pour qui la connaît, est plus avantageuse qu'aucun autre métier, plus agréable que le pain et la bière, que les vêtements et les onguents. Oui, c'est plus précieux qu'un héritage, en Égypte, ou qu'un tombeau, à l'Occident[3]. » Ce même papyrus énonce la doctrine suivante : l'état de scribe n'impose, à celui qui l'embrasse, aucune corvée, comme les ouvriers et les paysans doivent en fournir. Elle lui vaut succès et honneur, lui permet d'être du bon côté de la barricade et lui ouvre, s'il est doué, travailleur et prompt à saisir ce qu'on attend de lui, l'accès des faveurs royales.

---

1. E. Drioton, J.-Ph. Lauer, *Les Monuments de Zoser à Sakkarah*, Le Caire, 1951, p. 22.

2. L'édition et la traduction les plus récentes de cet ouvrage difficile sont celles de H. Brunner, *Die Lehre der Cheti*, Glückstadt-Hambourg-New York, 1944. Cf. aussi Pritchard, *Ancient Near Eastern texts relating to the Old Testament*, Princeton, 1950, p. 432-434.

3. Cf. Pritchard, *op. cit.*, p. 434.

En résumé l'écriture hiéroglyphique et ses cursives, très intéressantes en elles-mêmes, nous apportent des informations de grande valeur sur la civilisation égyptienne antique et sur la psychologie des sujets des pharaons.

Les hiéroglyphes, on l'a vu, sont à la fois des signes, des images et, dans certaines circonstances au moins, des réalités vivantes.

Sous ce dernier rapport, l'écriture hiéroglyphique est celle d'un peuple dont les exigences intellectuelles ne coïncident pas toujours avec les nôtres. La distinction, chère à la pensée occidentale, entre l'animé et l'inanimé, n'a, en Égypte, aucun sens. C'est ce qui permet aux signes égyptiens d'être considérés, dans une certaine optique religieuse, comme doués de vie.

Ils ne pourraient l'être, toutefois, s'ils n'étaient d'abord des images, de petits dessins, très exacts et en même temps très stylisés. Sous cet autre rapport, l'écriture égyptienne est celle d'un peuple artiste. Ceux qui lisaient les hiéroglyphes n'étaient, bien sûr, qu'une minorité. Mais tout porte à croire que les illettrés eux-mêmes étaient sensibles à la qualité et au charme d'une écriture si belle, si décorative, si caractéristique de l'histoire et des traditions nationales.

Comme signes, enfin, les hiéroglyphes sont les données premières et le matériel de base d'un système graphique ingénieux, précis, aussi bien adapté à sa fonction qu'il pouvait l'être. En dépit des apparences, ce système n'est pas vraiment compliqué ; il repose en effet sur la connaissance et sur la mise en application d'un petit nombre de principes, hautement rationnels. L'écriture hiéroglyphique est donc celle d'un peuple remarquablement doué, au génie inventif, au pouvoir d'adaptation, au sens pratique duquel elle rend, indirectement, un juste hommage. Toutefois, on l'a dit également, les hiéroglyphes étaient très nombreux, leurs conditions d'emploi multiples. L'apprentissage et le maniement de ces signes exigeaient un double effort de mémoire et de réflexion. C'est pourquoi l'écriture égyptienne a été, dès l'origine, celle d'une élite. La qualifierons-nous, pour autant, d'aristocratique ? Ce serait aller trop loin, puisque l'élite qui l'employait n'était fondée ni sur la naissance, ni sur la richesse, mais sur l'intelligence et le caractère. La civilisation pharaonique, inspirée et dirigée par des rois de droit divin, qui étaient en même temps des rois-dieux, est l'œuvre commune de citadins et de campagnards, d'hommes d'action et de penseurs, de riches et de pauvres mais avant tout, et l'une des premières dans l'histoire du monde, elle fut et demeurera une civilisation de lettrés.

IV

L'ÉCRITURE CUNÉIFORME
ET LA CIVILISATION MÉSOPOTAMIENNE

par René Labat

L'écriture cunéiforme est le système graphique le plus important qu'ait connu, pendant plus de trois millénaires, le Proche-Orient ancien. Elle fut inventée en Basse-Mésopotamie par les Sumériens, vers 3500 avant notre ère et resta en usage jusqu'aux abords de l'ère chrétienne. Héritiers des Sumériens, les Akkadiens – Assyriens et Babyloniens – en avaient fait leur écriture nationale. Elle devint rapidement dans toute l'Asie antérieure, de l'Élam à la Cappadoce et de l'Égypte à l'Arménie, l'instrument par excellence de la compréhension internationale. Certains peuples étrangers, Hittites, Hurrites, Urartéens et anciens Élamites l'adoptèrent pour transcrire leur propre langue ; d'autres, Perses et Élamites, la transformèrent pour en tirer à leur usage des écritures nouvelles. Son prestige fut tel que pendant plusieurs siècles, elle se survécut, comme langue savante, alors que l'écriture araméenne l'avait dans la pratique partout remplacée.

Qui dit écriture cunéiforme dit essentiellement *tablette d'argile*. C'est ce substrat matériel qui explique non seulement la forme que prirent par la suite les signes primitifs, mais aussi l'extraordinaire destin de cette écriture.

Sans doute les Akkadiens n'étaient-ils pas sans connaître les inscriptions sur pierre ou sur métal, l'emploi du parchemin ni des tablettes de bois enduites ou non de cire. Ils n'ignoraient pas non plus l'usage de l'encre, de matrices en relief pour la reproduction de formules stéréotypées, ou même celle de caractères mobiles d'impression. Mais le véritable « papier » des Mésopotamiens fut l'argile séchée au soleil ou cuite au four.

Sous le climat de la Mésopotamie, le rouleau de parchemin ou la plaquette de bois étaient voués à une vie éphémère. L'argile du scribe au contraire, abondante et peu coûteuse de surcroît, était pratiquement impérissable. Elle survivait aux incendies, aux écroulements des temples et des palais. Elle gardait intacts, par-delà les siècles, les témoignages que les hommes lui avaient confiés. Les Sumériens et plus encore les Akkadiens eurent conscience de cette pérennité de la tablette d'argile et de l'écriture qu'elle portait. De là, en partie du moins, le profond respect qu'ils eurent pour tout ce qui était écrit et la confiance qu'ils mirent dans leur propre écriture.

Pourtant, leur système graphique est l'un sans doute des plus compliqués qui aient jamais existé. Au moment où sa diffusion est la plus grande, il se composait de 550 signes environ, dont 250 à 300 étaient d'usage courant. Certains de ces signes peuvent être des *idéogrammes*, c'est-à-dire représenter un objet ou une idée, en d'autres termes un verbe, un nom, un adjectif, un pronom, etc. Il appartenait alors au lecteur de restituer mentalement la forme grammaticale du mot qu'exigeait le contexte. D'autres, plus nombreux, avaient une *valeur phonétique*. Ils représentaient alors une syllabe, simple voyelle (*a, e, i, u*), syllabe bilitère, consonne + voyelle ou voyelle + consonne (*ab, ur ; ba, ru*), syllabe trilitère (*šul, dir*), exceptionnellement enfin une double syllabe (*tara, širi*).

Si le cunéiforme s'était contenté d'employer pour chaque signe une seule valeur, syllabique ou idéographique, le système eût été malgré tout relativement simple. Mais la plupart des signes étaient *polyphones* et souvent *homophones*. Polyphones, parce que chacun d'eux pouvait avoir en général plusieurs valeurs phonétiques. Homophones, parce qu'un même son pouvait être indistinctement rendu par plusieurs signes. De plus, idéogrammes et syllabogrammes ne constituaient pas deux groupes de signes distincts. Il n'est pas rare qu'un même signe ait une ou plusieurs acceptions idéographiques en même temps que de multiples valeurs phonétiques. Renchérissant encore sur la difficulté, l'écriture cunéiforme utilisait en outre des *déterminatifs* et des *compléments phonétiques* qui, à la lecture, étaient parfaitement superflus. Les premiers indiquaient la catégorie générale du terme auquel ils étaient accolés, les seconds précisaient la finale, plus rarement l'initiale d'un mot, voire d'une syllabe. Ajoutez à cela que, dans la ligne d'écriture, les mots ou les groupes de mots n'étaient pas séparés les uns des autres, qu'il n'existait pas de signes de ponctuation et que, à certaines époques, plusieurs signes, en fait différents, avaient fini par se confondre.

Nous arrivons ainsi en fin de compte à un système graphique dans lequel toutes les difficultés de lecture semblent avoir été rassemblées comme à plaisir. À la vérité cependant, le lecteur était quelque peu guidé par diverses règles ou habitudes des scribes. C'est ainsi qu'un mot n'était que tout à fait exceptionnellement coupé en fin de ligne, que l'on ne rompait point d'ordinaire l'unité d'une syllabe, que chaque époque ou chaque genre de texte utilisait traditionnellement telle valeur plutôt que telle autre, tel idéogramme de préférence à tel autre, ici l'idéographie et là le phonétisme.

Cette complexité du système s'explique par l'histoire même de l'écriture cunéiforme. Retraçons-en schématiquement les principales étapes.

Tout d'abord, l'écriture sumérienne archaïque est purement idéographique. Chaque signe désigne un objet, un état ou une action. Les éléments abstraits du langage restent sous-entendus.

Par la suite, les scribes, manifestement débordés par le nombre des signes qui leur seraient nécessaires pour doter chaque mot d'un idéogramme distinct, affectent un même signe à plusieurs mots homonymes. C'est le début de l'homophonie des signes.

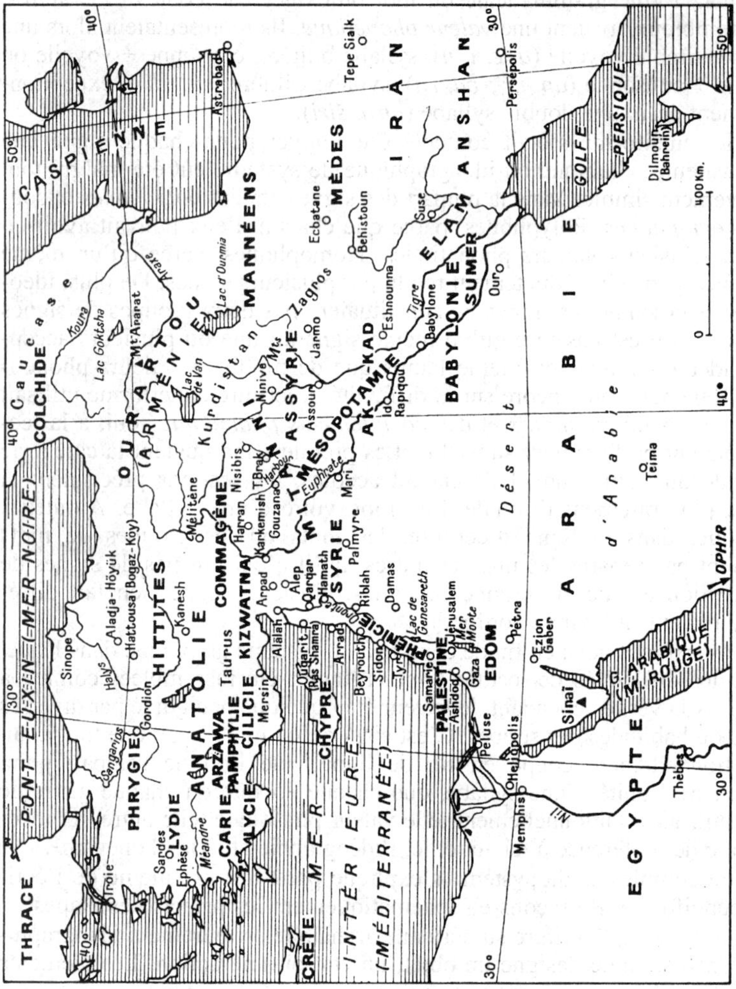

ASIE OCCIDENTALE ANCIENNE

Ils en arrivent aussi à introduire dans la graphie la notation des éléments grammaticaux, c'est-à-dire les notions abstraites du langage. Comment opèrent-ils ? En prenant, pour noter par exemple un suffixe ou pour un infixe, le signe désignant un objet qui se prononce de la même façon. Ils développent le procédé en créant à cet usage quelques signes nouveaux. C'est le début de la graphie phonétique.

Vient le temps où les Akkadiens empruntent cette écriture aux Sumériens. Ils y trouvent déjà le système bifide de l'idéographie et du syllabisme, ainsi que la double notion de la polyphonie et de l'homophonie. Il ne pouvait être question pour eux de renoncer à ces principes fondamentaux. Ils se contentèrent de les aménager à leur propre usage.

Pour les idéogrammes, la transposition était aisée. Il leur suffisait de lire dans leur langue l'objet ou l'idée suggérée par le signe. Mais l'établissement du syllabaire proprement dit leur posa une double difficulté. D'une part, le matériel que leur léguaient les Sumériens était à la fois trop pauvre et trop abondant : le sumérien, en grande partie monosyllabique, était peu varié et comportait de nombreux homonymes. Les Akkadiens abandonnèrent un grand nombre de ces valeurs superflues. En outre, d'autres valeurs étaient inutilisables pour transcrire des mots akkadiens. Ils durent également y renoncer. Après cet élagage, le matériel qui subsistait se révéla insuffisant. En partant des valeurs existantes, ils l'enrichirent par divers procédés dont il est inutile de donner ici le détail.

D'autre part, la langue akkadienne possédait certains sons que le sumérien ignorait. Aucun signe du syllabaire ne pouvait les transcrire. Les scribes akkadiens réussirent, de plusieurs manières et plus ou moins tôt, à résoudre cette seconde difficulté. Ils s'attachèrent même, au cours des siècles, à adapter progressivement leur syllabaire à l'évolution de la langue parlée.

Ainsi se constitua peu à peu l'écriture cunéiforme classique qui, d'héritages en aménagements, devait aboutir à ce système dont je viens de dire l'étonnante complexité.

L'un de ses mérites essentiels est d'avoir été probablement *la première écriture* employée par des hommes, sous une forme du moins aussi systématique. Aussi vient-il immédiatement à l'esprit la question de savoir dans quelles conditions et pourquoi elle fut inventée.

Lorsqu'elle apparaît en Mésopotamie, vers le milieu du IVe millénaire avant notre ère, il faut bien reconnaître qu'elle fut, dans l'histoire du pays, une invention relativement tardive.

Plusieurs civilisations s'y étaient déjà succédé, dont celle de Halaf et de Samarra, qui n'avaient pas connu de système graphique. Il existait pourtant déjà dans ces régions un peuplement sédentaire, des villages organisés, entretenant entre eux des contacts réguliers et des échanges. Des canaux avaient été creusés, des temples de briques bâtis, ruinés et plusieurs fois déjà reconstruits.

L'apparition de l'écriture coïncide avec l'introduction de nouvelles techniques, l'emploi du sceau notamment et de nouvelles formes d'architecture. Ces innovations suivirent, semble-t-il, une invasion de chefs de bandes, Sumériens, qui s'imposèrent comme princes dans les villages. L'écriture cependant n'apparaît pas pour autant dans toute la contrée, mais là seulement où ces princes furent assez puissants pour assurer leur domination sur plusieurs bourgades.

La constitution de petits États centralisés semble donc avoir pour le moins favorisé l'invention de l'écriture. L'augmentation et surtout la concentration des richesses exigeaient que l'on en tînt à jour l'inventaire et que l'on gardât le souvenir exact des entrées ou des sorties de marchandises. L'économie de ces domaines étatisés était en effet complexe : multiplicité des tâches communautaires, travail par équipes, répartition de la main-d'œuvre, distribution des rations journalières, contrôle du personnel, des matières premières, du rendement, des animaux confiés et rendus. Une telle gestion devenait de plus en plus malaisée pour les fonctionnaires du palais ou du temple, ne disposant encore pour leur comptabilité que des ressources de leur seule mémoire et de l'aide rudimentaire des bâtons à encoches, des fils à perles ou des cordes à nœuds.

Il s'était créé un *besoin* nouveau, auquel l'invention de l'écriture devait apporter la solution désirée.

Est-ce à dire que ce besoin créa spontanément l'écriture ? C'est peu vraisemblable. Les conditions sociales étaient simplement réunies, pour en appeler et en favoriser l'éclosion. Sa véritable origine résulta probablement de deux ou trois remarques fortuites de quelque décorateur de pots, lorsque, en gravant par exemple un épi d'orge ou une tête de bœuf, il en vint à penser : « Cet épi d'orge me représente l'orge, cette tête de bœuf me représente un bœuf. »

Cet effort d'abstraction et le dessin élémentaire, plus ou moins simplifié ou représentant la partie pour le tout – le *pictogramme* – est à la base de l'écriture cunéiforme. Les conditions sociales et les besoins économiques firent adopter le procédé. La « bureaucratie » en précisa et en généralisa l'emploi, en tant que « signal » ou « repère » sur un morceau d'argile qui pouvait être conservé ou transporté. Nous possédons de très vieilles tablettes qui illustrent ce stade primitif de l'écriture. L'une d'elles représente par exemple deux barres et une tête de vache. C'est déjà un ordre transmis par écrit. Il pouvait signifier, soit : « [Délivrez au porteur de la présente] deux vaches », soit « [Recevez du porteur de la présente] deux vaches ». Peu importe le sous-entendu ; il existait et était nécessairement compris du destinataire.

Le principe de l'écriture était acquis, tant dans son tracé que dans sa signification. Dès 2700 avant notre ère, les scribes pouvaient établir des listes de personnel, des comptes de salaires ou de livraisons. Je dis *établir*, car il s'agit de tableaux sans phrase, sans verbe, sans indication temporelle. L'économie n'en demandait pas davantage. Plusieurs siècles plus tard, au temps d'Urukagina, la plupart des textes économiques se contenteront encore de ces notations sommaires sans syntaxe, à l'exception toutefois d'un titre circonstancié, progrès déjà considérable, dû surtout aux nécessités de la bureaucratie.

Ce furent donc les conditions économiques, d'une complexité croissante, et les besoins de cette bureaucratie, de plus en plus exigeante, qui forcèrent les scribes à rapprocher l'écriture du langage, à noter ce qui dans la langue n'était pas du ressort du simple dessin figuratif, à domestiquer enfin la prolifération anarchique des signes primitifs, en diminuant leur nombre et en les faisant entrer dans un système cohérent. Ce fut une œuvre de longue haleine. Les scribes y furent aidés par le fait que, très vite, l'écriture ne fut plus simplement considérée comme un outil pratique, mais comme une science qu'il fallait enseigner. Dès l'époque archaïque apparaissent en effet quelques tablettes contenant des listes de mots et de signes : elles sont manifestement destinées à l'enseignement du maître et à l'étude de l'apprenti.

L'aménagement de l'écriture se poursuit alors sur deux plans parallèles. D'une part, le nombre des signes est réduit ; leur forme en même temps se simplifie et passe du « linéaire » originel au « cunéiforme » proprement dit. D'autre part, comme je l'ai déjà dit, l'écriture évolue sur le plan interne, en passant de l'idéographie pure, ou écriture de mot, au phonétisme, ou écriture de syllabe. Parallèlement, le système se clarifie et s'ordonne, grâce à l'invention de procédés secondaires, comme l'usage des déterminatifs, et à une disposition plus logique des signes dans le fil de l'écriture.

Déclenchée par un souci de maniabilité et de précision plus grandes, cette évolution est accélérée par la *généralisation progressive* de l'écriture. De l'*économie*, elle gagne successivement d'autres domaines : le *notariat* d'abord, vers 2600, pour des contrats de vente et d'achat, ou plus exactement d'échange ; puis, vers 2400, le *domaine du droit*, sous forme de jugements, de procès, de promulgation de lois, d'exposé de litiges. En même temps, dès l'époque de Fara, apparaissent quelques *dédicaces* ou brèves inscriptions *historiques*. Le domaine *religieux* et proprement *littéraire* est le dernier que les scribes conquièrent sur la tradition orale. De la fin du troisième millénaire nous ne possédons encore que quelques hymnes et un petit nombre de documents littéraires, alors que pour la même époque, on a retrouvé par centaines des inscriptions dédicatoires et par dizaines de milliers des tablettes économiques et administratives.

Mais, dès lors, le mouvement d'expansion est irrésistible. Dans la première moitié du IIe millénaire, plus de mille ans avant que ne soient rédigée la Bible ou composées l'*Illiade* et l'*Odyssée*, fleurit déjà dans Sumer toute une littérature écrite : elle comprend des mythes et des épopées, des hymnes et des lamentations, des collections de proverbes, de fables et d'essais. Le triomphe définitif de l'écriture se traduira, au temps de la Ire dynastie babylonienne, par un extraordinaire jaillissement de documents écrits dans tous les domaines de la pensée.

Il n'est pas exagéré de dire que l'écriture cunéiforme reflète presque tous les aspects de la civilisation mésopotamienne. Elle est née, nous l'avons vu, du dessin. Or, si l'on examine l'aspect matériel des signes primitifs, on constate qu'en général ils reproduisent fidèlement les thèmes figurés sur les monuments de la même époque. Les détails du corps humain, nombre de représentations du monde animal ou végétal, d'astres ou d'objets de la vie courante appartiennent à un répertoire qui est commun au scribe et à l'artiste. Bien que technique éminemment utilitaire, l'écriture, dès ses débuts, obéit déjà aux lois de l'*esthétique*. Aux lois de sa propre esthétique d'abord. Dans la période primitive, si les pictogrammes les plus employés sont rapidement devenus, comme celui du mouton, de simples symboles abstraits, d'autres que le scribe n'utilisait que rarement, la tête de lion par exemple, ont volontairement gardé leur valeur descriptive, et partant artistique. Outre la tête de buffle que dessinaient aussi les artistes, le scribe crée pour son propre usage de nouveaux dessins du même genre qui schématisent avec bonheur d'autres têtes de bœuf et de vache. Souvent la disposition même des signes trahit un souci d'ornementation plus qu'elle ne tient compte des simples commodités de la lecture. Les signes sont répartis dans les cases, non pas dans un ordre logique, mais pour les remplir de la façon la plus harmonieuse. Sur la robe de Gudéa, l'aménagement de l'inscription et la répartition des groupes de signes concourent manifestement à l'effet artistique que recherchait le donateur. Bien plus tard, encore, sur les bas-reliefs assyriens, l'écriture reste un élément ornemental, aux dépens parfois de la sculpture elle-même, qu'elle recouvre totalement ou en partie.

Cette recherche de l'art dans l'écriture va même jusqu'aux préciosités de la miniature. Le musée du Louvre possède ainsi un tout petit fragment d'une tablette du début du IIe millénaire. Ses dimensions n'excèdent pas celles d'un timbre-poste ordinaire, et pourtant le scribe a réussi le tour de force d'y tracer, avec une extraordinaire finesse de touche, dix-neuf lignes de signes serrés et minuscules, dont la densité moyenne est de soixante au centimètre carré. Seul, un fort agrandissement photographique permet aujourd'hui d'apprécier la dextérité de son auteur et la vanité, pour l'époque, d'une telle recherche de l'insolite.

Mais, tout en développant ainsi sa propre esthétique, l'écriture, de tout temps, a visiblement été influencée par les tendances générales de l'art contemporain.

La répulsion pour les espaces vides, la juxtaposition sans profondeur des différents motifs se retrouvent aussi bien dans une inscription archaïque que dans la Stèle des Vautours par exemple. Cette interdépendance subsistera lors même que le tracé des signes sera devenu tout à fait indépendant du dessin figuratif. Que l'on compare ainsi l'écriture et la glyptique, sous la IIIe dynastie d'Ur d'une part, et de l'autre à l'époque sargonique. On constate dans les premières la même souplesse fleurie, qui ne va pas sans une certaine mollesse dans la figuration du signe ou du personnage. Les secondes au contraire ont en commun un trait plus net, plus précis, le goût du relief sculptural, la recherche de l'attitude ou du tracé hiératique.

Au temps des Cassites, l'archaïsme parfois extravagant de l'écriture s'inscrit normalement dans les goûts de cette époque, où de nouveaux venus cherchent leurs lettres de noblesse dans un traditionnalisme aussi exagéré que désuet.

Sans doute, ces influences esthétiques se manifestent-elles surtout dans les inscriptions d'apparat. Mais la cursive elle-même est loin d'en être exempte. Il suffit pour s'en rendre compte de confronter la graphie d'un scribe babylonien et celle, à la même époque, de son confrère assyrien. La première est plus déliée, plus souple, plus schématique. Elle rappelle incontestablement certains traits de l'art babylonien, par exemple l'élégance un peu élémentaire des animaux fantastiques qui ornent la porte d'Ištar, à Babylone.

La seconde est plus rigide, plus géométrique, plus musclée en quelque sorte. Elle évoque assez fidèlement la vigueur, la majesté calme et dépouillée de certains reliefs d'Aššurnaṣirpal, l'uniformité des longues théories de personnages ou de génies sur les murs des palais, la plénitude des masses musculaires que l'artiste assyrien prend plaisir à souligner dans l'anatomie des hommes ou des animaux.

Mais c'est sans doute trop peu de dire que l'écriture cunéiforme a participé dans une certaine mesure à l'évolution des notions artistiques de la Mésopotamie ancienne. D'une façon plus générale, elle reflète, dans ses changements, *le génie propre* de chaque race et celui des diverses générations qui l'ont utilisée. Que l'écriture sumérienne, en ses composantes essentielles s'explique par la mentalité des Sumériens et le caractère de leur langue n'a rien que de naturel, puisque ce sont eux qui l'ont inventée. Mais il est cependant intéressant de noter que la disposition sans ordre des signes dans les cases s'accommode mieux de la « parataxe » de leur idiome qu'elle ne le ferait de la syntaxe d'une langue différente, et que l'invention des déterminatifs découle naturellement du fait que le sumérien est une langue « catégorisante » par nature.

Prenons un autre exemple, l'époque de Hammurapi, le plus grand roi de la première dynastie babylonienne. C'est une époque d'ordre, d'autorité et de codification. Or l'admirable Code que possède le Louvre ne nous garde pas seulement l'œuvre législative du roi, il est aussi, par son écriture, l'illustration graphique d'un règne puissant et stable, imposant à tous la volonté claire, sereine et précise d'un grand administrateur. Mais c'est aussi une époque d'une intense activité intellectuelle, avide d'apprendre et d'enseigner. L'instruction se répand. Il faut former des scribes pour les tâches qui se multiplient, et les former vite. Il faut que ces scribes rédigent et copient rapidement. Ce qui leur est nécessaire, c'est une écriture réduite à l'essentiel, souple et aisément tracée. Or ce sont là précisément les traits dominants de cette cursive hammurapienne, aux simplifications souvent outrancières, si dépouillée que, parfois, des signes trop proches se confondent.

Considérons maintenant l'époque néo-assyrienne, celle des rois guerriers d'Assur ou de Ninive. Leur écriture est bien à l'image de leur idéal de soldats et de conquérants. Comme l'a très justement écrit J. Nougayrol, ces Assyriens « plus riches de projets que de souvenirs, assujettissent peu à peu leurs signes à une sorte de discipline militaire, qui fait "rentrer dans le rang" les éléments les plus capricieux : c'est le triomphe des parallèles et des angles droits ». En revanche, l'écriture des Babyloniens de la même époque vit encore sur ses traditions, comme leur pensée religieuse et littéraire se retrempe avec prédilection aux sources de leur grandeur passée.

Le destin de l'écriture étant ainsi étroitement solidaire du génie de ceux qui s'en servirent, nous ne nous étonnerons pas de constater de multiples points de contact entre la conception de l'écriture et la *science* mésopotamienne. Les rapprochements sont d'autant plus naturels que l'écriture devint rapidement pour les scribes moins une technique qu'une science. Dès le début, nous l'avons vu, les Sumériens se livrèrent sur elle à un travail de classification des signes, à des recherches de synthèse et d'analyse de leurs composants. L'adjonction de certains clous en effet, de certains éléments diacritiques n'avait souvent d'autre but que celui de pouvoir classer des séries de signes. Les Akkadiens poursuivirent cette œuvre. Ils rangèrent dans un ordre strict tout leur matériel graphique, dûment inventorié. Ils donnèrent un nom à chaque signe, et établirent les formules définissant la composition des idéogrammes complexes : tel est « un *ir* dans lequel un *bar* est inséré », tel autre « un *aragub* à croisillons ». Ces recherches comportaient même l'étude de la *paléographie*. Nous possédons en effet des tablettes où le scribe, en face des signes de son temps, a restitué, plus ou moins exactement d'ailleurs, les formes qu'ils devaient avoir dans une lointaine antiquité. Et certaines inscriptions archaïsantes d'Asarhaddon prouvent que ses secrétaires étaient fort capables de rédiger d'élégants pastiches de très anciennes écritures.

Source d'étude en soi, l'écriture était aussi la base même d'une notable partie de la science mésopotamienne. L'aspect fondamental de celle-ci se reflète en effet dans ce que l'on appelle communément la « science des listes ». Du fait que pour les Sumériens les signes représentaient des objets, les listes qu'ils en dressaient se trouvaient être en même temps des répertoires lexicographiques, et leur élaboration allait de pair avec une investigation et une classification des données de l'expérience.

Ce processus de la connaissance était normal pour les Sumériens, car il répondait au fonctionnement de leur langue et aux particularités de leur pensée. Il ne l'était pas pour les Akkadiens, qui cependant développèrent ces procédés de la recherche scientifique, directement issus de l'écriture.

On pourrait pousser plus loin l'analyse et rechercher la part que tiennent les conceptions de l'écriture dans les schémas généraux, l'exposition et diverses particularités de sciences plus abstraites. Mais je veux ici me borner à deux remarques préliminaires.

La numération positionnelle et la notation du zéro sont deux notions essentielles de la mathématique babylonienne. Dans la numération de position, la valeur d'un signe numérique dépend de sa place relative au sein du nombre écrit. Or cette conception se retrouve aussi dans l'écriture, du moins à l'état embryonnaire. Certains signes en effet n'ont parfois une valeur donnée qu'en raison de la place qu'ils occupent dans la graphie d'un mot. De même les déterminatifs n'ont, entre autres, cette valeur qu'en vertu de leur position.

Pour noter le zéro, avant que ne soit inventé un signe particulier, les Babyloniens se contentaient de laisser un blanc entre deux chiffres. Dans l'écriture on peut rapprocher de ce procédé des graphies telles que *liš-al*, qui présentent une rupture intentionnelle de la graphie continue, un véritable vide, qui suggère au lecteur l'emplacement d'un son qui n'est pas noté.

Je n'insisterai pas non plus sur le rôle important que joue l'écriture dans les domaines religieux et magique. Le fait est trop universel pour que nous ayons à l'envisager ici. Notons simplement que l'écriture ne fut jamais le seul apanage des prêtres. Si, à ses débuts, l'école sumérienne fut une dépendance du temple, c'est que le temple lui-même était le centre et le dispensateur de toute la vie économique de la contrée. Mais, par la suite, elle devint une institution séculière et son programme avait un caractère en très grande partie laïque. Cela nous amène à parler maintenant des scribes eux-mêmes et de leur place dans la société mésopotamienne.

Vers le milieu du IIIe millénaire, il existait déjà, à travers tout le pays de Sumer, un certain nombre d'écoles, où l'on enseignait la pratique de l'écriture. Les documents de l'époque permettent de dénombrer déjà plusieurs milliers de scribes : il y avait, parmi eux, des scribes subalternes, des scribes de haut rang, des scribes affectés au service du palais ou au service des temples, des scribes spécialisés dans telle ou telle catégorie bureaucratique. Au bas des tablettes qu'ils rédigent, bon nombre d'entre eux font suivre leur signature du nom et de la profession de leur père : ceux-ci sont des gouverneurs, des ambassadeurs, des administrateurs de temple, des officiers, de hauts fonctionnaires, des prêtres, des régisseurs, des contremaîtres. Nous voyons ainsi que les scribes appartenaient aux familles les plus riches, au moins les plus aisées de la ville. Nous constatons aussi que parmi tous leurs noms il n'en est pas un seul de femme. Le scribariat est un métier d'homme. Il est aussi l'un des plus considérés de la société sumérienne. Il l'était au point que plusieurs scribes accédèrent aux plus hautes dignités du gouvernement, et que quelques-uns même montèrent sur le trône. Tel Anam, roi d'Uruk, qui fut d'abord un archiviste, ou Lugal-ušum-gal, prince de Lagaš, à qui nous devons une copie personnelle d'un document ancien. La façon dont il signe cette tablette est d'ailleurs révélatrice du prix qu'il attachait à sa connaissance de l'écriture. Il fait suivre son nom d'une sorte de néologisme hybride, où s'imbriquent les mots de scribe et de prince (*dub-pa-te-si*), tout comme si un souverain moderne accolait à son nom le titre de « écrivainpérator ». A Lagaš encore figure parmi les scribes le fils du prince Gudéa.

Plus tard, au temps des Assyriens et des Babyloniens, le nombre et la diversité des scribes ne cessèrent de s'accroître. On en trouve dans tous les rouages de la société, depuis l'écrivain public, le géomètre ou le secrétaire de mairie jusqu'aux scribes du palais, véritables notaires impériaux. La reine mère, la reine, les enfants du roi ont leurs scribes particuliers, ainsi que les dignitaires et tout personnage de quelque importance. Des scribes accompagnent les armées en campagne, pour tenir le journal de route, enregistrer le butin ou servir d'interprète. Dans les villes, sinon dans les campagnes, les scribes, hiérarchisés et assermentés, étaient organisés en corporation. La profession d'ailleurs s'était alors ouverte aux femmes. Nous connaissons des femmes scribes à Mari, Sippar et autres lieux. Elles avaient probablement accès à toutes les branches du scribariat ; dans le domaine religieux toutefois, on demandait aux dieux de ne point se formaliser si une demande d'oracle avait été rédigée par une femme.

On assiste en outre, en dehors des tâches courantes, à une spécialisation très poussée des scribes, notamment dans les disciplines savantes, qui exigeaient des connaissances particulières. Il existait des scribes spécialisés dans les textes astrologiques, et nous connaissons des générations successives de scribes exorcistes. Dans la divination, le disciple favori relayait le maître dans la copie des tablettes techniques.

Que l'art de l'écriture ait connu chez les Akkadiens un prestige au moins égal à celui qu'il avait au temps des Sumériens, Aššurbanipal lui-même nous en fournirait la preuve lorsqu'il s'enorgueillit d'avoir été initié aux mystères des anciennes écritures et aux branches les plus fermées de la science écrite de son temps.

J'ai appris, dit-il, ce qu'a apporté aux hommes le Sage Adapa, les précieuses connaissances cachées de toute la science écrite ; j'ai été initié aux (livres de) présages du ciel et de la terre, je m'y suis adonné dans la compagnie des savants ; je suis capable de discuter la série hépatoscopique avec les plus éminents spécialistes de la lécanomancie ; je résous les divisions et les multiplications embrouillées qui défient l'entendement. J'ai réussi à lire l'ingénieux sumérien et l'obscur akkadien, difficile à bien comprendre. Je suis capable de déchiffrer le mot à mot des pierres inscrites d'avant le Déluge, qui sont hermétiques, sourdes et emmêlées.

Dans les colophons qui terminent les tablettes de sa bibliothèque, le même Aššurbanipal renchérit encore sur ses connaissances et sur ses lectures. Outre la divination, il se flatte d'avoir étudié la tradition écrite des prêtres *kalû* et des astrologues.

Que ce roi d'Assyrie ait été capable de lire les textes écrits, c'est vraisemblable. Ce n'est pas de sa part pure vantardise de prétendre que les innombrables tablettes qu'il fit collecter et copier pour sa bibliothèque devaient être déposées dans son palais pour qu'il pût les consulter et les lire lui-même. Mais en réalité, sa connaissance du cunéiforme était moins étendue qu'il ne s'en flatte. Nous en avons la preuve indiscrète dans maints rapports que lui envoyaient ses astrologues. Ils sont émaillés à son intention de nombreuses gloses, destinées à en faciliter la lecture. Non seulement elles lui donnent la monnaie phonétique d'idéogrammes techniques, mais elles lui épellent aussi en quelque sorte les valeurs ambiguës de signes trilitères.

Autre exagération encore de sa part, la prétention qu'il fut le premier roi d'Assyrie instruit dans la science de l'écriture. Son père au moins, Asarhaddon, alors qu'il était prince héritier, se targue lui aussi « d'avoir acquis par l'étude l'ensemble des connaissances », bagage qui devait pour le moins comporter les rudiments de l'écriture.

Les colophons d'Aššurbanipal nous révèlent d'ailleurs un autre sentiment, qui s'ajoute chez lui à la fierté du lettré et à l'amour de l'écrit. C'est faire œuvre pie aux yeux des dieux que de perpétuer la tradition écrite, laïque aussi bien que religieuse, en faisant recopier les tablettes anciennes. Ce sentiment prendra par la suite de plus en plus de force, à mesure que, devant les progrès de l'araméen, le cunéiforme traditionnel perdra de plus en plus contact avec la réalité journalière pour n'être plus que l'héritage sacré d'une culture riche surtout de souvenirs.

Quoi qu'il en soit, nous avons dans ces écrits d'Aššurbanipal un incontestable témoignage du prix que les Akkadiens attachaient à la connaissance et à la pratique de l'écriture. Ils eurent pour elle un respect quasi religieux. En dépit de sa très grande complexité, et nonobstant quelques aménagements de détail, ils restèrent étonnamment fidèles à leur système cunéiforme, sans jamais consentir à le simplifier ou à l'abandonner, du moins dans ses emplois les plus nobles.

Ils n'étaient pourtant pas sans connaître, sur leurs frontières ou dans leurs propres provinces, des systèmes d'écriture beaucoup plus simples, dont ils auraient pu s'inspirer pour alléger le leur.

Dès le XIVe siècle avant notre ère, les Cananéens étaient en possession d'un alphabet, que leurs maîtres akkadiens ne pouvaient ignorer. En

Assyrie même, les scribes araméens ajoutaient parfois sur les tablettes cunéiformes de courtes épigraphes, qui attestaient la possibilité d'écrire bien plus brièvement les mots et les noms akkadiens que ne le permettait le syllabaire national.

Les Akkadiens eux-mêmes n'étaient pas sans avoir réalisé de remarquables raccourcis de leur système. Les marchands assyriens de Cappadoce avaient jadis utilisé pour leur correspondance un syllabaire restreint, ne comportant guère plus de cent signes, qui n'avaient chacun, pour la plupart, qu'une seule valeur, et auxquels ne s'ajoutait qu'un lot extrêmement réduit d'idéogrammes. Or de telles tentatives restèrent sans lendemain.

Bien plus. Les philologues akkadiens, dans leurs conceptions de l'écriture, avaient parfaitement su dégager les notions essentielles de l'alphabétisme. Sans parler de leurs signes *a, e, i, u*, dont on a pu mettre en doute la valeur purement vocalique, lorsque nous les voyons classer systématiquement leurs signes dans l'ordre suivant : *mu, ma, mi* ; *ku, ka, ki* ; *ur, ar, ir*, etc., on ne peut nier, je crois, qu'ils aient eu pour ce faire une claire conscience de la distinction entre la voyelle et la consonne. Certaines subtilités de ces listes prouvent même qu'ils savaient faire violence à la rigidité de leur système, lorsqu'ils tenaient à isoler la voyelle de sa consonne d'appui. Dans le schéma que je viens de citer ils ne pouvaient faire directement entrer la série 4 comportant *voyelle* + *ḫ*, puisque le même signe courant avait les valeurs *uḫ* /*aḫ* /*iḫ*. Or les grammairiens akkadiens tournèrent la difficulté en écrivant *uḫ* avec un signe rare n'ayant que cette valeur, *aḫ* au moyen du signe commun, et *iḫ* par *ḫi*. Leur intention de mettre l'accent sur la voyelle, et sur elle seule, ne saurait être plus évidente.

Pourtant, ces recherches phonétiques, qui leur ouvraient la voie de l'alphabétisme, ne les incitèrent jamais à simplifier la complexité de leur syllabaire traditionnel. Comment expliquer cette étonnante permanence de l'écriture cunéiforme, et le respect que lui vouèrent les Akkadiens ?

Il faut dire tout d'abord que, malgré ses difficultés, ce système graphique fut pour l'époque un remarquable instrument d'écriture. Il permettait de noter les voyelles aussi bien que les consonnes, éventuellement la longueur ou la brièveté de la syllabe. Il se prêtait à de multiples subtilités de graphie et s'adaptait sans trop de peine à l'évolution de la langue parlée. Il rendait possibles, par ses idéogrammes, de saisissants raccourcis dans la composition, ou au contraire, en monnayant phonétiquement toutes les syllabes, une graphie précise et détaillée de chaque mot. Combien rudimentaires en comparaison devaient paraître aux lettrés akkadiens les autres systèmes qui, tels le cananéen ou l'araméen, obligeaient le lecteur à l'effort constant de restituer mentalement les voyelles sous la trame des seules consonnes ! Ce ne pouvait être à leurs yeux qu'une sorte de sténographie, commode sans doute dans la vie courante, mais indigne de transcrire des œuvres littéraires ou scientifiques, et bien trop grossière pour les philologues qu'ils se piquaient d'être.

D'autre part, la complexité même de leur écriture n'était pas pour les Akkadiens un défaut auquel il eût été bon de porter remède. Bien au contraire. Elle était le prix qu'il fallait payer pour accéder à la dignité de véritable lettré. Après les exercices préliminaires, c'était en effet à travers les textes que l'on se formait à son étude. Plus grand était le nombre des signes appris, plus important le bagage de connaissances que l'on avait acquis chemin faisant. La science du scribe n'était pas seulement affaire de dextérité. Elle était aussi et avant tout un véritable humanisme. Son idéal pourrait être illustré par deux proverbes du temps. Si l'un disait : « Un scribe dont la main se meut en accord avec la parole est vraiment un scribe », l'autre ajoutait : « Le scribe qui ne connaît pas le sumérien, quel genre de scribe est-ce là ! »

À l'écrivain public suffisaient sans doute les ressources restreintes du syllabaire courant ; le notaire y ajoutait les formules stéréotypées de sa profession ; mais aux véritables « maîtres » était réservée la connaissance de toutes les possibilités graphiques comme celle des textes les plus abscons.

On aurait tort en effet de penser que l'écriture cunéiforme, avec ses idéogrammes innombrables et son syllabaire trop touffu, formait un tout indissoluble qu'il fallait apprendre dans son entier, et dans lequel les scribes auraient pu puiser à leur fantaisie.

Au vrai, ce matériel surabondant se répartissait en registres différents, semblables aux jeux multiples d'un orgue. La tradition avait spécialisé tel clavier à tel genre de textes, et ces claviers allaient du jeu clair et presque simpliste de la lettre courante à l'hermétisme savant des textes ésotériques. L'écriture, de la sorte, pouvait le cas échéant relayer la tradition orale dans ce qu'elle avait de plus secret. Par le jeu de ses registres divers et de ses idéogrammes spécialisés, l'écriture pouvait parfaitement celer au profane ou au demi-savant ce qui devait rester l'apanage des seuls initiés. L'on voit même, sous le calame de certains spécialistes jaloux de leurs secrets, l'écriture se transformer en une sorte de cryptographie, pratiquement indéchiffrable.

Aussi n'est-il point paradoxal que nous trouvions au bas de maints textes religieux ou magiques des mentions de ce genre : « L'initié le montrera à l'initié ; le non-initié ne doit pas le voir : c'est un tabou des dieux », ou encore : « Que l'initié montre au [seul] initié le secret de cette tablette. » Même dans les cercles très fermés des devins, l'enseignement associait étroitement mémoire et écriture ; la règle en était ainsi définie : « Le savant, qui connaît et garde les secrets des grands dieux, fera lire et apprendre [sa science] au "fils" qu'il aime, calame et tablette à la main, devant les dieux Šamaš et Adad. » À la fin d'un autre texte, de genre différent, on lit aussi : « [Tablette] rédigée d'après la parole du Maître : je n'ai pas vu la tablette, ancienne. » Formule révélatrice, car elle montre que tradition écrite et tradition orale ici se confondent, la première venant simplement suppléer à une défaillance de la seconde. Quoi qu'il en soit de leurs rapports, la possibilité pour l'écriture de s'adapter aux différents degrés de diffusion permise n'était pas pour les Akkadiens un de ses moindres mérites.

À ses qualités s'en ajoutait d'ailleurs une autre. Par le dessin de ses signes, par toutes les valeurs étranges qu'il avait conservées et dans le jeu de certaines graphies traditionnelles, le cunéiforme gardait, souvent obscur, le souvenir de toute une culture passée. Pour les Sumériens, chaque signe était un concept, un groupe d'idées même, chaque idéogramme complexe une spéculation. Or toutes ces notions anciennes, parfois plus ou moins oubliées, subsistaient pour ainsi dire en filigrane sous la trame de l'écriture. Elle était riche d'une masse de connaissances virtuelles, qu'elle avait jadis enregistrées. Elle était une sorte de grille posée sur le monde et à travers laquelle un esprit averti pouvait retrouver la solution de bien des problèmes. Lorsque les Akkadiens appelaient les constellations « l'écriture des cieux », ce n'était pas seulement une image littéraire. À qui saurait la déchiffrer se révéleraient les secrets de l'Univers. Inversement, au regard des dieux, le monde terrestre s'ordonnait et s'interprétait en termes d'écriture : « O Šamaš, est-il dit dans une invocation au dieu Soleil, tu scrutes de ta lumière la totalité des pays comme si c'était des signes cunéiformes. »

Et ces connaissances cachées dans l'écriture remontaient jusqu'au plus profond des âges. Le roi Nabonide, vers 550, ne s'étonnait pas de retrouver, sous les ruines de l'Ebarra qu'il restaurait, une tablette de fondation portant le nom de Narâm-Sîn, tablette, nous dit-il, « que durant 3200 ans aucun de mes prédécesseurs n'avait vue. » Par-delà les millénaires, ce témoignage du passé délivrait son message à l'élu auquel il était destiné. Remontant plus avant dans la préhistoire, c'étaient les pierres gravées d'avant le Déluge que les Assyriens, nous l'avons vu, se flattaient encore d'épeler. Ils croyaient même que certaines listes anciennes, qui énuméraient des sons souvent répétés (*ba, ba ; ši, ši* ; etc.) et sans signification apparente, leur livraient le secret même de l'origine du langage, les premiers balbutiements de l'humanité naissante.

Alors qu'ils la supposaient aussi vieille que le langage, comment les Akkadiens n'auraient-ils pas cru que leur écriture devait être éternelle ? C'est ce sentiment de sa pérennité qui pousse les rois d'Assyrie à faire rédiger par leurs scribes le récit de leurs exploits. Ils s'adressaient moins à leurs contemporains qu'aux générations futures, persuadés qu'aussi longtemps qu'il y aurait des hommes, capables de lire, leur renom survivrait aux cataclysmes et à l'écoulement des empires.

Ainsi, parfaite pour transcrire la langue des hommes, brevet d'une instruction approfondie, capable de diffuser largement ou, au contraire, d'envelopper du mystère nécessaire la pensée de son auteur, réceptacle et clé d'une civilisation plusieurs fois millénaire, éternellement intelligible, telle apparaissait aux Akkadiens l'écriture cunéiforme. Comment eussent-ils été tentés de porter sur elle une main sacrilège, puisque la simplifier l'eût sans doute vidée de son incomparable substance.

Pour eux le soleil étant le symbole d'éternité et d'universelle connaissance, nous ne nous étonnerons pas de trouver sous la plume d'un scribe cette apologie de son art : « Celui qui excellera dans la science de l'écriture brillera comme le soleil. »

Discussion

M. Schaeffer – L'accent de ces réunions a été mis sur les facteurs psychologiques qui ont pu contribuer au développement de l'écriture. M. Labat, avec autorité, a fait un survol du vaste domaine des cunéiformes sumériens et akkadiens. Je me permets de lui poser cette question : vous estimez que le cunéiforme est né du pictogramme, du dessin. Comment concevez-vous qu'un cerveau humain habitué à dessiner pour exprimer sa pensée, ou pour faire un compte, change et adopte une écriture absolument abstraite, qui a le désavantage d'être illisible, en face de l'écriture pictographique que tout enfant pouvait lire ? Vous avez donné comme exemple deux traits et une tête de vache, et vous avez dit : c'est très lisible pour tout le monde, cela veut dire : vous recevez deux vaches, ou encore vous devez donner deux vaches. Je ne vois pas que cela soit tellement clair, mais enfin, c'est tout de même facile à comprendre. Vous avez dit ensuite qu'on a transformé l'écriture pictographique en cunéiformes. Comment imaginer ce processus ?

J'ai intensément comparé les signes pictographiques avec les cunéiformes, et j'ai suivi les essais des sumérologues pour expliquer comment un signe pictographique a pu se transformer en cunéiforme. Dans beaucoup de cas, en effet, on peut admettre que certains signes peuvent s'être transformés en cunéiformes, en gardant, en gros, la structure, la forme, la lisibilité du pictogramme antérieur. Mais, si j'ai bien fait les comptes, un très grand nombre de signes cunéiformes ne peut absolument pas être dérivé des pictogrammes. Alors, comment expliquez-vous qu'une civilisation ait abandonné une écriture lisible et facile à manier, puisqu'elle s'exprime en images, et prenne à la place les cunéiformes abstraits si difficiles à lire et qui obligent le scribe à passer par un long apprentissage ?

Comment expliquer, d'autre part, que cette transformation du pictogramme vers le cunéiforme se fait à un moment où les Sumériens viennent en contact avec les Akkadiens, et pas avant ? Seraient-ce les Akkadiens, le génie akkadien, sémitique, qui a amené les Sumériens à concevoir une écriture abstraite en cunéiforme ? Ou bien croyez-vous que c'est une invention purement sumérienne, en dérivant le cunéiforme du pictogramme ?

M. LABAT. – Dans mon exposé, j'ai fait brièvement allusion à ce problème. Il a d'ailleurs été suffisamment étudié par tous ceux qui se sont occupés de l'histoire de l'écriture. La question, en fait, est double : transformation du pictogramme concret originel en signe cunéiforme abstrait, et évolution de l'idéographie vers le phonétisme.

Deux raisons me paraissent expliquer la transformation matérielle des signes. Il est d'une part difficile, sur l'argile fraîche, de tracer des courbes et des traits orientés de bas en haut ou de droite à gauche. Le scribe, lorsqu'il écrivait rapidement, était tout naturellement amené à décomposer la courbe en plusieurs segments et à se contenter de tracer ces traits de haut en bas et de gauche à droite. C'est donc le support matériel de l'écriture, l'argile, qui est un des facteurs essentiels de la schématisation des dessins primitifs.

D'autre part, la multiplicité des tâches qui, de plus en plus, incombaient au scribe, l'obligeait à rédiger rapidement et à simplifier les signes dont il se servait. Et plus le signe s'éloignait de la représentation concrète, plus le schématisme s'accentuait. Dès le début d'ailleurs, les scribes mésopotamiens ont tendu vers des simplifications conventionnelles, partie pour le tout, éléments diacritiques, ou même purs symboles, comme le signe du mouton, qui ne fut jamais figuratif.

Quant à l'évolution du système idéographique vers un système phonétique, les Sumériens eux-mêmes en avaient au moins imaginé les prémisses. Les besoins croissants de la bureaucratie les avaient amenés de bonne heure à introduire dans leurs documents économiques quelques notations abstraites indispensables. Quelque brèves qu'elles aient été, elles n'en comportaient pas moins l'indication de certains éléments grammaticaux que ne pouvait rendre aucun signe concret. Pour les noter, ils eurent recours au procédé du *rébus* ou de l'homophonie, en employant un idéogramme qui se prononçait de la même façon. Ils apprirent ainsi à noter des *sons*, et non plus seulement des mots. C'est ce procédé, déjà existant dans l'écriture sumérienne, que les Akkadiens empruntèrent et développèrent, et qui est à la base du phonétisme. Ces derniers purent d'autant plus librement s'engager dans cette voie que les mots sumériens qu'exprimaient les signes représentaient pour eux de simples sons et non plus des vocables concrets.

M. SCHAEFFER. – Votre explication paraît très séduisante. Mais les Sumériens ayant toujours écrit sur de l'argile auraient pu commencer par les cunéiformes et non par les pictogrammes. Le cunéiforme est fait pour écrire sur l'argile. Vous dites que le pictogramme n'est pas facile à écrire sur l'argile. Mais en dehors de cette question matérielle, les cunéiformes ont impliqué un tout autre procédé intellectuel. On fait abstraction de l'image, on ne dessine plus, mais on pense. On ne dessine plus comme un enfant, mais on invente une écriture entièrement abstraite et compliquée, nécessitant d'apprendre quelque trois cents à cinq cents signes, et davantage même à l'époque archaïque. Ce passage d'un procédé très simple, que d'ailleurs tous les primitifs ont adopté, vers une écriture si savante, si compliquée, est un saut très difficile à expliquer, et qui ne peut pas l'être uniquement par les difficultés matérielles.

M. LABAT. – En dépit des apparences, il n'y a pas eu complication du système, mais bien simplification. Le nombre des signes a été considérablement réduit. Le matériel sumérien était loin d'être entièrement figuratif. Et il n'est pas douteux que les conditions matérielles ont grandement influencé la tendance naturelle vers le schématisme.

M. SCHAEFFER. – Et en ce qui concerne le fait que ce passage coïncide avec le moment où les Sumériens venaient en contact avec les Akkadiens, ne croyez-vous pas qu'il y a là un rapport ?

M. LABAT. – Je pense effectivement que le passage du dessin primitif au symbole abstrait de même que l'emploi d'un même signe pour écrire plusieurs mots ou plusieurs sons homophones sont des inventions sumériennes.

M. SCHAEFFER. – Vous voulez réserver aux Sumériens l'absolue invention de l'écriture cunéiforme ?

M. LABAT. – Oui, dans ses principes fondamentaux.

M. SCHAEFFER. – Vous n'êtes donc pas d'accord avec certains autres sumérologues qui admettent que c'est sous une influence étrangère, peut-être akkadienne, qu'était née cette écriture cunéiforme. Je prends acte de votre position.

M. LABAT. – Je crois que ce sont effectivement les Sumériens qui ont inventé cette écriture, et qu'ils l'ont vraisemblement inventée en Mésopotamie même.

M. SCHAEFFER. – Inventé l'écriture et le cunéiforme, les deux ?

M. LABAT. – Le cunéiforme est l'aboutissement normal du linéaire et du pictogramme, et sa forme caractéristique s'explique à la fois par le matériel qu'employait le scribe, argile et calame de roseau, et par l'extraordinaire diffusion que connut cette écriture dans l'économie de la Mésopotamie ancienne.

M. LE GALLIC. – Je m'excuse d'insister sur la question posée par M. Schaeffer. Quand vous avez dit que le cunéiforme, si j'ai bien compris, comporte trois étapes, le pictogramme proprement dit, le linéaire où les signes sont disposés à la suite les uns des autres, et les signes disposés en petits tableaux, qui sont les caractères de l'écriture cunéiforme classique, du IIe et du Ier millénaire, ces trois étapes, les attribuez-vous aux Sumériens, ou seulement les deux premières ?

M. LABAT. – C'est là un problème fort complexe. Nous ne savons pas exactement quand les Akkadiens s'établirent en Mésopotamie. Divers historiens prétendent qu'ils y arrivèrent de très bonne heure et qu'ils étaient dans le pays à l'époque où fut inventée l'écriture. Il est même possible qu'un certain nombre de textes très anciens et fort rudimentaires cachent sous leur idéographie un texte akkadien. Il est en tout cas malaisé dans cette civilisation très tôt composite de faire la part qui revient à chacun des deux éléments ethniques. C'est d'ailleurs une vue assez simpliste de l'Histoire de dire que les Akkadiens ont succédé aux Sumériens. Il ne s'agit en fait que d'une prédominance politique. La caste dirigeante a changé et non sans doute le substrat ethnique, dont les composantes ne se modifient que lentement et différemment suivant les régions. Il n'en reste pas moins que les scribes qui utilisèrent l'écriture jusqu'à l'époque de la prédominance akkadienne étaient pour le moins de formation sumérienne.

M. SCHAEFFER. – Pourtant quand on examine le côté archéologique du passage de la civilisation sumérienne à la civilisation suméro-akkadienne, c'est-à-dire si on se base sur le matériel qui se trouve dans le pays, l'apport akkadien est considérable. Il se manifeste par des changements dans tous les domaines : céramique, coutumes funéraires très importantes architecturalement. Par conséquent, vous avez dit déjà dans votre réponse à la deuxième intervention qu'il est difficile de faire le partage entre l'apport sumérien et l'apport babylonien, en ce qui concerne l'écriture. C'est justement ce que je voulais que vous me confirmiez, parce que, du moment que vous admettez cela, vous ne pouvez plus réserver aux Sumériens seuls l'invention de l'écriture.

M. LABAT. – Il est toutefois un critère qui, à une époque donnée, permet, ce me semble, d'attribuer aux Sumériens ou aux Akkadiens l'usage « officiel » de l'écriture : c'est l'esprit même des œuvres écrites, si du moins on ne veut pas tenir compte des noms des scribes, dont certaines, bien que d'apparence sumérienne, pourraient se lire en akkadien. Toutes les œuvres anciennes ne sont pas en effet de simples documents économiques valables pour l'une ou l'autre civilisation. Il en est qui trahissent la façon de penser ou de sentir du milieu qui les a produites. Or, la mentalité sumérienne est fort éloignée de la mentalité akkadienne, et l'esprit des deux langues est foncièrement différent. Ce sont les conceptions sumériennes, religieuses, intellectuelles ou linguistiques, que paraissent révéler les documents écrits avant que les Akkadiens n'accèdent à la primauté politique. En admettant même que certains aient été rédigés par un scribe de race akkadienne, ce scribe serait à tel point imprégné de culture sumérienne qu'il exprimerait non l'esprit de sa race mais celui de l'école qui l'a formé.

M. NOUGAYROL. – Pour revenir à ce que disait M. Schaeffer, je crois qu'il y a tout de même une façon de voir un peu plus clair. Pour les Sumériens, ceci , c'est de l'eau : les Sumériens lisent ce signe-là *a*, qui signifie *eau* en sumérien. Un Akkadien survient et il demande à son maître sumérien : « Qu'est-ce que c'est que ce signe ? » Le Sumérien lui répond : « C'est *a*. » L'Akkadien prend ce signe pour *a*, il n'y a plus, sur ce point, aucun rapport entre le signe et l'eau qui, en akkadien, se dit *mû*. Alors l'Akkadien se dit : inutile de garder cette forme et il en arrive progressivement à une forme qui est celle-ci : 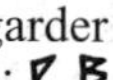 en cunéiforme, qui n'a plus aucun rapport avec l'eau, et qui se lit toujours *a*. C'est une dérivation classique.

Je lie, pour ma part, le phénomène de la phonétisation de l'écriture aux Akkadiens : c'est eux qui l'ont déterminée, et qui l'ont réalisée le plus complètement, parce qu'ils ne comprenaient pas nécessairement le sumérien. Ils adoptaient l'écriture sans se demander pourquoi ce signe avait un *a* attaché à lui de sorte que, par nécessité, la valeur du signe s'est détachée du signe pour l'Akkadien. Et, comme la valeur et le signe s'étaient séparés, qu'il n'y avait plus de ressemblance entre *eau* et *a*, la valeur « aquatique » de *a* avait disparu, le signe pouvait jouer, se transformer, perdre toute ressemblance avec l'objet, puisqu'il n'avait plus, tout au moins de façon directe, de rapport avec l'objet, dans sa valeur phonétique. Voilà pourquoi je crois que la présence des Akkadiens a *déterminé* la phonétisation de l'écriture, et je crois que c'est l'intervention de peuples de l'Ouest qui a *déterminé* l'alphabet, dans un « contexte » à peu près analogue. Je crois pour ma part que le contact de deux peuples est presque nécessaire pour que jaillisse l'étincelle d'une *nouvelle* écriture.

M. LABAT. – Voulez-vous dire que lorsque l'écriture apparut en Mésopotamie, il fallut la rencontre de deux populations pour que jaillisse l'étincelle créatrice ?

M. NOUGAYROL. – C'est au-delà de moi, car je vois l'écriture arriver avec les Sumériens. Que les Sumériens l'ait eux-mêmes inventée, je n'en suis pas sûr, et beaucoup de nos collègues n'en sont pas sûrs non plus, parce que d'après certaines formes, on suppose que les Sumériens l'ont prise ailleurs, qu'ils l'ont seulement importée.

M. LABAT. – En fait, nous nous trouvons ici en présence d'éléments contradictoires. On a pu dire que certains signes originels ne s'expliquent que si l'on admet que les Sumériens les ont inventés dans un pays montagneux, donc avant leur installation sur le bas Euphrate. Mais il en est d'autres – et plus nombreux, je crois – qui représentent des objets ou des êtres caractéristiques de la Mésopotamie du Sud.

M. NOUGAYROL. – Ce que je ne crois pas, c'est que l'écriture la plus archaïque que nous ayons soit une écriture primitive. Les documents d'Uruk IV, au départ, sont des documents qui montrent déjà la pratique de deux mille caractères. Peut-on croire qu'une écriture s'est créée d'un coup avec deux mille caractères ? Une fois le principe admis, elle peut s'être développée très vite, mais il a fallu un point de départ, et nous ne l'avons pas.

M. LABAT. – Je crois au contraire que le très grand nombre des signes prouve que nous avons à faire à un stade, sinon initial, du moins très primitif de l'écriture. Sitôt découvert et admis le principe de la notation graphique, le scribe me paraît tout naturellement porté à représenter chaque objet par un signe distinct. C'est au contraire la réduction du nombre des idéogrammes qui me semble un processus secondaire. Dire que l'élaboration de deux mille signes a dû exiger de longues spéculations qui rejettent loin dans le passé l'invention du premier signe me paraît peu probable. Je me représente plutôt la phase initiale comme une période de prolifération rapide et désordonnée des pictogrammes. Plus lente, plus longue dut être certainement celle de la réduction raisonnée des signes.

M. NOUGAYROL. – Je ne crois pas à une *invention* de l'écriture, pas plus de l'alphabet que d'une autre. Je crois à une *découverte* de l'écriture, c'est-à-dire que les gens ont *pris pleinement conscience de ce qu'ils pratiquaient déjà*. Je crois que l'écriture idéographique a commencé par marquer très prosaïquement et comme vous l'avez dit, un grain de blé sur une outre, ou un vase, qui contenait du blé. Ainsi, l'homme savait qu'il y avait du blé dedans : cela a dû commencer par des signes aussi humbles qu'un grain de blé ou que des choses de cet ordre, et *peu* au début. Sur le bœuf il n'était pas nécessaire de marquer un bœuf, mais sur la jarre bouchée il fallait marquer ce qu'il y avait dedans.

M. Labat. – Dès que l'utilité du signal graphique, du dessin d'un grain d'orge sur un vase contenant de l'orge, a été comprise et enseignée, la généralisation du procédé et sa systématisation, dans le milieu économique qui en favorisait l'emploi, a dû être, ce me semble, relativement rapide. Et je conçois, pour ma part, que la première démarche de ses utilisateurs a été de créer un registre aussi vaste que possible des notations nécessaires aux besoins de l'économie. Le principe de l'écriture résulte sans doute d'une trouvaille fortuite et, pour ainsi dire anonyme ; des « comptables » en ont tiré un arsenal de notations pratiques et anarchiques, mais il a fallu que les scribes soient déjà conscients de leur science, pour en réduire volontairement la trop grande richesse en un système plus condensé et plus cohérent.

M. Nougayrol. – Je crois que déjà le registre est considérable, et donc que l'écriture s'étendait à beaucoup d'usages. Je crois qu'elle avait commencé par des usages plus limités.

M. Schaeffer. – L'étincelle dont parle M. Nougayrol devrait expliquer l'invention du cunéiforme. Que les Sumériens soient les inventeurs de l'écriture la plus ancienne, probablement la plus ancienne écriture pictographique, je crois que la plupart de nous en sont convaincus. Le problème qui se pose, c'est de savoir comment ils passèrent du pictogramme si facile à écrire, et si commode, à cette écriture si difficile, si abstraite du cunéiforme. Et c'est là qu'a dû se produire, je crois, et si j'ai bien compris M. Nougayrol, cette étincelle de deux génies si différents, Sumériens non sémites et Sémites si versés, si subtils dans la conception de l'abstrait, pour faire jaillir cette invention merveilleuse qu'est le cunéiforme, c'est-à-dire cette écriture qui, d'une part, traîne le passé des pictogrammes et devient une écriture qui pouvait finalement, au IIe millénaire, devenir une écriture universelle. Nous ne contestons pas aux Sumériens l'invention de la plus ancienne écriture, mais je leur conteste – je ne suis pas spécialiste – l'invention du cunéiforme tout seul.

M. Labat. – Il faut ici distinguer entre deux aspects très différents du problème que pose l'évolution des cunéiformes. M. Nougayrol a parlé, je crois, non de la transformation du dessin des signes, mais de leur lecture, de l'évolution de l'idéographie primitive vers un phonétisme de plus en plus poussé. Si c'est bien ce à quoi vient de faire allusion M. Schaeffer, je suis d'accord avec lui pour dire que l'adoption par les Akkadiens du système graphique sumérien a marqué une révolution profonde dans l'histoire de cette écriture. Il y a eu alors un véritable bond en avant, dans le sens du phonétisme. Le syllabaire a été remodelé, expurgé et enrichi. Pour le compléter et l'adapter aux besoins linguistiques de leur propre langue, les Akkadiens ont inventé des procédés nouveaux de transformation ou de dérivation des valeurs. Mais si l'on peut dire que, de la sorte, les Akkadiens ont en partie recréé les cunéiformes, on ne saurait oublier qu'ils restèrent fidèles aux lignes générales du système et que la plupart des procédés qu'ils employèrent pour le rénover se trouvaient déjà en puissance dans le matériel et dans les méthodes qu'ils empruntèrent aux Sumériens.

M. IVANOFF. – Il me semble qu'indépendamment des influences qu'ont eues entre eux Sumériens et Akkadiens, le passage de l'écriture représentative à des formes plus abstraites peut s'expliquer par des nécessités purement psychologiques. Tout le monde sait qu'il existe un parallélisme entre l'évolution des peuples et celle des enfants. Je peux vous citer un fait précis : la création d'une « écriture » au sein d'un groupe d'enfants dont je faisais partie. Nous utilisions des signes figuratifs que nous tracions sur les arbres, sur les murs, et même sur le papier pour nous adresser des messages. Et puis à un moment donné, nous avons trouvé que ce système avait des défauts ; nous en avons discuté et nous avons fini par mettre au point un système géométrique, non figuratif. Pour quelles raisons ? D'abord, nous n'avions que du papier, pas d'argile, mais nous tracions aussi des signes sur les murs, et les arbres, et là, faire des figures, c'est assez difficile : on voit donc apparaître ici le problème pratique, matériel ; il fallait faciliter l'écriture, grâce à des signes géométriques, droites et points. Mais il y avait une autre raison, qui était d'un autre ordre : notre écriture figurative permettait à tout le monde de comprendre nos messages. Il fallait donc un système d'écriture non figurative pour empêcher que les non-initiés puissent déchiffrer nos signes (parents, autres groupes d'enfants, bandes rivales, etc.). Je me demande si dans les problèmes qu'on a soulevés, aujourd'hui, une raison du même ordre ne pourrait pas être prise en considération.

Mme BLUM. – Ces enfants dont parle M. Ivanoff ont déjà une scolarité derrière eux. Ils ont appris à tracer des figures géométriques ; tandis que dans le cas de la pictographie passant à l'écriture cunéiforme, tout est à créer.

M. IVANOFF. – Oui, nous connaissions l'alphabet, mais cela ne nous intéressait pas. Nous voulions un langage à nous, et nous avons recommencé la recherche au début, en traçant des pictogrammes : ce qui est naturel dans l'esprit de l'enfant, c'est de représenter les choses figurativement. Nous ne nous sommes pas attachés aux inconvénients : l'essentiel était de représenter – comme les primitifs – les choses elles-mêmes. Plus tard, les inconvénients nous sont apparus : lenteur, complication du système, et son déchiffrement trop aisé. Mais dans son perfectionnement, nous ne nous sommes pas préoccupés non plus de l'alphabet existant : c'était celui de l'école, de la famille, etc. Là encore nous voulions être les seuls auteurs de notre système, devenu non figuratif.

M. COHEN. – Ayant été obligé de passer en revue les différents développements de l'écriture, j'ai été amené à ne pas être cantonné dans un domaine, mais à en comparer plusieurs. Il semble qu'on doive considérer un certain nombre de progrès qui se sont produits en différents endroits, des étapes qui paraissent avoir été normales dans le développement de la civilisation. On a inventé des écritures, d'abord pictographiques, et ensuite idéophonographiques, qui sont sorties des premières. Le cas du sumérien n'est pas unique, isolé : nous avons très rarement, il faut le dire, des documents pictographiques autres que les documents primitifs dont nous parlait A. Métraux : sur les histoires sans paroles, sur les robes des Indiens, ou des choses de ce genre. Il est très rare qu'on ait de véritables documents écrits, et notamment des documents de comptabilité en pictographie. Il semble qu'il y en ait quelques-uns dans le domaine sumérien, et aussi dans le domaine crétois. Mais, fait curieux, là où la pictographie, le dessin est resté le plus vivace, en Égypte, on n'a pas de documents pictographiques. Le premier qui apparaît, la plaquette de Narmer, est en hiéroglyphes, c'est-à-dire en écriture idéophonographique. Donc, les Égyptiens qui se servaient en virtuoses du dessin, ont passé par un progrès que nous devons considérer comme naturel, comme physiologique, de la pictographie au schématisme. Et alors même qu'ils se servaient des dessins non schématiques, qui ont subsisté en d'autres domaines, chez les Hittites, par exemple, ils pensaient schématiquement ; et la même histoire s'est produite dans le domaine suméro-akkadien. Ici, je ne discute pas pour savoir si ce sont les uns ou les autres qui l'ont réalisé en premier. En tout cas, il n'y a pas eu besoin de contacts entre deux peuples pour que la chose se réalise en Égypte d'une part, et en Chine d'autre part, où c'est exactement le même problème.

Donc, sur place, dans des civilisations durables, pendant des millénaires, sans admission visible d'autres éléments, il y a eu passage de la pictographie au schématisme, nous sommes bien obligés de le constater. Cette étape cunéiforme primitive, où l'on a passé assez vite de la pictographie au schématisme, et donc, à une écriture véritable, ne s'est produite qu'à un haut étage de civilisation ; de même en Chine. Et je pense que c'est une autre étape des mêmes civilisations du Proche-Orient qui nous a amenés à l'alphabet.

V

LA CIVILISATION ÉGÉENNE

LES ÉCRITURES CRÉTOISES ET MYCÉNIENNES

par Olivier Masson

Sous le nom d'écritures crétoises et mycéniennes, on désigne actuellement un groupe d'écritures syllabiques utilisées dans le monde égéen et dont l'origine se trouve en Crète[1].

La découverte de ces écritures est une acquisition récente de la science. Au milieu du XIXe siècle, on s'aperçoit de l'existence dans l'île

1. Pour un aperçu général de la question, voir M. Ventris-J. Chadwick, *Documents in Mycenaean Greek*, Cambridge, 1956, p. 28-66.

de Chypre d'une écriture antique non alphabétique, en fait syllabique : ce phénomène demeure longtemps isolé et inexplicable, et l'on propose un rapprochement avec les hiéroglyphes hittites. Mais à partir des dernières années du siècle, l'activité d'Arthur Evans fait connaître coup sur coup les hiéroglyphes crétois et les écritures linéaires créto-mycéniennes, dites A et B, dont l'ensemble se situe approximativement entre 2000 et 1200 avant notre ère. Plus tard, des découvertes à Chypre révéleront un développement parallèle, celui des écritures appelées chypro-minoennes, à dater entre 1550 et 1100 : l'une de ces écritures doit constituer le modèle du syllabaire chypriote dit « classique », qui survit de manière paradoxale dans l'île, à une époque où l'écriture alphabétique règne sans conteste en Grèce propre, et demeure courante entre 800 et 220 environ[1].

L'objet de ces communications ne concerne pas le détail de la découverte de ces écritures, ni leur déchiffrement : il s'agit surtout d'examiner les conditions sociales de leur emploi et l'étendue de leur diffusion. Cependant il est nécessaire de rappeler ici un fait essentiel : sur ces cinq séries d'écritures apparentées, deux seulement ont été déchiffrées d'une manière définitive. On sait depuis longtemps (1871) que le chypriote classique a servi essentiellement à noter le dialecte grec de Chypre ; une découverte plus récente (1952), due à Michaël Ventris, a montré que l'écriture linéaire B notait le dialecte grec le plus anciennement attesté, le mycénien[2].

On voit dans ces conditions que la situation est bien moins favorable que pour l'écriture égyptienne ou les divers systèmes sémitiques. Malgré les progrès de nos connaissances, des lacunes considérables subsistent, puisque trois séries d'écritures ne sont pas lues : les hiéroglyphes crétois, le linéaire A (en dépit de tentatives récentes), et le groupe chypro-minoen. En outre, les documents mycéniens contiennent encore bien des obscurités, et le matériel du chypriote classique, s'il est plus accessible, est certainement moins original du fait de sa date relativement récente.

Afin de caractériser ces écritures et d'en examiner la diffusion, le procédé le plus pratique sera peut-être d'en montrer des spécimens[3], et de chercher les faits les mieux établis à propos de chaque série. L'ordre chronologique sera suivi, mais les écritures chypriotes viendront à la fin.

---

1. Bibliographie essentielle chez Ventris-Chadwick, *Documents in Mycenaean Greek*, *op. cit.*

2. Pour le déchiffrement du mycénien, Ventris-Chadwick, *ibid.*, p. 21 *sqq.*, etc. ; J. Chadwick, *The Decipherment of Linear B*, Cambridge, 1958 ; cf. P. Chalus, *Où en sont les études créto-mycéniennes* (*Revue de synthèse*, t. LXXX, 3e série, nos 13-14, 1959, p. 89-103).

3. La communication a été accompagnée d'un certain nombre de projections, qu'il était impossible de toutes reproduire dans ce volume ; voir, pl. 6, p. 152, des illustrations.

En Crète donc, on connaît pour la plus haute époque l'écriture appelée *hiéroglyphique*, entre 2000 et 1660 environ[1]. Ce système est attesté uniquement en Crète, et seulement pour des documents très courts. Arthur Evans a cru pouvoir déceler deux séries, A et B, qui montreraient une évolution chronologique. Les sites principaux sont Knossos et Mallia. Le matériel utilisé est peu varié : des cachets en pierre de formes diverses ; des barres d'argile ; déjà quelques tablettes d'argile ; des vases inscrits. Aucun de ces documents ne nous est intelligible, mais des traits importants peuvent être dégagés :

– Il s'agit sans doute déjà d'une écriture syllabique et le répertoire des signes annonce clairement celui des écritures égéennes plus récentes. Outre d'anciens pictogrammes d'un type banal dans les systèmes hiéroglyphiques (œil, main, jambe, etc.) on trouve des dessins caractéristiques de la civilisation crétoise (double hache, navire, etc.).

– Les documents plus longs (barres et tablettes) attestent l'existence d'un système de comptabilité, avec des chiffres et des idéogrammes. Par *idéogrammes* on entend, dans le système créto-mycénien (et à l'exception des écritures chypriotes), des symboles qui indiquent ou rappellent la nature de ce qui est inventorié : êtres humains, animaux, objets, denrées alimentaires, etc.

Sur les origines et les conditions d'invention de l'écriture hiéroglyphique, on ne peut rien dire : les ressemblances avec d'autres systèmes analogues doivent être fortuites. Quant à la diffusion de l'écriture dans la société minoenne la plus ancienne, le petit nombre des documents et leur obscurité relative ne permettent pas d'inductions précises[2]. Tout au plus peut-on dire que les besoins d'une bureaucratie née dans les palais minoens ont dû contribuer à un emploi de plus en plus fréquent de l'écriture dans les milieux administratifs. En revanche, l'écriture de type monumental est inconnue.

L'écriture *linéaire A* est datée approximativement entre 1660 et 1450, selon la chronologie traditionnelle[3]. Issue sans doute de l'écriture hiéroglyphique, elle comprend près de quatre-vingt-cinq signes et un bon nombre d'idéogrammes. Elle aussi est strictement limitée à la Crète : des tentatives pour démontrer l'existence d'un linéaire A « continental » sont peu convaincantes.

Les conditions d'apparition du linéaire A ont été précisées par la publication en 1959 de documents trouvés à Phaistos (fouilles de 1950-1958).

---

1. Voir Ventris-Chadwick, *Documents…*, *op. cit.*, p. 28-31 ; E. Grumach, *Minoica, Festschrift Johannes Sundwall*, Berlin, 1958, p. 162-191.

2. Sur la question de la « Minoan Literacy », voir S. Dow, *American Journal of Archeology*, 58, 1954, p. 108 *sqq*.

3. Ventris-Chadwick, *Documents…*, *op. cit.*, p. 31-36 ; E. Peruzzi, *Le iscrizioni minoiche*, Florence, 1960.

Datés par leur inventeur, Doro Levi, d'une période très haute (XXe-XIXe siècles), ces petits textes (tablettes et fragments divers) semblent montrer sur ce site l'emploi contemporain du hiéroglyphique récent et du linéaire, comme on l'avait déjà noté à Mallia. Doro Levi et l'éditeur de ces fragments, G. Pugliese Carratelli, admettent donc que les nouveaux documents de Phaistos appartiendraient à une phase de transition entre le hiéroglyphique récent et le linéaire A. Pugliese Carratelli va jusqu'à supposer que l'initiative de la réforme de l'écriture pourrait être partie de Phaistos, pour se diffuser ensuite dans les autres cités crétoises[1]. Toutes ces hypothèses sont très intéressantes, et il faut souhaiter que de nouvelles découvertes permettent de les préciser.

Les sites qui ont fourni les documents du linéaire A sont assez nombreux : surtout Haghia Triada, Mallia, Phaistos, Knossos. Les archives du site d'Haghia Triada ont livré un lot important de tablettes de comptabilité, malheureusement d'une graphie assez négligée. Ce sont donc des inventaires, avec idéogrammes et chiffres : les tablettes ont la forme de petites pages. Mais le linéaire A figure également sur des objets très variés : vases (avec inscriptions incisées, peintes ou même écrites à l'encre) ; sceaux, cachets et étiquettes d'argile ; objets de culte (tables de libation) ; grands lingots de cuivre, etc.

On voit donc que l'écriture est répandue non seulement dans des milieux administratifs, mais aussi dans les sanctuaires et probablement chez les particuliers[2]. Nous ne savons rien sur les scribes du linéaire A ou sur l'enseignement de l'écriture chez les Minoens, mais l'écriture ne semble pas être un luxe. L'attestation de l'emploi de l'encre est significative : il est fort possible qu'on ait déjà beaucoup écrit sur des matériaux périssables, comme des tablettes de bois, des peaux ou des feuilles (papyrus, etc.). La complication indéniable de ce système d'écriture ne paraît nullement avoir constitué un obstacle pour sa diffusion dans des milieux variés.

L'écriture *linéaire B* est datée habituellement entre 1450 et 1200. C'est la mieux connue, à la fois du fait du grand nombre des documents accessibles, et surtout en raison du déchiffrement réalisé avec succès par Ventris et Chadwick à partir de 1952-1953[3]. Apparemment issue d'un remaniement du linéaire A effectué pour noter un dialecte grec, l'écriture B (ou mycénien) comporte environ quatre-vingt-cinq signes, et plus d'une centaine d'idéogrammes et symboles divers, y compris les unités de mesure.

---

1. G. Pugliese Carratelli, *Nuove epigrafi minoiche di Festo* (*annuario scula archeolog. Atene*, 35-36, 1957-1958 [1959] p. 363-388).
2. S. Dow, « Minoan writing », art. cité, *American Journal of Archeology*, 58, p. 113-115.
3. Voir plus haut p. 551, n. 2 ; la bibliographie de la question est déjà considérable. Au sujet de certaines critiques, voir les excellentes mises au point de F. Schachermeyr, *Sæculum*, 10, 1959, p. 48-72. 374-379 ; A. Heubeck, *Gymnasium*, 66, 1959, p. 48-72.

La répartition géographique des documents est notable. En Crète, seul le palais de Knossos a fourni des tablettes, mais en grand nombre. Sur le continent, le Péloponnèse a livré deux séries d'archives de tablettes : celles de Pylos, les plus riches (depuis 1939), et celles de Mycènes (depuis 1950). Mais plus au nord, la connaissance du linéaire B est bien attestée par des vases inscrits (signes peints) à Eleusis, Orchomène, Tirynthe et surtout Thèbes.

Cette répartition ne permet pas de répondre avec évidence à la question de savoir où et quand l'adaptation du linéaire A en linéaire B a été réalisée. D'après la chronologie communément admise, les tablettes les plus anciennes sont celles de Knossos, à dater vers 1400[1]. Ceci conduit à penser que le remaniement de l'écriture minoenne a été mené à bien avant cette date, et probablement à Knossos même, soit par des scribes minoens pour le compte des Grecs mycéniens, soit plutôt par les Mycéniens eux-mêmes. Le processus de cette adaptation est encore obscur, mais on admet généralement la seconde hypothèse. Cependant quelques adversaires du déchiffrement se sont étonnés : si ce sont des Grecs qui ont adapté l'écriture, pourquoi n'ont-ils pas abouti à une réfection complète, permettant une meilleure notation du grec ? Une réponse ingénieuse à cette objection a été formulée récemment par Schachermeyr. Avant 1400, on n'a pas de documents écrits à Knossos, entre 1560 et 1410 environ. On pourrait alors supposer qu'une réforme de l'écriture A fut effectuée à cette époque par les Minoens eux-mêmes, vers 1540-1500. Plus tard, lorsque les Grecs arrivent vers 1470 (?), ils trouvent une écriture B déjà formée, mais encore minoenne : ils l'adoptent alors avec le minimum de modifications, ce qui expliquerait la gaucherie du système[2].

Le matériel est ici beaucoup plus abondant que pour le linéaire A : plusieurs milliers de tablettes ou fragments, dont un grand nombre à vrai dire très brefs. En revanche, il est moins varié : surtout des tablettes de comptabilité, quelques vases inscrits. Comme on sait, les tablettes n'étaient pas destinées à être conservées longtemps. Écrites sur de l'argile simplement séchée, les tablettes devaient régulièrement être détruites, et des milliers ont disparu à jamais. C'est le hasard des pillages, et précisément le feu des incendies, qui a transmis aux modernes ces archives.

Le caractère peu durable de cette documentation suppose donc une grande « consommation » d'écriture. D'autre part, les ressemblances étonnantes entre les tablettes des différents sites (Knossos, Pylos, Mycènes) prouvent l'existence d'une administration fortement centralisée, avec

---

1. Postérieurement à cette communication, la chronologie établie par Arthur Evans pour Knossos a été remise en question par L. R. Palmer, qui voudrait placer les tablettes de Knossos à la même époque que celles de Pylos, cf. *Nestor*, 1, août 1960, p. 103-104 ; déjà dans ce sens C. W. Blegen, *A Chronological Problem* (*Minoica*, p. 61-66).

2. Schachermeyr, *Sæculum, op. cit.*, p. 70-71 ; mais voir la note précédente.

une tradition bureaucratique. On s'est même demandé si l'écriture n'était pas un monopole des palais, mais les tablettes de Mycènes proviennent peut-être de demeures privées, dans lesquelles une comptabilité analogue à celle des palais était pratiquée[1].

L'abondance du matériel permet ici quelques remarques sur les scribes mycéniens. Le savant américain Bennett, le meilleur connaisseur de la « paléographie » du linéaire B, a pu étudier les « mains » à Pylos et à Mycènes, en attribuant à un même scribe une série de tablettes d'après sa graphie. Mais comme il l'a souligné récemment, ces scribes semblent avoir été très discrets sur leur activité[2]. Nulle part on ne trouve de signature de scribe, et l'on ignore même quelle était la dénomination mycénienne pour cette profession[3]. Le statut des scribes paraît avoir été très différent de celui de leurs collègues orientaux : Bennett se demande même s'il s'agissait à proprement parler d'une profession. Naturellement, nous ne savons rien sur les modalités de l'enseignement de l'écriture, qui devait nécessiter un apprentissage assez long. Mais on peut espérer un jour la découverte d'exercices d'écriture.

De toute façon, l'écriture a dû être assez largement répandue dans la société mycénienne avant 1200, plus que ne pourrait le faire croire la monotonie du matériel conservé. Commentant la découverte à Mycènes de tablettes dans des demeures privées (chez des marchands ?), l'archéologue anglais A. J. B. Wace a insisté récemment sur le fait que l'écriture n'était certainement pas le privilège d'une classe déterminée.

More people than a restricted class were presumably able to write and to read. We can assume that a considerable proportion of the people of Mycenae could write and read and not merely the official and upper or middle class. In addition to the officials and administrators and tax gatherers wealthy persons, merchants, traders and the like probably kept accounts and correspondence...[4]

L'absence de documents tels que des lettres doit en effet être due au hasard des trouvailles, ou à la disparition d'objets périssables : comme les

1. Voir Ventris-Chadwick, « The Extent of Mycenaean Literacy », et « Bureaucratic Methods », *Documents..., op. cit.*, p. 109-117 ; Chadwick, « Une bureaucratie préhistorique », *Diogène*, 26, 1959, p. 9-23.

2. E. L. Bennett, « Anonymous Writers in Mycenaean Palaces », *Archaelogy*, 13, 1960, p. 26-32.

3. Bennett, *ibid.*, p. 26 ; cf. J.-P. Olivier, *Ant. Class.*, 28, 1959, p. 166, 170.

4. « Selon toutes probabilités, le privilège de lire et d'écrire n'était pas l'apanage d'une élite. On peut supposer qu'un pourcentage considérable de la population de Mycènes – et pas seulement les fonctionnaires ou la moyenne et haute bourgeoisie – savait lire et écrire. Aux fonctionnaires, aux employés de l'administration et aux collecteurs d'impôt, il faut ajouter les riches, les marchands, les négociants et tous ceux qui étaient en charge de la comptabilité et de la correspondance. » Wace, dans *The Mycenae Tablets II*, édité par E. L. Bennett Jr., Philadelphie, 1958, p. 4, cf. p. 3 *sqq.* Cependant, on croit actuellement que ces « maisons » de Mycènes étaient plutôt des dépendances du Palais, cf. Ventris-Chadwick, *Documents..., op. cit.*, p. 110, etc.

Minoens, les Mycéniens ont dû utiliser l'encre et des supports tels que le bois et les peaux, dont l'utilisation à Chypre est attestée[1].

En revanche, il n'existe aucune trace d'un emploi par les Mycéniens d'une écriture monumentale sur pierre, pour commémorer les hauts faits des rois, ou même pour faire connaître des décisions officielles ou perpétuer le souvenir des défunts sur des épitaphes. Il semble qu'on ait là un trait constant de la civilisation d'inspiration minoenne, peu soucieuse de ces manifestations. C'est encore une différence considérable par rapport aux civilisations orientales[2].

Pour terminer, il convient d'examiner les écritures syllabiques de l'île de Chypre. Le développement et le maintien en ce point oriental du domaine grec d'un rameau de l'écriture égéenne est très instructif. Comme on l'a vu, il faut distinguer deux séries chronologiquement bien distinctes[3].

TABLETTE CHYPRO-MINOENNE
DE RAS SHAMRA-OUGARIT, 1953
(C. F. A. Schaeffer)

Les écritures chypro-minoennes occupent la première période, entre 1550 et 1100 environ. Leur origine peut être supposée avec vraisemblance : malgré des divergences, on peut les rattacher directement à la Crète, soit au linéaire A lui-même, soit à une écriture analogue ou linéaire X.

Le groupe chypro-minoen semble avoir comporté différents syllabaires, suivant les lieux et les époques[4] : une branche particulière est connue depuis peu par des tablettes de Ras Shamra, l'ancienne Ougarit[5]. Ces écritures sont employées sur des supports très divers. Longtemps on n'a connu que de courts graffites sur des vases (anses ou corps), sur des bronzes, sur des cylindres ou des cachets. Mais des découvertes ont fourni des tablettes d'argile, dont la plus ancienne, à Enkomi, remonte aux environs de 1500[6]. Ces tablettes, qui ont

1. H. Th. Bossert, *Sie schrieben auf Holz* (*Minoica*, p. 67-79) ; pour Chypre, voir aussi plus bas.

2. Cf. S. Dow, « Minoan writing », art. cité, p. 120-122.

3. Bonne mise au point chez Ventris-Chadwick, *Documents...*, *op. cit.*, p. 60-66 ; étude détaillée chez O. Masson, *Les Inscriptions chypriotes syllabiques*, Introduction, Paris, 1961, rééd. E. de Boccard, 1983.

4. O. Masson, *Répertoire des inscriptions chypro-minoennes* (*Minos*, 5, 1957, p. 9-27 et pl. II-VII).

5. C. F. A. Schaeffer, *Ugaritica*, III, Paris, 1956, p. 227-232 ; O. Masson, *ibid.*, p. 233-250.

6. P. Dikaios, *Antiquity*, 30, 1956, p. 40-41 et pl. IX.

été cuites, sont très différentes d'aspect des tablettes minoennes et mycéniennes. La forme est autre et se rapproche, pour de petites ou grandes tablettes, des types connus par les tablettes cunéiformes. L'aspect général de l'écriture est généralement autre : ce sont des textes serrés, avec un ductus rappelant parfois un peu celui des cunéiformes. Les tablettes ont le plus souvent des textes continus, sans chiffres ni idéogrammes, et représentent autre chose que des inventaires (voir la tablette de Ras Shamra).

En dehors des tablettes, il y a des documents caractéristiques, comme les boules d'argile inscrites, dont des dizaines ont été retrouvées : leur destination demeure encore énigmatique. On connaît aussi beaucoup de bronzes inscrits : lingots, trépieds, outils : là, on doit avoir affaire tantôt à des dédicaces religieuses, tantôt à des marques de propriété.

À l'époque du bronze récent, l'écriture est donc très répandue à Chypre : chaque fouille apporte de nouveaux objets inscrits. L'écriture paraît avoir été utilisée dans tous les milieux, dans diverses couches de la société. Comme en Crète et dans l'empire mycénien, l'épigraphie monumentale sur pierre fait complètement défaut. Par de nombreux traits, les écritures chypro-minoennes restent fidèles à la tradition minoenne, mais la position géographique de Chypre a permis à des influences orientales de se répandre d'une manière diffuse, le résultat étant une synthèse originale.

Après une période obscure, entre 1050 et 800 environ, l'écriture syllabique reparaît, et se maintient jusqu'à la fin du IIIe siècle avant notre ère, en faisant longtemps une concurrence victorieuse à l'écriture alphabétique[1]. Le phénomène est curieux. Pour qu'il ait été possible, il faut qu'une tradition de l'écriture syllabique se soit maintenue dans quelques milieux attachés aux anciennes coutumes, puisque après 1200 les écritures égéennes disparaissent à jamais du sol de la Grèce propre. D'autre part, la résurgence de ce procédé assez incommode d'écriture est un des traits du conservatisme chypriote (qui peut être observé à toute époque), qui maintient les aspects traditionnels et originaux de la civilisation locale. Ce n'est certainement pas un hasard si le maintien de l'écriture syllabique va de pair avec la persistance archaïque du système monarchique, dans les petits royaumes chypriotes. Il faudra attendre l'arrivée d'Alexandre pour que ces traditions disparaissent, la civilisation chypriote perdant peu à peu son originalité.

Le matériel inscrit du syllabaire, de la fin de l'époque archaïque au début de l'époque hellénistique, diffère peu de celui de l'épigraphie grecque alphabétique, l'emploi de la pierre prenant la première place. Mais là aussi des traits archaïques demeurent, notamment l'utilisation de tablettes d'argile. On a remarqué également que le plus grand texte conservé, une tablette de bronze d'Idalion du début du Ve siècle, doit avoir conservé la forme d'une tablette de bois ; et sur une statue du

---

1. Étude détaillée de la chronologie dans O. Masson, *Les Inscriptions chypriotes syllabiques, op. cit.*, Introduction.

Ve siècle, un dédicant tient à la main une tablette dont le modèle était sans doute aussi en bois[1]. D'autre part, l'existence d'une écriture à l'encre sur des peaux est attestée par un témoignage indirect : une épitaphe du Ve siècle concerne un διφθεραλοιφός[2], et le lexicographe Hésychius connaît ce terme, l'expliquant comme γραμματοδιδάσκαλος. Il s'agit donc d'un maître d'école, mais la valeur ancienne du composé prouve que l'on écrivait jadis à l'encre (ἄλε΄φω) sur des peaux préparées (διφθέραι). Ainsi les documents chypriotes, malgré leur date récente, peuvent être utilisés pour éclairer certaines pratiques de la Crète minoenne et de la Grèce mycénienne.

Pour conclure, on peut insister sur deux points, en répondant pour notre domaine à des questions qui ont été posées au début de ces entretiens :

– L'histoire des écritures minoennes, depuis l'hiéroglyphique crétois jusqu'au syllabaire chypriote, est un bon exemple d'une évolution régulière d'anciens pictogrammes vers des signes abstraits ; en même temps, l'écriture elle-même se perfectionne en se simplifiant.

– La vie et la diffusion de ces écritures sont étroitement liées à la prospérité des sociétés qui les utilisent. Une première série, qui aboutit au linéaire B, va disparaître lorsque la société mycénienne sera détruite vers 1200. Une seconde série, qui avait survécu à Chypre par miracle, disparaîtra mille ans plus tard sans laisser de trace, quand la société chypriote archaïque devra céder définitivement la place à la civilisation hellénistique.

VI

L'ASIE MINEURE

LES HITTITES, PEUPLE À DOUBLE ÉCRITURE

par Emmanuel Laroche

Avant d'examiner les rapports qui unissaient, au sein de l'Empire hittite, les deux écritures cunéiforme et hiéroglyphique, et d'essayer de marquer le rôle que les scribes ont joué tant à la cour de Hattuša que dans les provinces, il importe d'éliminer une équivoque grave qui pèse depuis des

1. Bossert, *Sie schrieben auf Holz*, *op. cit.*, p. 76-79 ; ces inscriptions sont les n°s 217 (Idalion) et 251 (Voni, près de Chytroi) de mon recueil, *Inscriptions chypriotes*.

2. Inscription 143 (Marion) de mon recueil ; cf. Bossert, *ibid.*, p. 79, et J.-P. Olivier, *Ant. Class.*, *op. cit.*, p. 170.

années sur la description de cette civilisation, et de fixer clairement une terminologie adéquate.

On rencontre encore trop souvent, dans des ouvrages de synthèse et de vulgarisation, l'idée qu'il y aurait eu deux groupes de peuples hittites, les uns dits « cunéiformes », maîtres de l'Anatolie au IIe millénaire, connus par les archives royales de Boğazköy, les autres dits « hiéroglyphiques », possesseurs de principautés au Ier millénaire, progressivement absorbés par les Assyriens et les Araméens, tant en Anatolie qu'en Syrie septentrionale. La cause de cette erreur est aisée à déceler : le déchiffrement des cunéiformes hittites et celui des hiéroglyphes se sont développés indépendamment l'un de l'autre. Ils ont révélé successivement deux aspects linguistiques fort différents du monde hittite, les cunéiformes livrant d'abord à Hrozný le dialecte « nésite », les hiéroglyphes faisant apparaître peu à peu une forme de la langue « louvite », apparentée à la précédente, mais distincte d'elle au point de vue de la grammaire et surtout du vocabulaire.

Or, on sait depuis longtemps qu'en réalité les cunéiformes n'ont pas été utilisés uniquement pour noter ce dialecte nésite ; ils ont été, à l'époque la plus brillante de l'histoire hittite, l'instrument grâce auquel les scribes royaux ont pu conserver sur l'argile et sauver de l'oubli les divers idiomes de l'Empire, à savoir les trois dialectes indo-européens indigènes (nésite, louvite, palaïte), la langue hurrite des provinces méridionales, sans parler des deux langues mésopotamiennes : l'akkadien pour son prestige politique et international, et le sumérien comme langue scolaire, nécessaire à l'acquisition du métier d'écrivain.

Il convient donc désormais de parler, non pas du peuple « hittite cunéiforme », mais bien de l'écriture cunéiforme hittite, ou mieux encore de cunéiforme anatolien, et de limiter l'expression à sa signification scripturaire.

D'autre part, la genèse et le développement des hiéroglyphes ne sont pas le fait d'un autre peuple. Sans doute ce mode d'écriture original a-t-il pris naissance dans un milieu provincial, au Kizzouvatna de langue louvite (= Cataonie classique) ; mais il a été employé par tous les Hittites pour des fins particulières qui seront précisées à l'instant. Après la destruction de l'Empire, vers 1200, cette écriture a survécu au cunéiforme défunt, et le fait que les Hittites du Ier millénaire ne nous sont plus accessibles que par le truchement des monuments à hiéroglyphes, joint au caractère dialectal de la langue qu'ils notent, à savoir le louvite, ont fait naître l'illusion qu'on se trouverait en présence d'un groupe ethnique nouveau, que l'on baptise, faute de mieux, les « Hittites hiéroglyphiques ». En vérité, opposer ces deux « peuples » revient à opposer les Grecs « syllabiques » de la Pylos mycénienne aux Grecs « alphabétiques » de la tradition homérique.

On dira donc qu'il y a une civilisation hittite, produite, au cœur de l'Anatolie, par un mélange de populations hétéroclites : Asianiques, Indo-Européens et Orientaux divers (Syro-Mésopotamiens) ; que cette civilisation unique, mais composite, englobe des régions linguistiquement différenciées ; qu'elle s'est exprimée par deux systèmes d'écriture contemporains et concurrents, les cunéiformes et les hiéroglyphes. Dans son évolution historique, on continuera à y distinguer trois périodes : l'ancien royaume de Hatti, établi au cours des XVIIe-XVe siècles dans la boucle du Kizil Irmak ; l'Empire des XIVe-XIIIe siècles, fondé par l'action militaire du puissant Suppiluliuma, empire qui, exportant la culture hittite jusque sur l'Euphrate et l'Oronte, s'est effondré sous les coups des Phrygiens ; et enfin les Néo-Hittites des Xe-VIIe siècles, continuateurs de la tradition anatolienne, écrasés ensuite entre la poussée occidentale des Gréco-Balkaniques et l'infiltration orientale des Sémites et des Iraniens.

Les tribus qui devaient se constituer sous les noms de Nésites, de Palaïtes et de Louvites, étant, au témoignage de leur langue elle-même, d'origine indo-européenne, on peut affirmer sans grand risque d'erreur qu'elles ne pratiquaient pas l'écriture au moment de leur installation en Asie Mineure. Cet événement se situe au plus tard vers –2000, puisque les colons assyriens de Cappadoce qui ont laissé à Kayseri, à Alishar et à Boğazköy les milliers de tablettes que l'on sait, nous les présentent comme un élément essentiel de la population indigène, mêlé aux tribus autochtones de langue hattie. Durant toute cette période que les historiens appellent maintenant l'âge colonial d'Asie Mineure, c'est-à-dire aux XIXe-XVIIIe siècles avant notre ère, les Hittites eurent l'occasion de voir leurs voisins pratiquer les cunéiformes, et d'en apprécier les avantages matériels. Pourtant, le fait est qu'ils ne les empruntèrent pas. Comment expliquer cette abstention, sinon par l'état social et politique des communautés anatoliennes de cet âge ? Sans doute serait-il hasardeux, faute d'une documentation directe, de vouloir se représenter avec précision le niveau matériel et surtout intellectuel qu'avaient atteint, dans la première moitié du second millénaire, ces bourgades de Cappadoce dont les tablettes assyriennes nous citent le nom ; les commerçants d'Assur négociaient avec leurs habitants l'échange de leurs produits, et à l'occasion, contractaient mariage avec leurs filles. À en croire la tradition historique recueillie par les Hittites eux-mêmes, à en juger par les récits mythologiques en langue hattie et par l'apparence de la religion que les Hittites ont plus tard réorganisée, ces populations étaient certainement arriérées ; dispersées et isolées sur un vaste territoire, pauvres et sans industrie, ignorantes des grands courants commerciaux, elles végétaient dans un cadre tribal, pratiquant une économie de village, attentives seulement à l'alternance des saisons, soucieuses avant tout de survivre, et confiant à des idoles totémiques le soin de leur salut. Pour ces pré-Hittites, probablement aussi pour les premières générations produites par l'amalgame anatolien, l'écriture aurait été un luxe inutile et coûteux.

L'introduction des cunéiformes en pays hittite paraît bien avoir été la conséquence de l'aventure babylonienne. On sait qu'à la suite de troubles politiques, une dynastie de rois énergiques réunit, vers 1700, toutes les anciennes provinces du Hatti sous la tutelle de Hattuša. Ce que l'annalistique officielle, rédigée plus tard au temps de la splendeur, ne dit pas nettement mais laisse assez deviner, c'est que la nécessité d'une union plus étroite s'imposa aux populations d'Anatolie, devant le nouveau péril surgi de l'est, les Hurrites. Venus du Caucase, ceux-ci avaient lentement envahi le territoire assyrien, occupé la haute Mésopotamie, noyauté les petits royaumes sémitiques du Croissant fertile, et constitué, sous les ordres d'une caste militaire indo-aryenne, l'État mittanien du moyen Euphrate. Poussant toujours plus à l'ouest, ils s'infiltraient, à travers l'Antitaurus, jusqu'au cœur de l'Asie Mineure et coupaient aux Anatoliens, par l'invasion de la basse Cilicie, la voie de la Méditerranée. La réaction hittite semble avoir été brutale et décisive : dévalant par les Portes syriennes, Mursili bouscule les Mittaniens près d'Antioche, investit Alep, et, longeant l'Euphrate, il pousse jusqu'à Babylone, qu'il prend et saccage. On suppose aujourd'hui que le principal effet de ce raid fut, pour les Hittites, une prise de contact plus étroite avec le monde mésopotamien et, à cette occasion, l'adoption du système cunéiforme comme écriture officielle. D'autres auteurs, il est vrai, ont objecté qu'une poignée de soudards n'est guère tentée de rapporter des tablettes dans ses bagages. Mais la question n'est pas là : ce que les Hittites ont ramené chez eux, ce sont des scribes, des gens du métier capables d'installer sur place, dans la capitale, sous la surveillance directe des souverains, tout l'appareil administratif compliqué que représente une école. Comme on sait, d'autre part, que le cunéiforme anatolien se rattache précisément à la branche occidentale de cette écriture, développée en Syrie vers le XVIe siècle, il est naturel de considérer l'expédition de Mursili comme l'occasion et l'origine de cet emprunt.

Le site de la capitale hittite, Hattuša, aujourd'hui Boğazköy, a subi de tels dommages lors des invasions phrygiennes qu'il est très difficile à l'archéologie moderne d'établir une stratigraphie cohérente des niveaux où l'on recueille les tablettes. Il en résulte que l'histoire de la bibliothèque royale demeure un problème ouvert. On a cependant l'impression que la grande majorité des textes sont des copies, exécutées au cours du XIIIe siècle, de documents anciens, conservés dans les archives, mais partiellement mutilés. Dans sa présentation matérielle, le cunéiforme hittite est resté très stable et traditionaliste tout au long de son histoire. Une sorte d'orthographe officielle a été fixée *ne varietur*, et respectée par des générations de scribes étalées sur trois siècles au moins. Cette continuité s'explique aisément lorsqu'on observe qu'en pays hittite les maîtres d'école se succèdent fréquemment de père en fils. D'un autre côté, l'on doit distinguer avec soin les deux emplois que les clercs hittites ont faits de leur écriture. En gens pratiques et en administrateurs scrupuleux, ils ont d'abord voulu consigner sur une matière impérissable le détail de la vie matérielle : d'où cette extraordinaire floraison de protocoles, cadastres, pièces comptables, descriptions de fêtes, inventaires cultuels, minutes de procès, comptes rendus d'oracles, sur la lecture desquels repose aujourd'hui la description concrète de leur civilisation.

La constitution d'archives, où abondent curieusement les duplicats, satisfaisait sans doute chez les Hittites ce goût juridique, certains pensent procédurier, qui les caractérise et les apparente à leurs cousins romains. Pour eux, l'acte d'autorité trouve sa garantie à la fois dans le serment et dans la tablette ; le serment, signature verbale, se fait devant les dieux, la tablette, scellée au nom de témoins responsables, sera déposée dans un sanctuaire. Les engagements solennels tels que les traités pourront même, occasionnellement, être rédigés sur une matière plus noble que l'argile, sur l'or, l'argent ou le bronze. On ignore encore ce que les textes entendent par « tablette de bois » : était-ce un simple brouillon du document ou bien le scribe y trouvait-il, tracé en hiéroglyphes, le canevas général du texte définitif ? Le climat de l'Asie Mineure n'en a pas permis la survie.

Les Hittites n'ont pas connu la distinction moderne entre archives et bibliothèques. Leur *tuppas parna*, ou « maison des tablettes », contenait, pêle-mêle, des rayons de documents et des rayons de livres. Bien que la littérature telle que nous la comprenons, c'est-à-dire l'expression artistique de pensées et de sentiments personnels, soit demeurée chez eux à un stade fort rudimentaire, les compositions historiques et religieuses (mythologiques entre autres) que l'on a retrouvées à Hattuša ne diffèrent pas, par la forme, la matière et le ductus, des documents au sens strict. Les uns et les autres sont suivis d'un colophon circonstancié, où sont indiqués, avec le titre, les noms et qualités des scribes, le numéro d'ordre, la pagination de la tablette dans la série considérée. Les Hittites ont cultivé l'art d'écrire surtout à des fins pratiques ; les classiques mésopotamiens sont à leurs yeux des modèles qu'ils traduisent volontiers ; mais, s'ils en ont reconnu la valeur intrinsèque, ils n'ont guère cherché à les imiter. En d'autres termes, l'organe a chez eux créé la fonction, l'écriture le goût de la réflexion et le sens de la poésie. Mis à l'école de l'Orient par suite de nécessités politiques, ils ont tiré le meilleur parti des cunéiformes. Mais l'Histoire ne leur a pas laissé le loisir de dépasser leurs classes élémentaires. Quatre siècles à peine après l'introduction de l'écriture en Cappadoce, le fragile édifice élevé par Suppiluliuma était rasé de fond en comble par de nouveaux intrus.

Les hiéroglyphes d'Anatolie apparaissent dès le XVe siècle avec le sceau d'un roi du Kizzouvatna, trouvé dans les ruines de Tarsus en Cilicie. Plusieurs auteurs se sont efforcés, ces derniers temps, de faire remonter au début de ce millénaire ou même plus haut encore la date de leur création ; ils affirment, en invoquant quelques traces recueillies sur de la poterie archaïque, que le principe de l'écriture était déjà dégagé à l'époque de Kültepe-Kaneš, et que les monuments impériaux représentent l'aboutissement d'une longue évolution antérieure. Nous ne le croyons pas. Les graffites en question ne peuvent être considérés d'aucune façon comme un embryon d'écriture, mais seulement comme des dessins ou des ornements. On accordera volontiers que les signes à valeur graphique des hiéroglyphes classiques dérivent pour la plupart d'un répertoire de pictogrammes primitifs, mais l'agencement et la systématisation de ces éléments ne doit pas avoir précédé de beaucoup les premières inscriptions connues, c'est-à-dire les sceaux du XVe siècle, dont la mise en scène reste fruste[1].

Quoi qu'il en soit, les documents, rares jusqu'à la fondation de l'Empire, se multiplient à partir de Suppiluliuma et de ses successeurs. Sous Mursili II, Hattusili III et Tudhaliya IV, ils se répandent hors du pays hittite jusqu'en Lycaonie, en Cilicie et en Syrie. Après une période obscure consécutive à la chute de la capitale, l'écriture renaît et fleurit de plus belle, à la fois en Anatolie centrale, en Cilicie (Karatépé), en Cataonie (Marash), en Commagène (groupe de Malatya) et en Syrie du Nord, entre l'Oronte et l'Euphrate. Ses dernières manifestations officielles marquent le déclin des principautés, absorbées par l'Assyrie au milieu du VIIe siècle. Les lames en plomb provenant d'Assur, qui en sont le spécimen le plus évolué, ne sont malheureusement pas datables.

L'expansion extrême des hiéroglyphes hittites se définit : à l'ouest, par les reliefs de Karabel et du Sipyle, près de Smyrne ; au nord, par le sanctuaire impérial d'Alaca Höyük, non loin de la mer Noire ; à l'est, par le site de Hines en Assyrie ; au sud, par les remparts de Hama, les stèles d'Apamée et de Restan, en pays sémitique.

Dans l'espace comme dans le temps, ils tracent donc une image exacte de l'habitat des Hittites et des attaches extérieures de leur civilisation. Sous l'Empire, ils illustrent l'importance de la capitale Hattuša, celle de sa dépendance cilicienne (Tarsus), et de son annexe syrienne (Karkamis, Alep), sa suzeraineté sur Ougarit (Ras Shamra). Plus tard, le centre de gravité du Hatti ayant glissé vers l'est et le sud, ils prennent contact avec les Araméens, et témoignent d'une culture autonome ; à Karatépé et à Hama, ils sont en terre étrangère.

À en juger d'après les documents les plus anciens, les hiéroglyphes étaient, au début, destinés à accompagner des représentations divines ou humaines, à en matérialiser le nom, les épithètes, les titres ; ils méritent donc bien leur désignation moderne d'« hiéroglyphes » ou « gravures

1. Les pages suivantes reproduisent des considérations développées dans *Les Hiéroglyphes hittites*, Ire partie : « L'Écriture », Paris, Éditions du CNRS, 1960.

sacrées ». La comparaison des reliefs rupestres avec les sceaux et empreintes sur argile montre qu'ils sont avant tout un instrument permettant de réaliser une signature, et l'on peut considérer indifféremment le relief comme un sceau développé ou celui-ci comme une légende en raccourci. L'écriture est intimement liée à l'image : toutes deux viennent à la rencontre du spectateur ; les signes sont orientés comme la figure sculptée. La technique de l'exécution unit aussi l'écriture au dessin. L'écriture en relief accompagne le dessin en relief, l'écriture en creux le dessin gravé. Il est admis, et probable, que la gravure en creux est plus récente et moins coûteuse que le relief ; mais il vaut mieux, sans doute, opposer en général les monuments soignés aux inscriptions cursives ou hâtives, les uns tendant vers l'œuvre d'art (par exemple à Karkamis), les autres vers le graffite.

La signature rupestre s'est rapidement transformée chez les Hittites en monument commémoratif. La présence du roi Mouvatalli à Sirkeli (près d'Adana, en Cilicie) n'est pas clairement motivée, mais le roi hittite Talmi-Sarruma d'Alep a laissé dans sa ville le bref mémorial de fondation d'un temple ; à Fraktin et à Yazilikaya, des souverains du XIIIe siècle ont fait sculpter des scènes cultuelles. Le sens des reliefs rupestres de Hanyeri et d'Imamkulu (au sud de Kayseri) est évidemment religieux, quoique obscur. Les autels d'Emirgazi et les socles de Boğazköy ont un texte votif ; Karadagh (au sud-est de Konya) signalait la présence de sanctuaires de même que les figures muettes d'Alaca Höyük et d'Eflatun Pinar. Peut-être faut-il reconnaître l'usage profane de l'écriture sur le bloc peu intelligible de Köylütolu, en Lycaonie.

Après l'Empire, l'utilisation des hiéroglyphes à des fins cultuelles demeure sensible en quelques points, à Ivriz, à Alep, à Sultan Han, surtout à Malatya et dans ses environs. Mais la présence de noms divins en tête de Kötükale (ouest de Malatya) ne doit pas faire illusion ; il s'agit, autant qu'on peut le deviner, des grands travaux effectués par un prince. À Karkamis et sur le moyen Oronte, les ensembles architecturaux racontent tout au long le travail de rois bâtisseurs. En général, l'écriture hiéroglyphique se laïcise ; les dédicaces se font rares et brèves. L'érection de stèles au dieu de l'orage devient un prétexte à récits dynastiques. Le fameux Lion de Marash consacre un trône ; Karatépé n'est religieux qu'à l'occasion et conventionnellement. Au terme de l'évolution, les lettres commerciales d'Assur révèlent la dégradation des hiéroglyphes, dont l'emploi rejoint celui des cunéiformes au niveau du document d'affaires.

La technique de l'écriture suit un chemin parallèle. On observe, à ses débuts, la prédominance marquée de l'idéogramme sur le phonogramme. L'écriture ayant commencé par les noms propres, on assiste au processus connu : par le rébus, le lapicide découpe le nom, étymologiquement, en éléments lexicaux et ramène sa lecture à un ou deux signes imagés. Lorsque le rébus est impossible, le découpage syllabique devient inévitable ; il se fonde sur l'acrophonie. Par là, le syllabaire échappe en partie à l'arbitraire et gagne une certaine motivation aux yeux du lecteur indigène.

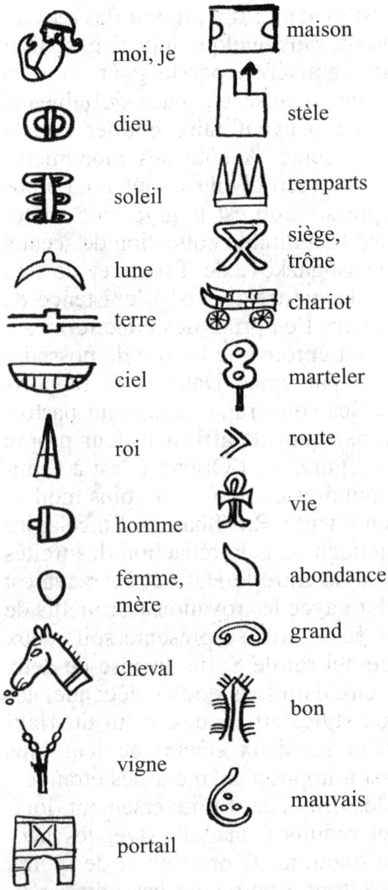

HIÉROGLYPHES HITTITES
Choix d'idéogrammes
(Établi par Emmanuel Laroche.)

Dès le temps de l'Empire, on voit se fixer les principes qui domineront tout le développement ultérieur. Le lapicide cherche à faire coïncider la phrase avec la ligne, à régulariser le tracé des signes de manière à pouvoir encadrer les mots par des bandes ou des traits horizontaux. À l'intérieur du rectangle ainsi créé, l'unité du degré inférieur, le mot, dispose ses deux, trois ou quatre signes en ligne verticale. À mesure que l'on descend dans le temps, l'écriture se tasse, devient dense, les signes se serrent et s'enchevêtrent parfois jusqu'à la confusion. Comme ils sont par eux-mêmes de schéma irrégulier, longs, minces, circulaires ou triangulaires, une certaine latitude est laissée à l'artiste dans la mise en place des éléments phonétiques constituant le mot. Ces contraintes matérielles, agissant dans le même sens que le besoin esthétique de varier les formes, suffisent à expliquer la naissance de l'homophonie. L'artiste qu'est toujours le lapicide disposera peu à peu d'une gamme de signes équivalents ; il y puisera, par nécessité ou par caprice, le signe approprié à la place qui lui est impartie. Jamais, semble-t-il, un syllabaire officiel ne sera arrêté en un nombre fixe d'homophones : chaque individu, chaque province innovera au gré de sa fantaisie.

Pour matérialiser des notions complexes, les Hittites, comme tous les peuples créateurs d'écriture, n'ont eu aucune peine à combiner ou ligaturer des pictogrammes simples : DIEU + MAISON = « temple », VILLE + CHEF = « gouverneur ». Le groupement MAIN + BÂTIMENT signifie simplement « bâtir » ; le verbe et les autres abstractions comportent un indice matériel orientant la lecture. La main devant les verbes d'action, le pied devant ceux de mouvement jouent le rôle de déterminatifs, de la même façon que DIEU, PAYS, VILLE. L'écriture anatolienne est anthropocentrique.

L'usage religieux des hiéroglyphes est évident ; il a produit des œuvres d'art de valeur inégale, mais on ne saurait, sans quelque injustice, refuser aux Hittites un certain sens artistique, caractérisé par le goût éminent pour les dispositions symétriques et pour la mise en place de tableaux bien équilibrés. Cependant, ces traits ne peuvent faire oublier que la même écriture a servi de tout autres desseins. À côté des monuments rupestres et des petits objets cultuels, les hiéroglyphes sont pour nous désormais attachés à cette forme d'expression qu'est la glyptique anatolienne de la bonne époque, je veux dire à l'admirable collection de sceaux royaux et princiers que les fouilles de Boğazköy, de Tarsus et de Ras Shamra, entre autres, nous ont révélée depuis trente ans. L'existence de ces documents suffit à montrer que, malgré l'emprunt des cunéiformes à leurs voisins plus civilisés, les Hittites ont éprouvé le besoin de posséder une écriture nationale, et qu'ils y sont parvenus. Dans leurs rapports diplomatiques avec les États orientaux, les souverains réunissent parfois sur un seul objet leurs deux écritures, par quoi ils affirment leur propre originalité et leur intervention dans les affaires de l'Orient. C'est à l'imitation de leur roi que les vassaux et dignitaires composeront, plus modestement, les « bigraphes » recueillis notamment à Ras Shamra. En cela, les Hittites appliquent le principe qui les guidait dans la rédaction des traités internationaux. Le traité « anatolien » passé entre le Hatti et l'Arzava est rédigé en hittite seul, le traité liant le Hatti avec les royaumes assujettis de Syrie ou avec les grandes monarchies étrangères se présente sous deux formes, akkadienne et hittite. De même, tel roi de Syrie dispose de deux séries de sceaux personnels, les uns circulaires, à double légende, les autres cylindriques, combinant les deux styles artistiques, celui du Hatti et celui de Syrie-Mésopotamie. Pendant les deux siècles de leur plus grande expansion, les Hittites ont réussi à imposer même à des étrangers leur mode d'expression graphique la plus originale. Et, inversement, lorsque, ramenés à leur territoire strict et réduits à la défensive, les néo-Hittites s'efforceront de maintenir une tradition de prestige et de gloire, ce sont encore les hiéroglyphes qui serviront à perpétuer les cultes indigènes, à illustrer leur vision des choses, à lutter contre l'assimilation et la colonisation menaçantes.

Que l'on considère les cunéiformes ou les hiéroglyphes, la pratique de l'écriture semble avoir été conditionnée, en Asie Mineure comme en bien des points du monde antique, par l'existence d'un pouvoir central fort. Le métier même de l'écrivain est un des rouages essentiels de l'administration royale, comme on peut s'en convaincre facilement par les titres que le scribe hittite réunit sur son sceau personnel ou énumère dans les colophons des tablettes, et par le rôle que les chroniques officielles font jouer à plusieurs d'entre eux. Lorsque le roi Hattusili reprend en main les rênes de l'État, après avoir évincé son neveu, il se hâte de rappeler le grand scribe qui exerçait ses fonctions sous les règnes précédents, et de rétablir sa famille dans toutes ses prérogatives. L'énumération des cadeaux qu'une ville tributaire comme Ugarit doit offrir annuellement à la cour de Hattuša est significative : aussitôt après le roi, la reine et le prince héritier, vient le « grand des scribes », avant le grand écuyer, le majordome et les autres dignitaires. Le « grand scribe » est en fait un véritable secrétaire d'État, il assume les responsabilités d'un chancelier, d'un ministre des Affaires étrangères et d'un ministre de l'Intérieur. C'est une fonction, non un titre : tel scribe nous a laissé, soit sur le colophon de tablettes, soit sur un sceau retrouvé dans les décombres du palais, la trace de son origine noble et de ses qualifications sociales. Le grand Anuwanza est à la fois « chef de scribes » et « seigneur de Hurma », c'est-à-dire préfet ; Sahurnuwa est « fils de roi », « grand scribe » et « majordome » ou chef de la maison royale. D'autres, mais rarement, ont cumulé le secrétariat d'État avec des commandements militaires. Dans la masse des quelque cent cinquante scribes dont nous connaissons désormais l'identité, on relève un pourcentage imposant de Hurrites, de provinciaux soumis au serment d'allégeance, et des Hittites de souche, souvent spécialisés dans la rédaction de textes religieux ; il y a très peu d'étrangers, Sémites ou assimilés. À Boğazköy, un scribe influent du XIIIe siècle a sculpté ou fait sculpter pour lui-même et pour son épouse les deux socles d'autel retrouvés par Winckler qui ornent le musée d'Istanbul.

La prééminence sociale et politique dont ont joui les scribes hittites allait de pair avec la reconnaissance d'une compétence exceptionnelle. On entrevoit les étapes du métier, à travers les indications sporadiques fournies par les colophons et les catalogues de bibliothèques. Le jeune apprenti, très souvent fils d'un maître déjà chevronné, s'exerce sous la dictée d'un chef d'équipe ou moniteur. Devenu scribe en titre, puis à son tour chef de classe, les circonstances politiques ou la faveur royale pourront le promouvoir au rang suprême de grand scribe. La complication de l'écriture exigeait un effort de mémoire et une adresse manuelle au-dessus de la moyenne. On ne saurait trop insister sur le fait que les deux écritures en usage dans l'Empire reposent sur des principes identiques, parce qu'elles ont un arrière-plan linguistique semblable : ici, un syllabaire cunéiforme d'environ cent signes, là un syllabaire hiéroglyphique d'environ soixante-dix signes. En outre, laissés à l'appréciation et au libre choix de chaque scribe, un jeu d'idéogrammes en nombre théoriquement illimité ; en fait, nos répertoires actuels consignent environ trois cents idéogrammes cunéiformes anatoliens, plus de quatre cents idéogrammes hiéroglyphiques.

L'emprunt de l'écriture à la Mésopotamie se marque par le nom hittite du « scribe » et par celui du document écrit. Les Hittites prennent le mot suméro-akkadien *tuppu*, le fléchissent selon leur propre norme, et en extraient le nom d'agent *tuppala-*, « l'homme aux tablettes ». Il est important que le nom du « lapicide », c'est-à-dire du scribe à hiéroglyphes, soit ce même mot *tuppala-* et que l'hiéroglyphe qui le représente soit un schéma de tablette anatolienne. On y reconnaît le profil d'une tablette à deux colonnes sur chaque face, le type le plus répandu à Boğazköy. Cet idéogramme s'est maintenu, par tradition, même après la disparition du cunéiforme anatolien ; c'est par lui que les néo-Hittites désignent, de façon générale, l'auteur d'inscription rupestre, bien que le dessin n'ait plus rien de commun avec l'objet. Tout indique que les deux métiers de scribe et de lapicide étaient pratiqués, dans les écoles impériales, par le même personnel qualifié ; les Hittites avaient très tôt dégagé de leur expérience cunéiforme la notion plus ample d'écrivain au service de l'État. On a tout récemment découvert à Boğazköy même un pan de mur d'époque ancienne sur lequel est marqué, avec des noms en hiéroglyphes, le signe de la « tablette ». Nous sommes certainement en présence de l'emplacement où l'écrivain dispensait ses bons offices, comme aujourd'hui encore, dans un Orient partiellement analphabète, les heureux possesseurs de machines à écrire.

Ainsi, durant trois siècles au moins, les deux écritures ont coexisté en Anatolie, et ont constitué les deux modes d'expression du même État. La pratique simultanée de deux écritures fortement différenciées n'est pas un phénomène fréquent. On imagine mieux, désormais, les raisons qui ont provoqué chez les Hittites cette situation paradoxale. Les scribes de Hattuša, dépositaires de la tradition babylonienne, formaient un petit groupe privilégié qui, seul, avait accès à la littérature et aux documents publics. La constitution d'une bibliothèque, d'autre part, répondait à un besoin nouveau, et l'emploi des cunéiformes assurait la liaison du royaume avec les chancelleries étrangères. Mais la tablette d'argile était, en somme, un document interdit, qui ne proclamait point publiquement la sublimité du dieu ni la grandeur royale. Il y avait chez les Hittites le sentiment que ces cunéiformes d'emprunt, au tracé mécanique et inexpressif, laissaient place à une autre écriture, plus visuelle, plus monumentale, plus apte à faire parler les effigies divines et les profils humains. Les hiéroglyphes sont faits pour être contemplés sur des parois rocheuses : ils animent le nom propre comme le relief fait revivre la personne tout entière.

Qui, dès lors, s'étonnera que la chose écrite, ici comme ailleurs, soit auréolée d'un prestige sacré ? Le plus grand crime n'est-il pas la contrefaçon du document, garant du droit, de la foi jurée, de la volonté divine ? Les plus anciens sceaux hittites ajoutent déjà à la signature cette menace que « Qui altèrera les paroles du roi sera puni de mort ». On lit ensuite, à la fin des traités, que « Quiconque changera les mots de la tablette, le dieu de l'orage l'anéantira ». Formules auxquelles feront écho, jusqu'à la fin de la tradition hittite, les malédictions hiéroglyphiques vouant à la vengeance de tous les dieux ceux qui, « rois, princes, ou prolétaires, martèleront le nom du dédicant » ou en détruiront les reliefs.

Discussion

M. CHANTRAINE. – Dans le domaine hittite les choses diffèrent bien de celles du domaine crétois. J'ai été frappé du fait que là aussi il y a eu des difficultés parce que l'écriture n'était pas adaptée à la langue, et d'un problème que nous ne nous sommes pas assez posé tout à l'heure : celui de l'importance de la classe des scribes. Je crois que la civilisation mycénienne est assez proche de la civilisation hittite, mais l'écriture est peut-être moins répandue qu'on semble le croire.

M. LABAT. – Comme vient de le dire M. Laroche, le cas de l'Anatolie, dans le problème qui nous intéresse, est particulièrement instructif. Il devrait nous permettre de juger des conditions nécessaires pour qu'un peuple adopte une écriture étrangère. Plusieurs siècles en effet avant que les Hittites n'utilisent l'écriture, il fut un temps où florissaient dans ce pays des colonies de marchands assyriens qui rédigèrent sur place une abondante correspondance commerciale. Les indigènes, dont certains étaient directement intéressés par ces transactions, n'étaient donc pas sans connaître l'utilité et les possibilités de l'écriture. Ils auraient pu en apprendre la technique auprès de leurs partenaires assyriens. Or ils ne le firent pas. C'est bien plus tard seulement, et dans le cadre national de l'Empire hittite, qu'ils utilisèrent l'écriture cunéiforme. Et le syllabaire qu'ils empruntèrent alors n'était pas celui des marchands assyriens, disparu sans laisser de traces, mais un syllabaire de conception différente, dont nous n'avons aucune preuve qu'il eût connu dans le pays une vogue comparable à l'ancien.

M. LAROCHE. – L'une des découvertes toutes récentes et des plus extraordinaires, c'est celle de tablettes assyriennes sur le site de Boğazköy, dans la capitale hittite, à haute époque. Donc, les Hittites connaissaient forcément l'écriture assyrienne, puisque nous avons dans leur capitale des tablettes rédigées dans cette écriture, mais pas un document hittite.

M. LABAT. – Il est possible que la population indigène, en dépit des rapports qu'elle entretenait avec les colonies assyriennes commerçant dans le pays, n'ait pas eu alors la maturité culturelle nécessaire à la pratique de l'écriture. D'autre part, les transactions entre autochtones ne présentaient vraisemblablement pas l'ampleur et la complexité qui les auraient incités à recourir aux services de scribes ou de comptables. Quant au rôle qu'ils jouaient dans le trafic économique entre leur pays et l'Assyrie il ne devait pas être suffisamment actif pour qu'ils n'en laissent l'initiative et les responsabilités aux étrangers implantés parmi eux.

La situation politique était toute différente lorsque les Hittites, quelques siècles plus tard, éprouvèrent le besoin de se servir eux-mêmes de l'écriture. À ce propos, M. Laroche nous a dit que ce fut peut-être à la suite du raid fameux que les Hittites firent contre Babylone qu'ils ramenèrent dans leurs fourgons des scribes babyloniens. Il est incontestable que, dans le Proche-Orient ancien, les scribes furent de tout temps une « marchandise » fort prisée et qu'ils constituaient un butin de choix aux yeux des conquérants. Nous en avons des preuves nombreuses. Asarhaddon, par exemple, lorsqu'il énumère dans ses Annales les dépouilles qu'il tira de l'Égypte conquise, cite en bonne place les scribes égyptiens qu'il ramena dans ses bagages. De même, dans plusieurs lettres relatives aux affaires d'Urartu, Sargon II d'Assyrie s'inquiète de savoir si des scribes se trouvent au nombre des prisonniers dont on lui annonce la capture, et, dans l'affirmative, ordonne qu'on les lui envoie sans tarder. Il est donc possible que les Hittites aient pu faire main basse sur des scribes babyloniens et qu'ils se soient par eux initiés à l'usage des cunéiformes. Mais cette explication, pour tentante qu'elle soit, n'en présente pas moins une sérieuse difficulté : le syllabaire qu'utilisèrent les Hittites n'est pas celui dont se servaient les scribes babyloniens de l'époque.

M. Laroche. – Je ne sais pas si l'on peut faire dériver le syllabaire hittite directement du vieux babylonien, mais je crois que Landsberger le rattacherait à l'époque de Ur III.

M. Labat. – Sans parler des critères paléographiques, le syllabaire akkadien qu'utilisèrent les Hittites s'apparente à une tradition manifestement antérieure au raid contre Babylone. L'emprunt hittite n'est d'ailleurs pas un fait isolé ; il s'inscrit dans une plus large diffusion des cunéiformes sur tout le pourtour de la Mésopotamie, de la Syrie à l'Élam. Dans toutes ces contrées limitrophes, ce syllabaire d'exportation s'apparente, non à celui de la première dynastie babylonienne, mais à un syllabaire plus ancien dont on retrouve des particularités à l'époque d'Akkad ou au temps de la troisième dynastie d'Ur. Dans cette propagation de l'écriture cunéiforme hors des frontières nationales, il semble qu'un chaînon nous manque, qui devrait attester dans ces contrées la présence de scribes akkadiens contemporains du syllabaire que ces peuples empruntèrent.

M. Bourdier. – La communication de M. Laroche me donne envie de poser une question à M. Masson : lorsque nous considérons un vase crétois, il est orné, mais cet ornement n'est pas un simple décor, il raconte quelque chose et quelquefois d'une façon conventionnelle, symbolique. N'est-ce pas un peu l'équivalent des hiéroglyphes hittites ? N'y a-t-il pas là un moyen d'expression pour les choses religieuses, moyen qui persisterait en Crète et qui serait un peu de l'ordre des hiéroglyphes ?

M. Masson. – En fait, c'est purement ornemental. À Chypre, on a déterminé d'une manière hypothétique, mais assez vraisemblable, la présence sur des vases d'allusions à des récits mythologiques. Mais je crois que cela reste tout de même loin de l'écriture. C'est une évocation comme un tableau est une évocation.

M. Bourdier. – La décoration pour la décoration me semble une idée bien moderne.

M. Chantraine. – C'est une idée crétoise. Le dessin crétois est réaliste et purement ornemental. Maintenant, ce que vous cherchez pourrait peut-être se trouver dans les sceaux. Les sceaux ont un caractère différent… Et je ne suis pas spécialiste des hiéroglyphes, mais certainement il se pose un problème pour reconnaître un hiéroglyphe, c'est-à-dire une écriture ou un dessin plus ou moins symbolique. Dans la catégorie des sceaux, le problème des rapports entre le dessin et l'écriture se pose. Mais dans les décorations que je connais d'objets crétois, il s'agit toujours purement et simplement d'une décoration réaliste, qui représente des animaux, des poissons.

M. BOURDIER. – Il me semble que ces représentations doivent être symboliques.

M. COHEN. – M. Laroche a surtout parlé de l'aspect social ; il y a aussi l'aspect technique, l'aspect évolution de l'écriture : le fait est que le domaine hittite est un de ceux où il est apparu un système pictographique original, qui a évolué rapidement, il n'est pas resté pictographique. Hier, on a demandé pourquoi on n'avait pas gardé le système des rébus qui était si parlant, et pourquoi il y a eu évolution. C'est un fait que partout il y a eu évolution ; et dans le domaine hittite nous en trouvons un exemple. Il y en a un autre qui n'a pas été évoqué et qu'il faudrait tout de même nommer – M. Labat le connaît spécialement puisqu'il a travaillé dessus : c'est l'élamite.

M. LABAT. – Ainsi que je le rappelais tout à l'heure il y eut, au-delà des frontières de la Mésopotamie, d'autres peuples que les Hittites qui, pour leur usage personnel, empruntèrent aux Akkadiens l'écriture cunéiforme. Le cas des Élamites présente, à cet égard, un intérêt tout particulier. À haute époque, ce peuple inventa une écriture nationale différente par la forme de ses signes et par la conception du système, de celle de leur voisins. Ils l'employèrent pendant près de cinq siècles. Mais cela ne les empêcha pas d'utiliser, en même temps, la langue et l'écriture akkadiennes, véhicules de la culture universelle de l'époque. C'est ainsi qu'un Élamite, contemporain de la dynastie d'Akkad, rédigea en caractères et dans le syllabaire akkadiens le texte en langue élamite du traité qui le liait avec Narâm-Sîn. Un autre de leurs souverains fit, sur sa statue, graver une inscription dont les premières lignes portent une légende élamite en hiéroglyphes nationaux, et les dernières des formules en langue et écriture babyloniennes. Par la suite, l'usage de l'écriture indigène disparut sans laisser de traces, et les Élamites n'utilisèrent plus pour transcrire leur langue qu'un syllabaire cunéiforme apparenté à celui qu'adoptèrent pour leur part les Hittites.

M. COHEN. – Il y a une question de dates. Nous parlions hier des Sumériens comme le peuple le plus ancien qui ait écrit, peut-être avec les Akkadiens contemporains, mais nous ne pouvons pas être absolument sûrs que les Élamites, d'une part, et les gens de la vallée de l'Indus d'autre part n'aient pas eu une priorité dans le temps.

M. LABAT. – Pour autant que l'on puisse en juger, il semble bien que l'invention élamite soit postérieure à l'invention par les Sumériens de leur système idéographique.

M. COHEN. – Et pour l'Indus, vous pensez que c'est plus récent ?

M. LABAT. – Je crois qu'il est encore aujourd'hui difficile de dater avec certitude les documents écrits que nous a laissés la civilisation de l'Indus. Mais eux aussi sont sans doute postérieurs aux premiers textes sumériens.

M. COHEN. – Là aussi il semble qu'il n'y a pas eu de contagion suffisante et que des peuples n'ont pas emprunté ce qui existait déjà à leur portée de navigateurs, et ont eux-mêmes inventé autre chose.

En ce qui concerne ces évolutions de la pictographie à l'idéographie ou l'idéophonographie, on voit ce phénomène se produire dans les écritures inventées. On a parlé des « contagions des civilisations », moi j'ai parlé d'« éclaboussures des civilisations », qui font que certains individus qui n'ont pas l'écriture dans leur région, mais savent que l'écriture existe, réinventent une écriture. Cela s'est produit plusieurs fois au XIVe siècle et au XXe, en Alaska et dans certaines régions d'Afrique. Pour certaines de ces écritures, on connaît exactement leur développement, et on voit qu'elles commencent naturellement par les rébus, les pictographies et qu'elles évoluent très rapidement vers des systèmes schématisés. C'est spécialement visible pour l'Alaska[1].

M. LABAT. – Je voudrais ajouter quelques mots pour compléter brièvement ce que j'ai dit des Élamites, car leur usage de l'écriture a connu un dernier avatar que je n'ai pas encore mentionné. À l'époque des Achéménides, lorsque le cunéiforme babylonien se sclérose et perd de son universalité au profit de l'écriture et de la langue araméennes, les Élamites recreéent, à partir du cunéiforme, une nouvelle écriture différente, par la forme des signes et en partie par les valeurs qui leur sont attribuées, de la tradition mésopotamienne dont elle est cependant issue.

L'histoire de l'écriture chez les Élamites présente donc un très curieux mélange d'invention nationale, d'emprunts successifs et d'aménagement original d'un système étranger. Ces variations attestent le flux et le reflux de l'influence mésopotamienne, plus culturelle souvent que politique, car elles ne correspondent pas toujours à des périodes d'affirmation ou d'affaiblissement de l'esprit national.

VII

LES SÉMITES ET L'ALPHABET

ÉCRITURES CONCRÈTES ET ÉCRITURES ABSTRAITES

par James G. Février

Le titre même que j'ai donné à cette conférence, à savoir : « Écritures concrètes et écritures abstraites », peut surprendre et, cependant, ce n'est pas par désir d'une originalité facile que je l'ai adopté. Au point où nous

1. Documents publiés par Alfred Schmitt en 1951.

sommes parvenus dans ce colloque, après nous être familiarisés avec les écritures dites idéographiques et syllabiques, il nous faut aborder maintenant le problème de l'écriture consonantique et de l'alphabet véritable, c'est-à-dire de l'alphabet grec.

Comme vous le savez, au début du IIe millénaire, deux écritures, la suméro-akkadienne et l'égyptienne, se partageaient le Moyen-Orient, et ces deux écritures aboutissaient, sinon toujours exactement en fait, à cause du poids de la tradition, du moins en principe, l'une à la notation de la syllabe et par conséquent de la voyelle (c'était la suméro-akkadienne), l'autre à la notation exclusive de la consonne, et c'était l'écriture égyptienne. Ce dernier résultat n'a été définitivement acquis, par élimination totale des idéogrammes et des signes complexes, que dans l'écriture consonantique sémitique. Enfin, les Grecs ont opéré la synthèse entre les deux systèmes et ont inventé une écriture, qui, notant à la fois la voyelle et la consonne, et rien de plus, possédait le double avantage d'une extrême simplicité et en même temps d'une grande précision de notation phonétique. Mais, si tel devait être mon exposé, je crois qu'il n'offrirait pas grand intérêt, car il ne ferait que répéter ce que ressassent, depuis plus d'un siècle, tous les manuels d'histoire de l'écriture.

Je crois que les problèmes qui se posent, tout au moins aujourd'hui, sont d'un autre ordre. Ils consistent, tout d'abord, à rechercher dans quelle relation chacun de ces deux grands systèmes d'écriture était avec la langue qu'il notait primitivement, à savoir le sumérien ou l'égyptien. Et, d'autre part, ils consistent à voir comment l'écriture grecque, qui, en apparence, réunit les avantages des deux systèmes, en est arrivée là, et enfin quelles sont les limites qui lui sont imposées et quel est peut-être le destin qui la menace de mort.

En ce qui concerne l'écriture dite idéographique, la différence n'est pas grande entre les deux systèmes ; tout au plus soulignerai-je que Sumériens et Égyptiens sont partis tous les deux de la notion de « mot ». L'ont-ils trouvée eux-mêmes ? L'ont-ils empruntée, comme je le pressens, à une autre tradition ? Je n'en sais rien, mais, en tout cas, dès qu'on passe à la notation phonétique, le divorce s'accuse entre suméro-akkadien, d'une part, et égyptien de l'autre. Je n'ai pas, ici, à vous redire comment la notion de syllabe est apparue dans l'écriture suméro-akkadienne. M. Labat vous l'a exposé avec beaucoup plus de compétence que moi-même. Je retiens simplement qu'entre la notation dite idéographique et la notation syllabique dans ce système, il n'y a pas, au fond, de différence capitale, car toutes les deux enregistrent tout ou partie du mot, et lorsqu'elles enregistrent une partie du mot, elles l'enregistrent de façon complète et concrète. C'est pourquoi j'appelle cette écriture « concrète ». En d'autres termes, si vous avez par exemple un mot akkadien comme *išpur* (« il enverra »), si vous le notez par deux syllabes, une syllabe simple et une syllabe complexe, vous avez d'un côté *iš*, et de l'autre vous avez *pur* ; par conséquent, vous avez la prononciation concrète de chacun des deux éléments de ce mot.

L'écriture égyptienne procède d'une façon toute différente : la décomposition du mot en éléments plus simples, susceptibles d'être utilisés dans les cas les plus divers, en éléments préfabriqués, si j'ose dire, ne s'opère pas selon le même principe. Pour reprendre la terminologie de mon regretté ami Jean Cantineau, elle repose sur la distinction entre la racine et le schème, entre le sens et la fonction grammaticale du mot. La fonction grammaticale du mot est indiquée, en effet, dans les langues sémitiques, et, autant qu'on puisse en juger, en égyptien, non seulement par des préfixes et suffixes, mais aussi et surtout par le vocalisme intérieur du mot. Tout sujet parlant isole inconsciemment la racine consonantique du mot et le schème, c'est-à-dire les voyelles intérieures et les affixes. Je me souviens encore d'avoir posé la question à l'arabisant William Marçais et lui avoir dit : « Est-ce qu'un homme du peuple qui parle arabe a vraiment la notion de la racine ? » Et voici ce qu'il m'a répondu : « Apprenez à un berger arabe, ignare entre tous, un mot étranger, quel qu'il soit. Quelques minutes plus tard, si besoin en est, il forgera, pour ce même mot, en arabe, un impeccable pluriel quadrisyllabique. » C'est-à-dire qu'il bouleversera, sans se tromper, toute la vocalisation intérieure du mot, sans toucher à la racine consonantique.

Le propre des inventeurs de l'écriture, c'est d'avoir transformé ce sentiment inconscient en une notion réfléchie. Du mot ils ne retiennent plus que l'élément permanent, à savoir la racine. C'est pourquoi j'ai nommé cette écriture « abstraite ». Essayons de suivre l'évolution de cette écriture abstraite depuis l'époque où elle est adoptée par les Sémites jusqu'au moment où les Grecs, à leur tour, l'adoptent en la transformant.

Pendant longtemps on a été frappé surtout par le foisonnement initial des écritures consonantiques au IIe millénaire avant notre ère : protosinaïtique, protophénicien, ougaritique, phénicien archaïque, paléomoabitique, etc. J'ai moi-même attribué cette pluralité à une multiplicité d'essais, parmi lesquels un seul aurait survécu, à savoir l'écriture phénicienne archaïque. À l'heure présente, sans renoncer à cette conception, je dois me montrer moins affirmatif. Des travaux, surtout ceux d'Albright et de son école, en particulier de Cross Junior, semblent bien avoir dégagé une ligne maîtresse d'évolution, qui nous conduit du protosinaïtique au phénicien archaïque, en passant par le protophénicien. Remarquez qu'on s'en doutait déjà : mais, jusqu'à présent, c'était simplement une hypothèse, une hypothèse très aventurée. Actuellement, il semble que ce soit très vraisemblable, mais on n'ose pas affirmer complètement, parce que notre connaissance du protosinaïtique et du protophénicien est toujours extrêmement faible. Malgré toutes les traductions qu'a proposées Albright, il faut bien dire qu'on ne peut traduire presque aucun texte, aussi bien en protosinaïtique qu'en protophénicien. Ce qui est certain, en tout cas, c'est qu'il y a eu continuité pour les signes : une grande partie des signes que nous trouvons dans l'écriture protosinaïtique et que nous trouvons également en protophénicien figurent encore en phénicien archaïque. Ce qui caractérise déjà les écritures protosinaïtique et protophénicienne et qui les différencie de l'égyptienne, c'est leur extrême simplicité, qui tient à ce que, à en juger par le petit nombre des signes employés, elles sont purement consonantique. Je dis « à en juger » car je ne peux pas affirmer définitivement pour le protosinaïque et pour le protophénicien ; mais pour le phénicien archaïque c'est absolument sûr. Cette dernière écriture est débarrassée non seulement des idéogrammes de toutes sortes, mais aussi des signes complexes qui encombrent et compliquent l'écriture égyptienne. Comment a-t-elle pris naissance ? Il nous serait plus facile de pouvoir répondre à cette question si nous connaissions la date exacte d'apparition de la manifestation la plus ancienne de cette tendance, à savoir l'écriture protosinaïtique. Malheureusement les égyptologues ne sont pas d'accord au sujet des inscriptions protosinaïtiques de Serabit el-Khadem ; les uns les placent sous la XIIe dynastie, les autres sous la XVIIIe. En d'autres termes, soit aux environs de 1900 ou 1800 avant notre ère, soit aux environs de 1500. Sur ce point, je ne peux guère avoir d'opinion ; je penche pour la datation la plus ancienne, mais je n'ai aucune compétence en ce domaine. En tout cas, ce qui me paraît certain, c'est qu'on ne peut pas attribuer l'invention de l'écriture protosinaïtique aux mineurs sémites qui l'utilisaient. C'étaient de pauvres diables, probablement corvéables, qui peinaient durement dans les filons, avec des outils primitifs, pour en extraire la turquoise ou d'autres pierres précieuses, et sans doute, à leurs moments de loisir, ils avaient d'autre souci que de créer une écriture consonantique. Je songerais plutôt aux scribes égyptiens. De ce que l'écriture égyptienne restait compliquée et irrationnelle, il ne s'ensuit nullement que les scribes n'avaient pas l'idée d'une écriture beaucoup plus simple et plus logique. S'il m'est permis de rappeler un exemple qui a été donné, lorsque l'écriture cunéiforme est sortie de son domaine propre, le suméro-akkadien, lorsqu'elle a été employée pour noter le hittite, c'est une forme beaucoup plus simple, beaucoup plus rationnelle à laquelle on a eu recours. De nos jours encore, nos propres linguistes ont mis au point, pour noter par exemple les dialectes africains ou berbères, des écritures qui sont certainement beaucoup plus scientifiques que celle dont nous nous servons tous les jours pour noter le français.

Les inventeurs de cette écriture protosinaïtique ont-ils obéi à quelque principe directeur dans le choix des signes ? C'est possible, mais ce n'est pas certain. On connaît l'hypothèse de l'acrophonie transposée, qui a été avancée par Gardiner et qui est toujours en faveur. Partant de l'hypothèse, d'ailleurs vraisemblable, que les textes étaient écrits dans une langue sémitique, Gardiner admet que les inventeurs auraient emprunté comme modèles de leurs lettres des hiéroglyphes égyptiens, en les déformant plus ou moins, mais en leur attribuant la valeur de la lettre initiale du mot en sémitique. C'est possible, au moins pour certaines lettres. Il ne faut pas oublier, en effet, que l'acrophonie semble avoir été en usage dès l'époque hyksos et qu'elle s'est maintenue avec ténacité chez les Sémites. J'ai simplement à vous rappeler, par exemple, les psaumes alphabétiques de l'Ancien Testament. L'acrophonie nous apparaît ici comme un moyen pédagogique, comme un moyen mnémotechnique, mais aussi elle traduit peut-être, pour les Sémites, une certaine difficulté à concevoir la consonne en la séparant du mot dont elle fait partie ; il faut toujours la rattacher à un mot, et non pas à une syllabe. Même si l'on admet la thèse d'Albright et de Cross Junior, selon qui l'évolution est continue depuis le protosinaïtique jusqu'au phénicien, en passant par le protophénicien, bien des problèmes restent encore à résoudre. Tout d'abord, nous ne savons que dire de l'écriture paléomoabitique : c'est une écriture qui n'apparaît qu'une fois, qui est peut-être – mais nous n'en savons rien – un rejeton de l'écriture protosinaïtique ; c'est peut-être aussi une tentative indépendante ; d'ailleurs nous n'en possédons qu'un exemple, il n'est pas conservé en bon état et cette stèle unique ne nous permet pas de conclure.

En second lieu, quels rapports l'écriture ougaritique, qu'on appelle quelquefois le cunéiforme alphabétique, l'écriture de Ras Shamra, attestée au XIVe siècle, quels rapports cette écriture soutient-elle avec l'écriture phénicienne ? On sait que cette écriture emploie, comme signes, des caractères cunéiformes. En principe, cette particularité n'aurait pas beaucoup d'importance : on peut utiliser le matériel que l'on veut sans rien changer au caractère d'une écriture. Ce qui en a beaucoup plus, c'est que cette écriture, si elle est foncièrement consonantique, tout comme la phécienne, souffre cependant une exception : pour la lettre *aleph*, nous avons non point un seul caractère, mais bien trois, qui répondent aux trois vocalisations possibles *a, i* et *ou.* Comment expliquer cette dérogation aux principes de l'écriture consonantique ? À mon avis – ce n'est qu'une hypothèse – nous nous trouvons déjà, ici, en présence du conflit qui va continuer durant des siècles entre l'écriture concrète et l'écriture abstraite. L'*aleph* est, de toutes les consonnes sémitiques, la plus fugitive ; dans beaucoup de cas, par exemple au début des mots, l'écriture suméro-akkadienne ne la note pas. Dans la phonétique phénicienne très souvent la lettre disparaît et n'est plus notée dans l'écriture. Il est probable que des scribes, formés à l'écriture suméro-akkadienne, ont trouvé plus utile de faire, en l'occurence, une infidélité à l'écriture abstraite. À mon avis, du moment que la consonne était à peu près insignifiante, ils gardaient simplement la voyelle ; ils n'avaient pas la mentalité du Phénicien ou de l'Arabe qui n'admet pas qu'il puisse y avoir une voyelle qui n'est pas précédée par une consonne, même si cette consonne est une simple attaque vocalique extrêmement faible, comme c'est le cas pour l'*aleph* bien souvent.

Mais l'origine de l'écriture ougaritique soulève beaucoup d'autres problèmes. Nous connaissons désormais deux alphabets ougaritiques, l'un de trente et une lettres, et l'autre de vingt deux. Il est bien évident que ce dernier est en relation étroite avec l'alphabet phénicien classique de vingt-deux lettres, mais nous ne sommes pas en droit d'affirmer que ce dernier soit attesté avant le XIe siècle – je parle du phénicien archaïque – alors que l'ensemble des documents ougaritiques remonte au XIVe. L'alphabet ougaritique de vingt-deux lettres aurait-il donc été le modèle de l'alphabet phénicien classique ? Mais, d'autre part, ce dernier semble bien continuer l'alphabet protosinaïtique qui remonte au moins au XVIe siècle, et peut-être au Moyen-Empire égyptien. Enfin nous connaissons l'ordre authentique de l'alphabet de trente et une lettres, et cet alphabet semble impliquer que trois lettres au moins ont été ajoutées postérieurement. Par conséquent, vous le voyez, le problème subsiste : est-ce une tentative indépendante qui a été en rapport avec l'écriture phénicienne archaïque, ou bien est-ce une imitation de l'écriture protophénicienne ?

Et ce n'est point tout. Bien d'autres obscurités subsistent encore au sujet de l'origine de cette écriture consonantique ; par exemple – je veux simplement y faire une allusion ici, M. Rodinson en parlera tout à l'heure avec plus de compétence que moi – quand et comment les écritures consonantiques sud-sémitiques se sont-elles constituées ? Doit-on admettre, comme on le faisait volontiers autrefois, que les écritures sud-sémitiques ont été élaborées à partir de l'alphabet phénicien, en créant quelques signes supplémentaires pour les consonnes qui n'existaient pas ou plutôt n'existaient plus dans le phénicien dès la fin du IIe millénaire ? Cette solution, très simple, peut-être trop simple, ne tient pas suffisamment compte, sans doute, du fait que l'écriture ougaritique a possédé, elle aussi, dès le XIVe siècle au moins, un alphabet plus complet que l'écriture phénicienne archaïque et qu'il pourrait bien en avoir été de même de l'écriture protosinaïtique. J'avais moi-même émis, il y a bien longtemps, une hypothèse, qui n'a d'ailleurs eu aucun succès, à savoir que les écritures ougaritique et sudarabique pourraient avoir des points communs.

Il faut aussi se souvenir que l'écriture phénicienne semble n'avoir été que le prolongement d'écritures antécédentes et que c'est peut-être avec celles-ci qu'il faut mettre en rapport les écritures sud-sémitiques. Enfin, il est troublant de constater le maintien, avec même valeur phonétique, du *shin* vertical, à la fois en sud-sémitique et en libyque, alors que ce *shin* vertical, absent du phénicien archaïque, se retrouve en protophénicien et aussi en grec. À la vérité, il semble bien que l'alphabet phénicien archaïque, ou si l'on préfère l'écriture consonantique de Byblos, si elle a été un point de départ d'une importance incalculable dans l'histoire de l'invention de l'alphabet véritable, de l'alphabet grec, n'a été, pourtant, d'un autre point de vue, que l'aboutissement d'une évolution qui avait conduit à d'autres ébauches qui ont disparu pour la plupart, mais dont les traces subsistent. Appesantissons-nous donc quelque peu sur cette écriture de Byblos, qui est très solidement attestée au Xe siècle et qui, à peu près certainement, remonte, sous cette forme, au XIe siècle.

Elle compte, je vous l'ai dit, vingt-deux lettres qui sont uniquement des consonnes ; elle ne note jamais, sous aucune forme, les voyelles ; c'est le type parfait de l'écriture consonantique, de l'écriture abstraite, si vous voulez. C'est en même temps et en un certain sens une écriture de mots, puisque chaque mot, exception faite pour quelques particules très brèves, est séparé des autres par une barre verticale. Si l'écriture phénicienne, plus encore peut-être que l'égyptienne, et surtout que la suméro-akkadienne, sépare rigoureusement les mots, c'est parce que le caractère abstrait, l'imprécision même de cette notation écrite, oblige à distinguer les mots, afin de pouvoir les vocaliser. À ce besoin les écritures consonantiques resteront relativement fidèles durant toute leur existence. Sans doute, dans la plupart des textes épigraphiques phéniciens, une fois passée la période du phénicien archaïque, et en grande partie sous l'influence de l'épigraphie grecque, les signes séparatifs tendent à disparaître, mais ils subsistent sporadiquement et on les retrouve encore en néopunique et surtout en paléo-hébraïque, jusqu'au IIe siècle avant notre ère. D'autre part, dans l'écriture courante, les Araméens séparent volontiers les mots par un léger espace ; ils vont même beaucoup plus loin et créent, pour certaines lettres, des formes spéciales de finales, qui avertissent le lecteur qu'il est à la fin du mot. La coutume a subsisté, d'ailleurs, dans le dernier rejeton de l'écriture araméenne, je veux dire dans l'écriture arabe, puisque, comme vous le savez, l'écriture arabe actuelle est une écriture araméenne. Tant il est vrai que l'écriture consonantique est rivée au mot. Cette écriture, purement consonantique, est propre aux Phéniciens. Même dans les autres langues sémitiques, qui ont adopté l'écriture phénicienne, par exemple l'hébreu et l'araméen, on trouve, dès le début de leur emprunt, une certaine indication des voyelles à la fin des mots et, beaucoup plus tard, dans le corps même des mots. En hébreu, par exemple, la consonne de certaines désinences ou de certains suffixes pronominaux est tombée, en sorte qu'on ne saurait plus distinguer le masculin du féminin, aussi bien dans les substantifs que dans les formes verbales, ni déceler l'existence de certains suffixes possessifs sans la présence d'une consonne qui n'a plus sa valeur de consonne, mais joue le rôle de ce qu'on appelle une *mater lectionis*, c'est-à-dire une indicatrice de lecture. En araméen le besoin de ces *matres lectionis*[1] était encore plus urgent ; par exemple, la désinance *-â*, qui est particulière à l'état déterminé des substantifs, ne comporte aucun élément consonantique ; par conséquent il n'y aurait pas eu moyen de la reconnaître, de distinguer l'état absolu et

1. Voir ci-dessus, M. Cohen, *La Grande Invention de l'écriture*, p. 126, n. 1 (NdÉ).

l'état déterminé, si on n'avait pas eu un signe spécial, qui, en l'occurence, est un *aleph* qu'on met à la fin du mot. Mais ces *matres lectionis* – et il faut insister sur ce point – ne sont jamais devenues, sauf à une époque extrêmement tardive, de véritables voyelles ; elles ont valeur d'indication, et non pas de notation. C'est ainsi que la même consonne peut correspondre à plusieurs voyelles et que la même voyelle peut être indiquée par plusieurs consonnes. Si nous prenons, par exemple, l'écriture néopunique où l'emploi des *matres lectionis* est extrêmement fréquent, eh bien, pour l'*aleph*, je connais au moins trois ou quatre valeurs différentes : il peut signifier *a*, il peut signifier *é*, il peut signifier *o, ou*. En revanche, le même son, par exemple le son *é*, peut être noté par un *aleph*, par un *hé*, ou encore par un *yod*. Nous sommes ici dans un domaine qui reste extrêmement flottant.

Si le sémitique répugne ainsi à noter les voyelles d'une façon véritable, c'est parce que le lecteur doit déceler aisément le squelette consonantique du mot.

En tout cas, lorsque les Grecs se sont trouvés en présence de l'écriture phénicienne, probablement à la fin du Xe siècle avant notre ère, c'est une écriture purement consonantique qu'ils ont eue devant eux. Cette date de la fin du Xe siècle, c'est-à-dire aux environs de 900, nous est à peu près assurée par la comparaison des textes phéniciens archaïques, dont plusieurs sont datés avec précision, et des plus anciens documents helléniques. En ce qui concerne les textes du phénicien archaïque, nous en avons au moins deux qui sont datés : ce sont ceux d'Elibaal et d'Abibaal, qui portent des cartouches de pharaons égyptiens. Et, d'autre part, ces textes sont reliés entre eux, car ils appartiennent à une même dynastie. Par conséquent, nous pouvons les situer, avec une précision très grande, entre 960 ou 980 et à peu près 880 avant notre ère. Quant aux textes qui ne sont pas datés, étant donné que leur écriture ressemble énormément à ceux-ci, ils ne peuvent pas leur être de beaucoup antérieurs. Or si nous prenons l'écriture grecque, si nous prenons, par exemple, le *pi* grec, qui a une forme très large en haut, nous voyons que ce *pi* grec n'a guère qu'un antécédent dans le phénicien archaïque, c'est l'inscription qui semble être la plus ancienne, c'est l'inscription d'Ahiram. Dans les inscriptions suivantes, au contraire, le *pi* est aigu au sommet. Par conséquent, si on s'en tenait uniquement à lui, on mettrait volontiers la date d'emprunt de l'alphabet grec vers 1000 à peu près avant notre ère. Mais, en revanche, si nous prenons le *kappa*, nous voyons que ce *kappa* avec haste n'apparaît pas, dans l'alphabet phénicien archaïque – il commence très timidement à avoir une amorce de haste, mais c'est dans le texte le plus récent, vers 890 ou 880, dans l'inscription de Shipitbaal ; pratiquement on ne le trouve guère qu'à partir de 850 environ. Par conséquent, en mettant l'emprunt aux environs de 920-900, je crois qu'on ne risque pas de se tromper beaucoup. Il faut d'ailleurs tenir compte d'une chose, c'est que nous connaissons seulement l'alphabet de Byblos, qu'il n'est pas sûr que ce soit cet alphabet exactement qui ait été emprunté par les Grecs et qu'enfin les écritures et les langues extérieures, qui ne sont pas en contact intime avec la source, sont souvent conservatrices. Par conséquent il faut se défier également de ce point de vue-là, et c'est pourquoi je ne voudrais pas donner une date trop précise.

L'originalité de la solution apportée par les Grecs tient, dit-on couramment, et c'est vrai en partie, à ce qu'ils ont découvert et noté, à côté de la consonne et sur le même pied que celle-ci, la voyelle véritable, et non pas la *mater lectionis*, que d'ailleurs l'écriture phénicienne de cette époque ne connaissait pas. Que cette découverte ait été réalisée sous l'influence d'une écriture syllabique, c'est extrêmement probable. Nous savons d'ailleurs aujourd'hui que les Grecs ont utilisé, jusque vers 1200, une écriture syllabique, le minoen linéaire B. Il resterait donc, et c'est là le problème, un large hiatus de près de deux siècles entre la disparition de l'écriture syllabique minoenne et les possibilités d'apparition de l'alphabet grec. Ce hiatus peut-il être réduit ? C'est aux hellénistes plus qu'aux sémitisants qu'il appartient de répondre. Toutefois, s'il m'est permis d'avancer une pure réflexion – je ne voudrais pas m'aventurer dans un domaine qui n'est pas le mien –, je serais tout de même très étonné que les envahisseurs doriens aient massacré et fait disparaître toute l'administration antécédente. En général, il y a une classe sociale que les vainqueurs cherchent toujours à conserver : ce sont les contrôleurs des contributions et les percepteurs : c'est vraiment une classe trop utile pour qu'on la supprime. Par conséquent, je ne serais pas du tout étonné que les Doriens aient conservé à leur service pendant longtemps cette administration, et qu'ainsi le pont ait pu être jeté entre une écriture syllabique et l'écriture alphabétique.

En tout cas, il est curieux de constater que cette synthèse entre les principes de l'écriture syllabique et ceux de l'écriture consonantique ait été réalisée en Grèce continentale, mais non, autant qu'on puisse en juger, à Chypre, où ni l'écriture cypro-minoenne, ni le syllabaire chypriote ne semblent refléter une influence phénicienne, qui pourtant était considérable dans cette île. Il y a là un petit problème que je ne me charge pas de résoudre.

En tout cas je suis persuadé que l'alphabet grec est une création savante, comme d'ailleurs toutes les créations d'écritures. Dans l'histoire de l'écriture, il faut distinguer, je crois, entre l'évolution matérielle des signes, la paléographie, qui dépend largement des facteurs matériels, ou bien encore d'habitudes collectives, plus ou moins inconscientes, et la création raisonnée d'un nouveau système d'écriture. Je crois que nous sommes, dans ce dernier cas, sur un plan tout différent de celui de l'évolution linguistique. En tout cas, la synthèse tentée par les Grecs est beaucoup plus difficile qu'il ne le paraît d'abord ; il ne s'agissait pas seulement d'utiliser des lettres phéniciennes qui ne trouvaient pas leur emploi en grec, à savoir les laryngales, pour en faire des signes de voyelles et pour les adjoindre aux signes consonantiques ; c'est ce qu'on appelle l'utilisation des restes. Il s'agissait surtout de concilier deux conceptions, l'une concrète et l'autre abstraite de l'écriture. Si on laisse de côté les origines et que l'on considère seulement la situation de fait aux environs de l'an 1000, on constate que pour les écritures concrètes, un mot peut être partagé matériellement en un certain nombre de syllabes, qui ont la même réalité concrète que le mot lui-même, et dont la juxtaposition permet de reconstituer automatiquement le mot lui-même. Le procédé est une réalisation compliquée, car toutes les écritures syllabiques sont compliquées, mais son principe est simple, il vaut pour n'importe quelle langue, il contient en lui un principe d'universalisme. En revanche, pour l'écriture abstraite, c'est-à-dire pour l'écriture consonantique sémitique, les signes consonantiques permettent seulement de retrouver la racine consonantique et dans certains cas au plus indiquent la fonction grammaticale du mot. C'est au lecteur, connaissant la racine, conjecturant plus ou moins le schème, de reconstituer de façon concrète le mot. Le procédé ne fait appel qu'à un très petit nombre de signes, mais il ne peut s'appliquer commodément qu'aux langues sémitiques. Bien entendu, on l'a appliqué à d'autres langues de nos jours, mais les sujets parlants avaient une formation sémitique ; le procédé est en tout cas d'un maniement difficile. Notre regretté ami Jean Sauvaget aimait à répéter : Tout texte sémitique non vocalisé est une énigme à résoudre. Et cela avait été dit, sous une autre forme, bien longtemps avant lui, dans un texte hébreu de Lakich, aux environs de 600 avant notre ère. Un officier, qui commandait un petit fortin, s'était fait réprimander par son supérieur qui lui avait dit : « Tu ne sais même pas lire une missive. » Vous voyez combien c'était difficile de lire une missive à ce moment-là. Et il répond : « C'est un reproche qu'on ne m'a jamais fait, jamais personne n'a cherché à lire une missive à ma place. » Il est obligé de prouver qu'il est capable de lire correctement.

L'écriture grecque, pour en revenir à elle, est construite en porte à faux. Je m'excuse d'être aussi sévère : c'est une synthèse admirable, mais qui ne va pas sans inconvénient. De l'écriture concrète, elle a conservé l'universalité d'emploi ; la prodigieuse expansion de l'écriture dite latine, qui n'est que son héritière, le prouve. De l'écriture abstraite elle a maintenu l'extrême simplicité, mais elle n'est parvenue à ce résultat que par un véritable tour de passe-passe. Ce n'est pas une écriture concrète, en ce sens que les lettres qu'elle utilise ne correspondent pas toujours à des phonèmes audibles réels. Essayez, par exemple, de prononcer une occlusive, vous n'y parviendrez pas. La décomposition des syllabes à sonante initiale et finale, comme *ra, sa*, etc., en leurs éléments constitutifs, consonne et voyelle, ne sort pas totalement du cadre des écritures concrètes. Elles n'y sont pas parvenues, c'est entendu : logiquement il n'aurait pas été absolument impossible qu'elles y parviennent. La véritable originalité de l'alphabet grec ne consiste pas non plus, quoi qu'on en ait dit, dans l'emploi de la voyelle mobile ; l'écriture suméro-akkadienne employait déjà les signes vocaliques, non seulement pour les voyelles isolées, comme les voyelles initiales, mais encore, à l'intérieur des mots, elle ajoutait un élément proprement syllabique, par exemple pour indiquer les voyelles longues. Le point capital de l'alphabet grec, c'est qu'il brise l'unité des syllabes à occlusive initiale ou finale, et que ce système qui se veut concret introduit des signes abstraits dans son répertoire. Je ne peux pas m'empêcher de songer à l'algébriste qui, dans son équation, introduit à côté de signes concrets, comme A ou bien 17 B, des valeurs dites imaginaires, comme $\sqrt{-1}$ « racine de moins un ». Je voudrais savoir comment le Grec a pu avoir l'idée de noter ainsi d'une façon indépendante les occlusives seules, et je me suis toujours demandé – c'est pour cela que je voudrais bien que les hellénistes disent si véritablement il y a hiatus, pendant le Moyen Âge hellénique, entre l'écriture mycénienne et l'alphabet grec véritable –, je me suis toujours demandé si l'écriture mycénienne, cette écriture si imparfaite, n'avais pas déjà préparé cela. Vous savez qu'en écriture mycénienne, toutes les fois qu'on se trouve en présence d'une occlusive isolée, par exemple dans le mot χρυσός, on la rend par un signe syllabique. On écrit donc *ku-ru-so* pour χρυσός, et ainsi de suite. Par conséquent, dès ce moment-là, on trouve le moyen d'employer un signe distinct pour une occlusive isolée.

Cette double caractéristique de l'alphabet grec d'être tantôt concret, tantôt abstrait, explique les résistances auxquelles il s'est heurté et que nous fait parfois oublier son triomphal succès actuel. En particulier des gens habitués soit à une écriture concrète, soit à une écriture abstraite, s'accommodent mal d'une écriture qu'ils jugent bâtarde. On vous a déjà dit que les Chypriotes étaient restés fidèles jusqu'en 300 avant notre ère à peu près à une écriture syllabique. Les Sémites, de leur côté, ont toujours répugné à une écriture qui ne permet plus de dégager facilement la racine consonantique du mot. Si l'on excepte l'arabe maltais, je ne connais aucune langue sémitique qui ait accepté l'alphabet grec. Lorsque la notation de la voyelle a paru indispensable, les sémiticophones, si je peux employer ce terme, ont recouru à des subterfuges qui permettaient de continuer à lire aisément la racine consonantique. Tandis que les Éthiopiens se bornaient à modifier le tracé de la lettre selon sa couleur vocalique – c'est ce que j'ai appelé le système néo-syllabique, qui se retrouve dans les écritures indiennes, – les Syriens, les Arabes et les Juifs « ponctuent » leur texte, c'est-à-dire écrivent les voyelles au-dessus et au-dessous de la ligne. De leur côté des gens habitués à une écriture syllabique renâclent devant l'aspect irrationnel de l'alphabet grec. Bien souvent nous trouvons des traces de syllabisme dans les écritures italiques, mais surtout il nous faut invoquer l'exemple de l'écriture ibéro-tartessienne qui a été créée au VIIIe ou au VIIe siècle avant notre ère et qui aurait succédé probablement, nous disent les savants espagnols, à une écriture syllabique, dont il ne nous reste aucun témoin. Elle constitue un essai curieux d'écriture concrète, présentant, au moins pour la langue qu'elle notait, les avantages de l'alphabétisme grec, dont elle s'est d'ailleurs largement inspirée. Elle possède, en effet, exactement comme l'alphabet grec, des signes distincts pour les sonantes et pour les voyelles ; mais les syllabes à occlusive initiale sont notées par des signes syllabiques. Sans doute il est d'autres écritures qui mélangent les signes syllabiques et les lettres alphabétiques ; tel est le cas, par exemple, en Asie Mineure, pour l'écriture carienne. Mais ce qui est propre à l'écriture ibéro-tartessienne, c'est son caractère rationnel, ce fait que toutes les lettres peuvent se prononcer et que, néanmoins ce n'est pas une écriture syllabique.

Je me résume. Les écritures concrètes ont pour principe la décomposition du mot ou de la phrase en éléments prononçables et audibles dont chacun est noté par un signe particulier. Leur avantage est de pouvoir s'appliquer à la notation de n'importe quelle langue, moyennant quelques modifications du tableau des signes. Leur inconvénient est leur complexité, qui ne peut être diminuée qu'aux dépens de leur précision.

L'écriture consonantique, ou mieux abstraite, est liée à un type de langue où le sujet parlant doit distinguer dans chaque mot la racine et le schème, en isolant la racine consonantique. Elle n'est pas universelle, mais elle est extrêmement simple.

Le système grec consiste à utiliser la consonne sémitique, conçue originairement pour la distinction de la racine et du schème, pour aboutir à une analyse plus poussée des phonèmes, mais il n'y réussit qu'en sacrifiant partiellement le principe même de l'écriture concrète. Ce sacrifice sera-t-il suffisant ? Le principe ultime de l'écriture concrète est que l'écriture n'est qu'une notation, une copie du langage. Cette solution a valu tant que le langage a été capable de traduire la pensée, toute la pensée, ou plutôt lorsque la pensée a pu s'exprimer et se développer au moyen de ce langage. Aujourd'hui, la pensée commence à faire craquer les cadres désuets du langage et, partant, de l'écriture concrète ; nous voyons apparaître de nouvelles formes d'écritures abstraites qui, bien sûr, diffèrent profondément de l'écriture consonantique sémitique, mais qui, comme celles-ci, sont autre chose qu'une sorte d'enregistrement phonographique du langage, et, d'autre part, sont adaptées au rythme nouveau de notre pensée.

VIII

LES SÉMITES ET L'ALPHABET

LES ÉCRITURES SUDARABIQUES ET ÉTHIOPIENNES

par Maxime Rodinson

On m'a assigné, dans ce colloque, un assez vaste sujet qu'il est difficile de traiter brièvement, d'autant plus qu'on nous a demandé de mettre l'accent sur les problèmes socio-psychologiques. Or, pour mettre l'accent sur ces problèmes, il faudrait disposer de données qui nous manquent malheureusement en grande partie, à propos d'écritures dont souvent nous ne connaissons pas exactement les scripteurs, ni leur genre de vie. Quelquefois même, nous ne savons pas à quelle époque elles ont été tracées, ni dans quel milieu. Il est donc beaucoup plus facile de parler des problèmes de filiation des écritures par exemple, problèmes qui ont suscité une abondante littérature et dont on peut discuter, justement, en disposant seulement des œuvres matérielles, des traces matérielles laissées par l'écriture. Néanmoins, même dans ce domaine, comme vous allez voir, on touche à des problèmes socio-psychologiques. Je vous ferai donc une revue, très cavalière, de tous ces problèmes, en essayant d'insister sur les problèmes socio-psychologiques posés par toutes ces écritures.

Le premier problème posé par les écritures sud-sémitiques, c'est celui des origines. On en a beaucoup discuté et M. Février y faisait allusion encore tout à l'heure. C'est un sujet très difficile, car il y a des rapports indéniables entre l'écriture sud-sémitique et l'écriture phénicienne, mais il y a aussi des différences irréductibles. Le tableau de la page 584 montre les concordances d'un côté, les différences de l'autre. Cela pose le problème de savoir comment concevoir leurs rapports. D'un point de vue purement logique, il y a trois possibilités. Premièrement, l'antériorité de l'écriture sud-sémitique sur l'écriture nord-sémitique qui en serait dérivée ; ceci n'est soutenu par personne, pour des raisons chronologiques semble-t-il ; il ne serait pas absolument impossible de le soutenir dans l'abstrait. Deuxième solution soutenue depuis Lidzbarski par plusieurs auteurs : l'écriture sud-sémitique dériverait de l'écriture phénicienne. Elle peut en dériver directement, elle peut en dériver par intermédiaire ; on a remarqué depuis longtemps des concordances avec l'écriture grecque. En particulier ceci a été noté par R. Dussaud dans la première édition de son livre sur *Les Arabes en Syrie avant l'Islam* (Paris, 1907), qui en a déduit que le sud-sémitique pouvait être dérivé du nord-sémitique par l'intermédiaire de l'écriture grecque. C'est une théorie qu'a renouvelée dernièrement Mlle Jacqueline Pirenne, avec d'autres arguments et dans une autre perspective. Actuellement, la conception la plus généralement admise est la troisième, celle suivant laquelle les écritures sud-sémitiques et les écritures nord-sémitiques auraient eu un prototype commun. Cela avait été soutenu d'abord par Otto Weber et F. Prätorius. Actuellement cette thèse est admise, par exemple, par les deux derniers auteurs de manuels synthétiques, qui sont tous les deux présents ici : MM. Marcel Cohen et James Février. Quel est ce prototype ? Certains ont essayé de l'identifier plus précisément. Grimme, Albright et d'autres l'ont identifié au protosinaïtique et M. Dunand y a vu l'écriture pseudo-hiéroglyphique de Byblos. Cela demanderait une très large discussion que je n'ai pas du tout le temps de développer ici. J'y ai réfléchi de mon côté et j'ai pesé les arguments pour ou contre. Je ne peux pas vous justifier dans tous ses détails ma conclusion. Je crois qu'une conclusion raisonnable, dans l'état actuel de nos connaissances, pourrait être celle-ci : l'écriture sud-sémitique semble s'être formée dans le Nord, elle s'est constituée avec des signes empruntés aux divers systèmes, alphabétiques ou autres, qui ont été essayés, comme le disait tout à l'heure M. Février, dans la région syro-palestinienne au cours du IIe millénaire avant l'ère chrétienne. Cette écriture a pu, dès l'origine, se présenter avec des variantes pour certains phonèmes. L'écriture phénicienne semble s'être formée, d'ailleurs, de la même façon, sans doute antérieurement, en puisant d'une façon partiellement différente dans le même matériel de signes, qui était un matériel assez vaste, que nous connaissons fragmentairement, mais qui est attesté quand même par suffisamment de témoins.

Si les signes qui représentent des phonèmes conservés uniquement dans le sud-sémitique, qui n'existent pas dans le nord-sémitique, ne sont pas une addition postérieure (et il le sont peut-être, il semble même qu'ils le soient), il faudrait penser que cette écriture-prototype a été conçue par des gens qui parlaient une langue sud-sémitique, une langue comportant ces phonèmes, peut-être l'arabe, comme l'a pensé M. Dunand. À moins que, ce qui est très possible aussi (nous sommes dans le domaine des hypothèses), ce ne soient des gens qui aient parlé un des dialectes nord-sémitiques qui, à l'époque, comme l'ougaritique, avaient conservé ces phonèmes du sémitique commun, ces phonèmes par lesquels le sud-sémitique se distingue du nord-sémitique. De plus, les concordances avec le grec signalées par M. Dussaud, par Mlle Pirenne, etc., et qui sont indéniables (il y a là des analogies tout à fait frappantes, voir le tableau de concordances entre le grec et le sudarabique), suggèrent que cette écriture s'est formée dans un milieu proche de celui où s'est formée l'écriture grecque. Si les signes spéciaux au sud-sémitique ont été ajoutés après coup à un alphabet nord-sémitique, ce qui vient d'être dit du prototype commun doit simplement s'appliquer à l'ancêtre des alphabets sud-sémitiques. Quel pouvait être ce milieu où est né soit le prototype commun, soit l'ancêtre de l'alphabet sud-sémitique ? Historiquement comment

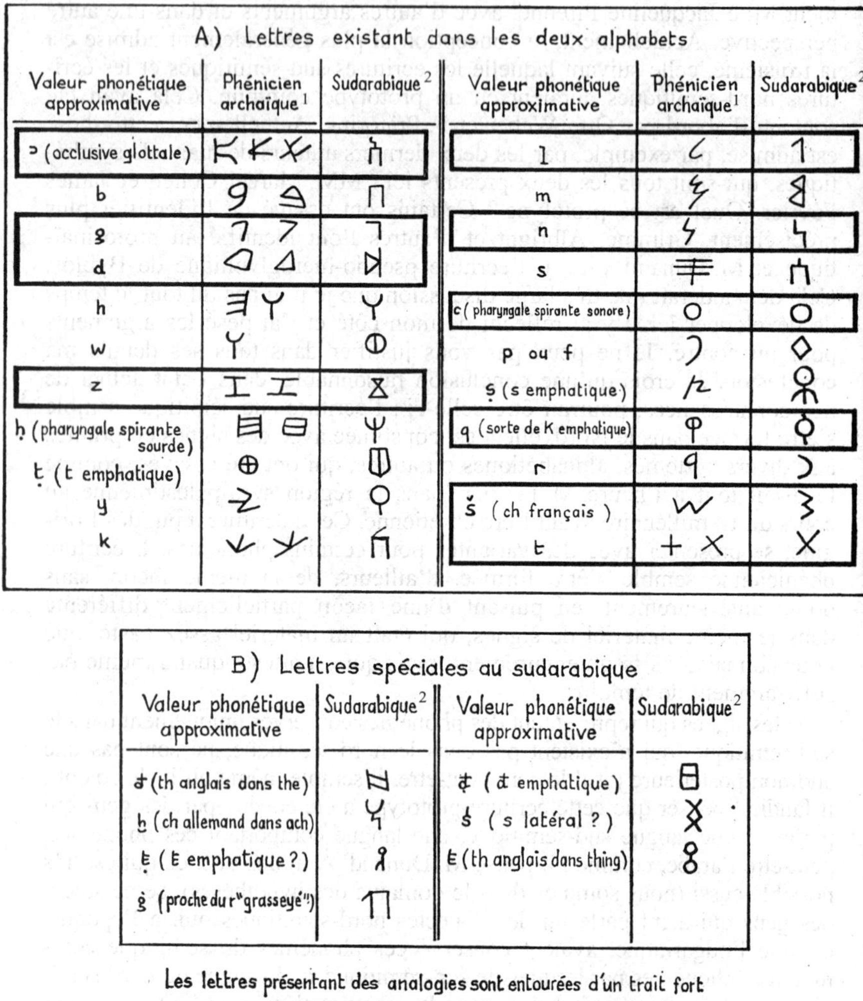

ALPHABETS PHÉNICIEN ARCHAÏQUE ET SUDARABIQUE :
CONCORDANCES ET DIFFÉRENCES

1. D'après J. G. Février, *Histoire de l'écriture*, 2e éd., Paris, Payot, 1959, p. 209. – 2. Essentiellement d'après des monuments de la période A (la plus ancienne) selon le classement paléographique de Mlle Jacqueline Pirenne.

le situer ? Nous sommes évidemment dans un vague très redoutable parce que cela se situe certainement dans un monde historique sur lequel nous n'avons des lueurs que par bribes, que pour quelques années sur des périodes qui couvrent des siècles ; ce pourrait être un milieu de commerçants, d'armateurs et de marins, en rapport avec le commerce de la mer Rouge : un des plus anciens textes en sud-sémitique, texte de quelques lettres, a été trouvé à Esyon Geber, grand port sur la mer Rouge, au fond du golfe d'Akaba, d'où, d'après la tradition biblique, les flottes du roi Salomon partaient pour Ophir, c'est-à-dire probablement pour la région de l'Arabie du Sud. C'est de ce milieu que serait partie la diffusion de cette écriture, d'un côté, en Arabie du Nord-Ouest, par voie de terre, par continuité, et aussi en Arabie du Sud, peut-être par voie de mer, en abrégeant le parcours.

Voilà ce qu'on peut dire, je crois, sur les origines, ce qui pose, comme vous voyez, un problème éminemment sociologique, problème du milieu où a été inventée cette écriture du Sud. Mais nous manquons vraiment par trop de documents actuellement pour présenter une conclusion très assurée. Ce que je vous ai dit n'est qu'une hypothèse avec un coefficient de probabilité que je me garderais de maximiser.

Je vous ai parlé des origines de l'écriture sud-sémitique. Je vais maintenant vous parler de cette écriture en elle-même dans son développement historique. L'écriture sud-sémitique se présente historiquement et géographiquement avec trois branches : l'une que j'appellerai l'écriture proto-arabe, je tâcherai de justifier cette dénomination tout à l'heure, la seconde est l'écriture sudarabique monumentale et la troisième, l'écriture éthiopienne.

Je commence par l'écriture proto-arabe. Je l'appelle ainsi après d'autres. Quoique l'habitude soit tombée en désuétude pendant un certain temps, je crois qu'elle tend à redevenir en usage et je crois qu'on a raison. On peut appeler ainsi plusieurs groupes d'écritures sur l'ensemble de l'Arabie, apparentés entre eux et avec l'écriture monumentale sudarabique. Du nord au sud (je n'ai pas le temps de vous donner des détails sur chacun), pour les nommer simplement sans accorder à aucun de prédominance morphologique ou chronologique, il y a le *safaïtique*, qui est attesté par un certain nombre de textes dans la région au sud-est de Damas, en réalité allant beaucoup plus loin vers l'est qu'on ne l'a dit, puisqu'on en a trouvé en plein Irak (on en a trouvé quelques-uns seulement, mais on n'a pas beaucoup cherché) et dont la date peut être fixée, très grossièrement entre le Ier siècle avant J.-C. et le IIIe siècle de notre ère. Ensuite, le *thamoudéen* (enfin ce qu'on appelle le thamoudéen), qui est un groupe d'écritures attestées sur tout l'ensemble de l'Arabie maintenant, depuis peu, et qu'on a longtemps cru limitées à l'Arabie du Nord-Ouest, au nord du Hedjaz et que l'on sait maintenant avoir été beaucoup plus répandues, j'y reviendrai tout à l'heure. Le *lihyanite*, qui est l'écriture d'un petit royaume du Hedjaz du Nord, dont la position chronologique peut être fixée, très grossièrement aussi, du Ier siècle avant J.-C. au Ier siècle après. Toutes ces écritures notent des dialectes du type nord-arabique, des dialectes parents de l'arabe actuel, autant qu'on

Lettres de même valeur phonétique

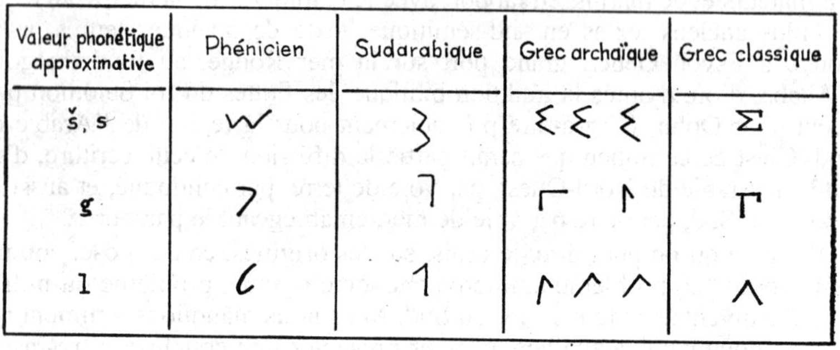

Lettres de valeurs phonétiques différentes

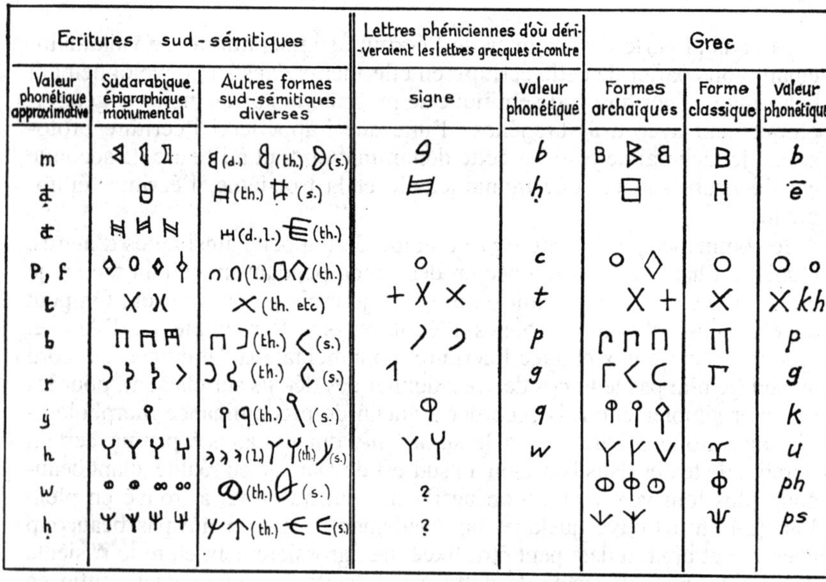

d.= dédanite ; l.= lihyanite ; s.= safaïtique ; th.= thamoudeen

CONCORDANCES ENTRE LE GREC ET LE SUDARABIQUE

peut en juger d'après le caractère consonantique de l'écriture, avec la seule différence morphologique visible (il est vrai importante) que l'article défini n'est pas *al-* comme en arabe, mais *ha-*, tout à fait semblable extérieurement, consonantiquement, à l'article hébraïque. Enfin, à part ces écritures, fait partie de l'écriture proto-arabe, morphologiquement, la cursive sudarabique, attestée par les graffiti, et qui note, elle, des dialectes sudarabiques assez différents de l'arabe du Nord.

La question se pose de la dérivation de cette écriture proto-arabe. On l'a dérivée de l'écriture sudarabique monumentale, pour des raisons chronologiques, parce que l'écriture monumentale du Sud était antérieure, chronologiquement, d'après les chronologies admises avant la révision à laquelle les a soumises dernièrement Mlle Pirenne. Pour des raisons sociologiques, on y a vu l'influence du Sud civilisé, sédentaire, doté d'États importants, sur le Nord où domine l'éparpillement de tribus nomades avec quelques villes seulement. Enfin cette reconstruction est en accord avec la tradition arabe qui relate des migrations du sud vers le nord, avec un certain nombre de détails, de quelques tribus d'origine méridionale.

Néanmoins, la thèse inverse, qui avait été proposée par Prätorius dès 1904, c'est-à-dire l'idée selon laquelle l'écriture sudarabique monumentale dérive des écritures du Nord, a été soutenue et gagne du terrain actuellement. Le fait que les lettres propres au sud-sémitique ont été inventées, me semble-t-il, indépendamment en sudarabique monumental et dans les écritures proto-arabes, en partie au moins (voir le tableau de l'origine des lettres propres au sud-sémitique), semble indiquer qu'il s'agit de développements indépendants à partir d'un prototype commun qui n'aurait contenu que les lettres exprimant des phonèmes qui existent aussi en sémitique du Nord. Il y aurait donc eu un prototype inconnu sur les coordonnées historiques duquel j'ai déjà formulé quelques hypothèses et d'où seraient issues les diverses écritures dont je vous ai parlé : le safaïtique, les écritures « thamoudéennes », le lihyanite et aussi l'alphabet sudarabique monumental du Sud.

À propos de ces écritures – je vous ai donné des indications sur l'état des questions concernant leur dérivation, les problèmes intrinsèques à l'évolution de l'écriture – se posent aussi des problèmes sociologiques et socio-historiques qui ont fait l'objet de discussions très récentes. D'abord un problème qui a soulevé, et qui soulève encore actuellement, de vives controverses, c'est ce que j'appellerai l'identification sociale et historique des auteurs des inscriptions dites thamoudéennes. Deux thèses s'affrontent actuellement. Il y a une thèse de M. Jacques Ryckmans qui, dernièrement en 1956, a exprimé l'idée suivante : contrairement à ce qu'on enseignait auparavant, les auteurs des inscriptions dites thamoudéennes étaient en réalité des pasteurs nomades et semi-nomades, Arabes de tribus diverses, d'où les faciès locaux différents de la graphie. Ce sont ceux qu'on appelle, dans les inscriptions sudarabiques monumentales *a'râb*, c'est-à-dire les Bédouins, qui étaient en partie au service des princes de l'Arabie du Sud. Le fait que ce sont des Arabes de tribus différentes expliquerait aussi les divergences entre le Nord et le Sud dans le domaine du panthéon, de l'onomastique et même de la langue.

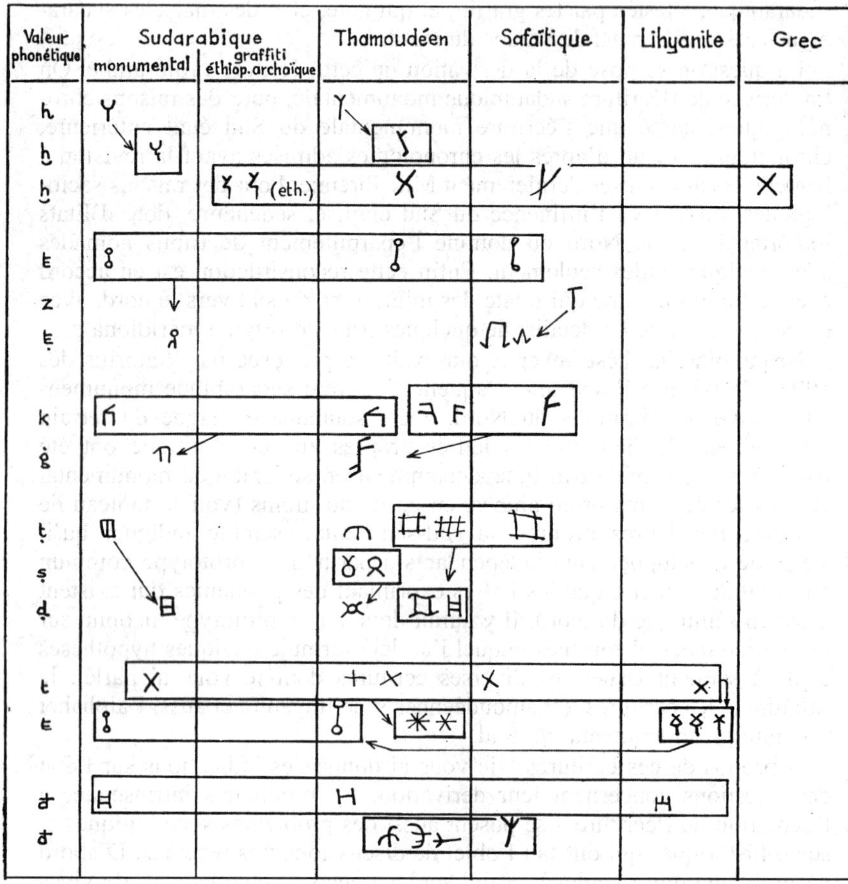

ORIGINE DES LETTRES PROPRES AU SUD-SÉMITIQUE

Le R. P. A. Van den Branden a défendu contre M. Jacques Ryckmans les solutions classiques auxquelles il avait adhéré dans son gros livre qui fait autorité sur les inscriptions « thamoudéennes », à savoir que les auteurs des inscriptions ne sont pas des nomades, mais sont, au moins en grande partie, des sédentaires et des caravaniers, qui appartiennent tous, non pas, comme le dit Jacques Ryckmans, à des tribus arabes différentes, mais véritablement à une *nation* thamoudéenne. Jacques Ryckmans déclarait que cette notion de thamoudéen, le nom même de thamoudéen étaient tout à fait fictifs, mais le R. P. Van den Branden, lui, soutient qu'on a eu raison d'employer ce terme. On a appelé les inscriptions en question « thamoudéennes » parce que, dans quelques-unes d'une certaine région seulement, de la région du Hedjaz du Nord, revient le mot *Thamoud* qui désigne, dans le Coran et dans les traditions arabes pré-islamiques, une nation fabuleuse de l'Arabie primitive. Le même nom est appliqué à des groupes arabes dans des inscriptions assyriennes du VIIIe siècle avant J.-C. et dans des textes postérieurs, des textes par exemple de Pline et encore de la *Notitia Dignitatum*, à la fin de l'Empire. À la fin de l'Empire romain, il est question, dans des inscriptions, d'*equites thamudeni*, de cavaliers thamoudéens. Donc, d'après le R. P. Van den Branden, il y avait vraiment une nation thamoudéenne, qui se serait étendue très loin vers le Sud, ou tout au moins il y aurait eu des caravaniers issus du Nord qui seraient allés faire des voyages de commerce jusque dans le Sud et y auraient laissé des inscriptions. Cette nation thamoudéenne avait une certaine unité linguistique, religieuse, etc. Sa floraison se serait placée entre le VIIIe siècle avant J.-C. et le Ve siècle après, soit pendant treize siècles, et les divers aspects de la graphie seraient explicables, en partie, par la dispersion géographique, mais aussi, comme le dit Jacques Ryckmans, par l'évolution dans le temps.

En réfléchissant sur cette polémique, on peut dire, je crois, que les arguments du R. P. Van den Branden n'arrivent pas à démontrer que toutes les inscriptions sont vraiment issues du groupe de tribus auxquelles les Anciens, les auteurs classiques grecs et romains, les Assyriens donnaient le nom de Thamoudéens, puisque le nom Thamoud n'apparaît que dans quelques-uns de ces textes concentrés dans une région limitée. Les arguments de Jacques Ryckmans me paraissent assez convaincants pour démontrer qu'au moins une partie des groupes de scripteurs étaient des pasteurs nomades ou semi-nomades. Il n'y a pas cette opposition tranchée, je crois, entre les sédentaires et les nomades que les deux auteurs affirment un peu l'un et l'autre ; nous avons beaucoup d'exemples de nomades ayant une activité de sédentaires, cultivant la terre pendant certaines périodes, et ensuite retournant aux soins de leurs troupeaux, et *vice versa*. Et les faciès de l'écriture en tout cas ne peuvent pas s'expliquer uniquement par la chronologie ; on est forcé d'admettre des variantes locales et d'ailleurs le R. P. Van den Branden l'admet lui-même. Je crois donc que, sur le fond du problème, Jacques Ryckmans a raison, que les inscriptions sont bien dues à des Arabes nomades, et sédentaires d'ailleurs, mais de groupes ethniques très différents.

Deuxième problème sociologique ou socio-historique posé par ces inscriptions : c'est leur caractère même et les raisons de leur abandon ; ce sont deux problèmes qui sont étroitement liés. C'est peut-être leur faire beaucoup d'honneur que de les appeler des inscriptions. Beaucoup sont des graffiti, c'est-à-dire des inscriptions apparemment occasionnelles et individuelles : des signatures, la mention d'un passage, de la propriété d'un animal (on dessine un chameau et on dit : « Ce chameau est à Untel » à moins que cela ne veuille dire quelquefois : « Ce chameau a été dessiné par

Untel ») ; la mention d'un événement ; des inscriptions d'amour ; des inscriptions même, quelquefois, franchement érotiques ou scatologiques. Mais aussi, on a des graffiti religieux, prières, offrandes et vœux, auxquels il faudrait peut-être rattacher, d'ailleurs, certaines des signatures, car quand quelqu'un écrit : « Je suis Untel, fils d'Untel », après tout, si c'est sur un endroit sacré, cela peut vouloir dire qu'il a fait un pèlerinage à tel endroit. Hubert Grimme, qui était un très grand sémitisant, mais qui était connu aussi par son esprit aventureux, avait proposé l'hypothèse que toutes ces inscriptions étaient de nature religieuse, aussi bien les thamoudéennes que les safaïtiques. Cela paraît quelque peu exagéré, mais enfin il faudrait peut-être en revenir là, vous allez voir pourquoi, et admettre qu'au fond une grande partie de ces textes, plus qu'on n'a cru, en dehors de lui, est religieuse. Il y a beaucoup d'inscriptions funéraires, certainement ; on a fouillé dernièrement un cairn, un tas de pierres safaïtique sous lequel était enterré un saint homme nommé Hâni. Sur chaque pierre était une inscription portant le nom de celui qui l'avait jetée « pour Hâni ». Il y en a même une qui porte un texte en latin inscrit par un soldat romain. Et puis il y a, rarement, des inscriptions plus solennelles, quasi monumentales. Elles sont rares ou à peu près absentes dans ce qu'on a appelé le thamoudéen ; en safaïtique, il y en a quelques-unes qui indiquent, par exemple, une bataille, un regret sur des morts, et, en lihyanite, elles sont plus fréquentes. Là, en lihyanite, nous avons des inscriptions soignées, par exemple sur les socles de statues, mais aussi sur des parois rocheuses, nous avons des épitaphes, des dédicaces, des textes commémoratifs, et ceci est frappant car, justement, en Lihyan, nous nous trouvons pour la première fois dans un royaume, un État de sédentaires organisé, avec une constitution, des institutions solides et stables ; par conséquent nous avons là, tout de suite, un autre type d'inscriptions.

On peut déjà conclure de cela – et aussi de ce que je vous dirai tout de suite sur l'écriture monumentale sudarabique – que la constitution d'États sédentaires implique une promotion de l'écriture. L'écriture dans ces États sert à des emplois plus liés à l'organisation de l'État et à son fonctionnement. Les rapports plus complexes sont sanctionnés par des lois. Mais il y a une contrepartie. En revanche, l'écriture peut alors se spécialiser dans une sphère supérieure, la sphère des fonctionnaires ou des clercs en général, faire l'objet d'un enseignement qui ne s'adresse plus qu'à une classe de la société et être délaissée, dès lors, par les pauvres et les humbles. En effet, il y a un fait frappant, c'est l'abondance des graffiti proto-arabes qui semblent avoir été écrits par des gens très humbles, par des bergers. Cela marque une diffusion de la connaissance de l'écriture qui se restreint ensuite. Là il y a un problème extrêmement difficile, que je ne fais que vous signaler, je n'ai pas la prétention de le résoudre. À partir d'une certaine époque, ces graffiti disparaissent et il n'y a plus rien jusqu'à l'apparition de l'écriture arabe, jusqu'à l'Islam. Ceci est assez extraordinaire. Évidemment, on pourrait combler la lacune en supposant que, les graffiti thamoudéens n'étant pas datés, ils se continuent jusqu'au VIIe siècle, jusqu'à l'apparition de l'Islam. Mais cela est contraire à un certain nombre de faits. En plus, dans la tradition arabe, nous n'avons absolument aucune trace de la connaissance de cette écriture thamoudéenne. Pour le safaïtique, nous sommes sur un terrain encore plus sûr – malgré ce qu'a dit M. Winnett, qui propose de dater une inscription de 614, de l'époque des guerres perses, par conséquent immédiatement avant l'Islam. Mais je crois avoir donné des raisons de penser que cette date est fausse, qu'il n'y a pas d'inscription safaïtique après le IIIe siècle. D'ailleurs, en règle générale, nous n'avons aucune de ces inscriptions qui soit chrétienne, ce qui est un indice extrêmement net. Il y a peut-être un graffiti thamoudéen chrétien et encore ce n'est pas sûr. À un moment donné, Winnett a cru reconnaître le nom de Jésus dans certaines inscriptions, mais il s'est certainement trompé, c'est le nom d'un dieu que nous connaissons par ailleurs et non Jésus. Par conséquent, à partir de l'époque de la christianisation de ces régions (qui n'a pas été totale, loin de là, il est resté beaucoup d'Arabes païens), il n'y a pratiquement plus d'écriture ; on n'écrit plus. Ou bien alors, lorsqu'on écrit, c'est en caractères nabatéens. On a quelques rares inscriptions en caractères nabatéens, à partir de l'inscription d'Imrou l-qays en 328 de l'ère chrétienne. À quoi cela se rattache-t-il ? Il faut voir que ces textes sont contemporains de l'existence de royaumes arabes liés aux grands États extérieurs, à l'État byzantin chrétien, à l'État perse zoroastrien et même aux États sudarabiques. Dans ces royaumes il semble qu'on écrit dans la langue de l'État protecteur, mais on n'écrit pas en arabe. Et c'est l'époque, justement, du développement de la littérature arabe, de la littérature pré-islamique qui, comme vous le savez, n'a pas été écrite avant l'Islam. Par conséquent, il y a une époque, en gros du IVe au VIe siècle inclus, où il semble qu'on ne savait pas, sauf exception, écrire en arabe. On écrivait surtout dans d'autres langues, dans d'autres écritures, cela dit d'une façon très générale. Il n'y a plus cette masse de graffiti de l'époque antérieure. Je vous laisse méditer sur les raisons qui pourraient expliquer cela. Il se pourrait que, malgré ses emplois profanes, en général l'écriture proto-arabe ait été liée, dans l'esprit de ses utilisateurs, à ces emplois religieux dont je vous ai parlé – tous les dieux païens s'y trouvent invoqués – et au culte des morts. Dès lors le christianisme impliquait chez les Arabes chrétiens le rejet de toute cette épigraphie. Il faudrait expliquer comment, par la mode peut-être, enfin d'une façon ou d'une autre, ce rejet se serait étendu aux Arabes non chrétiens ; peut-être en même temps que le rejet des dessins rupestres, qui sont très nombreux et qui avaient certainement, au moins dans beaucoup de cas, un rôle magique et religieux.

Passons à l'écriture monumentale sudarabique. Je suis forcé, comme vous voyez, de passer très vite. L'écriture monumentale sudarabique est une belle écriture ; elle pose un certain nombre de problèmes. Je vous ai dit que je crois qu'elle est un développement d'une écriture parallèle aux graphies du Nord. Au moment où il s'est formé des États sudarabiques, des États bien constitués, cette écriture s'est développée, est devenue monumentale. Elle est clairement liée à l'existence d'États organisés et riches ; cela est visible dans le soin apporté à l'épigraphie : il n'y a aucun rapport avec les graffiti plus ou moins informes du Nord, même avec les quelques monuments lihyanites. Ce sont de beaux monuments, travaillés par des spécialistes, qui comportent des sculptures, des décorations, des cadres ; on a recours, visiblement, à des scribes lapidaires spécialisés, soucieux de l'élégance de leur œuvre, suivant une certaine mode. Ce soin rejaillit même sur la forme des lettres : on recherche un canon, on régularise, on réduit les divers caractères à des types communs. Les inscriptions ne sont plus dues à des initiatives individuelles, ou bien, s'il s'agit d'individus, ce sont, en général, des individus représentant des collectivités, ou entrant en rapports juridiques, au sein de la collectivité, avec d'autres. Ces textes se rapportent à la vie sociale ; ce sont eux-mêmes des documents administratifs et juridiques. Il s'agit d'inscriptions qui signalent, par exemple, des travaux de constructions d'édifices, ou d'installations d'irrigation, ou l'établissement de plantations, d'ouvrages militaires, de routes. Dans ce cas, elles indiquent les contributeurs à ces travaux, elles marquent les limites, elles mettent sous la protection de tel ou tel dieu les œuvres, elles ont une importance sociale et juridique de tout premier ordre. Il y a des documents juridiques privés, des contrats, des notifications de possession de biens. Il y a des documents de droit public, des édits, des décrets, une espèce de constitution pour l'État de Qatabân. Il y a des inscriptions religieuses naturellement, mais religieuses d'un autre type que celles du Nord, se rapportant à cette institution qu'on appelle le Temple, qui est surtout développée dans ces États sédentaires et civilisés. Il y a des constructions et titres de propriété des temples. Il y a des inscriptions qui marquent les offrandes et les sacrifices, des ordonnances cultuelles, beaucoup d'inscriptions expiatoires ; surtout des dédicaces. On voue des biens, des personnes, à tel et tel dieu, en reconnaissance de tel ou tel bienfait, pour demander telle ou telle faveur. Il y a aussi des inscriptions qui commémorent des victoires militaires, qui ont donc une importance sociale de premier ordre, qui entérinent une prise de possession, en énumérant les annexions, en marquant les frontières ; qui en remercient les dieux. Vous voyez tous les problèmes que cela pose.

Il y a un problème sur lequel je passe très vite, quoiqu'il mériterait une étude extrêmement longue : c'est la datation, sur laquelle on a beaucoup discuté. Jadis on faisait remonter les plus anciennes inscriptions sudarabiques monumentales au XIIIe siècle avant J.-C., ce qui est maintenant, je pense, rejeté par tout le monde. Après, on a, en général, adopté la chronologie de Mlaker qui faisait remonter les plus anciennes inscriptions au VIIIe siècle avant J.-C., et maintenant nous sommes devant des chronologies ultra-courtes, celle de M. Beeston, qui fait remonter les plus anciennes au VIe siècle, et celle de Mlle Pirenne, qui les date du Ve seulement, et qui explique toute l'évolution de l'écriture sudarabique par l'influence constante de l'écriture grecque, l'évolution de l'écriture grecque se reflétant toujours en Arabie du Sud après un très court délai. Cette influence porterait, non pas sur la forme même des lettres, mais sur les proportions, sur le style, sur le canon des lettres, sur les rapports de la hauteur et de la largeur, sur l'évasement des hampes. Même, pour certaines lettres, elles copieraient vraiment les lettres grecques, quoique ces lettres grecques notent des phonèmes tout à fait différents. Ainsi le *m* sudarabique suit la forme du *bêta* grec. Cette influence grecque serait en rapport – et ceci est éminemment sociologique – avec l'orientation de l'économie sudarabique qui aurait dû, d'après Mlle Pirenne, sa prospérité à sa fonction de fournisseur et de transitaire de marchandises vers le monde méditerranéen. Il y a des objections naturellement à ces thèses de la part de plusieurs spécialistes. Elles n'ont pas été développées, elles ont été indiquées de façon trop courte jusqu'à présent. Mlle Pirenne a fait un travail considérable et il serait nécessaire de faire le même pour pouvoir lui opposer des arguments pertinents. Néanmoins, on lui a opposé des arguments archéologiques et autres. Il est difficile en tout cas de penser, pour diverses raisons que je ne peux pas vous développer ici, qu'il n'y a pas eu d'État sudarabique avant le Ve siècle et, s'il n'y a pas eu d'État, qu'il n'y ait pas eu d'épigraphie.

Dernier problème sociologique posé par l'écriture sudarabique monumentale : sa disparition. Elle disparaît brusquement avec la conquête musulmane et peut-être déjà la conquête perse, qui précède de peu, alors que, peu d'années auparavant, nous avions affaire à une épigraphie qui paraît abondante. Et pourtant, dans la période pré-islamique finale, la prééminence était déjà passée aux Himyarites, qui semblent avoir été d'origine septentrionale, qui semblent par conséquent avoir parlé un dialecte qui n'était pas sudarabique, un dialecte du Nord. Ce dialecte est parlé encore longtemps après, à côté des dialectes purement arabes occidentaux qui dominent sans doute depuis les débuts de l'islamisation. Donc il n'y a pas une coupure ethnique apportée par l'islam. L'islamisation n'a pas impliqué un remplacement total de la population. La langue sudarabique était donc en régression avant l'islamisation, et pourtant cette régression ne se marque pas dans l'épigraphie. On pourrait dire que c'est le changement de religion qui a joué. Seulement il faut remarquer que les princes, les rois et les particuliers judaïsants ou christianisants de l'Arabie du Sud avant l'islam ont utilisé l'ancienne écriture et ont fait faire des inscriptions à l'ancienne mode, alors que les musulmans ne l'ont pas fait. Nous savons aussi que la connaissance de l'ancienne écriture a subsisté longtemps, chez certains au moins jusqu'au Xe siècle de l'ère chrétienne. Puisqu'on la connaissait, on aurait pu continuer à faire des inscriptions dans cette écriture. Mais là, une fois de plus, nous retrouvons l'importance décisive de la formation d'un État centralisé : c'est l'État arabe du Nord – l'État de Médine, puis de Damas, puis de Bagdad – qui a rompu catégoriquement avec les mœurs anciennes, qui a placé l'administration suprême entre les mains d'Arabes du Nord. Cet État a imposé leur écriture et leur langue, d'ailleurs fortement liées à l'idéologie centrale qui était le cœur, l'âme, la force de cet État, si je puis dire. La langue, l'écriture arabes ont été imposées par le fait qu'elles étaient la langue et l'écriture du Coran.

Il resterait à parler de l'écriture éthiopienne. Évidemment, là, les problèmes sont aussi nombreux et je ne peux que les esquisser.

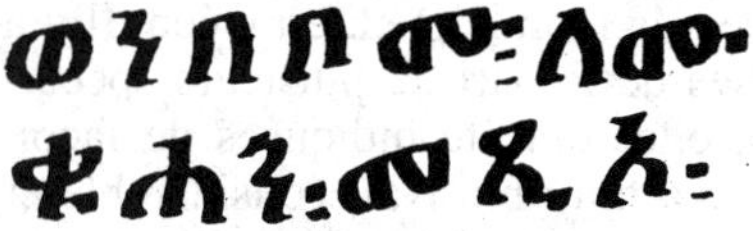

MANUSCRIT ÉTHIOPIEN
(Louanges à la Vierge) de la fin du XVe ou du début du XVIe siècle (BNF, ms. éth., Abb. 74, f° 63 r°)

On discute aussi beaucoup sur les origines de l'écriture éthiopienne. Pendant longtemps, avec Littmann, on a pensé qu'elle dérivait de l'écriture sudarabique monumentale, dont je viens de vous parler. Mais un article de Grohmann, en 1918, article qui n'a pas été remarqué, semble-t-il, ou très peu, a montré déjà que, en réalité, l'écriture éthiopienne devait dériver, non pas de l'écriture monumentale sudarabique, mais de la cursive attestée par les graffiti, cursive qui était aussi à l'origine des écritures proto-arabes. On peut donc dire (c'était impliqué par la thèse de Grohmann dès 1918) que l'écriture guèze, l'écriture éthiopienne, dérivait de ce que j'ai appelé l'écriture proto-arabe. Cette thèse a été reprise, pour l'essentiel, sans qu'ils aient connu, semble-t-il, l'article de Grohmann, par Albright, d'abord, très brièvement, en 1952, par Jacques Ryckmans en 1955, et dernièrement par M. Drewes. La date d'introduction, nous l'ignorons, mais nous pouvons fixer un terminus, c'est l'inscription d'un personnage nommé *GDR*, qui est, semble-t-il, du premier siècle de l'ère chrétienne. Au début, les colons sudarabiques en Éthiopie écrivaient en sudarabique, dans l'écriture sudarabique monumentale. Nous avons, depuis peu d'ailleurs, des documents qui remontent jusqu'au Ve siècle avant J.-C. Plus tard, on a des inscriptions en écriture sudarabique et en langue éthiopienne, teintée de sabéismes, à côté d'inscriptions grecques, puis d'inscriptions purement éthiopiennes. Cette pluralité, que reflète-t-elle sociologiquement ? D'abord la tradition des colons qui continuent à écrire dans la langue de la métropole et dans l'écriture de la métropole, puisque, vous le savez, les Sémites d'Éthiopie viennent d'Arabie du Sud. Ensuite il y a l'effort du nouveau royaume d'Axoum, dès le Ier siècle au moins, pour donner un statut de langue officielle à cette langue des colons. Ensuite il y a les tendances archaïsantes dans ce royaume, tendances qui visent à justifier la légitimité et l'antiquité des monarques axoumites, qui leur font reprendre des titres sudarabiques et, par conséquent, l'écriture sudarabique. Mais aussi, peut-être, comme l'a supposé Jacques Ryckmans, ils ont fait rédiger des inscriptions en sudarabique pour exprimer leurs revendications, car ils ont eu des revendications vis-à-vis de l'Arabie du Sud, et d'ailleurs ils ont conquis, à un certain moment, de vastes régions de l'Arabie du Sud. Et enfin, l'usage du grec marque l'influence de la grande langue de civilisation de l'époque, la langue de Byzance, État auquel les rois axoumites furent souvent alliés, langue d'une culture dont ils dépendaient dans une large mesure.

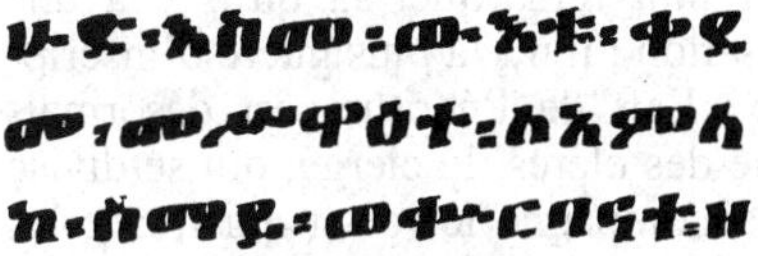

MANUSCRIT ÉTHIOPIEN
(Chronique de Jean de Nikiou)
du XVIIe siècle. Chapitre sur l'invention
de l'écriture (BNF, ms. éth. 146, f° 70 r°)

Il faudrait parler de la transformation de cette écriture en syllabaire à laquelle on a fait allusion tout à l'heure. Elle semble s'être faite au milieu du IVe siècle de l'ère chrétienne, sous le roi Ezana, mais dernièrement M. Drewes a essayé de la faire remonter plus haut. D'après lui, les formes des lettres vocalisées attesteraient que la transformation s'est faite d'abord dans l'écriture sur parchemin, dont il ne nous reste aucun monument, au plus tard au IIIe siècle de l'ère chrétienne. À ce propos on est en présence aussi d'une polémique qui a un intérêt sociologique : est-ce que cette idée de transformer cette écriture en syllabaire vient de l'Inde ou vient de la Grèce ? En effet, ce syllabaire est parallèle, par certains côtés, aux syllabaires hindous, *brâhmî* et *kharoshthî*. Il y a aussi des différences naturellement. La thèse grecque est soutenue en général de préférence à la thèse hindoue. On peut remarquer contre elle, d'abord que les Grecs n'avaient pas de syllabaire, par conséquent que leur écriture ne pouvait servir de modèle que par transposition ; l'influence grecque, d'ailleurs, s'est réalisée ailleurs, sur les langues à écriture consonantique, comme on l'a vu tout à l'heure, plutôt par l'introduction de caractères nouveaux, plus petits, pour les voyelles en syriaque, en hébreu, etc. Donc la transformation en syllabaire ne pouvait être suggérée que difficilement par l'écriture grecque. D'autre part, si on admettait la chronologie de Drewes, qui est un peu fragile évidemment, cela rendrait impossible l'explication par l'influence des missionnaires chrétiens qui est adoptée habituellement, puisque la transformation remonterait au IIIe siècle, à une époque où il n'y avait pas encore de mission chrétienne en Éthiopie. On peut noter aussi que les attestations de l'influence indienne sur la région éthiopienne se sont multipliées ces derniers temps. Mais il faut reconnaître aussi que certains arguments sur lesquels on s'était appuyé pour admettre l'origine indienne de cette transformation sont assez fragiles aussi.

Il y a d'autres innovations sur lesquelles je passe. À l'appui de la thèse de la transformation sous influence grecque, il faut noter que, dès les inscriptions d'Axoum, une inscription d'Ezana de 350, on rencontre les chiffres en caractères grecs indubitables.

Je laisse de côté l'évolution de l'écriture qui ne pose pas de problèmes directement sociologiques.

Pour les conditions sociales de l'utilisation, je vous en parlerai de façon extrêmement brève. C'est l'écriture d'une langue de conquérants qui la répandent là où ils s'établissent, et là encore la formation d'un État se marque par la régularisation et la réforme de l'écriture, par l'établissement d'une écriture nationale dans l'État d'Axoum au IVe siècle ou même avant, dès le premier siècle probablement. Il faut remarquer là qu'il y a une grande transformation avec la christianisation ; il n'y a plus guère d'inscriptions royales après l'époque axoumite ; l'art de l'écriture est désormais cultivé presque uniquement par la classe des clercs, le clergé, qui se divise en deux : il y a le clergé de cour, qui accompagne le roi et qui forme les fonctionnaires moyens et inférieurs de l'administration, les fonctionnaires supérieurs étant les féodaux, et le clergé monastique. D'où le fait que l'Éthiopie peut se diviser graphiquement, si je puis dire, du point du vue de l'histoire de l'écriture, en un certain nombre de *scriptoria* dont chacun produit des manuscrits avec des styles, graphiques et artistiques, qui lui sont propres, et qui sont encore mal étudiés. Outre les actes de droit privé et public, les clercs produisent surtout une littérature idéologique, des ouvrages religieux, une littérature politico-historique, des annales qui sont presque toujours à intention politique, et, quelquefois, une littérature distrayante, mais toujours tournée vers l'édification.

Ce qui est important, je crois, à souligner, c'est une différence entre deux cas que nous avons étudiés. J'ai essayé de vous montrer que la constitution d'un État avait une importance considérable pour l'évolution de l'écriture. Or, à la différence des États sudarabiques, l'État éthiopien donne une importance primordiale à la classe chargée de diffuser, de répandre – et de défendre, d'ailleurs, le cas échéant, comme on l'a vu au XVIe siècle contre les jésuites – l'idéologie de l'État, l'idéologie qui formait la base, dans la conscience des gens, de l'État en question.

Il faudrait vous parler de l'expansion de l'écriture guèze ; je vous en dirai simplement deux mots. Elle a été appliquée aux autres langues de la sphère d'influence du christianisme éthiopien, à l'amharique particulièrement, qui était la langue parlée dans des régions où on écrivait le guèze, lorsque le centre de l'État éthiopien s'établit dans le Sud, dans le Choa, c'est-à-dire à partir du XIIIe siècle. L'amharique, très lentement, arrive à être écrit, naturellement dans l'écriture guèze, complétée pour permettre d'exprimer les phonèmes amhariques. Autrement dit, ce n'est que très tard que l'État sent le besoin de s'adresser à ses administrés dans leur propre langue. Avant, il n'en avait pas éprouvé le besoin, exactement comme cela s'est passé dans beaucoup d'autres pays, en France particulièrement, jusqu'à l'ordonnance de Villers-Cotterêts. Dans les autres langues sémitiques et couchitiques d'Éthiopie, la diffusion de l'écriture éthiopienne a été très restreinte, elle a été le fait surtout des missionnaires, peut-être dès le XVIIIe siècle, comme le prouvent les manuscrits rapportés par James Bruce en Europe, qui contiennent des textes en gafat, une langue sémitique d'Éthiopie, et en agao, c'est-à-dire une langue couchitique. À ce propos, j'aurais pu insister sur une autre grande tendance ; la religion joue un très grand rôle dans la diffusion de l'écriture, puisque nous avons une langue sœur de ces langues, le harari, la langue éthiopienne sémitique de Harar, qui, étant parlée par des musulmans, s'écrit en écriture arabe.

IX

LES ÉCRITURES INDIENNES

LE MONDE INDIEN ET SON SYSTÈME GRAPHIQUE

par Jean Filliozat

Il y a, dans l'Inde, une infinité de races différentes, de classes sociales diverses. Il y a, d'une part, des peuples de très haute civilisation, d'autre part, des tribus qui sont considérées comme très « primitives ». Et la même situation se présente dans d'autres pays au nord, au nord-est, à l'est, et au sud-est de l'Inde, c'est-à-dire au Tibet, dans la péninsule indochinoise et dans l'archipel indonésien, jusqu'à l'île de Bali à l'est de Java, et aussi, en remontant de Java vers le nord, jusqu'à l'île de Sulawesi (qu'on appelait précédemment Célèbès) et même jusqu'aux Philippines. S'il y a une unité dans tous ces pays, ce n'est pas une unité géographique ni une unité raciale. Ce n'est pas, non plus, une unité de religion comme on le croit souvent, car les diverses formes de bouddhisme et de brahmanisme et d'autres croyances sont très souvent incompatibles. La tolérance indienne est parfaitement réelle ; c'est un idéal qu'on poursuit constamment et qui a eu son efficacité certaine mais non absolument constante. Au cours de l'histoire de l'Inde il y a eu, par exemple, des cas où des çivaïtes se sont glorifiés d'avoir fait empaler des Jaïn ou bien de les avoir fait déporter aux îles Andaman. Par conséquent, il n'y a pas d'unité religieuse, pas plus qu'il n'y a d'unité raciale ; pas d'unité linguistique non plus ; les langues les plus variées, des familles des plus diverses, se trouvant représentées dans toute cette aire immense. Mais il y a une unité de culture qu'on peut dire « scientifique », en prenant « scientifique » dans un sens très large, concernant tout le savoir qui se rapporte à la nature et aux moyens d'utiliser la nature : astronomie, médecine, astrologie, etc. Cette unité a dépendu aussi de l'usage, à l'époque de sa formation, d'une langue classique, le sanskrit, comme instrument fondamental des grandes relations ; non pas des relations d'individu à individu, car cette langue n'a pas été parlée par tout le monde, mais de groupe à groupe. Le sanskrit n'est pas ou pas seulement une langue sacrée ; il est à peu près dans la situation du latin, qui est une langue théologique et liturgique, mais aussi une langue profane, et qui a été également une langue de relations générales à travers l'Europe, entre savants parlant entre eux aussi bien de mathématiques, d'astronomie, de géologie, que de philosophie ou de religions, ou de littérature. La situation du sanskrit a été la même dans l'Inde, et tous les pays qui ont emprunté quelque chose à l'Inde ont d'abord emprunté des connaissances consignées en sanskrit. Ils ont emprunté des éléments de calendrier ou d'astronomie ou des recettes médicales, éléments qui sont communs à toutes les religions. C'est par là que s'est faite une unité, parce que le savoir indien très riche et très prestigieux a été adopté par les groupes humains les plus divers qui l'ont connu. Et finalement, aussi bien à l'intérieur qu'à l'extérieur, partout où on a voulu acquérir des connaissances indiennes, on a eu recours à la langue sanskrite parce que c'était la langue de la science, et non pas parce que c'était la langue de la religion. En effet, les religions ont employé des langues différentes les unes des autres ; c'est uniquement la science qui a employé une seule et même langue. Et cette langue scientifique a, de très bonne heure dans l'Inde, été l'objet des travaux des grammairiens. Cela s'explique par suite des croyances fondamentales de la très ancienne société indienne. On a pensé pouvoir agir par la parole – par la parole magique – sur l'univers, pouvoir commander le lever du soleil ou l'arrivée de la pluie, et il y a toute une littérature du Verbe, qui est destinée à agir sur le monde physique et sur toutes les forces du cosmos. Les spécialistes de cette action ont très tôt spéculé sur les raisons de l'efficacité de leurs formules. Ils ont construit une philosophie de la parole qui les a conduits, non seulement à rechercher quel était le lien qui existait entre le concept et le mot, mais aussi à analyser d'une façon extrêmement poussée les éléments de la langue, inventoriant tous les éléments morphologiques et poussant aussi loin que possible l'analyse des sons de la parole. Cette analyse les a conduits à une conception qui est la suivante : la parole repose essentiellement sur ce qu'ils appellent *svara*, c'est-à-dire le souffle en tant que producteur du son, le souffle vocal. C'est ce qui correspond aux voyelles chez nous. Mais ces sons subissent des modifications par des « contacts », *sparça*, qui se produisent à l'intérieur du canal vocal, en différents points : dans la gorge, on aura alors un « contact » qui s'appellera *kanthya* « guttural » ; puis contre le palais et le contact sera *tâlavya*, « palatal », etc. Ces contacts d'organes qui se produisent sur le souffle vocal donnent à celui-ci ce qu'on appelle une « marque », *vyanjana*. Quand nous traduisons les textes grammaticaux indiens, nous rendons le mot *svara* par « voyelle », comme nous venons de le dire, et le mot *vyanjana* par « consonne », mais l'idée n'est pas qu'il s'agit d'un élément sonnant avec la voyelle ; il s'agit, d'après les grammairiens indiens, d'une marque particulière que reçoit le son par l'effet de ce que nous appelons une occlusion et de ce qu'ils appellent un contact.

Il y a donc eu une classification des éléments du langage d'après les organes au niveau desquels se produisent les phénomènes qui donnent lieu aux différents phonèmes. Je n'entre pas dans tous les détails. Il y a aussi, bien entendu, une distinction spéciale des semi-voyelles, les *antahstha*, « celles qui se trouvent entre », c'est-à-dire entre les voyelles, les *svara*, et les *vyanjana*, les consonnes. Il y a aussi les souffles, *ûshman* ; les sifflantes et l'aspirée. Il y a les nasalisations, etc.

L'analyse qui a été ainsi faite aboutit à distinguer, comme éléments fondamentaux de la parole, des éléments qui sont en quelque sorte des atomes insécables, ce qu'on appelle *akshara*, « ce qui ne se détruit pas », ce qui ne se décompose pas. Ce sont les ultimes éléments de l'analyse. Or le principe, lorsqu'on a voulu écrire le langage, a été d'affecter un signe particulier à chacun de ces éléments insécables. Il y avait là une idée étrangère à celle du système alphabétique qu'on trouve du côté sémitique ; on n'a pas essayé de découper le phonème en une consonne qu'on ne peut pas prononcer isolément (et qui par conséquent n'a pas d'existence phonétique indépendante) et la voyelle. D'autre part les voyelles ont à l'oreille des valeurs différentes, leurs timbres, tout en étant produites par le même souffle. Il y a un seul son fondamental avec ses différents timbres vocaliques, et en outre une autre modification utilisée en morphologie : la durée. Le son fondamental se différencie donc par le timbre et par la quantité. Des signes diacritiques correspondant à ces différenciations sont donc ajoutés, dans les écritures indiennes, aux signes fondamentaux des voyelles et des syllabes élémentaires, conventionnellement énoncées avec la voyelle *a* brève (*ka*, *ga*, etc.).

Les écritures de l'Inde ont comme caractère commun de vouloir toujours représenter les éléments de la parole ainsi reconnus par la science grammaticale, et nous ne connaissons pas d'écriture dans l'Inde qui soit antérieure au développement de cette science grammaticale. Celle-ci s'est formée tout d'abord dans une culture qui était essentiellement orale, car elle avait en quelque sorte le culte de la Parole.

Lorsque l'Inde a été en contact avec des pays étrangers qui possédaient des écritures, elle a quelquefois, et même souvent, adopté les formes graphiques des étrangers, mais elle les a toujours modifiées pour permettre la notation exacte, selon son idéal fondamental, des sons réels du langage. L'Inde a de plus transmis sa science à l'extérieur ; elle a donc communiqué à beaucoup de pays en contact avec elle le même souci d'avoir une écriture qui soit la représentation absolument fidèle de la parole.

Dans l'Extrême-Orient chinois, ou ayant adopté le système chinois, on a écrit en représentant par des signes les concepts et non pas les sons, c'est par une adaptation secondaire que les caractères chinois servent aussi à figurer des sons.

Dans le monde sémitique, ce sont les sons des mots qui sont notés, mais incomplètement ; le système de base donne seulement un schéma, qui permet de reconnaître le mot.

Dans le monde occidental, on a adopté ce système sémitique en le complétant par des lettres supplémentaires pour représenter tous les éléments dont la notation avait été négligée dans les écritures sémitiques anciennes. Mais c'est seulement dans l'Inde qu'on trouve un effort pour représenter directement les sons réels tels qu'on les recense par une analyse phonétique approfondie du langage. Les écritures du monde indien répondent à un souci savant de notation intégrale et précise de la parole.

Nous laisserons complètement de côté les questions d'origine. Il est bien évident qu'il ne peut y avoir d'origine purement extérieure pour le système de l'Inde puisqu'il n'est attesté nulle part ailleurs, sauf dans les pays où il a été précisément emprunté à elle. Il y a bien des rapprochements qui ont été faits, et qui sont toujours valables, entre quelques signes d'écriture, sémitiques d'une part, indiens de l'autre, mais, outre que ces signes qui se ressemblent ou qui sont pareils n'ont pas toujours la même valeur, il est certain que le principe de formation de l'écriture est différent dans le domaine indien et dans les autres.

Nous avons donc un système unitaire d'écriture mais il ne s'ensuit pas que ce système ne s'exprime que par une seule écriture, loin de là. Il n'y a pas de région du monde où la graphie ait eu des formes et un matériel plus variés et plus complexes que dans le monde indien. Dans les plus anciens documents épigraphiques, les inscriptions d'Asoka, du milieu du IIIe siècle avant l'ère chrétienne, apparaissent déjà deux types d'écritures (voir le tableau de l'écriture araméo-indienne, à la fin du chapitre). L'un, qu'on appelle conventionnellement *brâhmî* est répandu dans toute l'Inde et est à l'origine de toutes les écritures régionales ultérieures. L'autre, la *kharoshthî*, employé seulement dans le Nord-Ouest, région du bassin de l'Indus, est une adaptation au système de notation phonétique indien de l'écriture araméenne usitée dans l'Empire perse qui avait dominé cette région avant sa chute sous les coups d'Alexandre. C'est une écriture araméo-indienne, araméenne par la forme d'une grande partie de ses signes et sa direction de droite à gauche, indienne par le perfectionnement de la notation, laquelle ajoute des signes correspondant aux sons indiens absents en araméen et précise par des additions de signes diacritiques les variations de voyelles.

Toutes deux se sont répandues de bonne heure, en subissant des modifications de détail des tracés, vers l'Asie centrale où ont été conservés dans les sables des fragments de manuscrits sur écorce de bouleau, sur bois et sur papier. Dans l'Inde ancienne on écrivait sur pierre pour les inscriptions solennelles, sur écorce de bouleau au Kashmir, mais sur feuilles de palmiers principalement, pour les archives et les livres, dans l'ensemble du pays. Les manuscrits anciens sur bois et sur papier étaient en feuilles oblongues découpées à la ressemblance des feuilles de palmier.

La comparaison des manuscrits anciens en écritures indiennes ou dérivées de l'Inde montre d'un pays à l'autre des différences qui apparaissent comme caractéristiques de goûts calligraphiques divergents chez des peuples qui ont pourtant adopté le même système d'écriture et des présentations similaires de leurs livres.

Les documents d'Asie centrale en écriture du type indien, surtout du type *brâhmî*, sont très souvent, à Khotan, à Koutcha, à Karashar, en calligraphie très recherchée et même en écriture ornementale à pleins très gras et à déliés très fins, dont le type persiste même dans la cursive de simples laissez-passer par exemple. C'est qu'il s'agit le plus souvent de manuscrits de couvents bouddhiques et c'est la calligraphie des religieux qui a servi de modèle aux graphies profanes courantes.

On a trouvé beaucoup de documents koutchéens. Même communs, ils sont toujours écrits avec un certain soin. Et nous pouvons dire tout de suite que ce ne sera généralement pas le cas dans l'Inde même. Là, nous constatons une négligence caractéristique pour tout ce qui concerne les formes. On s'intéresse au contenu des textes, mais on écrit ces textes d'une manière souvent tout à fait médiocre. Les manuscrits calligraphiés, les inscriptions extrêmement soignées sont beaucoup plus rares dans l'Inde que dans les pays qui ont subi son influence. Ils se rencontrent cependant dans certains milieux : dans les communautés religieuses de moines jaïn (et autrefois chez les bouddhistes).

Les manuscrits siamois et cambodgiens sur feuilles de palmier, imités d'un type ordinaire dans l'Inde sont toujours beaucoup plus luxueux que leurs modèles. Les feuilles de palmier sont découpées très soigneusement, exactement calibrées. Les tranches sont généralement dorées aux deux extrémités, laquées de rouge au centre. Le manuscrit est serré entre deux planchettes et très souvent enveloppé d'une étoffe doublée, armée elle-même dans sa doublure d'une sorte de store pour que le tout soit solide. Les extrémités de l'étoffe sont laissées flottantes pour pouvoir être rabattues sur l'intérieur du manuscrit, lequel peut être ainsi emballé d'une façon excellente.

Les livres, ainsi bien représentés, sont aussi conservés très souvent, en Thaïlande notamment, dans des coffres spéciaux ornés eux-mêmes. Là, certains livres semblablement présentés sont imprimés sur feuilles de palmier au lieu d'être manuscrits. L'écriture est dans de pareils livres l'objet d'une grande recherche d'art calligraphique original et varié, car dans chaque pays il y a une et même plusieurs traditions de calligraphie.

Les manuscrits de grand luxe les plus remarquables existent en Birmanie, en langue pâli usitée pour les textes bouddhiques sacrés. C'est un texte particulier, le *Kammavâca*, qui est le plus souvent écrit dans ces manuscrits de luxe. Les plus importants sont sur plaques de cuivre ou d'argent ou sur de très grandes feuilles de palmier, découpées et ensuite laquées or et rouge et enluminées. L'écriture elle-même, qui est une calligraphie tout à fait spéciale, faite entièrement avec des pleins, et n'ayant que quelques déliés à peine visibles, est ce qu'on appelle le « pâli carré ». Cette écriture est appliquée sur le fond laqué avec un vernis noir, et ceci est propre à la Birmanie.

Les manuscrits de Ceylan se rapprochent déjà davantage des manuscrits indiens par le fait qu'il y a rarement des ornements et des enjolivements autour de l'écriture. Mais l'écriture elle-même est extrêmement délicate du point de vue calligraphique, et, d'autre part, les bois qui servent de plats de reliure pour serrer les feuilles entre elles, sont, très souvent, peints et gravés ; quelquefois ils sont en ivoire, au lieu d'être en bois, en ivoire uni, ou bien encore sculpté. Au contraire dans l'Inde, on aura affaire généralement à des manuscrits serrés entre deux planchettes de bois quelconques, médiocrement rabotées et l'écriture sera également irrégulière. Ceci ne sera pas le fait de copistes qui seraient tout à fait négligents car ces manuscrits ne contiennent pas toujours des fautes. Ils sont très soigneusement écrits du point de vue de la teneur et de la correction du texte, mais tout ce qui n'est pas essentiel, forme et présentation matérielle, est considéré comme sans importance. Or, là où les calligraphies sont magnifiques, les fautes sont habituellement beaucoup plus nombreuses. Le copiste ne fait pas attention à la fois au contenu et à la forme.

Au Tibet, nous trouvons une écriture indienne et une grammaire propre au tibétain, mais faite d'après des idées générales indiennes, de sorte que c'est la connaissance de l'analyse que les Indiens avaient faite de leur langue qui a incité les Tibétains à procéder de leur côté, parallèlement, à une analyse originale de leur langue propre. L'écriture indienne qu'ils ont adoptée est du VIIe siècle. Ils l'ont conservée d'une façon extrêmement fidèle, et toujours nous vérifions la règle qu'on cultive beaucoup plus la calligraphie en dehors de l'Inde que dans l'Inde elle-même, après avoir emprunté à celle-ci son système de notation des sons. Les manuscrits sont souvent ornés de fines miniatures.

En Corée, en Chine et au Japon, en milieux bouddhistes, on a traduit les textes sacrés apportés de l'Inde ou d'Asie centrale mais on a parfois conservé, même à l'intérieur des traductions, les formules originales ellesmêmes, quand il s'agissait d'invocations, ou de formules constituant des charmes de protection, par exemple. On a utilisé alors l'écriture indienne mais en reproduisant ses formes avec les moyens d'écriture ordinaires qu'on possédait, par conséquent surtout avec le pinceau, et certains caractères, qui sont en réalité indiens, sont tracés à la chinoise (voir le tableau de l'écriture sanskrite de Chine). C'est un cas de modification qui se fait par le passage d'une écriture d'un peuple à un autre sans qu'il y ait tentative consciente de modifier cette écriture, puisqu'au contraire on vise essentiellement à la reproduire jusque dans sa forme graphique donnée. La différenciation est alors simplement due aux conditions techniques de l'imitation.

Les écritures modernes en usage dans l'Inde se différencient en deux groupes : celles du Nord et celles du Sud. Les premières ont des lettres assez complexes à cause des ligatures qu'elles forment. Celles du Sud sont généralement plus arrondies. Toutes sont peu chargée d'ornements à quelques exceptions près.

La plus classique des écritures du Nord est la *nâgarî*, l'écriture du hindi qui se généralise aujourd'hui pour noter le sanskrit. Précédemment celui-ci était dans chaque région écrit avec l'écriture locale (voir le tableau de l'écriture *nâgarî*). La *nâgarî* sert aussi pour écrire le marathe, mais non pour le bengali, le gujarati, le panjabi, l'oriya, etc., qui ont tous leurs écritures propres dérivées de formes anciennes de leurs régions respectives.

L'écriture du Sud la plus particulière est celle du tamoul. Le tamoul a une tradition grammaticale propre, comme le tibétain. Dans les mêmes conditions que les Tibétains, les Tamouls, ayant eux aussi une langue de structure étrangère à celle de la langue sanskrite indo-européenne, ont pris aux grammairiens sanskrits l'idée de l'analyse linguistique, mais l'ont adaptée excellemment à leur idiome. Leur écriture est simple : les signes sont toujours réduits à des traits essentiels. Il y a une nette manifestation d'un goût du pays tamoul pour des écritures qui notent le plus simplement possible les sons, en ne se souciant guère de calligraphie, en ne cherchant pas à parer matériellement la parole transcrite, voulant seulement la reproduire d'une façon phonétiquement exacte. Elle utilise des simplications qui réduisent considérablement le nombre des caractères par rapport aux autres langues indiennes, mais sans nuire à la précision de la notation phonétique (voir le tableau de l'écriture tamoule).

Le caractère utilitaire et précis de l'écriture tamoule contraste avec la recherche calligraphique du singhalais par exemple.

Dans l'écriture singhalaise les lettres sont tournées, ornées, pourvues de pleins et de déliés (voir le tableau de l'écriture singhalaise). On arrive même à faire des pleins et des déliés en gravant au stylet sur la feuille de palmier, et on a un soin extrême pour rendre l'écriture élégante. Ceci est la manifestation d'un trait psychologique de la population singhalaise à Ceylan, qui s'oppose à la population tamoule. L'île de Ceylan est divisée en effet en deux parties : le Nord-Est est occupé par les Tamouls, qui ont été d'ailleurs anciennement des envahisseurs et tout le reste de Ceylan est occupé par les Singhalais, qui parlent une langue indo-aryenne, tandis que le tamoul est dravidien. Or, les Tamouls, non seulement dans leur écriture mais encore dans leur comportement général, attachent moins d'importance que les Singhalais aux formes extérieures et aux détails matériels qu'ils considèrent comme oiseux. La mise traditionnelle des hommes dans certaines castes singhalaises les oblige à avoir des parures que négligent les Tamouls. Généralement, les hommes, chez les Tamouls, n'ont aucune espèce de parure ; la parfaite élégance est d'avoir un vêtement blanc, tout simple, avec, à la rigueur, une légère bande de couleur au bord et une écharpe à bandes d'or. Les Singhalais, eux, ont, ou plutôt avaient traditionnellement, des vêtements beaucoup plus ornés, certaines classes de la population masculine portant même des peignes d'écaille dans les cheveux. De même nous les voyons prendre un soin extrême pour faire de beaux manuscrits et tracer une écriture calligraphique.

À côté du tamoul il est encore une écriture, qui est tamoule aussi quant à sa région d'utilisation, mais qui est un peu plus compliquée que l'écriture tamoule usuelle. C'est l'écriture tamoule du sanskrit dite *grantha*. Généralement le sanskrit est écrit en chaque région dans l'écriture locale, mais il y a exception au pays tamoul. La langue tamoule ayant une phonétique différente de celle du sanskrit ne peut pas transcrire intégralement le sanskrit au moyen de ses signes d'écriture, et, plutôt que de le noter approximativement, on préfère au pays tamoul se servir d'une écriture un peu différente de la graphie courante et qui lui soit exactement adaptée.

L'écriture javanaise, comme celle de Ceylan, est extrêmement soignée, calligraphique, ornée de fioritures du même type. Elle utilise largement des éléments graphiques de pure décoration. Par exemple pour la représentation de la ponctuation (voir le tableau de l'écriture javanaise). Les Indiens mettront simplement un trait, vertical ou oblique, ou un trait horizontal assez long, s'ils veulent faire une séparation entre deux vers, deux phrases ou entre deux parties d'un ouvrage. Chez les Javanais c'est tout un dessin que devient ce qui serait chez les Tamouls un simple trait. Nous pouvons noter comme caractéristiques du goût traditionnel de différents peuples : le goût de l'ornement d'un côté, le goût de la sobriété de l'autre.

Mais les divergences psychologiques qui apparaissent ainsi ne proviennent pas seulement de la différence des peuples et des régions. Les différences des milieux jouent en chaque peuple et dans chaque région ou même commandent les oppositions d'un peuple à l'autre. Il est frappant que les manuscrits les plus beaux et les calligraphies les plus raffinées émanent des milieux monastiques jaïn de l'Inde ou des milieux bouddhistes, que ces derniers soient indiens, tibétains, singhalais, birmans, siamois, lao ou cambodgiens. Les ouvrages canoniques bouddhiques et jaïn sont considérés comme étant la parole à lire et à propager. C'est œuvre pie que de la reproduire et, naturellement, cette œuvre est d'autant plus méritoire que plus de souci de perfection a été apporté à son exécution et à sa présentation. D'autre part, les milieux monastiques disposent du temps nécessaire à de telles occupations de pieuse discipline.

Les milieux brahmaniques qui tiennent au son même de la Parole formulaire, non à sa figuration graphique, et pour qui l'écriture n'est qu'aide-mémoire, se comportent autrement. Leur érudition est moins passive que celle des moines lecteurs de textes canoniques qui sont surtout des prescriptions et des récits. Ils s'attachent en outre plus souvent à la discussion des textes philosophiques et didactiques. La teneur de ces textes prime pour eux leur luxe extérieur. Aussi trouve-t-on ordinairement moins de fautes et plus de corrections en surchage dans les manuscrits brahmaniques et hindouistes que dans les calligraphies des textes canoniques bouddhiques et jaïn où la recherche d'art absorbe l'attention des copistes et leur a fait commettre des erreurs qu'ils répugnent même ensuite à corriger, de peur de nuire à la régularité des tracés.

Les ratures, dans les manuscrits de luxe écrits à l'encre, se font sur une couche de pâte jaunâtre ou blanchâtre dont on recouvre d'abord le passage ou le mot fautif. Elles sont ainsi moins apparentes.

La figuration d'un même mot dans les principales écritures du monde indien fera apparaître les tendances régionales du goût graphique chez les différents peuples utilisant le même système indien de figuration des sons du langage (voir le tableau des écritures actuelles de l'Inde et d'origine indienne).

Le principe indien savant de représentation fidèle de ces sons, adopté même pour tout usage populaire dans la notation des langues de l'ensemble du monde indien, permet aussi de transcrire phonétiquement des langues étrangères quelconques. Dans l'Inde, notamment, nombre de mots anglais sont transcrits, dans les affiches publicitaires par exemple, selon leur prononciation, non d'après leur orthographe. Par exemple des caractères qui se translitèrent automatiquement *ais krîm* représentent *ice cream*.

Dans certains pays, à l'extérieur de l'Inde, il y a discordance apparente entre l'orthographe et la prononciation. Les lettres empruntées au système indien général ne sont plus prononcées selon l'usage indien primitif mais reçoivent une valeur phonétique différente. C'est le cas en cambodgien, par exemple, où le mot sanskrit et pâli *narottama*, le « plus grand des hommes », s'écrit toujours d'une façon qui correspond à cette translitération mais se prononce aujourd'hui *norodom*. Mais cette prononciation est régulière. Elle ne serait pas imprévisible pour quelqu'un qui connaîtrait la prononciation de l'écriture cambodgienne sans connaître le mot. Le cas diffère de celui de l'anglais par exemple, où beaucoup de lettres ne se prononcent pas selon une règle générale mais selon un usage qui leur est spécial dans certains mots. Par exemple *oo* n'est pas le même dans *blood* et dans *good*. Cependant l'orthographe ne commande pas entièrement la prononciation en cambodgien. Certains mots comportent des lettres qui répondent à leur origine étymologique mais que l'usage parlé supprime tandis que l'usage écrit les maintient.

Écriture brâhmî

Écriture araméo-indienne

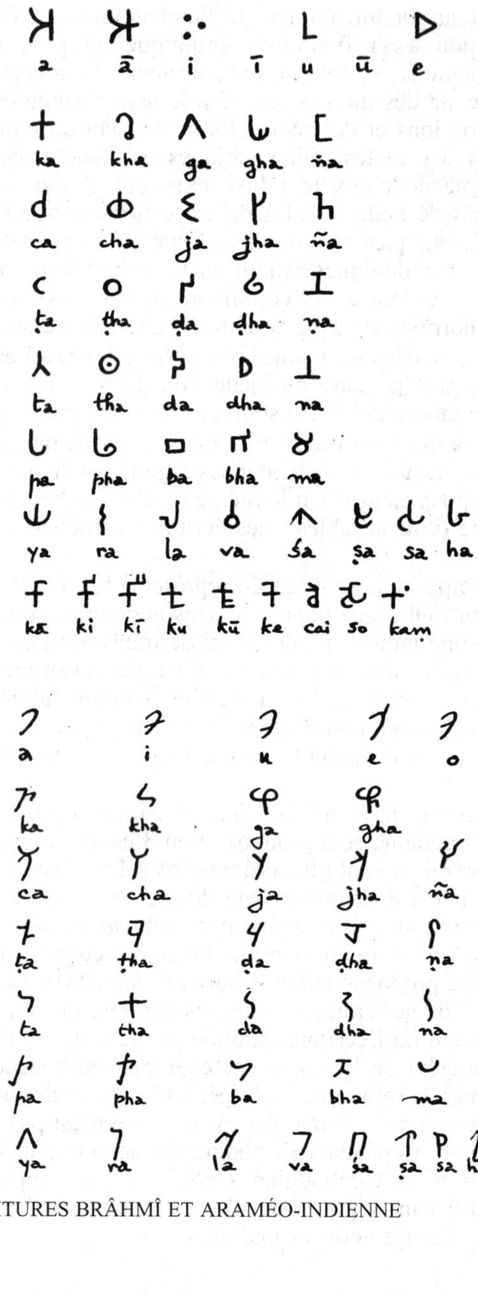

ÉCRITURES BRÂHMÎ ET ARAMÉO-INDIENNE

ÉCRITURE SANSKRITE DE CHINE

अ	आ	इ	ई	उ	ऊ	ऋ	ॠ
a	*ā*	*i*	*ī*	*u*	*ū*	*ṛ*	*ṝ*
ऌ	ॡ	ए	ऐ	ओ	औ	ं	ः
lṛ	*lṝ*	*e*	*ai*	*o*	*au*	*ṃ*	*ḥ*
क	ख	ग	घ	ङ			
ka	*kha*	*ga*	*gha*	*ṅa*			
च	छ	ज	झ	ञ			
ca	*cha*	*ja*	*jha*	*ña*			
ट	ठ	ड	ढ	ण			
ṭa	*ṭha*	*ḍa*	*ḍha*	*ṇa*			
त	थ	द	ध	न			
ta	*tha*	*da*	*dha*	*na*			
प	फ	ब	भ	म			
pa	*pha*	*ba*	*bha*	*ma*			
य	र	ल	व				
ya	*ra*	*la*	*va*				
श	ष	स	ह	ळ			
ça	*ṣa*	*sa*	*ha*	*ḷa*			

ÉCRITURE NÂGARÎ

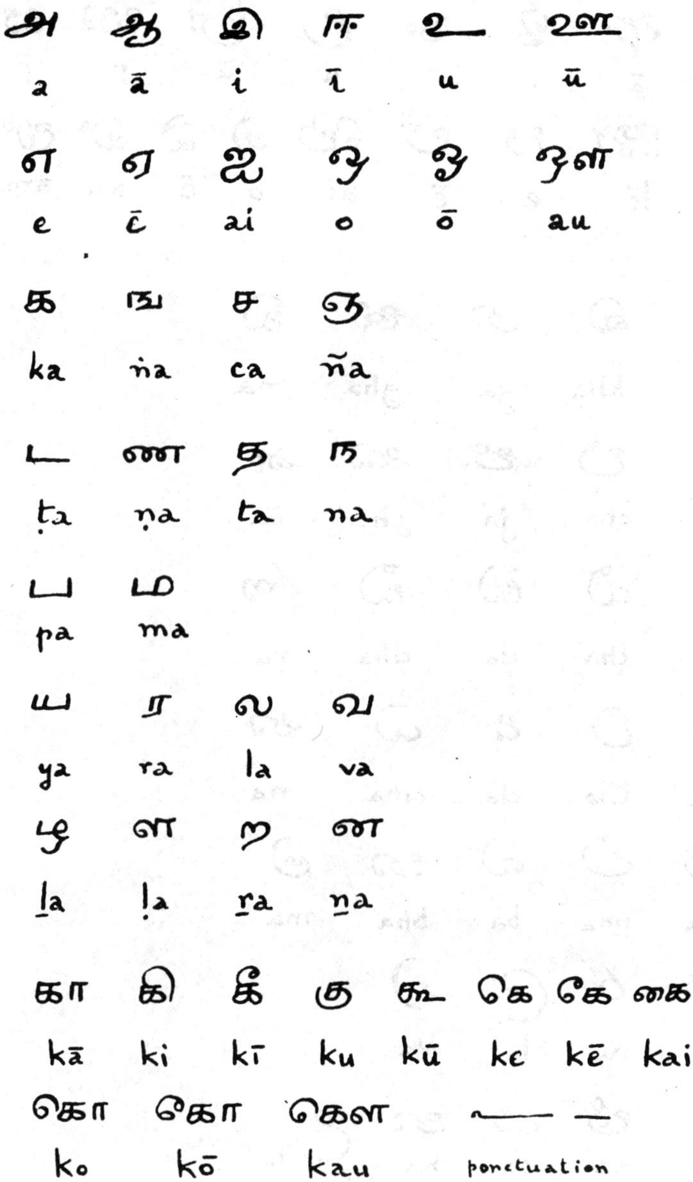

ÉCRITURE TAMOULE

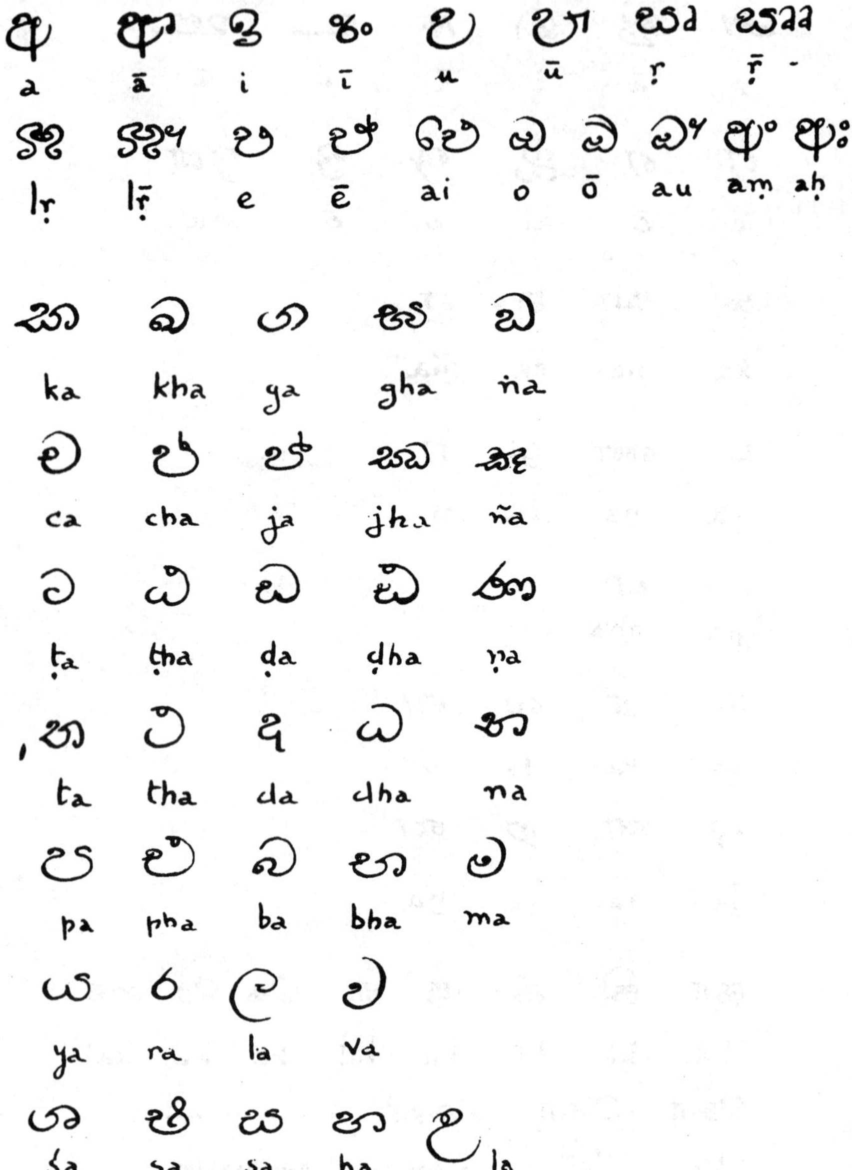

ÉCRITURE SINGHALAISE

ÉCRITURE JAVANAISE

Voir la suite de ce tableau page suivante.

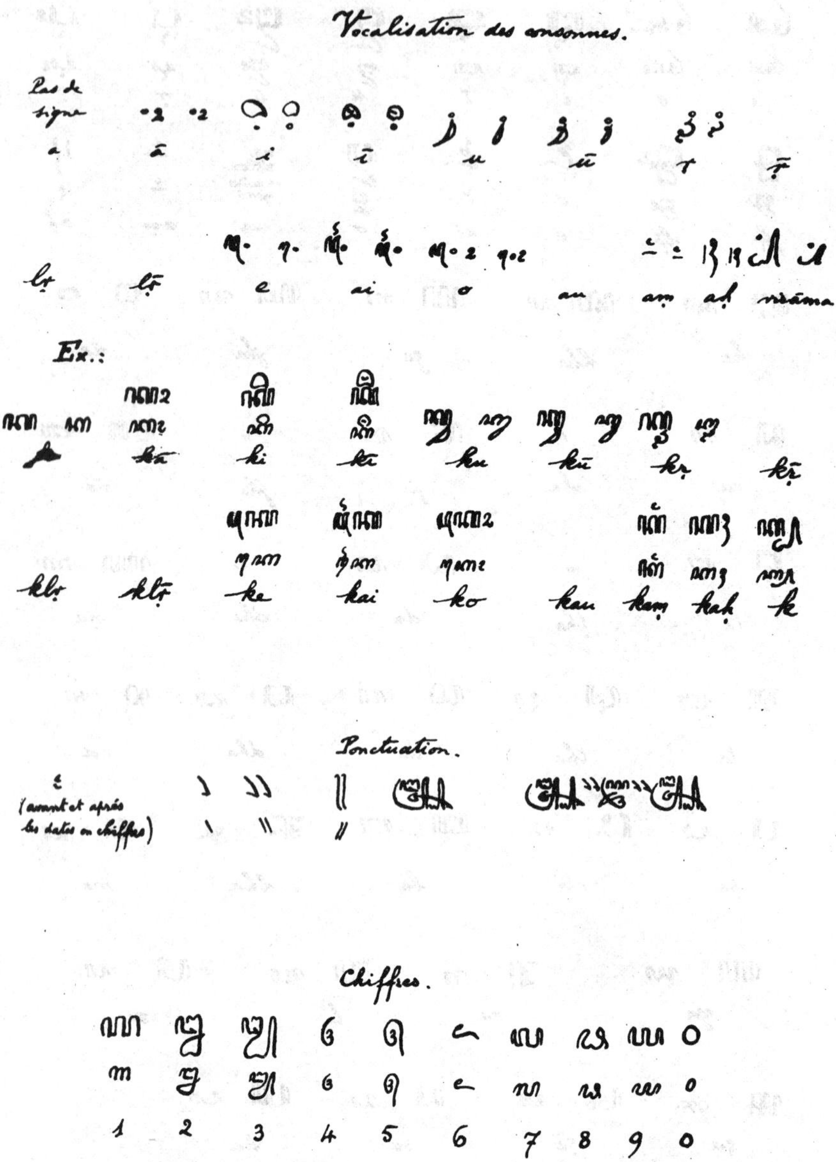

ÉCRITURE JAVANAISE
(*suite*)

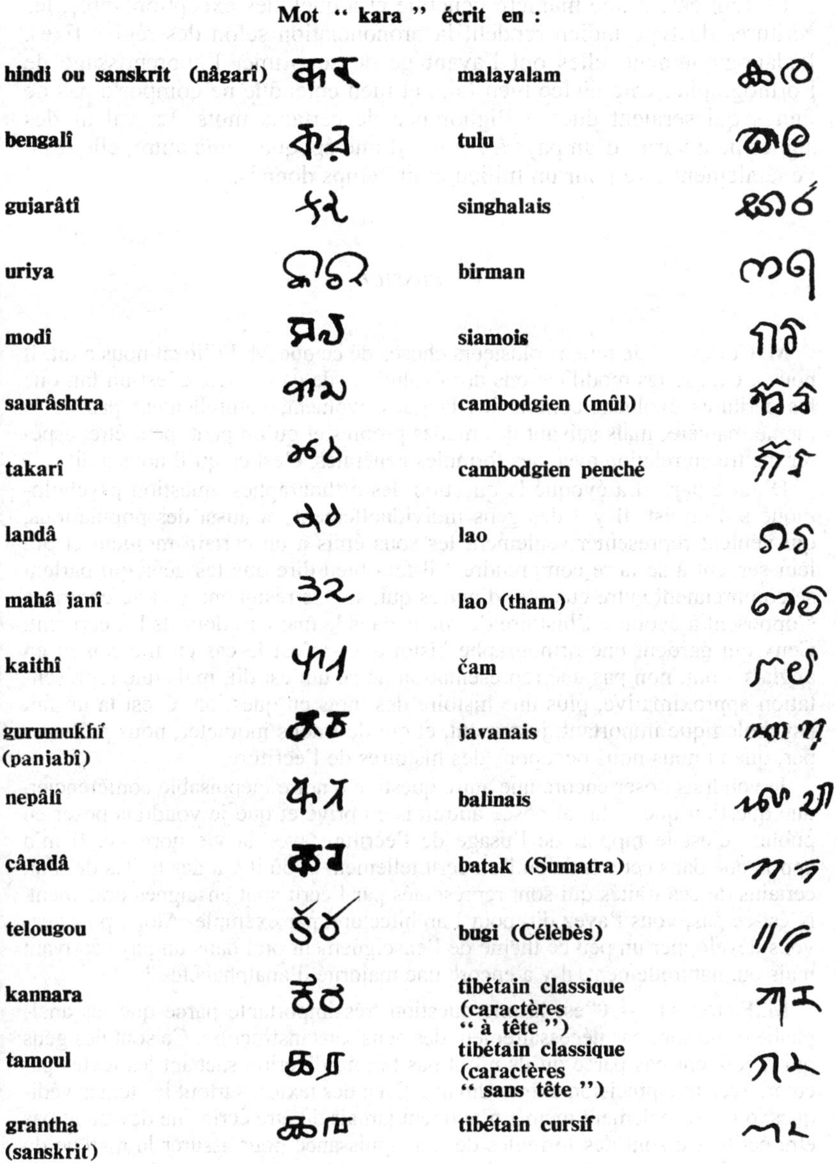

SPÉCIMENS D'ÉCRITURES ACTUELLES DE L'INDE ET D'ORIGINE INDIENNE

En tout cas, d'une manière générale et à quelques exceptions près, les écritures du type indien rendent la prononciation selon des règles fixes. Pédagogiquement, elles ont l'avantage de supprimer l'apprentissage de l'orthographe. Une dictée bien faite et bien entendue ne comporte pas de fautes qui seraient dues à l'ignorance de certains mots. La valeur des signes peut varier d'un pays à l'autre, d'une époque à une autre, elle reste généralement fixe pour un milieu et un temps donnés.

Discussion

M. Cohen. – Je retiens plusieurs choses de ce que M. Filliozat nous a dit. Il nous a exposé les modifications des évolutions de caractères. C'est un fait que les écritures évoluent comme les langues évoluent, naturellement pas de la même manière, mais suivant des modes propres et qu'on peut, peut-être, espérer mettre en relation avec des formules générales, c'est ce qu'il nous a dit.

D'autre part, il a évoqué la question des orthographes, question psychologique s'il en est. Il y a des gens individuellement, et aussi des populations, qui veulent représenter seulement les sons émis à un certain moment et qui leur servent à se faire comprendre – il faut bien dire que les gens qui parlent se comprennent entre eux – et d'autres qui, soit se résignent, soit au contraire s'opposent à évoquer l'histoire des mots dans la manière dont ils les écrivent. Ceux qui gardent une orthographe historique – c'est le cas en français et en anglais – ont, non pas une représentation de ce qui est dit, mais une représentation approximative, plus une histoire des mots en question. C'est là un fait psychologique important, justement, et qui doit nous inquiéter, nous préoccuper, quand nous nous occupons des histoires de l'écriture.

Je voudrais poser encore une autre question à notre inépuisable conférencier, une question que je lui ai posée autrefois en privé et que je voudrais poser en public : c'est le rapport de l'usage de l'écriture avec la vie normale. Il m'a appris que dans cette Inde où l'on écrit tellement et où il y a des traités de tout, certains de ces traités qui sont représentés par l'écrit sont enseignés oralement. N'est-ce pas, vous l'avez dit, pour l'architecture, par exemple. Alors, pourriez-vous développer un peu ce thème de l'enseignement oral dans un pays écrivant mais où, naturellement, il y a encore une majorité d'analphabètes ?

M. Filliozat. – C'est là une question très importante parce que les analphabètes ne sont pas nécessairement des gens sans instruction. Ce sont des gens qui n'écrivent pas parce qu'ils n'ont pas besoin d'écrire, sachant les textes par cœur, avec une précision extraordinaire. On a des textes, surtout les textes védiques, qui, normalement même, n'auraient jamais dû être écrits, ne devraient pas être écrits. Ce sont des formules de toute-puissance pour assurer la marche du monde. Il est certain que la représentation graphique de ces formules n'est tolérable qu'à condition qu'elle soit une représentation tout à fait fidèle de la prononciation réelle. On croit d'ailleurs que la prononciation est d'une importance telle, que, lorsqu'il y avait des procès de sorcellerie dans l'Inde, comme il y en a eu partout, au lieu de brûler le sorcier, on lui cassait une ou deux incisives, parce que cela suffisait ; il était hors d'état de nuire, il ne pouvait plus, du moment qu'on lui enlevait une ou deux dents de devant, prononcer très exactement ses formules. Voilà donc l'importance qu'on attache au son. Et, à cause de cela, on a appris les Veda absolument par cœur, et en développant la mémoire par des exercices qui sont extrêmement difficiles mais que nous voyons encore se faire couramment de nos jours. Il y a des écoles de récitation védique. Le Rgveda est très vaste ; c'est un livre d'un volume assez considérable ; dans la dernière traduction, il a à peu près huit cent pages, in-octavo. Il faut savoir le texte par cœur, mais, en réalité, on n'apprend pas toujours tous les passages. Non seulement les récitants sont entraînés à prononcer très exactement, mais encore, pour qu'il ne puisse pas y avoir de déformation progressive et de perte de la formule védique, ils sont entraînés aussi à réciter successivement la même phrase en intervertissant les syllabes, et dans des conditions de complication extrême. Par exemple, prenant un mot de trois syllabes, on le récitera une première fois avec les trois syllabes dans l'ordre ; une deuxième fois avec une interversion des deux dernières syllabes ; puis de même, avec l'interversion, deux autres fois et il faudra se rappeler que c'est à une cinquième répétition, par exemple, qu'il faudra rétablir la forme normale. Du moment qu'on parvient à ces exploits avec exactitude il est certain qu'on arrive à monter en soi un automatisme psychologique qui permet ensuite de conserver le texte de générations en générations sans altération.

Mais ce n'est pas seulement le texte védique qu'on apprend à réciter. Les textes classiques se récitent aussi. D'abord on apprend le dictionnaire, la grammaire, des textes didactiques condensés, qui sont par conséquent extrêmement difficiles, même pratiquement impossibles à traduire directement parce que ce sont des formules mnémotechniques. Il y a là, en quelque sorte, des phrases signes qui rappellent non seulement des sons, mais tout un contexte, et même des commentaires. Leur étude déborde le domaine de l'écriture, et bien souvent dispense d'écrire. À l'heure actuelle encore, on trouve non seulement des savants qui connaissent plusieurs Veda par cœur, mais encore des hommes qui savent des poèmes épiques ou profanes de très grande étendue.

Pour bien des éditions de textes on ajoute leurs versions orales à celles des manuscrits. Elles n'en diffèrent que par des variantes du même ordre que celles qui se rencontrent entre les manuscrits eux-mêmes.

Bien des hommes savent lire et écrire normalement mais leur culture ne repose pas essentiellement sur les textes écrits.

D'autre part, il y a des illettrés complets, en particulier beaucoup de femmes. Les enfants ne vont pas toujours à l'école et comptent comme analphabètes dans les recensements, mais ils ne sont pas tous sans culture, souvent ils savent nombre de textes, de formules, de sentences morales. Souvent ces textes ne sont pas dans la langue vulgaire qu'ils utilisent mais dans une forme plus littéraire et plus ancienne qu'on comprend cependant. Personne ne sait les écrire et ne les a jamais lus, mais de mère en fils et de grand-mère à petits-enfants ils se transmettent.

Dans un pays à pédagogie orale, les analphabètes ne sont pas tous des ignorants.

M. Cohen. – Vous voyez quelle est l'importance d'une pareille question pour l'histoire de la civilisation ; et nous sommes souvent grossiers dans nos énonciations ; cet exemple des analphabètes qui n'en sont pas est tout à fait frappant. Il faudrait voir cela un peu partout. Je peux citer l'exemple de l'Abyssinie. En Abyssinie, les grands savants, les grands lettrés, qui sont des savants limités – leur savoir est limité aux choses religieuses en général, et un peu à l'histoire, à l'histoire de leur pays – n'écrivent pas. L'écriture est le fait des scribes ; il y a au contraire des gens, des gens dans les mêmes abbayes, je parle d'abbayes chrétiennes, qui sont exercés comme scribes, et avec des raffinements qu'on a connus au Moyen Âge aussi. Ils n'écrivent pas après un jour de repos avant d'avoir fait un certain nombre d'exercices préparatoires, pour bien calligraphier. Donc les gens qui ne sont pas chargés d'écrire, mais d'enseigner oralement, ne savent pas tenir une plume, ne savent pas tenir un calame ; ils ne peuvent pas écrire.

Le fait que la science indienne a pu se créer et se transmettre sans écriture, pendant un certain temps, explique qu'il n'y a pas eu, à notre connaissance, d'invention de l'écriture, pour l'Inde, à une époque reculée. Il y en a peut-être eu dans la vallée de l'Indus. Il peut aussi y avoir eu des écritures qui ont existé et qui ont disparu, mais à l'époque où il y avait déjà des savants indiens, et où l'écriture était très développée dans des pays sémitiques ou iraniens, l'Inde s'en passait. Cela repose la question, l'énigme qu'est l'apparition de l'écriture dans l'Inde à un certain moment. M. Filliozat a dit tout à l'heure qu'il paraît évident qu'elle est venue de l'extérieur, qu'elle n'a pas été inventée dans l'Inde. Cela paraît évident, mais n'est pas sûr, justement.

M. Filliozat. – Il paraît évident que les Indiens ont connu, avant d'avoir eux-mêmes une écriture, d'autres peuples qui s'en servaient : les Chinois, les Sémites. Ils en ont créé une tardivement, mais elle est tout à fait originale parce qu'elle répond à un système que les autres n'ont jamais eu.

M. Cohen. – Oui, elle est originale comme conception. Mais, dans les caractères, vous avez admis vous-même qu'il y avait des rapports avec certains caractères phéniciens.

M. Filliozat. – Il y a quelques caractères qui sont pareils. Mais quand l'écriture consiste en lignes simples, en croix et en ronds, les similitudes se rencontrent sans emprunts. Cependant il y a quelques concordances à la fois entre les tracés et la prononciation. Par exemple le *tha* indien le plus ancien ressemble et correspond au *t* phénicien et même au θ grec.

Mais ce n'est que dans le domaine purement graphique que quelques caractères auraient été empruntés. On a pu prendre à la fois l'idée et le modèle de deux ou trois caractères extrêmement simples. Le principe de toute l'écriture n'en reste pas moins complètement original.

M. Cohen. – Et le résultat visuel très différent.

M. Filliozat. – On ne pouvait pas écrire les langues indiennes avec un alphabet sémitique : dans les langues indiennes les relations entre les mots, la morphologie, dépendent de variations de quantités vocaliques ou de timbres vocaliques. Des écritures où on ne note pas les éléments vocaliques avec précision sont inaptes à noter des formes qui se caractérisent justement par des alternances vocaliques. Le jour où l'on a voulu écrire des langues indiennes avec des signes araméens – et cela s'est produit dans le bassin de l'Indus, lorsque l'administration achéménide y a utilisé l'araméen – il a fallu ajouter à l'écriture araméenne nombre de signes qu'elle ne comportait pas. D'autre part, il a fallu introduire la notation des voyelles, signes grammaticaux indispensables. De même chaque fois qu'on a voulu dans la suite transcrire les langues indiennes en caractères persans, puis en caractères latins, il a fallu ajouter des signes diacritiques aux alphabets.

M. Cohen. – Notez bien qu'en sémitique même, il faut faire des réserves. En arabe, les longueurs vocaliques sont très importantes, et on a trouvé le moyen de les noter relativement tôt.

M. Filliozat. – Est-ce que, aussi, on ne peut pas songer à une chose : la notation massorétique de l'hébreu ajoute, justement, des voyelles pour représenter complètement la prononciation ; elle le fait en plaçant des signes au-dessus et au-dessous des lettres de l'alphabet absolument comme on le faisait dans l'Inde. Les écritures sémitiques ont une priorité incontestable du point de vue chronologique dans leur apparition. Mais pour la notation précise des voyelles, par signes supérieurs et inférieurs, la priorité est du côté de l'Inde qui avait complété ainsi dès le IIIe siècle avant J.-C. l'écriture araméenne pour créer l'écriture araméo-indienne ou *kharoshthî*. Il a pu y avoir des échanges successifs. Chaque groupe national lettré tour à tour a pu recevoir et appliquer chez lui, avec son matériel à lui, une idée venue des autres.

Je pense que l'écriture indienne ne peut pas s'expliquer comme une création *ex nihilo*. Cela supposerait que les Indiens ont été sans aucun contact avec le reste du monde, or il y avait partout autour d'eux des peuples qui écrivaient. Seulement les écritures de ces peuples étaient hors d'état de leur permettre de transcrire leurs langues. D'autre part, ils avaient une théorie, qu'ils avaient fondée sans avoir besoin d'écriture puisqu'elle reposait purement sur une analyse phonétique. Ils ont alors créé des signes, en empruntant probablement dans les écritures existantes, et très librement, pour noter chacun des sons qu'ils avaient recensés. Après cela, leurs procédés ont pu être, à leur tour, imités dans une certaine mesure, en d'autres pays où on en a eu connaissance. L'écriture avestique, quoique alphabétique et non d'origine indienne, suit le classement indien des phonèmes.

M. Cohen. – En somme, vous avez une doctrine assez ferme sur l'originalité de la création indienne ; vous ne l'expliquez pas par un transfert, soit de Phénicie, soit d'Arabie du Sud.

M. Filliozat. – L'essentiel ne consiste pas dans le tracé de croix, de ronds, ou de petits crochets, mais dans la structure du système de représentation, et ce système, n'existant pas chez les Sémites, ne peut pas leur avoir été emprunté.

M. Lesteven. – Mais pour ce système lui-même, plutôt que de penser aux Sémites, est-ce qu'il n'y aurait pas lieu de se tourner plutôt du côté du grec, parce que, enfin, voilà une découverte assez extraordinaire, un instrument de notation phonétique extrêmement rigoureux, il serait curieux que la même découverte ait été faite deux fois. Le grec, c'est le propre de sa découverte d'avoir instauré ce système de notation phonétique extrêmement précis ; est-ce que, dans le principe même, on ne pourrait pas imaginer une sorte de dépendance du système indien par rapport au système grec ? Je la verrais, pour ma part, beaucoup plus que du côté du sémitique.

M. FILLIOZAT. – Certainement, parce que le sémitique n'avait pas le souci de noter tout, tandis que le grec a complété le sémitique. Seulement, le grec a gardé le système du sémitique ; il a gardé les signes du sémitique et il en a créé d'autres, qui étaient complémentaires. Il a continué à admettre que la consonne avait une existence réelle quoiqu'elle soit pas séparément prononçable. C'est une convention qui était absolument inadmissible chez les Indiens, puisque eux veulent reproduire les sons unitaires réels et non pas seulement les phonèmes qui résultent d'une analyse théorique. Ils ont pris le soin de définir leurs caractères graphiques comme représentant les éléments indécomposables de la parole. Il est probable aussi qu'ils ont eu connaissance de l'effort que les Grecs avaient fait avec tant de succès pour établir une notation phonétique plus parfaite que la notation sémitique, car la notation grecque est attestée avant la première notation indienne. Seulement la notation grecque ne repose pas comme l'indienne sur la connaissance d'un système phonétique ; les grammairiens grecs n'en ont jamais eu de comparable à celui des Indiens. Par conséquent, qu'il y ait eu des écritures connues des Indiens avant qu'ils établissent la leur, qu'ils aient emprunté l'idée d'écrire et même qu'ils aient été entraînés par l'exemple des Grecs à rechercher une notation exacte est ou certain ou possible. Mais les procédés employés par les Sémites ne convenaient pas pour eux. Le procédé grec aurait convenu, mais, justement, ils ne l'ont pas employé et en ont suivi un différent qui n'appartient qu'à eux.

X

L'ÉCRITURE GRECQUE

DU VIIIe SIÈCLE AVANT NOTRE ÈRE À LA FIN DE LA CIVILISATION BYZANTINE

par Alphonse Dain

Cet exposé est inséparable, à son point de départ, de celui qu'a précédemment proposé M. James Février. En traitant, conjointement à l'étude de l'écriture phénicienne, la protohistoire de l'écriture grecque, avec des vues où la pensée philosophique le dispute à la compétence linguistique, notre collègue a rendu possible la présente communication. Il suffit de reprendre l'exposé là où il l'a arrêté : le problème, dès lors, est de dégager, autant que faire se peut, l'aspect sociologique du développement de l'écriture grecque.

Il n'y a sans doute pas de plus beau sujet. Pour la première fois depuis le début de ce colloque, nous abordons quelque chose qui nous touche tous personnellement. Il n'est pas le moindre potache de nos lycées et collèges qui ne connaisse le nombre π ; et à l'autre bout de l'échelle scientifique, les savants adonnés aux plus hautes spéculations en sont arrivés, paraît-il, à la recherche de l'*antisigma*. Nous parlons couramment du *delta* d'un fleuve et, dès le point de départ, la première chose que nous apprenons est l'*alphabet*.

Les limites fixées sont commodes. À partir du VIIIe siècle, a-t-on dit ; M. Février part de plus haut. Ici, on ne traitera que des choses qu'on peut voir et atteindre, et elles ne subsistent guère pour nous qu'à partir de l'an 700 avant J.-C. D'autre part, la limite inférieure, fin de la civilisation byzantine, est traditionnelle. Elle ne marque pourtant pas la fin de l'évolution de l'écriture grecque et, pour la période ultérieure, ce qu'il y aurait à dire de l'évolution de l'écriture grecque imprimée ne constituerait pas le chapitre le moins curieux.

L'écriture grecque étudiée dans les limites ainsi fixées est en réalité la seconde des écritures utilisées par les Grecs. M. Olivier Masson a parlé précédemment de la première écriture des Grecs, appelée à tort ou à raison « mycénienne », écriture d'origine indéterminée, ou tout au moins inexpliquée pour nous. Cette première écriture, de caractère syllabique, avait le grave inconvénient de n'être aucunement adaptée à des mots grecs. On ne reviendra pas sur la question : pour transcrire le mot ὄφελος, on est obligé, en syllabaire mycénien, d'écrire *o-pe-ro*. Et cela explique les difficultés de lecture et les hésitations dans la transcription rencontrées par les premiers inventeurs du déchiffrement.

La seconde écriture grecque est une écriture *alphabétique*, le mot alphabet, comme chacun sait, dérivant précisément des deux premières lettres de la série.

Si l'on s'en rapporte aux Grecs et à la légende, cette écriture aurait été inventée par Cadmos, époux d'Harmonie, laquelle était fille d'Arès et d'Aphrodite. Il y a beaucoup de symboles dans cette légende, du reste assez mal fixée. Les savants, dès longtemps, ont fait table rase de tout cela. On admet communément l'origine phénicienne de l'écriture grecque. Certains prolongent cette origine jusque dans le milieu araméen. Ce qui est certain, c'est que les signes de l'écriture ont paru aux Grecs d'origine phénicienne. Hérodote se sert du mot φοινικήια (phéniciens) pour désigner les signes d'écriture introduits en Grèce par les Ioniens (V. 58), et quinze siècles plus tard, vers le début du second hellénisme, Suidas, expliquant le mot γράμματα (signes d'écriture), définit par φοινίκεια les caractères de l'écriture grecque.

L'alphabet grec, comme l'indique la grammaire, « est un alphabet phénicien dans lequel, innovation extrêmement importante, on a modifié la valeur de certaines lettres pour leur faire noter les voyelles ». M. Février a montré l'effort extraordinaire fait pour enregistrer le moins mal possible les divers éléments du mot. Il a noté les moyens pris pour combiner les avantages des écritures abstraites et ceux des écritures concrètes, les trouvailles des écritures consonantiques et celles des écritures syllabiques. Il a insisté surtout sur l'effort fait pour noter les voyelles véritables mieux que ne l'avaient permis les écritures précédentes, pour noter aussi l'occlusive. « Création savante, a dit M. Février ; mais création qui a gardé quelque chose d'irrationnel », a-t-il ajouté. On le lui accordera sans difficulté. Ce contact entre le grec et le phénicien se situerait vers les années 900 avant J.-C., date pour laquelle nous n'avons conservé aucun document écrit en grec.

L'écriture grecque a développé, avec des divergences éliminées peu à peu, un alphabet de type capital dont les éléments nous sont connus, éléments en petit nombre à l'origine, mais qui deviennent rapidement nombreux.

Il faut partir des vingt-deux signes de l'alphabet phénicien. Ces vingt-deux signes nous donnent les lettres A à T. Peu importent ici les interprétations différentes ou douteuses que l'on a pu donner de tel ou tel signe. À ces caractères, il fallut ajouter les signes complémentaires au nombre de cinq : ce sont les lettres qui suivent dans l'alphabet : Υ, Φ, Χ, Ψ, Ω. Il y a lieu de se demander si l'invention que la légende prête à Cadmos ne serait pas précisément celle des signes complémentaires.

Au cours des temps, trois des signes de la première série ont cessé d'être d'un emploi courant dans l'écriture, quoiqu'ils aient été maintenus dans la numération : le *digamma*, le *koppa* et le *sampi*. Si bien qu'il ne reste plus que vingt-quatre signes dans l'alphabet courant utilisé pour l'écriture. De nombreuses et longues hésitations ont marqué le tracé des signes complémentaires de l'écriture grecque, notamment dans le cas des lettres doubles, Χ et Ψ. C'est même sur le tracé de ces deux lettres qu'ont été fondées les premières études consacrées à l'alphabet grec.

Donc vingt-quatre petits signes, depuis bientôt trois millénaires, ont servi à noter, sinon parfaitement, du moins d'une façon suffisante, la pensée la plus profonde et à la fois la plus subtile qu'ait connue l'humanité, celle dont est sortie notre civilisation occidentale.

Et c'est sur cette première constatation de caractère sociologique qu'il y a lieu d'insister. Dans cette merveilleuse invention de l'écriture, c'est l'écriture grecque qui occupe une place insigne. L'alphabet grec, a noté justement M. Février, n'a pas les qualités présentées par d'autres alphabets, par exemple l'alphabet tartessien. Mais le tartessien n'a pas eu de succès, tandis que l'alphabet grec dure encore. Par l'intermédiaire de l'alphabet latin et d'autres voies, il est au point de départ des alphabets du monde occidental, et il tend à se répandre dans le monde entier. Envers lui notre dette est lourde : nous lui devons ce que nous sommes sur le plan culturel.

Qu'on n'aille pas croire qu'au point de départ tout alla sans difficulté. Ce point de départ, on l'a dit, est pour nous très obscur. Qu'est-ce qu'Homère connaît de l'écriture grecque ? Il n'en parle qu'une seule fois (*Iliade* VI, 168-169), pour dire que Bellérophon, héros mélancolique et romantique, personnage singulier de l'*Iliade*, reçut de Prœtos la mission de porter à Iobatès, « seigneur de la vaste Lycie », des « tablettes repliées » sur lesquelles étaient écrits des signes. Signes funestes, σήματα λυγρά, dit le poète, puisqu'ils portaient l'arrêt de mort du héros. Qu'étaient ces signes pour Homère ? S'agissait-il d'écriture hiéroglyphique, syllabique ou alphabétique ? On ne saurait répondre.

En fait, les plus anciens documents de l'écriture grecque que nous atteignions ne sont pas de longues inscriptions ou des livres bien écrits. Il ne s'agit que de courts textes, gravés le plus souvent avec irrégularité, graffiti, inscriptions sur vases, etc. Et comment ne pas évoquer ici, puisque nous risquons bientôt de les voir disparaître, les graffiti que les soldats grecs du Psammétik, fidèles à une tradition militaire de tous les temps, écrivirent sur les jambes des colosses de granit d'Abou-Simbel. Dès le VIe siècle pourtant, notre connaissance de l'écriture grecque s'enrichit de beaux textes bien gravés sur le marbre ou sur le bronze.

Dès cette date ancienne, on est amené à rapprocher, sur le plan historico-sociologique, le problème de l'écriture grecque de celui de la vie politique. Il est banal de dire que ce qui caractérise la *politeia* pendant une longue partie de l'histoire de la Grèce, c'est le particularisme des cités. Autant de cités, dit-on, autant de constitutions, autant de cultes, mais aussi, autant de manières d'écrire. On constate à l'origine une extrême divergence dans le tracé des lettres. Il n'y a pas, au point de départ, de tracé uniforme des signes alphabétiques.

On pourrait, à loisir, multiplier les exemples de ce fait. Le *bêta* n'est pas uniquement cette haste verticale avec deux anses dextres (B), signe familier à tous. Les signes suivants :

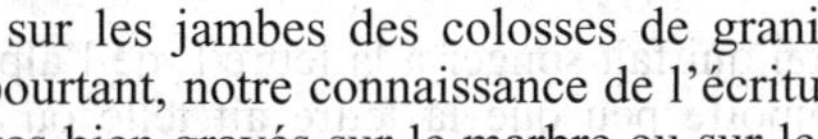

se rencontrent respectivement dans les Cyclades, à Corcyre, à Mélos, en Crète, à Théra. Même chose pour l'*iota*, que nous sommes habitués à voir droit comme un I. Mais que dire de ces formes :

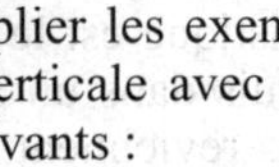

que l'on trouve à Théra, à Mélos, à Corinthe et dans l'île de Crète ? Nous connaissons tous le tracé du *sigma*, avec ses quatre barres (Σ). Mais voici d'autres graphismes :

De fait, à Athènes, et dans beaucoup d'autres lieux, le sigma n'a que trois barres. Il a quatre branches en Crète, mais la lettre est retournée sur le côté. On nous dit que la seule lettre qui ne souffre aucun changement au cours des temps est l'*omicron* (O). Mais à Corcyre, l'omicron est carré : sans doute est-il plus facile de le graver de cette façon.

Il n'y a pas moins de divergence dans l'orientation des lettres. On vient de dire que le *sigma*, au lieu de se présenter de la façon habituelle (Σ) pouvait être couché et se confondre plus ou moins avec la lettre *mu* (M). Mais que dire du *thêta*, ou encore du *xi*, que l'on voit écrits avec les deux orientations suivantes :

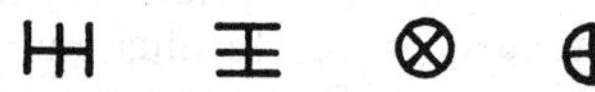

La forme du *lambda* nous est familière, mais à Athènes on l'écrit

avec une orientation qui fait songer à la lettre L de l'alphabet latin.

De même, il importe peu que la lettre ait telle ou telle ordonnance. C'est le cas de la lettre *pi* qui, suivant les tracés :

sera en articulation brisée, en articulation souple, ou en ordonnance arquée, en attendant que dans l'écriture courante d'époque tardive la lettre se réduise à une anse pure et simple.

Que dire des montages, qui s'écartent souvent de la pose normale qui nous est familière ? Il ne s'agit pas seulement du fait d'écrire en commençant par la droite, trait commun à beaucoup d'écritures autres que l'écriture grecque.

Le montage le plus caractéristique est le *boustrophédon*, qui comporte un va-et-vient dans un sens, puis dans un autre, à la manière des bœufs qui, arrivés au bout du sillon, reviennent sur leurs pas. Cette pratique comporte du reste des variantes, suivant que l'écriture est renversée ou ne l'est pas. Il y a aussi le montage *plinthédon* (qui peut s'inscrire dans le côté d'une brique), le *speirédon*, ou écriture en spirale, le *kionédon*, ou écriture en colonne. Le montage le plus caractéristique est le *stoichédon* (ou écriture carroyée), graphisme élégant entre tous, où les caractères sont alignés horizontalement et verticalement.

On [prendra] ici comme exemple de l'écriture attique la liste des morts à la guerre de la tribu Érechtéide d'Athènes, en l'an 457 avant J.-C. Ce document bien connu, rapporté d'Athènes en France par l'ambassadeur Nointel, en 1674, et aujourd'hui déposé au Louvre, n'a pas encore à ma connaissance été l'objet de reproduction photographique. Le caractère stoichédon n'intervient que dans les trois colonnes de noms propres. On observera dans l'intitulé du texte (lignes 1, 2 et 3) les trois points qui séparent les mots les uns des autres. Quant à la forme des lettres, on peut s'en rendre compte facilement malgré l'exiguïté de la reproduction.

L'écriture utilisée à Athènes a gardé pendant longtemps un caractère archaïque. Ce n'est qu'en 403, sous l'archontat d'Euclide, vers la fin de la guerre du Péloponnèse, alors que le monde grec avait déjà acquis une certaine unité, que les Athéniens se décidèrent à utiliser le tracé des lettres et les graphies ioniennes. Par exemple, l'ancien alphabet attique notait avec un *epsilon e* bref, *e* long et la fausse diphtongue *ei*. De même, l'*omicron* servait à noter *o* bref, *o* long et la fausse diphtonge *ou*. C'est de cet alphabet imparfait que se sont servis les grands classiques de la littérature athénienne, et de ces imperfections il reste des traces dans la transmission manuscrite des œuvres de ces écrivains. Le tracé des lettres, lui aussi, offrait certaines particularités dans l'alphabet attique. Le *lambda* s'écrit la pointe dirigée vers le bas ; le *gamma* n'a pas de haste verticale, mais présente un tracé qui s'apparente au Λ des autres dialectes. Le *sigma* a primitivement trois branches au lieu de quatre.

Il était fatal que l'esprit grec réagît fortement devant tant de divergences. Dès le VIe siècle, qui a été marqué par le grand effort de rationalisme et de rationalisation de la pensée grecque, on décèle les premières tentatives pour ramener l'écriture à des normes communes.

On abandonne d'abord l'écriture boustrophédon, qui ne présentait aucune commodité. Un autre abandon, non moins caractéristique, amena à supprimer le point, les deux points ou les trois points – voire la barre – qui séparaient les mots les uns des autres. Cette distinction, qui se justifiait dans l'écriture consonantique, n'avait plus de raison d'être dans l'écriture alphabétique. Du reste, les Grecs ont eu moins que d'autres peuples, les Latins par exemple, le sens de la séparation rigoureuse des mots.

La tendance à aligner l'écriture horizontalement et verticalement, suivant le montage stoichédon, devait, elle aussi, céder à la longue. Et pourtant les Grecs avaient admiré pendant longtemps ce bel alignement vertical et horizontal des lettres, qui sacrifiait à l'esthétique la fin des mots, l'ordre des phrases, voire l'ordonnance des vers !

Restait à rationaliser le tracé même des lettres. Sans doute la Grèce n'a jamais eu de Geoffroy Tory, dont le Champ Fleury porta à la perfection l'art de graver les lettres et de disserter sur leur tracé. Mais on ne peut s'empêcher de penser que l'alphabet idéal des Grecs, lorsqu'il fut unifié, correspondit à une conception rationnelle. Évoluant à partir de thèmes primitifs d'inspiration sémitique, l'alphabet grec devait peu à peu aboutir à une construction architectonique faite d'éléments simples.

En effet, la lettre grecque idéale – j'insiste sur ce mot – doit s'*inscrire* dans un cercle ou dans un carré (*loge* ou *cellule*, disent les techniciens) : les éléments qui la composent sont, si l'on ose dire, des barres ou des ronds. Il vaut la peine de tenter cette analyse.

Avec un trait ou deux traits inscrits dans la loge, on obtient un *iota*, un *gamma*, un *lambda*, un *tau* ou un *chi* :

Ι Γ Λ Τ Χ

Tous les moyens d'employer trois traits dans un carré ont été utilisés à partir des schémas précédents. On obtient d'abord un *delta*, un *dzêta*, un *êta*, un *nu* un *pi* (cette dernière lettre n'ayant à l'origine qu'une demi-contre-jambe à droite) :

Δ Ζ Η Ν Π

Il y a des arrangements plus différenciés des trois traits. Ainsi l'*alpha*, le *cappa*, l'*upsilon*, le *psi* :

Α Κ Υ Ψ

Avec quatre traits on obtient l'*epsilon*, le *mu*, le *sigma*, le *xi* :

Ε Μ Σ Ξ

Les lettres rondes sont l'*omicron* et l'*oméga*. En gravant au milieu du cercle un point ou une barre, on obtient le *thêta* et le *phi*. Enfin le *bêta* est fait d'une barre et de deux moitiés de cercle ; le *rhô* de son côté ne présentant qu'une anse supérieure :

Ο Ω Θ Φ Β Ρ

Ces formes stylisées étaient le fruit d'un schématisme poussé à l'extrême. Elles atteignaient à la perfection conceptuelle. En même temps, on obtenait une lisibilité parfaite. De tous les graphismes, celui de l'écriture grecque était le plus lisible. Le haut des lettres notamment, qui est la partie sensible pour le lecteur, était nettement différencié. C'est sans doute ce qui lui a valu la pérennité de son emploi, fût-ce au travers de l'héritage latin.

Il restait à faire de cet instrument rationnel une œuvre d'art. C'était l'affaire de chaque graveur digne de ce nom. Il y a une vraie jouissance artistique à voir une inscription grecque bien gravée. Nos collections en fournissent de multiples exemples. Il semble que le monde grec se soit divisé à cet égard en plusieurs styles – qui ont varié avec les époques. Ramenons-les à des formules simplifiées. Il y a le style *austère*, dont les inscriptions d'Athènes, notamment, offrent tant de beaux exemples. C'est la lettre pure, dans sa beauté nue. Il y a d'autre part le style *orné*, qui présente le même tracé des lettres, mais avec des enjolivements de détail : sortes de pleins et de déliés, *apices*, ornements, etc. Un bon exemple de ce style peut être fourni par une inscription en dialecte ionien, bien connue des dialectologues. Elle provient du théâtre de Milet et se trouve aujourd'hui au Louvre. Ce document de la fin du IVe siècle avant J.-C. ou du commencement du IIIe, malheureusement mutilé, a trait au partage des chairs des victimes après les sacrifices religieux. Ce style enjolivé de l'écriture capitale contraste avec celle du document d'Athènes cité plus haut : deux esprits s'opposent, celui de l'Asie et celui de l'Attique.

Il existe à dire vrai un style *moyen*, c'est-à-dire celui des gens de toute époque qui, hésitant entre les solutions extrêmes, se contentent de formules plus ou moins impersonnelles. Il est rare qu'une inscription des âges classiques de la Grèce soit sans beauté.

L'examen de ces éléments intellectuels, voire affectifs, qui ont présidé à l'élaboration de l'écriture grecque – on ne connaît encore que l'écriture capitale, même quand elle est utilisée de façon cursive – ne doit pas faire oublier l'aspect quantitatif du problème, dont l'étude est souhaitée par les organisateurs de ce colloque.

Constatons d'abord l'importance numérique de la production grecque. Le corpus des inscriptions grecques est énorme et s'accroît constamment. Jusque vers 360 avant J.-C., en dehors des graffiti et des brèves indications portées sur les vases peints, d'ailleurs nombreux, nous ne possédons comme textes continus que les inscriptions gravées sur le marbre ou sur le bronze. Nous n'avons affaire qu'à une écriture monumentale, dont le scripteur, comme on dit, est lapicide ou graveur.

Combien l'Antiquité a aimé cette matière gravée ! Il n'est pour s'en rendre compte que d'aller à Delphes et d'y admirer les restes du mur polygonal, vaste surface entièrement couverte de textes grecs d'écriture serrée. On n'a jamais tant écrit sur le marbre. Depuis les décrets des amphictyons jusqu'aux plus modestes actes d'affranchissement, tout s'est gravé sur les murailles.

À la vérité, il a manqué aux Grecs, jusque vers le milieu du IVe siècle, une matière à écrire usuelle, peu coûteuse et accessible à tous. En un mot, le Grec n'avait pas de papier. Il faut insister sur ce point. Le Grec moyen écrit sur n'importe quoi. Et d'abord sur des fragments de poterie, des *ostraca*. Nous avons tous vu reproduit, dans nos manuels de classe, ce tesson où un Athénien quelconque écrivit le nom de Thémistocle, dans un vote d'ostracisme. À l'époque postérieure, au temps des Ptolémées, on écrira encore une ode de Sappho sur un fragment de poterie, document insigne qui est aujourd'hui la propriété de la Société italienne de papyrologie.

Le particulier, en Grèce, se sert, pour son usage privé, de matières toutes périssables, dont nous n'avons conservé que très peu de fragments authentiques : on écrit sur des tablettes de cire, des bouts de cuir, des morceaux de peau – tel document a été écrit sur une peau de serpent. On se sert de lamelles de plomb, et plus tard de feuilles d'or ou d'argent. Le plomb surtout est d'usage dans les formules d'incantation (*tabellae defixionum*).

Mais comment écrivaient les « auteurs » grecs ? Comment, par exemple, les premiers philosophes de la Grèce composaient-ils et conservaient-ils leurs œuvres ? La vérité est qu'à l'époque primitive, la librairie n'existait pas. Les œuvres des grands maîtres de la pensée étaient conservées à un seul exemplaire, propriété le plus souvent de l'école qu'ils avaient fondée. Chacune des écoles conservait précieusement le texte du maître, le fondateur, et les œuvres et commentaires des scholarques successifs. Tout cela était voué à la perdition. On connaît l'histoire, plus ou moins romancée, de la transmission des œuvres d'Aristote. On sait qu'à l'autre extrémité de l'histoire du monde hellénique, les fameux *Hexaples* d'Origène, conservés sans doute dans un exemplaire unique, ont disparu avec la bibliothèque du maître. La reproduction manuelle des œuvres écrites a toujours été un problème difficile, dont nous avons du mal à nous faire une idée.

La grande innovation en la matière – dont les effets concernent un aspect essentiel des préoccupations de ce colloque – a été la grande diffusion, à partir d'une certaine époque, du papyrus égyptien. L'usage du papyrus travaillé pour en faire une matière à écrire est ancien en Égypte, témoins les admirables documents conservés au Louvre. Hérodote cependant, qui parle du papyrus en tant que plante, ne signale, pas son usage pour la fabrication du papier. C'est pourtant vers cette époque que commencent à se constituer les bibliothèques, soit publiques, soit privées. Aristophane, qui en est jaloux, signale qu'Euripide tire de sa bibliothèque mille remarques quintessenciées. On dirait d'un collectionneur moderne qui envie la galerie de son voisin. Car posséder une bibliothèque est encore un luxe à cette date. La mention la plus ancienne que l'on connaisse en Grèce du « papier » est sans doute ce passage de l'*Anabase* où Xénophon raconte que sur les bords de la côte de Thrace avait échoué un navire (d'origine égyptienne ou d'Asie Mineure) dans les flancs duquel on trouva des ballots de vieux papyrus : lot de documents usagés probablement, dont le verso pouvait être utilisé dans ces confins lointains comme matière à écrire.

Il y eut donc, à partir d'une certaine époque, une écriture grecque gravée par les lapicides, et une écriture utilisée dans la vie privée. Au point de départ, et pendant très longtemps, ces deux écritures sont de même type, la *capitale*. Mais il y a des réactions normales de l'une sur l'autre, et l'écriture gravée a tendance à accepter les innovations de l'écriture tracée au stylet ou au calame.

Prenons pour exemple les lettres qui comportent quatre traits. Leur tracé n'offre aucune difficulté au graveur. Mais qui écrit cursivement la capitale doit lever quatre fois le calame et tracer ces traits dans des sens contraires. Qu'on prenne par exemple la lettre *xi*, dont la forme idéale a été présentée plus haut. L'écriture manuelle imposa vite un graphisme permettant de ne pas lever le calame, et aboutissant à ces formes qui nous mènent à notre lettre minuscule moderne. La lettre *sigma* offre un exemple précieux, car les papyrus les plus anciens nous présentent pour un même document le passage de la forme cursive à quatre branches à la forme dite « lunaire ». Le fameux papyrus de Timothée (milieu ou seconde moitié du IVe siècle avant J.-C.) nous fait connaître toutes les étapes de l'évolution. Les voici reproduites schématiquement :

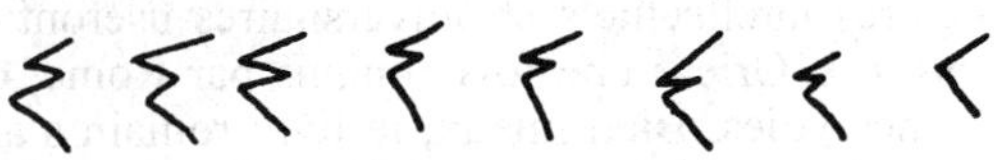

Plus curieux peut-être est le passage de l'*oméga* en « arche de pont » à l'*oméga* à double boucle, ouvert par le haut. Le papyrus du Phédon (IIIe siècle avant J.-C.) nous en fournit toutes les étapes :

Il est curieux de noter sur les inscriptions, à partir d'une certaine date, l'usage de ces formes de lettres empruntées à l'écriture manuelle.

Le parallélisme naturel entre l'écriture grecque gravée et celle qui était écrite au calame n'a pas manqué d'attirer l'attention des épigraphistes. Holleaux signalait, par exemple, que le décret d'Antiochus II instituant un culte en l'honneur de Laodice (milieu du IIIe siècle avant J.-C.), conservé sur un marbre du Louvre, présentait un type d'écriture entièrement comparable à celui des papyrus contemporains (par exemple le papyrus d'Artemisia). Je ferai une remarque comparable, à une autre extrémité du monde grec. Voici, tiré de Phénicie, et remontant aux environs des années 570 de notre ère, un document lui aussi conservé au Louvre. Il s'agit de la supplique qu'un prêtre de la Κώμη Χεδαρῶν, près de Tyr, adresse à son évêque, relativement au droit d'asile à instituer dans son église. Le document nous montre une écriture grecque évoluée, pourvue d'abréviations, de ligatures et de signes de lecture. Nul doute, en tout cas, que le document gravé sur le marbre ne reproduise exactement le document manuscrit que le prêtre du lieu avait confié au lapicide.

Ici intervient un problème nouveau, éminemment important du point de vue de nos recherches. C'est un peu après le début de l'époque alexandrine, soit vers la première moitié du IIIe siècle avant J.-C., que naît le livre. On veut dire par là le livre employé comme élément usuel, comme quelque chose qui pénètre dans la vie et devient indispensable. Cela est lié aux conséquences des conquêtes d'Alexandre, au développement de la culture générale, à l'ouverture des grandes écoles de philologie, tel le musée d'Alexandrie. Vers cette date nous entrons dans un cycle qui informe notre vie à tous : l'ère du livre. C'est à partir de cette époque que le problème de l'écriture se confond en partie avec le problème du livre.

Plusieurs données à la fois ont conditionné l'écriture et le livre. D'un côté c'est l'expansion de l'industrie du papyrus, de l'autre la diffusion de l'écriture grecque dans un monde qui n'était plus uniquement grec d'origine. Un Égyptien était obligé d'apprendre le grec comme un enfant d'aujourd'hui fait d'une langue étrangère. On ajoutera que la rivalité des grandes cités hellénistiques favorisa cette émulation vers la culture. Pergame, rivale souvent heureuse d'Alexandrie, invente une nouvelle matière à écrire, le *pergamen*, ce que nous appelons le parchemin.

Les grands centres intellectuels et universitaires useront désormais de toutes ces richesses. L'Orient une fois conquis par Rome, on continuera de suivre les mêmes voies. Bien mieux, le livre romain s'alignera sur le livre grec et, à part le tracé de quelques lettres, l'écriture de librairie sera la même dans les deux parties de l'Empire cela jusque vers le début du VIIe siècle de notre ère.

Sans doute y a-t-il des différences entre les diverses formes de livres : il y a le livre de grande bibliothèque, le livre savant à l'usage du professeur et de l'érudit, le livre de lecture courante, diffusé dans le commerce, dont l'Égypte nous a fourni tant de restes, trop souvent mutilés. Peu à peu, et grâce à des découvertes insignes, notre connaissance de la librairie antique se perfectionne : vaste domaine géographique, longue suite de siècles.

Autre fait non moins important, une écriture privée, connue par de multiples documents, se développe parallèlement à l'écriture du livre. Nous suivons cette production pas à pas pendant un millénaire. À côté de ces précieux papyrus nous faisant connaître des textes littéraires importants, à côté de ces livres relativement nombreux reproduisant le texte des Écritures, nous possédons une masse innombrable de documents privés, allant des actes notariés jusqu'aux lettres personnelles, allant du contrat de nourrice jusqu'à l'affiche donnant le signalement d'un esclave fugitif. Ces documents illustrent de façon singulière toutes les formes de la vie privée : tel le relevé de comptes de ce dévôt d'Adonis (papyrus du IIIe siècle avant J.-C.) qui nous révèle la vie du fidèle durant le triduum qui précède les fêtes du dieu : il a été chez le coiffeur, chez le tenancier de bains ; s'il a dûment jeûné, il a acheté tout ce qu'il fallait pour fêter dignement le retour d'Adonis. Désormais, l'écriture nous fait pénétrer directement dans le comportement privé de la vie sociale des individus. Rien n'est plus émouvant ! Cette écriture manuelle est la véritable écriture grecque, l'écriture du livre restant toujours plus ou moins factice.

D'autres transformations allaient atteindre la matière et la forme du livre. Dès le début du IIe siècle de notre ère naissait le conflit entre le *papyrus* et le *parchemin* d'une part, entre le *volumen* et le *codex* de l'autre. Le volumen était une longue feuille roulée sur elle-même, écrite d'un seul côté ; le codex était fait d'une suite de cahiers écrits recto verso et placés les uns à la suite des autres et protégés par une reliure ou une sorte de portefeuille. Le codex, et notamment le codex de parchemin, semble s'être plus rapidement développé en Occident qu'en Orient. Les chrétiens paraissent l'avoir adopté assez rapidement pour la transcription des textes sacrés. Le conflit entre ces différentes formes de livres fut long et varié. Non seulement il y eut des *codices* de papyrus, adroitement montés, mais on vit pendant longtemps les feuilles de papyrus se mêler dans un même livre aux feuilles de parchemin. Il y eut des retours d'une formule à l'autre. En Égypte, source principale de notre information sur les livres anciens, le parchemin se développe vers le IVe siècle de notre ère, cède en partie la place au papyrus pendant le Ve siècle, puis redevient prédominant au VIe siècle. Tout ce jeu peut s'expliquer par des interférences historiques et économiques. Quand la production diminue on a tendance à écrire mieux et sur une matière plus chère.

Il est d'ailleurs des textes pour lesquels on ne songe pas à faire d'économies. Depuis que Constantin a distribué aux cinquante grandes Églises de l'Empire des exemplaires de luxe de l'Écriture sainte, le texte sacré est toujours richement présenté. On connaît les beaux exemplaires de la Bible que nous avons conservés. On connaît aussi ces manuscrits sur fond de pourpre, avec écriture d'or ou d'argent, dont le luxe, apparemment inutile, excitait la verve de saint Jérôme.

La pauvreté, il est vrai, allait s'établir en maîtresse dans le monde méditerranéen, séparé définitivement en deux tronçons vers le règne d'Héraclius (610-641). Dès lors, le livre grec et l'écriture grecque évoluent chacun de leur côté sans vrais contacts avec l'écriture ou le livre latins. Le monde byzantin subit l'influence de l'Orient : saint Jean Damascène, le dernier des écrivains grecs, est d'origine orientale. Tout concourt à la régression : bouleversements sociaux, changements économiques, querelles de théologiens – qu'on pense au long drame de l'iconoclasme, – conquête arabe enfin. Le monde de l'Islam devait peu à peu envahir le domaine occupé par les Grecs. L'Égypte, notamment, fut rapidement conquise. Les soldats du calife Omar prirent Alexandrie en 641 et, dit-on, détruisirent ce qui restait de la bibliothèque du Sérapéum.

Le retour à l'orthodoxie après la querelle iconoclaste, la restauration de l'université de Constantinople, le développement de la culture profane sous l'influence de personnages tels que Photius ou Aréthas, la multiplication des écoles monastiques devaient ramener le culte des lettres. Deux princes y contribuèrent à leur tour, Léon VI le Sage et Constantin VII Porphyrogénète.

Entre-temps, on avait complètement changé l'écriture grecque. Dès le début du IXe siècle, peut-être même dès 780, il y eut diverses tentatives pour abandonner le type d'écriture du livre en grandes capitales (dites *onciales*) pour y substituer une écriture issue de l'écriture usuelle, la *minuscule*. On y gagnait une grande économie de parchemin et un style qui était plus rapide dans l'exécution, tout en se prêtant facilement aux abréviations et à l'accentuation. Le style de Constantinople prédomina, en raison de l'extraordinaire influence centralisatrice que la capitale exerçait sur l'Empire. C'est cette écriture manuelle que nous utilisons encore aujourd'hui, après une lente évolution, tout en réservant les caractères de type oncial pour les majuscules.

On se trouva dans l'obligation de refaire tous les livres. Car ce que nous appelons manuscrit, c'est en réalité le livre écrit à la main. Il fallut transcrire tous les textes – les *translittérer* comme on dit – de l'ancienne écriture livresque à la nouvelle. L'opération demanda quelque deux cents ans et plus, et constitua le passage forcé auquel aboutit tout ce que nous avons gardé de l'Antiquité. Le malheur est que les ouvrages qui ne subirent pas la translittération, ou qui furent simplement « résumés » lors de ces travaux – ainsi une bonne partie des historiens grecs – représentant un type désuet de livre et moins facilement lisibles, furent négligés et finirent par disparaître.

S'il est un point qui intéresse particulièrement les préoccupations manifestées dans ce colloque, savoir l'aspect socio-historique des problèmes de l'écriture, c'est bien celui-là. Pour les IXe et Xe siècles, on peut reconstituer, tranche par tranche, l'apport des récupérations successives de la littérature grecque et son incidence sur la vie culturelle du monde byzantin. L'ordre en est facile à établir. Chose curieuse, les poètes grecs arrivent bons derniers dans la lice. Si l'on excepte Homère (vers 950 ?), ce n'est guère que vers 960 ou 980 – et plus près de 980 semble-t-il – qu'on récupère la littérature poétique qui avait fait la gloire de la Grèce.

Pour tous ces livres, il avait fallu constituer de nouvelles bibliothèques : patriarcat, évêchés, centres monastiques y contribuèrent. La bibliothèque la plus illustre fut celle du Palais impérial. Installée d'abord dans la partie du Grand Palais appelée Camilas, elle connut des accroissement singuliers sous le règne de Constantin Porphyrogénète. Six ou sept volumes seulement de ce riche ensemble sont parvenus jusqu'à nous : révolutions, guerres, pillages, incendies, tout contribua peu à peu à diminuer le trésor sauvé de l'Antiquité.

Un fait nouveau allait encore modifier l'état social et politique, et incidemment la production des livres : l'arrivée des Occidentaux dans l'Empire d'Orient et la constitution d'un Empire latin à Constantinople (1204-1261). La prise de Constantinople, le développement des Empires de Nicée et de Trébizonde, l'importance prise par certaines villes de province, comme Thessalonique, ne modifièrent rien sans doute à l'écriture grecque, mais ces faits politiques changèrent le climat littéraire et la production du livre. La capitale de l'Empire perdit sa suprématie jusqu'alors incontestée. D'autres centres de production littéraire se développèrent, d'autres enquêtes savantes virent le jour, riches en conséquences. Quand l'Empire latin de Constantinople disparut, les conditions de vie intellectuelle étaient modifiées. Les années 1260 à 1300, et même les années suivantes, virent une nouvelle renaissance de l'hellénisme et un nouvel essor de la production livresque, surtout érudite, essor favorisé par l'usage de plus en plus courant du papier. Un élargissement s'était produit. L'écriture ne fut plus le privilège presque exclusif des clercs ; les laïcs entrèrent en lice, et les personnes privées elles-mêmes se mirent à copier des livres pour leur usage personnel. Nous avons plus d'un manuscrit écrit par des universitaires.

Le moment est proche où la Renaissance proprement dite modifiera les problèmes de fond en comble. La date de 1453, limite fixée au Moyen Âge, ne marque pas, à dire vrai, la fin de la civilisation byzantine. La grande nouveauté fut quelques années après, la découverte de l'imprimerie. S'ajoutant à l'usage, désormais normal, du papier, et surtout du papier occidental, la librairie grecque connut une grande expansion. L'ère du livre se prolongeait.

L'écriture grecque faillit, dans la circonstance, être complètement modifiée. D'aucuns songèrent, non sans raison, à créer un caractère typographique propre à l'impression du grec. Mais le prestige de la calligraphie des manuscrits était si grand que l'on en vint à imiter dans l'impression l'écriture des manuscrits. La singulière beauté des « grecs du roi », reproduisant en typographie l'écriture manuelle d'Ange Vergece, arrêta pour plus de deux siècles l'évolution normale de l'écriture grecque imprimée, et par suite l'écriture manuelle. Mais ceci est une autre histoire, qui nous ferait sortir des limites assignées.

L'écriture grecque, source de toutes les écritures utilisées dans le monde occidental, a été par là même un des éléments les plus importants de la vie culturelle de l'humanité. Son histoire, bientôt trois fois millénaire, s'infléchit suivant tous les courants de l'Histoire proprement dite : elle est liée à la vie. Si imparfaite qu'elle ait pu paraître à son origine, les éléments rationnels que comporta son évolution, les qualités toujours renouvelées qu'elle présentait sur le plan esthétique, son extrême lisibilité enfin ont fait de l'écriture grecque un instrument admirable confié à l'humanité.

Discussion

M. COHEN. – Vous nous avez parlé du prix des premiers livres. Quel était-il, comparé au prix d'objets d'utilisation courante ?

M. DAIN. – Cela varie beaucoup avec les époques. Un copiste de la belle époque byzantine, qui travaille environ trois mois à copier son manuscrit, reçoit comme salaire un peu moins que le prix du parchemin… On peut penser que l'écriture d'un moine ne coûte pas cher, puisqu'il a l'éternité devant lui, sans nécessité de gagner sa vie de tous les jours ; c'est vrai. Mais il y a aussi des copistes, qui se font payer à la page. On cite les chiffres de dix et douze νυμίσματα, ou sous d'or : dix ou douze pièces d'or, c'est important pour la copie d'un manuscrit.

M. COHEN. – En somme, les manuscrits ont toujours été un luxe.

M. DAIN. – Oui, et il y en a eu beaucoup moins qu'on ne croit, du moins sous la forme précieuse d'un beau livre de bibliothèque. Cela a toujours été un luxe, et c'est pourquoi j'ai insisté sur l'usage du papyrus et du papier, qui ont fourni une matière relativement bon marché.

M. COHEN. – Vous êtes arrivé au seuil de l'exposé que nous entendrons prochainement, sur la naissance de l'imprimerie, qui, justement, n'a pu se faire qu'au moment où l'on avait du papier.

J'ai déjà fait allusion au fait qu'il semble bien que les anciens, et ceci jusqu'au IVe siècle après J.-C., jusqu'à saint Augustin, ne lisaient pas autrement qu'à haute voix. C'est une question controversée. Alors, comment imaginer la vie de l'homme de lettres ? Écrivait-il lui-même ? Euripide par exemple, qui n'était pas seulement un devin inspiré, mais déjà un véritable homme de lettres, qui avait sa bibliothèque – vous nous l'avez dit –, écrivait-il lui-même, lisait-il lui-même, ou se faisait-il lire par un lecteur, un secrétaire savant ?

M. DAIN. – Il est probable que dans le cas d'Euripide, si nous en voyons un reflet dans la comédie d'Aristophane, le poète écrivait lui-même, dans des postures qui nous paraissent invraisemblables. Mais il est certain que, à mesure que le livre s'est développé et est devenu matière de la vie courante, il y a eu des « lecteurs ». On peut citer l'exemple de Pline l'Ancien écrivant son *Histoire naturelle*. Pline est très occupé ; il a mille fonctions et il écrit, compose son livre pendant qu'il est à table. Il a d'un côté un secrétaire qui lui lit un texte grec, à haute voix. Pline, tout en continuant de dîner, dicte à son secrétaire latin un texte latin. Les fautes de lecture du grec passent fatalement dans le latin ; toutes les fautes de prononciation du lecteur passent dans le texte du scripteur. C'est pourquoi il y a tant de choses qui peuvent nous étonner.

Il est certain qu'un écrivain comme Cicéron écrivait sur des tablettes ou sur des *pugillares* qu'il tenait dans la main. Il écrivait très rapidement, puis le scribe (le secrétaire) rédigeait le livre proprement dit. Cela pose des problèmes qui nous échappent en partie, parce que ce ne sont pas les conditions habituelles de notre travail. Il en a été ainsi jusqu'à ce que le papier devienne une chose usuelle et courante.

M. KOYRÉ. – Quand la séparation des mots s'est-elle réintroduite ?

M. DAIN. – L'écriture capitale ne comportait pas de séparation de mots. C'est au moment où l'on a créé la minuscule, donc vers 800, que l'on s'est mis à séparer les mots, et même quelquefois à distinguer les syllabes. Car il s'était fait des ligatures par groupe de lettres constituant des syllabes. Mais on ne distinguait pas les vocables, de telle façon que les petits mots s'appuyaient sur le suivant : soit l'article τῆς et le mot πόλεως : on écrit τῆ puis σπόλεως. Le groupement de τῆ d'un côté et de σπόλεως de l'autre, constitua quelque chose de valable comme séparation de mots, et cela jusqu'à l'époque de l'impression. De temps en temps, pour aider le lecteur, quand le mot était composé, qu'il comportait par exemple deux termes réunis grammaticalement en un, le scribe mettait en dessous un signe marquant que les deux mots n'en faisaient qu'un.

M. KOYRÉ. – Était-ce courant dans l'écriture de tous les jours ?

M. BATAILLE. – Dans les plus anciens papyrus, on remarque très nettement qu'il y a des blancs entre les mots ou des groupements de syllabes.

M. DAIN. – En revanche, le papyrus des Perses de Timothée, qui est très ancien, est écrit d'une façon continue, sans aucune séparation, distinction ni ponctuation.

M. MACHABEY Sr. – Les œuvres d'Eschyle et d'Euripide ont-elles été copiées à aussi peu d'exemplaires que celles des philosophes, et comment se sont-elles propagées ?

M. DAIN. – Il est probable que dans le cas des poèmes tragiques, il y a eu au moins des livrets d'acteurs, donc des multiplications nécessaires. Ces sortes d'éditions sont entrées dans le commerce, forcément, à partir d'un certain moment, mais elles ont été si vite gâtées que moins de cent ans après la mort des grands poètes, il a fallu en faire des éditions officielles. C'est à ce moment-là, vers le milieu du IVe siècle, que Lycurgue, alors qu'on installe sur le Théâtre d'Athènes les statues des trois grands tragiques, fait faire une édition officielle de leurs œuvres. C'est-à-dire qu'on a recueilli des documents comme on a pu pour établir un texte qui devait être le texte des acteurs. Transportés plus tard à Alexandrie – et du reste jamais restitués aux bibliothèques d'Athènes – ces textes ont servi aux premières éditions critiques des philologues alexandrins, dont nous sommes les successeurs immédiats, en ce sens qu'il n'y a aucune interruption entre la tradition de l'année 280 avant J.-C. et nous-mêmes. La philologie s'est emparée de ces textes, et encore aujourd'hui, tous, nous nous évertuons d'abord à reconstituer, à l'aide des éléments que nous possédons, fort divers quelquefois et provenant tantôt de papyrus, tantôt de manuscrits, tantôt de citations, ce que nous appelons « l'archétype » ; puis nous nous efforçons, dans la mesure du possible, de franchir le passage qui va de l'archétype, situé vers l'an 450 de notre ère par exemple, jusqu'à l'époque des poètes anciens qui, pour Eschyle, Euripide et Aristophane, remonte à 450 ou 400 avant J.-C. Pour Xénophon par exemple, l'abîme est encore plus grand : Xénophon nous est connu par des manuscrits du XIVe siècle (sauf la *Cyropédie*) ; il y a donc presque mille huit cents ans qui séparent le Xénophon écrit autrefois et celui que nous possédons aujourd'hui.

M. DESTOMBES. – À quelle époque remonte l'usage d'un petit trait au-dessus des lettres pour indiquer les chiffres ?

M. Dain. – Cet usage est très ancien, on le trouve déjà dans les papyrus, mais il est très irrégulier ; il existe même dans l'écriture gravée. Ce tilde peut se trouver aussi pour indiquer les noms propres.

Dr. Finot. – Au point de vue phonétique, a-t-on pu faire quelques recoupements permettant de connaître la prononciation ancienne du grec ?

M. Dain. – Les documents les plus précieux à ce sujet sont encore les graffiti, parce que les gens incultes, ou qui ne connaissent pas bien l'orthographe, écrivent comme ils prononcent. Il est certain que cette prononciation – je ne parle pas de l'accent, mais simplement de la prononciation des mots et des voyelles – a évolué beaucoup, et qu'elle n'était pas la même dans tous les pays. Une chose bien connue et importante, c'est que la lettre *upsilon* se prononçait *ou* dans tout le monde grec sauf à Athènes, à Delphes et à Milet, où l'on prononçait *u*. Les prononciations locales ont dû être très différentes, Hérodote distinguant en Asie Mineure, côté ionien, douze manières de parler l'ionien dans la Dodécapole. Malheureusement nous sommes très mal renseignés là-dessus ; nous sommes mieux renseignés, je crois, sur la prononciation du latin, car nous avons cet avantage incomparable, au moins à une certaine époque, d'avoir des dictionnaires avec la prononciation. Nous possédons pour les termes de langue latine introduits dans le monde grec, en particulier en matière juridique, des sortes de lexiques qui nous montrent comment les Grecs apprenaient à les prononcer. Je possède quelque vingt-cinq de ces textes, prêts à être publiés si l'on trouvait la somme nécessaire et aussi des lecteurs pour les lire. Nous avons des lexiques avec prononciation, et des prononciations qui ont, par leurs graphismes, étonné autrefois Meillet, à qui j'en ai soumis quelques-uns, et qui était tout à fait surpris des qualités phonétiques, vraies ou fausses, de ces transcripteurs de sons.

M. Koyré. – À quelle époque l'alphabet grec a-t-il été unifié ?

M. Dain. – On peut dire que ce type d'alphabet – qui est un type idéal, bien entendu – se situerait vers le milieu du ve siècle avant J.-C. Mais il faut faire tout de même cette réserve qu'à Athènes, on écrivait encore l'*epsilon* et l'*omicron*, au lieu de l'*êta* et de l'*oméga*. C'est à ce moment-là et même un peu avant, qu'on a fait disparaître en Ionie l'*h* aspiré du grec, pour transformer cette lettre en son *êta*. Le grec perdant l'aspiration, au moins dans les dialectes éoliens et ioniens, cette lettre était devenue inutile. Les Ioniens ayant développé dans leur phonétique le son *ê*, ouvert, long, ont utilisé pour noter ce son cette lettre qui ne leur servait plus. C'est ainsi que la lettre H, qui, pour nous, est un H, chez les Grecs communs, et à Athènes, à partir de l'an 403, au moins dans les documents officiels, est devenue la lettre *êta*.

M. Koyré. – En somme les Athéniens étaient des retardataires.

M. Dain. – En beaucoup de domaines, sauf dans celui de la pensée, ils ont été très traditionalistes. Pour la langue ils ont été nettement conservateurs. Seulement ils ont beaucoup contribué à l'expansion de la pensée grecque.

XI

ÉTRUSQUES ET ROMAINS

PROBLÈMES ET HISTOIRE DE L'ÉCRITURE

par Raymond Bloch

L'écriture étrusque et l'écriture latine sont issues, la première directement, la seconde indirectement, de l'écriture hellénique. L'écriture latine provient de l'écriture étrusque comme nous le verrons dans un moment ; elles ont servi toutes deux à transcrire des langues fondamentalement différentes et correspondant à des civilisations hétérogènes. Comme le but de cette semaine d'études est de mettre en relief la valeur historique, sociologique des écritures et de montrer comment elles correspondent au génie des différents peuples, je serai amené à vous parler d'abord de l'écriture chez les Étrusques, puis de l'écriture chez les Romains. Dans les deux cas, j'insisterai tout d'abord sur l'origine de ces écritures. En effet, les processus d'emprunt de l'alphabet en Étrurie et à Rome sont des faits de civilisation de grande importance qui soulèvent des problèmes dont les uns sont encore ouverts, les autres déjà résolus. Puis, dans chacune des deux parties de mon exposé, j'analyserai les transformations de ces alphabets qu'il a bien fallu adapter aux nécessités des langues, et j'évoquerai les valeurs essentielles de l'écriture, telles qu'elles m'apparaissent chez les deux peuples. Je renvoie, pour bien des détails techniques relatifs à ces vastes questions, au livre de M. Février que chacun connaît et utilise et aux récents articles que M. Lejeune a publiés dans la *Revue des études latines* et dans le volume intitulé *Tyrrhenica*[1].

En abordant la question de l'écriture étrusque, on entre, pour la première fois, je pense, dans cette semaine d'études, dans un domaine où une écriture connue sert à transcrire une langue encore pratiquement incomprise. Si la langue étrusque demeure, aujourd'hui encore, une des croix du chercheur qui n'a pas réussi à lui trouver de parente proche ou éloignée et se trouve réduit à analyser inlassablement en eux-mêmes les textes nombreux mais trop courts, dont il dispose, l'écriture étrusque, elle, n'a jamais, en vérité, présenté de difficultés sérieuses de déchiffrement. En fait, depuis qu'on s'intéresse à la civilisation toscane, on lit l'étrusque à peu près correctement, sans hélas bien le comprendre. Que

1. Cf. M. Lejeune, « Observations sur l'alphabet étrusque », in *Tyrrhenica*, Milan, 1957, p. 158 *sq* ; et « Notes de linguistique italique, XIII, Sur les adaptations de l'alphabet étrusque aux langues indo-européennes d'Italie », *Revue des études latines*, XXXV, 1957, p. 88 *sq*.

représente donc l'alphabet étrusque ? Bien évidemment un emprunt à l'alphabet grec qu'il reproduit intégralement au début, puis avec des modifications qui s'expliquent par les nécessités de la phonétique étrusque. Si le fait est assuré, il demeure cependant des questions fort intéressantes concernant la date et le lieu de cet emprunt, puis le processus d'évolution de cet alphabet au cours des sept siècles qu'a duré l'histoire étrusque.

Nous possédons, pour l'époque ancienne, VIIe, VIe, Ve siècles, plusieurs alphabets gravés ou peints sur des objets fort divers, tablette d'ivoire, vases de terre cuite, parois de tombes, bases de pierre, révélés par les fouilles ou les trouvailles fortuites. Le plus ancien d'entre eux est un alphabet modèle qui figure sur une tablette à écrire d'ivoire, découverte dans une tombe de Marsiliana d'Albegna, à une centaine de kilomètres au nord de Rome. Le matériel de la tombe où la tablette a été découverte permet de dater celle-ci des environs de l'an 700 avant J.-C., c'est-à-dire des débuts mêmes de la civilisation étrusque. Cet objet extrêmement important montre que les Étrusques, dès le commencement de leur histoire en Italie, étaient en possession d'un alphabet complet de vingt-six lettres, emprunté à l'alphabet grec et comprenant les lettres supplémentaires inventées par ce dernier. Il faut se rappeler ici que les alphabets grecs archaïques se divisaient, à l'origine en alphabets dits de type occidental et de type oriental qui donnaient des valeurs différentes à deux des lettres supplémentaires, le *khi* et le *psi*. L'alphabet étrusque se rattache aux premiers de ceux-ci car, comme eux, il donne une valeur de gutturale aspirée *kh* au *psi* (Ψ) des alphabets orientaux et de l'alphabet attique et une valeur de sifflante forte au *khi* (X) des alphabets orientaux et de l'attique (voir le tableau p. suivante).

Cela pose clairement – mais sans le résoudre – le problème du lieu et de la date de l'emprunt de leur alphabet par les Étrusques. Ce problème est grave car il fait intervenir à son tour la question si débattue et encore ouverte de l'origine du peuple étrusque. Je pense qu'il vaut la peine de mettre rapidement en lumière cette liaison entre le problème de l'origine de l'écriture étrusque et le problème de l'origine des Toscans, car cette question entre directement dans le programme de cette semaine d'études, soucieuse d'éclairer le contexte historique de l'écriture.

Première hypothèse : l'alphabet étrusque a pu être emprunté à un alphabet grec de type occidental sur le sol même de l'Italie, puisque la plus ancienne des colonies grecques possédant un tel alphabet, Cumes, remonte à 750 environ avant J.-C. et que sa fondation précède d'un demi-siècle l'éclosion de la civilisation toscane. C'est pour l'emprunt de son alphabet à Cumes qu'en fait plusieurs savants se sont prononcés, et, parmi eux, ceux qui ne croient pas à une origine orientale du peuple étrusque. Mais l'alphabet étrusque a pu aussi être emprunté au monde grec, à une période antérieure à la colonisation hellénique du sud de l'Italie, vers le moment où se

COMPARAISON DE L'ALPHABET PHÉNICIEN, DES ALPHABETS GRECS
ET DE L'ABÉCÉDAIRE ÉTRUSQUE DE MARSILIANA D'ALBEGNA
(d'après J. G. Février, *Histoire de l'écriture*, Paris, Payot, p. 392, 3)

sont séparés alphabets grecs de type occidental et oriental[1]. Déjà en 1924, M. A. Grenier[2] soulignait en effet que l'alphabet de Marsiliana d'Albegna ne se rattachait directement à aucun des alphabets modèles grecs que l'on connaît, car il conserve les trois lettres notant des sifflantes et qui proviennent des trois caractères de l'alphabet phénicien, *samech, sadé* et *shin*, ce dernier devenait en grec le *sigma*. Les inscriptions de Cumes par exemple ne nous présentent plus que le *sigma*. L'emprunt de l'alphabet étrusque se situerait à un moment où l'élimination par le grec du *samech* et du *sadé* ne se serait pas encore opérée. Toutefois l'argument n'est pas sans appel, car l'alphabet de Marsiliana d'Albegna est plus ancien que tous les alphabets grecs que nous possédons. S'il nous en était parvenu d'antérieurs, peut-être présenteraient-ils, à Cumes ou ailleurs, les sifflantes d'origine phénicienne, éliminées par la suite. Quoi qu'il en soit, l'hypothèse de l'emprunt de l'alphabet étrusque au monde grec avant le début de la civilisation toscane en Italie demeure possible, mais elle entraîne par voie de conséquence la croyance en l'origine orientale des Étrusques. Les tenants de cette origine orientale défendent souvent cette vue qui n'est cependant pas prouvée.

Mais la présence d'une écriture étruscoïde, précisément dans le bassin égéen, dans l'île de Lemnos, non loin des côtes asiatiques, vient enrichir ce problème et le rendre plus complexe. Une stèle gravée, découverte à Kaminia, dans l'île de Lemnos, et qui remonte au VIe siècle avant notre ère, présente en effet sur plusieurs de ses faces une inscription obscure, mais rédigée en une langue sûrement voisine de l'étrusque et notée par un alphabet, emprunté comme l'alphabet étrusque à un alphabet grec de type occidental (voir la stèle de Lemnos). Entre alphabets étrusque et lemnien, la parenté est précise et étroite et les divergences mêmes sont révélatrices. L'alphabet lemnien utilise ainsi la voyelle O mais ignore le U. C'est exactement l'inverse avec l'alphabet étrusque qui n'utilise pas le O mais seulement le U. Cette opposition alphabétique provient certainement d'une raison phonétique semblable : la langue lemnienne et la langue étrusque ne devaient, l'une comme l'autre, posséder qu'une seule voyelle vélaire fermée et, dans les deux cas, un seul signe suffisait à la transcrire. Mais le choix des caractères a été, ici et là, différent. Le lemnien a opté

---

1. On notera l'attitude sceptique à cet égard – mais ce scepticisme ne me semble pas justifié – de savants peu favorables à l'hypothèse de l'orientalisme lointain des Étrusques. Ainsi M. Pallottino écrit-il (dans *Etruscologia*, 3e éd., Milan, 1955, p. 338) : « *Altri hanno parlato* [à propos de l'origine de l'alphabet étrusque] *di un antico alfabeto protogreco o hanno emosso ipotesi anche essi improbabili.* » Pour lui, l'alphabet étrusque est sûrement un alphabet importé en Italie et emprunté au VIIe siècle avant J.-C., sur le sol italien par les Étrusques : (*Ibid.*) « *In ogni modo e certo che gli Etruschi, nel corso del VII secolo, adottarono un alfabeto, comunque importato…* » Mais cela n'est pas certain du tout et me paraît même, comme la suite de l'exposé le montrera, improbable.

2. A. Grenier, « L'alphabet de Marsiliana et les origines de l'écriture à Rome », in *Mélanges d'archéologie et d'histoire*, XLI, 1924.

pour la notation O, l'étrusque pour la notation U. C'est un bon exemple des cas où le choix de graphies différentes s'explique par la même raison phonétique.

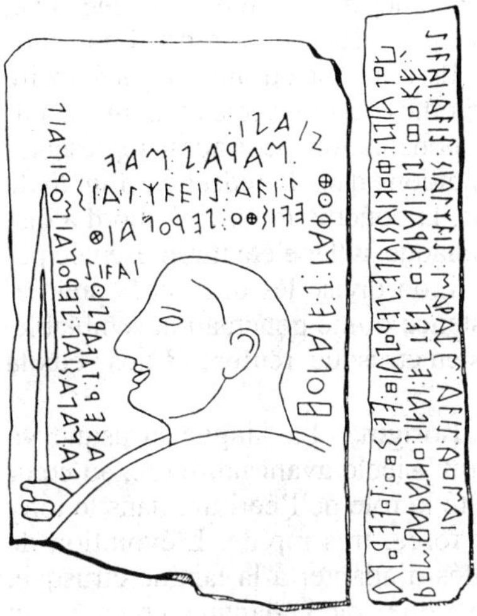

STÈLE DE LEMNOS

La présence de l'alphabet lemnien, proche et cependant légèrement différent de l'alphabet étrusque, et servant à noter au VIe siècle une langue sœur de l'étrusque, non loin des côtes d'Asie, est bien entendu un fait d'un haut intérêt. Mais les rapports entre ces deux alphabets apparentés peuvent être interprétés de façon différente et ici encore la certitude nous échappe. S'agit-il de deux adaptations de l'alphabet grec, faites indépendamment l'une de l'autre, l'une par les Étrusques en Italie, l'autre par les Lemniens dans le bassin de l'Égée ? Une étrange similitude dans le système de ponctuation en lemnien et dans des inscriptions du sud de l'Étrurie rend cette hypothèse improbable. Penser que l'alphabet lemnien a été apporté en Toscane, puis modifié, est hautement improbable en raison des conjonctures historiques. L'alphabet étrusque, dans une hypothèse inverse, pour laquelle penche M. Lejeune[1], a-t-il été apporté à Lemnos, grâce aux relations commerciales étroites qui unissent, à l'époque archaïque, l'Étrurie au monde de l'Est égéen ? Mais pourquoi, alors, le changement de notation de la voyelle vélaire fermée ? Personnellement, je croirais plutôt que les deux alphabets se sont détachés, à une époque voisine, de l'alphabet grec, dans la partie Est du bassin méditerranéen, car je ne repousse pas la tradition qui reconnaît aux Toscans une origine au moins partiellement orientale. Je vois même dans la parenté entre écritures lemnienne et étrusque un argument de plus en faveur de cette tradition. Reconnaissons cependant que nous trouvons ici des présomptions et non des certitudes. Quoi qu'il en soit, des problèmes relatifs aux écritures font intervenir ici de vastes questions d'histoire et cela montre bien, s'il en était besoin, que l'étude de l'écriture peut faire progresser notre connaissance de l'histoire des peuples.

Je ne puis dire qu'un mot du système de ponctuation que je viens d'évoquer et qui apparaît fragmentairement dans la stèle de Lemnos et dans des

1. Article cité de *Tyrrhenica, op. cit.*, p. 160.

inscriptions archaïques du sud de l'Étrurie ; il s'agit d'une ponctuation syllabique qui sépare tout élément de la syllabe qui est postérieure à la voyelle et qui sépare aussi toute voyelle initiale du mot. L'hypothèse a été émise que l'origine de cette pratique serait à chercher dans une époque ancienne, et que les Tyrrhéniens, dans l'Est égéen, se seraient servis alors d'une écriture non alphabétique mais syllabique. Ils auraient eu ainsi un syllabaire avant d'emprunter l'alphabet grec. L'hypothèse est possible et même séduisante, non certaine. Car ce système de ponctuation peut aussi représenter une solution, destinée à résoudre les hésitations dans la rédaction d'un texte écrit. Au lieu de servir à diviser les mots, la ponctuation sert d'abord à distinguer les syllabes les unes des autres, chaque syllabe étant représentée par une consonne plus une voyelle. Plus tard, on divise les mots et le premier système disparaît. De toute façon, l'existence d'une ponctuation semblable, de type syllabique, en lemnien et parfois en étrusque, renforce à nos yeux la parenté entre les deux écritures.

Laissons cependant ces problèmes d'origine. La langue étrusque va être utilisée des environs de l'an 700 au Ier siècle avant notre ère, au cœur même de la péninsule italique. Quel a été le rôle de l'écriture dans le long destin du peuple toscan ? Je serai, par force, très rapide. L'évolution de l'alphabet étrusque répond aux nécessités d'adapter à la langue étrusque, fort différente, du point de vue phonétique, de la langue grecque, un alphabet qui répondait aux exigences de cette dernière. Mais cette évolution n'apparaît qu'avec du retard dans ce qu'on peut appeler les alphabets théoriques, c'est-à-dire les abécédaires, gravés ou peints sur des vases, des ivoires, des pierres ou la paroi des tombes. Jamais, en effet, les textes que nous possédons ne présentent toute une série de lettres qui ont été certes éliminées progressivement des alphabets étrusques, mais que ceux-ci conservent longuement cependant pendant le VIIe et le VIe siècle avant J.-C. La langue ne connaissait pas et les inscriptions n'utilisent jamais les consonnes sonores, B, D, la voyelle O. Or, c'est seulement au Ve siècle que, sans doute à la suite d'une réforme d'ensemble, les abécédaires s'adaptent à la langue et perdent les lettres mortes, B, D, S, O. En même temps apparaît, à la fin des abécédaires, une lettre nouvelle, en forme de 8, qui sert à noter notre *f*, spirante labiale inconnue du grec. Le F est présent dès le VIe siècle dans les inscriptions, mais n'apparaît qu'au Ve siècle dans les alphabets modèles. Son origine est discutée, certains lui attribuent une origine égéenne, car les inscriptions lydiennes l'utilisent. Le *f* vient remplacer la notation *digamma* + *h* que les Étrusques, comme les Latins, utilisaient tout d'abord pour noter le même son.

Ce retard, ce décalage important entre l'alphabet théorique et l'alphabet pratique, montre qu'en Étrurie, comme on pouvait s'y attendre, puisque c'est un fait, je crois constant, l'enseignement de l'écriture a été conservateur et traditionnel. Le poids de la tradition a interdit au phonétisme de s'exercer normalement pendant deux siècles.

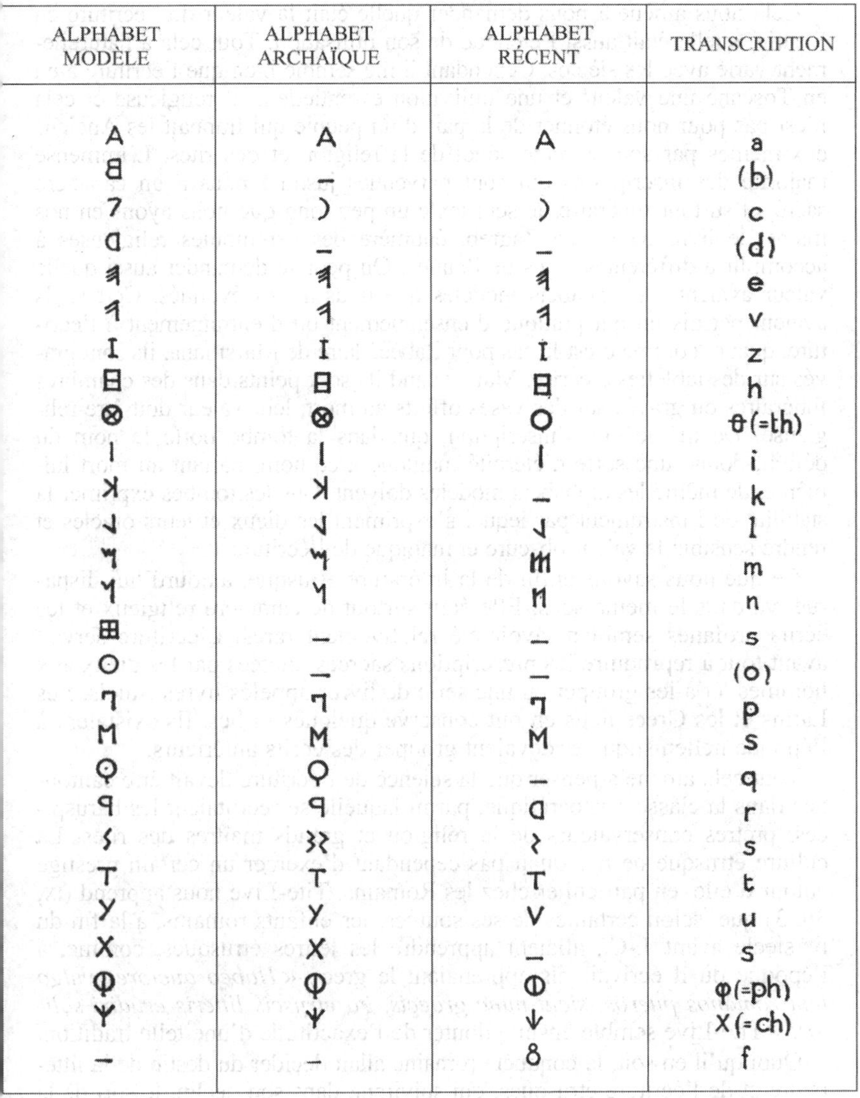

ALPHABETS ÉTRUSQUES
(tableau présenté à l'exposition d'Art étrusque, au musée du Louvre en 1955).

Cela nous amène à nous demander quelle était la valeur de l'écriture en Étrurie, quelle était aussi l'étendue de son utilisation. Tout cela a naturellement varié avec les siècles. Cependant il me semble bien que l'écriture a eu en Toscane une valeur et une utilisation essentiellement religieuse et cela n'est pas pour nous étonner de la part d'un peuple qui frappait les Anciens eux-mêmes par son extrême souci de la religion et des rites. L'immense majorité des inscriptions qui sont parvenues jusqu'à nous a un caractère sacré, et surtout funéraire, le seul texte un peu long que nous ayons en nos mains, le livre de lin de Zagreb, énumère des cérémonies religieuses à accomplir à différentes dates de l'année. On peut se demander aussi quelle valeur avaient les alphabets modèles que nous avons évoqués. Certes, ils avaient parfois un but pratique d'enseignement ou d'entraînement à l'écriture, quand, comme c'est le cas pour l'abécédaire de Marsiliana, ils sont gravés sur des tablettes à écrire. Mais, quand ils sont peints dans des chambres funéraires ou gravés sur des vases offerts au mort, leur valeur doit être religieuse. De même que l'inscription, qui dans la tombe porte le nom du défunt, donne une sorte d'éternité magique à ce nom, partant au mort lui-même, de même les alphabets modèles doivent dans les tombes exprimer la stabilité de l'instrument par lequel s'expriment les dieux et leurs oracles et rendre sensible la valeur obscure et magique de l'écriture.

Ce que nous savons enfin de la littérature étrusque, aujourd'hui disparue, va dans le même sens. Elle était surtout de caractère religieux et les écrits profanes semblent avoir été relativement rares. L'écriture servait avant tout à reproduire les prescriptions sacrées, dictées par les dieux aux hommes, et à les grouper en une série de livres appelés livres rituels. Les Latins et les Grecs nous en ont conservé quelques bribes. Ils existaient à l'époque hellénistique et devaient grouper des écrits antérieurs.

Tout cela amène à penser que la science de l'écriture devait être cantonnée dans la classe aristocratique, parmi laquelle se recrutaient les haruspices, prêtres conservateurs de la religion et grands maîtres des rites. La culture étrusque ne manquait pas cependant d'exercer un certain prestige autour d'elle, en particulier chez les Romains. Tite-Live nous apprend (IX, 36, 3) que, selon certaines de ses sources, les enfants romains, à la fin du IVe siècle avant J.-C., allaient apprendre les lettres étrusques, comme, à l'époque où il écrivait, ils apprenaient le grec : « *Habeo auctores vulgo tum romanos pueros, sicut nunc graecis, ita etruscis litteris erudiri solitos.* » Tite-Live semble ensuite douter de l'exactitude d'une telle tradition.

Quoi qu'il en soit, la conquête romaine allait décider du destin de la littérature et de l'écriture étrusques, qui suivirent, dans son déclin, le sort de la civilisation toscane, dorénavant civilisation d'un peuple vaincu et inapte, en raison de son caractère trop étranger et lointain, à triompher à son tour de son vainqueur. La langue et l'écriture étrusques continuèrent à être utilisées jusqu'au Ier siècle avant J.-C. puis disparaissent à nos yeux. Il est certain cependant que leur connaissance se conserva fidèlement dans la classe sacerdotale des haruspices qui étaient recrutés dans de vieilles familles toscanes et continuèrent à exercer leur métier de conseillers religieux et de devins à Rome, jusqu'à la fin du paganisme romain. De même des esprits curieux, des antiquaires, tel l'empereur Claude qui écrivit vingt livres sur l'histoire des Tyrrhéniens et eut pour première femme une Étrusque de vieille souche, devaient savoir parler et comprendre l'étrusque. Mais la rareté des livres étrusques d'une part, d'autre part le caractère difficile d'une langue absolument étrangère au grec et au latin entraînèrent dans l'oubli une langue qui résiste tenacement aux efforts de déchiffrement des chercheurs.

Il convient, à présent, d'aborder la question de l'écriture latine. J'aurai seulement le temps d'évoquer ses origines et certains aspects essentiels de son histoire et de sa valeur, en utilisant avant tout les données épigraphiques et archéologiques. M. Marichal saura à son tour analyser l'histoire du livre depuis le début de l'Empire jusqu'à l'époque médiévale.

Les études récentes, en particulier celles de M. Lejeune[1], ont confirmé ce que certains érudits avaient depuis longtemps entrevu, en ce qui concerne les origines de l'écriture à Rome. Les Latins ont emprunté leur écriture, non pas aux Grecs comme des savants le pensent encore quelquefois, mais bien aux Étrusques. Ce n'est pas là, du reste, un fait qui leur soit particulier. Tous les peuples indo-européens de l'Italie primitive, Vénètes au Nord, Falisques, Ombriens et Osques au centre de la péninsule ont noté leurs langues en des alphabets dérivés de l'alphabet toscan. Le tableau (voir p. suivante) que j'emprunte à l'article cité plus haut de M. Lejeune présente, à côté de l'étrusque, les différentes adaptations qu'en ont opérées les peuples italiques.

Quelle est la preuve, demandera-t-on, de la réalité de ces emprunts ? Il en est de nombreuses, suivant les cas. Pour le latin, cette origine apparaît clairement dans les difficultés que les Latins ont longtemps connues pour transcrire leur gutturale sonore, G. Comme les Étrusques ne distinguaient pas les sonores des sourdes, toutes les lettres grecques servant à noter des gutturales, *gamma, kappa, koppa* leur avaient servi à noter le même son. De même façon, et cela ne se comprend précisément qu'en raison de son emprunt à l'étrusque puisque le latin distingue bien, lui, la sonore de la sourde, l'alphabet latin ne possède pas au début de signe spécial pour la gutturale sonore et affecte trois signes à l'occlusive sourde, notée différemment selon la voyelle qui la suit : devant *i* et *e*, elle est notée par C, devant a par K, devant *o* et *u* par Q. Les inscriptions archaïques témoignent de cette répartition qui n'est cependant pas rigoureuse. Et c'était C qui notait aussi la sonore. Dans l'inscription vénérable du Forum, *regei* est écrit *recei*. Tout cela va changer, car la situation graphique ne répond pas ici aux réalités phonétiques. K va devenir une lettre morte, Q ne servira plus à noter que la labio-vélaire *Qu* et, au IIIe siècle avant J.-C. seule-

1. Cf. son article cité *supra*, p. 635, de la *Revue des études latines*.

	ÉTRUSQUE alph. archaïque		ÉTRUSQUE insc. [illegible]	ÉTRUSQUE insc. V–	LAT.	FAL.	VÉN. (Este)	OSQ.	OMB (Iguvium)	LÉP.
1	𐌀	a	a	a	a	a	a	a	a	a
2	𐌁	[b]	—	—	ⓑ	—	—	ⓑ	ⓑ	—
3	𐌂	c	c	c	c	c	—	ⓖ	—	—
4	𐌃	[d]	—	—	ⓓ	ⓓ	—	ⓓ	ⓓ>ř=d	—
5	𐌄	e	e	e	e	e	e	e	e	e
6	𐌅	v	v	v	v>f	—	v	v	v	—
7	𐌆	z	z	z	—	z=ss?	▱d	z=ts	z=ts	—
8	𐌇	h	h	h	h	h	h	h	h	—
9	𐌈	θ	θ	θ	—	—	[θ]	—	—	—
10	𐌉	i	i	i	i	i	i	i	i	i
11	𐌊	k	k	(k)	(k)	(k)	k	k	k	k
12	𐌋	l	l	l	l	l	l	l	l	l
13	𐌌	m	m	m	m	m	m	m	m	m
14	𐌍	n	n	n	n	n	n	n	n	n
15	𐌎	[ṡ]	—	—	—	—	—	—	—	—
16	𐌏	[o]	—	—	ⓞ	ⓞ	ⓞ	—	—	ⓞ
17	𐌐	p	p	p	p	p	p	p	p	p
18	𐌑	ś	ś	ś	—	—	ś=ss	—	—	ś=ss
19	𐌒	q	(q)	—	q	(q·)	—	—	—	—
20	𐌓	r	r	r	r	r	r	r	r	r
21	𐌔	s	s	s	s	s	s	s	s	s
22	𐌕	t	t	t	t	t	t	t	t	t
23	𐌖	u	u	u	u/u̯	u/u̯	u	u	u	u/u̯
24	𐌗	ṡ	(ṡ)	—	x=ks	x=ks	—	—	—	—
25	𐌘	φ	φ	φ	—	—	▱b	—	—	—
26	𐌙	χ	χ	χ	—	—	▱g	—	—	—
								f	f	
+ LETTRES ADDITIONNELLES				8 = f	G=g	↑=f		V̇=o í=í	d = ś = ś	

COMPARAISON DE L'ALPHABET ÉTRUSQUE ET DES ALPHABETS QUI EN SONT DÉRIVÉS
(d'après M. Lejeune, cité *supra* p. 635, *Revue des études latines*, 1957)

ment, on décide de créer le G qui notera la sonore et est issu du C, pourvu d'un signe diacritique. La nouvelle lettre fut rangée à la septième place, place que conserve notre G, en remplacement du *dzéta*, utilisé par les Étrusques, mais inutile aux Latins.

Il serait aisé, mais trop long, de prouver de même l'origine étrusque des autres alphabets italiques. Le dessin ci-joint en montre la structure comparée, le système organique. L'osque et l'ombrien utilisent ainsi la lettre F (en forme de 8) créée par l'étrusque. Quant au vénète, pour noter les sonores, il se sert des lettres étrusques qu'il n'utilise pas, *dzéta, phi, khi*. C'est seulement dans la suite de l'histoire de ces différents alphabets que l'alphabet grec va exercer une influence et un rôle. Cette origine commune et bien démontrée des alphabets italiques s'explique par l'influence exercée à l'intérieur des terres par la civilisation étrusque qui a profondément pénétré au cœur de la péninsule. Les Étrusques se sont trouvés en contact direct avec les Latins, les Osques, les Ombriens, puis les Vénètes. Ce ne fut pas le cas des colons grecs qui n'occupaient que des villes côtières au sud de la péninsule. Il y a ainsi, à l'origine du fait que nous examinons, une raison concrète de géographie humaine.

Les faits que nous venons de constater, touchant l'origine commune des alphabets italiques, s'accordent avec la vision nouvelle qu'il convient de se former de l'Italie primitive : dans le domaine de l'écriture comme dans bien d'autres, il ne convient plus d'isoler la civilisation latine. Le Latium et Rome elle-même ont vécu au cours des premiers siècles en contact étroit avec leurs voisins et le destin de Rome ne peut être compris si l'on ne fait appel aux relations complexes que la Ville a, dès les origines, entretenues avec ses voisins italiques et avec la civilisation étrusco-grecque. La vision d'une Rome se développant comme en vase clos est entièrement fausse et doit faire place à la vision d'un peuple ouvert largement aux influences proches et lointaines. Les origines communes des alphabets italiques sont une des preuves de la marche parallèle, accomplie par les peuples du centre de la péninsule, vers la culture et le progrès.

Je voudrais à présent dire un mot de la date à laquelle s'est opérée l'emprunt à l'Étrurie de l'alphabet latin. Pour préciser cette date, nous disposons d'un *terminus ante quem*, d'un moment en deçà duquel nous ne pouvons descendre, et qui est représenté par la date de la plus ancienne inscription latine connue. Il en va bien entendu de même pour la chronologie des autres alphabets. Avec les progrès de l'archéologie, ces dates aujourd'hui se précisent et je voudrais, à ce propos, rappeler que les spécialistes des écritures et des langues auront avantage à faire souvent appel à leurs confrères archéologues, seuls capables de dater avec une approximation suffisante les objets présentant les inscriptions archaïques, partant ces inscriptions elles-mêmes. Sans doute cette remarque n'est-elle pas valable dans le seul domaine latin. Dans bien des domaines, l'histoire de l'écriture et la philologie peuvent trouver un précieux secours dans une collaboration plus étroite avec l'archéologie. En tout cas, dans le domaine latin, le fait est manifeste, et les philologues ne doivent pas, dans un travail solitaire, se borner à des datations approximatives de textes épigraphiques d'intérêt capital et dont l'archéologue peut souvent fournir une chronologie précise.

Ainsi savons-nous que la fibule d'or, découverte à Préneste et portant la première inscription latine connue, date des environs de l'an 600 avant J.-C. L'emprunt de l'alphabet latin est donc antérieur à cette date. On ne peut préciser davantage.

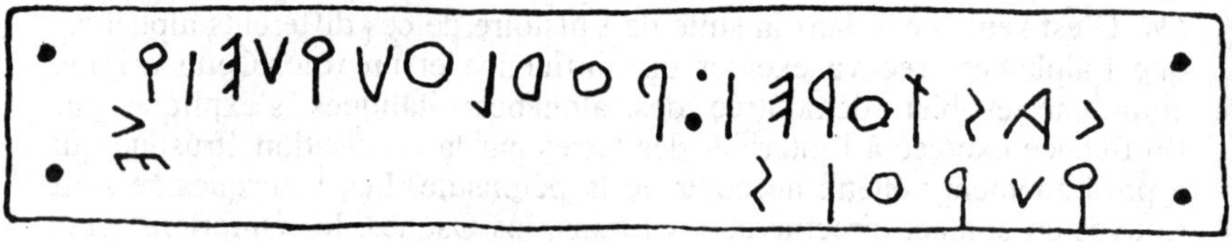

INSCRIPTION LATINE ARCHAÏQUE DÉCOUVERTE À LAVINIUM
Vers 500 av. J.-C. L'inscription est gravée sur une lamelle de bronze de 29 cm de long et est une dédicace aux Dioscures. Gravée de droite à gauche, elle se lit :
Castorei Podlonqueique qurois
et signifie : « Aux jeunes héros Castor et Pollux »
(Cf. R. Bloch, « L'origine du culte des Dioscures à Rome », *Revue de philologie*, XXXIV, II, 1960, p. 182 *sq.*)

Toutefois, Rome et les Latins commencent à développer leur civilisation à partir du VIIIe siècle, Rome plus précisément à partir des environ de 750, l'Étrurie à partir de 700. Pour ma part, étant donné les contacts précoces entre Rome et l'Étrurie, je suis porté à situer dans la première moitié du VIIe siècle, entre 700 et 650, la date de l'emprunt par les Latins de l'alphabet de type étrusque.

Pour le falisque, le vénète, l'osque et l'ombrien, les dates limites les plus basses relatives à l'emprunt de leurs alphabets sont respectivement les environs de 600, le Ve siècle, le IVe siècle et le IIe siècle avant notre ère.

Naturellement, grâce à la fortune singulière de Rome, l'alphabet latin aura un destin inconnu de ses frères. Il comprend à l'origine 20 lettres, car il a emprunté aux alphabets étrusques archaïques les consonnes sonores B et D, la voyelle O dont l'étrusque va se débarrasser, mais dont il a lui le plus vif besoin. Le G est créé, nous l'avons vu, au IIIe siècle avant J.-C. Auparavant, sans doute au VIe siècle, la spirante sourde F, qui était jusque-là notée par VH, perd son deuxième élément, l'ancien *digamma* garde sa forme première, mais prend la valeur *f* qu'il n'a plus ensuite perdue. Du premier état de choses, l'inscription de la fibule de Préneste est un témoin. À la fin de la République, on créera, pour transcrire les mots grecs, les lettres Y (correspondant à l'*upsilon*) et *dzéta*. L'alphabet latin aura ainsi ses vingt-trois lettres auxquelles le nôtre à son tour ajoutera le W pour noter les mots anglo-saxons.

L'évolution que nous avons suivie rapidement et qui a abouti à l'écriture latine de l'époque classique est due, nous le savons, à des actes de réformes, voulus, réfléchis et qui sont issus de groupes professionnels de scribes. La durée de cette période d'adaptation s'explique ici encore par la force de la tradition, en matière d'écriture. Ajoutons à cela que l'écriture, connue à Rome depuis le VIIe siècle, n'a été utilisée qu'assez rarement jusqu'au IIIe siècle avant J.-C. Jusque-là les inscriptions sont extrêmement rares. Leur nombre ne s'accroît, et encore, bien lentement, qu'à partir du IIIe siècle avant J.-C. Mais il faut attendre le Ier siècle avant notre ère pour que la situation change véritablement. Ainsi la familiarité avec l'écriture ne s'est-elle développée que peu à peu. Cette lenteur dans le progrès se retrouve d'ailleurs, du reste, dans la constitution de la littérature latine, limitée au départ à des textes de droit et d'histoire, et qui ne se développe, sous l'influence hellénique, qu'au IIIe siècle avant J.-C., avec l'œuvre d'hommes tels que Livius Andronicus, Plaute, Ennius.

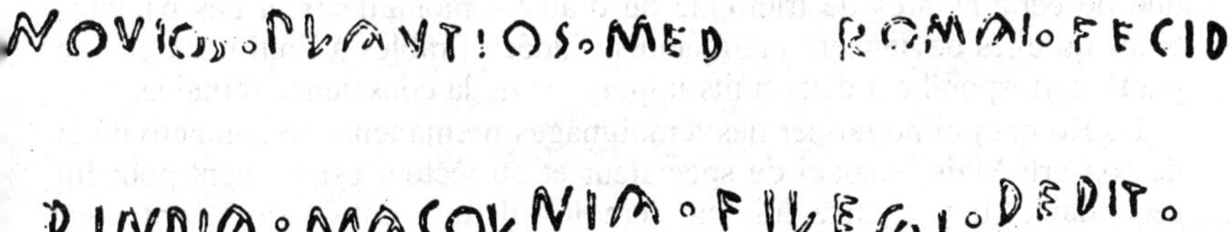

Inscription gravée sur le couvercle de la ciste de bronze de Palestrina dite ciste Ficoroni
Vers 330 av. J.-C.
(*C.I.L.* I^2, 561). Le texte se lit :
Novio Plautios med Romai fecid
Dindia Macolnia fileai dedit.
C'est-à-dire : « Novios Plautios m'a faite [moi la ciste] à Rome. / Dindia Macolnia m'a donnée à sa fille »

L'influence croissante de l'hellénisme à partir de la deuxième guerre punique, puis de la conquête, ouvre les portes toutes grandes aux lettres grecques, mais aide en même temps à la création d'une littérature romaine. Le développement de celle-ci n'empêchera pas que se poursuive la familiarité avec la langue et la littérature grecques et le bilinguisme demeurera fréquent à Rome dans les classes cultivées.

Je ne puis que renvoyer au beau livre de M. H. I. Marrou sur l'*Histoire de l'éducation dans l'Antiquité*[1], qui montre bien comment, dorénavant, tout au long de l'histoire romaine, s'est développé un enseignement mixte grec et latin, dont profitent les classes dirigeantes en Italie et dans les provinces. Cependant l'écriture latine affecte des formes diverses suivant qu'il s'agit d'inscriptions sur pierres, d'actes sur bronze, de graffites et naturellement d'écriture manuscrite dont se couvrent les livres, *codices* et *volumina*,

1. Paris, Le Seuil. 1948.

instrument essentiel de la diffusion des lettres dans tout le monde romain. La plus étonnante réussite de Rome fut, sans doute, celle par laquelle la langue des paysans latins, notée en un alphabet qui, à l'origine, lui convenait assez mal, devint en quelques siècles l'un des instruments à penser les plus efficaces et les plus durables que l'humanité ait connus.

Et je voudrais seulement ici ajouter quelques remarques sur certains aspects de la valeur éminente de l'écriture dans le monde romain.

Bien entendu, par l'inscription comme par le livre, l'écriture à Rome comme ailleurs sert essentiellement à la transmission de pensée et à l'enseignement. Mais il est un aspect de l'écriture, moins souligné et qui me frappe personnellement, du moins dans le domaine épigraphique. L'inscription est souvent tracée avec but primordial que l'écrit demeure et vive par lui-même. Elle fixe pour l'éternité le souvenir d'un fait, d'une vie et cette relative autonomie, qu'il convient bien entendu de ne pas exagérer, apparaît dans le cas de ces magnifiques inscriptions dédicatoires, gravées sur l'attique de certains arcs de triomphe ou d'autres monuments, à des hauteurs telles qu'elles deviennent pratiquement indéchiffrables à l'œil nu. Cela me paraît correspondre à deux traits importants de la conscience romaine.

Le Romain aime laisser des témoignages permanents de son activité et de son art. Mais le souci du spectateur et du lecteur est souvent pour lui secondaire. Il y a chez lui, me semble-t-il, une notion de l'écrit pour l'écrit, comme de l'art pour l'art. Que l'on songe ainsi, dans le domaine artistique, à ces colonnes triomphales qui, comme la colonne Trajane, développent, jusqu'à quarante mètres de haut, des bas-reliefs évoquant les victoires des légions romaines sur les Barbares. La frise sculptée qui, sur deux cents mètres de long, tourne autour de la colonne garde une largeur uniforme qui n'atteint pas le mètre et les parties hautes en sont pratiquement indiscernables pour le spectateur. Il en va de même de certaines inscriptions monumentales qui, au demeurant, deviennent elles aussi, par leur simplicité et leur noblesse, de véritables créations d'art.

À cette conception bien propre à l'Antiquité s'ajoutent, en ce qui concerne les écrits funéraires, les croyances anciennes et enracinées sur la destinée du mort dans l'outre-tombe. Comme l'a bien montré Fr. Cumont dans ses deux livres *Recherches sur le symbolisme funéraire des Romains* et *Lux perpetua*[1], le mort continue dans l'au-delà à mener une vie ralentie certes, mais semblable en tout à sa vie supraterrestre. Le sang des sacrifices et le vin des offrandes viennent ranimer périodiquement ses forces. Les épigraphes qui éternisent son nom et sa vie passée ne sont donc pas, selon moi, de simples rappels destinés au vivant. Elles contribuent, elles aussi, de façon obscure et magique à faire survivre effectivement le défunt. Celui-ci, dans l'épitaphe, parle souvent à la première personne, il agit et cela semble

1. Parus à Paris, respectivement en 1942 et en 1949.

lui assurer cette continuité de parole dont il craint d'être privé. Valeur magique de l'écrit à quoi le mort souvent demande que d'autres ajoutent celle de la parole réelle, quand s'adressant au passant, au *viator*, il lui demande de le saluer, lui le mort, par son nom. Nous retrouvons ici cette valeur magique de l'écrit, si évidente en Toscane, quand les Étrusques enferment leurs inscriptions funéraires et leurs œuvres d'art offertes au mort dans des chambres mortuaires qui devaient demeurer définitivement closes.

À cette valeur à demi-magique de l'écrit vient parfois se superposer, à l'époque impériale, une conception plus haute sur laquelle, pour terminer, je voudrais dire quelques mots. L'immense documentation qui nous demeure de l'époque romaine ne nous a pas seulement conservé une foule de documents épigraphiques, source essentielle de connaissance historique : elle nous offre également l'image, apparaissant surtout sur les bas-reliefs des sarcophages d'époque impériale, de scènes de la vie intellectuelle, lecture, écriture, déclamation, et ces scènes témoignent de la valeur éminente que l'écriture et l'écrit ont prise dans l'esprit des Romains. Nous voyons souvent, en effet, sur les tombeaux, un enfant ou un adulte tenant un *volumen* à la main ou bien en train de le lire, plus rarement en train d'écrire consciencieusement ; fréquemment il est entouré par les Muses, déesses de la culture. De beaux ouvrages dus à MM. Boyancé, Marrou et Cumont[1] ont bien mis en lumière la valeur et le sens de semblables scènes. Elles offrent souvent un sens symbolique qui perce sous l'occupation familière. Elles insistent à dessein sur la culture du défunt, culture seulement naissante chez l'enfant mort prématurément, et dont on se plaît cependant à rappeler qu'il savait bien lire et écrire, culture scientifique ou littéraire plus profonde chez celui qui est parvenu à l'âge adulte. Mais ces rappels figurés ou épigraphiques ne sont pas seulement un souvenir de la vie passée, il s'y fait sentir une pensée religieuse. L'idée s'était développée chez les Anciens que la vie intellectuelle qu'il avait menée assurait au défunt une participation au divin et une véritable immortalité. L'enfant prodige, l'homme cultivé, à plus forte raison le savant ou le poète accéderont à une sorte d'héroïsation, d'immortalité bienheureuse aux côtés de leurs divinités protectrices, les Muses qu'ils avaient vénérées au cours de leur existence terrestre. Cette idée de l'immortalité réelle par la culture est la belle expression d'un idéal élevé.

Et rien ne saurait mieux, je crois, illustrer la place éminente que l'écriture et l'écrit ont peu à peu occupée dans l'esprit des Romains. La valeur primitive, à demi-magique de l'écrit, se retrouve ici spiritualisée et la culture vient aider le sage à triompher de la mort. C'est là, je crois, une des plus belles conceptions auxquelles la réflexion sur la culture ait jamais conduit l'esprit humain.

---

1. Cf. P. Boyancé, *Le Culte des Muses chez les philosophes grecs*, Paris, 1936 ; H.I. Marrou *Mousikos Anèr*, Paris, 1938 ; et l'ouvrage cité *supra*, p. 648, de Fr. Cumont sur le symbolisme funéraire des Romains.

XII

L'ÉCRITURE LATINE

ET LA CIVILISATION OCCIDENTALE DU Ier AU XVIe SIÈCLE

par Robert Marichal

Mieux que tout autre, sans doute, le paléographe latiniste devrait être en mesure de répondre aux questions qui nous sont posées cette semaine. La documentation dont il dispose est surabondante, les civilisations, romaine puis médiévale, sont relativement bien connues : les réponses devraient être toutes prêtes. Or, il n'en est rien : la paléographie est née à la fin du XVIIIe siècle, ses méthodes, ses propos ont été ceux de la science de ce temps, spécialement des sciences naturelles. Le *De re diplomatica* de Mabillon est de 1681, les *Éléments de botanique* de Tournefort, la première classification des plantes, sont de 1694 ; l'*Hortus Uplandicus* de Linné est de 1731, son *Systema Naturae* de 1735, les six volumes du *Nouveau Traité de diplomatique* de dom Tassin et de dom Toustain, qui ont fait autorité presque jusqu'au début du XXe siècle, ont paru de 1750 à 1765[1]. Comme Tournefort, comme Linné, Mabillon et, plus encore, dom Tassin et dom Toustain sont des « nomenclateurs », ou, comme nous dirions aujourd'hui, des « systématistes », fort peu des « généticiens ». Ils ont produit « une histoire abécédaire » où l'on trouve « l'art de déterminer l'âge et la patrie des caractères par la variété de la figure et des traits qu'ils ont contractés depuis leur origine jusqu'au XVIe siècle[2] ». Tout leur travail, disent-ils, s'est réduit à « copier » les lettres « avec choix et à les ranger avec ordre ». Si leurs successeurs ont assez vite abandonné des classifications qui ne se fondaient pas, et il ne pouvait en être autrement, sur des caractères aussi évidents et fondamentaux que ceux que Linné avait eu le génie de choisir, ils ont longtemps obéi aux mêmes préoccupations pratiques : la recherche des critères de date et de lieu, et, comme eux, décrit les lettres de l'extérieur sans chercher à restituer le mouvement qui les avait engendrées. Bien que, dès 1866, Wattenbach[3] ait porté son attention non plus sur la forme mais sur le *ductus*, ce n'est qu'assez

1. Étant donné le caractère de généralité que revêt nécessairement cet exposé, nous ne pouvons assortir chacune de nos affirmations d'une référence, nous renverrons donc une fois pour toutes le lecteur à G. Cencetti, *Lineamenti di storia della scrittura latina*, Bologne, 1954, 522 p., in-8 °.

2. *Nouveau Traité*, II, 1755, p. II.

3. *Anleitung zur lateinischen Palaeographie.*

récemment[1] qu'on a commencé à s'intéresser au scripteur autant ou plus qu'à l'écriture. Auparavant, dans une autre perspective, un Traube avait, dès 1900, considéré l'écriture en fonction de son objet, c'est-à-dire comme l'expression d'une civilisation. Depuis, dans les pays de langue allemande surtout, on a pu assister à une débauche de théories tendant à établir les lois de l'écriture. Malheureusement ces tentatives ont été le plus souvent l'œuvre de profanes. En 1946, M. Fichtenau a eu le mérite de procéder à un examen critique de cette littérature et d'en retenir, en historien et en paléographe, ce qu'elle pouvait avoir d'utilisable[2].

Malheureusement, sauf pour le haut Moyen Âge, presque partout les études préliminaires, strictement paléographiques, faisaient et font encore défaut.

Les quatre derniers siècles sont, partout et toujours, systématiquement dédaignés : les paléographes s'arrêtent à l'aube du XVIe siècle ; en 1694, pour Mabillon, c'était assez naturel ; aujourd'hui encore, la paléographie restant dominée par des considérations pratiques et l'écriture moderne commençant au XVIe siècle, paléographes et historiens estiment qu'il est inutile d'apprendre à lire les écritures des XVIe, XVIIe et XVIIIe siècles. C'est une erreur, mais serait-ce vrai que rien ne saurait légitimer le dédain du paléographe ; bien au contraire, le nombre et la nature des textes, la connaissance relativement approfondie que nous pouvons avoir de l'histoire contemporaine permettraient, pour ces époques récentes, de donner tout son sens au terme de « science auxiliaire » de l'histoire dont on gratifie la paléographie : elle pourrait édifier une sociologie de l'écriture, reconnaître des « classes », apprécier leur culture, montrer leurs interactions, leurs pénétrations réciproques, définir des caractères régionaux ou nationaux, déterminer l'étendue de leurs influences, suivre leurs progressions géographiques ou sociales, affronter, enfin, la graphologie et la caractérologie sur un terrain où les recoupements par les textes et l'iconographie permettent le contrôle. Il n'est pas téméraire de prédire qu'une histoire de l'écriture au XVIIe et au XVIIIe siècle apporterait à l'histoire générale une contribution analogue à celle qu'a apportée, pour le XVIIIe siècle, l'*Histoire de la langue française* de F. Brunot.

Mais ici rien, absolument rien n'est fait, du moins en France.

À peine sommes-nous mieux informés sur le dernier siècle du Moyen Âge. Chose apparemment paradoxale, c'est pour le haut Moyen Âge seulement que le paléographe se sent sur un terrain à peu près sûr : les VIIe et VIIIe siècles sont presque les seuls qui aient été abondamment étudiés, les seuls pour lesquels toute la documentation est, ou sera très prochainement,

1. Steinacker dans les *Mélanges Ehrlé*, IV, Rome, 1924 ; pour plus de détails cf. Cencetti, *Lineamenti di storia della scritura latina*, *op. cit.*, p. 10 *sq.*

2. *Mensch und Schrift im Mittelalter (Veröffentlichungen des Instituts für österreichische Geschichtsforschung*, 5), Vienne, 1946, 239 p., in-8 °, 16 pl.

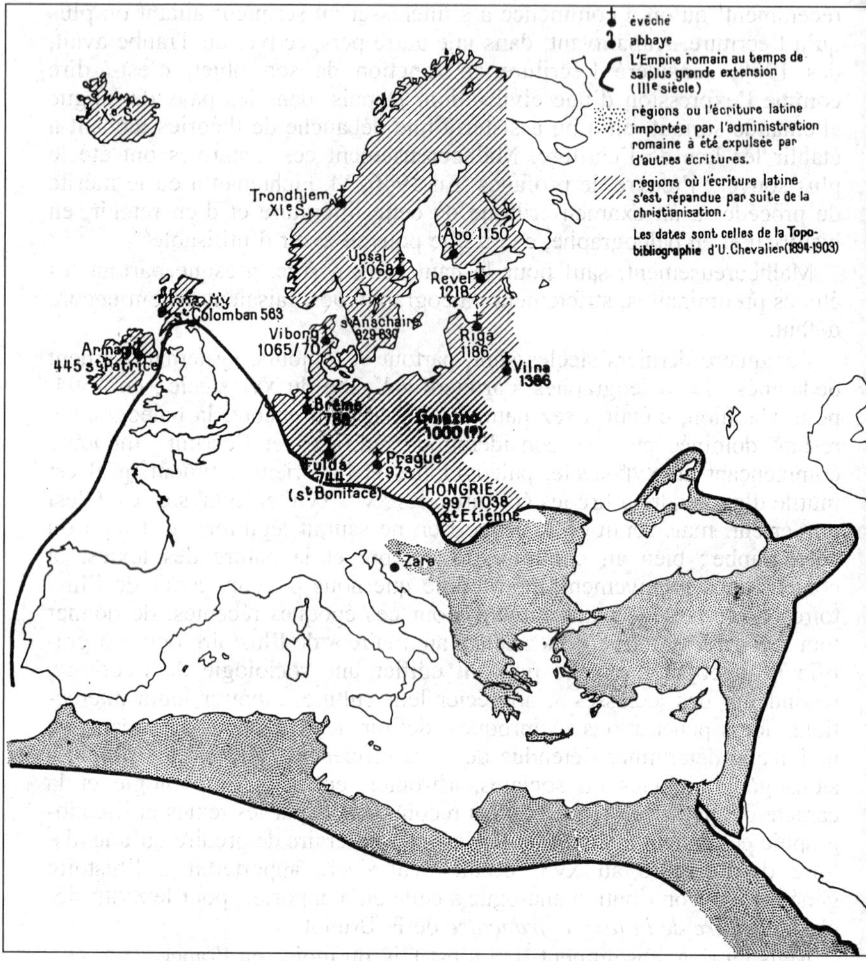

EXTENSION DE L'ÉCRITURE LATINE EN EUROPE

accessible[1]. Or, elle est pauvre, fragmentaire, aléatoire. Mais c'est précisément pour cela que la rassembler en quelques volumes ne dépassait pas les forces de quelques hommes ! Pour la suite, plus les textes sont nombreux, moins ils sont connus : il y a cinq siècles qu'existe l'imprimerie, il n'y a qu'un siècle qu'existe la photographie ; les historiens disposent de beau-

1. Dans les *Codices latini antiquiores* de E.-A. Lowe et les *Chartae latinae antiquiores* de A. Bruckner et R. Marichal.

coup de textes imprimés, voilà cinq cents ans qu'ils se les communiquent ; il n'y a guère que soixante ans que les paléographes ont appris à se servir de la photographie.

Néanmoins les grandes lignes de l'histoire de l'écriture latine des origines au XVIe siècle sont maintenant fixées de façon assez précise et sûre pour qu'il soit possible de rechercher dans quelle mesure elles épousent le tracé général de l'histoire de la « civilisation intellectuelle ».

Nous ne connaissons guère l'évolution morphologique de l'écriture latine avant la fin de la République romaine, faute de documents en écriture cursive. Il est probable que, lorsque, en 312, par l'élimination du *dzéta* et la création du G, Appius Claudius donne à l'alphabet latin sa forme définitive[1], il s'est produit une première canonisation de la capitale. Celle-ci reste, cependant, très fruste ; simple moyen de communication, toute préoccupation esthétique semble lui être étrangère. À Pompéi, où elle apparaît encore au temps de Sylla dans les *programmata antiquissima*, elle appelle tout naturellement, par opposition aux écritures postérieures, la qualification d'« écriture de paysan[2] » (voir la capitale latine [*a*] p. 656).

On pense communément que dès cette époque l'écriture est entrée dans l'usage courant, bien qu'il n'y ait guère trace d'une littérature latine avant le IIIe siècle.

Existe-t-il dès cette époque une écriture cursive ? Pour les livres, le papyrus est probablement déjà usuel[3] : il n'oppose pas plus de résistance au calame que notre papier, une cursive très avancée serait donc théoriquement possible, mais l'exemple du grec nous montre que le développement d'une écriture cursive peut être très postérieur à celui de la

1. Cf. A. Grenier, *Le Génie romain dans la religion, la pensée et l'art* (*Bibliothèque de Synthèse historique, L'Évolution de l'humanité*, n° 17), Paris, 1925, notamment p. 34 et 93 ; pour l'écriture : M. Cohen, *La Grande Invention de l'écriture*, p. 256 *sq.* [dans la présente édition, ci-dessus, p. 258 et suiv.], J.-G. Février, *Histoire de l'écriture* 2e éd., p. 474 *sq.* Bonne illustration, surtout pour l'époque archaïque, dans S. Bassi, *Monumenta Italiae graphica*, Crémone, 1956, in-f°. Voir aussi G. Cencetti, « Ricerche sulla scrittura latina nell'età arcaica » (*Bulletino dell'Archivio paleographico italiano*, n° 3, II-III, 1956-1957, Rome, p. 175-205).

2. Expression consacrée pour la langue depuis le mémoire de J. Marouzeau, « Le latin langue de paysan » dans *Mélanges Vendryès* (*Collection linguistique* p.p. la Société linguistique de Paris, 17), Paris, 1925, p. 251-264 ; cf. H.I. Marrou, *Histoire de l'éducation dans l'Antiquité*, Paris, 1948, p. 31 et les références p. 536, n. 4. Pour Pompéi, on rappelle que les textes sont dans Zangemeister, C.I.L., IV, 1871, suppléments II par A. Mau (1909), III par M. Della Corte (1952-1970). Aucune photographie dans ces recueils, mais des dessins souvent médiocres ; fort peu d'*antiquissima* encore visibles *in situ* ; un bel exemple Reg. VIII, Ins. V, angle N-E = C.I.L., IV, 61.

3. Cf. F. G. Kenyon, *Books and Readers in Ancient Greece and Rome*, 2e éd., Oxford, 1961, p. 75 *sq.* Voir aussi pour les matières subjectives, dans les documents comme dans les livres, L. Wenger, *Die Quellen des römischen Rechts* (Oester. Akad. d. Wissenschaften, *Denkschrift der Gesamtakademie* 2), Vienne, 1953, à l'index.

littérature[1] ; faute de témoins nous devons rester dans le doute. Pour les documents, le support normal est probablement la tablette de cire, peut-être la tablette de bois écrite au pinceau : le Senatusconsulte des *Bacchanales* a encore été expédié, en 186, sur des *tabellae*[2]. Or, à Pompéi, de 54 à 57 de notre ère, les tablettes de cire, lorsqu'elles sont l'œuvre de *cerarii* professionnels, comme les commis du banquier Jucundus[3] ou comme le *servus coloniae Pompeianae*[4], utilisent encore certaines lettres dont la forme primitive ne se retrouve plus dans la capitale épigraphique : l'E en deux traits verticaux parallèles dont l'origine est obscure, mais qui se retrouve dans les alphabets falisques et dans le *colonial type* de Conway et aussi, exclusivement, des M en quatre traits verticaux parallèles, le premier plus long, qui dérivent directement des M étrusco-campaniens, ombriens, prénestins, cumains[5] (voir la cursive latine [*b*], p. 656). Il y a donc pour l'écriture sur cire, traditionnellement, alors qu'à la même époque une cursive beaucoup plus avancée s'est développée pour les écritures écrites au calame, une cursive rudimentaire dont l'origine doit être reportée à une époque où florissaient encore des formes archaïques éliminées lors de la canonisation que nous attribuons à Appius Claudius. Le plus ancien *graffito* latin connu, un *graffito* de Délos[6], qui est certainement antérieur à 86, mais qu'on pourrait peut-être faire remonter à 186, bien qu'il n'ait pas les E et les M archaïques parce qu'il n'est pas l'œuvre d'un *cerarius*, est du même type, tout comme les plus anciens *graffiti* de Pompéi, ceux de l'époque de Sylla.

Les valeurs esthétiques n'apparaissent dans l'écriture latine que lors d'une seconde canonisation qui donne à la capitale sa forme classique : elle est l'œuvre de lapicides grecs ; son caractère le plus frappant consiste dans les « empattements » – le « trait qui termine les jambages des capitales ». Le grec connaissait les empattements depuis la fin du IVe siècle[7]. En latin le premier exemple connu jusqu'ici est, à Delphes, la dédicace du pilier élevé par Paul-Émile en 167, après sa victoire sur Persée[8]. Cette forme classique de la

---

1. W. Schubart, *Griechische Paläographie*, Munich, 1925, p. 97 *sq.*
2. Diehl, *Inscriptiones latinae (Tabulae in usum scholarum*, IV), Bonn, 1912, pl. 5 ; Bassi, *Monumenta Italiae graphica*, *op. cit.*, pl. XXXIV, n° 96 ; cf. Wenger, *op. cit.*
3. C.I.L. IV, 2, n° VII, IX, XVII, XIX, XXII, XXV, XXVI, XXVIII, XXIX, XXXI, XXXII, XXXV, XXXVII-XL, XLIII, XLVI-XLVIII, LI.
4. *Ibid.*, n° CXLI-CXLVII, CL, CLI.
5. Cf. Bassi, *Monumenta Italiae graphica*, *op. cit.*, pl. P, p. 74 ; cf. aussi Cencetti, « Ricerche… », art. cité, p. 185, 193.
6. *Bulletin de correspondance hellénique*, XIX, 1895, p. 474 ; XX, 1896, p. 392, fig. 8.
7. Cf. R. Marichal, « L'écriture latine et l'écriture grecque », in *L'Antiquité classique*, XIX, 1950, p. 126.
8. Diehl, *Inscriptiones latinae*, *op. cit.*, 6 a, cf. *Bulletin de correspondance hellénique*, XXXIV, 1910, p. 433. Comparer le style proprement latin du décret du même Paul-Émile, de 189, trouvé à Gadès, et aujourd'hui au Louvre, dans Bassi, *Monumenta Italiae graphica*, *op. cit.*, pl. XXXV, n° 99.

capitale (voir la capitale latine classique [*c*], p. 656) est une acquisition définitive : la forme des empattements est encore aujourd'hui l'un des critères d'après lesquels les imprimeurs déterminent la « famille » d'un caractère[1]. À Rome même l'empattement ne s'implante que tardivement, au milieu du Ier siècle avant notre ère. L'épigraphie officielle retarde : peut-être est-ce une pose, celle-là même par laquelle les hommes politiques romains, et Cicéron lui-même, affectaient d'ignorer le nom des artistes grecs[2]. Mais la langue aussi reste archaïque jusque vers 80[3]. Quoi qu'il en soit il est certain que, dans l'écriture latine, la civilisation – c'est-à-dire la civilisation hellénistique – n'a pénétré que tardivement, près de deux siècles plus tard que ne donnerait à le croire l'histoire de l'éducation, de la littérature ou même de l'art[4].

Mais Rome va rattraper son retard et brûler les étapes. En cinquante ans à peine, de 80 à 30, on passe, à Pompéi, dans les graffiti, de la cursive rudimentaire et impersonnelle du temps de Sylla (voir la cursive latine [*d*], p. 656) à une écriture souple, élégante, expression de personnalités plus riches, d'une culture (voir la cursive latine [*e*], p. 656) la *rusticitas* fait place à l'*urbanitas*[5].

Cette souplesse implique que le support habituel est lisse : en effet, pour les documents officiels, le papyrus semble avoir remplacé la cire dans beaucoup d'emplois ; pour la correspondance, bien que nous ayons encore des tablettes ayant servi à cet usage à la fin du Ier siècle de notre ère[6], le papyrus est usuel, il l'était déjà du temps de Cicéron ; pour les brouillons, pour les notes, on utilise indifféremment, semble-t-il, parchemin ou tablettes[7].

La connaissance de l'écriture est, dès lors, indispensable aux citoyens : la moindre transaction entraîne la rédaction d'un acte et celui-ci est de plus en plus fréquemment autographe. Le *paterfamilias*, dès qu'il a quelques revenus, qu'il exerce quelque trafic, est obligé de tenir une comptabilité. L'administration romaine est devenue aussi paperassière que la nôtre : les bureaux d'une centurie usaient autant de papyrus qu'une compagnie de l'armée française et les « états » sont à peu près les mêmes ; la fiscalité romaine n'a rien à envier à la nôtre ! Il ne faut pas que le petit

---

1. Cf. F. Thibaudeau, *La Lettre d'imprimerie*, Paris, 1921, I, p. 8-39, II, p. 416-471.
2. Pour la date, cf. J. et A.-E. Gordon, *Contribution to the Palaeography of Latin Inscriptions* (Univ. of California publ. in classical Archæology, 3), Berkeley, 1957, p. 128 – pour l'attitude officielle des Romains, cf. Marrou, *Histoire de l'éducation dans l'Antiquité*, *op. cit.*, p. 334, voir aussi A. Meillet, *Esquisse d'une histoire de la langue latine*, Paris, 1928, p. 206.
3. A. Ernout, *Recueil de textes latins archaïques*, Paris, 1916, p. 99.
4. Cf. P. Boyancé, « La connaissance du grec à Rome », *Revue des études latines*, XXXIV, 1956, p. 114 *sq.*
5. Cicéron, *Brut.* XLVI, 171 ; Quintilien, VI, 3, 17 ; cf. Meillet, *Esquisse d'une histoire de la langue latine*, *op. cit.*, p. 209 *sq.* ; A. Guillemin, « Le legs de Cicéron », *Revue des études latines*, XXXIV, 1956, p. 176 *sq.*
6. À Brugg (Suisse), cf. *Scriptorium*, IX, 1955, p. 129, n° 244 *bis*.
7. Cf. Th. Birt, *Das antike Buchwesen*, Berlin, 1882, p. 58 *sq.*

a

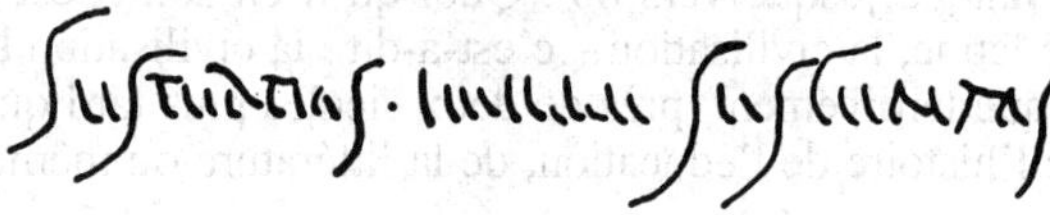

b

c

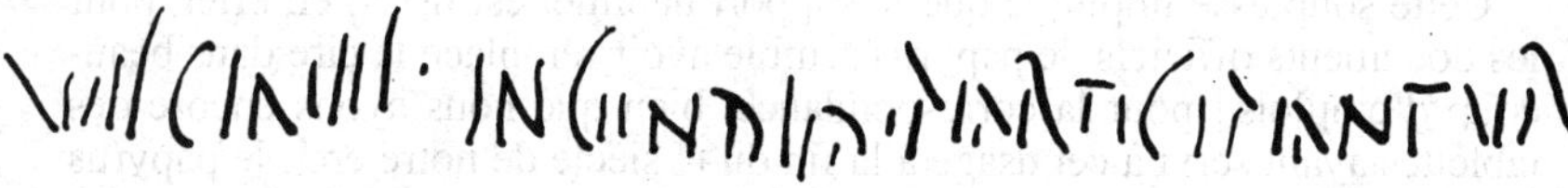

d

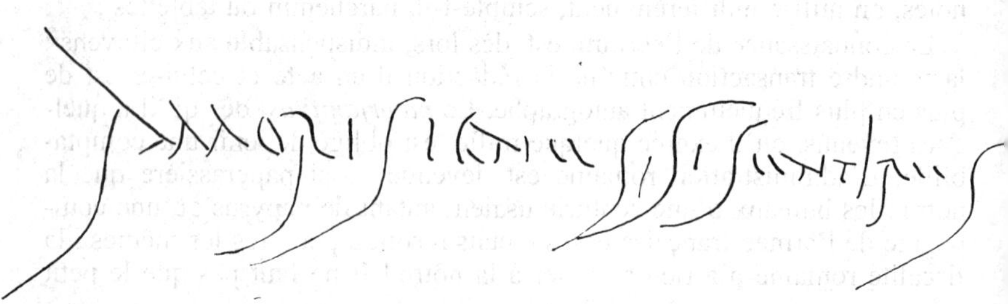

e

CAPITALES ET CURSIVES LATINES

a. **Capitale latine**. Pompéi, peu après 80 *ante* J.-C. (C.I.L., IV, 61).
b. **Cursive latine**. Pompéi, tablette de cire, 58 A.D. (*ibid.*, 3340, CXLI, 2) : *sestertios. mille. sescentos*.
c. **Capitale latine classique**. Rome, entre 44 et 12 *ante* J.-C. (*ibid.*, VI, 1374, Hubner, *Exempla*, n° 45).
d. **Cursive latine**. Pompéi, graffito, peu après 80 *ante* J.-C. (*ibid.*, IV, 4966) : *veicinei. incendia. participantur*.
e. **Cursive latine**. Pompéi, graffito, vers 60 A.D. (*ibid.*, 5092) : *amoris ignes. si sentires…*

nombre des pièces conservées fasse illusion : elles ne représentent qu'une part infime de ce qui a existé. Le *P. Gen. lat.*[1] est une pièce unique, des calculs simples permettent d'établir que, pour les trois premiers siècles de notre ère, il a été rédigé à 12 millions d'exemplaires ; un calcul analogue montre, si je ne me trompe, que, pour la seule Égypte, à une déclaration de propriété conservée correspondent 150 000 perdues.

Nous n'avons aucune donnée sur le nombre des livres qui ont pu exister, sur l'étendue des lectures du citoyen romain moyen. Le livre est cher : le livre I des *Épigrammes* de Martial coûtait cinq deniers, c'est un livre de luxe ; compte tenu des autres renseignements que le même Martial nous fournit, on peut estimer l'édition commune à deux deniers ; à ce prix l'*Énéide* coûterait vingt-quatre deniers[2]. Nous connaissons bien, pour la même époque, le budget d'un légionnaire : deux deniers représentent dix jours de nourriture ; il lui faudrait jeûner quatre mois pour acquérir une *Énéide.* L'armée assure son entretien, mais elle en retient le prix sur sa solde à un tarif forfaitaire, il lui reste alors un peu moins de sept deniers par mois : il pourrait donc acheter chaque mois trois livres des *Épigrammes* de Martial, mais il lui faudrait plus de trois mois de stricte économie pour s'offrir l'*Énéide* ; or, un légionnaire est relativement bien payé, un auxiliaire gagne trois fois moins[3].

Il y a des bibliothèques publiques, mais elles sont en si petit nombre qu'elles ne peuvent guère servir qu'aux savants.

Il y a des vers sur les murs de Pompéi ; ils sont souvent faux d'ailleurs. Certains sont originaux ; d'autres sont des citations, surtout d'Ovide, de Properce ; elles ne sont pas très nombreuses, les mêmes vers reviennent rarement plus de deux ou trois fois ; le seul poète plus fréquemment cité est Virgile, mais il ne s'agit que du premier vers du livre I et du premier vers du livre II de l'*Énéide* : il est à craindre que ce ne soient que des souvenirs scolaires.

Cependant, quel qu'ait pu être le rôle des lectures publiques et, en dépit de l'opinion assez répandue que le public des auteurs romains est « formé d'auditeurs et non de lecteurs[4] », la littérature romaine classique n'a plus grand-chose d'« oral » – l'*Énéide* n'est pas plus orale que la *Franciade* ou la *Henriade*, il suffit de la comparer à la *Chanson de Roland*[5] pour

1. Extension de l'emploi des *chirographes*, cf. Wenger, *Die Quellen des römischen Rechts*, *op. cit.*, p. 797 *sq.*

2. Cf. Martial, I, 117, 17 ; voir les commentaires de Birt, *Das antike Buchwesen*, *op. cit.*, p. 83.

3. Cf. R. Marichal, « La solde des armées romaines d'Auguste à Septime Sévère » in *Mélanges Isidore Levy* (Annuaire de l'Institut de philologie et d'histoire orientales et slaves, XIII, 1953), Bruxelles, 1955, p. 399 *sq.*

4. N.I. Herescu, « Le mode de composition des écrivains : "dictare" », *Revue des études latines*, XXXIV, 1956, p. 132. Cf. aussi U.E. Paoli, *Vita Romana*, Paris, 1955, p. 285.

5. Compléter la comparaison par l'étude des procédés de la littérature orale dans J. Rychner, *La Chanson de geste*, Genève, 1955.

s'en apercevoir. Le Romain cultivé est un homme qui, souvent, sinon toujours, lit lui-même : Pline ne recourt à un lecteur que lorsqu'il se baigne ou qu'il mange, c'est-à-dire lorsqu'il n'a pas les mains libres[1]. Mais il semble bien que le Romain ne lise point sans articuler : donc à voix plus ou moins haute, voire à voix « muette », peu importe[2] ; la mémoire d'un lettré est donc auditive, musculaire, autant que visuelle. Ce sont là des indications caractérologiques que l'on doit retenir.

Écrire reste d'autre part une occupation servile : même un particulier n'écrit pas lui-même toutes ses lettres missives, un haut fonctionnaire n'écrit jamais un ordre de sa propre main, cependant on authentifie ses lettres ou ses actes, non par sa signature, mais par une formule de politesse, *vale, ama nos*, etc., autographe. Peut-être les ethnologues retrouveraient-ils là quelque trace de magie : l'auteur, par le toucher, communique à l'acte quelque chose de sa personnalité ; il n'est pas probable que les Romains du Iᵉʳ siècle aient encore conscience de la valeur originelle du rite, si c'en est un, mais, en revanche, il suppose chez eux une certaine aptitude, si rudimentaire soit-elle, à l'analyse graphique et, en tout cas, l'art de discerner dans une écriture des caractères personnels[3]. En dehors des professionnels, c'est-à-dire des esclaves, seuls doivent écrire souvent, couramment, les savants, les juristes, les écrivains. À Pompéi, dans les quittances chirographiques du commissaire-priseur Jucundus, sept clients sur treize savent écrire et trois seulement ont vraiment l'habitude d'écrire ; aucune femme ne sait écrire ; des citoyens ou des citoyennes dont rien ne permet de dire qu'ils sont opulents ont des esclaves qui écrivent pour eux. Si l'on pouvait fonder une statistique sur des chiffres aussi faibles, on dirait donc que quarante pour cent des clients de Jucundus savent écrire, mais que seuls vingt pour cent le font couramment. Rappelons à titre de comparaison, si boiteuse soit-elle, que, pour la France, des statistiques plus sérieuses montrent qu'en 1686-1690, vingt et un pour cent, en 1786-1790, trente-sept pour cent, en 1871-1875, soixante-douze pour cent de la population savent signer leur nom[4]. Pompéi est une petite ville provinciale. Il est certain qu'à Rome il y a, par exemple, de grandes dames lettrées, des femmes écrivains. En gros, donc, on peut estimer que, dans le monde romain, à l'époque d'Auguste le nombre des citoyens qui savent écrire est très grand, mais que très peu peuvent se permettre d'avoir une bibliothèque, sous cette réserve, cependant, que les esclaves qui ont été formés à l'écriture sont très nombreux – à Pompéi il y a beaucoup d'esclaves parmi les « belles mains » et rien n'autorise à dire que ce sont des scri-

1. *Epist.*, III, 5, 7 *sq.* Cf. J. André, « Pline l'Ancien botaniste », *Revue des études latines*, XXXIII, 1955, p. 312 *sq.*

2. Cf. J. Balogh, « *Voces paginarum* », in *Philologus*, LXXXII, 1926-27, p. 84-109 et 202-240 ; bibliographie dans Marrou, *Histoire de l'éducation dans l'Antiquité*, *op. cit.*, p. 516, n. 4.

3. Cf. aussi Ovide, *Pontiques*, II, 10, 4.

4. M. Fleury et P. Vulmary, « Les progrès de l'instruction élémentaire de Louis XIV à Napoléon III », in *Population*, XII, 1957, p. 71-92.

bes : il y a parmi eux des gladiateurs. L'apprentissage de l'écriture a donc dû tenir une place importante dans l'éducation des esclaves ; par conséquent assez nombreux ont dû être les particuliers qui ont pu se constituer une bibliothèque en faisant copier à leur domicile des livres empruntés. Enfin les Romains lisent sur les murs les affiches, beaucoup lisent le journal[1]. Vers le milieu du Ier siècle ils ont cessé de considérer l'écriture comme purement utilitaire : ils y ont découvert des possibilités de jouissance esthétique. Les inscriptions peintes sont devenues l'un des éléments du décor de la rue, comme les enseignes historiées ; la page d'un livre est devenue une œuvre d'art.

Il est vraisemblable que les progrès de l'hellénisme sont à l'origine de cet affinement de la sensibilité : la peinture alexandrine, qui impose ses lois à la décoration intérieure des maisons, a éduqué l'œil, lui a inculqué ses rythmes. Là s'arrête l'influence de l'hellénisme ; je ne vois pas que l'écriture grecque ait influencé directement l'écriture latine de cette époque. Ici encore les constatations de la paléographie diffèrent de celles de l'histoire de la civilisation. La différence est d'autant plus remarquable que nos sources principales sont les *dipinti* et les *graffiti* de Pompéi, les manuscrits de la bibliothèque des Pisons ; or, Pompéi préromaine est une ville « hellénistique » ; ce que nous avons de la bibliothèque latine des Pisons a été trouvé dans la bibliothèque grecque, il y avait certainement dans la villa des copistes grecs. Mais à Pompéi le grec a fui aussi vite que l'osque devant les vétérans de Sylla : sur quelque dix mille graffiti il n'y en a pas cinquante grecs ! Dans la bibliothèque des Pisons les copistes latins ont pu emprunter à leurs collègues grecs leur ponctuation, leurs procédés de mise en page, je ne vois pas qu'ils aient rien emprunté à leur écriture – sauf peut-être dans un seul manuscrit qui, pour cette raison, tranche sur tous les autres : le P. 817, le *Carmen de Bello Actiaco* où j'incline, pour l'instant, de façon toute provisoire, à reconnaître une main plus ou moins grecque ou grécisante. Bien plus, on peut, pour les trois premiers siècles de l'Empire, généraliser : chacun sait que les petits Romains sont censés avoir d'abord appris à écrire grec[2] ; or, il faut bien que cet apprentissage ait été rudimentaire puisque, lorsqu'un fonctionnaire romain écrit grec, il imprime aux caractères une déformation que les papyrologues reconnaissent d'un coup d'œil[3]. Chez les professionnels une spécialisation s'est opérée : la chancellerie a ses bureaux grecs distincts de ses bureaux latins[4] ; dans les librairies le copiste grec est normalement différent du latin puisque l'un et l'autre

1. Cf. Paoli, *Vita Romana*, *op. cit.*, p. 298.

2. La méthode aurait été généralisée dès le début du IIe siècle avant J.-C. au moins, cf. Boyancé, « La Connaissance du grec à Rome », art. cité, p. 118. Pour les *P. lat. Hercul.*, cf. Lowe, C.L.A., 385-387.

3. Cf. *Scriptorium*, IV, 1950, p. 123, n° 75 et n° 1 ; depuis, les trouvailles analogues ont été relativement si nombreuses que je renonce à les indiquer ; c'est désormais une banalité.

4. Cf. R. Marichal, *Écriture latine et écriture grecque*, p. 115.

n'emploient pas le même instrument : le copiste grec emploie un calame à pointe dure et mince qui n'accuse pas les pleins, le latin un calame à pointe souple et large qui lui permet d'opposer fortement les pleins et les déliés, de donner, par conséquent, à l'écriture un relief et un rythme que le grec ne peut avoir ; sur les murs le pinceau imite à volonté le ciseau ou le calame.

La nouvelle écriture, dans le domaine du livre, établit donc une alternance régulière de pleins et de déliés suivant un angle déterminé[1]. D'autre part elle emprunte à l'écriture cursive un artifice dont celle-ci faisait grand usage : le dépassement systématique en haut et à gauche des traits obliques de gauche à droite. Il s'agit là d'une négligence dont la stylisation a fait une élégance : il est toujours difficile de raccorder exactement deux traits obliques comme ceux qui se rencontrent au sommet de l'A, de l'M, de l'N, les écritures scolaires s'y montrent toujours inhabiles. On tourne la difficulté en traçant l'un des deux traits nettement plus long que l'autre. Dès que le latin se souciera de style il systématisera cet expédient et il prendra plaisir à l'exagérer : les plus habiles des scripteurs des *graffiti* du temps de Tibère et de Néron en jouent en virtuoses (voir la cursive latine [*a*], p. 662). N'oublions pas que le lecteur romain est un « musculaire » ! Il se complaît aux gestes larges !

C'est cette écriture que la civilisation et l'administration romaines propageront sur toute l'étendue de l'Empire : elle s'imposera même, en Occident, aux idiomes indigènes[2]. Dans le domaine des livres, elle se perpétuera, en particulier pour les œuvres des poètes, jusqu'à l'époque carolingienne. Les paléographes l'appellent « rustique ». C'est un contresens car elle a été, au contraire, au temps de Tibère et de Néron, celle des cercles les plus élégants, les plus cultivés, elle s'est introduite dans l'épigraphie et, à l'époque des Sévères, peu s'en est fallu qu'elle expulsât la capitale classique même des inscriptions solennelles ; elle n'a jamais été *rustica* ni *subrustica*, ce n'est même pas assez dire qu'elle est *urbana*, elle est *urbanissima*. Par référence à l'histoire de l'art, j'ai pris l'habitude de l'appeler, faute d'un meilleur terme, « baroque ».

À la fin du IIIe siècle on voit apparaître, presque simultanément, dans les livres et dans les actes, deux nouvelles écritures étroitement apparentées.

L'écriture livresque étant comme une première ébauche de la « minuscule », on lui donne assez souvent le nom de « minuscule primitive » (voir la minuscule primitive [*b*], p. 662).

---

1. Cf. sur ces questions d'angle J. Mallon, *Paléographie romaine* (*Scripturae*, III), Madrid, 1952 *passim*.

2. Les poteries de Banassac, découvertes en 1937, qui portent des inscriptions gauloises sont de la même écriture que le *servus coloniae* de Pompéi, cf. J. Vendryès, in *Comptes rendus de l'Académie des inscriptions*, 1956, p. 169 *sq.*, fig.

De toutes les modifications subies par l'écriture latine, celle-ci est, de beaucoup, la plus importante : entre la « minuscule primitive » et la « minuscule » proprement dite, il n'y a que des différences secondaires ; entre la capitale et la « minuscule primitive » des différences profondes. On est tenté de dire qu'il y a, entre les deux, un monde et, culturellement, l'image est juste. Graphiquement ce sont, en tout cas, deux genres si différents qu'on voit mal, à première vue, comment on a pu passer de l'un à l'autre.

Il n'entre pas dans notre propos de l'expliquer et, d'ailleurs, l'accord n'est pas conclu entre les érudits sur ce point[1]. Selon moi, la « minuscule primitive » serait sortie de la capitale « baroque ». C'est donc chez les écrivains, les savants, les copistes de livres que celle-ci se serait, surtout par suite de l'évolution des techniques et, notamment, du passage du *volumen* au *codex*, insensiblement transformée, jusqu'au jour où des professionnels auraient tenté de la soumettre à une canonisation qui ne fut peut-être d'ailleurs jamais complètement achevée avant la ruine de l'Empire ; de là, du IIIe au VIe siècle, plusieurs variétés plus ou moins fréquemment attestées. Il se serait donc produit déjà, au Ier siècle, un phénomène que nous retrouverons par la suite : l'écriture usuelle aurait été plus proche de l'écriture livresque que de l'écriture documentaire, apanage de spécialistes. Ce n'est pas pure hypothèse : c'est un fait aujourd'hui reconnu que les écritures d'actes que nous possédons, du Ier au IIIe siècle, (voir la cursive latine documentaire [*c*], p. 662), ne peuvent expliquer ni la minuscule livresque, ni la minuscule de actes du IVe siècle ; l'écriture usuelle ne peut donc avoir été celle des chancelleries, des tabellions, des comptables ; ce ne peut avoir été non plus, cela va de soi, celle du commun, des vingt pour cent de Pompéiens qui ne savent pas l'orthographe ; c'est donc celle des « intellectuels » ou des *librarii*. Je vois en faveur de cette conception un argument dans le fait que l'une des nouveautés de la « minuscule primitive », par rapport à la capitale « baroque », réside dans un changement de la position respective des pleins et des déliés et que ce changement n'a pu se produire que dans une écriture dont l'instrument était le calame souple et large des spécialistes du livre.

Parmi les tentatives de canonisation qui ont été opérées sur la « minuscule primitive », deux ont eu une large diffusion : l'une que les Bénédictins ont appelée assez fâcheusement – parce que ses dimensions étaient à peu près la moitié de celles de l'onciale – la « semi-onciale » (voir la semi-onciale [*e*], p. 662) et qui est une « minuscule » presque parfaite ;

1. Cf. J. Mallon, *Paléographie romaine*, *op. cit.*, p. 160 *sq.* ; Ch. Perrat, « Paléographie romaine », *Comitato internazionale di Scienze storiche*, X° *Congresso… Roma*, 1955, *Relazioni*, I, Florence, 1955, p. 345 *sq.* ; Cencetti, *Lineamenti*, p. 168 *sq.* J'ai donné mon point de vue en dernier lieu dans G.G. Archi, M. David, E. Lévy, R. Marichal, H.L.W. Nelson, *Pauli Sententiarum fragmentum Leidense* (*Studia Gaiana*, 4), Leyde, 1956, p. 53 *sq.*

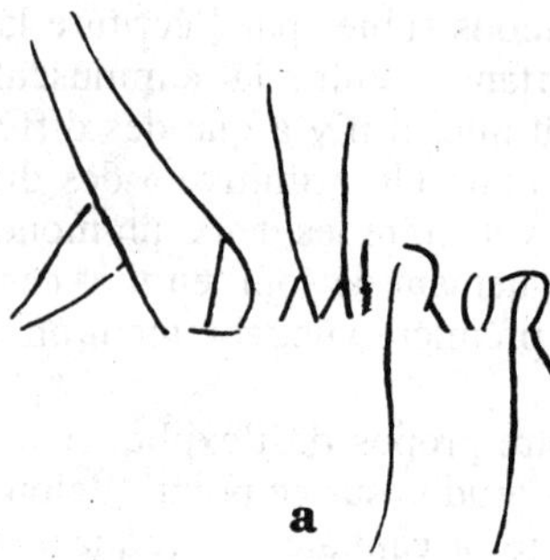

a

b

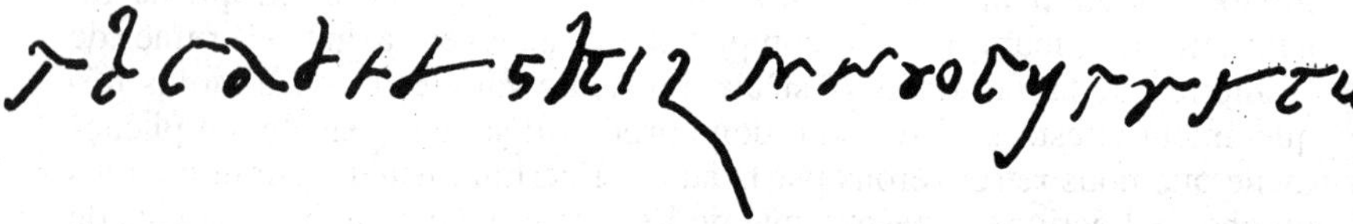

c

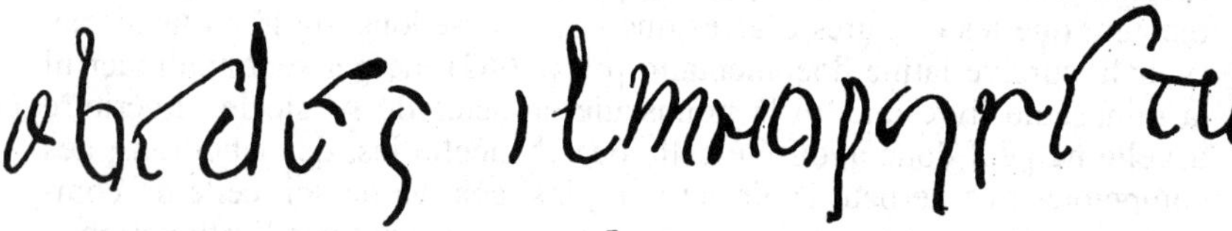

d

e

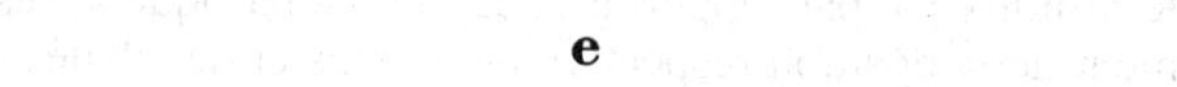

f

ÉCRITURES LATINES

a. **Cursive latine**. Pompéi, graffito, vers 60 A.D. (C.I.L., IV, 1906).
b. **Minuscule primitive**. *P. Oxy*. IV, 668, Lowe, C.L.A. 208, IIIe-IVe s.
c. **Cursive latine documentaire**. Alphabet tiré de *P. Grenfell* 108 (Mallon, Marichal, Perrat, *Écriture latine*, n° 26), 167 A.D.
d. **Cursive latine documentaire**. Alphabet tiré de *P. Gen*. III (*ibid*., n° 34), 344 A.D.
e. **Semi-onciale**. Lowe, C.L.A. 1*a* (*ibid*., n° 62) *ante* 509-510 A.D.
f. **Onciale**. Lowe, C.L.A. 57 (*ibid*., n° 56), IV-Ve s.

l'autre, qui est une forme beaucoup plus solennelle, beaucoup plus décorative, est l'« onciale » (voir l'onciale [*f*], p. 662). Pour moi l'onciale est une création d'artistes qui ont travaillé un peu comme le ferait aujourd'hui un fondeur de caractères qui, ayant établi un type de « bas de casse » – dans l'espèce la « minuscule primitive » –, entreprendrait de créer la capitale correspondante. Mais, naturellement, c'est une capitale qui n'a pas été confinée dans les titres, mais qui, comme la capitale « baroque », a servi à écrire des pages entières.

Semi-onciale et onciale ont été, pendant les derniers siècles de l'Empire, les grandes écritures de la Romanité, spécialement celles de la prose et celles des textes chrétiens. Lorsque l'*édit du maximum* de Dioclétien distingue trois écritures : deux de *scriptor*, l'une de première qualité à 25 deniers les cent lignes, la seconde de deuxième qualité à 20 deniers, et une écriture de « tabellion », pour les *libelli* et les *tabulae*, à 10 deniers les cent lignes[1], il est bien probable qu'il faut se représenter, pour la première, la capitale et l'onciale, pour la seconde, la minuscule.

Si des innovations dans la technique du livre peuvent à la rigueur suffire à expliquer la création de la minuscule, il est bien évident, cependant, que, si elle a pu être canonisée et adoptée par tous, c'est qu'elle répondait aux goûts de l'époque. Or, cette canonisation s'est opérée pendant la fameuse « crise » du IIIe siècle, crise, comme chacun sait, non seulement économique, sociale, politique, mais aussi morale, religieuse et tellement profonde que la langue elle-même s'y trouve altérée jusque dans ses fondations : perte de la quantité, passage de l'accent de hauteur à un accent d'intensité, affaiblissement des consonnes intervocaliques ; chacun sait que c'est là, sur la ruine du latin classique, l'origine des langues romanes.

Au milieu de cette décadence la minuscule et l'onciale sont d'authentiques chefs-d'œuvre. Par rapport à la capitale, la minuscule est un progrès absolu : elle est beaucoup plus lisible. La lisibilité n'est pas quelque chose de relatif : les oculistes, les fondeurs de caractères ont dégagé, du mécanisme de la lecture et de la comparaison des différents types, des lois objectives de lisibilité[2] : la minuscule primitive s'y conforme beaucoup mieux que la capitale. Certains caractères ont des hastes qui s'élèvent ou qui s'abaissent au-dessus ou au-dessous du corps des lettres, chaque mot possède ainsi une silhouette qui lui est propre. Le sommet du corps de chaque lettre est plus différencié des autres lettres que dans la

1. *Edit* VII, 39-41 dans l'éd. de E.P. Graser dans T. Frank, *Rome and Italy of the Empire* (*An economic survey of ancient Rome*, 5), Paterson, N.J., 1959, p. 342.

2. Cf. E. Javal, *Physiologie de la lecture et de l'écriture*, Paris, 1905, que j'ai utilisé, sommairement, dans *De la capitale romaine à la minuscule*, dans M. Audin, *Somme typographique*, I, Paris, 1948, p. 94 ; mais voir surtout G.W. Ovink, *Legibility, Atmosphere-Value and Forms of Printing Types*, Leyde, 1938.

capitale : l'œil peut les reconnaître plus facilement lorsqu'il suit, ce qui est le cas dans une lecture rapide, la partie supérieure de la ligne. Enfin, plus petite, plus riche en courbes, elle s'écrit plus vite. De son côté la cursive qui en est issue lie les lettres l'une à l'autre et permet ainsi, au détriment de la lisibilité, il est vrai, une écriture plus rapide. Ce sont ces qualités qui ont permis à la minuscule d'être un instrument efficace de ce qu'on a appelé la « Renaissance de Dioclétien », puis de la diffusion du christianisme.

ONCIALE BIBLIQUE GRECQUE ET ONCIALE LATINE
(*P. Ryl.* 16 – *P.S.I.* 1182) IIIe et V-VIe siècles

La mutation de l'écriture latine au IIIe siècle coïncide donc avec les grands changements qui se sont produits à la fin du siècle dans la civilisation latine, sans doute les précède-t-elle même quelque peu. Cependant, sur un point, l'évolution de la culture ne coïncide pas avec celle de l'écriture. C'est encore du grec qu'il s'agit. Tout le monde a été frappé par la ressemblance de l'onciale latine avec ce que les hellénistes appellent le *Bibeltypus*, l'« onciale biblique ». La ressemblance est d'ailleurs tout extérieure, les *ductus* ne semblent pas affectés. Chronologiquement, d'après les témoins conservés, le grec a la priorité[1]. On pourrait donc penser que le grec a imposé son style au latin. Le singulier, c'est que les historiens nous ont démontré que la connaissance du grec dans le monde latin recule dès la fin du Ier siècle, que ce recul se précipite au IIIe et qu'au IVe « le grec se meurt en Occident ». Pour mettre le comble au paradoxe, les latinistes prétendent, et non sans arguments, que la minuscule et l'onciale latines se seraient formées en Afrique, qui est probablement alors, de toutes les provinces de l'Empire,

1. Le plus ancien exemple datable serait de la fin du IIe siècle (*P. Oxy.* IV, 661 – Roberts, *Greek Literary Hands*, Oxford, 1956, n° 16 *a*), mais la datation ne repose que sur la date du verso, or, celle-ci est purement paléographique, donc susceptible d'une approximation de quelque vingt-cinq ans, et comme le délai de réemploi d'un verso laisse lui aussi une approximation assez large, on arrive vite au demi-siècle ! Autre exemple à Doura, donc première moitié du IIIe siècle (*P. Dura* 84, 81, 92 – Roberts, *op. cit.*, 16 *b*), puis *P. Ryl.* 16 (*ibid.*, 22 *b*), celui-ci sûrement antérieur à 225-226, date certaine d'une lettre du verso. J'ai cité (*Écriture latine et écriture grecque*, p. 129) le *P. Lond.* 141 de 88 (Roberts, *op. cit.*, 12 *a*), le rapprochement est contesté ; si c'est un ancêtre, il est assez lointain. La plus ancienne onciale latine datée est antérieure à 371 (Lowe, C.L.A., IV, 467 – cf. liste *ibid.*, p. XV) – les premières minuscules de la seconde moitié du IIIe siècle cf. Marichal, *Pauli Sententiarum*, p. 29.

l'une des moins hellénisées[1]. Il y a peut-être à ce paradoxe une explication simple : c'est que la question serait mal posée ; il n'y aurait pas lieu de chercher si l'onciale est grecque ou si elle est latine, comme s'il s'agissait de deux forces de sens contraire, mais de la considérer, tant en grec qu'en latin, comme le produit de deux forces qui se conjuguent : il y aurait eu en commun formation d'un style commun. Peut-être le latin a-t-il eu l'initiative : le *Bibeltypus*, à la différence des autres écritures grecques, requiert l'emploi d'un calame assez souple et à la pointe assez large accusant les déliés, c'est-à-dire d'un calame latin. Mais inversement certaines minuscules latines inclinées, si proches de certaines écritures grecques qu'on pourrait s'y tromper, ont emprunté le calame dur des Grecs[2]. Dans les écritures de chancelleries, dès le IIIe siècle, avant que les cursives latines soient devenues des minuscules, les deux écritures semblent se confondre tout en gardant leurs ductus propres[3]. Plus tard, les ductus s'échangent – et le grec ici semble fléchir, se laisser envahir par le latin – au point qu'on pourrait dire qu'il n'y a plus qu'une écriture qui est tantôt d'expression grecque, tantôt d'expression latine, un « bilinguisme graphique[4] ». Or, c'est au IIIe siècle que des Grecs, en assez grand nombre, commencent à s'adonner aux études latines et juridiques afin de faire carrière dans l'administration, et les plus anciennes minuscules que nous possédions sont en majorité des œuvres juridiques, le reste étant des œuvres scolaires. C'est à partir du IIIe siècle aussi que la langue liturgique chrétienne, en Occident, passe du grec au latin[5]. Bref, si les deux écritures se rapprochent, si le grec, tout en subissant la pression du latin, l'influence à son tour, ne serait-ce pas, non parce que les Latins se seraient mis à écrire le grec, mais parce que les Grecs se seraient mis à apprendre à écrire le latin ? Seulement, ce n'est pas du côté de l'Afrique qu'il faudrait regarder pour voir apparaître la minuscule, c'est au Levant, vers Beyrouth, métropole des études juridiques.

L'usage de nouvelles écritures, d'un nouveau matériau, le parchemin, d'une nouvelle forme, le *codex*, a rendu le livre plus pratique et plus solide, il n'a pas abaissé son prix, sauf, peut-être, pour les exemplaires de luxe. Au prix de l'édit, en effet, l'*Énéide*, écriture de première qualité – capitale – vaudrait, non reliée, 3 400 deniers, en écriture de deuxième qualité –

1. G. Bardy, *La Question des langues dans l'Église ancienne*, I, Paris, 1948, p. 52 *sq.*, 187 *sq.*

2. Cf. *P. Ryl.* 53 et la *Formula Fabiana*, cf. Marichal, *Écriture latine et écriture grecque*, p. 132 et pl. V, 3, 4.

3. Cf. par exemple *P. Dura* 125-127, pl. XXII (*The Excavations at Dura-Europos, Final Report*, V. 1, New Haven, 1959).

4. Marichal, *ibid.*, p. 140.

5. Marrou, *Histoire de l'éducation dans l'Antiquité*, *op. cit.*, p. 349 ; Bardy, *La Question des langues...*, *op. cit.*, *passim*.

minuscule – 2 600 deniers[1]. Mais que représentent 3 400 ou 2 600 deniers par rapport aux 60 et aux 24 deniers que pouvait coûter l'*Énéide* au temps de Martial ? On peut raisonner ainsi : un maçon, nourri, gagne sous Dioclétien 50 deniers par jour ; l'*Énéide* première qualité représente donc 68 jours de travail, deuxième qualité : 52 jours. Si l'on admet que le salaire d'un maçon peut correspondre à la solde d'un légionnaire, on devra compter que celui-ci, au temps de Domitien, recevait, sa nourriture déduite, 12 deniers par mois ; l'*Énéide* à 60 deniers représente donc 5 mois de solde, à 24, 52 jours[2]. Le livre de luxe aurait diminué de plus de 50 % – mais peut-être est-il moins luxueux ; le livre ordinaire aurait maintenu son prix. Si l'on veut, maintenant, se rendre compte de ce que ces prix représentaient pour un contemporain de Dioclétien, on peut dire que, pour se procurer une *Énéide* de deuxième qualité, un pédagogue, le dernier échelon des membres de l'enseignement, doit avoir eu cinquante-deux élèves pendant un mois[3], un orateur ou un sophiste, l'échelon le plus élevé : dix[4] ; l'avocat aura dû mener à leur terme, plaidoiries comprises, trois procès[5] ; le cultivateur vendre 100 kg de viande de porc[6] ou 160 l de vin ordinaire[7] ; le riche capitaliste débourser 17,02 g d'or[8].

Ces prix paraissent prohibitifs. Aussi la copie privée a-t-elle dû prendre plus d'importance encore qu'au temps de Domitien. Or, précisément, le christianisme a opéré un véritable renversement des valeurs dans ce domaine : le travail du scribe n'est plus un travail servile, c'est le plus méritoire des travaux, du moins lorsqu'il s'agit de l'*Écriture*, puisque c'est un moyen d'apostolat. Le monde païen a réagi : chacun sait qu'il s'emploie à faire revivre les Classiques, mais, ce qui est peut-être plus nouveau et plus caractéristique, c'est que, sans aller jusqu'à se faire copistes eux-mêmes, les plus grands personnages ne craignent pas de se faire grammairiens, correcteurs ; pour la première fois nous en voyons se faire gloire d'avoir révisé des manuscrits de Virgile, de Tite-

1. 9 896 vers, donc copie à 25 deniers les cent lignes = 2 474 ; pour le parchemin le tarif est 40 deniers le cahier d'un pied (*op. cit.*, VII, 38), j'interprète : un quaternion de 0,33 m de haut ; d'après cela le *Mediceus* correspondrait à un in-8 ° ; il a 29 lignes à la page donc 22 cahiers, soit 880 deniers ; soit donc en tout 3 354 deniers, prix minimum, car peut-être faut-il doubler le prix du parchemin. – Pour la deuxième qualité, je compte : copie à 25 deniers les 100 lignes = 1 979 + 14 cahiers à 45 lignes à la page, soit 560 deniers = 2 539.

2. Nous n'avons pas voulu comparer avec la situation d'un soldat de Dioclétien celle d'un soldat de Domitien parce que la transformation est trop grande de l'une à l'autre. Les bases du calcul pour le soldat de Domitien diffèrent de celles adoptées plus haut, p. 657, parce qu'il fallait ici ne déduire de la solde que la nourriture pour que la comparaison avec le maçon fût valable.

3. *Edit*, VII, 65 : 50 deniers par élève.

4. *Ibid.*, VII, 71 : 250 deniers par élève.

5. *Ibid.*, VII, 73 : 1 000 deniers la cause.

6. *Ibid.*, IV, 1 : 12 deniers la livre.

7. *Ibid.*, II, 10 : 8 deniers la pinte.

8. *Ibid.*, XXX, 1 : 50 000 deniers la livre.

Live, etc[1]. Chacun sait qu'un énorme travail d'édition s'est déployé alors et que nous lui devons les trois quarts des textes classiques que nous lisons encore.

Sous ses formes cursives la minuscule primitive a tout envahi : les chancelleries – sauf l'impériale restée fidèle à son écriture antérieure –, où elle revêt la stylisation en hauteur qui était déjà le propre des écritures chancelleresques de l'époque précédente, les registres des tabellions, toute l'administration, les écoles. Il semble bien, dès lors, que l'écriture usuelle est une minuscule cursive avec ligatures plus proche de la documentaire que de la livresque. Peut-être des graphologues seraient-ils tentés de voir dans la présence des ligatures un signe caractérologique – cette écriture est proprement une écriture « byzantine » –, mais elle s'explique par des raisons linguistiques et techniques. Le latin classique a le « sens du mot », il sépare les mots par des points, il ne traite pas, dans la prononciation, la voyelle de la syllabe initiale comme celles des syllabes intérieures ; ce sens s'est affaibli sous le Bas-Empire, tant dans la prononciation que dans l'écriture : les points ont disparu entre les mots, les ligatures ne dépendent plus du sens mais du ductus de chaque lettre, que sa structure rend apte ou inapte à se lier avec telle ou telle autre lettre voisine, indépendamment de sa place dans le mot. D'autre part il faut noter que l'on n'a retrouvé nulle part une seule tablette de cire postérieure au IVe siècle, or, l'écriture sur cire répugne aux ligatures, sa disparition ou sa raréfaction les favorise donc. Il ne serait pas impossible, d'autre part, que ce rapprochement entre l'écriture usuelle et l'écriture documentaire correspondît à un accroissement de l'usage de l'écriture : un négociant, un propriétaire terrien fréquente plus les tabellions que les poètes ; s'il écrit, ce sont des comptes plus que des vers ; une société où la majorité des citoyens écrivent devrait avoir une écriture plus documentaire que livresque.

Au Ve siècle, les Barbares pénètrent dans l'Empire.

Ils n'ignorent pas l'écriture.

Tous connaissent les runes ; bien qu'elles aient pu être utilisées plus couramment et peintes, les runes sont alors essentiellement une écriture épigraphique ; elles ne pouvaient rivaliser d'aucune façon avec les écritures latines et l'influence qu'elles auraient pu exercer sur celles-ci me semble problématique[2].

---

1. Cf. Cassiodore, *Inst.*, I, XXX, 1, et dom J. Leclercq, *L'Amour des lettres et le Désir de Dieu*, Paris, 1957, p. 118 *sq.* – Birt, *Das antické Buchwesen*, *op. cit.*, p. 123 *sq.*

2. Cf. Février, *Histoire de l'écriture*, *op. cit.*, p. 504 *sq.* ; Cohen, *La Grande Invention de l'écriture*, *op. cit.*, p. 195 *sq.* (dans la présente édition, ci-dessus, p. 199 et suiv.). On a cru pouvoir parler de l'influence des *runes* sur la « brisure » gotique ; c'est une illusion.

Il en va autrement de l'écriture gotique. Son existence et sa disparition ouvrent des aperçus intéressants sur l'attitude des Barbares vis-à-vis de la langue et de l'écriture latines. Les Goths, et il faut entendre par là aussi bien les Wisigoths et les Ostrogoths que les Burgondes, les Vandales, les Gépides[1], possédaient une écriture alphabétique adaptée du grec par l'évêque Wulfila († 383), en Mésie inférieure, pour traduire la Bible. C'était à tous égards un excellent instrument[2]. Les Goths l'ont apportée avec eux en Occident. Elle est restée leur écriture religieuse de même que le gotique est resté leur langue liturgique. Au contact du latin, elle s'est légèrement modifiée ; d'inclinée, elle est devenue droite[3]. Les *scriptoria* gotiques d'Italie du Nord ont été actifs et bien équipés, leurs copistes n'étaient pas moins habiles que les copistes latins avec lesquels ils ont souvent collaboré[4]. Seule la disparition de

1. D'après Procope, *De bello vandalico* dans G.W. Friedrichssen, *The Gothic Version of the Gospels*, Oxford, 1926, p. 243, et *The Gothic Version of the Epistles*, Oxford, 1939, p. 282. Pour les Vandales, cf. Ch. Courtois, *Les Vandales et l'Afrique*, Paris, 1955, p. 221. Les seuls textes connus sont ceux qui sont cités ci-après, n. 4.

2. Février, *Histoire de l'écriture*, *op. cit.*, p. 421 ; Cohen, *La Grande Invention de l'écriture*, *op. cit.*, p. 200 (dans la présente édition, ci-dessus, p. 204). Naturellement on a mis en doute que Wulfila fût le créateur de cette écriture, cf. en dernier lieu : S. Gutenbrunner, *Ueber Ursprung des gotischen Alphabets* (*Beiträge zur Geschichte der deutschen Sprache u. Literatur*, LXXII, 1950, p. 500 *sq.*). Wulfila a utilisé aussi un alphabet latin. Les études sur l'origine de son alphabet sont à reprendre, leurs auteurs n'ayant pas précisé de quelles écritures grecques ils entendaient parler et ayant visiblement ignoré les renseignements apportés sur le latin par les papyrus.

3. Friedrichssen, *Epistles*, p. 280, et O. v. Friesen et A. Grape, *Om codex Argenteus* (*Skrifter utgivna av Svenska Litteratursällskapet*, 27), Uppsala, 1928, pl. IX. L'affirmation semble vraisemblable, je ne la prends à mon compte que sous bénéfice d'inventaire.

4. La liste de ces manuscrits se trouve dans tous les manuels, voir en dernier lieu : W. Krause, *Handbuch des Gotischen*, Munich, 1953, p. 17-23. Il est urgent de la moderniser ; ce sont cinq textes bibliques tous originaires de l'Italie du Nord : 1° l'*Argenteus* d'Upsal, lettres d'or et argent sur parchemin pourpre, éd. fac-similé avec introduction latine de O. v. Friesen et A. Grape, Uppsala, 1927 ; tirage à part et traduction suédoise de l'introduction sous le titre *Om codex Argenteus* citée *supra* ; reproduction partielle notamment dans D. Diringer, *The Alphabet*, Londres, 1949, p. 473, et *The Hand-produced Book*, Londres, 1953, p. 217, et H.J. Vogels, *Codicum Novi Testamenti specimina*, Bonn, 1929, pl. 49. L'*Argenteus* est attribué à la première moitié du VIe siècle ; il est la copie gotique d'un bilingue gotico-latin dont le *Brixianus* (Lowe, C.L.A., III, 281) représente la partie latine, cf. Friedrichssen, *Gospels*, p. 241, *Epistles*, p. 271 ; autre ms. Latin étroitement apparenté : le *Rhedigeranus* (C.L.A., VIII, 1073) ; – 2 ° et 3 ° les palimpsestes *Ambrosiani* = C.L.A., III, 344 *b*, 351, 364, 365, attribués au VIe siècle ; – 4 ° le *Carolinus* = C.L.A., IX, 1388, gotico-latin, attribué à la fin du Ve siècle ; – 5 ° le *P. Antinoe* (Giessen) = C.L.A., VIII, 1 200, VIe siècle. Un 6e ms. = commentaire sur l'évangile de Jean : C.L.A., I, 26 *b* + *c*, VIe siècle. Enfin annotations gotiques dans les *Homiliae* de Maximin = C.L.A., IV, 504. Le gotique et le latin sont dans les bilingues de deux mains différentes (Friedrichssen, *Epistles*, p. 55). L'étude interne a conduit Friedrichssen a conclure à une latinisation progressive de la version de Wulfila qui aurait commencé en Gaule depuis l'occupation wisigothique, en 412. Les bilingues impliquent l'existence de communautés gotico-romaines (*ibid.*, p. 124 *sq.*, 261 *sq.*) ; cf. aussi dom Wilmart, *Revue biblique*, XXXVI, 1927, p. 46 *sq.*, dans ce domaine il n'y a donc pas eu ségrégation ; la préface du *Brixianus*, qui est destinée à une version bilingue, est même attribuée à une édition revue sous les ordres de Théodoric (Friedrichssen, *Epistles*, p. 274 : cf. aussi W. Ensslin, *Theodorich der Grosse*, Munich, 2e éd., 1959, p. 280).

l'arianisme a mis fin en Occident à leur activité, mais, au IXe siècle, au témoignage de Walafrid Strabo, il y avait encore, probablement dans la région rhénane, des manuscrits gotiques et à l'Est, chez les *Thomitanos*, ils servaient encore au culte[1]. Cependant jamais l'écriture gotique n'a été utilisée, à notre connaissance, en dehors de la littérature religieuse[2]. Chacun sait que Théodoric avait entendu maintenir entre ses Ostrogoths et les Romains une véritable ségrégation[3], il ne paraît pas, cependant, avoir cherché le moins du monde à tirer parti pour cela de l'existence d'une écriture nationale : sa chancellerie était latine, les historiens ne pensent pas qu'elle ait possédé un département gotique ; rien ne permet de supposer que les *officia* des gouverneurs militaires goths placés à côté des gouverneurs de province romains aient utilisé une autre langue que le latin[4]. On tient pour probable qu'il y a eu une littérature gotique : des *scops* célébrant dans les fêtes et les beuveries, en des récits rythmés et chantés, les chefs vainqueurs et, peut-être, les héros légendaires, c'était la coutume chez tous les Germains ; Théodoric ne paraît pas, comme plus tard Charlemagne, s'être préoccupé de les faire mettre par écrit[5] ; c'est Cassiodore qui a écrit, en latin, l'histoire des Goths. Un Ostrogoth cultivé comme le référendaire de Théodoric, Cyprianus[6], a

---

1. *M.G.H., Capitul.*, II, 481, cité par Friedrichssen, *Gospels*, p. 248. Il y a deux alphabets gotiques dans le ms. Wien, Hofbibl. Ms. 795.

2. On cite deux contrats, on les dit même en écriture cursive. Il s'agit de G. Marini, *I papiri diplomatici*, Rome, 1805, n° 118 et 119. Le n° 118, autrefois à Arezzo, aujourd'hui perdu, est un contrat de vente latin de 540 environ, le vendeur et un témoin, tous deux diacres goths, ont souscrit en lettres gotiques ; le n° 119, reproduit dans J.-O. Tjaeder, *Die nichtliterarischen lateinischen Papyri Italiens* (*Acta Instituti Romani regni Sueciae*, ser. In-4 °, XIX, 3), Lund, 1954, n° 34, pl. 116-121, est un contrat, latin aussi, concernant la basilique arienne de Sancta Anastasia, aujourd'hui Sant'Apollinare Nuovo, la cathédrale arienne de Ravenne (J. Zeiller, *Mélanges de l'École française de Rome*, XXIV, 1904, p. 29, n. 1, et XXV, 1905, p. 129) ; tout le clergé de l'église, une quinzaine de clercs, a souscrit, trois l'ont fait en gotique, les autres en latin ; tous sont des *conliberti*, par conséquent d'origine très modeste. Le gotique n'est donc, dans les deux cas, qu'une manifestation arienne plus encore que nationale, comparer les prétentions du patriarche Cyrila, lors du colloque de 480, en Afrique (Victor de Vita, II, 55, *M.G.H., Auctor. antiq.*, III, p. 25, et Courtois, *Les Vandales et l'Afrique*, *op. cit.*, p. 222, n. 6). L'écriture est livresque. Le seul témoignage de cursive serait l'un des alphabets du ms. de Vienne, Hofbibl. Ms. 795, du IXe. Je n'en connais que la reproduction de W. Grimm dans *Jahrbuch der Literatur*, XLIII, Vienne, 1828 = *Kl. Schrift.*, III, p. 85 *sq.*, cf. Th. von Grienberger dans *Beiträge der deut. Sprache u. Lit.*, XXI, 1896, p. 185 *sq.* La reproduction est mauvaise, l'authenticité des noms des lettres douteuse (Mossé, dans *Bullet. de la soc. de linguistique*, 1954, 2, p. 142) ce sont, en tout cas, des caractères mal faits, non des caractères cursifs.

3. Cf. *I Goti in Occidente, Problemi (Settimane di studio del Centro italiano di studi sull'alto medioevo*, III), Spolète, 1956, spécialement Picotti, p. 179 *sq.*, 225 ; W. Ensslin, *Theodorich*, notamment p. 188 *sq.* Comme on l'a vu *supra*, p. 668, n. 4 il n'y a pas eu ségrégation dans le domaine religieux, la communauté de religion primait donc celle de race et de langue, cf. José d'Orlandis, dans *I Goti*, p. 158.

4. Ensslin, *Theodorich der Grosse*, *op. cit.*, p. 194 *sq.*

5. *Ibid.*, p. 281-282.

6. *Ibid.*, p. 197.

trois langues et quatre écritures : le grec et le latin pour la science, les lettres, le droit, l'administration ; le gotique avec les runes pour les tombes de sa famille, ses armes, peut-être sa correspondance privée avec ses compatriotes ; son alphabet national pour la religion. Les Ostrogoths cultivés devaient être rares ! Tout compte fait, quant à l'écriture et la langue, les Ostrogoths ne se sont pas comportés vis-à-vis du latin autrement que les Francs qui étaient, eux, moins bien armés pour préserver leur originalité et qui semblent n'avoir jamais cherché à le faire. Les Ostrogoths se sont, eux aussi, ceux du moins qui ne furent point déportés en Orient après la « reconquête » de Narsès[1], fondus dans la population lombarde[2], puis romane.

Les raisons qu'on donne généralement de cette assimilation : prestige de la civilisation romaine ; faiblesse du peuplement barbare ; nécessités pratiques pour les nouveaux maîtres d'adopter la langue de leurs administrés ; conservation des bureaucrates et des cadres romains, les Germains ayant contracté l'habitude de se considérer comme des troupes auxiliaires de l'Empire et continuant à y « camper », même lorsqu'ils furent les seuls maîtres, sont valables. L'exemple des Ostrogoths inciterait à penser qu'elles sont insuffisantes : si les Barbares ont adopté la langue et l'écriture latines c'est, sans doute, beaucoup plus profondément, qu'ils n'avaient pas plus atteint le stade des civilisations écrites que celui des consciences nationales, qu'il leur manquait un certain degré de maturité qui ne se laisse point forcer, qui ne s'impose pas de l'extérieur, si favorables que puissent être les circonstances.

Après la conquête barbare, donc, dans les vieux pays profondément romanisés, Italie, Espagne, Gaule, les administrations sont restées en place au service des nouveaux maîtres ; les écoles ont subsisté plus ou moins longtemps suivant les régions. Les écritures de chancelleries se sont donc perpétuées et, pendant plusieurs générations, une partie, sans cesse décroissante d'ailleurs, de la population, tant romaine que barbare, a continué à employer la minuscule cursive.

Cette continuité ne doit pas, cependant, nous dissimuler de profondes transformations. L'écriture perd de son importance : au début les Germains ne devaient guère comprendre les textes dont leurs employés leur faisaient endosser la responsabilité ; plus tard, lorsqu'ils eurent appris le latin, la langue parlée avait si bien commencé à s'éloigner de la langue écrite qu'ils ne devaient pas être beaucoup plus avancés. La langue de l'administration va devenir une langue différente de celle des administrés. Ce n'était pas en soi une nouveauté : sauf dans la partie grecque de l'Empire, les Romains n'avaient probablement jamais consenti à employer les idiomes indigènes. La nouveauté c'est que ni

1. Comparer pour l'Afrique, Courtois, *Les Vandales et l'Afrique*, *op. cit.*, p. 355.
2. Battisti, dans *I Goti*, p. 647.

les maîtres ni les sujets ne comprennent plus ou qu'ils comprennent mal la langue officielle. Si l'on songe qu'une grande partie de l'administration et de la fiscalité reposait, comme de nos jours, sur les déclarations autographes des assujettis, on imagine quel bouleversement ce dut être !

Chacun sait, d'autre part, que les Germains introduisaient ou, plus exactement, réintroduisaient dans l'Empire la conception d'un droit non écrit ; toutefois, du point de vue de l'usage de l'écriture, le changement est, théoriquement, minime : au XVIe siècle la France du Nord est encore de droit coutumier, non écrit, y passe-t-on moins de contrats que dans le Midi, de droit « écrit » ? La valeur juridique des actes peut différer, non leur nombre. D'ailleurs les peuples barbares se sont empressés, soit d'adopter le droit romain, soit de mettre leurs « lois » par écrit, leurs juristes de rédiger des formulaires pour tous les actes possibles. Le caractère « non écrit » du droit n'est donc pas, probablement, la véritable cause de la diminution des actes écrits, il ne fait que révéler une cause plus profonde, celle-là même que l'exemple des Goths nous a permis d'entrevoir : à savoir que les Barbares, même romanisés, ne conçoivent pas l'utilité de l'écriture, qu'ils en sont encore, pour plusieurs siècles, au stade des civilisations sans écriture ; celle-ci leur est, pour ainsi dire, imposée par ceux de leurs sujets qui appartiennent encore à la civilisation romaine, qui s'en sentent les héritiers, mais, faute sans doute de cohésion, ceux-ci sont, de générations en générations, de moins en moins nombreux ; aussi l'usage de l'écriture tend-il à devenir, comme celui de la langue officielle, l'apanage d'une classe de scribes qui se confond avec celle des clercs – les seuls pour qui la « romanité », mais non point la « romanité » classique, soit quelque chose de vivant – avec, dirait-on, la caste sacerdotale, comme dans beaucoup des civilisations qui ont été évoquées ici précédemment.

Parallèlement il y aura désormais une littérature orale en langue vernaculaire à côté de la littérature latine écrite et, bien qu'il ait subsisté pendant un certain temps, en Italie et, probablement, même en Gaule, des ateliers laïcs de qualité, la production livresque tombera elle aussi aux mains des clercs, séculiers, parfois, comme à Vérone ou à Lyon, et, plus souvent, réguliers ; en fin de compte les *scriptoria* finiront par être presque exclusivement monastiques.

En Angleterre, où la domination romaine avait disparu, en Irlande où elle ne s'était jamais implantée, c'est avec la christianisation que l'écriture latine s'est propagée ; elle a donc été essentiellement livresque.

En même temps que l'usage de l'écriture se contractait, ses formes se diversifiaient, comme la langue latine elle-même et pour les mêmes raisons : l'unité de l'Empire était rompue, l'unité de l'écriture l'est aussi.

Les grandes chancelleries, celle des papes, celle des rois mérovingiens, donnent chacune à la minuscule des chancelleries provinciales romaines un style qui leur est propre[1].

Dans les écritures livresques la diversité est plus grande encore. Si, en Angleterre et en Irlande, l'onciale et la semi-onciale ont reçu deux canonisations, l'une ronde, l'autre anguleuse, où l'on retrouve aisément certains éléments des arts locaux et qui présentent une grande homogénéité ; si, en Espagne, l'écriture wisigothique se présente relativement unifiée, en Italie et, surtout, en Gaule on rencontre un nombre relativement considérable de types dont l'extension dans le temps et l'espace est extrêmement variable ; on a pu parler d'un véritable chaos, parfois à l'intérieur même d'un seul *scriptorium*. En certains endroits les onciales et les semi-onciales latines se sont conservées relativement pures ; ailleurs, comme à Luxeuil, on a imposé à la minuscule cursive un style si proche de celui des diplômes mérovingiens qu'on a pu penser à un emprunt ; plus communément les semi-onciales latines ont été plus ou moins pénétrées par la minuscule cursive.

Les Bénédictins avaient donné à ces variétés d'écritures le nom d'« écritures nationales » qui a été conservé, bien qu'il ait quelque chose d'anachronique ; dans le domaine livresque on parle aujourd'hui plus souvent de « précarolines ».

Au VIIIe siècle on assiste, notamment en Italie, à un certain regroupement ; une certaine communauté de goûts se manifeste ; des types se fixent, par exemple dans l'abbaye bénédictine de Nonantola. Dans le Sud l'écriture « bénéventine » s'étend sur un large domaine et s'implante même sur la côte dalmate. On a récemment insisté sur certains caractères communs aux écritures de Nonantola et aux bénéventines et qui permettent de penser qu'un processus d'unification entre le Nord et le Sud s'amorçait[2].

En France l'unité graphique va se reconstituer grâce à une nouvelle écriture : la minuscule caroline.

Si l'on s'en tient à la chronologie, la minuscule caroline ne serait guère qu'une précaroline qui aurait éclipsé ses rivales. Le plus ancien manuscrit daté en écriture bénéventine est rapporté aux années 779-797[3] ; le plus ancien exemple daté de minuscule caroline est la Bible de Maurdramne

1. Cf. Cencetti, *Lineamenti di storia della scrittura latina*, *op. cit.*, p. 93 *sq.* ; sur la chancellerie pontificale, cf. P. Rabikauskas, *Die römische Kuriale in der päpstlichen Kanzlei (Miscellanea Historiae Pontificiae*, XX), Rome, 1958.
2. Cf. G. Cencetti, « Scriptoria e scritture nel Monachesimo benedettino », *Settimane di studio del Centro italiano di studi sull'alto medioevo*, IV [1956], *Il Monachesimo nell'alto medioevo*, Spolète, 1957, p. 206.
3. Lowe, C.L.A., V, 569.

a

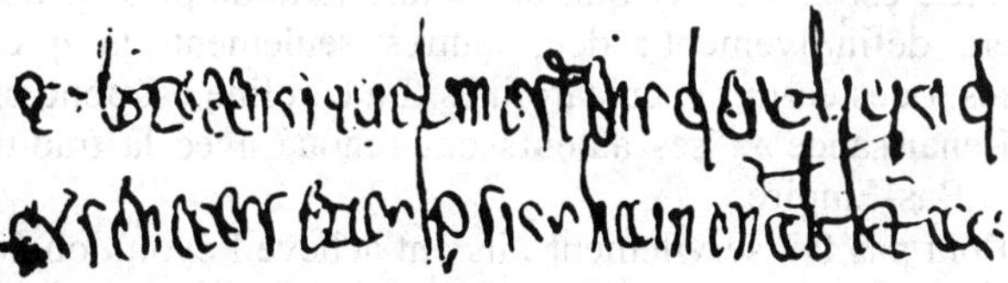

b

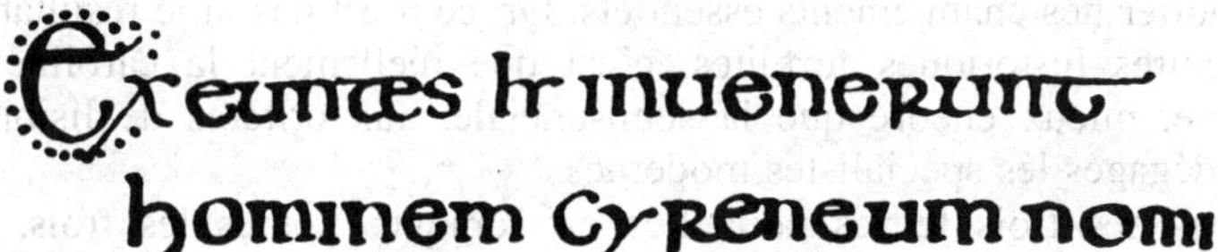

c

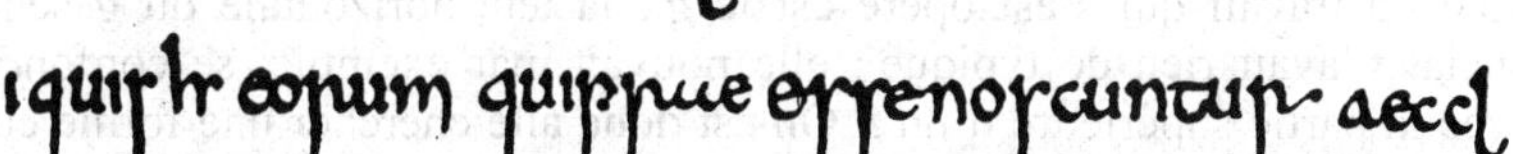

d

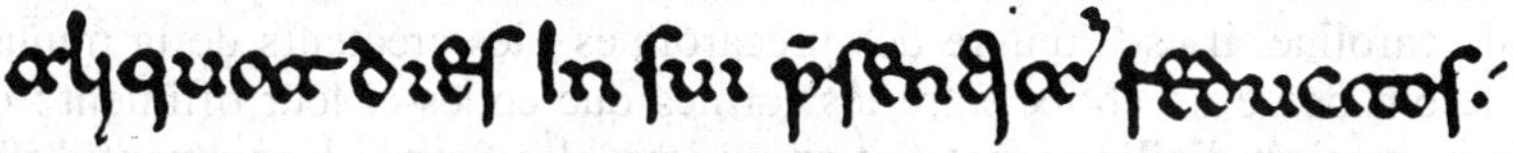

e

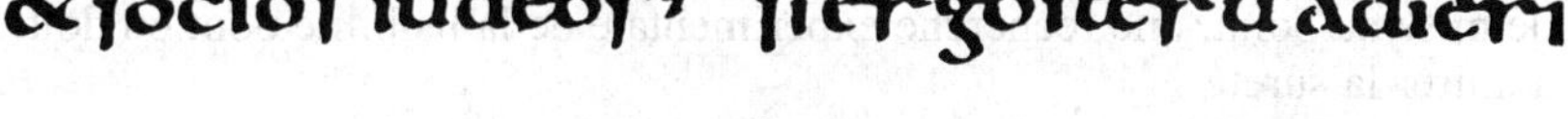

f

ÉCRITURES ANCIENNES

a. **Écriture de la chancellerie pontificale** (Steffens, *Paléographie latine*, pl. 62), 876 A.D.
b. **Écriture mérovingienne documentaire** (*Écriture latine*, n° 38), 695 A.D.
c. **Écriture anglo-saxonne** (G. Battelli, *Lezioni di Paleografia*, 3e éd., 1949, fig. 27), VIIIe s.
d. **Écriture anglo-saxonne** (*ibid.*, fig. 28), VIII-IXe s.
e. **Écriture bénéventine** (*ibid.*, fig. 17), *circa* 1087 A.D.
f. **Minuscule caroline**. Bible de Maurdramne (Lowe, C.L.A., 707), *ante* 781 A.D.

qui est de peu antérieure à 781[1]. (Pour toutes ces écritures, voir les exemples fournis par l'illustration.)

Mais, si l'on considère sa morphologie, ce n'est pas aux précarolines qu'on devra rattacher la caroline, c'est à la semi-onciale : sur les vingt et une lettres de l'alphabet carolin, dix-huit sont exactement celles de la semi-onciale ; une, l'*a*, est tantôt l'*a* de la semi-onciale, tantôt celui de l'onciale, et c'est ce dernier qui, après une lutte de près de deux siècles, l'emportera définitivement ; deux autres seulement, le *g* et l'*n* sont empruntées à des écritures précarolines. La caroline est donc bien le fruit d'une « Renaissance » : ses auteurs ont renoué avec la tradition « classique » du Bas-Empire.

Ils ne l'ont pas fait servilement : ils ont achevé l'évolution de l'écriture romaine, l'ont portée presque à son point de perfection, puisque la caroline est devenue l'écriture latine par excellence et qu'il semble impossible d'y apporter des changements essentiels. Or, ce n'est pas là le résultat de conjonctures historiques fortuites, c'est que réellement la caroline se conforme, mieux encore que la semi-onciale, aux critères de lisibilité qu'ont dégagés les spécialistes modernes.

Le cas des trois lettres nouvelles est topique. Toutes les trois, l'*a* oncial, le *g*, le *n*, ont une partie supérieure plus nettement différenciée que les trois lettres correspondantes de la semi-onciale. La plus révélatrice du travail qui s'est opéré est le *g* : la tête horizontale du *g* semi-oncial n'avait rien de typique ; elle pouvait, par exemple, se confondre avec la partie supérieure d'un *t*. On est donc allé chercher une forme cursive qu'on a redessinée pour l'adapter à l'instrument et au style de l'écriture livresque, c'est-à-dire pour la doter d'une alternance harmonieuse de pleins et de déliés. Or, ce travail est antérieur à la création de la minuscule caroline, il est l'œuvre des précarolines ; les créateurs de la minuscule ont opéré un choix entre les formes que celles-ci leur offraient : ce choix ne s'est d'ailleurs pas fait en un jour, des formes légèrement différentes se sont incrustées ou réintroduites suivant les temps et les lieux. Il y a donc eu, dans la renaissance de la semi-onciale, un travail minutieux de mise au point, une recherche expérimentale de la lisibilité dont on doit admirer la sûreté.

Aisément lisible, plus vite que ses rivales, la caroline devait, logiquement, s'imposer partout. En fait, si elle s'est rapidement propagée dans les monastères de l'Empire de Charlemagne où ses progrès vont de pair avec la réforme des études et de la liturgie, hors de l'Empire ses progrès sont tributaires des événements politiques ou culturels. Ce sont les Normands qui l'ont apportée dans les îles Britanniques, en Espagne ce sont

1. Lowe, C.L.A., VI, 707, cf. p. XII.

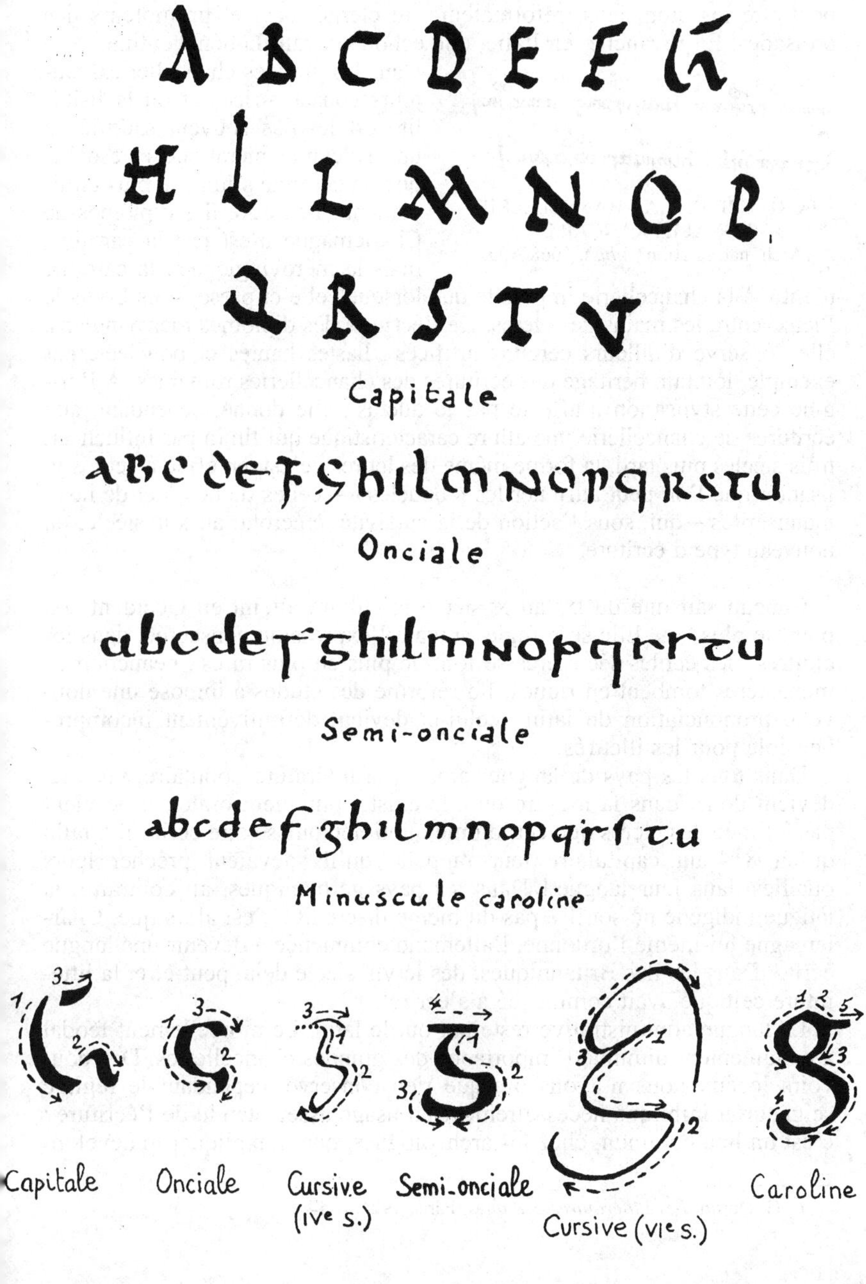
Capitale
Onciale
Semi-onciale
Minuscule caroline
Capitale
Onciale
Cursive (IVe s.)
Semi-onciale
Cursive (VIe s.)
Caroline

peut-être les clunisiens, réformateurs du clergé local et promoteurs des croisades. En revanche, en Italie, elle échoue devant la bénéventine.

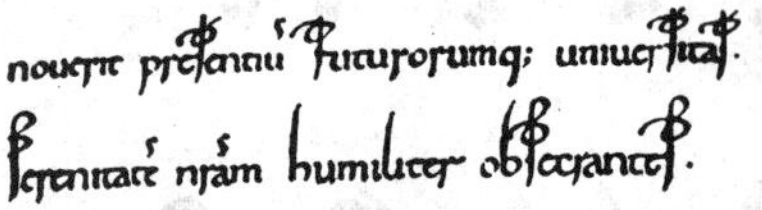

ÉCRITURE DE LA CHANCELLERIE
ROYALE FRANÇAISE
(Arch. nat. K 20, n° 4 *bis*), 1068 A.D.

Dans les grandes chancelleries, toujours conservatrices et où la lisibilité est le plus souvent sacrifiée à une solennité hiératique et ésotérique, la caroline s'impose plus tardivement : l'écriture des diplômes de Charlemagne n'est pas la caroline, mais la mérovingienne ; la caroline n'entre à la chancellerie impériale que lorsque celle-ci passe, sous Louis le Pieux, entre les mains des clercs. De l'écriture des diplômes mérovingiens, elle conserve d'ailleurs certains artifices : hastes hautes et bouclées, par exemple, lointain héritage des écritures des chancelleries romaines. À l'origine cette stylisation n'affecte pas le ductus ; elle donne, cependant, aux écritures de chancellerie une allure caractéristique qui finira par influencer, trois siècles plus tard, la forme même des lettres : c'est, en effet, à cette stylisation que l'on peut attribuer les « boucles » – celles de nos *b* et de nos *l* manuscrites – qui, sous l'action de la cursivité, créeront, au XIIIe siècle, un nouveau type d'écriture.

Chacun sait que du IXe au Xe siècle la culture atteint en Occident son point le plus bas. Elle se réfugie, suivant l'expression consacrée, dans les cloîtres ; les écoles séculières se font de plus en plus rares ; beaucoup de monastères tombent en ruines. La réforme des études a imposé une nouvelle prononciation du latin ; celui-ci devient définitivement incompréhensible pour les illettrés.

Dans tous les pays de langue romane, la littérature populaire, vivante, devient donc, dans la mesure où elle existe, purement orale ; il ne vient pas à l'idée des clercs que cet idiome quotidien puisse être écrit ; il a fallu qu'en 814 un capitulaire leur rappelât qu'ils devaient prêcher leurs ouailles dans leur langue ! Dans les pays germaniques, au contraire, la langue indigène ne souffre pas du même discrédit : c'est alors que, Charlemagne lui-même l'ordonne, l'allemand commence à devenir une langue écrite. Dans les îles Britanniques, dès le VIIe siècle déjà, peut-être, la littérature celtique avait commencé à s'écrire[1].

La langue administrative reste partout le latin. Le morcellement féodal a certainement diminué l'importance des grandes chancelleries. Des pouvoirs locaux nous n'avons presque rien conservé, cependant le régime seigneurial implique nécessairement un usage assez étendu de l'écriture : c'est un lieu commun, chez les archéologues, que d'expliquer le dévelop-

1. G. Dottin, *Les Littératures celtiques*, Paris, 1924, p. 14.

pement de l'écriture dans les anciennes civilisations par les nécessités administratives, or, la gestion d'un grand domaine, en France, au Xe siècle, est, telle que l'histoire du droit et les rares textes conservés nous obligent à l'imaginer, au moins aussi complexe qu'elle pouvait l'être dans les grands empires sumériens, hittites, assyro-babyloniens, voire égyptiens. Il y a donc nécessairement des « scribes », non seulement à la cour des rois ou des grands feudataires, mais même jusque dans les petites seigneuries. Ce sont certainement des clercs ; l'écriture dont ils usaient, avec plus ou moins d'habileté, était donc non celle des chancelleries, mais celle des livres. Il est révélateur que, même beaucoup plus tard, au XIIe siècle et au début du XIIIe, lorsque nous possédons des actes relatifs à de petits domaines, écrits par des chapelains ou des curés, parfois en langue vulgaire, l'écriture en soit le plus souvent « livresque », à la différence de celle des actes rédigés dans des domaines plus importants où l'écriture et le formulaire se conforment au style des grandes chancelleries et où la langue, lorsqu'il s'agit de la vernaculaire, est déjà plus proche de la langue commune, beaucoup moins dialectale ; il y a donc dans ces seigneuries des bureaux organisés dont le recrutement n'est pas purement local, qui ont avec les grandes chancelleries des contacts fréquents et dont le personnel a reçu une formation spéciale[1].

À la fin du XIe siècle, dans le royaume anglo-normand et dans le nord de la France, la minuscule caroline prend peu à peu un aspect particulier : les courbes, notamment les courbes supérieures de l'*m* et de l'*n*, la courbe inférieure de l'*u*, deviennent anguleuses, se « brisent », les bases des hastes qui reposent sur la ligne, celles des *i, r, d, h, f, s* long, s'enrichissent d'empattements également brisés ; plus tard les lettres se resserrent et

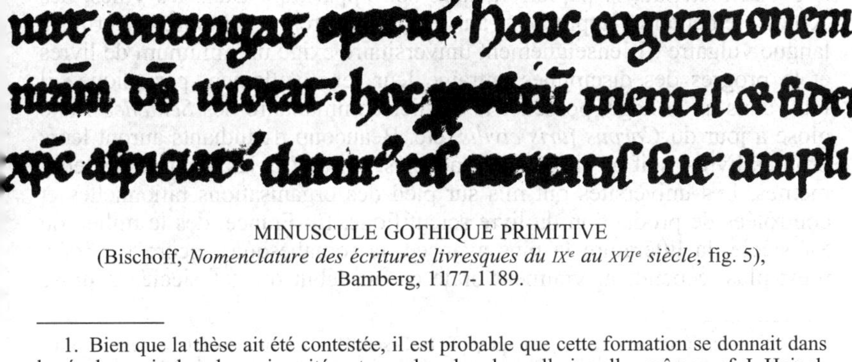

MINUSCULE GOTHIQUE PRIMITIVE
(Bischoff, *Nomenclature des écritures livresques du IXe au XVIe siècle*, fig. 5),
Bamberg, 1177-1189.

1. Bien que la thèse ait été contestée, il est probable que cette formation se donnait dans les écoles, puis dans les universités, et non dans les chancelleries elles-mêmes, cf. I. Hajnal, *L'Enseignement de l'écriture aux universités médiévales (Studia historica Academiae scientiarum Hungaricae*, 7), Budapest, 1954.

celles qui comportent des courbes, comme le *b*, le *p* ou le *d* oncial, se « lient » aux courbes des *o* et des *e* suivants de façon à ne constituer qu'un seul caractère comme s'il s'agissait d'une écriture syllabique[1]. Au cours du XIIe siècle ce style s'accentue et se répand en France, en Angleterre et en Allemagne (voir aussi la fenêtre de style gothique rayonnant, p. 686).

Alors que les humanistes l'ont considérée comme le symbole des siècles de décadence, de ténèbres et de misère et lui ont donné le nom méprisant de « gothique », nous y voyons, nous, l'écriture d'une nouvelle « Renaissance », celle du XIIe siècle. Ce sera l'écriture des universités. À la faveur des échanges qu'elles entretiennent, du prestige de l'université de Paris, de l'influence de la littérature, de l'architecture, des modes françaises, la gothique donnera à la chrétienté une unité graphique plus large encore que n'avait réussi à le faire la caroline ; elle expulsera de l'Italie méridionale la bénéventine.

Cette unité n'exclut pas une certaine variété aujourd'hui encore assez mal connue. L'Italie du Nord pratique une gothique « ronde », sans empattements à la base, qui est très reconnaissable. Une université comme celle de Bologne se crée un type d'écriture particulier, la *Bononiensis*, et, comme l'université de Bologne est la métropole des études juridiques, la *Bononiensis* pourra exercer son influence bien au-delà des Alpes. Dans les grandes chancelleries, en dépit de divergences de détail évidentes, des ressemblances fondamentales s'affirment.

L'avènement de la gothique coïncide avec un essor de l'écriture jamais atteint jusqu'alors : les principautés, les villes, les évêchés, les abbayes et jusqu'aux moindres seigneuries et aux plus petits prieurés perfectionnent leurs administrations, conservent leurs archives, enregistrent leurs actes ; des notaires se mettent, innombrables, à la disposition des particuliers. Un nouveau matériau, le papier, va faire son apparition. Dans les villes, des écoles élémentaires apprennent aux enfants à lire et, peut-être, à écrire la langue vulgaire[2]. L'enseignement universitaire exige un minimum de livres et le progrès des disciplines entraîne leur renouvellement périodique : il faut, dans un collège, posséder le dernier commentaire des *Sentences*, une glose à jour du *Corpus juris civilis*, etc. Beaucoup d'étudiants auront leurs propres livres, soit qu'ils les aient achetés, soit qu'ils les aient copiés eux-mêmes. Les universités ont mis sur pied des organisations rationnelles et contrôlées de production du livre scientifique. En France, dès le milieu du XIIe siècle, la littérature la plus avancée, la romanesque, encore versifiée, n'est plus, cependant, vraiment orale et, au début du XIIIe siècle, la prose

---

1. Pour la définition de la gothique, cf. B. Bischoff, « La nomenclature des écritures livresques du IXe au XIIIe siècle », *Nomenclature des écritures livresques du IXe au XVIe siècle*, Paris, 1954, p. 7 *sq.*
2. Hajnal, *L'Enseignement de l'écriture aux universités médiévales*, *op. cit.*, p. 13.

a

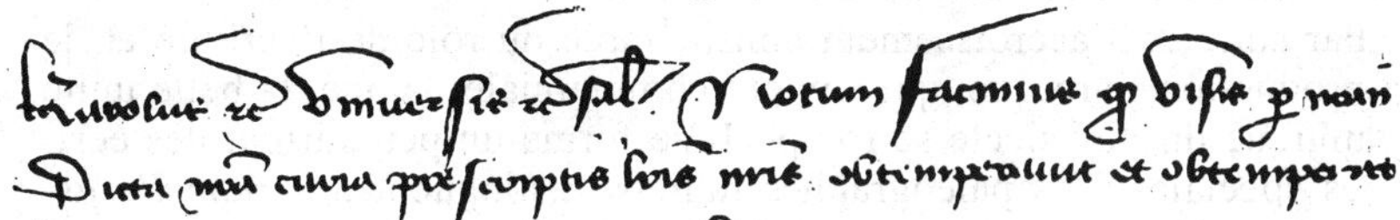

b

c

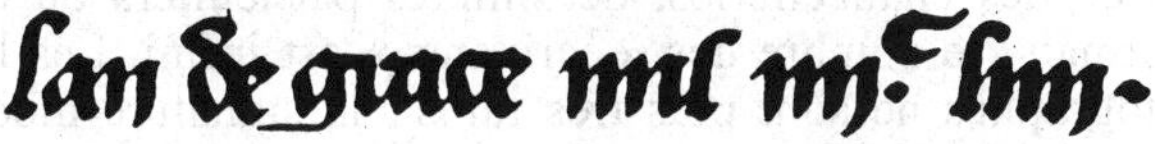

d

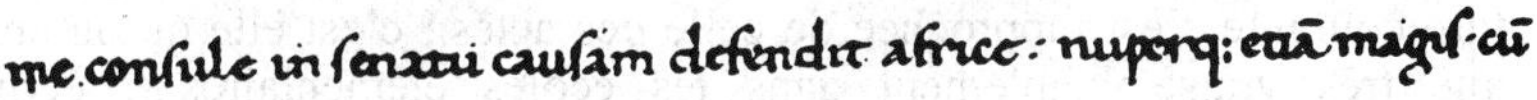

e

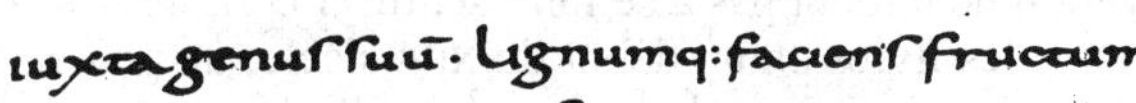

f

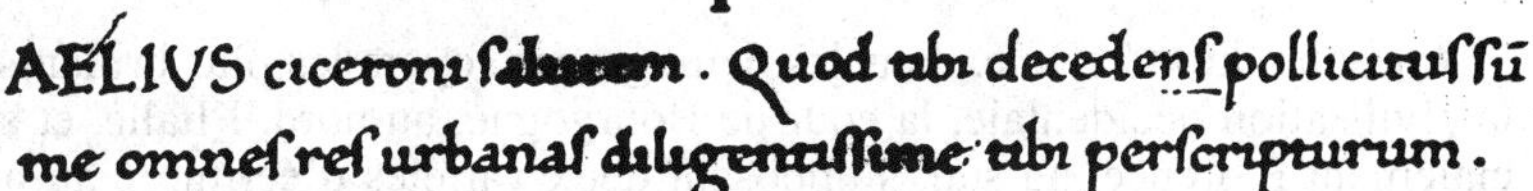

g

ÉCRITURES ANCIENNES

a. **Écriture italienne** (Bononiensis) (E. Crous et J. Kirchner, *Die gotischen Schriftarten*, 1920, fig. 14), XIVe s.

b. **Écriture de la chancellerie royale française** (M. Prou, *Recueil de fac-similés d'écritures du Ve au XVIIe siècle*, 1904, pl. XXXIV), 1401 A.D.

c. **Écriture livresque bâtarde** (Ch. Samaran et R. Marichal, *Catalogue des manuscrits en écriture latine*, I, 1959, pl. LXIV), Paris, 1390 A.D.

d. **Écriture livresque bâtarde** (*ibid.*, pl. CIX), Hesdin (P.-de-C.), 1454 A.D.

e. **Écriture humanistique** : Cicéron, *De Oratore*, copié par le Poggio (V. Federici, *La scrittura delle cancellerie italiane*, 1934, pl. LXXXII), 1417-1432 A.D.

f. **Minuscule caroline**. Bible d'Alcuin (Zurich) (Steffens, *Paléographie latine*, pl. 47), *circa* 800 A.D.

g. **Écriture humanistique de G. Aretino** (B. L. Ullman, *The Origin and Development of Humanistic Script*, 1960, pl. 45), 1410 A.D.

commence à rivaliser avec le vers ; le roman ne s'adresse plus qu'à un lecteur, la chanson de geste, dont la technique demeure orale, se ravale au rang du feuilleton ou du roman policier modernes.

Par suite de l'accroissement considérable du rôle de l'écriture et de la production livresque, qui devient commerciale, laïque, la belle unité graphique du XIIIe siècle se rompt. Il se forme un peu partout des écritures spéciales : les paléographes italiens distinguent des *cancelleresche*, des *notarili*, des *mercantesche* dont la diversité est d'ailleurs très grande[1]. Il ne semble pas qu'en France on puisse parler de *mercantesche* et même la distinction entre *cancelleresche* et *notarili* serait probablement artificielle ; mieux vaudrait dire : il y a des *cancelleresche*, puis des écritures personnelles qui s'en rapprochent ou s'en éloignent plus ou moins suivant qu'il s'agit de praticiens en relations permanentes avec des chancelleries, de simples particuliers ou de savants, car, désormais, le nombre des « écrivants » est infini. Les lettres missives autographes ne sont plus très rares ; la signature moderne entre en usage.

Comme à toutes les époques où l'activité graphique est intense, l'écriture courante s'est rapprochée de celle des actes ; c'est elle qu'on enseigne très vraisemblablement dans les écoles élémentaires ; l'écriture livresque devient une spécialité qui nécessite l'emploi de plumes taillées de façon appropriée au style qu'on entend produire. Les conséquences de cette innovation ne tardent pas à se faire sentir : l'écriture des actes pénètre peu à peu dans les livres et, au début du XIVe siècle, un peu partout se forment, dans ce domaine, des « bâtardes »[2].

À l'aube du XVe siècle, dans les deux grands foyers les plus brillants de la civilisation occidentale, la cour de Bourgogne, au nord, l'Italie, et spécialement Florence, au sud, s'opposent deux variétés d'écriture ; au nord une canonisation de la bâtarde qui en retiendra le nom : écriture livresque bâtarde ; à Florence une renaissance de la minuscule caroline empruntée à des manuscrits des IXe et Xe siècles : l'humanistique[3].

Au XVe et au XVIe siècle, dans les livres les plus soignés, les trois écritures s'affronteront, chacune d'entre elles symbolisant un courant spirituel : la gothique pour le livre liturgique et scolastique, l'humanistique pour les classiques et les néo-classiques, la bâtarde pour les textes vernaculaires.

---

1. Nombreux exemples de *cancellersche* et de *notarili* dans V. Federici, *La scrittura delle cancellerie italiane dal secolo XII al XVII*, Rome, 1934. Pour les *mercantesche*, cf. Cencetti, *Lineamenti di storia della scritura latina*, *op. cit.*, p. 232.

2. Cf. G. I. Lieftinck, « Pour une nomenclature de l'écriture livresque de la période dite gothique » in *Nomenclature des écritures livresques du IXe au XVIe siècle*, Paris, 1954, p. 15 *sq.*

3. Cf. B. L. Ullman, *The Origin and Development of Humanistic Script*, Rome, 1960.

Faut-il conclure un exposé qui n'a pas été bâti pour les besoins de la cause ? Que l'on ouvre, en effet, n'importe quel traité de paléographie latine, que l'on consulte la table des matières, on y trouvera les mêmes faits, les mêmes divisions, et que l'on prenne n'importe quel manuel d'histoire de la civilisation médiévale, ce seront les mêmes divisions, les mêmes dates. Les grands moments, les grands tournants, comme on dit, de l'histoire de l'écriture latine coïncident, aussi exactement que possible lorsqu'il s'agit de faits de civilisation, avec les grandes périodes de l'histoire : nous sautons de « Renaissances » en « Renaissances », et peu importe pour notre propos qu'elles soient diverses, qu'elles portent indûment ou non le même nom, ce qui importe c'est que tout le monde admette que toutes, la dioclétienne comme la carolingienne, celle du XIIe siècle comme celle du XVe, constituent effectivement des périodes cruciales de l'histoire de la civilisation. En d'autres termes, il apparaît que, dans l'histoire de l'Occident, tout changement de mentalité est accompagné, et le plus souvent même annoncé, par un changement dans la morphologie et le style de l'écriture.

À la réflexion, cela peut sembler tout naturel. Toutes ces Renaissances ont un trait commun : le recours à des classiques, donc à des textes, à des manuscrits anciens, il est donc normal qu'on en imite aussi l'écriture. C'est bien, en effet, ce qui s'est produit au XVe siècle et, dans une moindre mesure, au VIIIe siècle ; seulement cela ne s'est produit ni au IIIe siècle, ni au XIe. Au IIIe siècle on a canonisé des formes probablement préexistantes, mais nouvelles, ignorées des classiques. Au XIe l'écriture a continué sur sa lancée sans que celle des manuscrits antérieurs l'ait influencée ; bien au contraire, c'est le moment où l'on abandonne définitivement, dans la décoration des manuscrits, la tradition antique[1]. Et si, au XVe siècle, les humanistes ont adopté la caroline des Xe et XIe siècles, ce n'est pas parce qu'ils l'ont crue « antique » – il ne faut pas s'y tromper : ils l'appellent *antica*, ce n'est pas par « antique » qu'il faut traduire, mais par « ancienne », puisque Salutati demande qu'on lui recherche des manuscrits d'Abélard en *antica*[2] – mais parce qu'elle leur plaisait.

On peut également dire que si toute Renaissance est précédée d'une mutation graphique, c'est parce que toute Renaissance exige une grande production livresque et qu'elle se crée ainsi préalablement un style d'écriture clair et rapide : une Renaissance qui ne parviendrait pas à produire beaucoup de livres et de bons livres avorterait, de même que toute

1. Cf. P. Courcelle, « La tradition antique dans les miniatures d'un Virgile de Naples » in *Mélanges d'archéologie et d'histoire* p. p. l'École fr. de Rome, LVI, 1939, p. 249 *sq.* ; K. Weitzmann, *Ancient Book Illumination (Martin Classical Lectures*, XVI), 1959.
2. Cencetti, *Lineamenti di storia della scritura latina*, *op. cit.*, p. 266.

Renaissance qui ne parviendrait pas à se donner une pédagogie appropriée. De fait, nous avons insisté sur les perfectionnements successifs que la Renaissance dioclétienne, puis la carolingienne ont apportés à l'écriture. Il en a été de même, dans une moindre mesure parce que la caroline avait déjà atteint un rare degré de perfection, de la gothique, au moins à son origine, la gothique de la Renaissance du XIIe siècle. Plus dense que la caroline, elle permet de réduire le format du livre, elle rend donc celui-ci moins cher et plus aisément consultable. Par suite de la ligature des courbes et de l'organisation des empattements de la base, les lettres tendent à se lier les unes aux autres de façon continue tandis que certaines, *u*, *s*, parfois *d*, d'autres encore sporadiquement, adoptent des formes différentes, des formes « majuscules », à l'initiale ou à la finale, quelquefois aux deux ; l'unité du mot s'affirme ainsi de façon systématique ; son début et sa fin étant bien distinctes et chacune des lettres intérieures étant liée à ses voisines, il forme comme un petit bloc typographique[1]. L'*i* reçoit un accent ou devient long lorsqu'il est final ou dans le voisinage de *m*, de *n* ou de *u* avec lesquels il pouvait se confondre. Les abréviations deviennent plus nombreuses, d'où un gain appréciable de place et de rapidité et même une lecture plus aisée, pour qui connaît les abréviations, naturellement, et si elles ne sont pas trop nombreuses comme ce sera le cas plus tard. Ce sont ces perfectionnements incontestables qui ont permis à la gothique d'être le bon instrument de la pensée universitaire. Il n'y a pas plus de raison de la mépriser qu'il n'y en a de mépriser la scolastique. La vérité est que, comme pour la scolastique, dans certaines gothiques du XVe siècle ainsi que dans certaines bâtardes – car les critiques des humanistes s'appliquent souvent beaucoup mieux à celles-ci qu'aux vraies gothiques, aux *textuales formatae* – le maniérisme dévore la structure[2].

1. C'est une opinion couramment admise que la séparation des mots se rencontre dans les manuscrits depuis la Renaissance carolingienne. Mais il suffit de lire un manuscrit du IXe et même du Xe siècle pour voir que ce n'est pas rigoureusement exact. Assurément, très souvent, le scribe carolingien laisse entre la dernière lettre d'un mot et la première du suivant un espace un peu plus grand qu'entre les lettres intérieures d'un même mot, mais, presque aussi souvent, cet espace n'est pas plus long qu'entre n'importe quelles lettres et, inversement, il n'est pas rare de rencontrer entre deux lettres d'un même mot un espace légèrement plus long qu'à l'ordinaire. Cela se comprend, le scribe a peut-être constamment l'intention de séparer les mots par un espace, encore n'est-ce pas certain chez tous, mais il ne lie qu'exceptionnellement les lettres l'une à l'autre – dans *st* et *ct* seulement, en règle générale ; il y a donc un blanc, si petit soit-il, après chaque lettre ; il suffit donc d'une légère irrégularité dans ces blancs pour que la séparation des mots, même si le copiste a eu l'intention de la marquer, ne soit plus observée. Ajoutons que le manuscrit que le copiste copiait présentait nécessairement la même irrégularité ; il arrive que le copiste ne comprenne pas ce qu'il copie, il coupe alors les mots n'importe comment. Ce n'est donc que lorsque, avec la gothique, les lettres seront, la plupart du temps, collées l'une à l'autre dans un mot, que les mots pourront être constamment séparés.

2. Cencetti, *Lineamenti di storia della scritura latina*, *op. cit.*, p. 260. Le décri où les humanistes ont fait tomber la gothique s'est prolongé jusqu'à l'aube du XXe siècle, cf. *Histoire littéraire*, XXIV, p. 286 *sq.*

La confrontation de ces gothiques tardives avec les carolines des manuscrits du Xe siècle, sortis des greniers ou des caves des abbayes au XVe siècle, fit éclater leurs défauts et expliquerait le décri dans lequel les tinrent les humanistes. Mais ceux-ci non plus n'ont pas servilement copié les carolines. Il ne semble pas qu'ils aient consciemment voulu les améliorer, ils ne le disent nulle part ; au contraire ils engagent leurs copistes à les reproduire fidèlement[1]. Ils ont, sans y penser, incorporé aux carolines certains détails de la gothique auxquels ils étaient tellement habitués qu'ils ne les voyaient plus, mais qui amélioraient la régularité et la lisibilité. Le fait saute aux yeux lorsqu'on compare, par exemple, la Bible d'Alcuin au *De Oratore* du Poggio[2] : l'angle de l'écriture est sensiblement le même, mais l'écriture du Poggio est plus géométrique, les hastes plus régulièrement verticales, donc plus régulièrement grasses – par ex. : *m, n, s, f,* comparer aussi pour la verticalité le *a* –, la partie inférieure des hastes des *f, m, n, r, s* long a gardé, réduits, les empattements de la gothique, ce qui leur donne une assise plus ferme sur la ligne ; les arcades supérieures de l'*m* et de l'*n* sont encore légèrement brisées, d'où une carrure plus franche de la lettre ; enfin, dans les écritures postérieures au Poggio[3] (écriture humanistique de G. Aretino), le *g* sera symétriquement recomposé. L'humanistique est ainsi plus régulière, plus nette, plus lisible donc que la caroline. Depuis Auguste, de Renaissances en Renaissances, il y a donc eu progrès continu.

Mais quel est l'historien qui se contentera de ces explications ? Qui ne voit qu'elles encourent ce reproche qu'on a fait récemment à certaines conceptions de l'histoire de l'art de considérer l'écriture comme « un univers de formes qui, une fois créées, se développent en quelque manière sur elles-mêmes[4] » ?

Puisque les mutations de l'écriture coïncident avec celles de la civilisation intellectuelle, il faut bien qu'il y ait entre elles un lien. On ne peut donc écarter l'idée que les mutations de l'écriture ne soient l'expression de mutations de la « mentalité » ou du caractère.

Chacune des écritures ici considérées est un « style », donc, suivant une définition assez récente, mais somme toute classique, une « refonte par laquelle le sujet créateur impose aux objets réels – la capitale à Pompéi, l'écriture livresque vulgaire au IIIe siècle, la minuscule au VIIIe,

1. Cf. les conseils de Traversari : il s'agit de copier *ad unguem*, dans Cencetti, *Lineamenti di storia della scritura latina*, *op. cit.*, p. 270.

2. Federici, *La scritura delle cancellerie italiane...*, *op. cit.*, pl. 21 et 82.

3. Cf., par exemple, Ullman, *The Origin and Development of Humanistic Script*, *op. cit.*, pl. 45.

4. P. Francastel, « Art et psychologie, explorations et théories de ce demi-siècle », *La Psychologie du XXe siècle*, numéro spécial du *Journal de Psychologie*, Paris, 1954, p. 194.

au XIIe, au XVe siècle – sa propre spiritualité[1] ». Celle-ci doit donc se retrouver dans le « style » des arts contemporains.

Il y a longtemps qu'on a cherché la « signification historique » du style dans les arts, qu'on a tenté d'en dégager « les idées directrices et dominantes du milieu intellectuel… l'esprit d'une époque[2] ». Entre tous les arts, l'architecture a été considérée comme le plus caractéristique[3]. Bien que les humanistes, lorsqu'ils ont donné le nom de « gothique » à l'écriture comme à l'architecture médiévale, n'aient pas entendu leur reconnaître d'autres affinités qu'une égale barbarie, il est probable que la communauté de qualification a orienté les esprits vers la recherche d'une harmonie plus profonde. Dès 1843 Bethmann rapprochait la brisure de l'écriture gothique et les arcs brisés du Mont-Saint-Michel : « Cette analogie entre l'évolution de l'écriture et celle de l'architecture, je l'ai, écrivait-il, souvent remarquée[4]. » À peu près au même moment, le premier inspecteur des Monuments historiques, l'un des fondateurs de l'archéologie médiévale, Vitet, généralisait : « Dans le Moyen Âge chaque siècle a non seulement son architecture et tous ses autres arts, mais aussi son genre d'écriture ; et ce qu'il y a de plus singulier c'est que l'écriture de chaque siècle reproduit et réfléchit, pour ainsi dire, les caractères généraux de l'architecture et des arts dont elle est contemporaine. Il existe une harmonie merveilleuse entre les monuments de pierre et les monuments de parchemin, entre le travail de l'architecte, du sculpteur, du ciseleur et celui du calligraphe[5]. »

Malheureusement, si l'on a, par la suite, souvent célébré cette « harmonie merveilleuse » avec plus ou moins d'éloquence, on ne l'a pas analysée ou l'on s'est contenté d'approximations tout à fait contestables[6]. Or, précisément pour la gothique, les rapprochements avec l'art sont, à bien

1. Kainz, « Gestaltgesetzlichkeit und Ormamententstehung », in *Zeits. f. angewandte Psychologie*, XXVIII, 1927, p. 306, cité par Fichtenau, *Mensch und Schrift im Mittelalter…*, *op. cit.*, p. 48, n. 123.

2. Juglar, *Le Style dans les arts et sa signification historique*, Paris, 1901, p. 261.

3. *Ibid.*, p. 410.

4. Dans l'*Archiv* de Pertz, VIII, 1843, p. 69, cité par Fichtenau, *Mensch und Schrift im Mittelalter…*, *op. cit.*, p. 186.

5. Vitet, *Études sur les Beaux-Arts*, II, p. 91, dans Juglar, *Le Style dans les arts…*, *op. cit.*, p. 179. Je n'ai pas retrouvé le livre de Vitet, peut-être le titre est-il inexact, je ne peux donc donner sa date exacte.

6. L. Klages, dans son ouvrage *Expression du caractère dans l'écriture*, traduction française d'E. Reymond-Nicolet (*Actualités pédagogiques et psychologiques* publiées sous les auspices de l'Institut des sciences de l'éducation de l'université de Genève [Institut J.-J. Rousseau], Neuchâtel, Paris, 1947, p. 124), se borne à écrire : « le style de l'Antiquité occidentale se caractérise par la *ligne droite* » – je ne vois pas du tout à quoi il pense, au Parthénon ? – « le style roman qui lui est le plus apparenté se distingue par la ligne courbe et le style gothique de signification toute différente par la ligne brisée et ici encore se retrouve partout le principe formateur original dans les productions de l'Esprit, le costume, les armes, les ustensiles et particulièrement l'écriture : la romaine, l'onciale, la gothique ». Si je comprends bien, la romaine c'est la capitale, l'onciale est donc l'écriture romane ! Cela n'a aucun sens.

des égards, décevants. À première vue, les analogies sont troublantes : la brisure de l'écriture commence très tôt, dès le XIe siècle, l'ogive, en Occident, apparaît vers 1075[1] ; c'est en Angleterre et dans le duché de Normandie que les archéologues ont rencontré les premiers emplois de la croisée d'ogive, c'est en Île-de-France qu'elle a « déterminé un style[2] », c'est en Angleterre et dans le duché de Normandie que se manifeste d'abord la brisure et, si l'état de nos connaissances ne permet pas aux paléographes d'être aussi catégoriques que les archéologues, c'est, cependant, aussi en Île-de-France et en Picardie que l'écriture gothique semble avoir été canonisée ; « le développement de l'art gothique est lié à un phénomène urbain… l'art gothique s'exprime avant tout par les cathédrales[3] », c'est aussi dans les écoles des cathédrales, les universités, que l'écriture gothique a trouvé le terrain le plus favorable à sa croissance et à son expansion ; l'architecture gothique, l'écriture gothique se sont donc formées et développées au même moment, dans les mêmes régions et dans les mêmes groupes sociaux.

Mais quel rapport y a-t-il entre la croisée d'ogive et la brisure de l'écriture ? Toutes deux sont des inventions techniques : la brisure de l'écriture est très probablement la conséquence de la taille en biseau de la plume[4] ; la croisée d'ogive est un procédé qui permet de construire plus facilement des voûtes. Il n'y a aucun rapport entre les deux techniques et c'est tout à fait par hasard qu'elles aboutissent toutes deux à faire prédominer l'arc brisé sur le plein cintre ! Il est vrai que, depuis qu'on a cru pouvoir dénier toute valeur constructive à la croisée d'ogive, les archéologues sont plus sensibles aux données plastiques du système, à sa « valeur… optique[5] ». Ce serait donc fortuitement que les scribes anglais auraient taillé leurs plumes en biseau tandis que les maçons bâtissaient leurs voûtes sur croisées d'ogive, mais ce ne serait pas fortuitement que les deux procédés auraient fait fortune et donné naissance à un style, c'est parce qu'ils permettaient tous les deux de répondre à un certain goût pour les formes anguleuses, l'étirement en hauteur et, plus encore peut-être, pour des effets pittoresques de perspectives, de jeux d'ombres et de lumières qui se rencontrent, en effet, aussi bien dans les nefs ou les bas-côtés des cathédrales que dans les pages des manuscrits[6].

Par malheur, si ces considérations, banales, peuvent, dans l'abstrait, paraître séduisantes, chaque fois qu'on essaye de rapprocher une écriture

1. H. Focillon, *Art d'Occident*, Paris, 1938, p. 49. Bien que l'ouvrage soit relativement ancien, il ne me semble pas que sur ces questions il soit démodé.
2. *Ibid.*, p. 140 *sq.*
3. *Ibid.*, p. 141.
4. Cf. Boussard, « Influences insulaires dans la formation de l'écriture gothique », *Scriptorium*, V, 1951, p. 238 *sq.*
5. Focillon, *Art d'Occident*, *op. cit.*, p. 147.
6. Cf. Cencetti, *Lineamenti…*, *op. cit.*, p. 205 *sq.*

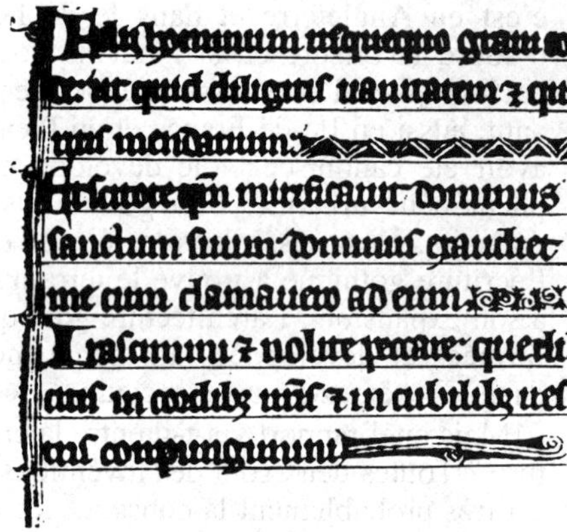

FENÊTRE DE STYLE GOTHIQUE RAYONNANT
(J.-A. Brutails, *Précis d'archéologie du Moyen Âge*, 1924, fig. 129) et manuscrit gothique, psautier écrit vers 1245-1272 (Ch. Samaran et R. Marichal, *Catalogue*, pl. XIV)

gothique d'un monument contemporain de même style ou, plus précisément encore, d'un élément architectural considéré comme caractéristique, des fenestrages par exemple, n'a-t-on pas le sentiment de se trouver en présence de réalités qui n'ont rien de comparable ?

Vitet s'est-il trompé ? Faut-il renoncer à retrouver dans l'écriture gothique « les caractères généraux de l'architecture et des arts dont elle est contemporaine » ?

Non ! Mais il faut, croyons-nous, aborder la question par une autre voie, ne pas s'arrêter à des analogies formelles, superficielles, peut-être accidentelles, introduire dans la comparaison un moyen terme ; bref, dégager, comme on nous l'a dit, « les idées directrices et dominantes du milieu intellectuel »[1] .

Beaucoup l'ont tenté : leurs tentatives nous sont, hélas, de peu d'utilité ; trop générales ou, au contraire, trop spéciales, souvent spécieuses, les idées qui s'en dégagent sont aussi difficiles à appliquer, sinon par artifice de rhétorique, à l'écriture qu'à l'architecture. Mais, heureusement, il y a une dizaine d'années, un historien de l'art bien connu, M. Panofsky, a

1. Cf. *supra*, p. 684.

traité le sujet d'une façon plus précise et plus concrète et réussi ainsi à reconnaître, dans l'élaboration de l'architecture gothique de 1130 à 1230, la mise en œuvre d'une dialectique qui est celle même de la philosophie scolastique[1].

Chacun sait que celle-ci s'est formée dans les écoles de Paris vers la fin du XIIe siècle – donc, on l'a vu, dans les mêmes milieux et à la même époque que l'écriture gothique –, qu'elle se fonde sur l'opposition et la conciliation des arguments *pro et contra*[2], qu'elle procède, comme le dit M. Panofsky[3], par division du donné en ses éléments les plus simples, puis par organisation de ceux-ci en un système de parties homologues et de parties de parties, enfin par l'articulation de ces parties selon une nécessité déductive ; qu'elle prétend ainsi aboutir à une « manifestation » des réalités invisibles[4]. Au XIIIe siècle cette méthode s'est imposée partout. Ce que M. Panofsky a appelé « le postulat de la clarification pour la clarification[5] » est devenu l'un de ces *habitus* qui « informent » une époque. Pour s'en pénétrer les architectes n'ont eu besoin ni de lire les *Sommes* de Guillaume d'Auxerre, de Philippe de Grèves ou d'Alexandre de Halès, ni même d'assister à des *disputationes*[6], il leur a suffi de discuter, au cabaret, avec quelques maîtres ou, simplement, d'écouter intelligemment quelques sermons[7].

M. Panofsky nous a donc montré comment du chœur (1130) à la nef de Saint-Denis (1230), en passant par les cathédrales de Sens, Laon, Paris, Reims, Amiens, les architectes ont rendu de plus en plus « manifestes », dans toutes les parties de l'édifice, le plan selon lequel elles ont été dressées et, dans chaque membre, la fonction qu'il assume. Par exemple, à l'unique et massive pile qui supporte les arcades et les voûtes de la nef de

1. Panofsky, *Gothic Architecture and Scholasticism, Wimmer Lecture 1948*, The Archabbey Press, Latrobe, Pennsylvanie, 1951 ; 2e éd. Meridian Books, New York, 1957, XVI-156 p., in-8 °, 60 fig., c'est à cette édition que nous renvoyons. Nous avons eu la chance de pouvoir présenter l'essentiel de ce qui suit à M. Panofsky, à Princeton, en décembre 1961 ; il est superflu de dire que cet exposé, dont il n'a point connu la rédaction définitive et qui n'engage que nous, lui doit beaucoup, mais il ne l'est pas de le remercier ici de ses suggestions.

2. Mgr. Martin Grabmann, *La Somme théologique de saint Thomas d'Aquin*, trad. de l'allemand par Ed. Vansteenberghe (Bibliothèque française de philosophie), Paris, 1925, p. 78.

3. Panofsky, *op. cit.*, notamment p. 31 que je résume librement.

4. *Ibid.*, p. 30 ; on a reconnu dans le terme « manifester » auquel M. Panofsky a fait un sort le passage suivant de saint Thomas, *Somme théologique*, I, q.l, art. 8, ad 2 : « *utitur tamen sacra doctrina etiam ratione humana non quidem ad probandam fidem ; sed* ad manifestandum *aliqua quae traduntur in hac doctrina*... » Comparer Grabmann, *op. cit.*, p. 104 : « L'ordonnance extérieure et la division [de la *Somme*] n'y sont en quelque sorte que le revêtement, la *manifestation* d'une cohésion profonde qui résulte du développement organique des idées. »

5. *Ibid.*, p. 35.

6. *Ibid.*, p. 23.

7. Cf. E. Gilson, *Les Idées et les Lettres*, Paris, 1932, p. 93-154 : « Michel Menot et la technique du sermon médiéval ».

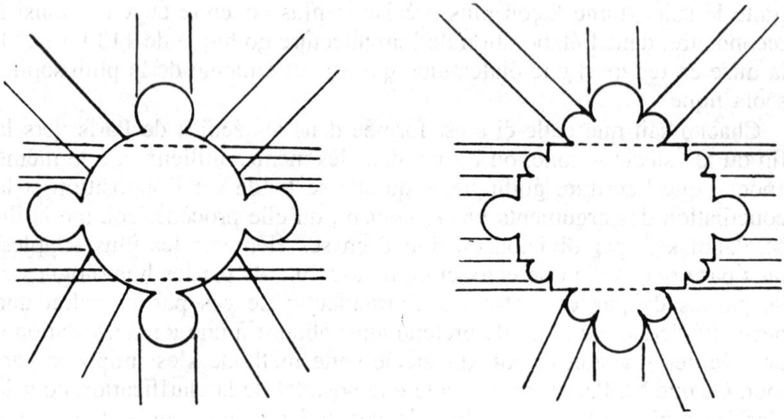

COUPES DE PILIERS
À gauche : Amiens, nef, vers 1220 ; à droite : Saint-Denis, nef, vers 1231
(Panofsky, *Gothic Architecture and Scholasticism*, fig. 51 et 52)

Laon, ils substituent peu à peu des piliers cantonnés où les colonnes engagées partant du fond reçoivent les ogives et les doubleaux et ils aboutissent finalement aux piliers de la nef de Saint-Denis dans lesquels se « manifestent » distinctement, non seulement les ogives, les doubleaux, les formerets, mais même les moulures des grandes arcades, de sorte qu'une coupe au ras des bases révèle la disposition des voûtes et le profil des arcs des travées[1] (voir les coupes de piliers).

Autre exemple : la « question » du *triforium*[2] : à Noyon, à Laon, à Chartres, ses arcatures égales courent d'un bout à l'autre de la nef comme un bandeau, quelle que soit la disposition des fenêtres hautes : c'est dans l'ordonnance verticale des travées un élément horizontal hétérogène ; il y a là deux exigences, deux « arguments » *pro et contra* à concilier. Reims et Amiens s'y essayent ; Pierre de Montereau trouve la solution *dividendo et componendo*[3] : il « divise » ses fenêtres hautes en quatre arcades comme son *triforium*, dont il abat la paroi pour en faire une fenêtre, de façon à disposer ainsi de « parties » homogènes – dans l'espèce des arcs semblables de dimension variable – qu'il ordonne hiérarchiquement pour « composer » sa travée : il prolonge les meneaux des fenêtres jusqu'aux colonnettes du *triforium*, il groupe les quatre fenêtres deux à deux – de

1. Panofsky, *Gothic Architecture…*, *op. cit.*, p. 79 *sq.*
2. *Ibid.*, p. 76 *sq.*
3. Cf. Saint Thomas, *Somme théologique*, Ia, q. 85, art. 5 : « *Utrum intellectus noster intelligat componendo et dividendo* », et *2 a-2ae*, q. 1, art. 2, conclusion : « *Est autem modus proprius humani intellectus ut in componendo et dividendo veritatem cognoscat.* »

même qu'il a symétriquement divisé intérieurement en deux chaque arcade de son *triforium* – sous deux roses et deux arcades, elles-mêmes subordonnées à une autre rose et à une autre arcade, et souligne le meneau central jusqu'au *triforium* (voir la travée de la nef de Saint-Denis) d'une triple colonnette. Sa travée peut se comparer à un tableau synoptique « manifestant » le plan d'une *quaestio* dont les arguments se répondraient et se résoudraient en se subordonnant sous une série d'accolades.

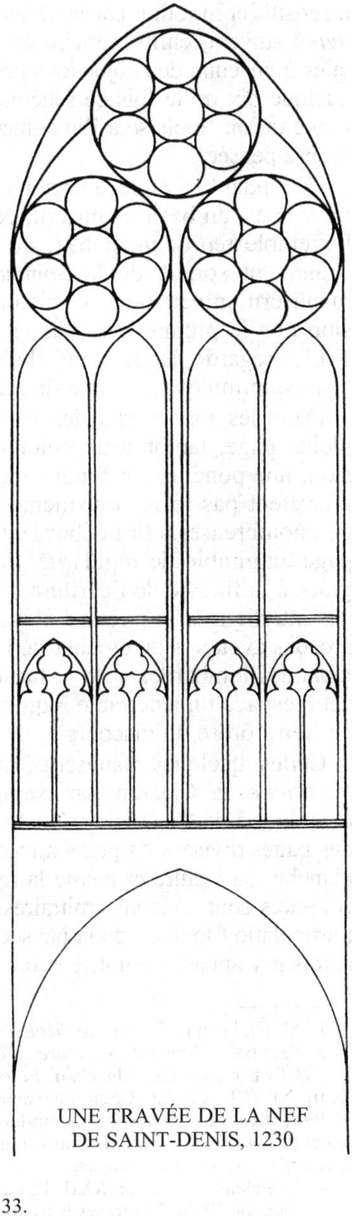

UNE TRAVÉE DE LA NEF DE SAINT-DENIS, 1230

Si les architectes ont pu ainsi s'assimiler la dialectique scolastique, combien plus les copistes qui, à longueur de journées, transcrivaient les œuvres des maîtres ! Il suffit d'avoir un jour ouvert une *Somme* quelconque pour avoir constaté que l'auteur a toujours pris grand soin de conduire ses lecteurs de proposition en proposition et de lui permettre d'avoir toujours présente à l'esprit la progression de ses raisonnements[1]. Saint Thomas, en tête de la *Somme*, énumère les parties dont elle se compose ; chaque partie, chaque traité, chaque question sont précédés d'un sommaire ; chaque article a pour titre une question commençant par *utrum* ; il débute par l'exposé des objections : la première annoncée par *videtur quod non*, chacune des suivantes par *praeterea* ; puis, après la formule stéréotypée *sed contra*, un argument contraire, généralement unique, fait connaître la réponse à la question, qu'explique et justifie le *corpus articuli*, placé ainsi au centre du

1. Panofsky, *Gothic Architecture…*, *op. cit.*, p. 33.

dispositif et introduit par la phrase, également stéréotypée, *respondeo dicendum* ; suivent, enfin, numérotées *ad primum, ad secundum*, etc., les répliques à chacune des objections présentées en tête[1]. Lorsqu'un scribe a copié quelque dix mille fois ce schéma, comment n'aurait-il pas, si distrait ou si borné qu'on se plaise à l'imaginer, contracté l'habitude de conduire ainsi sa propre pensée ?

Cependant, si un lecteur non averti compare un manuscrit des IXe, X^e^ ou XIe siècles, un beau manuscrit, cela va de soi, d'une œuvre en prose (voir l'exemple reproduit, p. 691, du manuscrit du XIe siècle), à un manuscrit également soigné de la *Somme* (voir l'exemple reproduit, p. 692, du manuscrit universitaire parisien du XIIIe siècle), il aura, je pense, l'impression que le premier est plus clair, moins rébarbatif que le second, mais s'il les regarde de plus près, il s'apercevra que le second permet de suivre beaucoup mieux la pensée de l'auteur.

Dans les manuscrits des IXe, X^e^ et XIe siècles, il trouvera tantôt une pleine page, tantôt deux colonnes compactes, sans blanc ; aucune division, une ponctuation fondue dans le texte ; des majuscules discrètes qui n'arrêtent pas le regard, même si, dans quelques coupures importantes, peu nombreuses, elles débordent légèrement en marge ; bref, une mise en page admirable de régularité, de densité et, cependant, attrayante, aérée grâce à la finesse de l'écriture, l'indépendance de chaque lettre, la largeur des interlignes. La page a l'élégance froide, le bel appareil de ces grandes arcades aveugles du clocher de l'Abbaye-aux-Hommes, à Caen, ou de ces « bandes lombardes » de la façade de Marmoutier ; elle est, si l'on veut, cet « espace impénétrable » qu'est l'édifice roman[2] ; elle ne « manifeste » en rien l'ordre du discours[3].

Certes, quelques manuscrits, moins nombreux, des livres techniques, les *Partitiones* de Cicéron, par exemple[4], parfois dialogués, comme le *De oratore* du même Cicéron[5], présentent, comme nos livres imprimés modernes, des pages divisées en petits alinéas dont la dernière ligne est plus ou moins blanche ; la lecture et même la recherche y sont aisées, mais, outre que les coupures sont souvent arbitraires, tous les alinéas sont sur le même plan : l'articulation logique de la pensée, la subordination des parties les unes aux autres n'y apparaît point… et pour cause, puisque certains, comme le Pline,

---

1. M. Grabmann, *La Somme théologique de saint Thomas d'Aquin*, *op. cit.*, p. 49.
2. Panofsky, *Gothic Architecture…*, *op. cit.*, p. 43.
3. Cf., par exemple, Chatelain, *Paléographie des classiques latins*, I, pl. XVI, XXIII, XLII, XLVIII, etc. Le César que nous reproduisons figure dans Chatelain, pl. XLVII (f° 99) ; il est assez « avancé », peut-être de la fin du XIe, on y trouve assez fréquemment des empattements à la base, les mots sont assez régulièrement séparés ; son caractère « compact » n'en est que plus frappant.
4. Chatelain, *op. cit.*, pl. XXII, 1 ; mais comparer le XXII, 2, même texte sans alinéa.
5. *Ibid.*, pl. XIXa, 2 : grosses lettrines, sans ornements, marquant les changements d'interlocuteurs dont le nom est indiqué en petites capitales, pas de blanc, cf. aussi, pl. XXa, 1.

Hist. nat., Paris, BNF 6796[1], ne sont qu'une suite de notices isolées et que, dans les autres, des préoccupations littéraires ont conduit l'auteur à dissimuler plutôt qu'à accuser son plan.

Le manuscrit gothique, scolastique, n'est pas moins dense que le manuscrit des IXe, Xe ou XIe siècles, au contraire, les copistes ont plus que jamais horreur du vide : si la ligne s'achève par un mot trop court pour emplir la justification, ils comblent l'espace libre par une ou plusieurs lettres quelconques annulées, c'est-à-dire exponctuées ; si par un accident qui tient aux conditions mêmes de leur travail, un cahier venait à s'achever sur plusieurs lignes blanches, ils recopient les dernières lignes précédentes en les encadrant d'un *va... cat* qui les annule[2] ; les interlignes ont été réduits ; l'écriture est plus tassée. Mais les copistes ont réussi, comme les philosophes, à concilier les deux exigences contradictoires qui s'imposent à eux, *pro* et *contra* : le goût du compact et le besoin de procéder par « parties de parties » hiérarchiquement groupées. Prenons le manuscrit, Paris, BNF, lat. 15783 de la *Somme théologique* : chaque « question » commence par une grande lettrine, mi-partie bleu et rouge sur un filigrane rouge assez complexe ; chaque article par un *A* – celui de *Ad primum, ad secundum*, etc., alternativement bleu et rouge, plus petit et d'un fili-

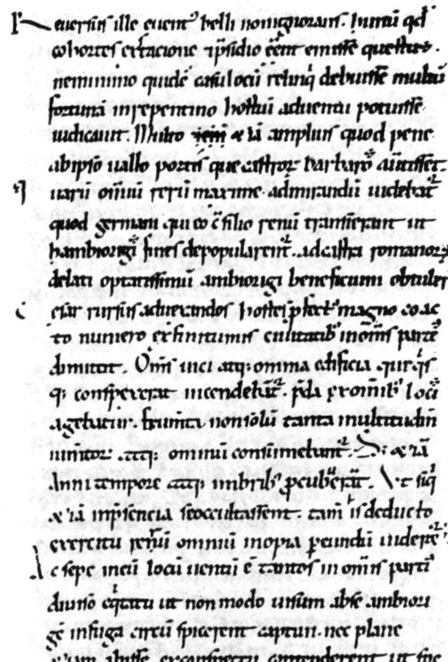

MANUSCRIT DU XIe SIÈCLE
(BNF, lat. 5056, f° 116 r°, col. 2, César, *De bello gallico*, VI, 42-44, réduit)

1. Chatelain, *Paléographie des classiques latins*, I, *op. cit.*, pl. CXL.

2. Cf. J. Destrez, *La Pecia dans les manuscrits universitaires du XIIIe et du XIVe siècle*, Paris, 1935, p. 38.

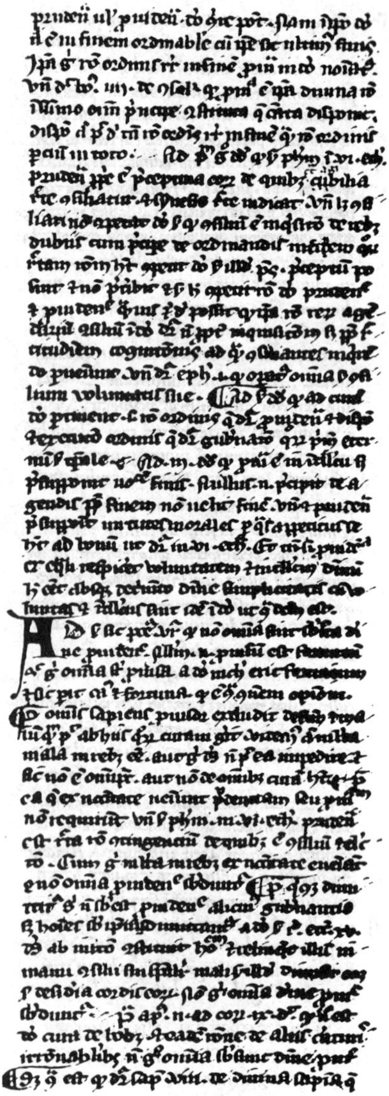

MANUSCRIT UNIVERSITAIRE PARISIEN DU XIIIe SIÈCLE (BNF, lat. 15783), f° 40 v°, col. 1, Saint Thomas, *Somme théol.*, 1[a], q. 22, art. 1 et 2, réduit)

grane plus simple que la lettrine de la « question ». Pour marquer nettement chacune des divisions de l'article, les libraires ont inventé le gros « pied de mouche », alternativement rouge et bleu. Dans le texte, les « questions » ne sont pas numérotées, mais elles le sont, en haut de la page, dans le titre courant et elles le sont, naturellement, dans la table[1]. D'un seul coup

1. Ni la « question » ni l'article n'ont de titres dans le texte : ils ne sont pas indispensables, le sujet de chacun est toujours clairement indiqué dès les premières phrases et, à la table, les titres figurent. Le « titre courant » n'est pas une innovation – il y en a au Ve siècle, cf. E. A. Lowe, *Classical Quarterly*, Londres, XIX, 1925, p. 197 *sq.*, et XXII, 1928, p. 43 *sq.* – mais ils restent, même à l'époque, en dehors des manuscrits universitaires, rares et n'ont jamais cette précision : ici le titre courant se compose normalement d'un *Q* (*Questio*) au verso et du numéro, en chiffres romains, au recto, le tout rouge et bleu ; si une question commence sur un verso, le Q y est remplacé par le numéro correspondant.

Le « pied de mouche » dérive du *paragraphos* antique, dont la forme – une potence orientée à droite – a été influencée par l'initial de *Caput*, cf. P. Lehmann, *Sitzungsberichte der Bayer. Akad. der Wiss. Ph.-hist. Kl., Abt.* 1939, *Heft* 9, Munich, 1940, p. 14 *sq.* Sa forme définitive, *ibid.*, p. 29, fig. 41, date du XIIIe siècle : Lehmann la dit « gothique » sans plus ; le plus ancien exemple que j'en connaisse est de 1230 : Paris, BNF, Ms. lat. 6901, Rases, *Opera, Gerardo Cremonensi interpr.*, probablement italien ; autres exemples facilement accessibles : Vatican, Ottob. lat. 5, Raymond de Pennaforte, *Summa confessorum*, daté de 1242, et Urb. lat. 206, Aristotelis *Physica*, Oxford, entre 1240 et 1254, dans B. Katterbach, A. Pelzer et C. Silva-Tarouca, *Codices latini saeculi XIII* (*Exemple Scripturarum*, I), Rome (Vatican), 1929, pl. 9 et 10 ; Paris, Arsenal 370, Raymond de

d'œil, quelle que soit la page où s'ouvre le livre, un lecteur entraîné sait où il se trouve.

On peut supposer que les « maîtres » ont collaboré avec les libraires dans l'élaboration d'une architecture livresque qui « manifestait » si clairement la démarche de leur pensée, mais les libraires et leurs copistes sont imbus des mêmes méthodes : à l'intérieur de la phrase ils ont poussé la « division » du texte jusqu'à la plus petite unité logiquement concevable en séparant définitivement les mots les uns des autres, comme on l'a vu[1], allant même jusqu'à recréer de véritables idéogrammes[2]. Bien plus, et dans ces détails techniques il n'est vraiment pas probable que les « maîtres » soient intervenus, à l'intérieur des mots, dans chaque lettre, obéissant à un *habitus* invétéré, ils ont mis en évidence les éléments irréductibles : la brisure gothique, en effet, « divise » la lettre tout en la « composant » ; substituer un ou plusieurs angles aigus à une courbe, c'est décomposer un mouvement en ses « temps » élémentaires comme le font les règlements militaires pour le maniement d'armes. Or, par une rencontre singulière, de même que le germe de tout le développement de l'architecture gothique est dans la croisée d'ogive – cet « empattement » de la voûte d'arête –, de même, non l'origine, nous l'avons vu[3], mais l'emploi systématique de la brisure me paraît, sinon résulter, du moins avoir été particulièrement favorisé par la présence des empattements à la base : en introduisant dans la lettre des angles, une décomposition de la haste, ceux-ci ont, par symétrie, entraîné à une décomposition analogue des courbes supérieures que le hasard d'une taille particulière du bec de la plume avait amorcée ; un indice, je n'ose dire une preuve, de la justesse de cette interprétation se trouverait dans le fait que les gothiques italiennes, qui n'ont pour ainsi dire pas de « brisure », n'ont jamais eu non plus d'empattements[4] et il est, en tout cas, certain que ce sont bien les empattements qui ont permis de distinguer définitivement les mots[5].

S'il y a dans ces analyses quelques chose de fondé, on peut donc considérer l'écriture gothique comme l'expression graphique d'une certaine

---

Pennaforte, *Summa de paenitentia* de 1244 dans Ch. Samaran et R. Marichal, *Catalogue des mss. en écriture latine*, I, Paris, 1959, pl. XIII ; *Charte des franchises de Fribourg en Suisse*, de 1249, dans Fr. Steffens, *Paléographie latine*, Paris, 1910, pl. 93.

Le copiste a laissé ici, éventuellement, la dernière ligne de chaque article en blanc : la clarté l'a emporté sur le goût du compact ; dans des manuscrits plus riches, dans ce cas, le blanc sera rempli par un bandeau coloré, cf. la figure p. 686, solution plus élégante !

1. Cf. p. 682.
2. Cf. p. 792.
3. Cf. p. 685.
4. Je parle ici, je l'ai dit p. 678, de la *Bononiensis* et des écritures de l'Italie septentrionale ; il n'en est pas de même des manuscrits universitaires napolitains, par exemple, cf. Destrez, *La Pecia*..., *op. cit.*, pl. 32-36 ; mais il y a là des distinctions qui se retrouvent aussi dans l'histoire des autres arts et qu'il serait trop long de développer.
5. Cf. p. 682, n. 1.

dialectique. Les analogies que l'on peut constater entre elle et l'architecture ne sont pas, ou ne sont que fortuitement, visuelles, elles sont intellectuelles : elles résultent de l'application à l'écriture d'une façon de raisonner qui se retrouve dans toutes les productions de l'esprit[1]. Et, de fait, on l'a dit[2], dans l'écriture gothique du XIIIe siècle, les exigences constructives l'emportent sur la recherche du pittoresque.

Il en va tout autrement pour le XVe siècle : entre les « lettres de forme » de l'époque et, plus encore, entre les « bâtardes » et l'architecture « flamboyante », les analogies sautent aux yeux ; elles sont formelles, elles paraissent profondes, significatives, révélatrices de sensibilités, de « caractères » et non point d'une « méthode pour bien conduire sa raison ». Mais chacun sait que, si le XIIIe siècle est « classique », le XVe est « baroque » ; comme le style flamboyant lui-même, les bâtardes sont « maniérées », « pathétiques » et, puisque le propre de ces tempéraments, ou de ces styles, est d'extérioriser fortement leurs sentiments, voire d'exprimer plus qu'ils ne sentent, il n'est pas étonnant que l'on perçoive confusément, dans l'architecture comme dans l'écriture, l'expression d'une sensibilité volontairement exacerbée.

Pour les mêmes raisons, à Pompéi, l'écriture et l'art parlent la même langue[3].

Pour l'interpréter, ce n'est pas au paléographe qu'il faut s'adresser, c'est au graphologue.

La plupart des psychologues, la grande majorité des caractérologues, beaucoup de médecins font aujourd'hui confiance à la graphologie, lui demandent de les aider à formuler leurs diagnostics. Les historiens, les historiens français surtout, s'en défient, les paléographes plus encore peut-être : ils la connaissent mal ; lorsqu'ils la connaissent, la part d'intuition,

1. Cf. Panofsky, *Gothic Architecture…*, *op. cit.*, p. 36. On pourrait penser qu'il eût alors été plus indiqué de prendre, comme terme de comparaison, un art plus proche de l'écriture que l'architecture, un art « graphique », le dessin, la peinture, spécialement celle des manuscrits, mais si chacun admire les « miniatures » des manuscrits gothiques, la secrète convenance de l'illustration et du texte, laquelle est d'ailleurs parfois surfaite, personne n'a jamais fourni la clé du secret : l'éloquence tient, ici encore, lieu de raison ; c'est également l'avis de Fichtenau, *Mensch und Schrift im Mittelalter…*, *op. cit.*, p. 67.

2. Cf. *supra*, p. 682.

3. Cf. *supra*, p. 660, et R. Marichal, « Aspect culturel et social de certaines écritures pompéiennes », *Revue des études latines*, XXXVI, 1958, p. 36, simple résumé d'une communication. Notons qu'on pourrait aborder l'étude des rapports de l'écriture livresque avec l'art et le « caractère » par une autre voie encore : chacun sait que, depuis Pelletan, les éditeurs dignes de ce nom choisissent leurs types en fonction du texte ; l'instinct, seul, le plus souvent les guide, mais il a été fait de leurs choix une étude scientifique à la lumière des travaux de Klages, on en trouve les résultats dans G.-W. Ovink, *Legibility*, p. 127 *sq.*, certains seraient adaptables à l'étude des manuscrits.

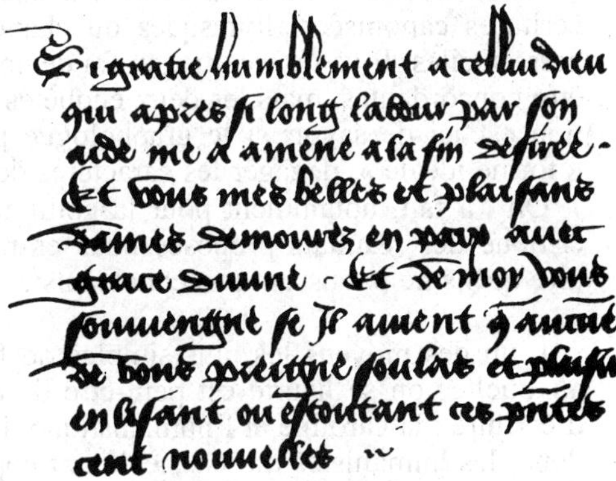

Et je gratie humblement a celui dieu
qui apres si long labour par son
aide me a amené a la fin desirée.
Et vous mes belles et plaisans
dames demourez en paix avec
grace divine. Et de moy vous
souviengne se je ament quant
de vous prendrez soulas et plaisir
en lisant ou escoutant ces presentes
cent nouvelles

FENÊTRE DE STYLE GOTHIQUE FLAMBOYANT
(Brutails, *Précis d'archéologie du Moyen Âge*, *op. cit.*, fig. 131)
MANUSCRIT EN LETTRES BÂTARDES
vers 1432 (Ch. Samaran et R. Marichal, *Catalogue des mss...*, *op. cit.*, pl. XCIV)

qu'elle avoue franchement exiger, la symbolique de l'espace à laquelle elle se réfère leur inspirent une insurmontable défiance : il y a là trop d'irrationnel pour nos positivismes !

Certains ont mis en doute qu'on puisse dresser des portraits graphologiques pour des époques dont nous ignorons la vie[1] et il est vrai que, si nous consultons les questionnaires que les caractérologues font remplir par leurs patients, force est d'avouer que, pour les personnages historiques les mieux connus, c'est à peine si l'on peut répondre à une sur dix des questions posées. L'objection, cependant, ne paraît pas insurmontable et, puisque la graphologie aboutit à dresser une table des correspondances entre certains éléments graphiques et certains éléments caractériels, elle devra, précisément, si ses méthodes sont valables, et compte tenu du modèle graphique que s'efforce de reproduire le scripteur, permettre de combler les lacunes du questionnaire, donc de dresser des portraits individuels infiniment plus complexes que ceux dont se contentent d'ordinaire nos meilleurs historiens, qui, il faut l'avouer, parfois se contentent de peu ! De la somme des portraits individuels il ne devrait pas être impossible de constituer un portrait collectif. On ne voit donc pas, théoriquement, si l'on admet la validité de la

1. W. Schubart, *Griechische Paläographie*, p. 9.

graphologie pour l'époque contemporaine, pourquoi on n'admettrait pas une graphologie historique capable de déterminer les caractères dominants d'un siècle… s'ils existent[1].

Mais ce n'est pas la question : il s'agit ici de la « signification historique du style », donc de la « forme idéale » de l'écriture, c'est-à-dire des écritures canonisées, livresques ou chancelleresques, non des écritures personnelles. Il va de soi que, en fin de compte, les conclusions devraient être concordantes, mais les deux enquêtes sont différentes ; la vraie question est ici de savoir si le graphologue peut, par le seul examen de la « forme idéale », dégager les caractères dominants de l'époque.

On l'a fait, notamment pour la gothique ; l'exposé et, plus encore, la critique des résultats proposés nous entraîneraient trop loin ; et je dois dire qu'ils ne paraissent pas concluants[2].

L'un des moyens les plus simples de faire comprendre les difficultés auxquelles on se heurte est peut-être de considérer deux autres variétés d'écriture : la caroline et l'humanistique. L'une est la copie de l'autre. Si, donc, les humanistes du XVe siècle ont copié la minuscule caroline, c'est que « leur manière de comprendre et de sentir[3] » s'accordait avec celle des humanistes du IXe siècle. Or, en dehors du retour aux classiques, qu'y a-t-il de commun entre la Renaissance du IXe et celle du XVe siècle, ou, plus précisément, entre l'humanisme du IXe et celui du XVIe ? Car, tout le monde est bien d'accord sur ce point, l'humanistique est l'écriture de l'humanisme, du premier humanisme florentin, celui de Coluccio Salutati, celui du Poggio, ce n'est pas l'écriture des *condottieri*, même s'ils lisent Platon et, évidemment, l'écart est moins grand entre Alcuin et Salutati qu'entre Charlemagne et Malatesta !

Certes les historiens ont désormais renoncé aux *topoi* burckhardiens d'une Renaissance avènement de l'individu, libération du dogme chrétien[4] ; les oppositions entre les deux Renaissances sont donc moins violentes ; elles n'en sont pas moins tranchées. Celle de Charlemagne est monastique, liturgique, grammaticale, mesquine, a-t-on même dit ; c'est dans la tempérance, la pauvreté, l'humilité, le renoncement à sa volonté

1. Mais cf. les critiques fondamentales de E. Gilson, *Héloïse et Abélard*, Paris, 1938, p. 164-180.

2. On trouvera toutes les indications nécessaires dans Fichtenau, *Mensch und Schrift*…, *op. cit.*, p. 187 *sq.* Du point de vue graphique les travaux sont ceux de Klages et de Pophal. Des affirmations comme celle-ci que l'étroitesse des lettres de la gothique est le résultat d'une forte pression – ce qui est exact – et que celle-ci révèle la suprématie des motifs intellectuels sur les motifs vitaux (*ibid.*, p. 189) me laissent rêveur (cf. aussi, p. 196, toujours de Pophal). Ailleurs l'impression que l'on retire de l'exposé est que le graphologue a voulu à tout prix retrouver dans l'écriture ce qu'il pensait, *a priori*, de l'époque et ce qu'il en pensait était déplorablement conforme aux poncifs les plus usés !

3. Juglar, *Le Style dans les arts*…, *op. cit.*, p. 396.

4. Cf. notamment Gilson, *loc. cit.*

propre que l'humaniste carolingien cherche la paix ; sa sagesse n'est pas celle du monde, c'est celle de Dieu : « elle ne se trouve pas dans les mensonges de Virgile, mais dans la vérité des Évangiles », la connaissance des classiques est une propédeutique à la lecture des écritures ; le moine n'est pas un intellectuel, c'est un spirituel, un contemplatif ; le sens historique est faible : l'Antiquité est considérée comme une réalité vivante qui continue d'animer le présent[1]. L'humanisme florentin du début du XVe siècle est une exaltation de la vie civile, l'homme est « un animal civil » ; la hiérarchie des « états de perfection » est donc renversée : le mariage, la famille, la cité l'emportent sur le célibat, le cloître ; la richesse, qui prouve que l'activité du citoyen a su s'insérer dans le cours de la réalité, est aussi le signe visible de la bénédiction de Dieu, la pauvreté est odieuse aux dieux et aux hommes ; la *virtù* est l'exaltation de l'homme complet qui jouit du monde et y donne sa mesure, la gloire en est l'aspect tangible, elle est inséparable d'une vraie vertu civique ; les Anciens ne sont plus des *auctores*, des « autorités », ce sont des penseurs qu'il faut situer dans leur temps ; l'histoire est l'éducatrice de l'humanité au-dessus de la théologie et de la philosophie[2].

Comment deux conceptions de la vie aussi opposées ont-elles pu trouver leur expression dans la même écriture ? Certes, les modifications qui ont été apportées à la caroline par l'humanistique en ont passablement modifié l'aspect ; à la *gravitas* et à l'*honestas*, pour reprendre deux expressions usuelles dans les deux Renaissances, qui sont communes aux deux écritures, l'humanistique ajoute une *suavitas* où l'esprit le moins averti reconnaît la « mondanité » de ses auteurs ; doit-on aller plus loin ? peut-on voir dans ces modifications, qui, nous l'avons vu, sont d'ordre technique, le signe d'une nouvelle mentalité ? Peut-être ! nous le souhaitons ! Mais, il faut bien le dire, les éléments de la caroline que certains graphologues interprètent comme des symptômes de discipline, d'ascétisme, de renoncement à la personnalité, se retrouvent dans l'humanistique. On prétend, par exemple, que la caroline révèle chez les scripteurs une absence de profondeur ou de force vitale ; comme l'histoire semble

---

1. Ce n'est évidemment pas le lieu de donner une bibliographie des travaux sur la Renaissance carolingienne, outre Fichtenau, *Mensch und Schrift*..., *op. cit.*, p. 151 *sq.*, j'utilise ici spécialement P. Lehmann et A. Monteverdi, « Il problema del Rinascimento carolino », in *Settimane di studio del Centro italiano di studi sull'alto medioevo* I [1953], *I problemi della civiltà carolingia*, Spolète, 1954, p. 309-377 ; corriger ce que mon résumé a d'excessivement schématique, entre autres, par Lehmann, p. 329-330, 332. Voir aussi, sur l'humanisme monacal, dom Leclercq, *L'Amour des lettres et le Désir de Dieu*, Paris, 1957, p. 107 et p. 130-131. Le texte cité sur Virgile et les évangiles est d'Alcuin, M.G.H., *Epistolae*, 2, 1895, p. 475, n° 309. Cf. aussi L. Wallach, *Alcuin and Charlemagne*, New York, 1959, notamment p. 198-226 sur la lettre *de litteris colendis* de 794-800.

2. Je ne saurais renvoyer ici à tous les ouvrages que j'ai consultés, je me bornerai à renvoyer à E. Garin, *L'umanesimo italiano*, Bari, 1952, entre autres, p. 41, 54, 60 *sq.* ; sur Poggio, p. 103.

démentir cette constatation, on suppose que l'ascétisme n'a pas atteint la personnalité profonde, que la caroline est un « masque » ainsi que l'indique l'importance qu'y prennent les « arcades[1] ». Mais l'humanistique aussi a des arcades, les mêmes exactement que la caroline ; elle aussi serait donc un masque. Telle est bien, en effet, la conclusion : il n'a pas échappé à ces graphologues que les deux Renaissances ne sauraient avoir le même « esprit », bien au contraire, tout imprégnés encore des idées de Burckhardt ils n'étaient que trop enclins à en exagérer les contrastes, ils ont donc conclu que si la caroline avait pu devenir l'humanistique c'est qu'elle était devenue une « pure forme ».

Conclusion décevante ; mais, sans doute, en est-il des carolines et des humanistiques comme de la gothique : ce sont, pour parler brièvement, et plus encore que la gothique, des écritures « classiques » ; attendons qu'un esprit ingénieux nous en révèle la dialectique.

Si donc un paléographe, point du tout graphologue, mais curieux, cependant, de graphologie, se sent tout disposé à lui faire crédit devant des écritures « baroques », devant les « classiques » il se montre hésitant, un peu sceptique.

Sera-t-il plus hardi lorsqu'il s'agit de races ou de nations ?

Quand on parle à un médiéviste d'écriture et de psychologie des peuples, il pense aussitôt aux écritures « nationales » des VIIe, VIIIe siècles et au-delà.

Chacune d'entre elles a, certes, une personnalité accusée, mais les éléments qui la constituent ont-ils quelque chose de « national » ou, si l'on préfère un terme moins anachronique, d'ethnique ?

Pour les livresques on peut, *a priori*, en douter : ces écritures prétendues nationales sont essentiellement des écritures monastiques ; leur extension dans l'espace ne dépend pas de la nature du peuplement ou de l'étendue du pouvoir politique, elle dépend de l'intensité avec laquelle a rayonné la culture du couvent originaire. La bénéventine s'écrit partout où se trouvent des moines issus, directement ou indirectement, du Mont-Cassin ; si on la trouve en Dalmatie, c'est que l'abbaye de Santo Chrisogono, à Zara, fut confiée, en 986, à un moine du Mont-Cassin[2].

---

1. Cf. Fichtenau, *Mensch und Schrift*..., *op. cit.*, p. 168, qui s'inspire de Pophal. Le sens des « arcades » est bien connu, cf. par exemple Klages, *Graphologie*, traduction de E. Reymond-Nicolet, Paris, 1943, p. 78-79. Elles indiquent la contrainte, l'inhibition, or, les scripteurs ici considérés sont, par définition, des professionnels qui s'imposent des contraintes quand ils écrivent, ils nous l'ont dit maintes fois, cf. les textes rassemblés par W. Wattenbach, *Das Schriftwesen im Mittelalter*, 3e éd., Leipzig, 1896, p. 278 *sq.* ; quelques extraits dans Fichtenau, *op. cit.*, p. 164.

2. Cencetti, *Lineamenti*..., *op. cit.*, p. 132 ; cf. aussi A. Petrucci, « Note ed ipotesi sulla origine della scrittura barese », *Bulletino dell'Archivio paleografico italiano*, N. S., IV-V, 1958-1959, p. 101-114.

Or, un couvent, et surtout un couvent célèbre et influent, est, par excellence, un lieu supra-national : au Mont-Cassin il y a des Lombards, certes, et, entre autres, Ratchis et Wanefrid dit Paul Diacre, mais il y a aussi les Francs Adalard et Carloman, l'Anglo-Saxon Willibald, bien d'autres[1].

Peut-on espérer trouver dans les écritures des chancelleries des royaumes barbares des signes plus purs de « nationalité » ?

Considérons l'écriture des diplômes mérovingiens : en 625, date du premier diplôme conservé, quatre générations seulement se sont succédé à la chancellerie mérovingienne depuis que les scribes des administrations romaines sont passés au service de Clovis. On peut bien penser que dans la deuxième, et même la troisième génération, le personnel gallo-romain a dû être nombreux et jouer un rôle prépondérant. Or, si la morphologie de l'écriture des diplômes mérovingiens est encore fondamentalement celle des chancelleries provinciales gallo-romaines[2], le style, lui, est tout différent, somptueux, « barbare », très proche de celui des orfèvres et des sculpteurs contemporains. Combien forte a donc été l'empreinte des Francs pour qu'en si peu de temps ils aient imposé si profondément à leurs sujets gallo-romains leurs goûts, leurs modes, leur caractère même, car une stylisation si marquée ne peut être le fruit d'une imitation superficielle. Peut-être ! mais il ne faut pas oublier que les historiens de l'art ont reconnu précisément dans les éléments qui sont les plus caractéristiques de la stylisation scripturale : « la mise en œuvre des courbes et des contrecourbes, une recherche de l'asymétrie, l'horreur de la ligne droite », une « résurgence » des « éléments primordiaux des arts de la Gaule celtique que l'épisode gallo-romain fut impuissant à faire disparaître du répertoire national[3] ». Les scribes de la chancellerie de Childebert seraient moins des Gallo-Romains germanisés que des Celtes libérés !

Dans une région tout à fait périphérique où l'influence romaine n'a jamais été forte, où le faible peuplement romain doit être, au VIIe siècle, depuis longtemps absorbé, dans les îles Britanniques, aux influences locales se mélangent si bien des influences orientales, égyptiennes, chaldéennes[4] qu'on se demande s'il n'est pas imprudent d'essayer d'isoler ce qui doit être attribué aux Celtes, aux Anglo-Saxons, aux Romains, à l'« art des steppes » …

1. G. Falco, « Lineamenti di storia cassinese dall'VIII all'XI secolo », *Rivista storica italiana*, XLVI, 1928, p. 231-232, cf. aussi, *Il Monachismo nell'alto medioevo*, p. 427 *sq.*

2. Cf. J. Mallon, *L'Écriture de la Chancellerie impériale romaine* (*Acta Salmanticensia, Filosofia y Letras*, IV), Salamanque, 1948, p. 26.

3. R. Lantier et J. Hubert, *Les Origines de l'art français*, Paris, 1947, p. 100.

4. Cf. F. Masai, *Essai sur les origines de la miniature dite irlandaise* (*Les Publications de Scriptorium* I), Bruxelles, 1947, notamment p. 55, 60, n. 111, 67, 68, 70.

En vérité ces Indo-Européens, Celtes ou Germains, ont si longtemps vagabondé qu'on a peine à penser qu'il soit possible d'assigner une origine précise à tout ce qu'ils ont charrié avec eux ou d'apprécier dans quelle mesure ils se l'étaient approprié. Et quand cela serait, connaissons-nous suffisamment la composition ethnique des nouveaux royaumes[1] ? On estime aujourd'hui que la population franque, dans le royaume mérovingien, a été très dense dans le Nord, progressivement décroissante jusqu'à la Loire[2]. D'où venait le personnel de la chancellerie ? L'écriture livresque la plus proche de celle des diplômes est attribuée à l'abbaye de Luxeuil, en Haute-Saône, c'est une région plus burgonde que franque. Mais Luxeuil est une grande abbaye fondée par l'Irlandais Columban… et certains refusent à Luxeuil la paternité de cette écriture[3]. C'est le malheureux destin des paléographes que l'époque où les particularités locales de l'écriture sont les plus apparentes soit aussi celle où nous manquons le plus de documents.

Il est un trait que les graphologues attribuent uniformément à toutes les écritures barbares, qu'il s'agisse de la gotique de Wulfila, des écritures mérovingiennes ou de la bénéventine, c'est l'énergie. Hélas c'est un vieux *topos* qui est déjà dans César : « *Horum omnium fortissimi sunt Belgae, propterea quod a cultu atque humanitate provinciae longissime absunt*[4]. » Et, comble de malheur, les caractères graphiques où l'on discerne l'énergie dans l'écriture de Wulfila se retrouvent exactement dans l'onciale byzantine qui lui a servi de modèle !

Si quelque graphologue désirait entreprendre l'étude des caractéristiques nationales dans les écritures médiévales, ce n'est pas à celles du VIIe et du VIIIe siècle qu'il devrait s'attaquer, c'est encore à celles du XVe siècle. Là les documents abondent, les recoupements sont aisés ; il est probable que les résultats seraient neufs, assez différents, peut-être, de ceux que l'on est tenté d'imaginer d'après les données historiques connues. Mais nous commençons à peine à dresser des répertoires scientifiques des sources, à publier des catalogues photographiques[5] ; nous avons à peine abordé, si l'on me permet cette image, les relevés sur le terrain, nous n'avons pas encore déterminé les points géodésiques ; il faut nous laisser le temps de le faire, quand nous pourrons dresser des cartes géologiques, alors nous pourrons édifier des systèmes et tenter d'expliquer le paysage.

---

1. Fichtenau (*Mensch und Schrift…*, *op. cit.*, p. 118) parle justement du caractère chaotique de la population des royaumes mérovingiens.
2. W. von Wartburg, *Les Origines des peuples romans*, Paris, 1941, p. 118 *sq.*
3. Cf. *Bibliothèque de l'école des Chartes*, CXIII, 1955, p. 283-291.
4. *De bello gall.*, I, 1.
5. Ch. Samaran et R. Marichal, *Catalogue des manuscrits en écriture latine portant des indications de date, de lieu ou de copiste*, I, Paris, 1959.

XIII

L'ÉCRITURE ARABE

ET SON ÉVOLUTION ORNEMENTALE

par Janine Sourdel-Thomine

Les problèmes socio-historiques posés par l'évolution de l'écriture arabe pendant plus de treize siècles et à l'intérieur d'un immense domaine – sans compter les problèmes propres à l'extension de cette écriture dans les pays islamiques de langue non arabe, que doit traiter M. Rodinson – sont évidemment multiples et l'on ne saurait prétendre les évoquer dans leur ensemble, ne serait-ce même que brièvement, au cours d'un aussi rapide exposé. Mais un fait caractéristique mérite au moins de retenir l'attention : la place exceptionnelle occupée, dans tous les pays de civilisation arabo-musulmane, par le signe graphique et les arts qu'il inspire. Si l'on ne peut négliger de voir dans l'écriture arabe un des moyens d'expression favoris d'une société savante, dominée par son goût des sciences traditionnelles et son respect d'une culture religieuse à base de documents textuels, il est en effet plus frappant encore d'en observer l'étonnante utilisation ornementale, poussée à un degré tel que l'inscription a pu devenir dans la plupart des cas l'élément fondamental du décor de la vie et par là même de la formation psychique de l'individu. C'est là ce qu'expriment à merveille ces œuvres surabondamment décorées de caractères arabes, qui correspondent à un idéal esthétique de perfection formelle répandu chez les artisans qui les réalisèrent comme chez les mécènes pour qui ils travaillaient. Non seulement la ligne inscrite y est à l'honneur, mais arabesques florales, entrelacs géométriques et compositions calligraphiques s'y unissent pour donner naissance à cette subtile harmonie, à la fois rythmique et linéaire, qui reste représentative d'un type original de décoration abstraite.

La réalité d'un tel accord, qui fait de l'écriture l'indispensable complément des œuvres d'art exécutées en pays d'islam, s'affirme donc avec netteté. Cependant le terrain sur lequel s'engagent des considérations de ce genre devient assez mouvant dès que l'on s'efforce de rechercher les causes d'une évidence aussi simple, sans prendre d'une part une position métaphysique aux racines d'ailleurs anciennes (celle qui cherche dans la pensée philosophique ou mystique de l'islam la source de toute son esthétique et sacralise naturellement l'écriture qui servit de véhicule à la religion et à la langue du Livre révélé), sans oublier de l'autre les incidences du fait sociologique musulman sur les moindres aspects d'une civilisation matérielle fortement particularisée. Les interférences constantes entre les notions voisines de « civilisation musulmane » et de « civilisation arabe », qui s'identifièrent par moments de façon presque parfaite, viennent en effet compliquer les choses. Comment employer par exemple avec sécurité les expressions de « tracés nationaux » ou de « particularités de l'esprit collectif d'un peuple » dans le climat médiéval du premier monde de l'Islam, celui qui vit précisément l'éclosion et les successives transformations d'une écriture arabe également employée d'un bout à l'autre de l'Empire par les populations les plus diverses ? Il sera toujours possible de mettre l'accent sur les contributions respectives de chacune de ces communautés ou d'insister au contraire sur l'unité du système graphique auquel elles avaient également recours et qui subissait à la même époque, dans des régions fort éloignées, les effets de modes analogues. L'existence de ces conditions historiques particulières, auxquelles il était bon de faire dès l'abord allusion et qui font de l'écriture arabe une « écriture d'empire », interdit en effet d'y rechercher les traits distinctifs de la seule mentalité arabe et, sans même tenir compte des rôles divers que cet alphabet remplira plus tard pour transcrire d'autres idiomes, oblige à déjà souligner la variété des tendances qui s'affrontèrent à son propos dans les provinces arabisées comme dans les provinces arabes du monde islamique au sens large.

Aussi bien la parfaite adaptation qui semble être aujourd'hui celle de l'écriture arabe au rôle ornemental qu'elle est toujours appelée à jouer, et qui nous a paru le premier point à mettre en relief lorsque l'on envisage l'ensemble du matériel légué par la civilisation arabo-musulmane, ne saurait-elle être considérée comme une donnée primitive. Cette adaptation est le fruit d'une longue évolution, répondant à des nécessités qui se firent diversement sentir à chaque période, et c'est d'un coup d'œil jeté à ses multiples étapes qu'il est normal d'espérer quelque compréhension des rapports liant l'écriture arabe à la société qui l'utilisa et qui aimait à lui reconnaître une signification symbolique et esthétique dépassant de beaucoup les exigences de la stricte utilité. Le cas est en effet d'autant plus intéressant que nous nous trouvons devant une écriture par définition non figurative qui n'allait pas moins se charger, au fur et à mesure de son développement, de notions affectives de plus en plus caractérisées.

La première étape que nous rencontrons commence avec l'emploi balbutiant, par des groupements arabes qui nomadisaient, au VIe siècle de notre ère, dans les steppes syro-mésopotamiennes immédiatement voisines de l'Arabie et qui s'y organisèrent même en royaumes semi-indépendants, de signes graphiques dépourvus de toute valeur esthétique. L'écriture arabe existait déjà au sens strict, puisque des caractères gauches et visiblement empruntés à des modèles négligés d'aspect et d'exécution, en l'occurrence les tracés cursifs de l'écriture nabatéenne, servaient alors à noter, non sans déficiences (notation des seules consonnes et parfois voyelles longues), ni risques de confusion (plusieurs signes représentant des phénomènes divers y affectaient des formes identiques), les principaux sons du langage qui commençait à se répandre. Mais rien ne permettait de prévoir l'étonnant destin qui allait ensuite être le sien. Rien ne la différenciait, en tout cas, des écritures sémitiques malhabiles qui l'avaient directement précédée dans les mêmes régions.

Certes, la formation de cette écriture à partir d'emprunts plus ou moins conscients pose en elle-même un problème, évoqué par M. Rodinson lorsqu'il nous présenta l'écriture sudarabique. Mais nous ne nous y attarderons pas, nous bornant à constater que le tournant décisif de sa première histoire allait être marqué par l'apparition du primitif État islamique, au moment où fut appelée à des usages variés, pour conserver le texte coranique et assurer le fonctionnement d'une administration gouvernementale en pleine croissance, une écriture qui avait surtout servi auparavant les besoins des marchands de La Mecque. Il fallut ce changement d'ordre politique, mettant fin à l'obscure période des origines sur laquelle les témoignages de quelques rares inscriptions ou graffiti sont seuls à nous renseigner, pour que nous nous trouvions désormais en présence de documents administratifs, sur papyrus, écrits en arabe (le plus ancien remontant à l'an 22/643) et d'une stèle funéraire, de 31/651, éminemment représentative du style de ces premiers tracés. Parler à ce propos d'un style est évidemment impropre. Mais on doit du moins souligner l'importance, dans ces essais imparfaits, d'un trait qui caractérisait l'écriture arabe bien avant l'islam et qui se perpétua lors de l'extraordinaire floraison postérieure, à savoir l'existence d'une ligne de base à laquelle tiennent les caractères. Loin d'être le résultat de quelque innovation, ce n'était que la fidèle transposition de cette abondance de ligatures entre les lettres, signe habituel de vieillissement, qui trahissait l'usure de l'écriture araméo-nabatéenne dont s'étaient inspirés les « inventeurs » de l'écriture arabe. Mais il sera extrêmement curieux de voir l'habitude ainsi héritée se confondre bientôt avec les exigences d'une véritable règle détachée de toute justification logique, qui commandera l'équilibre architectural des variétés anguleuses de l'arabe (où ne l'exigeront pourtant plus des raisons techniques de facilités d'exécution) en même temps qu'elle se maintiendra normalement pour les tracés plus rapides. De ce rythme imposé à la ligne inscrite par le souci de l'horizontalité et l'étirement cursif des caractères dans le sens de la longueur, les calligraphes les plus inventifs seront toujours forcés de tenir compte dans leurs élaborations et l'indice doit être considéré comme particulièrement révélateur d'une tendance conservatrice inhérente à la société musulmane, tendance qui sera suffisante pour contrebalancer la force avec laquelle des besoins nouveaux pèseront d'autre part en faveur d'une transformation continuelle des premiers tracés arabes et de leur maladroite rusticité.

Nous voyons en effet, lors de la deuxième phase qu'il est possible de distinguer dans l'évolution de l'écriture arabe à partir de l'organisation solide de l'État omeyyade, un nouveau souci s'affirmer, celui d'enrichir et d'embellir le signe graphique comme s'il devait porter, par sa noble apparence, un témoignage indépendant de sa signification. Les moindres œuvres exécutées pour ces souverains puissants nous l'attestent puisque, dès le règne du calife ʻAbd al-Malik – dans les milliaires ou les monnaies commandés par ce souverain comme dans les bandeaux épigraphiques accompagnant ses fondations architecturales (telles ces inscriptions commémoratives gravées sur plaque de cuivre ou exécutées en mosaïque à l'intérieur de la Qubbat al-Sakhra de Jérusalem) –, apparaît ce type d'écriture soignée que l'on qualifie habituellement de « coufique omeyyade » et qui se caractérise par sa régularité. Des lettres sobres, aux proportions bien étudiées, y sont posées sur la ligne de base d'une manière qui permet de distinguer, selon un classement formel, celles qui dressent dans la partie supérieure du bandeau des hampes droites ou obliques de hauteur variable, celles qui développent au niveau de l'axe médian des boucles rondes ou allongées, celles enfin qui dessinent au-dessous de ce même axe des courbes plus ou moins accentuées. Leurs différents tracés correspondent à des formes initiales, médianes ou finales dont un sûr sens esthétique semble avoir, en bien des cas, précisé la distinction (avec une possible influence de l'écriture syriaque sous sa forme décorative de l'estranghelo) et dont la variété se réduit en fait à la combinaison d'éléments géométriques simples. De là vient une noblesse d'allure qui les oppose aux caractères gauches de l'époque précédente, sans en dénaturer les contours les plus typiques.

Il semble ainsi qu'épanouissement harmonieux de l'écriture et développement culturel soudain de la société arabo-musulmane aient été de pair, l'extraordinaire essor artistique provoqué par le transfert de l'État islamique dans des pays de vieille civilisation sédentaire se reflétant dans le raffinement avec lequel on traitait désormais les moindres inscriptions. Et cela quelles que fussent leurs dimensions, puisque les formes ornant un simple dirham omeyyade postérieur à la réforme de ʻAbd al-Malik ne le cèdent nullement en beauté à celles que nous offrent parallèlement les bandeaux des monuments. Il reste cependant à expliquer sous l'emprise de quels facteurs l'écriture put ainsi acquérir droit de cité dans le domaine des arts plastiques, avec une rapidité que ne laissait nullement prévoir la médiocre qualité des témoignages antérieurs. Sans doute fut-elle introduite à ce rôle pour rivaliser, sans les imiter, avec les écritures des empires que l'islam avait supplantés – le cas des milliaires et des monnaies est à cet égard extrêmement significatif. Mais elle profita surtout de cet extraordinaire prestige que la proclamation du Coran avait dès l'abord accordé à la langue arabe et de cette nécessité dans laquelle se trouvaient les tenants de la nouvelle religion d'affirmer son triomphe de façon non équivoque. Or y avait-il pour eux meilleur moyen – une fois qu'ils

ÉCRITURE ORNEMENTALE DITE « COUFIQUE »
AVEC CARACTÈRES LÉGÈREMENT FLEURIS ET TRESSÉS
Bandeau épigraphique sur pierre à Amida (Diyarbakar) datant de 1052-1053 (*Flury*, pl. VI B)

s'étaient assuré la richesse et le pouvoir – de magnifier le texte coranique et de proclamer en même temps leur propre gloire que de multiplier en tous lieux, et avec l'éclat requis pour des inscriptions de ce genre, des formules qui s'accordaient le plus souvent avec un sentiment religieux d'une réelle profondeur ? La vogue de ces formules, reproduisant et paraphrasant le Coran ou développant de pieuses expressions de louange ou de bénédiction jusque dans les énoncés de titres de souverain, ne pouvait qu'entraîner la définitive suprématie de l'écriture arabe, substituée volontairement – c'est dans cet esprit en effet qu'avait été promulguée la réforme de ʻAbd al-Malik qui en imposait l'usage exclusif dans l'administration – aux écritures des peuples vaincus, convertis ou soumis à l'islam comme tributaires quand ils avaient refusé de s'y assimiler complètement.

On pourrait certes objecter que des exigences plus pratiques n'en commandaient pas moins le développement de l'écriture arabe, faite pour répondre également aux besoins accrus des milieux commerçants ou gouvernementaux où s'échangeaient des lettres et où se conservaient des documents d'archives, indispensable surtout au mouvement intellectuel qui se dessinait dans les principales métropoles du monde musulman et qui, tout en s'appuyant sur le témoignage oral et sur une forme d'enseignement faisant appel à la mémoire, entraînait la mise en circulation d'écrits de plus en plus nombreux, copiés à de multiples exemplaires et largement diffusés dès l'époque ʻabbāside à l'intérieur de la classe des lettrés. Mais cette floraison de missives de tout genre et d'ouvrages scientifiques atteignant parfois les dimensions de gros volumes, floraison qui engendrera les améliorations techniques et orthographiques successivement portées, par l'usage des points diacritiques et des signes-voyelles, au système confus des premiers temps, ne devait pas avoir de notable répercussion sur des tracés déjà cursifs au moment de leur élaboration. Ceux-ci répondaient en effet d'avance à tout ce que des scribes pressés étaient en droit d'en attendre lors même qu'ils adoptaient cette attitude apparemment incommode et cependant usuelle, d'après les historiens, chez les secrétaires de soutenir de leur main gauche la feuille sur laquelle ils traçaient rapidement des caractères de la main droite avec un calame de roseau. En revanche le respect du texte coranique, dont nous avons déjà noté l'influence déterminante dans l'embellissement des inscriptions, doit encore être invoqué pour expliquer l'élégance de certaines écritures non monumentales, celles des copies de Coran, exécutées sur parchemin avec autant d'attention et de minutie que s'il s'agissait de textes gravés sur pierre.

Aussi bien le choix restreint de matériaux dont nous disposons pour cette période n'empêche pas de constater la fondamentale unité graphique de l'écriture arabe employée pendant le plein âge d'or des empires omeyyade et 'abbāside, c'est-à-dire entre le Ier et le IVe siècle h. (VIIe-Xe siècles de notre ère). Que l'on considère les fameux papyri administratifs omeyyades de Qurra b. Sharīk, pour citer des exemples bien connus ayant fait l'objet d'études paléographiques, ou les plus anciens Corans que des variations de détail permettent de ranger en deux catégories, hijāzienne et 'irāqienne, distinguées déjà par les auteurs arabes, on n'y découvre en effet d'autres formes de caractères que celles qui étaient alors en usage dans les inscriptions lapidaires et cela suffit à dissiper la prétendue opposition que l'on a parfois voulu établir, selon la terminologie couramment employée, entre un « coufique » et un « naskhi » primitifs correspondant à deux systèmes différents de graphie. L'erreur dont il serait trop long d'expliquer ici la genèse, mais qui tenait essentiellement à l'état incomplet de la documentation sur laquelle réfléchirent, vers la fin du XIXe siècle, les premiers spécialistes s'intéressant à la question, présentait l'inconvénient d'introduire un faux problème là où l'on doit seulement enregistrer les résultats d'un effort d'ennoblissement de l'écriture en fonction des rôles nouveaux qu'elle était appelée à jouer. Cet effort avait normalement abouti, dans les spécimens les plus soignés, à une interprétation anguleuse avec géométrisation régulière des signes employés, reflétant les qualités de sobriété vigoureuse qui restent sensibles, dans les réalisations architecturales ou décoratives de l'époque. Cependant l'interprétation arrondie se maintenait pour les spécimens utilitaires sans qu'il y ait encore rupture entre les deux exigences. Ainsi se trouve attestée de nouveau l'aisance avec laquelle la société musulmane des premiers siècles, riche des héritages les plus variés, mais prenant pour base le donné traditionnel fourni par la société arabe contemporaine de la proclamation de l'islam, avait su s'en servir pour façonner les outils et moyens d'expression dont elle avait besoin.

Un aussi net gauchissement des fins assignées à l'écriture, avec l'introduction de fins esthétiques s'ajoutant à sa fonction essentielle de notation des sons d'une langue, n'allait pas tarder à engendrer toutefois – et ce sera la troisième étape de son développement – une véritable dualité de l'écriture arabe, systématiquement développée désormais selon deux perspectives. Les tendances opposées qu'avait su conjuguer l'harmonieux équilibre de l'écriture des trois premiers siècles ne tardèrent pas en effet à

ÉCRITURE « COUFIQUE » AVEC CARACTÈRES SE DÉVELOPPANT
SUR UN DÉCOR FLORAL INDÉPENDANT
Cénotaphe en pierre de *Fàtima à Damas* en 1048 (extrait de J. Sourdel-Thomine, « Épitaphes coufiques de *Bâb Saghîr* », dans *Les Monuments ayyoubides de Damas*, livre IV, fig. 90, éd. E. de Boccard, Institut français de Damas, 1950)

provoquer, par simple multiplication d'expériences orientées toujours dans la même direction, le perfectionnement de systèmes indépendants, obéissant chacun à leurs propres règles et subissant inégalement le contrecoup des atteintes portées par les circonstances historiques au développement de la société arabo-islamique.

Ainsi doit-on remarquer d'abord la constitution de ce type d'écriture uniquement utilitaire, à la remarquable fixité, qui maintiendra pendant des siècles à peu près inchangées les formes arrondies et liées que traçaient les premiers scribes ʿabbāsides. C'est là tout simplement l'illustration du cas général, déjà signalé par M. Marcel Cohen, d'une « évolution des tracés lente ou pratiquement suspendue dans un milieu où l'emploi de l'écriture, le matériel et les habitudes orthographiques ne changent pas ». Les causes déterminantes, et faciles à énoncer, de cette situation tiennent à l'organisation de cette classe professionnelle de savants traditionalistes sur laquelle reposa pendant des siècles l'obligation de conserver et de transmettre le dépôt de la Loi musulmane. Ceux qui écrivaient rapidement en arabe étaient en effet toujours, et alors même que se furent produits des bouleversements politiques aussi importants que le morcellement de l'Empire ou que l'intrusion de dirigeants étrangers superposant leur autorité à celle des anciens dignitaires de l'État califien, des spécialistes marqués par l'usage de la même langue figée et par la même astreignante discipline philologique et juridique d'érudition. C'était essentiellement pour eux que travaillaient copistes et libraires assurant, dans ce milieu social limité, quoique important, par son rayonnement, la circulation d'une production littéraire abondante. Eux-mêmes se servaient intensivement de l'écriture pour prendre des notes, rédiger leurs propres ouvrages ou travailler enfin au service de l'État comme fonctionnaires de l'administration.

Or ces hommes de science et de religion, qui se distinguaient surtout par leur culture islamique et que pendant la période mamlūke par exemple on appellera les « enturbannés » pour bien les opposer aux « hommes de sabre », le plus souvent d'origine turque, détenant le pouvoir de fait, n'avaient aucune raison de renouveler une écriture cursive suffisamment pratique à leurs yeux et acquise en même temps que leurs autres connaissances, écriture dont les déficiences mêmes, en rendant la lecture difficile à quiconque n'était pas lettré, renforçaient leur orgueil de caste. Certes quelques écoles eurent l'occasion de s'individualiser selon les époques et selon les régions, le cas le plus net étant celui des divers aspects occidentaux de l'écriture utilitaire arabe dont les variétés maghrébines ou andalouses, par exemple, ne peuvent se confondre avec les variétés contemporaines utilisées en Orient. Mais ce résultat obtenu par de lentes et insensibles transformations fut d'abord involontaire, la fidèle observance des enseignements reçus étant naturelle aux savants musulmans d'ancienne formation et le développement en vase clos de groupements plus ou moins isolés les uns des autres amenant seulement l'exagération progressive de particularismes locaux. Surtout, il ne fut jamais un obstacle à la diffusion des écrits d'une région à l'autre ni à leur déchiffrement en des lieux très éloignés, les caractères communs, compte tenu de la diversité des substrats ethniques sur lesquels avaient été greffés la plupart des foyers de civilisation arabo-islamique, l'emportant de beaucoup sur les éléments de différenciation et suffisant à témoigner de l'unité de culture sur laquelle vécurent longtemps les diverses parties du monde de l'islam. Les intercommunications entre érudits de langue arabe, si fréquentes au Moyen Âge, n'allaient-elles pas continuer en effet jusqu'au moment où on assisterait dans certaines régions à la résurgence d'esprits nationaux, s'accompagnant parallèlement de renaissances linguistiques et littéraires et modifiant encore une fois le rôle dévolu à l'écriture arabe, tous problèmes qui ne nous concernent pas ici, mais qu'il n'était tout de même pas possible de ne pas annoncer d'un mot.

Si nous quittons cependant le domaine des graphies arabes de type utilitaire pour aborder le champ plus vaste offert à nos investigations, durant la même période, par le foisonnant essor de l'écriture décorative, des considérations d'un tout autre ordre deviennent nécessaires. Les conséquences d'habitudes locales et de modes passagères, reflétant l'influence de groupes sociaux moins préoccupés de la fixité des tracés, passent en effet au premier rang pour expliquer la multiplicité de styles qui rivalisèrent tous d'originalité. Certes l'existence d'une calligraphie ornementale, utilisée dans les manuscrits de qualité ou les diplômes de chancellerie et pratiquée par des copistes qui ne pouvaient oublier, dans leurs somptueuses compositions, les exigences de la lisibilité, est là pour prouver que la systématique mise en œuvre des ressources ornementales de l'écriture arabe ne s'exerça pas toujours aux dépens de la clarté de la ligne inscrite.

Une beauté harmonieuse des proportions et une plénitude du trait respectueuses des graphies traditionnelles suffisaient parfois encore à satisfaire le souci prédominant de la perfection esthétique, comme le dénote par exemple le terme *al-khatt al-mansūb* ou « l'écriture bien proportionnée » employé par les auteurs arabes pour désigner le type d'écriture qui devait faire la célébrité du fameux calligraphe Ibn Muqla (vizir ou frère du vizir de ce nom). Mais le plus souvent l'ornemaniste, chargé de faire contribuer les inscriptions d'un monument à la richesse de l'ensemble ou de garnir un objet de lettres qui conservaient leur valeur propitiatoire et parfois magique (souhaits à l'intention du propriétaire par exemple) sans avoir besoin pour autant d'être déchiffrées, était devenu le seul responsable de l'évolution baroque des tracés, dans une débauche de complications formelles accordées aux tendances qui animaient parallèlement l'évolution du décor anépigraphe.

C'est ainsi qu'il est possible de classer à partir de notions totalement étrangères à la calligraphie les divers types d'écritures ornementales auxquels on sut alors faire appel, selon les époques et selon les lieux, successivement ou concurremment dans un enchevêtrement complexe des écoles artistiques et de leurs relations qu'un nombre restreint d'analyses paléographiques n'a pas encore permis d'éclairer de manière sûre. Le principal souci étant, comme le remarqua le premier Samuel Flury, le remplissage de cette partie vide du bandeau avec laquelle contrastait une ligne inscrite tassée dans la partie inférieure, l'adjonction d'éléments floraux ou d'éléments géométriques parut offrir, au gré de la fantaisie des décorateurs, les solutions les plus heureuses. On imagina ainsi de poser les lettres sur un fond entièrement garni d'arabesques tapissantes dont les tiges pouvaient s'entrelacer aux caractères sans cependant jamais se confondre avec eux, le rinceau indépendant qui se déroule à mi-hauteur des hampes constituant souvent le trait distinctif de l'ensemble obtenu. On recourut aussi à l'artifice prolongeant les caractères eux-mêmes par des terminaisons lobées, feuillues ou même fleuries, régulièrement disposées de manière à s'épanouir en bordure dans la moitié supérieure du bandeau ou donnant au contraire naissance à des stylisations asymétriques développées au hasard des espaces vides. On s'employa encore à lier aux hampes terminales de véritables réseaux de lignes entrecroisées dessinant une bordure géométrique plus ou moins importante. On poussa même dans certains cas la hardiesse jusqu'à faire intervenir comme éléments adventices issus des lettres des figures anthropomorphes d'une étrange singularité. Tous ces thèmes décoratifs et ces principes d'ornementation purent en tout cas se combiner indifféremment, selon les époques, avec des tracés anguleux ou arrondis, donnant naissance à ces diverses espèces de coufique ou de naskhī ornés qui se laissent habituellement ranger sous les appellations de « coufique ou naskhī à rinceau ondulé », « coufique feuillu et fleuri », « coufique ou naskhī à bordure florale », « coufique à bordure géométrique », « naskhī touffu à hampes entrecroisées » et « coufique ou naskhī anthropomorphes ».

En même temps des transformations plus profondes, allant jusqu'à dénaturer complètement l'apparence de certaines lettres, avaient pu intervenir dans les écritures ornementales à caractères anguleux qui furent surtout en usage du IVe au VIe siècle h. (Xe-XIIe siècle) avant de se confondre presque complètement, à partir de cette dernière date, avec des abstractions décoratives dépourvues de toute valeur proprement scripturaire. Dans la belle période de leur épanouissement on avait su souligner le dessin de leurs lettres par des effets d'amenuisement ou d'épaississement s'accompagnant le plus souvent d'élargissements en biseau aux extrémités de chaque tracé. On avait étendu de plus en plus l'usage de formes jugées décoratives pour l'individualisation de chaque signe graphique (telles ces hampes à contre-courbure qui allaient s'accrocher aux lettres les plus variées et transformer en figures épanouies dans la partie supérieure du bandeau celles qui se terminaient auparavant au-dessous de la ligne de base). On avait intégré aux caractères des tressages, des indentations en forme de ligatures et des replis en nœud qui distingueront les multiples variétés du « coufique tressé ». On avait su soumettre enfin l'ensemble d'un texte court aux déformations les plus aberrantes pour l'inscrire dans un cadre préétabli, comme ce sera le cas dans les divers exemples de « coufique carré ».

Un inventaire aussi succinct ne saurait évidemment rendre compte des admirables trouvailles qui permirent de faire de chaque inscription de ce genre une œuvre d'art originale, fondée sur l'établissement préalable d'un nouvel alphabet plus ou moins lié à des tentatives précédentes ou parallèles. Mais un problème essentiel apparaît avec netteté, celui des conditions qui favorisèrent un pareil essor et provoquèrent ensuite l'abâtardissement, puis l'abandon progressif de ces diverses écritures en tant que telles. À partir du VIe/XIIe siècle allaient en effet leur succéder les moins libres variations permises par le caractère arrondi qui continuait de faire appel, ainsi que nous l'avons vu, à des ornements adventices chargés de l'assimiler aux entrelacs floraux ou géométriques, mais qui subissait également l'influence de l'écriture utilitaire avec laquelle il s'apparentait plus directement. Comment cette chose éminemment vivante qu'avait été pendant un temps l'écriture arabe de tendance décorative vit-elle donc les sources de son inspiration se tarir vers la fin du Moyen Âge ? On ne peut essayer de répondre à pareille question sans prendre conscience de cet affaiblissement général de l'invention décorative qui caractérise l'art de l'islam au moment même où l'écriture ornementale perdait de sa spécificité. Le passage du caractère anguleux au caractère arrondi, c'est-à-dire le retour à ces tracés figés qui étaient restés ceux de l'écriture utilitaire tandis que l'écriture ornementale avait su se renouveler au même rythme que l'arabesque dont elle suivait le développement, marque la fin d'une expérience étrangère en quelque sorte au développement normal de cette écriture, vraisemblablement motivée par les conditions historiques particulières qui avaient imposé à des non-Arabes devenus musulmans le respect d'un système graphique chargé pour eux de valeur dans son apparence plutôt que dans sa signification. Ce sont visiblement les ornemanistes iraniens, vivant dans les royaumes semi-indépendants du Khorasan et du Séistan comme dans la Bagdad iranisée des Bouyides par exemple, qui auraient été les actifs artisans d'un embellissement constant des caractères arabes correspondant aux efforts qu'ils poursuivaient pour imprimer une élégance croissante aux divers aspects de l'arabesque. Ce sont eux qui se montraient chaque fois les initiateurs des modes épigraphiques de caractère ornemental, propagées ensuite rapidement dans tout le monde de l'Islam, en même temps qu'un répertoire apparenté de stylisations florales et d'entrelacs géométriques. Lorsque se rétrécit ensuite progressivement le cadre à l'intérieur duquel venait d'évoluer pendant six siècles la civilisation arabo-islamique, les influences de ce genre ne pouvaient que s'affaiblir et l'écriture arabe retrouver peu à peu son vrai rôle de représentation visuelle d'un langage, selon les exigences primordiales qu'avaient fidèlement respectées les membres de la classe lettrée, arabophone d'origine ou tout au moins de formation.

Mais le fait même qu'ait été tentée cette expérience d'asservissement de l'écriture arabe à des fins uniquement décoratives et que ses tracés de base aient pu donner naissance à une branche originale de l'ornement islamique traditionnel – la paléographie ornementale se révélant aussi intéressante à étudier que l'évolution de l'ornement floral ou géométrique –, ce fait même devait continuer de marquer son développement ultérieur. Dans son unité retrouvée l'écriture arabe de la quatrième phase, qui n'est pas encore terminée, se caractérise en effet toujours par le sentiment d'une supériorité esthétique, vraisemblablement dérivé de l'exceptionnelle qualité décorative à laquelle certaines de ses manifestations surent atteindre dans le passé. Les formes aujourd'hui stéréotypées qui servent essentiellement à véhiculer la culture arabe moderne, et qui ont connu par le développement de techniques nouvelles de diffusion une dernière évolution graphique tendant à leur unification et à leur simplification régulière (dues à l'usage croissant des caractères d'imprimerie et de machine à écrire), n'en restent pas moins chargées de valeurs humanistes et sentimentales en même temps que religieuses et politiques. Elles les puisent pour une part dans l'influence toujours vivante des anciennes œuvres d'art, dont l'imitation quasi mécanique peut paraître dépourvue de sincérité, quoiqu'elle réponde au principe classique en pays d'Islam de reproduction des modèles antérieurs, mais dont l'emprise sur la mentalité arabe actuelle ne paraît pas se démentir.

Aussi bien cet attachement aux anciennes graphies, dont les techniques modernes font à certains égards ressortir les défauts (existence de plusieurs formes pour une seule lettre, dont certaines ne s'inscrivent pas dans un carré, absence de majuscules et d'italiques, d'où la fréquente remise en question d'améliorations possibles de l'alphabet), mais dont le symbolique prestige paraît de plus en plus cher aux peuples arabes, ne fait-il que s'accorder avec la conscience aiguë que ces peuples semblent prendre désormais de leur appartenance à un ensemble, tant religieux que linguistique, dont l'écriture est un moyen puissant d'unification. Elle seule permet en effet de dépasser les dialectes locaux en exprimant les racines communes originelles et réussit à incarner en même temps ce sentiment diffus d'appartenance à un groupe sémitique qui paraît se superposer, depuis l'éveil des nationalismes arabes au XIXe siècle, au sentiment d'appartenance à l'Islam.

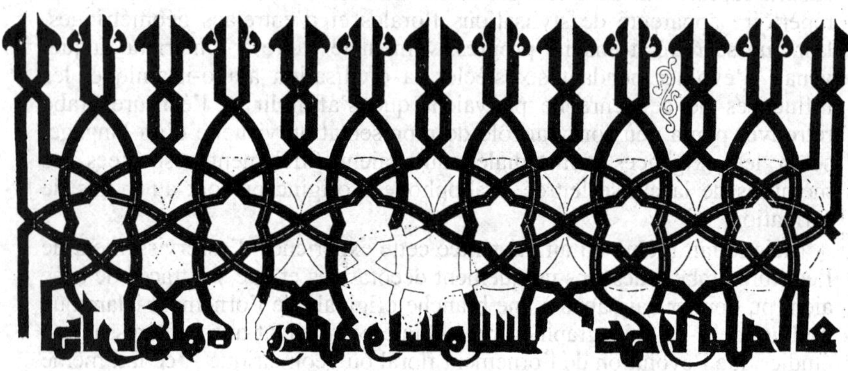

ÉCRITURE « COUFIQUE » À BORDURE GÉOMÉTRIQUE
Décoration peinte du tombeau de Safurat al-Mulk à Damas en 1110-1111
(extrait des *Monuments ayyoubides de Damas*, livre I, pl. V)

ÉCRITURE ORNEMENTALE ANTHROPOMORPHE UTILISÉE
SUR UN OBJET DE CUIVRE
Décoration de la *Wade Cup* attribuée à un atelier persan dans la première moitié du VIIe s. [de l'hégire] / XIIIe s. [de l'ère chrétienne] (extrait de Rice, *Wade Cup*, fig. 19)

XIV

LE MONDE ISLAMIQUE
ET L'EXTENSION DE L'ÉCRITURE ARABE

par Maxime Rodinson

Plutôt que d'énumérer les langues non arabes auxquelles a été adaptée l'écriture arabe, ce que vous trouverez facilement dans les ouvrages de synthèse sur l'écriture, celui de M. Marcel Cohen et celui de M. Février par exemple, je développerai simplement sur deux exemples, la langue iranienne et les langues turques, une étude des grands facteurs qui, je pense, ont influencé cette évolution. Pour tout dire je développerai une thèse qui est la suivante. C'est une idée simple, mais elle n'a pas été tellement acceptée en pratique par beaucoup de chercheurs qui se sont occupés de la question. Je pense en effet que, si les facteurs techniques, les facteurs de sémiotique, les facteurs esthétiques et psychologiques, comme l'a montré l'exposé de Mme Sourdel tout à l'heure, jouent un rôle souvent très important dans l'évolution d'une écriture, à côté des facteurs sociaux, quand il s'agit au contraire de remplacer une écriture par une autre, d'adopter une écriture, alors les facteurs sociaux sont beaucoup plus importants et les facteurs techniques ne jouent, pour ainsi dire, aucun rôle. Et encore, quand je dis « pour ainsi dire », c'est un peu une clause de style. Il ne faut pas être dupe, surtout pour l'époque moderne, des justifications techniques. Naturellement les publications officielles essaient de justifier toutes leurs réformes par des facteurs techniques, de meilleur rendement, etc. Ce serait une naïveté que d'accepter ces justifications telles quelles. Il faut voir les facteurs sociaux à l'œuvre sous ces choix, sous ces options.

On ne peut comprendre le problème de l'adoption de l'écriture arabe dans les pays non arabes sans examiner d'abord justement les facteurs sociaux de diffusion de l'arabe, en tant que langue et écriture à la fois. La diffusion de l'arabe se fait de la façon suivante : les Arabes conquièrent une série de pays de langue non arabe, où ils établissent leur domination, l'Empire arabe, *das Arabische Reich*, comme dit Wellhausen. Ils y introduisent leur idéologie, idéologie qui unifie et cimente leur empire, à savoir la religion musulmane. Cela a été étudié plusieurs fois, en particulier dans un article de Poliak, dans la *Revue des études islamiques* de 1938. Les facteurs de diffusion de la langue arabe sont les suivants : d'abord, les contacts directs de la caste dominante arabe avec la population indigène ; les villes où sont concentrés les Arabes, leurs femmes et leurs enfants comportent une majorité d'Arabes qui imposent leur langue à la minorité indigène. Ce sont de très gros marchés où se rendent les paysans des environs, qui sont amenés à parler arabe avec leurs clients arabes. De même dans les plantations cultivées par des esclaves pour des maîtres arabes, etc. Je ne développe pas. Sous les 'Abbāssides, il y a une dissémination des Arabes et des arabisés dans la campagne, qui a déjà commencé à l'époque omeyyade, et tout cela évidemment pousse à la diffusion de la langue arabe.

Deuxièmement, l'arabe devient la langue de l'administration sous le calife omeyyade 'Abd al-Malik (685-705). C'est là un facteur de diffusion très grand de la langue et de l'écriture, comme nous en avions l'exemple antérieurement sous les Achéménides pour l'écriture araméenne.

Troisièmement, la conversion à l'islam. Quoiqu'elle ait été souvent, contrairement à l'opinion vulgaire, découragée, freinée à l'époque omeyyade, les *mawâli*, les gens qui se rattachent à une tribu arabe en se convertissant à l'islam, quoique d'origine non arabe, deviennent les clients des Arabes. Leur instruction religieuse, même très sommaire (le plus souvent elle a été extrêmement sommaire), exigeait cependant une première familiarisation avec l'arabe. Ils s'efforçaient de s'identifier avec les Arabes, ce qui avait des avantages, comme c'est bien connu, des avantages en particulier fiscaux. C'était une ascension sociale, donc, d'apprendre l'arabe. Et ce mouvement s'accentue, naturellement, après la révolution abbasside, quand les *mawâli* obtiennent des droits égaux à ceux des Arabes de souche. Il y a une véritable intégration, ou assimilation, comme vous voulez, et ils deviennent alors membres des tribus dont ils étaient auparavant les clients. Même si ce processus est fictif, ils deviennent véritablement des Arabes et leurs descendants se croient de bonne foi arabes depuis toujours.

Il y a ainsi arabisation plus ou moins rapide d'une large zone, mais aussi une résistance à l'arabisation dans une série de pays conquis par les Arabes. L'arabisation du Croissant fertile devient rapidement presque complète avec des îlots araméens qui persistent longtemps en Syrie, au Liban, et encore aujourd'hui en Irak du Nord. En Égypte, c'est un peu moins rapide, la Haute-Égypte surtout parlant copte. En Berbérie, il y a une arabisation lente qui n'est pas encore terminée. En Espagne, il y a une arabisation assez rapide, mais incomplète. Tout cela c'est la zone arabisée. Mais il y a assez tôt une stabilisation de la limite orientale de l'arabisation vers le Zagros et sa limite septentrionale, c'est celle qui est longtemps, jusqu'aux XIe-XIIe siècles, celle de l'islam. La limite orientale est plus difficile à expliquer et, en somme, on ne peut pas dire qu'on en a une explication définitive du point de vue sociologique. Naturellement on a invoqué la persistance de l'âme iranienne à travers les siècles, mais c'est un facteur qu'en bonne méthode, je crois, on doit rejeter, tout au moins de la manière dont on le présente habituellement. Et pourtant, en Iran, il y a eu des îlots très importants d'Arabes et la langue administrative est devenue vers 700 aussi radicalement l'arabe qu'en Syrie et en

Égypte. Seulement très tôt se sont formés les États iraniens (Tâhirides à partir de 814, etc.) qui conservent l'arabe comme langue administrative avec une obstination très grande, mais qui se vantent de leur ascendance iranienne et protègent la culture persane sous une forme islamisée. C'est cela, semble-t-il, qui prévient l'arabisation quoique ce soit assez difficilement explicable dans le détail. On voit bien, cela a été dit plusieurs fois, que les propriétaires fonciers, les *dehqân*, qui se sont islamisés et qui gardent beaucoup de pouvoir, qui sont en somme la base sociale de ces dynasties tâhiride, saffâride, samanide et bouyide, sont restés fidèles à la langue persane. On peut invoquer le fait que là, pour des raisons diverses, il y a eu beaucoup moins de renouvellement de ces couches dirigeantes que ce n'a été le cas dans le Croissant fertile et en Égypte. La situation a été, dans une certaine mesure, analogue dans les pays situés plus à l'est, ce que je ne peux pas vous développer maintenant, faute de temps.

En dehors du monde arabe, le facteur le plus important de diffusion de la langue arabe a été l'enseignement religieux sans aucun doute. Vous savez que la civilisation musulmane se distingue par une importance extrêmement grande assignée à l'enseignement primaire. Dès l'époque omeyyade, il y a diffusion très large d'écoles pour enfants où l'on apprend, en principe, à lire et à écrire un peu le Coran et les devoirs religieux indispensables. Aussi, parfois (il est difficile de généraliser parce que les faits ont été un peu différents dans les différents pays et aux différentes époques), un peu d'autre chose, çà et là de la poésie, de la grammaire, du *hadîth* (tradition prophétique), du calcul, etc. Çà et là, à diverses époques, il y a même eu des systèmes que l'on peut qualifier d'enseignement obligatoire. Déjà dans certaines grandes villes d'Iran au Moyen Âge, en Afrique occidentale, au XVe et au XVIe siècles, au moins dans les villes. Dans le khanat de Boukhara vers 1900, c'était le cas, tout au moins dans les villes aussi. Le but de cet enseignement primaire est bien exprimé, par exemple par Maqrîzi : « pour apprendre aux orphelins à réciter le Livre de Dieu, le Très-Haut, et aussi en vue d'autres œuvres agréables à Dieu, et des différentes sortes de piété ». Dans le *Qâbûsnâmé*, ouvrage persan d'éducation et de sagesse, vers 1080, on dit : « Un jeune Persan doit, après la circoncision, aller chez un maître près de qui il apprendra à lire le Coran et à le réciter par cœur. » Ailleurs il y a addition dans le programme d'enseignement d'une littérature, indigène ou dotée de prestige culturel, persane ou ouzbek à Boukhara, persane en Turquie depuis la fin du XVIIIe siècle, etc. Il y a eu beaucoup de variantes, mais, en règle générale, partout on a appris à lire et à écrire, et on a appris à réciter des morceaux choisis du Coran.

Au stade supérieur, très répandu, il y a un enseignement arabe supérieur, des *madrassa*, où l'on étudie les sciences religieuses, mais aussi partout, même dans les pays non arabes, l'arabe, y compris la poésie arabe. Ce genre d'études est très ancien dans les mosquées et vous savez qu'à partir du XIe siècle cela s'est développé, systématisé, dans cette institution de la *madrassa*, dans un dessein de propagande sunnite répondant à une propagande fatimide du même genre. Ces établissements se sont répandus dans tout le monde musulman, jusqu'à ses extrémités les plus lointaines.

La fonction de cet enseignement est double. Il faut comprendre pourquoi il s'est développé ainsi. Ce n'est pas, évidemment, par une vocation de l'islam à une supérieure charité ou à un modernisme en matière d'éducation comme on le prétend souvent dans la nouvelle génération musulmane. Il avait une fonction sociale, comme toute institution, et cette fonction était double : d'une part, assurer une unité idéologique qui est toujours la base nécessaire à un État fort, et, d'autre part, former des cadres, de tout ordre. Sur cette formation de cadres, vous trouverez un développement dans le livre de Gibb et Bowen sur *La Société musulmane et l'Occident*, et en particulier sur l'Empire ottoman. Il répond à ce but, c'est vrai au moins à partir d'une certaine époque, mais très partiellement à cause de la mauvaise pédagogie qui est employée dans ces écoles. Celle-ci est elle-même due probablement à la pauvreté générale. Les maîtres étaient vraiment bien peu payés. Cependant ce système a réussi en partie. Ces centres d'arabisation, très diffusés, expliquent d'une part l'influence linguistique de l'arabe, qui pénètre très fortement, très profondément, les langues indigènes. Vous savez qu'en Turquie, malgré toutes les épurations, il reste un grand nombre de mots arabes employés très populairement. Deuxièmement, ce qui est mon sujet plus proprement, ceci explique l'influence de la graphie arabe. Dans beaucoup de pays, c'est la seule graphie connue et on l'adopte naturellement quand on veut écrire les langues indigènes. Je cite au hasard un développement emprunté au livre de M. Gouilly sur *L'Islam en A.-O.F.* Il dit : « Qui sait se servir de l'alphabet arabe en tire l'influence morale doublée de l'autorité politique que confère au scripteur un instrument de correspondance hermétique » (p. 220). C'est le système d'écriture idéale pour les chefs de confréries et les groupements occultes.

Dans les pays qui avaient une autre écriture antérieurement et qui sont devenus en majorité musulmans, les autres écritures ont été abandonnées pour des raisons que je vous développerai, en ce qui concerne le persan et le turc, dans un instant. Dans les pays de grande civilisation où l'islam est minoritaire, une autre écriture en général, naturellement, a fleuri à côté de l'écriture arabe, est même restée dominante, et l'a souvent influencée comme c'est le cas pour le chinois. On peut voir dans certains numéros de la *Revue du monde musulman*, par exemple, des reproductions de textes arabes de Chine, textes arabes en langue arabe. L'influence de la graphie chinoise est indéniable et d'ailleurs elle serait très intéressante à étudier en détail du point de vue esthétique et psychologique, pour montrer justement comment s'exercent de telles influences sur l'écriture.

Pour étudier maintenant, ce sera mon deuxième point, l'adaptation de l'écriture aux autres langues et ses facteurs religieux et politiques, je me contenterai, comme je vous l'ai dit, de deux exemples. D'abord l'exemple du persan. L'Iran, au moment de la conquête arabe, jouit d'une écriture nationale, l'écriture pehlevi. Les communautés mazdéennes, qui subsistent pendant longtemps, continuent à s'en servir ; il y a une abondante production de littérature pehlevi aux IXe et Xe siècles, par conséquent en pleine époque musulmane, mais ces communautés se réduisent peu à peu par les conversions et les migrations. Cette écriture est liée, d'une part à une certaine forme de la langue, qui est déjà dépassée par l'évolution, à la langue littéraire moyen-persane qui ne correspondait plus à la langue parlée, et, d'autre part, elle est liée à la religion zoroastrienne. C'est pourquoi les convertis à l'islam abandonnent cette écriture. Je crois qu'il n'y a pas d'exemple de textes musulmans en écriture pehlevi. Les convertis à l'islam donc, en général, abandonnent cette écriture. Il y a une exception, qui n'est d'ailleurs peut-être qu'une exception apparente, chez les fonctionnaires dont certains doivent être restés mazdéens et qui emploient le pehlevi pour l'administration jusqu'au règne déjà cité de 'Abd al-Malik (685-705), ce calife omeyyade qui a imposé, aussi bien en Orient qu'en Occident, d'écrire en arabe les documents officiels. C'était un précurseur de ces fonctionnaires marocains qui étudient maintenant la question de l'arabisation.

Il y a donc toute une période, après l'arabisation, pendant laquelle la langue écrite est l'arabe alors que la langue parlée, d'ailleurs non seulement en Perse, mais aussi en Irak du Sud, est le persan. Il est probable, à cette époque, que, si les iranophones musulmans voulaient écrire occasionnellement leur parler, ils écrivaient en écriture arabe. À la même époque, nous voyons que les juifs et les chrétiens parlant iranien continuent à écrire la langue parlée, la langue persane, les uns, les juifs, en caractères hébraïques, les autres en caractères syriaques, puisque l'Église chrétienne d'Iran était dans l'ensemble originaire de Syrie.

Les dynasties persanes, elles, dont je vous ai parlé tout à l'heure, gardent obstinément l'arabe comme langue d'administration. Il y a là aussi un phénomène de conservatisme des bureaux qui est permanent, récurrent, à travers les siècles. Par exemple, le fondateur de la dynastie tâhiride, Tâhir, est un Iranien qui parlait mal l'arabe, qui avait besoin d'un interprète quand il avait des rapports avec des Arabes, mais néanmoins ses descendants, toute sa dynastie insistent sur l'arabisme de leur chancellerie, ce qui est d'ailleurs aussi un signe de leur soumission au calife. De même les Bouyides, dont le fondateur, pourtant, ne savait pas l'arabe. Les Samanides, à un moment donné, essayent d'introduire le persan, mais retournent vite à l'arabe. Ce sont les dynasties turques qui ont commencé à imposer véritablement l'iranisation de la vie publique. À l'époque dont je parle maintenant, la littérature pehlevi est traduite en arabe, pour ceux qui veulent en jouir, par des Iraniens, très vaguement islamisés qui, d'ailleurs, sont ceux, comme il est bien connu, qui créent pratiquement la prose arabe, tel Ibn al Muqaffa'. Un peu plus tard, l'iranien parlé devient une langue littéraire écrite en caractères arabes ; les plus anciens textes connus sont de 850, il s'est donc passé deux cents ans pendant lesquels l'iranien n'a pas, en règle générale, été écrit, sauf par les chrétiens et par les juifs. À partir de ce moment-là, il y a une littérature qui naît en écriture arabe. Je ne vous développe pas les débuts de son histoire puisque vous les trouverez exposés dans tous les manuels. Ce développement d'une langue littéraire persane s'est fait au Khorasan et en Transoxiane où les Persans suivent les Arabes et s'établissent. Le sogdien, le khorezmien, les anciens dialectes iraniens de cette région disparaissent et sont remplacés par cette langue persane littéraire originaire du Sud-Ouest. C'est donc la dynastie turque des Ghaznévides (qui règne de 962 à 1040 environ en Iran), qui adopte le persan comme langue administrative, et même qui apparaît comme l'héritière des Samanides opposés aux Turcs Qarakhanides d'Asie centrale. C'est elle qui protège la culture persane, quoique vous connaissiez ces histoires célèbres suivant lesquelles Mahmoud de Ghazna a en réalité peu apprécié l'iranisme quelque peu mazdéisant de Firdosi, et son vizir, Fadl ibn Ahmad, aurait été, lui, le véritable responsable de l'iranisation de l'administration et le protecteur de Firdosi, par conséquent l'introducteur de la littérature persane comme littérature de plein droit.

Justement, ici se posent des problèmes techniques. L'écriture arabe se prêtait assez bien à écrire les consonnes du persan : il suffit de laisser tomber quelques consonnes purement sémitiques inutiles et d'ajouter quelques consonnes, ce qui s'est fait au bout de quelque temps, en employant des signes diacritiques pour le *p*, le *tch*, le *dj*, le *g*, etc. Mais, pour les voyelles, vous savez que l'écriture arabe était très insuffisante puisqu'elle ne distingue que trois voyelles et, au surplus, ne les écrit pas en général, d'où une orthographe fluctuante, avec des doublets. Ceci pourrait être développé, naturellement, mais ce ne serait accessible qu'aux spécialistes. Je me contenterai de tirer des conclusions : il est clair, me semble-t-il, que, comme il est de règle, l'écriture arabe n'a pas été choisie pour ses qualités techniques, pour son adéquation à la langue qu'elle doit exprimer. On n'a pas fait un choix, basé sur des critères sémiotiques de rendement des systèmes de signification, entre le pehlevi et l'arabe. On ne s'est pas dit : le pehlevi a telles qualités et tels défauts, l'arabe a telles qualités et tels défauts, nous allons choisir l'arabe parce que cette graphie est plus adéquate à la langue. Il est évident que ce n'est pas ainsi que les choses se sont passées. L'écriture arabe a été choisie en raison de son rôle social, comme signe d'appartenance du contenu des écrits à la civilisation musulmane, à la civilisation dont l'islam, avec son livre sacré arabe et son prophète arabe, est l'idéologie centrale. En somme, on peut dire que l'écriture est un système de signes, un système de signes à la deuxième puissance, puisqu'elle exprime un autre système de signes qui est le langage, mais, en plus, comme phénomène global, comme phénomène social, elle entre comme signe particulier dans un autre système de signes que je me garderai de définir. On a beaucoup abusé de ces notions en sociologie, mais là il me paraît, pour une fois, que c'est assez justifié, que l'écriture est un signe dans un système social, c'est un signe d'appartenance à une civilisation centrée sur une idéologie, c'est-à-dire, à l'époque dont nous parlons, sur une religion donnée.

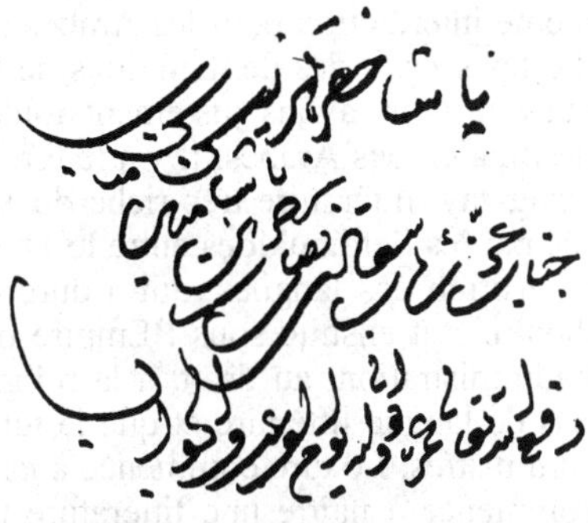

LETTRE TURQUE (ÉCRITURE DIVANI) DU DÉBUT DU XVIIe SIÈCLE (BNF, ms. suppl. turc 84, f° 19 v°)

Deuxième exemple, l'exemple des langues turques qui me paraît tout aussi clair. Les dialectes turcs d'Asie centrale et de Mongolie ont été écrits en caractères « runiformes », dans l'écriture dite sibérienne ou écriture de l'Orkhon, au VIIe-VIIIe siècle, et puis en écriture dite ouïgoure, terme auquel il ne faut pas attribuer trop d'importance comme on l'a fait quelquefois. Ce ne sont pas les Ouïgours seuls qui écrivaient en écriture dite ouïgoure. On a écrit aussi le turc en écriture dite manichéenne, en écriture brahmi (une écriture de l'Inde), en écriture sogdienne et quelquefois, moins fréquemment, en caractères chinois, syriaques ou tibétains. Là aussi, l'adoption, par les Turcs, de l'islam, au Xe-XIe siècle, est suivie de la transcription de leur langue en écriture arabe. Seulement le cas est assez différent de celui du persan, parce que l'écriture dite ouïgoure avait été beaucoup moins liée à une religion déterminée que l'écriture pehlevi l'avait été à la religion mazdéenne. Nous avons, en écriture dite ouïgoure, des textes bouddhiques, des textes manichéens et des textes chrétiens, sans parler de textes profanes tels que les traités de médecine ; aussi cette écriture a-t-elle pu servir, sans scandale, à écrire des textes musulmans. Néanmoins, les facteurs que je vous ai énumérés tout à l'heure et l'adoption de nombreux mots arabes et persans ont fait prédominer l'écriture arabe de façon de plus en plus massive. Ici on pourrait vous développer une petite histoire des langues littéraires turques qui ont adopté l'écriture arabe, quelquefois, comme je vous l'ai dit, à côté de l'écriture ouïgoure. Je me contenterai de vous dire que, au début, cela s'est fait dans le premier État turc musulman, celui des Qarakhanides de Transoxiane autour de 950. C'est là que naît la première littérature musulmane de langue turque, avec son œuvre la plus célèbre : le *Koutadghou-bilig*, poème didactique du XIe siècle, qui a dû être écrit, à l'origine, en écriture arabe et dont nous possédons deux manuscrits en écriture arabe et un manuscrit en écriture ouïgoure, très postérieur d'ailleurs. Le turc de ces régions continue à être écrit en caractères arabes dans l'Empire djoutchide, l'empire du premier fils de Gengis Khan à partir du XIIIe siècle. Il y a transcription de dialectes turcs divers dans l'État mamlouk d'Égypte et de Syrie, dominé, comme on vous l'a dit tout à l'heure, par des Turcs, entre le XIIIe siècle et 1500 environ, et où l'aristocratie turque ne savait pas l'arabe. Ses documents officiels sont en turc et elle protège des littérateurs turcs dont, malheureusement, il nous reste peu de traces. Au début il y avait même interdiction pour les Arabes d'apprendre le turc pour ne pas surprendre les secrets des délibérations de leurs maîtres. Après, cela s'est arrangé, puisque nous avons justement toute une littérature de manuels de turc à destination des Arabes. Il y a le turc postérieur d'Asie centrale, la littérature tchagatay, littérature très riche du XVe au XXe siècle. L'Anatolie est turquisée par les Seldjoukides entre le XIe et le XIIIe siècle. Il s'y crée une curieuse répartition des langues, qui a duré pendant tout le temps de l'Empire seldjoukide et ensuite sous l'Empire ottoman. L'arabe sert à la diplomatie, à l'administration, au droit, à la religion et à la science, alors que le persan sert de langue littéraire et que le turc sert pour les rapports directs avec les administrés. Le turc commence à gagner à partir de la fin du XIIIe siècle et il commence à naître une littérature turque. Tout cela est en écriture arabe, sauf exceptions très rares.

Je passerai la question des langues littéraires azeri, ouzbek et tatar de Kazan.

Les problèmes techniques posés par l'adaptation de l'écriture arabe à la langue turque sont encore plus difficiles que pour le persan. Le consonantisme turc – en partie – peut s'exprimer plus facilement dans l'alphabet arabe que le vocalisme. On réutilise, en osmanli, mais non pas en tchagatay, les emphatiques arabes dans les mots à vocalisme postérieur. Il résulte de tous ces ajustements une ambivalence de certains caractères en osmanli, qui est très gênante pour la lecture. D'autre part, les voyelles arabes, même en y ajoutant les semi-voyelles, sont insuffisantes pour noter le vocalisme turc, et il y a aussi deux solutions différentes choisies par les deux grandes langues littéraires : le tchagatay note les voyelles turques par les semi-voyelles arabes, dans la tradition ouïgoure, et l'osmanli ne les note pas du tout le plus souvent, d'où les grandes difficultés de cette écriture qui ont été relevées maintes fois déjà par les polémistes turcs à la fin du XIXe siècle. Il y a l'exemple célèbre de la rivière bulgare, je crois, qui s'appelle Vovo, et qu'on écrivait avec quatre *wâw* qui se suivaient, quatre lettres semblables et absolument non distinguées. Naturellement ces difficultés sont augmentées du fait que les mots persans et arabes y sont introduits avec leur graphie traditionnelle propre, même quand la prononciation turque en a modifié le phonétisme. Il y a discordance avec la façon dont les mêmes sons seraient rendus s'il s'agissait de mots purement turcs.

Les essais de réforme sont nés dans la seconde moitié du XIXe siècle et, là encore, il y a prédominance éclatante de l'élément social. En effet, jusqu'au XIXe siècle, l'écriture arabe était tout aussi incommode qu'après, mais c'est pendant la seconde moitié du XIXe siècle qu'on s'en est rendu compte, sous des influences qui sont claires. C'est quand le contact avec la culture européenne fait prendre conscience de ces difficultés, quand on prend pour idéal une graphie facile à enseigner aux masses populaires, cela sous l'influence européenne de toute évidence, quand la linguistique européenne fait envisager à certains savants l'idéal de la transcription uniforme d'un phonème par un même signe, et quand la religion musulmane commence à passer au second plan ou, du moins, ne paraît plus inséparable de l'écriture arabe coranique, cela aussi sous l'influence des idées européennes. Diverses réformes sont proposées dans l'Empire ottoman, par la méthode de la régularisation de l'écriture arabe. Déjà, par exemple, dans son dictionnaire, qui est de 1317 de l'hégire, 1899-1900 de l'ère chrétienne, le grand philologue turc Sami Bey propose (mais je crois qu'il ne le proposait pas comme devant être un système employé en général dans la langue, il s'en servait simplement dans son dictionnaire) l'utilisation des voyelles arabes et des semi-voyelles avec points diacritiques pour marquer les voyelles turques. Il est arrivé à un système très cohérent, qui pouvait très bien être employé et remédier aux défauts de l'écriture turque.

Il y a, au moment de la guerre de 1914-1918, floraison de projets de réforme. Il y a un système proposé par un nommé P. von Jankó dans l'*Archiv für Schriftkunde* de 1918 et qui a été élaboré à Constantinople en 1916. C'est un projet qu'il appelle *Türkische Nationalschrift*, « écriture nationale turque », qui est aussi très logique et qui permettait de transcrire de façon univoque tous les sons turcs. Mais il n'a jamais été utilisé. Il y eut aussi le système d'écriture dit *enveri* lancé par le célèbre Enver Pacha et imposée par lui, où simplement les lettres étaient séparées. Il n'y avait plus de formes différentes des lettres pour l'initiale, la médiane et la finale dans l'écriture arabe. On n'avait qu'une seule forme pour chaque lettre. Il y avait une notation conséquente des voyelles. Là encore c'était une chose assez logique, quoique cela puisse faire frémir les arabisants de voir ces caractères qui se suivent, séparés les uns des autres. Mais cela a eu très peu de succès : les gens commençaient à écrire en *enveri*, chaque lettre à part, et puis ils en avaient assez au bout d'une ligne ou deux et ils continuaient à écrire en écriture liée. Il y a eu des systèmes adoptés temporairement dans la première période du régime soviétique, en URSS, pour les langues turques de l'URSS, en tatar de Kazan, en kazak, en kirghize, en ouzbek – j'y reviendrai tout à l'heure – et qui n'ont pas eu de succès pour les raisons que nous allons voir. Il y a, en dernier lieu, le système ouïgour actuel employé au Sin-kiang (l'ancien Turkestan chinois). C'est aussi une adaptation de l'écriture arabe également très logique, qui dédaigne complètement l'écriture historique arabe et écrit tous les mots arabes en écriture arabe, mais de façon phonétique, ce qui donne des résultats qui paraissent aux arabisants très curieux. Tous ces essais n'ont pas réussi (sauf peut-être le dernier qui est en cours) malgré la valeur technique de certains parce qu'ils se heurtaient à des difficultés sociales et politiques.

Mon troisième point, qui n'était peut-être pas impliqué forcément dans le sujet qu'on m'a proposé, mais qui, je crois, s'y rattache très logiquement, c'est la désarabisation. Je l'étudierai seulement sur les langues turques, parce qu'il y a eu quelques projets en Iran, mais ils n'ont pas eu beaucoup de succès. Elle est très intéressante du point de vue de ces facteurs sociaux sur lesquels j'ai centré mon étude. Il faut étudier les faits, là aussi, en dehors de toute naïveté, autant que possible, en analysant les forces sociales qui étaient derrière ces modifications. On peut analyser les choses en trois processus successifs. D'abord la grande vague de latinisation en URSS. Il y a eu des préliminaires dès l'époque tsariste. Dès les années 1860, le célèbre orientaliste Il'minski, qui a étudié beaucoup l'arabe et les langues turques de Russie, mais dans un dessein de propagande missionnaire de l'orthodoxie, et qui a réorganisé dans ce but les institutions scientifiques de la ville de Kazan, a élaboré des alphabets à base cyrillique pour le tatar, le tchouvache et les autres langues turques de Russie. Son but évident est un but tout à fait social, à expliquer sociologiquement : détacher les peuples turcs de la tradition musulmane en frayant la voie à la christianisation, et plus précisément, si j'ose dire, à l'orthodoxisation. C'est un précurseur. Vers les années 1925, et même un peu avant, il y a des essais multiples de nouvelles écritures : à base d'arabe réformé, à base de latin, et à base de cyrillique. La question de la latinisation (j'aurais dû vous le dire auparavant) avait déjà été soulevée par le dramaturge azeri Akhound Zâde, mort en 1878, un moderniste libre penseur, partisan d'ailleurs du pouvoir tsariste, du pouvoir russe en tant qu'élément modernisateur, qui a fait des comédies à l'imitation de Molière dès les années 1860. Mais il avait échoué lui aussi, il était venu trop tôt. Le mouvement de latinisation en Union soviétique part de l'Azerbaïdjan en 1922. Il y a un Comité d'encouragement à la latinisation qui est fondé dès cette époque, et un journal en caractères latins, *Yeni Yol* (La Nouvelle Voie) qui paraît en 1922, qui tire à cette époque à trente-sept exemplaires, mais qui, après 1926, tirait à six mille. Dans chaque république, une campagne est menée, dès les années 1923-1924 et le Comité devient un comité panunioniste en 1927. Cela doit encore être expliqué pour des raisons sociales : les Azeris, depuis une époque relativement reculée, les années 1860 environ, avaient pour classe dirigeante des féodaux qui étaient devenus une bourgeoisie industrielle dont l'objectif principal, avant la communisation naturellement, était la modernisation du pays et la lutte contre la concurrence arménienne, d'où une tradition pour la latinisation qui existait déjà. Les Azeris étaient des gens qui ne sortaient pas beaucoup de leur pays, qui s'intéressaient uniquement à sa modernisation, aussi bien avant la Révolution qu'après, et ils étaient pour la latinisation. Ils n'avaient donc pas d'objection contre elle du fait que la latinisation impliquait des écritures différentes pour les divers peuples turcs, puisqu'il y a des différences dialectales qui apparaissent très bien dans l'écriture latine qui note les voyelles alors qu'elles apparaissent beaucoup moins, ou pas du tout, dans l'écriture arabe où elles sont masquées. À l'époque, dans l'Union soviétique tournée vers l'Occident, la modernisation a pour signe l'alphabet latin, puisqu'il a été question d'une latinisation pour le russe lui-même à plusieurs reprises. L'opposition à cette politique des Azeris est menée par les Tatars de Crimée et par les Tatars de la Volga, qui ont pour centre Kazan, et qui défendent l'écriture arabe. Cela, encore, s'explique assez bien. Les Tatars de Crimée étaient dans un pays à majorité russe, ils ont donc tourné les yeux beaucoup plus volontiers au-delà de leurs frontières. Les Tatars de Kazan, chez qui la féodalité avait été détruite par les Russes, étaient des marchands – surtout, naturellement, avant la révolution de 1917, mais encore à l'époque de la NEP – dont les débouchés sont en Asie centrale, où ils ont introduit les idées modernes, le mouvement dit *djadid*. Les communistes tatars, héritiers de cette tradition, partisans pour la plupart de la théorie condamnée de Soultan Galiev, voulaient constituer un communisme musulman panturc qui rayonnerait au-delà des frontières de l'Union. On comprend donc qu'ils aient été des défenseurs de l'alphabet arabe plus ou moins réformé, qui permet de maintenir l'unité des peuples turcs, l'influence prédominante des Tatars, plus cultivés, ayant des relations partout, etc., et particulièrement chez les peuples moins avancés de l'Asie centrale où ils jouaient le rôle de ferment civilisateur. D'ailleurs, il faut dire aussi que, à la même époque, ou un peu avant, les Tatars de Crimée et de la Volga cherchaient même à créer une langue turque unique pour tous les musulmans de langue turque de l'URSS. Il y a affrontement des deux thèses au Congrès de turcologie de Bakou, en mars 1926. En 1925, on avait abouti à des choses bien différentes : il y avait, dans l'Union soviétique, trois écritures turques à base cyrillique, neuf à base arabe et quatre à base latine. Au Congrès, le projet des Azeris l'emporte, le Conseil des commissaires du peuple alloue une somme de six cent mille roubles pour la réforme et, désormais, on adopte la latinisation. Cinq des écritures arabes passent au latin presque immédiatement ; en 1927, on introduit l'alphabet latin dans les écoles secondaires au Kirghizistan, et il y a un centre ouzbek scientifique (*Özbekistan ilmi markazi*) qui prépare un alphabet latin. En 1928, il est imposé, en Ouzbekistan, dans certaines écoles ; il y a une conférence préparatoire au Tadjikistan (qui n'est pas de langue turque, mais de langue iranienne, j'en parle en passant) ; il y a un projet d'alphabet ouïgour. En 1929, introduction définitive au Turkménistan, bref, diffusion dans tous ces pays. Il y a, néanmoins, opposition, surtout dans les pays tatars de la Volga, « même chez les ouvriers conscients » comme l'exprime un document russe de l'époque. Il y a extension d'ailleurs, sur ces modèles, à d'autres langues que des langues turques et il y a aussi – chose intéressante du point de vue social – le fait curieux que l'alphabet turc unifié proposé à Bakou s'est heurté à de vives résistances, surtout de la part des républiques qui avaient été les pionnières de la latinisation, en particulier l'Azerbaïdjan. L'Azerbaïdjan, qui avait créé un alphabet latin avant tous les autres, a des réticences devant l'alphabet turc unifié, pour les mêmes raisons, justement, qui lui avaient fait choisir l'alphabet latin.

Deuxième vague : la latinisation en Turquie, profondément influencée par ces débats du Congrès de Bakou qui avait eu un grand retentissement. Là encore il est clair que les causes de l'adoption de l'alphabet latin, malgré tous ses avantages techniques qui sont indéniables d'ailleurs, ont été essentiellement des causes sociales. Moustafa Kemal veut créer un État moderne de type occidental, laïque, donc détaché de ses liens avec le monde musulman. Il rompt donc avec l'écriture arabe et fait adopter l'écriture latine. Je passe sur les détails. En 1928 sont adoptées les différentes lois qui régissent ce processus. Il y a des mesures de transition et l'alphabet latin devient obligatoire dans toutes les publications pour le 1er juin 1930. Là encore, cela a été un succès. Malgré la réaction contre le kémalisme qui est plus ou moins victorieuse, actuellement et depuis un certain nombre d'années déjà, on n'a pas osé, on n'a pas pu revenir en arrière sur cette question.

Troisième vague, sur laquelle je passe très rapidement : la cyrillisation en Union soviétique, dont les premiers essais apparaissent dans le Kabarda (au Caucase) en 1935, au Daghestan en 1938. Elle se termine par une grande vague, de 1939 (Azerbaïdjan) à 1943 (en Kirghizie). Après cela, tous les alphabets jadis latins sont cyrillisés ; on constitue des alphabets nationaux sur le modèle de l'écriture cyrillique, de l'écriture russe. Les causes sont évidentes, là encore, et ce sont des causes sociales : les efforts faits à cette époque par le gouvernement soviétique pour unifier au maximum l'Union soviétique, pour développer un patriotisme soviétique et pour combattre l'influence culturelle européenne. Il est remarquable que les émigrés, opposants et autres, restent attachés à l'écriture latine et non plus à l'écriture arabe comme ils l'avaient été dans une phase antérieure. Il est question actuellement, d'ailleurs, d'unifier ces divers alphabets.

Je terminerai là-dessus. Cela pourrait être évidemment extrêmement développé ; il faudrait parler de l'écriture arabe dans des pays extrêmement variés, depuis l'Espagne musulmane du Moyen Âge jusqu'aux Philippines, mais je crois qu'en général ce processus a été un peu partout le même, que le choix de l'écriture arabe s'est fait en fonction de facteurs sociaux, en particulier, avant tout, en rapport avec l'adoption de l'idéologie centrale de tout État musulman : la religion musulmane.

XV

L'IMPRIMERIE

ORIGINES ET CONSÉQUENCES D'UNE DÉCOUVERTE

par Henri-Jean Martin

Si l'on essayait de donner une définition de ce qu'on appelle « imprimerie », la première idée qui viendrait à l'esprit serait sans doute de dire, dans un sens large, qu'on appelle imprimerie tout procédé mécanique de reproduction en série des textes. Dans ce sens on peut déjà considérer comme procédé d'imprimerie la technique des impressions xylographiques – technique en vertu de laquelle les images et les caractères gravés en relief sur des planches de bois, préalablement encrées, sont reproduits sur des étoffes ou des papiers.

Dans son exposé sur l'écriture en Chine, M. Gernet a rappelé que ce procédé fut très tôt employé dans cette partie du monde : au moins avant le IXe siècle de notre ère. Il y devint d'un emploi très courant dès le Xe siècle. En Occident, aussi, la technique xylographique précéda d'un bon demi-siècle ce qu'on peut appeler l'imprimerie typographique. Il semble qu'elle ait servi d'abord à réaliser des impressions sur tissus avant d'être utilisée pour laisser des empreintes sur des feuilles de papier, et cela, dès la seconde partie du XIVe siècle. Cependant, on est généralement d'accord pour ne pas faire coïncider ce qu'on appelle l'invention de l'imprimerie avec l'apparition du xylographe. On pense alors à ce qu'on peut appeler l'imprimerie typographique, c'est-à-dire le procédé d'imprimerie dans lequel on reproduit les textes au moyen de caractères mobiles, provisoirement rassemblés pour donner l'empreinte d'une page ou d'un texte. Dans ce sens aussi – et je crois que cela mérite d'être souligné – la priorité technique de l'Orient est indiscutable. Selon certaines traditions, on commença dès le XIe siècle à faire en Chine des caractères mobiles au moyen d'argile et de colle liquide durcie au feu. D'autre part, Paul Pelliot a retrouvé au cours de fouilles un petit lot de caractères ouïgours gravés sur bois, qui semble pouvoir avoir été utilisé pour réaliser des impressions, encore que cela ne soit pas certain. Et surtout, on sait qu'un roi de Corée, Taï Tiong, au début du XVe siècle, par un décret de 1403, ordonna de graver sur cuivre les caractères de l'alphabet coréen, plus simple que l'alphabet chinois, afin de réaliser des impressions. Lorsque l'imprimerie apparut en Occident, trois fontes au moins avaient déjà été réalisées aux frais de la cour de Corée.

Si l'on ajoute que la Chine fabriquait du papier dès les premiers siècles de notre ère, c'est-à-dire une bonne dizaine de siècles avant qu'on connaisse le papier en Occident, on constate donc que l'Orient possédait sur l'Occident une avance technique considérable. Mais il est incontestable que l'Orient ne sut pas exploiter cette avance technique : là, au fond, est toute la question. Si bien qu'en définitive on a pris l'habitude de faire coïncider l'invention de l'imprimerie avec la mise au point, au milieu du XVe siècle, en Europe, d'un procédé d'impression utilisant des caractères mobiles, qui devait se répandre très vite, en une quarantaine d'années, à travers presque tout le continent et qui, en quatre siècles, devait s'imposer dans toutes les parties du monde, à la suite des Européens.

Ce procédé, chacun le connaît. Je crois, cependant, qu'il est utile de rappeler, pour l'intelligence de ce qui va suivre, qu'il consiste à réaliser des impressions au moyen de caractères faits d'un mélange à base d'étain, de plomb et d'antimoine. Ces caractères sont regroupés côte à côte, serrés ensemble au moment de l'impression, de manière à former un bloc, ce qui est très difficile, car vous savez que les caractères typographiques sont très minces ; il y a donc de très gros problèmes lorsqu'on veut réaliser véritablement un bloc pour imprimer une page. Il suffit de réfléchir quelque peu pour constater dans ces conditions que le problème essentiel à résoudre pour mettre au point un procédé d'imprimerie tel que celui qu'on attribue à Gutenberg ne réside pas dans la presse à imprimer dont on parle toujours, ni dans l'impression proprement dite. Ce qui est sans doute le plus délicat à mettre au point dans ce procédé, c'est la difficulté qu'il y a à reproduire en série par milliers – car il faut des milliers de caractères pour imprimer un texte – les caractères strictement identiques dont on a besoin pour composer le texte.

La solution de ce problème, qui fut adoptée dès le milieu du XVe siècle, est basée sur le système poinçon, matrice, caractères. Je m'explique : avec un *poinçon* de métal très dur (dès l'origine, semble-t-il, un poinçon en acier), à l'extrémité duquel on a gravé la lettre, on frappe (en se servant d'un marteau ou d'un balancier) un petit bloc de métal qu'on appelle la *matrice*, constituée d'un métal moins résistant, qui semble avoir été à l'origine du plomb, puis, plus tard, un mélange à base de cuivre. L'empreinte du caractère arrive *en creux* dans la matrice ; on glisse alors la matrice dans un moule et on se sert de cette empreinte en creux pour réaliser des caractères en relief, en introduisant dans le moule un mélange de métal fondu, fait d'un alliage qui atteint son point de fusion à très basse température et qui est en principe un mélange d'étain, de plomb et d'antimoine. J'indiquerai d'ailleurs en passant, et pour montrer que l'on réussit dès l'origine, semble-t-il, à mettre au point le procédé définitif que, au début de ce siècle, on a retrouvé à Lyon, dans le Rhône, tout près de la rue Mercière et du quartier des libraires de Lyon, des caractères gothiques très anciens, remontant sans doute à la fin du XVe siècle. On a examiné chimiquement ces caractères et on s'est aperçu que l'alliage dont ils étaient constitués était à peu près exactement l'alliage que l'on utilise encore aujourd'hui pour fondre les caractères modernes.

Voici donc le principe de l'invention. Quels témoignages historiques avons-nous sur la genèse de cette mise au point, par qui et où celle-ci fut-elle réalisée ? Telle est la première question. Et là j'en arrive à un véritable roman policier.

La figure centrale qui domine, pour le grand public, l'histoire de l'invention de l'imprimerie est évidemment celle de Gutenberg. Et ce n'est sans doute que justice. Les premiers renseignements dont on dispose à son sujet viennent des archives de deux procès qu'il soutint contre des associés, entre 1439 et 1455, le premier à Strasbourg, le second à Mayence. Voici d'abord, en gros, ce que nous apprennent les pièces du procès de Strasbourg : un certain Johannes Gensfleich, dit Gutenberg, qui, semble-t-il, avait été obligé de quitter sa ville natale, Mayence, à la suite d'une révolution locale, et qui se trouvait – cela est très important à noter – orfèvre de profession, et était issu d'une famille de monnayeurs, s'était établi à Strasbourg avant 1434 ; et, de 1436 à 1439, il s'associe avec trois bourgeois de Strasbourg, dont je parlerai plus tard, pour tirer parti, en vue de la foire d'Aix-la-Chapelle – et cela est encore important à noter –, de procédés industriels qu'il leur a secrètement communiqués. Ces procédés industriels, on sait à peu près ce qu'ils concernaient par les pièces du procès : le polissage des pierres, la fabrication des miroirs, si l'on interprète ainsi le mot *Spiegel* et un « art nouveau » pour lequel on se servait d'une presse, de pièces (*Stücke*) que l'on séparait et que l'on fondait, de formes de plomb (*Formen*) et de choses relatives à l'action de presser (*der zu dem Trücken gehöret*). On a souvent voulu voir, dans l'imprécision des termes employés en allemand, le désir de conserver le secret sur les recherches opérées. En fait, il apparaît bien plus probable que, s'agissant d'objets nouveaux, on n'avait pas de termes spéciaux et de définitions techniques à donner, et le malheureux notaire qui eut à faire l'inventaire, au moment du procès, des pièces de métal dont Gutenberg se servait, utilisa des termes approximatifs. En tout cas, on peut tenir pour sûr qu'il s'agissait déjà de recherches en vue de mettre au point un procédé d'impression. On ne peut malheureusement pas savoir où en étaient au juste les recherches de Gutenberg ; certains érudits veulent prouver – cela est probable – que déjà à Strasbourg Gutenberg réalisa des impressions et que, par conséquent, l'invention de l'imprimerie eut lieu non pas à Mayence, mais à Strasbourg. Peut-être est-ce là un problème secondaire. Quoi qu'il en soit, à l'issue de la mort d'un des associés, l'association se défait ; on saisit même, semble-t-il, une partie du matériel de Gutenberg qui revient à Mayence avant octobre 1448. Là, il trouve un bailleur de fonds, et il est très intéressant de noter que ce bailleur de fonds, qui s'appelle Fust, était banquier de profession ; nous voyons le capital intervenir. Fust commence par prêter huit cents florins à Gutenberg pour, disent les actes, la fabrication de certains outils (*Geczuge*), puis il lui prête trois cents florins pour l'œuvre de livres, par un nouveau contrat dans lequel sont prévus les frais d'achat de papier, de parchemin et d'encre, ce qui laisse penser que Gutenberg en était au moins au stade expérimental et probablement déjà au stade industriel. Gutenberg avait sans doute déjà abouti mais, en 1455, coup de théâtre : Fust engage un procès contre Gutenberg et l'accuse de ne pas avoir tenu ses engagements. L'association est rompue, Gutenberg disparaît. Fust prend alors pour nouvel associé Pierre Schœffer. Tous deux créent une firme qui subsistera longtemps, et, en 1457, on voit sortir à Mayence, à l'enseigne de Fust et Schœffer, le célèbre Psautier de Mayence, qui est la première impression datée.

Je m'empresse d'indiquer qu'à cette époque l'imprimerie fonctionnait déjà de façon industrielle depuis une dizaine d'années : si, en quittant les pièces d'archives, on regarde maintenant les livres, on constate en effet qu'il existe des impressions qui ont été exécutées bien antérieurement à celle que je viens de citer : ces impressions, ce sont des Donat, des grammaires élémentaires, les mêmes qu'avaient reproduites les xylographes ; ce sont des calendriers astronomiques ; c'est aussi la fameuse Bible à quarante-deux lignes. On peut dater certains de ces livrets ou de ces volumes de 1447, d'autres, de 1452 ; il est donc probable que l'imprimerie commença à passer au stade industriel dès les années 1447-1452. Cependant, pour en revenir à Gutenberg, il est intéressant de noter que nous n'avons aucun livre portant sa signature et que nous ne pouvons pas lui attribuer avec certitude telle ou telle impression. Tout cela, évidemment, a contribué – au moment où le comte de Laborde a retrouvé, au milieu du XIXe siècle, les pièces du procès de Strasbourg – à entourer Gutenberg d'une auréole romanesque : l'auréole de l'inventeur, frustré de ses travaux par le capitaliste, le jour où ses efforts ont abouti.

Sans doute y a-t-il du vrai dans tout cela, mais en tout cas, il ne faut pas voir en Gutenberg un génie original et isolé, faisant sortir tout armée de son cerveau une invention à laquelle personne n'avait pensé. Nous savons bien, au XXe siècle, que toute invention technique est « dans l'air » – permettez-moi l'expression – longtemps avant d'être mise au point ; il y aurait beaucoup à dire, par exemple, sur la mise au point du cinéma en couleur, et sur tout ce qui concerne les inventions audiovisuelles de ce point de vue. Plusieurs équipes de chercheurs, un peu partout, essaient de mettre au point le procédé et d'arriver à la réalisation industrielle ; l'une seulement verra ses efforts couronnés et la légende s'emparera du chef de cette équipe, ou d'un des membres de cette équipe, ou de celui qui a financé les recherches, et lui accolera le nom d'inventeur, ce qui n'est pas toujours juste. Eh bien, on peut dire que, pour l'imprimerie, il en a peut-être été ainsi car il est certain que Gutenberg ne fut pas le seul à tenter de résoudre les problèmes que posait l'impression avec des caractères mobiles. Ces problèmes, en effet, un autre orfèvre, entre 1444 et 1446, essaie de les résoudre et les a peut-être déjà résolus. Il s'appelle Procope Waldfoghel. Il est originaire de Prague, il est réfugié en Avignon et, entre 1444 et 1446, il passe, avec les habitants de la ville, différents contrats par lesquels il s'engage à enseigner à ceux-ci, outre l'orfèvrerie, un *ars scribendi artificialiter*, qui devait déjà être un procédé d'imprimerie. Et surtout, il y a ce que nous pourrions appeler le « problème Coster » ; là, le roman policier devient plus mystérieux encore : en 1561, puis en 1566, des habitants de la ville de Haarlem en Hollande, un médecin et des rédacteurs de chroniques revendiquent pour un de leurs compatriotes, un certain Laurent Jansoon, surnommé Coster, la gloire d'avoir inventé l'imprimerie dans cette ville, en 1441. Certes, ces chroniques sont tardives ; elles prétendent relater des faits antérieurs de quelque cent vingt ans ; on pourrait donc ne pas s'y attacher si un autre document ne venait confirmer ce qu'elles avancent : en 1499, en effet, l'auteur anonyme de chroniques de Cologne parle de l'imprimerie et, déclarant tenir les renseignements qu'il nous fournit d'un imprimeur nommé Ulrich Zell, un des premiers imprimeurs allemands, qui avait certainement très bien connu Pierre Schœffer, l'associé de Fust, et surtout son fils, il écrit : « L'art admirable de l'imprimerie a été d'abord inventé à Mayence sur le Rhin. Cela nous arriva vers l'an du Seigneur 1440, et depuis ce temps jusqu'à 1450 cet art, et tout ce qui s'y rapporte, ne cessa d'être perfectionné. Quoique cet art ait été trouvé à Mayence, la première ébauche en fut réalisée en Hollande, dans les Donat qu'on y imprimait avant ce temps. De ces livres date donc le commencement de l'art susdit ; actuellement il est beaucoup plus magistral et beaucoup plus subtil qu'il n'était dans sa première manière ; avec le temps, il s'est perfectionné davantage. »

Voici donc posé le fameux problème de la « manière de Hollande », qui a fait couler tant d'encre et suscité tant de disputes entre les érudits néerlandais et les érudits allemands. Deux interprétations peuvent être données à ces textes : j'oserai dire l'interprétation pessimiste et l'interprétation optimiste. Les pessimistes estiment que l'auteur des chroniques de Cologne fait tout simplement allusion aux impressions xylographiques parmi lesquelles, je l'ai dit, les Donat étaient déjà nombreux, et dont beaucoup semblent venir de Flandre. Les optimistes, au contraire, pensent que l'on a pu imprimer en Hollande certains des Donat typographiques qui sont parvenus jusqu'à nous, et qui sont d'un aspect beaucoup plus primitif que, par exemple, la fameuse Bible à quarante-deux lignes. En fait, actuellement, il semble que la plupart des spécialistes se rallient plus ou moins à cette dernière interprétation. Et dans ces conditions, on est amené à penser qu'il n'est pas impossible qu'on ait imprimé d'abord en Hollande de petits ouvrages, en y employant des procédés plus primitifs que le procédé finalement adopté : poinçon, matrice, caractères. Certains érudits se demandent si l'on n'utilisait pas, au lieu de matrice, par exemple des moules de sable ou d'argile sur lesquels on prenait l'empreinte de poinçons ; ils se demandent aussi si l'on n'exécutait pas des matrices comprenant plusieurs caractères, formant des lignes, ou des pages ; ils se demandent si l'on n'a pas fabriqué, à l'origine, des matrices en fondant du plomb autour des poinçons, et l'on est au total en droit de penser qu'on utilisait des « matrices-blocs » et qu'on réalisait des « pages-blocs » composées d'un bloc de plomb.

Voilà, *grosso modo*, ce qu'on peut dire de l'invention de l'imprimerie. Mais là n'est pas pour nous l'essentiel. L'essentiel c'est en effet de comprendre pourquoi l'imprimerie suscita des recherches en Occident vers 1430-1450 ; c'est de comprendre pourquoi cette invention, une fois mise au point, se répandit si rapidement – j'ai fait allusion tout à l'heure à l'efficience de l'Occident, dans ce domaine, en l'opposant à la lenteur de l'Orient à utiliser des procédés techniques qu'il connaissait bien avant l'Occident. Là est le problème : *a priori* nous pouvons nous demander si l'invention de l'imprimerie fut le résultat d'un de ces longs cheminements des découvertes techniques dont M. Bertrand Gilles a parlé ici, au cours de la Semaine de synthèse de 1952 sur l'Invention humaine ; on peut d'autre part se demander dans quelle mesure cette invention put être provoquée par un besoin : par le besoin de multiplier les textes écrits à une époque donnée. C'est, évidemment, dans ces deux directions qu'il convient de pousser les recherches.

En premier lieu, le point de vue technique. Il est frappant, à cet égard, de constater que l'imprimerie est née et semble s'être développée dans un milieu d'orfèvres et de monnayeurs ; Gutenberg, nous l'avons noté, était issu d'une famille de monnayeurs ; Waldfoghel était orfèvre ; beaucoup des premiers imprimeurs furent aussi des orfèvres, ils taillaient d'ailleurs eux-mêmes leurs caractères, et il est significatif à cet égard de voir que, dans une ville qui fut un des premiers grands centres de l'imprimerie, Bâle, la corporation des orfèvres et celle des imprimeurs étaient à l'origine la même. Sans aucun doute, ce fait doit être rapproché des progrès faits au XVe siècle dans le domaine de la métallurgie ; comme l'a souligné M. Gilles dans la conférence à laquelle je faisais allusion tout à l'heure, le haut fourneau se développe, sans doute dans la région de Liège, au début du XVe siècle. Puis apparaissent les fonderies, les laminoirs et tout ce qui caractérise la machinerie métallurgique antérieure à la révolution industrielle de la fin du XVIIIe siècle. En même temps, il est intéressant de noter que les mines de Bohême font l'objet d'une exploitation plus intensive, que c'est là que l'on commence à exploiter systématiquement l'antimoine, qu'il y a vers les mines de Bohême, à cette époque, de véritables rushes. Est-ce à dire cependant que la découverte de l'imprimerie doit être tenue pour une conséquence directe et unique des progrès métallurgiques ? La chose mériterait d'être examinée à fond ; cependant on peut dire qu'il ne faut pas exagérer dans ce sens. En effet, par exemple, le système poinçon, matrice, caractères, qui est à la base de la fabrication des caractères, avait été connu antérieurement et utilisé bien souvent pour la réalisation de médailles ou d'autres objets.

Mais, d'un point de vue technique et économique, il est un autre fait qu'il convient de souligner et qui est bien plus important peut-être : je parle du développement de l'industrie du papier à travers l'Europe, au cours du XIVe et du XVe siècle. C'est là encore une curieuse et attachante histoire que l'histoire du papier, apparu en Chine dans les premiers siècles de notre ère, transmis par les Chinois aux Arabes, et qui prit pied en Europe par l'intermédiaire de l'Espagne et, surtout, de l'Italie, dans le courant des XIIe et XIIIe siècles. Fait très important, les papetiers italiens eurent l'idée de remplacer le pilon et le mortier ou la meule, avec lesquels les Orientaux fabriquaient la pâte à papier, par des maillets actionnés par des moulins à eau, et cela au moins dès le début du XIVe siècle, en utilisant un procédé qui avait été mis au point en Occident, sans doute aux environs du XIe siècle, et qui permettait d'utiliser ces moulins à eau pour réaliser un mouvement alternatif. Et, dès lors, l'industrie du papier se développe très rapidement. Il est très intéressant d'établir la carte des moulins à papier, la carte de la diffusion du papier en Europe à travers le XIVe siècle ; je crois qu'on peut dire qu'à partir de 1350 le papier a gagné la partie, il est répandu peu à peu dans toute l'Europe, on voit des moulins à papier apparaître en France, apparaître en Allemagne, apparaître dans la région rhénane ; déjà on commence à copier des manuscrits sur papier ; mais il y a évidemment beaucoup de résistances ; l'un des derniers tenants du parchemin, je le note en passant, sera Gerson qui, en 1402, défendait encore à ses étudiants de copier des textes sur papier et leur recommandait le parchemin en leur disant qu'ainsi ils assureraient la pérennité des textes. Néanmoins, le papier conquiert droit de cité entre 1350 et 1450. Or, on ne saurait trop insister sur ce point, il aurait été vain de mettre au point un procédé d'impression au moment où l'on ne disposait que de parchemin ; le parchemin, en effet, le parchemin courant, est trop épais et n'est pas assez plan pour pouvoir passer sous la presse (seuls le vélin ou le parchemin extrêmement mince peuvent passer sous la presse). D'autre part, on s'est amusé parfois à calculer le nombre de bêtes qu'il convenait de tuer pour réaliser un in-folio, des calculs un peu complaisants ont fait aboutir à la conclusion qu'il fallait faire un véritable massacre pour imprimer la Bible ; cela est sans doute exagéré, néanmoins il est évident qu'il y avait une quantité de bêtes à cornes et une quantité de moutons assez limitées en Europe et que l'on n'aurait pas pu multiplier les textes si l'on n'avait pas disposé du papier. Vous voyez ainsi pourquoi j'ai parlé du xylographe et quelque peu insisté sur le xylographe à son origine ; on peut se demander si le processus technique de l'apparition de l'imprimerie ne fut pas le suivant : on connaissait sans doute, depuis un certain temps, l'art de reproduire sur des étoffes, au moyen de xylographes, des images. Lorsque le papier s'étend en Europe, dans la seconde moitié du XIVe siècle, on a l'idée d'utiliser le xylographe pour mettre des empreintes sur le papier. Certes, le xylographe n'est pas le « père » du livre, il n'y a pas filiation technique : ce n'est pas en découpant des xylographes que l'on a commencé à réaliser les caractères mobiles (encore que cela, qui est une invention du milieu du XIXe siècle, soit fidèlement indiqué dans les manuels de l'enseignement secondaire qui, depuis un siècle, se recopient fidèlement les uns les autres, sans aller chercher ailleurs leur source d'information) ; mais, en revanche, ce qui est certain, c'est que la reproduction sur papier d'images et de textes courts réalisés au moyen de xylographes donna l'idée de chercher un moyen de faire mieux et de réaliser l'imprimerie typographique. Quelques petites observations permettent, d'ailleurs, de montrer l'importance de l'industrie du papier dans l'invention de l'imprimerie. L'un des associés de Gutenberg à Strasbourg était marchand papetier. D'autre part, il est frappant de constater que les premiers ouvrages qu'on imprima furent précisément des Donat, des calendriers astronomiques, c'est-à-dire précisément des ouvrages qui avaient fait l'objet de l'industrie xylographique. C'est encore là un fait à noter qui montre bien que la diffusion du xylographe et le fait que le papier se répandait furent pour quelque chose dans les recherches de Gutenberg ou de ses émules. Voilà ce qu'on peut dire, je crois, sur les problèmes techniques que pose l'invention de l'imprimerie.

Envisageons maintenant les problèmes sociaux et intellectuels. Nous avons tenté d'analyser le processus technique qui aboutit à l'apparition de l'imprimerie, il nous faut nous demander si, au début du XVe siècle, il y avait une demande augmentée de textes, si l'on éprouvait le besoin d'avoir un plus grand nombre de livres. Ici, je l'avoue, nous abordons un terrain extrêmement mouvant, car le XVe siècle – M. Marichal y faisait allusion hier – est un siècle mal connu. Jusqu'à une époque extrêmement récente, on n'avait que des notions très vagues en ce qui concernait l'industrie du manuscrit au début du XVe siècle. Mais récemment M. Charles Samaran, et aussi M. Lieftinck, conservateur des manuscrits à la bibliothèque de Leyde, ont fait des découvertes significatives et ont apporté, dans ce domaine, des précisions et des documents intéressants. D'un côté, M. Samaran a remarqué, en examinant certains manuscrits, que le volume n'était pas coupé, qu'il se présentait exactement sous la forme d'un ouvrage broché qu'on vient d'acheter, ce qui indique qu'au début du XVe siècle on composait les manuscrits comme les livres imprimés d'aujourd'hui, en ayant recours au procédé d'imposition. Autrement dit, on ne copiait pas le manuscrit page par page, mais par feuilles groupant quatre ou huit pages placées dans des sens différents comme dans les feuilles d'imprimerie actuelles que nous connaissons tous. Comment expliquer ce fait, quel était le but des copistes qui travaillaient ainsi ? On est amené, évidemment, à penser en tout cas que ces copistes procédaient ainsi parce qu'ils faisaient un travail en série. Mais il y a plus. M. Lieftinck, il y a quelques années, a retrouvé et communiqué à M. Samaran une feuille de papier trouvée dans la reliure d'un manuscrit. Cette feuille de papier était la commande, rédigée en langue vulgaire, qu'un marchand grossiste avait passée à un atelier de scribes de la région flamande. Elle concernait l'achat d'un certain nombre d'exemplaires de divers textes dont la réunion formait un manuel d'emploi courant dans les facultés des arts et que l'on appelait les *Auctores octo* (les *Auctores octo*, il n'est pas inutile de le dire ici, seront un des ouvrages que l'imprimerie reproduira le plus souvent au cours du XVe siècle) ; le grossiste commande en particulier deux cents exemplaires de l'un des volumes qui composent les *Auctores octo*, les *Sept psaumes de la pénitence*. Il commande aussi deux cents exemplaires des *Distiques* de Caton, et quatre cents d'un livre de prières. Vous voyez à quel degré de fabrication en série on devait être arrivé au début du XVe siècle. À ces indications, on pourra en joindre quelques autres. M. Marichal a signalé hier que, au cours du XIVe et du XVe siècle, avec l'apparition du papier, on commence à lire isolément et pour soi les textes que peut-être avant on lisait plus souvent en groupe, à haute voix. D'autre part, il est frappant de constater que, dans les mises en prose des romans de chevalerie de cette époque, on introduit dans l'histoire un nouveau personnage : le bourgeois. Enfin, il est intéressant de noter que pour certains ouvrages à grand tirage, on conserve encore un nombre de manuscrits considérable, qui indique que ces ouvrages furent reproduits en grande série : par exemple, on a retrouvé dans nos bibliothèques, pour la période 1356-1450, à peu près deux cent cinquante manuscrits des *Voyages* de Mandeville. Donc, on a l'impression que, à ce moment, il y a un besoin accru de lecture. Mais, en fait, si l'on cherche à approfondir ces faits, on est très embarrassé. En vertu de quels phénomènes y a-t-il eu un développement de la curiosité intellectuelle ? On serait satisfait si l'on pouvait parler en même temps d'accroissement démographique, de renaissance économique, je dirai de « conjoncture favorable » ; or, il ne me semble pas que le XVe siècle corresponde exactement à tout cela. Certes, le retour à la paix favorise une certaine reprise des affaires, mais celle-ci semble relativement limitée. Certes, on constate que les universités se multiplient, mais il semble qu'il s'agisse avant tout d'une décentralisation provenant du fait que l'université de Paris perd de sa primauté. Certes, il existe dans la région rhénane et en Italie une civilisation urbaine prospère et brillante ; certes, c'est là que l'imprimerie commence à se répandre, mais on ne voit pas nettement de raisons déterminantes à une soudaine révolution comme celle de l'imprimerie. Alors on est amené à faire une hypothèse, à se demander s'il ne conviendrait pas de poser le problème autrement : nous avons vu que les premiers ouvrages que l'imprimerie s'applique à répandre sont des ouvrages qui, *a priori*, peuvent procurer de gros bénéfices : ce sont des bibles, ce sont des missels, ce sont des bréviaires, ce sont des grammaires élémentaires, ce sont des calendriers, ce sont des lettres d'indulgence. Or, nous constatons en même temps qu'on trouve, parmi les associés de Gutenberg, outre les papetiers et marchands de manuscrits, de véritables capitalistes et des banquiers. Et nous savons que, au cours du XVe siècle, les techniques commerciales et bancaires se perfectionnent. Je rappelle que, d'ailleurs, cette époque est par exemple l'époque de Jacques Cœur. Donc, nous pouvons peut-être nous demander si l'imprimerie n'est pas tout simplement la fille d'un capitalisme qui s'organise, et un procédé mis au point à des fins essentiellement mercantiles. En tout cas, il est intéressant de remarquer que l'imprimerie fit partie de cet ensemble de grandes découvertes qui précéda la Renaissance, de même que, en d'autres époques, l'apparition d'écritures nouvelles précéda d'autres renaissances – là je rejoins ce que disait M. Marichal lorsqu'il parlait, par exemple, de l'écriture caroline. Et tout cela nous amène à penser que les historiens ont l'habitude de voir les renaissances au moment où elles sont à leur plein développement, et non pas au moment où elles commencent à se manifester.

Voilà à peu près ce qu'on peut dire sur l'origine de l'imprimerie. Maintenant, je vais aborder des questions qui sont bien plus redoutables, c'est-à-dire les conséquences de cette découverte technique. Sur ce sujet, évidemment, ou pourrait dire tant de choses que plusieurs séances ne suffiraient pas. Je me permettrai de vous soumettre seulement quelques réflexions. Et, afin de ne pas tomber dans le vide, je me permettrai de parler de ce que je connais, c'est-à-dire de l'histoire de la production imprimée du XVe au XVIIe siècle. J'aurais aimé, certes, pouvoir évoquer aussi les conséquences de la révolution mécanique en matière d'imprimerie, c'est-à-dire le passage de la composition manuelle à la composition mécanique à la fin du XVIIIe et au XIXe siècle, mais mon travail n'est pas avancé de ce côté.

Lorsqu'on étudie l'organisation du commerce du livre et de l'imprimerie, on ne peut manquer d'être frappé par un fait : le financement d'une édition, surtout s'il s'agit de l'édition d'un ouvrage important, revient fort cher : il faut en effet non seulement payer le travail de l'imprimeur – ce qui, au XVe et au XVIe siècle n'était pas considérable, la main-d'œuvre revenant assez peu cher – mais il faut aussi acheter des quantités importantes de papier. Et le papier est une denrée assez coûteuse. Or, les fonds investis sont récupérés lentement, car les éditions arrivent très rapidement à atteindre un tirage normal de 1 000 à 1 500 exemplaires dès le début du XVIe siècle, et l'écoulement d'une édition, en cette époque où la clientèle était encore relativement peu nombreuse, ne pouvait qu'être très lent ; d'autre part cette clientèle était très dispersée, d'où la nécessité pour le libraire de disposer d'un réseau commercial étendu et bien organisé. D'où l'intervention obligatoire, dans les circuits, d'un véritable capitaliste possesseur de capitaux considérables, qui est seul capable d'assumer toutes les charges – et, par conséquent, la puissance du grand libraire bailleur de fonds, qui est souvent banquier en même temps et qui impose sa loi à l'imprimeur qui, généralement, devient très vite son salarié. Ainsi on comprend facilement, soit dit en passant, pourquoi des grèves de caractère moderne éclatèrent très tôt, dès le XVIe siècle, dans l'industrie du livre. Mais, surtout, le capital devenant le moteur de l'industrie du livre, celle-ci fait preuve d'une grande sensibilité à ce qu'on peut appeler la « conjoncture ». Cela apparaît évident si l'on essaie d'établir des statistiques de la production. En utilisant les bibliographies existantes, j'ai établi un certain nombre de courbes pour le XVIe siècle et surtout pour le XVIIe siècle, que j'espère être en état de publier bientôt. Eh bien, il est très frappant de constater que les courbes de production suivent très exactement, au moins en ce qui concerne les mouvements de longue durée, ce que pourraient imaginer les spécialistes de l'histoire des prix. Par exemple, en ce qui concerne Paris, on observe que la production augmente jusque vers les années 1550 – c'est le moment du grand développement de la Renaissance – puis qu'elle se maintient péniblement en tendant à diminuer jusque vers 1600, pendant l'époque où la hausse vertigineuse des prix et les guerres religieuses troublent l'économie. Après quoi, de 1600 à 1640, on observe une nouvelle ascension, entrecoupée de crises graves ; c'est la fin de l'époque d'expansion. On arrive ensuite à un palier entrecoupé de reprises qui dure jusque vers 1690, et on voit Colbert s'efforcer désespérément de diminuer le nombre des imprimeries afin d'éviter que des imprimeurs qui n'ont plus de travail impriment des pamphlets, et en même temps pratiquer des systèmes de subvention à l'égard des éditeurs.

Devant ces constatations, nous devons évidemment nous poser une question : ces faits matériels n'eurent-ils pas des conséquences d'ordre intellectuel ?

Ces conséquences me semblent particulièrement nettes et importantes à l'époque de la Renaissance. Pour commencer par le plus concret, examinons l'aspect même des livres. Tous les historiens du livre sont d'accord pour souligner que, jusque vers 1545-1550, la qualité des livres ne cesse de progresser : leur présentation s'améliore, leur netteté, leur clarté augmente.

À l'origine, en particulier, le livre s'efforce – et cela est bien naturel – de ressembler au manuscrit ; dans beaucoup de manuscrits, on avait l'habitude de tenter, au maximum, de gagner de la place en comprimant les paragraphes, en serrant les lignes, en multipliant les abréviations, d'où une impression de manque de clarté pour l'homme du XXe siècle qui se penche sur un manuscrit et qui, dans bien des cas, commence par reculer d'effroi. Or, nous observons que, dans les livres imprimés entre 1460 et

1490, les lignes s'espacent, les paragraphes se distinguent, les abréviations se résolvent. Après quoi, on observe un certain nombre de modifications dans l'aspect du livre : on réserve en tête du volume une feuille blanche sur laquelle on inscrit le titre, d'abord à la main, puis en l'imprimant ; bientôt, on décore cette page et on y inscrit, pour des fins commerciales, l'adresse du libraire et celle de l'imprimeur ; en même temps, on donne la date de l'ouvrage, puis on prend l'habitude de mettre, sur la page de titre, le nom de l'auteur. Si bien que, vers 1530 ou 1540, la page de titre a pris son aspect moderne. En même temps, on imprime la foliotation, puis la pagination du livre ; on distingue les chapitres, on réserve un espace à la fin des chapitres, on commence chaque chapitre sur une page nouvelle. Donc, effort de netteté, effort de clarté qui aboutit à la coutume d'imprimer une table des matières semblable aux tables actuelles. Tout cela se réalise en cette période d'expansion qui est celle de la Renaissance. Sans doute conviendra-t-on que ces progrès sont, en partie, dus au désir des libraires et des imprimeurs d'améliorer la qualité de leur marchandise afin de l'imposer sur le marché, en cette époque où ils n'étaient pas obligés de comprimer trop les prix.

Mais il y a plus : l'organisation des métiers du livre, elle-même, impose de plus en plus l'unification des types d'écriture. M. Marichal a rappelé que subsistaient, à la fin du Moyen Âge, trois types principaux d'écriture : disons la gothique, la bâtarde et l'écriture humanistique. D'autre part, à travers tous ces types principaux, il existe des variétés locales ; c'est ainsi que la bâtarde copie régulièrement l'écriture de la chancellerie locale et que, par conséquent, par exemple la bâtarde flamande ne sera pas la même que la bâtarde parisienne, tandis qu'il existe des types intermédiaires, par exemple l'écriture ronde des scribes de Bologne, qui est intermédiaire entre l'écriture humanistique et la lettre de somme.

Dans ces conditions, vers 1450, il y avait encore en Europe une grande diversité d'écritures, une grande diversité régionale. Lorsque l'imprimerie apparaît, les premiers imprimeurs, naturellement, essaient d'imiter le mieux possible le manuscrit qu'ils copient. Si bien que, dans les incunables anciens – ceux qui furent imprimés jusque vers 1480 –, un spécialiste averti peut se livrer sans grand risque au petit jeu qui consiste à discerner au premier coup d'œil le lieu d'impression de l'ouvrage. Cependant, ces premiers imprimeurs étaient gens itinérants et travaillaient souvent dans des lieux éloignés les uns des autres ; or, ils se lassent assez vite de tailler de nouveaux poinçons chaque fois qu'ils font des livres ; si bien qu'on voit de plus en plus un imprimeur qui, par exemple, a taillé des caractères à Liège les utiliser au cours d'un séjour à Toulouse. D'autre part, et surtout, l'habitude se perd peu à peu, pour les imprimeurs, de tailler eux-mêmes leurs caractères ; le soin de tailler des caractères devient de plus en plus l'apanage de tailleurs de poinçons spécialisés. Ces spécialistes sont souvent au service de grands libraires tels que les Froben à Bâle, et ces grands libraires arrivent vite à être les seuls à posséder des jeux complets de poinçons – ce sont eux qui distribuent aux autres imprimeurs, non point des poinçons, mais d'abord, semble-t-il, des matrices puis, plus tard, des fontes de caractères. Tout cela devait fatalement provoquer une certaine unification. Si bien que, de plus en plus, entre 1480 et 1510, il devient impossible de discerner l'origine d'un livre, les types régionaux disparaissent, il ne subsiste plus que les trois grands types d'écriture : gothique classique des lettres de somme, bâtarde et écriture humanistique. Cette dernière triomphera au milieu du XVIe siècle, dans la majeure partie de l'Europe, pour des raisons en partie intellectuelles, en partie économiques, dont il sera question tout à l'heure.

Ces indications relatives à l'évolution des caractères laissent entrevoir ce que put être le rôle de l'imprimerie en matière de formation des langues.

Dans ce domaine encore, l'imprimerie joua un rôle d'unification incontestable. Il est facile de concevoir de ce point de vue le service que rendit à l'unification de la langue allemande la diffusion de plus d'un million d'exemplaires de la Bible de Luther, au cours du XVIe siècle, avant 1560. On peut penser aussi au rôle d'un livre tel que le *Book of common prayer*, en Angleterre, qui passa entre toutes les mains. En même temps, cependant, il est intéressant de noter que, si l'imprimerie contribua à unifier la langue nationale, elle contribua, sans nul doute, aussi à la figer, et c'est là, je crois, un point très important. C'est sans doute en partie parce que l'imprimerie est une sorte de conservatoire des langues, par exemple, que la langue française a, au fond, beaucoup moins évolué du XVIe au XXe siècle qu'elle n'avait évolué du XIIe au XVIe siècle. Car, comme l'a constaté Meillet, les textes en effet échappent désormais à l'action des copistes qui, jusque-là, partie volontairement, partie involontairement et sans y penser, modernisaient au fur et à mesure les textes qu'ils reproduisaient.

Cependant, il convient peut-être de ne pas trop exagérer le rôle joué par l'imprimerie ; celle-ci contribua à imposer une certaine fixité du langage, certes, mais les imprimeurs, gens pratiques, furent pour la plupart hostiles à des règles trop rigides qui les gênaient dans l'exercice de leur métier. Ce qui plaît aux imprimeurs, évidemment, c'est la coutume reçue, c'est l'habitude. Par exemple les imprimeurs sont traditionnellement hostiles à toute réforme de l'orthographe et ils le seront particulièrement au XVIe siècle à quelques exceptions près, et c'est peut-être à cause de cet état d'esprit que l'imprimerie, après avoir contribué à codifier, dans une certaine mesure, la ponctuation et l'orthographe jusque vers 1540, cessa de le faire à partir de cette date. De plus, si l'on se souvient que l'industrie du livre était en pleine expansion jusque vers 1540-1550, tandis qu'à partir de 1540-1550 la qualité des livres décroît, qu'on est obligé de serrer le prix de revient, on constate qu'il y a liaison entre les deux catégories de phénomènes : en période de difficultés, on ne peut plus payer, par exemple, un correcteur savant pour revoir les ouvrages, et voilà la raison, par exemple, pour laquelle, en une période de relative pauvreté, les ouvrages de nos classiques seront si souvent défigurés par les typographes.

Cependant, jusqu'ici, nous n'avons abordé que les questions de langue et de présentation, mais nous pouvons aussi nous demander dans quelle mesure l'imprimerie favorisa la diffusion des idées nouvelles et dans quelle mesure elle contribua à maintenir les idées traditionnelles. Le problème a été posé jadis par Michelet. Michelet, en effet, a cru pouvoir déclarer que l'apparition de l'imprimerie avait assuré une survie inespérée à certains textes traditionnels – il faisait allusion à des canonistes comme Guillaume Durand, et à des auteurs mystiques tels que les mystiques rhénans, qui furent très souvent imprimés au XVe siècle.

Évidemment, c'est là un problème très vaste, très complexe. Je voudrais simplement citer deux exemples du rôle que peut avoir l'imprimerie qui, en certaines époques, semble avoir un rôle de conservation, et en d'autres un rôle de moteur de progrès : l'exemple de la Renaissance et celui de la Contre-Réforme.

En ce qui concerne la Renaissance, il est particulièrement intéressant de rechercher les services rendus par l'imprimerie à l'humanisme. À l'origine, vers 1470-1480, lorsque l'imprimerie se répand, on constate que les copistes établis près des universités continuent à fournir aux étudiants un certain nombre d'ouvrages ; il y a alors dans le commerce beaucoup de manuscrits d'Aristote ; il y a beaucoup de manuscrits de Pierre Lombard, si bien que ce n'est pas dans ce sens, bien souvent, que l'imprimerie va commencer à travailler. En revanche, les petits groupes de novateurs et de professeurs amateurs de belles-lettres qu'on trouve hors d'Italie éprouvent le besoin de multiplier certains textes anciens. Ils s'efforcent donc d'attirer des imprimeurs et de financer leur installation. Mais la clientèle qui s'intéresse au renouveau des lettres latines est alors assez restreinte. Si bien que, semble-t-il, après avoir exécuté un certain nombre d'impressions répondant à des préoccupations humanistes, les typographes doivent opérer leur reconversion et faire des ouvrages de meilleure vente. Tel est le cas à Paris du fameux atelier de la Sorbonne. À Rome, on observe le même phénomène : un atelier typographique, qui avait été installé là par le cardinal Torquemada, Grand Inquisiteur, mais aussi ami des belles-lettres, avait commencé par publier des éditions classiques, mais bientôt on voit cet atelier présenter un placet en disant qu'il ne réussit pas à vendre ses éditions de Cicéron, tirées pourtant seulement à trois cents exemplaires, et solliciter des subventions ; puis, comme celui de la Sorbonne il opère sa reconversion. Cependant, les efforts de ces imprimeurs et de leurs bailleurs de fonds ne sont pas vains, il en subsiste des éditions qui font leur chemin. D'autre part, il ne faut pas oublier que, en ce milieu du XVe siècle, il y avait des différences de culture très nettes entre les pays d'Europe ; l'humanisme était évidemment beaucoup plus développé en Italie que dans le reste de l'Europe. En conséquence, plus vite que les autres, les ateliers typographiques italiens s'empressent d'adopter l'écriture romaine et multiplient les éditions d'auteurs anciens classiques. Or, ce que j'ai dit des circuits commerciaux, qui diffusaient les livres, montre bien que ces ouvrages ne tardent pas à se répandre à travers toute l'Europe. Par conséquent, en France par exemple, en cette époque qui est aussi celle des guerres d'Italie, on commence à prendre contact avec ces belles éditions. Bientôt, des imprimeurs français interviennent. Le rôle qu'ils assument alors, c'est de faire l'éducation du public, et l'on voit des imprimeurs français – tels que Josse Bade – adopter timidement le caractère romain pour certaines parties du texte seulement, et utiliser leurs presses pour multiplier de petits livrets extrêmement modestes, qui sont l'œuvre de groupes de professeurs italiens venus faire fortune en France en enseignant les belles-lettres, tels que Andielini ou Balbi ; on voit alors paraître des séries de plaquettes de vers par ceux-ci composés, en même temps que des grammaires destinées à apprendre aux Parisiens la belle latinité.

À la même époque, les humanistes européens partent à la recherche de l'Antiquité chrétienne. Et là, le rôle joué par les imprimeurs, en ce qui concerne notamment la littérature patrologique, est considérable. Il suffit de prendre les ouvrages du P. de Ghellinck pour le constater. Certes, au Moyen Âge, les théologiens connaissent fort bien les œuvres des Pères, mais il est très frappant de constater que, sauf dans deux ou trois cas, ils ne s'étaient jamais souciés de réunir en un corpus l'ensemble des œuvres d'un Père déterminé. Je crois qu'il y a une exception pour saint Augustin, une exception pour saint Jérôme, qui ont fait l'objet chacun d'un corpus manuscrit, connu à un seul exemplaire. Eh bien, très vite, des imprimeurs tels qu'Amerbach ont l'idée de réunir en corpus les œuvres des Pères. Et puis, ils s'efforcent d'améliorer la qualité de leurs éditions. Or, vous savez que les apocryphes étaient innombrables parmi les manuscrits des Pères de l'Église ; si l'on examine encore la liste des ouvrages imprimés attribués à saint Augustin, dans le *Gesamt Katalog der Wiegendrucke*, c'est-à-dire le Catalogue général des incunables, établi par les Allemands, on constate que les œuvres apocryphes de saint Augustin, ou celles de saint Bernard, sont parfois aussi nombreuses que leurs œuvres non apocryphes à avoir été imprimées au cours du XVe siècle. Mais, de plus en plus, les imprimeurs, avec le goût de l'exactitude qui est lié à leur métier, réagissent et ils travaillent en si étroite liaison avec les humanistes qu'il est difficile de faire la part des uns et des autres ; mais on constate qu'un homme comme Amerbach écrit à travers toute l'Europe pour rechercher les meilleurs manuscrits qui assureront la valeur commerciale de ses éditions. Si bien que de décade en décade, dans une atmosphère de prospérité et d'expansion, on ne cesse de voir paraître des éditions améliorées, de sorte que vers 1520 le marché semble quelque peu saturé par la multiplication des grandes éditions de classiques latins et même de patrologie. En même temps, il semble que les éditions grecques imprimées à Venise, et notamment les éditions aldines, se soient répandues partout. Alors, les imprimeurs français s'efforcent de suivre cet exemple – si l'on fait des statistiques de la production, il est impressionnant de voir la diffusion énorme des ouvrages en grec entre 1520 et 1530. Mais le marché des livres grecs est assez restreint ; c'est sans doute pour cette raison qu'à partir de 1530-1550 on constate une nouvelle mode, et une mode qui est très importante, celle des traductions. Les traductions commencent à se multiplier ; les imprimeurs semblent chercher à atteindre un public toujours plus vaste. Peut-être ce public n'évolue-t-il pas socialement mais, ce qui est très frappant à cette époque, c'est qu'on tâche d'atteindre, non seulement le public des hommes, mais celui des femmes. Ainsi que l'a souligné Ferdinand Brunot, dans son *Histoire de la langue française*, on constate alors que les libraires, tels les de Tournes à Lyon, transforment leur boutique en officine de traduction. Le moment arrive où du Bellay va écrire sa *Défense et illustration de la langue française* imitée d'un modèle italien, celui qu'avait écrit Sperone Speroni pour défendre la langue toscane. Un peu partout il semble qu'il en soit ainsi, et que, dans cette évolution qui aboutit au triomphe des langues nationales, le rôle de l'imprimerie ait été considérable.

À cette même époque s'achève l'unification des caractères, et triomphe le caractère romain. Dans cette atmosphère, où l'humanisme se diffuse de plus en plus, où les humanistes traitent de gothiques, avec mépris, les écritures anciennes, la mode du caractère romain devait s'imposer naturellement, si bien qu'on imprime de plus en plus en caractères romains des ouvrages qui, originellement, étaient imprimés en caractères gothiques ; c'est ainsi que, entre 1525 et 1535, en France, les grands imprimeurs qui impriment les anciens textes nationaux commencent à abandonner la gothique bâtarde et que le *Roman de la rose*, qui jusque-là avait été écrit en gothique bâtarde, est imprimé pour la première fois en caractères romains en 1529, de même que les œuvres d'Alain Chartier ou, en 1532, *Le Grand Testament* de Villon.

Bientôt, les vieilles fontes qui subsistent encore vont être reléguées dans les ateliers secondaires qui travaillent pour les impressions populaires et, vers 1560, en France, on cessera d'imprimer en caractère gothique. En Espagne, le caractère gothique se maintient un peu plus longtemps, mais l'Espagne, elle aussi, finit, par adopter totalement le caractère romain, et ensuite l'Angleterre, à la fin du XVIe siècle, peut-être au début du XVIIe siècle, suivant en cela l'exemple de la France. Ainsi le caractère romain devient une sorte d'alphabet international. En Angleterre, cependant, la gothique se maintient ; si les textes latins sont imprimés en caractère romain à partir des années 1520-1530, les variantes locales de la gothique traditionnelle continuent de subsister pour les impressions en langue nationale.

Cependant, à certaines époques, il est frappant de noter que la presse semble se mettre essentiellement au service de l'orthodoxie, au service des idées de la majorité. Tel est sans doute le cas dans les pays catholiques, entre 1580 et 1640 à peu près, c'est-à-dire au temps de la Contre-Réforme et de la Renaissance catholique. Si l'on étudie la production imprimée de cette époque, on est extrêmement frappé de constater que toute l'histoire de la production est celle d'un déferlement méthodique d'une littérature religieuse revue, partie de Rome ainsi que des universités et des couvents espagnols. Il est très caractéristique d'observer la discipline avec laquelle, dans les pays catholiques, les imprimeurs et les libraires évitent à ce moment d'imprimer et de vendre des ouvrages hétérodoxes. J'ai fait récemment une bibliographie des bibles françaises et latines imprimées en France et autour de France durant toute cette époque, j'ai été très surpris de voir qu'on ne trouvait guère en pays catholique que l'édition de la Vulgate dans la version autorisée par le souverain pontife. Bien sûr, me direz-vous, c'est là le résultat de la censure de l'Église, c'est le résultat de la surveillance de l'État. En fait, je crois que le problème est plus complexe. En effet, si l'on examine les conditions dans lesquelles travaillaient les imprimeurs, on constate que cette époque est une époque d'expansion légère, mais coupée par de graves crises de courte durée ; d'autre part, les ordres monastiques, répondant au désir de renouveau spirituel qu'on observe dans les masses, progressent alors méthodiquement ; les couvents de jésuites, les collèges se multiplient. Si bien que, pour les libraires et les imprimeurs, hors de se mettre au service de ces couvents, de ces ordres religieux qui assurent des ventes régulières et sûres, il n'est point de salut ; il est extrêmement frappant de voir que tous les libraires importants de cette époque sont au service d'un courant religieux déterminé. D'où l'autorité de l'Église sur les libraires. À Paris, en même temps, on voit les grands libraires, soumis aux autorités ecclésiastiques et au pouvoir royal distributeur de monopoles et assurés ainsi de débouchés, se servir du système corporatif pour imposer leurs lois aux imprimeurs à qui ils fournissent du travail, ainsi qu'aux petits libraires par des contrats d'association ; or, ces grands libraires ont bien évidemment intérêt à ne pas être mêlés à l'édition des ouvrages hétérodoxes, et même à empêcher celle-ci le cas échéant afin de conserver leur crédit. C'est pourquoi on voit de grands libraires, qui sont souvent en correspondance directe avec le chancelier Séguier, se charger de faire la police ; et, très souvent grâce à leurs relations parmi les typographes, ils ont vite fait de détecter d'où peut venir une publication suspecte. Cela, je crois, est très important et contribue à expliquer les difficultés éprouvées alors pour trouver bien des ouvrages hétérodoxes qui n'existaient guère que dans les grandes bibliothèques. Le cas de Gabriel Naudé notamment est très frappant, qui, pour se documenter en matière d'ouvrages libertins, a profité d'un séjour à Rome, dans la suite d'un cardinal, pour se faire ouvrir les réserves de bibliothèques ecclésiastiques de Rome dans lesquelles se trouvaient groupées les grandes œuvres des naturalistes padouans.

Cependant, il faut ajouter que, s'il put en être ainsi, c'est parce que le temps de la Contre-Réforme fut aussi celui de la renaissance du sentiment religieux au sein des masses catholiques. Or, ce mouvement de renaissance religieuse perd de sa vigueur aux environs des années 1660-1680. Un vaste courant se développe alors en France, qui voudrait des livres hétérodoxes, qui recherche des livres qui ne sont pas des livres strictement catholiques. Or, en cette époque, après une vingtaine d'années d'extrême liberté, autour des années 1640-1660, la main de fer de Louis XIV et de Colbert s'appesantit sur la librairie ; on interdit, entre 1667 et 1686, toute nouvelle nomination d'imprimeur à Paris pour diminuer le nombre des imprimeurs, pour empêcher que les imprimeurs manquent de travail, et par conséquent impriment des pamphlets. Et la police exerce une très active surveillance. Qu'on ne s'étonne pas, dans ces conditions, si l'on voit apparaître alors des imprimeries périphériques. L'histoire de l'imprimerie hollandaise est une histoire typique de ce point de vue. Les imprimeurs hollandais, aidés par des conditions économiques favorables, se mettent souvent au service de l'hétérodoxie. Imprimant hors de France, ils sont évidemment à l'abri de la censure et celle-ci ne peut empêcher leurs éditions de pénétrer. Il se produit là un phénomène qui est très intéressant du point de vue de l'histoire de l'imprimerie. C'est le même phénomène que nous avons rencontré au moment de la Réforme, avec le développement des centres typographiques de Strasbourg et de Genève ; c'est le phénomène que l'on retrouvera avec le mouvement encyclopédiste au XVIIe et au XVIIIe siècle ; c'est un phénomène analogue, permettez-moi de vous le dire, à celui qu'on observe aujourd'hui : nous avons une radio d'État qui ne veut pas faire de publicité et il en résulte l'apparition, tout autour de la France, de postes périphériques qui, eux, font de la publicité.

Voilà quelques réflexions que l'on peut faire sur le mécanisme de la diffusion du livre imprimé.

Maintenant, il me reste à aborder rapidement un dernier point : quelle fut, au cours des siècles, l'audience du livre, quel fut le public atteint par l'imprimerie ? Si l'on veut avoir quelque idée précise là-dessus, il n'y a qu'une solution, c'est d'aller voir dans les archives notariales et d'examiner les inventaires après décès. Il y a eu un certain nombre d'études engagées dans ce domaine depuis une trentaine d'années. Récemment, deux livres sont parus, mentionnant un bon nombre d'inventaires après décès parisiens du XVIe siècle, les livres de MM. Doucet et Schutze ; pour ma part, j'ai essayé, en ce qui concerne le XVIIe siècle, de rassembler le plus grand nombre d'inventaires après décès. Et là, j'ai fait une constatation qui m'a d'autant plus frappé qu'elle est contraire à ce qu'on peut penser. Sauf dans quelques très rares exceptions qui concernent précisément la première moitié du XVIe siècle, l'époque d'euphorie du XVIe siècle, sauf aussi des exceptions locales, notamment en ce qui concerne la ville d'Amiens, il est extrêmement caractéristique d'observer que le fait de posséder des livres et surtout de disposer d'une bibliothèque cohérente et organisée est l'apanage, je ne dirai pas d'une classe sociale, mais d'une catégorie sociale. En ce qui concerne le XVIIe siècle, j'ai vu plusieurs centaines d'inventaires, et j'ai surtout trouvé des inventaires de bibliothèques appartenant à des possesseurs d'« office », c'est-à-dire à des hommes d'une catégorie sociale bien déterminée, cette catégorie sociale qui se forme surtout par l'envoi d'enfants de laboureurs ou de gros marchands dans les collèges, lesquels enfants de laboureurs ou de gros marchands s'empressent d'acheter des offices avec l'argent gagné par leurs parents dans les négoces. Et là, je crois que nous touchons un phénomène très caractéristique et qui dure au moins jusqu'au XVIIIe siècle : nous voyons comment la culture humaniste arrive à être la culture de groupes déterminés qui sont les seuls à disposer de bibliothèques cohérentes – symbole social, mais aussi symbole et marque d'une culture et d'une formation acquises sur les bancs du collège.

Cependant, on doit souligner aussi que, à côté de ces ouvrages qui sont des ouvrages formant des bibliothèques de culture, il existe l'équivalent de ce que sont actuellement nos magazines et nos journaux, toute cette littérature imprimée faite de pièces de circonstances relatant les grands événements qui peuvent se produire ; d'autre part, certains ouvrages, sous une forme plus ou moins isolée, réussissent à atteindre un très large public. En voici quelques exemples : dans un inventaire non publié des Archives notariales, nous trouvons qu'un libraire parisien possède, vers 1540, dans sa boutique, deux cent cinquante mille livres d'heures. Vers 1540, un autre possède trente mille petits livres de piété ; ces ouvrages, voyez-vous, sont des ouvrages qui font l'objet d'une diffusion énorme. J'ai dit tout à l'heure que la Bible de Luther, si l'on fait des calculs, a été éditée à des centaines de milliers d'exemplaires, et que des ouvrages portant la signature de Luther ont certainement été publiés, sinon à plusieurs millions, du moins à plus d'un million avant 1560. De même, au XVIIe siècle, j'ai retrouvé, dans un inventaire après décès, trente mille pièces de théâtre, dont dix mille pièces de théâtre de Corneille, car la pièce de théâtre était un ouvrage populaire à cette époque. Plus tard on verra encore ce qu'on appelle la Bibliothèque bleue, c'est-à-dire toutes ces espèces de livres déclassés qui jadis avaient fait le bonheur des seigneurs dans les châteaux, et en particulier les romans de chevalerie, diffusés dans les campagnes par les colporteurs. Ainsi, on peut distinguer deux formes de pénétration de l'imprimerie : d'un côté elle assure une culture ; d'un autre côté elle fait très largement connaître des ouvrages isolés qui ont d'autant plus d'influence qu'ils tombent entre les mains de quelqu'un qui n'a pas encore beaucoup lu et qui croit trouver la réponse à une question qu'il se pose.

Dans ces conditions on peut se demander si demain – face à ces nouveaux instruments de diffusion de la civilisation orale qui fait le retour en force que l'on connaît actuellement grâce au cinéma et grâce à la télévision – le rôle de l'imprimerie ne sera pas de demeurer au service d'une aristocratie qui, à l'origine, a peut-être été une aristocratie religieuse, qui plus tard a peut-être été une aristocratie de l'argent et qui demain, espérons-le, sera une aristocratie de l'esprit, tandis que le rôle de propagande, et aussi de vulgarisation, souvent assumé au cours de l'Histoire par la typographie, ne reviendra pas désormais aux techniques audiovisuelles.

XVI

L'ÉCRITURE CYRILLIQUE

ET SON EXTENSION

par André Vaillant

Quand on m'a demandé de parler de l'extension de la cyrillique, le terme d'« extension » m'a un peu inquiété : je pensais tout de suite à de la statistique, et la statistique n'est pas mon fort. Si vous le permettez, je traiterai le sujet philologiquement et historiquement : recherche des origines de la cyrillique, des raisons de son extension, et également des raisons de sa limitation, que j'indiquerai en même temps.

Donc, je remonterai, rapidement, à l'origine de l'écriture cyrillique : lieu et date, la Bulgarie, première moitié du Xe siècle, autour de 940 d'après les premières données.

Cette écriture cyrillique n'a pas été créée directement, mais par modification d'une écriture antérieure, qui n'a pas eu le même succès qu'elle, il s'en faut de beaucoup : l'écriture qu'on appelle glagolitique ; plus exactement, nous allons le voir, ce fut une grécisation de cette écriture. Il faut donc remonter encore un peu en arrière, de quatre-vingts ans, jusqu'au moment de la création de cette écriture dite glagolitique. Elle est bien connue ; les témoignages des textes anciens sont précis. Elle eut lieu vers 863 par les soins du Grec Constantin-Cyrille, l'apôtre des Slaves. Il a eu l'ambition, belle ambition, de doter les Slaves d'une langue sacrée à eux, d'un rite spécial, avec tout ce que cela comporte : une langue sacrée et un alphabet sacré, qui ne soit ni l'alphabet latin, ni l'alphabet grec, ni l'alphabet hébreu, aucun des trois alphabets sacrés fondamentaux. Il a inventé de toutes pièces son alphabet. Constantin était un savant. Il était élève du patriarche Photius, il avait été bibliothécaire du patriarcat et avait eu en main toutes sortes de manuscrits des livres saints en toutes langues, et nous savons qu'il connaissait au moins l'hébreu. Il a été le premier à fixer par écrit le slave – sans doute y avait-il eu des essais antérieurs, mais rien de systématique. Il a inventé le moyen d'écrire le slave et il a créé un alphabet dont la qualité phonétique faisait l'admiration de Meillet. Il l'a fait avec toute sa science, sa science de Byzantin érudit : dans les discussions qui ont eu lieu autour de ce nouvel alphabet sacré qui, bien entendu, a été attaqué, on a cité les grammairiens grecs en se référant au plus classique, Denis de Thrace. Quant aux lettres de cet alphabet, comme c'était un alphabet entièrement nouveau, il les a inventées de toutes pièces en ayant soin de former des lettres qui ne soient ni latines, ni grecques. Mais, comme il savait l'hébreu, il s'en est un peu inspiré : l'alphabet hébreu lui donnait, pour certains signes, un moyen commode de noter les sons slaves que l'alphabet latin et l'alphabet grec ne savaient pas noter. Il y a un point où c'est évident, c'est pour le Ш (*ch* du français). C'est le seul cas, d'ailleurs, qui soit sûr, mais il est net.

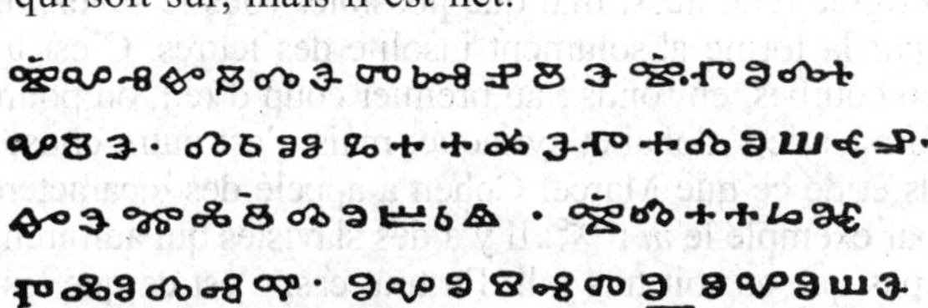

и въꙁидє тръниѥ и пода-
ви ѥ. дроугаа жє падошѧ на
ꙁємли добрѣ и даахѫ
плодъı ово съто ово шє-
стьдєсѧтъ ово ·л҃· имѣ

GLAGOLITIQUE ANCIEN
suivi de la transcription en cyrillique (extrait de S. D. Nikiforov, *Staroslavjanskij jazyk*, Moscou, 1952, p. 98)

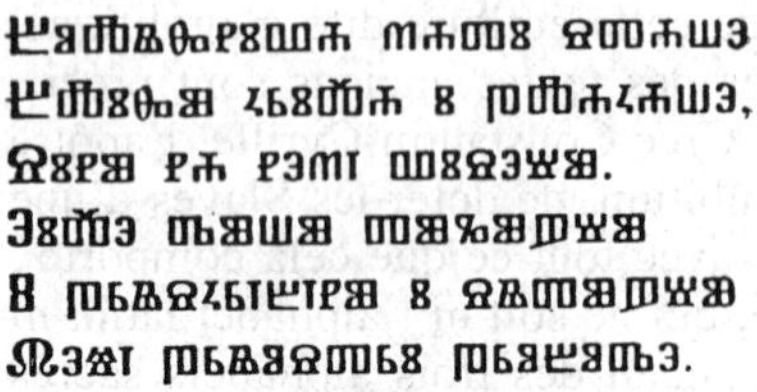

GLAGOLITIQUE CROATE
Début du *Stabat mater*, dans le missel romain, Rome, 1905 (extrait de R. Strohal *Anthologie*, Zagreb, 1921)

Cet alphabet, primitif, créé donc vers 863-864, a été employé d'abord pour la mission de Constantin-Cyrille en Moravie (la Tchécoslovaquie actuelle) et pour le diocèse de Pannonie (de la Slovaquie à la Dalmatie). Quelque vingt ans après, les missionnaires de Moravie ayant été mis à la porte, l'alphabet, avec eux, a été transporté en Bulgarie et en Macédoine. Et là, en Bulgarie, il est tombé sur des Slaves de culture grecque. La culture grecque, même avant la christianisation officielle de la Bulgarie, en 864, n'avait pas manqué de pénétrer ces Slaves. On a posé le problème : ces Bulgares cultivés, comment écrivaient-ils ? M. Emil Georgiev en tire cette conséquence : ils écrivaient déjà le slave en alphabet cyrillique, parce qu'il fallait bien qu'ils écrivent. Eh bien non, ils écrivaient en grec, et les quelques Slaves cultivés, il y en avait aussi, qui étaient en Moravie, écrivaient en latin. Ils n'avaient aucune raison d'écrire en slave, puisque le slave n'existait pas encore comme langue littéraire. Les Slaves de Bulgarie, hellénisés, s'ils n'avaient aucune pratique valable d'une écriture slave – ils avaient peut-être essayé de gribouiller quelques mots slaves en caractères grecs, mais cela ne comptait pas –, avaient leur pratique des caractères grecs, et même une sympathie pour eux. Quand ils ont reçu l'écriture, inventée de toutes pièces, qui leur venait de Moravie, ils ont dû admirer la commodité, l'exactitude avec lesquelles cet alphabet rendait les sons slaves, ce que l'alphabet grec rend aussi mal que possible, vous le savez, mais ils ont été choqués par la forme absolument insolite des lettres. C'est un alphabet qui est tout en courbes, en ronds ; au premier coup d'œil, on pourrait penser à certaines formes de l'alphabet syriaque, mais c'est autre chose. Il y a un abus de ronds et de ce que Marcel Cohen a appelé des « caractères à lunettes ». Voici par exemple le *m* : ⰿ. Il y a des slavistes qui admirent cela, moi je ne trouve pas que ce soit très joli. En tout cas, c'est ce que les Slaves de Bulgarie ont pensé ; ils avaient, eux, leur bel alphabet grec et ils le regrettaient. Alors, qu'ont-ils fait ? Ils ont eu cette idée simple : gardons l'alphabet de Constantin-Cyrille en tant qu'alphabet phonétique, notant remarquablement les sons slaves, et quant à ses affreux caractères, remplaçons-les par nos beaux caractères grecs ; à la place de ce *m* impossible, mettons le M grec qui est bien plus agréable à l'œil et de tracé bien plus aisé. C'est ce qu'ils ont fait, vers 940, environ quatre-vingts ans après la création du premier alphabet slave. Ils l'ont fait systématiquement et, dès ses débuts, l'alphabet cyrillique apparaît entièrement constitué, bien différent de l'alphabet glagolitique : c'est un point sur lequel M. Emil Georgiev a eu toute raison d'insister. La première création de l'alphabet slave, glagolitique, avait été systématique, scientifique, c'était l'œuvre d'un savant, d'un phonéticien. La modification qui a donné l'alphabet cyrillique a été faite également de façon systématique, et il en est sorti le très bel alphabet cyrillique. Le Ш (*ch*) est exactement conservé d'un alphabet à l'autre. D'autres lettres sont conservées avec une stylisation qui les rend plus difficilement reconnaissables, mais le principe est clair.

Telle est la création, telle est la raison d'être de l'alphabet cyrillique. Et les anonymes qui ont, systématiquement, scientifiquement, modifié l'alphabet antérieur ont pris de l'écriture grecque ce qu'elle avait de plus beau. Il s'agissait à l'origine, pour l'alphabet inventé par Constantin-Cyrille, d'un alphabet d'Église, d'un alphabet liturgique, fait pour noter, par conséquent, l'Évangile et les textes liturgiques, et, quand on a transposé cet alphabet en alphabet cyrillique, l'usage est resté le même. Mais il fallait aussi graver des inscriptions, et c'est de ce côté, je crois, que la modification s'est faite le plus tôt : ceux qui gravaient des inscriptions sur pierre préféraient les lignes droites aux ronds de la glagolite, et ils ont adopté la belle onciale grecque.

On a discuté sur l'origine de cette écriture, on a prétendu qu'elle dérivait de la minuscule grecque ; pourquoi pas de la cursive ! Pourquoi imaginer que, pour la notation de textes liturgiques, on ait été prendre l'écriture de l'usage vulgaire ? Non. On a pris l'écriture des beaux manuscrits, et cela nous a rendu un grand service. L'onciale, que l'alphabet cyrillique employait dès le début, s'est maintenue dans les manuscrits jusqu'au moment où, vers les XVIe-XVIIe siècles, s'est introduite la cursive. Et nos manuscrits en onciales, puis en semi-onciales, sont, à la lecture, d'une clarté remarquable. Un philologue qui ne connaît rien à la paléographie, comme c'est mon cas, les lit, ou du moins les déchiffre sans aucune difficulté. C'est une philologie qui peut se passer de paléographie, sauf pour les recherches spéciales ; nous devons en être reconnaissants aux réformateurs de l'alphabet cyrillique. C'est un fait qu'à l'heure actuelle les caractères cyrilliques, russes, etc., paraissent différents des caractères grecs, et pour noter du russe à côté du grec on passe nettement d'un alphabet à un autre. L'écriture grecque conserve, elle, la minuscule : c'est une stylisation de la minuscule ; l'écriture cyrillique slave, jusqu'à l'époque actuelle, et jusque dans le russe actuel, est une stylisation de l'onciale. La différence est une différence de type d'écriture, et c'est l'écriture grecque moderne avec ses majuscules qu'il faut comparer à l'écriture cyrillique slave. Là, la similitude est éclatante : le Δ, le Λ, etc., se retrouvent exactement.

Voyons maintenant, de cette écriture constituée dans la première moitié du Xe siècle, quelle a été l'extension. Le lieu d'origine est sûrement la Bulgarie. L'extension en Bulgarie a été lente parce qu'il a fallu probablement lutter contre des préventions, et introduire cette écriture nouvelle dans les textes religieux que l'on copiait. En Macédoine, en particulier, on a continué d'user largement de la glagolite ancienne jusqu'au milieu du XIe siècle. Mais il y a eu extension progressive : d'abord de la Bulgarie à la Macédoine, et ensuite nous rencontrons cette écriture dominante et presque unique en Serbie au XIIe siècle, et même jusqu'en Bosnie. À l'Est, en Russie, on ne trouve que l'écriture cyrillique, sauf des exercices de plume de copistes, qui montrent seulement qu'ils avaient la curiosité de la glagolite, parce qu'ils connaissaient des manuscrits glagolitiques. Cela tient à ce que la conversion de la Russie a été tardive, j'entends sa conversion officielle : celle des Bulgares est de 864, celle des Russes de 988. Cette conversion s'est faite en Russie par des missionnaires, des prêtres bulgares. Les Russes ont accueilli ainsi la nouveauté de la Bulgarie, l'alphabet cyrillique, et ils n'ont pas connu la vieillerie de l'alphabet glagolitique. Cela a conféré à la cyrillique – il faut y songer – une extension géographique considérable dès le début, et qui est devenue ensuite énorme. Nous allons voir les restrictions à cette extension.

La glagolite, elle, est restée confinée dans le domaine le plus occidental, en Moravie, dans la mesure où elle n'en a pas été chassée, et en Pannonie, puis elle s'est fixée et a trouvé un lieu d'asile en Dalmatie, sur la côte du littoral croate, en Istrie, où elle s'est maintenue jusqu'à l'heure actuelle. Car il y a toujours une langue liturgique en écriture glagolitique dont le Vatican alimente les publications ; il le fait très peu maintenant, d'ailleurs, parce que les diocèses de Dalmatie et d'Istrie qui ont le privilège d'utiliser ce rite slave renoncent à cette écriture : c'est trop compliqué d'y former des séminaristes qui ont l'habitude des caractères croates, et maintenant on imprime cette langue sacrée, le slavon d'Église, en caractères latins. Pourquoi cette conservation de la glagolite seulement à l'Ouest ? C'est que, entre-temps, était intervenu le schisme. Celui-ci s'était opéré progressivement et à des dates diverses, et l'on admet qu'il n'a été définitif qu'en 1054. Alors, la rupture a été brutale entre christianisme oriental et christianisme occidental. La cyrillique, c'était l'alphabet grec à l'usage des Slaves, c'est-à-dire, on l'a vu, avec les perfectionnements que les Slaves y avaient introduits ; les catholiques ne pouvaient pas l'accepter. La cyrillique s'est ainsi développée en tant qu'alphabet grec à l'usage des Slaves de rite grec, c'est-à-dire les orthodoxes ; elle est devenue l'écriture de leur langue littéraire qui était surtout religieuse au début. Et la glagolite, elle, est restée l'écriture courante dans la Dalmatie croate et en Istrie au Moyen Âge et bien au-delà, puis elle a été remplacée par l'alphabet latin.

Voilà donc le point de départ de la cyrillique et de l'extension de la cyrillique. Cette écriture, créée à l'usage des Slaves de rite grec, n'a pas, si ce n'est d'une façon secondaire, débordé ses limites premières, qui sont celles de l'orthodoxie slave. Il y a des exceptions : celle de l'extension toute récente de la cyrillique pour noter les langues, extrêmement nombreuses, que, très libéralement, les dirigeants de l'URSS

CYRILLIQUE (SLAVE)
Manuscrit du XIe siècle (extrait de S. D. Nikiforov, *op. cit.*, p. 100)

ont développées comme langues littéraires chez les allogènes de Russie, dans les pays du Caucase et de l'Asie. Nous verrons tout à l'heure ce qu'il faut penser de la réalité d'une telle extension. Dans une période plus ancienne, il y a une exception, mais qui est une confirmation, le cas des uniates : les uniates, qui sont des catholiques rattachés à Rome, se servent de la cyrillique ; mais ce sont d'anciens orthodoxes qui ont conservé le privilège, en se rattachant à Rome, de garder leur rite oriental, donc leur écriture. Il y a eu également certaines zones, dans le domaine méridional, où la répartition des écritures n'était pas exactement celle des religions. C'est ainsi que l'on voit, jusqu'au XVIe siècle, sur le territoire de Raguse, la très catholique Raguse, un usage de la cyrillique. Cette écriture était celle des Slaves de l'intérieur, orthodoxes, mais qui, arrivant dans le domaine de Raguse, ont été convertis d'office. Là aussi, nous avons donc une sorte d'uniatisme, mais qui n'a pas duré longtemps, car à Raguse, ville romane, l'alphabet latin l'a emporté très rapidement.

Plus curieux est le cas de la Bosnie. Il y a là un problème : savoir ce que le royaume de Bosnie, jusqu'à la conquête turque, pouvait avoir comme religion officielle. Toutes les hypothèses s'affrontent, et avec vigueur ; certains pensent qu'elle était orthodoxe, d'autres qu'elle était catholique, et d'autres, plus romantiques, qu'elle était bogomile, adepte de la fameuse hérésie des bogomiles. Si l'on voit les choses comme les voyait d'abord le très bon historien croate Šidak, jusqu'au moment où il est revenu aux conceptions romantiques, plus en faveur à Zagreb, l'Église bosniaque n'était ni orthodoxe ni bogomile, elle était schismatique. Les Bosniaques, Slaves de mauvais caractère, n'avaient pas pu supporter leurs voisins hongrois, et les prétentions du clergé hongrois. Ils avaient rompu brutalement avec lui, et du coup avec Rome, qui les avait déclarés schismatiques, anathématisés, etc. En même temps, la Bosnie, ayant rompu avec Rome, devenait terre d'asile pour les suspects d'hérésie, en ne permettant pas à l'Inquisition, la redoutable Inquisition des Dominicains, de venir les poursuivre. Du coup, l'Inquisition, les Dominicains l'accusaient d'être un pays hérétique et y dénonçaient toutes les hérésies du monde, massalisme, bogomilisme, etc. ; on n'employait pas alors le terme « bogomile », mais « massalien » dit la même chose. En réalité, c'étaient des catholiques, mais des catholiques schismatiques, qui étaient coupés de Rome et n'avaient plus le moyen d'avoir des évêques intronisés. Ils s'en passaient et avaient développé leur Église nationale. On peut les comparer aux vieux-croyants russes, coupés de l'Église orthodoxe, et qui doivent choisir eux-mêmes leurs prêtres. En Bosnie, nous voyons l'adoption de l'alphabet cyrillique. Les Bosniaques, au début, s'étaient servis de l'alphabet glagolitique, mais rompant avec les Croates, avec les Occidentaux, ils ont adopté l'écriture de leurs voisins serbes, la cyrillique.

Cette écriture présente, non seulement en Bosnie, mais également dans le pourtour serbe autour du royaume de Bosnie, un aspect un peu spécial de la cyrillique, qu'on peut attribuer à l'influence de l'ancienne glagolite, avec des formes légèrement différentes de certaines lettres : c'est ce qu'on appelle la cyrillique bosniaque. Lorsque, après la conquête turque, la propagande catholique – cette fois, ce n'étaient plus les redoutables Dominicains de l'Inquisition, mais les bons Franciscains – a retrouvé cette population, elle a retrouvé des catholiques. Le bogomilisme n'avait jamais existé, le schisme était oublié, et ceux qui restaient étaient des catholiques. Il n'y avait d'ailleurs que des paysans, parce que la noblesse, ou bien avait émigré, ou bien avait été massacrée, ou bien, en très grande partie, pour conserver ses avantages, s'était convertie à l'islam. Ces catholiques se servaient de l'écriture spéciale bosniaque, et les Franciscains ont utilisé cette cyrillique bosniaque pour leur propagande parmi eux. Il y a eu ainsi toute une petite littérature, essentiellement religieuse, qui a été assez importante au XVIIe siècle. Bien entendu, les missionnaires franciscains avaient tout intérêt à user d'une cyrillique un peu spéciale, catholique, qui différait de la cyrillique des orthodoxes. Cette écriture, au XVIIIe siècle, a été remplacée par l'écriture latine, mais elle n'avait pas complètement disparu au XIXe siècle. Quand est arrivée l'occupation autrichienne, après le Congrès de Berlin, les savants du centre autrichien de

Sarajevo, qui étaient d'ailleurs en grande partie des Slaves, ont eu l'idée étrange de ressusciter cette écriture régionale. Ils l'ont fait dans leurs publications du Musée régional de Sarajevo, mais personne en Bosnie n'a pris leur projet au sérieux.

Voyons et mesurons les gains, et les pertes également, de la cyrillique depuis son premier développement, avec extension exacte, et limitée par là, aux Slaves orthodoxes de rite grec. Nous avons déjà vu le cas de la Bosnie catholique, en désaccord avec Rome, mais non orthodoxe : elle a été perdue au XVIIIe siècle, quand la propagande franciscaine a adopté l'écriture latine des Croates. En Yougoslavie, les positions sont nettes : la cyrillique est l'écriture des Serbes, c'est-à-dire des orthodoxes ; les caractères latins sont l'écriture des Croates, c'est-à-dire des catholiques. Il y a identité de l'écriture et de la religion, et il y a identité de la religion et du sentiment national, parce que le sentiment religieux a toujours été, chez les Slaves, étroitement uni au sentiment national. Et si, dans certaines régions du domaine slave, le sentiment religieux paraît s'être perdu, peut-être s'est-il plutôt transformé que perdu, toujours lié au sentiment national. Chez les Slaves du Sud on ne fera pas des Serbes de grands fanatiques religieux ; on dirait plutôt qu'ils ont peu de goût pour la mystique russe et pour la dévotion des pays occidentaux ; s'ils sont très attachés à leur religion, c'est parce que c'est une tradition nationale, et à cela ils tiennent énergiquement. Un sentiment nouveau est né, le sentiment yougoslave, celui de la nécessité de l'union des Serbes et des Croates et de l'oubli des oppositions de races et de religions. On a pensé à supprimer la différence gênante des deux alphabets, différence d'autant plus illogique que la langue est la même : serbe et croate différaient extrêmement peu, ils ont été fondus entièrement en une seule langue, sauf les nuances qui peuvent séparer, si l'on veut, le français de Paris et le français de Bruxelles. Mais subsiste le dualisme des alphabets, des écritures, qui se révèle aussi gênant dans la pratique qu'une diversité de langue, parce qu'on doit imprimer les journaux et les livres pour deux publics différents et d'égale importance, ce qui n'est pas la place normale du régionalisme dans une communauté. Cela fait une division qui reste assez profonde dans ce pays où le sentiment yougoslave, la volonté d'union sont évidents. Il y a eu des intellectuels serbes qui, généreusement, ont offert de sacrifier leur alphabet cyrillique. Mais ce projet est resté sur le papier : il était absolument irréalisable, et les Serbes les plus yougoslaves n'ont aucune envie de quitter leur alphabet pour prendre l'alphabet latin des Croates. Ce que l'on peut observer, c'est que la ville de Belgrade étant capitale de la Yougoslavie, on y imprime aussi, et de plus en plus, en caractères latins, et que l'on pourrait avoir l'impression que l'alphabet latin devient un peu l'alphabet yougoslave. Il faut faire attention : ce n'est qu'une apparence.

Mais en Bosnie, cela devient une réalité. Il y a trois populations : catholiques, musulmans et Serbes, la population la plus nombreuse étant la population serbe. Les catholiques, nous l'avons vu, ont leur alphabet latin et n'ont aucune envie d'en changer. Les musulmans, qui ont essayé, au XVIIe-XVIIIe siècle, de noter le slave en caractères arabes, y ont renoncé totalement, et comme ils n'ont aucune raison d'adopter les caractères cyrilliques, qui portent la marque de l'orthodoxie, ils ont adopté l'alphabet latin ; il se trouve maintenant qu'une forte majorité en Bosnie est pour l'alphabet latin. Or, la province de Bosnie est une province importante, très étendue, avec toutes sortes d'ambitions, et Sarajevo se voit déjà, prétend-on, la capitale de la Yougoslavie. L'élément musulman en Bosnie est important, très actif, c'est une population neuve et curieuse.

Voilà la situation des écritures en Yougoslavie. Barrière : la cyrillique ne débordera pas sur l'alphabet latin, mais l'alphabet latin a bien de la peine à mordre sur la cyrillique, qui maintient solidement ses positions.

Il y a eu un domaine de grand gain pour la cyrillique : c'est la Roumanie. Mais, là aussi, c'est une victoire de la religion. Les Roumains ont adopté l'alphabet cyrillique parce que leurs grandes provinces du Sud, Valachie et Moldavie, ont adopté la religion orthodoxe. En Transylvanie, la situation a été plus complexe, comme celle des religions. En Roumanie, au début, la langue littéraire, la langue écrite, a été slave ; les Roumains n'ont écrit qu'en slave jusqu'au XVe siècle, en slavon bulgare, et aussi, en Valachie, en slavon serbe ; ils ont développé une école slave qui a eu même un renouveau au XVIIe siècle, et il y a eu, en Moldavie, une brillante école d'érudits roumains écrivant la plus pure langue d'Église bien mieux qu'on ne l'écrivait en Bulgarie même, à cette époque. Cela n'a pas duré, un simple feu de paille, et, entre-temps, le roumain, langue vulgaire par rapport au grec et au slave, a commencé de s'écrire au XVIe siècle. On l'a écrit avec les caractères cyrilliques, en adaptant l'écriture cyrillique, en lui ajoutant certains signes pour noter les sons spéciaux du roumain. Belle victoire de la cyrillique, mais on sait qu'elle n'a pas duré : l'alphabet cyrillique étant un alphabet à l'usage des orthodoxes, mais aussi à l'usage des Slaves, il a suffi qu'au XIXe siècle les Roumains s'avisent qu'ils n'étaient pas slaves, qu'ils appartenaient à la *latina gente*, pour qu'ils passent à l'alphabet latin. Donc gain pour l'alphabet cyrillique, et perte ensuite, comme en Bosnie, parce que la raison d'être de la cyrillique est double : d'une part, alphabet fait pour noter le slave, à l'usage des Slaves, et, d'autre part, alphabet pour les Slaves de religion grecque.

On a voulu, à une date toute récente, ressusciter l'alphabet slave pour écrire le moldave de Bessarabie. Mais pourquoi ces deux roumains : celui de Roumanie et celui d'Ukraine ? Que représente le moldave en caractères russes ? Pourquoi ne pas écrire directement en russe ?

L'écriture cyrillique, telle qu'elle a été fixée au début, l'onciale grecque adaptée à l'usage du slave, s'est maintenue, très belle, très simple, elle s'est conservée avec une grande unité, et elle se continue avec certaines transformations, jusqu'à la cyrillique des langues slaves modernes. Les transformations sont relativement légères ; bien entendu, ce n'est pas la même chose d'écrire sur manuscrit et d'imprimer, et les tracés se sont un peu modifiés, mais le principe même de l'écriture n'a pas changé. En revanche, ce qui a changé, ce sont les usages orthographiques qui différaient selon les régions du très vaste domaine slave : on écrivait avec des règles orthographiques différentes, en Serbie, en Russie, etc. Et du point de vue philologique, c'est assez compliqué, mais du point de vue de l'écriture, pas du tout. La cyrillique n'a pris des aspects un peu spéciaux qu'en Bosnie d'une part, et, d'autre part, en Roumanie. Puis ont été opérées des réformes qui ont introduit dans l'écriture de petites modifications de détail pour mieux l'adapter aux langues slaves modernes, et qui ont ainsi créé certaines différences entre les alphabets. Les Russes ont donné l'exemple, avec l'alphabet civil de Pierre le Grand, débarrassant l'écriture de traditions religieuses encombrantes ; une autre réforme, immédiatement après la Révolution russe, a supprimé quelques caractères inutiles. Réformes très modérées, et l'alphabet russe est le moins phonétique des alphabets slaves, mais cela tient à ce que la phonétique du russe est la plus compliquée du point de vue vocalique. On nous accuse constamment, Français et Anglais, d'avoir une orthographe impossible, mais c'est aussi parce que nous avons une phonétique impossible, et les essais d'établir un alphabet phonétique, adéquat pour ces langues, se sont révélés des essais difficiles qui n'ont contenté personne. Des langues comme l'italien n'ont aucun mérite à avoir un alphabet phonétique à peu près parfait, et il en est de même du serbo-croate : la gamme des sons y est d'une grande simplicité et il n'y a aucune nuance de timbre vocalique. En Russie, tout est conditionné par l'accent qui commande le timbre des voyelles et qui est très difficile à noter. Les Russes ont perfectionné leur alphabet sans essayer de noter phonétiquement les nuances de prononciation. Les Ukrainiens, au cours du XVIIIe siècle et au XIXe, développant une tradition slavonne un peu différente, celle du ruthène, ont établi un alphabet phonétique excellent pour l'ukrainien, avec quelques différences d'emploi des lettres et certains signes nouveaux. De même, le blanc-russe, nouveau venu, a voulu être un modèle d'exactitude phonétique, ce qui n'est pas sans lui donner l'aspect peu lisible d'un dialecte noté phonétiquement. Et le bulgare, le serbe, le macédonien, nouveau venu aussi, chaque langue s'est constitué son alphabet cyrillique ; la base est la même pour toutes, mais avec quelques caractères spéciaux. L'ensemble de ces alphabets est phonétiquement de haute valeur.

De ces réformes, la plus curieuse, la plus révolutionnaire, a été celle du serbe. Le serbe a été prendre, dans l'alphabet catholique, dans l'alphabet latin, un signe qui était spécifiquement latin, le signe *j* (français *y*) en décomposant en des groupes *ja, ju* (français *ya, you*) les signes uniques, **Я**, **Ю**, de la cyrillique. Cela nous paraît simple, mais cela ne l'a pas été en son temps et l'auteur de cette innovation, Vuk Karadžić, a été accusé de se vendre aux Autrichiens, aux Croates, aux uniates, aux protestants, enfin de trahir l'orthodoxie. Cela n'a pas empêché la réforme de Vuk Karadžić, qui était excellente, d'être adoptée, avec quelque retard, mais sans difficulté.

Ainsi, l'alphabet cyrillique, sous ses aspects modernes très légèrement différenciés, est employé sur un domaine qui, si on regarde les cartes actuelles, est immense. Mais c'est du fait de la Russie, qui, en s'étendant, l'a transporté au bout du monde, jusqu'à Vladivostok. En ramenant l'extension de l'alphabet cyrillique à ses premières dimensions, on reconnaît que cette écriture occupe un domaine strictement limité, le domaine orthodoxe chez les Slaves, et qu'elle n'est pas sortie de ces limites. Elle n'a pas débordé le moins du monde sur les domaines voisins ; si les Lituaniens et les Lettes ont subi une forte influence linguistique des Russes, ils n'ont jamais pensé à adopter l'alphabet cyrillique. Et il a suffi, je vous le disais, que les Roumains s'aperçoivent, au XIXe siècle, qu'ils n'étaient pas slaves pour abandonner cet alphabet. Il y a même un point – c'est une curiosité – où un autre alphabet orthodoxe a mordu sur l'alphabet cyrillique. L'orthodoxie slave, évidemment, est pure religion grecque, mais il y a plus pur encore : la religion grecque de la Grèce elle-même. En Macédoine, où l'orthodoxie grecque et l'orthodoxie slave sont côte à côte et en concurrence, les Slaves, au XVIIIe et au XIXe siècle, ont aimé écrire leur langue en caractères grecs, afin de manifester leur attachement à l'Église grecque, leur grécomanie. Il y a eu momentanément, sur ce point-là, une perte, même en pays orthodoxe slave, de la cyrillique. Puis l'équilibre s'est rétabli : la Macédoine du Sud s'est grécisée et la langue slave y disparaît, et la Macédoine du Nord a définitivement opté pour l'alphabet slave.

Donc, pas d'extension de l'écriture cyrillique, et pourtant ce n'est pas que cette écriture soit mauvaise ; elle est au contraire remarquable. Créée dès le début comme écriture phonétique, elle note phonétiquement encore à l'heure actuelle de façon parfaite les langues slaves, celles du moins qui ne présentent pas trop de complications phonétiques. Et si elle n'a pas débordé sur les pays qui se servaient de l'alphabet latin, elle a influencé l'alphabet latin des Slaves, et même d'autres pays, en lui servant de modèle. Les Slaves écrivant en alphabet latin se servaient de l'alphabet traditionnel qui ne sait pas noter, avec les moyens latins, les sons du slave, pas plus d'ailleurs que les sons des langues romanes modernes, le *che*, le *je*, etc. Il y avait, il y a eu jusqu'au XVIIIe siècle, et même au XIXe, une quantité de façons de noter le *che* : *s, ss, sz, sc*, d'autres façons encore. Elles varient selon les textes, et dans le même texte. Il y a eu une réforme, partie de la Bohême du XVe siècle, et due à Jean Hus : les Slaves (sauf les Polonais) écrivent maintenant *š*, avec le *s* surmonté d'un signe diacritique. Il a suffi d'écrire la seconde lettre d'un groupe comme *sc* sur la première, comme les Allemands ont fait pour *ue* devenant *ü*, pour obtenir un signe notant exactement le *che*. C'est très simple, mais il fallait y penser ; il fallait avoir l'exemple d'un alphabet phonétique slave. Or, les

Tchèques connaissaient bien l'alphabet cyrillique, et même l'alphabet glagolitique. Hus a certainement pris comme modèle le système parfait pour la notation du slave que lui fournissait l'alphabet cyrillique. Puis, tardivement d'ailleurs, cette écriture réformée s'est étendue à tous les pays slaves à alphabet latin (sauf la Pologne), et également aux pays baltes, aux Lituaniens, aux Lettes, et elle a donné à ces pays des alphabets qui sont des alphabets modèles. L'alphabet tchèque a été utilisé par la science linguistique du XIXe siècle, fournissant des signes pour translitérer les alphabets du sanscrit et d'autres langues. Bien entendu, les savants en ont usé à leur façon, mais l'alphabet du type tchèque, qui translitère de façon parfaite l'alphabet cyrillique, a servi de première base à une sorte d'alphabet phonétique international des savants.

L'alphabet roumain a employé un autre système que l'alphabet tchèque pour se latiniser, mais le même principe phonétique : un signe, un son. À tout cela, il faut reconnaître une lointaine origine : l'alphabet cyrillique. C'est parce que l'alphabet cyrillique et, antérieurement, l'alphabet glagolitique de Constantin-Cyrille ont été au début des alphabets phonétiques modèles pour les langues slaves, que les Slaves écrivant en caractères latins ont su se créer des alphabets remarquables à principe essentiellement phonétique. À côté de l'extension, grande mais limitée, de la cyrillique en surface, il faut penser aussi à l'extension plus large encore de son exemple : en forçant un peu les choses, le Grec Constantin-Cyrille du IXe siècle apparaîtra comme l'ancêtre et l'inventeur de nos alphabets phonétiques internationaux.

XVII

LES ÉCRITURES LATINES

EXTENSIONS PASSÉES ET RÉCENTES

par Marcel Cohen

Raymond Bloch nous a dit que l'alphabet latin provenait du grec par l'intermédiaire de l'étrusque ; c'est le même domaine, mais il est coupé en deux, et il a été coupé par la scission de l'Empire latin en Empire d'Orient et en Empire d'Occident. Meillet, notre maître, a beaucoup insisté là-dessus dans ses livres, et il a indiqué qu'il y avait un développement grec côté Empire d'Orient, qui s'est stabilisé, comme Vaillant nous l'a dit, à cause du schisme religieux. Et, en effet, quand nous considérons ces histoires d'écriture, il faut d'abord que nous voyions les faits religieux qui y sont liés.

Mais ces côtés religieux deviennent, en même temps, très facilement des côtés politiques, Vaillant l'a aussi très bien indiqué ; il y a des particularismes politiques, nationaux, qui doublent les faits de religion dans certains cas. Mais il y aussi un aspect administratif des faits politiques, l'usage commercial, et celui de la vie courante, laïque, qui ne doivent pas non plus être oubliés.

Je suis de plus en plus conscient, au fur et à mesure que ces journées se déroulent, des « trous » qu'il y a dans l'ouvrage que j'ai commis, mais enfin j'avais traité certains sujets, et je renvoie, pour l'extension de l'écriture latine et la christianisation européenne, à la fin de mon chapitre IX et aussi aux dernières divisions du chapitre X sur les orthographes. J'y ai traité en grande partie le sujet d'aujourd'hui, et j'ai risqué une carte où j'ai signalé les premiers usages de l'écriture latine pour noter les langues modernes de l'Europe. Mais il faudrait savoir à quel moment la christianisation s'est faite. Il y a eu forcément des apports de textes : il fallait bien que les propagandistes aient des textes écrits. Par conséquent, il faudrait dater l'introduction de l'écriture latine au plus tard par la christianisation scripturaire de l'Europe ; et j'avoue que je ne l'ai pas fait et je le regrette.

Évidemment, il a pu y avoir des administrateurs et des marchands avant les prêtres chrétiens ; ils n'avaient peut-être pas de livres ; apparemment ils se servaient tout de même d'actes. Mais, surtout, il y avait l'armée romaine, et il est probable que tous ceux qui ont eu des rapports avec elle ont été obligés, pratiquement, d'utiliser les caractères latins. Comme on sait quelle a été l'extension progressive de l'Empire romain et de l'établissement de ce qu'on appelle le *limes*, la limite militaire plus ou moins fortifiée, plus ou moins « grande muraille », c'est là-dessus qu'il faut voir[1] comment s'est faite, pour commencer, l'extension de l'écriture latine en Europe.

Cette extension devait aboutir à une conquête totale, sauf les limites imposées par la conservation du grec là où il était chez lui, et du cyrillique, et des autres écritures dont j'ai eu à parler, là où elles se sont créées. Il faut rappeler que l'écriture latine a une prépondérance numérique. On n'a pas bien chiffré pour le cyrillique – il le faudrait –, mais enfin le latin, avec toute l'Europe non cyrillique et toute l'Amérique, du Nord et du Sud, arrive à un total supérieur à celui du domaine cyrillique. Il faut dire que l'écriture latine a conquis la plus grande partie du monde, et a un dynamisme de projection qui fait qu'elle s'étend de plus en plus.

1. Pendant l'impression du présent livre, R. Marichal, suppléant à ma carence, a bien voulu porter les dates nécessaires sur la carte qui est présentée p. 652. Il n'a pas été tenu compte de tous les événements historiques. Dans la péninsule hispanique et en Sicile la domination musulmane (XIe-XVIe siècle) a apporté l'usage de l'écriture arabe. À l'Est, la création d'États catholiques par les croisés a réimplanté l'écriture latine aux dépens du grec en Morée (XIIIe-XIVe siècle), aux dépens de l'arabe en Palestine (XIIe-XIIIe siècle). Au XXe siècle, le turc a abandonné l'écriture arabe pour l'écriture latine. En Afrique du Nord, l'écriture latine a réapparu avec la conquête française de l'Algérie à partir de 1830.

Mais revenons au sujet que j'avais traité, bien qu'insuffisamment, dans mon ouvrage, celui de l'extension du latin, de l'écriture latine, avec l'apparition des textes des différentes langues de l'Europe, des différentes langues parlées qui ne sont plus le latin. Nous avons de l'espagnol, depuis le XIIe siècle, du portugais à peu près à la même époque, de l'italien depuis le XIIIe siècle, peut-être avant, du français depuis le IXe siècle. Le germanique est contemporain du français, même un peu antérieur, il est du VIIIe siècle. Ici il faut toutefois mentionner l'écriture ogamique, très intéressante à beaucoup d'égards, qui a joué un rôle en domaine celtique, et il y a eu les runes dans le domaine scandinave. Le latin, là, ne s'est pas trouvé sur un terrain vierge, il a fallu qu'il conquière sa place[1].

Par la suite, il y a eu extension de l'écriture latine avec l'Église réformée qui s'est installée sur une partie de l'Allemagne, des pays scandinaves et encore plus à l'Est. La Hongrie, qui a été très catholique et qui l'est encore en partie, a adopté l'écriture latine pour une langue finno-ougrienne. Il faut, en effet, penser aux origines des différentes langues : il y a les langues romanes, les langues germaniques, les langues slaves occidentales, les langues baltiques, qui sont de l'indo-européen, et puis il y a aussi des enclaves non indo-européennes, comme le basque, qui s'est écrit au XVIe siècle ; il y a le hongrois, qui est une avancée des langues de l'Asie en Europe, de même que le finnois et l'estonien au Nord, qui sont aussi finno-ougriens. Donc il y a des langues variées qui ont été conquises, dans des circonstances diverses qu'il faudrait retracer, par l'écriture latine.

Autre point de vue : R. Marichal nous a donné un aperçu du développement de l'écriture latine, de ses vicissitudes, du fait qu'elle s'est transformée, retransformée, etc. Mais il n'a pas eu le temps de nous parler des points de vue nationaux. Il faut penser que les pays celtiques ont fait cavalier seul depuis presque les origines de l'extension de l'écriture latine ; maintenant encore nous pouvons voir dans les documents officiels de la république d'Eire, et en particulier sur les timbres-poste, une écriture qui est très jolie et qui, d'ailleurs, n'est pas très loin de la caroline. Et puis il faut mentionner le fait que l'écriture gothique a été conservée en Allemagne par la grâce de Luther, en grande partie, qui a imprimé la Bible en caractères gothiques, de sorte que cette écriture est devenue une espèce d'écriture nationale, germanique d'abord, et allemande ensuite. En effet, elle s'était étendue aux pays scandinaves qui l'ont repoussée au milieu du XIXe siècle, alors que l'Allemagne la conservait encore et avait doublé cette écriture gothique imprimée d'une écriture manuscrite qu'on appelle l'« écriture brisée », la *Frakturschrift*, qui a été longtemps une particularité nationale des Allemands, encouragés par un mouvement pangermaniste pendant un certain temps. Cependant, les Allemands les plus expansifs,

1. Voir, ci-dessus, *La Grande Invention de l'écriture*, carte p. 212.

que nous avons malheureusement connus sous l'aspect du IIIe Reich, n'ont pas maintenu cette écriture. Depuis le début du XIXe siècle, dans les écoles allemandes, il y a eu double enseignement, très gênant évidemment pour les enfants, d'une double écriture manuscrite, et l'hitlérisme, en 1941, l'a aboli. L'écriture latine a été adoptée, avec une main un peu spéciale qui permet tout de même de dire qu'il y a une petite particularité allemande. Cette écriture s'appelle la *Reformschrift*.

Je clos ce chapitre, traité trop rapidement, et je passe à un autre. Il y a la question des orthographes. Il ne suffit pas de parler d'une écriture, il faut savoir comment une écriture est adaptée à une langue. On a parlé d'orthographe égyptienne, mésopotamienne, etc. On a fait allusion aux difficultés de l'orthographe française ou anglaise : c'est une question constante ; André Vaillant, en particulier, en a traité un aspect. À côté de ces très bonnes orthographes en caractères latins que sont le tchèque et le croate, nous avons des orthographes beaucoup moins bonnes, à mon avis, qui sont celles du polonais ou du hongrois, qui ont conservé les groupes de consonnes au lieu d'adopter les signes diacritiques. Au lieu d'avoir un *s* avec un chapeau pour *ch*, on a *sz* en polonais ; lorsque nous examinons un texte polonais ou un texte hongrois, ces *sz*, ces *cz*, etc., ne nous paraissent pas commodes, mais notre *ch* ne l'est pas plus. Le point de départ a été grec ; les Grecs ont été les premiers à noter des binômes de lettres, *ou*, *ei*, ils ont donné le mauvais exemple. Les Romains n'en ont pas eu besoin à cause de la simplicité de leur phonétisme. Seulement la simplicité du phonétisme latin nous a été néfaste, et quand on a voulu écrire avec les caractères latins le phonème chuintant sourd (*ch* du français) qui s'était répandu dans les langues modernes de l'Europe, on a été embarrassé et on a pris une graphie double. À vrai dire, les Latins l'avaient fait aussi : pour le χ grec, il y a une graphie double qui est aussi *ch*. Nous avons suivi, et pour l'allemand il y a *sch*, trois lettres groupées pour un phonème unique.

D'où une réaction, une réaction à usage scientifique. On a fait des transcriptions phonétiques ; il est arrivé que des savants européens aient voulu noter, en caractères latins, des langues écrites dans d'autres caractères, soit des langues vivantes, soit des langues restituées par la science des déchiffreurs de vieilles écritures. On a été tenté, pendant un temps, de se servir des orthographes nationales. Pour la transcription du chinois, par exemple, qui a commencé dès le XVIIIe siècle, même peut-être un peu dès le XVIIe, on a mis des *ch* et des choses analogues. Mais dès le moment où la linguistique s'est développée et est arrivée au stade de la phonétique physiologique, c'est-à-dire vers 1850, on a éprouvé le besoin d'avoir des notations meilleures et d'échapper aux orthographes nationales, et cela s'est fait d'abord pour les transcriptions de textes en caractères étrangers qu'on voulait étudier en caractères latins, par exemple le chinois. Les philologues, d'ailleurs, se servent couramment des deux écritures à la fois, du texte chinois et de la transcription en caractères latins. De même pour le sanscrit : le sanscrit a une très belle écriture, la belle écriture indienne dont a parlé J. Filliozat, mais il est tout de même plus commode pour les étudiants, et meilleur marché en ce qui concerne les impressions de dictionnaires, de se servir de l'écriture latine ; alors on s'est servi de l'alphabet latin, mais systématisé, et augmenté des signes diacritiques, en partie pris au tchèque, comme Vaillant l'a expliqué. C'est tout un nouveau chapitre : c'est le chapitre de l'utilisation phonétique, rephonétisée, de l'alphabet latin.

Quand on veut étudier toutes les langues à la fois, et des langues quelquefois d'un phonétisme compliqué, la tendance très nette des savants européens, et ceux qui les ont imités dans d'autres régions du globe, c'est d'être internationaux. On voudrait donc unifier, à défaut d'une unification de caractères, au moins les orthographes en ce qui concerne les usages nouveaux. Il s'est créé un usage scientifique chez les linguistes ; parmi ceux-ci, il s'est trouvé des propagandistes de réformes de l'orthographe et des gens qui auraient voulu, ou qui voudraient encore, substituer une orthographe phonétique aux orthographes nationales. L'écriture phonétique dite de l'Association phonétique internationale, qui est née dans le cerveau d'un Français, Paul Passy, a été propagée en Angleterre par un Anglais, qui est le gendre de Paul Passy, Daniel Jones, et s'est répandue passablement. On l'utilise pour l'enseignement de l'anglais en France, et elle vient de pénétrer, il y a peu de temps, dans le Nouveau Larousse encyclopédique. C'est une grande nouveauté, et une victoire pour la linguistique, je crois, de voir le Larousse, si peu précis à certains égards, adopter cette transcription. Faute de donner cette orthographe nouvelle à l'anglais, comme le voudraient Daniel Jones et un certain nombre de partisans de la réforme radicale, on l'a donnée à des langues qui n'avaient pas d'écriture, en Afrique. En Nigeria anglaise, il y a eu une politique qui a consisté à préférer que les indigènes, de langue haoussa en majorité, écrivent dans leur langue plutôt qu'en anglais, et l'Administration anglaise les a encouragés à écrire dans l'alphabet de l'Association phonétique internationale. Il y a déjà une littérature qui existe sous cette forme-là. Donc, il y a eu expansion de l'écriture phonétique, sous des formes variées et dans des circonstances variées.

Je voudrais dire un mot des mouvements nationaux et missionnaires. Nous avons parlé de la propagande religieuse ; le christianisme a été répandu, activement, par les missionnaires appuyés de militaires dans les pays conquis des différentes régions du globe. On sait que cela s'est accompagné, souvent, de massacres, mais ce que nous avons à examiner ici, c'est la manière dont les propagandes se sont faites au moyen des écritures. Déjà, en Espagne, pour la reconquête chrétienne sur l'islam, il y a eu utilisation de l'orthographe espagnole pour écrire de l'arabe ; il y a un certain nombre de documents de cette espèce. En Amérique, les missionnaires se sont servis, quand ils ont pu, des systèmes indigènes ; ils ont essayé de se servir un peu de l'écriture aztèque qui était extrêmement malcommode, mais ils ont surtout écrit les langues indigènes en orthographe espagnole. Cela, d'ailleurs, aboutit, à l'époque moderne, à quelques essais autonomes, indigènes, d'écriture de langues amérindiennes en écriture latine ; c'est le cas du guarani, et c'est le cas, en partie, du kitchoua-aymara en Amérique du Sud.

D'autre part, je cite encore un cas qui a déjà été évoqué, je crois, c'est le cas exceptionnel du maltais. Il y a deux cent mille chrétiens maltais qui parlent arabe. Certains de leurs savants voulaient que ce soit du phénicien, mais je crois qu'ils y ont renoncé de plus en plus et ils admettent que c'est de l'arabe, un arabe particulier. Or, depuis le XVIIIe siècle, pour des besoins pratiques, ils se sont mis à écrire leur langue sémitique en caractères latins.

En Orient plus lointain, on a vu des administrations européennes et des missionnaires européens étendre l'usage de l'écriture latine, pas toujours phonétique, quelquefois nationale ; c'est ainsi que dans l'enclave portugaise de Goa, dans l'Inde, le marathe local s'écrit en caractères latins ; il y a maintenant réaction, et on essaie de repasser à l'écriture indienne.

Il y a aussi un exemple qui n'a pas été cité pour l'extension de l'arabe : l'islam, avec l'écriture arabe, s'était étendu en Malaisie ; le malais a donc été écrit en caractères arabes. Maintenant, nous assistons à des mouvements nationaux, qui se font avec l'écriture latine. C'est ainsi que le malais en écriture arabe a été remplacé par ce qu'on appelle le *bahasa indonesia*, la langue indonésienne, qui a été adoptée pour l'ensemble de l'Indonésie ; c'est du malais, qui n'est pas la langue de la majorité des parlants, mais qui a paru être la langue de relation la plus importante et la plus apte à devenir une langue nationale. Mais on ne l'a décrétée langue nationale que sous sa forme latine. Voilà un événement nettement politique et non religieux, en même temps scientifique, parce qu'on a adopté la meilleure fabrication phonologique qu'on a pu.

Je me suis transporté très loin du premier coup ; j'ai sauté par-dessus l'exemple géographiquement le plus proche de nous, celui du turc. Mais Maxime Rodinson en a déjà parlé : le turc a été latinisé, et d'une manière phonétique extrêmement minutieuse et simple à la fois, d'une manière modèle. On n'a pas eu besoin d'autant de caractères diacritiques que pour le croate ou le tchèque, mais il y en a. Il y a une chose unique, c'est la distinction de deux *i* : un *i* avec un point, et un *i* sans point. C'est difficile, peut-être, au point de vue de la lecture, mais enfin il y a là une distinction ingénieuse, théoriquement simple, et qui est appliquée effectivement.

Les autres exemples qui sont à citer, c'est le bahasa indonesia dont on a parlé tout à l'heure, et puis le tagalog, aux îles Philippines. C'est un cas analogue au malais ; c'est la langue d'une grande partie du pays, mais pas de tout le pays ; elle a été choisie comme langue nationale, qu'on écrit en caractères latins et qu'on s'efforce de répandre en éliminant du même coup ce qu'il y avait eu de scolarisation espagnole, puis anglaise.

En Afrique du Nord, il y a des essais encore minimes pour écrire du berbère en caractères latins ; il y a des Berbères qui sont déterminés à cela et qui ont même fait des petits schismes politiques sur ce thème, par rapport à leurs coreligionnaires et compagnons politiques qui veulent se tenir à l'arabe.

Très importants sont certains usages répandus par les missionnaires. Ceux-ci, je l'ai dit, ont employé de temps en temps leurs orthographes nationales, mais en même temps, sur d'autres points, ils ont fait preuve d'initiative. Et c'est à des missionnaires portugais qu'on doit le *quôc ngu*, mot indigène dont le sens est : écriture nationale. C'est le nom de l'écriture nationale des Vietnamiens, qui a été créée, très intelligemment, par les missionnaires en majorité portugais, dès le XVIIe siècle. Ils n'ont pas essayé de se servir de l'écriture chinoise, qui s'était répandue avec un usage idéographique très compliqué et pas très heureux en Indochine, et n'était pas sortie de quelques usages savants et un peu administratifs. Les missionnaires, carrément, ont créé cette orthographe en écriture latine. Ils ont figuré les tons du vietnamien et ils ont fait la preuve pratique qu'on pouvait très bien écrire en caractères latins une langue monosyllabique à tons. Pendant assez longtemps, ça n'a servi qu'aux usages des missionnaires et de leurs catéchumènes, pour l'instruction religieuse et autre aussi, puisqu'une instruction primaire était donnée dans les Missions. Mais cette écriture s'est trouvée toute prête au moment où les Vietnamiens ont voulu prendre en main leur destinée ; et le mouvement national, le Viêt-minh, a développé immédiatement, très rapidement, l'usage de cette écriture. On a vu des Européens qui se faisaient transporter par des pousse-pousse, et considéraient les Vietnamiens comme une espèce un peu supérieure aux animaux, qui ont été stupéfaits quand ils ont retrouvé leur pousse assis sur les brancards en train de lire le journal en *quôc ngu*.

Cela est l'exemple le plus illustre, mais il y en a un autre, qui est très important aussi, c'est celui du malgache ; la chose s'est passée un peu plus tard, je crois que c'est au début du XIXe siècle ; et ce sont aussi des missionnaires qui ont donné une orthographe latine au malgache, une orthographe qui, malheureusement, a des inconvénients analogues à ceux du français, avec certaines lettres non prononcées. Toujours est-il que les Malgaches, contrairement aux Algériens, ont été scolarisés et scolarisés assez vite, mais en malgache, dans leur langue et non en français.

Il y a donc eu des usages dépendant de l'influence européenne, à des moments où il y avait des colonies. Depuis, dans la dernière période, c'est le mouvement strictement national qui s'est produit dans des États nouvellement formés, de grande étendue, avec un nombre important d'habitants (Indonésie, 80 millions environ, Philippines, 10 millions environ). Ce sont donc, au point de vue de l'histoire de l'écriture, des événements importants, qui marquent les étapes de cette marée de l'écriture latine de par le monde.

Quel est l'avenir ? Eh bien, l'avenir, je vais vous en parler un peu, à propos de la Chine, dont je n'ai pas parlé jusqu'à présent, et qui intéresse beaucoup de personnes. Nous en avons discuté récemment avec P. Demiéville. Oui, les Chinois ont adopté l'écriture latine, mais ils n'ont pas lâché l'écriture chinoise : ils ont les deux. L'état de la question est celui-ci et, d'ailleurs, il est tout nouveau. Voici des références : dans le fascicule 7 des Recherches internationales à la lumière du marxisme, intitulé *Linguistique* (mai-juin 1958), on trouvera, entre autres choses, des renseignements très intéressants sur l'état linguistique de l'Inde, et, pour la Chine, deux rapports officiels sur la question de l'unification de la langue et sur l'adaptation de l'alphabet latin au chinois.

En Chine, il y avait, au moment où l'on a fait la dernière statistique, environ six cents millions de Chinois (en 1960, l'évaluation a été de six cent cinquante). Sur les six cents millions, il y en avait trois cent quatre vingt-sept millions qui parlaient le chinois du Nord, soit soixante-dix pour cent. Parmi les trente pour cent qui restent, environ cinquante millions ne parlent pas chinois du tout, ils parlent des langues tout à fait différentes, dès maintenant entièrement latinisées par les soins des Chinois. En défalquant ces minorités, il reste qu'il y a un certain nombre de Chinois qui ne parlent pas le chinois du Nord, le chinois national ; en particulier, il y a les Méridionaux, les Languedociens et Provençaux de la Chine, qui sont vingt-sept millions qui parlent cantonais. Les dirigeants chinois se sont donc trouvés justifiés de choisir la langue du Nord, comme on a choisi le français, et ils sont décidés à unifier la langue, à avoir une seule langue nationale, comme ont fait les Indonésiens et les Philippins. Cette langue nationale doit être écrite, et écrite phonétiquement, sans quoi on ne peut pas la répandre, on ne peut pas l'enseigner. Donc, première décision : avoir une langue nationale ; deuxièmement : l'écrire d'une manière phonétique. Quels caractères phonétiques adopter ? Une solution consiste à faire des caractères chinois phonétiques ; en fait, pour un usage limité d'instruction, pour un usage savant, on a combiné des caractères phonétiques avant l'établissement du régime actuel. Mais maintenant, sans abandonner formellement et complètement ces caractères phonétiques chinois, on a décidé tout autre chose, après de minutieuses études pour lesquelles a été créé un comité comprenant soixante chercheurs. Finalement, un décret a été voté par l'Assemblée nationale, au début de 1958, et c'est l'écriture latine qui a été adoptée pour l'apprentissage de la lecture et de l'écriture. En voici le témoignage : dans toutes les libraires chinoises on trouve un tableau présentant l'alphabet latin, avec quelques lettres doubles, quelques graphies groupées, des diagrammes, comme le *ch* et *sh*, mais classé phonétiquement. On peut voir que, contrairement à notre alphabet désordonné, il y a ici un tableau ordonné, qui commence par les labiales, se continue par les dentales, etc. Il y a d'abord les consonnes, qui servent au début des mots, puis les semi-voyelles ; les voyelles isolées et puis les diphtongues ; enfin, viennent des fins de mots qui comportent des consonnes. Évidemment c'est adapté à la langue et à l'enseignement de la langue qui doit être donné. Il y a un autre tableau non reproduit ici où l'alphabet est donné dans notre ordre ; il est plutôt fait pour l'écriture que pour la lecture puisqu'on y montre les formes manuscrites des minuscules et des majuscules. D'autre part, il est nécessaire de connaître notre ordre traditionnel pour l'apprentissage des langues occidentales, et, d'ailleurs, il est adopté aussi maintenant pour les dictionnaires chinois.

JIAOYUAN YONG SHENGMU YUNMU KAPIAN
教員用声母韵母卡片

b	p	m	f	d	t	n	l	g	k
h	j	q	x	zh	ch	sh	r	z	
c	s	y	w	a	o	e	i	u	ü
ai	ei	ao	ou	ia	ie	iao			
iu	ua	uo	uai	ui	üe	ue			
er	an	en	ang	eng	ong				
ian	in	iang	ing	iong					
uan	un	uang							

TRANSCRIPTION EN ÉCRITURE LATINE
DES SONS CHINOIS

On m'a dit l'année dernière (1959) en Chine que cet alphabet était en usage pour cinquante millions d'individus : quarante-cinq millions d'enfants dans les écoles et cinq millions d'adultes en train de s'alphabétiser. On m'a dit aussi : « Nous avons décrété cela, nous l'essayons, nous ne sommes pas sûrs que le système reste exactement le même toujours, nous ne savons pas où on en sera dans dix ans ou vingt ans. » L'expérience est faite de l'adoption de cette écriture latine avec l'idée bien déterminée de communiquer avec l'Occident. On a adopté une combinaison qui est en grande partie phonétique, mais qui, en partie aussi, conserve des défauts, soit du français, soit de l'anglais. Avec une considération très réaliste, qu'on m'a exposée, on m'a dit encore : « Nous voudrions bien être plus radicaux, plus absolus, mais nous nous trouvons en face de la dualité de l'écriture latine et de l'écriture cyrillique que nous ne pouvons pas négliger, étant donné nos rapports étroits avec l'Union soviétique ; d'où l'idée d'adopter une solution provisoire. » Le système scolaire consiste en ceci : les enfants entrant à l'école à sept ans apprennent l'écriture latine d'abord, en deux mois au plus ; quand ils possèdent bien le mécanisme de l'écriture et de la lecture, quand ils savent ce que c'est qu'écrire et lire, on leur montre les caractères chinois, au nombre de trois mille, dont plus de la moitié ont un tracé qui a été simplifié récemment. L'enseignement se fait avec des tableaux combinés et des textes juxtalinéaires. Dès maintenant il existe en librairie des petits écrits politiques imprimés ainsi ; enfin, il y a tout un arsenal pédagogique qui est combiné à cet effet.

Dans ces écrits, on voit d'abord que les caractères chinois ont une certaine utilité pour distinguer les homonymes : quand on trouve des caractères différents on sait que l'on a affaire à des mots différents, c'est comme quand nous écrivons les mots « vin », « vingt », « vainc » de manières différentes. D'autre part, on voit, dans ces juxtalinéaires, que le chinois n'est pas monosyllabique. Les Chinois nous disent, chaque fois qu'on en parle : mais non, ce n'est pas une langue monosyllabique. Il y a des composés, les monosyllabes sont groupées, et tellement bien groupées que dans l'écriture latine on les réunit en un seul mot graphique, de sorte qu'en plus des monosyllabes il y a des dissyllabes, des trisyllabes et des quadrisyllabes dans la partie latine.

Voilà où en est l'extension de l'écriture latine, allant jusqu'à la Chine, mais là avec une cohabitation pacifique de deux écritures.

C'est là-dessus que je terminerai. Pour les perspectives d'avenir, nous en dirons quelques mots à notre dernière séance. Il faut bien se dire que l'écriture latine est un fait historique ; elle est née de circonstances historiques, donc d'un certain nombre de hasards, ou, si l'on veut, de causes tellement complexes qu'elles équivalent à des hasards. Le résultat est qu'elle est désordonnée dans ses formes, et dans la manière dont nous la rangeons d'habitude ; mais il faut la prendre pour ce qu'elle est. Donc répétons : sous des formes différentes, dans des circonstances différentes, l'écriture latine s'est énormément répandue dans le monde.

XVIII

L'ÉCRITURE ET LE DROIT

par Henri Lévy-Bruhl

Le problème de l'influence que l'écriture a exercée et exerce sur le droit nous offre un exemple typique de l'importance des progrès techniques même dans les domaines qui paraîtraient, à première vue, les plus éloignés de leur action. Le droit étant un système de règles abstraites, il semble difficile de penser qu'il diffère en quoi que ce soit suivant que ces règles sont ou non couchées par écrit. Pourtant il en est bien ainsi. L'écriture jouera un rôle indirect sur le droit si l'on considère sa fonction probatoire. Mais peut-on aller plus loin encore et affirmer que l'écriture n'a pas seulement servi à attester l'existence du droit, mais que, dans certains cas, la règle juridique n'existe pas si elle n'est pas écrite ? C'est là une question délicate qu'il nous faudra examiner dans une seconde partie, tandis que la première sera consacrée à la fonction probatoire de l'écrit.

S'il est une maxime dont on ne puisse contester l'exactitude, c'est celle qui s'exprime par ces quatre mots latins : *Ubi societas, ibi jus*. Elle est d'autant plus inattaquable qu'elle est une sorte de tautologie. La société est, par définition, un groupe organisé, et qui dit « organisation » dit « droit ». Donc, depuis qu'il y a des sociétés humaines, elles ont été régies par des règles juridiques. Et comme elles ont vécu de longs siècles, voire de nombreux millénaires, avant l'apparition de l'écriture, il est certain que l'humanité a longtemps vécu sous le régime du droit oral.

Sous ce régime la règle de droit porte le nom de *coutume*, et les juristes distinguent soigneusement cette coutume, qui est orale, de la loi qui est rédigée par écrit, et qui, par conséquent, ne naîtra que plus tard.

La coutume présente des caractères très marqués, et sur lesquels il convient d'insister d'autant plus qu'ils ne sont pas toujours très bien compris, mêmes des spécialistes. Son trait principal est ce qu'on pourrait appeler sa spontanéité. La règle de droit coutumière prend naissance dans le groupe sans que rien vienne le plus souvent en aviser ses membres. Elle est un produit direct, une « donnée immédiate » de la conscience collective, de telle sorte qu'elle préexiste à sa formulation, et que l'on ne s'aperçoit de sa réalité que du moment où elle se trouve violée. À l'opposé de la règle légale qui s'établit à un moment précis de temps parce qu'elle est promulguée au moyen d'une procédure *ad hoc*, la coutume se forme en dehors de tout organe de préparation technique, et « n'a pas d'acte de naissance ». Tel est, à n'en pas douter, son trait fondamental.

Je passe sur les autres caractères de la coutume qui sont secondaires. En revanche, il me faut insister, car cela intéresse directement notre sujet, sur ce point, généralement méconnu, que la coutume, telle que je viens de la définir, ne se rencontre pas seulement chez les peuples qui ne connaissent pas l'écriture, mais qu'elle joue également un rôle très important dans nos sociétés modernes, et constitue en définitive la principale, et même, pour dire toute ma pensée, la seule source du droit. Cette affirmation peut surprendre, car on enseigne généralement que dans les États évolués c'est la loi qui est la source normale des règles juridiques, et que la coutume est réduite à un rôle tout à fait restreint. Pour démontrer mon assertion, il me faudrait plus de temps que je n'en dispose. Je me bornerai à faire observer que la loi ne fait, le plus souvent, que sanctionner un état de fait, qui, à mes yeux, était déjà, en un certain sens, un état de droit, obligatoire avant même d'être légalisé. S'il en est bien ainsi, la conversion d'une coutume – règle de droit *clandestine* – en une loi – règle de droit *officiellement* obligatoire – vient apporter à cette règle deux éléments nouveaux. Tout d'abord la sanction de l'autorité publique. Tant qu'elle est coutumière, la règle n'est en vigueur que dans certains milieux ; son domaine d'application est incertain et son exécution reste indécise. Son sens même est sujet à de multiples interprétations, ce qui tient à l'absence de rédaction écrite, et cela nous conduit au second élément qui nous intéresse plus particulièrement ici : la substitution de l'écrit à l'oralité. Sur ce point, cependant, il y a lieu d'apporter quelques nuances. À elle seule, l'écriture ne suffirait pas à transformer la coutume en loi. L'histoire nous en fournit la démonstration. On sait que pendant longtemps une grande partie de la France actuelle vivait sous le régime du droit coutumier, avec les inconvénients que comporte ce régime. Au XVe siècle, lors de la constitution d'un État d'un type relativement moderne, le besoin de posséder des règles précises et connues devint plus impérieux, et Charles VII ordonna la rédaction officielle de coutumes du royaume par la célèbre ordonnance de Montils-lez-Tours (1454). Cette ordonnance fut appliquée avec un zèle variable selon les régions, mais les principales coutumes étaient mises par écrit à la fin du XVIe siècle. Jusqu'à la Révolution, qui, pour la première fois, réalisa l'unité juridique du pays, la plus grande partie de la France était « pays de coutume », tandis que l'autre, pratiquant un droit romain plus ou moins altéré, portait le nom significatif de « pays de droit écrit ».

Si la rédaction des coutumes ne changeait pas leur nature, à quoi servait-elle donc ? Comme je viens de le dire, à faire cesser toute incertitude sur leur sens et leur portée, de telle sorte que l'on peut, au sens large, considérer que cette rédaction a eu une fonction probatoire – disons plus proprement une fonction fixatrice.

Pour les temps modernes le problème est plus complexe, et l'effet primordial de la promulgation d'une loi, même si, comme c'est le cas général, elle se substitue à une coutume solidement établie, consiste moins dans sa rédaction, c'est-à-dire dans sa fonction probatoire, que dans le sceau de l'autorité publique qui lui est désormais imprimé.

La rédaction par écrit de la règle de droit offre de grands avantages pratiques qui ont contribué à l'imposer. Un mouvement général entraîne les nations modernes à fixer par l'écriture leurs normes de conduite. Ce courant peut, du reste, se réclamer de précédents vénérables, et beaucoup de peuples ont ressenti, dès une époque reculée, le besoin de rédiger des codes. Il me suffira de citer le code de Hammurapi, le Décalogue, la loi des Douze Tables, celle de Gortyne, etc. Mais c'est surtout dans les sociétés contemporaines que ce mouvement se répand. Il n'est guère d'État moderne qui ne possède des corps de lois écrites, plus ou moins inspirées par des codifications étrangères antérieures. L'intensité croissante de la vie sociale est incompatible avec un régime où les règles de conduite restent ignorées ou obscures. Leur rédaction officielle, leur promulgation est une garantie indispensable de la sécurité des citoyens, non seulement en matière pénale, où la chose est évidente, mais aussi pour les affaires civiles. On peut ajouter qu'au moins dans certains cas la rédaction par écrit de la règle de droit a joué un rôle politique en faveur des classes populaires. La chose est particulièrement attestée à Rome, pour la loi des Douze Tables, dont une tradition fortement établie nous affirme qu'elle a été une conquête des idées démocratiques, une victoire de la plèbe. On peut conjecturer – mais ce n'est là qu'une hypothèse – que les grandes codifications telles que celles que j'ai signalées sont dues à un courant analogue, ou, tout au moins, répondent à un besoin d'unification et de certitude dont les classes populaires bénéficient en premier lieu.

Tels sont les avantages de la codification des coutumes. Est-ce à dire qu'elle ne présente pas d'inconvénient ? J'ai dit tout à l'heure que la coutume était l'émanation directe de la conscience collective. Il semble donc qu'elle possède sur la loi écrite cet avantage de mieux répondre aux aspirations du corps social. En fait l'expérience prouve que ce n'est pas toujours vrai, tant s'en faut. Une coutume une fois créée – dans les conditions mystérieuses que nous avons indiquées – elle a tendance à se perpétuer, et ne se modifie que très difficilement, moins encore que la loi pour laquelle il existe un mécanisme d'abrogation et de création. Mais la loi écrite, par le seul fait de l'écriture, pose un problème redoutable que l'on ne peut saisir dans toute sa portée que si l'on prend conscience de la nature sociale du droit et de sa fondamentale mobilité. Si les règles de droit expriment la volonté du groupe social, elles sont nécessairement variables, puisque ce groupe lui-même se modifie à tout moment, non seulement dans les éléments dont il est formé, mais même, à supposer qu'ils restent les mêmes en apparence, il aura subi, par l'effet du temps et des circonstances, des changements plus ou moins profonds. Or la loi écrite est en quelque sorte figée par sa rédaction même, disons plus précisément par le seul fait de l'écriture. À supposer, ce qui est le cas normal, qu'elle ait été, au moment de sa promulgation, parfaitement adaptée aux besoins du corps social, elle ne saurait garder longtemps cette complète adéquation. Un moment vient fatalement où un décalage se produit entre le texte de la loi, qui par définition même est immuable, et les exigences nouvelles de la collectivité. Cette situation peut devenir dramatique pour le juge tenaillé entre deux obligations qui s'imposent à lui avec une force aussi impérieuse. Il doit avant tout appliquer la loi : c'est là son rôle essentiel, auquel il ne saurait se soustraire sans encourir de graves sanctions. Mais il doit aussi donner au litige dont il est saisi la solution la plus juste, celle qui répond le plus exactement aux exigences du groupe social dont il fait partie. Que fera-t-il donc, ce juge, si la loi applicable à l'espèce qu'il doit trancher ne lui offre qu'une solution désuète, dépassée, manifestement contraire à l'équité ? Lié par la lettre du texte, victime involontaire de l'écriture, il essaiera de se tirer de ce mauvais pas en utilisant l'astuce, voire la mauvaise foi. Il cherchera, *per fas et nefas*, à faire rendre au texte légal autre chose que ce qu'il signifie. Il commettra sciemment des contresens, comptant que ces malhonnêtetés, ces acrobaties intellectuelles, lui seront pardonnées en considération du but hautement louable qui en est la raison d'être. L'histoire du droit fourmille d'exemples de cette nature.

Laissant de côté la règle de droit et ses avatars, examinons rapidement le rôle que joue l'écriture comme mode de preuve dans la vie sociale. Le sujet est si vaste qu'il y faudrait plusieurs volumes. Aussi bien me garderai-je bien de le traiter, même superficiellement. Je me bornerai à quelques réflexions.

Le lieu d'élection de l'administration des preuves, pour le juriste, c'est le procès. Sans doute ne faut-il pas pousser l'idée trop loin : beaucoup de faits ou d'allégations reçoivent leur justification en dehors du prétoire. Mais c'est la preuve judiciaire qui nous retiendra ici. Elle se présente, *grosso modo*, de la même manière dans les affaires civiles et criminelles : dans les deux cas il s'agit, pour un plaideur, d'incliner en sa faveur la conviction du juge.

Avant l'invention de l'écriture la preuve était administrée par des procédés variant suivant la mentalité des groupes sociaux. Il y a tout lieu de penser que l'on a commencé par user de preuves mystiques, et seulement ensuite de preuves rationnelles. Le type des premières est l'ordalie, entendue au sens large, avec ses modalités multiples, serment, duel judiciaire, etc. Le témoignage, au contraire, peut passer pour le type de la preuve rationnelle, dans la mesure où, dégagé de la conjuration, il tend à la relation objective des faits. L'acte écrit appartient aussi, incontestablement, à cette seconde espèce. La preuve qu'il fournit est plus ou moins convaincante, mais elle est toujours rationnelle : l'écrit est, en effet, une sorte de témoignage préconstitué. On en connaît deux grandes modalités, dont la force probatoire n'est pas la même. La première est appelée par les

Romains une *testatio*. C'est une relation faite par un tiers, et qui, évidemment, peut-être combattue par celui à qui on l'oppose. La seconde, dont les Romains ont peut-être emprunté la substance, en tout cas le nom, aux Grecs, est le chirographe dont la caractéristique est d'être écrite de la main même du débiteur. Il est évident que sa force probante s'en trouve considérablement accrue, sans pourtant qu'en raison de falsifications toujours possibles elle entraîne toujours une conviction inébranlable.

Le bon sens suggère que l'on ne rédige par écrit que les actes les plus importants, et que ceux qui touchent à des intérêts d'une certaine gravité soient entourés de garanties particulières. Tel était notamment à Rome le cas du testament qui, à partir du moment où il se faisait par écrit, devait être revêtu de cachets de témoins, ou s'accomplir devant l'autorité publique. En ce qui concerne les actes de procédure, ils sont restés longtemps oraux, à Rome. C'est le système procédural qui porte le nom des « Actions de la Loi ». Ce système a été remplacé, à la fin de la République, par la procédure dite « formulaire », où l'écrit tient un peu plus de place, moins pourtant que sous la procédure du Bas-Empire ou dans nos droits modernes. Dans l'ensemble, il apparaît que les Romains – peut-être parce qu'ils étaient moins commerçants – ont beaucoup moins utilisé l'écriture que les Grecs. Le type du contrat national romain est la stipulation, qui se compose d'une question posée par le créancier, suivie d'une réponse, exprimée dans les mêmes termes par le débiteur. C'est donc un contrat éminemment oral, et les Romains le qualifiaient de contrat *verbis*. Il est à ce point oral que même au Bas-Empire, quand la pratique de l'écrit se fut généralisée dans la vie juridique, l'exigence de la prononciation des paroles fut maintenue, ce qui, théoriquement tout au moins, faisait obstacle à la conclusion de la stipulation entre absents. Dans l'ensemble, il semble que les Romains aient accordé plus d'importance à la parole qu'à l'écriture. Serait-il trop audacieux d'avancer qu'à cet égard ils se rapprochent des Germains et s'éloignent des peuples sémitiques ?

Il ne faudrait pas cependant en conclure qu'à Rome la preuve par écrit était négligée, ou occupait une place réduite dans l'arsenal probatoire. Si on laisse de côté la procédure archaïque, dominée par des représentations mystiques, ce qui caractérise le procès romain, qu'il soit civil ou criminel, c'est la liberté de la preuve. Les Romains ont pratiqué, dès une époque relativement précoce, ce principe de l'intime conviction du juge, qui est un des fondements de la justice pénale moderne, mais qui rencontre de sérieuses limitations en matière de droit civil. Rien n'est plus étranger à leur mentalité que ce système de hiérarchie des preuves laborieusement échafaudé par les docteurs du Moyen Âge, et sur lequel M. Jean-Philippe Lévy a écrit naguère une étude approfondie. Toute une scolastique pédante régissait cette matière en vue de réduire le travail des juges à de simples opérations arithmétiques. On distinguait des preuves entières, des demi-preuves, des quarts de preuve, etc. Il suffisait d'en faire l'addition et la sentence s'ensuivait mécaniquement. L'absolue liberté d'appréciation, telle qu'elle était appliquée à Rome, va peut-être trop loin dans le sens opposé, et la solution la meilleure est sans doute celle de nos droits modernes qui, reconnaissant l'importance de l'acte écrit, exigent un écrit pour prouver une prétention au-dessus d'une certaine valeur. (Code civil, art. 1341.)

J'ajoute que nous rencontrons pour les actes écrits de la pratique juridique la même difficulté que j'ai signalée plus haut en ce qui touche la règle de droit, et qui tient à sa rigidité. À un niveau moins élevé, puisqu'il s'agit d'actes privés et non de normes générales, la cristallisation immanente à l'écriture produit, avec le temps, des effets comparables et tout aussi nocifs. Un exemple le fera comprendre : un contrat a été passé à une date déterminée, aux termes duquel B devra payer à A une certaine somme. Des années se passent au cours desquelles, la monnaie ayant été dévaluée, la somme nominale inscrite sur le titre a perdu les neuf dixièmes de sa valeur. B sera-t-il libéré en payant cette somme ? En principe il y est autorisé, mais qui ne voit que c'est là une solution contraire à la volonté commune des parties, et qu'ici encore l'écriture, parce qu'elle a figé la volonté des contractants, engendre une véritable injustice ?

Jusqu'ici nous avons examiné des situations où l'écriture ne joue, dans le domaine juridique, qu'un rôle utile, certes, mais secondaire. Elle sert à garder le souvenir de faits passés, d'actes accomplis. N'y a-t-il pas des cas où sa fonction est infiniment plus importante ? Où elle ne se borne pas à attester, mais où elle crée, par elle-même et par elle seule, un droit nouveau ? Nous nous trouvons ici sur un terrain beaucoup plus mouvant, et toute affirmation, en cette matière, doit être assortie de beaucoup de réserves.

En ce qui concerne la règle de droit, ce qui a été dit plus haut de l'élaboration de la loi et de la rédaction des coutumes peut suffire à montrer que l'écriture, à elle seule, ne joue pas ici un rôle créateur. Sans doute la substitution d'un texte écrit à une tradition orale s'accompagnera souvent de changements importants, ouvrira au droit de nouvelles perspectives. De même le remplacement, dans la procédure romaine, du régime des Actions de la Loi par celui de la procédure formulaire contribuera puissamment au progrès du droit. Mais dans tous ces cas on ne saurait dire que ces effets soient dus à l'écriture seule. Ils n'en sont que les suites indirectes.

Pour trouver des hypothèses où l'écriture par elle-même et par elle seule a semblé créer véritablement une situation juridique nouvelle, il faut considérer certains traits assez particuliers du droit contractuel.

Le juriste Gaius, qui écrivit un traité de droit romain vers le milieu du IIe siècle de l'ère chrétienne, nous apprend que les contrats peuvent se former *re, verbis, consensu* ou *litteris*, c'est-à-dire qu'à côté des contrats réels, verbaux et consensuels, il en existe une catégorie dans laquelle l'obligation naît de l'écriture. Ces contrats littéraux du droit romain ont donné beaucoup de tablature aux interprètes, et l'on discute encore très vivement sur leur nature. Le plus récemment découvert des documents qui les concernent, une tablette d'Herculanum déchiffrée il y a une vingtaine d'années, jette sur l'institution plus d'ombre que de lumière. Tout ce qu'on peut affirmer avec certitude, c'est que les contrats *litteris* sont tout autre chose que de simples instruments de preuve, mais sont de véritables contrats, en ce sens qu'ils engendrent de nouveaux rapports de droit, des obligations qui n'existaient pas avant leur conclusion. Or, comme leur nom l'indique, ces obligations ont pour origine l'écriture, plus précisément encore l'inscription des noms du créancier et du débiteur sur un registre.

Comment ces simples inscriptions sont-elles susceptibles de créer des obligations ? La chose ne doit pas paraître tellement surprenante si nous rapprochons ces institutions archaïques, après leur avoir fait franchir des siècles, de nos pratiques bancaires actuelles, de nos titres de crédit, de nos effets de commerce, par exemple des chèques où le tireur se trouve engagé envers le preneur par sa seule signature, même en dehors de toute opération effectivement réalisée. On peut seulement se demander comment, à cette époque lointaine, la simple mention d'un nom pouvait exposer la personne qui le portait à des mesures d'exécution parfois d'une extrême rigueur. Il semble que, parmi les tentatives d'explication, la bonne voie ait été frayée par Huvelin qui rapproche ingénieusement l'ancien contrat *litteris* romain de pratiques magiques bien connues des ethnologues, où, en raison du lien mystique qui unit la personne au nom qu'elle porte, il suffisait, par exemple, de percer un lingot de plomb sur lequel on avait tracé le nom de son ennemi pour que celui-ci fût mortellement frappé. Ainsi s'expliquerait que l'écriture – dans cet emploi très particulier, j'en conviens – ait pu créer à l'encontre d'une personne une malédiction qui, en vertu d'un processus bien connu de laïcisation du droit, se serait progressivement muée en une damnation ayant perdu son caractère religieux pour être désormais sanctionnée par la loi civile.

Mais est-il permis de dire que dans ces hypothèses c'est l'écriture qui crée un droit nouveau ?

À y regarder de plus près, on s'apercevra que ce n'est là peut-être qu'une illusion, et que l'écriture, dans toutes ses applications, ne joue d'autre rôle que celui d'un signe. La preuve en est fournie par la comparaison de nos contrats *litteris*, anciens ou modernes, avec les formules orales qui étaient en usage avant l'écriture, comme aussi, peut-être, avec ce que nous voyons se produire sous nos yeux.

Avant l'apparition de l'écriture, si nous considérons ce qui se passait à Rome, on estime généralement que le lien obligatoire résultait de paroles échangées au cours de la stipulation, et cela paraît d'autant plus certain qu'il fallait obligatoirement se servir de certains termes consacrés, à l'exclusion de tous autres. C'étaient donc, semble-t-il, ces formules orales qui engendraient l'obligation, et les juristes exprimaient cette idée en disant que le contrat naît *verbis*. C'est peut-être là encore une vue un peu superficielle. En réalité l'efficacité des paroles échangées ne vient pas des sons, mais de la valeur sociale qui leur est attachée, par la coutume et, en dernière analyse, du caractère sacré attribué anciennement à certains rites ou à certains termes. La véritable source de l'obligation verbale est la volonté des contractants, étant bien entendu que cette volonté ne peut valablement s'exprimer, n'acquiert de véritable efficacité que par l'emploi de certains mots qui servent en quelque sorte de mots de passe, et qui sont censés, au moins à l'origine, être revêtus d'une garantie surnaturelle. Ces termes sont le véhicule nécessaire de la volonté, mais ils n'en sont que le véhicule.

Ce que je viens de dire du contrat verbal – de la stipulation – est aussi vrai du contrat littéral. Si l'écriture crée, dans cette hypothèse, une obligation, ce n'est, à vrai dire, qu'une apparence. En réalité, l'obligation naît de rapports sociaux et économiques antérieurs, et se réalise, s'actualise, par des procédés tels que certains termes solennels du langage parlé ou écrit. Le fait de tracer certains traits sur des tablettes ne signifie rien par lui-même. Il acquiert une valeur obligatoire si, à ces traits, le groupe social attache une valeur particulière.

L'examen de ce qui se passe de nos jours est aussi de nature à jeter des doutes sur la prétention de l'écriture à engendrer par elle-même et par elle seule des obligations. Des signes nombreux nous donnent à penser que la période la plus brillante de l'écriture est à son déclin. Son prestige, ou tout au moins son monopole sont menacés. Après une quarantaine de siècles la parole paraît reprendre son avantage grâce à l'invention de procédés techniques nouveaux tels que le téléphone, le cinéma, la radio, la télescription, etc. Ils posent aux juristes de nouveaux problèmes. C'est ainsi que la théorie des contrats par correspondance s'en est trouvée complètement bouleversée. En réalité, qu'il s'agisse de moyens graphiques ou vocaux, ce ne sont jamais que des signes utilisés en vue de la célérité et de la sécurité des relations sociales.

Mais, en définitive, y a-t-il toujours tant de différence entre le signe et la chose signifiée ? Au symbole, qui n'est rien par lui-même, s'attache une valeur qui, bien qu'empruntée, n'en est pas moins réelle. On est ainsi conduit à penser qu'une dialectique un peu poussée en arriverait à diminuer, sinon même à supprimer, en la transcendant, la vieille et classique distinction entre les actes « probatoires » et les actes « créateurs ». Sur le terrain même du droit il est une institution qui atteste la fragilité de cette différence : ce sont les présomptions dites irréfragables. Il s'agit de faits qui, une fois établis, acquièrent une valeur absolue, et n'admettent pas la preuve contraire. Telle est par exemple la naissance d'un enfant pendant le mariage : il est (ou plutôt il a été très longtemps) considéré comme le fils du mari, sans que celui-ci ou l'enfant soit admis à démontrer que cette filiation était fausse. Telle surtout la présomption de vérité qui s'attache aux décisions de justice : *Res judicata pro veritate habetur*. Pour des raisons d'ordre public explicables, sinon justifiables en raison, on ne permet pas que puissent être combattues les « vérités » ainsi officiellement établies. Qu'est-ce à dire, sinon que nous nous trouvons sur un terrain mouvant, dans une sorte de *no man's land* où la preuve cesse de jouer son rôle normal, où elle est exclue en raison de considérations sociales. En dernière analyse l'aspect sociologique vient conférer à ce problème ses véritables dimensions en nous rappelant opportunément que ce qui importe, ce n'est pas de convaincre une personne déterminée – le juge – du bien-fondé de telle prétention, ce n'est même pas d'établir la vérité de telle assertion, mais c'est d'aboutir à une solution qui, sans heurter la logique ou l'équité, soit d'accord avec les aspirations et les croyances du groupe social au sein duquel elle s'exprime.

S'il en est bien ainsi, il est sans doute exagéré d'attribuer à l'écriture un rôle dans la création du droit, mais il serait tout aussi inexact de minimiser sa fonction en matière juridique. Elle est et, en dépit de certains signes de décadence, sera sans doute longtemps encore un procédé de première importance pour le perfectionnement du droit.

CONFRONTATIONS ET CONCLUSIONS

M. Cohen. – Nous allons tenter de faire une synthèse de nos travaux des jours derniers avec l'aide de nos collaborateurs qui sont aujourd'hui présents. Nous avons fait un travail collectif, et c'est collectivement que nous allons encore travailler aujourd'hui, où, à la fin de la séance, j'essaierai moi-même de tirer les ultimes conclusions.

Je voudrais tout d'abord remercier les différents orateurs : chacun a apporté du nouveau, chacun nous a donné le dernier état des questions, des découvertes et aussi de ses réflexions ; de sorte que nous avons en somme un supplément collectif aux histoires de l'écriture, par l'information de fond sur les différents domaines. Il y a des inconvénients aux ouvrages collectifs, qui ne sont pas toujours faciles à mettre en œuvre, mais il y a aussi des avantages : chaque spécialiste apporte beaucoup quand il est libre et qu'il peut dire tout ce qu'il veut, sur le chapitre où il est spécialement compétent.

Quand j'ai rédigé mon ouvrage sur l'histoire de l'écriture, j'ai consulté le plus possible mes collègues spécialistes : ils ont répondu à mes questions avec la plus grande complaisance, mais ils ne pouvaient répondre aux questions que je ne leur posais pas ; or, il se pose des questions dans chaque domaine, dont je n'avais pas eu l'idée, et dont certaines ont surgi au cours de nos entretiens de ces jours-ci. De sorte que, je le répète, nous avons eu du nouveau. Néanmoins nous ne pouvions pas tout traiter, certains petits domaines sont restés dans l'ombre, qui peuvent, peut-être, être en partie éclairés aujourd'hui.

M. Février nous a offert le fruit de ses réflexions, une théorie en grande partie nouvelle, qui nous a tous beaucoup intéressés. Mais comme il n'y avait qu'une séance consacrée aux écritures sémitiques, il n'a pas pu tout traiter, il se trouve que l'hébreu et l'araméen sont restés un peu en retrait. Peut-être pourra-t-il tout à l'heure nous apporter les compléments utiles.

Je vais demander à nos collaborateurs ici réunis de faire eux-mêmes une somme très rapide de ce qu'ils ont vu de nouveau, entendu de nouveau, et aussi une espèce de critique en mentionnant les choses qu'eux-mêmes ont été obligés de traiter trop rapidement, et peut-être même pourront-ils apporter certaines rectifications, certaines critiques sur des points particuliers.

M. Sainte Fare Garnot. – Le déroulement de nos séances me semble avoir été la justification même du titre général que nous avons donné à la « Semaine ». Bien sûr on a beaucoup parlé des techniques de l'écriture ; il y a eu dans certains exposés, à commencer par le mien, un élément descriptif auquel nous ne pouvions renoncer sans dommage. Mais ayant eu le privilège d'assister à toutes les séances, j'ai été frappé par l'abondance d'informations recueillies sur la signification psychologique des systèmes d'écriture. En écoutant les orateurs, j'ai moi-même découvert, entre l'égyptologie et d'autres disciplines, l'existence de points communs que je ne soupçonnais pas. Raymond Bloch m'a appris que les Romains aussi croyaient à l'efficacité, en soi, d'images, ou d'écrits placés hors de notre portée au sommet de la colonne Trajane, par exemple. D'autre part certains faits généraux se sont dégagés assez nettement. Les peuples artistes ont des écritures d'artistes ; on l'a bien vu au cours de nos réunions. L'égyptien ancien, le chinois, l'arabe tendent naturellement, lorsqu'on les écrit, vers la calligraphie. René Labat a très bien souligné le rôle décoratif joué par les cunéiformes ; du simple point de vue de l'art, quelque chose manquerait à la stèle juridique de Hammurapi, aux statues de Gudea, aux taureaux ailés de Khorsabad, si ces monuments étaient privés de leurs textes.

Autre fait à noter : l'établissement d'un lien sentimental entre certains peuples et leur écriture. Les hiéroglyphes, en tant qu'images, expriment la quintessence de la civilisation égyptienne. C'est pourquoi les Ptolémées et les Césars se gardèrent bien d'y toucher. Pour que les Égyptiens y renoncent, il n'a fallu rien moins qu'un changement de religion et la proscription, par les évêques et les moines, des caractères païens. On peut, je crois, déterminer de façon assez précise les causes de cet attachement des peuples à leur écriture traditionnelle. Les Grecs, les Russes tiennent à leur alphabet, pour de multiples raisons, mais l'une d'elles est évidente. Imagine-t-on les générations futures de ces deux pays incapables de lire Homère ou Dostoïevski dans le texte original ? Sur un autre plan, c'est ce qui rend si aléatoire toute réforme de l'orthographe. Les classiques de notre Moyen Âge, arrangés à l'usage des moins savants, nous paraissent méconnaissables ; Joinville ou Villon, ainsi retouchés, ne sont plus eux-mêmes. Le facteur littéraire n'est donc pas à négliger. Non moins influentes sont les croyances religieuses, qui jouent souvent un rôle de frein. Si j'en crois Louis Massignon, toute traduction du Coran en langue étrangère a longtemps passé, en terre d'islam, pour sacrilège. La même raison, sans doute, explique la répugnance des dirigeants marocains ou égyptiens à changer d'alphabet : l'écriture arabe est celle du Coran. La réforme s'est accomplie, je ne l'ignore point, en Turquie, mais après la laïcisation. Ce scrupule d'ordre religieux n'existe pas, semble-t-il, en Chine, mais d'autres ont joué puisque, Marcel Cohen vient de me l'apprendre, l'adoption de l'alphabet latin n'entraînera pas pour autant, dans ce pays, l'abandon des caractères locaux. Inversement l'appartenance de certaines provinces bosniaques à l'Islam n'a pas réussi à y implanter l'alphabet arabe. La cause de cet échec se devine : il existait dans ces régions une tradition antérieure, celle de l'alphabet cyrillique, mieux adapté à l'expression écrite de la langue nationale. L'accoutumance et des nécessités d'ordre pratique, le professeur Vaillant l'a bien montré, l'ont emporté sur la religion. On doit tenir compte des cas particuliers, qui sont nombreux.

Il faudrait dire un mot de la cryptographie. Les écritures sur lesquelles nous avons eu ces jours-ci tant d'informations nouvelles peuvent se prêter à des emplois sortant de la normale lorsqu'il s'agit de cacher, fût-ce momentanément, ce qu'on écrit. On a des usages variés de la cryptographie, dont l'étude nous réservera, je crois, des enseignements féconds, du point de vue psychologique. Tantôt on se propose de rendre les cryptogrammes incompréhensibles aux non-initiés : seuls ceux qui en ont la clé sont en mesure de les composer ou de les lire, le message secret traitant alors de choses, non seulement importantes, mais graves. Tantôt, à un certain stade de civilisation, il s'agit simplement de retarder la lecture, non de l'empêcher. Les destinataires sont invités, par l'emploi de la cryptographie, à fournir un effort supplémentaire, mais en vue d'acquérir d'importantes connaissances, et les artifices graphiques dont on se sert ne sont pas assez déroutants pour qu'on ne puisse en venir à bout. C'est mon maître Drioton qui, pour l'Égypte, l'a démontré : il s'est aperçu que les cryptogrammes égyptiens enseignent souvent des choses fort intéressantes, mais inoffensives. Leur déchiffrement ne risque ni d'entraîner une révolution de palais, ni de provoquer une guerre – ou une famine. Ils contiennent habituellement des maximes d'ordre moral ou religieux, quelquefois des fragments de biographie. Apparemment les Égyptiens, dont le système d'écriture était fort complexe, ne se donnaient pas toujours la peine de lire attentivement les inscriptions rédigées en clair. Pour piquer leur curiosité, on insérait, par endroits, des cryptogrammes qui invitaient à l'effort. Rien de commun, semble-t-il, avec le « chiffrement » en usage dans l'armée ou la diplomatie. Les messages diplomatiques égyptiens, d'ailleurs, que nous connaissons bien par les lettres de Tell el-Amarna, n'étaient pas chiffrés.

M. MARICHAL. – Ce souci de s'exprimer d'une façon obscure se rencontre assez fréquemment dans les littératures médiévales occidentales. Certains auteurs le proclament : il convient qu'on se donne du mal pour saisir la vérité.

M. Ruhlmann. – C'est aussi une idée très moderne qui s'introduit dans la publicité.

M. Labat. – Je n'ai pu suivre tous les débats qui ont eu lieu au cours de cette semaine, et je le regrette d'autant plus que j'ai beaucoup appris de ceux auxquels il m'a été donné d'assister. J'ai été notamment fort intéressé par l'exposé de M. Lévy-Bruhl qui m'a permis, je crois, de mieux comprendre certains aspects de la question que, faute de temps, je n'avais pas traités dans mon exposé sur les cunéiformes mésopotamiens. Je songe en particulier à l'aspect religieux du problème de l'écriture. Il est curieux de constater que, dans le panthéon mésopotamien, aucun des grands dieux n'est dieu de l'écriture. Ceux auxquels on fait gloire de cette invention sont d'abord la déesse Nisaba, personnification divine du grain, puis Nabû, l'un des dieux de la connaissance et de la sagesse. Il est possible d'ailleurs que ce patronage successif soit le reflet d'une évolution dans la conception du rôle des scribes. La déesse du grain a pu être tout naturellement la patronne de l'écriture dans une civilisation qui fut à ses débuts essentiellement agricole. Le patronage de Nabû, divinité plus relevée dans l'ordre intellectuel, illustrera au contraire le rôle primordial que joue désormais l'écriture dans l'acquisition et la diffusion de la connaissance.

Mais, dans leur fonction de scribe, Nabû et Nisaba sont toujours subordonnés aux grands dieux. Si ceux-ci n'utilisent pas personnellement l'écriture, c'est qu'elle n'est jamais pour les Mésopotamiens la manifestation première de la volonté créatrice. On chercherait en vain dans les mythes et dans les cosmogonies la mention d'un pouvoir essentiel et primordial attribué à l'écriture. Sans doute y est-il parfois question de la « tablette du destin », dont il arrive que les dieux se disputent la possession : c'est qu'elle constitue une sorte de droit de propriété sur les événements à venir, décidés par les dieux, et que s'en emparer peut permettre à des divinités mal intentionnées d'en altérer le texte à leur profit. Mais la décision première, que la tablette ne fait qu'enregistrer, est le fait du Verbe. La parole est créatrice ; l'image, le dessin peuvent l'être aussi. Mais l'écriture ne l'est pas. Elle ne sert qu'à fixer, à concrétiser le verbe créateur. Il en est de même dans la magie, où les mots écrits ne sont que le témoignage visible des paroles prononcées et qui seules ont une vertu efficiente.

Sur le plan religieux, on retrouve donc, entre la parole et l'écriture, l'essentiel des rapports que M. Lévy-Bruhl définissait entre le droit écrit et le droit coutumier. Si l'écriture fixe la parole créatrice, elle peut aussi permettre par subterfuge d'en modifier le sens. Une décision divine est éternelle et immuable ; mais, si elle est écrite, il devient possible d'essayer de l'interpréter et, le cas échéant, de la tourner. Qu'on en juge d'ailleurs par cette amusante anecdote que rapporte gravement le roi Asarhaddon pour justifier sa reconstruction prématurée de Babylone. La cité avait été détruite de fond en comble par son père Sennachérib, et le dieu Marduk, disait-on, courroucé contre sa propre ville, avait solennellement fixé à soixante-dix ans la durée de sa désolation. La sentence divine avait été prononcée et ni dieu ni homme n'y pouvait rien changer. Par bonheur ce nombre de soixante-dix avait été écrit sur une tablette. Or on s'avisa qu'en retournant le document les deux chiffres qui y étaient inscrits pouvaient se lire onze. Ainsi, tout en respectant la décision du dieu, Asarhaddon se crut-il autorisé à reconstruire Babylone onze ans seulement après sa destruction. Dans cet ingénieux tour de passe-passe il y a plus qu'une amusante anecdote. Il nous montre comment l'écrit peut se prêter à tourner un ordre apparemment irrévocable. Il illustre bien le sentiment qu'avaient les Mésopotamiens de la relativité, de l'insécurité de l'écriture. Nous ne nous étonnerons donc pas de trouver dans les textes religieux et dans certains documents économiques ou juridiques, les *kudurrus* notamment, d'innombrables malédictions contre ceux qui changeraient, altéreraient ou effaceraient tout ou partie du texte.

M. Bloch. – Les importantes remarques de M. Labat montrent que le problème du caractère magique de l'écriture ne se présente pas de façon identique chez les différents peuples. Dans l'Italie ancienne, ce caractère apparaît clairement en divers cas. Je n'ai pu parler, par faute de temps, dans mon exposé, d'un sanctuaire du pays vénète, celui de la déesse Reitia, à Este, où l'on a trouvé un grand nombre de documents vénètes tout à fait importants à cet égard[1]. Il s'agit de tablettes de bronze « alphabétiques », gravées sur une de leurs faces et y présentant la liste des consonnes vénètes ou des groupes de signes consonantiques. Un grand nombre d'épingles de bronze votives portent de même, gravées, des séries de lettres. M. Lejeune en conclut justement que l'écriture était un des attributs propres de la déesse Reitia et que les tablettes votives d'Este ont un caractère à la fois technique et magique. « Très probablement, écrit-il, l'enseignement de l'écriture est parti du sanctuaire d'Este et y a longtemps conservé un caractère sacerdotal[2]. »

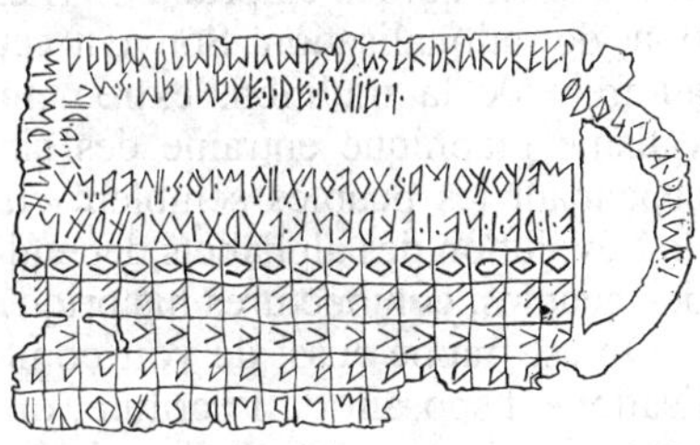

TABLETTE VÉNÈTE
« ALPHABÉTIQUE »
provenant du sanctuaire de la déesse Reitia, à Este (musée d'Este)

Dans les formules incantatoires d'époque romaine, si fréquemment retrouvées, la force contraignante réside d'abord dans la parole, dans la formule employée. Il faut noter aussi l'importance du matériau (bois ou métal bien déterminé) de l'objet sur lequel la formule est inscrite (cf., à Rome, les *tabellae defixionum* de plomb). Bien entendu, la permanence

1. Cf. M. Lejeune, « Problèmes de philologie vénète », *Revue de philologie*, XXVI, 1952, II, p. 192 *sq.*
2. *Ibid.*, p. 204.

de l'écrit joue un rôle essentiel dans son efficacité magique. L'inscription sur le mur d'une tombe fixe à jamais le nom du défunt et donne à celui-ci une sorte d'obscure survie. L'alphabet lui-même, instrument mystérieux pour les primitifs, est utilisé, reproduit pour sa valeur magique, ainsi, entre autres pays, en Étrurie, dans le pays vénète, ou dans le monde germanique dans lequel l'alphabet runique semble une protection contre les menaces et se trouve gravé sur des fibules ou sur des glaives.

La liaison entre l'histoire des peuples et celle de leurs écritures s'est révélée fort étroite. En certains cas (ainsi pour l'Étrurie), l'origine de l'écriture intéresse directement l'origine même du peuple. À l'époque historique on constate une tendance générale à la rationalisation des écritures. Servant initialement à transcrire des langues structuralement diverses, les alphabets, les écritures s'adaptent souvent mal ensuite à la transcription des langues qui les empruntent. Il en résulte un effort nécessaire d'adaptation, de rationalisation. Souvent cette évolution est très lente et se heurte au frein de la tradition, extrêmement forte en ce domaine. Le conservatisme graphique entraîne des situations absolument illogiques et dont cependant les peuples semblent curieusement s'accommoder. Le rythme de l'évolution des alphabets dépend de facteurs multiples : caractère même des peuples, conjonctures historiques.

On est frappé aussi de voir combien, dans les premiers siècles de civilisations disposant de l'écriture, on écrit peu. Les inscriptions archaïques sont ici et là en petit nombre. L'écriture reste longtemps l'apanage d'une classe de spécialistes, avant de passer aux mains des aristocrates, bien plus tard de la foule. De là provient naturellement le prestige de la classe de scribes, ou de prêtres qui en ont le monopole. Inversement, quand l'écriture se vulgarise, on assiste à une débauche de son utilisation, elle est utilisée comme un jouet, mais comme un jouet merveilleux. Songeons à la masse des graffites pompéiens, répondant à ce besoin de jeu et aussi à une vague croyance en l'efficacité de l'écrit, seul susceptible d'assurer une permanence à l'éphémère. Un peu partout, l'écriture, instrument efficace de transmission de la pensée, tend à devenir, en certains cas, une œuvre d'art. Le caractère esthétique de l'écriture se révèle aussi bien dans les inscriptions sur pierre, argile ou métal que dans les manuscrits. Des styles se créent, s'opposent, sévère, orné, etc. Parfois même l'écriture perd son caractère primordial d'utilité, sa valeur d'efficacité ou de magie pour devenir ce qu'on pourrait appeler de l'art pour l'art. Sur certains monuments romains l'inscription fixe sur la pierre ou le métal une dédicace, un souvenir, mais échappe même par sa place à la lecture de l'homme. Comme l'écrit dans la tombe éternise magiquement le nom du défunt, l'inscription au sommet d'un monument exalte par sa beauté la grandeur même de Rome.

M. Février. – En ce qui concerne l'écriture araméenne et l'écriture hébraïque, nous pouvons envisager deux choses : ou bien la conception de l'écriture, ou bien son évolution paléographique. Je crois que ce qu'il y a de plus important, et je l'ai souligné dans mon exposé, c'est que dans ces deux écritures, étant donné que ces langues avaient subi, si j'ose dire, une sorte d'usure, les finales avaient été rabotées ; il en est résulté qu'on a été obligé de noter les finales par des signes qui avaient une valeur syllabique et non pas une valeur consonantique. D'où ce fait extrêmement important que nous voyons apparaître pour la première fois dans l'écriture consonantique des *matres lectionis*, indicatrices de voyelles, qui sont d'abord limitées à la fin des mots et qui ne se répandront dans le corps des mots que beaucoup plus tard, et probablement sous l'influence de l'écriture grecque.

En ce qui concerne les Hébreux, ils ont changé de langue, et en changeant de langue ils ont changé d'écriture, parce que l'écriture était attachée à la langue.

M. COHEN. – Il y a d'autre part cette extraordinaire expansion de l'écriture araméenne, qui a commencé par conquérir cette position en Palestine, et qui, ensuite, s'est étendue extrêmement loin.

M. FÉVRIER. – Entre l'écriture paléo-hébraïque et l'écriture araméenne, à mon avis c'est l'évidence même, il y a un point de départ commun. Si elles ont évolué de façon différente, je crois que cela tient uniquement au matériel d'écriture, qui était un calame assez fin et fendu pour l'écriture hébraïque, ce qui permettait, ce qui provoquait des crochets, des espèces de paraphes. Au contraire, l'écriture araméenne était tracée très rapidement avec un calame très large du bout, qui ne permettait pas des tracés compliqués ; nous avons abouti ainsi à une écriture araméenne dite écriture araméenne d'empire, que nous trouvons au ve siècle avant l'ère chrétienne dans les papyrus d'Éléphantine. Or après Éléphantine, un ou deux siècles après, l'Empire perse, qui, après l'Empire assyrien, avait fait de cette écriture une écriture officielle, a été brisé, et alors la langue et surtout l'écriture araméenne n'ont plus subsisté qu'aux confins de l'Empire grec, plutôt des Empires grecs, séleucide et autres. Il en est résulté que ces écritures ont évolué chacune séparément, ou presque séparément des autres. Jadis j'ai donné à ces écritures un nom que les médiévistes et les historiens du latin n'aiment pas beaucoup : c'est le terme d'*écritures nationales*. Mais s'il n'est pas exact pour les écritures latines, pour lesquelles il a été cependant inventé, je crois qu'en revanche il serait assez exact pour les écritures araméennes, pour lesquelles il n'a pas été inventé. Nous avons eu des écritures comme l'écriture hébraïque, comme l'écriture palmyrénienne, comme le mandéen et ainsi de suite, et vous remarquerez que toutes ces écritures sont des écritures du « maquis », si je puis dire, des écritures qui sont en bordure du monde grec, de tous les côtés, ce sont des écritures de révoltés, de gens qui n'adoptent pas.

Deuxième fait qui s'est produit alors à ce moment-là, c'est que ces écritures ne sont pas restées fidèles au vieux calame large, qui ne permettait pas certaines courbes, les ronds, les tracés délicats. Le matériel d'écriture a changé, et c'est ainsi, par exemple, que les Nabatéens et même aussi les Palmyréniens ont adopté de nouveau un calame qui permettait toutes ces subtilités de l'écriture ; ils ont recréé ainsi une écriture à boucles, à paraphes, à partir de l'écriture araméenne d'empire.

M. COHEN. – Ces modifications de l'écriture se sont donc produites dans des milieux politiques différents.

M. FÉVRIER. – Oui, elles sont devenues une façon de manifester, pour ces milieux politiques différents, leur indépendance à l'égard des Grecs. Dans l'ensemble, c'est un refus d'accepter l'hellénisme.

M. COHEN. – On pourrait faire remarquer d'autre part que l'écriture araméenne, devenue sous une de ses formes l'écriture juive, est restée étonnamment stable dans le monde juif. C'est une chose assez extraordinaire qu'une bible actuellement lue à la synagogue ressemble beaucoup aux papyrus d'Éléphantine du ve siècle avant J.-C.

M. FÉVRIER. – On peut remarquer que les titres des affiches électorales sur nos murs sont exactement de l'alphabet grec occidental, de quelques siècles avant notre ère.

M. COHEN. – Il n'y a pas qu'un seul conservatisme ; il peut y en avoir plusieurs. L'exemple juif me frappe. Je ne sais pas dans quelle mesure il est intervenu des prescriptions normatives, mais il se trouve que les rabbins, les juifs, qui ont beaucoup écrit, se sont interdit les ligatures ; de sorte que dans les cursives juives encore actuellement en usage, on ne peut trouver qu'une ligature, celle de *l* et *aleph* ; alors que les voisins des juifs, qui avaient reçu la même écriture araméenne, se sont mis, en partie probablement pour des raisons matérielles, à unir les lettres ; de sorte que nous avons quelques ligatures en palmyrénien, beaucoup plus en nabatéen, beaucoup plus en syriaque et en arabe, écritures sorties du même fond. C'est d'autant plus frappant que l'espace géographique où cela s'est produit était petit[1].

D'autre part, l'araméen s'est épanché, par des voies à la fois religieuses et commerciales, jusqu'aux abords de la Chine. Et là on trouve des écritures d'origine araméenne écrites en colonnes verticales et là aussi en caractères séparés. Il y a une multiplicité de cette descendance de l'alphabet araméen, qui me paraît frappante, et qui, justement, illustre par ses divergences de facture les différents tempéraments, car on ne peut pas les ramener à de simples différences du matériel d'écriture.

---

1. Depuis cette journée du 11 mai 1960, j'ai appris que certains manuscrits rabbiniques médiévaux comportent des ligatures et que, d'autre part, celles-ci commencent à paraître dans la pratique israélienne.

M. FÉVRIER. – En ce qui concerne les ligatures, il est exact qu'il y a très peu d'abréviations en hébreu, y compris l'écriture rabbinique. Je voudrais savoir jusqu'à quel point cela ne tient pas au calame et à la matière sur laquelle on écrit. Il est certain que les ligatures doivent se développer beaucoup plus facilement chez un peuple qui écrit au pinceau ou bien sur du papyrus et avec un calame qui coule bien.

C'était le cas pour les Nabatéens : il suffit de regarder l'écriture nabatéenne, pour être sûr qu'ils se servaient d'un calame qui écrivait très aisément ; il n'y a qu'à voir les boucles qu'ils font, les grandes lettres, c'est une écriture sur quatre lignes. L'écriture hébraïque serait plutôt une écriture sur deux lignes que sur quatre. En ce qui concerne les ligatures, ce sont surtout les peuples comme les Nabatéens et les Palmyréniens qui les ont développées, c'est-à-dire des gens qui devaient se servir du pinceau pour écrire ; et ce n'est pas toujours dans la cursive qu'il y a le plus de ligatures. Deuxièmement, il faut remarquer aussi que ces systèmes de ligatures – c'est une chose qui m'a toujours étonné et je souhaiterais qu'un de mes élèves entreprenne cette étude – ne sont pas les mêmes en nabatéen, en arabe, en palmyrénien, etc. Les lettres ne se lient pas de la même façon et ce ne sont pas les mêmes lettres qui se lient.

M. COHEN. – Évidemment nous ne pouvons pas entrer dans la voie de la graphologie des peuples : ce serait trop délicat, trop difficile. Mais nous pouvons émettre cette idée que ce n'est pas uniquement par des raisons techniques qu'il y a des différences, il peut y avoir autre chose, y compris les goûts esthétiques.

M. FÉVRIER. – Attention. Pour beaucoup de ces écritures, nous ne connaissons pas les écritures courantes : il n'y a pas plus de douze ou quinze ans qu'on connaît l'écriture courante nabatéenne. La cursive palmyrénienne ne nous est connue que par quelques exemplaires, pas plus. Or c'est cette écriture-là qui est une écriture vivante.

M. FILLIOZAT. – Deux questions ont été abordées tout à l'heure, dont je n'avais pas parlé, et je pense que c'est sur ces points que je dois maintenant apporter quelques compléments à mon exposé de l'autre jour.

M. Cohen a dit que les différences d'écritures tiennent moins à des raisons techniques qu'à d'autres raisons qu'on doit chercher probablement dans la psychologie, dans l'intention de ceux qui écrivent. Je crois que les données indiennes qui, à la différence des données qu'évoquait M. Février, sont d'une abondance extrême, prouvent que la matière sur laquelle on écrit n'a aucune importance. Les facilités ou difficultés techniques qu'elle présente jouent très peu. On écrit en caractères extrêmement compliqués sur du granit avec toutes les peines du monde, mais en réussissant, comme sur une feuille de palmier lisse et souple. Une fois que l'écriture a un type particulier, qui est adopté et qui est reçu, on plie le matériel à la volonté qu'on a et au choix qu'on a fait. Dans l'Inde on a écrit sur des matières

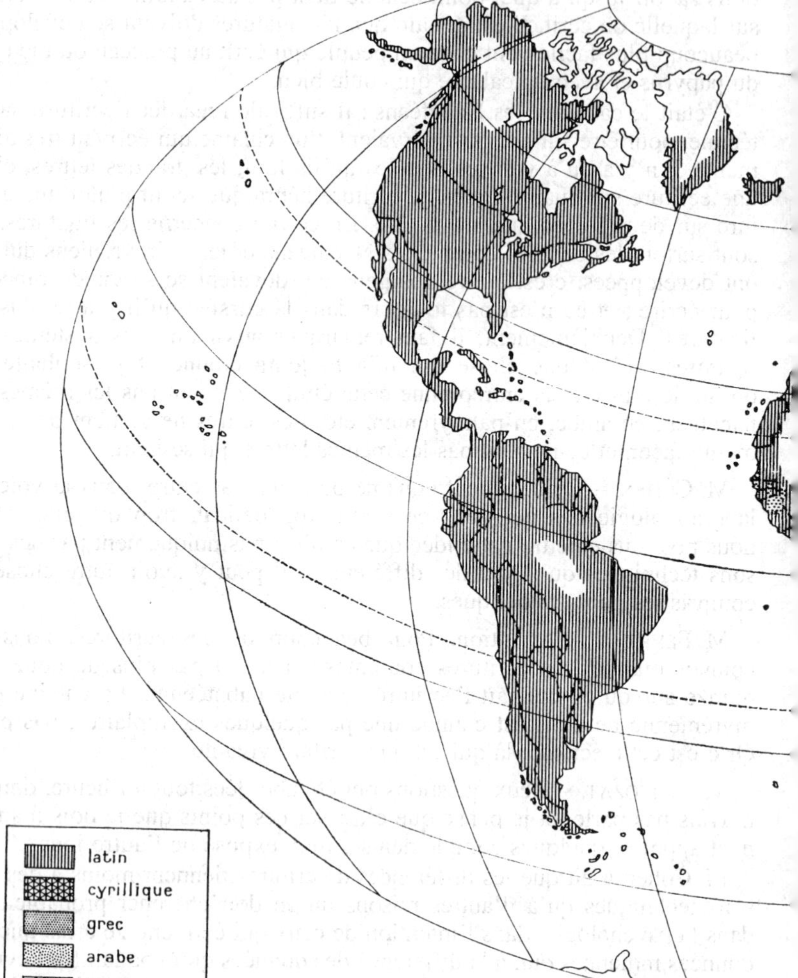

RÉPARTITION DES ÉCRITURES

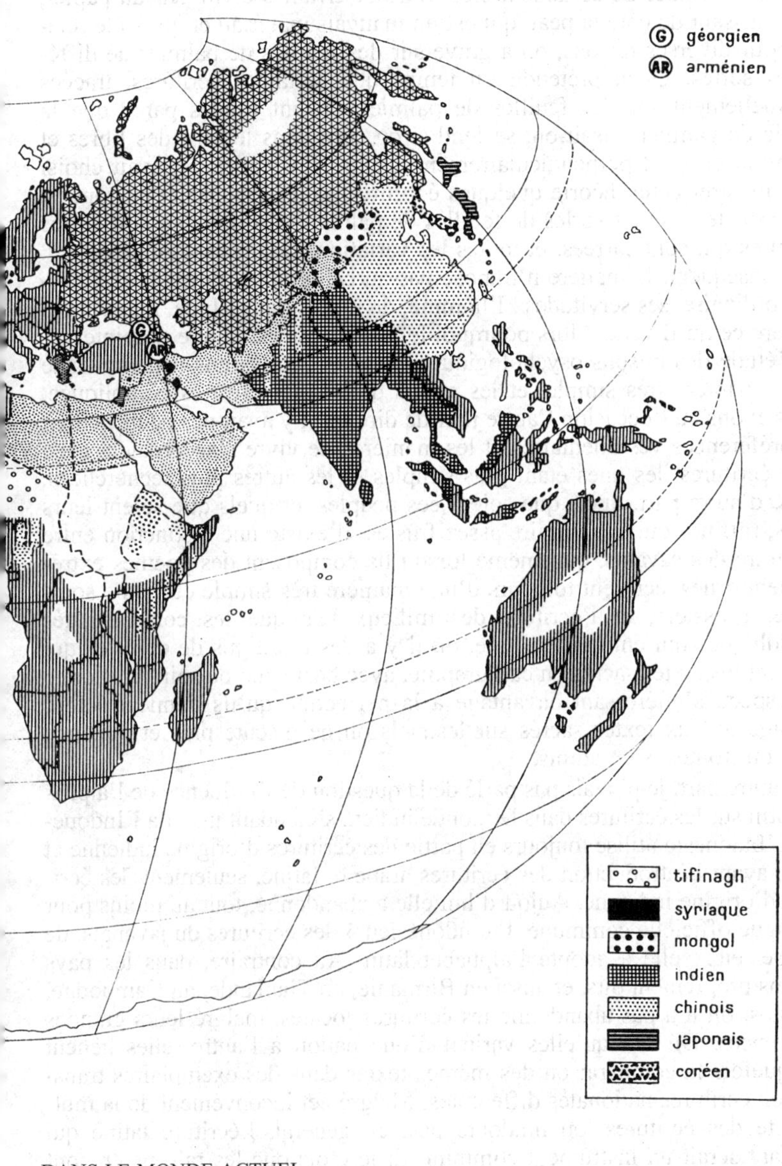

DANS LE MONDE ACTUEL

extrêmement nombreuses, sur l'écorce de bouleau, sur de fines lamelles de bois, sur du liber de certains arbres. Surtout, avant d'écrire sur du papier, et en laissant de côté la peau qui est un mauvais matériau et qui a été rejetée pour diverses raisons, on a gravé sur des feuilles de palmier de différentes sortes. On a prétendu un temps que certaines écritures, tracées habituellement sur des feuilles de palmier, étaient rondes parce que la feuille de palmier, disait-on, se fend si on écrit dans le sens des fibres et résiste si on écrit perpendiculairement à elles. En réalité, on avait choisi pour illustrer cette théorie quelques écritures qui étaient, en effet, rondes, mais, sur les mêmes sortes de feuilles de palmier on trouve aussi d'autres écritures qui sont carrées, et toutes les variations de tracés sont possibles. Par conséquent, la matière n'impose pas au calligraphe, ni même à l'écrivain ordinaire, ses servitudes : l'homme, du moins dans l'Inde, impose à la matière ce qu'il veut. Alors pourquoi le veut-il ? C'est là que doit intervenir l'étude des raisons psychologiques qui font que les uns veulent écrire d'une manière très simple, et les autres d'une manière très compliquée. Nous avons eu l'occasion l'autre jour de dire qu'il y avait des peuples dont les préférences vestimentaires et les manières de vivre s'accordaient avec leurs écritures, les unes étant plus simples et les autres plus recherchées. Mais, d'autre part, quels que soient ces peuples, et quels que soient leurs goûts, raffinés ou au contraire assez frustes, il existe une distinction entre l'écriture des savants, qui, même lorsqu'ils composent des poèmes extrêmement ornés, écrivent toujours d'une manière très simple et même sommaire, grossière, et l'écriture des milieux tels que les communautés bouddhiques qui entourent l'Inde, où il y a des traditions de copistes qui écrivent les textes sacrés en calligraphie, avec beaucoup de soin, beaucoup de respect, s'intéressant davantage à la perfection qu'ils donnent à leur ouvrage qu'aux textes sacrés sur lesquels on ne discute plus et qui, une fois pour toutes, sont admis.

D'autre part, je n'avais pas parlé de la question de l'influence de l'alphabet latin sur les écritures dans le monde indien, s'étendant jusqu'à l'Indonésie. L'Indonésie utilise toujours en partie des écritures d'origine indienne et avait, avant l'introduction des écritures arabe et latine, seulement des écritures d'origine indienne. Aujourd'hui elle a abandonné, tout au moins pour la langue officielle commune, l'« indonésien », les écritures du javanais, de l'arabe, etc. : elle a adopté l'alphabet latin. Au contraire, dans les pays indiens proprement dits, et aussi en Birmanie, en Thaïlande, au Cambodge, au Laos, on n'a pas abandonné les écritures locales, malgré leurs grandes différences. Du fait qu'elles varient d'une nation à l'autre, elles gênent quelquefois la comparaison des mêmes textes dans des exemplaires transcrits en écritures nationales différentes. Malgré cet inconvénient de la multiplicité des écritures, on n'adopte pas, en général, l'écriture latine qui pourtant serait un instrument commun. Et je crois que les raisons en sont les suivantes : d'abord il y a le sentiment national, principalement dans les pays où la littérature est importante. Ensuite et surtout, l'alphabet latin est loin d'apparaître partout comme avantageux à utiliser. Il faut lui ajouter des lettres de complément, des signes diacritiques qui se substitueraient en chaque pays aux lettres auxquelles on est habitué. D'ailleurs, tel qu'il se présente à l'Inde en particulier l'alphabet latin est sous la forme anglaise, c'est-à-dire avec des lettres de valeur ambiguë. Il est par conséquent peu satisfaisant pour écrire des langues qu'on a toujours voulu noter avec une précision phonétique parfaite. Les jeunes Indiens qui ont appris l'anglais ont l'habitude de prononcer, selon les mots, la même lettre différemment. Par conséquent l'instrument leur paraît impropre à la transcription de leur langue. D'ailleurs, quand les Anglais ont transcrit des langues indiennes, les mêmes mots ont été par eux orthographiés de différentes façons, souvent incohérentes, qui ne permettent pas toujours de retrouver les formes originales. Au contraire, lorsque les Indiens transcrivent l'anglais c'est toujours phonétiquement et avec précision. C'est comme instrument de notation dont la supériorité est constatée que l'écriture de type indien est gardée. Et si l'on n'en a pas fait autant en Indonésie, c'est parce qu'en Indonésie on avait jadis déjà abandonné en grande partie l'écriture indienne pour l'écriture arabe sous la pression de l'islam. Il a été plus facile aux Indonésiens d'abandonner l'écriture arabe, qui était d'ailleurs pour eux une écriture étrangère, comme c'était le cas pour les Turcs, afin de prendre une écriture qui n'était pas très satisfaisante du point de vue phonétique, mais qui l'était au moins autant que la précédente. Les Indonésiens n'ont guère perdu à avoir un alphabet qui ne leur permet pas de noter toutes les nuances de leur langue, tandis que les Indiens y perdraient davantage. C'est pourquoi les Indiens et les peuples de la péninsule indochinoise utilisant des écritures d'origine indienne ont conservé officiellement leurs écritures traditionnelles tandis que les Indonésiens ne l'ont pas fait.

M. Bouligand. – Je voudrais simplement, à propos du grec, noter une particularité propre aux alphabets courts. Profane en la matière, je prends le point de vue mathématique pour guide. En matière d'alphabet, il a bien fallu schématiser pour s'adapter aux structures phonétiques de telle ou telle langue L ; notamment, des peuples au commerce actif mesurant le temps à sa juste valeur devaient-ils à cette fin prendre une base simple et pourtant assez fidèle ; attentifs à leur comptabilité, ils ont tiré leur première approximation de principes quasi mathématiques ; et cela pouvait convenir à la langue L aussi bien qu'à d'autres L', L" qu'on pouvait tenir en somme pour des variantes phonétiques de L. On atteignait alors une nouvelle approximation pour L, L' et L" en adjoignant aux lettres adoptées des accents, des points, ou autres signes complémentaires qui convenaient pour marquer les nuances désirables. Il y a, ici, comme un souci d'une « base minimale » d'écriture. Ce terme peut étonner quand on l'applique à des langues anciennes, il s'actualise quand on pense à l'alphabet morse ou autres choses assez voisines du programme de la présente séance.

M. Gernet. – Ce que vient de dire M. Bouligand me paraît tout à fait juste. Il me semble personnellement qu'il y a un rapport assez étroit entre la mentalité qui a permis l'invention d'une monnaie uniforme et l'invention de l'alphabet. Il serait possible de montrer, je crois, que la monnaie n'a pas eu les mêmes fonctions en Chine que dans les civilisations anciennes du bassin méditerranéen. En tout cas, elle n'y a jamais été conçue comme un type de bien qui était sur le même plan que les céréales ou les tissus et sur un autre plan que les trésors et les objets précieux.

M. Février. – Je crois qu'il faudrait faire une distinction également entre les écritures sémitiques et l'écriture grecque. Dans l'écriture sémitique, tout au moins dans l'écriture phénicienne, on ne note que les consonnes ; or chacun sait que les consonnes, c'est quelque chose qui se maintient rigoureusement en sémitique, et même quand une consonne se transforme, elle se transforme d'un seul bloc et dans tous les cas. Par conséquent, en ce qui concerne le sémitique, on n'a pas besoin pour adapter une écriture à une langue que la langue soit absolument normalisée, car, en somme, il peut y avoir des variations assez larges, dans l'arabe par exemple, qui peuvent se prêter à une même notation. Mais quand nous arrivons au problème des langues occidentales, au problème du grec ou au problème du latin, il faut évidemment, avant d'imposer un alphabet, commencer par normaliser la langue ; ce qui semble impliquer que, dans ce cas là, ce n'est pas au hasard que se fait la découverte de l'écriture, que c'est un homme ou une collectivité réduite qui l'impose à la masse.

M. Cohen. – Je voudrais répondre d'un mot à ce qu'a dit M. Bouligand. Il nous remet en face du fait essentiel de la création de l'alphabet, c'est-à-dire de l'analyse phonétique poussée jusqu'au point où il n'y a plus qu'un tout petit nombre de signes ; on peut l'utiliser rationnellement comme les phonéticiens, mais le principe reste le même. En somme, nous n'avons pas d'invention postérieure à celle de l'alphabet, jusqu'à présent, en ce qui concerne l'écriture.

M. Février. – Je ne crois pas que c'est ce qu'a voulu dire M. Bouligand. Il indiquait que ce qu'il faut d'abord pour noter phonétiquement une langue, c'est que cette langue soit définie phonétiquement de la façon la plus parfaite. Si l'on veut noter par exemple la langue française, il s'agit de savoir quel dialecte on veut noter, si c'est celui de Paris ou si c'est celui, par exemple, de la Vendée : si vous notez le dialecte de la Vendée, le son *on*, on l'entend prononcer *an*, au lieu de dire un tamp*on*, on dira un tamp*an*. Par conséquent, il est bien entendu qu'ensuite les Vendées sans s'en rendre compte se servent de l'orthographe de l'Île-de-France ou de celle de la Touraine, mais il faut d'abord que l'écriture soit adaptée à un genre de langue extrêmement normalisée, extrêmement définie. Est-ce bien cela que M. Bouligand a voulu dire ?

M. BOULIGAND. – Peut-être introduisez-vous un élément de fluctuation que je n'avais pas prévu. Du provençal au lillois il y a certes une différence à marquer. Pourtant, j'imagine, le grec a-t-il pu à un moment donné se stabiliser comme langage parlé, chose facilitée sans doute dans un domaine restreint du Proche-Orient. Alors les fluctuations phonétiques étaient-elles amoindries ?

M. FÉVRIER. – S'il y a un domaine où il y avait des fluctuations ou plutôt des différences phonétiques, c'est bien entre l'arcado-chypriote, l'ionien, l'achéen, et ainsi de suite.

M. FLOCON. – M. Bouligand pourrait peut-être nous expliquer le fonctionnement de cette écriture que les mathématiciens ont élaborée au cours des siècles. Elle non plus n'est pas une écriture phonétique, mais une écriture opérationnelle, destinée à provoquer des opérations mentales, sans rapport avec le phonétisme. Il en va de même pour les musiciens par exemple, dont la notation fait abstraction du discours et fixe directement des opérations vocales ou instrumentales : la musique. Les opérations comptables et statistiques (les notes de gaz et de téléphone, par exemple) recourent à des notations que le seul spécialiste peut déchiffrer. Vu la différenciation grandissante des matières à noter, la précision de plus en plus poussée des connaissances, notre écriture phonétique, figée par l'histoire, se révèle dans bien des cas inefficace parce qu'équivoque, lente, métaphorique. D'autre part, toute innovation en ce domaine se heurte à la résistance des lecteurs, d'autant plus forcenés conservateurs qu'ils sont de plus grands lecteurs.

M. BOULIGAND. – Ces écritures proviennent en somme de la formalisation des mathématiques avec des symboles qu'on a vu apparaître chez Peano, chez Russell, chez Hilbert, par conséquent chez tous ceux qui ont continué cet effort.

Sur un plan qui est peut-être plus psychologique, on peut dire que Poincaré avait jalonné la question, en réclamant de tous les mathématiciens la bonne notation ; quand on étudie une question mathématique, il y a des notations en quelque sorte particulièrement adéquates. Je crois que c'est profondément vrai, et on peut à bon droit s'insurger contre des notations mal adaptées aux structures profondes du thème. Mais à ce propos, on retombe aisément dans la psychologie, par jeu de préférence.

M. FÉVRIER. – À moins d'avoir une mémoire extraordinaire de cheval calculateur, un mathématicien ne pourrait pas poser une équation et la résoudre sans l'aide de l'écriture.

C'est une langue spéciale qui n'a plus aucun rapport avec le langage, c'est une espèce de langue universelle, c'est-à-dire que nous constatons par les mathématiques que le langage – je me venge des linguistes – est absolument incapable de rendre certaines formes de la pensée moderne. Et à ce moment-là l'écriture, qui a été tellement méconnue, prend la place du langage, après avoir été sa servante, parce que le langage est incapable de suffire aux mathématiciens : on ne les conçoit pas travaillant sans tableau noir. C'est uniquement l'écriture dans ce cas-là qui remplace le langage. Or les mathématiques envahissent de plus en plus notre vie ; autrefois, il y avait la géométrie qui est une forme concrète des mathématiques, mais depuis ce temps-là il y a eu l'algèbre, toutes les formes supérieures des mathématiques, on va même beaucoup plus loin : nous avons des sciences qui paraîtraient ne pas être des sciences et relever uniquement du libre arbitre, comme la démographie ou bien encore le calcul des probabilités ; les mathématiciens disent que c'est leur domaine que le calcul des probabilités, et ils nous le prouvent. Par conséquent, nous nous trouvons en présence d'une science qui repose uniquement sur l'écriture et qui récuse le langage, et cette science-là envahit de plus en plus tous les domaines de notre vie : je trouve que c'est une revanche magnifique de l'écriture sur le langage.

M. BOULIGAND. – Il y a une autre revanche : c'est celle des machines, qui procèdent actuellement par un système de numération binaire, et on pourrait dire que c'est la numération binaire qui est devenue en quelque sorte le grand maître de la situation. Mais sans toutefois sortir d'un rôle schématique, rôle qui est vite débordé quand on songe à retrouver des interprétations concrètes.

M. FÉVRIER. – J'ai vu récemment un jeune biologiste, le Dr Cara, à qui je faisais justement remarquer cela : qu'il y avait certaines formes de la mentalité primitive, comme des formes d'oracles, qui reposent sur le système binaire. J'en ai donné un exemple jadis : on veut savoir qui a commis un crime chez Israël, d'un côté on met le roi et sa famille, et de l'autre côté on met tout le reste du peuple d'Israël. Le sort tombe sur le roi et sa famille : de nouveau on fait fonctionner le système. Or ce biologiste me disait : en physiologie, tout le système nerveux fonctionne par réactions binaires. De ce point de vue-là nous retombons dans le système mathématique : encore une preuve que les mathématiques envahissent tout.

M. COHEN. – Nous voici dans un domaine immense, qui nécessiterait une nouvelle « Semaine » pour le débrouiller.

Je voudrais répondre à M. Gernet : j'ai cru pouvoir déterminer qu'il y avait une raison technique à cette pérennité du système chinois, en pensant que, dès le début, il était à la fois idéographique et phonographique, en ce sens qu'à chaque signe on a donné une valeur phonétique. Ainsi s'est constituée une base extrêmement stable, que n'avaient pas d'autres écritures où les idéogrammes se mélangeaient aux phonogrammes, et jouaient un rôle plus grand que dans cette écriture qui passe pour être purement idéographique.

M. Gernet. – Il peut être intéressant de remarquer que les Chinois ne peuvent pas lire un texte ancien ; aujourd'hui on transcrirait n'importe quel texte ancien antérieur à l'époque mandchoue, personne ne pourrait rien y comprendre, et je dirai même plus : même un texte moderne un peu savant, s'il n'est pas écrit en caractères, un Chinois n'y comprendra rien. C'est donc un problème complexe.

M. Février. – Nous avons donc là encore l'exemple d'une civilisation écrite qui ne peut pas être remplacée par le langage.

M. Marichal. – J'ai dû aller vite lors de mon exposé : le domaine latin est un domaine où la matière est abondante et où, par conséquent, les constatations les plus variées sont possibles. Dans bien des cas, il suffirait de poser une question et de faire l'enquête nécessaire pour avoir une réponse à peu près sûre ; la seule difficulté est que l'enquête dépasse le plus souvent les possibilités d'un chercheur isolé.

J'ai essayé de montrer dans mon exposé que les transformations de l'écriture, si elles sont conditionnées parfois par l'instrument ou le support utilisés, le sont plus encore par des changements de mentalité. J'aimerais revenir à une question que j'ai évoquée rapidement : celle des ligatures. L'abondance ou l'absence ou la nature des ligatures dépendent dans le monde romain, aux trois premiers siècles, de la structure même du caractère : les caractères latins du Ier siècle se déboîtent en deux parties, une partie basse gauche, une partie haute droite ; et, évidemment, les caractères, dans la cursive, ont tendance à se briser sur cette ligne de moindre résistance, et à former des caractères mixtes : la partie droite, haute, s'attachera à la partie basse du caractère précédent. Ces ligatures se font à l'intérieur des mots, jamais de mot à mot, de mot phonétique bien entendu. La preuve, c'est qu'on met des points entre les mots. À partir du IIIe siècle, au contraire, nous avons un autre système d'écriture, donc d'autres ligatures, différentes, mais ces ligatures se font absolument indépendamment du mot, et le point disparaît entre les mots. Or, cela n'est pas du tout une question graphique, car ce phénomène se produit au IIIe siècle, c'est-à-dire au moment où l'accent de hauteur est remplacé par un accent d'intensité, et tous les phonéticiens nous expliquent et tout le développement des langues romanes nous montre que précisément, à partir du moment où nous avons dans le latin un accent d'intensité, la distinction entre les mots devient infiniment moins marquée car les mots vont se souder d'après la place des accents. Donc il n'y a aucune espèce de doute que sur ce point le changement d'écriture correspond à un changement de linguistique.

Autre chose qui tient un peu aux ligatures : quand on parle d'alphabets d'un côté, d'idéogrammes de l'autre, on a l'air de parler de systèmes absolument opposés. Or, il faut bien dire que ce n'est pas exact, au moins pour ce qui est de la lecture du caractère romain, du caractère de notre bas de casse, et même du caractère cursif de l'alphabet latin. Dans ces alphabets chaque mot à une silhouette propre : il tend donc à constituer un idéogramme et il n'est pas douteux que, dans la lecture, si le mot n'est pas trop long, il est saisi globalement, comme un dessin, et au XIIIe siècle, lorsque les abréviations deviennent, dans les livres scolastiques, très nombreuses, elles ne rendent pas seulement l'écriture plus rapide, elles n'économisent pas seulement de la place : elles facilitent la lecture, car elles permettent, précisément, de lire globalement le mot ; *aia* se lit plus vite et plus sûrement que *anima, sba* que *substantia*. Au fond le lecteur remonte le cours de l'histoire et remplace l'alphabet par des idéogrammes. On peut se demander si la lecture ne s'accommode pas mieux d'idéogrammes que de lettres, alors qu'inversement l'écriture s'accommode mieux d'un alphabet que d'idéogrammes.

M. COHEN. – Je remercie beaucoup M. Marichal d'évoquer ces questions qui n'ont pas encore été très étudiées. Il a raison d'ouvrir la voie et j'espère que lui et les élèves qu'il pourra aiguiller dans ce sens nous feront avancer.

M. IVANOFF. – Il ne faudrait pas omettre comme facteur d'évolution de l'écriture l'intervention de personnalités modifiant intentionnellement l'écriture, pour la rationaliser. Ainsi, l'écriture cyrillique, en Russie, a été simplifiée, transformée volontairement par le tsar Pierre Ier qui avait visité l'Europe occidentale et réfléchi à ces problèmes. En Allemagne, il y a eu une évolution en quelque sorte inverse. Après la Renaissance, alors que les autres pays employaient de plus en plus l'humanistique, l'Allemagne restait fidèle à la gothique et adoptait, comme écriture courante manuscrite, une écriture très particulière, celle de la chancellerie de l'empereur Maximilien, la fraktur, considérée comme essentiellement germanique, comme « gothique », alors qu'en réalité elle dérive de l'humanistique cursive comme notre « italique » ; après, sans qu'il y ait eu l'intervention d'un chef d'État ou d'une loi, on a vu apparaître l'écriture latine qui est devenue de plus en plus employée, surtout dans le commerce. Et après une éclipse correspondant à l'époque hitlérienne d'avant 1940, l'écriture latine est devenue officielle en Allemagne.

Il n'y a pas de mathématiques sans écriture, je suis tout à fait d'accord et je me souviens d'Henri Poincaré qui disait qu'il n'y avait pas de Notre-Dame de Paris sans pierres, mais que le tas de pierres n'est pas Notre-Dame de Paris, il a même dit qu'avec de très belles pierres on pouvait construire des horreurs. Ainsi avec l'écriture très perfectionnée de l'époque actuelle, il n'est pas certain qu'on parvienne toujours à des résultats comparables à ceux d'Archimède. Actuellement nous assistons à la volonté de plus en plus nette de créer un langage scientifique qui pourrait être utilisé à la fois par les philosophes et les mathématiciens, et qui serait accessible au plus grand nombre possible de peuples ; je connais plusieurs pays où l'on travaille dans ce sens-là.

Mme DAVID. – À propos de l'écriture en Allemagne, voici un complément : à la fin du XIXe siècle s'est développé parmi les intellectuels allemands un mouvement en faveur de l'écriture sténographique, purement et simplement substituée par l'écrivain à l'écriture ordinaire. L'exemple le plus notoire est celui de Husserl, pratiquant *sa* sténographie, à laquelle ont dû s'initier les éditeurs de ses œuvres.

D'autre part, je voudrais rappeler, en cette séance de clôture justement, l'intérêt que présente, du point de vue général, le grand sujet traité par M. Jacques Gernet dans l'exposé que nous avons entendu : à savoir le système chinois. Sur ce terrain se rencontrent de manière saisissante des questions nombreuses et importantes pour l'historien, pour le psychologue ; pour le philosophe aussi.

L'histoire des déchiffrements, par exemple, ne saurait être relatée ni comprise sans référence aux débuts de connaissance scientifique du système chinois ; car, pour les orientalistes européens du XVIIIe siècle, *l'écriture chinoise a été la première expérience du non-alphabétique*. Plus tard, tout naturellement, la connaissance théorique du système chinois fait partie du bagage de déchiffreur de Champollion. L'affaire s'annonçait de loin d'ailleurs, puisque, depuis le début du XVIIe siècle, le fait chinois, décrit par les missionnaires, pesait du plus grand poids dans le débat sur la nature et la fonction (ou « mystérieuse », ou rationnelle) des hiéroglyphes égyptiens.

En histoire générale de l'écriture, il est donc légitime et nécessaire de faire passer la description de l'écriture chinoise *avant* celle de l'écriture égyptienne et de l'écriture suméro-akkadienne, cunéiforme (en dépit de la chronologie, qui attribue à ces deux systèmes l'ancienneté la plus haute). Il est normal de faire précéder – comme l'ont fait, entre autres, MM. Cohen et Février – l'examen des systèmes du Proche-Orient et d'Égypte par l'étude de celui qui, employé jusqu'à ce jour, exerce la sagacité de l'observateur occidental depuis plus de trois siècles.

Lorsqu'un historien des déchiffrements – M. Doblhofer, dans un ouvrage récent – omet d'attribuer à la connaissance du système chinois l'importance qui, réellement, lui revient, l'omission n'est pas fortuite : elle signifie que l'auteur conserve, quant aux questions d'écriture et de déchiffrement, la fausse perspective adoptée par le siècle dernier.

Là-dessus, qu'il nous soit permis de nous expliquer, brièvement au moins, s'il est vrai qu'on ne puisse parler d'écriture sans prendre en considération l'histoire des idées sur les écritures et sur l'écriture. Il est certain que, dans la pensée du XIXe siècle, un vide s'est produit, à la suite de l'apologie, trop exclusive, des faits de langue (commencée avec Herder). Paradoxalement, le siècle des grands déchiffrements a fait table rase de la longue préparation à ces déchiffrements, en affichant sa désaffection à l'égard du problème des signes ; problème qui, pourtant, avait été l'un des problèmes majeurs de la philosophie, de Bacon à Condillac.

C'est cette situation singulière que, maintenant encore, affrontent les promoteurs de l'histoire de l'écriture, science humaniste par excellence. Ainsi un vide reste à combler, une continuité à rétablir entre une réflexion passée et l'actuelle réflexion sur l'écriture, en vue d'un développement plus complet de cette réflexion. On ne saurait mieux faire, en ce sens, que de signaler à l'attention des participants de la « Semaine » les textes de Leibniz qui traitent, souvent conjointement, des faits chinois et des projets d'écriture universelle, et des multiples positions possibles de l'écrit et du parlé. Les thèmes de discussion qu'on trouverait ici gravitent autour de la question « écriture et intelligence ». Ils seraient à reprendre critiquement, à la lumière de l'acquis accumulé, sur les écritures et toutes espèces de signes, depuis le temps de Leibniz.

Mais peut-être ne souffrons-nous pas uniquement des aveuglements du XIXe siècle à l'égard des signes. Sans doute notre qualité de scripteurs « alphabétiques » concourt-elle puissamment aussi à nous dissimuler tels aspects essentiels de l'activité scripturale. Le bienfait de l'histoire de l'écriture est, de toute manière, d'éveiller l'esprit auxdits problèmes.

M. RODINSON. – À la lumière de ce qui a été dit maintenant, je voudrais préciser une idée générale que j'ai exposée l'autre jour et la nuancer d'après ce qu'a dit M. Filliozat en particulier.

Je crois qu'en général il y a deux types d'évolution dans les écritures. D'une part, quand il y a évolution d'une écriture dont le fond reste essentiellement le même, les facteurs psychologiques, esthétiques, etc., jouent un rôle tout à fait capital. Mais de temps en temps, il y a des réfections où les facteurs techniques jouent un grand rôle, les facteurs de rendement comme on dit, je crois, en cybernétique. On essaie simplement de faire mieux fonctionner le système. C'est un type d'évolution générale quand il n'y a pas de bouleversement, un type d'évolution lente sauf quelques à-coups que sont ces réfections volontaires. Mais, quand il y a adoption ou création d'une nouvelle écriture, je crois qu'il y a des facteurs assez différents et que les facteurs techniques ne jouent presque aucun rôle, qu'essentiellement on choisit telle ou telle écriture pour des raisons historiques, sociologiques. L'écriture, à ces moments-là, apparaît comme un signe, le signe d'appartenance, par exemple, à une civilisation, ou à une religion le plus souvent. Il y a des exceptions, par exemple dans le cas célèbre des Phéniciens, où justement on s'est préoccupé du rendement du nouveau système qu'on allait adopter. Mais je crois que c'est dû à des circonstances historiques assez particulières, qui se produisent assez rarement. Un ensemble de gens voulait une nouvelle écriture plus perfectionnée et ne voulait tomber ni dans l'imitation de l'écriture égyptienne, ni dans l'imitation de l'écriture cunéiforme, aussi probablement pour des raisons sociologiques : ils ne voulaient pas adhérer à une de ces deux civilisations car ç'eût été un signe d'option politique. Là il y a une espèce de neutralité des facteurs sociologiques qui sont à peu près équivalents d'un côté et de l'autre, alors on en choisit un troisième, on choisit un système où le rendement joue un rôle important, on prend essentiellement en considération le facteur technique. Je pense aux Phéniciens, mais on pourrait trouver d'autres exemples dans les alphabets choisis maintenant par les peuples africains : on peut faire un choix entre deux types d'alphabet, prendre celui qui convient le mieux, emprunter des signes à l'un et des signes à l'autre. Mais dans la plupart des cas, quand il y a adoption d'une nouvelle écriture, quand par exemple les Iraniens, les Turcs, les Malais, des Indiens ont choisi l'écriture arabe, ce n'était pas du tout pour des facteurs de rendement, des facteurs de commodité technique et même quelquefois c'était en dépit de ces facteurs : on prenait une écriture moins adéquate que l'ancienne. C'était pour marquer l'appartenance à la religion musulmane, à la civilisation musulmane dont la religion était le facteur essentiel de liaison, l'idéologie centrale, pour adhérer à un état musulman.

M. Martin. – Je n'ai pas eu le temps d'évoquer dans ma conférence les perspectives d'avenir qu'implique l'étude de l'imprimerie.

Il y a un fait frappant lorsqu'on étudie l'histoire de l'imprimerie : le livre, avant l'apparition de la typographie, a joué essentiellement un rôle d'instrument de culture et d'étude religieux et scientifique ; à partir de l'invention de l'imprimerie, il a été amené à jouer aussi un rôle de vulgarisation, de propagande. Or, maintenant, nous constatons, avec la télévision, le cinéma, etc., un retour en force de ce qui est la grande absente de cette « Semaine de synthèse », je veux dire la civilisation orale. Et nous sommes amenés à réfléchir un peu sur ce qu'est véritablement la mission du livre, sur ce qu'est son rôle essentiel, et à nous demander si nous n'avons pas véritablement bouclé un cycle. Le livre, sans doute, restera toujours un instrument d'étude parce qu'il n'a pas le caractère en quelque sorte fugitif des procédés audiovisuels, parce qu'il ne s'impose pas à nous, mais qu'il est un compagnon de méditation toujours à notre disposition, que nous pouvons laisser et reprendre. En revanche, il est très probable que la mission de propagande, de vulgarisation qu'il a assumée pendant un certain temps sera maintenant jouée par ces autres instruments que sont la télévision et le cinéma. Et là il y a un très grand danger, non seulement pour le livre – ce qui ne serait pas très grave – mais pour notre civilisation, car la télévision et le cinéma s'imposent à nos sens avec une telle brutalité, sans laisser bien souvent à l'esprit critique le loisir de faire son office, que, désormais, on peut craindre de voir de petits groupes de techniciens réussir, par l'intermédiaire de ces nouveaux instruments, à imposer n'importe quelle propagande. Et en même temps on voit naître une nouvelle forme de culture populaire, de culture de vulgarisation, qui ne présente peut-être pas que des avantages.

Et il y a un autre problème qui devrait peut-être aussi être évoqué, c'est le problème du retour ou de l'arrivée en force de langues qui, du point de vue de l'Occident, ne jouaient pas de rôle du point de vue scientifique. Un savant pouvait être hier complètement informé, lorsqu'il savait l'anglais, l'allemand, le français et le russe et quand il pouvait lire un peu d'italien et d'espagnol, et demain évidemment il y aura le chinois, il y aura l'arabe, puis peut-être quelque autre langue : à ce moment-là, comment pourra-t-on trouver un dénominateur commun ?

M. COHEN. – Il faudrait tout d'abord noter ce fait que dans l'écriture qui est essentiellement phonographique, reposant sur l'invention véritable de l'alphabet d'un petit nombre de lettres, l'usage phonographique n'a jamais supprimé l'usage idéographique. Il y a le cas particulier du chinois, où l'idéographie a une importance primordiale. Il y a d'autre part les signes du calcul, les chiffres : dans une écriture phonographique, les chiffres sont des idéogrammes, et ce sont les mêmes chiffres qui servent à toutes les langues d'Europe, pour commencer, et qui se propagent dans d'autres langues, puisque dans les documents chinois actuels nous voyons apparaître nos chiffres, alors que l'entourage reste chinois.

D'autre part, dans toutes les écritures, il y a des conventions : aucune écriture n'est un miroir complet du langage parlé. Il y a toujours des déficiences, qui ne sont pas les mêmes dans les différentes écritures, donc il y a un choix d'idées : on exprime par l'écriture un certain nombre de choses, et seulement un certain nombre ; et en particulier, il y a la séparation des phrases en mots qu'on a évoquée tout à l'heure : nous y sommes tellement habitués avec l'usage du dictionnaire dès notre enfance, que nous n'y faisons pas attention.

À propos de chaque écriture, il faudrait se demander : est-elle plus faite pour l'écriture que pour la lecture ? Généralement, elle est faite pour les deux, mais avec des proportions différentes, et où, justement, interviennent les points de vue idéographiques.

M. Chalus m'a suggéré qu'il serait nécessaire de dire quelques mots de la notation musicale ; en effet, nous pouvons avoir à exprimer d'autres choses par des signes écrits que le langage tout seul. La notation musicale est un chapitre relativement court, parce que la plupart des peuples s'en sont passés pendant très longtemps. Dans la mesure où elle est apparue, c'est d'une manière systématique, très simple : les hauteurs des sons sont figurées par des hauteurs dans l'écriture, et d'autre part les longueurs sont figurées aussi d'une manière assez simple. Peut-être pourrait-on en tirer un modèle pour l'écriture du langage.

J'arrive à un petit exposé sur la période contemporaine et les perspectives d'avenir. M. Martin vient d'en dire un mot. Qu'est-ce que nous montre la période contemporaine ? C'est que le monde n'est pas unifié au point de vue de l'écriture : nous avons différentes formes d'écriture, des écritures alphabétiques sous différentes formes, latine, cyrillique, arabe, et toutes les écritures indiennes ; et nous avons en plus l'écriture chinoise qui n'est pas alphabétique. Il y a donc division, et elle est aggravée dans chaque domaine par la division orthographique : la manière dont une écriture est adaptée à une langue diffère dans chaque milieu national, ou dans chaque bloc de pays de civilisation analogue. Il en résulte une grande diversité, qui souligne un défaut des écritures alphabétiques, l'écriture latine en particulier : nous avons hérité d'inventions dont nous ne savons pas les origines, nous ne connaissons pas exactement la naissance de l'alphabet ; et ce sont des formes de hasard qui nous ont été données par les Phéniciens, en gros, et que nous avons perpétuées en les modifiant plus ou moins, à certains endroits, par des goûts esthétiques qui sont assez discernables, mais nous sommes tout de même sur une base de caractères de hasard. On a gardé l'ordre que nous savons avoir été donné une fois dans le monde sémitique, puisque nous avons l'alphabet de Ras Shamra, et après les alphabets étrusques qui nous donnent un ordre qui est celui que nous apprenons à l'école et qui subsiste encore. Les Chinois eux-mêmes ayant classé les caractères latins de manière phonétique apprennent tout de même l'ordre alphabétique pour pouvoir consulter des dictionnaires européens, etc. : ils ont gardé cet ordre arbitraire et incompréhensible, on peut dire absurde, qui n'est pas rationnel.

On pense naturellement au problème de la diversité des langues et à l'espoir d'une langue universelle : l'esperanto est un avant-coureur qui n'est pas si mal réussi et qu'il ne faut pas négliger.

Dans une langue comme l'esperanto, l'orthographe est fixée, rigoureusement phonétique, en même temps qu'il y a une régularisation, une schématisation de la grammaire. Cela nous amène à l'idée qu'avant que les peuples arrivent, dans un avenir indéterminé, à une langue universelle, il pourrait y avoir entente sur une orthographe universelle : cela est difficile avec nos écritures actuelles, traditionnelles, mais il n'est pas absurde de penser qu'on pourrait faire autre chose. Il y a des inventeurs déjà qui ont pensé à faire des caractères arbitraires, inventés, où il y aurait par exemple des barres pour les consonnes et des ronds pour les voyelles ; on peut compliquer le système et arriver à des choses parfaitement viables théoriquement qu'il resterait à expérimenter largement, il y a des inventions déjà réalisées, par exemple celle de M. Jean Camion, il peut s'en produire d'autres et par conséquent nous ne sommes pas liés éternellement aux formes de l'alphabet latin ou de l'alphabet cyrillique. D'ailleurs M. Bouligand a aussi évoqué une question qu'il ne faut pas oublier, ce sont les transpositions d'alphabets : une fois en possession de l'alphabet, on peut le transposer, c'est l'alphabet morse, ce sont les alphabets par gestes, etc., qui reposent essentiellement sur l'invention de l'alphabet et sur le maniement que nous en avons en général, mais qui montrent tout de même que la forme n'est pas immuable.

Nous sommes habitués aux deux dimensions d'une feuille de papier pour écrire et pour peindre. Cela n'est peut-être pas éternel non plus. Nous sommes aussi habitués à l'uniformité de la couleur, une quasi-uniformité ; on a évoqué l'italique qui manque dans certaines écritures et qui apparaît en d'autres ; là où elle manque, elle est généralement remplacée par des espacements différents. Or, cela nous produit à l'œil des différences de nuances : nous n'avons pas, en lisant un texte en caractères italiques et en lisant un texte en caractères romains, la même impression de couleur. Donc il y a dans nos écritures mêmes une amorce de l'emploi de la polychromie.

Mais on pourrait concevoir beaucoup plus : il est vraisemblable qu'avec quelques progrès techniques, de même qu'on peut imprimer en plusieurs couleurs dès maintenant, mais à prix élevé, on pourra le faire à moindres frais et plus facilement.

Je pense aux auteurs de dictionnaires : je suis toujours gêné pour exprimer si un mot est d'usage général, ou d'usage particulier, plus ou moins pédant, plus ou moins vulgaire. Si l'on avait des couleurs pour exprimer ces choses, comme certains Indiens d'Amérique l'ont fait, nous serions beaucoup plus à l'aise.

Je pense à quelque chose qui doit dominer nos idées lorsque nous parlons de réformes possibles, d'inventions possibles : il s'agit des facilités d'apprentissage, de l'économie de la pédagogie. Notre orthographe française, de même que l'absence de système métrique en Angleterre, ce sont des prodigalités peut-être impardonnables de forces mentales. Je ne crois pas, comme certains, que ces exercices difficiles donnent de l'agilité à l'esprit, mais je crois qu'ils le faussent. Il faut se mettre au niveau de la moyenne et même des plus bas, et chercher l'efficacité. On obtiendra de cette manière au total une instruction plus rapide, et les gens les plus intelligents auront tout le loisir de se révéler et d'inventer autre chose, et de se livrer au plaisir d'apprendre les anciennes écritures. C'est ce qui arrive actuellement, où les plus doués seuls s'adonnent à l'étude du latin, du grec… du mésopotamien. Je ne crois pas du tout à l'argument d'un soi-disant nivellement par le bas, en cas de rationalisation, de même qu'en ce qui concerne les machines dont nous allons avoir à parler maintenant.

M. Martin a déjà évoqué la question. L'imprimerie elle-même se transforme : nous connaissons la monotype, nous savons que la lumitype existe et il y aura certainement des conditions différentes pour la rapidité et la facilité d'imprimer. Mais il y a aussi les autres inventions. Nous devons nous demander quelle est la situation de l'écriture – et aussi du langage – en face des inventions diverses de la science moderne. Je crois qu'il faut considérer ici l'utilité de l'écriture, d'une certaine manière, en tant qu'instrument de conservation. Nous avons dit et redit que l'écriture est apparue pour des besoins pratiques, en particulier du message à court terme, et des contrats, des comptabilités : ce sont des choses qu'on n'a pas toujours besoin de conserver. Il y a dans ce qu'on écrit et dans ce qu'on imprime plus de choses inutiles qu'utiles à conserver. Le téléphone nous épargne la besogne d'écrire les uns aux autres, et de conserver les correspondances et éventuellement de les classer. Ici, le téléphone ne supprime rien à l'écriture : il supplée l'écriture là où réellement elle n'est pas utile. De même je pense qu'en ce qui concerne la radio, avec la télévision, qui est un téléphone généralisé et perfectionné, il y a une suppléance au journal. Celui-ci remplace les commérages autour de la fontaine, les cancans des lavandières, qui ont été les premiers moyens de propager les nouvelles. Ce sont des nouvelles qui n'ont qu'un intérêt épisodique, présent, et dans la mesure où la radio remplace le journal, si encombrant, nous avons une juste économie que nous ne devons pas regretter. (D'ailleurs l'emploi de l'écriture reste très important, puisque la plupart des communications à la radio sont d'abord écrites et lues sur un papier.) Si l'épisodique ne peut être sacrifié en général, il peut y avoir pour les choses importantes l'enregistrement, qui sera conservé, que nous devons tâcher de léguer à la postérité ; mais nous ne savons pas très bien quelle sera la durée de nos inscriptions au magnétophone, nous pouvons les effacer très facilement, et par conséquent nous resservir des bandes ; mais nous ne savons pas si ce que nous voulons garder se conservera très bien. Les disques semblent devoir mieux durer, et dès maintenant, pour les archives radiophoniques, on met sur disques les choses importantes, de manière à constituer des discothèques. Ici, l'écriture recule en effet en faveur de l'inscription destinée à l'audition.

Et maintenant le cinéma : quelle est sa position ? J'en avais dit un mot dans la *Revue internationale de filmologie*, t. I, fasc. 2 (septembre-octobre 1947). J'avais essayé de me rendre compte de la position du cinéma par rapport à l'invention de l'écriture. À l'origine, la différence paraît très grande : le cinéma ne semble pas être né d'un besoin très précis. Et d'autre part, par sa constitution, il comporte un élément plastique, non toujours du premier mérite, mais c'est une autre question. Là nous avons l'intervention des différentes dimensions, de la profondeur et du mouvement en même temps. Il se trouve en fait que le cinéma est né de l'étude du mouvement par le physiologiste Marey ; il a continué par des scènes pittoresques et documentaires, mais en même temps destinées à frapper, à donner des impressions plus ou moins plastiques sinon esthétiques dans les premiers essais. Et très vite le cinéma est entré dans l'information : le cinéma avant la télévision, et encore beaucoup plus avec la télévision, est devenu un instrument d'enseignement. Je dirai ici la même chose que pour les correspondances et les faits divers : il n'est pas du tout utile que l'enseignement élémentaire soit conservé, il faut qu'il soit donné le mieux possible, il n'est pas nécessaire de le matérialiser de manière indéfinie par l'écriture. Si le cinéma supplée là à l'écriture – d'ailleurs les films eux-mêmes sont conservés, peuvent l'être –, tant mieux, c'est un allègement, qui fait place à l'initiative intelligente. D'autre part, vous savez que le cinéma nous donne avec la radio la littérature sous une forme spécialement assimilable, et il faut s'en réjouir, pour des gens qui n'ont pas le temps de lire ou d'aller au théâtre, ou qui ne sauraient pas voir ou apprendre. Il y a une extension quantitative de l'instruction et des goûts esthétiques dont nous devons nous réjouir d'une manière absolue. Je ne crois pas qu'il y ait diminution pour autant de la part de la réflexion, je dis au contraire que c'est le moyen de favoriser chez un plus grand nombre de gens l'accession à la possibilité de s'instruire et d'inventer.

Ce que je viens de dire porte aussi sur les autres machines, machines à calculer et tout ce qui s'ensuit : elles restent les auxiliaires des hommes qui les ont construites, elles ont besoin des hommes qui leur donnent des problèmes à résoudre, et elles aident à poser de nouveaux problèmes qui pourront être résolus par l'intelligence humaine.

Je voudrais finir sur un petit point qui tient au cinéma et à nos préoccupations pédagogiques. Je pense que le dessin animé, qui est un des aspects du cinéma, doit nous aider énormément dans l'enseignement et dans les délibérations du genre de celles qui s'achèvent ici : il serait très utile de pouvoir figurer nos idées sur l'évolution, mettons des cunéiformes, en dessins animés (on l'a déjà fait sur des bouts de bandes). Je crois que ce serait une manière, non seulement pour les spécialistes d'exposer les choses aux non-spécialistes, mais pour eux-mêmes de voir mieux les problèmes, et peut-être de les pousser plus loin. Par conséquent je pense que toutes les inventions que nous connaissons et toutes celles que nous pouvons à peine soupçonner et qui viendront ensuite seront des aides à la réflexion qui s'est formée avec l'écriture, mais qui pourra se passer dans une certaine mesure de l'écriture pour se dépasser elle-même.

L’ART DE L’ÉCRITURE

FRANCESCO PISANI
Tratteggiato da penna, Gênes, 1640

CALLIGRAPHIE

Du trait de plume aux contre-écritures

par JÉRÔME PEIGNOT

Exercices Préparatoires.

I

POUR UNE CALLIGRAPHIE LATINE

« Le seul phénomène qui semble toujours partout lié à l'apparition de l'écriture, écrit Lévi-Strauss, c'est la constitution de sociétés hiérarchisées, de sociétés qui se trouvent composées de maîtres et d'esclaves, de sociétés utilisant une certaine partie de leur population pour travailler au profit de l'autre partie et, quand nous regardons quels ont été les premiers usagers de l'écriture, il semble, bien que ces usages aient d'abord été ceux du pouvoir : inventaires, catalogues, recensements, lois et amendements, dans tous les cas, qu'il s'agisse de contrôle des biens matériels ou de celui des êtres humains, manifestation de puissance de certains hommes sur d'autres hommes et sur des richesses. Nous sommes partis de ce problème du progrès, nous l'avons ramené à celui de la capitalisation ou de la totalisation du savoir. Cela même ne nous est paru possible qu'à partir du moment où l'écriture existe, et l'écriture elle-même ne nous paraît associée de façon permanente dans ses origines qu'à des sociétés qui sont fondées sur l'exploitation de l'homme par l'homme[1]. »

Sans doute Lévi-Strauss a-t-il raison lorsqu'il s'agit des origines de l'écriture mais il a tort de ne pas insister sur le fait que cette relation de l'écriture avec le pouvoir s'est perpétuée à travers les âges au point d'identifier l'une à l'autre. On pourrait multiplier les exemples qui l'attestent. Je n'en relèverai que trois. Deux dans le passé sont le fruit de décisions toujours opérantes et un à l'époque actuelle. Il s'agit d'abord de l'invention du copyright par François Ier ; ensuite de sa marque imprimée par Louis XIV aux alphabets de l'Imprimerie devenue nationale, marque affublant le *l* d'un signe qui, tout en le laissant dans la foule des lettres, le différencie des autres. De nos jours, pour relever cette collusion du pouvoir et de l'écriture, on ne peut que stigmatiser en premier lieu l'invention de l'horrible caractère Univers. Les impératifs qui ont présidé à son élaboration

1. Georges Charbonnier, *Entretiens avec Lévi-Strauss*, UGE, coll. « 10/18 », 1969.

ont beau être économiques – suppression des empattements, multiplication des chasses, fabrication des italiques à partir du romain penché – et non pas, comme on l'a trop dit, techniques puisque l'Univers est le premier caractère moderne à avoir été multiplié par les photocomposeuses, le résultat est le même.

Si cette fusion avec le pouvoir a toujours été le fait de l'écriture, il n'est pas de période de l'Histoire où, bien que sa prisonnière, la calligraphie ne se soit prêtée à l'expression de la liberté. C'est de cette écriture de liberté qu'il va être question ici. Sans doute, la lutte peut-elle paraître démesurée : même réinventée autrement, l'écriture serait à nouveau utilisée par l'autorité comme moyen de coercition. Il n'empêche. Pour aberrante qu'elle puisse paraître, cette lutte se poursuit encore et personne n'est en mesure de dire quelle en sera l'issue.

Le système pictographique chinois met à jour la pensée chinoise. Le pictogramme, c'est la Chine, en transparence, comme si lire ces signes faisait revenir aux mythes. Il n'est pas jusqu'au procédé de transcription phonétique de l'écriture qui ne confirme cette position équivoque des Chinois entre le mythe et le réel. De cet appareillage de traits qui forme comme un halo autour des pictogrammes, on dirait qu'il rythme ces signes, prolongeant leur signification au-delà de leur sens. Dès lors, ce dernier participe de la manifestation de l'irréel. Il n'est aucune écriture qui, davantage, nous assure qu'en écrivant nous ne faisons que sempiternellement ressasser la mélopée murmurée d'un monde perdu.

Dans *Un barbare en Asie*[1], Michaux constate que « le Chinois veut des ensembles [...]. Prenons une chose qui a l'air simple à représenter : une chaise. Elle est formée des caractères suivants, eux-mêmes méconnaissables : 1) arbre ; 2) grand ; 3) soupirer d'aise avec admiration ; le tout fait *chaise*, qui se recompose vraisemblablement comme ceci : *homme* (assis sur les talons ou debout), *soupirant d'aise près d'un tronc fait du bois d'un arbre*. Si encore on voyait les différents éléments ! Mais si on ne les connaît pas d'avance, on ne les trouvera pas. L'idée de représenter la chaise elle-même avec son siège et ses pieds ne vient pas. Mais la chaise qui lui convenait, il l'a trouvée non apparente, discrète, aimablement suggérée par les éléments du paysage, déduite par l'esprit plutôt que désignée et cependant incertaine et comme *jouée*. » En chinois, le sens est comme retenu et c'est au lecteur de le créer. La découverte, ici, le fait, nous replaçant où nous sommes, à mi-chemin de la connaissance et de l'invention.

On aurait du mal à dire toute la beauté qui émane de *René Leys*, ce livre en forme de journal de Victor Segalen qui relate les secrets de la vie impériale à Pékin en 1910, secrets que l'auteur tenait de son ami Maurice

1. Paris, Gallimard, 1933.

Roy, l'amant de l'impératrice douairière d'alors. À un moment donné, dans le but de convier à un souper certaines prostituées raffinées, le héros leur adresse un billet qui fait écrire à Segalen qu'« il caressait légèrement du bout du pinceau le papier tendre ». C'est bien dire, c'est surtout bien traduire ce quelque chose d'infiniment complexe, paradoxal, inhérent à la manière de s'exprimer par écrit en chinois. Comme un frôlement, le trait de l'écriture n'est déjà plus... et le calligraphe de Segalen ne fait que rêver à ce qu'il dit dans le même temps qu'il prétend le faire saisir. Il témoigne d'autant plus pour un sens qu'il se contente de le dessiner. Comment, au reste, parlant d'amour, aurait-il pu viser à autre chose qu'à laisser entendre que s'il a bel et bien écrit, déjà aussi il s'est tu ? Les gestes de l'amour sont plus éloquents que tous les mots du monde. Tout cela, les vieux caractères tchouan le disent avec des formes qu'on ne saurait convenablement tracer qu'à la faveur d'un mouvement qui vous efface, vous fondant dans l'autre.

Il faut croire que l'image est bien l'obsession de ceux qui écrivent : Paul Claudel voyait une *locomotive* dans le mot ; une locomotive avec ses rails dès lors que le mot était souligné ; une locomotive avec toutes ses cheminées, ses roues et « tout le tremblement » ; un rêve dans le mot *rêve* avec son accent, comme quelque chose qui s'échappe d'une fenêtre ouverte, témoignant d'un souhait mal articulé. Claudel a été suivi par d'autres, singulièrement par Ponge qui, lui, fait un sort à certains mots, jusqu'à trouver un ensemble de similitudes physiquement éprouvables entre elles et leurs référents. Je pense, en disant cela, à ce qu'il évoque avec les mots *œillet*, *gymnaste*, et *platane* ; à ces « buissons typographiques » qu'il dessine à l'occasion de la rédaction de son poème « Les mûres ». De proche en proche, à force de faire ressortir, en l'utilisant à bon escient, la forme à laquelle chaque mot fait référence, les poètes seraient habilités à nous faire revenir petit à petit à un langage de pictogrammes. Le poème ramenant à l'image, le langage entier serait-il à considérer par transparence ? Pourquoi pas ? Du moins, tel est bien le propos des auteurs de calligrammes, lesquels, pour employer la formulation de Michel Foucault, « réduisent le phonétisme à n'être, pour le regard d'un instant, qu'une rumeur grise qui complète les contours d'une figure ».

Œuvrant dans le même sens, les auteurs de *traits de plume* sont allés plus loin encore qui ont effacé le langage pour ne retenir que les référents qui le sous-tendent. Trois petits tours et puis s'en vont : d'un trait de plume tout est dit, ou, sinon tout, l'essentiel de ce qui peut l'être et que, de toute façon, le langage ne formulera jamais.

Quel est l'enfant qui n'a pas souhaité « écrire imprimé », pour reprendre Jean Guitton ? Qu'on y songe un moment. Elle était plaisante cette façon, en vogue il y a encore une cinquantaine d'années, de singer de son écriture manuelle l'écriture de la casse typographique. On s'y prenait à deux fois pour venir à bout de tel *a* ou de tel *o*, à la manière des scribes, lorsqu'on écrivait encore en onciales ; bien quatre fois pour parfaire un *g* et, de surcroît, on y gagnait le sentiment de donner toujours plus de fermeté à son propos. Quant aux textes que, de cette manière, on se proposait de recopier, ce n'était pas si désagréable que cela, parfois même très satisfaisant d'être, de ce fait, si fortement ramené au sens.

C'est une conscience de soi de même nature et consécutive à l'art de bien écrire qui anima la plupart des calligraphes latins, en contribuant à leur donner chaque fois davantage goût à leur travail. Fiers de leur tâche, ils avaient tout lieu de l'être. N'étaient-ils pas parvenus à nous restituer l'Écriture mais rendue à ses formes premières, celles de l'alphabet ? La prouesse était d'autant plus grande qu'on avait frisé le pire. Il était tentant de transgresser les bornes fixées par les lettres elles-mêmes dans leur intégrité, pour proposer une définition de l'écriture qui ne pouvait être que personnelle. L'histoire des calligraphies romaine et musulmane est tout entière résumée dans cette ambiguïté. Et si l'écriture allait être tournée par les calligraphes ?

II

LE XVIIe : SIÈCLE D'OR DU TRAIT DE PLUME

L'histoire de notre calligraphie ne commence qu'au XVIe siècle, à Rome où, à la chancellerie vaticane, travaillent les principaux calligraphes du moment. Dans un premier temps, avec Arrighi et Palatino, les pionniers de cette écriture qui va bientôt prendre le nom de *cancellaresca*, les choses se maintiennent de façon raisonnable. Sans doute les lettres sont-elles affublées de hampes et de queues bien amples, parfois même d'un panache, mais la volonté des calligraphes est encore de les équilibrer de telle sorte que, sans jamais remettre en cause le sens des pages qui nous sont présentées, nous trouvions cependant du plaisir à en user avec chacune comme s'il s'agissait d'un dessin. C'est qu'Arrighi[1],

1. C'est en 1522 que le plus grand des calligraphes italiens du XVIe siècle, le Vénitien Ludovico Arrighi, donne sa première cursive de chancellerie. À propos du livre où Arrighi, fait le superbe étalage de cette lettre, *La operina da imparare di scrivere littera cancellaresca*, Stanley Morison écrit : « La lettre d'Arrighi était assez sage pour ne pas encourager ceux de ses élèves qui écrivaient d'une manière mécanique. Cependant la cancellaresca ne possède aucun archaïsme qui induise en erreur ceux qui voudraient la tenir pour un modèle d'écriture manuelle courante. »

Palatino, Tagliente[1] et da Carpi[2] sont passés maîtres en l'art à la fois de dire et de taire à demi ce qu'ils sont censés signifier. La calligraphie se réduirait-elle en l'art de mettre l'écriture très exactement en équilibre entre le sens et le non-sens ? Et si le sens distrayait de l'essentiel ? Pourquoi, de par leur seule magie, les signes ne suffiraient-ils pas à dire le seul sens qui vaille ?

C'est alors que, la voie ayant été ouverte, les calligraphes se déchaînent. Brimés depuis trop longtemps dans le carcan des lettres, ils s'en prennent au langage, le faisant craquer de toutes parts. Cette fois, tout leur est bon : les fioritures comme les paraphes, les abréviations comme les ligatures. Pour Jan Van de Velde, tout indique qu'il ne s'agissait plus que de se livrer à corps perdu (le corps est, ici, impliqué) dans une authentique griserie graphique, à moins qu'on ne veuille voir dans les lettres le moyen le plus abouti qui puisse se concevoir, en écrivant, de ne pas écrire. C'était sans doute le vœu secret de ce calligraphe, car son recours à l'écriture gothique est significatif à cet égard. Le fraktur, du fait de ses hampes biseautées d'un trait concave, se prête, en effet, davantage aux grâces d'une calligraphie débridée que le caractère romain. Cependant, surcharger une lettre de boucles ne saurait être une solution. Il n'est, pour confirmer cette opinion, que d'évoquer les calligraphies en fioritur des fameux livres d'école de l'empereur Maximilien Ier, lesquels donnent à voir davantage des lettrines ornées ou des arabesques, venues sous la plume à la faveur de la terminaison d'une gothique, que d'authentiques *traits de plume*[3]. On doit cependant accorder à ces volutes le mérite d'annoncer ce qui suivra quelque soixante-dix ans plus tard en Italie et en France. Cette mode de charger de boucles la lettre gothique se perpétue aux Pays-Bas, notamment avec Jan Van de Velde. L'ennui, c'est qu'à force de rigueur ce calligraphe passe de l'autre côté d'une frontière qu'il est bien embarrassant de décrire, mais d'une frontière qui existe cependant et au-delà de laquelle on se retrouve comme gavé de boucles, vaguement écœuré. À croire qu'avec ces pages envahies de volutes au dessin irréprochable et qui noient les textes qui les ont suscitées, Jan Van de Velde aurait davantage convaincu en ne prenant pas, à ce point, ses distances d'avec l'écriture « à main levée ». Ce qui vient d'être précisé vaut non seulement pour la calligraphie de Boissens – l'auteur de *Vive la*

---

1. James Wardrop, l'historien anglais qui connaît parfaitement la calligraphie italienne du XVIe siècle, a dit de Tagliente : « Calligraphe par excellence, il est celui qui sait le mieux tirer profit du meilleur, là où il se trouve, et sa lettre serait la plus agréable si l'écriture de chancellerie avait été nantie de ce que les Italiens appellent "*qualche gagliardo trato*" et qu'on peut traduire approximativement par "le charme attrayant des fleurs"… »

2. Da Carpi : autre graveur et peintre italien. Dans son *Thesauro de scrittori* se trouvent de nombreux exemples d'écriture latine, à côté d'alphabets hébreux et arabes.

3. Sur cet art en fioritur on peut consulter Johann Neudörffer, *Anweysung einer gemein Handschrift*, Nuremberg, 1538, étudié par A. Kapr, J.N. der Älten, Leipzig, 1956, ainsi que W. Doede, *Schön schreiben, eine Kunst*, Munich, 1957.

plume dont on sait peu de choses sinon que l'essentiel de son œuvre connue peut être daté de 1603 à 1617, ce contemporain de Jan Van de Velde, dont le trait est plus « parfait » –, mais encore pour Perling, et surtout pour Baurenfeind à qui on doit la capitale hollandaise. À propos de ces capitales, il faut préciser que, plus que des minuscules, elles sont par excellence des occasions de multiplier les spirales. Les *Initiales* de Mollër (1645) le confirment. Dans l'ensemble, tous ces travaux assurent qu'il y a une certaine incompatibilité entre la lettre gothique et les volutes de l'humanistique italienne. C'est si vrai que Jan Van de Velde, par exemple, pour accommoder son écriture à ces fioritures finit, sans profit ni pour l'une ni pour l'autre, par élaborer une lettre mi-gothique mi-romaine qui, du reste, n'a pas tenu.

C'est en Italie, ce qui ne saurait étonner personne, qu'a été trouvé le seul rapport juste de la gothique et du trait de plume. Ugo da Carpi en est l'artisan. Parce qu'il a su limiter son ardeur graphique, il a réussi là où Leupolt, Neudörffer ou Urban Wyss ont échoué. Même le *Kanzleischrift* inventé, l'écriture de chancellerie allemande confirma cette antinomie. Et, finalement, ce n'est que lorsqu'elles furent devenues les lettres romantiques par excellence que les écritures gothiques, et particulièrement les capitales, s'accommodèrent d'adjonctions en traits de plume. Dans la seconde moitié du XVIIIe siècle, le Viennois Schwandner est le maître incontesté de ce style. Si, un peu partout, on assiste alors à un certain engouement pour le fraktur et ses encadrements en traits de plume, il faut aussi noter que cette lettre n'orne plus guère que des partitions, des en-têtes de lettres ou de factures. De tels supports ne peuvent suffire à assurer la pérennité d'une lettre. Quelle qu'elle soit, elle ne peut se maintenir longtemps si elle cesse de véhiculer la pensée qu'elle a contribué à former.

J'ai demandé à Roland Barthes, dont on sait l'intérêt qu'il portait à l'écriture et à la calligraphie, particulièrement exprimé dans *L'Empire des signes*, s'il ne pensait pas qu'un jour son plaisir d'écrire avait prévalu sur le « plaisir du texte ». Si Barthes ne m'a pas répondu par l'affirmative, il n'a pas non plus répondu de manière négative. L'auteur des « graphies », dont le but avoué est de donner l'impression de ne rien signifier, ne m'a toutefois pas laissé entendre que ma question lui paraissait saugrenue. Faudrait-il voir Barthes, et avec lui les meilleurs écrivains de ce temps, à mi-chemin de signifier et de n'absolument rien dire ? En tous les cas, déjà, le peintre-écrivain Dotremont, par le biais de ses « typographismes » qui jouent sur les seules « dispositions internes des lettres », en est venu à imaginer une méthode de renouvellement de l'alphabet infiniment plus riche que « le simple redessinage ».

Dès lors, pourquoi ne pas concevoir une écriture du corps, la revendication du corps sur l'esprit se manifestant par un penchant irrésistible pour la graphie ? Certains l'ont senti, tel Maurice Roche qui précise : « Le texte moderne ne peut pallier le champ absent de la calligraphie tel qu'il apparaît présent en Chine et au Japon. Il faudrait lire et utiliser certains traités d'écriture, de graphie : art de bien écrire, de tenir sa plume, de répandre l'encre (connotations sexuelles évidentes). » D'une manière plus ou moins détournée, il s'agit, en effet, avec l'écrit, de marquer le corps de qui on aime. Dans cette mesure, on pourrait dire que le but de l'écrivain consiste à se libérer de l'abstraction aux fins de promouvoir une écriture qui, d'abord, témoigne pour le désir. Cette écriture-là, Severo Sarduy se l'est représentée : « La langue apparaît comme un espace de chiffrage, un lieu de transformation, un art du tatouage. Elle inscrit, chiffre dans la masse amorphe de la langue informative, les signes véritables de la signification. Pour que cette masse informative devienne texte, pour que la parole communique, l'écrivain doit la tatouer, y insérer ses pictogrammes. L'écriture serait donc un art du graphe, du pictural et, du même coup, un art de la prolifération. Auteur : tatoueur. Corps-texte. »

Pour un Arabe, ce genre d'écriture est naturel. Mais pour un calligraphe occidental, la chose est différente. Dans le monde latin, cette tâche est rendue d'autant plus difficile que l'écriture est liée, non pas seulement, comme c'est le cas chez les Sémites, à la personne de Dieu, mais, ce qui change tout, au pouvoir séculier de l'Église. Les calligraphes de la première et plus grande calligraphie latine travaillent pour le pape. Ils ne s'affirmeront vraiment que du jour où ils auront le front d'œuvrer contre lui.

Pour les musulmans, il est d'autant moins question de défaire ce lien avec le divin que, précisément, c'est dans la mesure où il existe que l'écriture atteint au niveau de perfection qui est le sien. Que la fixation, sous forme écrite, de la pensée du Prophète fasse corps avec la Révélation, la sourate 68, intitulée « Le calame », le prouve : « Le roseau avec lequel le Livre saint a été écrit pour la première fois. » La prière arabe se chante, la mélopée donnant à la Parole une résonance singulière qui semble, de ce fait, se nourrir de son écho. De même, on peut parfaitement imaginer que le calligraphe écrit pour écrire, s'enivrant de sa propre écriture jusqu'à fournir un équivalent graphique au muezzin. Ainsi, ces signes entretiendraient-ils doucement des vérités éternelles dont on n'aurait pas même besoin de saisir le sens pour percevoir l'essentiel du message. Au vrai, pourquoi des signes diacritiques auraient-ils été ajoutés à l'écriture arabe si ce n'est pour signifier que la parole du Prophète[1] ne prend tout son sens que psalmodiée, et même dansée ?

Cela étant saisi, on comprendra pourquoi, dans le monde musulman, la calligraphie est l'art suprême. Persuadé du bien-fondé de la Parole, on ne

1. Il faut connaître ce mythe arabe de la création des lettres par le Prophète pour bien saisir à quel point la relation est étroite qui relie, dans le monde musulman, la croyance à la lettre. Allah créa les anges selon le nom et le nombre de lettres pour qu'ils Le glorifient par la récitation infinie du Coran. Il leur dit ensuite : « Louez-moi. Je suis Allah et il n'y a d'Allah que moi. » Les lettres s'agenouillèrent. La première à avoir fait ce geste fut *alef*. Allah lui dit : « Tu t'es agenouillée d'humilité pour glorifier ma Majesté. Je te nomme première lettre de mon nom et de l'alphabet. »

peut qu'avoir une belle calligraphie, de telle sorte que ces deux composantes de l'écriture, le texte et la graphie, se confondent, parachevant la fusion du scribe dans la Splendeur. Il n'est aucune écriture qui, autant que la musulmane, n'entraîne à un semblable effacement. Qu'il soit actif n'y change rien (car il s'agit d'un effacement par l'entremise de l'Amour – l'amour du Dieu et celui de la bien-aimée étant un seul et même amour). Dans *La Blessure du nom propre*[1], Abdelkebir Khatibi a rendu compte de ce lien intime de l'écriture d'amour – le tatouage – avec celle du Coran. En pays berbère marocain, explique-t-il, l'amant marque l'aimée, la plaçant, par un tatouage dont un code fait référence à un verset du Coran ou au nom du Prophète ou d'un de ses disciples, sous le signe de Mahomet. Abdallah Ibn Zarijii confirme l'exactitude de l'attitude lorsque, parlant d'Ibn Muqla qu'il désigne comme le « prophète dans l'art calligraphique », il ajoute : « Son don est comparable à l'inspiration des abeilles construisant des alvéoles. » Ce thème qui court dans toute la littérature islamique se trouve ainsi formulé dans un poème d'Ibn Bawwab :

Toi qui veux exceller dans la calligraphie,
à ton Seigneur et Maître il faut que tu te fies.
Tu devrais préparer un roseau droit et fort,
choisir, pour le tailler, le plus fin de ses bords.
Qu'il ne soit ni trop long ni trop court, que sa fente
passe par son milieu et soit équidistante
des deux côtés. Tailler le bec est un secret,
dont tout ce que je peux te dire, c'est qu'il est
tout dans la forme : ni en biais ni ronde.
Pour l'encre, il te faut une écritoire profonde
où vinaigre, verjus, camphre, suie, orpiment
mêlés à l'ocre rouge ont produit un ferment.
Passe un papier coupé, lisse et blanc, à la presse,
pour qu'il ne soit souillé ni froissé. Lors, sans presse
et patiemment, essuie une planchette en bois
et traces-y des caractères maladroits.
La tâche te sera de plus en plus facile
et ton roseau sera de plus en plus docile.
Dieu soit loué, pour le registre des actions
que tu pourras montrer à la Résurrection[2] *!*

De l'écriture hébraïque, on peut dire qu'elle va plus loin encore dans le sens de la fusion à la Parole. Des règles sévères étaient imposées aux scribes qui transcrivaient la Torah. Par exemple, les ligatures leur étaient interdites. C'est à ces rigoureuses prescriptions que l'*hébreu carré* doit d'avoir, jusqu'à nos jours, gardé ses caractéristiques initiales. Il est resté l'écriture

1. Abdelkebir Khatibi, *La Blessure du nom propre*, Paris, Denoël, coll. « Les lettres nouvelles », 1974.
2. Traduit par Vincent Monteil dans *Al-muqaddima* d'Ibn Khaldûn.

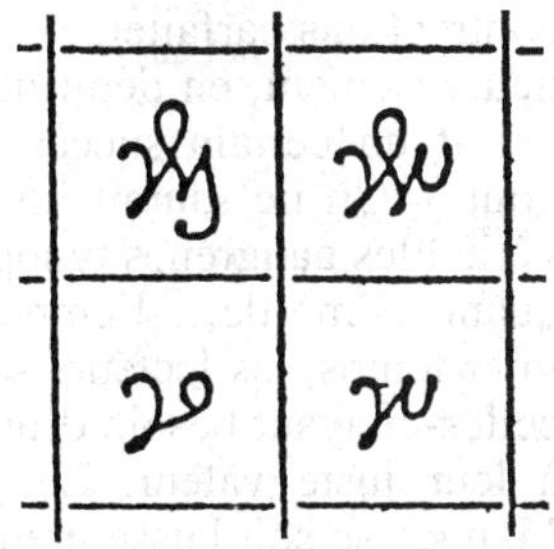

du judaïsme moderne, non seulement pour les éditions du Testament et du Talmud, mais aussi pour les publications scientifiques et même les journaux. Tout en étant une écriture, l'hébreu carré a cependant perdu tout caractère cursif. Issue du rashi, les juifs possèdent une cursive dite *cursive rabbinique* qui n'est ni une capitale ni tout à fait une cursive. Appelons-la une onciale. Pourquoi, après tout, l'hébreu n'en aurait-il pas une lui aussi ? D'autant qu'il n'est pas de lettre qui permette une meilleure mobilisation de la pensée et qui épouse mieux le rythme d'une foi, pour une identification à la Parole. Le scribe hébreu se tient strictement à la lettre (le jeu de mots est ici particulièrement signifiant) du propos qu'il tient. « Lettre, syllabe, vocable cèdent, en dernier ressort, la place au neutre dont ils avaient tenté, en partie, d'occuper l'espace. » Jabès convainc que, pour un juif, écrire n'est pas seulement transmettre la Parole, mais aussi se dissoudre en Elle.

Sans doute les Grecs, de qui nous tenons nos lettre latines, ont-ils su que leur écriture venait de l'Est, aussi n'ont-ils pas eu besoin d'affabuler sur son origine. Il demeure que cette relation de l'écriture au sacré imprègne la conception que nous nous faisons d'elle. Témoin cette manière dont Lucrèce évoque son apparition : « Déjà la terre cultivée était divisée et délimitée, déjà la mer était fleurie de voiles légères et l'on s'assurait déjà des secours et des alliances par des traités réguliers quand les chants des poètes commencèrent à confier à la mémoire les exploits accomplis, et l'on ne peut guère placer plus haut l'invention de l'écriture. » Autrement dit, à peine inventée, cette écriture, par le biais de ce qu'elle transmet, retourne, sinon à la transcendance, du moins à la légende. Comme si, de cet univers-ci, l'écriture était aussi, obligatoirement, d'un autre.

Updike, l'auteur du fameux *Printing Types* publié en 1937, écrit à propos des caractères grecs : « Les vieux manuscrits grecs emploient des schémas de caractères très sobres, séparant bien les lettres les unes des autres et comportant très peu de ligatures, lesquelles sont impropres aux caractères grecs de fonderie. Cependant, pour fondre son italique grecque, Alde Manuce[1] n'en préféra pas moins s'inspirer d'une écriture cursive pourvue de nombre de liaisons et de

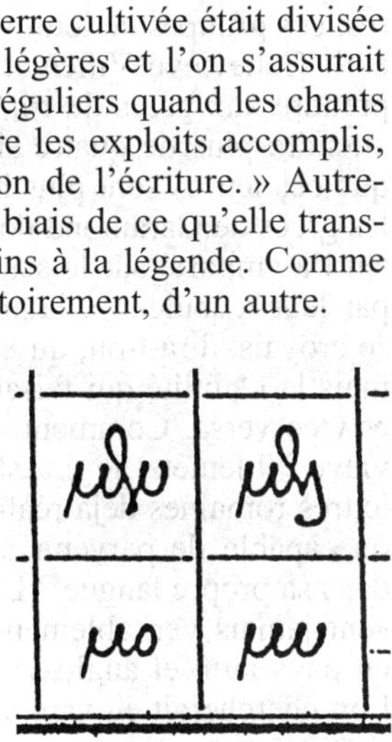

GARAMOND
Grecs du roi de l'Imprimerie nationale, 1540-1550

1. Voir, *infra*, p. 829 n. 4.

contractions parfaitement en contradiction avec l'esprit de la langue. Malheureusement, en dépit de ces défauts, cette cursive grecque de fonderie obtint un certain succès auprès du public dont elle flattait le mauvais goût. » On ne saurait mieux évoquer le risque que l'abus des ligatures, véritables gangrènes typographiques, peut faire encourir à une langue, risquant même de… l'emporter. Il est courant, en effet, que, dans un premier temps, les lecteurs sachent mal juger des lettres qu'on leur propose, celles-ci ayant besoin d'un minimum de « bouteille » pour être appréciées à leur juste valeur. Le plus surprenant, en l'occurrence, est qu'Alde Manuce se soit laissé prendre à ce piège. L'épisode est à retenir. Il témoigne de cela que l'écriture de fonderie n'est jamais qu'en équilibre instable entre la calligraphie et le plomb.

Si nos lettres sont bien issues des grecques, c'est aussi par le dessin et la gravure de « grecs » que Garamond, le plus grand graveur de caractères latins qui fixa le type de nos lettres, se fit connaître. C'est en 1540 que, d'après l'écriture d'Ange Vergece, le calligraphe crétois que François Ier avait attaché à la garde de ses manuscrits grecs de Fontainebleau, Garamond entama ce travail qui, en 1548, devait donner naissance aux trois séries des « grecs du roi », considérées aujourd'hui comme un chef-d'œuvre de la typographie. Or, bien que l'alphabet grec – sans doute parce qu'il est composé de lettres toutes en courbes – se prête mal aux ligatures, les grecs de Garamond en comportent en très grand nombre. Ces « ligatures, ces groupes de lettres si plaisants à l'œil ne favorisent pas la lecture », écrit Geneviève Villemetz, bibliothécaire de l'Imprimerie nationale. S'en prendre aux grecs du roi est un crime de lèse-typographie et il aura fallu attendre plus de quatre siècles pour qu'une voix aussi autorisée ose dire que ces lettres sont plus belles que lisibles. La vérité de tout cela, est que les grecs de Garamond donnent à penser que, dans leur élaboration, le dessin l'a emporté sur le sens. Ils retiennent déjà l'attention, ne serait-ce que par leur « couleur », laquelle situe cette écriture entre la latine et l'arabe. Je croyais, dira-t-on, qu'en matière typographique ce n'était pas la beauté, mais la lisibilité qui faisait loi, la seconde alors introduisant à la première et vice versa. Comment, alors, expliquer la bévue de Garamond ? Geneviève Villemetz ne craint pas de répondre : « L'ensemble se ressent des lettres romaines déjà réalisées en bon nombre par Garamond. » Ne serait-on capable de parvenir à graver une lettre véritablement accomplie que dans sa propre langue ? L'Histoire a tranché : les grecs de Garamond ne se sont jamais véritablement imposés. Considérés comme pièces de musée, en pays latin et anglo-saxon, ils sont restés… lettres mortes en Grèce où l'on chercherait en vain à les voir utilisés au XVIe siècle ou plus tard.

Si l'on n'a pas eu souvent recours à ce procédé, pourtant très plaisant, qui consiste à utiliser une capitale comme on le ferait d'une lettre en bas de casse, sans se priver de faire des ligatures, en revanche, l'inverse, qui consisterait à en user avec les formes d'une cursive comme s'il s'agissait

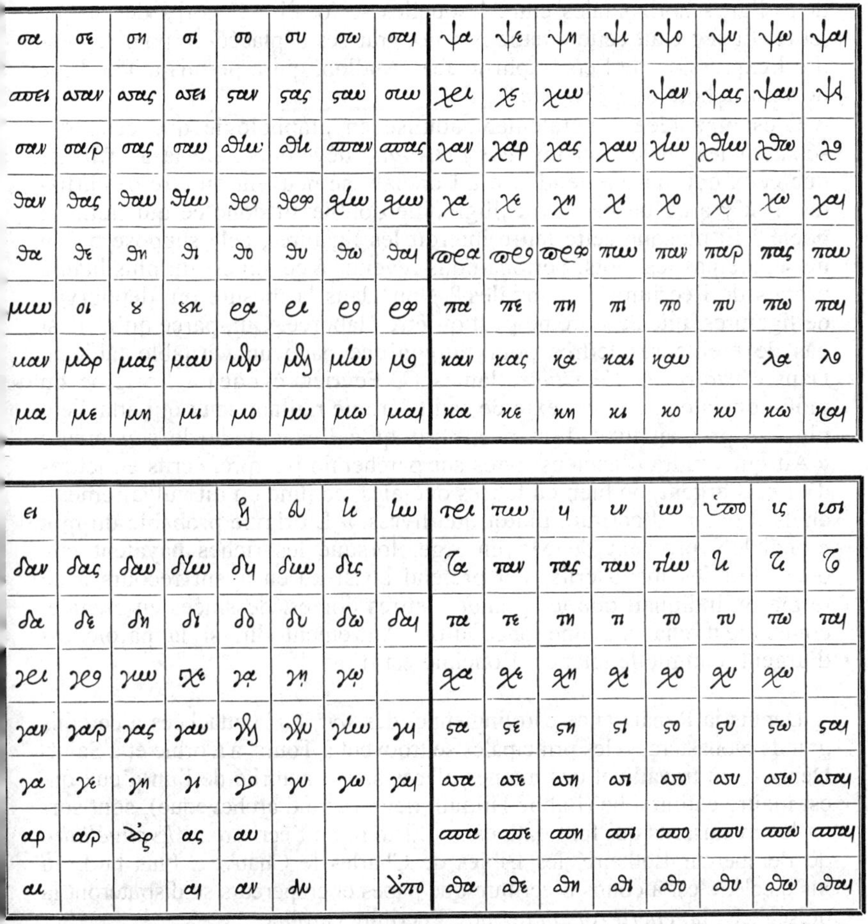

GREC GARAMOND
Les grecs du roi, quatrième et troisième partie
(extrait du spécimen de caractères de l'Imprimerie nationale)

de celles d'une capitale, était monnaie courante avant la fixation de notre alphabet romain effectuée par Garamond. Cette « lettre » sans ligature et qui confère à la cursive la dignité d'une capitale, c'est l'onciale. Tant elle s'impose qu'on dirait qu'elle précède le sens. L'habit fait bien le moine, pourquoi l'onciale ne ferait-elle pas l'écrivain ? De fait, c'est la seule lettre latine qui, calligraphiquement parlant, soit capable de rivaliser avec la musulmane : elle a une nette tendance à dépasser en haut et en bas les deux lignes horizontales entre lesquelles se localise le corps de chaque lettre. Et si c'était cette « lettre » « aux graisses déplacées », pour reprendre l'expression de l'épigraphiste Jean Mallon, qui a permis à Tite-Live de venir à bout de l'*Épitome* ?

C'est une idée généralement admise en graphologie que ceux qui séparent les lettres ont un *sens artistique* développé. De là à affirmer que ceux qui ont une tendance à l'onciale ne peuvent qu'être des artistes, il n'y a qu'un pas. La calligraphie doublerait donc ce qui fait... le poète ? Et puisque cette lettre interdit les ligatures, cela suppose qu'on ne sépare pas les mots. Serions-nous revenus à ce qui est dit plus haut à propos de l'écriture en capitales ? Non, dans la mesure où, dépourvue de ligatures, une écriture ne peut qu'être élaborée. Oui, parce qu'il n'est pas de meilleures lettres pour faire d'une page un véritable tableau. Dans *Histoire de l'écriture*, James G. Février, évoquant l'origine du mot « onciale », cite ce texte de saint Jérôme raillant ceux qui attachent plus de prix au luxe d'un manuscrit qu'à l'exactitude de son texte : « Ait qui voudra d'anciens livres sur parchemin pourpre, écrits en lettres d'or et d'argent, ou bien en lettres onciales, comme on dit vulgairement, chefs-d'œuvre d'écriture plutôt que livres. » L'origine probable du mot « onciale » provient du Moyen Âge, lorsque les riches payaient une once d'or les manuscrits. On prétend aussi qu'en ayant recours à ce terme on indiquait que les grandes lettres dorées, dessinées en onciale, contenaient chacune une once d'or. Autrement dit, si la parole est d'argent, comme le silence, l'onciale est d'or.

Depuis la Renaissance carolingienne, des *scriptoria* attachées à certains grands monastères – les principales se trouvent à Tours, à Corbie et à Saint-Denis –, où travaillent des moines placés sous l'autorité de l'un d'eux qui est maître calligraphe (l'abbé Hilduin devint grand archevêque), sont sortis les manuscrits qui font date dans l'histoire de l'écriture : l'*Évangéliaire* de l'empereur Lothaire, les Bibles de Charles le Chauve... Plus tard, au XIIe siècle, c'est à coups d'écriture que papes et empereurs se disputeront la préséance : la *lettera romana* contre l'écriture caroline.

Il faut s'arrêter un moment sur cette caroline, ne serait-ce que parce qu'elle est l'ancêtre de notre bas de casse. Elle fut utilisée dans la seconde Bible de Charles le Chauve, ainsi que pour celle offerte par Rorigon, gendre de Charlemagne, à l'abbaye de Glanfeuil en 830. Si l'on a dit de cette lettre qu'elle était l'œuvre d'Alcuin qui dirigeait alors l'atelier de Tours, cette paternité est contestée. Ce dont on peut, en revanche, être certain, c'est qu'à l'origine de cette lettre se trouve la volonté de Charlemagne, par l'entremise d'une écriture, de travailler à l'unité, toujours remise en cause, de son immense empire. « C'est une écriture dont les signes ont une forme à peu près fixe, un petit module, un corps de hauteur égale avec des hastes et des queues donnant à chacun d'eux une physionomie bien caractéristique, et composant une page d'aspect ordonné et clair : instrument d'une telle perfection que l'on comprend que l'on ait hésité depuis lors à y rien changer d'essentiel. » En dépit du respect qu'on lui doit et, aussi malgré « ce corps de hauteur » qui est joli, on est surpris qu'Higounet[1] en dise si peu. Mais quels mots, après tout, pourraient dévoiler une lettre ? Une lettre se sent, se plie, ou résiste, et alors on se tait. Celle-ci, la première et la plus accomplie de toutes, nous l'accompagnons dans ses formes comme si, au fur et à mesure de la lecture, nous l'écrivions à notre tour. En fait de lecture, ce déchiffrement-là est le seul capable de parachever... l'engloutissement. La raison de ce redoublement, il faut la chercher dans le fait que, si elle témoigne d'un respect de ce qui est acquis une fois pour toutes, une lettre est aussi le fruit d'une création. Alors comment concilier ces deux termes ? La « rénovation créatrice » dont parle Higounet est insuffisante ; en réalité, les scribes de la caroline ont entièrement refaçonné l'écriture du IVe siècle à partir de l'onciale, qu'ils considéraient comme une cursive. Plus tard, les humanistes, après avoir redessiné cette caroline à leur façon, croiront, eux aussi, avoir redécouvert l'écriture romaine. Tel est bien le processus de l'évolution de l'écriture : une genèse sans cesse reprise. C'est par ce qu'elle n'est pas que l'écriture est ce qu'elle est : les re-créations, les écarts, les licences, les liaisons, les boursouflures et les entrées de plumes. Aspirant toujours à nous dire ce que, par définition, elle n'est pas chargée de nous transmettre, ne nous parlerait-elle à proportion que ce serait à côté de ce qu'elle dit ?

Le livre d'Ezra Pound *Esprit des littératures romanes*[2] a été publié en français sous une couverture où apparaît *une lettre de forme* agrémentée de traits de plume. C'est un choix judicieux. La calligraphie, alors en plein essor dans le monde roman, prolonge tout naturellement ces sinuosités, parfois ces affetteries dont le beau style de l'époque est fait. Par exemple, du troubadour provençal Arnaut Daniel, Pound dit d'abord ceci : « On l'accuse d'être difficile à lire. Un examen attentif des textes montre que cela ne provient pas d'un style obscur, d'une forme complexe, de la rareté des rimes mais avant tout de son refus d'employer la langue "journalistique" de son temps, de son aversion pour une langue trop familière. » Et puis, à propos de la *sestina*, cette forme de poème inventée par Daniel et qui sera reprise plus tard par Dante[3], Pound précise qu'elle est « semblable à une mince flamme qui s'enroule et se déroule » : « Puisse Dieu, puisse l'élu qui racheta les péchés de l'aveugle Longinus, puisse-t-il lui plaire que Madame et moi-même nous étendions

1. Charles Higounet, *L'Écriture*, Paris, Presses universitaires de France, coll. « Que sais-je ? », n° 653, 1976.
2. Ezra Pound, *Esprit des littératures romanes*, Paris, UGE, coll. « 10/18 », 1966.
3. Dans la *Vita nuova*.

en une chambre où nous ferions fructueuse alliance, source de grande joie où, au milieu des caresses et des rires, elle dévoilerait son corps dans la chaude lumière des lampes. » Oui, Pound a raison : il s'agit bien d'une flamme. Le rapport s'établit ici d'autant mieux avec une calligraphie en liberté qu'on ne voit pas comment, soumis à la logique de son rêve, ce poète pourrait ne pas se trouver à mi-chemin du sens et de la calligraphie pure, entraîné par le dessin de sa plume comme si celui-ci était le plus habilité à signifier ce qui importe davantage.

Dénués de signification, les noms propres d'alors ne sont qu'écriture. Cependant ils n'en sont pas moins l'occasion d'un message d'une très grande précision : « Son nom est Viviane ou Niniane, dit Merlin dans le *Graal*. Elle vivra dans un château sous un lac que je lui bâtirai et c'est pourquoi il y a dans son nom ces vagues : *v v* écrivent les vagues qui viennent ; *n n* celles qui s'en vont. » L'amour, ici, sert de clé au sens des noms propres.

Avec la *cancellaresca*[1] et surtout son corollaire le trait de plume, les calligraphes vont, pour la première fois, clairement manifester cette distance qu'ils entendent prendre avec le message ecclésiastique qu'ils sont pourtant chargés de transmettre. Fini, oublié ou du moins passé au second plan, le « diplôme » en l'honneur du « chapeau » accordé à tel nouveau cardinal ou telle commémoration de la vie pontificale. À ce propos, le paraphe de Giuseppe Segaro est à relever. Comment ne pas voir que, par avance pour ainsi dire, puisqu'elle est liée à une lettrine, cette superbe arabesque barre entièrement la page qui la supporte ? À croire que le propos de son auteur était de s'affirmer au détriment du texte dont on lui avait imposé la copie servile. D'emblée, le langage du trait de plume sera, par excellence, celui de la liberté. Enfin, ce n'est plus que pour soi, pour la griserie qu'on écrit. Cette fois, à l'apparente absence de sens, à la seule et pure graphie, à ce mouvement, à cette joie d'exister comme jamais, répond la manifestation du sens. C'est le squelette du sens qui, ici, fait le sens.

Est-ce à dire que l'on s'achemine vers un langage parallèle au langage ordinaire, un langage de formes soumis aux seules lois du trait de plume ? Déjà dans *Poésie et Révolution*, Walter Benjamin évoque la possibilité que, dans chaque langage, chaque mot soit « onomatopéïque ». Si Benjamin avoue la difficulté de préciser la signification exacte du mot, il poursuit tout de même : « En ordonnant les mots de diverses langues qui signifient la même chose, il y aurait lieu de rechercher en quoi ces mots qui peuvent n'avoir entre eux aucune ressemblance sont tous centralement

1. S'il faut ici faire un sort à la cursive gothique de Poggio, secrétaire du pape Martin IV (1405-1413), c'est qu'elle marque le passage de l'écriture gothique à l'écriture humanistique, dite *cancellaresca*. Les clercs ont saisi tout le parti qu'il était possible de tirer de cette nouvelle lettre plus cursive, donc plus rapide, et ont imposé son adoption. Sous ce pontificat, elle fut officiellement promue au rang de *cursive de chancellerie*.

GIUSEPPE SEGARO (XVIe-XVIIe siècle, Italie)
Ici, le sens est davantage dans le trait de plume que dans le texte, 1607

semblables à un signifié. Cet examen ne devrait pas se limiter au mot exprimé, mais encore, et avec une particulière précision, porter sur le mot écrit. Il est remarquable de pouvoir préciser que dans beaucoup de cas, d'une façon plus prégnante que le mot dit, le mot écrit éclaire l'essence de la ressemblance non sensible par le rapport de son image écrite avec le signifié […]. Il n'est pas invraisemblable que la rapidité de l'écriture et de la lecture accroisse, dans le domaine linguistique, la fusion du sémiotique et du mimétique […]. Le langage serait le degré le plus élevé du comportement mimétique et la plus parfaite archive de la ressemblance non sensible : un milieu dans lequel se sont entièrement transformées les anciennes forces de production et de conception mimétiques au point de

FRANCESCO PISANI
Traits de plume, 1640. Les jeux calligraphiques de l'amour et de la mort

liquider celles de la magie. » Sans doute Benjamin a-t-il raison et il faut voir dans le trait de plume un authentique retour au langage des formes. Mais il y a plus que cela. Plutôt qu'une écriture profane[1], rien n'empêche de tenir les traits de plume pour des tentatives, de la part des calligraphes de la *cancellaresca*, d'affirmer que le sacré est ailleurs, à l'instar de ce que proclament les calligraphes musulmans depuis le VIIe siècle : dans l'affirmation de l'amour et du désir. Dans une certaine mesure, les thèmes choisis par Pisani[2] confirment ce point de vue. Lorsque celui-ci évoque le mariage et l'amour, les personnages, souvent entourés d'angelots joufflus, sont d'une vertigineuse sensualité. Il y a plus encore. C'est précisément parce qu'il a choisi, toujours au moyen de boucles bien amples, de faire référence à la mort – calligraphie en trait de plume de squelettes vivants –, que Pisani s'affirme comme le calligraphe du plaisir. À regarder évoluer ces squelettes on a la conviction que, de ces volutes, Pisani veut nous faire mieux saisir qu'au même titre que l'amour la mort ravit.

Le philosophe zen Ha Quin (1655-1768), auteur du fameux *Signe de mort*, confirme ce point de vue qui assure que le geste d'écrire n'a de sens que s'il traduit l'engagement de tout l'être. On écrirait vrai que comme on assumerait sa mort, comme on la dominerait. Poussant le raisonnement à son terme, est-on en droit de dire que l'écriture rendrait la vie, au-delà même de la mort, identifiant à la beauté en même temps qu'à la connaissance ?

Dans l'*Essai sur l'origine des langues*, Jean-Jacques Rousseau a, d'une plaisante façon, relevé cette prééminence du geste de l'écriture sur la parole : « Quand les idées des hommes commencèrent à s'étendre et à se multiplier et qu'il s'établit entre eux une communication plus étroite, ils multiplièrent les inflections de la voix et *y joignirent les gestes* qui, par leur nature, sont plus expressifs et dont le sens dépend moins d'une détermination antérieure. » Rousseau a, en outre, relevé ce point qui n'est pas un détail et qui explique les prouesses des calligraphes italiens de l'écriture de chancellerie (cancellaresca) : l'écriture de geste est tout particulièrement le fait des Méridionaux : « Ouvrez l'histoire ancienne, vous la trouverez pleine de ces manières d'argumenter aux yeux et jamais elle ne manque d'offrir un

---

1. On a dit du calligraphe espagnol Diaz Morante (1565-1636), le précepteur des fils de Philippe II, qu'il tenait sa prodigieuse maîtrise du diable. L'école calligraphique espagnole est généralement, et sans aucune raison, négligée. Son premier maître et auteur d'un traité célèbre : *Recopilacion subtilissima [...] por la qual se ensena à escrivir perfectamente*, publié à Saragosse en 1548, fut Juan de Iciar. Ce traité perfectionna plusieurs lettres de chancellerie. En 1599, Ignacio Perez, considéré comme le père de la calligraphie espagnole, publia *Arte de forma de letra*. Durant les XVIIe et XVIIIe siècles, l'Espagne produisit de remarquables calligraphes : Pedro Diaz Morante, auteur de *Nueva arte de escrivir* (1615), œuvre exubérante de virtuosité, Casanova (1650) et Lorenzo Ortiz.

2. Francesco Pisani ne doit pas être confondu avec Giovanni Battista Pisani, qui était en outre mathématicien.

FRANCESCO PISANI
Cadre macabre calligraphique dont les squelettes encadrent une inscription centrale : « FRANCESCUS PISANUS SCRIPTOR ENPOSUIT. ANNO DOMINI MDCXXX » (détail)

effet plus assuré que tous les discours qu'on aurait pu mettre à la place. L'objet offert avant de parler ébranle l'imagination, excite la curiosité, tient l'esprit en suspens et dans l'attente de ce qu'on va dire. J'ai remarqué que les Italiens et les Provençaux chez qui, pour l'ordinaire, le geste précède le discours trouvent ainsi le moyen de se faire mieux écouter et, même, avec plus de plaisir. Mais le langage le plus énergique est celui où le signe a tout dit avant qu'on parle. Tarquin, Thrasybule abattant les têtes des pavots, Alexandre appliquant son cachet sur la bouche de son favori, Diogène se promenant devant Zénon, ne parlaient-ils pas mieux qu'avec des mots ? Quel circuit de paroles eût aussi bien exprimé les mêmes idées ? »

Reste que tout cela transparaît au travers de n'importe quel trait de plume abouti, même si le motif est abstrait. Pour illustrer cela, on ne saurait mieux faire que d'évoquer les traits de plume de Leopardo Antonozzi, l'auteur de *De caratteri*, ouvrage composé à « la gloire de Dieu et pour l'usage du public ». Pourquoi ceux d'Antonozzi et pourquoi pas ceux de Zanella, de Barizoni ou de Raimondi[1] ? Parce qu'Antonozzi fut un des chanteurs de la

1. Comme Cresci qu'il admirait particulièrement, Antonozzi fut l'un des calligraphes du pape. Sa cursive de chancellerie est souvent encadrée d'une bordure fleurie. Son livre a été gravé par Cungi. Don Sebastiano Zanella, auteur du *Nuovo modo di scrivere cancellaresco*, avait l'habitude de témoigner de son savoir-faire au moyen de proverbes, d'aphorismes philosophiques. On retrouve fréquemment le motif de l'abeille dans les travaux de Raimondi, ce qui semble indiquer qu'il était attaché à la famille Barberini.

Robert Granjon,
de Lyon, qui, en l'An Mil. Vc. Lvij, pour l'impression du
Dialogue de la vie et de la Mort, Composé en
Toscan par Maistre Innocent Ringhier
Gentilhomme Boulongnois. Nouuel-
lement traduit en Françoys par
Jehan Louveau Recteur de
Chastillon de Dombes,
fut le premier à employer des Caractères de Civilité,
sur son invention.

ROBERT GRANJON (XVIe siècle, France)
Lettre française de main (bâtarde issue de la gothique) dite « caractère de civilité », 1557.
Lettre refondue par la fonderie typographique Ensche (Harlem), 1926

chorale pontificale et que, d'une manière difficile à exprimer mais qui se conçoit parfaitement, un lien relie cette sorte d'écriture-là à la musique et à l'art vocal. À la façon d'un chanteur, un calligraphe montre qu'il s'enivre de ce que, au moment où il le découvre, il révèle de lui-même. Par l'entremise de cette « musique », serait-ce que cette notion de langage qui, tout au moins en apparence, avait été évacuée par le trait de plume se trouverait récupérée ? Pourquoi pas ? Mais de quelle musique s'agit-il alors sinon de la « musique des sphères » ?

Malgré la qualité de la *cancelleresca*, la France ne s'en laissa pas conter. Granjon qui, en 1557, a inventé le caractère de *civilité*, a justifié des raisons qui l'ont poussé à dédaigner les lettres romaines. Pour lui, tous les peuples, grec, arabe, hébreu, italien, ont mis leur amour-propre à ne se servir que des caractères qu'ils ont inventés. On ne peut considérer sans rougir la négligence des « maieurs » qui, « ayant de quoi se passer de leurs voisins, ont mieux aymer estre leurs redevables que de céder de leur propre ; chose d'autant plus déplourer que si l'on confère nos caractères françoys (qui ne scay comment nous sont encore demeurez saufs) à ceux de toutes autres nations, on trouvera qu'ilz ne leur cèdent en rien ». Comme si, en dépit de son petit nombre de signes diacritiques, le français pouvait notablement imprimer sa marque à la forme des lettres. Toujours est-il qu'avec le souhait bien marqué de serrer encore de plus près ce tour soi-disant particulier que la langue française conférerait à l'écriture, Granjon opta pour la transcription typographique d'une de ces « lettres françoyses », comme on les appelait, ou « lettres d'art de main », ou encore « lettres façon d'escriture » ; caractères qui prendraient plus tard le nom de « caractères de civilité ». Cette appellation ne se justifie pas seulement

CARACTÈRES DE CIVILITÉ

parce que l'expression est la forme abrégée de « caractères servant à l'impression des traités de civilité », mais parce qu'alors la politesse voulait qu'un écrivain offrît aux personnes haut placées ses œuvres en manuscrit.

Dans l'étude qu'elle a consacrée aux caractères de civilité[1], Alice Hulubei parle, à propos de la lettre que Moreau[2] a tirée de celle de Granjon, moins d'un siècle après sa création, d'« un effort calligraphique assez digne d'intérêt ». On voit bien l'intention : pour mieux traduire l'idée de « civilité », ces deux calligraphes y sont allés du paraphe. Or, en la matière, il n'est pas de pire contresens que l'affectation. L'échec de cette lettre prouve que la préciosité ne peut passer pour une politesse vraie pas plus que le fait d'emplumer une lettre pour qu'elle gagne en grâce aérienne. La lettre de civilité l'aura démontré : si l'écriture manuelle a tout naturellement façonné des bas de casse, en revanche, on ne crée pas impunément une écriture à froid, dans la seule intention de la couler dans du plomb. Cette lettre, et c'était fatal, est devenue une laissée-pour-compte de l'histoire de l'écriture. Peu à peu, l'habitude se prit, un peu partout, de composer les textes dans un alphabet en relation avec leur provenance : les Italiens en italiques, les Allemands en gothiques, les Latins et les Espagnols en romains ; la lettre de civilité, surchargée d'adjuvants graphiques qui la rendaient peu maniable, perdit du terrain au profit de l'italique. Elle ne restera en faveur qu'un moment encore, pour imprimer les livres de « civilité puérile » destinés à accoutumer les enfants à l'écriture manuelle.

Personne, aujourd'hui, n'oserait avancer que le caractère de civilité est facile à lire. Le fait est d'autant plus surprenant que, compte tenu de son titre, on aurait pu penser que ses auteurs chercheraient d'abord et

1. *Arts et métiers graphiques*, n° 1, 1926.

2. Pierre Moreau, imprimeur parisien du XVIIe siècle, vulgarisa par la typographie l'art des belles écritures. C'est en 1626 que parurent ses caractères imitant la bâtarde et la ronde penchée, affublés du nom de « financières ».

avant tout à le rendre lisible. Sans doute mais rien, non plus, n'empêche de considérer les choses à l'inverse et de prétendre que la moindre des « civilités » consiste, puisqu'on n'écrit pas pour ne rien signifier, à retenir l'attention. Dès lors, ces variantes dans l'orientation de ces pentes, qui sont la caractéristique de cette écriture, si elles rendent la lecture difficile en font aussi une lettre efficace et, partant, la plus « civile » qui se puisse.

Alors, que faut-il entendre par « lisible » ? De nos jours, et alors que des tests de lisibilité ont démontré que loin d'être des adjuvants sans importance les empattements apportent un plus grand confort de lecture, les lettres les plus lisibles sont les antiques. Elles le seraient parce que, bâtons, elles sont réduites à leur plus simple expression. Un slogan, ici, fait la loi et bat en brèche même les résultats d'expériences. Quant à la soi-disant « civilité » dont on ferait preuve en utilisant ces lettres-là, le grand typographe qu'est Tschichold a parfaitement répondu à ceux qui vantent les mérites de ce style : « Je me demande parfois si les auteurs de tels imprimés [composés dans ces caractères] ont jamais appris à lire. On a même l'impression qu'il leur importe fort peu qu'un texte ainsi conçu trouve audience ou non. Sans doute on aurait tort de renoncer à l'antique. Mais seul un usage modéré correspond à la vraie fonction de ce genre de lettres. Si le typo en abuse, le lecteur s'en fatigue bien vite car l'antique n'a ni grâce ni élégance et son comportement manque de civilité. »

Dès lors que les édits pontificaux ne sont plus liés au développement des belles écritures, il faut bien que celles-ci s'articulent sur autre chose. Ce sera donc, non seulement l'écriture elle-même, mais, au-delà d'elle, le seul fait d'écrire. Tout se passe alors comme si, libéré du pouvoir, on l'était aussi du sens et même de l'image. Les traits de plume de Cocker (1631-1676)[1], tant ils sont enlevés, incitent à le penser. On dirait de leur auteur qu'il n'écrit encore, même des images, qu'à regret, comme si seul comptait le fait de s'adonner à cette fameuse griserie d'écrire dont on a parlé, celle-ci étant la seule signifiante. Tout le monde, même du vivant de Cocker, n'a pas été toujours convaincu de la qualité de son art. Nombreux sont ceux qui lui ont reproché d'avoir distrait les élèves calligraphes de la voie qui devait être la leur : l'étude et la maîtrise de la lettre. Celle-ci se passait de fioritures, « un texte calligraphié étant lui-même son meilleur ornement », dit le critique Ambroise Serle en 1766. Sans doute, en s'adonnant à ces exercices calligraphiques, Cocker a-t-il usurpé le titre de calligraphe. Son œuvre n'en est pas moins intéressante à analyser pour une raison autre. C'est Montesquieu qui disait que l'art d'un écrivain se juge à cette façon qu'il a de parvenir à lier entre eux les passages qui lui ont été « donnés » d'un même récit. De la même manière, c'est insensiblement que Cocker passe d'un trait de plume à un autre, sa

1. Il est, entre autres recueils, l'auteur de *Pen's Experience*, *Pen's Transcendencie*, *Pen's Triumph*, *Pen's Facility*, *Magnum in parvo or the Pen's Perfection*, *The Pen's Gallantry*.

maîtrise dans l'art des liaisons contribuant à raffermir dans l'idée qu'il peint exactement comme il écrit. Un trait de plume est une pensée, toutes articulations comprises. C'est d'ailleurs là que réside le plaisir : celui d'écrire comme celui de lire. Parce que cela fonctionne comme un texte, cela doit aussi se lire comme un texte.

Il faut s'habituer à considérer l'écriture latine comme une respiration. Tantôt elle se replie sur elle-même pour donner naissance à la caroline, la première et plus grande réussite calligraphique à qui nous devons le romain ; tantôt elle vise à se libérer de ce carcan qu'elle s'est elle-même donné pour laisser libre cours aux légitimes aspirations des calligraphes. Dans ces conditions, de temps à autre, la nécessité se fait sentir d'une reprise en main, c'est légitime. Les travaux de Cocker sont là pour en témoigner. Avec lui, nous assistons à un véritable éclatement du langage, à un cataclysme à l'occasion duquel, emporté dans une orgie de boucles, l'alphabet lui-même a risqué de se laisser entraîner. Car, on a beau multiplier les traits de plume, c'est bien de l'alphabet et de lui seul qu'il s'agit. On dira : d'autant plus cet alphabet avait été fixé de superbe façon par Garamond, d'autant plus aussi l'imprimerie avait atteint ce

LEOPARDO ANTONOZZI (1629-1658 ?, ITALIE)
Calligraphe musicien, auteur de *De caratteri, libro primo*, Rome, 1658

développement déjà considérable à l'époque ; qu'avait-on besoin de changer les schémas des lettres ? C'est ainsi : bien que restant toutes ce qu'elles sont, les lettres n'ont pas cessé de changer et doivent continuer à se modifier. Sans doute qu'elles soient, depuis François Ier, demeurées ce qu'elles sont tient du prodige. Tous, nous avons deux yeux, un nez, une bouche, cependant il est infiniment rare que deux hommes inconnus l'un de l'autre se ressemblent. Soit ; les lettres ont donc à se renouveler, coûte que coûte, mais en aucun cas cela ne peut être au prix de l'intégrité des formes[1].

III

PAILLASSON[2] ET SON ÉPOQUE

De tous les calligraphes de l'époque, celui qui va tenter de reprendre la situation en main est Barbedor[3]. Il y réussit. Ce calligraphe sait ce qu'il faut entendre par un *trait de plume* : il est « apparemment continu, doit être effectivement obtenu par un mouvement ininterrompu sans jamais lever la plume du papier ni remplir après coup la moindre lacune ». Malheureusement, Barbedor est trop préoccupé d'écriture pour s'adonner à ces joutes. Soit, l'apport des hommes de la *cancellaresca* est considérable, il faut donc en tirer profit mais ce n'est pas une raison pour se laisser prendre par ses sirènes. La seule vraie tâche du calligraphe, ce n'est pas, comme pour un auteur de trait de plume, de faire étalage de ses prouesses, mais, tout au contraire, de se fondre dans les traits des lettres. La plus belle d'entre elles est transparente et Barbedor le sait : « Ce sont, écrit-il à propos de la financière, expéditions que l'on escrit journellement au Conseil, au Parlement, en la Chambre des Comptes et chez les principaux officiers de ce Royaume, chacune expédition escrite du charactère convenable à son sujet. Très utile à ceux qui aspirent aux emplois lesquels il est requis de bien et diligemment escrire. » C'est à Barbedor qu'on devra le juste équilibre entre la licence de plume et la lettre la plus accomplie qui se puisse concevoir.

1. Dans la présente édition, nous n'avons pu donner le chapitre qui suit : « Autour de la *cancellaresca* », uniquement constitué d'illustrations (NdÉ).

2. Le lecteur trouvera le texte de Charles Paillasson dans la présente édition, p. 830 (NdÉ).

3. Louis Barbedor (1589-1670) est le plus grand calligraphe français de l'époque. *Les Écritures financière et italienne-bâtarde dans leur naturel* a paru vers 1650 chez Pierre Drevet. C'est à lui que l'on doit les développements de l'usage de la cursive en France.

De fait, et bien qu'il ne s'en vante nulle part, avec les *Initiales accompagnées de paraphes en trait de plume* et les *Fioritures abstraites* Barbedor est bien l'initiateur d'une méthode d'écriture parfaitement originale et qui, pour l'essentiel, consiste à former les pleins, toujours fortement appuyés, en les traçant de bas en haut, à la volée. De ses pages, on peut faire les mêmes éloges qu'aux plus grands : Arrighi et Tagliente. Elles semblent en équilibre entre le sens et l'image. La raison de ce succès vient de ce que cette écriture-là est prise dans un mouvement qui, s'il retient l'attention, distrait aussi suffisamment pour mieux faire saisir que la calligraphie, finalement, l'emporte sur le sens. C'est le moins qu'on était en droit d'attendre d'une financière.

Un point est désormais acquis : après tous les bouleversements que, toujours dans le cadre très étroit qu'implique le respect de ses structures, la lettre a subis – bouleversements dus à l'arrivée intempestive de l'italienne et à sa collusion avec la gothique –, en gros, trois types de lettres se disputent la faveur des calligraphes : la *ronde*, vestige de la vieille caroline encore marquée par la brisure de l'époque gothique ; la *bastarde* devenue *bâtarde*, issue de la lettre italienne ; enfin la *coulée* ou « lettre de permission », transition entre la ronde et l'italienne, tout particulièrement destinée à ceux qui, ne possédant que trop bien la ronde, éprouvent du mal à se plier aux exigences d'une autre lettre. « Quand, au XVIIe siècle, écrit Charles Higounet, une éphémère Académie d'écriture et, après elle, le Bureau académique de l'écriture eurent apporté au maintien d'une bonne écriture traditionnelle et à son perfectionnement le même soutien que l'Académie française donnait à la conservation et au développement normal de la langue nationale », la situation allait évoluer très différemment. Colbert, alors patron des *maîtres écrivains*[1], cherche à imposer le style de l'écriture italienne. Celle-ci est davantage cursive et le ministre la préfère à la mauvaise gothique alors en usage en France. Il est, avant tout, préoccupé de disposer d'une lettre plus rapide, plus apte au bon fonctionnement des officines qu'il régente. Pour le contrôleur général des Finances, il ne saurait y avoir de bons comptes sans une bonne lettre, d'où son amitié pour... les calligraphes.

---

1. Dès novembre 1570, les lettres patentes de Charles IX avaient codifié les us et coutumes du métier. Dressés en 1648, les statuts avaient réglé la communauté des « maîtres-experts » et des « écrivains-jurés ». Elle était gouvernée par un syndic de vingt-quatre anciens maîtres. Les aspirants à la maîtrise devaient avoir vingt ans, sauf les fils des maîtres qui pouvaient concourir dès dix-huit ans. On les examinait pendant trois jours sur leur art en toutes sortes d'écritures pratiquées en France, sur l'orthographe, l'arithmétique à la plume et aux jetons, la vérification des écritures et des signatures. Le syndic élu tous les deux ans ne pouvait être renommé. Il veillait à l'exécution de tous les règlements. Chez lui se réunissait l'Assemblée corporative. La corporation fêtait saint Jean l'Évangéliste son patron. D'après Odile Linzeler, *Arts et métiers graphiques*, n° 46.

Celui à qui il revient d'avoir davantage confirmé ce mauvais coup porté à la calligraphie est un certain Huet de Toste[1]. Les noms seuls de ses planches calligraphiées en disent assez pour stigmatiser sa manière : « Situations et productions de la plume », « Commerce », « Comptes généraux », « Carnets d'échéance », « Inventaire général ». Seule une pensée soutient une lettre, non des calculs de comptable. Et pourtant les calligraphes vont devenir... des hommes de main d'un pouvoir qui va régler son compte à un art qui ne se relèvera plus du traitement subi.

En liant l'histoire de l'écriture aux seuls calculs des financiers, la lettre sort appauvrie, réduite à rien, à ces squelettes que sont les anglaises. Il n'empêche, on s'obstine : bientôt les chiffres eux-mêmes prennent le pas sur une écriture dont on édictera les lois tout en négligeant ce fait, pourtant primordial, de sa relation au langage. À partir de là, les traités d'écriture se multiplient, chacun y va de sa méthode et de ses préceptes. À elles seules, les têtes de chapitre de *L'Art d'écrire* d'Allais de Beaulieu[2] disent déjà qu'à l'art calligraphique on a substitué une fausse science du trait : « Effets généraux de la plume », « Observations sur les effets », « Trait ou ligne », « Table de la proportion, forme, situations et mouvements », « Table de la liaison des lettres françaises et bâtardes »... On voit mal l'utilité de ce byzantinisme. L'écriture est avant tout affaire de mouvement en étroite dépendance du sens qu'elle est chargée de transmettre. Il faut croire que telle est bien, tout de même, la conviction de Blegny[3] qui, pour la première fois, renouera avec une vieille tradition mise en lumière par Alde Manuce[4]. Celui-ci avait présenté une italique à l'occasion de la publication du texte, trop souvent ignoré, du *Songe de Poliphile*. Sans doute était-ce timidement et de manière bien convenue, mais quelqu'un mettait à nouveau l'accent sur ce lien qui n'aurait jamais dû être rompu entre l'étude de la lettre et la formulation d'une pensée. En annexe aux *Nouveaux exemplaires d'écriture d'une beauté singulière* (1691), Blegny proposait une

1. Son ouvrage le plus important publié à la fin de l'Empire a pour titre : *Écritures expédiées financières françaises suivies d'un précis sur la tenue des livres*, ouvrage gravé par Dizambourg à Paris. M. S. Morison crédite ces calligraphies d'« une grande élégance ».

2. Jean-Baptiste Allais de Beaulieu a publié un *Art d'écrire* en 1680, « avec privilège du Roy ».

3. Estienne de Blegny : *Les Éléments ou Premières instructions de la jeunesse* furent publiés « avec privilège de Sa Majesté » en 1691.

4. Manuce : famille d'imprimeurs italiens. Son fondateur, Alde (1449-1515), fut à la fois un typographe, un grammairien et un éditeur. Il a publié les principaux ouvrages des humanistes de la Renaissance. Il s'établit à Venise en 1489. En trois ans, il publia plus de quarante volumes. En 1499 sortit de ses presses l'*Hypnerotomachia*, plus connu sous le titre de *Songe de Poliphile*, un superbe livre érotique qui a probablement inspiré le Rabelais du *Cinquième Livre*, et dont l'écrivain dominicain Francesco Colonna est l'auteur. Il faut tenir cet ouvrage pour un chef-d'œuvre de typographie. Alde est l'inventeur de la lettre aldine, ou italique, et, par voie de conséquence, des premiers livres de poche. Il créa une académie, dont Erasme fut un des membres, ainsi que Pic de la Mirandole.

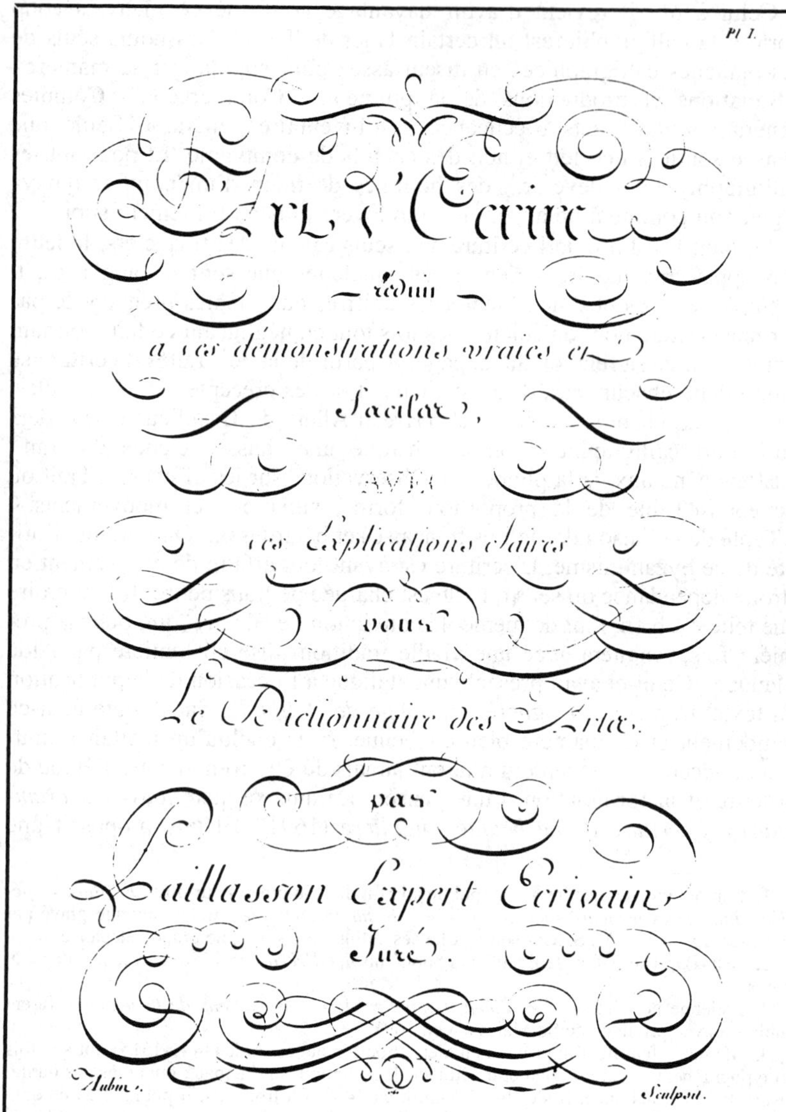

CHARLES PAILLASSON (XVIIIe siècle, France)
Page de titre de *L'Art d'écrire* (*Encyclopédie*, Diderot et d'Alembert, 1751-1772)

série de remises en place de la lettre. Il s'agit, par exemple, des *Instructions morales d'un père à son fils*, des *Règles de civilité*, des *Règles de l'orthographe* et, particulièrement intéressant à relever, d'un *Dictionnaire* exposant « la manière d'écrire correctement divers mots ». Ce livre, en outre, comporte des chapitres traitant d'arithmétique, de récitation et de prononciation, de bonnes manières et d'art de vivre en société. Il est dédié par son auteur « aux jeunes gens », ce qui n'est pas un détail ! Par ce moyen, de Blegny insiste sur cela qu'on ne saurait apprendre à convenablement écrire sans, dans le même temps, apprendre à penser et à être.

Malheureusement, de Blegny ne fut pas entendu et lorsque, en 1741, Glachant[1] publie le *Nouveau traité d'écriture enrichi de plusieurs pièces gravées d'après le chef-d'œuvre de M. Rossignol où l'on trouve ses démonstrations selon les principes de M. Allais et dans lequel on combat de nouveaux principes sur l'art d'écrire*, les manuels de cette sorte se sont à ce point multipliés qu'il est pratiquement impossible à un néophyte de s'y retrouver. D'autant qu'à l'inflation des ouvrages s'ajoutent désormais les querelles d'écoles. Ces controverses trahissent-elles le souhait de chacun de recouvrer la liberté d'écrire à sa guise ? C'est probable, mais qui, alors, oserait l'admettre, du moins publiquement ?

C'est vrai, il y a quelque anachronisme dans le fait qu'à l'époque où Rousseau publie *Les Confessions* et *Les Rêveries d'un promeneur solitaire* on se soit refusé encore aussi obstinément à prôner une écriture individuelle. C'est que la morale du « bourgeois gentilhomme » a toujours cours et qu'il vaut mieux forcer son écriture que de risquer de s'exposer par le biais d'une main insuffisamment faite.

Quand, sollicité par d'Alembert et Diderot de rédiger, pour l'*Encyclopédie*, le chapitre concernant l'écriture, Paillasson se met au travail, il était à craindre qu'il ne proposât rien d'autre qu'un « Art d'écrire » de plus, un ouvrage contestant les principes avancés par les uns et les autres et qui, finalement, contribuerait à l'obscurcissement général. Fort heureusement, cela ne s'est pas produit de cette façon. De tout ce processus de l'écriture, complexe mais délicieux, enivrant même, Paillasson, qui n'est pas un calligraphe comme les autres, est parfaitement conscient. Il sait ces réels plaisirs dont, à lui seul, l'attirail de l'écriture est la cause. Il y a là l'occasion de tout un fétichisme dont l'importance, dans l'acte d'écrire, est incontestable. C'est la plume choisie, le fait qu'elle soit biseautée (cette idée seule du biseau d'une plume a une vertu), le traitement infligé au papier, ce papier que, selon Mallarmé, « sa blancheur défend », ce papier qui, tout compte fait, ne se « défend » que pour mieux se donner, les trouvailles fomentées par les ligatures. On repense entièrement l'écri-

1. François-Michel Glachant. Son nouveau traité parut chez Jean Augustin Grangé, libraire au Palais, en 1754, avec « approbation et permission ».

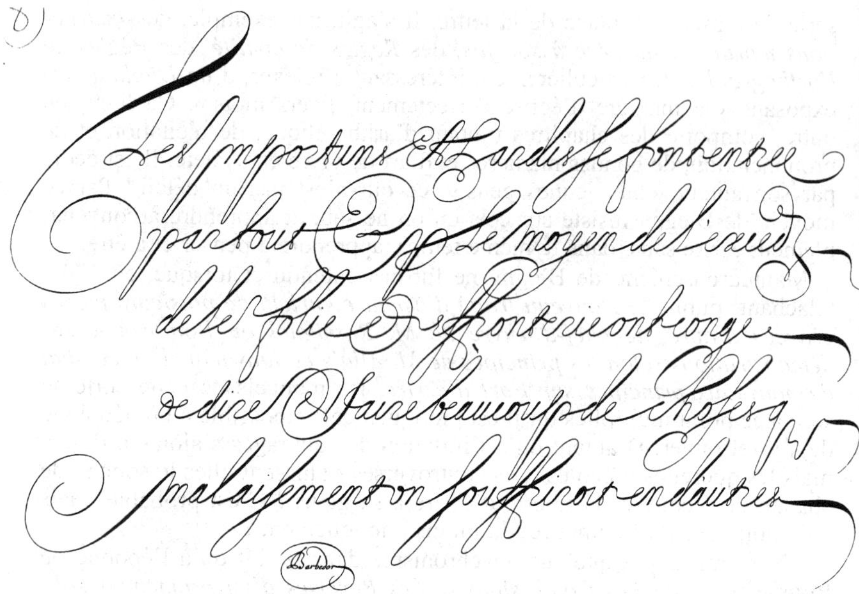

LOUIS BARBEDOR
(XVIIe siècle, France)

ture à l'instant qu'on en use. Qui niera que, dans l'opération, l'occasion s'offre d'un total accomplissement de soi ?

À elles seules, les gravures qu'il a fait figurer dans les premières pages de son livre en disent déjà beaucoup au sujet de ce plaisir que Paillasson prend à écrire. Ce n'est pas tant qu'on sente ce scripteur à sa table de travail, tout à l'agrément d'habiter comme il convient des vêtements qui lui vont et, sans en avoir l'air, heureux de jouer de son jabot et de ses manchons de soie. C'est aussi que, par son attitude dûment agrémentée de pointillés, cet homme fait saisir son intense satisfaction à s'adonner à une occupation qui le raffermit dans un évident contentement de soi. Que ceux qui ne saisissent pas mon propos au point d'être conquis éprouvent en eux, d'une manière plus consciente, le plaisir que procure la vue de cette gracieuse plume d'oie, courbée à souhait, ou bien encore la bonne et rassurante odeur des encriers utilisés à cette époque, et ils seront gagnés à ce que je prétends leur faire entendre.

À lire Paillasson on acquiert vite la conviction que son intention est de repenser entièrement l'art calligraphique. Après avoir différencié l'attitude du scripteur-homme de celle des « demoiselles », il s'est étendu sur la taille des plumes, attardé sur leur « situation », leur « toucher », leurs « ligatures », leurs « liaisons », au dessin des capitales par rapport à celui des minuscules, au comportement à adopter à l'égard de la ronde, de la bâtarde, de la coulée, comme à celui des traits de plume... « Sans recourir à des observations anatomiques, écrit-il, l'expérience, d'accord avec la raison m'a fait reconnaître une liqueur onctueuse appelée par les anatomistes *synoviale* qui, se filtrant par des glandes qui portent son nom, arrose, pénètre, humecte les ligaments, les nerfs et leur donne le jeu, le ressort que demande l'articulation la plus facile et la plus complète. » Le plus important n'est cependant pas dans le fait que Paillasson se soit livré à ces dénombrements, mais bien, plutôt, dans celui qu'il est un écrivain authentique. Le mot est pris au double sens du terme : de calligraphe et d'homme capable d'écrire un livre avec talent. Qu'y a-t-il là de si surprenant ? On n'a pas assez réfléchi à cela qu'écrire un livre sur l'écriture n'engage pas un processus de création d'une nature différente de celui qu'implique la mise en forme de n'importe quel autre sujet. À mon avis, c'est même le sens de la chose bien écrite qui a incité Paillasson à la calligraphie, sa rigueur de pensée conviant, comme fatalement, l'écrivain à une écriture manuelle toujours plus satisfaisante. À moins que, la belle écriture tenant lieu d'étincelle, ce ne soit l'inverse qui se soit produit.

Dans le cas de Paillasson, il y a fort à parier que les choses se sont superposées, se confortant l'une l'autre. Il est un aspect de l'écriture qui incite à le croire, c'est la terminologie même de la calligraphie. N'invite-t-elle pas impérativement au seul langage qui vaille, celui auquel tous les autres peuvent se réduire : celui de l'amour ? Le vocabulaire auquel on ne peut pas ne pas avoir recours quand il est question d'écriture est soit celui du corps : on y parle d'une belle « main », les lettres y ont une « tête », un « œil », un « pied » et des « jambages[1] » ; soit celui du désir : si Paillasson parle de « liaisons », il évoque aussi les « approches », les « licences » et les « passes » et, à propos de la taille des plumes, précise que si les règles peuvent leur donner de la « grâce », elles ne leur confèrent pas forcément de la « bonté », alors que, pourtant, il importe qu'elles soient « nôtres ». Comment s'étonner après cela que l'on puisse tenir un traité d'écriture pour un poème érotique ? « Les liaisons ne doivent pas être négligées, écrit Paillasson, elles sont à l'art ce que l'âme est au corps. Sans elles, point de mouvement, point de feu, point de cette vivacité qui fait le mérite de l'écriture expédiée. Il y a toutes sortes de liaisons : de rondeurs à jambages, de jambages à rondeurs, de rondeurs à rondeurs, de jambages à jambages, de pieds en têtes et plusieurs autres que l'on pourra remarquer dans les pièces d'écritures et les alphabets liés. » Ailleurs où les références à la femme et à l'amour sont partout présentes, il écrit à propos des

1. De cette relation intime du corps et de la lettre, à la Renaissance, les auteurs occidentaux de caractères d'imprimerie, Dürer et Geoffroy Tory pour ne citer que les plus illustres, ont rendu compte. Ils ont décidé de bâtir leurs lettres à partir des proportions du corps et du visage humains. Et si, plus ou moins consciemment, nous jugions de la beauté d'une lettre au fait que nous nous reconnaissons en elle ?

traits de plume : « Ils sont à l'écriture ce que sont les habits à une belle personne : ils ajoutent à ses grâces naturelles. » Il y a fort à parier que, tandis qu'il écrit tout cela, Paillasson ne sait même plus qu'il écrit. Pour en terminer avec lui et puisque ceci est plus particulièrement consacré au trait de plume, je me devais d'y revenir et de relever la manière dont le maître écrivain les décrit : « Les traits ou cadeaux sont des coups de plume qui servent aux maîtres écrivains pour embellir leurs pièces d'écritures et aux commis pour donner de l'éclat à un titre et à toutes sortes d'ouvrages. L'origine des traits, à ce qu'on prétend, vient des Arabes ou des Maures. Dans les XVIe et XVIIe siècles, on les exécutait avec la plume grosse ou moyenne, mais, depuis, on s'est toujours servi d'une plume taillée exprès pour cela. Les traits se font du bras et à la volée ; on les fait aussi quelquefois des doigts. Les traits qui représentaient des figures d'homme, des oiseaux, ont été recherchés dans le siècle dernier et même dans celui qui l'a précédé ; mais, dans celui où nous vivons, on les veut plus simples et plus naturels. La beauté des traits consiste dans une grande justesse et dans la nécessité de les approprier au caractère de chaque écriture. Il faut que dans la ronde ils soient plus riches et un peu plus composés que dans les autres écritures. Dans la bâtarde, au contraire, ils doivent être de la plus grande simplicité ; et pour la coulée, ils doivent tenir le milieu entre les deux ; elle ne veut ni du trop simple ni du trop chargé. Il faut pour réussir dans les traits avoir de l'invention, du goût, de l'ordre et de l'adresse. De l'invention pour varier et ne pas faire des répétitions ; du goût pour discerner ce qui peut être convenable ; de l'ordre plus éviter la confusion ; de l'adresse, enfin, pour placer toutes choses dans le tour le plus régulier et le plus agréable [...]. En terminant, je dirai que dans l'exécution des traits, il est important, pour que l'œil ne soit point offusqué, de savoir que deux pleins ainsi que deux déliés ne se coupent jamais, et que l'on doit éviter le plus qu'on peut le mesquin et le colifichet. Il est des occasions où un trait simple frappé avec feu vaut mieux qu'un autre où la composition se fait sentir. »

Avant de conclure sur ce point, il faut dire un mot des traits de plume de fonderie. Sont-ils véritablement des traits de plume ? Ne s'agirait-il pas plutôt de *coups de fion* ? À ce mot « fion », Littré n'est guère explicite : « Donner le fion, dit-il, donner la dernière main. » Fion est en réalité le nom de ce dessinateur qui, dans l'atelier de Philippe Grandjean, fut chargé de graver le romain du roi (1700). Il avait pour mission, au moment des finitions, de donner la dernière touche, le coup de plume qui pourvoyait à l'équilibre d'une page. « Donner le coup de fion », c'était donner la dernière main. Par la suite, le trait de plume de fonderie a évolué de façon radicalement opposée à celle du trait de plume calligraphié, lequel, on l'a vu, s'est orienté vers une forme de langage composé d'arabesques abstraites. Cette fois, on recherche surtout la symétrie et, partant, le trait de plume n'est plus un langage mais seulement un élément décoratif. Ici, on ne ferme plus les boucles réunies en gerbes, la tête pleine d'encre, les courbes retombent à la manière des branches d'un feu d'artifice. De loin en loin, il y a des spirales en tire-bouchon, des traits qui meurent au hasard d'une sinuosité. On a parlé de « style en algue » et on a eu raison. Les traits de plume de fonderie ne sont plus que des pétards mouillés. Sous la Restauration, en s'inspirant plus ou moins de ceux des calligraphes et des graveurs du XIXe siècle : Brard, de Saint-Omer, Werdet, à titre de vignettes, des fonderies en créent – notamment les fonderies Dupont et Derriey[1]. Ces premiers traits de plume typographiés, généralement réservés à des titres de livres, à des imprimés commerciaux, des traites ou des factures, aux actions, aux billets de banque ou aux lettres à en-tête sont par trop convenus.

Le trait de plume de fonderie a disparu depuis longtemps ; les photocomposeuses n'en proposent même pas. La preuve est donnée que la symétrie a produit tout ce qu'elle pouvait et que le langage auquel le trait de plume a donné naissance est d'autant plus précis qu'aucun système de codage ne saurait en rendre compte.

En compagnie de M. Verneuil, un inconnu, et du célèbre Mucha, Auriol a travaillé à l'élaboration d'un superbe recueil qu'ils ont appelé *Combinaisons ornementales*. Le propos des uns et des autres était d'élaborer des croquis calligraphiques dont, par l'effet de la réflexion et de la répétition dans deux miroirs jointoyés par un côté, « les lignes les plus baroques et les moins décoratives » pourraient prendre « une valeur ornementale inattendue ». Sans doute ces jeux réfléchissants apportent-ils plus qu'une simple répétition. Cependant, dans l'occurrence, ces volutes sont à ce point accomplies qu'elles n'ont pas besoin de ces artifices pour être fascinantes. M'étant interrogé sur le fait de savoir à quoi elles doivent cette sorte de passager mais véritable envoûtement qu'elles ont sur nous, j'ai cru l'avoir découvert le jour où j'ai compris que, de par leurs tracés, ces traits de plume d'un nouveau genre, à la fois sont perçus d'un seul coup d'œil et demandent à être lus, c'est-à-dire scrupuleusement suivis, dans tous les méandres de leurs virages gorgés d'encre.

Qu'en est-il aujourd'hui de la belle écriture ? À ce sujet, on peut dire des Allemands et des Anglais, qui ont la haute main sur ce qui reste de vraie calligraphie, qu'ils semblent s'être passé la main. Comme s'il n'était pas d'autre moyen de sauver ce qui peut l'être encore, les uns et les autres donnent dans l'austérité, Zapf, qui est l'auteur des caractères de civilité modernes, avec moins de rigueur qu'Edward Johnston. Du plaisir

1. Ici, outre des traits de plume proprement dits, tous conçus par Charles Derriey, on trouve des « coins composés », des filets composés, des passe-partout composés en traits de plume. En dépit de la belle qualité de ce travail, on se demande si le fait d'appeler ces éléments de fonderie des traits de plume n'est pas un abus de langage.

que ces hommes ont pris à écrire, il est ici réduit à son essence. Avoir une pensée est pour l'écrivain la source d'une joie qui peut être indicible. Tout se passe comme si Hermann Zapf savait cette vérité et même l'éprouvait, de sorte que sans nul doute il a visé à vivre cette jouissance-là. Tous ceux qui verront ses écritures calligraphiques avoueront qu'elles donnent envie de penser par écrit. Il est sûr que, considérée de cette belle et bonne façon-là, l'écriture entraîne non seulement à penser mais aussi à bien penser : en courant sur ce qu'on n'a pas encore écrit. Pensée et écriture pouvant se superposer absolument mais aussi se nourrir l'une l'autre. Cependant, et ce point est à relever dans la mesure où il marque les limites de l'entreprise, dès lors que Zapf n'est pas, comme Paillasson, un écrivain, cette fructueuse interrelation n'opère pas et on se trouve en présence d'une graphie qui s'épanouit... en pure perte. Si, de tout cela, il fallait conclure que le seul vrai langage est celui du corps à l'élaboration duquel la raison n'a aucune part ?

Nous venons de faire allusion aux traits de plume, unités de mesure par excellence de la liberté en écriture ; même ici, il ne peut s'agir que d'une liberté bien tempérée. Le calligraphe anglais Alfred Fairbank l'évoque dans une phrase qu'il ne faut pas traduire : « *To write quickly and clearly calls for a reconciliation of discipline and freedom.* » Le *call* est joli, mais parlons d'abord de la discipline. Soit, elle est indispensable dans la mesure où, sans elle, l'alphabet entier risquerait de s'engouffrer dans le néant. De cette discipline, Dostoïevski, lui aussi, est conscient. Dans *L'Idiot*, il fait dire ces quelques mots au prince Mouchkine, commentant une écriture : « Cela révèle l'âme du copiste militaire : il voulait donner libre cours à sa fantaisie, suivre les inspirations de son talent, mais son uniforme le paralyse. La discipline se retrouve dans l'écriture. »

Sous prétexte que cette relation est complexe, on ne peut, pour autant, éluder l'évocation des rapports de la calligraphie et de la graphologie. La première idée qui vient à l'esprit à ce sujet est que, dans la mesure où les schémas établis par les calligraphes visent à uniformiser les écritures, il ne peut y avoir que flagrante contradiction entre les propos des calligraphes et les analyses des graphologues.

Cependant, ce n'est pas si simple, car le but recherché n'est pas tant de transmettre une graphie universelle que de faire en sorte, au contraire, que, peu à peu, chacun en vienne à définir sa propre écriture. « Obéissant aux lois de son évolution, écrit le graphologue Alfred Tajan, l'écriture, à un certain moment, perd ses formes enfantines ou les appendices non indispensables dont l'orne la calligraphie et acquiert des formes autonomes personnalisées. » Est-ce dire que les normes calligraphiques idéales ne sont plus le fait des calligraphes mais celui des écrivains ? C'est la conviction à laquelle Michon, l'un des fondateurs de la science graphologique, aboutit. Crépieux-Jamin le confirme qui écrit que « les écritures des hommes célèbres constituent le matériau propre à définir l'écriture idéale ». Cela permettrait d'affirmer que le but des auteurs d'« Art d'écrire » était de toujours mieux transmettre une science afin qu'on en négligeât davantage les canons[1].

Dans un ouvrage fourmillant d'aperçus originaux sur les relations de l'écriture et du corps, mais malheureusement écrit dans un langage scientiste particulièrement impropre à une réflexion sur l'écriture, Michel Thévoz remarque que « les écrivains professionnels eux-mêmes parlent volontiers, non sans quelque coquetterie, de la qualité des crayons ou des plumes qu'ils affectionnent, des opérations artisanales, du travail d'écriture et de leurs petites manies dans ce domaine. Sans doute cette insistance sur l'aspect matériel de leur activité dénote-t-elle d'abord une culpabilité d'intellectuel à l'égard des travailleurs manuels. Mais elle traduit aussi une jouissance. » Thévoz n'a pas tort, cependant on ne voit pas pour quelles raisons le travail intellectuel de l'écrivain échapperait à la contingence d'un métier quel qu'il soit, contingence qui lui confère toute sa valeur. Qu'est donc le métier d'écrivain sinon un travail manuel ? Il n'y a pas, d'un côté, les « travailleurs intellectuels » et, de l'autre, les manuels. Une telle attitude implique obligatoirement qu'on nierait tout caractère intellectuel au travail manuel, ce qui, bien évidemment, est, soit une erreur de jugement, soit la marque d'une vue réactionnaire. À l'exception de ceux qui nous sont imposés par la société oppressive où nous sommes, il n'est pas de travaux qui, bien accomplis, ne puissent être la source d'une jouissance. Cela dit, Thévoz a raison d'insister sur le fait que singulièrement, dans la description du processus de l'écriture, le recours au terme de « jouissance » est tout particulièrement approprié. « Cet acte, dit-il encore, citant Freud, qui consiste à faire "couler d'une plume un liquide sur une feuille de papier blanc" peut être érotisé jusqu'à susciter réactionnellement chez les sujets angoissés une paralysie hystérique des doigts. Il mobilise, en effet, toutes les impulsions libidinales conjuguées dans "la perversion polymorphe" de la petite enfance : la libido urétrale de l'encre qui coule, la jubilation sadique anale de la maculature, le rythme onaniste de la main, le glissement alternatif de la plume, la fécondité du papier... » À partir d'un tel raisonnement, on est en droit d'imaginer que le propos de tout écrivain vise, plus ou moins consciemment, à fournir à cette « jouissance » si intimement attachée à l'acte d'écrire les meilleures conditions d'épanouissement. En d'autres termes, un écrivain écrirait... pour

1. L'ensemble des traits de plume intitulé *Calligraphia Latina*, œuvre de Johann Georg Schwandner publiée à Vienne en 1756, est « la plus riche somme de traits de plume de l'Europe continentale depuis celle de Pisani ». Sans doute, en feuilletant ce recueil, tire-t-on l'impression de se trouver en présence d'un travail considérable. Cependant, à « lire » ces traits de plume avec une grande attention, on remarque que les encadrements, pour prodigieux qu'ils soient, ne brassent que du vide. Pas plus pour un calligraphe que pour un musicien la virtuosité ne saurait suffire. Ce n'est pas la complexité de son parcours qui fait la richesse d'une ligne, mais sa juste et belle ampleur. Reste que la référence de Schwandner à « son Empereur » suffit à elle seule à expliquer cet échec. Tout compte fait, on ne voit pas pourquoi un calligraphe se replacerait sous la houlette d'un pouvoir.

oublier qu'il écrit et pour ne plus savoir que cela : qu'il jouit ou, tout simplement, qu'il existe.

L'unité de mesure de toute écriture est la lettre d'amour. Une formidable attention existe à l'instant choisi pour l'écrire. Ce moment doit être tel qu'alors on est absolument ces mots et ces blancs entre les mots qui en disent plus qu'eux. L'écriture est un mirage ou bien elle n'est pas. Elle est le lieu et le moment où elle s'abolit. Plus tard, celui qui recevra la missive en réécrira d'abord les blancs, qui, de deux amants, sont le commun halètement. En la lisant, il sera cet être qu'il aime. Par lui, il respirera et reperdra son souffle tout à la fois. Il sera leur présence et leur absence l'un à l'autre : vertigineuse ; leur vie comme leur mort, l'un par l'autre. Comment, après cela, parler de calligraphie ? On écrit comme on n'écrit pas, comme on est, comme on n'est plus, comme on est l'autre qui n'est plus d'être qui vous êtes.

Il s'écrit une certaine forme de littérature licencieuse dont on peut dire qu'elle est la très exacte réplique de l'écriture en trait de plume. On pourrait citer beaucoup de noms d'écrivains qui s'y sont adonnés : Laclos, Crébillon fils, Vivant Denon. Parmi eux, Klossowski est, avec *Le Baphomet*[1], celui qui est allé le plus loin dans ce sens. L'érotisme, et plus encore cette mixture de l'érotisme et de l'onction ecclésiastique, est particulièrement propice à ce jeu auquel se livrent parfois les écrivains et qui consiste à s'adonner aux mots comme, lorsqu'il est heureux en ouvrage, un calligraphe s'abandonne à son art. Dès lors, un auteur se complaît à ce point dans le ton glacé dont il use, qu'il semble que son texte ne soit écrit que pour le style, entièrement en creux. Sans doute alors les phrases lues sont-elles belles, bourdonnantes même. Elles sont d'autant plus abouties que, tournant à vide sur elles-mêmes, elles finissent par nous entraîner. De proche en proche, on perçoit que, non seulement notre homme a cherché à ne rien dire, mais aussi qu'il est parvenu, avec les mots dont il use d'ordinaire ou presque, à prendre le sens entier à rebours : « Si lourd est le poids des expirés qu'il déséquilibre l'économie des sphères. » Le choix des citations est difficile à faire, car c'est presque le livre entier qu'il faudrait citer. Tout au plus peut-on indiquer des chevilles, des trucs, une sorte de mode d'emploi. Tout ici est opérant : le choix des temps à l'imparfait du subjonctif, bien sûr, et au futur antérieur ; les locutions employées à parfait escient : « il lui fut imputé à justice », « révoquer en doute », et autres « je ne laisserai point de » ; les inversions en guise de volutes : « les émeraudes reflets », « la cendreuse dépouille » ; les tournures : « scrutantes raisons », ou les mots démodés ou rares : « icelui », « adoubement », « syndérèse ». Bien évidemment, certains noms propres jouent aussi un rôle, tels Malvoisie, de Beaussant, Hohenstaufen, sans oublier le Grand Maître, le Visiteur de l'Ordre, le Sénéchal. Ce n'est pas si

1. Mercure de France, 1978.

souvent qu'on a l'occasion d'évoquer le « Saint Ministère » de quelqu'un, de parler de « prévarication », de « macération » ou de « vaticination ». L'affectation paye bien et on ne voit pas pourquoi on se priverait du plaisir de ronronner dans ce petit langage-là, à l'intérieur de l'autre. Qu'en l'occurrence le langage, le vrai, bascule dans l'insensé, ce n'en sera que mieux.

Le Baphomet n'est pas autre chose que l'occasion pour Klossowski d'employer ces tournures et ces mots-là. Il a réussi dans son entreprise. La preuve en est qu'au fur et à mesure qu'on le lit, on en sait toujours aussi peu sur le sujet de son ouvrage. On se moque des tortures sexuelles de la « Templerie », si raffinées qu'on ne les comprend plus. Le livre refermé, ne reste vraiment que le souvenir d'avoir été confronté à du langage, peut-être à moins encore : à sa seule musique. Un calligraphe se fait la main avec des traits de plume, pourquoi un écrivain ne se ferait-il pas la plume avec des traits de langage ?

S'il est une chose qu'on n'imite pas, c'est la ligature. Elle est la vie d'une écriture qui, par son entremise, se réinvente entièrement. Dans nombre d'écritures manuelles, elle n'opère pas seulement d'une lettre à sa voisine, mais d'une lettre à deux lettres plus loin, par exemple entre un *t* et un *r* dont le nez sert de barre à son compagnon par-dessus un *u* ; un *s* et un *t* par-dessus un *i*... N'est-il pas étrange de lire une écriture, graphologiquement parlant, en en appréhendant le moins possible le sens ? C'est alors qu'il apparaît que l'écriture se réduit en un rapport plus ou moins complexe entre un système de ligatures, chaque mot dans son entier pouvant chaque fois être pris en compte, et les espacements. C'est cela qui fait une graphie : ses liens comme ses blancs, ce jeu de vie et de mort.

En typographie, c'est Garamond qui a finalement fixé les ligatures. On les connaît pour les avoir vues dans l'édition de La Pléiade. Ce sont les *ff*, *fi*, *ffi*, *fl*, *ffl*, ainsi que le « et » bien connu « et » les *ct*, *st*, *sf*, et *ss*. Ces ligatures sont donc, depuis, devenues des licences officielles. Pourtant elles n'ont pas été adoptées par tous dans l'écriture manuelle courante. Elles semblent même moins naturelles que celles qui relient par exemple un *o* ou un *t* ou, plus généralement encore, deux *tt* entre eux. Tout Garamond qu'on est, on peut donc essuyer un échec ? C'est plutôt que, même avec tout le génie du monde, on ne fossilise pas une écriture.

Toutefois, l'écriture typographiée est parfaitement capable de restituer une part essentielle qu'il importe de transmettre, à la condition expresse d'accompagner l'écrivain dans son affrontement avec la vérité. À cet égard, le cas de Hölderlin est intéressant à relever. Voici ce qu'il écrit à son éditeur Wilmans concernant les épreuves d'imprimerie de sa tragédie qu'il estime défectueuses : « J'ai revu d'un bout à l'autre les fautes d'impression d'*Œdipe*. L'impression brute m'a presque plu davantage, vraisemblablement parce que les traits qui marquent dans les lettres ce qui est solide tiennent tellement bien dans cette typographie par rapport à ce qui est modification. Oui, c'était encore plus remarquable dans l'impression brute que dans l'impression plus polie. L'inventeur est souvent timide face à son public et il perd alors, à force de manières, ce qui lui est propre en général, en particulier la fermeté que caractérise la typographie. Ainsi, quand on donne au brut la préférence, la typographie perd plus en apparence qu'en réalité. Si la typographie est plus familière, alors donnez-lui, s'il vous plaît, l'aspect brut de la première impression et laissez-le tel quel ou bien donnez un coup de poli à l'impression. Je vous dis cela pour vous attester quelle portée j'attache à cette finition. Ce polissage, quand il est trop poussé, n'affaiblit à son tour la fermeté qu'en première apparence ; et, à condition qu'on se mette bien en face, ou bien dans une bonne direction vers les pages, alors on voit bien les traits plus fermes. Je crois avoir tout à fait écrit contre l'enthousiasme excentrique et ainsi atteint la simplicité grecque ; j'espère, par la suite, rester fidèle à ce principe, même si je devais plus témérairement exposer ce qui est interdit au poète. »

Sans doute ce passage trahit-il une évidente confusion. On dirait que Hölderlin pense tout haut à ce par quoi s'effectue la transcription typographique d'un texte. Il dit et répète qu'elle travaille à l'uniformisation de l'écriture, qu'elle lui donne ce tour impersonnel, le rend à sa force première, laquelle n'est qu'exaltation. Il apparaît au poète que la typographie fait écho à ce qui est l'essentiel du métier d'écrivain : affirmer le poème et dans le même temps, ne fût-ce que pour mieux le transcrire, maîtriser cette formulation. Ainsi, et d'autant plus qu'elle se trouve dans cette situation équivoque, la typographie doit-elle s'en tenir scrupuleusement à sa mission, faute de quoi elle risque de compromettre et la destinée du poème et celle du poète lui-même, lequel fait corps avec son texte. « Concevez bien, dit en substance Hölderlin à son correspondant, que je suis ici tout entier en cause, corps et tremblements maîtrisés, mais tremblements tout de même, compris. »

Finalement, ce dont Hölderlin témoigne, c'est du trouble qu'il éprouve à se trouver placé entre sa propre graphie et la typographie. Cette question que le poète s'est posé conduit à se demander pourquoi l'anglaise, qu'on était pourtant en droit de tenir pour l'intermédiaire idéale entre l'écriture manuelle et la lettre imprimée, n'a pas prévalu sur la lettre script. Il est vrai que quelques écritures ont été dessinées pour les machines à écrire. Non seulement elles ne se sont pas imposées, mais, plus de dix ans après leur mise en circulation, elles sont tenues pour des affectations. Il y a deux raisons à cela, et d'abord celle-ci, que les scripts, du seul fait qu'ils ont été utilisés pour la frappe à la machine, ont pris de la bouteille : ils sont, par voie de conséquence, plus rapprochés des schémas des lettres typographiées. Il n'est que de songer au *a*, au *f* sans boucle, au *g* et à son plumet, au *r* renversé de ces caractères-là pour saisir leurs liens avec les mêmes lettres des caractères d'imprimerie. On s'attacherait d'autant plus aux écritures de machine à écrire en caractères romains, plutôt qu'aux italiques, qu'avec elles ce serait déjà cela de gagné sur le chemin de la publication.

Qui ne sait que, tapé à la machine, un texte a un autre visage ? À croire que lui donnant un tour officiel, la frappe obligerait déjà.

D'ailleurs, le fétichisme de la machine à écrire est tout aussi prégnant sur ceux qui tapent que celui de la plume sur ceux qui en usent encore. Françoise Mairey et d'autres démontrent qu'il existe de véritables créations à partir de la machine à écrire, ne serait-ce que par l'accumulation d'une seule lettre, d'un ensemble de signes répétés autant de fois qu'il le faut pour remplir un carré ou un rectangle. Ici le sens ayant été détourné et restant vacant, c'est cette disponibilité qui fait le sens.

La seconde raison qui a contribué à l'échec de l'anglaise, c'est que, tout compte fait, elle est la lettre la plus artificielle qui ait jamais été inventée.

> ... Tandis que les volutes bleuâtres qui montent
> D'un cigare écrivent le plus tendre des noms.
> Mais les nœuds des couleuvres en se dénouant
> Écrivent aussi le nom émouvant
> Dont chaque lettre se love en belle anglaise
> Et le soldat n'ose point achever
> Le jeu de mots bilingue que ne manque point de susciter
> Cette calligraphie sylvestre et vernale.

On a longtemps fait grand cas de cette anglaise[1], tant même qu'Apollinaire lui a consacré un poème dans *Calligrammes* intitulé « L'inscription anglaise ». En France, cette lettre est encore associée à la notion de calligraphie. Qui ne se souvient du temps des anglaises ? Cela commençait par le bruit feutré du papier, le plumier était alors un tabernacle, le Saint des Saints de l'Écriture. La plume était « sergent-major » et, dans des cahiers au papier quadrillé dans lesquels on se sentait bien, l'encre aux fascinantes moirures se déposait, tandis que cela crissait à souhait. Sans doute, sans doute, mais, contrairement à ce qu'Apollinaire prétend, cette lettre n'est pas « belle » et son jeu de mots ne saurait me démentir. Sous le prétexte qu'on se trouve en la présence d'un ensemble soi-disant très équilibré de pleins et de déliés, lesquels, en outre, répondent parfaitement au mouvement de la

1. L'Angleterre n'est pas responsable du développement de l'anglaise. J. Decaroli, G.B. Botti, Giuseppe Bonatti, Filippo Delpino, Pasquale Martuscilli, Eliodoro Andreoli qui, tous ont proposé un nouvel art d'écrire, ont travaillé, chacun à sa manière, à l'élaboration de cette lettre. Cependant, et c'est pourquoi elle a pris le nom d'anglaise, c'est l'Angleterre qui l'a imposée. Le premier, Charles Snelle a tenté d'adapter cette nouvelle écriture à l'orthographe anglaise et, après lui, d'autres ont pris le relai : Ralph Snow, Robert More, John Clark... De tous ces travaux est sortie la calligraphie anglaise dite du *Roundhand*, dont George Bickham est le plus célèbre représentant : méthode d'écriture appliquée qui, sans jamais rien lui apporter de remarquable, a maintenu l'écriture dans une saine lisibilité. Puis, au grand dommage de la calligraphie anglaise et de la calligraphie en général, on a associé l'évolution de l'écriture à la vie économique du pays. En allant jusqu'à donner aux comptables le soin de la former, les banquiers anglais ont porté le coup fatal à la calligraphie de l'écriture alphabétique. Celle-ci s'est finalement évanouie dans ce nuage de boucles des anglaises, aussi inconsistantes en matière d'écriture que le sont les nuées.

plume, on aurait trouvé la panacée, la LETTRE qui deviendrait la définition de l'écriture. Il n'est que de se souvenir de sa propre graphie pour mesurer à quel point cette lettre est fausse. Non seulement on n'écrit pas comme cela, mais forcer les enfants à dessiner ces lettres ne peut qu'entraver leur apprentissage de l'écriture. Croyant apporter un argument décisif, on m'assénera qu'elle a été fondue par Didot d'abord, puis par d'autres fondeurs européens dès le XIXe siècle. Ce n'est pas parce qu'il y a prouesse de graveur qu'il faut pour autant tenir cette réussite pour déterminante quant à l'évolution de l'écriture. Les anglaises de fonderie ont finalement moins bien tenu que les écritures de machine à écrire.

Avec les scripts, la géométrie a-t-elle vraiment et définitivement eu raison de l'évolution naturelle des formes ? Peut-être. En tous les cas, et si c'est bien le cas, il est inutile de s'apitoyer. Reconnaissons simplement qu'à l'écroulement d'une civilisation correspondrait la mort de la « lettre » de fonderie, bâtie à partir de la « lettre » manuscrite. Après tout, il n'y a rien là que de très normal.

De ces lettres les plus importantes, les deux dernières sont le Grasset et l'Auriol. On peut définir la première par son empattement triangulaire, bien connu depuis que sont apparues les lettres dites « elzéviriennes » auquel le Grasset substitue un glissement du bec de calame. Oui, c'est sûr, l'écriture manuelle affleure à la surface du plomb, est-ce assez pour convaincre ? Thibaudeau, un savant en écriture moderne, avec Stanley Morison, s'est extasié : « Si Geoffroy Tory vivait encore, il ne manquerait pas de déclarer une telle œuvre d'inspiration divine. » Un demi-siècle à peine a eu raison des leçons d'un des professeurs d'histoire de la lettre les plus avisés : dessiné et gravé entre 1898 et 1899, le Grasset est passé de mode depuis longtemps. Sans doute son auteur a-t-il voulu trop en faire. Qui sait si, au lieu de se référer au calame il s'était inspiré de la plume d'oie, il n'aurait pas mieux passé le cap du temps ?

À propos de l'Auriol, Thibaudeau parle d'un « flamboyant bouquet de feu d'artifice de grâce, de goût et d'esprit français ». En fait d'« esprit français », le meilleur de cette lettre est ce qu'elle a de chinois, notamment le *M*, le *T*, le *V*, le *W*, l'*X* et l'*Y* des capitales italiques. Quant à la « grâce » et au « goût », il faut plus que cela pour venir à bout d'une lettre qui se tienne, car ce n'est pas l'affaire d'un esthète, mais de quelqu'un capable de rythmer la démarche de la pensée. Du moins, et sur ce point Thibaudeau a raison : avec l'Auriol, l'écriture de fonderie va, cette fois, vraiment mourir en beauté. Si le Peignot n'a pas encore été évoqué parmi les dernières écritures de fonderie, c'est que le principe qui a présidé à son élaboration est différent de celui qui est à l'origine des deux autres. Les explications que donne Cassandre, l'auteur de ce caractère, sont claires. Son propos a été d'« abandonner les formes du bas de casse qui bientôt apparaîtront aussi archaïques que celles des caractères gothiques, afin d'opter pour celles, classiques et nobles, de la capitale.

Cependant, poursuit Cassandre, de toute évidence un texte en capitales est moins lisible qu'un texte en bas de casse, ne serait-ce que parce que le mot y prend une forme rectangulaire monotone qui n'offre à l'œil aucun point de repère. Or, cet œil saisit la silhouette d'un mot, voire d'un groupe de mots, il n'épelle pas chaque lettre ». Cela explique pourquoi le Cassandre a conservé les hampes des bas de casse tout en utilisant des schémas de capitales. En réalité, plus qu'il n'est revenu à celle-ci, Cassandre a réinventé l'onciale. Ce n'est là qu'une question de terminologie, ce qui compte, c'est que le retour en vogue justifié de cette lettre souligne le bien-fondé de l'argumentation de son dessinateur. La cuirasse du langage n'est pas sans défaut. En avoir découvert un a permis à Cassandre de rendre l'écriture à la jubilation.

Dans *La Chose imprimée*[1], les auteurs ont cette formule à propos d'Edward Johnston : « En Angleterre, il retourna aux sources de la *cancellaresca*, reconstitua le matériel nécessaire à son écriture et enseigna à partir de 1899 la calligraphie. Ses premiers élèves, devenus célèbres à leur tour, furent Eric Gill, Graily Hewitt et Anna Simons et on peut dire que les rares calligraphes d'aujourd'hui (Alfred Fairbank, Paul Standard, Georg Trump, Berthold Wolpe et surtout Hermann Zapf) sont tous plus ou moins des élèves de Johnston ou des élèves de ses élèves. » Ces hommes sont d'excellents dessinateurs qui, à chacune de leurs créations ou presque, sont parvenus à cet étonnant prodige de recréer la typographie autrement, comme si sa définition n'avait encore jamais été donnée. Si je n'ai cependant pas cru bon de faire un sort à cette calligraphie-là, c'est que si ces hommes évitent un moment le piège de l'alphabet, ils finissent toujours par y retomber. « Paillasson aussi s'est laissé prendre », dira-t-on. Sans doute. Mais outre que son ambition n'était pas de créer un caractère, sa calligraphie, nous l'avons vu, ne pouvait être dissociée de son talent d'écrivain. C'est là le point capital : est-il encore possible, si l'on n'est pas un écrivain, au sens que l'on donne aujourd'hui à ce mot, d'élaborer une lettre qui soit davantage qu'un simple accessoire ? Serait-ce la preuve qu'on n'invente plus de « lettres », mais des « écritures » conçues par des poètes-calligraphes ?

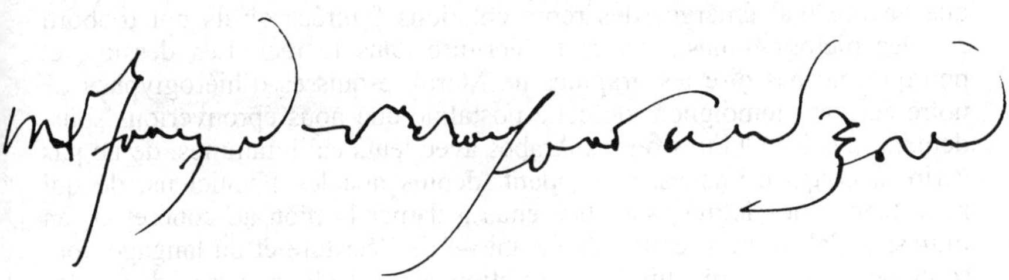

ROLAND BARTHES
(1915-1980, France), correspondance privée

1. John Dreyfus et François Richaudeau, *La Chose imprimée*, Paris, Retz, 1977

IV

LES CONTRE-ÉCRITURES CONTEMPORAINES

Nous éprouvons quelque difficulté à nous représenter ce que, pour un Chinois, implique le fait d'user d'une écriture d'images. Cependant, à y bien réfléchir, on peut, sans risque de se tromper, avancer l'idée que cette lecture, entre l'image et l'abstraction, à la fois aide à approfondir le sens dont on prend connaissance et aussi à s'identifier avec lui. Au reste, le fait de le gagner de haute lutte expliquerait le phénomène en même temps qu'il dirait pourquoi l'écriture idéographique résiste si bien aux assauts de l'écriture phonétique romaine. Un système persisterait-il d'autant mieux que les images y affleureraient sous les signes ? À sa manière, Ezra Pound dit cela avec acuité lorsque, comparant nos écritures occidentales aux chinoises, il précise : « Rien ou à peu près ne permet à un mot phonétique de montrer les stades embryonnaires de son développement. La figure du mot ne porte pas la métaphore. Nous oublions que "personnalité" a signifié non pas "âme" mais "marque de l'âme". C'est exactement ce genre de chose qu'on ne peut pas oublier en utilisant les symboles chinois. En ceci, le chinois prouve son avantage. Son étymologie est constamment visible. Il retient l'impulsion créatrice, le procès visible et actif. Après des siècles, l'avancée métaphorique est encore visible et, en bien des cas, la signification la conserve réellement. Ainsi, les mots ne s'appauvrissent pas comme les nôtres mais, tout au contraire, s'enrichissent d'âge en âge, presque consciemment lumineux. »

Autrement dit, non seulement les images ne sont pas un tamis aux mailles par trop lâches, qui ne retiennent pas le sens, mais elles en disent plus long que n'importe quel phonogramme. On aurait pu le deviner puisque encore mal émergés des représentations figurées qu'ils ont d'abord été, les pictogrammes... ancrent l'écriture dans le réel. Les dessins, et pourquoi ne pas dire les graphies de Marol, esquisses d'hiéroglyphes de notre écriture, témoignent de cette nostalgie que nous éprouverions sourdement, tels les Chinois ou les Arabes avec leurs calligrammes, de ne pas écrire à coups d'images. Cependant, depuis que les Phéniciens, de qui nous tenons nos lettres, sont parvenus à damer le pion au concret et, en imposant l'abstrait, à réaliser la symbiose de l'écriture et du langage, tout se passe comme si revenir à la figuration serait déchoir. Aussi, depuis les hommes de la cancellaresca, sauf peut-être les publicitaires qui, eux, le plus souvent par manque d'imagination, visent avec leurs dessins de lettres au pléonasme, personne n'a osé vraiment affirmer son goût pour ce retour aux sources de l'écriture. Marol, lui, le fait sans vergogne. Dès lors, et non sans que ce soit avec un très léger et plaisant humour – il semble que le genre le veuille –, il exploite avec talent la situation ambiguë dans laquelle il s'est mis. Bientôt, à feuilleter ses pages, on en vient même à penser qu'il n'est pas une dialectique qui ne vaille les démonstrations qu'il nous donne. Si, comme celle de Marol, l'écriture de Cocteau est bien une écriture d'images qui, pourtant, ne fait pas appel au procédé du rébus, son intention est tout autre. Alors que Marol vise et parvient à superposer images et écriture, Cocteau inscrit les siennes dans le courant de son propos. Tout comme on écrit, pourquoi ne pourrait-on pas dessiner au courant de la plume ? En vérité, rien, n'empêche de dire de l'écriture de Cocteau qu'elle est dessinée ; rien non plus ne nous interdit d'affirmer que, pourvus de points comme ses textes, ses dessins sont écrits. C'est du reste pourquoi, en dépit du fait qu'elle est réduite à l'essentiel – le dessinateur manie aussi bien la litote que l'écrivain –, « l'œuvre peinte » de Cocteau a tant à nous dire.

Dans *La Liberté ou l'Amour*, Desnos, maître ès jongleries du sens, écrit : « L'ombre de la robe de celle que j'aime et à laquelle je n'ai jamais cessé de penser depuis que ma plume animée quoique partie du mouvement propre de l'ensemble, vole dans le ciel blafard du papier. Ma plume est une aile et sans cesse, soutenu par elle et par son ombre projetée sur le papier, chaque mot se précipite vers la catastrophe ou vers l'apothéose. Je viens de parler du phénomène magique de l'écriture en tant que manifestation organique et optique du merveilleux. Pour ce qui est de la chimie, de l'alchimie de cette calligraphie reconnue belle par d'aucuns, je conseille aux calculateurs habitués au jeu des atomes de dénombrer les gouttes d'eau oculaires à travers lesquelles ces mots sont passés pour revenir sous une forme plastique se confronter à une mémoire, décompter les gouttes de sang ou les fragments de gouttes de sang consumés à cette écriture... » Matisse autant que Steinberg, Barthes ou Dermisache, chacun à sa manière, ont emboîté le pas à Desnos aux fins d'élaborer une écriture qui ne soit plus que réduite à sa graphie. On serait tenté de dire que si on en est arrivé là, c'est par réaction contre le langage, lequel, à force d'avoir été utilisé, souvent à tort et à travers, aurait fini par apparaître comme incapable d'enclencher encore sur un sens qui vaille. Sans doute y a-t-il de cela. Depuis la plus haute antiquité – l'archéologue Ventris a découvert des *griffonnages* et des *courbes purement décoratives* élaborés par des Grecs du VIe siècle avant Jésus-Christ – il n'est guère de civilisation qui, ayant eu recours à l'écriture, n'ait laissé une ou plusieurs contre-écritures. De sorte qu'à leur sujet, l'hypothèse la plus vraisemblable est que ces sortes de messages évoqueraient cette musique qui traîne à l'arrière-fond de notre mémoire ; cette musique dans laquelle le monde serait pris et dont, sans toutefois vraiment l'entendre, inconsciemment, nous saurions rendre compte. Autrement dit, écrivant ce qui nous passe par la tête, c'est d'abord à la musique ou du moins à un rythme que nous ferions référence.

Il n'est guère de slogan politique qui porte, de publicité efficace ou même d'art qui conquiert qui, d'une manière ou d'une autre, ne procèdent d'un jeu. On ne peut être dans le vrai, le juste, que dans la légèreté. À cet égard, on ne peut qu'évoquer les écritures de Steinberg empreintes d'une drôlerie irrésistible et dont on ne perçoit pas ou mal l'arrière-plan, lequel, tournant l'homme en dérision à la faveur de son invention la plus prodigieuse : l'écriture, révèle en même temps que sa *grandeur* tout ce qu'il y a en lui de dérisoire.

Il n'est pas d'écriture juste qui ne soit une fête du sens, d'un sens gagné sur soi, dans un va-tout, ou si l'on veut, un naufrage. Dans tous les cas, écrit à la va-comme-je-t'écris, avec les moyens du bord. « Nous n'avons pas à choisir, mais à définir, à délimiter, à remplacer parfois », déclarait Hignette, un spécialiste de la communication, à un récent congrès de l'Atypi (Association typographique internationale) qui s'est tenu à l'Unesco à Paris. Répondant à MacLuhan Hignette ajoute : « L'image est porteuse de valeurs expressives propres, soit concurrentes, soit complémentaires du logos. » Il a raison : il s'agit seulement de faire sens, le reste est subsidiaire. Quand Hans Bellmer écrit-il davantage ? Dans *La Petite Anatomie de l'image*[1], ou bien quand il fait ses *Céphalopodes* ? Et si, dans ce dernier cas, il en disait plus long qu'il ne pourrait le faire dans le plus circonstancié des textes ? Le recours à l'abstraction, à l'alphabet en le déviant, limite de toute façon l'échange. Les Noirs communiquent par le tam-tam, refusent la transcription par l'écriture dont ils n'ont que faire. Seuls, comme l'a rappelé l'un d'eux à ce même congrès, leur importent les poèmes qui, par le rythme, transmettent l'essentiel. De fait, cette vérité-là, Aragon enfant la connaissait bien qui écrit : « J'employais mon crayon à ce qui me passait par la cervelle, intercalant des bonshommes entre les lettres, ou des poissons, des cerfs-volants tenus au bout des mots par un long fil zigzagant... Peu à peu, je me mis à me persuader que l'écriture n'avait pas du tout été inventée pour ce que les grandes personnes prétendaient, à quoi parler suffit, mais pour fixer, bien plutôt que des idées pour les autres, des choses pour soi. Des secrets... J'avais commencé d'écrire et cela pour ces "secrets" que j'aurais pu oublier. Et même, plus que pour les fixer, pour les susciter, pour provoquer des secrets à écrire. » Cette notion de secret est, elle aussi, immémoriale comme si, à l'écriture, au souhait manifesté de communiquer par son entremise avait correspondu cet autre, de ne surtout pas être entendu.

Que ses découvertes aient fait de Champollion un personnage de légende s'explique par la fascination qu'ont toujours exercée les écri-

1. Paris, Losfeld, 1977.

tures indéchiffrables. Jules Verne, dans *Voyage au centre de la Terre*, a su tirer tout le parti littéraire possible de cette disposition d'esprit. C'est la découverte des clés nécessaires au déchiffrement d'une écriture unique qui fait le récit. Un texte célèbre de Tacite évoque la manière dont les anciens Germains interrogeaient l'au-delà : « Leur façon de consulter le sort est simple. Ils coupent une branche d'un arbre portant des fruits, et la taillent en bâtonnets sur lesquels ils font certaines marques distinctives ; ils les éparpillent sur une toile blanche, complètement au hasard. Puis le prêtre officiel, si c'est au nom de l'État qu'on consulte le sort, ou le chef de famille, si c'est à titre privé, adresse une prière aux dieux et, à trois reprises, prélève un bâtonnet en regardant le ciel. Il interprète les bâtonnets qu'il a prélevés ainsi, selon la marque gravée antérieurement. » On le voit, les runes sont les éléments constitutifs du langage d'un dieu – les Scandinaves attribuent leur invention au dieu Odin – et tout ce dont les hommes sont capables c'est, par leur entremise, de balbutier une vérité écrite de tout temps. Des rapports incontestables ayant pu être établis entre les *Losrunen* (ou runes de divination par le sort) et les runes alphabétiques, on est amené à voir dans cette écriture plus un système divinatoire qu'un ensemble de lettres. Le nom de « rune » répond d'ailleurs à cette ambiguïté. Il se dit en vieux nordique *runer* et signifie alors « secret ». Dans le but de préciser cette traduction, Février, lui, évoque le mot vieux-saxon *runa* qui veut dire « chuchotement ». Les deux sens sont à retenir. Par l'entremise de ce « chuchotement » quelque chose se dit, mais comme à regret. Le sens n'a pas à aller vers l'auditeur, mais tout au plus à l'attirer à lui. « Chuchoter »... l'ambition de ceux qui ont élaboré cette langue était, peut-être, de se taire toujours davantage. L'écriture n'est-elle pas le lieu même du silence, le mot, une pierre tombale ? Les clés du sens seraient-elles, à elles seules, le fond du sens ?

Sauf, probablement, Dotremont, notamment avec les *Logoneiges*, et peut-être aussi, mais à un degré moindre, Michaux, la plupart des calligraphes d'aujourd'hui, s'ils ont su conserver cette dimension du mystère, ont négligé l'importance du geste. Il y a là de quoi surprendre d'autant plus qu'en Chine et dans le monde musulman cette *Geste* (le jeu possible sur le mot est hautement signifiant) tient un rôle déterminant dans la transcription de l'infini. C'est parce que le corps entier se trouve impliqué dans la calligraphie qu'il y a un sens, plein à ce point. De telle sorte qu'on peut affirmer le sens comme consécutif à un rituel, surgissant même de son fait. Nous avons vu, avec les musulmans, l'invention de l'écriture liée à la personne d'un dieu. Dans la Chine taoïste, chaque occasion d'écrire replace la calligraphie dans la *Lumière*. Dans la mesure où ils n'ont plus de relation avec le langage, mais sont des signes purs – on les appelle aussi des « charmes » – les diagrammes identifient leur auteur au sacré. Sans doute connaît-on l'origine de cette écriture inspirée de l'époque Han, mais on s'efforcera d'oublier ce passé pour ne plus considérer chaque diagramme que comme le tracé, encore frissonnant, des forces qui mènent le monde. Parvenu à un certain degré d'initiation, à leur propos, le taoïste ne parle plus que d'« écriture de nuages ». À partir de l'observation que ces maîtres de l'art occulte taoïste firent du passage dans le ciel des nuages et des brouillards, de l'ondulation des vagues et de ce phénomène qui est peut-être le plus difficile à cerner : l'insensible montée des brumes et des fumées, ils réussirent à transposer en représentations linéaires le mouvement et l'énergie qui sont les concepts de base de l'enseignement du Tao. « Ce langage artistique constituait ainsi une forme unique qui, par la signification donnée au trait, unissait le sensible – le corps humain dans son rythme vital – à l'invisible, le monde des influx et des esprits[1]. » Mais les nuages se désagrègent et les diagrammes chinois seront éternellement à refaire.

Les mots étant venus à lui manquer, les graphies de Michaux sont à rapprocher des diagrammes du Tao. Comment dire ces moments où l'on rêve « sans images, sans mots, immobile ? [...] Vous vous croyez plus précis, plus achevé que moi, mais vous ne savez de quelle vague vous venez, de quel arrière-monde vous êtes le fils [...]. Nous ne sommes pas encore au monde, pas encore réveillés. Le "que la lumière soit" n'a encore été prononcé par personne. » Jouffroy parle encore d'un Michaux « libéré de l'écrivain par le peintre et de la peinture par la mescaline[2] ». Il est possible de se représenter la démarche de Michaux comme absolument à rebours du sens. Il a tenté, et quasi miraculeusement réussi, de faire toujours mieux saisir que ce qu'il avait écrit là, dans le même temps, il ne l'avait pas « écrit ». Il l'avoue du reste à l'occasion du document intitulé *Trouble*, réalisé en 1956 sous l'empire de la drogue : « L'insupportable trouble que j'ai ressenti, cela, cela même et, qu'en une centaine de pages, j'ai tenté de décrire, courant affolé après le maître mot qui se dérobait, je le dis ici par des signes immédiats d'éclatement, de dévastation, de ravage. » Autrement dit, ou plutôt, autrement tu : Henri Michaux ou le trou des mots.

On pourrait d'autant plus s'étendre sur cette écriture qu'elle formule, en même temps que le renversement du sens sur soi, l'infini même. Cette interprétation de l'œuvre « peinte » – il faut bien user du mot – par Jouffroy a été faite le plus discrètement possible (il ne s'est autorisé à rendre compte de sa lecture d'une écriture mescalinienne que dans un post-scriptum). Il n'y a aucun doute que reprendre ce travail serait donner une vision personnelle et, plus grave, imposer un déchiffrement et une grammaire qui n'auraient que peu de chance d'être ceux d'autres « lecteurs ».

1. Laszlo Legeza, *Magie du Tao. Le langage secret des diagrammes et de la calligraphie*, Paris, Chêne, 1976.
2. Alain Jouffroy, *Henri Michaux*, Paris, Le Musée de Poche, 1961.

Pourquoi contribuer à l'inflation des mots, alors que, justement, il n'est question, ici, que de les effacer ?

Parlant du modèle d'écriture auquel il fait référence dans son livre sur la graphologie, Tajan précise : « J'ai choisi cette écriture-là justement parce qu'elle est tout à fait dans le courant de l'époque : c'est une écriture de qualité, se distinguant par une certaine dissolution des formes[1]. » Est-ce à dire que l'écriture de notre époque aurait tendance à entraîner l'Écriture tout entière dans sa mort ? Sans doute le propos de Tajan est-il un peu forcé, mais le succès actuel des « graphies » semble lui donner raison. Si tel est, effectivement, le cas, pour la première fois dans son histoire, par ses formes, l'écriture fournit une réplique enfin plus adéquate au langage poétique, lequel vise d'abord à la transmission de l'informulable.

Des écrivains ou graphistes du moment – peu importe leur appellation – Roger Druet est celui qui marque davantage l'instant de ce passage ou, si l'on préfère, de ce glissement. Ainsi dirait-on de lui qu'il est à mi-chemin du procédé auquel Dotremont à recours et de celui, à l'autre extrême, de Michaux. Après tout, pourquoi faudrait-il absolument opter soit pour l'un, soit pour l'autre, et ce, d'une manière exclusive ? Pourquoi faudrait-il, comme Dotremont, revenir toujours, et comme obligatoirement, à un sens, lors même qu'abandonné au courant d'un graphisme on s'en était éloigné ? Pourquoi enfin, alors qu'on n'écrivait pas au sens où l'on entend généralement le mot, une lettre vous étant venue comme par inadvertance sous la plume, faudrait-il tenir un dessin pour un échec ? Regarder les planches de Druet, c'est regarder le langage retourné à un obscur entrecroisement de lignes. On peut espérer qu'un jour les graphologues se livreront à des analyses très poussées de ce nouveau mode d'écriture que sont les « graphies ». En effet, ceux qui les utilisent se trouvant de plain-pied avec l'indicible, parviendraient à apprécier, comme elle le mérite, la vie de l'être dans l'infini.

Depuis celles de Michaux et d'Ernst, on a vu se multiplier les *Écritures*. Que les leurs fassent encore plus ou moins référence à l'alphabet (celles de Baal, de Dotremont, de Guyotat, de Lefebvre ou de Podolski) ou pas (celles d'Altmann, de Barthes, de Calonne ou de Gysin), tous les nouveaux écrivains, chacun à sa manière, visent à pallier les insuffisances du langage et à donner à la communication toute la dimension dont elle est capable. Tous aussi sont d'accord sur cet autre point, que le seul moyen de parvenir à leurs fins est de faire de leur nouvelle écriture un engagement de toute la personne. On peut avoir, sur l'efficacité de ces différents systèmes, des avis divergents, il semble néanmoins qu'on relève une certaine gradation entre les écritures entretenant encore une relation avec le sens et celles qui restent totalement et résolument indéchiffrables. Pour nombre d'entre elles – celles

1. Alfred Tajan et Guy Delage, *L'Analyse des écritures*, Paris, Le Seuil, 1972.

d'Altmann, de Dotremont ou d'Henri Lefebvre – on dirait qu'elles parviennent, comme par miracle, à se maintenir entre le sens et le non-sens, au point que, sitôt qu'on a cru retrouver la silhouette d'un mot, on se persuade qu'on s'est trompé et on ne retourne pas sans plaisir au bercail de l'indéchiffrable. Et puis, il y a ceux qui, comme Barthes, ont résolument tourné le dos au langage. Ceux-là convient à une lecture, non plus par le seul entendement, mais par le corps tout entier[1].

« En 1950, écrit Dotremont, je regarde un de mes manuscrits originaux en transparence et dans un sens vertical (le premier mot tracé apparaissait alors aussi en haut, à gauche) et je constate que mon écriture, mon écriture la plus banale, offre des traits évidemment orientés. Je m'aperçus que j'écrivais *toujours* chinois et la phrase française que j'avais écrite m'apparut comme la couverture chiffrée d'un poème indéchiffrable […]. Ne faudrait-il pas s'élever surtout contre la dictature de l'imprimerie, de la dactylographie ? Elles tuent la moitié de l'écrivain en tuant son écriture […]. Imprimée, une phrase est comme le plan d'une ville : les buissons, les arbres, les objets, moi-même, nous avons disparu […]. La vraie poésie est celle où l'écriture a son mot à dire. » Et pourtant, Dotremont ajoute : « Ce n'est pas de la calligraphie que je veux. » Ce n'était déjà pas de la peinture, pas non plus de l'écriture. Voilà maintenant que ce n'est pas de la calligraphie. Que sont donc les *Logogrammes* de Dotremont ? Le travail de quelqu'un qui écrit et dont l'effort consiste à décrire l'écriture à sa manière. Et quelle est cette manière ? La spontanéité est le mot clé de Dotremont, elle contribue à réduire le logogramme en un moment, à le raffermir – si l'on peut dire – dans son absence. On se souvient du fameux « mettons que je n'ai rien peint » de Dotremont. Lui-même le confirme : « Nous devrions plutôt essayer de penser comme les arbres, c'est-à-dire essayer d'être vifs non sans enracinement, et d'être vastes dans une certaine harmonie de désordre. » Entraîné par sa graphie, Dotremont aurait-il commencé à donner forme à une désécriture radicale ?

On peut situer l'écriture de Brion Gysin à l'intersection de l'écriture japonaise dite *kakemono*, écrite au pinceau, et de l'écriture musulmane, laquelle se déroule dans le temps et dans l'espace, en courant, par exemple, sur les murs des mosquées. Gysin a dit comment il éprouvait l'une et l'autre. L'écriture japonaise, pour lui, tient « la page comme suspendue de haut en bas, dégringolant en lianes dont les fleurs et les fruits seraient les complexes idéogrammes, tandis que l'écriture arabe, elle, serait une armée en branle, brandissant bannières, oriflammes et sabres nus ». Comment faire coïncider ces deux écritures ? En écrivant de droite à gauche et de bas en haut ? Sans doute, mais Gysin visait à donner, « comme par enchantement, des images de l'infini » et le procédé restait encore inapte

1. Marc Dachy, dans la revue *Luna-Park* (parution trois fois par an) sous le sigle de Transédition, à Bruxelles, reproduit les graphies de tous les noms cités ci-dessus.

à rendre compte de son propos. C'est alors que, se souvenant de ce carré cabalistique qu'il a découvert, caché, dans sa cheminée à Tanger, Gysin eut l'idée, comme l'avait fait le sorcier, auteur de ce monogramme, d'« écrire » une deuxième fois un même signe, non sans avoir, au préalable, fait faire un quart de tour à la page. Gysin a enregistré ce que certaines de ses écritures ont suggéré à William Burroughs, du temps où les deux hommes vivaient ensemble à l'hôtel Beat, rue Gît-le-Cœur à Paris. Le texte est long, très beau. Je n'en retiendrai que les dernières lignes : « Brion : est-ce que ça ne ressemble pas à une écriture ? Burroughs : Oui. Et je la lis. Quand je regarde tes peintures, c'est comme si je mettais au point un instrument optique. Ça prend vingt secondes, cette mise au point. Les regarder apprend à cligner des yeux entre un point de vue télescopique et microscopique [...]. On dirait des lettres ici aussi, mais c'est plus difficile [...]. Cela vous amène sur un certain chemin, ressemblant à une rangée sérielle de dessins, une série de dessins-nerfs qui existe depuis toujours dans le cerveau humain. »

En dépit des apparences, Gysin n'a rien inventé. Palatino, en effet, ne faisait pas autre chose qui, dans son *Libro nuovo* publié à Rome en 1540, avait multiplié « les modèles de beaucoup de lettres de différentes sortes et de différentes nations ». Si, des lettres grecques, Palatino a su retrouver la belle géométrie, il a su aussi saisir la magie des hébraïques, le classicisme des françaises, l'emphase des espagnoles, la gravité des allemandes.

Depuis sa création, l'histoire de la forme des lettres n'a pas cessé de démontrer l'importance de l'imitation. Son évolution assure que cette histoire procède d'une marche en crabe. Dotremont, Gysin ont imité les écritures du Moyen et de l'Extrême-Orient. Il était fatal que, relevant le gant de Palatino, quelqu'un en vienne, non seulement à imiter sa propre écriture, mais à pousser cette copie jusqu'à l'absurde, jusqu'à une totale négation du sens. D'autant plus qu'on a recours à la sienne, singer l'écriture sans faillir n'est pas chose aisée. À chaque instant, le sens vous guette qui risque de vous reprendre dans ses pièges. De ce point de vue, l'écriture de Roland Barthes est exemplaire. Il parvient à vraiment ne pas écrire et ce, plusieurs pages durant. Dans une lettre qu'il a fait parvenir à Mirtha Dermisache, il s'est plus longuement expliqué sur le sens de l'illisibilité qu'il ne l'avait fait pour ses propres « graphies ». « Vous avez su produire un certain nombre de formes ni figuratives, ni abstraites, que l'on pourrait ranger sous le nom d'écriture illisible – ce qui revient à proposer à vos lecteurs, non point les messages, ni même les formes contingentes de l'expression, mais l'idée, l'essence d'écriture. Rien n'est plus difficile que de produire une essence, c'est-à-dire une forme qui ne renvoie qu'à son nom ! »

Enfin, dans un texte publié depuis sa mort, Roland Barthes a parfaitement précisé ce qui, pour lui, se trouvait en jeu au moment de s'adonner à cette autre forme de « plaisir du texte » : « Par périodes, j'aime bien... mais ici la difficulté commence : faire quoi ? du dessin ? de la peinture ? Plutôt de l'ordre du coloriage, du graffiti ; ce n'est pas, certes, un sous-produit, mais un produit latéral, dérivé, bien que ce soit toujours soumis, tant bien que mal, à des valeurs culturelles qui me viennent, sans y penser, de toutes les peintures ou écritures que j'ai vues : j'aime la production elle-même, mais j'aime aussi pouvoir regarder le produit avec plaisir : à preuve que si je l'estime "raté", je le jette. Dans cette opération perdue, il y a donc tout de même une sorte de finalité esthétique : sans illusion mais avec allégresse, je joue à l'artiste. Cette pratique d'amateur, bien des motifs, sans doute, la provoquent : peut-être le rêve d'être un artiste complet, peintre et écrivain, à la façon de certains hommes de la Renaissance, peut-être l'envie d'étendre l'exercice de mon corps, de "changer de main" (même si c'est toujours la droite) ; peut-être la nécessité d'exprimer un peu de la pulsion qui est dans ce corps (on dit que la couleur, c'est, d'une certaine manière, la pulsion) ; peut-être, au contraire, le plaisir d'une sorte de confort artisanal (disposer ses pastels, ses encres, ses pinceaux, ses feuilles, sur un établi) ; peut-être encore le soulagement (le repos) de pouvoir créer quelque chose qui ne soit pas directement dans le piège du langage, dans la responsabilité fatalement attachée à toute phrase : une sorte d'innocence dont l'écriture m'exclut[1]. »

Thévoz s'intéresse tout particulièrement aux transcriptions graphiques des schizophrènes. Il fait un sort particulier à l'« écrituriste » Francis Palanc dont les « scriptions », généralement tout en angles, visent sans cesse à « améliorer les alphabets plutôt qu'à en faire usage » (Dubuffet). Ces écritures ont, certes, un intérêt, mais ni supérieur ni moindre que celui dont sont revêtues celles dont il a été question ici. On ne voit pas pourquoi, en outre, les unes relèveraient de l'art « brut » et les autres, pas. Ce qui, chez les unes comme chez les autres, importe, c'est le refus de se laisser piéger par le système de représentation ordinaire et de privilégier un mode d'expression réduisant le plus possible le poids de l'outil de transmission. Toutes, elles nous prouvent cela, dont Lacan n'a pas tenu compte quand il a énoncé son fameux « ça parle » que cela « parle » effectivement, mais d'autant plus que « cela » ne se transcrit pas en lettres, en signes typographiques mais, au contraire, par l'entremise d'un mode d'expressions originales, toujours liées plus ou moins directement au corps. Reste qu'elles sont belles à évoquer, ces inflections du silence par quoi se traduit cette intimité toujours plus grande avec le sens ; ces inflections dont bourdonne le monde. Le nombre sans cesse croissant des auteurs de graphies prouve essentiellement qu'à l'instar des calligraphes italiens du XVIIe siècle, ceux d'aujourd'hui ont relevé le défi du pouvoir et prouvé qu'ils étaient capables,

1. *Les Nouvelles littéraires*, n° 2731, avril 1980.

eux aussi, de se situer ailleurs. Pour subversif qu'il soit, il n'est pas d'exemple qu'un langage ne puisse être récupéré. Qu'à cela ne tienne, disent ces nouveaux poètes-calligraphes, nous parlerons de ce dont nous avons envie de parler, mais autrement, fût-ce sans lettres. L'important étant seulement de témoigner pour l'amour, l'éternité et la mort.

À voir ces écritures, on ne peut pas ignorer à quel point leurs auteurs se sont exposés. À travers elles, chacun à sa manière dit comment il ne serait pas s'il cessait d'être par et pour l'écriture. « Serai-je donc un jour semblable aux immortels, quand les derniers monstres de la machine auront explosé dans l'infini, écrit Jean Tardieu, quand les débris de notre séjour tournoieront dans l'espace désolé, restera-t-il quelque part, sous une roche solitaire, un fragment peint de symbole énigmatique ? Alors, moi, peintre, mage ou dément, je n'aurai pas en vain signé mon œuvre d'un pinceau ardent et volontaire, triomphal et désespéré, si dans les siècles des siècles, cette écriture privée de sens, posée sur un monde incompréhensible et sans témoins, brille, intacte à jamais, délivrée de l'espoir d'être lue. »

J'ai parfaitement conscience que je vais, en publiant ceci, m'exposer aux critiques, tant des calligraphes professionnels que des auteurs de graphies regroupés dans la revue *Luna-Park*. Je voudrais répondre aux uns et aux autres que, si je ne me suis pas davantage étendu sur leur travail à chacun, c'est pour des raisons très précises, en relation avec le propos même de ce livre. Par ce travail, il s'est agi pour moi de manifester pour ce rapport intime qui lie l'expression d'une pensée à sa graphie, rapport dont l'œuvre d'« écrivain » – le mot étant pris dans toutes les acceptions du terme – de Paillasson fournit sans doute la plus éclatante démonstration. Pour qu'elle fût plus complète, il fallait que je fît référence à des hommes dont les œuvres se trouvaient en équilibre instable entre l'écriture, au sens qu'on donne au mot aujourd'hui quand on parle de « l'écriture d'un livre », et la calligraphie. C'est la raison pour laquelle, d'emblée, j'ai écarté les « nouveaux calligraphes » et je ne fais que leur rendre l'appellation qu'en dépit de ce qu'elle peut avoir d'équivoque ils se sont eux-mêmes donnée. Le terrain sur lequel ces calligraphes-là donnent généralement le meilleur d'eux-mêmes est celui de la publicité et des diverses techniques de communication qui font intervenir l'art graphique. Dans la mesure où ce discours ne peut, et ne doit être tenu que pour très exactement une contre-écriture, je ne pouvais que placer ces « nouveaux calligraphes » hors de mon épure. Au reste, on dirait de ces artistes qu'ils se sont passé le mot. Qu'ils soient américains ou bien français, tous ou presque, tôt ou tard, finissent par tomber dans le même style, ou plutôt dans la même absence de style, de sorte que, lus avec attention, leurs *textes* ou *slogans publicitaires* révèlent une impuissance à créer une nouvelle calligraphie. La raison de cette carence ? Pour eux, il s'agit d'obtempérer aux desiderata de leurs clients ; comme, parmi ceux-ci, rares sont ceux qui acceptent de se fier aux hommes de l'art, la qualité graphique n'est plus le critère. C'est la raison pour laquelle les meilleurs d'entre les graphistes ont cru pouvoir se sortir de cette situation en usant de la dérision. Que sont en effet ces brutales confrontations entre des pleins ventrus et des déliés arachnéens à quoi se réduisent la plupart des calligraphies contemporaines, sinon des caricatures ? Sans doute le recours au jeu est-il, en la matière, généralement opérant ! Quand Barthes s'efforce d'écrire pour ne rien dire, il parvient à nous fasciner. A contrario, cette calligraphie contemporaine est par trop bavarde et ce, pour nous mal entretenir des vertus de telle confiture ou de tel parfum... Mieux, ou plutôt, pire, elle déclenche un réel malaise, ce qui, alors qu'elle est censée séduire, est pour le moins paradoxal. Tout cela prouve que, non seulement on ne badine pas avec la calligraphie mais, et cela revient au même, qu'on écrit mal ce qu'on ne pense pas vraiment.

En ce qui concerne les auteurs de « graphies » dont j'ai donné les noms dans une liste qui est loin d'être exhaustive, la raison pour laquelle je les ai écartés est simple. Je les ai estimés par trop déconnectés d'avec le langage ordinaire. Avec eux, un nouveau langage fonctionne déjà, qui permet même… le ron-ron. Non, ce que j'ai voulu saisir ici, c'est ce lent craquement de l'écriture, ce moment où, cherchant à trop lui donner à transmettre, les écrivains la mettent à mal… ou plutôt à bien.

Cela explique pourquoi ceux parmi les auteurs de « graphies » auxquels j'ai fait allusion sont ou des écrivains (Michaux, Barthes, Dotremont dont les « logogrammes » sont d'authentiques poèmes) ou des calligraphes (Dermisache, Druet, Melin) et par conséquent des « écrivains » qui, chacun à sa manière, ont recours à l'écriture traditionnelle. C'est la raison pour laquelle j'aurais pu parler de Pierre Guyotat, auteur d'une série de « graphies » qu'il intitule « L'autre main branle », d'Henri Lefebvre ou bien encore de Sophie Podolski dont Marc Dachy décrit bien l'œuvre quand il dit la voir entièrement « tremblée, pulsée, rythmée, chantée, dessinée au dé-lire de la main ». Dans ces trois cas, contrairement à ce qui se passe avec les autres auteurs de « graphies » cités dans le corps de ce texte, le lien avec l'écriture traditionnelle est par trop évident encore pour qu'on puisse parler d'une véritable cassure de l'écriture.

En somme, pour qu'il y ait « graphies », ou, si l'on veut, pérennité de la calligraphie, il faut qu'à la fois la rupture soit consommée avec l'écriture ordinaire et qu'elle ne le soit pas. Comme si, très exactement à mi-chemin du langage clair, indiscutable et des signes propres à rendre l'ineffable, le propos était tout de même de donner à entendre au-dessus du vide.

Ces frontières que j'établis entre les différentes « graphies » sont les mêmes quand on passe du registre du poème à celui de la musique. À la faveur de ce qu'il intitule joliment « Transcription polyautomatique d'improvisations volubiles », Roberto Altmann retranscrit, sur du papier ligné, des textes éclatés, lisibles ou non, l'essentiel étant pour lui d'insister sur le faux hiatus existant entre le mode de communication choisi, en l'occurrence l'écriture, et son support. Le résultat de ce traitement est que le manque patent de musique nous contraint d'y pallier aussitôt par une musique tout intériorisée. Jacques Calonne en use de même avec les portées, à ceci près que son écriture peut passer pour une singerie de l'écriture musicale habituelle, croches, arpèges, soupirs et points d'orgue compris. Ce faisant, il est sûr que l'un et l'autre sont venus à bout de créer d'authentiques graphies.

En revanche, ils ne sauraient prétendre, et d'ailleurs ils ne le font pas, avoir pour autant élaboré une quelconque calligraphie musicale. Sans que ce soit un jugement porté sur leur œuvre, qu'ils me permettent cependant de parler à leur propos de tromperie. Ce n'est pas, en effet, le recours à un papier ligné qui conférera jamais à un texte écrit, ou seulement calligraphié, quelque valeur musicale que ce soit. Qu'on le veuille ou non, la musique se transcrit au moyen de notes sur une portée ; des notes ou bien des réseaux de lignes ultra-fines tels que Xénakis en dispose sur ses partitions, pour donner une transcription aussi adéquate que possible à sa pensée musicale. Que la transcription des nouvelles musiques, électroniques ou pas, pose des problèmes aux compositeurs, cela est sûr. Qu'il faille chercher à résoudre cette question par l'élaboration d'une notation généralisée à toutes les musiques est une autre question à laquelle on n'est toujours pas arrivé à répondre d'une manière précise. Jean-Yves Bosseur, après en avoir délibéré longuement et avoir fait référence à cette remarque d'Adorno selon laquelle « la représentation graphique n'est jamais signe pur et simple de la musique mais renvoie toujours à elle-même, comme naguère les neumes », a fini par conclure que « noter c'est inventer une écriture ». Bosseur dit là l'essentiel tout en taisant sa trouvaille. S'il n'est pas un être écrivant qui n'ait sa graphie, pourquoi, composant, un musicien n'en aurait-il pas une aussi ? Les nouvelles lois de l'écriture musicale, les musiciens devraient les trouver sans avoir à les chercher, comme les dodécaphonistes ont su trouver tout naturellement le code de transcription nécessaire à la saisie de la musique du quart de ton. Et si, inscrivant la transcription musicale dans le rythme calligraphique, on devait s'apercevoir que, se renforçant mutuellement, les deux modes d'écriture n'en font qu'un seul et même ? Cependant, il faut savoir que, de toute façon, pas plus que les mots les notes ne parviendront à répondre intégralement d'un sens. Force est donc de constater que, de même que l'amour est toujours plus que l'amour, la liberté d'écrire est plus que l'écriture. C'est ce dont nous assure Claude Melin, authentique calligraphe, à placer dans la lignée de Pisani et de Paillasson et, comme eux, méconnu. Malraux, trop vite, a dit de Mathieu qu'il était « le plus grand calligraphe occidental ». Le trait de l'un répond à celui de l'autre : ce ne sont que des mots sur du vide. S'il faut à tout prix « un plus grand », pourquoi ne serait-ce pas plutôt cet homme secret ?

Stravinski a formulé cette idée troublante : « la musique, c'est d'abord de la calligraphie », qui incite à penser qu'il a composé ses partitions, graphiquement parlant, avant de les concevoir musicalement. Du fait du caractère syncopé de sa musique, on peut imaginer qu'elle a été écrite de cette façon. Récemment, à Paris, a eu lieu une exposition qui avait pour but de montrer près de deux cents partitions. Placée sous le signe de cette formule de Stravinski citée plus haut, toutefois légèrement modifiée en cette autre qui confirme la première : « le compositeur est d'abord un calligraphe », elle a suscité de la part de Gérard Condé ce commentaire que, ne lisant pas moi-même la musique et constatant l'habileté de son auteur à en éclaircir un point difficile, je n'ai pas cru mieux faire que de reprendre : « On opposera la calligraphie à l'écriture utilitaire. En effet, s'il y a bien quelque magie dans le fait qu'un simple feuillet noirci témoigne à travers les siècles des combinaisons sonores qu'imaginait un compositeur de la Renaissance, n'est-ce pas parce que le geste même du magicien qui trace sur le papier des symboles mystérieux va bien au-delà de celui du copiste ? C'est vrai qu'a posteriori la partition, telle une formule magique, suffit à réveiller des mondes endormis, à faire chanter les flûtes et rougir les trombones, mais ce qu'on imagine moins, c'est que l'écriture elle-même soit une source d'inspiration féconde presque miraculeuse. Si l'apparition de nouveaux signes ou de techniques différentes de représentations graphiques témoigne de l'évolution de la pensée musicale, on ne dira jamais assez tout ce que ces acquisitions engendrent ensuite dans la tête des compositeurs qui les auront adoptées[1]. » On ne peut pas, par exemple, ne pas relever l'étonnante qualité graphique des partitions de Xénakis. Les glissandi qu'elles orchestrent ont un intérêt plastique qui mérite d'être relevé et qui, peut-être pour une part, ont joué leur rôle dans la formulation des sons à l'origine desquelles elles se trouvent.

En guise de conclusion, je voudrais insister sur les titres que j'ai donnés à deux des rubriques qui suivent et où se trouvent regroupées la plupart des illustrations de ce livre[2]. Il est singulier d'avoir à relever que presque tous les grands maîtres écrivains, auteurs de traits de plume, ont été comme obsédés par l'idée d'élaborer des contre-écritures rigoureuses. À croire que, pour eux, tout en écrivant, on ne saurait dire l'indispensable qu'à proportion qu'on n'écrit pas. Pour les auteurs de contre-écritures contemporaines, la calligraphie en moins, il semble que l'ambition soit la même. La seule différence d'avec les hommes de la *cancellaresca* vient irrémédiablement, et dans tous les sens du terme, de ce que leurs œuvres nous font basculer dans... une fausse insignifiance. À ce propos, il importe de relever que dans le courant de ce texte je suis parfaitement conscient d'avoir invariablement parlé de calligraphie, de graphie ou d'écriture. Sans doute est-on tenté de faire l'amalgame. Il n'en reste pas moins que dans la mesure où les unes comme les autres échappent au sens tel qu'on l'entend généralement, elles

1. *Le Monde*, 2 octobre 1979.

2. Dans la présente édition, nous n'avons pu donner toutes les illustrations des deux parties auxquelles l'auteur fait ici allusion : « Contre-écritures de peintres et d'écrivains » et « Traits de plume calligraphiques », non plus que celles de « Calligraphies musicales » (NdÉ).

peuvent toutes s'appeler des contre-écritures. C'est la raison pour laquelle j'ai, dans mon classement, retenu cette appellation.

Il n'empêche ; il n'est pas indifférent de savoir comment s'effectue le passage de l'écriture à la peinture ou inversement. Dans les deux cas, il fait même corps avec le plaisir qu'on prend à lire. Dès lors, on saisira pourquoi j'ai cru bon de séparer les contre-écritures de peintres de celles d'écrivains. En ce qui concerne celles des premiers, on ne peut que se référer à ce texte prémonitoire de Paul Claudel dans lequel il prétend avoir décelé des idéogrammes dans l'écriture occidentale[1]. Si je trouve ce texte prémonitoire, c'est qu'après Valentine Hugo ils sont plusieurs à parler par « idéogrammes occidentaux », par idéogrammes de mots, bien sûr, mais aussi de phrases. En somme, par le biais des cunéiformes, lesquels ne sont que les produits d'une stylisation des pictogrammes, avec ces peintres-écrivains, insensiblement, ne sommes-nous pas, en traits de plume ou non, en train de revenir à une *écriture d'images* ?

Pour ce qui regarde les *contre-écritures d'écrivains*, il ressort de leur *lecture* qu'ici, encore, il y a équivoque. Si ces « graphies » sont des écritures, elles ne sont plus que des images. Chacun de ces artistes ne vise-t-il pas à y montrer qu'il peint comme il écrit ou, si l'on préfère, qu'il écrit comme il peint ?

Dans la mesure où il est, tout à la fois, un écrivain et l'illustrateur de ses propres livres, je pouvais indifféremment mettre Grandville parmi les *peintres* ou bien les *écrivains*. Si, avec son écriture tout en boucles qui donne ses lettres de noblesse à un jeu d'enfant auquel, tous, nous nous sommes un jour ou l'autre exercés, j'ai choisi de le placer parmi ces derniers, c'est parce que, de tous les auteurs de contre-écritures, il est celui qui s'inscrit davantage dans la lignée des maîtres écrivains. Sans doute, je joue avec les mots. Mais tout, ici, étant jeu – comment ne pas voir que peintres-écrivains ou musiciens jouent sur… tous les tableaux ? – il était juste que, moi aussi, j'en tienne compte.

VALERIO ADAMI
(XXe siècle, Italie)
Illustration inédite pour *Le Petit Gobe-Mouches* de Jérôme Peignot, Paris, Bourgois, 1978. Entre le texte et l'image
(© Adagp, Paris 2005)

1. Voir Jérôme Peignot, *Du calligramme*, dans la présente édition, p. 933 (NdÉ).

ÉCRITURES

par CHARLES PAILLASSON

I

DE LA POSITION DU CORPS POUR ÉCRIRE, ET DE LA TENUE DE LA PLUME

Avant de démontrer les principes de l'écriture, il est nécessaire d'expliquer la manière dont on doit se placer pour écrire, et comment l'on doit tenir la plume. Ces deux objets sont importants ; l'un consiste dans l'attitude gracieuse du corps, et l'autre dans la facilité de l'exécution. Il est une position convenable à chaque sexe, quoique la plupart des maîtres n'en reconnaissent encore qu'une. Je ne m'étendrai ici que sur la position qui est propre aux hommes, me réservant de parler dans la feuille suivante de celle qui regarde les demoiselles, que je ne crois pas moins essentielle que la première.

SUR LA POSITION DU CORPS

Trois choses sont nécessaires pour écrire ; un beau jour, une table solide, et un siège commode. La lumière que l'on reçoit du côté gauche est toujours favorable, lorsque de l'endroit où l'on écrit on peut voir le ciel. La table et le siège doivent être en telle proportion, que la personne assise puise couler aisément les coudes dessus la table sans se baisser. Cette attitude étant la plus naturelle, on doit la préférer à toute autre. Une table trop haute pour le siège empêche le bras d'agir, et rend l'écriture pesante ; une table trop basse fait regarder de près, fatigue le corps et force les effets de la plume. Il faut donc, autant qu'il est possible, se procurer toutes ses commodités, afin que l'écriture acquière plus de hardiesse et de légèreté.

Quoiqu'on recommande aux jeunes gens de tenir le corps droit vis-à-vis la table, le bras dont ils écrivent n'agirait pas avec assez de liberté, s'ils suivaient ce précepte avec trop de rigueur. Pour que rien n'en gêne le mouvement, il faut qu'ils approchent la partie gauche du corps de la table sans s'y appuyer, ni même y toucher, et qu'ils en éloignent la partie droite à une distance de quatre à cinq doigts.

Le bras gauche doit avancer sur le devant de la table, et y poser depuis le coude jusqu'à la main, dont les doigts seuls doivent tenir le papier dans une direction toujours verticale, le faisant monter ou descendre, et le conduisant à droite ou à gauche, selon les circonstances.

Les différents genres d'écritures règlent l'éloignement que le bras doit avoir du corps ; la ronde en exige plus que la bâtarde et la coulée. En divisant l'avant-bras en trois parties, les deux tiers seulement poseront sur la table, et l'autre tiers terminé par le coude la surpassera. La tenue de la plume donne naturellement à la main une forme circulaire ; cette main, qui n'a d'appui sur le papier que par le dessous du poignet et par l'extrémité des deux derniers doigts, n'en doit plus recevoir que du bec de la plume. Il faut laisser un vide raisonnable entre ce poignet et les deux derniers doigts, afin que la plume ne se renverse point en dehors, ce qu'il est important de ne point négliger.

Le corps doit être baissé un peu en devant, et la tête obéir à cette inclination sans pencher absolument sur aucune épaule. Les yeux doivent se fixer sur le bec de la plume, et les jambes se poser à terre ; il faut que la gauche se mette vis-à-vis le corps en obliquité, et que l'autre s'en éloigne en se portant sur la droite.

C'est de l'observation de toutes ces règles que résulte une manière aisée d'écrire. [...] Un léger examen de cette attitude comparée à l'explication suffira pour en donner l'intelligence.

SUR LA TENUE DE LA PLUME

On tient la plume avec trois doigts, qui sont le pouce, l'index et le major. L'extrémité du major à côté de l'ongle la soutient par en bas et au milieu de sa grande ouverture. Le pouce la conduit perpétuellement en la soutenant sans la couvrir entre la première jointure du doigt index et l'extrémité de ce même doigt, et par le haut elle doit passer entre la deuxième et la troisième jointure du même doigt index. On doit éviter le jour entre la plume et les doigts index et major. Les doigts ne doivent encore ni trop serrer la plume, ni être allongés avec trop de raideur. Les deux de dessous qui sont l'annulaire et l'auriculaire doivent s'éloigner un peu du major, pour ne point gêner les autres dans leurs flexions. Le poignet doit être placé vis-à-vis l'épaule droite, et dans la même ligne oblique du bras, ne posant que faiblement sur la table ou sur le papier.

[…]

Il faut observer que l'on tient la plume plus courte dans les doigts pour les écritures que l'on veut peindre que pour celles qui sont expédiées, et que les doigts concourent à la formation de l'écriture. Le pouce en est le principal ; c'est lui qui fait mouvoir la plume et qui lui fait opérer tous ses effets. L'index, quoique la couvrant par-dessus, aide infiniment à donner les coups de force de concert avec le pouce ; celui-ci les produit en montant, et celui-là en descendant. Le majeur soutient la plume, et fait que la main peut écrire longtemps sans se fatiguer. Les deux autres doigts portent la main en la conduisant de la gauche à la droite par le moyen du dégagement dont je parlerai à la suite de cet ouvrage.

SUR LA DISPOSITION EN GÉNÉRAL

Il est des sujets en qui le talent pour l'écriture semble né, avec de la bonne volonté et un travail suivi, on leur voit faire en peu de temps des progrès sensibles dans cet art. Il en est d'autres, au contraire, en qui il ne se trouve aucune disposition. Ceux-ci ayant à combattre leur nature rétive, ne parviennent à la réduire que par l'exercice et la pratique. Il leur faut plus de temps pour arriver au même but que les premiers. Mais n'en sont-ils pas bien récompensés par l'avantage qu'ils en retirent ?

II

SUR LA POSITION DES JEUNES DEMOISELLES POUR ÉCRIRE

Après avoir parlé de la position qui convient aux hommes pour écrire avec grâce, il est à propos de rendre compte de celle qui est propre aux demoiselles. Elle est de la plus grande importance, puisque son exacte observation conserve la taille et maintient les épaules dans une justesse égale. La voici : lorsqu'elles sont assises sur un siège proportionné à leur grandeur naturelle et à la table, ainsi qu'il a été dit ci-dessus, il faut qu'elles tiennent le corps droit, et que les épaules soient élevées à la même hauteur. Que leurs bras à une égale distance du corps n'avancent sur la table que des deux tiers de l'avant-bras, et que l'autre tiers la déborde. Que le corps ne la touche point, et en soit éloigné d'un travers de doigt. Que leur tête, qui ne doit incliner d'aucun côté, soit un peu baissée sur le devant, de manière que les yeux se fixent sur le bec de la plume pour conduire tous les mouvements qu'elle fera sur le papier, lequel doit être positivement en face de la tête, et que les doigts de la main gauche dirigent en le tenant par en bas. Que les jambes posent toutes deux à terre vis-à-vis le corps ; qu'elles soient peu éloignées l'une de l'autre, et que leurs pieds soient tournés en dehors. Je ne répéterai point ce que j'ai dit dans les observations précédentes sur la tenue de la plume, qui est la même pour les personnes du sexe que pour les hommes ; j'observerai seulement qu'elle doit être placée dans les doigts de façon qu'elle se trouve dans la même ligne du bras. Dans le cas qu'une demoiselle écrivît de l'écriture française, comme il s'en voit plusieurs, elle aurait attention d'écarter plus ses bras du corps que ne le demandent les autres écritures.

Mon intention n'est pas, en donnant cette nouvelle méthode, de décréditer celle dont on s'est presque toujours servi ; mais on conviendra qu'elle est beaucoup meilleure pour les hommes dont rien ne gêne les mouvements, que pour les demoiselles que l'on assujettit dès le bas âge à des corps de baleine ou d'autre matière aussi peu flexible, et pour lesquelles il faut chercher une position qui n'ajoute point à la contrainte où elles sont déjà. J'ai éprouvé plusieurs fois celle que j'annonce ici, et le succès a toujours répondu à mon attente. Ainsi les mères, qui pour conserver la taille de leurs filles, les privent la plupart d'une connaissance utile dans quelque état qu'elles se trouvent, n'auront à craindre aucun accident, si le maître, chargé de la leur donner, la met en usage. On peut l'employer aussi pour les personnes de distinction, qui, écrivant peu, peuvent se dispenser de poser le corps sur le bras gauche.

SUR LA FLEXION ET L'EXTENSION DES DOIGTS

La flexion et l'extension sont positivement les deux facultés des doigts, qui sont la base de l'écriture ; c'est de leur agilité, de leur souplesse, qu'elle emprunte sa beauté et son élégance. J'ai consulté la nature pour en connaître la véritable source. Sans recourir à des observations anatomiques, l'expérience d'accord avec la raison m'a fait reconnaître une liqueur onctueuse appellée par les anatomistes *sinoviale*, qui se filtrant par des glandes qui portent son nom, arrose, pénètre, humecte les ligaments, les nerfs, et leur donne le jeu, le ressort que demande l'articulation la plus facile et la plus complète. Si cette liqueur pénètre avec trop d'abondance, elle amollit, dilate les nerfs ; de là naissent les tremblements et les faiblesses. Si au contraire elle passe avec trop de lenteur, ce qui peut arriver par l'âge ou par un vice caché ou apparent, elle dessèche, appauvrit les nerfs ; de là l'irritation, la pénible contrainte dans le mouvement des doigts. Il faut donc, pour que la main soit adaptée (pour parler le langage de l'art) à l'écriture, que cette substance onctueuse ne coule qu'autant qu'il en faut, pour que la flexion et l'extension soient libres. En partant d'un tel principe, qui me paraît clair et convaincant, il ne faut pas s'étonner si les mains soit dures ou faibles se corrigent à la longue. Dans le premier cas, il faut faire des flexions et extensions longues et fréquentes sans trop serrer la plume ; la raison en est qu'en facilitant le cours de la liqueur sinoviale, elle rendra le mouvement des doigts plus libre et plus régulier. Dans le second cas on doit appuyer et serrer davantage la plume, parce que la flexion étant plus raide et moins précipitée, la liqueur coule avec moins de vitesse, et laisse aux nerfs une force, une consistance plus ménagée, par conséquent plus analogue à l'écriture.

III

SUR LA TAILLE DE LA PLUME

Si la position du corps et la tenue de la plume sont les premières choses auxquelles on doive s'attacher lorsque l'on veut parvenir à une écriture aisée et méthodique, il en est encore une qui n'est pas moins importante. C'est celle de bien tailler la plume. Tout ce que j'ai à dire sur ce sujet se réduit à trois articles : sur la manière de tenir la plume et le canif pour la tailler ; sur les coupes différentes par où elle passe avant d'arriver à sa taille parfaite ; enfin sur les proportions qu'elle doit avoir lorsqu'elle est taillée.

SUR LA MANIÈRE DE TENIR LA PLUME ET LE CANIF

La plume se tient par les trois premiers doigts de la main gauche, et le canif se trouve dans la main droite. Il n'est guère possible d'expliquer la position de l'un et l'autre instrument [...]. On observera pourtant que la plume doit être droite vis-à-vis le corps pour commencer sa taille ; que les doigts index et major de la main gauche la soutiennent par-dessous, pendant que le pouce en dessus lui fait faire tous les virements que sa taille exige. La lame du canif déborde la main droite pour pouvoir couper la plume qui pose sur le pouce droit. Le canif ne se meut que par les quatre derniers doigts de la main droite, qui enveloppe le manche.

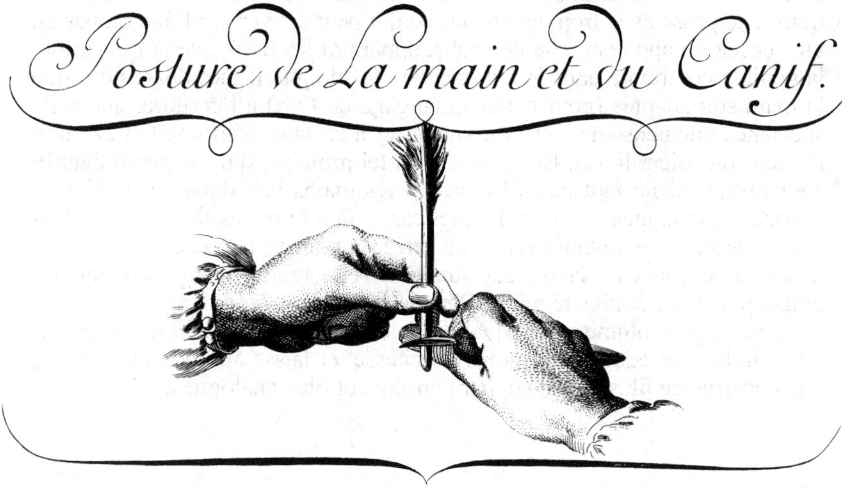

SUR LES COUPES DIFFÉRENTES DE LA PLUME

[...] il est d'usage avant de tailler la plume de la redresser lorsqu'elle n'est pas droite ; après cela on commence par couper obliquement un peu du bout de la plume du côté du ventre, en tirant devant soi ; on en fait autant du côté du dos ; ces deux premiers degrés de la coupe [...] servent à la préparer pour recevoir la fente. Cette fente qui se fait du côté du dos est le canal par où s'écoule l'encre ; elle se commence avec le tranchant du canif que l'on soulève un peu dans le tuyau, et elle se continue avec le bout du manche du même canif que l'on soulève aussi pour allonger cette fente, ayant soin de mettre le pouce gauche à l'endroit où l'on veut l'arrêter. [...] Ensuite on retourne la plume, et on lui fait une grande ouverture sur le ventre [...]. Ces préparations données, il faut mettre la plume sur le côté droit pour l'évider sur la gauche, en formant la carne du pouce au-dessus de la fente, en arrondissant et en se rapprochant de la même fente. [...] Quand la plume se trouve dans cette dernière position, on en met une autre en dedans pour produire le bec. Ce bec se fait en commençant de diminuer un peu en dessus du tuyau, et un peu aussi du côté du pouce, et en plaçant ensuite le canif sur le tranchant à l'endroit où l'on veut couper.

Ce dernier coup, que les maîtres de l'art appellent le *tact*, doit être fait subitement, en balançant la lame de droite à gauche, et en la renversant un peu sur le devant, ayant soin en même temps que le manche soit tiré du côté du coude plus ou moins, suivant l'oblique que l'on veut donner à la plume. [...] Règle générale en toute écriture, l'angle du pouce est un peu plus long et plus large que celui des doigts.

SUR LES PROPORTIONS D'UNE PLUME TAILLÉE

Une plume pour être suivie strictement dans toutes ses coupes peut bien ne pas avoir ses justes proportions. La grande ouverture peut être trop grande ou trop petite, le bec trop long ou trop court, la fente trop petite ou trop longue. Pour obvier à ces inconvénients, il faut considérer la plume [...] partagée en trois parties égales. La première depuis l'extrémité du bec de la plume jusqu'aux carnes ; depuis les carnes jusqu'au milieu de la grande ouverture ; et depuis ce milieu jusqu'où commence cette grande ouverture. Ces règles donnent à n'en pas douter de la grâce à la plume, mais pas toujours de la bonté. Si l'angle des doigts est plus long et plus large que celui du pouce, la plume jettera l'encre sur les revers ; si les carnes sont trop courtes et trop fermées, l'encre coulera avec précipitation ; si la fente est trop longue pour une main pesante, les caractères seront écrasés ; si la plume est trop dégarnie en dessus avant le tact, elle ne pourra écrire longtemps à cause de la faiblesse de son bec ; si son tuyau est trop épais du côté de l'angle du pouce qui produit les liaisons, ces mêmes liaisons deviendront trop grosses ; mais il est aisé de remédier à ces défauts, et l'on sent assez ce qu'il faut faire. Il ne reste plus qu'un mot à dire sur la plume, dont les carnes doivent être plus cavées si l'on écrit la ronde, et son bec plus oblique ; la bâtarde moins que la ronde et un bec moins oblique ; la coulée autant que la bâtarde, mais une fente plus longue. [...] Si je n'ai rien dit de plus positif sur la fente qui doit être faite avec la plus grande netteté, c'est qu'elle dépend entièrement de la main. Une main légère a besoin d'une fente plus grande qu'une lourde. [...]

SUR L'UTILITÉ DE SAVOIR TAILLER LA PLUME

On néglige trop en général la taille de la plume, que l'on regarde comme une chose peu essentielle, quoiqu'elle contribue beaucoup à la netteté et à la forme de l'écriture. Il est certain, d'après l'expérience que j'en ai, qu'une personne qui taille sa plume pour elle-même écrit mieux que si cette plume eût été taillée par une main étrangère. La raison c'est qu'elle la taille suivant sa main, dont elle connaît la position, et selon le degré de grosseur qu'elle veut donner à son écriture, une autre plume souvent ne produit pas le même effet, parce qu'elle se trouve ou plus ou moins oblique, ou plus ou moins grosse, ou enfin plus ou moins fendue, ce qu'il est facile de reconnaître aux caractères qu'elle trace, pour peu qu'on veuille y faire attention. Je conclus d'après cela qu'il faut s'attacher à la taille de sa plume en observant que pour une main renversée en dehors, elle doit être plus oblique ; droite ou à peu de chose près, pour une autre qui n'incline d'aucun côté, et sur l'oblique des doigts pour une main renversée en dedans. Telles sont les règles sur la taille de la plume en général (il est des cas où il faut s'en écarter) ; mais toujours est-il qu'on tirera plus de service d'une plume fendue que d'une autre qui ne le serait pas assez, excepté les mains faibles ou tremblantes, qui, étant forcées d'y prendre un point d'appui, doivent nécessairement faire à leur plume une fente plus courte pour lui donner plus de consistance.

IV

DES SITUATIONS DE LA PLUME

La première connaissance à acquérir, après la tenue de la plume, est celle de ses différentes situations pour toutes les écritures. Elle est d'autant plus nécessaire que sans elle il est impossible de former un caractère régulier et gracieux. Pour aller tout d'un coup à l'essentiel, je n'en démontrerai que trois qui suffisent à toutes les opérations que la plume produit. Vouloir en présenter davantage, ce serait tomber dans une prolixité ennuyeuse et embrouillée, plutôt que d'éclaircir et de parvenir à l'exécution d'un art nécessaire à tous les hommes.

PREMIÈRE SITUATION

La première situation est celle que l'on appelle à face, c'est-à-dire la plume droite devant le corps, et dont les angles placés sur la ligne horizontale ne sont pas plus élevés l'un que l'autre, tant au sommet qu'à la base d'un aplomb ou d'un jambage. Chaque extrémité de ce jambage, qui a toute la largeur du bec de la plume, présente deux angles. Celui qui est à droite s'appelle l'angle des doigts, parce qu'il est produit du coin de la plume qui est du côté des doigts ; l'autre par la même raison se nomme l'angle du pouce, parce qu'il est aussi produit du coin de la plume qui est du côté du pouce. Il faut bien distinguer ces angles, car ce sont d'eux que dépendent toutes les situations de la plume, et c'est de ces situations bien entendues et bien rendues que provient la beauté de l'écriture. [...]

Cette situation n'est affectée à aucune écriture. Elle ne sert uniquement que pour la terminaison de plusieurs lettres finales et autres effets de plume dont je parlerai dans la suite. Son principal mérite est de donner l'intelligence des angles, laquelle est indispensable pour exécuter tous les mouvements employés dans l'art d'écrire.

SECONDE SITUATION

La seconde situation est oblique. On entend par ce terme que la plume est placée de manière que l'angle des doigts surmonte celui du pouce de la moitié de l'épaisseur de l'aplomb, au lieu qu'à la base, l'angle du pouce est plus bas que celui des doigts de la moitié de l'épaisseur du même aplomb, par la raison que ce qui est de moins sur le haut doit se trouver de plus sur le bas. [...]

Cette seconde situation est employée pour l'exécution de l'écriture ronde, qui, étant droite, exige plus d'oblique. Elle est aussi destinée pour les écritures bâtarde et coulée ; mais comme on est obligé de rapprocher un peu le bras du corps pour donner à ces deux dernières écritures la pente qu'elles doivent avoir, il arrive que l'angle des doigts pour le haut, et l'angle du pouce pour le bas, sont moins sensibles. Par ce principe, il est aisé de concevoir que la situation oblique est généralement consacrée à toutes les écritures ; la différence consiste dans le plus ou le moins, le plus pour la ronde et le moins pour la bâtarde et la coulée.

TROISIÈME SITUATION

La troisième situation est de travers, parce que la plume, placée presque de côté, produit un aplomb de gauche à droite en descendant. [...]

Cette troisième situation, qui n'est propre à aucune écriture, est cependant utile pour plusieurs lettres tant mineures que majeures, et pour placer les pleins, soit courbes ou carrés en dessus et en dessous, comme j'aurai soin de le faire connaître dans les occasions.

C'en est assez sur les situations de la plume que l'usage et un peu d'application rendront familières, si l'on observe la position du corps et la tenue de la plume suivant les règles décrites aux explications précédentes.

SUR LES PLEINS, LES DÉLIÉS ET LES LIAISONS

La connaissance des effets de la plume dépend de la distinction des pleins, des déliés et des liaisons. On appelle plein, tout ce qui n'est pas produit du tranchant de la plume ; il n'importe de quelle situation ce plein soit formé. On nomme délié le trait le plus menu que la plume produise. On appelle liaisons tous les traits fins qui attachent les lettres les unes aux autres. Il est aisé de concevoir que le délié et la liaison ne sont pas la même chose. Les maîtres de l'art les distinguent en considérant que le délié fait partie de la lettre même, au lieu que la liaison ne sert que pour la commencer, la finir et la joindre. Les liaisons dans l'écriture ne doivent point être négligées ; elles sont à cet art ce que l'âme est au corps. Sans les liaisons point de mouvement, point de feu, point de cette vivacité qui fait le mérite de l'écriture expédiée.

Toutes les liaisons et quelques-uns des déliés sont produits par l'action du pouce et par l'angle de la plume qui appartient à ce même doigt. Comme cet angle fatigue le plus dans la construction des lettres, c'est par cette raison qu'il est plus long et plus large dans la taille de la plume. Suivant mon principe, toutes les liaisons sont courbes, et elles ont plus de grâce que toutes celles qui sont produites par la ligne diagonale. Il y a toutes sortes de liaisons, de rondeurs à jambages, de jambages à rondeurs, de rondeurs à rondeurs, de jambages à jambages, de pieds en têtes, et plusieurs autres que l'on pourra remarquer dans les pièces d'écritures et les alphabets liés.

V

DES FIGURES RADICALES

L'art d'écrire a des éléments primitifs, dont la pratique est indispensable pour acquérir la construction de ceux qui composent tout son ensemble. Ces éléments se réduisent, ainsi que dans le dessin, à deux lignes, qui sont la droite et la courbe ; ce sont elles qui servent à produire toutes les formes que l'esprit peut fournir, et que la main peut exécuter.

SUR LES DEUX LIGNES RADICALES

La première démonstration expose au trait simple, tant pour la ronde que pour la bâtarde, entre les deux lignes horizontales [...], les deux éléments qui sont la source de tous les autres ; c'est-à-dire les lignes courbes et droites. La première [...] est une ligne droite descendante [...]. La seconde [...] est une partie courbe descendante [...]. La troisième [...] est une autre partie courbe [mais] remontante [...]. Enfin la quatrième [...] est encore une ligne droite [remontante]. On a choisi avant d'en venir aux effets de la plume, la démonstration du trait simple, comme étant celle qui peut donner une idée plus précise de ces deux lignes primordiales.

DE LA RÉDUCTION DES DEUX LIGNES AUX PLEINS

Pour réduire ces lignes originaires aux pleins convenables, il faut les exécuter suivant l'art. Cette exécution est aussi simple que naturelle. De toutes les figures renfermées dans les lignes horizontales, on commence par celle qui est droite pour la ronde et penchée pour la bâtarde et la coulée, et en descendant et en pliant verticalement les doigts, la plume étant dans la situation requise à l'écriture que l'on veut tracer. [La ligne] courbe se commence par le trait délié de droite à gauche en descendant et en pliant les doigts, observant à l'étoile qui est au centre et où se trouve le plein de la plume, de retirer insensiblement sur la droite (plus pour la ronde que pour la bâtarde et la coulée) en pliant les doigts sur le poignet pour arrondir et finir par le trait délié. [Une autre] courbe se commence par le trait délié en remontant et en allongeant les doigts, de manière qu'à l'étoile placée au centre, on arrondit davantage sur la gauche en y poussant la plume avec modération (plus pour la ronde que pour les autres écritures), pour terminer enfin par le trait délié. [La ligne droite] va en remontant et en allongeant les doigts [...]

C'est de tous ces éléments que dérivent les caractères de l'écriture ; et il est de l'ordre des choses de faire connaître que c'est de l'attention que l'on aura eue de les bien peindre, que résulte un caractère régulier. Il n'est pas besoin d'expliquer combien l'usage en est essentiel. À la vue d'un simple alphabet, on distinguera que toutes les lettres en sortent ; que tout jambage perpendiculaire ou penché naît des figures droites ; que toutes parties concaves ou convexes, soit droites ou penchées, proviennent des figures courbes. Que de la jonction des deux lignes radicales sont émanées aussi toutes les lettres mineures à têtes et à queues, passant au-dessus et au-dessous d'un corps d'écriture, et que les majeures mêmes en tirent leur origine.

SUR LA DÉMONSTRATION DE LA LIGNE MIXTE

La ligne mixte n'est point une figure radicale comme plusieurs l'ont prétendu. Tous les géomètres la définissent une ligne composée de parties droites et courbes. Suivant ce raisonnement, cette ligne ne peut être radicale, puisque les lignes courbes et droites en sont l'essence. Quoi qu'il en soit, il faut convenir que l'exercice de cette figure, après celles dont je viens de parler, est très propre à conduire aux lettres majeures, parce qu'elle donne de la flexibilité aux doigts. Pour parvenir à l'exécution de cette ligne, on doit la considérer sous trois formes entre quatre lignes horizontales : dans son rapport avec les figures radicales ; dans la disjonction de ses parties, et dans sa construction totale. [...]

SUR LE MOUVEMENT QUE LA MAIN DOIT CONSERVER EN ÉCRIVANT

La vitesse dans l'écriture est l'ouvrage de la pratique et du temps. Une main qui commence à écrire ne doit pas se précipiter ; elle ne doit pas non plus agir avec trop de lenteur. Ces deux contrastes produisent un effet également dangereux. La précipitation donne une écriture inégale et sans principes ; la grande lenteur, un caractère pesant, tâtonné, et quelquefois tremblé. Il faut donc prendre un milieu entre ces deux extrêmes. Lorsque la main familière avec les préceptes est parvenue à un certain point de perfection, elle peut accélérer ses mouvemens par degrés, et acquérir cette grande liberté que l'on demande à ceux qui se destinent à occuper des emplois.

VI

DE LA HAUTEUR, LARGEUR, ET PENTE DES ÉCRITURES

Il n'est aucun art qui ne soit assujetti à des règles et à des proportions que le bon goût a fait éclore et que l'usage a consacrées. Celui de l'écriture en a de moins compliquées que les autres ; tout s'y mesure par corps et par becs de plume, et c'est de la précision et de la justesse que dépend la régularité des caractères. Pour que ces principes ne se confondent point dans l'esprit du lecteur qui veut les mettre en pratique, je vais les expliquer séparément et le plus clairement qu'il me sera possible.

SUR LA RONDE

La ronde porte quatre becs de plume d'élévation ; elle a le défaut d'être maigre lorsqu'on l'écrit plus longue, et d'être trop pesante lorsqu'on l'écrit plus courte. [Il faut un] aplomb mesuré à côté sur les quatre becs de plume. Ces quatre becs joints ensemble sont ce que les écrivains appellent un corps de hauteur en ronde. Le bec de la plume n'est autre chose en tout genre d'écriture, que la production en carré de l'extrémité de la plume [...]. On sent assez que plus la plume est grosse, plus le carré que son bec produit est fort, ainsi il diminue ou il augmente à proportion du plus ou du moins de grosseur qu'il possède.

La ronde est droite, c'est-à-dire qu'elle n'incline d'aucun côté. [...] Tel est le caractère français qui tient encore par sa droiture à l'écriture gothique moderne, d'où il tire son origine.

Enfin la ronde a une largeur égale à sa hauteur, parce qu'elle est carrée. [...] Quatre becs de plume forment toute sa largeur. Au-dessous [...] la distance entre deux jambages est toujours de deux travers de bec.

SUR LA BÂTARDE ET LA COULÉE

La bâtarde porte sept becs de plume d'élévation. [...]

La pente de cette écriture est de trois becs de plume relativement à la perpendiculaire. [...]

Enfin la bâtarde a de largeur cinq becs de plume pris en dehors. [...] la largeur qui doit être entre chaque aplomb [...] est de trois becs.

Il est à propos de faire remarquer ici qu'il y a une différence de corps entre la ronde et la bâtarde. En ronde un corps de hauteur est égal à celui de largeur, parce que l'un et l'autre ont quatre becs de plume, ce qui est différent dans la bâtarde. Comme dans celle-ci le corps de hauteur est plus grand que celui de largeur, il faut toujours distinguer dans cette écriture si c'est un corps de hauteur ou un corps de largeur.

Tout ce que j'ai dit pour la bâtarde peut servir pour la coulée, qui a les mêmes proportions. On peut aussi exécuter cette dernière sur six becs de plume de hauteur, et quatre et demi de largeur.

DE L'O ROND

L'O rond peut se démontrer par deux principes : par le carré et par le cercle. Je me dispenserai de parler de la première figure, étant plus facile par la seconde de parvenir à la formation de cette lettre, à laquelle on est déjà préparé par les deux parties courbes radicales [...] qu'il ne s'agit que d'unir pour qu'elle se trouve parfaite. J'éclaircis cette exposition en décrivant la conduite que les doigts doivent tenir pour former cette lettre que je conviens être de difficile exécution, et qui pourtant n'a que deux mouvemens aussi naturels que faciles. Plier les doigts en descendant la première partie courbe qui commence par le trait délié de droite à gauche ; allonger les doigts en remontant la deuxième partie courbe qui semble commencer en dessous et au trait délié pour terminer en arrondissant par un plein, dont les angles sensibles viennent se reposer sur le premier délié. Voilà tout. [...]

DE L'O BÂTARDE ET COULÉE

L'O bâtarde de même que l'O rond peut aussi se démontrer par deux principes ; celui du parallélogramme et celui de l'ovale. Je m'arrête au dernier, parce qu'il se rapproche des deux lignes courbes radicales. Les deux mouvemens employés pour l'O rond font le même office pour l'O bâtarde, qui doit être un ovale parfait ; l'écrivain dans cette figure doit faire avec la plume ce que le mathématicien fait avec le compas. [...] Pour l'exécution on plie les doigts en descendant la première partie courbe qui prend sa naissance au trait délié de droite à gauche. On allonge les doigts en remontant la deuxième partie, dont l'origine est en dessous et au trait délié, pour achever en arrondissant de manière que le plein se termine sur le premier délié et au milieu de la largeur de la lettre sans qu'on puisse trouver le point de la jonction. Cet O a deux déliés et deux pleins ; chaque délié n'a qu'un travers de bec. Il faut maintenir dans cette lettre la situation de la plume, qui est [...] moins oblique que dans la ronde, c'est ce qui fait que l'O en bâtarde ne finit pas par un plein positif, mais par un plein qui se perd insensiblement à mesure qu'il approche du premier délié auquel il se joint.

SUR LA FORME

La belle forme de l'écriture dépend de l'exacte observation des règles et d'un travail suivi. C'est par les gros caractères et par la connaissance parfaite des angles de la plume, qu'elle s'acquiert ; cette connaissance doit être tellement familière à l'écrivain, que sans recherche et à l'instant il puisse représenter avec sa plume toutes les situations qui sont requises par l'art.

Je dois dire encore à l'égard de la forme, qu'il faut qu'elle soit bien sûre avant de passer aux écritures expédiées, car si elle pèche par l'exactitude dans les caractères réguliers, ce défaut deviendra bien plus grand dans les écritures faites avec promptitude.

VII

DES EXERCICES PRÉPARATOIRES

Lorsque l'on est instruit des premiers éléments de l'art d'écrire, on doit passer aux exercices préparatoires qui se font avec la plume grosse. J'appelle ces exercices préparatoires, parce qu'ils conduisent à la formation de tous les caractères. Certains ont la propriété de donner plus de flexibilité aux jointures des doigts, et d'insinuer de la légèreté à l'avant-bras. On sent par ces raisons que ces exercices sont absolument nécessaires, et qu'ils doivent précéder et suivre le travail des lettres tant mineures que majeures. Pour arriver à leur exécution, on commencera par passer dessus pendant quelques moments avec une plume sans encre. Cette occupation est utile ; elle fait que la main s'accoutume aux différents contours, et que tous les effets de la plume qui les composent, se gravent dans l'esprit ou dans la mémoire. Je ne conseille pourtant pas d'embrasser tous ces exercices à la fois ; ce serait, en confondant les uns avec les autres, sacrifier plus de temps qu'il ne faut pour y parvenir. [...] Il est parmi les artistes une vérité constante, que l'on ne doit pas ignorer ; c'est qu'on ne parvient aux grandes difficultés qu'après l'exercice des plus petites.

SUR LES MOUVEMENTS

Tout ce qui compose l'écriture est produit par deux mouvemens : celui des doigts et celui du bras.

Le mouvement des doigts, qui sert pour les lettres mineures comme pour les majeures qui se font plus vite, n'a que deux effets : la flexion pour descendre en tout sens, et l'extension pour remonter de même.

Le mouvement du bras, si nécessaire pour les lettres capitales et les traits, a quatre effets. Il s'allonge pour monter ; il s'écarte pour aller à droite ; il se rapproche du corps pour la gauche, et il se plie au coude pour descendre. Ces quatre effets sont plus ou moins étendus suivant la grandeur des figures que l'on veut exécuter.

Plusieurs auteurs ont admis le mouvement du poignet, lequel n'a point été adopté par les plus grands maîtres. Le poignet n'a point d'effet primitif ; il n'agit que fort peu, et quand il est forcé d'obéir au mouvement des doigts.

VIII

DES ALPHABETS DES LETTRES RONDES

Si l'Encyclopédie rend compte des alphabets de toutes les langues du monde, à plus forte raison doit-elle donner ceux qui sont en pratique dans le pays où cet ouvrage a pris naissance. Ce n'est pas assez d'en présenter les simples figures, il faut encore en démontrer quelques principes. Mais je n'en dirai que ce qui est le plus nécessaire, les bornes que je me suis prescrites ne me permettent pas de trop m'étendre [...] Trois différents caractères sont en usage parmi les Français ; son caractère distinctif est celui par où je commencerai ; on l'appelle communément écriture ronde. Il se partage, ainsi que les deux autres, en mineur et majeur. Le mineur comme le plus petit, parce qu'il ne comprend qu'un corps, excepté les lettres à têtes et à queues, est celui dont on se sert pour une suite d'ouvrage. Le majeur est plus grand ; on l'emploie toujours pour le commencement des phrases, des noms propres et de toutes les choses qui subsistent réellement.

DU MINEUR

L'alphabet mineur mesuré [...] est composé des caractères usités de l'écriture ronde. Ces caractères, qui se font de l'action simple des doigts, ont chacun des proportions particulières, sur lesquelles je ne parlerai qu'en général. Les lignes horizontales renferment le caractère proprement mineur ; on sait que ce caractère en ronde est établi sur quatre becs de plume. Toutes les têtes passantes au-dessus de ce corps mineur, ont un corps et un bec de plume ; c'est ce que rendent sensible les points forts tracés à la droite de toutes les lettres. Il faut pourtant excepter de cette règle le D, l'S, le T et le Z, qui ne passent que d'un demi-corps, et encore les têtes de l'E et de l'S brisé, qui ne surmontent que d'un bec de plume. Voilà en peu de mots pour les têtes ; voyons ce qui regarde les queues. Toutes les queues passantes au-dessous du corps mineur, ont un corps et demi ; ce qui est exprimé par les points forts. On exceptera de cette loi commune les dernières parties courbes de l'H et de l'N finale qui n'ont qu'un corps. C'est à présent de la largeur des unes et des autres dont il faut parler. La largeur des têtes n'est que d'un corps ; ce qui se manifeste par les lignes perpendiculaires tirées à la gauche et à la droite de ces têtes, qui peuvent quelquefois être plus larges ; mais cette licence n'appartient qu'à un habile écrivain, qui sait, suivant les circonstances, se mettre au-dessus des règles. La largeur des queues est plus ou moins considérable ; les unes ont un corps, les autres un corps et demi ; celles-ci deux corps et demi ; et celles-là trois corps et demi. À l'extrémité de beaucoup de ces queues, il se trouve un bouton qui doit tenir au plein revers, et n'avoir d'élévation que deux becs de plume, ainsi que les trois points forts qui sont à côté le font connaître. Toutes ces différentes proportions sont rendues clairement dans l'alphabet par les lignes perpendiculaires dont j'ai déjà parlé ; lesquelles lignes marquent en même temps la largeur du corps mineur, et prouvent que la ronde est droite par sa nature. Il est encore d'autres lignes qui sont obliques, et tirées au-dessus et au-dessous de chaque lettre, pour faire sentir que la situation de la plume l'est aussi. On distinguera aisément les caractères qui dérivent de la ligne droite, et surtout ceux qui proviennent de la courbe. Pour une plus grande utilité, j'ai cru nécessaire la distinction des lettres initiales, médiales et finales. Les initiales [...] ne conviennent qu'au commencement des mots ; les médiales [...] ne sont propres qu'au milieu ; enfin les finales [...] ne se placent qu'à la fin. Cet éclaircissement, tout utile qu'il est, n'instruit pas assez. Il y a des lettres qui servent aux trois objets à la fois [...]. Il en est d'autres qui ne sont qu'initiales et médiales [...], enfin il s'en trouve qui ne sont que simplement finales [...]. Ces explications étaient importantes, car rien ne gâte plus un mot et ne blesse tant le coup d'œil, qu'une lettre mal placée, surtout dans un titre qui est ordinairement en gros caractères. Il reste encore à dire que l'Y grec, le Z et la tête de l'R final se font sur la troisième situation ; que l'L final, l'S brisé et le T final se finissent en mettant la plume sur la première. À l'égard de l'exécution des lettres mineures, on s'attachera à les examiner avec soin, et à faire des lignes entières de chacune [...].

DU MAJEUR

Les lettres majeures sont ainsi appelées parce qu'elles ont trois corps mineurs, et qu'elles se placent toujours les premières. Elles se font d'une action libre des doigts, l'avant-bras coulant avec plus de vitesse sur la table. Quelquefois ces lettres se jettent du bras, mais il n'appartient qu'à une main adroite, à un maître, de les justement approprier à la grandeur des corps d'écriture. Cette grande justesse, que les connaisseurs admirent, est le fruit d'un travail long et appliqué. [...] Il faut pourtant excepter de la mesure ordinaire de trois corps mineurs la lettre M, qui ne possède que deux corps et un bec de plume ; l'A et l'X, qui n'ont que deux corps, ainsi que les têtes de l'Y grec et du Z. À l'égard des queues, elles ne passent en dessous que de deux corps seulement, et quelquefois moins, étant libre de les diminuer lorsque l'on prévoit qu'elles peuvent causer de la confusion. On ne parlera point de la largeur de toutes ces lettres ; les lignes perpendiculaires tirées sur chacune exprimeront la quantité de corps qu'elles ont ; lequel corps de largeur est conforme à celui de hauteur. On observera que tous les caractères marqués par une étoile se font de la troisième situation ; que les dernières parties de l'N et du V se font du bras, ainsi que les queues de l'Y grec et des ZZ. Je dirai encore que toutes les majeures se travaillent dans un corps d'écriture avec la plume qui a formé ce même corps d'écriture, et que l'on ne saurait trop s'appliquer à l'imitation de ces lettres, dont la justesse et la beauté contribuent autant à la perfection de l'écriture qu'à son agrément.

DE L'ALPHABET LIÉ

L'exercice de l'alphabet lié est très utile. On doit y travailler beaucoup après la forme particulière de chaque lettre et avant de passer aux mots. Comme il est mesuré, il sera facile avec un peu d'attention d'en remarquer les principes et de les exécuter.

SUR LE TOUCHER DE LA PLUME

Il faut distinguer deux sortes de toucher : celui qui vient de la nature et celui que l'art communique.

Celui de la nature l'emporte ; c'est lui qui donne la manière de rendre les choses dans ce précieux qui paraît également dans les parties frappées et non frappées. On peut être un habile maître et ne pas posséder ce trésor. La nature ne distribue pas à tous ces dons.

Celui de l'art ne donne pas la même délicatesse ; il s'acquiert par l'exercice, par la légèreté de la main, et par la façon de tailler et de tenir la plume plus ou moins serrée dans les doigts.

Ce que l'on doit rechercher en général dans le toucher, c'est ce tendre, ce moelleux, que l'on estime dans l'écriture, et non cette fermeté et ce lourd que les caractères gravés présentent, qui est par conséquent moins estimable.

IX

DES ALPHABETS DES LETTRES BÂTARDES

Après l'écriture ronde vient naturellement celle que l'on appelle italienne, et communément bâtarde. Elle se distingue aussi en mineur et majeur ; le mineur sert pour une suite d'ouvrage, et le majeur pour les noms propres et pour les premières lettres des mots qui commencent les phrases. Toutes les lettres qui composent les alphabets de cette écriture ont une simplicité agréable, qui aurait dû engager toutes les nations à n'adopter que ce seul caractère. Il est le plus aisé à lire, et c'est la raison sans doute pourquoi il est le mieux reçu à la cour, et employé pour les manuscrits que l'on veut conserver.

DU MINEUR

[...] Les caractères mineurs mesurés de l'écriture bâtarde se font tous de l'action simple des doigts, pliant et allongeant, et sont tous assujettis à des proportions dont je ne dirai que le plus important. Les lignes horizontales [...] renferment toutes les lettres mineures : [...] le corps de ce caractère en bâtarde est établi sur sept becs de plume de hauteur, cinq de largeur et trois de pente. Toutes les têtes qui passent au-dessus de ce corps mineur ont un corps de hauteur, qui est de sept becs, et un bec de plus au-delà. Les points forts tracés à la droite de ces lettres annoncent ce principe. On exceptera de cette loi générale le D courbe, qui n'a qu'un corps, et le T qui ne possède qu'un demi-corps. C'est tout ce qui concerne la hauteur des têtes ; voyons la longueur des queues. Les queues qui passent au-dessous du corps mineur ont un corps et demi, ce que les points forts feront remarquer ; cette règle est sans exception. Voilà pour la hauteur des têtes et la longueur des queues ; il s'agit maintenant de parler de la largeur des unes et des autres. Comme les têtes ne sont point courbes, il n'y en a que deux, qui sont la grande et la petite F, qui n'ont chacune qu'un corps de largeur qui est de cinq becs ; ce corps est exprimé par des lignes obliques tirées à la gauche et à la droite de ces têtes. La largeur des queues n'est point la même partout ; les unes ont un corps, les autres un corps et demi ; il en est encore qui ont deux corps et demi. Toutes ces différences sont rendues sensibles par les lignes obliques dont j'ai déjà parlé, lesquelles étant tirées dessus, font connaître que le corps de largeur est moins grand que celui de hauteur, et que cette écriture est penchée. Les boutons qui terminent les queues ne doivent avoir d'élévation que deux becs de plume ; ce que les trois points forts marqués à côté font sentir. Les lignes obliques tirées au-dessus et au-dessous de chaque caractère font connaître que la situation de la plume est aussi oblique. [...]

DU MAJEUR

Les lettres majeures bâtardes se font de l'action libre des doigts, l'avant-bras coulant avec facilité sur la table. On se sert aussi du bras pour jeter ces sortes de lettres ; mais je ne conseillerais qu'à une main exercée longtemps de s'y exposer, par la difficulté qu'il y a de les faire justes suivant les règles. [...] Les lettres majeures bâtardes doivent être d'une très grande simplicité dans leur forme, et d'une précision délicate dans les parties courbes. On parvient à la belle formation de ces lettres, comme de toutes les autres, par un grand exercice.

DE L'ALPHABET LIÉ

L'alphabet lié demande beaucoup de travail. On doit être persuadé que plus on l'exécutera régulièrement, et plus tôt on réussira dans les mots. On a eu l'attention de le mesurer pour la facilité de ceux qui voudront l'imiter ; par ce moyen on distinguera toutes les différentes largeurs, hauteurs des têtes, longueurs des queues, et plusieurs autres principes.

SUR LE DÉGAGEMENT DES DOIGTS

Pour écrire de suite et de manière que la main ne change pas de position, il faut dégager les deux doigts de dessous, qui sont ceux que l'on nomme annulaire et auriculaire. Ce dégagement se fait en retirant ces deux doigts sur la droite, et toujours dans la direction de la ligne horizontale. Le point essentiel consiste à savoir de combien l'on doit dégager ; l'expérience a fait connaître que l'on devait se régler sur les largeurs des écritures, plus pour la bâtarde et la coulée, et moins pour la ronde.

Le dégagement qui transporte la main de gauche à droite ne se fait que dans les parties angulaires, et jamais dans celles qui sont courbes. Pour dégager, il faut que la main s'arrête, ce qui serait dangereux dans les rondeurs, puisque par là elles acquerraient de la dureté et du talon.

L'avantage que l'on retire du dégagement est de former des lignes droites et fort longues, et d'empêcher que la main ne se renverse en dehors, et que la plume ne porte sur l'angle des doigts.

X

DES ALPHABETS DES LETTRES COULÉES

L'écriture coulée est aujourd'hui le plus en usage, parce qu'elle s'écrit plus vite que les deux autres écritures. La promptitude avec laquelle on agit dans cette écriture et souvent trop tôt recherchée, fait que dans le général elle manque de forme, que les liaisons n'y paraissent pas, et que la plume ne trace que des lignes droites et courbes. Ce qui contribue encore à la défectuosité de ce caractère, c'est que l'on a introduit dans les bureaux le goût singulier de l'écrire plus droite et plus longue que son principe ne le permet, et presque toujours sans queues ni têtes. Ce n'est pas là assurément l'esprit d'un art si utile pour la propagation des sciences, et qui n'a été assujetti à des règles que pour le rendre plus beau à la vue et plus facile à la lecture. Ne devrait-on pas savoir que les choses ne sont correctes, qu'autant qu'elles sont exécutées dans les principes reçus, et suivant les modèles que les grands maîtres nous ont laissés. Je veux bien que l'on prenne quelques licences que la vivacité peut permettre, mais ces licences ne doivent jamais détruire le fond ; or le fond de l'écriture consiste dans l'exécution de la forme particulière à chaque lettre. La cause ordinaire des mauvaises écritures est que l'on ne travaille pas avec assez d'assiduité chez les maîtres, que l'on néglige la connaissance des règles et la pratique des gros caractères. Elles viennent encore de l'abus où l'on est de placer les jeunes gens chez les procureurs. C'est là que le meilleur caractère se corrompt, c'est là que se gâtent les mains qui promettent le plus. L'étude de la pratique est à la vérité nécessaire, mais je voudrais que les humanités faites, on commençât par ce genre d'occupation avant d'apprendre à écrire. C'en est assez sur les causes qui rendent les écritures difformes, et surtout la coulée. Entrons dans le détail simple des principes de cette dernière.

DU MINEUR

Les lettres mineures de l'alphabet coulé [...] se font toutes de l'action simple des doigts, pliant et allongeant. Le corps de hauteur en cette écriture [...] est de sept becs de plume ou de six, et celui de largeur est de cinq ou de quatre et demi. Toutes les têtes en coulée sont doubles, à dessein de les lier plus aisément, et portent d'élévation un corps et un bec de plume, à l'exception pourtant des deux D et du T, qui n'ont qu'un demi-corps. [...] Les queues n'ont de longueur qu'un corps et demi, et quelquefois davantage lorsqu'on les rend saillantes et que l'ouvrage le permet. Pour ce qui est de la largeur, les têtes n'ont simplement qu'un corps, et les queues tantôt un corps, tantôt un corps et demi, quelquefois deux corps et demi. [...] La plume en coulée se tient plus longue dans les doigts que dans les autres écritures.

DU MAJEUR

[...] Ces caractères se font d'une action prompte des doigts, l'avant-bras coulant avec vitesse sur la table. On peut aussi les jeter du bras. Toutes ces lettres n'ont que trois corps mineurs de hauteur [...]. On exceptera de cette règle la M ; la première partie du Q, la deuxième X, et la première partie de l'Y grec, qui n'ont que deux corps. Les queues ne passent que d'un corps et demi. À l'égard des corps de largeur, ils sont exprimés par des lignes obliques tirées sur chaque lettre. L'étoile annonce […] les majeures qui se font sur la troisième situation. Voilà le précis le plus nécessaire de toutes ces lettres que l'exercice fera exécuter avec justesse.

SUR L'ALPHABET DES LETTRES BRISÉES

Les lettres brisées ne sont point gothiques, comme beaucoup de personnes l'ont pensé. Ce sont des éléments où l'on affecte de produire des angles dans le haut et le bas, lesquels éléments forment une écriture qui tient souvent la place d'un titulaire ou d'une grosse bâtarde. Pour l'ordinaire, cette écriture est perpendiculaire ; elle est quelquefois penchée, mais rarement. La hauteur de ce caractère est de sept becs de plume sur cinq de large et trois de pente lorsqu'elle est couchée. La plume est tenue sur la seconde situation pour favoriser les angles, et le bras éloigné du corps de même que dans la ronde. Les têtes ont un corps et un bec de plume d'élévation, et les queues un corps et demi de longueur. [...] On peut assurer qu'un titre ou un sous-titre de cette écriture fait un très bel effet ; c'est pourquoi je conseille à ceux qui font usage de la plume de la mettre en pratique dans leurs ouvrages.

SUR L'ORDRE DANS L'ÉCRITURE

Savoir écrire selon les règles ; mais n'avoir point l'esprit d'ordre, c'est ne posséder qu'une partie de l'art. Pour acquérir cette qualité, il faut avoir, ainsi que je l'ai observé en plusieurs occasions, de l'invention et du goût.

L'invention embellit, augmente et donne de l'effet. Le goût examine, dispose et empêche que cet effet ne déplaise à la vue. Tout l'ordre est renfermé en ce peu de mots. Ainsi tout sujet qui possédera ces talents sera sûr d'exécuter avec beaucoup plus de régularité qu'un autre. Son ouvrage sera suivi, soutenu dans son corps, correct dans la distance de ses mots et de ses lignes, recherché dans le choix de ses lettres, et dégagé de cette superfluité de parties qui laisse presque toujours aux yeux la représentation d'objets irréguliers ou difformes.

XI

DE LA PLUME À TRAITS

La plume à traits est ainsi nommée parce qu'elle sert à produire les lettres capitales ou majuscules, et les traits que l'on appelle cadeaux. C'est au commencement du siècle dernier que cette plume a été employée pour les traits. Elle se taille différemment que les autres, et elle est plus convenable qu'aucune pour les grands coups de main, c'est-à-dire pour ceux que le bras exécute, parce qu'ils ont plus d'apparence et de complication. L'encre étant la nourriture de cette plume, on a coutume de l'y laisser tremper, afin qu'elle soit plus obéissante à la construction des traits, en observant pourtant qu'elle n'y trempe pas trop, parce qu'elle s'amollirait plus qu'il ne faut. Le point juste de cette plume pour opérer consiste à n'être ni trop dure ni trop faible par le bout ; l'un et l'autre étant contraires à la correction des traits. Après avoir donné une idée légère de cette plume, il faut parler des règles de sa taille et de ses positions particulières, car sans cette connaissance il est impossible de bien exécuter et les traits et les lettres capitales.

SUR LA TAILLE DE LA PLUME À TRAITS

La plume à traits se partage, ainsi que les autres plumes, [...] en trois parties égales [...]. La première [...] où sont les carnes ; la seconde jusqu'au milieu de la grande ouverture, et la troisième jusqu'au commencement de cette grande ouverture. Le canon de cette plume n'est point cavé ; il est en fausset, et se termine en pointe [...]. Les angles de l'extrémité du bec sont égaux, tant en largeur qu'en longueur. La fente si essentielle à cette plume doit être nette, et ne contenir que toute la longueur de la première partie. Cette plume sert aussi pour l'écriture expédiée, avec cette différence qu'elle est un peu moins fendue, et que les carnes sont un peu plus cavées.

SUR LA PREMIÈRE POSITION

La première position est celle que l'on appelle à face, parce que la plume est tenue presque vis-à-vis le corps, et de manière qu'elle produit sur la ligne perpendiculaire ou sur l'oblique, des pleins en descendant. La démonstration expose non seulement la position de cette plume, mais encore les effets qu'elle procure dans les lignes mixtes, courbes et spirales, où tous les pleins marqués par les lignes perpendiculaires A B se trouvent en descendant soit sur la gauche, soit sur la droite. Dans cette position le bras est peu éloigné du corps. Si cependant on voulait former des contours plus vastes, il faudrait l'écarter davantage.

Cette position est employée dans les traits, et surtout pour plusieurs lettres capitales.

SUR LA SECONDE

La deuxième position est de côté, parce que la plume est tenue de façon que le bec est dans la direction de la ligne horizontale pour produire des pleins dans cette même ligne, ainsi qu'au-dessus et au-dessous des parties courbes. [...] Le bras dans cette position est un peu éloigné du corps ; les doigts qui tiennent la plume sont dans une forme circulaire. À l'égard de la main, elle doit être plus ou moins renversée en dehors, suivant ce qu'on veut lui faire exécuter ; plus renversée pour des lignes mixtes, spirales, queues d'*y* grec et autres traits, et moins pour des bouts de lignes et autres effets de plume.

Cette position est la plus usitée ; elle sert dans tous les traits et dans le plus grand nombre des lettres capitales.

SUR LA TROISIÈME

La troisième position est appelée inverse, parce que la plume, de la manière dont elle est tenue, produit des pleins en remontant. [...] Le bras est un peu plus éloigné du corps que dans les deux autres positions, et la main fait la forme circulaire en avançant sur le devant du papier.

Cette position est la moins usitée de toutes. Elle servait autrefois pour exécuter l'écriture à la duchesse qui ne se fait plus actuellement. [...]

SUR LES TRAITS

Les traits ou cadeaux sont des coups de plume qui servent aux maîtres écrivains pour embellir leurs pièces d'écritures, et aux commis pour donner de l'éclat à un titre et à toutes sortes d'ouvrages. L'origine des traits, à ce qu'on prétend, vient des Arabes ou des Maures. Dans les XVIe et XVIIe siècles on les exécutait avec la plume grosse ou moyenne, mais depuis on s'est toujours servi d'une plume taillée exprès pour cela, comme je l'ai déjà dit.

Les traits se font du bras et à la volée ; on les fait aussi quelquefois des doigts. Les traits qui représentaient des figures d'hommes, des oiseaux, ont été recherchés dans le siècle dernier, et même dans celui qui l'a précédé ; mais dans celui où nous vivons on les veut plus simples et plus naturels.

La beauté des traits consiste dans une grande justesse et dans la nécessité de les approprier au caractère de chaque écriture. Il faut que dans la ronde ils soient plus riches et un peu plus composés que dans les autres écritures. Dans la bâtarde, au contraire, ils doivent être de la plus grande simplicité ; et pour la coulée, ils doivent tenir le milieu entre les deux ; elle ne veut ni du trop simple, ni du trop chargé.

Il faut, pour réussir dans les traits, avoir de l'invention, du goût, de l'ordre et de l'adresse. De l'invention, pour varier et ne pas faire des répétitions ; du goût, pour discerner ce qui peut être convenable ; de l'ordre, pour éviter la confusion ; de l'adresse enfin, pour placer toutes choses dans le tour le plus régulier et le plus agréable.

S'il est vrai que la justesse des traits annonce une main habile, il est vrai aussi qu'ils donnent beaucoup d'effet et de lustre à une pièce d'écriture. Quand ils manquent tout paraît nu, et ne satisfait pas les yeux. C'est beaucoup qu'un excellent caractère, mais il faut qu'il soit décoré ; c'est par les traits que l'on y parvient. Ils sont à l'écriture ce que sont les habits à une belle personne, qui ajoutent à ses grâces naturelles ; ils ne font pas l'essence d'une pièce d'écriture, mais ils la font paraître et lui donnent un brillant qui séduit.

En terminant, je dirai que dans l'exécution des traits, il est important pour que l'œil ne soit point offusqué, de savoir que deux pleins ainsi que deux déliés ne se coupent jamais, et que l'on doit éviter le plus qu'on peut, le mesquin et le colifichet. Il est des occasions où un trait simple, frappé avec feu, vaut mieux qu'un autre où la composition se fait sentir.

XII

DES LETTRES CAPITALES ET DES PASSES

Les lettres capitales, qui sont aussi nommées majuscules, se placent toujours au commencement d'un titre et de tel ouvrage que ce puisse être. On les appelle encore lettres d'apparat, parce qu'étant plus grandes que toutes les autres, elles font un bel effet, et qu'on peut les embellir de traits ou de cadeaux. Le grand exercice de ces lettres donne beaucoup de légèreté à la main, car comme elles se font du bras et à la volée, elles accoutument ce même bras à ne se soutenir que sur le bec de la plume. La grandeur de ces lettres se règle sur la grosseur du caractère que l'on trace, c'est-à-dire que si le caractère est gros, les majuscules seront grandes ; si au contraire le caractère est petit, les majuscules seront aussi petites : les traits se gouvernent sur le même principe. On doit savoir que toutes les parties qui composent une pièce d'écriture doivent être proportionnées et faites les unes pour les autres ; sans cela point de grâce et d'harmonie. Ces lettres suivent encore le caractère distinctif de chaque écriture, elles sont droites et plus ornées pour la ronde ; elles sont penchées et simples pour la bâtarde. Enfin tout ce que l'on peut dire de plus touchant ces lettres, c'est qu'elles demandent du génie et de l'adresse. Du génie, pour les diversifier suivant les occasions ; de l'adresse, pour les jeter sur le papier dans une forme gracieuse, et qui annonce un principe.

SUR LES LETTRES CAPITALES

Les lettres capitales se mesurent pour l'ordinaire par les principes mêmes des lettres majeures. Elles ont trois corps de hauteur, mais le corps de hauteur n'a point de mesure fixée par un certain nombre de becs de plume ; il est plus ou moins grand, suivant la grandeur de la lettre. Les largeurs se règlent de même. [...] Les queues n'ont point de longueur fixe ; elles sont plus ou moins grandes, selon que la place ou le goût le décide. [...] Voilà tout ce qu'on peut dire en raccourci de plus important au sujet de ces lettres ; il s'agit maintenant de parler sur la manière de les exécuter. Ces lettres qui se placent toujours hors d'œuvre, c'est-à-dire dans les marges, autant qu'il est possible, se font du bras plus éloigné du corps pour les droites que pour les penchées, et avec la plume à traits. On peut cependant les jeter avec la plume grosse, mais elles n'ont pas, à beaucoup près, la même beauté et le même piquant. Pour arriver à la justesse de ces lettres, et les placer dans un régulier parfait, il faut un grand exercice, et savoir se posséder, c'est-à-dire ne pas opérer avec une précipitation non réfléchie, ni avec une lenteur affectée. Il faut voir la lettre avant son exécution, et bien distinguer son effet ; sans cela on risque de gâter son ouvrage, et d'y placer un disgracieux qui choquera les moins connaisseurs. Tout ce que je viens d'expliquer peut s'appliquer aux passes sur lesquelles je vais donner quelques instructions.

DES PASSES

Les passes [...] ne sont autre chose que des abréviations de mots, c'est-à-dire des mots où l'on a retranché plusieurs lettres pour y ajouter différents coups de plume entrelacés les uns dans les autres. Ces sortes de mouvements qui se font tantôt du bras plus ou moins éloigné du corps, et tantôt des doigts, sont les amusements d'une main légère et vive qui veut s'égayer. Les passes se tirent plus de la ronde que de toute autre écriture. La bâtarde simple par sa nature n'en exige aucun. La coulée, comme une écriture prompte, en peut recevoir beaucoup d'ornements. Je m'étends peu ici sur les passes, parce que dans l'observation suivante, où je parlerai des licences, j'aurai occasion d'en dire encore quelque chose. L'exercice de ces sortes de caractères ne doit pas être négligé, parce qu'il donne de la facilité à la main pour écrire.

DES LICENCES

Les licences ne sont autre chose dans l'écriture que des traits de plume composés et exécutés par un écrivain pour orner les pièces qu'il met au jour, et qui sortent de sa main. Elles sont, à dire vrai, contre les principes ; mais quand on les emploie avec jugement, et qu'elles se présentent dans des proportions justes, elles peuvent servir d'exemples, et prouver en même temps qu'un artiste expérimenté peut se mettre quelquefois au-dessus des règles.

On peut distinguer trois sortes de licences : licences d'*abréviations*, licences de *lettres*, et licences de *cadeaux* ou *traits*.

Les licences d'abréviations sont positivement ce que M. Lesgret, habile maître en cet art, attaché à la cour à la fin du dernier siècle, appelait hâtes, et que nous appelons maintenant passes. On entend, comme je l'ai déjà dit, par abréviations, des mots auxquels on retranche une ou plusieurs lettres, pour y suppléer par de beaux mouvements qui sont en usage ou inventés exprès.

Les licences de lettres tant mineures que majeures et capitales sont ce que M. Allais, savant maître écrivain, appelait lettres sans aucune mesure, parce que l'écrivain peut les augmenter ou les diminuer, pour y ajouter tous les contours qu'il juge à propos pour leur donner de l'étendue et de l'effet.

Les licences de cadeaux sont les mouvements que l'on ajoute ou que l'on invente pour amplifier un cadeau ou trait simple.

Toutes les licences ne sont permises qu'autant qu'elles peuvent donner de la variété et de la grâce à une pièce d'écriture, et faire juger de l'adresse et du goût de l'artiste, autrement elles deviennent inutiles et même dangereuses, parce qu'elles gâtent tout.

La difficulté des licences consiste à leur donner les plus exactes proportions qu'il est possible. C'est un travail qui demande, avec un goût sûr et vrai, la connaissance parfaite des effets de la plume ; sans cela on ne réussit point, et toutes les jetées se trouvent altérées.

XIII

DES DIFFÉRENTES ÉCRITURES DE RONDES

J'ai présenté d'abord les principes de l'art d'écrire réduits aux démonstrations les plus simples et les plus vraies ; ils ont été suivis des alphabets mesurés que les Français ont en usage ; il s'agit maintenant de donner des modèles d'écritures. Comme je ne pouvais m'étendre beaucoup, j'ai partagé chacune de ces écritures en cinq classes. Ce développement, quoique léger, sera plus que suffisant pour faire connaître le génie particulier de ces diverses écritures, et les distinguer partout où elles se trouveront. Cependant si l'on désirait des pièces plus étendues, plus composées de lignes, et plus propres à copier, on pourrait s'adresser à l'auteur de ce petit ouvrage. Il est professeur en cette partie, et tient chez lui académie d'écriture et d'arithmétique. Il peut même satisfaire les amateurs, en leur faisant voir non seulement une collection de pièces à la main des plus habiles maîtres, mais encore la plus grande partie des ouvrages gravés que les artistes célèbres en écriture ont donnés au public depuis près de deux cents ans ; dans l'une et l'autre de ces productions, on trouvera des beautés aussi ingénieuses que surprenantes.

SUR LA PREMIÈRE RONDE

Il convenait de commencer par la grosse ronde, qui est celle que l'on donne aux jeunes gens après qu'ils ont été exercés sur les principes et les caractères. Le point essentiel de ce degré d'écriture est de donner la facilité de la forme et plus d'action et de justesse aux doigts. La quitter trop promptement pour passer à des caractères plus petits, ce serait vouloir perdre le fruit de son travail. On doit savoir qu'elle est le fondement de toutes les autres, et que plus on la trace longtemps, et plus tôt l'on parvient à la formation aisée et correcte de l'écriture. Cet avis pour l'exercice de la grosse ronde, qui regarde aussi les grosses des autres écritures, ne doit pas être négligé. Dans la pratique de cette écriture, et généralement de toutes les autres, on doit s'attacher à l'égalité, et à ne laisser en chaque mot que la distance de deux corps. Celle des lignes [...] est de quatre corps, chaque corps de quatre becs de plume. Cette distance adoptée par les grands maîtres est la moins embarrassante ; les têtes et queues des lettres pouvant se placer sans crainte que les unes passent par-dessus les autres.

SUR LA DEUXIÈME

Cette ronde est celle que l'on appelle moyenne. Une main exercée longtemps à la grosse, et qui la rend selon les règles, peut s'occuper à cette écriture. C'est elle ordinairement qui sert pour les sous-titres, en la traçant plus ou moins grosse, suivant la place et la nature des ouvrages. La distance des lignes se règle sur celle de la grosse, c'est-à-dire de quatre corps.

SUR LA TROISIÈME

Cette ronde est la petite ; elle s'écrit posément. On ne doit l'entreprendre que quand on est avancé dans la moyenne. Il faut y travailler beaucoup, parce que les effets de la plume y sont plus difficiles à soutenir que dans la grosse. La distance des lignes est de cinq corps, par la raison que plus l'écriture est petite, et plus cette distance doit être grande, à cause des majeures et têtes et queues des lettres mineures que l'on fait un peu vastes pour donner plus de relief à cette sorte d'écriture et faire voir en même temps la dextérité de la main.

SUR LA QUATRIÈME

Dans la forme de la dernière ronde, il s'en fait une autre que l'on nomme *financière*, et qui s'écrit plus vite. Elle est semblable à l'écriture coulée qui en tire son origine ; la seule différence qu'il y a entre les deux, c'est que l'une est droite et nourrie, et l'autre penchée et maigre. En faisant cette écriture plus grosse et plus lâche, on formera précisément la grosse de procureur [...]. On tient pour la financière la plume plus longue dans les doigts, et le bras moins appuyé sur la table. La plume doit être plus fendue que pour la petite ronde posée. Pour ce qui est de la distance des lignes, elle se règle sur cinq corps.

SUR LA CINQUIÈME

Cette écriture est de la plus petite ronde, que l'on appelle *minute* lorsqu'elle est travaillée dans le goût de la financière. Rien n'est si flatteur que cette petite écriture quand elle est posée, soutenue, et qu'elle expose aux yeux la régularité des principes, la délicatesse du toucher, et une certaine gaieté qui la rend pétillante. J'avouerai pourtant qu'elle est difficile, et qu'elle demande, avec la main la plus juste, l'attention la plus réfléchie. Pour l'ordinaire dans cette petite écriture, les queues sont plus longues et plus frappées ; celles qui vont en se courbant sur la gauche doivent être terminées par un bouton arrondi et sensible. Quoique la distance des lignes soit fixée à six corps, cette règle cependant peut varier ; on en donne davantage lorsque l'on veut l'orner de passes et de majeures ; on en donne moins, lorsque, modérant la hauteur des têtes et la longueur des queues, on veut placer beaucoup d'écritures dans un petit espace. Quand elle se trouve dans ce dernier cas, elle devient une des cinq écritures expédiées [...].

SUR LES MOYENS D'ALLER DROIT EN ÉCRIVANT

On va de travers par différentes causes ; lorsque la tête n'est pas droite, lorsque le bras est trop près ou trop loin, lorsque le corps penche à droite ou à gauche. Expliquons mieux ces objets, qui sont intéressants au public.

On va de travers quand la tête incline sur les épaules ; si c'est à droite, les lignes descendent ; si c'est à gauche, les lignes montent. En mettant la tête dans la direction verticale, on remédiera à ces défauts.

On va de travers quand le bras droit n'est pas posé selon les règles. Lorsqu'il est trop éloigné du corps, il fait monter les lignes et former un caractère pointu, lorsqu'il en est trop près, il fait descendre les lignes et faire un caractère carré. [...]

On va de travers quand le corps est mal placé. S'il avance trop sur la droite, il gêne le bras et fait monter les lignes ; et s'il penche sur la gauche, les lignes descendent. En se conformant aux règles de la position du corps, on ne tombera pas dans cette faute.

On va encore de travers en écrivant les écritures bâtardes et coulées, dont l'effet de la pente est d'entraîner naturellement les lignes en bas quand on n'a pas l'attention d'élever chaque lettre un peu plus que celle qui la précède, mais d'une manière insensible, c'est-à-dire que s'il y a plusieurs jambages de suite, le second doit être imperceptiblement plus haut que le premier, en observant de le descendre imperceptiblement moins bas, et ainsi des autres. Cette règle est immanquable lorsqu'elle se pratique sans excès.

XIV

DES DIFFÉRENTES ÉCRITURES DE BÂTARDES

De même que l'écriture ronde, celle que l'on appelle *italienne* et plus ordinairement *bâtarde* sera distribuée en cinq classes. Des pièces dans chaque genre plus longues auraient mieux convenu [...]. Quoi qu'il en soit, j'ai fait en sorte, dans le peu que j'ai donné, de conserver l'esprit de chacune de ces écritures. Quant à la pratique, on suivra tout ce que j'ai dit aux explications précédentes [...] au sujet de la ronde ; je me restreins ici à ne parler seulement que sur ce qui concerne chaque écriture en particulier.

SUR LA PREMIÈRE

Cette première est précisément ce qu'on nomme *grosse bâtarde.* C'est par cette écriture que l'on commence un jeune homme qui n'a pas besoin de la ronde. Quand ce caractère est d'une bonne grosseur, on l'appelle *titulaire,* étant toujours employé aux titres supérieurs des ouvrages. Comme le génie de cette écriture est la simplicité, surtout en grosse, c'est la raison pour laquelle les lignes n'ont de distance que trois corps. L'exercice de ce caractère est excellent pour former la main, en s'attachant à l'égalité des lettres, à la justesse de la pente et à la situation de la plume. Souvent, lorsque cette situation est négligée, il arrive que la plume se trouve sur l'oblique des doigts ; ce qui est un grand défaut, et par conséquent le plus à éviter.

SUR LA SECONDE

Cette seconde, qui est de la moyenne, est le caractère qui suit la grosse. Il sert pour les sous-titres et pour perfectionner la main des élèves dans son soutien, ce qui n'est pas le plus aisé. La distance des lignes est de trois corps seulement, et celle entre chaque mot dans toutes les écritures est de deux corps. La distance réglée pour les lignes ne cause aucun embarras, parce que dans le travail de la bâtarde, on suit strictement les principes dans la hauteur des têtes et la longueur des queues, ce qui ne s'observe pas avec tant d'exactitude dans les autres écritures, où la main peut prendre plus d'essor.

SUR LA TROISIÈME

C'est de la petite bâtarde posée et ordinaire. Comme elle est assez difficile, elle exige dans l'artiste une sûreté de main inconcevable, ainsi que toutes les petites en général. Cette écriture n'est susceptible d'aucun ornement étranger ; la simplicité en est la base, et sa beauté est le fruit du travail et de l'application.

SUR LA QUATRIÈME

Cette quatrième espèce de bâtarde est celle que l'on appelait *bâtarde coulée*, et qui était en usage dans le siècle passé et au commencement de celui-ci. Cette écriture, à laquelle les gens de cour donnent avec raison la préférence, la moins en pratique dans le public, mériterait d'être adoptée par toutes les dames et les personnes de condition, à cause de sa netteté, qui la rend d'une lecture très facile. Elle se lie de pieds en têtes, non pas comme la coulée ordinaire, dont les jambages sont arrondis à la base et angulaires à leur sommet, mais en faisant sortir la liaison du bas positif des jambages qui sont angulaires, pour être portés au sommet de chacun de ces jambages qui sont arrondis dans le haut. Toutes les têtes sont doublées pour mieux les joindre, et les queues sont terminées sans bouton. La coutume est encore de n'employer dans cette écriture que des lettres semblables et les plus simples, sans chercher à varier leurs formes comme dans les autres écritures. Par toutes ces règles, cette écriture qui se fait en tenant la plume longue dans les doigts, est la seule en bâtarde qui soit réservée pour l'expédition [...]. La distance ordinaire des lignes est de quatre corps ; on peut cependant n'en donner que trois en raccourcissant les têtes et les queues. Enfin cette écriture doit être légère, un peu longue, et ne rien tenir absolument de ce qui pourrait contribuer à la rendre pesante.

SUR LA CINQUIÈME

La cinquième bâtarde représente l'écriture usitée pour les manuscrits, surtout pour ceux qui sont latins. Elle doit être de la plus grande simplicité, et d'un caractère nourri sans être lourd, et parfaitement soutenu. Les majeures pour l'ordinaire sont romaines, souvent faites en or et remplies d'ornements. Ce genre d'écriture en manuscrits peut être orné de vignettes, soit simples, soit colorées avec des traits aussi nouveaux que précieux. La distance des lignes varie beaucoup. Pour avoir un principe certain sur ce sujet, j'ai consulté divers ouvrages remarquables par leur brillante exécution. Dans les uns j'ai trouvé deux corps, alors les têtes n'ont d'élévation qu'un demi-corps, et les queues n'ont de longueur que les trois quarts de ce même corps. Dans les autres la distance est de deux corps et demi, alors les têtes s'élèvent d'un demi-corps, et les queues descendent d'un corps entier. Il en est encore d'une troisième espèce dont les distances sont de trois corps. C'est celle qui m'a servi de loi, parce qu'elle communique plus de légèreté. Dans cette dernière règle les têtes passent d'un corps, et les queues baissent d'un corps et demi. Voilà tout ce que l'on peut dire de plus intéressant sur ce genre d'écrire, qui est beau à la vue, et long dans l'exécution.

SUR LES TITRES, SOUS-TITRES ET NOTES MARGINALES

Il est peu d'ouvrages en écriture, où il n'y ait un titre supérieur, et quelquefois un sous-titre. L'usage est d'employer la grosse bâtarde pour l'exécuter, et c'est pour cette raison qu'elle est appelée *titulaire*. On se sert aussi pour le même objet de l'écriture brisée, mais cela est rare. À l'égard des sous-titres, ils se font en moyenne ronde, et aussi en moyenne bâtarde, lorsque l'on ne sait pas le caractère français.

Un titre doit être fait proprement et avec symétrie. Il est des occasions où il produit de beaux effets ; c'est au génie de l'artiste à les saisir.

La ronde et la coulée ne sont jamais employées pour les titres supérieurs, encore moins certaines écritures que l'on appelle, l'une *coupée*, et l'autre *ondée*, que les ignorants nomment aussi *tremblée*. Ces deux dernières, qui sentent le colifichet, sont entièrement méprisées, et ne servent que pour amuser les enfants et les gens sans goût.

On est obligé souvent de placer dans les marges de quelques ouvrages des notes ou des observations importantes. Elles se font en petite ronde minute, ou en petite bâtarde. Toutes deux doivent avoir un caractère plus fin que celui de la pièce qu'elles accompagnent. Toutes deux doivent avoir de la netteté et de la précision.

XV

DES DIFFÉRENTES ÉCRITURES DE COULÉE

L'écriture coulée doit être divisée, ainsi que les précédentes, en cinq classes, sur chacune desquelles je ne dirai qu'un mot. En général cette écriture est celle qui est la plus en règne et la plus recherchée, parce qu'elle s'écrit plus promptement que les deux autres ; mais elle veut être bien faite et bien frappée, pour que la lecture en soit plus facile et plus belle aux yeux, autrement elle fatigue et dégoûte. L'on s'occupe si peu à cette écriture chez les maîtres, qu'il est impossible qu'on puisse l'exécuter dans un bon goût, et lui donner en expédiant une forme correcte et gracieuse. D'où viennent cette négligence et ces mauvaises écritures que l'on voit tous les jours, sinon du peu de cas que l'on fait d'un art qu'on ne peut disconvenir être une des parties essentielles de l'éducation.

SUR LA PREMIÈRE

Lorsqu'on s'est suffisamment exercé aux lettres, on doit s'appliquer à la grosse coulée, il faut, comme je l'ai déjà dit, que la plume soit plus fendue, et qu'elle soit tenue un peu plus longue dans les doigts, pour faciliter la liberté qui dans ce caractère ne s'acquiert que par un grand travail ; mais il ne faut pas d'abord précipiter ses mouvements. Ce n'est qu'après avoir commencé par écrire posément et dans les principes les plus réguliers, qu'on peut les accélérer, en se soutenant dans la même vitesse. On exerce ainsi la flexion et l'extension des doigts, l'on se fortifie sur la forme, et l'on donne l'habitude au bras de couler légèrement sur la table. La distance des lignes doit être de quatre corps. Si cette coulée était ornée de passes, on serait forcé d'en donner cinq et même six.

SUR LA DEUXIÈME

On appelle ce caractère *moyenne coulée*. On doit y travailler jusqu'à ce qu'elle soit soutenue et parfaitement formée ; l'écrire ensuite avec plus de vitesse, sans pourtant se trop précipiter, et en liant les mots tous ensemble s'il est possible. La distance des lignes est de quatre corps.

SUR LA TROISIÈME

La petite coulée posée et ordinaire est l'écriture de la troisième classe. Elle doit être exercée avec beaucoup d'attention et assez de temps pour se rendre sûr dans ce caractère d'où dépend l'écriture coulée financière. Il est évident que plus on aura travaillé à la posée, et plus on brillera dans l'expédition. C'est en faisant cette petite, que l'on doit s'occuper à écrire de la grosse promptement et de suite, comme je l'ai déjà observé, parce qu'elle entretient la forme, donne de la consommation, et empêche le progrès des défauts qui pourraient naître. La distance des lignes est de cinq corps.

SUR LA QUATRIÈME

Celle-ci s'appelle *coulée financière*, parce qu'elle est usitée dans les bureaux. Cette écriture doit être longue, légère, et tous les mots et caractères doivent se joindre les uns aux autres. La distance des lignes est de trois corps ; par la raison que l'on ne donne qu'un corps d'élévation aux têtes, de même qu'un corps de longueur aux queues. Cette règle n'est cependant pas générale ; car souvent on fait les têtes et queues plus courtes, ce qu'on appelle *coulée tondue*. Plusieurs peuples embarrassent leur écriture courante, en la faisant avec des têtes et queues plus grandes qu'il ne faut. Les Français ont donné dans l'excès opposé, puisque leur expédition est dénuée de ces parties saillantes. L'une et l'autre sont contraires à cette loi sage qui défend de tomber dans les extrêmes ; la première gâte tout, parce qu'on ajoute plus qu'il ne faut ; la seconde n'a plus de forme, et ne peut se lire aisément, parce qu'on sépare d'elle une partie essentielle. Tout ce qui sort des principes perfectionnés par le temps, soutenus par le goût, enseignés par les grands maîtres, tient du bizarre et du ridicule. Cette coulée fait partie des cinq écritures expédiées [...].

SUR LA CINQUIÈME

La coulée de la cinquième clase est celle que l'on appelle *minute* ou *de la plus petite coulée*. Elle se fait posément et selon les règles ; on l'emploie aussi dans l'expédition. Dans le premier cas elle sert pour les ouvrages en beau, et où il faut également de la régularité et de la délicatesse. Dans le second, elle est employée dans les affaires qui demandent la plus grande promptitude. Cette écriture doit avoir du feu, et être égayée par des têtes un peu longues, et par des queues un peu frappées. On doit pourtant éviter la rencontre de toutes les parties qui pourraient causer de la confusion, et blesser cette belle ordonnance que l'œil aime à trouver dans tout ce qu'il voit. Cette coulée est une des cinq [écritures expédiées]. Pour la posée la distance des lignes est de six corps ; elle varie pour l'expédiée à la volonté des personnes.

SUR LES MODÈLES À COPIER

Les limites qu'on a fixées à cet ouvrage n'ayant pas permis de donner des exemples où tous les principes soient exécutés, on a cru nécessaire de dire un mot sur cet objet avantageux pour l'avancement des élèves.

Les exemples sont les pièces d'écritures que l'on donne à imiter aux jeunes gens qui apprennent à écrire. Il en est de deux sortes, la simple et la composée.

La simple est celle que l'on donne à un écolier qui commence. Elle doit être facile, régulière dans le principe, et peu chargée de cadeaux.

La composée est pour ceux qui sont avancés, et dont la main est parvenue à une certaine sûreté. Elle doit être variée, d'une correction parfaite, et renfermer des beautés aussi nouvelles qu'ingénieuses. C'est dans ces sortes de pièces où le maître fait voir l'étendue de son génie et la justesse de sa main, que l'élève trouve toujours à profiter.

Un exemple trop fort pour un commençant retarde ses progrès, le rebute, et lui fait perdre du temps ; il en est de même pour un élève avancé, aux yeux duquel on expose un exemple où le maître n'a fait que se répéter.

Rien n'est plus contraire encore à l'avancement que de copier de mauvaises pièces. Elles gâtent le goût, et conduisent à la défectueuse construction des lettres. Tout ce qu'on donne à imiter, en un mot, doit être proportionné à la conception et à la force de celui qui apprend, et ne représenter partout que la grâce et la perfection.

PRINCIPES PARTICULIERS DE CHACUNE DES LETTRES DES ALPHABETS, *RONDE, BÂTARDE ET COULÉE [...]*

A Dans l'écriture ronde la lettre A est composée d'un O, sur la partie montante duquel on place la première partie de la même lettre O. On observera que les pleins du centre de ces deux parties courbes doivent se trouver posés l'un sur l'autre. [...]

L'A bâtarde est composé d'un C et d'un J. Il se commence par un plein revers en remontant. Ce plein revers est précisément ce qui forme la tête du C, lequel ne doit avoir qu'un bec de plume d'élévation. Cette tête est suivie de la première partie courbe de l'O, qui se termine par un délié élevé de l'angle du pouce à la tête du C. Le pouce ensuite remet la plume sur le plein, pour former un aplomb penché ou un J. Ce J prend sa source un demi-bec de plume au-dessus de la tête du C. En descendant il renferme cette tête, et produit au bas de l'aplomb une rondeur suivie d'une liaison remontante. [...]

Dans la coulée il se trouve deux sortes d'A. L'un se fait comme celui de ronde, mais penché et plus long. L'autre ne diffère en rien à celui de bâtarde. [...]

L'action simple des doigts pliant et allongeant suffit pour exécuter tous ces différents A.

B Le B rond dans l'écriture commence par un plein revers en remontant, ce qui produit la tête, laquelle ne doit avoir qu'un bec de plume fort. Ce plein est suivi des deux premières parties de la ligne mixte, au bas de laquelle on ajoute la fin de la partie descendante de l'O, ainsi que la partie remontante entière de la même lettre O. On ne doit pas s'arrêter dans l'exécution de cette lettre. [...]

Le B bâtarde est composé d'un aplomb sur la ligne oblique, à l'extrémité duquel se trouve le bas de la partie descendante de l'O, suivie de la partie montante entière de la même lettre O. On observera que le B bâtarde se commence par un trait délié courbe, enlevé de l'angle du pouce, sur lequel l'aplomb retombe. [...]

Le B coulée est semblable à celui de bâtarde, excepté cependant que sa tête est courbe, et, pour ainsi dire, double, puisqu'elle compose deux parties, l'une montante, et l'autre descendante. Cette lettre commence, la plume étant dans la situation requise, par un délié oblique, courbe et en montant ; ce qui produit insensiblement un plein et une largeur qui doit répondre à celle que cette lettre exige.

Les doigts, dans la formation de ces trois lettres, n'ont d'autres mouvements que ceux d'allonger pour commencer, de plier pour continuer, et d'allonger encore pour finir.

C Dans les trois écritures les C ont une intime ressemblance. Ils sont composés des parties courbe, descendante et radicale, auxquelles on ajoute en commençant un plein revers de la hauteur d'un bec de plume fort. Ces trois lettres se finissent par une liaison produite de l'angle du pouce. On observera que dans l'écriture ronde le C est perpendiculaire et penché, et plus long dans les autres écritures.

Dans la formation de ces trois C, le mouvement des doigts est simple, c'est-à-dire allongeant et pliant également.

D Dans les trois écritures la lettre D se fait de la même manière et sur les mêmes règles. Il est droit en ronde, et penché et plus long en bâtarde et coulée. Le D est composé de la partie courbe descendante radicale, ou de la première partie de l'O, ainsi que de la seconde partie de la même lettre O, en observant pourtant que cette seconde partie doit être élevée en courbant d'un demi-corps au-dessus de la première, et venir se terminer par un délié vis-à-vis d'elle à la gauche.

Le mouvement des doigts, quoique simple, est un peu plus sensible dans l'extension pour la partie montante. Il le serait encore davantage, si l'on voulait élever les dernières parties des D plus hautes.

E La lettre E dans l'écriture ronde est composée de la partie courbe descendante radicale, terminée par une liaison formée de l'angle du pouce, et d'une pareille rondeur infiniment plus petite, mise sur l'extrémité du délié d'en haut. Cette tête ou cette petite rondeur n'a qu'un bec de plume de profondeur ; et elle ne doit entrer que très peu dans l'intérieur de la première partie. Il est encore un autre E rond, qui est final dans une ronde posée, et qui se met indifféremment partout dans une ronde financière. On fait cet E en commençant par un trait délié montant de gauche à droite, continué d'un plein arrondi, où se trouve à la suite la partie courbe descendante radicale qui vient tomber sur le trait délié fin qui a commencé cette lettre, lequel délié doit se trouver précisément au milieu de la rondeur descendante.

Les E bâtarde et coulée sont semblables à ce dernier ; la seule différence consiste dans la longueur et la pente, et dans les têtes qui sont un peu plus larges.

Le mouvement simple des doigts suffit pour former tous ces E.

F Dans les écritures rondes, bâtardes et coulées, la lettre F est assez semblable. Pour parvenir à la formation de cet élément, on doit s'exercer à la ligne mixte. Cette ligne mixte donnera indubitablement la lettre F, en y ajoutant par en haut un plein revers de la hauteur d'un fort bec de plume ; et par en bas un autre plein aussi revers, en remontant pour arrondir en dedans, et finir par un bouton. Ce dernier plein revers se fait en allongeant les doigts, et en tenant la plume avec plus de fermeté pour mieux le soutenir. On observera que cette lettre se fait depuis la tête jusqu'au bouton sans aucune reprise, sans changement de situation, et qu'elle se tranche précisément à la hauteur du corps de l'écriture.

Le plus grand mouvement des doigts, dans l'exécution de cette lettre, est celui de la flexion, le pouce pliant dans ses deux jointures un peu fortement.

G Dans l'écriture ronde la lettre G est composée d'un O et des deux portions de la ligne mixte, auxquelles on ajoute en bas un plein courbe, revers en remontant pour finir en formant un bouton. On observera que le commencement de ce qui concerne la ligne mixte doit se prendre au milieu et sur le plein positif de la partie montante de l'O. Il est un autre G en ronde, conforme au premier quant à la tête, mais il diffère dans le pied, en ce qu'il n'a qu'un corps de largeur, et qu'il se termine par une liaison qui au-dessous de la tête coupe le plein pour passer en dehors.

Le G bâtarde et coulée est composé d'un C et des deux dernières parties de la ligne mixte, auxquelles on joint un plein revers courbe en remontant avec un bouton. Il est à observer que le commencement de la ligne mixte se prend un demi-bec de plume au-dessus de la tête du C, sur laquelle elle retombe en descendant ; et que l'on élève du bas du C, au commencement de la ligne mixte, un délié courbe formé de l'angle du pouce. Il est encore un autre G pour la coulée qui est semblable au second de ronde, puisqu'il commence par un O. Les queues des G coulée sont plus ou moins grandes, selon la volonté de l'écrivain, et suivant le caractère de l'ouvrage.

Dans le travail de toutes ces lettres, la flexion des doigts est plus forte que l'extension.

H La lettre H dans l'écriture ronde a deux parties distinctes. La première commence par la tête du C, auquel se joignent les deux premières portions de la ligne mixte. La seconde, qui est toute courbe, se prend à la première partie un peu au-dessus de sa base, par un trait délié arrondi, qui se continue sur le plein en descendant, et qui va ensuite à gauche pour remonter en courbant vis-à-vis la ligne mixte. Cette dernière partie se termine par une liaison, qui, en sortant sur la droite, passe sur la rondeur descendante.

L'H en bâtarde et coulée est composée d'un grand aplomb précédé d'une liaison courbe enlevée par l'angle du pouce sur lequel il retombe. À cette première partie on ajoute une rondeur à droite, et descendante à la même base de l'aplomb prise par un trait délié dans l'aplomb même ; cette rondeur se finit par une liaison qui la coupe au tiers d'en bas en remontant et en sortant en dehors. Il y a pourtant une différence entre ces deux H. Celui de coulée a plus que l'autre, en ce que la tête est courbe et double, ressemblante à celle du B, sur laquelle on pourra se conformer.

La flexion des doigts est le mouvement le plus considérable pour l'exécution de ces trois lettres.

I Dans les écritures rondes, bâtardes et coulées, les I sont semblables et se font de la même manière. Ils commencent par un trait délié montant de gauche à droite, suivi d'un aplomb descendant, ordinairement perpendiculaire pour la ronde, et penché pour la bâtarde et la coulée. Cet aplomb se termine par une rondeur et une liaison remontante produite de l'angle du pouce. Il est encore un autre I qui a une queue. Il est formé des deux dernières portions de la ligne mixte, auxquelles on ajoute un plein revers courbe en remontant sur la gauche, terminé par une liaison qui passe sur la ligne mixte en sortant sur la droite. [...] On observera que le point se met positivement au-dessus de cette lettre à un corps d'élévation, et que ce point doit former un carré dans l'obliquité que la situation de la plume exige pour le caractère qu'elle exécute. Le mouvement des doigts est simple. Il y a seulement dans l'I à queue plus de flexion.

L Dans l'écriture ronde l'L est composée de la tête du C avec les deux premières parties de la ligne mixte, auxquelles on ajoute pour terminer une rondeur et une liaison remontante produite par l'angle du pouce. [...]

Dans la bâtarde un grand aplomb penché, précédé d'une liaison courbe qui monte au sommet, quoique cette liaison ne paraisse qu'au milieu, parce que l'aplomb retombe dessus en descendant, compose cette lettre. À la base de cet aplomb est une rondeur suivie d'une liaison remontante. [...]

L'L coulée se termine de même que celle de bâtarde ; la seule différence qu'il y a de cette lettre à l'autre consiste dans la tête qui est courbe, et qui est semblable à celle du B. [...]

Dans la forme de ces trois lettres, les doigts ont plus de flexion que d'extension.

M L'M dans l'écriture ronde commence par un délié montant de gauche à droite, suivi d'un aplomb descendant et arrondi dans la base où se trouve ensuite un délié courbe formé par l'angle du pouce. Ce délié monte à la tête du second aplomb, lequel se termine de même que le premier, pour aller au troisième aplomb ou jambage qui finit, ainsi que les autres, par une rondeur et une liaison. Pour rendre cette lettre dans la perfection, on observera les préceptes suivants. Que les aplombs ne doivent point en descendant retomber sur les déliés ; qu'avant de produire chaque jambage, il faut remettre la plume sur sa situation requise ; qu'il faut dégager les doigts de dessous dans le haut de chaque aplomb ; que les rondeurs du bas des jambages ne doivent avoir qu'un bec de plume et demi de plein courbe ; que tous les aplombs doivent être perpendiculaires et égaux, tant à la sommité qu'à la base. Enfin que cette lettre doit être faite sans interruption. [...]

L'M bâtarde commence par un délié montant de gauche à droite, suivi d'un jambage penché et angulaire dans ses extrémités. Au tiers du bas de ce jambage, la plume placée sur l'angle du pouce fait sortir un délié courbe, qui dans le haut produit, en remettant la plume sur le plein par l'action du pouce, une rondeur continuée d'un aplomb. Au tiers encore de ce second aplomb, se prend de même un délié, qui dans le haut forme une rondeur, et ensuite le troisième aplomb ou jambage arrondi dans le bas, ayant après une liaison remontante. Il est à remarquer dans cette lettre, que les jambages doivent être égaux et dans une égale pente ; qu'elle se fait sans reprise, et en dégageant les deux doigts de dessous dans le bas de chaque aplomb ; que les rondeurs du haut des deux derniers jambages n'ont de plein courbe qu'un bec de plume et demi. [...]

L'M coulée se fait de la même manière que celle de ronde, et elle y ressemble beaucoup. Elle y diffère pourtant en ce qu'elle est penchée et plus longue. [...]

Dans la construction de ces lettres, le mouvement des doigts est simple ; l'extension étant égale à la flexion.

N L'on ne s'étendra pas sur les N ronde, bâtarde et coulée, par la raison qu'elles s'exécutent comme les M. [...]

Il est encore en ronde et en coulée une autre N, qui a une queue, et qui ne se place qu'à la fin des mots. Elle est composée de la partie droite descendante radicale, et d'une partie courbe prise par un délié au milieu de l'aplomb, et qui, s'arrondissant sur la droite, va en gagnant la gauche se terminer un corps au-dessous de l'aplomb par un délié. On observera qu'à la sommité, la rondeur est élevée au même niveau de l'aplomb. [...]

Le mouvement simple des doigts est le seul en usage dans toutes ces lettres, il y a seulement dans les N à queue un peu plus de flexion.

O On ne parlera point ici des principes de la lettre O. Elle est démontrée et expliquée [ci-dessus, p. 873].

P Dans l'écriture ronde, le P est composé des deux dernières portions de la ligne mixte, auxquelles on ajoute en bas un plein revers courbe en remontant sur la gauche, avec un bouton à l'extrémité. Les trois quarts de l'O forment la tête de cette lettre ; c'est sur le plein de la ligne mixte, et à un demi-corps plus bas que son sommet, que l'on commence à poser cette tête. Le P n'est point fermé. [...]

Le P bâtarde est formé des deux dernières parties de la ligne mixte, terminées par un plein revers et bouton. Un peu au-dessous de la sommité de cette ligne mixte, commence la tête. Elle se forme par un trait délié et plein, en rondeur sur la droite, qui revient ensuite sur la gauche pour produire en dedans un petit plein revers courbe, finissant par une liaison qui passe en dehors au tiers d'en bas de la rondeur de la tête. [...]

Le P coulée est semblable à celui de ronde, mais il est plus long et penché. [...]

La flexion est plus grande que l'extension dans la formation de toutes ces lettres.

Q Dans l'écriture ronde le Q est composé d'un O sur la partie montante, duquel on fait tomber un grand aplomb, précédé d'une petite rondeur venant de droite à gauche. [...]

Dans la bâtarde le Q est composé de la lettre O et d'un grand aplomb qui retombe sur la tête et sur le délié que l'angle du pouce y a conduit, parce que cette lettre se fait de suite. [...]

Le Q coulée est semblable à ce dernier. Il en est un autre, quoique penché, qui se trace comme celui de ronde, mais sans rondeur au commencement de l'aplomb. [...]

La flexion des doigts est le mouvement qui domine le plus dans la construction de ces lettres.

R Dans l'écriture ronde, il est deux R en usage. Le premier est brisé, et commence par un trait délié en montant, suivi d'une rondeur qui avance un peu sur la droite, et qui ne doit être creuse que d'un fort bec de plume. Au-dessous de cette rondeur, et sans la quitter dans l'exécution, se produit la première partie courbe descendante radicale. Ces deux rondeurs ne se placent point vis-à-vis l'une de l'autre ; au contraire, la plus petite, ou la tête, doit avancer plus que la grande sur la gauche d'un bec de plume. Le second R est composé de la première partie droite descendante radicale, et de la partie montante de l'O joint ensemble et fait de suite. [...]

Dans la bâtarde, il y a trois R différents. Le premier, qui est le plus usité, est formé d'un aplomb penché et précédé d'un délié. Du tiers d'en bas de cet aplomb, la plume sur l'angle du pouce produit un délié qui remonte en courbant jusqu'à la sommité de l'aplomb pour former ensuite un plein en rondeur, qui n'a qu'un fort bec de plume. Le second est composé d'un J, et de la partie courbe montante de l'O. Le troisième est renversé et brisé, c'est-à-dire qu'il commence par en haut et par une rondeur penchée de droite à gauche, laquelle ne doit descendre qu'aux deux tiers de sa hauteur. Au-dessous de cette rondeur, on en ajoute une autre, pareille quant à la forme, mais moitié plus petite. Cette dernière et petite rondeur doit se trouver avec la première ou la grande rondeur, dans la même ligne de pente. [...]

En coulée il se forme quatre sortes d'R. Le premier est conforme à celui de ronde brisé. Les trois autres sont pareils à ceux de bâtarde, et dont je viens de donner une idée. [...]

Pour l'exécution de toutes ces lettres, l'action simple des doigts pliant et allongeant suffit.

S Dans l'écriture ronde il y a deux S en usage. La première commence par un délié montant de gauche à droite, sur lequel on revient un peu pour former une rondeur d'une petite étendue et creuse d'un bec de plume. Elle est suivie d'une autre rondeur plus grande, et qui descendant en bombant sur la droite, va insensiblement sur la gauche pour remonter par un plein revers courbe, et se terminer par un bouton en dedans. La seconde S est composée de trois parties courbes, dont la seconde est plus petite que les deux autres, se pose au milieu de la largeur que doit avoir la lettre, et sur le délié précisément qui a commencé la première rondeur. [...]

Dans la bâtarde les S sont semblables à celle de ronde, mais penchées et plus longues. [...]

Dans la coulée, c'est la même chose. Il y a pourtant encore une autre S qui ne se met qu'à la fin des mots, et qui est très en usage dans l'écriture financière. Elle se commence par en bas, en formant, en remontant sur le plein de la plume, une rondeur, suivie d'un délié courbe en dedans, et qui avance sur la droite pour produire une autre rondeur qui prend sa naissance à l'extrémité de ce délié courbe ; cette dernière rondeur en descendant sur la même pente que la première, se termine par une liaison. [...]

Dans toutes ces lettres, il ne faut que le mouvement simple des doigts.

T Dans l'écriture ronde, il se trouve deux différents T. Le premier est formé d'un aplomb précédé d'un délié, et terminé par une rondeur et une liaison. Ce T ne passe au-dessus de son tranchant que d'un demi-corps. L'autre T est composé d'un petit aplomb, à la base duquel on ajoute une rondeur, qui s'élevant d'un bec de plume fort, s'étend en descendant sur la droite pour finir par un plein arrondi en dedans. [...]

Pour la bâtarde et la coulée, ce sont les mêmes T, mais penchés et plus grands. [...]

Les doigts pliants et allongeants font le mouvement suffisant pour exécuter ces lettres.

V

Dans l'écriture ronde, de même que dans les écritures bâtardes et coulées, il est de deux sortes de V ; l'U voyelle et le V consonne. L'U voyelle se commence par un trait délié, montant de gauche à droite, suivie de la partie droite descendante radicale, que l'on termine par une rondeur et un délié courbe produit de l'angle du pouce. On élève ce délié au sommet du second aplomb, que l'on fait ensuite retomber dessus. Le bas de ce second aplomb s'arrondit, et se finit par une liaison de même que le premier. On observera que les rondeurs du bas des aplombs ont deux becs de plume. Que le délié du premier jambage au second doit être enfermé jusqu'au milieu de sa hauteur. Que cette lettre se fait de suite en mettant les deux jambages à la même sommité et base, et en prenant le soin de remettre la plume sur la position requise, avant de commencer le second jambage. Le V consonne commence par un délié en montant, sur lequel on retombe un peu pour former la première partie courbe de cette lettre. Vers le milieu, cette partie courbe revient toujours en descendant sur la droite, pour finir au milieu de sa largeur par un délié un peu arrondi. Presque au-dessus de ce délié d'en bas, on élève simplement la partie montante de l'O. On remarquera que cette lettre n'a qu'un bec de plume fort d'ouverture. [...]

Dans la bâtarde et la coulée ces deux V se font de la même manière. Ils sont seulement penchés et plus longs. [...]

Il ne faut, pour former ces lettres, que l'action simple des doigts.

X

Dans les trois écritures, la lettre X est ressemblante. Elle est composée de deux rondeurs adossées ensemble, ou de deux C, l'un renversé et l'autre dans son sens naturel. La première partie commence par un délié en montant, suivie d'un plein courbe à droite, lequel revient à gauche pour finir par un revers de plume en remontant, ou par un bouton. La seconde, qui s'applique sur la première, est positivement la figure courbe descendante radicale, précédée d'un plein revers à droite, qui lui sert de tête, et qui n'a d'élévation qu'un bec de plume. L'X en ronde est perpendiculaire ; dans les autres écritures, elle est penchée et plus longue. [...]

Pour cette lettre, il faut le mouvement simple des doigts.

Y L'Y grec dans l'écriture ronde se fait en tenant la plume sur la troisième situation. [...] Il se commence par un trait délié montant de gauche à droite, suivi d'une petite rondeur en dedans, continuée d'un plein courbe en dessous, et en descendant toujours sur la droite pour finir par un délié. Cette première partie est accompagnée d'une seconde à queue, qui achève cette lettre. Elle se commence à son milieu par un délié pris dans le plein, et un peu en montant pour arrondir en descendant, et venir toucher à l'extrémité à droite de la première partie. Cette seconde partie se continue toujours en descendant, et en allant sur la gauche pour remonter par un plein courbe revers, et finir par un bouton en dedans. Il est encore en ronde un autre Y grec qui commence par un trait délié courbe en montant, suivi d'un plein arrondi, continué par un petit aplomb terminé par un plein courbe et par une liaison montante au sommet de la seconde partie, qui, en descendant, retombe dessus. Cette seconde partie est composée des deux dernières portions de la ligne mixte, suivies d'un plein revers en remontant, et d'une liaison qui passe en dehors au-dessous de la première partie. [...]

Les Y grecs bâtarde et coulée se rapportent à cette dernière ; mais ils y sont penchés et plus longs. [...]

Dans toutes ces lettres, la flexion des doigts est très forte.

Z La lettre Z, dans l'écriture ronde, se commence par un délié courbe, en montant de gauche à droite, suivi d'un plein en rondeur à droite, et puis à gauche. Cette lettre se continue par une autre rondeur plus grande, qui va en descendant sur la droite, et puis revient insensiblement sur la gauche pour terminer par un plein revers en remontant, accompagné d'un bouton. Il y a encore un autre Z qui ne se place qu'à la fin des mots. Il se commence par la tête de l'R brisé, et se continue d'une ligne penchée de droite à gauche, avec une rondeur ou un pied semblable à celui du T final. Ces deux lettres se font sur la troisième situation. [...]

Les Z, dans les écritures bâtarde et coulée, ont la même figure, et se font de la même manière ; mais ils ont de la pente, et sont plus longs. [...]

Le mouvement simple des doigts est employé dans la construction de ces lettres ; la flexion cependant est beaucoup plus grande que l'extension.

Nous devons ces exemples [...] à M. Paillasson.

du

CALLIGRAMME

par JÉRÔME PEIGNOT

DISQUE DE PHAÏSTOS

16,50 cm de diamètre. Crète, 2000 av. J.-C.

L'écriture de ce texte commence sans doute au bord du disque et non à son centre. Figures représentant des animaux, des objets de la vie quotidienne. Il s'agit de mots composés de deux ou trois signes, d'une écriture probablement syllabique. Chacun de ces signes est le produit de l'application d'un sceau dans l'argile. Découvert en 1908 par des archéologues italiens, le sens de ce texte demeure mystérieux. Sir Arthur Evans a émis l'hypothèse qu'il s'agissait d'un chant sacré de victoire. (A.J. Evans, *Scripta Minoa* I, Oxford, 1909)

« Et moi aussi je suis peintre »
Guillaume Apollinaire

I

C'est Guillaume Apollinaire qui a forgé le mot « calligramme » et l'a lancé en appelant ainsi son recueil de poèmes, écrit entre 1913 et 1917 et publié en 1918. Dans « L'esprit nouveau et les poètes », une conférence prononcée au Vieux-Colombier le 26 novembre 1917, il a donné cette définition à ses calligrammes : « Les artifices typographiques poussés très loin avec une grande audace ont l'avantage de faire naître un lyrisme visuel qui était presque inconnu avant notre époque. Ces artifices peuvent aller très loin encore et consommer la synthèse des arts de la musique, de la peinture et de la littérature. » C'est vague. Du moins cette formulation a-t-elle l'avantage de faire saisir d'emblée qu'il ne s'agissait pas pour lui de s'en tenir à évoquer des formes au moyen de textes, mais encore et surtout, de donner une dimension nouvelle à l'écriture, de faire en sorte que le plan sur lequel elle s'exprimait jusqu'alors soit dépassé. « Il faut, précisait-il encore, que d'un seul regard, on puisse lire l'ensemble d'un poème comme un chef d'orchestre lit d'un seul coup les notes superposées dans la partition, comme on voit d'un seul coup les éléments plastiques et imprimés d'une affiche. » Sans doute n'a-t-on pas manqué de rapprocher la trouvaille d'Apollinaire de celle faite par Marinetti et aussitôt exploitée par ses amis futuristes, de la technique des « mots en liberté ». Mais, dans les « Soirées de Paris », Apollinaire s'en est aussitôt pris à ce mode d'expression poétique disant que, « descriptif et antilyrique », loin d'être un « aboutissement », il ne traduisait, en réalité, qu'un « retournement dans l'informel ». Comme si l'« informel » était incapable d'images et comme si ces images ne pouvaient pas être traduites par le système du calligramme. Nous reviendrons sur ce point. Pour le moment, tentons de cerner le propos d'Apollinaire. En vérité, la clé de son attitude, c'est le mot « antilyrique » qui nous la donne. En effet, avant de lancer le mot « calligramme » avec son recueil de poèmes, en 1914 Apollinaire avait fait paraître un *Album d'idéogrammes lyriques*.

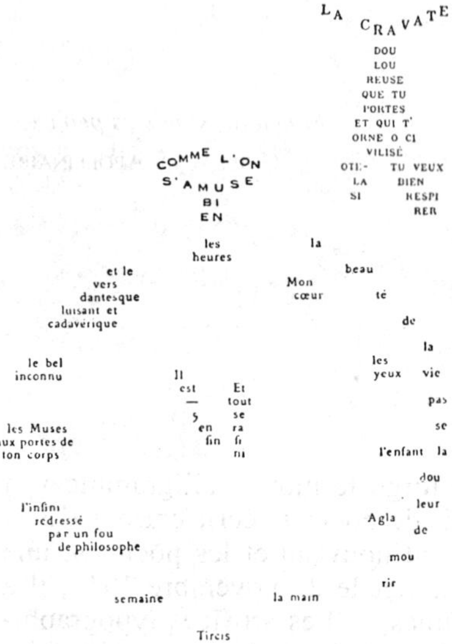

GUILLAUME APOLLINAIRE,
« LA CRAVATE ET LA MONTRE »
Extrait de *Calligrammes*
(Paris, © Gallimard, 1974)

Dans ses lettres à Lou recueillies dans *Ombre de mon amour*, on le sent tout entier saisi par un espace d'une nature particulière, celui, irréel à force d'horreur et d'amour mêlés, du front. On se souvient sans doute de ces poèmes où, d'une manière lancinante, revient l'image d'un « feu d'artifice qui meurt avant d'avoir été ». Jean Roudaut a parlé de « l'espace sacré d'Apollinaire au front ». Il a eu raison. « Ô la solitude irréelle pour ainsi dire de l'espace entre la tranchée boche et la française », écrit le poète. C'est de cet espace-là, des fantasmes qui l'habitent qu'Apollinaire entend nous parler avec ses *Calligrammes*. Est-ce qu'en effet, sinon de par leur forme, du moins par leur contenu, nombre de ces poèmes : « La cravate et la montre », « Cœur », « Couronne et miroir », « Voyage », « Il pleut », « La mandoline », « L'œillet et le bambou », « La colombe poignardée et le jet d'eau », « Loin du pigeonnier », n'évoquent pas soit la guerre soit la peine ? Dans tous les cas, ne sont-ils pas toujours empreints d'une profonde mélancolie ? Comme si, à force de tristesse, au-delà même de la peur et de la mort, ils ne nous donnaient à voir autant qu'à entendre que des fragments d'un délire. Ainsi, Apollinaire montre bien qu'il ne s'en tient pas à une description restrictive de ce qu'il entend par un calligramme. Parfois, en effet, il abandonne le procédé qui consiste à évoquer une image pour, à la manière du Mallarmé du « Coup de dés », laisser à la typographie le soin de faire ressortir le mot important, le lyrisme. Parfois même, dans « Bonjour mon frère Albert », par exemple, il fragmente les mots en divers éléments auxquels il fait ensuite un sort différent. Enfin, avec « Du coton dans les oreilles », en conférant une dynamique à son poème, Apollinaire le rattache à ce que les futuristes ont entrepris de transmettre, à savoir une idée de mouvement.

Mais n'allons pas trop vite en besogne ; « ... un lyrisme visuel *presque* inconnu avant notre époque » : ce « presque » laisse entendre

La colombe poignardée et le jet d'eau

Douces figures poignardées Chères lèvres fleuries
MIA MAREYE
YETTE LORIE
ANNIE et toi MARIE
où êtes-
vous ô
jeunes filles
MAIS
près d'un
jet d'eau qui
pleure et qui prie
cette colombe s'extasie

Tous les souvenirs de naguère
O mes amis partis en guerre
Jaillissent vers le firmament
Et vos regards en l'eau dormant
Meurent mélancoliquement
Où sont-ils Braque et Max Jacob
Derain aux yeux gris comme l'aube
Où sont Raynal Billy Dalize
Dont les noms se mélancolisent
Comme des pas dans une église
Où est Cremnitz qui s'engagea
Peut-être sont-ils morts déjà
De souvenirs mon âme est pleine
Le jet d'eau pleure sur ma peine

CEUX QUI SONT PARTIS A LA GUERRE AU NORD SE BATTENT MAINTENANT
Le soir tombe O sanglante mer
Jardins où saigne abondamment le laurier rose fleur guerrière

GUILLAUME APOLLINAIRE, « LA COLOMBE POIGNARDÉE ET LE JET D'EAU »
Extrait de *Calligrammes* (Paris, © Gallimard, 1974)
Le plus célèbre des calligrammes d'Apollinaire

qu'Apollinaire connaissait l'existence des « vers figurés ». Il ne s'est cependant jamais prononcé à leur sujet. Nous reparlerons d'Apollinaire et des définitions qu'il a données, toujours imprécises, d'un mot qu'il a pourtant inventé. Mais voyons d'abord ce qu'il faut entendre par ces authentiques calligrammes que sont les « vers figurés » et dont les premiers connus datent de trois siècles avant Jésus-Christ et sont le fait d'un Grec nommé Simmias de Rhodes.

S'il a fallu attendre Apollinaire pour que les calligrammes, jusqu'alors appelés « vers figurés », trouvent leur véritable appellation dans le monde gréco-latin, c'est pour deux raisons essentielles. D'abord parce qu'à l'inverse de ce qui se passe dans la langue arabe ou avec les caractères hébraïques – lesquels, chacun en eux-mêmes, sont de lointains calligrammes –, ou bien encore avec les idéogrammes chinois formés à partir de pictogrammes dont la présence est encore décelable par endroits, nos écritures occidentales ne se prêtent guère aux calligrammes. Elles sont prisonnières de carcans rigides qui les maintiennent sévèrement hors du grouillement des formes. Dans la mesure où les vers figurés pouvaient, si peu que ce soit, prêter le flanc à une réintroduction des lettres dans la prolifération des lignes telles qu'elles s'enchevêtrent dans la nature, ils étaient sinon à proscrire du moins vus comme des jeux dont on n'avait pas à se vanter. Ce point peut être tenu pour d'autant plus étrange que si ces poèmes figurés sont en effet des bizarreries, ils n'en requièrent pas moins une grande adresse. Alors, tout se passe comme si, sûres d'elles, les écritures occidentales, et singulièrement les écritures latines, tenaient à ne pas prendre le risque de compromettre ce que l'abstraction leur a déjà fait gagner. Ce qui est vrai pour les caractères latins l'était davantage pour les Grecs. Leur vie est antérieure et, de ce fait, le risque est encore plus grand de compromettre un équilibre si chèrement acquis. Les Grecs ne sont pas... les Arabes dont l'écriture non seulement se prête à la construction calligrammatique mais, de ce fait, se trouve à mi-chemin de l'image et de l'écrit. Ici, puisqu'il parle par images, l'homme s'identifie même presque entièrement à son écriture.

Il semble que, longtemps, on n'ait pas discerné tout le parti qu'il était possible de tirer des vers figurés et qu'on n'ait vu en eux qu'un moyen de plus de se montrer transparent. Avant même que d'avoir lu, d'un seul coup d'œil, le lecteur de ces compositions savait en effet qu'on allait lui parler d'ailes, d'un œuf ou d'une francisque. Pourtant les poèmes de Simmias de Rhodes, le premier auteur connu de vers rimés qui, sans doute, est de Symi, une petite île au large de la côte nord-est de Rhodes, et qui vécut en 300 av. J.-C. sous Ptolémée Ier, sont plus savants qu'ils n'en ont l'air. Ainsi, la facture de « L'œuf » est-elle intéressante à relever. La lecture de ce poème doit en effet se faire en lisant tour à tour le premier et le dernier vers, puis le deuxième et l'avant-dernier, le troisième et l'antépénultième et ainsi de suite jusqu'au dernier vers :

Œuvre d'une mère au doux chant prends cet œuf que vient de pondre un rossignol dorien. De bon cœur reçois-le ; une harmonieuse mère l'a déposé dans le chaste nid de ses amours. Le messager des dieux à la voix sonore, Mercure, l'a lancé parmi les hommes, l'ayant pris sous l'aile de sa mère. Il a voulu que les vers, d'une seule mesure d'abord, s'allongeassent jusqu'au dixième vers parés des ornements du rythme ; et par-delà dirigeant l'allure oblique et rapide des mesures diverses, il a, du pied, marqué la cadence du chant varié et symétrique des Muses, rivalisant de vitesse avec les faons, petits des cerfs rapides. Ceux qu'aiguillonnent la faim et l'amour, courent vers la mamelle de leur mère, s'élançant d'une course impérieuse par-dessus les hauts sommets, sur les traces de leur nourrice chérie. Leurs petits cris s'élèvent sur les pacages des monts solitaires et parviennent aux antres des nymphes. Soudain quelque bête cruelle, au fond de la tanière, entendant le bruit qui se fait aux alentours, quitte sa cache pierreuse pour saisir le petit égaré de la biche à la peau tachetée et, d'un bond rapide, se précipite dans le fond boisé que dominent les neiges de la montagne. Oui, c'est d'un pied rapide comme ces jeunes faons, que le dieu marque la mesure de ce poème aux mètres compliqués et sonores[1].

« Compliqués » : sans doute ces vers le sont-ils et laissent-ils surtout transparaître l'effort accompli par leur auteur pour en venir à bout. Heureusement, les vers de « La hache », dont l'assemblage procède de la même règle que celle qui régit l'agencement de « L'œuf », sentent moins la tâche. Le thème du poème est celui-ci : le fabricant du cheval de Troie Epéus parle et Simmias suppose qu'il est en train de tracer une inscription sur la hache qu'il consacre à Minerve. Voici ce que cela donne :

Le Phocéen Epéus, en reconnaissance d'une puissante inspiration, consacre à la vaillante déesse Minerve la hache qui a renversé les hautes tours construites par les dieux, maintenant qu'il a réduit en cendres la ville sacrée des Dardanides, et chassé de leurs palais les princes aux manteaux de pourpre. Il n'était pas au nombre des principaux héros de la Grèce ; serviteur obscur, il apportait au camp l'eau des sources ; mais maintenant son nom a passé dans les poèmes d'Homère, grâce à toi, chaste et ingénieuse Pallas. Trois fois heureux, celui que tu as regardé d'un œil propice ! Sa gloire et son bonheur sont impérissables[2].

1. Traduit du grec par Dehèque, « Les vers figurés dans l'Antiquité et au Moyen Âge », *Arts et métiers graphiques*, n° 29, 1932. Voir l'illustration, p. 913.
2. Traduit du grec par Dehèque, art. cité. Voir l'illustration, p. 913.

Cet épigramme de Simmias enthousiasma le savant italien Fortunio Licati qui, en 1635, lui consacra une très longue étude.

Ainsi, le premier des poètes de vers figurés connus ne s'est-il pas contenté de donner à ses poèmes une allure imagée. Dans le même temps il a cherché à harmoniser le rythme de ses vers aux figures qu'il s'était proposé d'illustrer. Comme si les tracés d'une paire d'ailes, d'un œuf ou d'une hache impliquaient chacun un mode de versification qui lui était approprié. Ici, les formes graphiques et versifiées (qu'on me pardonne le jeu de mots sur le mot « forme », mais il est, en l'occurrence, inévitable) sont si intimement liées qu'on ne saurait user de l'une sans trouver celle exactement appropriée à l'autre. Ainsi est-ce la pensée entière qui, à la faveur des premières tentatives pour élaborer des calligrammes, retourne au bercail des formes. On sent qu'à l'arrière-plan du propos se trouve le sentiment plus ou moins confus, mais présent néanmoins, qu'en aboutissant on parviendra du même coup à fonder en raison non pas seulement les lois de la poésie mais du langage dans l'acception la plus large du terme.

À l'époque, le souci dont témoignent la plupart des penseurs et des écrivains grecs de faire une science de tous les sujets pouvant être abordés par l'esprit humain est manifeste. Le mouvement alexandrin a comme porté les choses à leur comble. Ainsi, alors, avant que d'être des poètes, ceux qui s'exercent dans l'art des vers sont-ils d'abord des savants pourvus d'une mentalité de pédants. Mieux encore : davantage que toute autre discipline, la poésie suscite la sagacité de tous. Ainsi on ne saurait être un poète sans en même temps être un rhéteur. Non seulement il n'y a rien là de surprenant mais ces choses vont de soi. Aristote lui-même n'est-il pas l'auteur d'une *Poétique* ?

Dans le domaine des sciences, grâce à Euclide, un pas considérable vient d'être franchi : avec son fameux théorème du triangle isocèle, il a jeté les bases de la géométrie descriptive. Dans ce contexte scientiste on conçoit non seulement comment l'idée a pu venir à un poète de tenter d'élaborer une sorte de géométrie descriptive du poème, mais encore en quoi il était pour ainsi dire fatal qu'un tel projet naquît dans l'esprit d'un poète.

Le thème de l'œuf est courant dans le monde de la Grèce antique et il n'y aurait rien de surprenant à voir Simmias tenter d'en confirmer toujours davantage le schéma dans sa valeur symbolique. Il n'y a pas eu que Platon pour attirer l'attention sur ce symbole. Apollon et Aphrodite sont issus d'un même œuf et le personnage d'Aphrodite – qu'on appelle aussi la Vénus cypriote – joue un rôle de premier plan dans toute la mythologie grecque. Que Simmias ait attaché de l'importance au choix qu'il a fait de la forme de l'œuf et qu'il ne l'ait pas pris plus ou moins au hasard ou parce que ce schéma était relativement facile à reproduire avec des vers,

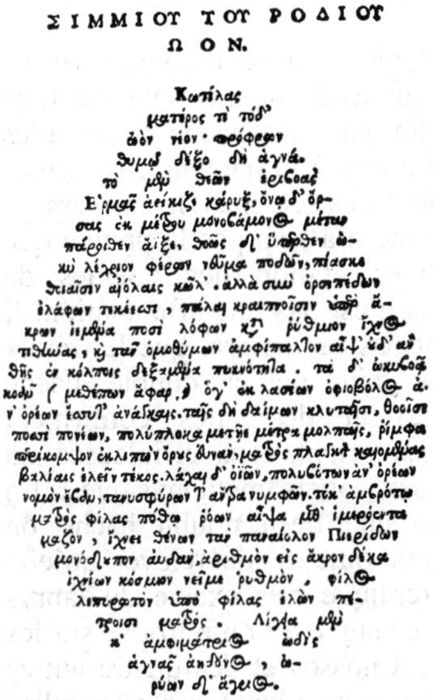

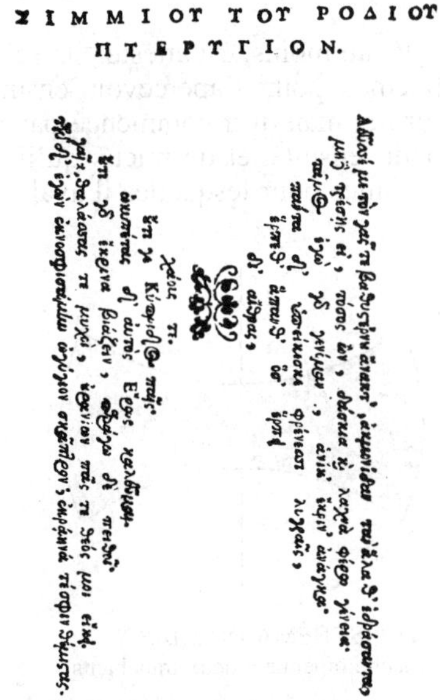

1 | 3
2

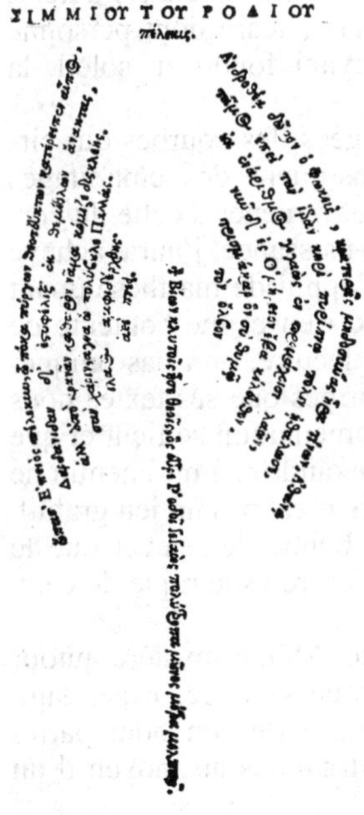

1. SIMMIAS DE RHODES (VERS 325 AV. J.-C., SOUS PTOLÉMÉE Ier), « L'ŒUF ». Tiré de *Poetarum veterum Bucolica Gnomica... Theocriti... Moschi...* (Genève, 1569)

2. SIMMIAS DE RHODES, « LES AILES ».

Regarde-moi : je suis le roi de la Terre immense, et j'ai chassé du ciel l'Acmonide. Ne t'étonne pas de ce que, paraissant aussi jeune, mes joues sont ombragées d'une barbe épaisse : c'est que je suis né sous le règne d'Ananké, lorsque à la sombre domination de la Terre obéissaient les animaux, ceux de l'air et ceux de l'Océan. Je ne suis pas le fils de Cypris, j'ai des ailes rapides et l'on m'appelle l'Amour éthéré. Ce n'est pas par la force que je domine, je triomphe par la persuasion. La terre, l'abîme des mers, le ciel d'airain, tout m'obéit ; je leur ai enlevé l'antique sceptre, et les dieux mêmes reconnaissent ma voix » (Traduit du grec par Dehèque, art. cité)

3. SIMMIAS DE RHODES, « LA HACHE ».

La *hache* est à deux côtés ; c'est le fabricant du cheval de Troie, Epéus, qui parle. Simmias le suppose traçant une inscription sur la hache qu'il consacre à Minerve

cela, au moins, est attesté. On sait, en effet, qu'il n'a pas d'abord écrit ses poèmes pour s'apercevoir ensuite qu'il lui avait donné telle ou telle forme, mais il a commencé par dessiner un œuf, une hache et des ailes pour, ensuite, et du mieux qu'il a pu afin d'être à la hauteur des formes parfaites pour lesquelles il avait opté, remplir ces schémas de ses vers.

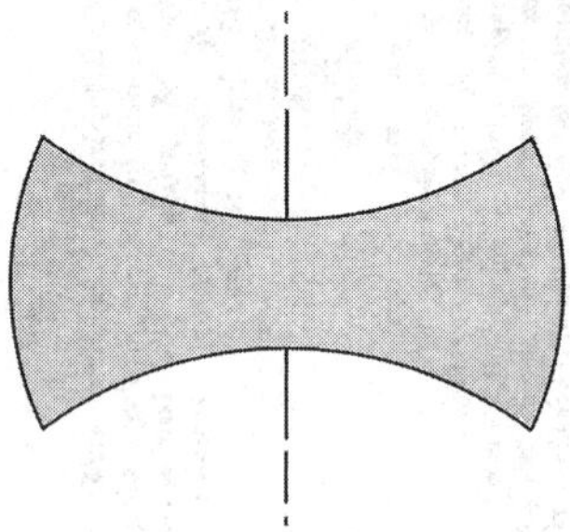

SCHÉMA DU *LABRIS*
(hache bipenne à deux tranchants).

Sans doute n'a-t-on pas la preuve que cette interprétation des poèmes de Simmias n'est pas une affabulation. Il n'en est pas moins vrai que les choix qu'il a faits de la double hache (bipenne) et des ailes confirment sinon ses orientations religieuses du moins ses soucis métaphysiques. En effet, au sujet de la double hache, on ne saurait omettre de relever qu'elle est la réplique très exacte du labrys crétois, ce signe qu'on retrouve sur les murs de Cnossos et des quatre autres palais minoens. Quant aux ailes, elles font tout naturellement référence à l'aventure de Dédale, l'architecte du fameux labyrinthe construit dans la même île de Crète. On se souvient qu'enfermé par le roi Minos qui craignait qu'il ne divulguât le secret du labyrinthe dont il était l'auteur, Dédale s'échappa de sa prison avec son fils Icare ; Icare dont personne n'a oublié la mésaventure : ses ailes de cire ayant fondu au soleil, la chute.

Quand j'aurai, pour finir, précisé que, prolongées, les courbes qui circonscrivent tant le labrys que les ailes reconstituent des emboîtages d'œufs et cela aussi, que l'idée du labyrinthe peut ramener à celle du cordon ombilical et, par son entremise, à celle de la naissance, j'aurai achevé d'apporter tous les éléments dont je dispose à l'appui de ma thèse quant aux arrière-pensées de notre poète. Je n'affirme rien et me contente de tirer tout ce qu'il était possible d'extraire de la lecture, non pas uniquement des poèmes de Simmias, mais aussi des formes que ses textes nous proposent. On m'accordera cependant que l'argumentation se tient et que tout incite à penser qu'apparue dans le monde alexandrin, à mi-chemin de Chypre et de la Crète, l'invention des vers figurés n'est pas un jeu gratuit. Soit : Simmias est un décadent. L'occasion est bonne de relever que le mot ne tient guère compte des préoccupations d'ordre ésotérique de ceux qui témoignent d'un tel esprit.

Après Simmias de Rhodes, Dosiades de Crète. Même mystère autour de sa personne et aussi, même goût de la prouesse avec, cependant, davantage de préciosité. Lucien de Samosate rapporte son nom parmi ceux des poètes dont « les œuvres doivent être traduites au moyen d'un glossaire ». Mais c'est que, sans que l'on sache s'il connaît les poèmes de son prédécesseur, Dosiades s'efforce de pousser plus avant que lui aussi bien les recherches rythmiques que celles de pure facture. Il sait qu'il a mis le doigt, non pas tant sur un truc que sur une faille qui peut lui permettre d'appréhender l'histoire de l'écriture entière et son processus. Il importe donc de poursuivre le plus possible dans cette voie jusqu'à, pourquoi pas, par l'entremise d'une découverte du caractère sacré du langage et de son élaboration, déboucher sur ce qu'il faut entendre par le sens. Il ne semble pas que la relative simplicité du dessin des *Autels* de Dosiades dût obligatoirement susciter tant de préciosité. Mais c'est qu'en se perdant dans un jeu extrêmement savant, l'auteur, du moins tout le laisse supposer, s'est convaincu qu'il atteignait à un langage exact dont lui-même ne détenait pas toutes les clés. Voici la traduction de « L'autel des Muses » (proposée par Bertrand Guégan[1]) : « Le sang des victimes ne me rougit pas de sa rosée pourpre. Les haches aiguisées sur la pierre de Naxos n'y ont point immolé les troupeaux de Pan. La glu parfumée des arbres d'Arabie ne me noircit pas de ses tourbillons de fumée. Tu le vois, je ne suis pas fait de briques d'or ni de flèches d'argent ; et l'autel que le fils de Cynthe construisit avec les cornes des brebis qui habitent les pieux sommets de Delos, ne saurait m'être comparé. Car ce sont les neuf filles de la terre avec le fils du ciel qui m'ont élevé, et le roi des dieux a déclaré leur œuvre immortelle. Ô toi, qui bois à la source que le fils de la Gorgone a fait jaillir, offre ici tes sacrifices, verse sur moi ta libation, beaucoup plus douce que le miel de l'Hymette. Oui, viens avec une pleine confiance, car je ne recèle pas de monstre au venin mortel, tel qu'en abrite l'autel de Neae de Thrace que, près de Myrine, te consacra, ô Minerve, le Conquérant de la Toison d'Or. »

Au XVIIe siècle, le savant italien Fortunio Licati travailla à déchiffrer les calligrammes grecs et tout particulièrement « L'autel des Muses » et « L'autel de Jason » dédiés au roi Tolchos de Thessalie qui organisa l'expédition des Argonautes. En dépit de l'aspect, qui, tout compte fait, n'est guère qu'amphigourique, de ces poèmes, les interprétations et les rajouts de Licati ne témoignent que pour la fausse qualité du message de Dosiades. C'est là une nouvelle démonstration de ce à quoi entraîne l'ésotérisme quand, son esprit étant mal compris, il incite aux divagations les plus extravagantes. Mais la mode est à ce genre d'exercices. La Renaissance vient de faire la découverte des lois de la perspective et les savants ainsi que les artistes (Primatice et son équipe à Fontainebleau) en sont comme grisés. Pour un peu ces postulats encore mal définis seraient pourtant déjà capables de faire déboucher sur... la quatrième dimension. L'alchimie n'est pas morte et la Renaissance se vante de parvenir à lui

1. Dans les « Vers figurés dans l'Antiquité et au Moyen Âge » art. cité.

conférer bientôt les assises scientifiques qu'elle mérite, ou, plutôt, que méritera ce qu'il en restera après examen. En vérité, le demi-scientisme de l'époque s'accommode de ces obscurités dont les calligrammes donnent un exemple et, souvent, à la faveur d'un tour de passe-passe, on s'emploie à raffermir des énigmes dans leur obscurité.

Avant d'en venir à Fortunat et à Raban Maur dont les œuvres vont marquer le sommet de l'art des calligrammes, au VIIIe siècle, il nous faut parler de Théocrite et de ce qui s'est fait dans le monde latin à ce sujet. Théocrite composa une « Syrinx » (une forme de flûte de Pan) et qui célèbre la nymphe Écho. Il faut dire que si, cette fois, on ne se trouve pas en présence d'une prouesse métrique extraordinaire, la calligraphie prend ici la relève de ce que, par son seul texte, le calligramme n'apporterait pas. Les quelques lettres liées qui sont là, confrontées à d'autres agréablement déliées, écrites d'une écriture de poète (qu'il s'agisse ou non de celle d'un copiste importe peu), l'abandon à l'arabesque, peu courant sous la plume d'un Grec, tout cela contribue à un excellent effet au point que c'est physiquement qu'on appréhende déjà, ici, les sons.

Publius Optatianus Porphyrius composa lui aussi une « Syrinx ». Il s'agit d'un ensemble d'hexamètres dont le nombre de lettres se raréfie au fur et à mesure afin d'évoquer les tuyaux d'un flûteau. Cette fois, il n'est plus question de faire des prouesses mais, bien au contraire, de se montrer… le plus transparent possible : « Suspendue au feuillage d'un chêne – tel est à peu près le chant de la Syrinx latine. Je témoigne que les Pans ont souvent célébré ce lieu comme s'il était leur temple. Je suis formé de roseaux inégaux qui donnent naissance à des sons de plus en plus bas. Par mes sons, j'enchante les Satyres. Pan, le premier, m'a façonnée, il m'a enseigné les modulations. Après lui, Attis, le favori de Cybèle, et Apollon m'ont fait vibrer de leur haleine. Et voici qu'un berger chante avec moi sa flamme et son amie. » À croire que si le propos est le même que celui de Dosiades ou de Théocrite, la méthode pour aboutir est très exactement à l'opposé de la leur. En vérité, ce n'est pas parce que ces vers sont parfaitement compréhensibles que tout ésotérisme est absent de ce calligramme.

Porphyrius, à l'instar, cette fois, de Dosiades, a écrit lui aussi un « Autel » dont il n'y a pas grand-chose à dire. Plus intéressant est incontestablement son « Orgue » composé pour chanter la victoire de l'empereur Constantin sur Licinus. La description détaillée de ce calligramme n'apporterait guère d'éléments nouveaux sur l'art de Porphyrius dont c'est le meilleur poème. Qu'on sache seulement que le clavier de l'appareil est en vers iambiques et que, séparés par un seul hexamètre écrit transversalement, les tuyaux sont évoqués par des hexamètres dont, à chaque ligne, la longueur des vers croît d'une lettre. Et si c'était à sa perfection que ce calligramme devait son effacement ? Pour le reste, Porphyrius eut aussi le grand mérite de rompre avec ce qui avait été fait précédemment et se risqua à composer des calligrammes pour la plupart de forme carrée. Si ces calligrammes marquent une date décisive dans l'évolution de cet art, c'est que la forme abstraite choisie par ce poète l'accule à de nouveaux jeux de rhéteur. Ainsi, souvent, des vers traversent les carrés en diagonale quand ils ne dessinent pas un V, un Y, ou des losanges. Constantin à qui Porphyrius, alors en exil, avait fait parvenir la vingtaine de ses « Cancellati flexus » accorda pour sa peine à leur auteur de rentrer en cour. Le destin est bien imprévisible qui vit ce préfet de Rome, considéré d'abord aux environs de 350 comme un « amuseur mondain », être promu *auctor* pour quelques poèmes conçus avec les restes de l'héritage antique. Cela prouve qu'en se jouant, on peut parfaitement jeter les bases d'une nouvelle dialectique. Ce n'est que quatre siècles plus tard que devaient apparaître les premiers calligrammes inspirés par Porphyrius ou, du moins, traités dans un esprit étrangement semblable au sien. Serait-ce que Porphyrius était bel et bien parvenu à donner aux vers figurés leur forme en même temps que leur définition ? Porphyrius lui-même l'a peut-être cru. Si, en effet, ses poèmes ne lui ont pas ouvert les portes du ciel, du moins leur doit-il la liberté. On leur conférerait un pouvoir magique à moins. Pour les autres, ses admirateurs, on ne saurait encore aujourd'hui répondre à leur place. Il n'en est pas moins vrai que la qualité de ses calligrammes, comme celle des œuvres de Fortunat, et surtout de Raban Maur, leur confère... un petit air de miracle qui contribue à l'enchantement, au sens le plus large du terme.

Venance Fortunat, évêque de Poitiers au VIe siècle, fit parvenir à Syagrius, évêque d'Autun, un poème figuré évoquant la faute d'Adam, la chute de l'homme qui s'ensuivit et, enfin, la rédemption. On ne saurait mieux faire que de citer ce passage de la lettre de Fortunat dans laquelle il explique à son ami quels sont les principes qui ont présidé à l'élaboration de son œuvre : « Je vous envoie donc ma pièce qui forme un carré parfait coupé en cinq à la lecture. Elle renferme trente-trois vers de trente-trois lettres, en souvenir de l'âge du Christ quand il ressuscita pour nous sauver, et présente cinq acrostiches, deux aux deux bouts des vers, deux sur les diagonales, un au milieu, qui se lit de haut en bas ; de sorte que, le vers fini, la dernière lettre n'a pas encore fini son rôle. Elle a rempli son office dans la ligne horizontale, mais il lui reste encore à figurer dans celle qui descend, puisqu'elle appartient également à l'acrostiche final. Au centre de mon petit ouvrage, j'ai mis la lettre qui occupe le milieu des vingt-trois lettres de l'alphabet, précédée d'autant d'autres lettres qu'elle en laisse derrière elle. Placée au point de rencontre des vers qui se croisent, elle se partage entre eux et appartient à chacun d'eux tout entière. Quant aux lettres de couleur qui forment les vers descendants, tirées dans un sens, retenues dans l'autre, elles font à la fois partie de la chaîne immobile et de la trame qui court sur la chaîne, autant du moins que cela se peut dire quand il s'agit d'une feuille de papier, d'une liste de lettres. Ne me reprochez pas d'avoir entrecroisé, avec l'art de l'araignée qui tisse sa toile, des fils diversement colorés : vous avez vu dans les livres du prophète Moïse que la robe du prêtre était faite d'une étoffe diaprée. J'ai cru que je pouvais, moi aussi, mêler à mon tissu le vermillon, puisque nous n'avons pas d'écarlate en ce pays. Pour les vers en diagonale, le sens y marche droit encore que les lettres aillent de travers. Quant à la façon dont ils s'enchaînent et à la pensée que chacun d'eux renferme, vous pourrez vous en rendre compte, et cela suffit, sans que je vous l'explique... Pour terminer, je me recommande à votre piété, à votre sainteté, à votre bonté inépuisable et je vous prie, convaincu que vous ne me refuserez pas ce juste retour, de faire peindre ces vers sur le mur de votre vestibule afin qu'ils gardent votre maison, comme je voudrais la garder moi-même. Priez pour moi. »

Cette fois, il n'est plus question de jeu de langage, ni même d'habileté de rhéteur. De par le principe de sa construction, ce poème composé par un ecclésiastique fait référence à ce que son auteur tient pour ce qu'il a de plus sacré : au Christ même. Dès lors, les vers figurés, du fait de l'accord entre leur aspect et leur contenu, atteignent à la dignité de la Parole même. Le Verbe s'est fait Chair. Ici, c'est la Chair qui se fait Verbe. Fortunat a beau être le créateur de ces poèmes imagés, il ne les en estime pas moins comme des textes sacrés. Si les calculs auxquels il a procédé pour les élaborer se sont avérés justes, ce ne peut être que parce qu'il s'agissait de transcrire en image et en parole le message de Dieu. Comment pourrait-on venir à bout d'une telle entreprise sans que ce soit avec l'aide d'une inspiration divine ? Fortunat propose ainsi son poème à la vénération de son ami. Il a conscience, dans toute la naïveté de sa foi, d'avoir retrouvé la clé d'un langage perdu.

Après lui, Alcuin et surtout Théodulfe, un autre ecclésiastique qui va devenir cette fois évêque d'Orléans, se livrent, au VIIIe siècle, à des constructions poétiques encore plus savantes que celles de leur déjà lointain prédécesseur. Sans doute venus à cette forme d'écriture par la connaissance des calligrammes, ces sages (ils le sont plus qu'ils n'en ont l'air), au fur et à mesure qu'ils poursuivent dans la voie de cette écriture magique, en réalité s'en éloignent de plus en plus. C'est le cas encore au IXe siècle avec Milon de Saint-Amand, Joseph Scot, Eugène de Tolède, Hincmar qui fut archevêque de Reims, et Abbon, abbé de Fleury, pour ne citer que les principaux. Contrairement à une idée trop généralement admise, c'est avec ces sortes de jeux, d'ordre purement linguistique, qu'on retombe dans la futilité. Il y a dans ces joutes une manière de fatuité qui retire aux poèmes engendrés par ces exercices, quand bien même ils seraient d'inspiration chrétienne, la profondeur, voire la piété requise.

Pas plus que la relative sobriété dont Fortunat faisait montre dans l'élaboration de ses procédés de composition, la très grande habileté dont Raban Maur fait preuve ne suffit à juger du bien-fondé de la méthode de l'un par rapport à celui de la méthode de l'autre. Toutes les deux portent incontestablement. Quant à l'accusation de préciosité qu'on pourrait, au terme d'un jugement hâtif, porter à l'encontre de Raban Maur, disons tout de suite que, loin de jeter une suspicion sur l'authenticité de sa foi, le procédé auquel il a recours ne fait, au contraire, que nous raffermir dans l'idée que nous nous faisons de sa très grande sincérité.

Né en 784, Raban Maur, abbé de Fulda, devenu archevêque de Mayence, est sans conteste le plus grand des auteurs de calligrammes. Avec sa fameuse *Encyclopédie allégorique*, Raban Maur va théoriser les principes de la dialectique calligrammatique esquissée par Porphyrius. Pour lui, l'univers n'est qu'une apparence dissimulant une réalité que seule une connaissance fondée davantage sur une méthode de pensée que sur la seule observation, est capable d'élucider. Cette connaissance procède de ces deux composantes premières de tout raisonnement que sont le nombre et la lettre. D'autant plus que les nombres ne sauraient se prêter à des représentations de type calligrammatique on peut, ici, négliger ce point tout en n'omettant cependant pas de mentionner qu'en dépit du caractère peu orthodoxe de ces jeux pour un chrétien, la vogue des carrés magiques chiffrés a été constante depuis les premiers siècles de la chrétienté jusqu'à Albrecht Dürer dont on connaît le très fameux carré magique d'ordre 4 gravé pour *Melencolia*. Ce carré est dit parfait, car la somme des chiffres de chaque ligne, en longueur, hauteur et diagonale, est toujours de 34.

S A T O R
A R E P O
T E N E T
O P E R A
R O T A S

CARRÉ MAGIQUE

Sur le même principe que celui des carrés magiques connus en Chine depuis la plus haute Antiquité (2400 av. J.-C.), et importés en Europe par le Grec Manuel Moschopoulos aux alentours de l'année 1300 (un des plus connus est celui de *Melencolia* d'Albrecht Dürer [1514], dont les totaux font dans tous les sens le chiffre 34) ont été élaborés des ensembles de mots qui, lus dans toutes les orientations possibles, donnent un sens identique. Celui-ci, le plus célèbre d'entre eux sans conteste, a été découvert par le paléographe Carcopino gravé sur une pierre sans doute des premières années de l'ère chrétienne dans le forum à Rome. Ce même texte a été également écrit en cercle, lequel en autorise une double lecture dans deux orientations différentes.

Pour ce qui concerne la place qu'il fait aux lettres, l'essentiel du propos de Maur se trouve dans son recueil de poèmes de 815, intitulé *De Laudibus Sanctae Crucis* et singulièrement dans son livre I entièrement composé de *carmina figurata*. Cet ouvrage rehaussé de rouge et parfois enluminé d'argent, conçu dans le but d'aider ses lecteurs à « accéder à l'amour de la croix », Raban Maur le dédie à Louis le Débonnaire. Il est composé de vingt-huit poèmes : le nombre des directions cosmiques multiplié par le chiffre de la Sagesse. Ainsi, au travers de toutes les créations, l'ouvrage a la prétention de rendre compte de « toutes les formes possibles ». « Ici, écrit Zumthor[1], la courbe, le trait qui dessine et un *a*, un *bb*, etc. obéissent à une triple nécessité, possèdent une triple nature, un triple mode d'existence : comme constituants de la lettre, comme constituants du mot, comme constituants, enfin, de la croix assumée dans le dessin. Facteurs gigognes, simultanés et indissociables. » Cette fois, on le voit, l'interprétation du langage et de l'image est parfaitement réalisée, et réalisée grâce au symbole de la croix comme si celle-ci était le catalyseur indispensable à la fixation de toute pensée cohérente et à sa formulation de la manière qui lui soit la mieux adaptée. En vérité, ce à quoi Maur nous convie ce n'est pas seulement à un approfondissement de ce qui avait été imaginé par Porphyrius, mais à une remise en cause générale du langage dont la signification ne saurait être comprise si on négligeait de prendre en compte ce fait essentiel que sa nature est sacrée. Dieu est amour et puisque le langage est de Dieu, il n'existe que par Lui, il est Lui. Cette galipette dans l'éternité, Maur entend que nous l'effectuions pour de bon, physiquement. De fait, il est incontestable que cette magie qu'il déploie pour nous, opère. À croire même que, non seulement le papier sur lequel ces calligrammes sont écrits se troue, mais le ciel avec lui. Comme pour parachever l'impression ressentie, chacun des poèmes est ici suivi d'un commentaire à l'occasion duquel Maur démontre l'infaillibilité de son mode d'écriture. À la faveur de son explication, souvent, il donne l'impression de retomber lui-même dans le piège de sa propre écriture comme s'il ouvrait le sol sous ses pieds. Il ne saurait, ce faisant, apporter une meilleure preuve de la force de son entreprise. Zumthor a traduit plusieurs de ces textes explicatifs : « Ce à la gloire de quoi j'écris ce poème, c'est à juste titre qu'il me faut le chanter sans cesse, dans mes vers, de bouche, de cœur et de main, d'un chant digne de mémoire : le don de vie – moi-même – que me fit, en sa bonté, Jésus (lui que j'implore) sur l'autel quand, en sa bonté sur cet autel même, il m'arracha du fond de l'enfer. Ô Christ, accorde-moi aujourd'hui le repos au cœur de l'univers : voilà ce que je te demande, ce que j'espère, moi qui crois dans la véracité de toutes les promesses. Amour et foi fondent ma certitude : tout ce que, véridique, tu crées, tu le fais selon l'ordre véritable de la Justice. » Et Zumthor d'ajouter : « Si l'on considère le texte dans sa disposition originale, l'œil y distingue selon un axe oblique, de vers en vers, des groupes de lettres constituant la phrase : *Rabanum memet clemens rogo Criste tuere o pie judicio* (Je te supplie, ô Christ, dans ta clémence et ta bonté, de me justifier, moi Raban). Des courbes tracées à l'intérieur de ces angles droits dessinent la silhouette d'un orant, recouvert du froc et de la capuce. » « De me justifier » : Raban Maur n'a que cette idée en tête : être justifié. Que, cependant, il en ait encore besoin, c'est ce dont nous ne sommes pas certains. Qui sait, en effet, si d'autres que Zumthor ne pourraient pas découvrir dans le texte qu'il a ana-

1. Dans « *Carmina figurata* : une mode carolingienne », *Change*, n° 4, Paris, Le Seuil, 1969.

lysé ou dans d'autres, d'autres dessins procédant du même genre d'insertion ? Mais « justifié », l'est-on jamais assez ? En vérité, ce à quoi Maur aspire, c'est à être réduit à l'éclatement du sens, à être lui-même le sens même.

Mais Maur ne s'est pas contenté des figures de style et des figures au sens où on appelle ainsi des dessins. Il a aussi tenu à indiquer chaque fois la rhétorique qui a présidé à l'élaboration de son poème. Il serait fastidieux d'exposer ce point en détail. Qu'on sache seulement que, chaque fois, Maur indique la thématique de son poème. Ainsi, en même temps qu'il va vers son lecteur, le poète l'incite à venir vers lui. Ce mode de communication à double sens est unique dans l'histoire de l'écriture occidentale et si l'on voulait absolument lui trouver un équivalent, il faudrait faire référence à l'arbre des Sephiroth ou bien encore au Yi-King. On aurait tort, cependant, de prétendre que les constructions de Raban Maur vont aussi loin que les schémas, à la fois de pensée et de prière, des cabalistes. En effet, si l'intention est la même, la formulation qui en est donnée dans les deux cas est différente. Disons que les poèmes de Raban Maur peuvent être tenus pour la plus cohérente des réponses apportées par le monde latin à une série de questions auxquelles, encore idéogrammatique et même pictographique, l'écriture hébraïque a eu plus de facilité à répondre. Au reste, si l'on continue encore aujourd'hui à exploiter le système de méditation proposé par l'arbre des Sephiroth dont la facture semble inépuisable, celui qui a présidé à l'élaboration des poèmes de Maur n'a, en revanche, pas été approfondi après lui.

Que l'écriture latine n'offre que des moyens très limités à la transcription du mystère divin, c'est bien ce que prouvent les planches du livre d'Aratus. Cette fois, comment ne pas sentir que, même, un sérieux pas en arrière a été fait ? Ici, les calligrammes sont loin d'être l'occasion d'une méditation sur le langage et, à travers lui, sur la personne de Dieu. On a beaucoup accusé, et à tort, les auteurs de calligrammes de légèreté. Cette fois, c'est l'absence de sérieux dans l'exécution du propos qui confère à l'ensemble un caractère frivole. Et pourtant, on aurait pu penser qu'aucun sujet plus que celui de l'astronomie ne saurait davantage convenir à un auteur de calligrammes. En effet, parvenir à formuler les choses du ciel calligrammatiquement, c'eût été les rendre à l'espace et du même coup magnifier tout à la fois Dieu et son œuvre. Réussie, l'entreprise aurait enfin eu l'avantage, tant pour nous que pour son auteur, de se solder par un effacement dans toute cette splendeur. On est ici loin du compte : c'est qu'Aratus a tenté de venir à bout de son projet avec le seul recours du talent. Or est-ce que, seule, la foi n'est pas capable de rendre maître d'un tel propos ? Quant à la méthode employée, Aratus a confondu mise en page et calligramme. « Les phénomènes », traduits par Cicéron, seraient sans doute demeurés oubliés si Julius Hyginus, un artiste enlumineur carolingien, n'avait éprouvé le besoin d'agrémenter de figurines le calendrier astronomique d'Aratus. Il n'en est pas moins vrai qu'au vu de ces montages, de ces *habillages*, comme on dit dans le langage des imprimeurs, le charme dont nous parlions à propos de Raban Maur n'opère pas. L'occasion est bonne de préciser que, pour que l'effet se produise, il faut qu'image et texte coïncident absolument. Ce n'est qu'à ce prix que, dans le même temps que nous le confirmons dans son pouvoir, le langage nous ramène à notre contingence.

Dans le monde musulman cette fusion de Dieu et de sa Parole est attestée par l'usage qu'on y fait de l'Écriture. Parce que cette Écriture est considérée comme sacrée, les textes utilisés dans l'ornementation des mosquées n'y figurent même jamais que placés au-dessus de la tête d'un homme. C'est ainsi que les portes des édifices religieux sont souvent surmontées de bandeaux en marbre portant une écriture sculptée en relief sur un fond peint en vert ou en bleu foncé, couleurs qui s'harmonisent particulièrement avec l'or. La raison de cette identification du Prophète et du Texte provient aussi du fait qu'empruntée par les Bédouins d'Arabie aux Nabatéens, cette écriture, avec ses signes-voyelles au-dessus et au-dessous des caractères, allait être fixée à la faveur, précisément, de la diffusion de l'enseignement de Mahomet. À partir du règne du calife Abdal-Malik (685-705), cette écriture va contribuer pour une part décisive à l'unité du monde musulman. Et si, même, l'assemblage de ces signes, généralement pris dans un jeu de symétrie, constituait une notation musicale, une mélopée ? Tout de même pas. Cependant les répétitions courantes d'un même mot (généralement les noms d'Allah, de Mohammed ou d'Ali) indiquent le rythme des incantations. Chaque mot devient comme un sceau, une figure magique. Ainsi, qu'on se trouve en présence d'une écriture en arabesque ou d'un texte en coufique quadrangulaire aux allures de labyrinthe, la conviction s'établit aussitôt que la Parole sacrée est si parfaitement transcrite qu'elle ne peut pas ne pas être un mystère dont il faut avoir la clé, le mot.

L'âge d'or de l'écriture ornementale musulmane se situe peu après la fixation de l'écriture proprement dite, soit entre le VIIe et le Xe siècle de l'ère chrétienne. Lors de cette période, la calligraphie tint dans les pays musulmans une place analogue à celle qu'elle occupe toujours en Chine, où l'on ne saurait dissocier la valeur d'un poème de celle de sa calligraphie. La seule différence entre ces deux mondes, c'est que, dans l'arabe, le poème est la Parole de Dieu. C'est la raison pour laquelle les calligraphes y furent longtemps plus célèbres que les écrivains. Ainsi on peut citer les noms de Shafic Bey, Nazif, Rasim-Zourdi – celui qui calligraphia le voile qui couvre la pierre noire de La Mecque –, Mustafa

Izzat, Hazif Osman et, enfin, celui qui fut considéré comme le « Michel-Ange de la calligraphie » : Mustafa Rahim. On raconte que le sultan Mamoud II tenait son encrier tandis que l'illustre calligraphe lui donnait une leçon.

Le développement de l'écriture calligrammatique arabe, loin de disparaître complètement avec la ferveur religieuse du Moyen Âge, va, au contraire, ne pas cesser de s'affirmer avec une exubérance proprement extraordinaire, et ce, jusqu'à la fin du Moyen Âge. Tout indique que les stucateurs tout autant que les illustrateurs du Coran se sont fait fort d'user de l'écriture au maximum de ses ressources. Ainsi, il ne sera pas dit qu'en exploitant les possibilités qu'offrent les hampes des lettres, l'arabesque, précisément, on ne parviendra pas à faire de l'écriture elle-même le lieu et le moment du miracle. Le monde entier passera par elle et, de ce fait elle offrira une réplique exacte au Prophète. En effet, est-ce qu'à l'instant de la trouvaille et de sa réalisation la joie du calligraphe (je pense tout particulièrement à Hafiz Osman, l'Ottoman (1642-1698) à qui l'on doit l'invention du mot-image – *Hilyah*) n'équivaut pas à une perte, une dilution de la personne entière dans le Dieu qu'il magnifie, à une prière ? La prière musulmane étant psalmodiée, c'est tout naturellement que le calligraphe retrouve dans ses compositions le rythme du muezzin. Le calame glisse harmonieusement, le calligramme est un don et l'existence confondue au mystère.

Khatibi[1] a évoqué ce rapport enivrant de l'artiste avec son Dieu et bien dit pourquoi son écriture calligraphiée ne peut être qu'une écriture de calligrammes. « D'où l'artiste musulman tire sa volupté ? L'effacement figuratif du visage divin et humain ensource l'être dans l'écriture, dans une théorie radicale de l'écriture : tout doit passer par le texte sacré et y revenir. Texte sacré et principe axial. L'artiste musulman construit l'illusion d'un objet (car seul Allah crée), appartenant à un déjà-écrit, sur la Table conservée. Par ce geste, il rejoint l'être de tout art : faire venir infiniment ce qui est déjà là. Ce geste introduit une peinture secrète de l'âme, dans sa manière d'envelopper le vide et de s'y loger par des épures gnomiques : calligrammes absolus, monogrammes symboliques, Géométrie à paraboles divines. » Puisqu'il s'agit de la langue du Prophète, rien ne saurait donc s'écrire en arabe et qui ne le concerne pas et qui ne puisse être transcrit sous la forme quasi miraculeuse d'un calligramme. Ainsi il n'est pas d'énoncé qui ne puisse être l'occasion d'une trouvaille, d'un enivrement. « Toute la tradition islamique, dit Khatibi dans *La Blessure du nom propre*, insiste sur la révélation du Coran comme le plus grand des miracles (*i'Jâr*). » En somme, atteindre au calligramme, est-ce faire la découverte heureuse de la réalité

1. Dans *La Blessure du nom propre*, Paris, Denoël, coll. « Les lettres nouvelles », 1974.

de l'existence du Prophète dans toute sa gloire ? « Le calame est comme l'âme de la Parole [...] : il doit déchiffrer, transcrire la Parole inimitable qui sera répétée dans le calligramme jusqu'au point aveugle du mouvement giratoire : la mort, le voile remis, le vide effacé par la main de Dieu. » Khatibi fait d'ailleurs parfaitement bien saisir que tout, ici, est calligrammatique jusqu'à l'écriture elle-même, dont l'alphabet serait le « calligramme du cycle lunaire ». De même encore, l'acte d'écrire à droite ou à gauche correspondrait, dans le premier cas à la main qui suit le mouvement des astres qui se déploient de l'Orient à l'Occident, dans le second au mouvement des sept astres qui se déplacent en sens inverse.

Khatibi consacre à la fin de son livre une étude à un petit nombre de calligrammes. J'ai choisi le premier de cette série qui s'intitule « Calligramme-labyrinthe en kûfi ». « Si donc il y a une beauté du graphe, dit-il là, il faut l'analyser dans cette relation intime des figures rhétoriques et d'une combinatoire transfigurante, délirante de la lettre. Délire divin, ici, puisque la phrase coranique forme la clôture du texte et lui accorde une signification transcendentale ; mais l'énoncé – doxologique ou non – est lui-même joué par un troisième code qui fonde l'évasion brûlante du regard et de la lettre, tous deux sans cesse dissous en une violente interrogation. C'est ce travestissement aérien et musical de l'être de/à la lettre qui tourne dans la célèbre allégorie du labyrinthe [...] l'énoncé coranique commence par le mot *Allah*, tout à fait dans le coin d'en bas ; il se poursuit en mouvement "giratoire", tantôt carré, tantôt zigzagant, et se termine au centre par le mot *al'az'im*. Giration suspendue par des accidents de lecture : renversements de la lettre, vis-à-vis, jeux de miroir, sauts d'une ligne à l'autre, inversions, enchâssements, autant de figures – très proches de la musique – qui accordent au lecteur un pouvoir de jouissance : le labyrinthe s'écrit dans l'étoilement de l'être. C'est une écriture de consumation. » Dès

COMPOSITION EN KÛFI CARRÉ

◀ BIBLE ACCOMPAGNÉE DE LA MASSORE EN TROIS VOLUMES.
Le manuscrit d'un type allemand a été exécuté par Shneour ou Senior, fils de Hayyin pour R. Jacob, fils de R. Isaac et achevé le jeudi 22 tammouz 5064 (1304 apr. J.-C.), BNF, Paris. Si le texte de la Bible hébraïque a été écrit ici dans une lettre relativement grande, celui de la massore, qu'on peut traduire succinctement par « commentaire », a été, lui, composé en une lettre plus petite. On se trouve donc ici en présence de mise en image de la parole.

CALLIGRAMME CHIITE EN MIROIR
Noms d'Allah, de Mohammed, d'Ali et de ses fils Hassen et Hussein. Il y a sans doute ici une transgression de l'interdit (cf. Abdelkebir Khatibi, *La Blessure du nom propre*, Paris, Denoël, 1974)

lors on a saisi où Khatibi veut en venir. Dans ce même ouvrage consacré aux tatouages marocains, il fait en effet parfaitement saisir qu'en réalité l'écriture calligraphique arabe est un langage érotique, le Coran servant tout naturellement de référence, tant il est vrai qu'Allah est l'amour même. En somme, ce qui serait vrai pour le tatoueur, à savoir que ce que son travail de marqueur n'accomplit pas, son amour pour celle qu'il aime le parachève. Le calligramme est l'amour et par le biais de l'écriture, grâce à lui s'accomplit la fusion profonde et de l'amour et du langage.

Ainsi est-il bien clair que le calligramme participe du secret. Avec sa minutie que double sa violence amoureuse le scribe met en action une physique initiatique. Il s'agit de dire la passion, la folie et, tout à la fois, cet amour, de le dire en le replaçant dans le courant d'une transcendance. De ce caractère de secret quelque chose transparaît dans l'apparente illisibilité du calligramme. À force d'être chargé de sens il est devenu un sceau : celui de l'amour et de la mort confondus en un même vertige.

Scribe du secret, le calligraphe est aussi un fou du signe. Avec son calligramme il convie autant à lire qu'à un délire, lequel est la seule et véritable lecture. Grâce à cette image nous sommes incorporés à cette transe dans laquelle l'univers est pris. En fin de compte, les rôles du calligraphe et de son lecteur sont indissolublement liés. Le lecteur du calligramme participe à l'action du calligrammateur dans la mesure où il réécrit son œuvre en la regardant. Ainsi, tandis que le premier retrouve, en se dégageant de cet amas de lettres, la physique de la danse et, par là même, redevient un corps, le second est initié et la communion est établie par le truchement de ce qui les dépasse l'un comme l'autre.

Après s'être demandé pourquoi « cette chose éminemment vivante qu'avait été pendant un temps l'écriture arabe de tendance décorative vit les sources de son inspiration se tarir vers la fin du Moyen Âge », Mme J. Sourdel-Thomine[1] évoque le retour du caractère anguleux au caractère arrondi,

1. Dans *L'Écriture et la psychologie des peuples*, Paris, Armand Colin, 1963. Dans la présente édition, ci-dessus, voir p. 701 (NdÉ).

c'est-à-dire « à ces tracés figés qui étaient restés ceux de l'écriture utilitaire ». De cette prodigieuse efflorescence, Mme Sourdel-Thomine dit qu'« elle fut une expérience étrangère, en quelque sorte, au développement normal de cette écriture, vraisemblablement motivée par les conditions historiques particulières qui avaient imposé à des non-Arabes devenus musulmans [il est ici fait allusion aux ornemanistes iraniens] le respect d'un système graphique chargé par eux de valeur dans son apparence plutôt que dans sa signification ». Cette explication est sûrement la bonne tant il est vrai qu'on ne voit pas comment, en effet, il serait seulement possible de continuer à composer des calligrammes sans amour avec une écriture utilitaire ». Il n'empêche que Mme Sourdel-Thomine va tout de même trop loin, schématise un peu trop. En effet, nombre des calligrammes arabes du XIVe siècle, par exemple, sont de facture beaucoup moins abstraite que ceux conçus dans la période des empires omeyyade et abbāside. Quant aux tatouages dont parle Khatibi, ne sont-ils pas restés « chose » éminemment « vivante » ?

Sans doute le procédé du calligramme n'est-il pas capable de susciter continuellement de nouvelles prouesses. Est-ce à dire que l'essentiel de ce qui pouvait être exprimé par ce moyen, tant en Orient qu'en Occident, l'a été et que des formes nouvelles sont impossibles ? Non, à moins qu'on ne veuille à tout prix associer le fait d'élaborer des calligrammes à l'approfondissement d'une réflexion sur le lien qui unit un langage à une parole. En ce sens, on peut dire de la réussite de Raban Maur qu'elle a paralysé. Même si son œuvre ne marque pas un aboutissement, on comprend qu'elle ait pu apparaître comme un système clos, indépassable. En vérité le renouvellement du genre s'est d'abord traduit par un retour aux grands classiques. En effet, à la fin du XVIe siècle de tout jeunes gens s'amusent, mi en grec, mi en latin, à refaire soit des « Autels », sujet cher à Dosiades (c'est le cas d'Antoine Tabet et de Philippe Merceret), soit une « Syrinx » à la manière de Théocrite ou de Porphyrius.

Elle est intéressante à analyser cette timidité à l'égard des premiers calligrammes des Anciens. À croire qu'aux yeux non pas de ces nouveaux poètes mais de ces apprentis penseurs, Simmias ou Dosiades, Porphyrius ou Théocrite sont parvenus d'un seul et premier coup à venir à bout de toutes les difficultés du genre. Considérés en leur temps comme des jongleurs mondains, ces poètes sont devenus des sages détenteurs d'un savoir sacré, des hommes qui possédaient la clé du langage. C'est la raison pour laquelle ceux qui s'essayent à composer des calligrammes après eux ne le font qu'en les imitant. Parce qu'il s'agit là d'exercices de rhéteur, on est loin de la conception que les Arabes se font du calligramme. C'est cette absence de liberté dans la manière de concevoir ce qu'est un calligramme qui explique la relative pauvreté du développement de cet art en Europe depuis la fin du Moyen Âge. On le voit : le peu de possibilités qu'offrent les caractères latins n'explique pas tout. Parmi tous les noms de ces élèves d'un collège de Dole qui, tous, font l'hommage de leurs exercices en vers

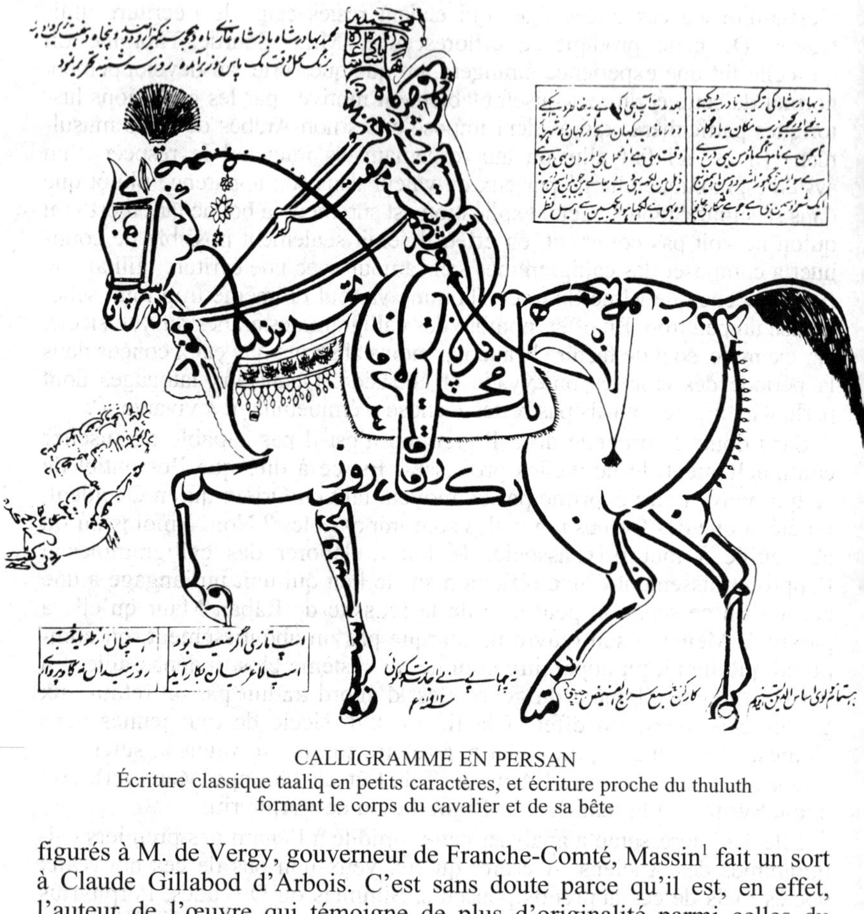

CALLIGRAMME EN PERSAN
Écriture classique taaliq en petits caractères, et écriture proche du thuluth formant le corps du cavalier et de sa bête

figurés à M. de Vergy, gouverneur de Franche-Comté, Massin[1] fait un sort à Claude Gillabod d'Arbois. C'est sans doute parce qu'il est, en effet, l'auteur de l'œuvre qui témoigne de plus d'originalité parmi celles du recueil : la figure du pont-aux-ânes. Mais Massin aurait, après tout, tout aussi bien pu monter en épingle les deux lunettes grecque et latine de Pierre Dolet de Baume et François Outhenin. Bertrand Guégas[2], lui, cite d'autres de ces jeunes gens : Claude de Rougemont de Baume, auteur d'un labyrinthe latin, Claude Sachot de Dole qui « écrit » deux cercles concentriques, Armand Deprez qui, lui, fait des triangles en grec et Antoine Rousselet de Vesoul en latin ; François Cornu de Charoles enfin, qui s'adonne aux calligrammes en forme de losange ou de parallélo-

1. Dans *La Lettre et l'Image*, Paris, Gallimard, 1973.
2. Dans « Vers figurés et calligrammes », *Arts et métiers graphiques*, n° 32, 1932.

gramme. En vérité, le mérite des uns et des autres est plus grand qu'il n'y paraît. En effet, il s'agit de calligrammes typographiés. Cela a d'autant plus d'importance que la réalisation de tels calligrammes ne permet pas de « tricher » avec les « espaces » aussi facilement qu'on le peut en exécutant des travaux de ce genre en n'usant que de la seule écriture manuelle. Ainsi, par exemple, on ne peut pas ne pas remarquer que la lunette de Dolet accuse certains « blancs » qui compromettent un peu sa démonstration. Mais ce n'est pas là le point important. Il réside bien plutôt dans le fait que, depuis qu'au chapitre V de son *Panurge* Rabelais a fait figurer la *dive bouteille* sous forme d'un calligramme, on ne s'inspire plus exclusivement de sujets religieux pour composer des vers figurés. En effet, si certains comme Antoine Besancenot de Vesoul, Frédéric de Chaviré ou René Chevreton, Georges Herbert ou Josuah Sylvester en reviennent encore aux « Haches d'armes antiques », aux « Ailes d'amour » ou aux « Colonnes » de Simmias de Rhodes ou de Théocrite, d'autres comme Jean Grisel avec ses « Madrigaux » ou « Double prosopopée de la fleur de lys » ou le sieur Angot de l'Éperonnière, avocat au siège présidial de Caen (qui se risque à composer un luth, une branche de laurier), sortent des sentiers battus. Puis, on a ensuite eu surtout recours aux formes géométriques : les losanges, les carrés, les triangles, les cercles concentriques se sont multipliés. Dans son étude intitulée *Amusements philologiques ou variétés en tous genres*, sous le pseudonyme de Philomneste, Gabriel Peignot, un érudit, archiviste de son état et qui fut le bibliothécaire de Charles X, évoquant les vers en losanges de Panard, les intitule tantôt des vers « rhopaliques », tantôt des vers « pyramidaux ». Peu importe le nom de ce mètre. Plus intéressant à relever est le fait qu'il s'agit ici davantage de canulars que de poèmes. En effet, on aurait d'autant plus tort de négliger ces pièces à cause de leur légèreté qu'elles confèrent à la poésie une dimension qui lui faisait jusqu'alors défaut : celle de l'humour. Comme s'il ne manquait que cette distance prise avec le sujet du calligramme pour parachever notre saut dans le vide. En 1589 en Angleterre, pour pallier les difficultés du genre, George Puttenham fera la relève des différentes formes possibles de vers figurés et fournira nombre de renseignements sur la manière d'en composer. Il ne sera guère entendu et il y a fort à parier que les amants dont il parle et qui, en Tartarie, s'écrivent au moyen de poèmes en forme de cercles ou de diamants taillés n'y sont pas parvenus en suivant ses préceptes. En l'occurrence, le seul maître est le cœur.

Michel Foucault, dans un texte qu'il consacre à un tableau de Magritte[1], fait l'analyse de la nature des calligrammes et de ce que leur lecture met en jeu. Ce passage explique cette frénésie de formes à partir du XVIe siècle : « Le calligramme est donc tautologie. Mais à l'opposé de

1. *Ceci n'est pas une pipe*, Paris, Gallimard, coll. « Les cahiers du chemin », 1968.

la rhétorique. Celle-ci joue de la pléthore du langage ; elle use de la possibilité de dire deux fois les mêmes choses avec des mots différents ; elle profite de la surcharge de richesse qui permet de dire deux choses différentes avec un seul et même mot ; l'essence de la rhétorique est dans l'allégorie. Le calligramme, lui, se sert de cette propriété des lettres de valoir à la fois comme des éléments linéaires qu'on peut disposer dans l'espace et comme des signes qu'on doit dérouler selon la chaîne unique de la substance sonore. Ainsi le calligramme prétend-il effacer ludiquement les plus vieilles oppositions de notre civilisation alphabétique : montrer et nommer ; figurer et dire ; reproduire et articuler ; imiter et signifier ; regarder et lire. » C'est en Allemagne qu'on assiste à la plus grande débauche de formes. La raison en est sans doute que dès le XVIe siècle le genre en est devenu populaire et qu'on en use à tout bout de champ, voire pour des billets doux. Pour peu qu'on sente ce dont on parle il sera facile d'imprimer à ses dires la forme qui convient. Comme si, avec la justesse du propos, ne pouvait que coïncider la forme qu'il implique. Que, par la même occasion, ce que l'on formule de cette manière en soit sacralisé, c'est certain. Le dédoublement dont le calligramme est la cause confirme un texte, quel qu'il soit, dans son bien-fondé. Ainsi, dans nos langues occidentales tout autant qu'en pays musulman, rien ne saurait mieux se prêter à une écriture calligrammatique que l'amour. Alors, en même temps qu'une langue apporte tout ce qu'elle est capable de donner, elle est comme dépassée. En effet, dès lors que la preuve par calligramme est apportée de la justesse d'un propos, celui qui en prend connaissance est transporté. La démonstration est faite que le règne de l'amour existe en ce monde.

Quand, au XVIe siècle, on est un imprimeur au pays de Gutenberg, on ne désire rien tant que de montrer ce dont on est capable. En ce sens, la somme de difficultés que représentent la « composition » et l'impression d'un calligramme est une aubaine. Les calligrammes de Karst révèlent autant l'habileté de leur typographe que celle de leur auteur. À moins que de telles œuvres aient été les occasions d'un travail en commun d'un poète et de son imprimeur. L'histoire ne dit pas ce qu'il en fut de cette collaboration. En tout état de cause, l'habileté de cet imprimeur est si grande qu'il parvient à faire passer ce qui n'est peut-être que des faiblesses d'exécution – on dirait, dans le langage du métier : des défauts de serrage – pour un surcroît de maîtrise. Cet arbre n'a pas un tronc bien droit, ce cœur se fend un peu sous le coup de cette flèche qui le transperce, cette grappe est lourde... C'est sans doute la première fois qu'en Occident des calligrammes donnent à ce point le sentiment non pas seulement de la vie mais de l'ineffable. À ce propos, on ne saurait négliger ce fait que, premier des sujets de calligrammes à ne pas être religieux, le thème de la bouteille convient. Ainsi, si Angot dessine de ses vers « le fond de la bouteille qu'il a bue » et des bouteilles jumelées, Panard (que Marmontel avait surnommé « le La Fontaine du vaudeville ») formera le calligramme d'une splendide carafe bien ventrue et une coupe qui vous mettent… le vin à la bouche. Plus tard, le thème sera repris par Pierre Capelle, un inspecteur de la librairie de Louis XVIII, qui dans des imitations de Panard en plus volumineux « écrira » une bouteille… de bénédictine de trente-six vers et un hanap qu'on a pris l'habitude d'appeler « Le verre de Panard Capelle » (1807). La fortune du thème s'explique sans doute par le fait qu'il n'est rien comme une bouteille pour vous faire voir double.

II

Avant 3800 av. J.-C. l'homme n'est pas privé d'écriture mais d'une certaine écriture et, de ce manque, il s'accommode parfaitement. D'autant qu'alors chaque graphe est, pour lui, la marque d'un désir, d'un égarement. Alors et pour cette raison, si elle s'identifie absolument à l'être qui en use, l'écriture échappe au pouvoir. Elle est la liberté même. On écrit comme on est. Il est indéniable aussi qu'à la faveur de toute écriture authentique se développe une activité qui correspond à une certaine forme d'appropriation de la chose écrite, appropriation qui se traduit par ce plaisir souvent trouble, mais réel, éprouvé au moment même de la transcription. Cela, les hommes de Lascaux et de Pech-Merle, ceux d'Altamira ou de Castillo, le proclament bien haut quand ils représentent des animaux transpercés de flèches. Déjà, pour eux, il s'agit d'une mystérieuse identification de leur être à la chose écrite. À croire que l'écriture marque leur passage dans le corps de l'animal convoité les rendant capables, tandis qu'ils le font leur, à la fois de vivre et de mourir à sa place.

Puis, que s'est-il passé ? Gelb[1], sans doute le premier à avoir élaboré une « théorie » de l'écriture cohérente, le résume : « Exactement comme le langage parlé est sorti de l'imitation du son, l'écriture est liée à l'imitation de la forme d'êtres ou de choses réels. À la base de toute écriture il y a la représentation. Cela ne ressort pas seulement du fait que toutes les écritures primitives d'aujourd'hui sont représentatives, mais aussi de ce que tous les grands systèmes de l'Orient, tels le sumérien, l'égyptien, le hittite, le chinois, etc., furent à l'origine de vraies écritures figurées. Toutes ces écritures, à vrai dire, avaient déjà dans leurs premiers stades des signes qui ne ressemblaient pas à des repré-

1. Dans *A Study of Writing*. The University of Chicago Press, 1952. Édition française : *Pour une théorie de l'écriture*, Paris, Flammarion, 1973.

sentations d'objets réels [...]. Il ne fait pas de doute que de tels dessins géométriques ne représentent nullement des formes abstraites mais résultent du développement schématique de représentations de choses réelles [...]. De toutes ces évolutions, la plus frappante autant que la plus commune c'est le passage des représentations de ce que l'on appelle l'orant (*hallelujah man*) – un homme les bras dressés dans l'attitude de la prière – à de simples tracés linéaires. »

ABRAHAM DE BALME, LETTRES FANTASTIQUES.
Cet alphabet est reproduit par Tory, dans son *Champ Fleury*

Les Chinois seront les premiers à assumer l'héritage de l'image. Leur écriture en est la preuve. Elle traduit la plus harmonieuse des évolutions de l'image à la transcription, plus élaborée, d'un signe. Sauf pour quelques rares savants, plus rien ne se découvre ici de ce qui a été l'idéogramme à l'origine. Ainsi, il y a d'abord eu des formes débarrassées de leur gangue au point de devenir des emblèmes et, ensuite, des signes, ceux-là même qu'aujourd'hui on appelle des pictogrammes. Et puis, dans une nouvelle phase, sans pour autant qu'ils aient été modifiés dans leurs formes, ces signes ont assumé la transcription d'une idée. Dès lors, l'écriture a atteint le niveau de l'idéogramme nanti d'une valeur tout à la fois philosophique (celle d'un symbole) et esthétique (celle d'une image). « Les philologues chinois distinguent d'ailleurs les images ou représentations (*wen*) et les caractères composés (*tseu*). Les images se dissocient du reste en représentations proprement dites (*siang-hing*) qui figurent au nombre de 364 (dans le *Chouo Wen*) et en symboles que certains préfèrent appeler dactylogrammes (*tche che*) dont le *Chouo Wen* catalogue 125 » (Étiemble[1]). Cet attirail de signes dûment codifié, l'écriture chinoise n'a plus consisté qu'en un véritable jeu d'assemblage visant à former des agrégats de deux ou plusieurs caractères. Ainsi, le signe évoquant l'*œil* et celui évoquant les *larmes*, placés ensemble, ont donné celui de la *tristesse* ; celui du *toit* et celui de la *femme* : l'*enfant* ; celui de la *femme* et celui de l'*enfant* : *aimable* ; celui de deux *femmes* : la *querelle*. Ces articulations, si elles surprennent,

1. Dans *L'Écriture*, Paris, Delpire, 1963.

sont toujours admirables et témoignent d'une belle stylisation de la pensée. Dans une phase de l'évolution de l'écriture parallèle à celle de l'écriture chinoise, les signes ont eu pour nouvelle mission l'évocation, non plus d'une idée mais d'un son, puis d'une syllabe et, enfin, d'une lettre. On assista alors au triomphe de l'intelligence capable, pour la première fois, de signifier n'importe quoi.

En ce qui concerne les écritures européennes il convient d'apporter quelques précisions au sujet de leur périple. Elles sont issues des hiéroglyphes des Égyptiens, lesquels usaient autant d'idéogrammes que de signes phonétiques. Ces derniers étaient formulés à la manière d'un rébus sans, pour autant, qu'il soit tenu compte de leur signification première. C'est à partir de ces hiéroglyphes égyptiens que les Phéniciens créèrent l'alphabet sémitique composé exclusivement de consonnes et s'écrivant de droite à gauche. Par la suite, les Grecs reprirent cet alphabet, lui adjoignirent des signes voyelles et modifièrent le sens de son écriture. Les noms des lettres de l'alphabet égyptien étaient directement issus du réel : *alph* (bœuf), *beth* (maison), *gimel* (chapeau), *daleth* (porte), etc. Mais les lettres grecques eurent beau hériter des noms des lettres égyptiennes, elles n'eurent d'autre sens que celui de ces lettres mêmes : *alpha*, *bêta*, *gamma*, *delta*. Tels furent, dans le tracé des lettres appartenant à une écriture occidentale, les derniers témoignages de la présence d'objets ou de formes inspirés de la réalité concrète.

Dans un texte non édité, Claudel parle de « cette espèce de découverte que, professionnel invétéré de la plume, [il a] faite, réelle ou non, que notre écriture occidentale, elle aussi, comporte des idéogrammes ». « Comment, dit-il là, écrire des mots comme *œil* (l'œil vu en accolade de face ou de profil et le regard qu'il décoche) ou *cœur* sans y voir une représentation de l'organe représenté ?... Et le mot *locomotive* qui est une peinture exacte de l'engin avec sa cheminée, ses roues, ses pistons, son sifflet, ses leviers et sa flèche de direction, sans compter le rail ! *Rêve* est toute une représentation. Il y a le papillon qui est l'accent circonflexe. Il y a le chasseur armé d'un sifflet qui avance la jambe à la poursuite de cette miette élusive. Avec une échelle – c'est l'E –, il essaye de l'attraper. Il lui tend les bras à l'inverse du sigle impalpable et c'est V. En vain, il ne reste plus que l'échelle. » Ainsi non seulement chaque mot, mais le langage lui-même ne devrait-il pas tout entier, toujours, se trouver plus ou moins en équilibre entre son écriture et son dessin ? Vraiment serait-il possible de parler d'une preuve par calligramme applicable au langage tout entier ? Sans doute l'idée est-elle amusante, mais on ne saurait la soutenir longtemps. Claudel n'a fait que bien choisir ses mots. De la même manière, et pour écarter aussi ce point, disons qu'on pourrait aussi pousser la « découverte » de Claudel plus loin encore et prétendre qu'à l'instar des lettres de l'écriture hébraïque nos lettres sont, elles aussi, des calligrammes. Notre A capitale n'est, en

AMOUR, MICHEL LEIRIS

poète et écrivain français (1901-1990). Leiris a participé au mouvement surréaliste. Ethnologue, il rapporta d'une longue mission accomplie en Afrique en 1931 *L'Afrique fantôme*, un journal de route qui lança l'idée de la littérature ethnologique. Son œuvre d'écrivain est presque essentiellement autobiographique : *L'Âge d'homme* ; *La Règle du jeu* qui comprend *Biffures* (1948) ; *Fourbis* (1955) ; *Fibrilles* (1966). Il a d'ailleurs énoncé les lois de l'écriture autobiographie dans un texte célèbre : « De la littérature considérée comme une tauromachie » (1951). On ne voit pas qui d'autre que l'auteur de *Glossaire, j'y serre mes gloses* (1939) aurait pu concevoir un tel calligramme en lettres emboîtées. (Ce calligramme a été repris dans *Mots sans mémoire*, Paris, © Gallimard, 1969)

effet, jamais qu'une tête de taureau renversée ; notre D : une porte qui tourne sur ses gonds ; notre M : un souffle de vent sur une étendue d'eau ; notre O : un œil d'animal... Si l'on ne craignait pas de faire intervenir ici finalement un jugement subjectif, tout l'alphabet y passerait. Aussi, dans *Biffures*, Michel Leiris[1] montre en quoi, pour lui, les lettres ne sont pas des « lettres mortes » mais « parcourues par la sève d'une spécieuse Kabbale qui les arrache à leur immobilité dogmatique et les anime jusqu'aux extrêmes pointes de leurs rameaux ». Mais à peine Leiris a-t-il dit quels sont pour lui ces rapports, qu'il précise : « Je ne fais ici que m'amuser et de toutes ces correspondances il en est peu que je prenne au sérieux. » « L'intelligence, dit Gilbert Lascault par ailleurs, s'efforce de maintenir hors du champ de la réflexion la mise en rapports complexes de la lettre et de la figure, mise en rapports qui pose (en termes pour elle scandaleux) le problème plus général du lien entre le lisible et l'image. Elle refuse le désir qui vient troubler l'abstraite pureté prêtée à l'écriture non pictographique. Elle veut que tout "reste à sa place" et que la distance soit maintenue entre la figure et d'autre part l'écriture qu'elle réduit au raisonnable[2]. » Éric Gill mettra un point final à tout cela le jour où il précisera : « les caractères sont des choses et non pas des portraits de choses ».

Ce point éclairci, revenons à Apollinaire. Depuis qu'il est poète et qu'il écrit, il est « à la recherche d'un nouveau langage auquel le grammairien

1. Paris, Gallimard, 1957.
2. Dans « Lettres figurées, alphabet fou », *Revue critique*, n° 285, février 1971.

d'aucune langue n'aura rien à dire ». « On veut de nouveaux sons », « des consonnes sans voyelles », dit-il. Dès lors, pourquoi ne « voudrait »-on pas aussi des mots qui dessinent autant qu'ils parlent ?

La Victoire avant tout sera
De bien voir au loin
De tout voir
De près
Et que tout ait un nom nouveau.

Son nouveau langage, Apollinaire l'a découvert sans même l'avoir cherché, en suivant la pente de son écriture. Sa trouvaille, ce sera donc ses *Calligrammes*. Ce langage n'est pas si nouveau que cela, on vient de le voir. Il n'empêche, découvrir la lune n'est pas une mince invention. Reste que cette découverte, ou cette redécouverte, n'est pas encore, à la mort du poète, parfaitement accomplie. Ce sera le fait, presque un demi-siècle plus tard, des poètes qui se réclament de la poésie visuelle. À propos des admirables textes à la fois écrits et dessinés qui figurent généralement à titre d'« habillage », comme on le dit en terme de métier, dans les bibles médiévales européennes le plus souvent allemandes ou espagnoles, Massin, dans *La Lettre et l'Image* au chapitre des « Vers figurés et calligrammes », parle d'une importante série de « ce qu'on peut bien appeler des calligrammes au sens où l'entendait Apollinaire ». Sans doute Massin a-t-il raison : cet ensemble est imposant. Il y a là tout un jeu d'arabesques à ce point confondues avec les écritures qui les dessinent qu'on ne peut pas ne pas penser que ces scripteurs ont dû éprouver, en venant à bout de ces difficultés, une joie de même nature que celle des calligraphes arabes. Et puis, il y a là le témoignage d'une foi authentique et elle est un gage tant de beauté que de plénitude dans la création. Si le texte de la Bible hébraïque a été écrit dans une lettre relativement grande, celui de la Massore – qu'on peut traduire succinctement par « commentaire » – a été, lui, composé en une lettre plus petite. On se trouve donc ici en présence de mise en images de la Parole. Par la suite ce texte massorétique fut à son tour passé au crible. Ainsi, quelquefois, des commentaires du commentaire figurent dans les marges du texte. Puisque la Torah est la révélation on n'en finit pas de la lire : « Regarde, vis, consume tes jours en elle. Ne t'en éloigne jamais parce que rien ne la vaut. » Ainsi, issues de la Parole ces images y reviennent et, finalement, sont aussi cette même Parole. Il n'existe qu'un seul cas où le texte biblique lui-même et non le commentaire massorétique a été utilisé pour l'élaboration des figures. « Les pages-tapis de cette bible espagnole probablement du XVIIe siècle, écrit Mme Thérèse Metzger dans son étude sur *La Massora ornementale et le décor calligraphique dans les manuscrits hébreux espagnols au Moyen Âge*[1], sont les plus remarquables de celles que nous ayons rencontrées. »

1. Paris, CNRS Éditions, 1974.

Sur un autre point encore Massin a raison : il s'agit bien ici de dessins écrits dans le même esprit que les calligrammes d'Apollinaire. Cela est d'ailleurs vrai aussi au sujet de *Recherches de plusieurs singularités* de François Merlin, contrôleur de la Maison de feu Madame Marie-Élisabeth, fille unique du roi Charles IX, recopiées par Jacques Cellier. Mais en dépit de leur « accent de vérité », pour reprendre encore une expression de Massin, ces « écritures » hébraïques ou françaises ne créent pas du tout la même impression que les calligrammes « pleins » dont il a été question. C'est ainsi, par exemple, que la sensation de se trouver non plus seulement devant une prouesse, mais aussi en présence d'un mystère (la superposition très exacte du contenant et du contenu relevait à ce point, dans l'esprit de presque tous les auteurs de calligrammes, d'une espèce de magie, que les vers figurés ont eu longtemps pour thème exclusif des sujets religieux) est abolie. Et, dès lors on raisonne : il a bien fallu faire un dessin préliminaire, en fonction de la longueur du texte à reproduire : calculer son format et, pour ce faire, étudier la « chasse » de sa propre écriture et veiller à se tenir à un « corps » choisi. Mais on saisit aussi qu'à tout prendre, pour délicate que soit l'entreprise, elle ne requiert guère qu'une belle patience. Sans compter que les tricheries sont plus aisées à dissimuler ici qu'elles ne le seraient dans un travail imprimé. Dissimulées, elles ne le sont, d'ailleurs, pas même tant que cela dans le travail de Cellier. Il suffit d'un examen un peu attentif pour qu'elles apparaissent, même, nombreuses[1]. Cependant, et pour paradoxal que cela puisse paraître, Apollinaire lui-même dont, en effet, les poèmes de *Calligrammes* s'inscrivent très exactement dans la lignée des textes révélés par Cellier, n'a jamais eu l'intention de faire à proprement parler des vers figurés. « Ce qui s'impose et l'emporte ici, a-t-il dit lui-même sous le pseudonyme de Gabriel Arboin à propos de “Lettre-Océan”, un des poèmes de *Calligrammes*, c'est l'aspect typographique, précisément l'image, le dessin.

« Que cette image soit composée de fragments de langage parlé, il n'importe *psychologiquement*. Car le lien entre ces fragments n'est pas

1. Pour en terminer avec le livre de Massin, il me faut encore le reprendre sur un point. À un moment donné, il fait allusion à ces textes – la dernière lettre écrite par Marie-Antoinette dans sa prison, le testament de Louis XVI ou les discours de Napoléon Ier –, prétextes à des exercices de copistes qui se sont fait fort de conférer à ces « documents » historiques plus ou moins grandiloquents, et qui ne sauraient passer pour des poèmes, des formes diverses : les visages des souverains déchus ou la silhouette de la colonne Vendôme. Ce sur quoi il importe de s'arrêter ici, c'est sur le fait que ces textes n'ayant pas été écrits par ceux qui les ont mis en figures, nous ne nous trouvons pas en présence de véritables calligrammes, mais seulement de jeux d'habiles copistes. Un véritable calligramme suppose en effet une création de caractère poétique de la part de son auteur : création à laquelle, du fait de son propos même (suggérer par une forme, et de la manière la plus précise possible, le thème choisi d'un poème), le poète confère une nouvelle et quasi magique dimension. Il n'en est pas moins vrai que, de par la manière dont ils ont été exécutés, certains de ces travaux d'écriture sont d'une belle vérité.

celui de la logique grammaticale, mais celui d'une logique idéographique aboutissant à un ordre de disposition spatiale tout contraire à celui de la juxtaposition discursive. » On le voit : non seulement Apollinaire n'a pas le projet de faire des vers figurés, mais encore il n'a pas celui d'en concevoir d'éclatés. Sans doute saisissait-on déjà son intention en germe dans la suppression de la ponctuation dans *Alcools*. Mais voici comment les choses vont se préciser. Dans l'étude remarquable qu'il a produite sur ce qu'il a appelé à juste titre les « schématogrammes » d'Apollinaire, Alain-Marie Bassy[1] démontre qu'on n'a pas lu les *Calligrammes* comme ils méritent de l'être. Il fait saisir qu'on n'a, la plupart du temps, jamais vu en eux qu'une manière plaisante de mettre des textes en images alors qu'il s'agit de bien autre chose, tout en ne faisant pas appel à l'attirail des symboles : d'un mode d'initiation capable de nous fondre à qui nous aimons. Si l'on suit M. Bassy dans ses conclusions, ayant saisi l'usure du langage, Apollinaire n'aurait eu de cesse qu'il soit parvenu à élaborer un autre mode de transmission capable d'assurer une communication, non plus seulement au seul plan du langage mais de l'être entier. Sa trouvaille de génie, celle que manifestent ses *Calligrammes*, c'est l'action ou, plutôt, sa volonté de faire participer son lecteur à l'élaboration de son poème. Bassy dit cela d'une manière excellente qui précise qu'« Apollinaire ne cherche en aucune façon à décrire et à transmettre au lecteur un message poétique mais veut le conduire à *reconstituer l'acte poétique* lui-même ». Les « schématogrammes » sont une constante re-création : voilà bien la nouveauté apollinarienne. L'art du calligramme est une tentative – l'une des premières – pour exiger du lecteur une contribution active, un mimétisme qui n'est pas soumission, mais résolution dramatique de revivre et de recréer une expérience. Un poète cette fois prend conscience de la valeur créatrice et du rôle nécessaire de la lecture dans l'élaboration poétique... Les « schématogrammes » ne sont donc en aucun cas une tentative pour rendre visuelle une réalité poétique et littéraire, mais pour dépasser, pour *vaporiser* ou, disons, pour rendre atmosphérique une double réalité graphique et littéraire. Comme le parfum de l'œillet, la poésie n'est plus une chose ou dans une chose. Plus déliée, plus subtile, elle est l'impératif, le « *fiat* qui coordonne les raisons des choses, les raisons des formes ». Autrement dit, à la manière des Arabes mais à sa façon, Apollinaire non seulement nous propose des labyrinthes, mais aussi le fil d'Ariane pour nous en extraire. Grâce à lui nous ne nous contentons pas de réécrire un poème mais nous nous identifions à ce qu'il est par... essence.

Ainsi, quand on se sera rappelé que, pour l'essentiel, qu'il se présente ou non sous les formes plus ou moins avouées d'une lettre d'amour à Lou,

1. « Forme littéraire et forme graphique : les schématogrammes d'Apollinaire », *Scolies*, n°s 3-4, 1934.

chaque poème de *Calligrammes* est un poème d'amour, on saisira que ce qu'Apollinaire nous propose n'est autre que la forme occidentale la plus aboutie d'une écriture du désir. Bassy le confirme qui a découvert que, dans certains de ses poèmes (ceux dans lesquels un jet d'eau, un palmier, un bouquet, une étoile sont évoqués), après avoir mobilisé l'attention autour d'un point focal, au moyen d'un « transfert par rayonnement de l'analogon à la chose même », Apollinaire vise à « assurer le passage du désir à sa réalisation ». À propos de ce transfert Bassy parle même d'une « projection effective de l'un à l'autre de la manière dont les choses se passent dans l'acte amoureux ». Et comme pour achever de nous convaincre il précise encore qu'Apollinaire aurait abouti dans son projet dans la mesure où, par le biais « d'une projection de la mémoire », la personne aimée serait atteinte par celui qui l'aime du seul fait de la dispersion de celui-ci hors des « limites spatiales ». Les « schématogrammes » d'Apollinaire rendent donc très clair que si les processus de l'écriture et de la lecture peuvent se confondre, il est possible aussi qu'ils n'en fassent qu'un seul et même avec celui du plaisir. À sa manière Michel Butor confirme les propos de Bassy quand il écrit : « Les relations entre les différentes parties de ces textes sont profondément différentes de celles qui existeraient si elles étaient disposées les unes au-dessus des autres dans une typographie normale. Leur figuration oblige à les considérer simultanément. Venons-en au détail. Prenons, par exemple, l'élément "Miroir" de "Cœur, Couronne et Miroir". Le voici transposé en typographie normale : "Dans ce miroir je suis enclos vivant et vrai comme on imagine les anges et non comme sont les reflets. Guillaume Apollinaire." Le nom du poète ne peut être compris ici que comme une signature alors que, dans le poème, sa place au centre du miroir dessiné par la phrase en fait véritablement un portrait[1]. » Il y a donc là calligramme à l'intérieur d'un calligramme puisque aussi bien, ici, son nom est-il, pour Apollinaire, le calligramme de qui il est lui-même. On pense à ce qui se passe en Chine où un nom peut parfaitement, si on le décide, être le substitut de la représentation de la personne. C'est ainsi qu'au moment où les caractères de son nom sont inscrits sur sa tablette funéraire, l'âme même du défunt y pénètre. De la même manière, les dieux qui veillent aux portes des maisons et en interdisent l'accès aux mauvais génies sont tantôt figurés par des peintures, tantôt seulement par leur nom écrit. Mais Butor reprend : « De même examinons la montre dans "La cravate et la montre". On ne saurait pas comment en disposer les différents mots selon une suite linéaire. Ils n'y prendraient pas grand sens. Mais si on les regarde dans leur image on découvre avec un émerveillement amusé que certains sont une exquise interprétation des chiffres inscrits sur le cadran : "*un* : mon

1. Préface à *Calligrammes*, Paris, Gallimard, coll « Poésie poche », 1974.

cœur ; *deux* : les yeux ; *trois* : l'enfant ; *quatre* : Agla ; *cinq* : la main ; *six* : Tircis ; *sept* : semaine ; *huit* : l'infini redressé par un fou de philosophe ; *neuf* : les muses aux portes de ton corps (allusion aux neuf portes du corps féminin. Cf : *Les Poèmes à Madeleine*) ; *dix* : le bel inconnu ; *onze* : le vers dantesque luisant et cadavérique ; *douze* : les heures. »

Enfin, à propos de ses *Calligrammes*, Apollinaire lui-même écrit encore : « Ils sont une idéalisation de la poésie vers-libriste et une précision typographique à l'époque où la typographie termine brillamment sa carrière, à l'aurore de moyens nouveaux de production que sont le cinéma et le phonographe. » Dès lors, on est en droit de se demander aussi comment, *typographiquement*, cet ensemble se présente. Disons qu'un rien de raideur (singulièrement dans « Il pleut », par exemple), inhérent à la réalisation en plomb du texte, confère chaque fois à celui-ci un imperceptible tremblement. Ainsi, paradoxalement, leur transcription typographique confirme-t-elle ces poèmes dans la vie que le principe qui a présidé à leur élaboration visait à leur transmettre.

« Sans me soucier des définitions stupides des professeurs, écrit Marinetti, en 1913, dans son fameux manifeste qu'il intitule *Les Mots en liberté*, je vous déclare que le lyrisme est la faculté très rare de se griser de la vie et de la griser de nous-mêmes ; la faculté de transformer en vin l'eau trouble de la vie qui nous enveloppe et nous traverse ; la faculté de colorer le monde avec des couleurs spéciales de notre moi changeant. Supposez donc qu'un ami doué de ce don lyrique se trouve dans une zone de vie intense (révolution, guerre, naufrage, tremblement de terre, etc.) et vienne aussitôt après vous raconter ses impressions. Savez-vous ce que fera tout instinctivement votre ami en commençant son récit ? Il détruira brutalement la syntaxe en parlant, se gardera bien de perdre du temps à construire ses périodes, abolira la ponctuation et l'ordre des adjectifs et vous jettera à la hâte, dans les nerfs, toutes ses sensations visuelles, auditives et olfactives, au gré de leur galop affolant. L'impétuosité de la vapeur-émotion fera sauter le tuyau de la période, les soupapes de la ponctuation et les adjectifs qu'on dispose habituellement avec régularité comme des boulons. Vous aurez ainsi des poignées de mots essentiels sans aucun ordre conventionnel, votre ami n'ayant d'autre préoccupation que de rendre toutes les vibrations de son moi. » Ce que propose Marinetti, c'est d'identifier toujours davantage l'individu et son langage, de manière à ce que l'un et l'autre ne fassent plus qu'un, quand bien même ce serait au prix de la destruction de l'un comme de celle de l'autre. La typographie propre à répondre au souhait de Marinetti sera trouvée. C'est la « typographie en liberté » dont les principes ont été codifiés en 1914 par Giovanni Papini dans la revue *Lacerba*. Là, Papini insiste sur le parti qu'on peut tirer des espaces, des « blancs », comme on le dit dans le jargon du métier, moyen par excellence d'augmenter la « tension des compositions ». De tous les graphistes futuristes Fortinato Depero est celui qui

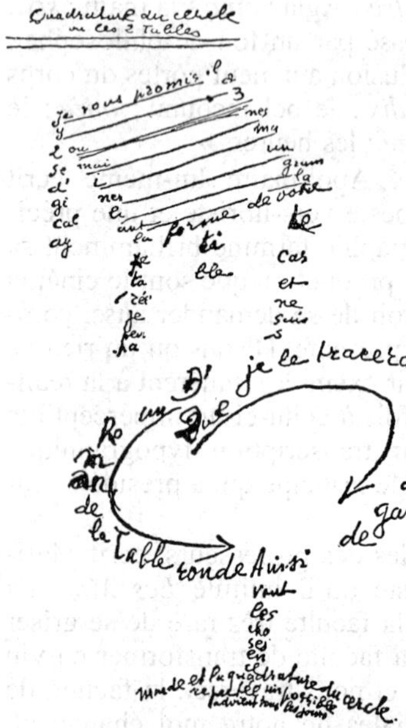

GUILLAUME APOLLINAIRE
« Quadrature du cercle ou les deux tables »,
Extrait du *Guetteur mélancolique* suivi
de *Poèmes retrouvés*
(© Gallimard, coll. « Poésie », 1970)

fera davantage saisir qu'en effet il est possible de parler d'un « lyrisme typographique ». Dès lors, grâce autant aux constructivistes qu'aux futuristes, on saisira que le sujet des calligrammes peut ne plus être seulement un objet mais, capté dans un instant d'émotion, l'homme même. Alors, on peut être assuré que, paradoxalement, le but recherché est de s'approprier le monde. Le moyen ? Il n'y en a pas d'autre que l'éclatement. On aura en effet remarqué que Marinetti ne parle que de « révolution », de « guerre », de « naufrage », de « tremblement de terre ». La raison en est que seuls de pareils moments de vie intense sont capables d'assurer notre fusion avec le Tout. Sans doute la soudaine intervention de la photographie a-t-elle joué son rôle dans le fait que le genre du calligramme, du moins au sens où les poètes du Moyen Âge ou Rabelais entendaient ce mot, est tombé en désuétude. Il n'en est pas moins vrai qu'à la raréfaction des calligrammes d'objets a correspondu une multiplication des calligrammes d'états ou de sensations. Ces calligrammes-là

RABAN MAUR ▶

« Image du Christ étendant ses bras en croix ; noms qui désignent sa nature divine et sa nature humaine ».

Poème en carré de quarante-sept vers dont certaines lettres, en capitales sur la figure, dessinent l'image du Christ. Ces capitales, mises bout à bout, forment des vers.

Du médius droit au front : Dextra Dei summi cuncta creavit Hiesus ;
Du front au médius gauche : Christus laxabit e sanguine debita mundo ;
De l'annulaire droit au pied droit : In cruce sic positus desolvens vincla tyranni ;
Pieds et jambe gauche : Aeternus Dominus deduxit ad astra beatos ;
Du pied gauche à l'annulaire gauche : Atque salutiferam dederat Deus arce coronam ;
Sur le pagne : Veste quidem parva hic tegitur qui continet astra. Atque solum palmo clauditu ubi[que] suo.
Sur les cheveux, on lit : Iste [e]st rex justiciae,
Et sur le nimbe : Rex regum et dominus dominorum.

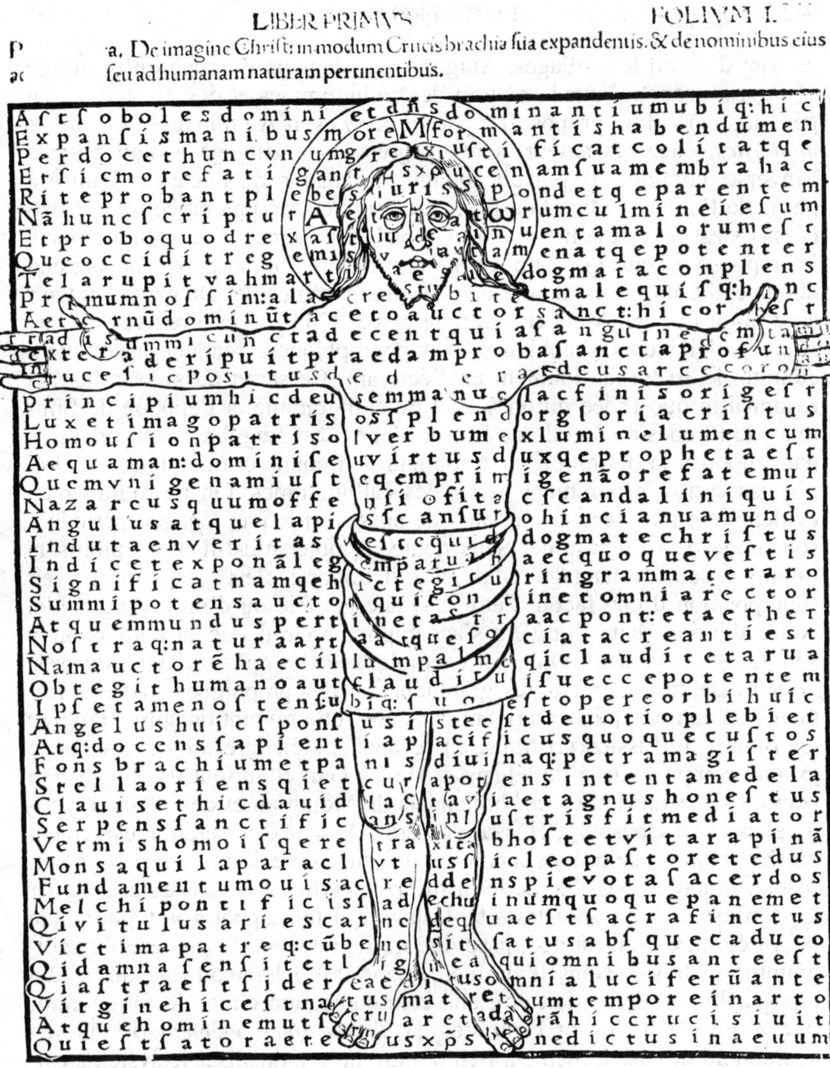

Voici maintenant comment l'on doit lire les premiers vers de ce poème :

Ast soboles Domini et Dominus dominantium ubique, hic/Expansis manibus morem formantis habendum en/Perdocet, hunc unum grex justificat, colit atque,/Et sic more fatigantis cruce nam sua membra hac/Rite probant plebes, juris spondetque parentem/Nam hunc scriptura. Et oro altorum culmine Hiesum,/Et probo : quod rex, ast Judaa inventa malorum est/Quae occidit regem, is vivax tamen atque potenter/Tela rupit vah martia, Esaiae dogmata complens./Primum nos simus alacres, tubitet male quisque hinc/Aeternum Dominum tacet, o auctor sanctus his orbe est/Tradi summi cuncta decent, quia sanguine demptam…

ce sont d'abord les collages. Aragon s'est, dans un ouvrage qu'il intitule *Collages*, prononcé sur le rapport des calligrammes et des collages. « En général, écrit-il à propos des *Calligrammes* d'Apollinaire, les objets *modernes*, chez cet auteur, sont intégrés à son langage et non point à l'inverse, comme s'il y avait collage, le langage du poète réorganisé à partir de l'objet. » Mais faut-il vraiment prétendre que, parce que le processus s'est inversé, on ne se trouve pas en présence d'un calligramme ? La réponse à cette question, on ne pourra pas l'apporter si l'on prétend que le calligramme est doté d'une définition immuable. On peut s'en tenir à ce point de vue. Mais ce serait se priver d'une série d'œuvres qui, au moyen d'éléments graphiques et typographiques, rendent absolument compte de ce qu'ils doublent en l'écrivant. Ce serait aussi se refuser à reconnaître que l'idée qu'on se fait du calligramme, à l'époque de Simmias de Rhodes ou à celle de Raban Maur, s'est singulièrement modifiée par rapport à la définition qu'Apollinaire en donne et que, donc, celui-ci n'a pas écrit à proprement parler des calligrammes. On ne saurait bien évidemment s'en tenir à une attitude aussi restrictive. Chaque période a son mode de calligramme. Sans doute un objet n'est-il pas toujours là impliqué dans le langage. Mais ce qui importe c'est plutôt qu'il y ait superposition d'une façon d'être et d'une graphie ou d'une typographie. Notre dilution dans l'univers s'accomplira pourvu que la conviction y soit. C'est ce qui se produit, par exemple, avec les constructivistes russes. Pour l'essentiel leurs œuvres graphiques et typographiques sont des éléments de combat qui s'inscrivent dans une lutte révolutionnaire. (*Vaincre les Blancs* de Lissitzky.) Mais, en revanche, s'étendre longtemps sur ce groupe composé aussi de Kluzis d'Alexey Gan et surtout de Rodchenko comme sur celui de *De Stijl* hollandais de Mondrian et de ses amis typographes (Van Doesburg, Huszar et Cesar Domela), ce serait abusivement prétendre qu'on se trouve encore en présence de calligrammes. Bien sûr, il serait toujours possible de le justifier. À partir de la cassure opérée par les futuristes, quels sont les « tableaux » qui font appel à la typographie ou à l'écriture dont on ne puisse dire qu'ils relèvent du procédé du calligramme ? Moholy-Nagy le dit bien, quand il proclame au Bauhaus : « La typographie moderne doit être une communication claire de forme émotive. » En 1928, les préceptes de la *Typographie élémentaire* de Jan Tschichold ne visent même à rien d'autre qu'à radicaliser le système calligrammatique à toutes les formes d'expression. Sans doute y aura-t-il encore quelques trublions comme Herbert Bayer nommé, en 1925, chef du département de l'imprimerie au Bauhaus de Dessau. Il intitule sa section « Typographie et morphologie publicitaires », ce qui, à soi seul, définit bien ses intentions. Ses créations et celles de ses disciples : Josef Albers, Joost Schmidt, Marcel Breuer et Hinnerk Scheper sont marquées par une rare et belle tension typographique. Mais, pour le reste, avec Tschichold, la boucle s'est refermée. En dépit de la science dont il témoigne (il vante les mérites de la construction asymétrique, réprouve le recours à des caractères trop différenciés, l'abus des grands caractères, les minuscules trop espacées, les capitales dans le texte, les ornements et la *diversité dans l'orientation des lignes*, on en est bel et bien revenu au seul texte sans image. Et cependant, qu'une page de Tschichold, en dépit de sa sobriété, soit encore un calligramme, on ne voit pas comment on pourrait ne pas le reconnaître. Sans doute est-elle cadrée d'une manière convenue, a-t-elle des marges ordinaires, est-elle composée dans un caractère qui sait se faire oublier. Il n'empêche : il s'agit d'un vêtement typographique jeté sur... une forme de pensée et qui lui donne corps. Ainsi et quand bien même ne jouerait-on pas sur les mots, on se trouve toujours en présence d'un calligramme. D'aucuns comme Rétif de la Bretonne qui, écrivain, était aussi un typographe, l'ont si bien senti qu'ils ont élaboré des lois propres à tirer le plus possible parti de ces circonstances. « Il avait pour système, écrit Nerval dans *Les Illuminés*, d'employer dans le même volume des caractères de diverses grosseurs qu'il variait selon l'importance présumée de telle ou telle période. Le cicero était pour la passion, pour les endroits à grand effet, la gaillarde pour le simple récit ou les observations morales, le petit-romain concentrait en peu d'espace mille détails fastidieux, mais nécessaires... Souvent, voulant marquer les longues et les brèves à la façon latine, il employait dans le milieu des mots, soit des majuscules, soit des lettres d'un corps inférieur... » En somme, une mise en pages serait donc déjà un calligramme ? Rabelais, avec ses colonnes de mots, Sterne, Nodier, Victor Hugo avec ses *Djinns* le confirment. Mieux encore : à la limite, parler de calligramme c'est insister sur le fait que le poème ne porte pas, tant il est vrai que le but recherché est l'effacement. La poésie passe les mots et donc, a fortiori, les formes[1], faute de quoi elle n'est pas. Ainsi, prendre connaissance d'un poème est-ce s'identifier à lui alors qu'il n'est déjà plus ? Sans doute Dylan Thomas a-t-il, au moyen du calligramme, marqué certains rythmes de ses *Collected Poems.* Mais, ces formes, si elles sont là, c'est pour que nous les oubliions et que ne reste plus que le souffle qui les a suscitées. C'est de cette manière que tout calligramme devrait être conçu : dans le courant de la plume. Bon : Lewis Carroll a fait figurer une queue de souris dans son récit d'*Alice au pays des merveilles.* Mais c'est ainsi et point n'est besoin de faire un sort particulier à ce dessin. En effet, qui se souvient que, dans *Le Bruit et la Fureur,* Faulkner, plutôt que d'écrire le mot « œil », en a

1. Ainsi quand, dans *L'Alphabet des aveux*, Louise de Vilmorin publie « Sept calligrammes » avec leur transcription en vers rimés sur la page opposée, fait-elle une démarche inverse non pas seulement à celle d'Apollinaire, mais encore d'un poète. De deux choses l'une, en effet : ou bien il y a calligramme et, dans ce cas, les textes des poèmes n'ont pas à figurer en regard de ces calligrammes, ou bien il ne s'agit pas de calligrammes, et leur mise en image est superflue.

dessiné un entre deux mots ? Pound a dénoncé le caractère naturel de ce genre d'écriture quand il a parlé du « sens spécifique de la méthode de composition fondée sur la juxtaposition directe des éléments ».

Ainsi, on peut affirmer qu'avec son « Coup de dés » Mallarmé, usant de ce procédé, est parvenu à élaborer le calligramme de l'univers. Dans une lettre à Gide au sujet de son poème, il écrit : « La Constellation y affectera d'après des lois exactes, et autant qu'il est permis à un texte imprimé, fatalement une allure de constellation. Le vaisseau y donne de la bande, du haut d'une page en bas de l'autre, etc. ; car, et c'est là tout le point de vue, le rythme d'une phrase au sujet d'un acte, ou même d'un objet, n'a de sens que s'il les imite, et figuré sur le papier, repris par la lecture à l'estampe originelle, n'en sait rendre malgré tout quelque chose. » « En rendre quelque chose ». Sans doute Mallarmé ne dit-il pas « en singer les contours ». En regard du propos : dire l'univers, il ne pouvait mieux faire que de suggérer. On sait aujourd'hui que cette entreprise folle, démesurée, est une réussite. Il est indéniable que son succès, Mallarmé le doit au fait qu'il a utilisé la litote plutôt que de la représentation. Il n'est, pour s'en convaincre, que de comparer le « Coup de dés » aux « Phénomènes » d'Aratus. Mais il y a une autre raison qui le justifie : ce faisant, Mallarmé s'est identifié à ce ciel qu'il se proposait de suggérer. Ainsi, ces espaces entre les astres qu'il évoque ce sont ses doutes, ses attentes. Mallarmé est la constellation de son poème et, par voie de conséquence, la langue même dont il use pour la décrire. Le fait qu'à ce ciel étoilé nous nous confondions nous aussi à notre tour s'explique parfaitement. Avec le poète, au fur et à mesure qu'il en use, nous n'inventons pas seulement le langage avec lequel il articule son poème mais le langage tout entier. En vérité, ces blancs, ces moments de retenue, sont la poésie même. Elle est cette attente. Situation paradoxale que la sienne puisque aussi bien n'est-elle que dans la mesure où elle n'est pas encore. Le langage se confond donc à sa remise en cause.

Sans doute ne saurait-on rien dire sans les mots. Cependant comment ne pas voir que du fait de leur complexion ces mêmes mots risquent d'alourdir le propos du poète qui a recours à eux ? Le but recherché n'est-il pas, en effet, de ne transmettre que l'essentiel : le souffle, le souffle coupé ?... Nous touchons ici au grand effort de clarification entrepris aujourd'hui au sujet de la véritable nature du travail de l'écrivain et je pense, en disant cela, à Blanchot et à Bernard Noël. Que l'écriture soit, en effet, un fantasme du plaisir, c'est ce qui n'est plus à démontrer. À lui seul le fameux « ça parle » de Lacan suffirait à le prouver. Ce sur quoi, en revanche, il importe d'insister c'est sur le fait que, fantasme de l'amour, l'écriture l'est aussi de la mort. Ainsi, ce ne serait que dans la mort que nous parviendrions à combler cet écart qui nous séparait de ce que nous entendions signifier et, par voie de conséquence, que notre jouissance serait complète. Mais la seconde de ces propositions ne fait, ici, que confirmer la première. L'amour n'est que le fantasme de la mort. Quelque chose de cet amenuisement du discours au profit du sens véritable transparaît dès les premières tentatives des dadaïstes. Schwitters, Hugo Ball, Hausmann, Hülsenbeck font des « poèmes de sons » et des « collages acoustiques », tandis que Tzara crée des poèmes fondés sur « un système polyphonique de sons ». Quant à Man Ray, avec « Lautgedicht poeme » (1924), écrivant un poème qui n'a que des lignes sur des rythmes, il a réussi à élaborer très exactement... le calligramme d'un poème. En effet, si l'image du poème est là, le texte, lui, n'y est pas. À moins, bien sûr, qu'on ne veuille considérer que ce qui compte ce sont, précisément, ce morse, ces traces.

Dans la mesure où l'écriture d'une partition musicale s'effectue sur une portée, il ne saurait en principe y avoir de calligrammes musicaux. Cela est vrai depuis... toujours puisque aussi bien depuis le premier passage choral de l'*Oreste*, copié ou transcrit d'un manuscrit antérieur remontant à Euripide (408 av. J.-C.), on est certain qu'il existait déjà un système de notation musicale parfaitement cohérent et ayant recours aux lettres. Cependant, des calligrammes musicaux, certains ont songé à en faire. Jacques Chailley, dans son ouvrage *La Musique et le Signe*[1], cite et reproduit ce qu'il appelle une « fantaisie graphique » : un canon circulaire anglais du XVIIIe siècle, un éventail dont le thème est *Le Barbier de Séville* de Rossini, et une urne funéraire « remplie » par un chant funèbre. Les prouesses de Grandville en la matière sont indubitablement plus significatives. Avec le projet de donner une transcription adéquate à une ronde, il sera, en effet, le premier à faire le pas que d'autres n'avaient pas osé avant lui : codifier un air sur une portée refermée sur elle-même comme un ruban avec lequel on aurait fait une boucle. Dès lors, plus rien ne s'opposait à ce que l'on fît le calligramme d'une tarentelle sur une portée flottant comme un drapeau dans le vent. On pourra répondre que, de toute façon, la musique n'étant, au mieux, composée que d'« objets sonores », on ne saurait, raisonnablement, à son sujet parler de calligrammes. Soit. Mais il m'a semblé que le point important, ici, n'est pas de savoir de quoi l'image du calligramme est composée mais la manière dont elle l'a été. C'est la grande leçon qu'apportent les calligraphes arabes : la dimension supplémentaire du calligramme est moins consécutive à la double interprétation donnée d'un même objet qu'à la façon dont cette superposition s'effectue. Plus précisément : c'est parce qu'un mode de transcription – littéraire, mais pourquoi pas aussi musical ? – est dépassé et la volonté manifestée de témoigner dans la légèreté qu'il y a calligramme. Cela, chacun à sa manière : Raban Maur, perdu dans

1. Lausanne, Éditions Rencontre, 1967.

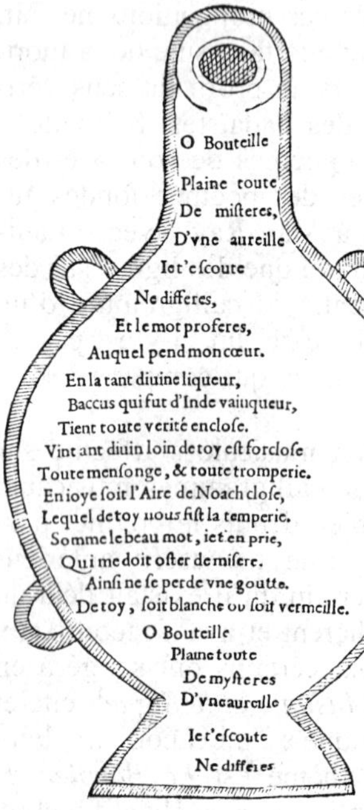

LA DIVE BOUTEILLE

François Rabelais (1494-1583). Dépliant placé à la fin du *Cinquiesme et Dernier Livre des faicts et dicts héroïques du bon Pantagruel auquel est contenue la visitation de l'oracle de la dive Bacbuc et le mot de la bouteille pour lequel avoir est entrepris tout ce long voyage. Nouvellement mis en lumière.* Imprimé l'an MDLXV. L'attribution du Cinquième Livre qui fut publié en 1564, dix ans environ après la mort de Rabelais, reste matière à controverses. Unique exemplaire connu de cette édition publiée en 1565, elle est la première à comporter à la fin du volume un dépliant représentant la bouteille dont les contours déterminent la disposition typographie du texte de la prière de Panurge. Au chapitre XLV, la bouteille est décrite sous forme d'un gros livre d'argent, en forme d'un « demi-muy, ou d'un gros quart de sentences »... « Et pensions que fut véritablement un livre, à cause de sa forme qui estait comme d'un bréviaire, mais c'estait un bréviaire vray et naturel flascon plein de vin de Phalerne »

(Exposition « Le livre » BNF, Paris, 1972)

l'amour de son Dieu et Rabelais avec sa *Dive Bouteille*, l'a bien montré. On voit mal pourquoi, sous prétexte qu'il a choisi de faire fi des conventions admises de l'écriture musicale, Grandville, aussi, ne l'aurait pas rendue manifeste.

Dans sa *Révolution typographique*, Damase a cette phrase à propos d'Apollinaire : « Nous lui devons un véritable mouvement qui annulait totalement ou presque la possibilité de faire d'autres calligrammes après lui sans faire de l'Apollinaire[1]. » L'ensemble des calligrammes qui figurent ici et qui sont postérieurs au recueil du poète suffit à démontrer le malfondé de cette allégation. Pas plus que ceux qui ont fait des calligrammes après Apollinaire n'ont fait de l'Apollinaire on ne peut dire qu'Apollinaire lui-même a copié qui que ce soit. Et pourtant : quelle différence véritable de nature y a-t-il entre les deux poèmes de son recueil intitulés « Venu de Dieuze » et « Du coton dans les oreilles » et, par exemple, la « Stèle de Lemnos » ? La vérité est que les uns et les autres se sont laissés aller chacun à sa manière à rendre la liberté aux mots. Comment, à partir de là, pourrait-on, sincère, ne pas trouver une expression poétique originale ? Ainsi, encore, ce n'est pas parce que les spatialistes Ferdinand Kriwet et

1. *La Révolution typographique depuis Stéphane Mallarmé*, Genève, J. Damase éd., 1966.

Fahlström ou bien encore Jean-François Bory ont fait des cercles qu'on doit affirmer qu'ils se sont inspirés... du disque de Phaïstos. Dans un cas comme dans l'autre il s'est toujours agi de s'exprimer hors des sentiers battus du sens, lesquels, puisqu'ils canalisent, entravent l'expression plus qu'ils ne le servent. Apollinaire disait encore : « Il faut que notre intelligence s'habitue à comprendre synthético-idéographiquement au lieu d'analytico-discursivement. » Ce souhait, n'en déplaise à M. Damase, ce sont les poètes concrets qui l'ont réalisé. Voyons en quoi. Apollinaire par cette phrase convie, en réalité, ceux qui le suivent à une destruction du langage, destruction à laquelle lui-même ne s'attaque pas. Mais là n'est pas le problème. Si ce n'est pas lui qui « fracassera » le fameux « noyau de nuit » dont parle Breton, c'est que cette tâche semble dépasser encore l'énergie d'un seul. Cette démarche-là, et puisque aussi bien il y a confusion entre l'écriture et le pouvoir, suppose un renversement total de l'ordre établi. Les premiers coups de sape ayant été portés sans doute davantage par Schwitters et les dadaïstes, par les constructivistes, surtout, que par Apollinaire lui-même, c'est pour ainsi dire dans la foulée que les spatialistes ont procédé à la destruction du langage. D'emblée l'idée s'impose pour eux qu'on ne peut commencer à envisager de parler qu'à ce prix. Mieux, pour beaucoup, indubitablement, ce travail de démolition est vécu, déjà, comme un mode d'expression. Ainsi, au fur et à mesure qu'ils abolissent les entraves du langage, le sens s'établit. Comme si ce n'était que ramené à sa plus simple expression qu'un langage en disait davantage. Si, pour ces poètes, cet éclatement est à ce point lourd de sens, c'est qu'ils l'ont gagné de haute lutte, qu'ils ont cessé d'être subjugués par les apparences du sens pour s'identifier entièrement à lui ; pour ce qu'il est. À croire que les spatialistes se sont directement inspirés des calligraphes arabes et de cela d'abord, que l'écriture de l'amour étant une écriture sacrée, il n'est rien dont elle ne puisse se rendre maîtresse, à commencer par signifier deux fois : par un texte autant que par une image. « La poésie concrète du Père Sylvestre Houédard est à la fois religieuse et cosmique, écrit Pierre Garnier, c'est une célébration ; le poète tend son offrande comme jadis le maître d'œuvre [...]. Ce qui compte ici, c'est la structure transmise, le message statique et vibrant. Il arrive que Sylvestre Houédard, ayant bloqué sa machine à écrire sur le point, trace sur le papier d'étranges galaxies, des points à la fois corporels et incorporels. Pouvoir magique. Mystère de la Genèse et du Cosmos. Mystère de l'offrande prise dans le variable, dans la métamorphose, dans le mouvement de l'émotion[1]. » Même souci chez I. M. Finlay[2] chez qui la poésie est digitale, sensible, mouvante. Finlay cite volontiers cette phrase de G. Vantongerloo : « Les choses doivent être approchées

1. Dans *Spatialisme et poésie concrète*, Paris, Gallimard, 1968.
2. Cité par Garnier, *ibid.*

```
                m              p              j
                  a     o      s      a     o
                   r           a           i
               o     i          u           e  r
         e           e          m              e
gloire                          e               o
       i                                         r
        a          e                         douleur
          s      m                       p    s
        e      m                          s
       m     o              d              a
     u     h       r        i        i       u
   a                    o   e   r              m
  s                          u                   e
p                                                s
```

PÈRE SYLVESTRE HOUÉDARD
(NÉ À GUERNESEY, G.-B., 1924),
« CŒUR TRANSPERCÉ »

« La poésie concrète du Père Sylvestre Houédard est à la fois religieuse et cosmique : c'est une célébration ; le poète tend son offrande comme jadis le maître d'œuvre. On pourrait certes se distraire à relever le sens des mots, mais ce qui compte ici, c'est la structure transmise, le message statique et vibrant. Il arrive que Sylvestre Houédard, ayant bloqué sa machine à écrire sur le point, trace sur le papier d'étranges galaxies, des points à la fois corporels et incorporels. Pouvoir magique. Mystère de la Genèse et du Cosmos. Mystère de l'offrande prise dans le variable, dans la métamorphose, dans le mouvement de l'émotion »

(Pierre Garnier,
Spatialisme et poésie concrète,
Paris, © Gallimard, 1968)

par la sensibilité plus que par la compréhension. » Avec moins que rien nous voilà ramenés au grand tout, à Aratus, à Raban Maur, aussi. Houédard est en effet, comme lui, un ecclésiastique. Comme si cette poésie entendait confirmer cela qu'il suffisait d'avoir respiré, fût-ce sans rien dire, pour témoigner du grand roulement des astres dans l'espace. On rejoint là une attitude qui se retrouve un peu partout dans le monde et depuis toujours, à savoir le recours à un code, un langage sacré qui ne parle qu'à ceux qui le réinventent.

Une écriture sacrée d'abord, une écriture d'amour, ensuite : « Puisqu'il y a un érotisme spatialiste, écrit Pierre Garnier, quel est-il ? Il est le désir, énergie universelle, poussant les êtres les uns vers les autres, les séparant, les faisant se toucher, graviter, se structurer, se détruire, se reproduire, être toujours semblables et toujours différents. La spatialisation de la langue correspond à cet érotisme. Le fait que, dans les textes spatiaux, il n'y ait plus ni sujet, ni verbe, ni objet, signifie un amour sans mâle-maître ni femelle – objet, sans mythe, sans tabou. C'est-à-dire la négation de l'érotisme tel qu'il était compris jusqu'à nous. L'amour n'en continue pas moins, comme allégé, purifié, en tant que relations de structures universelles, esthétique et éthique[1]. » En somme, le langage spatialiste traduirait l'harmonie dans une atomisation généralisée. Par son entremise, les hommes seraient évoqués dans leur véritable nature d'êtres à la fois amoureux et libres, à savoir d'hommes et de femmes participant à un équilibre cosmique en perpétuelle mutation.

On voit bien le propos : il s'est agi, pour les poètes spatialistes, de pulvériser un vieux langage usé et de lui substituer un mode d'expression nouveau. « Ô fraîcheur, ô fraîcheur retrouvée parmi les sources du lan-

1. Dans *Spatialisme et poésie concrète*, *op. cit.*

gage », c'est Garnier qui cite cette exclamation de Saint-John Perse. On sent, en effet, que les poètes visuels se retrouvent en présence de l'origine même du langage et qu'ils sont comme grisés par leur découverte. Ce qui leur importe c'est que l'éblouissement par lequel ils sont envahis soit transmis. Le signifié l'emporte ici sur le référent. Le signifiant c'est le geste, le désir qui, dans la destruction, contraignent les restes du langage à témoigner pour l'indicible.

Il est encore un point qui rapproche les spatialistes d'Apollinaire : c'est la volonté marquée, dont les uns et les autres ont témoigné, d'écrire une « poésie totale ». En effet, si Apollinaire a avoué l'« intention totalisante » de sa poésie, le poète visuel yougoslave Adriano Spatola, auteur d'un essai intitulé *Vers la poésie totale*, dont Pierre Garnier nous donne la substance dans son livre, emboîte le pas à l'auteur des *Calligrammes* quand il écrit : « La nouvelle poésie doit être un nouveau médium capable d'exister au-delà de toutes les limites imposées par le langage et qui englobe la musique, la peinture, la typographie et toutes les formes de culture, non sans témoigner aussi de l'aspiration, sans doute utopique mais réelle, d'en revenir à une sensibilité considérée dans son état primitif. » Leurs œuvres, les poètes visuels les ont eux-mêmes appelées des « actes phonétiques et visuels ». De son côté, Max Bense a parlé d'un « contenu sémantique visuel et phonétique ». Puisqu'il s'agit d'échapper au mode de transcription du langage ordinaire, n'est-ce pas un non-sens que de tenter de nommer, dans ce même langage, quelque chose qui, de par sa nature, échappe à toute définition ? Disons qu'on se trouve avec les « poèmes visuels » en présence d'une des plus belles illustrations de la *Gestalt*. En effet : à la fois globalisante et instantanée, la perception d'un de ces poèmes serait d'autant plus complète qu'elle ne serait pas entravée par les artifices du langage habituel, lequel, du fait de son recours à l'abstraction, ne pourrait que faire écran entre soi et ce qu'il importe à la fois de percevoir et de transmettre.

À partir de là on aura saisi que le fait de savoir si avec les « poèmes visuels » on se trouve bien en présence d'authentiques représentations d'images perd beaucoup de sa signification. Sans doute nombre de poètes visuels ont-ils bel et bien fait des calligrammes au sens étroit du terme. Parmi eux on peut citer l'Anglais Alan Riddell et son « Revolvere », l'Espagnol José Miguel Ullan et sa caisse, Henri Chopin et son arc de triomphe... On pourrait accumuler les noms. Mais là n'est pas le point important. Ce qui compte c'est qu'il y ait poème dans la jubilation : représentation de l'amour. À la limite rien n'empêche de penser que le plus accompli des calligrammes c'est l'homme même en accord avec son désir.

DE L'ÉCRITURE À LA TYPOGRAPHIE

par JÉRÔME PEIGNOT

À mon frère Rémy avec affection et gratitude.

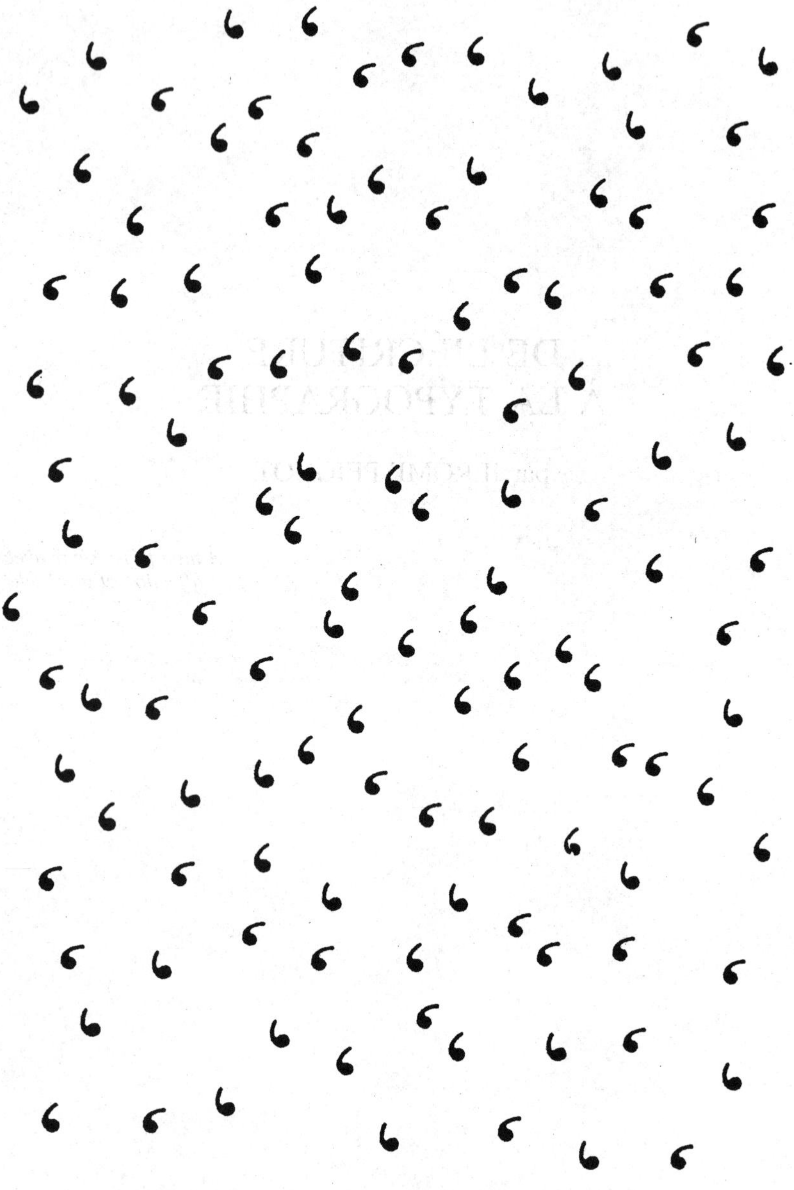

Poète pleurant toutes les virgules de son corps
(© Éditions du Seuil, 2004)

I

D'OÙ VIENT L'ÉCRITURE

L'ÉCRITURE EST UN MIRACLE

Le moment apparaît toujours dans la vie d'un écrivain où, son génie aidant, l'envie lui prend de faire craquer sa langue. Toute littérature est une bataille sur les frontières de la langue, une lutte pour, avec des mots, tenter de les dépasser, ou, si l'on veut, faire entrer dans sa langue ce qui se refuse à y pénétrer. Le langage ne convient pas pour la pensée sauf dans certains cas très exceptionnels, voire miraculeux : lorsque l'on a affaire à un véritable écrivain. Alors, à la condition que celui-ci continue de se laisser aller, il se retrouve au-delà de la littérature, dans un monde dont il est le seul dieu. Toute véritable littérature n'en est pas une, est extra-littéraire. S'il s'agit tout de même de quelque chose qui a pris l'allure d'un livre, c'est seulement parce que l'on n'a pas trouvé de moyen de donner autrement corps à ce « truc ». En fait, l'authentique littérature bave, sort des gonds de la littérature. Céline avec ses points de suspension qui sont comme autant de fissures, la négation même de la littérature ; Joyce et Michaux avec leurs mots nouveaux, font craquer la littérature de partout. Tout écrivain digne de ce nom dépasse et, par conséquent, nie la littérature. L'œuvre de Michaux est, à cet égard, significative qui, commencée par le *Voyage en grande Carabagne* se poursuit avec *Maïdosems*, qui fourmille de mots qui n'en sont plus pour, enfin, trouver tout son sens dans la peinture. Avec son œuvre, Michaux nous fait saisir que, loin d'être acquise, toute forme de langage est sujette à des moirages. Issue de sa « littérature », la « peinture » de Michaux est un autre langage. Les signes qui la composent sont ceux d'un nouvel alphabet en train de naître. Et si tel était le processus de la création de notre alphabet, de notre alphabet aujourd'hui fatigué d'avoir tant dit, de notre alphabet qui n'est plus que le squelette de lui-même et ne suffit plus aux poètes pour se dire ? Nous entrons dans une phase nouvelle de la vie de l'Occident où il semble que l'image doive l'emporter sur le signe. Petit à

« SIGNES » DE MICHAUX
À mi-chemin des idéogrammes et des lettres. Ils sont la poésie à l'état pur
(© Adagp, Paris 2005)

petit les peintres prennent la relève. Je connais certains dessins de Van Gogh qui, tout en points et en tirets, ne sont que langage. Sur ses blés, l'envol des corbeaux de Van Gogh est comme l'adieu à une certaine phraséologie, la naissance d'un nouveau code. Van Gogh est un intellectuel. Il écrit plus qu'il ne peint. Les toiles de Miró, de Kandinsky et de Brauner ne sont-elles pas, aussi, remplies de signes ? Au reste, peu importe la façon dont on s'exprime, l'essentiel étant bien, seulement, de ne pas se laisser intimider par les lettres, les signes, la grammaire, la Littérature avec un grand L. Il ne le faut à aucun prix alors que, sous prétexte qu'ils manipulent des lettres, les mauvais écrivains font tout pour vous persuader qu'ils sont des mages. Les mains pleines de bois dans leur épais fauteuil, ils jouent... de leurs bajoues, font les Moïse. C'est Renan, Anatole France, quelques autres. Non, je ne me suis pas trompé, notre écriture a bien été inventée par le biais de la poésie. Il n'y a d'ailleurs là rien de si étonnant. Après tout,

CES OISEAUX DE VAN GOGH SONT DES SIGNES
(© Adagp, Paris 2005)

pour exprimer des biches, des bisons et des buffles ne les a-t-on pas dessinés sur des murs en faisant preuve d'une incroyable poésie ? Poétique, notre écriture est donc l'effet d'un miracle. Toute création artistique n'est-elle pas le fruit d'un miracle ? À peine sorties de la plume – s'agit-il seulement d'une plume – du dessinateur qui les a créées, les lettres de notre alphabet durent, mêlées à leur beauté, avoir toute la fragilité des formes des dessins de Michaux. À peine née, une œuvre est fragile et, de la part de ceux qui en prennent connaissance, elle requiert une sensibilité aussi grande que celle de ceux qui lui ont donné naissance. Voyons ce qu'un peu d'histoire peut nous apprendre si, ou pas, elle nous confirme dans cette belle idée que nous avons de la façon dont nos lettres sont apparues.

En 1929, découverte capitale des archéologues à Ras Shamra sur la côte syrienne. Ils y mettent au jour des briques gravées provenant de la bibliothèque des prêtres de Bel, près du fort phénicien d'Ugarit. Avec ces pierres, les savants se trouvent vraisemblablement en présence d'une écriture alphabétique. Ils dénombrent, en effet, vingt-neuf signes dont trois *h*, six *s*, deux *t*. Nous sommes quatorze siècles avant notre ère. Peu à peu les déductions incitèrent à penser que l'inventeur de cet alphabet, habitué qu'il était au syllabaire sumérien, utilisé à Ugarit, s'en était inspiré. La filiation directe entre l'écriture sumérienne et celle d'Ugarit était établie. C'est alors que fut mise au jour l'intuition géniale d'un scribe d'Ugarit, un Phénicien inconnu qui, explorant toute la gamme des sons phonétiques, parvint à attribuer un signe graphique à chacun d'eux. Pour mesurer à quel point cette réussite est géniale, il n'est que de songer à ce que la mise en forme sonore et précise de signes aurait de prodigieux. La seule idée d'une de ces quasi miraculeuses translations laisse confondu. Ugarit fut

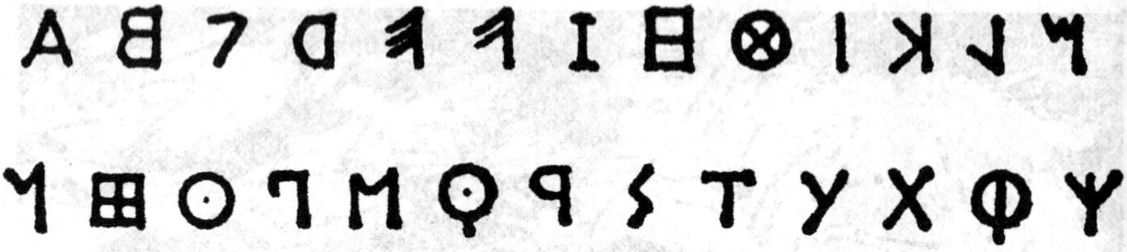

ALPHABET ÉTRUSQUE

détruit par les Égéens à la fin du XIIIe siècle avant J.-C. Puis, les scribes de Byblos semblent avoir repris la même idée alphabétique, mais en l'adoptant à leur tradition d'écriture, laquelle était d'origine égyptienne. Diffusé par Tyr, cet alphabet antique allait conquérir le monde. Les Romains devaient reprendre l'alphabet grec utilisé dans les colonies grecques d'Italie (à Cumes notamment, près de Naples). L'alphabet étrusque constitue le lien entre l'alphabet grec et le latin. L'alphabet latin est donc un alphabet grec occidental. Ces sortes de translations dont l'histoire de l'écriture est émaillée sont délicieuses. Qu'elle se cherche, qu'elle hésite entre deux autres, qu'elle se singe elle-même ou qu'elle en singe une autre, brouillée, une écriture ensorcelle d'autant plus que, dans ses lignes, elle ne retient aucun sens. Dès lors que nous ne la comprenons pas, une langue est, pour nous, comme une chanson. Indéchiffrable, une écriture n'est plus qu'un dessin.

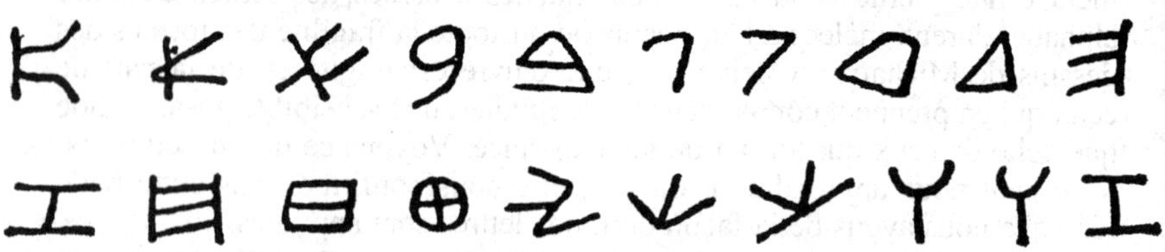

SIGNES PHÉNICIENS

Cette présence des lettres grecques dans les nôtres nous incite à remarquer que bon ou mal an, en dépit des rages de Valéry qui vouait la civilisation grecque aux gémonies, la présence de celle-ci est enclose dans nos lettres comme elle l'est dans nos modes de pensée.

L'alphabet italique latin a survécu à l'étrusque parce qu'il était celui du peuple vainqueur. L'origine phénicienne de l'alphabet grec ne fait plus de doute. Ce sont les Grecs qui, les premiers, ont eu l'idée de la notation des voyelles. C'est grâce à cette innovation que l'alphabet grec est devenu l'ancêtre de tous les alphabets européens modernes.

En dépit de ce qui vient d'être dit, loin d'être une analyse phonétique du langage, une écriture est le symbole de la réalité qu'elle entend représenter. Avant d'être une prise de possession du verbe, elle est une prise de possession du monde. Les premières écritures n'ont pas eu seulement pour ambition de traduire des sons, mais de brasser le monde pour le restituer. Ceci explique d'ailleurs pourquoi, dans bien des cas, l'écriture n'a pas été seulement un moyen de transmission mais, aussi, un moyen d'expression. C'est la pensée qui a donné naissance aux signes et non pas le contraire. C'est, aussi, ce qui lui a valu d'être habitée par la main de ceux qui l'ont enrichie de leur sensibilité ; enrichie, non seulement en gonflant ses courbes de vie mais, aussi, en la nourrissant de l'intérieur. Ainsi, peut-on affirmer qu'un lien existe entre le tempérament artistique d'un peuple et son écriture. Elle en est comme la vibration la plus intime. À la naissance et au développement de l'alphabet grec, à partir des écritures sémitiques, a correspondu une tendance de l'esprit occidental à aller vers la simplification et l'abstraction. Tout s'est alors passé comme si, forçant le carcan des signes existants, dans l'instant même où il voyait le jour, cet esprit avait fabriqué le vêtement dont il avait besoin pour se manifester.

« Nous avons hérité d'inventions dont nous ne savons pas les origines, écrit M. Cohen, directeur d'études à l'École pratique des hautes études[1] ; [...] ce sont des formes de hasard qui nous ont été données par les Phéniciens, en gros, et que nous avons perpétuées en les modifiant plus ou moins, à certains endroits, par des goûts esthétiques qui sont assez discernables, mais nous sommes tout de même sur une base de caractères de hasard. » Autrement dit, l'art est parvenu à faire quelque chose avec rien, à modeler du vide. Cette acrobatie ne saurait s'expliquer que par le passage de Dieu lui-même sur la Terre. Dans le Nouveau Testament, ne dit-on pas que « le Verbe s'est fait chair » ? Je joue peut-être avec les mots, mais qui a jamais douté que l'art soit une manifestation de la présence de Dieu sur la Terre ? Celui des lettres a seulement cela de différent d'avec les autres qu'il sert à Dieu de miroir. En effet, à quoi sert-il, en fin de compte, si ce n'est à renvoyer vers cette face divine les rayons de la vérité dont elle irradie ?

Parce qu'ils n'ont pas voulu voir, dans l'invention de l'alphabet, un véritable miracle, d'aucuns ont traqué les lignes et les courbes de ces signes jusque dans leurs derniers retranchements. C'est ainsi que, dans un texte admirable, qui n'a été publié que sous forme de fac-similé, de sa petite écriture bien ronde et bien sage grâce à laquelle on sent qu'il a progressé posément, en prenant, pour les former, appui sur les lettres qu'il traçait, Claudel s'est exprimé sur ce qu'il pensait de la beauté des idéogrammes chinois. Il serait trop long de citer ici ce travail dans son entier, aussi ai-je pensé n'en extraire que l'essentiel. D'abord, Claudel s'extasie là sur « les caractères [chinois] composés ou notions dynamiques et abstraites résultant de la juxtaposition de mots concrets ». C'est ainsi qu'il nous apprend qu'en chinois le caractère qui signifie *soleil* accolé à celui qui signifie *lune* donne l'équivalent dans notre langue du mot *lumière* ;

1. Dans *L'Écriture et la psychologie des peuples* (Paris, Armand Colin, 1963) ; dans la présente édition, ci-dessus, p. 797.

celui qui signifie *eau* accolé à celui qui signifie *feu* donne *calamité* ; *toit* et *femme = enfant* ; *enfant* et *femme = aimable* ; deux signes *femmes = querelle.* On ne saurait, en effet, trop admirer ces articulations, ces vides entre les signes qui, grâce aux pôles qui les enserrent, s'animent, donnant naissance à la vie. Ces étincelles qui naissent du rapprochement des idéogrammes avaient, en effet, tout lieu de séduire Claudel. Nous nous trouvons ici en présence du pouvoir magique de la poésie qui, au moyen de signes qui ne s'effleurent pas même, donne au langage la dimension qui lui manquait, le relief de la vie. Mais Claudel continue : « Tout ceci n'est qu'un résumé trop sommaire d'un sujet riche et passionnant, écrit-il, destiné seulement à servir de préface à une espèce de découverte que, professionnel invétéré de la plume, j'ai faite, réelle ou non, dans notre écriture occidentale. C'est qu'elle aussi comporte des idéogrammes. Comment écrire des mots comme *œil* (l'œil vu en accolade de face ou de profil et le regard qu'il décoche) ou *cœur* sans y voir une représentation de l'organe représenté... Et le mot *Locomotive* qui est une peinture exacte de l'engin avec sa cheminée, ses roues, ses pistons, son sifflet, ses leviers et sa flèche de direction, sans compter le rail ! *Rêve* est toute une représentation. Il y a le papillon qui est l'accent circonflexe. Il y a le chasseur armé d'un sifflet qui avance la jambe à la poursuite de cette miette élusive. Avec une échelle – c'est l'E –, il essaye de l'attraper. Il lui tend les bras, à l'inverse du sigle impalpable, et c'est V. En vain ! Il ne reste plus que l'échelle. »

Mais point n'est besoin de découvrir des idéogrammes dans nos mots pour s'assurer que notre langue est vivante. Vivante, elle l'est déjà ne serait-ce que par ses lettres elles-mêmes, qui, toutes, de façon plus ou moins détournée, descendent des idéogrammes égyptiens. Après avoir tenu sa place dans les alphabets phénicien, grec et slavon, notre A capitale n'est jamais qu'une tête de taureau renversée ; notre D : une porte qui tourne sur ses gonds ; notre M : un souffle de vent sur une étendue d'eau ; notre O : un œil d'animal. La réalité sourd, est à fleur des lettres. Notre écriture est parcourue de vibrations, vit. En vérité, nous profitons de la moindre occasion (les Jeux olympiques, le commerce international, la signalisation routière) pour retomber dans le pictogramme. Entre le concret et l'abstrait, la lutte fut donc serrée de laquelle sont sortis nos caractères. Bien qu'ils soient parvenus à l'abstraction ou, tout au moins, à le faire croire, nos caractères romains sont encore, on le voit, mal dégagés de la notion même de l'idéogramme. Si l'on consent à les regarder avec quelque attention, on les dirait même comme encore mal nés de la réa-

PICTOGRAMME
JAPONAIS
pour les Jeux olympiques

lité qui les a rendus possibles et à laquelle, après tout, ils sont chargés de nous ramener. Ainsi, lors même qu'il croit s'élever dans les spirales de l'entendement, le plus philosophe des lecteurs ne fait que s'enfoncer un peu plus qu'un autre dans les délicieuses profondeurs de la nature. Joli carrefour que celui des lettres. Lutte équitable que celle-là qui, dans le dessin même des lettres, se termine par un compromis entre la matière et l'esprit. Ici, la nature bascule, hésite pour finir par, comme sur le fléau d'une balance, se stabiliser entre ciel et terre. En ce sens, un caractère d'imprimerie, par sa contexture, relève déjà de la littérature. Belle prouesse que celle d'un caractère d'imprimerie, fruit du travail d'un homme, suspendu au-dessus du double vide de l'art et de la littérature. En écrivant ce petit livre, j'ai l'impression de fermer une boucle quelque part.

Un caractère d'imprimerie est un trésor. La preuve en est qu'on le surveille, qu'on l'épie, qu'on le modifie pour, le plus qu'on peut, lui donner l'allure d'un objet unique. « Les caractères sont des choses et non pas des portraits de choses », comme le dit très justement Eric Gill. Cependant, que ces caractères signifieraient-ils si, au lieu de les assembler dans un certain ordre afin d'exprimer une pensée, on les tenait pour des objets à part, des ornements dénués de signification ? Ainsi, dans le passé, ne s'est-il pas seulement agi d'élaborer de beaux caractères, mais encore de faire en sorte qu'ils soient les plus lisibles possibles. Beauté et lisibilité ne vont-elles pas toujours et comme automatiquement de pair ? Pas toujours. Ainsi, et pour ne citer qu'un exemple, ceux que Christopher Van Dyck a dessinés sont-ils plus beaux que ceux que Garamond a gravés. Cependant, historiquement parlant, il n'y a pas de doute que le rôle des garamonds dans l'histoire de la typographie est beaucoup plus important. Dans ce cas, l'efficacité l'a emporté sur la beauté, est devenue la beauté. À dire vrai, ces deux œuvres ne sont pas comparables tant leurs destinées divergent. Les lettres de Van Dyck, de Tory, de Dürer ne sont, en réalité, que des œuvres d'art et, en tant que telles, elles ne pouvaient postuler à un véritable avenir typographique. Mais voyons cela d'un peu plus près.

Les fameuses premières capitales romaines de la colonne Trajane, si elles ont montré la voie, ne pouvaient être tenues pour des exemples. Elles ont eu un rôle esthétique en même temps qu'historique à jouer. C'est beaucoup, beaucoup trop. Cette double destinée limite leur emploi, l'arrête même. Au moment même de son apparition le romain a été comme troublé par les beautés qu'il charriait avec lui. Elles l'ont paralysé dans son épanouissement. Il fallait attendre qu'il fût utilisé ou, plutôt, que l'utilisation que l'on allait en faire le fasse descendre du piédestal où il était né. À la froideur de la pierre, il manquait la chaleur de l'écriture manuelle.

LIGNE EXTRAITE DE LA COLONNE TRAJANE

Dans les premières années de son existence, la vitalité du romain a été comme freinée non seulement par le souci qu'ont eu les artistes de faire beau, mais encore par le tour monumental, le rôle quasi sacré qu'ils ont conféré aux lettres. Sous prétexte qu'il s'agissait d'écriture, thème sacré s'il en est, dans des moments de dangereux pathos intellectuel où se mêlaient conceptions esthétiques et métaphysiques, les artistes de la Renaissance en sont venus à l'idée de l'emploi du nombre d'or pour définir les proportions des lettres. Puis dans un nouveau et apparemment incohérent sursaut, philosophes et artistes ont songé à établir des liens entre ces lettres et les dimensions du visage humain. En fait, le *Champ Fleury* de Geoffroy Tory (peut-être au corps défendant de son auteur, nous ne le saurons jamais) a rapproché les lettres romaines de l'idée même sur laquelle est fondé l'alphabet sanscrit. En effet, c'est par l'entremise de la phonétique que le sanscrit se trouve rattaché à certaines formes du visage. Notre A capitale n'y est qu'une bouche ouverte dessinée de profil et renversée, notre B : une lèvre supérieure vue de face, notre P : la moitié de cette lèvre, notre M : des narines, notre H : une seule narine (et ces deux lettres, remarquons-le, pour nous aussi, sont des nasales), notre S et notre Z, lesquels sont des lettres sifflées : des dents ; couché, notre *h* bas de casse : un palais avec une langue appuyée dessus. On pourrait, ainsi, trouver des équivalents pour le visage tout entier. Mais celui-ci n'est-il pas le siège d'une rencontre entre le ciel et la terre ? D'une part la zone de nos yeux ne répond-elle pas au ciel et, d'autre part, celle de notre menton à la terre ? Tout autant que l'écriture, la parole se réduit en une lutte qui peut, qui doit être toujours plus équitable – et cela c'est le travail des artistes, des écrivains comme des poètes et des peintres – entre la matière et l'esprit, plus équitable pour toujours mieux arracher à la matière la spiritualité qui l'irradie.

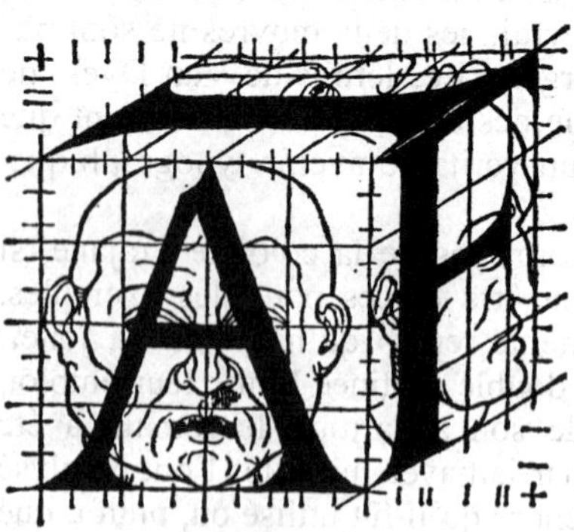

LETTRE FIGURANT
DANS LE *CHAMP FLEURY*
Geoffroy Tory

On a beaucoup parlé des travaux de Tory et de son fameux *Champ*

Fleury. Sans doute ce chef-d'œuvre mérite-t-il de ne jamais être oublié et on a raison de représenter souvent les essais que Tory a produits pour rapprocher les proportions des lettres de celles du visage humain. En fait Geoffroy Tory est un baroque (l'histoire de l'art est émaillée de périodes baroques). Sans doute, aussi, les idées de Tory sont amusantes, mais il n'a pas eu plus de raison d'établir un rapport entre les proportions des lettres et celles du visage humain que Bernardin de Saint-Pierre n'en eut de déclarer que le « melon doit être mangé en famille parce qu'il est fait de tranches ». Parce qu'ils sont moins rationnels et plus poétiques, les travaux de Vitruve sont davantage convaincants. C'est Vitruve qui disait « que, pas plus que ne peut y avoir de véritable corps humain sans proportions entre ses membres, il ne peut y avoir de construction sans symétrie et proportions ». Mis à part Le Corbusier avec son *Modulor*, Vitruve a, cependant, été beaucoup moins suivi que son rival. Les lettres de Philibert de l'Orme ne semblent pas, non plus, avoir la place qu'elles méritent. Est-ce parce que ces deux hommes se sont trompés de voie que la postérité ne leur a pas accordé toutes ses faveurs ? Il n'est pas douteux que d'user des trésors de la proportion et de la symétrie pour donner naissance à une œuvre d'art est une tentation, souvent dangereuse, à laquelle nombre ont cédé. Avec le réseau serré de lignes grâce auquel il fixe ses figures, Jacques Villon a gardé quelque chose de cette obsession de l'harmonie universelle. Son œuvre en est, souvent, comme enveloppée d'un rêve géométrique. Qui y résisterait ? Roger Caillois, Ghyka avec son livre sur le nombre d'or, Valéry lui-même ont fait le relevé de ces obsessions, et montré qu'il était difficile de se dépêtrer de la hantise de l'équilibre. Mais, plus que des artistes, ceux qui s'abandonnent à ces tentations sont des esthéticiens.

Il y a là un point que l'occasion est bonne de préciser. Sans doute les créateurs de lettres, lorsqu'ils élaborent un nouveau caractère, non seulement en dessinent les capitales et le bas de casse, mais aussi cherchent à établir entre les unes et les autres certains liens qui, pour être d'une nature difficile à décrire, ne doivent pas en être moins évidents. Cependant, on aurait tort d'en déduire que les secondes découlent obligatoirement des premières. Sans doute la doctrine en honneur le veut-elle, mais il ne s'agit là que d'un postulat paléographique. Que, par le biais des cursives, ces transformations aient eu lentement lieu[1], rien en effet n'a été moins démontré. Si, en dépit de ce manque de précision, on a cependant voulu admettre cette idée comme une certitude, on n'a pas réfléchi au fait que la lettre capitale était une lettre monumentale, officielle, solennelle même, et que, peut-être, quand ils en usaient, les *ordinatores* se contraignaient volontairement. De son côté, la dureté de la pierre, elle non plus, n'explique rien tant il est vrai

1. Cela n'est vrai que pour le *g* dont l'allure biscornue s'explique précisément par le fait qu'il vient du G capitale.

qu'il a été prouvé que l'on pouvait écrire avec la même aisance sur de la cire, un papyrus, du marbre, de l'ardoise ou n'importe quel mur. « Il ne s'agit là, écrit M. Jean Mallon, que d'une affaire d'instrument, affaire à laquelle on n'a certainement pas, d'une manière générale, assez pensé. » Au reste, qui oserait soutenir qu'avant d'être ordonné en une écriture épigraphique un texte n'était d'abord jamais établi à l'aide d'un morceau de craie, d'un pinceau ou d'une pointe sèche ?

LE LABORIEUX PASSAGE DU G CAPITALE AU G BAS DE CASSE

LES PULSATIONS ET LES SURSAUTS DE L'ÉVOLUTION GRAPHIQUE

L'alphabet grec adopté à Athènes au début du ve siècle avant J.-C. comporte vingt-quatre lettres soit deux de plus que le phénicien. Mais, par rapport à ce dernier, la grande innovation consistait dans l'adoption de sept caractères spéciaux pour représenter les voyelles. En ce qui concerne les transformations graphiques il y en eut deux d'importance : le renversement du sens de l'écriture et une prise de conscience de la valeur calligraphique des lettres.

BEL EXEMPLE
DE BOUSTROPHÉDON

Les Phéniciens écrivaient en effet de droite à gauche. Ce renversement s'est d'ailleurs effectué par paliers. Avant d'écrire comme nous le faisons aujourd'hui, on usait, en effet, de la marche en *boustrophédon*, c'est-à-dire, étymologiquement, à la manière des bœufs traçant des sillons : une ligne de gauche à droite et la ligne suivante de droite à gauche.

Le deuxième grand changement effectué par les Grecs est d'ordre calligraphique. Dans la mesure où elle contribua à normaliser les formes, la calligraphie peut être tenue pour une transition entre les écritures épigraphiques et celles de l'imprimerie. Ainsi, les Grecs s'employèrent-ils à redresser les lettres, à donner à chacune d'elle une forme qui fût équilibrée. L'*aleph* phénicien ≮ devint l'*alpha* A ; le *daleth* ◁ le *delta* Δ ; le *lamed* L le *lambda* Λ. Du coup, la ligne, de chaotique qu'elle était, eut une véritable assise. Si, grâce au poids du plomb elles n'étaient pas encore retenues sur une ligne verticale parfaite, du moins les lettres y gagnèrent-elles... de l'aplomb. J'ai dit que l'alphabet latin est un dérivé du grec. L'alphabet calchique constitue l'un des plus importants maillons de cette chaine. Le calchique diffère principalement de l'ionien en ce que Γ, Δ, Λ, Ρ, ϒ y sont représentés par C, D, L, R, et V, et Π et Σ arrondis en P et S. En adoptant l'alphabet calchique les Romains firent aussi un Q du Φ grec. Ainsi une langue naît-elle dans le berceau de son graphisme. Le graphisme précède le langage auquel il donne naissance. Par le moyen d'infimes correspondances graphiques les langues se tiennent les unes les autres. « Si tous les gens du monde voulaient se donner la main... » : par l'écriture interposée, ils se la donnent.

Tout ce qui vient d'être dit ne vaut, cela va de soi, que pour les capitales. En ce qui concerne les minuscules, l'usage du roseau et des plumes engendra une multitude d'écritures. La prolifération des écritures s'explique en partie par le fait qu'elle est une réaction contre l'appauvrissement esthétique à quoi se réduit finalement l'invention de l'alphabet. Tous les caractères, quelle que soit l'époque de leur apparition, ne sont que des caractères de transition, les maillons d'une chaîne qui, des brumes des premières écritures manuelles jusqu'aux lettres imprimées d'aujourd'hui cherchent, avec toujours plus de précision, à nous communiquer la pensée. Essayons de démêler cet écheveau. La tâche n'est pas facile car, contrairement à ce que l'on pourrait croire, à ce que nous voudrions croire, l'histoire de ces signes n'est pas une histoire linéaire. Impossible de suivre, calmement, posément le processus de l'évolution de ces formes de siècle en siècle. En effet, ce récit est fait de superpositions, d'enchevêtrements et, parfois même, de retours en arrière. Une écriture rustique a presque toujours coïncidé avec une capitale et les capitales cursives ont généralement eu une influence sur les capitales carrées. Enfin, pour ce qui concerne les replis typographiques, la première capitale romaine, celle de la colonne Trajane, est, par exemple, beaucoup plus près de celles que nous utilisons aujourd'hui que certaines capitales humanistiques, lesquelles ne sont guère éloignées de nous de plus de cinq ou six siècles. En 1475, l'apparition de l'imprimerie elle-même n'a, finalement, que très peu contrarié les grands courants graphiques. Il n'est, pour le comprendre, que de se dire qu'après tout, l'imprimerie n'est qu'un moyen de reproduction, un procédé de faussaire. Avant que d'être un imprimeur, Gutenberg fut un orfèvre et un monnayeur. Et si, après tout, les caractères étaient une monnaie comme une autre (ne sont-ils pas beaux, d'une grande valeur ?) ; une monnaie comme une autre ou bien, la monnaie de l'esprit. Pour celle-là, la plus belle idée qui ait jamais été formulée, celle de Dieu, ne pouvait-elle servir d'étalon ?

Que disais-je ? Que l'imprimerie n'était qu'un conservatoire. Elle a été réinventée en Allemagne, près de dix siècles après l'avoir été par les Chinois et les Coréens. Alors, en Allemagne, c'est l'écriture gothique qui a cours. Les premiers textes imprimés le seront donc, en gothique. L'imprimerie est apparue à une certaine époque, elle a opté pour l'écriture qui avait cours à cette époque-là, voilà tout. Du premier coup d'œil, il est difficile de discerner la différence entre la fameuse Bible de Gutenberg et un manuscrit de la même période. L'histoire de l'humanité n'est pas simple. Pourquoi celle des lettres, qui en est l'un des plus beaux reflets, le serait-elle ? Il nous faut donc d'abord essayer de savoir comment écrivaient les calligraphes jusqu'au Ve siècle de notre ère.

Cherchant à mettre un peu d'ordre dans cette étude, les savants en sont venus à distinguer cinq périodes. La période romaine, la période des lettres nationales, celle de la minuscule caroline, celle de la gothique minuscule et, enfin, celle des écritures humanistiques et des nouvelles gothiques.

Lors de la période romaine, il est bon de considérer séparément les écritures capitales et les cursives, puis, en suivant l'ordre de l'apparition historique de ces lettres (pour une fois que la chose est possible) : l'onciale, une cursive plus tardive et, enfin, la semi-onciale. Pour ce qui est des capitales romaines, elles se divisent en deux groupes : la carrée ou quadrata qui est une capitale monumentale, et la rustiqua qui est une capitale plus rapide. Cette dernière n'a pas tardé à proliférer et ce, d'autant plus que la main seule lui donnait naissance. À l'époque, le moindre scribe détient un pouvoir extraordinaire qui donne à son écriture la force de loi d'un caractère. Sous les coups répétés de la rapidité de l'écriture, les lettres aux hauteurs inégales se multiplièrent. Elles sont les premières apparitions des minuscules, desquelles est issu notre bas de casse. Tout autant que ces capitales cursives, les onciales, qui ne sont plus des capitales, elles aussi, sortent de ces deux lignes parallèles entre lesquelles, jusqu'alors, les capitales carrées pouvaient être toutes entièrement maintenues. Mais alors, qu'appelle-t-on une onciale ? Qu'est-ce donc que cette lettre qui n'est ni une écriture courante, ni une capitale ? L'onciale est une majuscule. « Pris dans son acception rigoureuse, écrit de Wailly que Littré cite, oncial devrait désigner des caractères d'un pouce de hauteur... Le mot oncial a été employé par saint Jérôme, mais le sens de ce passage n'est pas assez précis pour qu'on puisse affirmer que saint Jérôme ait voulu désigner une écriture distincte de la capitale, ou simplement des caractères d'une grande dimension ; quoi qu'il en soit, on est convenu de donner le nom d'onciale à une écriture dont les lettres ont presque toujours beaucoup moins d'un pouce de hauteur... Par onciale, on entend une écriture majuscule qui affecte souvent les contours arrondis et qui se distingue de la capitale par la forme des lettres A, D, E, G, H, M, Q, T, V. » « Pas plus d'un pouce de hauteur », « cela n'est pas assez précis », « on ne peut affirmer » « quoi qu'il en soit », « presque toujours », « affecté

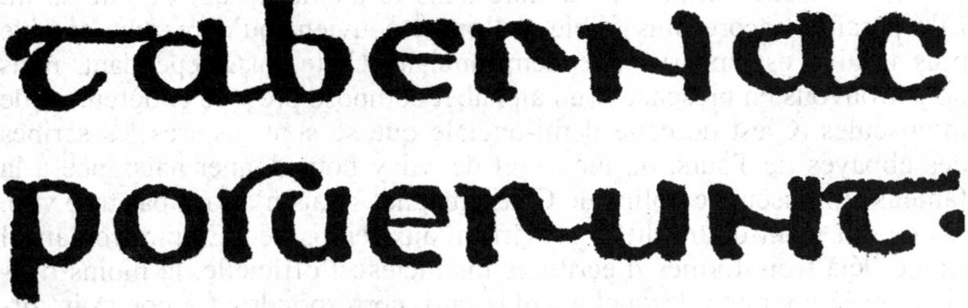

SEMI-ONCIALE ROMAINE

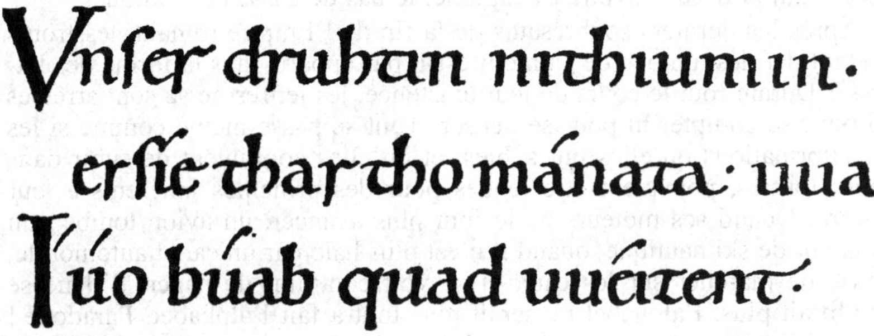

LA CAROLINGIENNE MINUSCULE D'OÙ NOTRE « BAS DE CASSE » EST ISSU

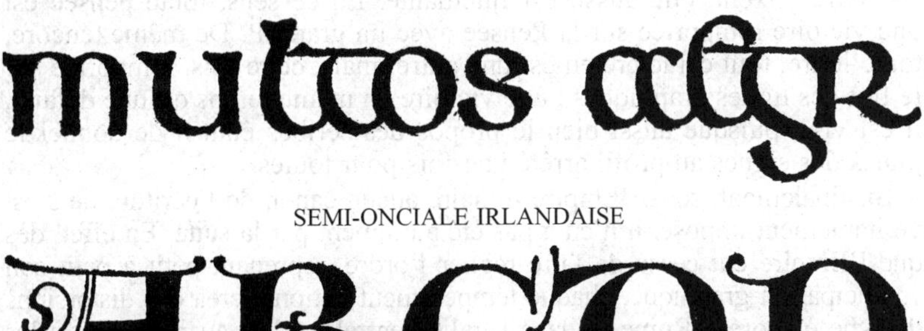

SEMI-ONCIALE IRLANDAISE

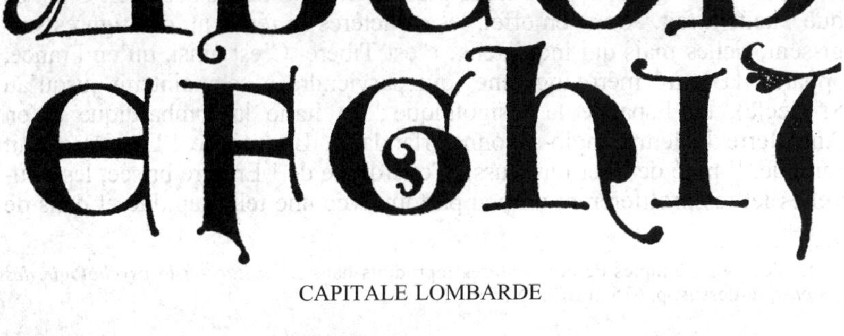

CAPITALE LOMBARDE

souvent ». Cette définition s'annule dans le même instant qu'elle se lit. Elle paraîtra encore plus faible si l'on se souvient qu'après une cursive plus tardive est apparue une demi-onciale. Cette fois, cependant, nous nous trouvons en présence d'un alphabet composé presque entièrement de minuscules. C'est de cette demi-onciale que se sont inspirés les scribes des abbayes de Tours, de Fleury et de Micy pour donner naissance à la fameuse minuscule caroline de Charlemagne[1]. Mais n'allons pas trop vite. De ce qui vient d'être dit, il ressort qu'aux temps de l'Empire romain il existe déjà trois formes d'écritures distinctes : l'officielle, la moins officielle et la courante, lesquelles, plus tard, correspondront à nos trois formes d'aujourd'hui, savoir : la capitale, le bas de casse et l'italique.

Après les derniers soubresauts de la fin de l'Empire romain, les fronts s'étant déridés, un peu de calme n'est-il pas apparu dans la forme des lettres ? Durant tout le cours de leur existence, les lettres ne se sont arrêtées ni pour se compter ni pour se penser. Tout se passe même comme si les transformations qu'elles ont subies, et qu'elles continuent de subir dans leurs formes, pouvaient être tenues pour des principes inhérents à leur nature. Quand ses moteurs ne le font plus avancer, un avion tombe ; un amateur de ski nautique, quand il n'est plus halé par un canot automobile, cesse de marcher sur les eaux et se voit contraint de nager. S'il ne se modifiait plus, l'alphabet ne serait plus tout à fait l'alphabet. Paradoxe ! non, si l'on veut bien songer que la pensée elle-même, cette pensée que les lettres fixent, elle aussi, est fluctuante. En ce sens, toute pensée est une victoire remportée sur la Pensée avec un grand P. De même, encore, toute lettre, tout caractère en est une autre, mais, cette fois, remportée sur le flot des lignes graphiques ; une victoire en même temps qu'une défaite, il est vrai, puisque aussi bien le propos des scribes était-il de donner le jour à des signes au profil arrêté une fois pour toutes.

Si, finalement, sous l'Empire romain, aucun canon de l'écriture ne s'est véritablement imposé, il n'en a pas été autrement par la suite. En effet, dès que l'Empire eut cessé de faire régner l'ordre, reprenant petit à petit son émancipation graphique, chaque tempérament national créa des distorsions du type élaboré à Rome et dans l'Italie centrale. C'est au moment où les empires se désagrègent qu'il est le plus intéressant de les analyser. C'est ce que Tacite a fait. Alors, en effet, les caractères se révèlent, des figures surgissent, riches mais qui inquiètent : c'est Tibère. C'est ainsi, qu'en France, apparaît la lettre mérovingienne (qui parviendra à se maintenir jusqu'au XIe siècle), en Espagne la visigothique ; en Italie la lombardique et en Angleterre la lettre anglo-saxonne irlandaise. L'unité de l'Empire s'était rompue, l'unité de l'écriture aussi. Cette digue de l'Empire brisée, les nouvelles lettres proliférèrent un peu partout avec une telle rapidité et dans de

1. Voir des exemples de ces écritures reproduits dans *L'Écriture et la psychologie des peuples*, ci-dessus, p. 675 et 679. (NdÉ)

telles proportions que le moment arriva vite où, loin d'aider à une plus grande connaissance, l'invasion des nouvelles formes contribua, au contraire, à l'obscurcissement des esprits. Les lettres mérovingiennes sont illisibles. Le haut Moyen Age est une nuit. Charlemagne devait tenter et, finalement, réussir à mettre un frein à cette débauche graphique. Quand je dis Charlemagne, que l'on m'entende. L'Empereur lui-même ne sait pas écrire et signe d'une croix, quelque part dans l'une des boucles de sa signature préparée à l'avance par l'un de ses scribes. Ainsi, quand je dis Charlemagne, j'entends le règne de l'Empereur. Sous ce règne, en effet, les moines des abbayes sont chargés de puiser dans les lettres nationales les meilleurs formes qui s'y trouvent, afin de les faire concourir à l'élaboration d'un alphabet qui puisse être le ferment d'une nouvelle unité. Charlemagne se veut le successeur des Romains dont, sous sa houlette, il cherche à reconstituer l'Empire. À nouveau, Virgile est à l'honneur. Ce retour aux sources, tant intellectuelles que graphiques, est donc logique. Il était urgent. Déjà, on commençait à ne même plus se comprendre. Dans les églises, les sermons se faisaient en patois. Il fallait être du cru pour saisir. Pour cimenter l'unité, parallèlement aux recherches graphiques que j'ai dites, Charlemagne imposa le retour au latin. L'écriture caroline est née de ces remises au net. Quelle est donc l'allure de cette lettre caroline dont les vertus sortent les scribes d'alors du marécage où s'enlisait l'écriture ? Elle est belle. Sans doute lui reste-t-il quelque chose des cursives romaines dont elle est issue, mais, avec du vieux, ses créateurs sont parvenus à faire du neuf, quelque chose même qui n'est pas dépourvu d'originalité. L'art de l'écriture n'obéit pas à d'autres lois que les autres arts. C'est Racine qui s'est écrié : « Dans les arts, se modeler sur les grands maîtres est le vrai moyen de ne leur ressembler jamais, et ce n'est qu'en cessant de les imiter qu'on les égale. » En vérité, cette lettre caroline est l'un des signes à quoi l'on reconnaît l'apparition d'une renaissance. D'aucuns parlent même aujourd'hui de « la première renaissance carolingienne ». Élaborée dans le but d'être un type de lettres qui fût adopté par tous, la caroline eut, en effet, une belle carrière. Elle devait envahir toute l'Europe occidentale, ou presque. Plus teintée de gothique qu'elle, la beneventine, implantée dans le sud de l'Italie et sur les rives opposées de l'Adriatique, tenta bien de résister et de faire l'unité à son profit. Elle devait échouer et bientôt céder la place. Sauf en Angleterre où, au Xe siècle, elle rencontrait encore une certaine opposition, la caroline parvint à surclasser toutes les écritures nationales. Cependant, en dépit de ce succès, les temps ne sont pas encore venus où une lettre peut s'imposer définitivement. Sournoisement, de l'intérieur pour ainsi dire (et par : « de l'intérieur », j'entends par la pensée, laquelle, après tout, sous-tend l'existence d'une lettre) la belle ordonnance de la caroline fut sapée. Dans le même instant le latin perd pied. C'est dans ses ruines que germeront les langues romanes. Curieusement, les accents ont joué un rôle dans l'apparition de ces failles. Leur légèreté fut fatale au graphisme le plus monolithique qui fût jamais. Puis, de chaque pays, les tempéraments nationaux ont, à nouveau, mis à mal celle qui aurait dû contribuer à unir les membres épars d'un empire qui, lui aussi, commençait à craquer. À Saint-Gall, on n'écrit pas comme à Madrid ou à Paris. C'est alors qu'apparut une deuxième série d'écritures nationales issues, cette fois, de la minuscule caroline. Nous sommes au XIIe siècle. À l'époque, les écrits se multiplient surtout dans le nord de l'Europe, dans le groupe italien et la péninsule ibérique. La lettre gothique est le résultat allemand de ce second foisonnement. Elle est le fruit, elle aussi, d'un mouvement de l'écriture. Née d'un changement de position de la main, elle apparut d'autant plus heureuse à ceux qui lui donnèrent naissance qu'elle permettait un gain assez considérable de place. Constatons en passant que cette cassure se produisit au moment même où l'arche en plein cintre a cédé la place à l'ogive. Sans doute, du seul point de vue technique, je veux dire de la manière de s'y prendre pour élaborer l'une et l'autre, n'y a-t-il aucun rapport. La brisure de l'écriture est très probablement la conséquence de la taille en biseau des plumes, tandis que l'ogive est un procédé qui permet de construire plus facilement des voûtes. N'empêche, si les analogies que l'on peut constater entre l'écriture gothique et l'architecture du même nom ne sont que fortuitement visuelles, elles sont cependant intellectuelles, expriment une même dialectique[1].

Tandis qu'en dépit de ses brisures, la lettre gothique gagne en Allemagne de plus en plus d'adeptes, les humanistes italiens, eux, en reviennent à l'écriture carolingienne. Ce sont d'ailleurs ces mêmes Italiens qui ont affublé du nom de gothique la nouvelle lettre allemande. Dans leur esprit, le mot est synonyme d'écriture barbare, bien dans la manière des gens du Nord. S'abandonnant à leur nature, les Italiens font dans la rondeur ; une rondeur dans laquelle ils se complaisent. C'est ainsi qu'au XIVe siècle et bien qu'elles soient, disons, contradictoires, les deux écoles coexistent. On est loin, exactement à l'opposé même, de l'unité tant rêvée par Charlemagne. Et pourtant ! Les lettres italiennes et allemandes sont issues du même tronc ; de la même caroline minuscule. Il n'empêche. Pour différentes qu'elles soient, ces deux lettres ont aussi cela de semblable que toutes deux correspondent, tant dans l'univers latin que dans le germanique, à la découverte païenne du monde. Qu'est-ce donc, en effet, que la Renaissance, sinon ce moment privilégié de notre Histoire où le monde échappe à l'emprise de la scolastique ? Alors, on abandonne la religion pour la beauté. À la délectation des esprits pour les formes, correspond un indéniable retour au paganisme. Finalement l'écriture gothique accaparera pour elle les textes sacrés, tandis que la lettre ronde se contentera de traduire le

---

1. Sur ce sujet, voir le très bel essai de Robert Marichal, « L'écriture latine et la civilisation occidentale du Ier au XVIe siècle », in *L'Écriture et la psychologie des peuples*, *op. cit.* ; dans la présente édition, ci-dessus, p. 650.

BELLES CAPITALES GOTHIQUES ESPAGNOLES

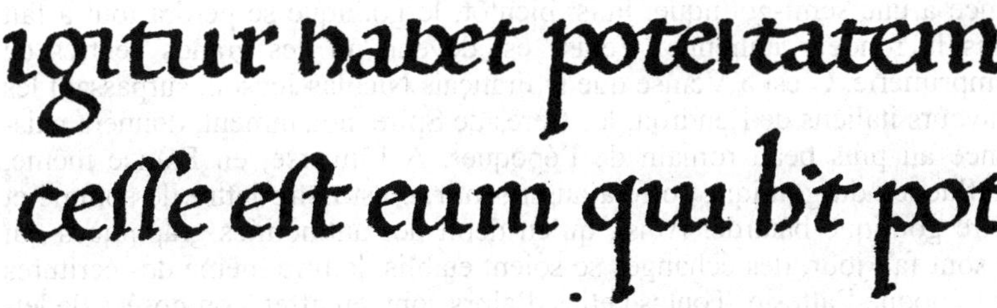

igitur habet potestatem
cesse est eum qui h't pot

ÉCRITURE HUMANISTIQUE DU XVIe SIÈCLE

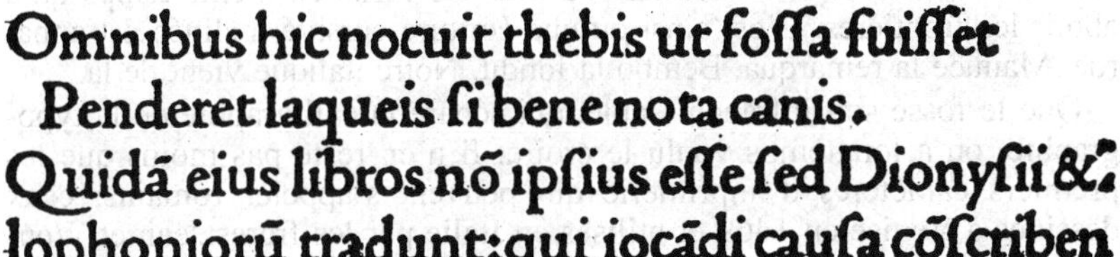

Omnibus hic nocuit thebis ut fossa fuisset
Penderet laqueis si bene nota canis.
Quidā eius libros nō ipsius esse sed Dionysii &c
lophoniorū tradunt: qui iocādi causa cōscriben

CARACTÈRE DESSINÉ PAR NICOLAS JENSON
et utilisé à Venise en 1475

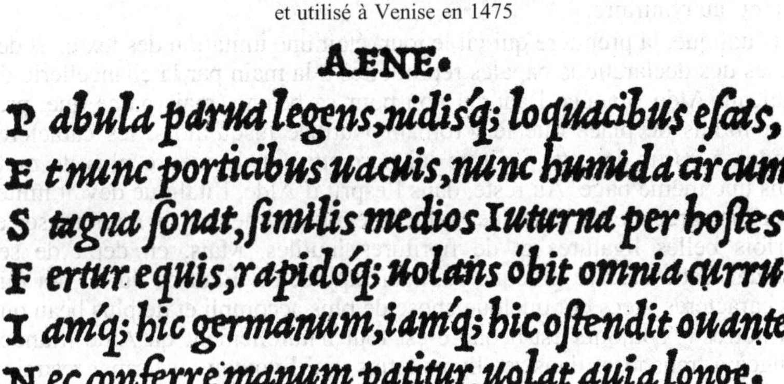

AENE.
P abula parua legens, nidisq; loquacibus escas,
E t nunc porticibus uacuis, nunc humida circum
S tagna sonat, similis medios Iuturna per hostes
F ertur equis, rapidoq; uolans óbit omnia curru.
I amq; hic germanum, iamq; hic ostendit ouantem
N ec conferre manum patitur, uolat auia longe.

L'ITALIQUE
n'est pas une transition entre l'écriture manuelle et le caractère. Voici la première italique, œuvre de Francesco Griffo de Bologne pour le compte d'Alde Manuce qui est l'inventeur de ce type de caractère

tempérament italien, beaucoup plus enclin aux abandons de la grâce. Et puis, les choses se brouillent à nouveau. Il ne sera pas dit que chacun restera derrière ses lettres à narguer l'autre. Après tout, d'un côté comme de l'autre, il s'agit d'écritures et le but de celles-ci n'est-il pas de faire communiquer les esprits ? En Italie, les premiers imprimeurs sont allemands. Ils s'appellent Conrad Sweynheym et Arnold Paunartz. Ils ont établi leurs presses dans l'abbaye bénédictine de Subiaco. En 1465, ils ont donné naissance à une semi-gothique. Puis, bientôt, le gothique se perdra tout à fait dans la rondeur italienne. Venise est devenu un des grands centres de l'imprimerie. C'est à Venise que le Français Nicolas Jenson, surpassant les graveurs italiens de l'endroit, les frères de Spire, notamment, donnera naissance au plus beau romain de l'époque[1]. À l'inverse, en France même, l'influence du gothique se fera aussi sentir, c'est notre lettre de somme et notre gothique bâtarde. Ainsi, qu'en dépit des antinomies graphiques qui se sont fait jour, des échanges se soient établis, le titre même des écritures de l'époque l'atteste. Toutes celles d'alors sont, en effet, composées de lettres *humanistiques.* Et puis, tout de même, l'imprimerie est là qui contribue à multiplier encore un peu plus les écrits en même temps qu'à abolir les frontières. C'est ainsi qu'une écriture cursive inclinée est apparue. Manuce la remarqua, Bembo la fondit. Notre italique vient de là.

Que le fossé soit infranchissable, qui sépare la calligraphie de la typographie, on a longtemps voulu le croire. Il n'en reste pas moins que les premiers caractères d'imprimerie qui peuvent s'appeler romains, ceux dessinés à Venise en 1469 et utilisés en Italie par les frères Jean et Wendelin de Spire, sont encore tout pleins de la chaleur de la main, d'une main un peu contrefaite, certes, mais qui n'en vibre pas moins pour autant, au contraire.

L'italique, la première qui vit le jour, était une imitation des textes et des bulles des déclarations papales reproduites à la main par la chancellerie du Vatican. Alde Manuce l'adopta non pour sa beauté, mais parce que, prenant moins de place que le « romain » utilisé jusqu'alors, les caractères fondus à partir de cette écriture lui permettaient de mettre plus de mots dans une même page. Au reste, dans l'esprit d'Alde, l'italique devait imiter l'écriture grecque de l'époque, laquelle était agrémentée de nombreuses et parfois belles ligatures et de fioritures inutiles. Mais, en dépit de ses défauts, cette cursive grecque était fort appréciée. Était-ce dû au fait que les caractères grecs ont quelque chose de plus accompli et de plus beau que les nôtres ? Toujours est-il que c'est tout naturellement qu'Alde Manuce songea à transposer dans ses livres latins, qu'il voulait au format restreint, quelque chose de ce qui faisait le succès de ses ouvrages grecs. Manuce

---

1. Le Jenson a récemment servi de modèle à l'élaboration de quatre caractères : le Golden type de William Morris, le Centaure de Bruce Rogers, le caractère américain Cloister et l'Eusebius.

était un humaniste en même temps qu'un imprimeur. Désireux qu'il était de faire partager ses goûts en matière littéraire, il est le premier imprimeur à avoir lancé sur le marché des ouvrages édités dans un format beaucoup plus petit que celui auquel on était habitué jusqu'alors. Il s'agissait, pour lui, d'imprimer des livres que les étudiants puissent consulter facilement et qui, ainsi, avaient davantage de chances d'être lus. On le voit, l'idée du livre de poche ne date pas d'hier. Francesco Griffo de Bologne qui fut un élève d'Alde et avait exécuté pour lui des « romaines » fut le premier à graver une italique. Le premier livre dans lequel ce caractère fut employé est un Virgile, publié en 1501. Ce caractère comportait soixante-cinq lettres liées. Mais en matière typographique, ce qu'il y a de plus personnel a beau être à la source de la vie – je veux dire la chaleur humaine – c'est aussi ce qu'il y a de plus dangereux. Les liens qui s'établissent entre les lettres risquent de s'entremettre entre ces lettres et nous. Le paradoxe de la typographie est là : il faut atteindre à l'abstraction et l'on ne peut y parvenir qu'en déshumanisant les lettres. En revanche, démunies de cette chaleur humaine qui leur a donné naissance, quand, dans leurs courbes, on ne sent plus la présence de la main qui les a façonnées, au lieu de rapprocher les uns et les autres, les lettres établissent une barrière entre la pensée de l'auteur dont elles sont chargées de transmettre le propos et ceux qui souhaiteraient en prendre connaissance. L'histoire a tranché qui a donné raison à l'abstraction. En effet, par la suite, l'italique ne fut que peu usitée, et il n'est guère que Simon de Colines pour avoir tenté de la rendre populaire en France en publiant des classiques latins en « italique aldine ».

Pour en finir avec l'italique, un petit point qui a son importance : que l'on y prenne garde, c'est un non-sens de dire que l'italique est penchée parce que d'aucuns d'entre nous écrivent de la sorte. Et si ce n'était qu'une affaire de papier penché plutôt que d'écriture ? La logique typographique est toujours légèrement décalée par rapport à celle dans les bras de laquelle on se jette toujours trop vite.

C'est son nationalisme exacerbé qui, au XVIe siècle, incita Robert Granjon à « fondre » l'écriture manuelle. Pour lui, il ne fallait pas plus imprimer en gothique qu'en lettres romaines puisque aussi bien l'une était-elle tombée en désuétude et l'autre importée d'Italie. C'est ainsi que Granjon proposa une lettre française, tellement française qu'elle prétendait reproduire « l'écriture manuelle courante » de l'époque, en France. Le premier ouvrage publié avec cette lettre le fut en 1557. Sans doute, cette lettre ressemblait-elle à l'écriture manuelle du temps, mais à laquelle, précisément ? L'on utilisait encore, alors, la cursive du Moyen Âge, laquelle était teintée par l'écriture gothique mais possédait plus de signes qu'elle pour une même lettre (pour les lettres *r* et *s* notamment) et, également, faisait appel aux ligatures. C'est de cette cursive que Granjon s'inspira mais en la stylisant et en en réduisant le nombre de ligatures. Quel fut le succès de cette cursive imprimée ? Il s'agissait de la mécanisation d'un travail manuel. De ce fait, la durée de cette tentative était limitée à celle de son modèle. « Or, écrit Alice Hulubei[1], la cursive gothique était, à l'époque, pour des raisons littéraires, de plus en plus remplacée par l'écriture humaniste. » Déjà, du vivant de Granjon, l'alphabet italien fit donc concurrence à sa lettre française. Pour utiliser un matériel qui leur a coûté cher, les imprimeurs s'en servent, mais avec une grande parcimonie et seulement pour faire ressortir quelques lignes ou quelques mots.

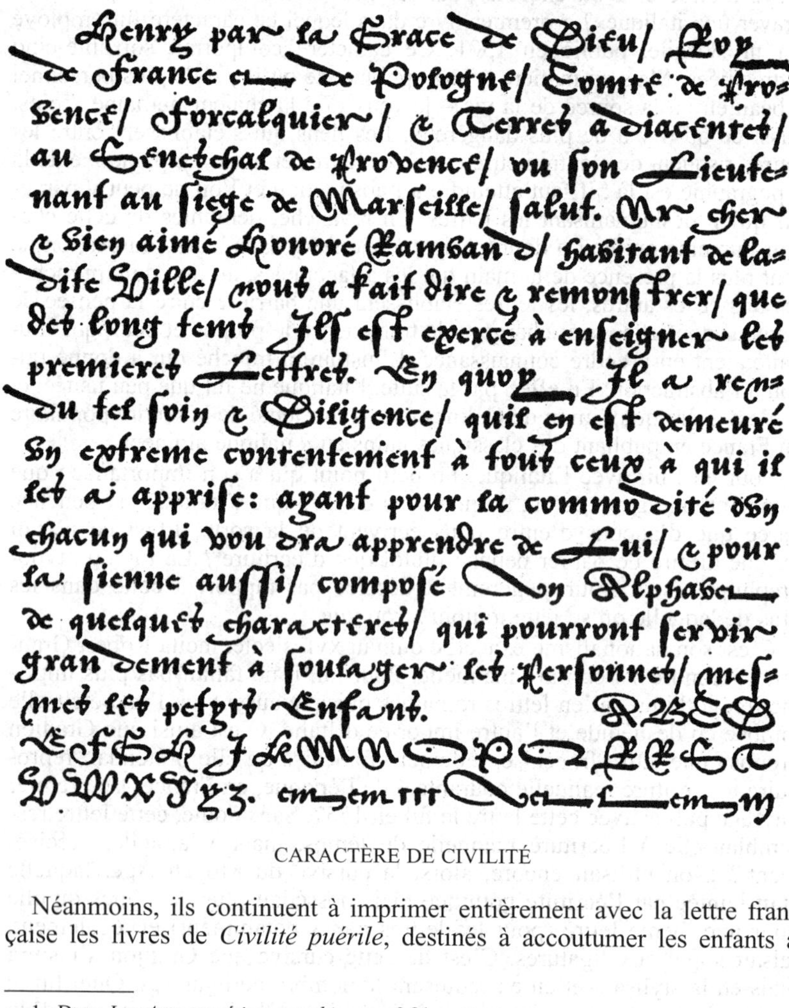

Henry par la Grace de Dieu/ Roy
de France et de Pologne/ Comte de Pro-
vence/ Forcalquier/ & Terres adiacentes/
au Seneschal de Provence/ ou son Lieute-
nant au siege de Marseille/ salut. Nr cher
& bien aimé Honoré Rambaud/ habitant de la-
dite Ville/ nous a fait dire & remonstrer/ que
des long temps Il s'est exercé à enseigner les
premieres Lettres. En quoy Il a ren-
du tel soin & Diligence/ quil en est demeuré
un extreme contentement à tous ceux à qui il
les a apprise: ayant pour la commodité d'un
chacun qui vou dra apprendre de Lui/ & pour
la sienne aussi/ composé un Alphabet
de quelques characteres/ qui pourront servir
grandement à soulager les Personnes/ mes-
mes les petits Enfants. ABCD
EFGHJKLMNOPQRST
VWXYZ.

CARACTÈRE DE CIVILITÉ

Néanmoins, ils continuent à imprimer entièrement avec la lettre française les livres de *Civilité puérile*, destinés à accoutumer les enfants à

1. Dans *Les Arts et métiers graphiques*, n° 21.

l'écriture à la main. Ainsi les caractères de « civilité » primitivement destinés à remplacer le romain subirent-ils une déviation dans leur emploi. Le fondeur de lettres parisien Moreau essaya bien de relever le gant. En 1645 il imprima, en effet, en moreau un ouvrage d'instruction pour la jeunesse. Bien que plus près de l'italique que la lettre de Granjon, le Moreau n'eut pas le succès de la lettre française. Cette française avait l'ambition d'être l'anglaise italienne ; elle ne fut guère plus qu'une curiosité. Au reste, destinée à être par excellence la lettre de la politesse, elle ne put éviter de sombrer dans l'affectation. Ce défaut est toujours fatal à une lettre.

En dépit de ce qui vient d'être dit la tentation est grande de proclamer que la typographie est directement issue de l'écriture manuelle. Sans doute est-il exact que l'écriture l'a fortement imprégnée. Mais, ce que l'on sait moins, c'est que les premiers graveurs et les premiers fondeurs de caractères ont commis des erreurs qui ont contribué à profondément modifier le visage de la typographie, et pas toujours d'une façon heureuse. En effet, comme il était impossible de reproduire en bois ou en métal toutes les formes nées de l'écriture manuelle, les artistes ont cherché à établir des schémas de chacune des lettres. C'est ainsi que des formes qui n'avaient jamais été vues sous la plume d'un scribe apparurent. Puis, on a édicté des lois, décrété que l'on ne pouvait dessiner une capitale si l'on était incapable de l'inscrire dans une grille décomposée en deux mille trois cent quatre carrés ! À la fin, on décida que, seul, l'œil d'un homme de goût serait habilité à juger. Pour périlleux qu'il fût de s'en tenir à ce postulat, on eut cependant raison de s'y résoudre.

Ainsi bon an mal an, tout nouveau dessinateur de caractères a-t-il été contraint de se conformer au dictat du sens commun, aux formes idéales des lettres auxquelles tout caractère doit se référer pour exister. Pour un artiste, il n'est pas de pires obligations. D'obéir à ces sortes de contraintes le nie jusque dans sa nature même d'artiste. Le prodigieux est bien qu'il existe tout de même de grands artistes dessinateurs de lettres. Les écritures fondues qu'il nous arrive d'utiliser aujourd'hui sont les cursives de notre époque et de notre pays. De son côté, la gothique continua, elle aussi, d'évoluer au point de donner naissance à une cursive. Les cursives sont des fatalités. Elles sont à la typographie ce que l'argot est à une langue. Chancre des alphabets, c'est finalement grâce à elles qu'ils s'enrichissent.

De tout ceci que ressort-il ? L'expression n'est peut-être pas très jolie, mais je n'en trouve pas d'autre et, en outre, elle s'adapte parfaitement à mon propos : nous nous trouvons en présence d'une énorme organisation de prothèse. Les idées sont la prothèse de l'Histoire, les mots celle des idées, les lettres celle des mots. Dans ces conditions, il est aberrant de songer à étudier l'un des termes de cette médecine tout en négligeant les autres. À travers l'histoire des lettres c'est, finalement, de celle de l'humanité que l'on traite. Méconnaître cette vérité qui mériterait de passer pour une évidence, c'est s'exposer à ne rien entendre tant aux unes qu'aux autres. L'étude des écritures est aussi indispensable à la connaissance de l'Histoire que l'inverse. La graphologique de l'Histoire reste à faire.

De nos jours, entre deux pays dont la langue est différente[1], il ne semble pas que les typographies puissent s'échanger aussi facilement que de par le passé. Il n'y a là rien d'étonnant puisque aussi bien les caractères tirent une partie de leur allure de la langue à laquelle ils donnent corps. Sans doute au moment où les premiers grands caractères apparurent, les formes circulèrent-elles facilement. Le romain est un caractère qui, utilisé sur les presses de la Sorbonne en 1470, était, en fait, une copie de ceux dont on se servait à Rome peu avant. Le Vénitien Alde Manuce, il est vrai aussi, eut une très grande influence sur Garamond. Mais si ces sortes d'exemples de glissements typographiques sont nombreux dans le passé, ils le sont moins aujourd'hui. C'est ainsi qu'en dépit de ses grandes qualités, aucun journal français n'a adopté le Times New Roman[2] de Morison. Sans être celui du pauvre, le Times est le garamond anglais. À l'inverse, la typographie américaine est si proche de l'anglaise que l'on se persuade que l'identité de langue interdit toute émancipation typographique.

Times

DE LA CALLIGRAPHIE AU BAS DE CASSE EN PASSANT PAR L'ITALIQUE

Nous écrivons suivant une combinaison de mouvements. Il y a de la délectation rien qu'à se dire qu'avec une plume carrée, et, pourquoi pas pendant que l'on y est, fendue en biais, il faut s'y prendre à trois fois pour venir à bout d'un *g* bas de casse, quatre fois, même, si l'on tient compte de sa goutte. Le résultat est un ruban qui se tord, ensorcelle. Il reste encore quelque chose de ces plaisirs dans notre esprit grâce à nos plumes d'écolier, celles-là même qui, parce que nous appuyions de trop, s'écartaient. Les rigoles qu'elles faisaient alors étaient, par la suite, quand nous

---

1. On trouvera en annexe un texte sur l'épopée des poinçons du baskerville qui fournit quelques éclaircissements sur l'une des plus belles exceptions à cette règle.

2. Il est difficile d'exprimer en quoi consiste le travail du grand typographe anglais Stanley Morison. Il faudrait pour cela décrire en détails les transformations qu'il a fait subir à chacune des lettres de l'ancien Times. Le 3 octobre 1932, les lecteurs du *Times* constatèrent, en effet, que, pour la première fois, le titre de leur journal n'était plus en fractur, en black-letter, comme disent les Anglais, en gothique comme nous disons, mais en un élégant romain. Le *Times* s'est expliqué longuement sur cette transformation. Longtemps, jusqu'au 18 mars 1788, le titre du *Times* avait été en romain. Influencé par le journal anglais *The World* qui, à l'époque, passait pour être la feuille la moins conventionnelle du royaume, le *Times* adopta le gothique dont Morison, un siècle et demi plus tard, devait essayer de débarrasser l'Angleterre.

Peu à peu les Anglais eurent aussi l'impression que leur journal était plus lisible qu'auparavant. Il était en effet sorti en Times New Roman, ce nouveau caractère que Stanley Morison avait dessiné spécialement pour le journal.

avions repris de l'encre, délicieuses à combler. Cet instant de tarissement sépare le monde des lettres en elles-mêmes de celui de la calligraphie.

« Dès le premier quart du XVIIIe siècle, on ne pratiquait plus la calligraphie aussi consciencieusement qu'il en était l'usage pour les générations précédentes », écrit Stanley Morison. Harger, le secrétaire de l'Académie de l'écriture, créée en 1762, exprimait, lors de la séance solennelle du 4 novembre 1779, les doléances que voici : « Les soins que les maîtres écrivains se donnèrent, aidés de l'autorité de l'arrêt du Parlement de 1633 et de la protection que Colbert accordait aux belles mains, rendirent les bonnes écritures plus communes : la ronde et la bâtarde devinrent des écritures usuelles.

di lettra chè quella Baſtarda

BÂTARDE

Chacun a ſa façon de s'exprimer

SPÉCIMEN DE CARACTÈRE
DE FOURNIER LE JEUNE

Le besoin d'accélérer les expéditions introduisit dans un siècle la coulée qui dérive de l'une et de l'autre. On se sert aujourd'hui de ces trois écritures, mais la coulée plus expéditive, l'a beaucoup emporté sur les autres, et cette préférence qu'elle a obtenue a fait dégénérer l'écriture en France. Tout le monde cherche à écrire vite, et personne ne veut commencer par s'assujettir à se régler la main par un long usage de la ronde et de la bâtarde, d'où résultent des écritures cursives qui n'ont ni règle ni proportion ni grâce et qui, souvent, deviennent illisibles. » « Ce déclin de l'écriture, précise Morison, se manifesta en typographie au cours des vingt années suivantes. Entre-temps, après les si belles coulée et financière de Fournier, gravées en 1742, un artisan, nommé Rosart, grava un détestable *caractère de Finance.* » C'est précisément en devenant de plus en plus « coulée » que l'écriture, si elle atteint à la typographie, risque de se perdre. Elle le peut de deux façons : soit parce qu'elle autorise de trop beaux enjolivements, soit, au contraire, parce qu'elle fournit à d'aucuns l'occasion de prendre leur prétention pour du style. Tout autant que la graphologie, la typographie est implacable qui révèle les caractères autant que des miroirs. Morison a raison, le caractère de finance de Rosart est une monstruosité. La cursivité aidant, nous nous retrouvons ici dans un véritable cul-de-basse-fosse.

Déjà, avant que l'imprimerie ne règne en maîtresse, les calligraphes n'évitèrent pas de tomber dans les écueils que leur tendait leur art. En effet, dès lors qu'ils eurent utilisé le cuivre pour graver leurs lettres, ils donnèrent naissance à une forme de lettre plus facile à reproduire avec un burin qu'à l'aide d'une plume d'oie. Pour les imiter les maîtres d'écriture utilisèrent une plume flexible et pointue. C'est par la lettre *b*, la partie débordante de la lettre *b*, que l'écriture italienne se défit, se développa sans mesure. Son arborescence fut fatale à la calligraphie. D'elle, les écritures courantes ne devaient retenir que quelques boucles, celles, notamment, de notre *b* et de notre *l*. Elles sont, en effet, comme des rappels du panache dont ces lettres étaient affublées avant la caroline, dans les écritures de chancellerie du règne de Charlemagne. La rapidité de la lecture et celle de l'écriture ne sauraient impunément se confondre. C'est sa redondance qui devait perdre la lettre italienne.

Si l'espace est étroit qui permet à un graveur de lettres d'exprimer son génie, si sa réussite tient du miracle, il lui faut pourtant réussir. Les lettres doivent se modifier sans toutefois ni se simplifier ni, non plus, ni, surtout, manquer de ce rien, de ce génie qui font d'elles des objets d'art. C'est Ruskin qui s'est écrié : « Écrivez les Commandements de Dieu sur les murs des églises là où ils pourront être lus de tous, mais sobrement, sans donner d'emphase à vos lettres, sans accuser ni leurs traits ni leurs queues. » Le moyen de témoigner, ne serait-ce que d'une once de talent dans ce goulet de l'esthétique ? Il y a toujours pour un artiste, même dans les conditions les plus difficiles, une façon d'exprimer sa personnalité. Une façon ? Par exemple, en essayant de repenser chaque lettre, afin de lui redonner avec plus d'acuité ce caractère qui lui est propre et qui la différencie de ses compagnes. Et puis le dessinateur de lettres peut s'aider de tous les modèles de lettres que le passé lui propose. Pour ceux qui savent les regarder, les scruter, un caractère, une lettre n'ont jamais fini de donner tout leur suc. Le génie d'un dessinateur de lettres tient, pour une large part, dans cette habileté qu'il a et qui lui permet de découvrir, dans les anciennes lettres, les trésors qu'elles recèlent. En le déviant légèrement, au bon moment, le travail d'un dessinateur consiste donc à refaire le chemin accompli par les scribes et les graveurs. Que l'on m'entende : il ne s'agit pas non plus d'imiter. Les œuvres d'art ne se refont pas. Ce travail est, avant tout, affaire de discrétion ou, ce qui revient au même, de distinction. Mais existe-t-il une seule œuvre d'art digne de ce nom qui ne témoigne de la distinction de son auteur ?

J'ai dit que les caractères d'imprimerie étaient des trésors. C'est, en partie, ce qui justifie la multiplication des formes. Depuis que l'écriture existe, depuis, surtout, que l'imprimerie a été inventée et que, par sa seule existence, elle donne un tour officiel à l'écriture, les graveurs ont cherché à élaborer des formes qui, à leurs yeux, se rapprochaient le plus de celles, idéales, sacramentelles même qui jusqu'alors, en dépit des efforts de plusieurs générations de chercheurs, n'avaient jamais été clairement définies. Chaque dessinateur-graveur de lettres non seulement a tenté de serrer ces formes de plus près, mais encore de définir ce que, chacune prise après l'autre, devait être une lettre. Ainsi n'est-il pas abusif de dire que, par sa définition même, tout nouvel alphabet devrait être une perfection, que toute tentative pour imposer un nouveau caractère, si elle échoue, risque de compromettre l'alphabet lui-même dans son intégrité.

Depuis que l'imprimerie a été inventée, de tout temps les hommes qui se sont trouvés au pouvoir ont senti cela qui ont éprouvé le besoin de posséder un caractère qui fût marqué de leur sceau et leur fût propre. Tout se passait dans leur esprit comme si, détenteurs d'un caractère, ils l'étaient aussi de leur langue. C'est pour François Ier que Claude Garamond a dessiné, gravé et fondu son grec du roi. C'est pour Louis XIV que Grandjean a élaboré son romain du roi. Ce Grandjean a même fait plus : il a tenu à ce que les lettres de son romain se différencient ostensiblement de celles des autres. Pour ce faire, de chaque côté de leur hampe, il a muni les lettres *b*, *d*, *i*, *j*, *k*, *l* et *h* de son bas de casse d'un empattement. Auparavant, les caractères de l'Imprimerie nationale se reconnaissaient déjà à cela que leur *l* bas de casse était, sur le côté gauche de sa hampe, muni d'une petite queue. Les rois, les hommes au pouvoir, seuls, avaient le droit de frapper monnaie, la monnaie de l'esprit tout autant que l'autre ; la monnaie de l'esprit qui est le seul trésor qui vaille. Pour officiel qu'il ait été, le Grandjean n'en est pas pour autant demeuré une panacée.

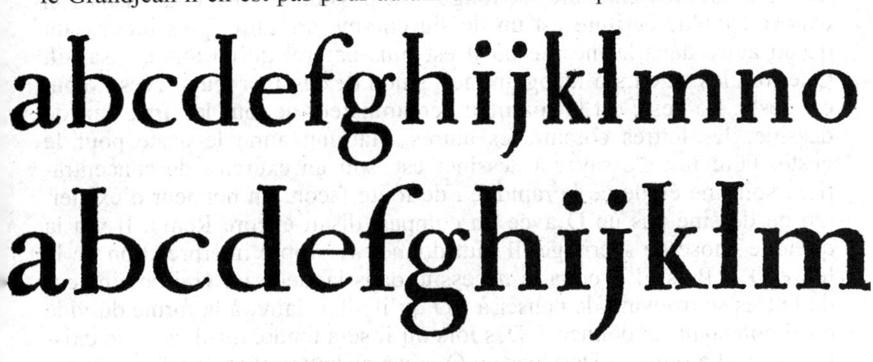

ALPHABET GRANDJEAN
Le petit trait qui figure sur le côté gauche de la hampe de *l* indique qu'il s'agit d'un caractère de l'Imprimerie nationale. Cette lettre a été choisie parce qu'elle est l'initiale du roi Louis XIV

II

LA LETTRE EN SOI

Les caractères ne révèlent leurs secrets et, partant, leurs beautés qu'à ceux qui les regardent attentivement.

C'est ainsi qu'on serait tenté de croire qu'à des titres divers les lettres *o*, *c*, *e*, *g* sont le siège de symétries ; que si on les coupe par une ligne horizontale ou verticale, quelque chose de ce qui se passe d'un côté de cette ligne se reproduit de l'autre. Rien n'est plus faux. Outre qu'ils sont généralement penchés, gauchis, les *o* ont aussi des côtés qui ne sont que très rarement parallèles. Pour ce qui les concerne, les deux cercles du *g* ont, eux, le plus souvent, des inclinaisons inverses. Le *g* n'est pas plus un monocle renversé qu'un 8. La boucle de l'*e*, elle, varie considérablement d'un caractère à l'autre. Ces bizarreries – desquelles, pour ceux qui savent voir, naît la beauté – sont, pour la plupart, dues au fait que les lettres ont pour origine l'écriture même des calligraphes. On imagine assez bien, qu'à ceux-ci, il était plus difficile, une plume à la main, de faire des cercles parfaits que des ovales, des verticales rigoureusement parallèles que des lignes obliques. Ainsi, on le voit, à l'intérieur de chaque lettre, cela bouge-t-il, remue-t-il sans cesse pour le plus grand contentement de l'œil.

J'ai, un soir, écouté mon frère qui est l'auteur de très belles lettres, notamment de celles du Cristal, parler de la façon dont on doit dessiner un O. Il fallait l'entendre, la fougue, la passion qu'il mettait dans son exposé ! « Une écriture est un dessin comme un autre, plus intéressant qu'un autre dans la mesure où il est plus naturel qu'un autre, disait-il. Que font les auteurs d'idéogrammes, sinon de dessiner leurs idées ? Tout est geste. Le geste est le commun dénominateur de tous les arts, l'art de dessiner les lettres comme les autres. Hartung aime le geste pour le geste. Pour lui, s'essayer à dessiner est, soit un exercice de concentration, soit une étude de la rapidité ; de toute façon, un bonheur d'exister. On ne dessine pas un O avec un compas, disait encore Rémy. Il y a là quelque chose de sacrilège. Il faut donner sa propre interprétation de la lettre O. » Puis, il évoqua la nécessité dans laquelle un vrai dessinateur de lettres se trouvait, de penser à l'O qu'il allait faire, à la forme du vide qu'il entendait lui donner. « Dès lors qu'il sera tendu, dit-il, ce vide existera », et il ajouta : « Dessiner un O, c'est se battre avec une forme blanche qu'on ne voit pas. » Les lettres, sont, en effet, dans leur succession, comme des enveloppes, des mises en forme des espaces blancs qu'elles contiennent. Cela est si vrai, qu'à la limite, il est permis de se demander ce qui importe le plus : du trait noir en quoi les caractères sont faits, ou des blancs que ces traits impliquent. On pourrait, là-dessus, épiloguer longtemps. Mozart a dit qu'écrire de la musique c'était savoir préparer des silences. « Composer » peut parfaitement se réduire à ménager des blancs.

Il s'agit donc d'humaniser les lettres et non de les mécaniser. C'est d'ailleurs en quoi, avec leurs contrastes et leurs empattements filiformes, directement inspirés de la gravure, les didots ont une allure artificielle, aussi artificielle que la création des départements français avec laquelle leur apparition coïncide. On me dira que le Didot est la parfaite réplique à l'époque révolutionnaire française, qu'il est abstrait comme les idées qui président à la marche de la Révolution.

Ego multos homines
excellenti animo ac virtu
te fuisse, et sine doctrina,

DIDOT
spécimen d'époque

À l'idée de l'Être suprême, ne fallait-il pas que coïncidât celle du caractère des caractères, du caractère en soi ? On me dira encore que, reflet de ce goût de la logique, de la raison et de la géométrie qu'affectionnent tout particulièrement les Français, il exprime idéalement le génie qui leur est propre. On me dira, enfin, que l'apparition du Didot correspond à l'invention du microscope et à celle, en France, des papiers vélins inventés par Baskerville. Sans doute tout cela est-il bel et bon. Il n'empêche qu'avec les didots nous nous trouvons par trop éloignés de la chaleur de l'écriture manuelle pour qu'ils puissent prétendre, sans heurter, sans artifice, transmettre la pensée. Au reste, il a été prouvé que ce mode de composition fondé sur les contrastes, paradoxalement, loin de donner naissance à des formes plus lisibles, en crée, au contraire, de plus difficilement déchiffrables. Le *u* et le *n* du Didot se confondent beaucoup plus que dans n'importe quel autre caractère.

D'aucuns, comme Massin, disent que si je n'aime pas les didots c'est que, myope, je discerne mal leurs déliés filiformes. Sans doute, et après ? Cela prouve que la myopie est un excellent moyen de juger d'un caractère, voilà tout. Si, après être passée par le four de mes verres, une lettre ne résiste pas à l'examen, j'ai la preuve par neuf qu'elle ne donne pas complètement satisfaction. La chose n'est-elle pas d'autant plus inquiétante que l'on a pu prouver que le nombre de lecteurs qui ont la vue basse est plus considérable que le nombre de ceux qui l'ont perçante ?

Didot

Le Didot repose sur un principe et, en typographie, un principe ne saurait avoir force de loi. Et si, en dépit du fait qu'il applique un principe, le Didot était tout de même réussi ? En tout état de cause, il installe une gêne. Sa dialectique embarrasse. Quand on y pense, ses déliés n'obligent-ils pas la rétine à subir de trop grands contrastes ? Et s'il n'était qu'un Bodoni de pacotille ? S'il était démodé ? Démodé, il suffit que l'on se le demande. Le Didot est un caractère qui incite à ergoter. En matière de typographie, cela n'est pas un bon signe. Contrairement à ce que l'on pourrait croire, une plus grande simplicité des formes graphiques n'est pas du tout synonyme d'un accroissement de la lisibilité. Des expériences ont été faites, qui prouvent abondamment que la lettre *g*, par exemple, le *g* bas de casse s'entend, était, en dépit de son exquise complexité graphique, beaucoup plus lisible qu'un *g* filiforme, issu de n'importe quel stylo ou de n'importe quelle pointe « Bic[1] ». L'italique, qui prétend se rapprocher davantage que le romain de l'idée d'un instantané de l'écriture, ne fait-elle pas une carrière moins brillante que le romain ? On a démontré également que les lettres munies d'empattements et agrémentées de pleins et de déliés étaient beaucoup plus aisément identifiables que les mêmes en antiques. Pour paradoxales que ces constatations puissent paraître, elles expliquent le succès du garamond et le fait qu'aujourd'hui encore sa renommée l'emporte sur celle de

Bodoni

caractères historiquement plus proches de nous et plus « mécanisés », comme le Bodoni ou le Didot. Un jour qu'on le complimentait sur la beauté de son caractère, Eric Gill répliqua : « Merci, je crois en effet qu'il est réussi, mais il le serait plus encore s'il était muni d'empattements. » Dans une préface écrite pour son *Manuale Tipografico*[2], Bodoni explique que, comme les catégories kantiennes, les vertus des caractères sont quatre : « la régularité, la netteté, le bon goût et le charme ». Pour Bodoni, une lettre « régulière » était une lettre qui se conformait au schéma qui définissait son existence. Une lettre « nette » en était une qui avait les qualités de lisibilité requises ; une lettre de « bon goût » était une lettre sobre et une lettre qui

1. Il y a fort à parier que cet outil finira par transformer l'écriture comme les plumes en biseau l'ont fait au Moyen Âge au moment de l'apparition de la gothique ; la transformer, et dans quel sens, on le devine. Plaise à Dieu que les feutres qui nous viennent du Japon l'emportent sur les fausses rondeurs auxquelles le Bic donne naissance.

2. *Manuel typographique*, 1818 (posthume)

avait du « charme » était une lettre qui « donnait l'impression, non pas qu'elle avait été formée à la hâte, mais avec recherche, comme grâce à un travail fait amoureusement ».

Officinæ meæ librariæ primitias

Christo pater, quur uni tibi hactenus

EXEMPLE D'UN TRÈS BEAU GARAMOND

Il suffit de considérer les lettres en elles-mêmes pour succomber à leur emprise. J'ai parlé de la fascination que le *g* bas de casse exerçait sur moi. Il s'agit de ma lettre préférée. Réfléchissez encore un instant au contraste issu de ces deux boucles et des vides qu'elles forment. Est-ce une farce ou bien un manque caractérisé d'imagination de la part... de l'humanité ? Dans tous les cas, il s'agit d'une lettre qui pourrait être tout à fait autre, différente de ce qu'elle est, mais qui, à merveille, se tire du mauvais cas dans lequel elle s'est mise. Du mauvais cas ? Elle ne serait pas aussi ensorcelante si elle ne s'était fourvoyée dans cette impasse. Le *g* est la lettre la plus biscornue et la plus pathétique de l'alphabet. En vérité, cette virgule renversée sur le sommet de sa boucle supérieure, cette virgule qui donne l'impression que cette lettre est coiffée d'un bonnet à pompon posé de travers, est une survivance de cette ligature que, dès le IIe siècle, on utilisait dans certaines écritures romaines.

Chacun a sa ou ses lettres. Valéry a parlé quelque part de la fascination que la lettre *s* exerçait sur lui, « cette lettre, dit-il, qui se prend pour se perdre et se reprendre, se tordre et se sauver ». La lettre *s*, c'est le serpent. Radiguet, lui aussi, l'aimait, mais à sa manière, pour de moins belles raisons. Il a parlé des côtés pacotilles de l'*s* et de ce qu'il y a en lui d'un 8 non abouti, surtout de son tour « moitié de deux cœurs ». D'autres en apprécient plus abstraitement les panses, les ventres, le torse, et l'échine. Avec sa barre verticale, l'N capitale du Plantin ou du Méridien se raye comme un président de la République avec son ruban de la Légion d'honneur. Le B capitale, lui, est un papa ventru, tandis que l'H se hisse au-dessus de lui-même comme sur des échasses. Et que dire de la majesté du R capitale ? Le R capitale est ce roi de l'alphabet comme le lion, dont il a la patte, est le roi des animaux. C'est au R qu'on juge une capitale et

Plantin

Méridien

même un bas de casse puisque aussi bien une capitale colore-t-elle son bas de casse. Une lettre doit, aussi, pouvoir tout supporter : d'être grasse, demi-grasse, maigre. La situation dans laquelle elle s'est mise en postulant à l'existence est encore plus délicate que celle d'une femme par exemple dont la seule véritable preuve de goût consiste à trouver son style et à s'y tenir. Le Caslon est le caractère qui supporte le mieux la graisse. Bien installé dans la sienne, il peut tout se permettre, se payer le luxe de quelques privautés. Ce sont certains des empattements de ses lettres capitales, de son U par exemple, particulièrement épais au bout d'une hampe au délié étroit, ou bien l'encoche au haut de son A capitale.

L'autre jour, les initiales d'André Breton me sont tombées sous les yeux. Au premier coup d'œil au lieu de lire A B, je lus 17 13. L'écriture, surtout celle d'un artiste, fait découvrir la vraie vie des lettres. Ces lettres, tout se passe comme si en les désarticulant les écrivains leur redonnaient vie. Toutes les lettres et tous les signes sont derrière tous les autres. Quoi que l'on écrive, quelque chose d'autre se trouve toujours là, que nous ne voyons pas. On ne peut pas avoir confiance dans les lettres. Elles vous filent entre les doigts et deviennent : chiffres..., serpent..., lion...

« A noir, E blanc, I rouge, U vert, O bleu » ; Rimbaud y voyait tout à la fois : la terre et le souffle qui l'effleure, des arbres et le vent qui les agite, des peupliers et leurs reflets dans l'eau, agitée elle aussi. Les lettres sont tout, ne sont rien. De tout, les lettres sont le rêve. Elles sont le monde en filigrane si tant est qu'elles sont seulement... un filigrane. On se perdrait dans la contemplation d'une lettre, on s'y abîmerait. Il est intéressant de noter à ce sujet qu'au même titre que ceux des rites, de la musique, du tir à l'arc, de la conduite des chars et de la science des nombres, l'écriture a longtemps été tenue en Chine parmi les sept grands arts.

On pourrait faire un livre entier sur un seul caractère. C'est la beauté du Caslon que j'ai choisi d'évoquer ici ; elle que j'ai décidé d'exalter. Qu'il est solide ce Caslon ou plutôt épais, car le fait qu'il soit si judicieusement ramassé contribue à l'affiner ! J'aime ses empattements qui font mine d'être ronds, mais, finalement, ne le sont pas ; ses points sur ses *i* et ses *j* qui, chez lui, sans doute à cause de l'espace que Caslon a aménagé entre ses lettres et leur point (démunie d'accents, il faut bien que la langue anglaise se rattrape d'une façon ou d'une autre), sont encore plus là que sur les *i* et les *j* de n'importe quel autre caractère. Je crois n'avoir jamais vu d'*i* et de *j* aussi contents d'avoir un point. C'est grâce à eux que l'on sent que des pages entières sont rivées au papier qui les supporte. Et que dire de l'admirable *g* du Caslon ? Pour le coup, en dépit des ridicules dont la coutume a affublé cette lettre, voilà un *g* qui ne craint pas d'en être un. Il tourne, ronronne dans son épaisseur, s'y retourne au point de

abcdefg

hijklmn

opqrſtu

vxyz&ct

LE CASLON
possède à la fois la force, la solidité et l'équilibre qui font les plus beaux caractères,
c'est-à-dire ceux qui ont, pour eux, la transparence

donner l'impression de finir par s'amincir, s'amincir au point de ne plus avoir que de la fermeté. Malgré son plumet, cette lettre-là sait, en outre, ne pas plus accrocher qu'une autre de ses sœurs. Moins qu'ailleurs, lui aussi, le *d* du Caslon sait ne pas passer pour un *b* renversé. C'est, il est vrai, qu'il possède une façon bien à lui, ou, plutôt, qu'il ne partage guère qu'avec son collègue le *u*, de ne pas reposer sur le pied bien à plat de sa haste[1]. Il y a là comme un effet de gaucherie dont, à la réflexion, un instant, on se dit qu'il était, cependant, inévitable. J'aime, enfin, la tête pleine d'encre du *t* du Caslon. Seule, avant que d'être définitivement épuisée, dans un dernier et trop généreux sursaut, une cartouche de stylo est capable d'en fomenter une semblable. Le Caslon est un caractère qui vit. Sans cesse on lui trouverait de nouveaux et agréables défauts, de nouvelles beautés. On respire, circule dans ses formes. C'est un caractère qui se laisse traverser.

Ne serait-ce que par leur nature même, certaines lettres donnent le sentiment de chercher à retarder la marche des événements. Parfois, comme c'est encore le cas avec le Caslon, ces lettres organisent même un véritable conflit entre elles et leur utilisation. Lourdes, bien proportionnées, tout se passe comme si, dans la mesure de leurs moyens, elles se démenaient pour donner toujours un peu plus de poids aux mots auxquels elles contribuent à conférer la vie. Dès lors qu'un mot se trouve fixé, comment se libérer de l'enchantement dans lequel nous a jetés son sens et où ses courbes nous retiennent ? La beauté d'un caractère se mesure, précisément, à la façon dont il nous permet de nous libérer de la situation paradoxale, s'il en est, dans laquelle son existence nous met. Pour s'en tenir au Caslon, lequel est un bon exemple, le moins que l'on puisse dire de son *d* et de son *u*, déjà cités, c'est qu'ils ne poussent guère à la consommation. On les dirait comme arc-boutés dans le sens opposé à celui du cours de la lecture. Sans doute, mais s'il est un certain nombre de lettres qui, sans y mettre l'obstination du *d* et de l'*u* du Caslon, tournent tout de même le dos à leurs obligations (je veux parler des lettres *a, d, j, q, y* et *z*), il en est d'autres comme le *b*, le *c*, l'*e*, l'*f*, le *k* et le *s* qui ne craignent pas de faire face à l'avenir de la phrase. Et l'*h*, que fait-il ? Il avance... il n'avance pas ? Disons que, pour le moins, il hésite. Enfin, si l'on tient compte aussi du fait que le *g*, le *i*, l'*l*, l'*o* et l'*u* sont des lettres généralement statiques (je dis, généralement, car leurs empattements ou l'équilibre entre leurs pleins et leurs déliés peut modifier cela), on comprendra que, tiraillé par tous ces mouvements contraires (et je n'ai pas parlé des gouttes du *c*, de l'*f* et de l'*r* qui auraient tendance à fixer les lettres sur place), l'alphabet soit comme pris de paralysie, immobilisé. Il faudra qu'interviennent les mâchicoulis de la phrase pour qu'il se mette en mouvement.

Garamont[2]

Si, à travers l'histoire des lettres, c'est bien celle des civilisations qui se retrouve, on ne saurait traiter de ces choses avec assez de circonspection.

1. Partie supérieure de la lettre, s'élevant au-dessus de la panse, celle-ci étant la partie de la lettre comprise entre deux lignes médianes (NdÉ).

2. La fonderie Deberny et Peignot affuble d'un *t* son garamond, et la fonderie Monotype, le sien d'un *d*.

Qu'à chaque époque corresponde un caractère ou une typographie, cela n'est pas douteux. Cependant, il est un aspect de ces similitudes que l'on ne peut négliger sans faire des graves erreurs. Si ces rapprochements sont effectivement possibles au point que l'on puisse parler d'une véritable communauté de style, ils n'ont, généralement, pas été recherchés. Pas plus que n'importe quelle œuvre d'art, un caractère ne se façonne à coups de dialectique. Cette graphologie des anciennes écritures dont nous parlions plus haut révélerait ses outrances. Tout à coup, c'est clairement qu'il apparaîtrait si les lettres ont bien épousé leur époque ou bien si, au contraire, la devançant, elles ne l'ont pas trahie avant même qu'elle fût née.

Ces précautions étant prises, avouons tout de même qu'à un tableau de Dürer répond parfaitement un fractur ; à la tombe de François Ier par Philibert Delorme : un Claude Garamond ; aux escaliers de Blois : une italique de Granjon ; aux Invalides : le romain du roi de Philippe Grandjean ; à une cheminée anglaise de John Penkallow : un William Caslon ; au portrait de Madame Récamier par David Gérard : un Didot traditionnel et dépouillé ; à un vase fumé de 1920, l'affreux Rondo ; à un Zadkine : un Reiner. Tout cela est en place, mais en présence de quoi mettre un Picasso ou un Braque ? Il est encore trop tôt pour le dire. La nature de la typographie est d'être légèrement en retard sur son temps. Alors qu'en peinture elles ne sont qu'un signe de santé, en typographie, les licences sont des révolutions. Il faut beaucoup de temps à la typographie pour avaliser un nouveau style. Le miracle est qu'en dépit des principes d'immobilité qui la régissent, elle y parvient toujours. N'empêche, aujourd'hui, on dirait qu'eu égard à la marche trop accélérée des techniques par rapport à la lente et souterraine évolution des esprits, les caractères créés lors des cinquante dernières années sont privés d'assises historiques véritables. Le flottement consécutif à cette situation, et dont nous ressentons sournoisement mais précisément les effets, sape les recherches de ceux qui sont chargés d'élaborer de nouveaux caractères, lesquels, dépourvus de bases, ne sauraient survivre que le temps d'une époque. Or, c'est avec les siècles que les caractères respirent.

Que, de leur côté, les grands textes aient, aussi, et de façon précise, la typographie qui leur convient, est-il besoin de le préciser ? Dans une étude pertinente, Marcel Zahar le dit avec un goût et une justesse auxquels on ne peut que souscrire : « Garamond exprime ce qu'il y a de grandeur dans la raison positive et de noblesse dans les sentiments. Il est digne d'interpréter Ronsard et Bellay, Descartes, Retz, Mme de La Fayette, Pascal, Fénelon, Saint-Simon, Racine, Montesquieu et Vauvenargues... Le Plantin (1555) monte avec aisance le ton philosophique. On aimerait toujours aller avec ses lettres vers Montaigne. La simplicité du Didot (de François-Ambroise) devait être selon le vœu de Chateaubriand. Il est en revanche possible qu'elle ait semblé trop rigide à l'humeur caustique de Voltaire et pas assez

Cheltenham impérieuse au gré de Diderot. » Je ne me souviens pas en quoi sont composés les volumes de *La Recherche du temps perdu* dans la première et délicieuse édition de la NRF. Je ne veux pas le savoir. Je remercie seulement ces caractères de s'être si bien fait oublier. Renseignements pris : il s'agit du Cheltenham. Je n'aime pas ce caractère. C'est donc que Proust le sauve de sa lourdeur.

Si ceux qui nous lisent savaient seulement d'où nous venons, de quel gouffre nous émergeons ! Véritablement, les trois quarts du temps, je m'agrippe aux caractères. Quand, après avoir refondu plus de dix fois une même page, je suis sur le point de tout planter là, parfois, l'idée de la typographie me sauve du complet désespoir. Alors, je m'accroche à elle qui, parce qu'elle est une forme, me donne le ton. Pour retrouver toujours un peu plus de courage, en imagination, déjà, je me prélasse même dans le grain du papier. Alors les caractères me confèrent un semblant de consistance, sont ma musique. Les caractères peuvent être le *la* d'un écrivain. Cette opération de sauvetage est longue. Quand j'en suis à relire mes épreuves, j'ai encore le sentiment, en me corrigeant, de ne chercher seulement qu'à me hisser à un niveau décent. Écrire, ce n'est que sortir du ridicule dans lequel on s'est mis. Heureusement, typographie oblige. Alors, il me semble que les réflexes de plume et ceux de l'éducation sont les mêmes. Il faut écrire comme on parle, à la condition, bien sûr, de parler bien. Mon goût pour le français désuet et légèrement précieux m'aide. L'emploi de certaines locutions un peu affectées, je le sens, confère à mon propos sinon ses titres de noblesse du moins ce ton de bienséance que j'entends conférer à ma vie. Ce ton-là, je le sens aussi, est celui de la typographie. Écrire, c'est ajouter une transparence à une autre, celle d'une pensée à celle de la typographie. La typographie purifie, fait, toujours plus haut, monter la vibration d'une âme. Ainsi, si je prends plaisir à ne pas écrire « pallier à » ou « tant qu'à faire », j'aime aussi émailler mes pages de quelques « au vrai », « au reste », « d'aucuns disent », « or çà » et autres « pour ce qui est ». Avant même que j'aie écrit une seule ligne, ces expressions élèvent mon ronron assez haut pour que je songe à m'en gargariser. Pourquoi, après tout, n'aurais-je pas, à mon tour, besoin de redire que les corvéables sont « taillables à merci », les archivistes « paléographes », les mères « abusives » ou « dénaturées », les obscurs « sans grade » et les brutes « avinées » ?

« L'esprit de l'écrivain, écrit Valéry, se regarde au miroir que lui livre la presse. Si le papier et l'encre se conviennent, si la lettre est d'un bel œil, si la composition est soignée, la justification exquisement proportionnée, la feuille bien tirée, l'auteur ressent de la gêne et de l'orgueil. Il se voit revêtu d'honneurs qui peut-être ne lui sont pas dus. Il croit entendre une voix bien plus nette et plus ferme que la sienne, une voix implacablement pure articuler ses paroles, détacher dangereusement tous ses mots. Tout ce qu'il écrivit de faible, de mal, d'arbitraire, d'inélégant parle trop clair et trop haut. C'est un jugement très précieux et très redoutable que d'être magnifiquement imprimé. »

Dans un petit essai, intitulé *L'impression devrait être invisible*, Béatrice Warde attire notre attention sur le fait qu'il vaut mieux boire dans un verre en cristal que dans un verre en métal, fût-il en or. « Un vin ne se goûte et ne se juge-t-il pas partiellement par la vue ? » demande-t-elle. Et elle ajoute : « La transparence du récipient qui contient le nectar participe du plaisir que nous avons à boire. La typographie cristalline est, sans aucun doute, celle qui convient le mieux à la transmission de la pensée. Il ne devrait pas nous importer de savoir de quoi un caractère a l'air, mais seulement de quoi il est capable. Le passage d'une idée, d'un esprit dans un autre, a besoin de cette transparence. Telle est la règle d'or de la typographie. La typographie qui n'est que le prolongement de la pensée ne doit pas se faire remarquer et demeurer invisible. » Ainsi, le comble de la perfection en matière typographique est-il atteint quand les lettres sont transparentes. Typographiquement parlant, la beauté s'annule elle-même. À elle seule, déjà, l'idée est belle de cet art qui s'efface à mesure qu'il s'élabore, se nie dans le même instant qu'il s'affirme. La typographie est le seul art humain qui ait la discrétion pour premier principe.

Qu'un typographe puisse ne pas se comporter en gentleman, voilà qui paraît impossible. Bodoni est, par excellence, un gentleman typographe. Ne serait-ce qu'eu égard au fait qu'ils ne peuvent innover qu'en respectant les règles admises (il n'y a pas de typographe qui vaille sans formalisme) les maîtres typographes sont tout naturellement, et dans le meilleur sens du terme, des hommes du monde. « Je ne veux que du magnifique et ne travaille pas pour le vulgaire », disait Bodoni. L'attitude importe. Elle est, cependant, insuffisante à justifier un talent. En typographie, cela n'est pas parce que l'on fait aigu que l'on est transparent. Je n'aime pas le Bodoni. Son œil est trop clair. Avec son caractère, Bodoni a choisi d'imprimer La Rochefoucauld. C'est bien de lui. Je n'aime pas les *Maximes*. Elles tranchent sans rien éclaircir. Si, seulement, leur finesse se contentait de tout embrouiller, mais elle noie aussi des faussetés sous le vêtement de la clairvoyance. Ce n'est pas parce qu'elles sont gravées dans du marbre, coulées dans du bronze ou... du plomb que des formules ne sont pas vides. En fait, Bodoni a fait passer son éducation au premier plan, au point qu'elle a empiété sur sa fantaisie. Typographiquement parlant, il n'y a pas d'éducation qui vaille sans, en même temps, art et manière de bousculer, précisément, cette éducation-là. À l'inverse, dès lors qu'avec ses lettres un « graveur » de caractères se fait remarquer, il ne peut plus prétendre s'appeler un artiste. Son œuvre, en ce cas, a dépassé le but qu'elle s'était fixé. Les peintres d'aujourd'hui devraient y songer pour qui, sous peine de passer inaperçues, les toiles doivent être une autre façon de signer. À la fin, le Bodoni se fait remarquer par excès de transparence. Il est le paradoxe toujours vivant de la typographie. Eu égard à l'anonymat dans lequel elle contraint ses maîtres à se confiner, la typographie est le seul art qui se rattache encore à celui, ésotérique, des hommes du Moyen Âge. La transparence aidant, la typographie est le dernier des arts magiques.

Est-ce à dire que le but premier d'un dessinateur de lettres est d'atteindre au plus haut degré de lisibilité dont il soit capable ? Sans doute, plus un caractère est lisible, plus son auteur fait mouche. Cependant, cette question n'a ni plus ni moins d'importance que celle de savoir si la plus grande vertu des portraits de Holbein est qu'ils sont ressemblants. Ressemblants, sans doute, ils le sont. Même sans en connaître les modèles, on en a l'impression dès le premier regard. Mais, en aucun cas, ces ressemblances ne sauraient être le critère permettant de juger de la beauté de ces toiles. Tout le génie de Holbein réside, précisément, dans le fait qu'il a, aussi, inclus la ressemblance dans ses tableaux. Mais en aucun cas, cet élément n'en est le principe. Que, lorsqu'il peint un homme vêtu d'une fourrure, Courbet éprouve le besoin de rendre compte de cette fourrure jusqu'au moindre de ses poils, cela fait partie de son style, voilà tout. Les beautés typographiques sont cachées. Elles sont comme des trésors perdus dans de la transparence, un léger voile dans son vide. C'est la différence entre le verre et le cristal, lequel n'est beau que parce qu'il postule à la transparence du verre. Ce qui est encore possible pour un peintre, direz-vous, ne l'est plus pour un graveur de lettres qui, lui, dispose d'un espace véritablement trop étroit pour pouvoir faire preuve d'imagination. Le tout est seulement de découvrir puis, en le précédant quelque peu, de se couler dans le sens typographique de son temps, lequel, souvent, consiste en un retour en arrière. C'est ce dont, par exemple, témoigne le Peignot dont le *g* bas de casse a quelque chose de l'onciale. En matière typographique, le passé peut être, doit être, une source inépuisable de renouvellement. À elle seule, la typographie grouille de formes. En elle se trouvent déjà tous les germes de ses mues.

PEIGNOT

Contrairement à ce que l'on pourrait croire d'abord, les caractères dits publicitaires ne sont pas une mine de renouvellement graphique véritable. Ne sont-ils pas pleins de la jeune sève des temps qui se font ? En fait, d'aucuns, et ils n'ont pas tort, tiennent les caractères publicitaires pour des non-sens et, même, des monstruosités typographiques. En effet, ces caractères n'organisent-ils pas un conflit entre eux et ce qu'ils cherchent à transmettre ? Encore une fois, un caractère ne saurait tirer la couverture à lui. Il ne peut que s'effacer devant ce qu'il est chargé de communiquer. Mais, au fait, la typographie publicitaire est-elle chargée de transmettre un texte ? Mrs Warde raconte qu'un jour qu'elle avait eu la chance de rencontrer le grand typographe américain T. M. Cleland, il lui montra un merveilleux dépliant publicitaire qu'il avait mis en pages pour la firme Cadillac. Cependant, comme il n'avait pas avec lui le texte qu'il était chargé de faire figurer sur ce document, il avait rédigé quelque chose en latin. Eu égard à son peu de lettres ascendantes et descendantes, il est, pour un typographe, particulièrement agréable de composer quelque chose dans cette langue. En effet, les lignes auxquelles elle donne naissance sont d'une remarquable régularité et d'un très bel équilibre. « Le texte que M. Cleland avait composé, poursuit B. Warde, était, volontairement, d'une rare stupidité. Cependant, il m'affirma que son aspect avait tellement frappé ceux qui étaient chargés de juger du document, qu'après avoir félicité Cleland pour son travail, ils l'interrogèrent sur la signification du texte qu'il avait élaboré. J'en vins, poursuit alors B. Warde, à émettre quelques doutes quant à la clairvoyance des directeurs auxquels M. Cleland avait affaire. « Vous avez tort, me répondit celui-ci. Si les chalands ne sont pas absolument contraints de lire une annonce, le travail du metteur en pages se solde par un échec. » Les textes publicitaires fournissent les seuls exemples qui se puissent trouver où les exigences typographiques peuvent l'emporter sur celles du message proprement intellectuel qu'ils sont chargés de colporter. Reste à savoir si, en publicité, les typographies les plus tapageuses sont les plus efficaces ? Sans doute va-t-il de soi qu'habitués que nous sommes à la monotonie typographique, l'orchestration d'un désordre graphique ne peut qu'attirer notre attention. Je ne suis pas loin de penser, cependant, que la manière forte n'est pas forcément la meilleure.

Pour difficile, voire impossible que cela puisse paraître, la typographie doit avancer, se plier aux exigences de son temps, en épouser l'esprit, marcher avec lui. Ainsi, là comme ailleurs, rien n'est-il acquis et la lutte entre la matière et l'esprit dont je parlais plus haut, est-elle sempiternellement à reprendre. La tâche est complexe. Disons seulement qu'on ne saurait trop prendre garde aux méfaits des sophistes. En matière typographique, Didot est le plus dangereux d'entre eux. Et la victoire, qu'est-elle ? En fait de victoires, il en est cependant. Le Garamond, le Baskerville, le Times New Roman en sont. Ces victoires, le goût veut qu'elles ne sauraient être effectives si on ne les sentait précaires. Il faut qu'à travers ce formalisme à quoi leurs schémas stéréotypés acculent les dessinateurs, les lettres ne viennent pas s'entremettre entre le lecteur et l'esprit et, qu'à l'inverse, celui-ci n'étouffe pas la senteur de celles-là. Après la pluie, le parfum de la terre, beaucoup plus que de penser, nous éveille à la conscience d'exister. Belles, les lettres peuvent, à la rigueur, passer pour le parfum d'un texte. Perdus, comme nous le sommes, dans le plaisir de lire, elles peuvent tout juste nous rappeler que nous lisons.

Baskerville

III

OÙ NOUS EN SOMMES
[en 1967[1]]

L'utilisation des films en typographie n'est pas neuve. Voilà soixante-dix ans que l'idée en est venue à l'esprit des imprimeurs. Dès lors que l'offset existait, il était inconcevable que l'on ne songeât pas à en étendre toujours davantage l'emploi. Cependant, tout s'est alors passé comme si la trop grande liberté dont ils disposaient avait effarouché les typographes. Hors des rails de la typographie traditionnelle, ces hommes se sont sentis perdus. Et pourtant, que dire de la complication des mesures typographiques ? « Contrairement à une allégation couramment répandue, écrit M. Julien Cain dans son ouvrage sur l'Imprimerie nationale, le point actuel de l'imprimerie en France n'est pas une subdivision exacte du système décimal. Dans la profession, il répond à la sixième partie d'une ligne de pied du roi, soit 0,376 mm. À l'Imprimerie nationale, il est supérieur d'un quinzième de ligne environ, soit 0,399 375. Il serait préférable de le fixer une fois pour toutes à 0,4, ce qui simplifierait grandement les calculs, mais tout le matériel devrait alors être changé, dépense considérable et hors de proportion avec les avantages de principe attendus d'un rattachement au système métrique. » Aujourd'hui grâce à la photocomposeuse, tout est permis, jusqu'à, et y compris, la réduction de la couleur des lettres. Plus besoin de lettres en plomb ou en bois pour composer des rébus, lesquels deviennent les prototypes idéaux pour la publicité d'une lumitype. Grâce au Bauhaus, la typographie avait déjà ses Mondrian. Grâce à la lumitype, elle peut avoir maintenant ses Klee, elle peut dépasser les prouesses typographiques déjà remarquables, pour leur époque, d'un Dada[2]. Depuis dix ans déjà qu'elle est entrée en service, la photocomposition a-t-elle donné naissance à une nouvelle typographie ?

Le labeur que le graveur effectuait pour fabriquer ses poinçons était, pour l'essentiel, de la même nature que celui des artistes qui travaillaient la pierre. Des uns et des autres, les mouvements étaient les mêmes. Il s'agissait de ceux d'hommes en étroite intimité avec la matière. Ces mou-

---

1. Voir aussi « Typographie d'hier à aujourd'hui », par Paul-Marie Grinevald, ci-dessous, p. 1031 (NdÉ)

2. Tous ces travaux n'ont eu pour résultat que faire reculer la typographie un peu plus. En effet, tandis que les recherches dadaïstes créaient de nouvelles mises en page, réussies, celles-ci furent considérées comme des œuvres d'art beaucoup plus que des voies ouvertes sur l'évolution de l'art graphique

vements-là, ces moyens délicieux à force d'être difficiles de vaincre la dureté ont donné naissance au bas de casse. Ainsi ne sera-t-il pas dit, qu'au profit de la lumière, l'on aura impunément supprimé la dureté de dessous les plumes. Celles-ci vont, en effet, tout à coup, se trouver privées de toutes véritable assise et, par là, risquer de diluer les formes des lettres dans l'espace.

La récente entrée en circulation de la photocomposition justifie à elle seule ce pamphlet. L'on a déjà entendu parler de cette machine électronique. Son invention par deux Français, René Higonnet et Louis Moyroud, son exploitation aux États-Unis ont joué un rôle important dans la naissance, à Lure, des réunions où se rejoignent tous les ans, autour de Jean Giono et de Maximilien Vox, des typographes venus de tous les horizons. Dès lors, et puisque cette prodigieuse machine supprime des tonnes de plomb, sa place est, maintenant, chez les éditeurs eux-mêmes. Ainsi ceux-ci vont-ils redevenir les humanistes qu'ils étaient à la Renaissance.

Les progrès accomplis tant par l'imprimerie que par la typographie lors de ce dernier demi-siècle furent tels que l'on assiste aujourd'hui à une véritable confusion des styles typographiques. Ainsi le mauvais goût a-t-il trouvé une nouvelle et splendide occasion de voir non seulement se multiplier ses aspects, mais, aussi, son audience s'élargir. Le plus mauvais entraîne le pire : c'est dans le désordre des formes qu'est apparue l'idée d'une typographie fonctionnelle. Les moyens de reproduction qui font appel à la photographie ont, pour une large part, contribué encore à accuser le désordre typographique d'aujourd'hui. Rattachée au passé sous peine de perdre tout sens, la typographie est un art qui ne saurait pas plus se priver de l'histoire que du temps. Jusqu'au XIXe siècle, avant l'apparition des moyens photographiques modernes, il fallait bien dix ans à un dessinateur pour élaborer un caractère et, au moins, un demi-siècle à son œuvre pour s'imposer. Ces laps de temps étaient indispensables, ils le sont toujours. Photographiques ou électroniques, les nouveaux outils typographiques auront beau avoir rendu déjà de grands services à l'art graphique et, à travers lui, à la pensée, rien ne prévaudra contre le fait qu'en aucun cas, un caractère ne saurait, pour exister, se passer du talent d'un artiste. Je parlais de la confusion des styles typographiques. Les Auriol, Giraldon, Grasset et autres Naudin n'ont guère tenu leurs promesses. Tout craque avec eux, et même en grinçant. Toulouse-Lautrec est passé par là, le Peignot lui-même, qui a résisté un peu plus que les autres, a tout de même fini par lâcher prise. Pour qu'un caractère puisse être reconnu tel, il faut qu'il devienne un objet de consommation courante. Un caractère est génial ou il n'est pas.

Par leur allure, les caractères que je viens de citer sont par trop attachés à leur époque, qu'ils ont d'ailleurs marquée, pour survivre. Sans doute ces caractères sont-ils publicitaires, « du bilboquet », comme on le dit

MANUEL FRANÇAIS
DE
TYPOGRAPHIE MODERNE

CARACTÈRES AURIOL

dans le métier ; des caractères conçus pour des travaux de ville, le menu fretin typographique. Ils pourraient tout de même être réussis. Le pourraient-ils vraiment ? Publicitaire, un caractère ne se nie-t-il pas lui-même ? Dessiner un caractère publicitaire est déjà un aveu d'impuissance. Dans tout ce magma (n'empêche il n'est pas interdit à un caractère, même publicitaire, d'avoir de la tenue), il n'est guère que, leur conservatisme aidant, les Anglais qui maintiennent une certaine tradition graphique. La typographie, quelle qu'elle soit, ne saurait se passer de cette rigueur que lui confèrent ses attaches avec le passé. Il est encore trop tôt pour parler de l'Univers de Frutiger, qui, lui, prétend ne pas être un caractère publicitaire... Le fait qu'il ait été conçu pour la lumitype (la photocomposeuse de Deberny et Peignot) devait, comme fatalement, inciter son auteur à concevoir un caractère « fonctionnel ». La publicité même qui est faite à l'Univers le prouve, qui insiste sur la commodité que représente la grande variété de ses chasses. Au reste, conçu pour la lumitype, l'Univers l'a été aussi par un Suisse.

Univers 45 **_Univers 68_**
Univers 56 **Univers**
Univers 66 **Univers 59**

CARACTÈRES AURIOL

De l'esprit de Zurich à celui du Bauhaus, il n'y a pas loin. Les Suisses font de l'ordre et, en ces matières, l'ordre ce sont les mathématiques ou, quand ce n'en sont pas, quelque chose qui les singe, ce qui, à tout prendre, est pire. Les thèses élaborées par le Bauhaus se réduisent à une seule idée : tenter d'adapter la lettre bâton sans empattement tenue pour « la lettre de notre temps » au canon et aux proportions de la lettre de la Renaissance. Le résultat, on le connaît : c'est une lettre gauche comme assise entre deux chaises de l'Histoire. Même si elle fut quelquefois géométrique, avec des formes mécaniques, on ne saurait retrouver le ton de la typographie du Moyen Âge. Né en son temps, un caractère y reste attaché. On n'imite pas une typographie, on a la sienne ou on n'en a pas. Sans doute peut-on, doit-on même, puiser une inspiration dans le grouillement des lignes des lettres du passé. En aucun cas, cela ne signifie téléscoper les siècles. Sans doute, aussi, Georges Peignot a-t-il remodelé le garamond. Mais, pour lui, il ne s'agissait que de l'adapter aux nouvelles méthodes d'impression de son temps. L'apparition de la lumitype est l'occasion ou jamais d'en revenir... au passé, aux caractères originaux, qu'il s'agisse de ceux de Garamond ou de Caslon.

Il n'est pas étonnant de constater que pour dessiner un caractère qui puisse convenir à tous – par définition tout caractère se veut universel – les Allemands du Bauhaus aient songé à faire appel aux normes mathématiques. Les mathématiques sont un langage universel tout trouvé[1]. Au reste, cette obsession des formes mathématiques existe depuis toujours chez les typographes allemands. Dürer avait déjà là-dessus des idées précises. Nous avons vu que, telles, ses lettres n'ont pourtant pas eu d'avenir. Ce puritanisme typographique n'a toujours pas desserré son étreinte. Et pourtant ! Comment ne pas reconnaître que, de par son caractère même, la typographie tourne le dos aux mathématiques ? En vérité, il y a fort à parier que les caractères issus du Bauhaus sont les vivants exemples d'une trop grande influence des lettres publicitaires sur les bas de casse. Les hommes de la publicité ayant fait la loi des principes du Bauhaus visent, finalement, beaucoup plus à accroître le bien-être des dessinateurs industriels (en aucun cas il ne saurait s'agir de véritables artistes) que celui de ceux qui, par la lecture, seraient amenés à user de leurs lettres. Sans doute les dessinateurs du Bauhaus ont-ils beaucoup pensé. Trop. Sans doute, aussi, l'idée qu'un *a* sans empattement se rapproche beaucoup plus de la conception platonicienne de l'*a* que celui

1. C'est ainsi qu'aux travaux d'Herbert Bayer qui, à grands coups d'angles, d'horizontales et de verticales calculées à l'avance, tenta d'élaborer un caractère passe-partout, correspondent ceux de Josef Albers qui, usant également des lois mathématiques, chercha à mettre sur pied un caractère stencil standard ; ceux d'Erbar, le Kabel de Rudolf Koch ; les travaux d'El Lissitzky et de Moholy-Nagy, le Futura de Paul Renner.

Les lois de cette nouvelle, et soi-disant rationnelle, typographie furent codifiées par Jan Tschichold qui fut professeur dans une école typographique munichoise.

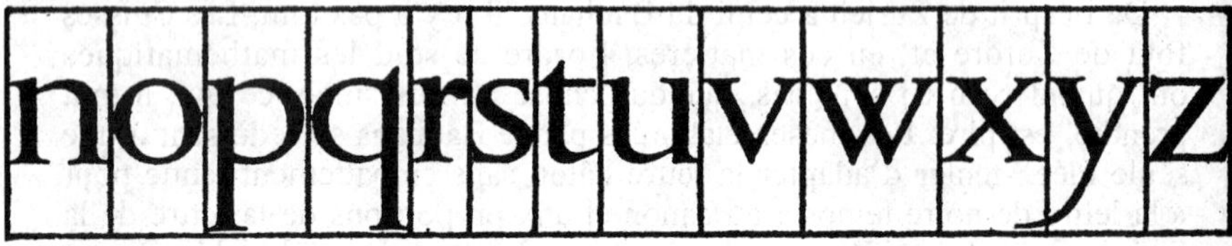

LE NEN 3225

muni de cette troisième dimension, est-elle séduisante pour l'esprit. Elle n'en est pas moins fausse. Finalement, en matière typographique, ce qui prend l'allure du comble de la simplicité est, en fait, le fruit du plus élaboré des raisonnements. Encore une fois, en typographie, la logique n'a pas cours. Paradoxalement, la lettre la plus lisible n'est pas la plus fonctionnelle.

Dès lors que l'idée était à nouveau apparue d'élaborer des alphabets à partir des données mathématiques, il était fatal que l'on songeât à mettre sur pied un alphabet standard. L'opération fut plusieurs fois tentée. La dernière réalisation de ce genre est hollandaise et date de 1963. À grand renfort de papier millimétré et à coups de reproductions d'offset, plusieurs hommes de la Dutch Standard Institution se sont mis au travail et lors d'un vaste *brainstorming*, avec l'aide de tous les renseignements photographiques qu'ils avaient pu récolter, ont confronté leurs goûts. Pour eux, au moyen de superpositions photographiques, il s'agissait, en somme, de dresser le portrait robot du caractère des temps présents. De ces confrontations et de ces cogitations qui, toutes, ont eu pour principe essentiel de tenter d'élaborer des lettres en fonction de l'harmonie de leurs membrures particulières et des rapports de nature esthétique qui lient les lettres les unes aux autres est sorti le NEN 3225. Ses « auteurs » l'appellent « le plus démocratique de tous les caractères qui aient jamais été élaborés ». Pompeux, ce ton en rappelle un autre. « Après tout, disent-ils, et puisque aussi bien, en matière typographique, est-ce au public à décider en dernier ressort, c'est à lui, aussi, à élaborer son caractère. » Le résultat de ce travail... de romain, c'est le cas ou jamais de le dire, est un caractère qui ne manque pas de beauté. Il y a même quelque chose en lui de trop réussi. Par là, j'entends que, de ce qui fait la grâce du garamond, les auteurs du NEN 3225 semblent n'avoir voulu retenir que les fondements mathématiques. Sans doute a-t-on là, idéalement, figé des grâces typographiques dans la froideur du plomb. Ce sont des beautés que l'on ne saurait retenir dans les rets des mathématiques. En dépit des influences latines qu'elle a subies et qui ont fait d'elle le plus haut lieu de la typographie mondiale au XVIe siècle, typographiquement parlant, en optant pour les conceptions mathématiques des Suisses, la Hollande est redevenue un pays germanique. Le seul avantage qu'elle y a découvert est d'être, aujourd'hui, le meilleur intermédiaire qui se puisse trouver pour acclimater toujours davantage le romain au pays de Gutenberg. Après tout, elle a peut-être raison, cette Hollande, dans ses rigueurs à l'endroit du romain. Depuis qu'il existe, les tribulations de ce dernier ne prouvent-elles pas assez qu'il n'est jamais parvenu à se stabiliser ? Et si le romain n'existait pas, n'avait jamais existé ? La lettre gothique, elle, s'est peu modifiée depuis les premières apparitions du fractur et du schwabacher. L'avenir nous dira si ce traitement mathématique de choc est bien le prix que le romain avait à payer pour entrer enfin dans l'ordre allemand.

En attendant précisons déjà ceci : après la guerre, Hermann Zapf s'est trouvé face à une situation très exceptionnelle. Hitler, en effet, après avoir longtemps prôné les caractères « gothiques » par lui considérés comme typiquement allemands, s'étant aperçu de leurs origines juives, avait ordonné le retour au « romain ». Entre-temps, bon nombre de fontes romaines avaient été détruites. Dès lors, rien ni personne n'empêcha Zapf de reconstruire un monde romain à sa façon. Pour romain que fût cet univers, il n'en a pas moins rebâti un, allemand, ou, plutôt, aux affectations allemandes. Il n'est, pour s'en rendre compte, que de voir n'importe quoi de Voltaire dans le Diotima romain d'Hermann Zapf, par exemple. De toutes les pointes acérées de ses moindres phrases, l'auteur de *La Henriade* refuse ce vêtement. La remarque vaut d'autant plus pour Voltaire qu'il n'était pas homme à badiner avec les questions de caractères. Je sais que le romain est à tout le monde. Il paraît qu'il y a quelques années de cela on a, à coup de trémas, tenté d'acclimater le garamond en Hongrie. L'opération a parfaitement réussi. Quelque chose me dit, cependant, que les caractères français, le garamond plus que tout autre, correspondent plus intimement à l'idée que l'on se fait du romain idéal et, par conséquent, du romain passe-partout. Dans cet ordre d'idée, les caractères anglais et italiens viendraient à la seconde place et les allemands ou, plutôt, ceux d'obédience germanique, à la dernière. Bien que je sache qu'on l'est facilement en la matière, je ne crois pas être chauvin en disant cela : français, un romain peut convenir à tout le monde.

Il est, dans notre façon de voir, bien des anomalies. Pour ne citer qu'un exemple, on a pu aisément démontrer que, pour un œil normalement constitué, un trait horizontal paraît toujours plus épais qu'un trait vertical de même grosseur. Frutiger, non seulement n'ignorait pas ces choses mais en a fait l'un des principes qui régissent l'élaboration de son caractère. C'est ainsi qu'en les compensant plus ou moins, il a joué de nos perversions visuelles. Si, en théorie, ses idées sont parfaitement satisfaisantes et même séduisantes (il est même agréable de songer à un caractère fondé sur un tel système de compensation), sur le papier, comme cela se produit souvent en typographie, elles n'aboutissent pas à un résultat convaincant. Si Frutiger a bien élaboré des lettres qui, tout en étant munies de pleins et de déliés ne papillonnent pas trop désagréablement dans l'œil, des lettres idéalement proportionnées même, il nous donne à penser que c'est peut-être au détriment des rapports de ces lettres entre elles. Utilisé dans une composition, l'Univers nous laisse en effet toujours plus ou moins l'impression d'être une manière de tricot aux larges mailles, aux mailles trop larges. Ici, entre les lettres, les blancs (je ne dis pas les espaces) l'emportent trop sur elles.

N'empêche, plus que de toutes ces démarches propres à élaborer un espéranto des formes typographiques, j'attends davantage de recherches qui, dans le but de créer de nouveaux caractères, seraient fondées sur les principes de la *Gestalt.* Au reste, peu nous chaut que les formes typographiques soient universelles ou pas, l'essentiel étant bien que, convenant le mieux possible à la langue à laquelle elles donnent corps, elles fussent, tout à la fois, les plus transparentes et les plus belles possibles. Ces choses-là, si elles ne peuvent se démontrer, se sentent.

En vue de l'élaboration de ce caractère idéal que, depuis que l'imprimerie existe, l'humanité cherche à créer, il ne semble pas que des tests de lisibilité doivent sortir plus de renseignements que des études géométriques du Bauhaus. Des enquêtes ont été faites en Amérique à ce sujet. Le papier utilisé a été mis en abscisse, l'éclairage en ordonnée. En fonction de l'âge des lecteurs, on a usé de tous les caractères possibles, dans tous les corps. Il n'est pas jusqu'aux sujets proposés qui n'aient été mis en cause. Rien n'est sorti de ces travaux. Dans la conclusion de son ouvrage, Harold J. McNally, professeur à l'université de Columbia, avoue courageusement : « *The result of this study will not permit the conclusion that any one of the experimental types is preferable to any of the others for use in sight saving classes*[1]. » D'autres comme M. Miles et A. Tinker de l'université du Minnesota sont parvenus à la même conclusion. On aurait pu le prévoir. Quelque chose en nous nous dit en effet que ces choses ne sauraient pas plus relever des tests psychologiques que des mathématiques. Plus qu'une science, la typographie est un art.

Mais n'abandonnons pas ce chapitre désabusé sur la lisibilité sans encore préciser ceci. Des savants américains de la Johns Hopkins University ont démontré que nombre de lecteurs avaient tendance à confondre le Q et l'O, le G et le C, l'N et l'S, l'H et le B, l'F et le P, le V et l'Y capitales, ainsi que le 3 et le 8. D'autres, enfin, ont calculé que l'usage d'un alphabet simplifié pourrait supprimer environ quinze pour cent des caractères employés. Les gains sur le papier, le temps de composition, l'impression ont, eux aussi, comme bien l'on pense, été calculés. On croit rêver. Il s'agit en tout ceci de supprimer. Or, même lorsqu'il fut question d'adjoindre de nouveaux signes à l'alphabet, il fallut bien un siècle pour faire admettre ces nouveautés. C'est Geoffroy Tory qui, le premier, *suggéra* l'introduction d'accents, *proposa* de remplacer les lettres élidées par une apostrophe, *fit sentir* le besoin de la

1. « Le résultat de cette enquête ne permet pas de conclure qu'un seul des textes testés est préférable à un autre du point de vue de l'efficacité. »

cédille, déjà employée dans les manuscrits depuis le XIIIe siècle, mais négligée jusqu'alors par la typographie. *Suggérer, proposer, faire sentir.* Ces sortes d'innovations ne se sont jamais faites que lentement, que contre l'alphabet lui-même. Il en est même comme celle, par Alcanter de Brahm du point d'ironie[1] qui ne sont pas parvenues à franchir ce barrage. D'aucuns sont même allés plus loin encore qui, dans leur rage de simplifier, en sont venus à élaborer des alphabets phonétiques. Le premier d'entre eux, l'elstob, fut dessiné par Robert Bridges en 1903. À la faveur des recherches qui ont été entreprises dans le but d'étendre toujours davantage l'emploi des lumitypes, l'idée d'user d'un alphabet phonétique est à nouveau réapparue. En effet, la composition automatique n'atteindra son perfectionnement ultime que lorsque les machines seront capables de lire elles-mêmes le texte qu'on leur propose de composer quel que soit l'instrument ayant servi à l'écrire. Des études d'écriture à partir de la parole sont actuellement en cours. Un stade intermédiaire pourra être constitué par un codage à partir des signes de sténographie ou de sténotypie. Il n'est pas étonnant que des tentatives de ce genre aient été faites par des Anglais ou des Américains. En effet, l'alphabet romain convient beaucoup plus aux langues latines qu'à la langue et aux idiomes anglo-saxons. Ainsi, par exemple, les dictionnaires anglais ne distinguent-ils pas au moins huit sons différents pour la seule lettre *a*, selon son emplacement dans une phrase ou dans un mot ? Huit sons, c'est beaucoup et la tentation est grande de trouver des moyens graphiques de les différencier. De l'intérieur, pour ainsi dire, une langue fait toujours plus ou moins pression sur sa typographie dans l'espoir de la fissurer. Or, avec sa typographie, c'est une langue entière qui ferait eau de toute part. Jusqu'ici, quelles que soient ces attaques, lesquelles sont soutenues par les moyens prodigieux de la science, en Angleterre, le romain a résisté. Résistera-t-il longtemps ? La lumitype ne va-t-elle pas ouvrir la voie aux alphabets phonétiques ? Déjà pour le *et*, certaines machines à écrire anglaises emploient le signe @ lequel est inconnu de nos typographes tandis que, pour signifier N° , les machines espagnoles usent du signe #. De leur côté, les Américains, eux, ont leur $. Enfin, de part et d'autre de l'Atlantique, sous prétexte d'élision, n'assiste-t-on pas à une véritable débauche d'apostrophes ? Ces pressions marquent les points faibles, les failles d'une langue qui, dans sa perte, risque d'entraî-

LE POINT D'IRONIE

1. Peu sûr de l'œil du lecteur français, encore moins de son esprit, le littérateur Alcanter de Brahm (1868-1942), conservateur du musée Carnavalet, suggéra aux typographes l'introduction d'un nouveau signe de ponctuation : le point d'ironie. Comme son nom l'indique assez, ce point eût été destiné à signaler aux lecteurs épais des passages écrits sans sérieux par leur auteur. Bien qu'il eût pu servir, par exemple, aux acteurs d'une pièce de théâtre étudiant leur rôle et se trouvant en présence d'une réplique ironique du fait d'une situation, l'initiative de M. Alcanter de Brahm ne rencontra pas l'audience du public. On renonça.

ner celle de l'alphabet lui-même. Il en est, Américains, qui ont été jusqu'à calculer le temps de lecture d'un mot par rapport à celui d'un autre. Ils ont imaginé des techniques, inventé même des « appareils » afin d'accélérer le temps de lecture ! On a déjà commencé à vouloir nous imposer des « condensés ». Maintenant, on veut transformer les livres en mangeoires automatiques ! Ces méthodes ont un nom : on les appelle *speed-reading*. On aura beau faire, la culture ne sera jamais une affaire de vitesse. Elle consiste seulement à coïncider avec un rythme. On lit comme on respire, faute de quoi on ne lit pas. On écrit de même. Qu'on écrive ou qu'on lise à haute voix, on parle à quelqu'un. Dans ce dernier cas, on lui parle même effectivement, par le cœur, derrière la lecture qu'on lui fait. Vouloir modifier ces rythmes est une intolérable intrusion dans notre vie privée. Proust explique quelque part que le seul moyen de faire connaissance avec un paysage est de le découvrir à la vitesse de la marche à pied. Y pénétrer en voiture, explique-t-il, c'est le saccager.

LE CMC7
Élaboré au moyen de longues et de brèves verticales. Ce « morse » est une monstruosité typographique

LE E13B
Déjà utilisé dans de nombreuses banques américaines et anglaises

Sous prétexte que la photocomposition est apparue, d'autres ont cherché à modifier le processus lui-même de l'écriture et, par conséquent, de la pensée elle-même. Pourquoi, disent-ils, ne pas transformer la langue en un code ? Déjà les machines électroniques ont créé de nouveaux signes, ont leur propre langage.

Certains signes apparaissent déjà sur les chèques, les factures, les billets de voyage, les chèques postaux qui, fabriqués par des cerveaux électroniques, peuvent à la fois être lus par eux et par un œil humain[1]. « On peut les lire, écrit Charles Coulter[2], même quand ils ont subi les distorsions les plus considérables. » Mais alors si ces « lettres » ont subi « des distorsions considérables » comment peut-on prétendre encore les appeler des lettres ? Sans doute serait-il stupide d'ignorer les gains considérables de temps que les machines électroniques sont capables d'apporter. On ne

1. À titre d'exemple on peut citer l'E13B et l'ABA, « caractères » mis au point pour l'American Banker's Association le CMC7 (Coded Magnetic Character 7) et le « caractère » formé par le système orthotronic.
2. Dans *Alphabet 64*, publié par James Moran à Londres.

saurait cependant prendre assez de précautions surtout si d'autres techniques modernes comme, par exemple, celle de l'encre magnétique (*Magnetic Ink Character Recognition*) ne permettaient, soi-disant, de pallier les inconvénients d'ordre esthétique inhérents à l'usage des cerveaux électroniques. Ces « inconvénients » sont, en matière typographique, d'une telle importance qu'ils risquent de compromettre l'existence même des lettres. Après tout, si notre romain est bien directement issu du grec, pourquoi le langage des cerveaux électroniques ne succéderait-il pas au bas de casse romain ? Alors, surtout si l'on s'en réfère à ce qui se passe déjà, par la voie des mathématiques, on ne ferait qu'en revenir... au grec. Refus de l'avenir, ou pas ; grec ou romain, un caractère est une œuvre d'art ou n'est pas. On ne saurait, pour donner le jour à des œuvres d'art, compter sur les cerveaux électroniques.

Ai-je raison de m'effrayer ? Après tout, l'apparition de la linotype, par exemple, a-t-elle, tant que cela, multiplié les ligatures ? Peut-être pas, mais la photocomposition, elle, fait courir de graves dangers aux caractères eux-mêmes. Les « lettres de lumière », comme les appellent joliment les inventeurs de la lumitype, ne risquent-elles pas d'être différentes de celles de l'alphabet ? Différentes peut-être pas encore, mais, dans tous les cas, modifiées. Déjà, en effet, certaines mises au point propres à accélérer la lecture des textes absorbés par les photocomposeuses transforment le profil des lettres. Tout repose sur la superposition, à l'image d'un caractère normal, d'un quadrillage dont les lignes sont séparées par 1/10 mm. « En théorie, on obtient une image légèrement déchiquetée sur les obliques », avouent eux-mêmes les inventeurs du procédé. Chaque caractère peut, ainsi, être traduit en un langage rigoureusement électronique. Cela est beau et, tout à la fois, terrifiant.

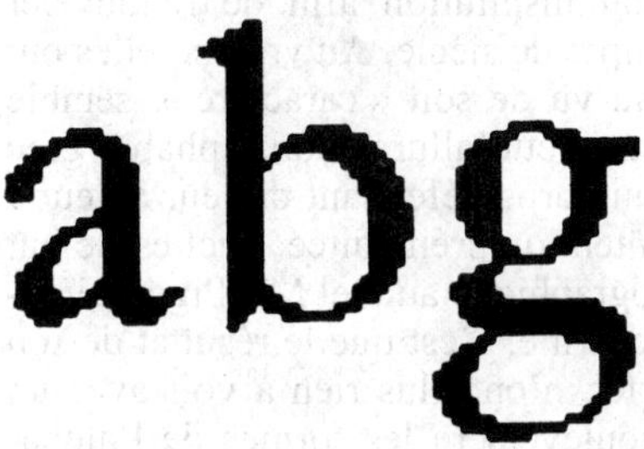

CARACTÈRES TRAMÉS
ET FORTEMENT AGRANDIS

Les machines ne sont pas les plus dangereuses. Mis à part quelques pionniers qui cherchent à défendre leurs prouesses mathématiques, personne, encore, n'a véritablement osé tenir les signes qui sortent des cerveaux électroniques pour de véritables lettres. Ainsi, beaucoup plus dangereux apparaissent certains théoriciens qui, eux, pour des raisons plus ou moins farfelues, n'ont pas craint de proposer l'usage de nouveaux « alphabets ».

C'est le cas de Mr. Reginald Piggott par exemple. Auteur d'un National Roman, Mr. Piggott explique[1] qu'inventé au XIVe siècle notre alphabet

1. Dans *Alphabet 1964*, *op. cit.*

speaking of bird life in pal-
estine, it might interest and
surprise many people to know

TROIS LIGNES EN NATIONAL ROMAN
de Reginald Piggott

romain ne saurait convenir au XXe. Puis, parlant de son caractère qu'il croit révolutionnaire, Piggott précise qu'il a simplifié nombre de lettres « tout en conservant autant que possible le caractère qu'elles avaient de par le passé ». C'est ainsi qu'il n'a hésité à supprimer ni les lignes ascendantes ni les descendantes des lettres. Travaillant aussi « à réduire le plus possible l'étalement des lettres dans le sens de la largeur », Piggott leur a, à toutes, conféré un tour oblong. « De cette façon, ajoute-t-il, mes lettres sont toutes identifiables au vu de leur seule moitié supérieure. » Le résultat de tous ces beaux raisonnements ? Un alphabet – si tant est que l'on puisse appeler ainsi ce paquet de signes – privé de *q* (décrété inutile en anglais), où l'*a* ressemble à un *e* renversé, le *g* est privé de sa boucle inférieure et du trait courbe qui le reliait à sa partie supérieure, où, sans aucune raison apparente, l'*i* fait figure de *y* renversé, où l'*m* est un M capitale couché sur sa hampe, le dos tourné vers la fin de la ligne et où le *w* est ce même M mais, cette fois, faisant face à son avenir. Avec un alphabet romain, Piggott a-t-il cherché à en singer un grec ? Sans doute, l'alphabet romain vient-il du grec. Sans doute aussi, nous l'avons vu, est-ce dans le passé qu'il faut puiser son inspiration afin de renouveler l'alphabet. Encore faut-il ne pas se tromper de siècle. Au vrai, si telles ont été les intentions de Piggott, ce qui, au vu de son « caractère », semble évident, il ne nous en dit rien. Peut-être cette allure d'un alphabet grec n'est-elle apparue dans ces lettres qu'au corps défendant de leur auteur ? Mais si, à l'inverse, il s'agit là d'une intention préméditée, quel est le but recherché ? En fait, si le brouillard typographique auquel Mr. Piggott voudrait nous habituer ne manque pas de charme, c'est que le résultat de son travail est un échec. Ces signes, en effet, n'ont plus rien à voir avec un alphabet romain. Non, l'homme qui bouleversera les formes de l'alphabet, outre qu'il aura d'abord à administrer la preuve que des changements sont indispensables, devra être un génie. Des génies, Jenson, Garamond, Caslon, Baskerville en sont. Pour atteindre à la gloire discrète, mais à la gloire cependant, qui fut la leur, ils n'ont pas eu besoin d'inventer de nouveaux signes. Ils se sont contentés d'élever ceux qui existaient déjà au rang d'œuvre d'art.

À l'inverse, paradoxalement, le trop grand amour que certains nourrissent à l'endroit des lettres est, aussi, à craindre. À force de les aimer, on se délecte, se vautre dans les courbes des lettres, se glisse dans leurs boucles, se complaît à lisser leurs hampes. De là à basculer dans un excès d'abstraction, à franchir ce pas qui sépare une lettre de ce schème qui fait d'elle une partie intégrante de l'alphabet, il n'y a pas loin. Belles, les lettres donnent le vertige, sont des gouffres de l'esthétique.

En dépit de ces aberrations il ne semble pas que la typographie ait encore basculé dans le chaos. Le dégel typographique, consécutif à l'invention de la lumitype, ne s'est pas encore transformé en débâcle[1]. L'Univers mis à part, on dirait que, pour ce qui est de ses formes graphiques, la typographie hésite, piétine même au bord de ce gouffre, de ce vide que d'aucuns ont appelé *la mort de Gutenberg.* La typographie est, par excellence, le reflet de l'évolution de la pensée d'une nation. Ainsi, et, probablement, à leur corps défendant, la démarche des typographes américains, du moins en ce qui concerne le style de leurs lettres, grâce auquel ils cherchent à se vieillir, est-elle inverse de celle de l'évolution des techniques graphiques et d'impression. Dans le pays même où elle est née, on agit comme si la photocomposition n'existait pas.

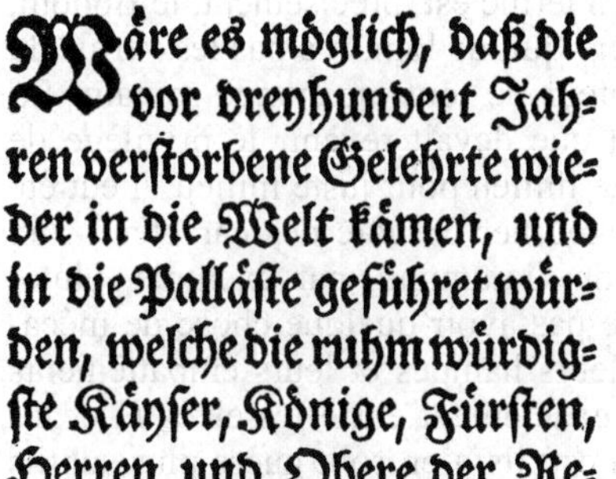
Wäre es möglich, daß die
vor dreyhundert Jah-
ren verstorbene Gelehrte wie-
der in die Welt kämen, und
in die Palläste geführet wür-
den, welche die ruhmwürdig-
ste Käyser, Könige, Fürsten,
Herren und Obere der Re-

UN TRÈS BEAU FRACTUR ALLEMAND

Au vrai, cette démarche dans le sens opposé à celui de l'Histoire n'est pas le fait de la seule Amérique. En Angleterre, en 1840, on relançait déjà le Caslon pourtant vieux de trois siècles. Un peu plus tard, une querelle des anciens et des modernes s'instaura, qui sépara les partisans de William Morris, lesquels rejetaient vigoureusement la seule idée d'une avant-garde typographique et les tenants de l'*art nouveau.* Pour finir, la typographie étant sous l'empire du Caslon, pendant un demi-siècle, d'autres formes ne purent apparaître. En Allemagne aussi, le passé a longtemps maintenu les lettres dans une semi-stagnation et les hommes du Bauhaus, eux-mêmes, ne purent se défaire de l'emprise du fractur. Cette immobilité des arts typographiques est, encore aujourd'hui, notre lot. Cette immobilité ou, si l'on préfère, ce mouvement. En effet, qui dit civilisation dit stabilité. Or, ce n'est pas les Américains avec leur matérialisme plus ou moins scientifique qui établiront les bases d'une civilisation. Notre époque est

1. C'est ainsi qu'un certain nombre d'hommes bien graves se sont réunis pour instaurer une Convention internationale de protection de l'alphabet. Ces hommes sont chargés de veiller à ce que les lettres ne sombrent pas dans leurs propres courbes et restent des lettres.

donc toute de mouvement. En matière typographique, nous nous comportons comme si nous nous retournions dans une cage en nous cognant, généralement, dans les plus gros des vieux bateaux de la panoplie typographique. En France, par exemple, la typographie en est encore à se chercher quelque part entre le Garamond et le Didot, entre le meilleur et le pire. De son côté, très régulièrement depuis deux siècles, l'Angleterre se partage entre le Baskerville et le Bodoni[1] et ne se livre que rarement à ce honteux moyen terme que le Cheltenham[2] constitue pour elle. N'empêche, le maniérisme guindé des Anglo-Saxons, surtout des Anglais dont les caractères abâtardis tirés du Baskerville donnent de bons exemples, cette façon qu'ils ont de faire des sucreries avec du Bodoni, sont sans excuses, ne les révèlent pas même. Par l'entremise de l'Angleterre, l'influence allemande est encore prépondérante aux États-Unis. Encore heureux que les Américains n'aient pas opté pour le fractur. Sans doute le devons-nous au fait que le gothique était plus difficile à fondre et à reproduire que le romain. Quoi de plus autobiographique qu'une écriture ? Les œuvres typographiques sont autobiographiques ou ne sont pas. En ce qui nous concerne, nous Français, le moyen terme est, précisément, le Bodoni. Curieux, tout de même, que ce caractère qui, de loin, n'a pas les vertus du Garamond soit le commun dénominateur de tout un monde romain. Et, cependant, n'était-ce pas à un Italien que devait revenir le privilège de perpétuer le romain ? N'empêche, juste milieu pour juste milieu, il eût été préférable de voir les typographes se tourner du côté des caractères aux empattements triangulaires, du côté du Garamond, par exemple, plutôt que vers ceux, trop contrastés pour ne pas avoir quelque chose de mécanique, de Bodoni et de Didot. Avec leurs hampes et leurs empattements filiformes, les Bodoni se situent très exactement entre les elzévirs et les didots. Caractères de transition s'il en est, ils n'en sont guère plus subtils pour cela. En matière typographique, si les extrêmes ne sont jamais des panacées, les moyens termes ne sauraient, non plus, passer pour des subtilités. Le Fournier est un garamond qui a suivi les mêmes transformations qu'une écriture avec le temps. Le langage, dans ses évolutions phonétiques, est d'ailleurs, lui aussi, sujet aux mêmes translations et aux mêmes

---

1. L'histoire typographique se renouvelle sans cesse. Avec ses implacables empattements qui préfigurent l'allure militariste des didots, Bodoni cherchait déjà à réagir contre « la charmante frivolité rococo » de son maître Fournier le Jeune.

2. Conscient que nous lisons les mots dans leur aspect général plus que dans chacune des lettres qui les composent, l'architecte américain G. Goodhue élabora son Cheltenham en conséquence. Parce qu'il avait découvert que les mots tenaient leur allure beaucoup plus des hampes que des panses, il n'hésita pas à donner aux premières la primeur sur les secondes. Ces raisonnements aberrants (en matière typographique, plus les raisonnements qui justifient une forme sont brillants, plus ils sont aberrants), outre qu'ils se trouvent à la source de véritables monstruosités typographiques, risquent de compromettre le sort de l'alphabet lui-même.

avatars. Avec ses déliés filiformes, le Bodoni ne témoigne que d'une réelle pauvreté artistique, d'une grande misère graphique. En dépit d'une réputation qu'il a conservée, et qui n'est guère à l'actif des typographes d'aujourd'hui, le Bodoni n'est que le squelette de ce qu'il devrait être. Il n'a, pour se faire une telle place, que profité de l'indigence typographique de l'époque à laquelle il est apparu. Bien qu'il en traduise la couleur, un caractère précède aussi toujours plus ou moins son temps. Il paraît que nous sommes responsables de notre visage. Ainsi est-ce aussi aux caractères d'imprimerie à donner consistance à l'Histoire. Didot responsable des échecs de la Révolution ? Pourquoi pas ?

Elzevirs

En Angleterre, plutôt qu'au Bodoni, le Caslon eût été préférable. Quant au Cheltenham, il prouve, une fois de plus, que l'on ne jongle pas impunément avec les styles. Ce n'est pas parce que l'on ferme ses *e* qu'on donne à son caractère une allure « vieux style ». Ce n'est pas, non plus, parce qu'on allonge les hampes de ses lettres ascendantes qu'on lui donne davantage de personnalité.

Récemment, en Amérique, j'ai eu l'occasion de lire ceci à la fin d'une traduction de *La Peste* de Camus, publiée chez Alfred Knopf à New York : « *This book was set on the linotype in Janson, a recutting made direct from the type cast from matrices made by Antoine Janson sometimes between 1660 and 1687.* » Et, suivait, une série de renseignements sur Janson. Je crois n'avoir encore jamais vu pareille précision à la fin d'aucun livre français. Puisque aussi bien les dessinateurs de caractères défendent leur langue, je ne vois pas pourquoi, chaque fois qu'ils en ont l'occasion, les éditeurs ne leur rendraient pas l'hommage qui, au même titre qu'aux auteurs, leur est dû. Autant que les écrivains auxquels ils prêtent leurs formes, les dessinateurs de lettres ne sont-ils pas indispensables à l'existence des livres ?

En même temps que de grands typographes, Alde Manuce, Geoffroy Tory, Estienne ont été des humanistes. Au moment de la Renaissance, il ne venait à l'idée de personne de demander à des typographes de ne pas réfléchir. C'est parce qu'ils avaient lu, au contraire, qu'ils en venaient tout naturellement à se préoccuper de typographie. C'est sa passion du grec et des auteurs antiques qui a fait d'Alde Manuce un typographe. Ce n'est pas parce que l'on a assassiné Gutenberg qu'il faut, pour autant, tuer l'esprit d'Estienne. Les vingt-six soldats de plomb de l'alphabet ne sont pas encore démobilisés. D'aucuns s'en sont rendu compte qui, avec tout l'attirail des techniques modernes, ont même amorcé un retour à l'impression typographique traditionnelle. Déjà, des imprimeurs utilisent des plaques gravées à partir de textes photocomposés. Ceci est bien. Il faut maintenant que, renversant la marche de l'histoire typographique, l'offset consente à rendre, sinon les armes, du moins les honneurs à une typographie dont, qu'elle le veuille ou non, elle est issue.

IV

L'IMAGE ET LE VERBE CONTRE L'ÉCRIT

Que, depuis Gutenberg, les lettres aient été fabriquées en plomb, voilà qui, quand on y réfléchit un instant, ne devrait pas manquer d'étonner. Les substances qui nous entourent vivent, en effet. Quand bien même les tenons-nous pour inanimées, la plupart sont comme irradiées d'éclatements qui leur confèrent une véritable existence. Ces choses sont connues et codifiées. C'est la loi de Bohr. Cependant, toutes ces substances ne « vivent » pas avec la même intensité. Il en est dont la vitalité les place au bord du gouffre et, celles-là, les savants les connaissent qui en usent pour faire éclater la matière ; d'autres dont l'activité intérieure contribue à les stabiliser pour des temps raisonnables ; d'autres, enfin, qui, cette fois, avoisinent la mort. Au terme de cette involution de la matière il serait difficile de trouver substance plus morte que le plomb. Le plomb est le cadavre de la matière. Or, c'est de ce plomb dont, depuis cinq siècles, on se sert pour arracher l'esprit à cette matière. En dépit de ce contraste, le succès de l'entreprise prouve que, trop léger, l'esprit avait besoin de ce poids mort pour être fixé à la terre. Le règne de l'esprit est-il, aujourd'hui, assez fermement établi pour qu'il puisse se priver de ce concours ? Déjà, depuis que l'on fait appel à l'offset, les metteurs en pages n'ont plus besoin de se soucier des règles typographiques pour organiser l'espace. Maintenant que, compte tenu de l'apparition de la lumitype, elles ne sont plus retenues par le carcan des composteurs, les lettres elles-mêmes tombent les unes dans les autres. Une trop grande liberté obscurcit le ciel typographique. Dès lors que les lois du plomb ne pèsent plus sur les lettres, celles d'entre elles aux hampes et aux hastes accusées (je pense à celles des lettres du Cheltenham et du Peignot) ne vont-elles pas gagner l'espace typographique, l'envahir comme une gangrène ? Que ce soit parce que leurs hampes sont trop grandes ou parce qu'elles sont trop petites comme dans le National Roman de Piggott ; que ce soit parce que leurs empattements sont trop larges, comme c'est le cas des égyptiennes ou, parce que antiques, elles n'en ont pas, ou trop peu, les lettres d'un caractère, quand elles n'organisent pas l'espace, n'en sont pas. Que dire des lettres qui n'en sont pas ? Dans la mesure où elles en sont le support, elles compromettent alors le sort de la langue au service de laquelle elles se sont mises.

Egyptiennes

Cet espace, c'est parce qu'elles l'ont dominé que, dans les instants bénis de la lecture, les lettres nous le restituent. Alors, le monde entier nous est

Antiques

rendu. C'est un feu d'artifice qui monte, éclate et, doucement, nous retombe dans le cœur.

Mais la voix n'est-elle pas notre moyen de transmission le plus complet, puisque aussi bien son usage ne requiert de nous que le minimum d'efforts ? Ainsi, les caractères devraient-ils être sténographiques (nous avons vu que pour d'autres raisons on y pensait), le plus rapprochés possible de la voix. L'essayiste américain Marshall McLuhan est allé plus loin encore qui écrit que les moyens de diffusion audiovisuels nous faisaient revenir au degré zéro de la typographie. À en croire ses propos[1], le mal ne serait pas grand. La typographie serait, en effet, à l'origine de tous nos maux. Elle aurait chassé le latin, contribué à centraliser les gouvernements, exacerbé l'individualisme dans ses aspects les plus éculés. Poussant son idée encore plus avant, McLuhan en arrive à dire que « dès lors qu'ils sont écrits, les mots deviennent une part du monde visible, des objets statiques ». « En tant que tels, dit-il, ils perdent cet aspect dynamique qui est le propre du monde audible en général et sonore en particulier. Ils le perdent en ce sens que, naturellement, nous sommes plus directement en communication avec les sons qu'avec les signes. » Ainsi, si nous devions suivre McLuhan dans ses conclusions, au lieu d'être un moyen de communication, la typographie renfermerait-elle au contraire les êtres sur eux-mêmes, serait-elle une sorte de piédestal qui leur permettrait d'élever un monument à la gloire de leur isolement.

Assisterions-nous vraiment à un retour de la phonie, au chaos, aux brumes de l'analphabétisme ? Sans doute, nous l'avons vu, on ne saurait nier qu'une écriture est toujours plus ou moins phonétique. Ainsi, par exemple, la nôtre, que nous croyons la plus abstraite de toutes l'est encore. Que nous le voulions ou non, des sons sont enclos dans nos signes. Bien que, jusqu'aux récents travaux du Bauhaus, nos lettres n'aient pas cessé d'être tirées du côté de l'abstraction, les accents sont là qui, de façon imagée, les rattachent encore aux sons. Les accents ne sont-ils pas comme des adieux, les dernières notations musicales de notre alphabet déchiré ? C'est par eux, par ces touches sonores qui se posent sur les lignes que nos livres relèvent encore de la musique. Ne serait-ce que par le truchement de ses accents une écriture, bouge, papillonne, bourdonne. Ce tintamarre est celui de l'esprit. L'écriture bourdonne et la page est musicale. Et la ponctuation ? Qu'est-elle d'autre, sinon la mise en musique des pages ? Toute la littérature se réduit en une affaire de ponctuation. Le point et virgule est la pierre d'achoppement de toutes les plumes. Sans doute, tout cela est-il vrai. Mais, est-ce parce que les signes contiennent des sons et que, ces sons, nous sommes capables de les mécaniquement enregistrer que nous devrions cesser de nous exprimer par écrit et abandonner la lecture pour l'audition ou la perception des seules

1. Dans *The Gutenberg Galaxy* (1962) ; trad. fr. *La Galaxie Gutenberg*, Paris, Gallimard, coll. « Idées », 1977, 2 vol.

images[1] ? Tandis que je lisais ce livre de McLuhan, je me disais que cet homme ne savait pas ce qu'écrire signifie. Il me suffit de repenser à ce livre pour, par réaction, à nouveau, concevoir ce qu'écrire veut dire. En même temps que c'est se laisser couler dans le velours blanc d'un papier, c'est faire preuve d'humilité, laisser tomber toutes les écailles, être fragile comme un fœtus. Écrire, c'est naître. Le moyen d'y parvenir ? Par la surprise, en prenant la pensée par surprise et, pour ce faire, en écrivant partout, dans la rue, sur le verso des paquets de *Gitanes* (le paquet qui contient ces cigarettes est d'un carton assez dur et presque entièrement blanc). Un écrivain est un homme qui ruse. C'est quelqu'un qui épie le moindre mouvement de la pensée pour la phagocyter. Écrire, c'est disposer ses pièges, tendre sa toile. Un écrivain est un homme qui capte l'insaisissable, sait capturer les vers luisants sans, pour autant, leur faire perdre leur phosphorescence. J'ai, en passant, livré quelques-uns de mes secrets. Il en est qui usent de la nuit, d'autres du magnétophone. La nuit porte mauvais conseil et les vérités issues de ces moments où nous sombrons dans le sommeil, loin d'être des lumières, ne sont que des fantômes. Il m'apparaît, au contraire, que l'un des meilleurs secours que l'on puisse trouver consiste, précisément, à lutter contre le sommeil. Il en est qui se droguent, d'autres qui boivent. L'absence de sommeil me tient lieu de stupéfiant, allume des bougies dans ma tête. Quant au magnétophone, il est la source de grandes désillusions. Son emploi prive de ce point d'appui que constitue le fait d'avoir à tracer des lettres sur un papier blanc. Les textes écrits sont faits pour être lus et non pour qu'on vous les lise. Destinés à être imprimés ils doivent être écrits et non récités devant un micro. À l'inverse, en même temps qu'en pleurant notre plume se tord de plaisir d'avoir quelque chose à se mettre enfin sous la dent, nous sommes le siège d'un rajeunissement. Quand cela prend, quand il est dans son ton un écrivain est roi. Son propos dans sa note, il règne sur le monde.

Du point de vue de l'auteur, ces choses des sons ont cependant, aussi, leur importance. Un écrivain, non seulement chante son propos mais, avant même de les avoir écrites, vit la musique de ses lignes. Ces lignes, il les

---

1. « Les anciens peuples ont rendu, tout naturellement, d'abord, leurs idées par des rébus. Ils ont ensuite mêlé au rébus le symbole, sorte de rébus ou de calembour moral, mais, par une complication nouvelle, le nom de l'objet pris pour symbole fut pris aussi pour sa prononciation, en dehors de l'allégorie, et rentra par là dans le système général des rébus. On ne connaissait, dans le principe, que des signes syllabiques puisque chaque mot est composé au moins d'une syllabe. Les mots d'une syllabe, qui composaient presque tout le vocabulaire des langues anciennes, n'étaient que des consonnes portées par des voyelles vagues, de sorte que ces voyelles usées par le frottement de l'usage finirent par laisser à nu, dans l'écriture, leur consonnes, c'est-à-dire les articulations simples. Dès lors l'immense complication de l'écriture figurative s'écroula d'elle-même et il reste l'écriture alphabétique. Vous voyez maintenant que toutes les écritures ont été phonétiques, c'est-à-dire prononcées, même les clés chinoises qui sont à la fois symboliques et phonétiques. La phrase d'E. Poe sur les hiéroglyphes phonétiques contient un pléonasme : tous les hiéroglyphes se prononçaient. Il ne peut donc y avoir de traité spécial sur les écritures phonétiques... » (*Lettre de Lefèbvre à Mallarmé.*)

moule, les façonne dans le même temps que, dans le silence de la solitude, il les hurle. Une page est remplie, bourrée à ras bord d'un silence qui, à force d'en être un, n'en peut plus de ne pas s'être encore converti en rythme. Écrire, c'est, de « la musique des sphères », faire l'architecture de ses phrases. Les mots, surtout quand on les écrit, se vivent physiquement. À la fois, ils ont une résistance sous la plume et ils parlent. Une phrase, un mot s'attaquent, se rattrapent comme une balle de tennis se renvoie. D'aucuns savent s'y prendre, l'ont su de toute éternité. D'autres pourront éternellement s'y essayer : ils ne le sauront jamais. Quelle est exactement, dans l'écriture, la part des sons et celle des signes ? Personne ne peut, ne pourra le dire. Une écriture n'est jamais qu'une fusion entre des sons et les formes qu'ils prennent, un conglomérat, un brouillard qui, par le truchement d'un miracle, donne corps à des brumes. Les mots sont des vases et, justes, ils sont pleins jusqu'au bord. Le besoin de s'exprimer par écrit demeure une des composantes fondamentales de la nature humaine, au même titre que la paresse de lire ou d'écrire. Toutes ces choses, McLuhan ne les a pas senties. Il n'a pas compris que les hommes ont besoin de morale et que la plus belle qu'ils puissent à la fois se donner et recevoir est, précisément, celle de l'écriture. La morale de l'écriture et celle de la lecture sont les mêmes. C'est derrière la lecture que l'on fait de son livre, une deuxième façon de se confondre avec un auteur. Les propos de celui-ci, goûtés, c'est tout naturellement qu'on cherche, en la scrutant, à tirer de sa vie cette leçon que ses œuvres ne donnent pas. Parce qu'elle est la plus haute de toutes celles auxquelles on puisse prétendre se conformer, c'est tout naturellement que beaucoup se plient aux principes de la morale des écrivains. L'humanité ne serait pas ce qu'elle est si les hommes n'avaient écrit, n'écrivaient pas. L'écriture est la vraie conscience de l'humanité. Les écrivains en sont les vrais héros. Écrire est naturel, parce qu'il est naturel de chercher à faire de soi un héros.

J'ai dit qu'écrire était faire preuve d'humilité. Lire aussi. Ainsi, écrivains et lecteurs se retrouvent-ils au même niveau, au plus pur d'eux-mêmes. On n'y songe jamais assez : lire est un prodige. Enfin abandonnés à cette invite à laquelle nous nous refusions comme, toujours, aux plus grands des transports ; de nos yeux qui dévorent les lignes, nous sommes comme un souffle : nous attisons la fournaise des mots. Lire, c'est aussi avancer, basculer d'un mot dans l'autre, bouler sur les lignes, faire la roue. Lire vous gonfle d'une stupeur maîtrisée, du vertige de se retrouver au bout de soi, sauvé. Lire, c'est étouffer, demander grâce, une trêve parce que c'est trop beau. Que ce jeune homme fait-il d'autre qui, seul dans sa chambre, relit à haute voix les passages des *Confessions* de Jean-Jacques Rousseau qu'il a le plus aimés ? Bien qu'elle ne puisse ni le voir ni l'entendre, c'est pour celle qu'il aime qu'il passe ainsi ces lignes brûlantes au travers de son « gueuloir ». Lire, c'est savoir interpréter les lettres. Elles ont toujours été la vraie lumière, et même les récentes clartés de l'électronique n'y sont pour rien. À la limite, ce livre de McLuhan n'est qu'une pâteuse justification... du *Reader's Digest.* Au reste, l'auteur de *Gutenberg Galaxy* oublie que cette fameuse science, cette électronique dont il argue pour vouer la typographie à la mort, peut se mettre, elle aussi, au service de l'imprimerie qu'il condamne trop vite. Le livre de McLuhan est brillant, mais stupide. Il n'en est pas moins vrai qu'il est heureux qu'il ait été écrit, ne serait-ce que parce qu'il peut inciter à redonner au livre toutes ses vibrations et tout son sens. Au vrai, pourquoi écrit-on ? On écrit, comme d'ailleurs on lit, par besoin de communiquer. Que cette communication soit indispensable c'est ce qu'abasourdi par le monde moderne dans lequel nous vivons, M. McLuhan semble avoir oublié. Comme tous les Américains qui se respectent, si tant est que l'on peut appeler cela se respecter, McLuhan n'est plus que le fantôme de lui-même. Il a perdu la conscience de lui-même et ne sait plus que lire c'est savoir écouter, entendre cette voix qui, en nous, nous dit que le moment est venu de lire... Épictète ou Thucydide. En effet, on ne lit pas parce que quelqu'un vous a dit un soir : « Vous devriez lire ceci ou cela ; vous savez, c'est magnifique. » On lit parce que l'on a rendez-vous avec un livre. Pour ma part, je n'ai jamais lu que sur rendez-vous. Mais, ces rendez-vous, pour en goûter, il faut avoir une montre. De montre, M. McLuhan, visiblement, est dépourvu. Son livre sent la compilation, pas la culture. La culture, on sent qu'il n'a aucune idée de ce qu'elle est. On dirait qu'il n'a lu (et il a beaucoup lu) que pour chercher des citations. Ces citations, McLuhan a beau les accumuler, on ne sent, à aucun moment, que ses propres vibrations coïncident avec celles de l'un des auteurs qu'il cite. Je le plains. Quand elles se confondent, à travers l'espace et même par-delà la mort, ces forêts de frissons nous donnent en effet tout à la fois le sentiment de vivre plus intensément et, aussi, celui du bonheur d'exister.

V

L'AVENIR

L'ÉCRIVAIN TYPOGRAPHE

À Lurs, aux assises annuelles de la typographie, lors d'une conférence restée fameuse, qu'il a publiée par la suite, bousculant les normes admises, le peintre Mathieu s'est insurgé contre l'état de léthargie dans lequel se trouve plongée la typographie de notre temps, tout particulièrement en France. Pour lui, rien n'a été fait depuis Gutenberg, et il est grand temps de redonner à cet art toute la fraîcheur qui lui revient. Mathieu n'y va pas par quatre chemins. Pour lui, il ne s'agit plus, pour reproduire leurs livres, que d'user tout simplement des écritures des écrivains. De son côté, Rémy Peignot écrit : « La présence vivifiante de la main dans le graphisme de la lettre reste le seul moyen de la réveiller de son sommeil séculaire. Seul, le geste de l'écriture permet de rendre aux signes alphabétiques une certaine chaleur humaine, à l'instar de la voix dans l'audition. » Si Mathieu et mon frère devaient avoir raison, on se trouve, dès aujourd'hui, capable de donner à leur postulat force de loi. La lumitype le permet.

Quiconque a tenu une plume devinera que l'écrivain est toujours – plus ou moins – un typographe qui s'ignore. Écrire à la main sur une feuille blanche aide un écrivain à prendre conscience qu'il a de personnelles, précises et précieuses idées typographiques.

Depuis le moment où il se trouve en présence d'un papier « que sa blancheur défend », comme le dit si bien Mallarmé, jusqu'à celui où il remet son manuscrit à l'éditeur, un écrivain choisit un papier plus qu'un autre, un stylo à la plume plus épaisse ou plus dure qu'une autre, une certaine encre. Chacun de ces choix et bien d'autres encore définissent l'atmosphère dans laquelle un auteur entend se mettre au travail.

Ce qui se conçoit bien s'écrit lisiblement, de notre écriture la plus ronde et qui fait comme du bien aux mots que nous traçons. Alors, en effet, nos lettres s'arrondissent, et, en même temps que nos exigences typographiques s'expriment, nous avons le sentiment de faire revenir notre propos à la surface de notre écrit. Avec un outil qui pleure délicieusement quand on s'en sert, on écrirait n'importe quoi. Or, qui sait si ce « n'importe quoi » n'est pas ce que, précisément, l'on cherche, le génie ? Si « l'existence précède l'essence », la graphie, elle, précède la pensée. Écrire avant de penser n'est, peut-être, que penser. Et si la poésie n'était qu'une affaire de plume ? On ne me fera pas croire, en tous les cas, que, pour un tenant de la poésie automatique, l'ustensile dont il se sert n'a pas son importance. Géniale, une poésie n'est peut-être seulement qu'un peu plus « automatique » que les autres ? L'art ne consiste qu'à accorder du sérieux à des jeux d'enfant. Écrire sans savoir ce que l'on dit est, peut-être, le meilleur moyen dont nous disposions de donner sa chance au meilleur de nous-même, à notre nature de s'exprimer ? Généralement, l'esprit ou, plutôt, l'organisation du langage qui le traduit, ne vient-il pas se mettre en travers de nous-même ?

On se roule dans son écriture faute de quoi on n'écrit pas. C'est à la qualité de son écriture qu'un écrivain peut, aussi, juger de la valeur de son propos. Elle en est comme la preuve par neuf. La preuve par l'écriture ; l'idée vaut d'être retenue. Qui sait si, comme Claudel, en arrondissant ses lettres, en tirant la langue, un écrivain ne pourrait pas, au dernier moment, sauver son texte du néant où le réseau de ses pattes de mouche risquait de l'entraîner ? Du point de vue littéraire, la rondeur est un signe de santé. À la limite, je ne vois pas comment un bon écrivain pourrait ne pas avoir une belle écriture, belle et lisible. C'est la vérité qui nous habite qui nous incite à tracer de belles lettres. Hélas ! il n'existe pas de bas de casse qui soit rond. Ces choses relèvent de la graphologie. Sans vouloir traiter de ce sujet, ce qui nous entraînerait trop loin, disons seulement qu'en Italie, par exemple, au XVe et au XVIe siècle, la forme des lettres ne devint jamais aussi anguleuse qu'en France ou en Angleterre.

Jusqu'à ces derniers temps non seulement je ne comprenais pas ce que la bibliophilie signifiait, mais, encore, tenais même rigueur à ses adeptes de ce qu'ils semblaient préférer l'aspect des livres (leur âge et, pour tout dire, leur poussière) à leur contenu. Je n'avais pas saisi que posséder une première édition, des épreuves, un manuscrit ou, à défaut, une dédicace, étaient, pour les bibliophiles, un moyen de se rapprocher de leurs idoles. Je me revois encore chez André Lefèvre, penché sur le manuscrit du *Pain de ménage.* Je fouillais littéralement ces lettres du regard afin de renforcer l'impression qu'elles m'avaient donnée au premier coup d'œil, qu'elles m'indiquaient ma voie, me remettaient dans mon chemin, me redonnaient du courage. Il est rare que, surtout si l'écriture de son auteur est ronde, sa mise en pages aidant, le manuscrit d'un grand livre ne nous soit pas un miroir ; un miroir car, s'il nous renvoie nos fautes, il nous indique aussi le moyen de les surmonter. Quand il a le manuscrit de l'un de ses auteurs préférés entre les mains, un bibliophile vit et tremble avec lui, écrit avec lui, est lui.

Le sentiment que nous avons des mots nous les fait découvrir plus rapidement que toute espèce de simplification. Les mots sont des éphémères qui, chacun, ont leur façon bien à eux de voleter. On ne saurait leur rogner les ailes sous prétexte de leur donner plus de légèreté. La typographie est là qui donne corps à ces ombres. En outre, les mots ne sont pas seulement les dépositaires d'un sens lexicologique. Dans la langue des grands écrivains, ils ont aussi une valeur de suggestion, indépendante de leur sens ordinaire. Dans les *Essais*, par exemple, en fait d'orthographe, la typographie fait loi. La grâce typographique du langage de Montaigne est indéniable. Elle sertit les richesses qu'elle révèle. Montaigne, en effet, ne lésine ni sur les *d*, les *s* ou les *z*. Son goût pour les *g*, les *c* et les *f* fait papilloter ses mots, les alanguit, assouplit davantage sa pensée, lui donne cette allure sinueuse qui est le charme de l'intelligence dont les *Essais* fournissent la définition par excellence. Les *Essais* témoignent d'une véritable allégresse graphique. J'ai relevé les orthographes : *advocat*, *escholes*, *tesmoing*, *despesche*, *cognoistre*, *faictes*, *l'espée*, *adjouste*, *affin*, *naifve.* Et quelle exquise préciosité Montaigne ne tire-t-il pas de l'usage qu'il fait de l'*y*, quelle noblesse, aussi, dans ses apostrophes[1] (je prends ce mot dans son sens typographique, bien sûr). Il parle, par exemple d'une *grand'assemblée*, d'un *port'enseigne.* N'y a-t-il pas

1. L'apostrophe a été empruntée par Jacobus Sylvius (1531) aux grammairiens anciens. Au XVIe siècle l'emploi en était plus répandu que de nos jours.

jusqu'à des tambours là-derrière ? De jolis mots comme *estanconner*, *enhortements* ou *contre-rolle* ne sauraient effrayer. Ainsi toutes les gaucheries de Montaigne tournent-elles à son avantage. Quand on ne comprend pas ou plus son texte, c'est que l'on a perdu confiance, cessé d'être généreux.

Ainsi avec son style, un écrivain de génie a-t-il aussi sa typographie bien à lui. C'est Joyce qui écrit que, lus, les mots ne sont pas les mêmes qu'entendus. De sa part, cette simple constatation peut suffire à nous éclairer sur ce qu'il a voulu tenter avec son *Finnegan's Wake*. Dès lors que nous avons bien saisi le propos, rien ne nous empêche plus pour, plutôt qu'un livre, tenir ce texte pour une prouesse graphique, un véritable tableau typographique. *Finnegan's Wake*, c'est, déjà, du pop art, mais, tiré du côté de la littérature au lieu de l'être du côté de la peinture ou, plutôt, du collage. À titre d'exemple, je ne citerai que, dans le « livre » de Joyce, les volontaires omissions de ponctuation, les mots interminables qui, cela va de soi, doivent être regardés et non lus, et qui, délicieusement, manquent de *g*. Toute la nostalgie de la graphie du latin est là. Typographiquement parlant, les mots peuvent être juteux. Ils l'étaient du temps de Montaigne, encore avec l'orthographe du Grand Siècle. Joyce a essayé de leur rendre un peu de leur saveur. Comme on a dépouillé les lettres jusqu'à leur supprimer leur empattement et donner à leurs déliés des allures filiformes, on s'est ingénié aussi à dessécher les langues.

Satie a, aussi, beaucoup écrit ; Satie dont, s'il en est, la musique est littéraire. Ses billets, il les a écrits de telle sorte qu'on dirait qu'après avoir hésité il ne s'est résolu qu'à contrecœur à tirer son propos du côté... de la prose. En laissant séjourner le plus d'encre possible dans les poches de ses boucles il est tout de même parvenu, comme en sous-main, à parsemer son écriture de noires et de croches. Une écriture musicale ! Il y a là une idée à laquelle, même les dessinateurs de lettres publicitaires semblent ne pas avoir songé. On connaît les dessins de Victor Hugo qui transformait une tache d'encre en une tête satanique ; cette façon, aussi, qu'avait Pissarro de s'interrompre au beau milieu d'une phrase – c'est le cas où jamais de le dire – pour dessiner ce que les mots lui paraissaient impuissants à exprimer...

Digne de ce nom, un écrivain n'est pas non plus homme à badiner avec les questions de mise en page. Le moment le plus secret, le moins conscient de la création littéraire est donc, non seulement une mise en mots mais, aussi, une véritable mise en page, laquelle fait partie intégrante du mouvement créateur et, déjà, promet le texte à peine né à tout un destin typographique qui se confondra avec son avenir. En même temps que nous écrivons, notre mise en page nous est comme une occasion de dessiner. Escaliers dans les escaliers, escaliers contrariés ; contrés par d'autres, occasions de tracer enfin une capitale aussi vite absorbée par son bas de casse que formée : on ne dira jamais assez les délices de certains de ces retraits dont nous sommes les auteurs. Et puis, il est bon, tout en répartissant équitablement ses signes sur une ligne dont on a préalablement décidé de la longueur, d'avancer à la bonne, à la généreuse allure de sa plume. Dès lors que neuve, notre pensée reste ferme, les lettres s'arrondissent du plaisir d'exister. Il est bon d'écrire n'importe quoi, proprement, consciencieusement. La mise en page donne un surcroît de poids à ce que nous disons, un tour officiel à notre propos. À la limite, la mise en page relève de la poésie. Une mise en page est poétique ou elle n'est pas. La mise en page est par excellence l'affaire des poètes. Réussie, l'une d'elles est, déjà, un poème même si le texte qu'elle orchestre n'en est pas un. Il est bon, aussi, de contempler une de ses propres pages bien remplie, notre écriture prise dans la glace d'un format. J'ai, sous les yeux, une carte postale représentant la bataille qu'Alexandre et Darius se livrèrent à Issos. Il s'agit d'une des plus fameuses mosaïques de Pompéi. Après tout, elles aussi, les mosaïques, ne disent-elles pas quelque chose et, elles aussi, avec des signes ? Comme une belle mosaïque un livre, tout à la fois s'impose et dispose de nous. Un instant, il est doux d'entretenir cette confusion. À elle seule, en effet, l'idée du morcellement est agréable. Quand, un moment, nous sommes sûrs de ce que nous avons écrit, en elles-mêmes, nos pages nous paraissent belles. Il est alors délicieux d'essayer de les regarder sans toutefois les déchiffrer. Véritables mosaïques de signes, elles aussi nous disent quelque chose avec des signes qui, séparés les uns des autres, eux non plus ne sont rien. Nos pages sont nos miroirs. Pour la raison qu'elles nous invitent à toujours plus d'exigence, il ne saurait, de notre part, y avoir de la complaisance à nous perdre dans leur profondeur.

Dans son *Répertoire II*, Michel Butor semble vouloir nous indiquer que la faille par laquelle le poème s'immisce dans la prose est l'énumération ; l'énumération dont, dit-il, il n'y a pas plus de raison de faire figurer les éléments sur une ligne plutôt que sous la forme d'une colonne. C'est alors que Butor cite les énumérations dans *Gargantua*, lesquelles sont verticales. Cette affaire d'énumération nous ramène en fait à l'idée d'une coupure, d'une respiration, d'un rythme, tous éléments qui sont propres à la musique. La poésie se lit sur une partition.

Considérant son livre comme imprimé avant même qu'il soit écrit, Michel Butor en est venu à appliquer à ses livres certaines des idées que son ami Boulez met en pratique quand il dirige un orchestre dont tous les instrumentistes se trouvent disposés d'une manière que d'aucuns trouvent peu orthodoxe, alors qu'elle relève de la seule logique. Interrogé dans *Le Monde* à propos de son livre intitulé *Illustrations*, Butor attire l'attention sur le jeu de ses marges et de ses caractères : « Ici une masse, dit-il, là une ligne légère, isolée, qui court comme une arabesque. » Pour lui, à une époque où l'image prime, il s'agit dans ses écrits de tenter de rivaliser avec le peintre et, par les mots, d'aboutir à une sorte de tachisme verbal.

« Il faut, explique-t-il encore, jouer de la superposition des voix, rendre des bruits de foule, d'une façon générale : s'efforcer de saisir, dans sa totalité, l'extraordinaire complexité de la perception du réel. » Seule une typographie savante peut permettre de créer une littérature qui soit à l'heure du pop art.

C'est cette importance de la page, cette idée du rapport nécessaire entre le contenu poétique et son contenant matériel, entre ce plein et ce vide, qui avait inspiré à Stephane Mallarmé l'idée de certaines de ses œuvres. De loin en loin, Mallarmé s'est expliqué à ce propos : « [...] et vais, dans une échappée, car l'œuvre, seule ou préférablement doit exemple, satisfaire au détail de la curiosité. Pourquoi – un jet de grandeur, de pensée ou d'émoi considérable, phrase poursuivie, en gros caractère, une ligne par page à emplacement gradué, ne maintiendrait-il le lecteur en haleine, la durée du livre, avec appel à sa puissance d'enthousiasme : autour, menus, des groupes, secondairement d'après leur importance, explicatifs ou dérivés – un semis de fioritures. » Stéphane Mallarmé a fait d'autant plus preuve de génie qu'en élaborant son *coup de dés jamais n'abolira le hasard* il n'avait pas alors à sa disposition de machine à écrire. Plus encore qu'une bonne plume, celle-ci incite, en effet, aux grandes mises en page. Tapé, un poème n'est pas loin de devenir un tableau, un Mondrian qui ne s'avoue pas.

L'expression « machine à écrire », outre qu'elle est affreuse, est fausse. Les lettres que l'on tape ne sont, en effet, pas celles de notre écriture. On n'écrit pas à la machine, on tape. Un instant on peut rêver d'une machine qui « taperait » notre écriture. L'électronique aidant cette machine est concevable. Mais alors nous retomberions dans les mêmes postulats que ceux de la typographie, je veux dire qu'il serait dommage de ne pas profiter de l'opération pour rendre son écriture lisible à tous coups et par le plus grand nombre. À elle seule, la typographie d'Olivetti est déjà une machine à écrire. Ainsi, grâce à elle, j'en connais qui, déjà, ont pour leur machine le même fétichisme que ceux pour qui la perte de leur stylo est une catastrophe. Bien que je ne saurais écrire avec son aide, force m'est de reconnaître que la machine à écrire a fait ses classes et que, comme le moindre feutre ou la moindre plume, elle fait partie intégrante des délices de la papeterie. La raison en est sans doute que, d'emblée, par son essence même, une machine à écrire donne un tour officiel, à cette part de nous-mêmes qui est la plus spontanée et la plus enfantine.

Mallarmé ne fut pas le premier à user consciemment de la typographie. Rétif de la Bretonne s'y était déjà essayé. Nerval l'explique : « Il avait pour système d'employer dans le même volume des caractères de diverses grosseurs qu'il variait selon l'importance présumée de telle ou telle période. Le cicéro était pour la passion, pour les endroits à grand effet, la gaillarde pour le simple récit ou les observations morales, le petit-romain concentrait en peu d'espace mille détails fastidieux, mais nécessaires...

Souvent, voulant marquer les longues et les brèves à la façon latine, il employait, dans le milieu des mots, soit des majuscules, soit des lettres d'un corps inférieur... »

Tout ceci, cet intérêt manifesté par les écrivains à l'endroit de la typographie signifie-t-il que l'on aurait raison de faire appel à eux pour élaborer de nouveaux caractères ? La calligraphie est-elle la voie par laquelle cet apport de sang nouveau pourrait se produire ?

Se remettre entre les mains d'une plume large, d'une plume de stylo à la boule épaisse, c'est s'abandonner. À ce sujet, Edward Johnston écrit : « Un bec large est ce qui donne à la plume sa valeur constructive et éducative. C'est, par excellence, l'outil de l'écriture – on peut se reposer sur lui pour déterminer la forme des lettres. En fait, une plume à large bec contrôle la main de celui qui écrit, donnant à chaque lettre une harmonie, une proportion et un caractère propre. » S'abandonner à sa plume ! Quoi de plus délicieux ? Je connais certains de mes raccourcis qui, après coup, après que je les ai eu trouvés sans y penser, m'enchantent. Ce sont mes meilleurs poèmes, mes plus belles trouvailles, mon génie. J'ai dit que la mise en page était poétique ou pas. Déjà, l'écriture elle-même est un poème ou elle n'est pas. Ainsi, l'écriture est-elle l'homme même, et ne pas pouvoir en déchiffrer une est-ce se refuser à pénétrer dans l'intimité de son auteur, le rejeter.

« L'écriture, écrit Colette dans *L'Étoile Vesper*, est un dessin, souvent un portrait, presque toujours une révélation. Celles des poètes du dernier demi-siècle valent des motifs décoratifs, et je me divertis aux graphismes importants d'Henri de Régnier, de Pierre Louÿs... roulés, déferlants comme la vague, annelés, comme les vrilles de la vigne. Les messages de Robert de Montesquiou sont des labyrinthes de calligraphie. »

Avec ces beautés dont les belles écritures fourmillent nous nous trouvons au degré zéro de la création littéraire. Quand on écrit on pense à ses phrases, pas à ses lettres. Dessinées au lieu d'être écrites, celles-ci sont même irretrouvables.

Qui ne se complaît dans sa propre écriture ? À elle seule, sa signature est, pour un individu, quel qu'il soit, une occasion en même temps que les hastes des lettres de son nom (si, par chance, celui-ci en possède) de se mirer. À se savoir imprimé en fac-similé on ne peut que se sentir plus totalement compris. Il ne vient, finalement, à l'idée de personne, même du plus brouillon des médecins, que son écriture est illisible. Sans doute écrire est-il « une autre façon de parler », comme le dit Jules Renard, et l'écriture est-elle plus proche de la parole que le bas de casse. N'empêche, bien que cela soit paradoxal, pour un lecteur, le chemin le plus court qui le sépare d'un auteur est tout de même celui de l'abstraction. Ainsi ne reste-t-il plus à un auteur qu'à choisir le caractère grâce auquel il sera imprimé. En optant pour un caractère plus que pour un autre, un auteur réduit au minimum le risque qu'il encourt de ne pas être déchiffré. Sans doute, alors, un intermédiaire de plus le séparera-t-il de son lecteur. S'il choisit bien son caractère, la contrepartie de cet inconvénient est que, dans son allure matérielle, son propos y gagnera considérablement en lisibilité. La plus belle des écritures ne vaudra jamais le plus beau des bas de casse dont, sournois, le travail sur nos esprits est indéniablement plus efficace. En fait, en France, le Mistral (qui n'est qu'un caractère de composition manuelle) a été fondu récemment, qui est issu directement de l'écriture même de son dessinateur Roger Excoffon. Grâce à ses blocs : *qu, st, on, th, ll,* à son *s* et à son *e* spéciaux, dessinés en fonction de leur emploi en fin de mot, et, enfin, grâce à un signe particulier imaginé par Excoffon et capable d'évoquer indifféremment le redoublement de l'*f*, de l'*l* ou du *p*, le Mistral a cet aspect très particulier que les liaisons confèrent à une écriture. Ce caractère n'a, jusqu'ici, guère remporté qu'un succès de curiosité.

Adolescent, à grand renfort d'attention, on se plaît à écrire le plus couramment possible en bas de casse. Pourquoi, ne serait-ce que le temps d'indiquer à un dessinateur le schéma d'un nouveau caractère, un grand écrivain ne s'y essaierait-il pas ?

Pour se rendre compte des différences qui existent entre l'alphabet tel que nous l'utilisons avec notre stylo et celui, bas de casse, en quoi sont composés les livres que nous lisons, il n'est que de s'essayer à comparer, une à une, les lettres de ces deux ensembles. Un premier examen suffira pour faire apparaître que le dessin de l'alphabet bas de casse (dans ces conditions, parce que le tracé de l'alphabet vous oblige à une attention particulière, nous le dessinons plus que nous ne l'écrivons) modifie nos habitudes de deux façons bien précises. D'abord, les liaisons en quoi se résume l'essentiel de notre écriture nous sont interdites, ensuite, pour dessiner certaines lettres, généralement le *a*, le *g*, le *r*, et le *z*, il nous faut lever plus souvent notre plume que nous n'avions l'habitude de le faire, nous y prendre à deux et quelquefois même à trois ou quatre fois comme c'est le cas avec le *g*. C'est alors, aussi, que, bien qu'il n'en soit pas issu (nous l'avons vu), le bas de casse se révélera truffé de capitales qui, non seulement ne s'avouent pas, mais cherchent encore à se faire oublier, à se dissimuler derrière le rideau de leurs petites sœurs. Le bas de casse, en effet, est composé de capitales plus ou moins bien converties en bas de casse. Enfin, traçant le *b*, le *h*, le *k* et le *l*, il nous faut aussi veiller à ne pas nous adonner au plaisir de faire des boucles, mais à celui, plus noble, de dresser des hampes. Pour délicieuses que soient ces contraintes, elles sont, cependant, antinaturelles. Sans doute, je n'ignore pas que l'*a* et le *r* bas de casse, que certaines petites capitales comme le *z*, agrémentent certaines écritures manuelles. Il n'en est pas moins vrai que la chose est rare. Les graphologues tiennent la présence de ces petites capitales dans les écritures pour des signes qui permettent d'identifier à coup sûr « le sentiment artistique ». Serait-ce que l'affectation coïnciderait avec un goût pour les arts ? S'agit-il, véritablement, d'une affectation ? Sinon, les Anglais n'ont-ils pas raison d'user du bas de casse pour apprendre aux enfants à écrire ? Dangereuses et peut-être tristes questions auxquelles je me garderai bien de répondre. Et l'italique ? Ne pourrait-elle pas jouer les intermédiaires et tenter de réconcilier l'écriture et le bas de casse ; les réconcilier au profit d'une nouvelle et, cette fois, définitive unité ? En fait le bas de casse n'est-il pas parvenu à faire oublier qu'il n'est pas l'écriture ? Curieux que l'on ne songe pas davantage à l'italique. Compte tenu du mépris dans lequel ils tiennent cette lettre, les éditeurs ne pensent pas même à en user. Les préfaces lui auraient-elles tenu lieu de cimetières ? Il est vrai, aussi, que le but des dessinateurs devrait être de tenter d'élaborer de nouvelles italiques qui fussent plus rapprochées de l'idée abstraite que l'on a le devoir de s'en faire. Autrement dit, il faudrait qu'ils évitent de retomber dans les courbes des scriptes. Je pense, par exemple, à l'Étoile, au Scribe et à l'Ondine (qui sont des caractères de fonderie), lesquels sont par trop rapprochés de l'écriture manuelle pour ne pas faire figure de lettres publicitaires. À l'inverse (et je pense au Jacno et au Contact), sous prétexte qu'elles prennent l'allure de bas de casse dessinés à la main, il ne faudrait pas non plus que les dessinateurs croient devoir ne pas donner à leurs lettres cette inclinaison propre aux italiques.

Jacno

L'italique offre cet avantage d'avoir un passé où des chercheurs pourraient puiser de nouvelles idées. En outre, si elle supporte d'être agrémentée de capitales penchées, elle se compose, dans son principe, de lettres qui, excepté peut-être la lettre O, offrent le moyen d'un juste équilibre entre les verticales et les obliques.

À propos de passé, je voudrais faire ici une remarque. Si les Anglais semblent avoir découvert le parti que l'on pouvait tirer de l'italique, ils se sont aussi, et, venant de leur part, il n'y a rien là qui doive surprendre, par trop tournés du côté des racines profondes de l'italique, du côté de l'Italie, du côté d'Arrighi. L'Arrighi de Frédéric Warde, le Blado et le Bembo manquent, pour cette raison, de cette autonomie de style qui les aurait rendus véritablement transparents. Le passé ne doit pas plus s'accrocher aux basques d'un caractère que la nouveauté ne doit l'encombrer.

Je sais que, depuis que j'avance dans ce propos, dans le même temps que je les trouve, j'obstrue les issues que je découvre. Qu'y puis-je ? La création d'un nouveau caractère est le fruit d'un artiste de génie ; un véritable miracle.

Au fur et à mesure que l'imprimerie se répandit, la tâche du calligraphe devint plus spécialisée, se réduisit en un feu d'artifice. C'est avec ce feu d'artifice que nous quittons le XVIe siècle. Depuis lors, la calligraphie a dû se cantonner dans les formes étroites d'un art mineur. Elle fait aujourd'hui figure de parent pauvre de la typographie. Mr. Morison a, quelque part, proposé que les lettres issues de la calligraphie soient remises à leur juste place, au même rang que les romaines ou les italiques. « Pourquoi, demande-t-il, n'utiliserait-on pas des lettres calligraphiques pour, par exemple, l'impression des journaux intimes ? » L'idée est bonne et, entre autres avantages, aurait celui de nous débarrasser un peu de la sempiternelle anglaise (laquelle vient d'Italie) que les Anglo-Saxons aiment trop. Bon an mal an, et en dépit de la timidité de certains, surtout Américains, il faut que la typographie avance. On n'arrête pas plus l'évolution de la typographie que celle de l'humanité dont elle est le reflet. Si tant est qu'en ce qui concerne le romain et l'italique, le plein des recherches semble avoir été fait (ce qui reste à prouver), pourquoi la calligraphie ne serait-elle pas une nouvelle voie où s'engager ? Elle a de conséquentes assises historiques. C'est une raison de plus pour aider à la poursuite de sa carrière.

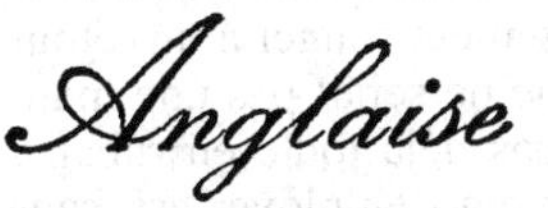

Il est vrai, cependant, que la tentation de la calligraphie est, sans doute, la plus dangereuse de toutes celles auxquelles on puisse s'adonner dans le but de renouveler les formes graphiques. Tremplin, par excellence, de ceux qui se complaisent dans les facilités de plume, elle est la forme d'écriture qui vous ferait le plus facilement glisser dans le néant typographique. Véritable charnière entre la typographie et le dessin, qu'on veuille demeurer dans les bornes de l'une ou bien tirer leurs lignes du côté de l'autre, il faut, de toute façon, une grande rigueur pour se livrer aux arabesques de la calligraphie. Pour faire basculer l'écriture du côté du dessin, il n'est que de se laisser entraîner par les formes, le grincement de sa plume tenue de trois quarts ; de se laisser aller avec des lettres ou, plutôt, à partir des lettres, à ne plus rien exprimer. À la limite, un dessin n'est jamais qu'une calligraphie qui a moiré. Ainsi, revenues au néant, les lettres calligraphiques ne sont plus que des paquets de boucles, des bouquets d'accroche-cœur qui ne retiennent plus que de la beauté[1]. Que ces abandons trahissent un profond besoin de rêve, il n'y a rien là de surprenant. Après tout, le propos de la littérature n'est-il pas le même ? Dans ce jardin fou des formes graphiques, libres de leurs mouvements, les signes ont tout loisir de s'enrichir. Comment l'auraient-ils pu ailleurs ? Sans liberté, aucun art ne peut se renouveler. C'est ainsi que, dans ce moment de flottement que nous vivons, alors que, en pleine période de gestation, les signes ne sont pas encore redevenus une écriture, on peut parfaitement imaginer un poète arrivant à donner corps à sa poésie sans user des formes traditionnelles de l'alphabet. Michaux nous l'avons vu, n'a rien fait d'autre qui, avec ses dessins qui sont

1. Ce sont les *writing patterns* de Marion Richardson.

des signes, a conquis son propre langage de haute lutte poétique. Avec lui, la boucle est refermée qui de l'idéogramme au dessin, en passant par le comble de l'abstraction – l'alphabet lui-même – a retracé l'histoire entière des formes graphiques.

En Amérique, la calligraphie ne demande qu'à prendre un nouvel essor. En fait, et c'est sans doute ce qui explique sa tenue, la calligraphie anglo-saxonne est comme tout naturellement inspirée de l'écriture gothique. Là, grâce à un retour timide, mais certain, à la rotunda, on assiste à l'élaboration d'une nouvelle translation entre le romain bas de casse et le fractur ou le schwabacher. Si l'on voulait sérieusement songer à un retour à la calligraphie, la teinture de l'écriture gothique ne serait pas une mauvaise transition. Gothique, l'écriture n'est-elle pas déjà toute en ruban ? Au reste, la sorte de délectation que l'on éprouve à l'employer est, sans conteste, moins dangereuse qu'une autre. Moins qu'une autre, elle risque de vous entraîner à de trop catastrophiques innovations. Déjà noble par nature, teintée de gothique, la nouvelle calligraphie ne saurait qu'inciter à la tenue. Gothique ou pas, parce qu'elle enserre en elle-même ses propres barrières, la calligraphie peut être une des solutions au renouvellement des formes typographiques.

LES PEINTRES TYPOGRAPHES

Les écrivains ne sont pas les seuls à s'être souciés de graphie. De tout temps, en les concassant, les distordant plus ou moins ; en les éloignant plus ou moins de leur signification première, les peintres, eux aussi, ont incorporé des lettres dans leurs œuvres. Longtemps, l'alphabet romain fut utilisé par les peintres, ne fût-ce que pour sa beauté. En Iran, en partie parce que la religion interdisait les arts figuratifs, la calligraphie fut même considérée comme un art au même titre que la peinture. Au IXe et au Xe siècle, surtout, elle fut florissante. Au Moyen Âge, écrire était un art qui n'était pratiqué que par quelques-uns. Plus tard, des inscriptions entières apparurent sur les tableaux des peintres. Mantegna fut l'un des premiers à introduire l'épigraphie dans la peinture. Notre propos n'est pas de nous attarder sur ce passé d'autant que l'emploi que l'on y fit de la beauté des lettres ne pouvait qu'aller de soi. Disons seulement que le surprenant est bien que force nous est de constater qu'aujourd'hui, ce qui était évident il y a quatre siècles, à savoir que les lettres sont des œuvres d'art, ne l'est plus. Voyons cependant quelques-unes des œuvres qui, dans un passé récent, se trouvent en contradiction avec cette assertion.

Aux alentours de l'année 1910, Picasso, Braque et Juan Gris ont incorporé dans leurs œuvres de réels éléments typographiques tels que des coupures de journaux, des morceaux de cartes à jouer et de pages de musique. Puis, Kurt Schwitters produisit des collages composés d'éléments d'éphémérides, de tickets de toutes sortes, de feuilles d'annonces publicitaires, de timbres et de notes personnelles écrites à la main. De son côté, Paul Klee, qui semble avoir eu une prédilection pour eux, fit usage des chiffres. Cet intérêt porté aux chiffres s'est à nouveau récemment manifesté dans les œuvres de deux jeunes peintres américains, Charles Demuth et Jasper Johns. Que le 3 et le 5, le 8 et le 9, surtout, puissent fasciner des peintres, il n'y a rien là de surprenant. Ces signes sont de véritables poèmes dédiés à la gloire de la rondeur. De son côté, un jeune dessinateur allemand, Hans Schmidt, a donné ses propres interprétations graphiques de certains passages de la Bible. Son travail le plus remarquable est, sans conteste, son interprétation du Livre de Salomon. Il a là, tout à la fois, voulu évoquer quelque chose de l'allure particulière des caractères en bois et donner à l'alphabet romain un aspect cunéiforme. Ce retour, dans un style moderne, aux caractères du passé est une source de confusion et, partant, de beauté. L'art, après tout, peut, à la condition non seulement qu'il soit avoué, mais encore monté en épingle, ne se réduire qu'à un carambolage d'époques et de styles. Ce thème a ses variantes. Dans les transcriptions, en capitales romaines, que Paul Klee a faites de certains poèmes chinois, ce sont tantôt aux lettres, tantôt au dessin et aux couleurs qu'échoit le soin de manifester la beauté. Ici, le peintre parle autant et avec autant de précisions que le traducteur.

Le *poème visible* de Winfred Gaul doit-il être déchiffré ou simplement regardé ? Le trouble consécutif au fait que l'on se pose cette question est, à lui seul, à l'origine d'une véritable émotion d'ordre esthétique. Aux États-Unis, encore, Élise Asher a élaboré une tapisserie dans laquelle les lettres et les mots (si tant est qu'il y en ait vraiment de formés ?) se trouvent intimement mêlés aux couleurs qu'ils contribuent à figer[1]. Ailleurs, d'autres comme Jean Dubuffet, ont cherché à évoquer les graffiti sans se soucier de savoir si les lignes qu'ils écrivaient sur leurs toiles seraient, ou non, déchiffrables. Enfin, d'autres encore, peintres et poètes ont travaillé en collaboration. Leur livre a été publié en 1960 à New York. Vingt et un artistes y ont illustré vingt et un poèmes. Chaque poète a, là, écrit son poème en fonction du style du peintre qui devait l'illustrer. Le plus réussi est sans doute celui écrit par Dotremont et illustré par Pierre Alechinsky.

Notons enfin que c'est justement au moment où l'image connaît une immense diffusion que divers courants artistiques vont chercher leur inspiration, ou même leur technique, dans l'idéographie orientale. C'est le cas de Mathieu, de Tobey, d'Hartung. Il est curieux de constater que,

1. De leur côté, nombre de sculpteurs se sont servis des formes des lettres dans leurs sculptures. Chryssa a utilisé des lettres de néon qu'il a superposées et imbriquées les unes dans les autres. David Smith, Ben Shahn et Ulfert Wilke se sont, les uns et les autres, servis de lettres dont ils ont démontré les ressources rythmiques. Le dernier, Wilke, qui s'est inspiré des lettres cunéiformes, n'a pas résisté à la tentation, tout en la singeant, d'enlever à la langue qu'il employait toutes les significations qui s'attachaient à elle en tant qu'écriture capable de transmettre une pensée.

comme chaque fois qu'ils cherchent à tirer un parti esthétique des lettres, les artistes se retournent vers les signes appartenant à une langue qu'ils ne comprennent pas. Mais, pour faire montre de son sens typographique, un peintre n'a besoin ni de peindre ni de manipuler des lettres, tant il est vrai qu'à elle seule son œuvre est, déjà, une écriture. Tout Poussin n'est qu'un langage. Ses œuvres en sont un, non pas seulement par le sujet qu'elles traitent, mais aussi par la façon dont elles le traitent. À la limite, tout est écriture. D'ailleurs ne parle-t-on pas de « l'écriture » de tel architecte, de tel graveur, ou de tel chorégraphe ? Que fait, en effet, un danseur, par exemple, si ce n'est, avec son corps tout entier, d'exprimer ce qu'il ressent, d'écrire sur des planches ce qu'il éprouve, de signer de son nom ?

L'accumulation, la superposition des formes graphiques auxquelles nous assistons aujourd'hui sont loin d'être sans intérêt. Le pop art en est la preuve qui est comme une réponse donnée par les artistes à l'obsession, à l'agression typographique, même, dont nous sommes les objets. L'utilisation dans l'art de ce qui, apparemment, était le moins utilisable comme, par Lichtenstein par exemple, des trames mécaniques, nous apporte la preuve que l'invasion de la typographie peut être, sinon arrêtée, du moins dominée. « Je pense que mon travail est différent des bandes dessinées, écrit Lichtenstein, mais je ne nommerai pas cela une transformation. Ce que je fais, c'est former, tandis que les auteurs de *comics* ne font aucun effort pour unifier. Leur but est de *narrer*, le mien est d'*unifier*. Mon travail est différent de celui des conteurs de *comics* en ce que tous leurs signes s'y trouvent regroupés, quoique ce regroupement puisse paraître minime. La différence, tout en n'étant pas très grande, est cependant cruciale. »

Le pop art n'est pas la seule réaction artistique à l'agression typographique dont nous sommes l'objet. Les dessins humoristiques de Steinberg et de Jerome Snyder, en Amérique, témoignent de cet état de choses. Peu à peu la typographie prend même la première place. Dans le magazine américain *Fact*, elle est la source, le pivot de toutes les plaisanteries, pas toujours de bon goût, qu'elle est censée illustrer. La typographie est une forme de l'humour. Le renouvellement graphique est là.

Bien que les liens soient étroits ou, du moins, devraient l'être entre la typographie d'une époque et sa peinture, le peintre Mathieu est, en France, le seul à s'être engagé typographiquement. Dans une déclaration tapageuse faite lors de l'une des dernières réunions de Lure, il a d'abord commencé par constater l'importance du retard qu'accuse la typographie de notre temps. « Fait curieux, s'est-il écrié, de tous les arts, la typographie est celui dont l'évolution depuis quatre siècles est restée pratiquement nulle. Car, je vous le demande, où se situe le progrès de l'Univers d'Adrian Frutiger – qui date de 1956 – sur les grotesques antérieurs, où est l'originalité de son Méridien par rapport aux autres elzévirs ? Entre le Bembo (1495) et le Méridien quelles sont les différences fondamentales ?

Ces caractères semblent contemporains et cinq siècles les séparent. Où donc est le caractère de notre temps ? » Et Mathieu de se lamenter sur le fait que les apprentis imprimeurs sont, sitôt leur arrivée dans les ateliers, enfermés dans les obnubilantes règles du système typographique. Enfin, après avoir essayé de dégager quelques-unes des caractéristiques du « style » de notre temps, comme il dit : « les leçons de quinze ans d'abstraction lyrique », Mathieu nous propose de nous diriger vers l'avenir. « En langage typographique, dit-il, cela signifie : retour à un lyrisme des caractères, concentration des signes ou des images aux endroits privilégiés de la page, nécessité de la conscience des espaces par des repos pour l'œil et par des marges libres, nécessité d'une animation de la page par la création d'un rythme interne et l'annonce des rythmes à venir dix ou vingt pages à l'avance, intensification des centres d'intérêt par la suppression des images, des couleurs et des techniques (gravures, photos, similis, traits, utilisation des quadrichromies sur des espaces restreints, détails sortis des ensembles et magnifiés, emploi des transparences, des lacérations, des trous), recherche d'illustrations de climat psychologique ou symbolique en rapport avec le texte, recherche d'éléments purement décoratifs (en dehors des documents nécessaires et fonctionnels) dans un esprit nouveau. Le rôle de l'ornement n'est plus de décorer uniformément une surface mais d'éclairer celle-ci à partir d'un point privilégié, à la façon d'une source lumineuse... D'une façon plus générale, il s'agit de créer des rapports s'adressant à l'intelligence en faisant jaillir des dimensions insoupçonnées de la confrontation d'images à signification littérale. » « Cela signifie, poursuit Mathieu, fusion du typographe et du metteur en pages-maquettiste, abandon des règles datant de cinq siècles (les livres de luxe doivent se faire demain avec les machines les plus perfectionnées) enfin, l'abandon du conformisme autant que du non-conformisme issu du Bauhaus. »

Ce que Mathieu nous propose a déjà fait l'objet de multiples réalisations. Au début du siècle, avec sa *Jeanne d'Arc*, Péguy a déjà bouleversé les conventions typographiques de son temps afin de rendre à la page blanche l'importance qu'elle mérite. Récemment les clubs de livres, particulièrement entre 1950 et 1960, ont abondamment utilisé les multiples ressources de la typographie. D'autre part, dans son édition de *La Cantatrice chauve*, Massin a magistralement démontré que le temps et l'espace pouvaient être tenus pour des composantes typographiques au même titre que les caractères. Sans doute, tout ceci est-il bel et bon, tend-il à transformer les livres et même chacune de leurs pages en autant de tableaux. De la part d'un peintre, il n'y a rien là qui doive surprendre. Mais ce propos ne présenterait pas de véritable intérêt typographique s'il ne pouvait nous ramener au dessin des lettres. Au vrai, de la mise en page savante au calligramme et du calligramme à l'idéogramme les écarts sont faibles. Au fond Mathieu ne fait que se lamenter sur la pauvreté de nos signes alphabétiques, quand on les compare aux merveilleux idéogrammes chinois. Tout récemment, Charles Peignot vient de mettre Mathieu au pied du mur en lui proposant d'élaborer un nouveau caractère. Il a eu raison. Avec l'écriture d'un peintre ne se trouve-t-on pas au degré le plus élevé tout à la fois de la peinture et de la typographie ? Son écriture, en effet, n'est-elle pas son art même ? La signature de Tanguy fait partie intégrante de ses toiles. Contrefaite dans un but artistique déterminé (comme par exemple celle du Picasso des études sur les fameux *Las Meninas* de Vélasquez, l'écriture d'un grand artiste ne se trouve-t-elle pas comme obligatoirement à l'origine d'un nouveau caractère ? De leur côté, Miró et Kandinsky l'ont pressenti, qui se sont plu à dessiner ce qu'ils écrivaient bien plus qu'à l'écrire. « L'usage des formes géométriques, a écrit Kandinsky, ne mène pas plus à un art géométrique qu'une nature morte avec des plantes ne mène à un art botanique. » Paradoxalement ce qui est vrai pour la peinture ne l'est pas pour la typographie. De choc, le traitement géométrique a été fatal à l'art graphique. La typographie est sortie de cette épreuve décharnée, déshumanisée.

Mathieu qui se plaint tant de ne pas l'avoir à sa disposition nous donnera-t-il le caractère des temps de la peinture abstraite ? Ce caractère est-il seulement possible, peut-on encore transformer les lettres sans bouleverser l'alphabet lui-même ? Ces signes de l'avenir pourront-ils seulement se prévaloir d'appartenir encore à l'alphabet ? Pour que ces futures transformations soient admises, il faudra qu'elles aient été avalisées par la langue elle-même. Un alphabet ne peut se modifier que de l'intérieur et, en aucun cas, ce travail ne saurait incomber à ceux qui ne sont chargés de s'occuper que de son vêtement, que de sanctionner, de la meilleure façon possible, les différences de style. C'est à l'humaniste Alde Manuce plus qu'au dessinateur Griffo que nous devons l'italique. Mathieu ne réussira son caractère que si, au XXe siècle, il se montre encore un humaniste, ou bien s'il sait prendre appui sur les conseils d'un tel homme. La présence de Charles Peignot à l'arrière-fond de cette nouvelle aventure typographique est de bon augure. Tout le monde connaît ces dessins, véritablement écrits, dont la mode a disparu et qui fleurissaient au XVIe et au XVIIe siècle. Tout en pleins et en déliés qui se suivent, ils ont, généralement, été formés par des professeurs d'écriture qui, n'en pouvant plus de se cantonner dans le monde clos des lettres, emportés par leur art, se sont laissé griser par la beauté de leurs propres volutes. J'ai dit que c'est par la lettre *b* que la calligraphie italienne s'est perdue. Ici, les panses du B capitale, les contorsions de l'S et la prétention de la queue du Q ont fait perdre la tête à nos instituteurs. C'est ainsi, que, peu à peu, déviant l'écriture de son sens originel, après, un temps, avoir songé, avec les courbes dont ils usaient d'ordinaire, à ne rien dire, ils en sont revenus... à l'idéogramme. Dès lors, tout en écrivant, ces hommes réussissaient à faire disparaître les lettres. Simon Trysnis intitule son cahier « d'écritures » de ce type particulier : *Orthopédie pour apprendre à bien écrire selon le moyen le plus propre.* Est-ce à dire que l'auteur de ce volume qui se pare du nom de « calcographe » se vantait de mieux écrire qu'un autre ? Non mais, plutôt, de ne pas savoir écrire. En fait Simon Trysnis dessinait et de quelle manière ! Ses dessins sont de véritables prouesses calligraphiques. Conduisant sa plume avec une sûreté de main prodigieuse puisque aussi bien l'on ne voit pas comment il pouvait même penser à se reprendre ne fût-ce qu'une seule fois, cet artiste a souvent mis le comble à la difficulté en se risquant à élaborer des dessins symétriques de part et d'autre d'un et, quelquefois même, de plusieurs axes. Mathieu pourrait s'appeler un calcographe abstrait. Sans doute son œuvre n'est-elle pas dénuée d'intérêt. Mais, si l'on est capable d'écrire pour ne rien dire (ce qui n'est pas facile), pour ne pas même tracer des lettres (ce qui est encore plus difficile), en est-on pour autant capable de dessiner un nouveau caractère ? On est bien obligé de reconnaître que, dans le cas précis de cette sorte de calligraphie, le tour concret du propos ou, si l'on préfère, sa lisibilité, est l'un des critères indispensables permettant de juger de la véritable maîtrise d'un futur dessinateur de lettres. Pourquoi ne pas dire les choses telles qu'elles sont ? Tout Mathieu n'est que snobisme. Dans le cas précis qui nous intéresse ici, la chose n'est pas sans gravité. Mathieu se vante de faire ses toiles en cinq minutes. Si je dis qu'il s'en vante, c'est qu'il n'hésite pas à les exécuter en public. Garamond, lui, a mis dix ans pour venir à bout de ses grecs. Mathieu un humaniste ! D'un humaniste il n'a que la redondance.

Je n'aime pas la peinture de Mathieu. Je la trouve prétentieuse, trop prétentieuse surtout, pour la hauteur de ses ambitions. C'est mon goût et, non seulement, je ne l'impose à personne, mais encore j'ajoute que, typographiquement parlant, il n'y a rien là de rédhibitoire, au contraire. Ce ne sont pas forcément les bons peintres qui font de la bonne typographie. Tout le monde ne peut pas être Cassandre[1]. Si je dis : au contraire, c'est même parce que je sens que pas mal de peintres médiocres, s'ils consentaient à faire montre d'un peu plus d'humilité, pourraient être de grands typographes. C'est, par exemple, le cas de Chapelain-Midy. Il y a, dans la touche de Chapelain-Midy, dans le sens qu'il a de la lumière ou, plus précisément, de l'éclairage, dans cette façon qu'il a de ramasser le monde, tout ce qu'il faut pour faire un maître dessinateur de lettres. Mais il faudrait pour cela que ce miniaturiste qui s'ignore consente à en rabattre et, d'une certaine manière, à refaire ses classes. Nous l'avons dit, il n'y a pas de dessinateur de caractères qui vaille sans volonté de s'effacer derrière son propos. C'est ainsi que j'éprouve quelque réserve à l'endroit de la tentative de Mathieu. Je n'ai pas de plus cher désir que de constater que je me suis trompé.

---

1. Cassandre est l'auteur du Peignot sorti en 1937.

Au premier abord la peinture de Mathieu donne souvent l'impression de plusieurs esquisses d'écritures superposées, d'écritures allemandes de préférence. Mathieu, lui aussi, singe l'écriture et l'on ne saurait trouver belle l'une de ses toiles qu'à la condition de se dire qu'il est difficile, tout en écrivant, de ne pas tracer des lettres et de ne rien dire. Généralement, l'ensemble a l'air d'une vaste et monstrueuse signature. Nous en revenons là au défaut de Mathieu : ce n'est pas de la bonne peinture et cependant cela ne demande qu'à aboutir, précisément dans la typographie.

CONCLUSION

Pour conclure, revenons-en à l'antique ; à cette lettre sans empattements que les Allemands appellent grotesque, les Anglo-Saxons sans-serif et d'aucuns : bâton. En dépit de ce nom d'antique qui lui a été donné en France, cette lettre ou, plutôt, cette grande famille[1] de lettres (par opposition à celles des égyptiennes, des elzévirs et des didots est la plus jeune de toutes. En fait, cette antique descend en droite ligne de l'égyptienne dont, en dépit de son absence d'empattement, elle a conservé le même caractère. Or, l'égyptienne ne date guère... que de la campagne d'Égypte (1798-1799). Quand je dis la plus jeune, je m'entends. À en croire certains, cette lettre serait même issue des inscriptions lapidaires retrouvées en Italie lors des fouilles archéologiques dont les chantiers s'appelaient *grotto.* C'est ainsi que les Italiens la nomment tantôt grottesco, etrusco ou antico, tantôt bastone ou lapidario. Elle aurait donc dominé pendant cinq siècles avant de céder la place à la capitale romaine, soulignée par un léger empattement, de la colonne Trajane, capitale à partir de laquelle, pour l'essentiel, toute la typographie de notre temps repose encore. Non, ce que je veux dire, c'est que, connue, l'antique n'avait, jusqu'au siècle dernier, pas encore été redécouverte.

Ramenée par la horde des savants que Napoléon traînait après lui, l'égyptienne ne fit que traverser la France pour aller s'implanter en Angleterre. Là, après que ces lettres bien fermes et bien grasses eurent, un temps, figé le style populaire de l'époque, William Caslon, le quatrième du nom, eut l'idée de retirer à l'égyptienne les empattements qui, on le croyait jusqu'alors, lui donnaient son caractère. William Caslon baptisa sa lettre « égyptienne anglaise ». Cette première capitale sans empattement qui date de 1816 n'eut guère de retentissement. Par trop uni-

1. Dans la classification de Vox, les antiques ont pris le nom de linéales. Certaines d'entre elles peuvent, également, être tenues pour des scriptes.

formément carrée, sa graisse lui conférait une allure monotone. Puis, à son tour, en 1832, jouant des pleins et des déliés, Figgins chercha à élaborer un nouvel alphabet antique. Il ne parvint... qu'à mélanger des graisses. Enfin, ce furent la condensée, le doric et l'ionic, des capitales antiques que l'on ne songea toujours pas à affubler de bas de casse. Un caractère qui n'a que des capitales en est un qui, des lettres, n'a voulu retenir que le tour pompeux. Une lettre qui n'a pas de bas de casse n'en est pas une. Pour mériter ce nom, il lui faut descendre dans l'arène. Contrairement à toutes les notions admises, c'est, finalement, le bas de casse qui façonne ses capitales et non pas le contraire. Qu'elle soit belle comme celle de Dürer ou laide comme celle de Figgins (lettre publicitaire par excellence), la capitale est une lettre qui se vend. Ce n'est pas parce qu'il se prête à toutes les besognes que le bas de casse se prostitue. La vraie dignité, c'est même lui qui la détient.

C'est alors que, le premier, Thorowgood s'essaya à élaborer un bas de casse antique. Il ne fut pas long à se rendre compte que, privée de l'assise que constituait pour elle la présence de l'empattement, sa lettre incitait au jeu des épaisseurs. Il s'agissait de ménager la susceptibilité de l'œil pour qui, surtout dans le bas de casse, l'uniformité de l'antique devenait une véritable agression graphique. Des lettres formées de pleins et de déliés à celles munies d'empattement, il n'y a que l'espace d'un souffle. Le sentiment que nous avons des lettres le veut ainsi. En dépit de cette loi pourtant impérieuse de l'œil, Thorowgood s'obstina. Issue, ne serait-ce que par contraste, de la lettre romaine, reconnaissant son échec, l'antique allait-elle s'y reperdre ? La romaine contenait l'antique. Disparaissant, celle-ci aurait eu seulement le tort d'avoir essayé de sortir de celle-là. Revenue au bercail de l'empattement, l'antique eût été vite oubliée. Hélas ! malgré ces échecs répétés, les antiques s'accrochèrent. En France même, patrie du garamond où, pourtant, les typographes paraissaient ne pas être hommes à plaisanter avec ces questions d'équilibre et d'assise typographique – c'est le cas ou jamais de le dire – une « première série de caractères maigres » apparut à la fonderie Lœillet en 1837. Puis, peu à peu, comme si elle avait été atteinte de paralysie, un peu partout, la typographie s'étriqua. En vrac, je cite le Nobel de la fonderie Enschedé d'Haarlem, le Gothic de l'Américain George Bruce, le Vénus de l'Allemand Thomas Bauer, les Séries 4, 15, 33, 51, 150, 213 et 216 de la fameuse fonderie anglaise Monotype. De l'avis même de la plupart de leurs auteurs, ces lettres n'étaient guère que des « antiques industrialisées sans la moindre prétention artistique ». La voie était ouverte à la création en 1919 à Dessau, en Allemagne, du Bauhaus. En dépit de ce que l'on aurait pu penser ou, du moins, espérer, l'esprit de cette école est toujours vivace. En effet, bien qu'à elle seule la prolifération des alphabets bâtons, issus du Bauhaus, aurait dû suffire à prouver que l'antique ne parvenait pas à se trouver, ces lettres n'en continuèrent pas moins à se multiplier.

C'est ainsi qu'alors que l'on aurait pu croire les portes du Bauhaus fermées apparurent en France la Caravelle et l'Europe (l'O de l'Europe est un rond parfait et, de par sa facture, ce caractère cherche à se rapprocher le plus possible des formes mécaniques si chères au Bauhaus), tous deux issus de caractères allemands, et le Haas venu de Suisse. Heureusement que ces lettres ne sont que des caractères de labeur et non pas de fonderie. Mais d'autres antiques se firent connaître ailleurs, non sans prétendre être des caractères de texte. Leur fabrication s'élevait, au bas mot, à plus d'un million cinq cent mille francs nouveaux. Et si, encore, chacun de ces caractères avait eu une personnalité propre ! mais les spécialistes eux-mêmes les confondent encore. Bien qu'il n'ait pas à se faire remarquer, un bas de casse a tout de même besoin d'être personnalisé. Pour ce faire, un bas de casse antique dispose de trop peu d'éléments. Faute d'être limité par les jalons des empattements, il ne peut, sans toutefois s'être trouvé, que se dissoudre dans l'espace. Parvenir à créer un nouveau caractère tient déjà du miracle. Essayer d'élaborer une nouvelle antique qui vaille, c'est s'attaquer à l'impossible.

J'ai parlé du sort des antiques en France. De leur côté, toujours par souci soit de se trouver un passé – c'est le cas des Américains – soit d'exhiber celui qu'ils possédaient et dont ils étaient si fiers – c'est le cas des Anglais – les Anglo-Saxons cherchèrent à se vieillir. Rechaussant les semelles de plomb des empattements égyptiens, les uns et les autres ne réussirent... qu'à s'arrêter. Sous prétexte de se donner un passé typographique, rajouter des empattements à ce qu'il y a, typographiquement de plus jeune, c'est, tout juste, parvenir à faire passer l'antique pour une vieillerie.

Enfin, quand, à la faveur de l'apparition de la photocomposeuse, il s'est agi de créer en France le caractère de l'avenir, au lieu de se retourner vers le passé pour y puiser une source d'inspiration qui vaille, on n'a rien trouvé de mieux que de demander à un Suisse de refaire une linéale. Cette prodigieuse machine qu'est la lumitype était pourtant, est encore, l'occasion ou jamais de se rapprocher de cette lettre idéale en quoi chacun des signes de notre alphabet doit se réduire. Or, cette lettre ne saurait se priver des secours de l'empattement, de cette troisième dimension des lettres. On me dira que Frutiger, l'auteur de l'Univers a, aussi, créé une lettre munie d'empattements : le Méridien. Grâce à ce caractère, l'avenir n'est-il pas assuré ? Frutiger étant à la fois suisse et français (puisque aussi bien il vit en France et travaille pour une « fonderie » française), son Méridien aurait-il seulement pu être différent de ce qu'il est ? Frutiger, le plus grand créateur de caractères d'imprimerie de ce temps, ayant appliqué la rigueur germanique à la grâce latine, son caractère ne répond-il pas à une implacable logique ? Ne nous trouvons-nous pas enfin à cet idéal degré zéro de l'art typographique ? Peut-être, mais rien ne prévaudra contre le fait de savoir si le Méridien plaît ou non à ceux qui en usent ;

s'il plaît ou si, du moins, nous n'avons rien à en dire, ce qui, en la matière, serait le plus grand des compliments. En fait, il s'avère qu'avec ses empattements triangulaires poussés jusqu'à l'aigu, le Méridien vous a des airs de vouloir tourner les elzévirs en dérision. Peut-être que je me trompe, mais il suffit que j'aie pu le penser pour que cette remarque soit rédhibitoire. Typographiquement parlant, surtout s'il est défavorable, un seul jugement fait loi. Au reste Maximilien Vox a placé cette lettre dans celle des familles de sa classification qu'il appelle incises. Cette appellation dit déjà ce que le Méridien a de déplaisant. Avant tout, un caractère n'a pas à être à couteau tiré avec son lecteur.

J'ai eu le plaisir de voir le Français, le bas de casse que Jacno, l'auteur de toute la typographie du TNP, a élaboré. C'est Paul Valéry qui disait que « l'Histoire avance à reculons ». L'assertion vaut pour l'histoire typographique encore plus que pour l'Histoire tout court. Ainsi, plutôt que de projeter dans l'avenir des formes plus ou moins hardies et d'une façon plus ou moins bien justifiée, Jacno a préféré s'inspirer du Plantin, caractère pour lequel il a une véritable prédilection. Pourquoi le Plantin ? Beau, un des plus beaux, même – il l'est autant que le Caslon –, le Plantin, l'est parce que plus transparent qu'un autre, on ne le voit pas. On ne le voit pas mais tout peut s'y voir et chacun, même, y voit ce qu'il veut bien y voir, ce qu'il y met de lui. Transparent, un caractère est aussi un miroir, permet de rêver. Pour moi le T du Plantin évoque... le télégraphe de Chappe. Le Plantin me fait signe. Est-ce un mauvais signe ? Puisqu'on les y a découvertes, les beautés d'un caractère s'effacent dans le même temps qu'elles apparaissent. Le Plantin a-t-il, aussi, fait signe à Jacno ? Peu importe. Pas plus que l'on ne refait du Proust, on ne fait du Plantin. Sans doute ne refait-on pas du Plantin. Cependant, la plupart des grands caractères, je veux parler du Plantin, précisément, du Garamond, du Baskerville, du Bodoni et du Didot, ont, pourtant, donné naissance à d'autres caractères. Directement issus des premiers, les seconds ne s'en sont pas cachés. C'est ainsi, par exemple, que le garamond des éditions de la Pléiade n'est pas le Garamond original, mais un caractère dessiné d'après cet original. De tous les grands caractères c'est sans aucun doute le Didot dont les descendants sont les plus nombreux. Le Didot quand il eut été modifié par Firmin Didot donna naissance a une véritable floraison de caractères. Ce sont, par exemple : le Vibert, le Jacquemin, le Charles X de Legrand ; caractères qui, d'ailleurs, tombèrent assez vite en désuétude. Les didots Napoléon III sont mal dessinés. Ceux de l'époque Pelletan (1887) qui suivit, aussi. Le Second Empire n'est qu'une singerie du Premier et ses lettres, guère plus que des grimaces typographiques. En dépit du fait qu'elle est semée d'embuches, la voie de l'avenir typographique est dans ces translations sans cesse recommencées. On peut s'inspirer d'un caractère, jamais imiter son allure. Nous nous trouvons ici en train de disserter à propos de différences à ce point infimes qu'à bon droit, tout ceci peut paraître stupide à d'aucuns. « Au reste, diront-ils, même les plus grands caractères ne sont-ils pas les fruits de modifications de caractères aussi grands qu'eux ? » Sans doute, mais, si le Luce vaut le Grandjean auquel il a donné naissance, le Didot, lui, ne vaut pas le Fournier qu'il a singé et contredit à la fois. « On a dit, écrit Marius Audin, que Didot se prononce en anglais Baskerville et en italien Bodoni. Le vrai c'est que le type didot, esquissé dans le Grandjean, en puissance dans le Baskerville, réalisé à peu près complètement par le grand typographe Bodoni ne fut définitivement fixé qu'à l'époque où Firmin Didot grava ses dernières lettres ; à ce moment, l'obit[1] est strictement horizontal et toutes les caractéristiques secondaires qui, dans le Baskerville, peuvent encore rappeler le Jenson ont disparu. » Ceci prouve que s'il faut du temps à un caractère pour apparaître, de toute façon, que son auteur l'avoue ou non, aussi grand soit-il, il ne saurait que venir d'un autre. En typographie tout n'est que mouvance. Si j'avais été photographe, toute ma vie professionnelle durant, je me serais, de loin en loin, payé le luxe de « prendre » un nouveau visage, toujours sous le même angle, de façon, à la fin de ma vie, à pouvoir composer un album dans lequel j'aurais montré l'insensible passage d'un visage à un autre. Nous avons tous deux yeux, un nez et une bouche. On ne songe jamais assez à ce miracle qu'est le fait qu'il y ait si peu d'êtres qui ressemblent. Le nombre des écritures romaines est infini. Toutes sont composées des mêmes lettres et il n'en est pas deux qui se confondent. Elles sont les visages, les instants de la civilisation qu'elles expriment. Chaque alphabet, chaque grand caractère, a engendré des familles entières aux arbres généalogiques dont les branches, souvent emmêlées, se ramifient à ce point qu'elles rejoignent le ciel. Idéal, le spécimen d'une photocomposeuse devrait proposer le passage insensible de tous les caractères à tous les autres. L'un des plus beaux qui se puissent voir, le Plantin, est-il un caractère dangereux ? En dépit de sa prétention à la sobriété, le Vendôme qui, déjà, avec ses empattements inégaux, s'inspirait de lui est affecté. Sans doute sommes-nous ici sur des pointes d'épingle. Toute la typographie est là. Le Français est légèrement plus étroit que le Plantin, lequel est déjà d'une chasse modérée. Ne serait-ce que par la façon discrète dont il justifie l'existence de son caractère, Jacno inspire confiance. Le Français en est-il, pour autant, promu à un grand avenir ou, plutôt, deviendra-t-il le grand méconnu de demain ?

Préoccupés qu'ils sont par l'exploitation toujours plus complète de leur machine, les ingénieurs qui manient les photocomposeuses en oublient de se soucier de lancer de nouveaux caractères. Qu'ils prennent garde que du dessin des lettres dépend l'avenir de l'imprimé. En même temps qu'elle

1. *Obit* : zone de la haste (appendice en hauteur dont sont pourvues certaines lettres, ex : *h*) où se trouve l'apex. Voir Christian Paput, *Vocabulaire des arts graphiques...*, TVSO Éditions, 1998 (voir ci-dessous, p. 1095, Bibliographie)

en est le support, la lettre est le trésor caché de l'imprimerie. Reste que l'écriture est là qui, non seulement nous agresse, mais est à ce point présente et depuis si longtemps, qu'elle est sous notre peau, en nous. Nous sommes les lettres et la vie qu'il nous faut vivre est faite, tissée de lettres. Cet échange entre les lettres et nous, entre nous et notre image dans le miroir des lettres, c'est la vie même, l'air, l'esprit sans lequel nous ne serions pas qui nous sommes... « Je pense donc je suis. » Je préférerais : j'écris ou je lis, donc j'existe.

Paris-Harvard-Paris
juin-novembre 1965

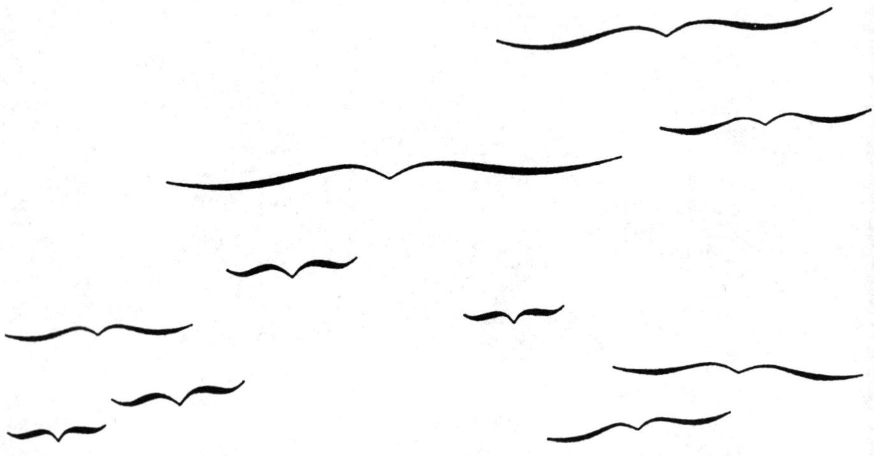

Le vol des accolades
(© Éditions du Seuil, 2004)

TYPOGRAPHIE D'HIER À AUJOURD'HUI

par Paul-Marie Grinevald

L'histoire de l'écriture s'inscrit dans la longue durée. Plus de cinq mille ans nous séparent des premiers balbutiements des hommes pour construire leurs écritures, système de reproduction et de transmission de la parole et de la pensée. Cette naissance de l'écriture marque le basculement entre les temps préhistoriques et les temps historiques. Ces derniers peuvent eux-mêmes se diviser en deux, avec le temps du manuscrit et le temps de l'imprimé dans lequel nous vivons encore largement.

Quand naît la typographie, cet art de reproduire mécaniquement les écritures à partir de lettres en plomb assemblées pour former des mots, des phrases et être ensuite imprimées, en toute logique la typographie recopie les écritures que l'on trouve dans les manuscrits. La diffusion de cette technique de reproduction des textes fut si rapide que l'on trouve une multitude d'écritures dans les premiers livres imprimés. Au nord de l'Europe où règne l'écriture gothique, les incunables s'ornent des différents caractères gothiques en usage. Mais au sud, les imprimeurs doivent s'adapter aux écritures latines, rondes, des manuscrits caroligiens qu'on leur demande d'imprimer. Peut-on parler d'influence de la technique ? certainement pas, mais il est évident que la maîtrise de celle-ci par les nouveaux graveurs de caractères, compositeurs, imprimeurs a pour conséquence une amélioration des résultats.

Les différences entre la typographie d'hier et celle d'aujourd'hui sont nombreuses dans le détail, mais infimes sur l'ensemble. En premier lieu, on peut caractériser l'évolution de la typographie d'hier à aujourd'hui en utilisant plusieurs métaphores. On parle d'un passage « d'une typographie chaude à une typographie froide », « du plomb à la lumière » ou « du concret à l'abstrait ». Certains voient là une révolution, mais ne vaut-il pas mieux parler d'une évolution matérielle qui, certes, n'est pas sans conséquence sur les résultats ? Parler de révolution voudrait dire que l'on change de paradigme, ce qui n'est pas le cas, me semble-t-il. Tout autres étaient les passages du *volumen* au *codex*, puis du *codex* à l'imprimé qui modifiaient profondément les manières de voir, de lire, de comprendre les textes. On peut actuellement s'interroger sur la nature du changement opéré par les hypertextes informatiques, sans pour autant pouvoir en déceler pleinement les conséquences.

Les historiens de l'écriture s'opposent souvent à travers les deux thèses suivantes : celle qui prône que la technique influence la manière d'écrire et celle qui prône que l'homme plie la technique à sa manière d'écrire. Mais s'en tenir à ces deux thèses est trop réducteur, d'autant qu'elles peuvent très bien agir successivement, et pourquoi pas ensemble. En cela, l'histoire de l'écriture et même de la typographie révèle une richesse et une complexité infinies. Comme l'ont fort bien montré les actes de la Semaine de synthèse, reproduits dans cet ouvrage[1], l'écriture est le reflet de la diversité humaine. Elle est marquée par les origines géographiques, climatiques, culturelles, politiques, techniques des peuples qui la produisent. La typographie n'échappe pas à ces catégories.

Chacun sait que Gutenberg est l'heureux inventeur de la typographie occidentale. Il a eu des précurseurs en Chine comme en témoignent les caractères gravés sur bois découvert par Paul Pelliot en 1908 à Dunhuang et datés d'environ 1330, ou les caractères métalliques chinois et coréens à peine plus tardifs. Cette antériorité n'enlève rien au travail d'invention de Gutenberg et de ses associés[2] que Guy Bechtel, a su parfaitement retracer. Il s'agit bien de typographie et non d'imprimerie, car cette dernière est plus ancienne. La typographie rejoint l'invention de l'alphabet, en ce sens qu'elle est l'art d'écrire mécaniquement au moyen d'un assemblage de caractères séparés. Henri-Jean Martin[3] a parlé de ces petits soldats de plomb conquérant le monde, soulignant la révolution qui s'opère en passant du monde de l'unique à celui du multiple. Chaque manuscrit, même s'il est la copie d'un autre, est unique ; le livre typographié et imprimé, quant à lui, est multiple, chaque exemplaire est identique aux autres. Les lecteurs ont ainsi le même livre, tout au moins en ce qui concerne le texte. Les conséquences sur le développement de la réflexion et la multiplication des savoirs sont d'une grande importance et méritent d'être approfondies au regard des nouvelles technologies, du retour à l'image et à l'oralité (téléphone, radio, télévision, vidéo).

---

1. Voir ci dessus, *L'Écriture et la psychologie des peuples. XXII*[e] *Semaine de synthèse*, p. 453.
2. Guy Bechtel, *Gutenberg*, Paris, Fayard, 1992.
3. Voir ci-dessus, « L'imprimerie. Origines et conséquences d'une découverte », *L'Écriture et la psychologie des peuples*, *op. cit.*, p. 725.

La typographie offre une rigueur, une régularité, une lisibilité que seuls quelques très beaux manuscrits pouvaient offrir. Les typographes ont compris que les abréviations n'étaient plus nécessaires. Ils ont développé une nouvelle graphie en renouvelant complètement la « mise en page » et la « mise en texte ». La typographie au plomb possède de nombreuses contraintes liées à son procédé, mais qui en retour sont le gage d'une certaine qualité. Partant d'un poinçon d'acier que l'on frappe dans une matrice en cuivre, on obtient par moulage un caractère en plomb contenant de l'étain et de l'antimoine pour lui donner solidité et imprimabilité. C'est en assemblant ces caractères, petits parallélépipèdes portant chacun un des signes de l'écriture, que l'on obtient une forme prête à l'impression.

Ce qu'il faut retenir de la composition au plomb, c'est l'aspect figé des caractères. En effet, une fois fondue, la lettre de plomb devient un bloc sur lequel le compositeur ne peut plus agir. Le compositeur n'intervient plus sur la forme des lettres, et donc de l'écriture qui est ici affaire de spécialistes : le graveur et le dessinateur de caractère. Les possibilités de modification sont restreintes à l'espace entre les mots, exceptionnellement entre les lettres. De plus, chaque corps est le résultat d'une gravure, d'un dessin unique, propre à sa force de corps, et qui est tout sauf homothétique. En effet, il ne faut jamais oublier que le dessin d'un caractère est influencé par les phénomènes optiques. Prenons pour exemple dans les capitales les lettres A et V qui doivent être respectivement légèrement plus haute et plus basse que les autres lettres pour ne pas paraître plus petites ; de même qu'on donne une forme plus ovale au O pour qu'il ne paraisse pas plus gros que les autres lettres. La force du plomb réside dans ces contraintes qui obligent à graver chaque corps séparément.

L'avènement des presses mécaniques au XIXe siècle a donné une nouvelle impulsion au livre. Elles permettent d'accroître les tirages et d'abaisser les coûts, mais ces deux éléments favorisent d'abord les journaux avant le livre. Les antiques presses à bras qui fonctionnent depuis Gutenberg subissent deux évolutions : d'abord en 1783, un nouveau système vis-platine (Étienne-Alexandre-Jacques Anisson et Philippe-Denis Pierres, permet de tirer la feuille d'impression en un coup de barreau au lieu de deux, puis quelques années plus tard, quand lord Stanhope réalise sa première presse entièrement en fonte. Les tirages passent d'environ mille feuilles par jour à deux mille. Elles restèrent en service jusque dans les premières années du XXe siècle. Avec les nouvelles presses mécaniques qui apparaissent dès 1814, ce chiffre est atteint en une heure. Ces presses appliquent un nouveau mode d'impression, inventé par Kœnig et Bauer en 1812, non plus plan contre plan, mais plan contre cylindre. Cette rapidité s'accorde mieux aux journaux et aux revues dont les tirages sont supérieurs à ceux du livre. Dès les années 1870, un stade est encore franchi avec l'apparition des premières rotatives typo où la forme devient ronde par moulage d'un flan. Nous ne retracerons pas toutes les évolutions que subirent les presses au cours du XIXe siècle. Dès son apparition, on a pensé à utiliser la photographie pour reproduire les textes. Les premières applications de cette nouvelle technique ont lieu dans la transformation du mode d'impression. Deux procédés sont mis au point : l'offset qui conjugue le procédé lithographique avec la photographie et l'héliogravure qui marie celui de la taille-douce avec la photographie. Il s'agit là d'une étape indispensable pour permettre l'utilisation de la photocomposition.

Pendant près de cinq siècles, la composition typographique demeure identique à son invention. Les graveurs affinent leur savoir-faire qui leur permet de graver des corps de plus en plus petits, comme le corps 4 de Louis-René Luce (1714), et des déliés d'une grande finesse, comme dans les caractères de Firmin Didot. Mais la gravure comme la fonte des caractères et la composition continuent d'être manuelles. Il faut attendre les années 1830 pour voir une première évolution avec les fondeuses mécaniques. La fonte des caractères devient plus facile et surtout plus rapide, entraînant par là un abaissement des coûts de fabrication et donc la possibilité pour les imprimeurs d'avoir un plus grand choix de polices de caractères. L'esthétique du livre s'en trouve-t-elle bouleversée ? Pas vraiment en ce qui concerne le texte. En effet, les graveurs inventent toutes sortes de caractères dont l'utilisation reste exclusivement réservée aux pages de titre et aux publicités naissantes. Toutefois, il y a un domaine qui bénéficie pleinement de ces nouvelles typographies, c'est celui des dictionnaires, des encyclopédies, des documents commerciaux, des annuaires, avec l'introduction des caractères gras qui permettent de différencier les entrées.

Les progrès dans la composition mécanique, puis électronique, nécessitent que l'on trouve des solutions aux problèmes complexes que posent la justification de lignes, les coupures syllabiques des mots, la correction des textes, la mise en page et pour finir l'intégration des images.

Les recherches sont longues et difficiles. Une première étape est franchie avec l'invention de la Linotype par Ottmar Mergenthaler entre 1884 et 1887. La Linotype permet la composition d'une ligne bloc. Sa qualité, la rapidité, ne l'empêche pas d'avoir des défauts majeurs : force des corps utiles très limitée, des blancs fixes, correction nécessitant la refrappe complète de la ligne, qualité des caractères moyenne. Deuxième étape, l'invention de la Monotype par Talbert Lanston entre 1887 et 1899. La monotype réalise la fonte d'une ligne en caractères séparés à partir d'une bande perforée réalisée par un clavier indépendant de la fondeuse, ce qui libère cette dernière de la vitesse de frappe et offre la possibilité d'une correction indépendante. Moins limitée dans la force des corps et de qualité supérieure à la Linotype, la Monotype possède aussi l'avantage d'une bonne maîtrise de la justification, grâce à un système de tambour calculateur monté sur le clavier qui préfigurait les premiers ordinateurs. Mais on reste dans l'univers du plomb, avec toutes ses lourdeurs au sens propre comme au figuré.

Toutefois, c'est à partir de ces deux machines que les ingénieurs vont chercher à remplacer les matrices cuivre par des matrices film, puisque le principe de commande d'une machine à partir d'une bande perforée était inventé. On passe alors d'une machine à composer mécanique à une machine à composer photographique, ou photocomposeuse. Ces nouvelles machines sont mises au point entre 1944 et 1955. On parle de la première génération de photocomposeuses. Il s'agit de machines électromécaniques à matrice matérielle qui étaient une extrapolation des fondeuses linotype et monotype. La société Monotype met au point la Monophoto et la commercialise dès 1952. La grande réussite est la Fotosetter construite en 1946 par la firme Intertype.

Les photocomposeuses de deuxième génération voient leurs polices de caractères s'inscrire sur des disques ou des plaquettes. Ce fut le cas d'abord de la Lumitype 200 inventée par les Français Higonnet et Moyroud en 1944, qu'ils ne cessèrent de perfectionner. La machine comporte trois éléments : un clavier de saisie, un organe de calcul et une unité de flashage. Les polices de caractères sont inscrites soit sur un disque optique tournant (Lumitype), soit sur des plaquettes, comme dans la Diatype (1958), puis la Diatronic (1967) de la firme allemande Berthold AG qui eurent un grand succès. Encore très mécaniques à leur début, ces machines profitent rapidement des développements de l'électronique qui permet de remplacer les relais mécaniques par des transistors puis par des circuits intégrés. Dans le même temps, on développe les systèmes de composition programmée automatique (justification, coupure des mots, correction, mise en page) dont le premier remonte à 1953-1954, dû aux ingénieurs français Bafour, Blanchard et Raymond (système BBR).

Une nouvelle étape est franchie avec les machines de troisième génération. Les disques et plaquettes sont remplacés par un écran cathodique (CRT) où le caractère perd sa matérialité, devenant un ensemble de pixels. Ces nouvelles machines fonctionnent sur le principe binaire : ainsi chaque dessin de caractère est composé d'un ensemble de cases ou points d'une grille orthogonale qui correspondent à une réponse de type 1 ou 0 (oui ou non). Ce sont des polices de type bitmap dans lesquelles les courbes des lettres sont représentées par des escaliers ; l'échelle de chaque carré étant d'environ 1/400 de millimètre carré sur une feuille imprimée, seule une forte loupe permet de percevoir ces imperfections, d'autant que la diffusion de l'encre sur le papier a tendance à lisser ces défauts.

Avec l'arrivée des photocomposeuses à laser (lumière cohérente), inventées par Maiman en 1960, l'écriture devient totalement numérique.

Il s'agit là de la quatrième génération. La numérisation des caractères prend une nouvelle dimension avec le système PostScript, commercialisé par Adobe en 1986, qui associe au format bitmap pour l'écran un format vectoriel dont les courbes sont définies par des courbes de Bézier offrant une meilleure restitution à l'impression. En 1990 est développé le système TrueType, qui définit un seul fichier pour l'affichage et l'impression. Enfin, la numérisation des images comme celle des caractères permet une totale intégration des éléments graphiques à l'intérieur des logiciels de mise en page, de plus en plus sophistiqués, et de composer ainsi la page virtuellement dans la mémoire de l'ordinateur. Le dessin des caractères, les règles de composition du texte, les tracés des lignes, des images se réfèrent à un langage de description numérique de la page qui est transmis à la photocomposeuse (ou à un module intermédiaire appelé RIP, pour *Raster Image Processor*). Celle-ci compose alors l'image de la page dont elle impressionne le film qui servira à réaliser la plaque d'impression offset (CTP = *Computer To Plate*). Depuis, l'intégration a été poussée au point de graver directement la plaque (CTF = *Computer To Film*) quand ce n'est pas une impression directe au laser. La publication assistée par ordinateur ou PAO a largement bénéficié de la montée en puissance des micro-ordinateurs et des nouvelles performances des écrans grâce au principe « WYSIWYG » (*What You See Is What You Get*) associé au TrueType, qui permettent une parfaite visualisation de la maquette à l'écran. De nouveaux formats prennent place, comme l'OpenType, une synthèse du PostScript et du TrueType qui permet les ligatures et la composition d'un nombre bien plus important de caractères (un avantage pour les applications multilingues et Internet). L'écriture sur ordinateur est une nouvelle forme de typographie, à chacun d'en respecter les règles pour améliorer la lisibilité.

Ce n'est pas en quelques lignes que l'on peut retracer l'histoire ni même expliquer cette évolution technique, multiple et complexe. Pour en savoir plus, le lecteur se reportera dans la bibliographie[1] au livre d'Alan Marshall sur le sujet et au catalogue de l'exposition du Conservatoire national des arts et métiers, *Les Trois Révolutions du livre*.

La photocomposition apporte un gain de vitesse énorme. Des 1 000 à 1 500 signes à l'heure d'un typographe, on passe à 6 000 et 7 000 signes à l'heure avec les Linotypes et les Monotypes, puis à 30 000 pour la première génération, pour atteindre des vitesses de plusieurs millions de signes à l'heure dans les photocomposeuses de troisième et quatrième générations qui, de plus, intègrent tous les éléments de la page (texte et images mis en page). Cette accélération n'est pas en elle-même une source de changement. Le procédé de numérisation qui rend totalement

1. Voir ci-dessous, p. 1095.

virtuel le dessin des caractères permet des transformations de ceux-ci à l'infini. Ces possibilités d'agir sur les formes, offertes tant au concepteur qu'à l'utilisateur d'un caractère, permettent une grande liberté. Mais elles entraînent aussi une dégradation de l'esthétique et une absence de maîtrise des règles de composition qui nuisent à la lisibilité.

Toutes ces évolutions ont-elles bouleversé l'écriture ? Au regard de la production livresque depuis le Moyen Âge, la question mérite réflexion. Le foisonnement des écritures et des mises en page des manuscrits laisse perplexe. Certes, l'imprimerie fut un apport considérable dans le mode de transmission du savoir. Comme le souligne Françoise Fichet dans son livre sur les traités d'architecture, « le plus important dans cette découverte [l'imprimerie] est sans doute la divulgation d'une connaissance jusque-là ésotérique par l'imprimerie. Les nombreuses éditions et traductions dans les langues nationales (italien, espagnol, français, allemand) changent en recourant à l'imprimé, le type de transmission du savoir, jusqu'alors oral est acquis sur le chantier[1]. » Mais si l'imprimerie apporte la divulgation du savoir au plus grand nombre, elle n'offre rien dans la mise en page que le manuscrit n'ait pas au moins une fois expérimenté. Au niveau de l'écriture, par souci de rentabilité et d'efficacité, elle tend vers une uniformisation. D'ailleurs, on constate que chaque siècle se caractérise par une forme de typographie. Ainsi, en prenant la classification Vox, on observe qu'au XVIe siècle ce sont les humanes qui prédominent, au XVIIe siècle ce sont les garaldes, au XVIIIe siècle les réales et au XIXe siècle les didones. Au XXe siècle ce sont les linéales, comme l'Univers ou l'Helvetica, qui semblent s'imposer, mais grâce à l'avènement de la photocomposition, un nombre toujours plus grand de caractères est mis à la disposition des éditeurs et imprimeurs, sans pour autant faire disparaître les tendances, comme le montre la prédominance des garaldes dans l'univers livresque.

Avec la numérisation, le dessin des caractères s'est libéré de toutes contraintes ou presque. Les logiciels, de plus en plus sophistiqués, permettent toutes sortes d'agrandissements, de distorsions, d'anamorphoses, de mises en couleur, en perspective, parfois par un simple « clic ». Mais, comme nous l'avons vu précédemment, cette liberté de transformation des caractères a le plus souvent pour revers une dégradation de la qualité par manque des connaissances nécessaires à la création typographique. Une police de caractères, en effet, est soumise à des contraintes qui, faute d'être respectées, détruisent l'harmonie et la lisibilité de cette police. On peut dire que le dessin d'un caractère est à la fois libre et corseté. Sa création nécessite une parfaite connaissance des problèmes liés aux illusions d'optique, à la proportion des signes, à l'échelle des corps, aux approches

1. FICHET (Françoise), *La Théorie architecturale à l'âge classique*, Bruxelles, Pierre Mardaga éditeur, 1979, p. 13-14.

(blanc entre les lettres), à la structure même des lettres (pente, graisse, hauteur d'œil), etc. Autant de questions que le lecteur pourra résoudre à travers la lecture des auteurs cités dans la bibliographie, et principalement Fernand Baudin, Alan Haley, Marcel Jacno, Peter Karrow, Alexander Lawson, Murielle Paris et Christian Paput. Il en va de même de la composition qui renvoie aux règles typographiques. Le progrès technique ne change en rien les exigences de rigueur et de clarté que nécessite la composition d'un texte pour une bonne lecture. Il permet à chacun d'être son propre éditeur, choisissant, autant que faire se peut, un caractère qu'il aura réalisé, faisant lui-même sa mise en page. Mais il y a des limites à cette autoédition complète. La réalisation d'un caractère demande une maîtrise des éléments que nous avons cités et donc requiert un long apprentissage. Il y a des milliers de caractères sur le marché, mais rares sont ceux qui répondent aux critères d'exigences typographiques, les rendant pour la plupart inutilisables. Il a fallu près d'un siècle pour atteindre une qualité typographique qui satisfait à nos critères esthétiques sur la beauté et la lisibilité des caractères.

Pour l'écriture, on peut dire que le changement est surtout d'ordre quantitatif plutôt que qualitatif. Certes, la qualité des nouvelles machines ne cesse de s'améliorer. La numérisation des caractères s'affine, mais comme le souligne Fernand Baudin dans *L'Effet Gutenberg*, à propos du travail d'Hermann Zapf œuvrant sur le caractère Euler, « retouchant au crayon et à la main une sortie d'ordinateur. En quelque sorte, à même l'ordinateur. Ainsi donc, à l'entrée, quelques esquisses ou instructions manuelles ; et, à la sortie, la même chose quel que soit le nombre grandissant de relais électroniques intermédiaires ou interpolations qui remplissent l'entre-deux, les trois acteurs principaux restent bien : le cerveau, l'œil et la main de l'homme » (p. 379) ; et d'ajouter plus loin que « la parole est articulée par les silences. L'écriture est contrôlée par les blancs » (p. 424). On sent bien à travers ce propos que la machine ne remplace pas totalement la main de l'homme. On en revient toujours au geste et à la parole, à la volonté de l'homme qui dicte son tracé, son dessin aux écritures. L'ordinateur semble être ici une machine à démultiplier les capacités de stockage et d'échange, plutôt qu'un élément révolutionnaire de l'écriture.

Si le développement des systèmes informatiques apporte de nouvelles manières d'appréhender les textes à travers les architectures hypertextes, toutefois, ces nouveaux modes de transmission restent assujettis aux données de l'écriture typographique. Elle demeure et même se renforce puisque l'auteur grâce à son ordinateur et à son imprimante acquiert l'autonomie d'un véritable éditeur. Et tout ceci circule à la vitesse de la lumière sur le réseau, grâce à Internet. Avec les bases de données, on offre d'immenses possibilités à la diffusion de l'écrit sous toutes ses formes, puisque le monde entier est connecté. Toutefois, les ordinateurs avec leurs écrans de plus en plus performants ne remplacent pas le livre (pour l'instant la mémoire électronique est moins fiable que le papier), mais plutôt le complète, tout comme l'imprimé s'est ajouté au manuscrit pour le multiplier. Reste, comme nous l'avons dit, qu'il ne faut pas oublier les règles de langue et de composition – elles sont de plus en plus présentes dans les logiciels et les manuels – afin d'optimiser le message et améliorer sa compréhension, ce qui est la finalité première de l'écrit.

ANNEXES

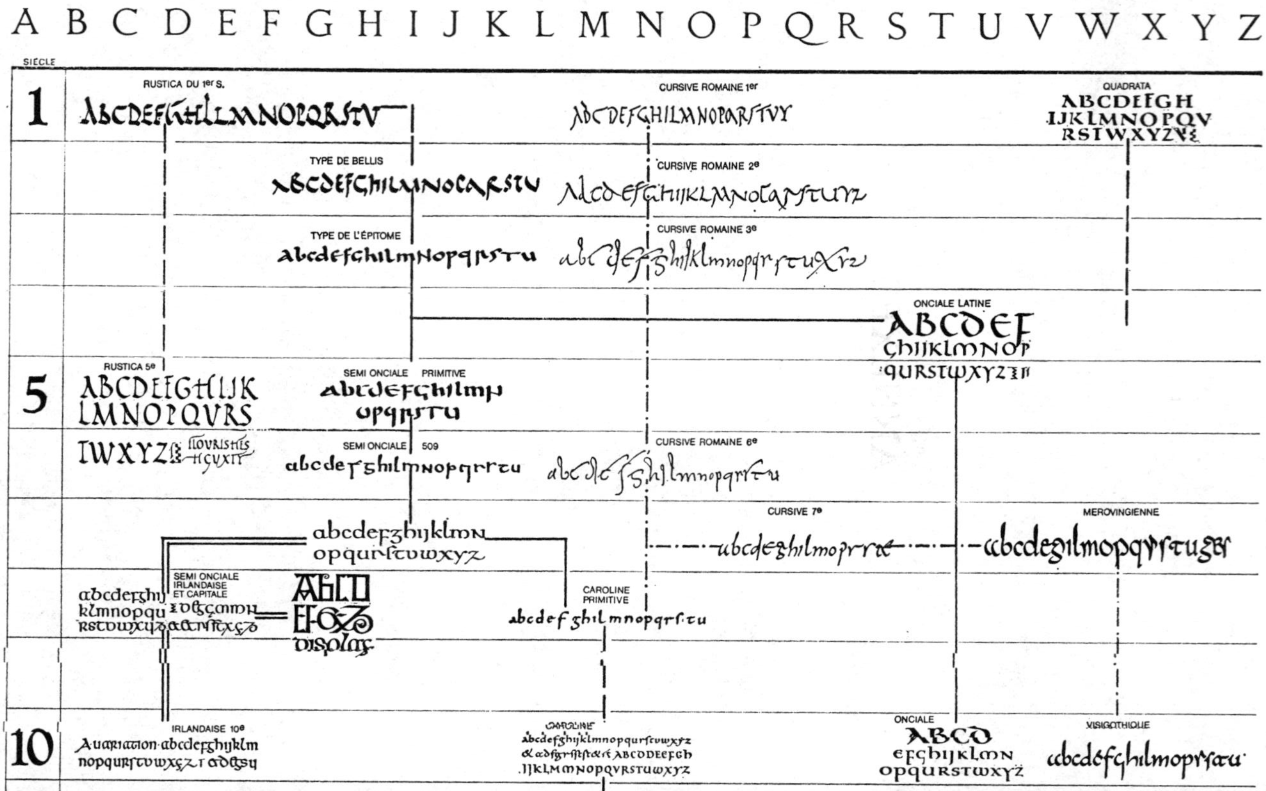
A B C D E F G H I J K L M N O P Q R S T U V W X Y Z
SIÈCLE
1
5
10
RUSTICA DU 1er S.
CURSIVE ROMAINE 1er
QUADRATA
TYPE DE BELLIS
CURSIVE ROMAINE 2e
TYPE DE L'ÉPITOME
CURSIVE ROMAINE 3e
ONCIALE LATINE
RUSTICA 5e
SEMI ONCIALE PRIMITIVE
SEMI ONCIALE 509
CURSIVE ROMAINE 6e
CURSIVE 7e
MEROVINGIENNE
SEMI ONCIALE IRLANDAISE ET CAPITALE
CAROLINE PRIMITIVE
IRLANDAISE 10e
CAROLINE
ONCIALE
VISIGOTHIQUE

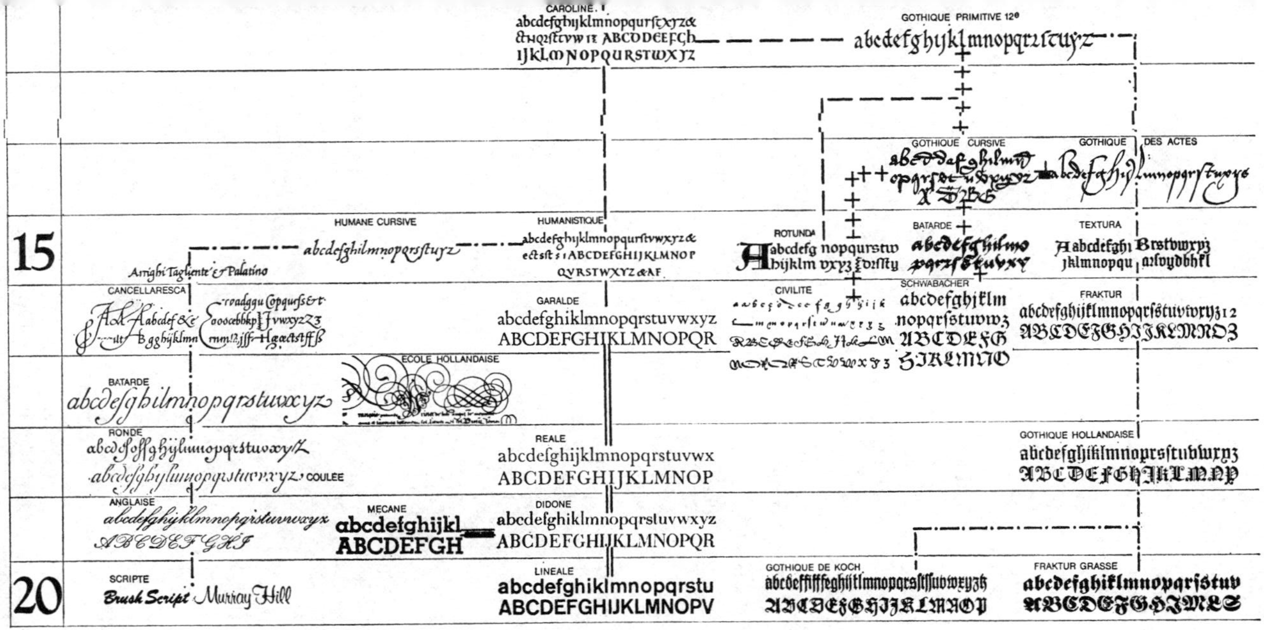

ÉVOLUTION DE L'ÉCRITURE
Tableau dressé par Claude Médiavilla

RÉPERTOIRE

(Thèmes et grands noms des dynasties de l'écriture et de la typographie)

par Jérôme Peignot

Avant-Garde historique russe

Ce sont les cubistes qui ont inventé les collages, sans doute en la personne de Picasso, en 1912. Braque fut l'initiateur, quelques mois plus tard, des papiers collés avec *Le Portugais* où il donna à voir des inscriptions en lettres typographiques. Plus tard, Kurt Schwitters parvient à donner aux collages un grand pouvoir évocateur. Cependant, pas plus que Picasso ou Braque, il n'est animé de quelque souci littéraire. Avec ses mots en liberté futuristes..., Marinetti non plus : ses poèmes-plastiques composés pendant la guerre sont plutôt des excroissances typographiques d'onomatopées. Si l'on excepte Apollinaire qui, avec *Calligrammes,* parcourt, mais en sens inverse, le trajet qui relie la littérature à la peinture – on se souvient de son « moi aussi je suis peintre » –, les premiers « peintres-typographes » à être passé dans le champ de la littérature sont, dans les années 1920, le Hollandais Werkman suivi de Kassak, d'El Lissitzky et de Strzeminsky, dont les œuvres sont comme des quintessences de l'apport dadaïste. Bien que, la plupart du temps, ces hommes de l'Avant-Garde dite historique n'aient pas utilisé de mots – tout au plus quelques lettres en bois et des « espaces » – leurs œuvres aux allures de chantier typographique abandonné donnent à appréhender non seulement toute la littérature mais la pensée elle-même sous la forme d'une litote.

Iliazd (1894-1975) ne s'est pas borné à couvrir plus ou moins artistiquement des feuilles avec des écritures ou des lettres mais, en authentique écrivain, a visé à écrire un texte, non sans avoir, au préalable, conçu le langage le plus approprié à la plus accomplie des transcriptions typographiques. Ainsi, pour ce poème qu'il intitule *Ledentu le phare* écrit en zaoum, langue identique au russe par les sons mais faite uniquement de mots employés pour la première fois.

L'ambition d'Iliazd était, tout en tenant compte de la parole et de la composition typographique, de se rapprocher le plus possible d'une précision mathématique plaçant le sens quelque part entre le langage et la typographie. Par les déséquilibres chaque fois maîtrisés qu'elles font apparaître, ses œuvres donnent le sentiment de l'insurpassable. Quand elles ont été créées, le champ était encore libre à l'invention, et il n'était pas d'artiste qui ne cherchât à proposer une nouvelle conception du monde. Parlant du calligramme, Apollinaire disait : « Il faut que notre intelligence s'habitue à comprendre synthético-idéographiquement au lieu d'analytico-discursivement. » Ce souhait, ce sont les poètes typographes qui forment l'Avant-Garde historique qui l'ont réalisé, contribuant à élever la typographie à un niveau qu'elle n'avait encore jamais atteint, celui d'un art total qui mettait en jeu autant la phonie (avec Hugo Ball, Hausmann et

Schwitters) que la littérature (avec Iliazd) ou la plastique (les deux carrés de Lissitzky, Moholy-Nagy et Rodchenko).

Si Lissitzky comme Kloutsis ou bien encore Kassak avec sa revue *MA* se montrent de si habiles graphistes, c'est aussi parce qu'ils sont engagés. Sans doute, comme Lissitzky et ses amis, Kassak considère-t-il que la création est la révolution. Mais comme eux, il ne pense pas qu'un révolutionnaire doive obtempérer aux injonctions d'un pouvoir quelconque, fût-il prolétarien. Et Kassak, parlant de « l'architecture de l'image », précise sa pensée : « Elle est à titre de *stimulant métaphorique* applicable à la littérature laquelle, par ce biais, conçoit sa forme vivante. Il n'y a pas de poème sans sa construction typographique. » Il n'est pas douteux que, véritable brûlot politique, par leur beauté, ses œuvres sont de remarquables exemples de cohésion dialectique entre un poème et sa composition typographique.

BASKERVILLE John (1706-1775)

L'histoire des poinçons originaux du caractère anglais Baskerville, appelé parfois le garamond anglais, fut une longue et tumultueuse aventure.

John Baskerville naquit à Wolverly dans le Worcestershire, et, à vingt ans, alla vivre à Birmingham, où il gagna d'abord sa vie comme graveur sur pierre, métier qu'il abandonna un temps pour celui – nouvellement introduit à Birmingham – de vernisseur. Il y réussit au point de disposer, en 1750, des capitaux suffisants pour entreprendre des travaux de fondeur. Son premier spécimen de caractères date de 1754.

Avec ses caractères inspirés de ceux de Caslon, mais qui les surpassaient, Baskerville entreprit d'imprimer sur des presses qu'il avait construites, avec une encre fabriquée à cet effet, dans une manufacture qui était sienne et sur l'un des premiers papiers crème, un *Virgile* qui sortit en 1757. C'est alors qu'il commença de graver pour l'University Press d'Oxford, où ils se trouvent toujours, d'admirables poinçons grecs qui servirent à la fabrication des caractères d'une célèbre édition du Nouveau Testament (à Oxford) et d'une Bible conservée à Cambridge.

Bien que Baskerville ait été nommé imprimeur de l'université de Cambridge, ses caractères perdirent vite de leur attrait. Les Anglais leur reprochaient d'être trop différents de ceux de Caslon et, surtout, d'être de la main d'un amateur. Bientôt, les livres de Baskerville ne se vendirent plus aussi bien. En revanche, sur le Continent, ses éditions étaient très admirées par les écrivains et les imprimeurs. Cette admiration incita même le dessinateur italien en caractères Bodoni à venir rencontrer Baskerville en Angleterre, mais malade, il y envoya son ami l'auteur dramatique Vittorio Alfieri. Pendant ce temps-là, à Paris, Pierre Didot vantait, dans son *Essai sur les progrès de l'imprimerie*, la beauté des travaux de l'imprimeur de Birmingham. Voltaire lui-même écrivit à Baskerville pour le complimenter, et lui demander de lui envoyer un spécimen de ses lettres afin d'étudier leur emploi. Ces témoignages décidèrent Baskerville à vendre ses poinçons. Il fit des offres à la cour de France, mais, par trois fois, l'affaire échoua. Elle ne se fit pas non plus avec Benjamin Franklin qui, grand admirateur des poinçons du Baskerville, avait pourtant été l'un des principaux souscripteurs des premiers ouvrages publiés par leur auteur. C'est à cette époque que celui-ci fut commandité par les fameux libraires italiens Molini, pour imprimer et éditer un *Roland furieux* qui sortit en 1773. Ce dernier succès ne devait toujours pas permettre à Baskerville de vendre ses poinçons. En effet, après avoir vainement essayé de les céder à l'Académie royale des sciences de Paris dont il avait saisi le président par l'intermédiaire de Molini, il mourut le 8 janvier 1775.

En décembre de la même année, la valeur exceptionnelle des travaux de Baskerville allait enfin être reconnue. Alors qu'il était en visite en Angleterre, le professeur de physique allemand Georg Christoph Lichtenberg montra au roi une copie des œuvres de Mayer publiée par l'un de ses amis, Hans Dietrich. Tandis qu'il regardait l'ouvrage, le roi remarqua : « Il s'agit là d'un excellent travail, presque aussi beau que ceux de Baskerville ! » Le mot fit du bruit. Cependant, ce n'est que le 11 décembre 1779 que la veuve de Baskerville parvint à vendre les fameux poinçons, ainsi que les secrets de Baskerville relatifs aux façons dont il vernissait son papier, fabriquait son encre et imprimait. Quel fut l'acquéreur ? La Société littéraire et typographique, dont le seul membre n'était autre que Caron de Beaumarchais qui se proposait alors de publier en Baskerville une édition complète des œuvres de Voltaire.

Entre les mains de Beaumarchais, les poinçons allaient subir d'étranges mésaventures. En effet, préoccupé par la sortie d'une pièce, chargé de missions secrètes en Angleterre, poursuivi par les révolutionnaires, l'auteur du *Mariage de Figaro* n'eut guère le temps de mettre son projet à exécution. Il se servit toutefois du Baskerville, dans un pamphlet fameux, pour répondre aux attaques dirigées contre lui par Edward Gibbon au sujet du rôle qu'il avait tenu dans « l'incident du Havre ». Beaumarchais s'était fait l'ardent défenseur de l'aide française aux Américains luttant pour leur indépendance, et il était venu au Havre assister à l'embarquement de certains officiers français. Ceux-ci lui reprochaient non seulement d'avoir organisé cette guerre et de les y envoyer sans les payer, mais encore de profiter de ce qu'il était propriétaire des poinçons du Baskerville pour, sous couvert de traiter de questions typographiques, s'entretenir secrètement avec ses amis anglais de questions politiques. De nombreuses lettres furent échangées aussi bien entre Caslon et Beaumarchais qu'entre l'Angleterre et Franklin qui, toutes, contribuent à mêler étroitement et étrangement questions typographiques et problèmes politiques.

Enfin, Beaumarchais annonça publiquement son intention de sortir un Voltaire en Baskerville. Dans l'un des prospectus de la Société littéraire et typographique, il n'hésita pas à affirmer que « Baskerville et Voltaire [étaient] deux génies et qu'il [était] souhaitable que leurs noms fussent réunis dans une même édition ». L'entreprise devait se révéler difficile. Une sévère censure interdisait, en effet, toute impression en France des ouvrages de Voltaire. C'est alors que, ne voulant pas diviser le travail entre plusieurs imprimeurs étrangers, Beaumarchais se décida à donner la direction de cette grande entreprise à l'un de ses amis, Jean-François Letellier. Celui-ci avait obtenu du margrave de Bade l'autorisation d'installer l'imprimerie de la Société littéraire et typographique dans la forteresse de Kehl, en Allemagne. Bientôt, il ne fut pas difficile de se rendre compte que Letellier n'apportait pas assez de conscience dans le travail qui lui était confié : il n'avait pas jugé bon de faire venir d'Angleterre les presses de Baskerville, pourtant tenues à sa disposition, et par sa faute les volumes déjà sortis du Voltaire fourmillaient d'erreurs et étaient imprimés avec une encre ordinaire venue de Paris. Enfin, un concert de protestations s'éleva contre Letellier, que ses collaborateurs surnommaient alors le « tyran de Kehl ». Il était urgent que Beaumarchais se rendît sur place. Cependant, préoccupé qu'il était par les premières du *Mariage de Figaro*, il ne fit le voyage qu'en novembre 1784, lorsqu'il apprit la soudaine disparition du trésorier de l'affaire. C'est alors qu'il démit Letellier de toutes ses fonctions et le remplaça par un ancien gouverneur de Saint-Domingue, La Hogue.

Très vite, La Hogue s'attira des sympathies mais, faible et négligent, il ne sut pas résister aux offres d'un banquier strasbourgeois qui l'avait convaincu de la nécessité de mettre les poinçons de Baskerville à l'abri dans une banque de Strasbourg. Cet inutile transport, qui s'effectua en mai 1785, allait entraîner, à la suite de l'ouverture d'une caisse sur le chemin du retour, la perte de trois cent quarante-sept poinçons. Beaumarchais ne fut pas tenu au courant de l'événement.

À l'époque, le Baskerville n'avait pas seulement servi à imprimer Voltaire. Letellier avait aussi édité des traductions en français de quelques comédies galantes allemandes. Enfin, Beaumarchais lui-même avait, à temps perdu, fait imprimer par Letellier son *Mariage de Figaro* et donné à son ami Vittorio Alfieri l'autorisation de publier à Kehl son *America libera*.

Après les événements de juillet 1789, de Kehl les poinçons et tout le matériel de fonderie de la Société littéraire et typographique furent transportés à Paris, place de la Bastille, dans la maison même de Beaumarchais. Mais l'écrivain n'allait pas pour autant parvenir à contrôler son imprimerie. Il s'était, en effet, par trop compromis avec la monarchie pour ne pas être inquiété. C'est ainsi que, parti en mission secrète à l'étranger en qualité d'envoyé de la République, il n'en fut pas moins considéré comme émigré. Pendant le même temps, les caractères qu'il avait introduits en France servaient – suprême honneur – à l'impression de la *Déclaration des droits de l'homme et du citoyen*.

Beaumarchais revint à Paris, où il mourut en 1799. Après la mort de sa femme, en 1816, leur fille vendit tout le matériel Baskerville à Pierre Didot qui, après avoir essayé en vain de s'en défaire, les transmit par héritage, en 1822, à son fils Jules Didot, lequel perdit la raison en 1838. C'est alors qu'une grande partie de sa fonderie fut vendue aux frères Plon, à Meaux où se trouvait leur imprimerie. Cependant, avant de transporter tout ce matériel, les Plon décidèrent d'en céder une partie au fondeur Bertrand, lequel ne sut pas qu'il se trouvait alors en présence des poinçons originaux du Baskerville. En effet, en 1893, lors de cette dernière transaction, les caractères furent appelés « vieux elzévirs anciens » et mentionnés dans le spécimen de Bertrand sous le nom d'« elzévirs anciens ». En 1917, l'Américain Bruce Rogers, alors conseiller typographique à l'University Press de Cambridge, authentifia la présence des poinçons originaux du Baskerville dans le spécimen de caractères de Bertrand. Sa présence à Cambridge, où il avait trouvé dans une librairie une feuille de spécimen Baskerville, lui permit de comparer une grande quantité des caractères avec les poinçons de Bertrand. C'est alors qu'il recommanda à l'University Press de Cambridge d'acheter les matrices du Baskerville. Mais la guerre de 1914-1918 éclata et le marché ne se conclut pas. Peu à peu, et après que la chose se fut ébruitée (surtout par l'utilisation des poinçons pour l'impression de certains travaux de l'université de Harvard), Bertrand sortit des spécimens spéciaux consacrés à son Baskerville.

En novembre 1936, Bertrand vendit une grande partie de ses caractères et de son matériel à la fonderie Deberny et Peignot qui, dès lors, devint propriétaire des poinçons du Baskerville. Après la guerre, Charles Peignot fit savoir dans la presse spécialisée qu'il était le détenteur des fameux poinçons. Peu après, il apprit par Monsieur Massigli, alors ambassadeur de France en Grande-Bretagne, que la France, ayant cherché par la voie diplomatique à savoir comment remercier le roi George VI d'avoir bien voulu recevoir le gouvernement de la France libre à Londres, « Sa Gracieuse Majesté avait répondu qu'elle serait très désireuse de rentrer en possession des poinçons du superbe Baskerville ». C'est ainsi que les fameux poinçons furent solennellement remis à l'University Press de Cambridge en présence de l'ambassadeur de France au mois de mars 1953. Une poignée de poinçons typographiques contre la liberté : tout compte fait, la mesure était, en effet, la bonne.

Bauhaus

En ce qui concerne la création des caractères d'imprimerie, on ne saurait omettre le rôle du Bauhaus qui finit par se révéler néfaste. À la recherche d'une nouvelle rigueur, les typographes de cette école – Albers, Herbert Bayer, László Moholy-Nagy, Joost Schmidt – éliminèrent le corporel ou le gestuel spontanés comme tout ce qui s'y rapportait. La théorie fonctionnaliste de la typographie de

Bayer chassa ainsi, au nom de la simplicité et de la lisibilité, les capitales des casses typographiques. Schwitters surenchérit : « Du point de vue du caractère, dit-il, c'est sa propre qualité qui est le critère principal. La qualité signifie simplicité et beauté. La simplicité veut dire clarté, forme univoque et fonctionnelle du caractère, élimination de toute enjolivure superflue et de toutes formes qui seraient inutiles pour le noyau essentiel du caractère. La beauté signifie le bon équilibre des rapports. »

Les capitales évacuées, ce fut ensuite le tour des empattements. Herbert Bayer élabora ainsi un caractère standard, l'Universal, dont les lettres n'étaient formées que de portions de cercles et de droites et pouvaient s'inscrire soit dans des carrés, soit dans des rectangles ou des triangles. Puis Josef Albers, un autre professeur de l'école, produisit un caractère pochoir destiné à la publicité. Enfin, apparut le Futura (appelé en France Europe) de Paul Renner, une antique qui se singularise par son « rythme ». Elle donna naissance à plusieurs générations de lettres dont l'Univers de Frutiger.

L'exposition du Bauhaus, à Weimar en 1923, ayant été pour lui une révélation, le typographe et dessinateur de caractère Jan Tschichold en vint à se passionner pour l'école au point que, dans un manifeste qu'il intitule *Principes de la typographie*, il en codifie les lois, lesquelles, en matière de caractères, se résument à un seul précepte : l'emploi des linéales, à l'exclusion de toutes les autres lettres. Puis le Bauhaus de Dessau fut fermé par les nazis, et les hommes du mouvement se dispersèrent.

Les linéales étaient-elles bien les lettres les plus lisibles qui se pussent concevoir ? Depuis la fermeture du Bauhaus des enquêtes ont été conduites sur ce sujet. Ainsi, Harold J. McNally, professeur à l'université de Columbia, mena une étude des plus rigoureuses. Il a, en effet, mis le papier utilisé en abscisse, l'éclairage en ordonnée et, en fonction de l'âge des lecteurs testés, mis tous les corps de toutes les linéales disponibles à l'époque à l'épreuve de toutes les lectures. Dans la conclusion du rapport qu'il a publié au terme de son enquête, il avoue : « *The result of this study will not permit the conclusion that anyone of the experimental types is preferable to any of the others for use of sight saving classes*[1]. » D'autres encore sont parvenus aux mêmes conclusions désenchantées[2]. Est-ce ou non parce qu'il a pris connaissance de ces études qu'après la guerre, dans une volte-face, Tschichold est passé, selon la formulation de François Richaudeau, « de l'asymétrie conçue à partir de caractères sans empattements à des mises en page symétriques avec des caractères pourvus d'empattements qui ont débouché sur son dessin d'une elzévirienne, le Sabon[3] » ? Ou bien est-ce plutôt parce qu'il a suivi la voie... réouverte par l'un des grands typographes de la période contemporaine, Stanley Morison, auteur du Times New Roman[4] qui, dans ses *Premiers Principes de la typographie*, en matière de dessins des caractères, plutôt que de chercher à imposer une vision manichéenne, préconisait au contraire la recherche de solutions ponctuelles ? Sans doute, Morison, lui aussi, visait à la rationalité. Pour autant, il n'en négligeait pas certaines vérités de caractère historique, aussi convaincantes que les enquêtes les plus poussées sur la lisibilité. Au vrai, est-ce que la lettre pourvue d'empattements, depuis qu'elle figure sur le socle de la colonne Trajane, à Rome,

1. « Le résultat de cette enquête ne permet pas de conclure qu'un seul des textes testés est préférable à un autre du point de vue de l'efficacité. »

2. M. Miles, A. Tinker, université du Minnesota.

3. *La Chose imprimée*, sous la direction de John Dreyfus et François Richaudeau, Paris, Éditions Retz, 1977.

4. Ce caractère a été utilisé pour la première fois pour le journal *Times* de Londres, le 3 octobre 1932.

n'a pas fait ses preuves ? Quant à l'argument historique qui consiste à revenir à l'écriture étrusque parce qu'elle aussi était dépourvue d'empattements, apporte-t-il vraiment quelque chose de plus ?

Bifur. *Voir* CASSANDRE

BODONI Giovanni Battista (1740-1813)

Giovanni Battista Bodoni naquit à Saluces. Il fut souvent appelé le « gentleman typographe ». On aurait pu lui donner le titre de Cavaliere, car c'est le Cavaliere Giambattista Bodoni qui dédie « *A Sua Maesta la Principessa Imperiale Maria Luigia Archiduchesse d'Austria, Duchesse di Parma, Piacenza, Guastalla* » son *Manuale tipografico*, édité à Parme à titre posthume par Presso la Vedova en 1818. Il y écrit : « Ici se pose un problème des plus difficiles : l'art typographique peut enfermer le rectangle de la page imprimée dans un cadre gracieux pouvant varier à l'infini, et y ajouter mille autres ornements, tels que bandeaux, vignettes, fleurons, cartouches, initiales ornées et vignettes en taille douce. Il semble que si nous pouvons les mettre de côté dans les éditions simples et élégantes où ils sont inutiles, nous ne devons pas le faire pour les éditions du "genre splendide". Et pourtant, nous voyons que les éditions de ce type les plus prisées en sont dépourvues et, en outre, que Baskerville est loué précisément pour les avoir entièrement bannies. Plus un livre est classique, plus il convient que la beauté des caractères y paraisse seule. C'est en elle que consiste surtout et se montre souverainement la gloire de la typographie. Ces bandeaux et ces encadrements, il sera donc plus sage de s'en abstenir, sauf peut-être dans les livres moins goûtés des lettrés et ne s'adressant qu'à des personnes d'un goût moins raffiné et d'une délicatesse moins exigeante. »

Bodoni ne sortira de l'impasse dans laquelle il s'est fourvoyé qu'en ne dessinant ni vignettes ni fleurons, mais des « frises » qu'il réunira sous le titre : *Essai sur des ornements et des contours exécutés à partir de l'arrangement de quelques décors déjà illustrés.* Ces hésitations témoignent du fait que le Cavaliere réprouve le recours à ces artifices. Il l'a confessé en 1806 quand, à Paris, il reçut un prix pour son œuvre. Il parla alors « du bonheur qu'il eut de rencontrer la manière de réunir la beauté à l'élégance et à l'harmonie de nos premiers maîtres en typographie sans avoir recours aux gravures, vignettes, fleurons et culs-de-lampe ». En citant Baskerville, il évoque bel et bien celui qui fut en quelque sorte son maître et dont l'œuvre l'a influencé sa vie durant. Et pourtant, chaque fois qu'il est question du Bodoni, on est amené à établir une comparaison avec les didots. Il est, en effet, indiscutable que les caractères de l'un et de l'autre se ressemblent. À n'en pas douter, tous deux ont cherché le même contraste entre pleins et déliés, la même rigidité tempérée par la maîtrise absolue des proportions entre les lettres pourvues de hampes hautes ou basses et les autres.

Mais quand il fut nommé « imprimeur de la cour de Parme » en 1768 et qu'il grava ses propres types de caractères, Bodoni fut alors inspiré par ceux de Fournier. De fait, il y eut deux Bodoni, celui qui se rattachait encore au XVIIIe siècle et celui qui opta pour la modernité.

En dépit des apparences, Bodoni n'est pas le prince des équivoques. Son attitude est même exemplaire dans la mesure où elle met l'accent sur la situation dans laquelle tout créateur de caractères se trouve. Comment ne pas subir l'influence d'un passé qui a vu se multiplier les types de caractères, au point de rendre presque impossible la naissance d'une nouvelle typographie remettant en question l'identité de nos lettres ?

Les ouvrages sortis des presses de Bodoni sont célèbres, comme son *Iliade* de 1788 et son *Horace* de 1791. Parmi ses nombreux spécimens typographiques, son seul manuel de 1788 contient non seulement une centaine de types de romains et cinquante italiques, mais aussi vingt corps de grecs, de l'hébreu, du « tartare », du russe, du « phénicien », etc. L'œuvre est immense et, au même titre que les caractères des Didot, les Bodoni sont aujourd'hui encore très employés.

CASLON William (1692-1766)

William Caslon est le premier d'une longue dynastie de fondeurs de caractères. Il créa sa propre fonderie à Londres en 1720. Il libéra l'Angleterre de l'influence des Hollandais. Le premier spécimen de caractères de Caslon parut en 1734. Ses gravures sont plus raffinées, ses transitions plus souples. Les caractères de Caslon témoignent de l'attachement des Anglais à une tradition plutôt qu'à la recherche délibérée de formes nouvelles. L'italique très décoratif renoue avec certaines idées de Granjon. C'est dans les spécimens de Caslon de 1815 qu'apparaissent les lettres sans empattements. Là, encore une fois, il s'agit d'un retour à des formes anciennes : les *stoichedons* grecques. Ces caractères se répandirent sous le nom d'« antiques » ou de « grotesques ». La fonderie de William Caslon ne cessa d'exister qu'en 1937, lorsqu'elle fusionna avec la Stephenson Blake et Co., une fonderie de Londres. (D'après Rémy Peignot, *De plomb, d'encre et de lumière*, Paris, Imprimerie nationale, 1982.)

CASSANDRE ou l'Autobiotypographe

Dans un article intitulé « Publicité = poésie », Blaise Cendrars écrivit en 1928, alors qu'il venait de faire la connaissance de Cassandre : « La publicité est la fleur de la vie contemporaine, elle est une affirmation d'optimisme et de gaieté, elle distrait l'œil et l'esprit. C'est la plus chaleureuse manifestation de la vitalité des hommes d'aujourd'hui... Oui, vraiment, la publicité est la plus belle expression de notre époque, la plus grande nouveauté du jour, un art. Un art qui fait appel à l'internationalisme, ou polyglottisme, à la psychologie des foules et qui bouleverse toutes les techniques statiques ou dynamiques connues en faisant une utilisation intensive sans cesse renouvelée et efficace de matières nouvelles et de procédés inédits. »

Adolphe Mouron, dit Cassandre illustra le postulat de Cendrars, non seulement avec ses affiches, mais aussi avec les lettres qu'il inventa pour les composer. Il n'y eut guère d'affichiste qui ait fait preuve d'une aussi grande habileté dialectique. Pour lui, les lettres ne sont pas d'« encombrants partenaires », pour reprendre l'expression de Francis Ponge à propos des signes alphabétiques, mais les chevilles ouvrières d'un langage dont on finit par ne plus savoir s'il est fait de mots ou bien d'images. Aussi, quand le mot imposé s'y prête, l'imbrication a lieu tout naturellement. C'est le cas dans l'affiche *Kina Nectar*, où une même lettre N fait office... de bretelles pour un des livreurs de la firme évoquée ; dans l'affiche pour le *Nord Express*, où les mots sont les bielles du langage, et dans l'*Étoile du Nord*, où les lettres sont les aiguillages du sens. Parfois cette relation entre l'image et la typographie s'établit de manière encore plus élaborée. C'est ainsi que, dans l'affiche pour le Sweepstake, la chasse de la lettre E sert à définir l'épaisseur du poteau d'arrivée. Ou alors comme dans l'affiche élaborée pour la Ford V8, le lien s'établit d'autant mieux que, s'étant rappelé la formule « tomber dans l'œil », on constate que l'artiste a fait référence au langage.

LE BIFUR

Le Bifur de Cassandre, lancé par la fonderie typographique Deberny et Peignot en 1929, occasionna, dans les *Divertissements typographiques* que la firme publiait, une sorte de manifeste que voici : « Ni Cassandre ni nous n'avons voulu faire une "jolie chose". Nous avons voulu construire un type publicitaire : supprimer de chaque lettre ce qui est inutile à la distinguer des autres, quitte à lui ôter, si on la prend isolément, sa physionomie habituelle. Ce caractère ne prétend point se substituer aux formes du passé. Il marque simplement la croisée des chemins qu'il peut être bon d'explorer plus avant. Lorsque nous eûmes à classer le Bifur parmi les séries existantes, nous avons été amenés à en faire le premier-né d'une famille nouvelle : les antiques Didot. » Plus tard, interrogé sur les raisons pour lesquelles, avec Cassandre, il s'était lancé dans cette entreprise, Charles Peignot s'expliqua : « Nous avons voulu rompre définitivement avec la typographie d'inspiration Renaissance et d'influence 1900. Il n'existait à l'époque aucun caractère vraiment nouveau. Le Bifur, créé par Cassandre, que j'éditais en 1929, fut un scandale, au moins dans le petit monde de l'édition et de l'imprimerie. Nous savions bien que c'était une gageure, qu'il n'avait aucune chance de succès commercial. Mais c'était une époque riche, une époque de mécénat, on trouvait de l'argent, on pouvait se manifester et prendre les risques de la création. Il faut lire le catalogue de présentation du Bifur comme un poème : "Seule, une lettre n'est rien. Bifur imprime des mots, des mots qui claquent..." Le dernier mot significatif est OSE, dont Cassandre a fait un très beau dessin. Avec le Bifur, nous avons mis un point final à une époque de la typographie mais, en même temps, nous faisions la preuve que le fonctionnalisme poussé graphiquement à son extrême rigueur ne pouvait être une source d'inspiration pour l'avenir de la typographie[1]. »

D'emblée, le Bifur emporta l'adhésion non seulement des imprimeurs mais aussi des professionnels de la lettre. Marcel Jacno, par exemple, avoue que c'est au Bifur qu'il doit sa vocation typographique : « C'est pour avoir vu les *Divertissements typographiques* chez un imprimeur et, exposé dans le hall d'un théâtre parisien, en sous-verre, un alphabet Bifur imprimé sur métal qu'une vocation typographique s'est imposée en moi. Le Bifur est la brillante expression d'une idée qu'on aborde plus facilement en considérant d'abord une idée parallèle et plus simple : les yeux des lecteurs sont habitués depuis deux siècles aux caractères à fort contraste (les plus typiques étant le Didot et le Bodoni). Poussons à son extrême l'idée que l'œil ne voit que les pleins et supprimons les déliés. On obtient un caractère pochoir qui est un caractère disons extrémiste au premier degré. Or, l'extrémisme du Bifur est plus subtil et plus avancé. Les éléments maintenus ne sont pas seulement les temps forts de l'écriture, ce sont les parties irréductibles des signes eux-mêmes. Expérience doublement instructive : elle pousse le dépouillement moderniste vers sa limite[2]. »

Cette appréciation de Jacno est extraite d'un entretien avec Gérard Blanchard qui a interrogé les spécialistes de la typographie venus débattre des « linéales », selon l'expression propre à la classification Vox des caractères d'imprimerie. Vox qui, précisément, disait du Bifur que « c'était la plus grande chose faite depuis cinq cents ans et la plus grande gloire de Cassandre ». René Ponot, historien de la lettre, abonde dans le sens de Jacno quand, d'une formule excellente, il précise qu'avec le Bifur « Cassandre introduit le cubisme dans le signe ». « Ce qui me semble le plus intéressant dans le Bifur, ajoute-t-il, ce n'est pas l'élimination d'une partie non fonctionnelle (lisibilité), mais l'introduction dans le signe graphique du choc sensoriel. » La raison d'une telle réussite ? En même temps que son Bifur qui n'est pourtant qu'un caractère de titrage, Cassandre nous donne un chef-d'œuvre, en nous expliquant de quoi notre écriture est faite. Le dessinateur emporte l'adhésion parce qu'il nous assure qu'il connaît à ce point l'alphabet dans chacune de ses lettres qu'il n'a pas besoin de les achever. Avec le Bifur, Cassandre démontre que, pour dessiner un caractère, il n'y a rien de tel que de penser le vide que chaque lettre suppose, dans sa ou ses boucles, ses alentours immédiats. « Ce n'est, nous dit Cassandre

---

1. Dans *Informations*, hebdomadaire des industries graphiques, 2 novembre 1970.
2. Dans *Caractère-Noël*, n° 13, hors-série, 1960, qui reprend deux numéros spéciaux réalisés par Gérard Blanchard pour *Courrier graphique*, nos 108 et 109, respectivement de mars et mai 1960.

avec son caractère, que lorsque, par la pensée, vous serez parvenus à vous rendre maître de ce vide que vous pourrez prétendre dessiner les pleins que ces blancs appellent de manière judicieuse. » On pourrait dire cela autrement et affirmer que Cassandre prouve qu'en typographie aussi bien que dans le langage courant la litote opère. D'autant plus qu'à partir du moment où force nous est de parachever ces lettres, du même coup, nous sommes piégés et contraints de lire. Et si tel était le secret de l'écriture publicitaire : si peu que ce soit, l'art d'escamoter le sens au nez de ceux qui sont pourtant destinés à en bénéficier ?

Ajoutons encore ceci à propos du Bifur. Pour la simple raison qu'il n'est pas d'autre caractère qui témoigne d'une telle maîtrise dans la réduction aux seuls signes de ses lettres, il n'en est pas non plus qui puisse être mieux « traité » et reproduit par un ordinateur. Peut-être est-ce là la raison pour laquelle les graphistes qui travaillent pour le TNP ont repris le bifur pour l'élaboration de toute la typographie du théâtre ?

LE PEIGNOT

Le caractère dans lequel sont formés les mots LE JOUR sur l'affiche conçue pour le journal du même nom (1933) est une préfiguration du Peignot, qui, bien qu'il ne porte pas son nom au même titre que les plus célèbres de ses affiches, assura sa notoriété à Cassandre. Ce qui d'abord doit être relevé, c'est que, à cette occasion, Cassandre crée une nouvelle antique[1]. Dans une brève étude intitulée *D'où vient la lettre que nous appelons antique ?*, P.-M. Handover écrit : « C'est en 1816 qu'une fonderie anglaise de caractères typographiques ressuscitait le dessin de cette lettre qui n'avait plus été utilisée en Europe depuis l'époque d'Auguste. Il s'agissait d'une capitale sans empattement, tracée ou ciselée d'un trait parfaitement uniforme. Le trait en question était bien connu des calligraphes pour figurer dans les inscriptions lapidaires de la Grèce antique. Cette "lettre" avait dominé pendant vingt-cinq siècles avant de céder le pas à la capitale romaine dont certains traits étaient plus forts que d'autres et que soulignait un léger empattement en pied[2]. »

« Certains traits plus forts que d'autres » : peut-être est-ce de ce côté-là que Cassandre a trouvé son inspiration. En effet, si ce mot JOUR surprend, c'est précisément parce que, même « bâtons », les lettres n'en sont pas moins formées de pleins et de déliés auquel cas le mot « antique » se trouverait justifié. C'est en 1937 que, dans la version que nous connaissons aujourd'hui, le Peignot est apparu pour la première fois. Il devait transmettre les sentences de Paul Valéry apposées sur les frontispices du palais de Chaillot. Or, il se trouve que l'auteur de *Monsieur Teste* avait réfléchi à la nature de la typographie. Témoin en est ce qu'il écrit à propos du *Coup de dés* : « Mallarmé avait étudié très soigneusement (même sur les affiches, les journaux) l'efficacité des distributions de blanc et de noir, l'intensité comparée des types [...] Une page, dans son système, doit, s'adressant au coup d'œil qui précède et enveloppe la lecture, "intimer" le mouvement de la composition ; faire pressentir par une sorte d'intuition matérielle, par une harmonie préétablie entre nos divers modes de perception ou entre les différentes démarches de nos sens ce qui va se produire à l'intelligence. Il introduit à une lecture superficielle qu'il enchaîne à la lecture linéaire[3]. »

Obsédés qu'ils étaient, qu'ils sont encore, par le bas de casse du Peignot, la plupart des critiques ont oublié de parler de sa capitale, dont, pourtant, bien que faite de délicats rapports de pleins et de

1. Une antique s'appelle gothique aux États-Unis, sans-serif en Angleterre et grotesque en Allemagne, où, en revanche, le romain courant se dit antique.
2. Publié par la société anonyme Monotype, Paris, 1962.
3. *Variétés II*, Paris, Gallimard, « NRF », 1929.

déliés, la belle ampleur est évidente. Il est vrai qu'en matière typographique, et singulièrement lorsqu'il s'agit d'une capitale, en même temps qu'on perçoit une nouveauté – quand enfin il s'en trouve une –, on ne sait plus en quoi elle consiste. Pour peu qu'ils *l'aient regardé dans le blanc des yeux* (en typographie les lettres ont un *œil*), ces mêmes critiques en seraient venus à reconnaître que ce caractère avait une allure médiévale. Progressant dans leur étude, ils auraient pris conscience que, depuis Didot, après des décennies au cours desquelles rien ne s'était produit que des réaménagements de types existants, un nouvel alphabet était enfin né. La prouesse, pourtant, n'était pas mince qui faisait surgir des formes jusqu'alors inconnues, sans que rien d'essentiel ne soit entamé de l'identité des lettres. Il y avait même là, quand on y pense, quelque chose de prodigieux. À moins que l'on admette qu'en matière typographique aussi un caractère doit pouvoir se lire... au même titre qu'un texte littéraire. Enfin, ces mêmes commentateurs auraient remarqué que, rectilignes, la barbiche et la queue du *g* et du *q* du bas de casse contribuent à donner un rythme à l'ensemble.

Et voilà que, insensiblement, il faut parler à son propos du rythme de jazz qui se crée à la même époque. Il est vraisemblable que c'est ce téléscopage du temps qui confère au Peignot une modernité toujours actuelle. Si tout le monde s'accorde à reconnaître les qualités à la fois poétiques et de rigueur des capitales du Peignot, beaucoup moins nombreux sont ceux que son bas de casse convainc. Sans doute, le choix des petites capitales en lieu et place de la minuscule habituelle s'explique-t-il chez Cassandre par ses origines familiales. Sa mère est russe, et, dans l'écriture cyrillique, les petites capitales tiennent lieu d'écriture courante. C'est probablement la raison pour laquelle, plus ou moins consciemment, Cassandre a œuvré du côté des onciales ou des semi-onciales.

Cette ascendance n'explique sûrement pas tout. L'œuvre entière de Cassandre témoigne de ce talent qu'il avait de l'imbrication de la sensibilité et de l'intelligence. Aussi y a-t-il fort à parier qu'il avait constaté que l'onciale pouvait être tenue pour une sorte de commun dénominateur aux écritures cyrillique, grecque et latine.

Sur le moment, le Peignot ne fut pourtant que l'objet de polémiques. C'est ainsi que Georges Dangon, dans un article intitulé « Au sujet d'un caractère qui n'en a pas », publié dans *Le Courrier graphique*, s'en prit au fondeur en ces termes : « Ce caractère, ou plutôt ce système de graphie que Charles Peignot tente de répandre, date de 1886. À cette époque, il a été inventé bien involontairement par un jeune typographe âgé de treize ans, tout nouveau dans le métier, c'est-à-dire dont l'apprentissage était encore à l'état embryonnaire. Chargé par son patron de mettre en boîte une police arrivant de chez le fondeur, il commit la faute, après avoir placé les capitales dans la partie supérieure de la casse et les minuscules dans la partie inférieure, de distribuer les petites capitales dans les cassetins réservés aux minuscules. Peu après, cette casse fut utilisée pour composer un texte. La typographie nouvelle à laquelle Charles Peignot vient d'accorder son patronyme était créée[1]. » Le matraquage est incisif. Il n'est pas convaincant. En se refusant à constater que Cassandre ne s'est pas contenté d'utiliser les petites capitales au lieu du bas de casse, mais qu'il a aménagé cette licence, on élude l'essentiel et, donc, on ne traite pas le problème au fond. Un seul critique défendit le Peignot, tardivement. Dans un texte publié à la faveur de l'exposition Cassandre du musée des Arts décoratifs, en octobre 1950, Bernard Champigneulle, non sans avoir dit que le Peignot « n'avait pas encore atteint le but qu'il se proposait », osa préciser que, « jusqu'à nouvel ordre, il restait la seule tentative authentique qui ait été faite pour

1. Numéro 9 de novembre 1937.

créer un caractère contemporain conforme aux goûts et aux aspirations de notre siècle ».

Interrogé pour savoir ce que, près d'un demi-siècle plus tard, il pensait du caractère qui portait son nom, Charles Peignot avouait : « pour que la lecture reste facile, il nous fallait conserver aux mots leurs silhouettes. En effet, l'unité de lecture n'est pas la lettre mais le mot, ou même le groupe de mots. Nous avons donc maintenu l'équilibre entre les "longues" du haut et du bas pour satisfaire aux exigences de la lecture. Je ne suis pas entièrement satisfait de l'expression graphique de ce caractère. Mais il n'a pas terminé sa carrière. J'y travaille de nouveau parce que je pense qu'il porte en lui le germe d'un caractère possible pour le XXe siècle. Avec les photocomposeuses, la lecture optique, la réduction du nombre des formes devient un impératif technique : le double emploi des capitales et des bas de casse sera bientôt anachronique[1]. »

Trente ans après sa création, les esprits étant enfin apaisés, c'est au Suisse Frutiger, l'auteur du caractère Univers, qu'est revenu le mérite d'avoir conduit avec le plus de sérieux la réflexion sur le Peignot. Son propos est le suivant : « Je suis un typographe de la ligne, en opposition avec Cassandre, qui est un typographe de la lettre. Je pense que la lettre est un matériau de construction. Les capitales du Peignot sont une expression typiquement française. Dans l'antique, je ne suis pas pour la graisse variable. Quant à la lisibilité, c'est un problème terriblement difficile. En effet, qui est capable de juger sans être influencé par l'habitude ? Une opinion vierge n'existe pas. Il ne s'agit pas de reconnaître une lettre ou une autre, mais de les distinguer entre elles... La tentative de Cassandre de créer un nouveau caractère est une des plus extraordinaires et des plus marquantes que les fondeurs ont entrepris. Le mobile de Cassandre de réunir les formes du bas de casse et les capitales était très courageux. On peut tout écrire en capitales, pas en bas de casse. D'ailleurs, on peut considérer l'alphabet bas de casse comme une forme dégradée entretenue par l'habitude. Un assez grand nombre de lettres n'ont subi que peu de modifications lors du passage des capitales aux bas de casse. C'est le cas pour C, I, J, K, O, P, S, U, V, W, X, Y et Z. Les lettres *e*, *f*, *l*, *r* ont été simplement estropiées. Le *m* et le *n* sont des cas spéciaux, des inventions presque anglo-saxonnes (semi-onciales) et non pas des déformations survenues avec une écriture plus rapide, sinon l'*n* aurait dû être écrit à l'envers.

« À la suite de ces différentes évolutions, regardons notre alphabet bas de casse. Nous nous trouvons devant des lettres (*b*, *d*, *p*, *q*), dont les formes sont semblables avec seulement des longues diverses, quatre autres lettres avec des formes très proches (*h*, *m*, *n*, *u*), auxquelles il faut ajouter *i* et *l* qui sont de simples bâtons... Compte tenu de ces similitudes, l'emploi du bas de casse rend les mots illisibles de loin. C'est la raison pour laquelle Cassandre a été amené à bousculer nos habitudes en ce qui concerne l'*n* et le *h*. Enfin, ce qui a faussé le sens de l'expérience de Cassandre c'est qu'il a été obligé de fournir aussi un alphabet de capitales, lequel rendait ses intentions beaucoup moins évidentes[2]. »

Le débat pourrait se poursuivre indéfiniment. À lui seul, il prouve qu'en définitive le dernier mot revient à chaque lecteur, autrement dit à chaque créateur de lettres. « Ne croyez-vous pas, nous écrivait Cassandre, que la raison qui paralyse l'écriture, et donc la typographie depuis le XVIIIe siècle, est la disparition d'un certain rituel gestuel, faisant partie d'un style de vie, d'une manière d'être qui se prolongeait dans toutes les formes d'art, art qui,

1. Dans *Informations*, hebdomadaire des industries graphiques.
2. Extrait de l'intervention de Frutiger lors de la table ronde sur les linéales, publié dans *Caractère-Noël*, n° 13, hors-série, 1960.

à cette époque, était d'abord "cérémonie" et non pitrerie individuelle ? Aujourd'hui la disparition de ce rituel gestuel a entraîné avec elle des dégâts aussi graves dans l'architecture, la peinture... et tout le reste. » Nous avancions tout à l'heure que Cassandre était un écrivain. Voilà maintenant que lui-même nous assure que son caractère est une œuvre autobiotypographique.

Sa vie durant, Cassandre n'a eu de cesse de résoudre la quadrature du cercle en matière typographique, autrement dit, de concilier les exigences qui régissent « la forme et la proportion des lettres » et la liberté de l'écriture. Sa conversation avec Pierre Jean Jouve est instructive à cet égard[1].

Avec sa typographie, Cassandre a réalisé ce que personne n'est parvenu à accomplir avant lui : exprimer la poésie, se réduirait-elle à la seule écriture.

DIALOGUE SUR LA TYPOGRAPHIE ENTRE CASSANDRE ET PIERRE JEAN JOUVE

CASSANDRE : Posons d'abord la question du caractère, du signe. L'écriture est un des premiers gestes de l'homme. La science contemporaine admet que l'écriture a sans doute précédé le langage articulé. Les idéogrammes de l'homme primitif furent d'abord des représentations de gestes, non de pensées. Parallèlement au développement du langage articulé, l'écriture est devenue peu à peu représentation de concepts, puis de mots, puis analytiquement de syllabes. Mais à aucun moment elle n'a rompu sa relation avec le *geste* qui la traçait. Nous sommes beaucoup plus sensibles à la ligne manuscrite, parce qu'il y eut, pour la typographie, une vieille et dangereuse erreur : celle de réduire la lettre à une simple architecture graphique. C'était lui retirer ce qui doit faire sa vie même, le mouvement. Sans doute, dans la pureté de ligne que l'imprimerie lui a permis d'atteindre, la lettre se soumet-elle à certaines lois, qui régissent la forme et la proportion ; mais la lettre est par essence une architecture *en mouvement*, et non statique. En fait, chaque lettre est un élément de rythme (comme le geste isolé d'une chorégraphie). Ce rythme, elle le communique au mot, à la phrase, à la ligne entière, enfin à la page. C'est par ce rythme et ce mouvement issus d'un geste, qui procède pour nous de gauche à droite, que l'écriture pourra s'identifier – qu'elle soit manuelle ou mécanique – avec le mouvement propre de la pensée, elle aussi en mouvement si le geste a été juste. L'invention de l'imprimerie apportait avec elle le danger d'une confusion. En effet, la lettre écrite d'un geste rapide et naturel allait devenir un signe lentement et patiemment *gravé* dans le dur acier d'un poinçon, tout comme l'était celle gravée dans la pierre par les Romains. La tentation était grande d'imiter leurs admirables inscriptions monumentales et de donner à la page l'ordre et la rigueur d'une architecture de pierre. Le piège était dangereux, qui pouvait faire perdre à la ligne son mouvement essentiel.

Il faut admirer sans réserve les premiers imprimeurs d'avoir su éviter – avec quel art ! – de confondre l'écriture dite « de librairie » (cursive) avec l'écriture monumentale. Et c'est là la raison qui nous fait préférer aujourd'hui encore, en dépit de leur archaïsme, tous les caractères de style elzévirien. Ces caractères ont pu conserver le mouvement et le rythme des magnifiques cursives romaines et médiévales.

C'est seulement à la fin du XVIIIe siècle que, subissant l'influence de la mode « romaine » de Piranèse, l'écriture tombera dans le piège et que son dessin deviendra monumental et statique (Bodoni, Didot). Il semble que cette rigidité – si préjudiciable à l'élan même du Verbe, mais constituant *encore* une forme et le signe d'une attitude humaine –, que cette rigidité ait été comme le signal d'une immobilité plus grave, d'une paralysie de l'invention, puisque depuis ce temps

1. Voir ci-dessous le dialogue sur la typographie entre Cassandre et Pierre Jean Jouve.

aucune tentative n'a pu rendre à la lettre sa « modernité », comme disait Baudelaire. Il faut donc en convenir, hélas : l'homme qui n'a cessé de perfectionner ses moyens de transmission, qui possède maintenant un stylo, une machine à écrire, une radio, un appareil de télévision et un téléphone, qui aura demain une machine à dicter, qui possède à sa porte des monotypes, linotypes et lumitypes, cet homme, voulant donner une *forme* à sa pensée, n'a que des signes anciens et périmés. *L'homme d'aujourd'hui n'a plus d'écriture*, quand l'écriture a été, pendant des millénaires, le témoin le plus émouvant de sa personne.

Pierre Jean JOUVE : Donnant raison à votre science, mon ami, j'opposerai mon expérience plus modeste. J'ai toujours éprouvé comme problématique le passage de l'écriture aux modes typographiques qui m'étaient imposées. Je dis bien problème : car il y avait aussi un intérêt à la transformation graphique par le besoin absolu de faire que cette transformation fût aussi juste que possible et esthétiquement *construite*.

Dans le durcissement des modes dont vous avez parlé, l'industrie est intervenue, avec l'amplification des besoins, de réduction des forces imaginatives, le gâchage des métiers. Il se produit une multiplication de formes établies. D'autre part, on peut admettre que les modes typographiques avaient atteint un certain degré de perfection, ou plutôt d'achèvement.

Quoi qu'il en soit, voici mon problème. J'essaie depuis des années de proposer aux éditeurs des formes de typographie qui soient pour le moins « convenables ». Car nous sommes d'accord pour estimer que l'art du livre est tombé très bas en France.

Or, pour moi, il existe une unité stricte entre la pensée poétique, ses moyens de prosodie, et la structure imprimée que la page leur donne ; je ne saurais le penser autrement. Je vois une pyramide de formes, qui commence à l'invention du langage et s'achève dans la ligne et la couleur de la chose imprimée.

Malheureusement les éléments dont je dispose se trouvent à l'avance déterminés par des conditions commerciales de format et de composition. Je prendrai un exemple. La prosodie que nous recherchons (car la poésie est engagée dans l'invention) comporte des mètres de grande longueur (quatorze ou seize pieds) ; ce n'est que par hasard que nous pourrons éviter le sectionnement, que nous pourrons disposer de tels vers en une seule ligne, ainsi qu'ils sont nés au moment du manuscrit ; leur figure réelle sera déformée par un rejet que nous n'avons pas voulu, et dont la place arbitraire est toujours défavorable aussi bien pour le vers que pour ses voisins. La justification sur la droite a donc modifié l'invention initiale. On peut d'ailleurs constater que la mesure de justification « en usage » est, à peu près, celle de l'alexandrin, tant est établie la convention des formes dont nous avons hérité[1].

CASSANDRE : La coupure fixe à droite, et pour atteindre à ce cordeau, le blanchiment de la ligne, qui brise sa couleur et son rythme ; les rejets fantaisistes et autres performances de nos typographes ; ce sont les suites de la confusion entre monumental et cursif.

Il m'arrive de regarder vos manuscrits. Plus je les vois, et plus j'ai le sentiment d'un verbe tracé dans l'espace plutôt que sur du papier, qui s'élance au-delà de la ligne, vers les frontières de l'illimité et de l'avenir, par un mouvement ordonné sans doute, mais libre. Il faudrait de toute nécessité que la typographie épousât un tel mouvement.

Pierre Jean JOUVE : Il le faudrait en effet. Mais les temps de confusion et de mutation comme ceux de nos jours ne permettent que rarement la réalisation juste. Mon but, encore une fois, plus modeste que le vôtre, fut de revêtir la poésie d'une forme en rapport avec elle. Tandis que

1. À toutes fins utiles, je rappelle que si l'alexandrin est un vers de douze pieds, la mesure typographique utilisée à l'époque est le douze. (NdA)

votre but est de renouveler l'instrument graphique qui pourrait la mieux servir.

Ce « dialogue » est extrait du numéro spécial de la revue *La Parisienne* intitulé *L'Esprit et la lettre* dont j'ai été chargé et qui parut en mars 1957.

DIDOT, dynastie des

FRANÇOIS-AMBROISE Didot (1730-1804), le deuxième du nom, dessina le premier type des caractères Didot et le fit graver par Pierre-Louis Wafflard et son fils FIRMIN Didot. En dépit de leur renom et de leur très longue descendance, ces caractères sont à l'opposé de ce qu'on serait en droit d'attendre de toute lettre d'impression, à savoir nous restituer quelque chose de l'écriture manuelle. Selon Rémy Peignot : « De même que les premiers types de François-Ambroise Didot semblaient encore frémissants de sensibilité contenue, les premières œuvres de Jacques-Louis David empruntent un peu de ces qualités. Mais ce même David va bientôt nous révéler un autre visage : celui du "peintre de la vertu républicaine". À l'image contrastée du *Serment des Horaces* répond la sécheresse des Didots seconde manière. La rigueur de ce style traduit analogiquement les thèmes révolutionnaires dans ce qu'ils ont d'excessif : c'est *tout blanc-tout noir*, il n'y a plus de demi-mesure. Il n'est pas surprenant que Napoléon ait confié à un membre de la dynastie des Didot la direction de l'Imprimerie impériale. "Officiels" déjà par la *Constitution de la République*, les didots vont être définitivement consacrés par l'Empire. Ils vont servir à l'impression du Code civil. Les grandes lettres rigides qui s'installent sur le fronton des édifices publics symbolisent la rigueur de l'État. Le Didot fut le romain de l'Empire, comme le Grandjean avait été celui de Louis XIV. Comme ceux de Jaugeon, ils furent l'expression parlante d'un absolutisme total dans sa conception intellectuelle. Ils incarnent ce fort goût néoclassique qui s'était exprimé par la construction géométrique du Grandjean et qui réapparut avec la Révolution, puis l'Empire, après avoir "plongé" en quelque sorte sous l'ère charmante de Fournier[1]. »

On doit aux Didot, dont le premier à devenir imprimeur fut FRANÇOIS Didot (1689-1757), de nombreuses autres innovations dans la typographie et les industries qui s'y rattachent. Outre la presse à un coup qui augmente le rendement des imprimeurs, le point typographique, plus communément appelé le « douze », aujourd'hui tombé en désuétude, le papier vélin sans vergeures ni pontuseaux. Au deuxième fils de François, PIERRE-FRANÇOIS (1731-1793), on doit des améliorations techniques dans la fonte des caractères et, à l'un de ses fils, LOUIS-NICOLAS-ROBERT, la première machine à fabriquer le papier continu (1798). En matière d'édition, on remarque l'*Histoire générale des voyages* par l'abbé Prévost édité par François, des éditions in-folio d'une remarquable qualité, notamment un *Virgile* (1798), un *Horace* (1799) et un *Racine* (1801) illustrés par les meilleurs artistes de l'époque et édités par PIERRE Didot (1761-1853), le fils aîné de François-Ambroise. Enfin, on doit à FIRMIN Didot (1764-1836), deuxième fils de François-Ambroise, l'édition du *Glossarium* de Du Cange et la refonte du *Thesaurus graecae linguae* d'Estienne.

D'une certaine manière, on peut d'ailleurs dire de Firmin Didot qu'il est l'Henri Estienne du XVIIIe siècle et du début du XIXe. En effet, dans la fonderie de son père au Mesnil-sur-l'Estrée qu'il a reprise en 1789, il perfectionne et augmente la variété des caractères, introduit le système métrique décimal dans les mesures typographiques en adoptant un point typographique de 0,4 mm et grave le « didot millimétrique ». Plus tard, il invente la stéréotypie, un procédé de clichage qui permet la conservation aisée

1. *De plomb, d'encre et de lumière. Essai sur la typographie et la communication écrite*, Paris, Imprimerie nationale, 1982.

des formes typographiques dont il usera pour l'édition d'une série de classiques à bon marché. Peu à peu, son entreprise réunira toutes les branches de l'art typographique. Mais, surtout, à ses travaux d'imprimeur et d'éditeur, Firmin ajoute des activités littéraires : des études, du théâtre, des traductions bibliophiliques et politiques. Il sera député de l'Eure en 1827. Cette même année, son fils AMBROISE (1790-1876) reprendra l'officine familiale et sera élu membre de l'Académie des inscriptions et belles-lettres en 1872.

ELZÉVIR, dynastie des

À la suite de l'affaire des placards apposés, dans la nuit du 17 au 18 octobre 1534, à Paris et à Amboise jusque sur la porte de la chambre du roi par le parti des protestants, un peu partout en Europe, des imprimeurs comme les Estienne mais aussi des libraires comme les Elzévir furent l'objet d'une sévère censure. « Et bientôt, écrit Henri-Jean Martin dans *Le Livre français hier aujourd'hui demain*[1], on cesse d'imprimer à Paris comme à Lyon les textes de la spiritualité traditionnelle ; l'humanisme devient militant, et les libraires lyonnais, plus libres que ceux de Paris, contribuent largement à diffuser les idées nouvelles. Surtout, la propagande hérétique sait trouver des bases sûres à Alençon, fief de Marguerite de Navarre, mais aussi à Bâle, Strasbourg et Anvers. Enfin, lorsque Calvin aura pris en mains la cité de Genève, les typographes compromis afflueront en foule vers la ville-refuge. Un parent de Calvin, Laurent de Normandie, organisera là des réseaux de colporteurs sans cesse décimés et sans cesse reconstitués qui sillonneront la France et y distribueront Bibles, psautiers ou livrets de controverse. »

Ainsi, d'autant plus qu'il était libraire, LOUIS Elzévir, né à Louvain en 1540, premier d'une longue lignée d'hommes du livre, dut, lui aussi, au moment des troubles religieux, s'expatrier à Leyde aux Pays-Bas. C'est lui qui, en 1583, introduisit la distinction entre l'*i* et le *j* ainsi qu'entre l'*h* et le *v* bas de casse. La maison de Leyde ne fit d'abord que le commerce des livres. Elzévir organisa le premier les ventes publiques de bibliothèques et fit imprimer des catalogues à cet effet. À sa mort en 1617, l'aîné et le cadet de ses fils, MATHIEU et BONAVENTURE, reprirent la librairie paternelle et achetèrent du matériel d'imprimerie. Ils s'établirent à La Haye. Les éditions de César, de Térence et de Pline qu'ils exécutèrent sont tenues pour des chefs-d'œuvre. Mathieu se retira en 1622 au profit de son fils ABRAHAM, tandis que son fils cadet ISAAC, qui avait acquis une imprimerie, céda son matériel de typographie et d'impression en 1625 à l'Association Abraham-Bonaventure. Jusqu'à leur mort en 1652, les Elzévir connaissent la période la plus brillante de leur histoire. Ils la doivent non seulement à la qualité du papier, venu d'Angoulême, mais aussi de leurs caractères imités de ceux de Garamond et gravés par Christopher Van Dyck. Les italiques dont ils usent, inventées par Alde Manuce, s'usant moins que les caractères romains permettent des éditions à moindres frais et de petit format. À l'époque, les livres de poche, qu'ils lançaient, sont de meilleure qualité que les nôtres. En 1626, ils éditent la collection des « Petites républiques », descriptions topographiques de divers pays. Abraham et Bonaventure ont comme successeurs leurs fils aînés JEAN et DANIEL. Jean s'installe à Amsterdam en 1655 et meurt en 1661. Sa veuve reprendra l'officine jusqu'à la majorité d'ABRAHAM II. À La Haye, LOUIS II, qui porte le même prénom que son père, fonde une librairie. À sa mort, en 1621, elle est reprise par son neveu JACOB, un fils de Mathieu, et ce jusqu'en 1636. Elle devint ensuite une succursale de la maison de Leyde et subsista jusqu'en 1661. À Amsterdam, un autre LOUIS, petit-fils de Louis Ier, établit une librairie et acquit une imprimerie en 1640. Daniel venu de Leyde

1. Imprimerie nationale, 1972.

s'associa avec lui. Louis se retira en 1665 et Daniel mourut en 1680. Depuis 1655, la maison d'Amsterdam avait pris le pas sur celle de Leyde. À Utrecht, JOSS GRATIE, une fille de Louis, y exerça entre 1603 et 1616 et PIERRE, son petit-fils, entre 1667 et 1675.

Les Elzévir ont donné leur nom à l'une des quatre grandes familles de caractères en usage. D'après l'ancienne classification des caractères dite classification Thibaudeau, on appelait elzévirs les caractères dont l'empattement était triangulaire. Outre les elzévirs, cette classification distinguait les antiques – dépourvues d'empattement –, les égyptiennes – pourvues d'un empattement triangulaire au moins de la grosseur du corps même de la lettre – et enfin les didots – dont l'empattement est filiforme. Cette classification s'est substituée un moment à la classification Vox. Elle n'a pas été retenue, et aujourd'hui on se réfère toujours plus ou moins à l'ancienne.

ESTIENNE, une dynastie d'écrivains-imprimeurs

Les Estienne forment une famille d'imprimeurs et d'érudits. Célèbre en leur temps, leur marque, l'olivier, avec en bandeau sur une de ses boucles la devise « *Noli altum sapere* », est toujours synonyme de perfection typographique.

Au XVIe siècle, l'idée aujourd'hui incontestable d'une césure entre un écrivain et son éditeur ne serait pas même venue à l'esprit. Les métiers d'écrivain, d'éditeur et d'imprimeur érudit ne faisaient souvent qu'un. C'est ce dont, au premier chef, témoignent non seulement les Estienne mais les Elzévir, ou encore Alde Manuce.

Le premier des Estienne, HENRI (Henri Ier), vécut de 1460 à 1520. Il imprima plus de cent vingt ouvrages en latin et un seul en français, un traité de géométrie. Son chef-d'œuvre, le *Quintuplex Psalterium*, est un in-folio imprimé en romain. Après sa mort, sa femme épousa Simon de Colines, un autre imprimeur de renom qui publia sept cents ouvrages. Le fils aîné d'Henri Ier, FRANÇOIS, reçu libraire à l'âge de quinze ans, s'illustra par des éditions, cette fois en grec. Mais c'est son frère ROBERT Ier Estienne (1503-1559) qui sera le plus célèbre de la famille en étant nommé imprimeur du roi pour l'hébreu, le latin et le grec. Outre son métier d'imprimeur de textes grecs anciens composés en caractères garamonds grecs et latins, il écrivit en grec une préface à *L'Histoire ecclésiastique* d'Eusèbe de Césarée, évêque de la ville en 313, et considéré comme le père de l'histoire religieuse. À Robert Ier Estienne on doit aussi en 1657 le *Liber Psalmorum Davidis*, commentaire des Psaumes de David. Imprimé en noir et rouge, le livre est composé en romain et en italique de Garamond de différents corps. La mise en page est à ce point harmonieuse qu'elle capte le lecteur avant même qu'il ait entamé la première ligne. À n'en pas douter, Robert Ier Estienne n'aurait pu faire preuve d'un pareil talent si lui-même n'avait pas été convaincu par les propos de l'auteur qu'il imprimait. Et si c'était là tout l'art de l'imprimeur de l'époque, l'art de qui bâtit d'autant mieux son œuvre à partir d'une autre que, convaincu du bien-fondé du propos, il se met à son service au point de s'identifier à elle ? Robert Ier rédigea aussi un *Traité de la grammaire*, administrant la preuve que, non content d'imprimer les livres des autres, il était capable d'élaborer une œuvre d'érudit. Son *Thesaurus linguae latinae* (1531-1532) a servi de référence à tous les auteurs de dictionnaires latin-français.

Attiré par les idées réformistes, Robert qui éditait des textes bibliques – ce que n'appréciaient pas les docteurs de la Sorbonne – préféra s'exiler à Genève en 1551 malgré la protection de François Ier. Son frère cadet CHARLES lui succéda comme imprimeur du Roi. Davantage séduit par le métier de médecin, il est l'auteur d'un ouvrage d'anatomie qu'il fit paraître en latin d'abord, puis en français. Il mourut emprisonné pour dettes en 1564.

Des trois fils de Robert Ier, HENRI II (1528-1598) est le plus connu des Estienne. Polyglotte, il recherche les manuscrits grecs et imprime la première édition d'Anacréon. Son *Thesaurus linguae graecae* est encore apprécié des linguistes d'aujourd'hui.

Parmi les nombreux ouvrages d'écrivains qu'il a publiés il faut retenir tout particulièrement deux petits livres. D'abord le *Traité de la conformité du langage français avec le grec* (1565) qui met en relief des traits structuraux analogues dans les deux langues, et son *Apologie pour Hérodote* (1566), satire des mœurs catholiques entrecoupée de contes gaulois épicés.

La génération qui suivit fut moins brillante. Plusieurs membres de la famille abjurèrent le calvinisme pour, à nouveau, accéder aux fonctions d'imprimeur royal. ROBERT III, neveu d'Henri II, traduisit la *Rhétorique* d'Aristote. Le petit-fils d'Henri II, ANTOINE (1592-1674), fut le dernier des Estienne imprimeur. Son mérite n'est pas mince : sa vie durant il conserva les caractères garamonds dont les poinçons sont aujourd'hui déposés à l'Imprimerie nationale.

FOURNIER Pierre-Simon, dit le Jeune (1712-1768)

C'est le membre le plus célèbre de la famille des Fournier. Il fut à la fois un typographe et un graveur. Ingénieux, il fut à l'origine de quelques inventions qui, toutes, ne se perpétuèrent pas. Son moule à fondre fut en usage pendant plus d'un siècle. Il créa également une série de caractères de musique qu'il grava de sa propre main dans le cours de l'année 1756. Il est l'auteur d'une douzaine d'ouvrages sur la typographie et sur l'impression de la musique. Parce qu'il avait un frère aîné qui était fondeur – chez lequel, d'ailleurs, il travailla –, on l'appelle « Fournier le Jeune ». À la fois graveur, fondeur et imprimeur, il imprima lui-même son *Manuel typographique.* Pour ce qui est de la création des caractères, point qui nous intéresse ici tout particulièrement, il excella dans les italiques et les vignettes.

Afin de mettre de l'ordre dans la profession d'imprimeur, il dressa, en 1737, un tableau des proportions des caractères. Ce fut la première ébauche du « point » typographique. Mais aucun principe précis n'ayant présidé à l'élaboration de ses barèmes, on leur préféra l'unité créée par François-Ambroise Didot en 1775. Fournier l'Aîné, le frère de Pierre-Simon, s'était porté acquéreur de la fonderie Le Bé qu'il acheta en 1730. Pour ce qui concerne cette fonderie, *voir* GARAMOND. Fournier l'Aîné grava lui-même ses poinçons.

GARAMOND Claude[1] (1499-1561)

Les caractères, tant grecs que romains, gravés par Claude Garamond sont des œuvres de génie qui situent leur auteur au rang des plus grands artistes de l'humanité.

Le nom de Garamond désigne tout à la fois un homme et des caractères d'imprimerie encore utilisés aujourd'hui mais qui, pour la plupart, ne sont pas ceux que Garamond a lui-même gravés.

Pour ce qui est de Claude Garamond, jusqu'à ces derniers temps, les études ne mentionnent guère que ceci : « Claude Garamond grava plusieurs types de caractères “romains” et “italiques” pour la fonderie royale. »

L'appellation de caractères « garamond 1540 » qui fut accolée aux « caractères d'université » fut à l'origine d'une grande confusion. C'est à Mme Béatrice Warde que l'on doit d'avoir découvert que ce caractère d'université, tenu pendant des siècles pour un des romains de Garamond, est, en réalité, l'œuvre de Jean Jannon, imprimeur à Sedan et à Paris qui, en s'inspirant des fontes de Garamond, exécuta cette œuvre quarante ans après la mort de Claude. C'est grâce à quelques points de détail que Mme Warde a pu relever la supercherie. Elle a, en effet, remarqué que les empattements de tête de l'*n*, du *p* et du *r* bas de casse des caractères d'université étaient plus acérés que ceux des garamonds authentiques, tout particulièrement

1. La fonderie Deberny et Peignot affuble d'un *t* son garamond et la fonderie Monotype le sien d'un *d*.

dans les fontes les plus récentes. Par la suite, d'autres chercheurs ont établi qu'avant 1531 quatre imprimeurs parisiens au moins eurent leur garamond.

Après ceux de Jenson apparurent les caractères romains de l'imprimeur vénitien Alde Manuce. Il est communément admis que Garamond s'est inspiré du romain de Jenson pour graver le sien. M. Morison – encore lui – a contesté cette assertion et démontré que, si l'on voulait bien ne s'en tenir qu'au premier garamond de l'imprimeur Robert Ier Estienne pour qui Claude travailla, Alde Manuce aurait bel et bien inspiré le graveur. M. Morison a très scrupuleusement examiné les trois fontes et attiré l'attention sur le fait que Garamond avait souscrit aux transformations dont témoignait la romaine aldine. C'est ainsi qu'il lui est apparu que les capitales d'Alde et de Garamond sont plus étroites que l'*e* bas de casse, dans le romain d'Alde, comme dans celui de Garamond, est horizontale, alors qu'elle est oblique dans le Jenson. M. Morison a remarqué, d'autre part, que la tête du pied droit de l'M capitale chez Alde comme chez Garamond était privée d'empattement et que le G capitale était du même type, c'est-à-dire muni d'un empattement de tête qui n'était accusé que d'un seul côté.

En ce qui concerne les influences subies par Garamond au moment où il élabora ses premiers romains, il semble qu'il faille écarter aussi le nom de Geoffroy Tory. Quand, en 1518, Tory revient d'Italie tout pétri de culture classique, ses études épigraphiques l'avaient néanmoins tout naturellement conduit à s'intéresser à la typographie. Grand traducteur de grec et poète à sa manière, il n'est pas douteux qu'il eut une certaine emprise sur Garamond, notamment en ce qui concerne l'attitude à adopter à l'égard du romain. Le *Champ Fleury* de Tory, qui parut en 1529, est le lieu suprême où la typographie et la culture se rencontrent. Il est même probable que, sans l'enseignement spirituel de Tory, Garamond se serait contenté de recopier les lettres aldines. Mais, de là à penser que Tory fut le maître de Garamond, il y a une marge. Tout incite à croire, et Mme Veyrin-Forrer l'a même prouvé, que le maître de Garamond fut Antoine Augereau, qui, en 1532, sortit les *Orationes* d'Andrea Navagero dans un romain révisé. L'on sait, en effet, que vers 1510 Garamond fut l'apprenti de cet Augereau avant que de travailler pour Robert Ier Estienne. C'est une dizaine d'années plus tard qu'Estienne imprima, en trois corps d'un nouveau romain, l'*Isagoge* de Jacques Dubois, un Virgile, une Bible et des ouvrages de philologie. Ces types différents de caractères ne peuvent tous avoir été gravés par Garamond, mais il y a de fortes chances pour que celui qui descend directement de la lettre aldine soit de lui. En 1550, des capitales devaient être adjointes à ce caractère. On a, par la suite, tant en ce qui concerne le bas de casse que les capitales, retrouvé la trace de ces fontes dans le spécimen de caractères publié en 1592 par la fonderie Egenolff-Berner de Francfort, laquelle avouait alors posséder sept séries de romains de Garamond.

Sans doute pour des raisons politiques, François Ier accorda une importance considérable à l'imprimerie. Ainsi est-ce sous son règne que furent imprimés les premiers Livres blancs, que l'on fit, pour la première fois, usage du copyright et que l'on institua le dépôt légal. Ce fut lui, d'autre part, qui donna aux imprimeurs leurs lettres de noblesse en établissant les fondements de leur profession. Les graveurs de caractères ne furent pas oubliés. Un édit royal de 1539 leur conféra un statut qui fit de leur profession une activité séparée de celle d'un homme comme Henri II Estienne qui, alors, se consacrait exclusivement à l'imprimerie.

L'on doit à Henri Estienne d'avoir imposé en France la nouvelle mode des romains. Nommé imprimeur du Roi, son fils Robert Ier Estienne reçut en 1541 une certaine somme en provenance du Trésor royal, afin de financer la création d'un alphabet grec royal. Aujourd'hui encore, l'Imprimerie nationale possède tous les poinçons qui ont servi à l'élaboration du grec du roi. Pour ces grecs, aucun doute possible : ils sont de la main même de

Garamond. Ce trésor est le seul ensemble tout à la fois authentifié et complet qui nous reste de l'œuvre de Garamond. Garamond grava trois corps grecs pour François Ier. On a pu établir que pour dessiner ces grecs, Garamond s'inspira du célèbre calligraphe crétois Ange Vergece, « notre écrivain en grec », comme l'appelait François Ier. Garamond mit dix ans à venir à bout de ce travail. Le premier livre imprimé avec ses caractères est un *Alphabetum Graecum* publié par Robert Ier Estienne en 1543, dont il reste un exemplaire à Vesoul, deux aux États-Unis et un à Munich.

Les années 1544 et 1545 sont importantes dans la vie de Claude Garamond. C'est, en effet, en juin 1544 que son gros romain fit sa première apparition dans l'Eusebius de Robert Ier Estienne. Les capitales romaines de ce caractère ainsi que les grecs du roi, grâce au spécimen Egenolff, ont été identifiés comme ayant repris du fonds Estienne. Or, comme l'on sait que Garamond fut le graveur et le fondeur attitré d'Estienne, on peut tenir les caractères du spécimen d'Egenolff de 1592 pour le témoignage le plus authentique que nous ayons du génie de Garamond. Il a été prouvé d'autre part que le Juvencus, imprimé avec des fontes romaines inspirées directement de celles d'Estienne, fut publié par Garamond lui-même qui, en 1545, s'était associé à son beau-fils Pierre Gaultier et avec Jean Barbé pour s'établir éditeur. En effet, en dépit de son titre de graveur et de fondeur de caractères du roi, Garamond n'était pas satisfait de son sort. À l'époque, un graveur et fondeur de caractères n'avait pas, au même titre qu'un éditeur ou un imprimeur, les mêmes facilités pour exploiter financièrement son œuvre. Connaissant la valeur des travaux effectués jusqu'alors par Garamond, Jean de Gagny, le chancelier de la Sorbonne, l'incita, l'encouragea même dans sa nouvelle voie et lui conseilla, en s'inspirant de celle d'Alde Manuce, de créer une nouvelle italique. Par la suite, l'italique ne fut que peu usitée, et il n'est guère que Simon de Colines pour avoir tenté de la rendre populaire en France, en publiant des classiques latins en italique aldine. Il y a de fortes présomptions pour que les italiques d'Estienne – lequel avait repris la tradition d'Alde – aient été gravées par Garamond. En mars 1544, Garamond présenta au roi son *Pia et religiosa meditatio* de David Chambellan. D'autres ouvrages suivirent que Garamond composa, du moins partiellement, en italique : une *Histoire des successeurs d'Alexandre le Grand*, extraite de Didon de Sicile, un Thucydide et un Juvencus en vers latins. Dans ce dernier ouvrage, Garamond semble s'être éloigné des conceptions d'Alde Manuce en matière d'italique en ce qu'il y a redressé la plupart des capitales. La mode, dans l'italique, des capitales inclinées ne fut lancée que plus tard.

Quelle est exactement la part de Garamond, graveur de caractères, dans la publication de ses livres ? Il est difficile de le savoir très précisément. Les quelques renseignements qui ont été recueillis à ce sujet le furent au moyen de recoupements effectués grâce aux ouvrages publiés par Gaultier et par Jean Barbé, quand ils se furent séparés de Garamond. Il est généralement admis que l'italique de Jean Barbé fut gravée par Garamond.

Que sait-on encore au sujet de Garamond ? Peu de chose : qu'il abandonna le métier d'éditeur avant 1546. On sait aussi que dans les dernières années de sa vie, il ne grava plus seulement des caractères mais aussi en fit le commerce. Un certain Guillaume Le Bé, à son retour de Venise, s'associa avec lui. Garamond s'était installé rue des Carmes, où Le Bé tailla pour lui des lettres, surtout des hébraïques, et une : « lectre fort artistement faicte et bien limée et polie (sans vantise) et au contentement de celui qui en sçavait plus que moi ». Enfin, en septembre 1561, trace a été retrouvée de la vente, par Garamond, d'un bout de terre au bord de la ville, pour cent mille livres tournois. Garamond mourut dans la misère en novembre de la même année.

Avec l'aide de Le Bé, la femme de Garamond dressa alors un inventaire de sa fonderie. Puis, Le Bé se porta acquéreur d'une grande quantité de ses fontes. Par la suite, une partie de celles qui avaient appartenu à Le Bé furent vendues à la fonderie Plantin d'Anvers qui possède toujours un spécimen où figurent d'authentiques garamonds. Commencée au XVIe siècle, la collection Plantin est la plus importante du monde en fait de poinçons, de matrices et de spécimens. Elle réunit quatre mille cinq cents poinçons et seize mille matrices, tous pour la plupart du XVIe siècle.

Après avoir disparu, puis réapparu en 1756, grâce à Fournier l'Aîné qui l'exhiba lors d'une controverse avec son frère, l'inventaire des biens que détenait Garamond disparut à nouveau. Cependant, un spécimen de la fonderie de Guillaume Le Bé (il y eut trois Le Bé fondeurs), publié par M. Morison, a permis d'apprécier l'importance de la première grande fonderie typographique établie en France. De source sûre, on sait maintenant que c'est d'elle que l'Imprimerie royale tenait, par l'intermédiaire de son directeur, Cramoisy, la majorité de ses fontes. Le garamond étant, dans toute l'Europe, devenu le caractère romain standard, il fut recherché un peu partout, notamment à Francfort où se faisait le commerce des poinçons et des matrices. Toutefois la fonderie Egenolff, qui était devenue la plus importante d'Allemagne, continuait, dans les différentes éditions de son catalogue (en 1622, 1664, 1702, 1718 et en 1745) de préciser qu'elle détenait les poinçons de Garamond. Deux siècles après la mort du graveur, n'importe quel imprimeur européen pouvait se procurer ces caractères. Il a été relevé que ceux qui figurent dans le spécimen de Johann Elzévir de Leyde en 1658 sont pour la plupart les mêmes que ceux du fameux spécimen d'Egenolff de 1592. Les caractères romains utilisés au XVIIe siècle diffèrent peu de ceux dont on se servait au XVIe. L'Imprimerie royale, qui fut établie à Paris en 1640 par le cardinal de Richelieu, sortit ses premiers livres avec des caractères dans le style de ceux de Garamond. À partir de 1642, ce sont les caractères de Jannon qui furent les plus en vogue. Mais le style de Garamond, quand ce ne furent pas ses fontes elles-mêmes, devait établir son autorité sur la typographie française, et souvent même étrangère, durant plus de deux siècles. Au reste, le métier même de fondeur devait se perdre bientôt. Fournier le Jeune, le plus célèbre des typographes de la fameuse lignée des Fournier, expliquait que, durant cette deuxième partie du XVIIIe siècle où il vivait, « on avait grand mal à trouver quelqu'un qui pût graver les J consonnes et U voyelles capitales lorsque s'en est introduit l'usage en France ». Malgré les efforts faits, notamment par Grandjean (qui, à la fin du XVIIe siècle, grava un romain du roi) pour établir un nouveau style typographique, les anciens garamonds résistèrent à ces assauts. On en retient pour témoignage le fait que l'une des plus fameuses éditions des *Fables* de La Fontaine, celle illustrée par Oudry, fut partiellement composée en une italique de Garamond. De l'aveu même du plus fougueux des novateurs du XVIIIe siècle, Pierre-Simon Fournier, la plupart des italiques anciennes servaient encore en 1742 « malgré un certain air d'antiquité ». Les adeptes de la nouvelle mode typographique ripostèrent en « modernisant » le garamond. Peu à peu, surtout en ce qui concerne les capitales, un style de lettres aux pleins et aux déliés plus accusés s'instaura, qui ne conférait pourtant pas aux caractères une souplesse aussi grande que celle des formes dont ils étaient issus. Cette nouvelle « querelle des Anciens et des Modernes », comme l'intitule très justement Mme Veyrin-Forrer, « se poursuivait encore en 1780 sous les couleurs de Louis Laurent et d'Estienne Anisson, directeurs de l'Imprimerie royale et défenseurs du passé et de celles des hommes de la nouvelle fonderie qui venait de se créer sous la direction de François-Ambroise et de Firmin Didot ». Cette querelle a cessé faute de combattants qui fussent de la taille de celui qui a été le premier et est resté le plus grand des graveurs et fondeurs de caractères. Plus personne ne conteste la suprématie de ce génie sur la typographie de tous les temps. D'emblée, Claude Garamond a su trouver l'équilibre entre l'écriture manuelle et ses schémas typographiques. Ce n'est pas le moindre de ses mérites que d'avoir su maintenir la typographie naissante à la hauteur de la sensibilité humaine.

GUTENBERG Johannes Gensfleisch, dit (entre 1394 et 1399-1468)

Le père de Gutenberg, Friede Gensfleisch, était orfèvre et exerçait le profession de maître de la Monnaie de l'archevêque Électeur de Mayence. Sa seconde femme, Else Wiese, lui avait apporté en dot une maison appelée Zum Gutenberg (La Bonne Montagne), nom que le père de Gutenberg ajouta au sein. C'est dans cette maison que naquit Gutenberg. Le jeune garçon était voué au même métier que son père. Les métiers de monnayeur et de fondeur étant regroupés en une même corporation, dès son enfance, Gutenberg fut initié au travail du métal et fit graver des poinçons.

Gutenberg avait trente ans lorsque les luttes politiques entre les patriciens, parti auquel il appartenait, et les corporations le contraignirent à s'exiler à Strasbourg où il devait séjourner de 1434 à 1444. Il s'y livra à des recherches au sujet desquelles on ne sait pas grand-chose. Personne, pas plus Gutenberg que qui que ce soit d'autre, n'aurait été capable d'inventer les caractères mobiles seul. Une telle trouvaille suppose en effet une aide financière importante et une main-d'œuvre qualifiée capable de construire une machine à imprimer et des *formes* typographiques. En outre, s'il avait révélé le but de ses recherches, jamais Gutenberg n'aurait trouvé les subsides nécessaires à la poursuite de son entreprise. C'est ainsi que, par le biais des procès que la suspicion de sorcellerie devait occasionner, on a pu savoir qu'il avait œuvré à la création des poinçons d'abord dans un atelier de polissage de pierres précieuses, ensuite à Lichtenau où il était censé fabriquer des miroirs. Protégé par son commanditaire et bailli de cette dernière ville, Hans Riffe, il parvint à interdire l'accès à son laboratoire et même, du moins les faits incitent-ils à le penser, à gagner le procès qui, finalement, lui avait été intenté.

Des chercheurs ont supposé qu'il ne s'agissait pas de miroirs de métal mais de ces petits livres appelés en latin *speculum salvatoris*, en français « miroirs de la Rédemption », comme les graveurs sur bois de l'époque en fabriquaient. Gutenberg aurait donc trouvé un moyen d'imprimer ces miroirs. La chose était d'autant plus plausible que l'antimoine entrait dans la composition des miroirs de métal et que Gutenberg devait en introduire dans l'alliage des caractères typographiques. D'autres historiens ayant établi qu'il n'avait pu réaliser son invention qu'une fois de retour à Mayence, l'hypothèse fut écartée.

On a retrouvé la trace de Gutenberg à Mayence en 1448, mais depuis combien de temps y était-il et qu'avait-il fait depuis son retour ? Tout ce dont on est assuré est qu'en 1450 il emprunta à deux reprises une importante somme d'argent à Jean Fust, riche bourgeois de la ville. Cette fois, l'accord précisait qu'il s'agissait d'acheter du parchemin, du papier et de l'encre pour « l'œuvre des livres ». L'accord ne devait pas tenir longtemps et, en 1455, Gutenberg fut en butte à un nouveau procès. C'est à la faveur de celui-ci que le nom d'un compagnon de Gutenberg, Pierre Schoeffer, fut prononcé. Plus tard on découvrit que, devenu le gendre de Fust, Schoeffer perfectionna l'invention de Gutenberg. Ainsi, tout incite à penser que, réalisant enfin l'importance de ce qui avait été imaginé et comprenant tout le profit qu'ils pouvaient en tirer, ceux-là mêmes qui étaient pourtant censés le soutenir se sont retournés contre l'inventeur. Pour ce faire, sous prétexte qu'ils étaient ses commanditaires et, pour l'un d'eux, son aide, ils n'ont pas craint de tenter de le spolier des fruits de sa découverte, voire de s'attribuer son invention. Voici ce qu'à ce sujet, sans toutefois rien pouvoir émettre de certain, avance le biographe de Gutenberg, Jacques Guignard : « Que ces deux hommes également doués pour les affaires se soient entendus au moment du procès de Gutenberg et peut-être auparavant, cela ne paraît pas douteux. Dans l'accusation contre l'inventeur, Fust ne lui reproche pas de n'être pas parvenu à réaliser les impressions projetées mais de ne pas avoir payé les intérêts promis. Pourquoi donc, alors, "La Bible des quarante-deux lignes" achevée ou près de l'être, Fust a-t-il attaqué Gutenberg en justice ? [...] De profondes divergences de vues existaient entre Gutenberg et Fust. On peut invoquer d'autres raisons. Gutenberg s'adonnait à des travaux que l'acte d'association n'avait pas prévus ; autrement dit, ce n'est pas pour financer la Bible mais d'autres éditions que Fust avait consenti des prêts, et l'inventeur aurait poursuivi pour son propre compte l'impression de la Bible[1]. » Ou bien encore, continue Jacques Guignard, cette Bible était achevée et se vendait mal et Fust aurait fait saisir les plombs pour rentrer dans ses frais. Dans ce cas, l'impression étant achevée, Fust aurait donc intenté un procès à Gutenberg pour se saisir de son matériel et s'associer avec un typographe dont il avait remarqué les capacités et qu'il savait doué pour les affaires : Pierre Schoeffer. Dans tous les cas, la paternité de la « Bible à quarante-deux lignes » reviendrait à Gutenberg.

Cette Bible, Gutenberg l'aurait donc imprimée entre 1452 et 1455 avec des caractères façonnés depuis 1450. Elle comporte trois millions de signes. On a pu établir qu'elle a nécessité l'emploi de deux cent quatre-vingt-dix caractères différents, une bonne part d'entre eux étant des signes d'abréviation et des lettres liées. On ignore en revanche si les caractères étaient de plomb ou dus à un alliage. On n'a pas pu, non plus, déterminer si les poinçons que Gutenberg avait utilisés étaient d'acier avec des matrices de cuivre ou bien de laiton avec des matrices de plomb.

Ce qui vient d'être dit au sujet du procès de 1455 explique aussi pourquoi on ne saurait avec une certitude absolue créditer Gutenberg d'aucune des autres grandes impressions qu'on lui attribue. C'est le cas du *Psautier* de 1457. Du moins est-on assuré que Gutenberg a gravé les différents corps du caractère dans lequel il est composé. Il s'agit de magnifiques initiales ornées de filets vrillés de plusieurs couleurs. Sans doute cet ouvrage est-il le premier dans les annales de la typographie qui révèle le lieu d'origine, la date et les noms des typographes : Fust et Pierre Schoeffer. Toutefois, la qualité des initiales employées, les problèmes délicats posés par la mise en page et le temps nécessaire à la réalisation de ce travail sont autant de paramètres qui remettent en doute la paternité de ses signataires. Enfin l'examen d'un autre ouvrage in-folio, le *Missel de Constance* attribué lui aussi à Gutenberg, renforce l'opinion des bibliographes qui créditent l'inventeur de l'impression du *Psautier*.

Le *Missel de Constance* contient exclusivement les messes des principales fêtes de l'année (*Missale speciale*) établies pour le diocèse de Constance. La grosse gothique en quoi l'ouvrage est composé est la même que celle du petit corps du *Psautier*. Ce qui, en outre, incite à penser que Gutenberg en est l'imprimeur est le fait qu'après Strasbourg il aurait séjourné à Bâle ou dans la région alors qu'on est assuré que le *Missale* a vu le jour à Bâle.

La quatrième et dernière des grandes impressions dont on peut raisonnablement créditer Gutenberg est la « Bible des trente-six lignes » ou « Bible de Schelhorn ». L'ouvrage est constitué de trois volumes. Légèrement retouchés, les caractères dans lesquels il est composé sont les mêmes que ceux du *Calendrier astronomique* que Gutenberg a imprimé en 1447. Il y a donc de fortes présomptions pour qu'il ait imprimé cette Bible comme aussi les *Lettres d'indulgence* à trente et une lignes de 1454-1455 où l'on retrouve encore cette même grosse

1. *Gutenberg et son œuvre*, conférence prononcée à l'école Estienne les 5, 12 et 19 mars 1960, Éditions de l'École, 1960.

gothique. Les coquilles de la « Bible à quarante-deux lignes » se retrouvent dans l'exemplaire à trente-six lignes. Dans les deux cas, le choix des mots et la disposition du texte de la table sont exactement les mêmes. Le format est également identique. Enfin, il est presque certain que, ruiné après son procès avec Fust, Gutenberg aurait trouvé un commanditaire en la personne de l'évêque de Bamberg, ville où on pense que l'inventeur a séjourné entre 1457 et 1461.

On ne peut qu'être impressionné par l'ironie du sort qui a voulu qu'ayant doté l'humanité d'une invention merveilleuse, non seulement Gutenberg n'a laissé son nom sur aucun livre, mais encore que ceux qui ont financé son œuvre se sont acharnés à lui ravir les fruits de sa découverte. Gutenberg mourut au début de l'année 1468. Il fut enterré dans l'église Saint-Victor de Mayence. Détruite en 1793 par un bombardement, la tombe disparut. Sur l'emplacement de l'église dévastée, là où se trouvait la tombe de Gutenberg, une rue porte le nom de... Pierre Schoeffer.

JENSON Nicolas (?-1480)

Graveur et imprimeur français, né à Sommevoire, dans la Haute-Marne. Il fut envoyé par Charles VII à Mayence pour prendre connaissance de l'invention de Gutenberg et travailla trois ans avec celui-ci. À la mort du roi, et Mayence détruite, il s'installa à Venise, où il perfectionna le caractère romain. Ce sont les dessins de Jenson qui servirent plus tard de modèle aux Elzévir pour graver les caractères connus aujourd'hui sous le nom d'elzévirs.

LEROUX Pierre (1797-1871).
Typographe et inventeur du socialisme

Plusieurs homme de lettres attestent de la confusion des métiers d'écrivain et d'imprimeur : Rétif de la Bretonne qui composait lui-même ses livres et a codifié des règles de composition typographique parfaitement originales et Balzac qui, avec l'aide de Madame de Berny, celle qu'on appela la « Dilecta », créa une fonderie de caractères d'imprimerie, devenue la fonderie Deberny et Peignot après une série de fusions. Il faut aussi, et plus encore, mentionner ces écrivains révolutionnaires que furent Proudhon et Pierre Leroux qui, tous deux, ont joué un rôle déterminant en 1848 et qui étaient déjà typographes. Proudhon, avant de devenir l'écrivain que l'on sait, avait entrepris son tour de France comme compagnon-imprimeur. En 1836, avec deux amis, Lambert et Maurice, il se rendit acquéreur de l'imprimerie Montarsolo à Besançon. C'est parce que l'affaire ne fut guère florissante que, d'imprimeur malchanceux, Proudhon devint progressivement un écrivain. Comme Michelet, dans l'édition du *Peuple*, il aurait pu dire : « Moi aussi, mon ami, j'ai travaillé de mes mains. Le vrai nom de l'homme moderne, celui de travailleur, je le mérite en plus d'un sens. Avant de faire des livres, j'en ai composé matériellement ; j'ai assemblé des lettres avant d'assembler des idées. Je n'ignore pas les mélancolies de l'atelier, l'ennui des longues heures. Ce que j'ai fait de meilleur, sans nul doute, je le dois à ces épreuves, le peu que vaut [*sic*] l'homme et l'historien, il faut le leur rapporter. J'en ai gardé surtout un sentiment profond du peuple, la pleine connaissance du trésor qui est en lui : la vertu du sacrifice, le tendre souvenir des âmes d'or que j'ai connues dans les plus humbles conditions. »

Mais plus encore que tout autre, Pierre Leroux avant que d'être un philosophe et un homme politique fut un typographe. Le plomb donne en effet la clef du personnage. Les choses se sont même combinées de telle sorte dans son existence qu'on peut affirmer que ces trois activités en ont été une seule pour lui. Sa vie d'« ouvrier compositeur » à la merci des patrons l'a conduit à l'invention du pianotype, une machine capable de délivrer ses compagnons comme lui-même d'une tâche harassante. Ses dures conditions de travail l'ont incité à une réflexion sur son état d'« ouvrier composant à l'imprimerie les livres des autres » au sein de la société « capitaliste » dans laquelle il vivait. Enfin, cette réflexion aidant, il en était tout naturellement venu à l'idée, en fait de livres, d'en écrire lui-même sur ce sujet. Reste enfin que Leroux voyait le typographe investi d'une mission quasi sacrée. Possédant cette arme, il tenait à en faire usage en faveur de la Révolution. Ainsi envoie-t-il à son « libraire » (entendez son éditeur), Gustave Sandré, cette adresse : « Vous avez raison, ami, les lecteurs ne manqueront pas plus à l'idée nouvelle que l'idée elle-même ne manquera aux lecteurs ; et quant à nous, n'abandonnons pas l'art de Gutenberg. C'est un art sauveur et qui doit nous inspirer une sorte de culte, comme au temps de sa naissance. Les grands réformateurs du XVIe siècle avaient foi dans l'imprimerie et s'en servaient obstinément au milieu de toutes les entraves, de toutes les persécutions, sous la menace des bûchers. Leur confiance a-t-elle été trompée ? »

Le rôle que la typographie a joué dans la décision de Leroux de se mettre à écrire est comme symbolisé par la manière dont il s'est trouvé à la tête du *Globe.* C'était en 1823, il était alors prote à l'imprimerie Cellot, quand la Chavardière, son patron, qu'il connaissait de longue date, en devint propriétaire. Leroux, qui avait alors poussé assez avant son projet d'un nouveau procédé typographique, le proposa à son ami. Celui-ci refusa de financer le pianotype, mais accepta, en revanche et d'enthousiasme, l'idée de Leroux de créer un journal, celui-là même qui devait devenir *Le Globe*, dont le premier numéro sortit le 15 septembre 1824. Pour le seconder dans sa tâche de directeur, Leroux avait fait venir son ami d'enfance du lycée de Rennes, Paul-François Dubois. Celui-ci, après un passage à l'université de Besançon, était devenu professeur au lycée Charlemagne à Paris.

Le propos du *Globe* était d'œuvrer en faveur d'une union européenne des esprits. Placé sous ce sigle, ce n'était pas le lieu de faire montre d'exclusive. Aussi, quand Dubois imposa Sainte-Beuve, qui raillera plus tard en la personne de George Sand « l'admiratrice du pape du communisme : Leroux », ce même Sainte-Beuve qui, « loin des barricades, emportant à l'étranger sa gloire et son parapluie » (*Le Charivari*, 21 juin 1849), préféra s'exiler plutôt que de partager le sort de la France de la deuxième République, Leroux ne dit rien. C'est cette ouverture d'esprit, précisément, qui le caractérise, la même que ceux qui vont bientôt devenir ses ennemis prétendent incarner. Chez lui, elle est sans arrière-pensée. La raison en est qu'il a déjà fait siennes les idées de Geoffroy Saint-Hilaire, lesquelles se ramènent toutes à la notion « d'une unité de conception organique », autrement dit d'une harmonie préétablie à laquelle on n'échapperait pas et dont il ne s'agit que de retrouver les lois pour les mettre en application dans la société.

« C'est moi qui le premier me suis servi du mot *socialisme*, dit-il. Je forgeai ce mot par opposition à *individualisme* qui commençait à avoir cours. » Dire comme cela, tout à trac, que Leroux est le créateur du mot a quelque chose de provocant. On rétorquera d'abord que ce n'est pas parce que Leroux s'en vante qu'il dit vrai. Sans doute, mais ce n'est pas non plus forcément un mensonge et tel qu'est l'homme, cela lui ressemble peu de s'attribuer la paternité d'un mot sans être honnêtement persuadé qu'il en est bien l'auteur.

Leroux n'a de cesse de préciser la signification que le mot a pour lui. « Quand j'inventai le terme de *socialisme* pour l'opposer au terme d'*individualisme*, écrit-il, je ne m'attendais pas que vingt ans plus tard ce terme serait employé pour exprimer, d'une façon générale, la démocratie religieuse. Je voulais caractériser, par ce mot, la doctrine ou les doctrines diverses qui, sous un prétexte ou un autre, sacrifiaient l'individu à la société et, au nom de la fraternité, ou sous prétexte d'égalité, détruisaient la liberté. »

Leroux a eu cinq enfants de son premier mariage et quatre du second. Quand on ne vit que de sa plume et de l'aide de George Sand, nourrir neuf enfants est impossible. C'est alors qu'il pensa remettre l'affaire du pianotype en chantier. Le 28 novembre 1842, l'Académie des sciences entendit un rapport très élogieux sur la machine à fondre et à classer les caractères d'un certain Gaubert. À cette occasion Leroux rappellera que « vingt ans plus tôt, le premier, il eut l'idée de composer des pages d'imprimerie avec une machine ». Cette invention, dans une lettre du 8 janvier 1843, il la rappelle à Arago, alors secrétaire perpétuel de l'Académie, en lui faisant tenir copie de son texte de 1822 sur le sujet et il ajoute : « Mon innovation fut plus grande. J'entrepris de faire subir une modification à l'art typographique presque tout entier... L'idée de ce procédé modifie presque complètement, et non pas dans une partie seulement, l'art de Gutenberg, imprimerie et fonderie. Au lieu de fondre les lettres une à une, on en fondra des rayons entiers ; au lieu de onze lignes environ de tige, ces lettres n'en auront que trois ; au lieu de composer avec la main, on composera avec une machine ; enfin au lieu de faire des avances de papier et de tirage, on conservera les pages comme des clichés stéréotypés. » C'était jeter les bases de l'imprimerie moderne. Bientôt les tractations succédèrent aux péripéties. D'abord Leroux trouve un commanditaire en la personne de Charles Veyret, un ami de George Sand et de Chopin. Puis il dépose un deuxième brevet relatif au perfectionnement qu'il a apporté au projet initial. Enfin Veyret demande que soit redigée une traduction du brevet en anglais, suscitant un premier voyage de l'inventeur à Londres où Mazzini, ami de George, offre de s'entremettre aux fins d'obtenir la licence anglaise. Finalement, Veyret abandonnera. On épilogue encore sur les raisons de ces échecs. En réalité, les commanditaires potentiels renâclaient, bien que convaincus de l'intérêt de l'invention. Diverses offres seront encore faites à Leroux qui les refusera par crainte de retomber dans le piège du monopole industriel contre quoi il s'oppose plus qu'à tout. C'est alors qu'il change son fusil d'épaule : de fondeur-compositeur qu'il était, il se propose de devenir imprimeur à Boussac dans la Creuse, ce village à quelques lieues de Nohant que George a décrit dans son roman *Jeanne.* Espère-t-il y mettre son invention en application ? Il faut le croire puisqu'il assortit sa demande de statut d'imprimeur de cette remarque : « Des capitaux assez considérables ont été employés dans ces préparatifs [ceux relatifs à la mise en route de la machine] et je suis au moment de passer à la pratique. La loi sur les brevets d'invention ne me laisse d'ailleurs qu'une année pour mettre ma découverte en activité. » Au reste, Leroux est convaincu que sa machine ne s'appliquant qu'à « la reproduction d'ouvrages classiques », il ne se trouvera pas en concurrence avec les imprimeries de province, lesquelles impriment surtout « des petits labeurs et ouvrages de ville ». Le brevet accordé « au nom du Roi », Leroux s'installe à Boussac où, finalement, il ne sera plus question du pianotype.

Le moment était propice pour mettre à exécution son vieux projet de monter une imprimerie. Son œuvre est déjà imposante : il la rééditera. Le brevet d'imprimeur qu'il a obtenu s'assortit d'une clause : l'établissement devra être au moins à quatre cents kilomètres de Paris. George Sand assure qu'il parviendra à « propager presque gratuitement de bons livres pour l'enseignement des masses ». Et puis, il y a ce projet, toujours avec George, de créer un journal de province, laquelle, en dépit du scandale que cela constitue, n'est toujours pas « représentée par une presse indépendante ».

D'entrée de jeu, des difficultés surgissent à propos de ce journal. Son titre, *L'Éclaireur*, est apparemment disputé par un groupe d'intérêts qui avait projeté de l'imprimer à Orléans.

Bon an mal an, ils tiennent le cap et *L'Éclaireur* paraît. En outre, la communauté de Boussac existe. Boussac, c'est l'Icarie dans la Creuse, une Icarie appelée à s'étendre puisqu'elle tourne grâce à une imprimerie qui diffuse la bonne cause. Leroux a l'ambition de donner à son entreprise une dimension internationale. Cette entreprise trouve d'ailleurs un écho dans les romans de Sand, particulièrement dans *Le Péché de Monsieur Antoine* qui évoque les démêlés d'un père et de son fils, Émile, qui rêve de fonder « sur quelque lande déserte et unie, transformée par ses soins [...] une colonie d'hommes libres vivant en frères et l'aimant comme un père ».

Avant son installation dans « ce désert », « cette montagne aride », Leroux a précisé ses intentions, annonçant qu'il s'agirait « d'une association, une école dans laquelle les travailleurs recevraient un salaire égal destiné à les faire vivre ; le bénéfice, s'il y en avait, devant servir au développement de l'industrie et à une exploitation rurale ». Il voulait « unir le travail agricole au travail industriel afin de résoudre pacifiquement le problème du prolétariat en détruisant l'influence du capital ». Le projet est peut-être moins ambitieux que celui d'Owen ou de Cabet. Pour Leroux, c'est par une mauvaise estimation du but que les utopistes ont péché. *A contrario*, lui a un atout majeur : l'imprimerie grâce à laquelle la colonie vit et popularise son œuvre, une œuvre essentiellement de militant. Ces textes, imprimés parmi les ouvriers et les paysans, avec eux, leur sont aussi destinés. L'ambition de Leroux est, en effet, de vivre le plus possible en symbiose avec les habitants de Boussac et ce n'est pas chose toujours facile. Jules, l'un de ses frères, typographe lui aussi, vivait à Tulle quand Pierre lui demanda de venir à Boussac ; les deux frères ont la même façon d'envisager l'organisation du travail typographique. En 1833, Jules a publié *Aux ouvriers typographes* et *De la nécessité de fonder une association ayant pour but de rendre les ouvriers propriétaires de leur instrument de travail*. Le typographe-écrivain Leroux, devenu imprimeur, avait retrouvé la tradition des « maîtres imprimeurs d'autrefois : des Estienne, de Froben à Bâle où travailla Érasme, ou encore de Plantin à Anvers chez qui on ne savait plus qui, du typographe ou de l'écrivain, était l'auteur d'un livre ». Champseix, Louis Nétré, Henry Arnaud, Ulysse Charpentier, un jeune avocat de Poitiers amené par Desages, Fricht sont là, qui tous, mettent la main à la pâte. Pour les uns comme pour les autres, l'important n'est pas de savoir qui a fait quoi, qui signe quoi, mais seulement de convaincre et de faire des adeptes. *L'Éclaireur* apporte un témoignage de cette bonne entente. En effet, Leroux ayant décidé de prendre du champ et de ne plus faire de politique, Luc Desages, Pauline Roland et Grégoire Champseix ont pris la relève et assurent désormais la bonne marche de la publication. Le succès de cette transmission de pouvoirs est à mettre au compte de la rigueur idéologique du maître des lieux.

Malgré ces succès, on use d'un ton désabusé pour parler de *L'Éclaireur* comme d'ailleurs de *La Revue sociale*, comparant ces publications à celles que Leroux avait fondées à Paris.

Les circonstances politiques et sociales du moment, à savoir la montée du chômage et de la misère, la campagne des Banquets typographiques à la faveur de laquelle l'opposition tente de s'organiser à la veille de la révolution de 1848, sont autant de faits qui permettent aux notables d'évaluer très exactement le « danger » que Leroux représente. Il est vrai qu'avec la diffusion de son œuvre, assurée par l'officine de Boussac, il a acquis une dimension non pas seulement philosophique mais aussi politique. De cela, Balzac a témoigné quand il décrit Leroux comme étant : « Ce profond philosophe, ce hardi théoricien qui remue tous les systèmes, les juge, les exprime, les formule, et les traîne aux pieds de son idole l'Humanité, toujours grand, même dans ses erreurs, anobli par sa bonne foi... Ce travailleur intrépide, ce savant consciencieux est devenu chef d'une école morale et politique sur le mérite de laquelle le temps seul pourra se prononcer. »

Au banquet du 16 septembre 1849, Leroux dénonça les atteintes faites à la liberté de penser et d'écrire et prononça un magnifique éloge de Gutenberg, « non pas du Gutenberg que tout le monde aujourd'hui se dispute », mais de l'homme « pauvre, persécuté, écrasé pendant vingt ans par ce qui fait la loi au travail et au génie, l'inégalité prodigieuse entre les fruits de l'industrie créatrice et ceux de l'industrie rapace qui est dans la ruche de l'humanité ce que le bourdon est chez les abeilles... ». Il évoqua « le Gutenberg poursuivi par ceux qui, spéculant sur sa découverte, lui avaient prêté quelque argent et le faisaient condamner par autorité de justice, puis envoyaient des huissiers saisir, alors qu'il était à peine né, ce Verbe nouveau de l'humanité qui devait s'appeler l'Imprimerie. Le Gutenberg de Strasbourg enfin, forcé d'aller se cacher à Mayence, pour se soustraire, lui et sa fille sortie de son cerveau, à la prise des usuriers du capital ! Vous savez en effet, citoyens, que le seul monument qui nous reste sur le berceau de la découverte qui a affranchi l'esprit humain et donne de nouvelles ailes à la pensée est un procès-verbal de saisie des outils de Gutenberg [...] Que ceux qui ne voient que le fait et jamais l'idéal, le présent et jamais l'avenir, me disent combien valait cette découverte déjà faite dans la tête de cet homme, de ce génie, déjà même réalisée par ses mains ? Ne valait-elle pas beaucoup d'argent et de trésors ? Je parle ici du point de vue des économistes de la doctrine du capital. Pourquoi donc, le capital, loin de servir dans ce cas remarquable, le retarda-t-il pendant tant d'années ? Pourquoi le penseur ne trouvait-il pas dans la matière ce qui lui était nécessaire et ce que ces bourdons, pour reprendre la comparaison, possédaient en si grande abondance ? Quoi, pas un peu de miel pour nourrir la reine des abeilles, qui vient de naître, l'Imprimerie, cette vierge descendue du ciel : les bourdons ont tout accaparé et dévoré. Voilà encore cette fois, comme à la naissance du Messie prophétisée chez les juifs, le fait qui prétend tuer l'idéal, le présent qui veut empêcher l'avenir de naître ! Qu'on m'explique comment Gutenberg, qui allait enrichir à jamais l'Humanité, se trouvait légitimement la proie de la misère et contraint de fuir en brisant lui-même les premières planches de caractères mobiles qui aient été formées, ne laissant aux retors acharnés après lui que ce que nous appelons en termes d'imprimerie un immense pâté, que les huissiers du capital purent bien inventorier mais dont ils ne comprirent pas la valeur. Ah, vous me direz que tel est le sort de la vertu, poursuivit Leroux. Gutenberg a été grand en raison même des obstacles qu'il a eu à vaincre. Je le sais et voilà pourquoi je l'honore. Mais je dois honorer l'ennemi de l'esprit humain qui persécutait Gutenberg ? Le mal doit-il éternellement subsister, et les saints doivent-ils toujours souffrir ?

« Ils souffrent les saints, mais pour que le mal disparaisse. C'est pour que le mal disparaisse que Socrate a bu la ciguë ; que Jésus est mort sur la croix et que Gutenberg a, pendant vingt ans, travaillé à sa découverte dans l'opprobre et la misère. Mais voilà qu'après lui une foule d'esprits généreux emploient sa découverte. Quel usage en feront-ils ? Voulez-vous qu'ils fassent de cet art nouveau l'auxiliaire de la tyrannie, le rempart de l'ignorance et l'appui du mensonge ? Cela est impossible ! La vérité appelle l'homme, l'homme est fait pour elle, car il a été fait par elle. La vérité est, au fond, la puissance même qui a créé l'homme et tout l'univers. La loi de l'homme est d'adorer Dieu, comme dit Jésus, en esprit et en vérité. La loi de l'homme est de se conformer de plus en plus aux conditions mêmes dans lesquelles et pour lesquelles il a été créé [...].

« Chers amis, chers compagnons, la typographie est dans le présent et sera dans l'avenir ce qu'elle a été dans le passé, novatrice, émancipatrice, parce que Dieu, qui a fait l'esprit humain dans et par la vérité, veut que l'homme atteigne à ses destinées. »

MANDEL Ladislas (né en 1921).
Voir MESSIDOR

MANUCE Alde (1450-1515).
Le Sisyphe typographe

Le vrai nom d'Alde Manuce, linguiste-typographe, est Theobaldo Manucci qu'il latinise en Aldus Manutius avant de le transformer une nouvelle fois en Aldo Manuzio.

Né à Bassiano dans le Latium, ses études classiques achevées, Manuce fut appelé à Carpi par le philosophe féru de kabbale Pic de la Mirandole à titre de tuteur de ses neveux. En 1489, Manuce s'établit à Venise où vivaient de nombreux érudits. Au cours de ses lectures, appuyé par les avis de tous ceux dont il avait eu le talent de s'entourer, il se rendit compte du désordre, des incorrections de toutes sortes, voire des trahisons qui émaillaient les éditions successives des grands textes grecs et latins. Devant cet état de fait, Alde Manuce s'estima investi d'une mission. Son beau-père imprimeur avait acquis l'atelier du célèbre graveur de poinçons Nicolas Jenson : la voie était toute tracée. Il décida de créer une imprimerie. À Carpi, aux côtés de Pic de la Mirandole, il avait été introduit chez le prince Ugo da Carpi par Alberto Pio qui, réalisant à quelle intelligence il avait affaire, décida de lui venir financièrement en aide.

Manuce commença d'imprimer en 1494. Il fit d'abord paraître la *Grammaire grecque* de Lascaris, et quelques in-4° vendus par souscription. Il fit savoir que son but, dans cette période troublée où la guerre ne menaçait pas que l'Italie mais le monde, était de venir en aide aux étudiants : les nombreux traités d'Aristote alors inédits, défigurés par les copistes, étaient devenus illisibles, truffés d'erreurs. Alde Manuce projetait de publier ainsi tous les chefs-d'œuvre de la littérature grecque. C'est ainsi que dans la même année il publia Théocrite et Hésiode et au bout de trois ans, il avait édité plus de quarante livres.

Conscient qu'il ne pouvait assumer seul une pareille tâche, il regroupa en une académie, l'Aldi Neacademia, tous ceux qui l'entouraient : beaucoup d'ecclésiastiques, de grammairiens et de linguistes parlant, bien sûr, grec et latin, souvent aussi hébreu. Érasme et Bembo œuvraient là de concert pour toujours mieux connaître et imprimer non seulement les chefs-d'œuvre de l'Antiquité mais aussi les auteurs contemporains (Dante, Pétrarque, Politien). Pour pérenniser cette langue, Alde rédigea la Constitution de l'Académie aldine en grec. Par diplôme impérial, l'empereur Maximilien Ier accorda l'autorisation de tenir des assises. Dans l'édition des *Adages* de 1508, Érasme, évoquant les travaux titanesques conduits par son mentor, estime que la gloire acquise par Ptolémée pour avoir formé une bibliothèque vaste mais circonscrite entre des murailles n'est pas comparable à celle qui revient à Alde pour « avoir fondé une bibliothèque qui n'aurait d'autres bornes que celles de l'univers ».

Pour venir à bout de l'impression de ses livres en petit format, Alde dessina et lança un caractère penché chassant moins que le romain, qui devait devenir l'italique ou *aldino*. Il avait commandé la gravure des poinçons à Jean de Bologne. C'était, dit-on, l'écriture de Pétrarque qui lui avait donné l'idée initiale de ce caractère paru pour la première fois sur un petit Virgile in-8°. À lui seul, le prix d'un in-folio dépassait celui d'une douzaine d'in-8°.

En 1505, contraint par la guerre de fermer son officine, Alde Manuce perdit une bonne part de ses biens. Arrêté à son retour d'un voyage à Milan par les armées du duc de Mantoue, il fut gardé prisonnier à Caneto près d'une année. Il retrouva la liberté grâce à ses amis qui l'aidèrent à reprendre ses activités. En 1510, plusieurs souverains européens s'étant ligués contre Venise, il dut à nouveau interrompre ses travaux. Il n'en continua pas moins ses recherches érudites. « Je ne cesserai pas de remplir mes promesses et de rouler le rocher jusqu'au sommet. » Il avait à peine repris sa tâche dans son atelier reconquis qu'il mourut à soixante-six ans, le 6 février 1515. Il laissait quatre enfants en bas âge, parmi lesquels Paul qui allait devenir presque aussi célèbre que son père. Alde fut enterré à Carpi comme il l'avait souhaité. Paul Manuce (1512-1574) reprit l'imprimerie paternelle en 1529. Six cents éditions sortirent de ses presses. En 1561, Pie IV l'appela à Rome pour prendre la direction de l'Imprimerie du peuple romain, fonction qu'il assuma jusqu'en 1570. Alde Manuce le Jeune (1547-1597), le fils de Paul, se consacra davantage à des travaux littéraires et à l'enseignement qu'à l'imprimerie, dirigée par Nicolo Manassi. Celle-ci produira plus de deux cents éditions au cours de cette période[1]. Avec lui se termine la dynastie aldine.

Messidor

Bien que l'on doive à deux Français, René Higonnet et Louis Moyroud, l'invention dans les années 1950 du procédé dit de la photocomposition, on ne fabrique plus en France une seule de ces machines. Nous sommes donc, pour notre typographie, tributaires de ceux qui, en nous vendant les leurs, nous imposent des caractères souvent mal adaptés à notre langue. En 1970, le grand dessinateur français de lettres, spécialiste de l'écriture photocomposée, Ladislas Mandel dénonça cette situation : « Par une heureuse convergence des intérêts, l'industrie des arts graphiques a été "culturelle" autant que la création lui était profitable. Mais parce que le témoin a été passé à la photocomposition, le caractère typographique dévalorisé se trouvant concentré entre les mains des hommes d'affaires, l'industrie des arts graphiques est devenue objectivement liquidatrice des patrimoines culturels spécifiques... Les recherches pour un caractère idéal et unique imposé à tous les médias monopolisés rejoignent objectivement les préoccupations des grandes sociétés autocratiques du passé. Or, la "décentralisation" de l'écriture serait la garantie du respect des identités culturelles. »

Ainsi, dans l'un des derniers numéros de la revue américaine *Upper and Lower Case*, on relève ceci : « Pourquoi n'y a-t-il pas plus de graphistes qui utilisent l'ordinateur ? Certains en font une question de principe. La plupart des gens en ont peur. Ils ont cru qu'il allait dépouiller l'homme de toutes ses facultés créatrices... au lieu d'alimenter leurs préjugés esthétiques et émotionnels à l'encontre des techniques nouvelles, ils feraient mieux de s'y intéresser, de se familiariser avec leurs ressources et d'en dégager l'esthétique latente. »

On peut même aller plus loin et avancer que l'écrivain et le typographe ne sont plus qu'une seule et même personne, de sorte qu'écrivant, les écrivains ne peuvent plus ignorer les grandes lois de la typographie de l'an 2000. « Pratiquement, écrit Francis Ponge, les notions de littérature et de typographie à présent se recouvrent. » Quand, en 1957, Francis Ponge écrivait cela, il ne pensait probablement pas qu'un jour, à l'aide d'un *crayon optique*, il pourrait lui-même écrire et composer ses textes sans passer par l'intermédiaire d'un typographe ou d'un typographiste. Reste que, bien sûr, en même temps que vont se multiplier les nouvelles formes, il importe de veiller à ce que l'alphabet ne soit pas entamé dans son unité.

À ce sujet il faut insister sur un fait de l'histoire de la typographie trop longtemps négligé des professionnels, à savoir l'*Arrangement de Vienne concernant la protection des caractères typographiques et leur dépôt international*, dont le Protocole a été signé le 12 juin 1973 sous le patronage de l'Organisation mondiale de la propriété intellectuelle de Genève. Par ce texte, « les États contractant s'engagent à assurer conformément aux dispositions du présent arrangement la protection des caractères typographiques soit par l'institution d'un dépôt national spécial, soit par l'aménagement du dépôt prévu par leur législation nationale sur les dessins et modèles industriels, soit encore par leurs dispositions nationales sur le droit d'auteur ». Par son article 8, « l'arrangement confère au titulaire le droit d'interdire de confectionner sans son consentement toute reproduction identique ou légèrement modifiée, destinée à servir de moyen pour composer des textes par toutes techniques graphiques quels que soient le moyen technique et la matière employés ». À l'époque où fut signé l'Arrangement, les procédés de transmission mis en œuvre, singulièrement le satellite, ont rendu impossibles les contrôles indispensables à son application. Il devint donc caduc avant même

1. On trouvera une liste des éditions aldines dans A. A. Renouard, *Annales de l'imprimerie des Alde*, 1824.

d'avoir pu faire son office. Prévoyant ce qui devait se produire, à l'exception de la France, les grands pourvoyeurs de caractères ne l'avaient pas signé.

Face à cette situation, Ladislas Mandel, à l'occasion de la sortie de son caractère, le Messidor[1], réagit ainsi : « Un problème nous a beaucoup préoccupés lors de la conception du Messidor, c'est le droit absolu de manipulation des dessins que les fabricants de photocomposeuses s'octroient, dans le parfait irrespect et de l'auteur et de l'œuvre créée. Ils proposent ainsi des programmes de distorsion électronique des caractères, au détriment de la bonne lisibilité qui doit caractériser chaque œuvre de qualité. Contrairement à tout notre héritage culturel du passé où, depuis le graveur lapidaire, le scribe et jusqu'au graveur de poinçons des caractères de plomb, la forme de chaque lettre était adaptée – autant à l'œil du lecteur qu'à son esprit et à ses traditions culturelles –, l'industrie moderne de la photocomposition permet à tout utilisateur (souvent tout à fait ignorant des problèmes typographiques) de fabriquer à partir d'un alphabet quelconque des centaines de variantes : maigres, grasses, larges et étroites, des penchées en avant ou en arrière et des bâtardes sans nom. » Cette liberté excessive donnée à l'utilisateur des photocomposeuses va encore accentuer la dégradation de la qualité typographique. Dans l'impossibilité absolue de freiner ce mouvement qui échappe ainsi de plus en plus aux créateurs et aux hommes de métier, nous sommes arrivés à un point de non-retour.

Afin d'atténuer quelque peu les méfaits des distorsions inconsidérées, une expérience a été tentée avec le Messidor : en introduisant des éléments gestuels et une certaine cursivité dans le caractère romain du texte (le rendant difficilement classable), cette écriture est prédisposée à une certaine inclinaison électronique sur composeuses à tubes cathodiques ou à laser, et permet de créer ainsi, dans certaines limites et sous certaines conditions bien précises, un caractère « complémentaire » ou d'accompagnement au romain qu'on nomme faussement « italique ». Au cours de ces expériences, il est apparu que pencher simplement un caractère romain vertical allongeait l'axe de celui-ci d'une manière apparente...

En résumé, la création du Messidor tend à répondre à trois interrogations qui nous préoccupent aujourd'hui :

1. Est-il possible de réaliser, à l'époque actuelle en France, des créations typographiques adaptées à la technologie avancée ?

La réponse est affirmative. Cependant, pour dépasser le stade de l'artisanat et du bricolage, une structure d'organisation de la production est indispensable.

2. En France, aujourd'hui, des créations typographiques qui pourraient refléter une certaine identité culturelle de la société française sont-elles concevables ?

Sans doute, cependant, un seul caractère typographique ou deux ne permettent pas de refléter toute la complexité de la société française actuelle.

Le Messidor, dans la mesure où il se réfère à certaines constantes de l'expression française, devra être suivi de beaucoup d'autres expériences comparables, avec une identité culturelle spécifique.

3. Peut-on freiner la dégradation de la qualité de la communication par l'écrit proposée par la technologie de l'électronique avancée ?

La réponse est affirmative. Il s'avère aujourd'hui que si avec peu de technologie on peut rêver de se passer de typographe, avec beaucoup de technologie et tous ses effets pervers, la réhabilitation du typographe aux commandes est hautement souhaitable.

1. Conçu pour « répondre à la tradition française repensée pour le lecteur d'aujourd'hui, son dessin s'adaptant au mieux aux exigences de la technologie moderne », la réalisation du Messidor n'a pu être menée à bien que grâce à l'équipe de techniciens qualifiés et enthousiastes de l'Imprimerie nationale qui a numérisé le caractère.

Ainsi, les expériences faites avec le Messidor (et sa version inclinée) nous incitent à revaloriser le métier de typographe par l'exploitation rationnelle des ressources technologiques pour le *bon usage de nos instruments* au service de l'Homme et de sa pensée[1].

Ladislas Mandel ne s'est pas contenté d'apporter sa contribution à la typographie française. Dans de petits corps faits pour s'adapter aux bottins téléphoniques des pays concernés, ce maître de la création typographique a créé le Galfra pour l'Italie, le Clottes pour la France, le Lusitania pour le Portugal, le Nordica pour la Belgique et l'Allemagne, le Colorado pour les États-Unis.

On le voit, pour avoir été notre modèle à tous, usagers du romain, une fois son salutaire office accompli, la caroline a dû céder du terrain et rendre à chacun le droit légitime d'en revenir, avec son écriture, au bercail de sa langue. Gageons que, cette fois, en en refusant le déchiffrement, les lecteurs pallieront les défauts des caractères de mauvaise qualité et, à la longue, contraindront les nouveaux dessinateurs au respect de l'indispensable transparence de la typographie.

MOURON Adolphe, dit Cassandre (1901-1968). *Voir* CASSANDRE

PEIGNOT, dynastie des[2]

Voilà plus d'un siècle qu'un jeune écrivain, alors tout à fait inconnu, forma le projet hardi de réunir sous une même raison sociale la fonderie, l'impression et l'édition, et, pour ce faire, signa un acte d'association avec un artisan fondeur, Laurent, ex-contremaître de la fonderie Gillé.

Le romancier en question portait un nom qui devait être glorieux, il s'appelait Honoré de Balzac. L'association ne devait avoir, comme la plupart des entreprises de Balzac, qu'une durée éphémère. Mais lorsqu'elle fut dissoute, le nouvel associé de Laurent, qui eut la charge de représenter les capitaux investis dans l'affaire, fut un jeune homme de dix-neuf ans, Alexandre de Berny, dont la fonderie portera le nom, Deberny, jusqu'à sa disparition en 1972.

Esprit actif, curieux, passionné pour les graves problèmes sociaux et intellectuels, Alexandre de Berny devait faire de la petite fonderie de Balzac une des plus considérables de son temps. Lorsque après cinquante ans de labeur opiniâtre – Laurent s'était retiré depuis 1840 – il prit comme associé Charles Tuleu, son fils adoptif et son élève, il était le premier maître fondeur parisien.

Au goût et à la science de Charles Tuleu sont dues ces séries fondamentales que sont l'ancien romain, les séries 16 et 18, les écritures taille-douce, lithographique, calligraphique et la plus complète collection de caractères étrangers qui se puisse trouver au monde.

À Charles Tuleu succéda, en 1921, Robert Gigard, son coassocié depuis 1914, qui dessina et fit graver le caractère astrée, avant de réaliser la fusion de la fonderie Deberny (devenue Girard et Cie) avec la plus importante des firmes plus jeunes, la fonderie Peignot et Cie, fusion dont les effets ont été si heureux pour l'imprimerie.

GEORGES Peignot fut un de ces hommes rares chez qui vont de pair le sens pratique, l'intelligence technique et le goût artistique. Ses vues ont été si profondes qu'elles continuent d'influer sur le développement de notre époque. Il fut le premier en France à vouloir délibérément intégrer l'art de la lettre dans l'art décoratif. Son premier acte fut de commander au décorateur Eugène Grasset les dessins de l'aîné des caractères modernes, le grasset, dont le succès fut mondial.

Puis, s'inspirant du style décoratif alors en faveur, il créa, sur les modèles

1. « Le Messidor, nouveau caractère français », *Communication et langage*, n° 65, 1985, 3e trimestre.

2. Voir Jean-Luc Froissart, *L'Or, l'âme et les cendres du plomb. L'épopée des Peignot 1815-1983*, dans la Bibliographie, *infra*, p. 1095.

de Georges Auriol, le premier exemple de « typographie » complète : caractères variés, vignettes et décors. Toujours à l'affût de l'évolution de la mode artistique, il grava et fondit ensuite le Robur, et, profitant du renouveau d'actualité que connaissait le XVIIIe siècle, il mit au jour cette typographie cochin dont la vogue se répandit rapidement dans tous les pays où l'alphabet latin est en usage.

Au 1er janvier 1952, CHARLES Peignot, fils de Georges, se vit confier le poste de président-directeur général des fonderies Deberny et Peignot. Il a conservé ce poste jusqu'en juin 1964.

Dès 1950, les fonderies Deberny et Peignot faisaient confiance aux inventeurs de la Lumitype, Higonnet et Moyroud, et c'est ainsi que les premières Lumitypes furent construites dans les ateliers de la rue Cabanis.

Peignot. *Voir* **CASSANDRE**

Pétrarque et l'humanistique

Devenue l'écriture des universités, l'écriture gothique avait réussi, au Moyen Âge, là où la caroline avait échoué, à savoir assurer une unité à la graphie occidentale.

Mais parce que l'écriture n'était plus le seul fait des moines dans les *scriptorias* des couvents, devenue courante, elle se diversifia en un très grand nombre de types qu'on peut, à la rigueur, classer sous trois rubriques : la lettre dite *de somme* par référence à la *Somme théologique* de saint Thomas d'Aquin, paradoxalement la plus utilisée pour les écrits scientifiques ; la *textura* ou lettre *de forme* pour les livres d'Église ; la lettre *bâtarde*, appellation d'autant mieux trouvée qu'elle ne définit pas grand-chose. En s'arrondissant, les lettres incitaient à plus de cursivité, laquelle finit par générer une multitude de variantes. En vérité, cette bâtarde met à mal la gothique sans pour autant lui substituer un type de lettre qui s'impose. Peu à peu, les surcharges superflues de la lettre de forme et les excès de cursivité de la bâtarde ont fini par multiplier les lettres « dévoyées ». Pétrarque les évoque, qui écrit : « Elles brouillent les yeux de loin, les fatiguent de près comme si elles avaient été inventées pour tout autre chose que pour être lues. » C'est ainsi qu'en imitant ce qu'il croyait être la *littera antiqua*, en réalité la minuscule carolingienne du VIIIe siècle, Poggio Bracciolini, ami de Pétrarque, a donné naissance à ce que, plus tard, on appellera l'écriture humanistique. Rémy Peignot[1] a trouvé au sujet de cette écriture la formulation qui convient : « Contrairement au modèle carolingien, avec cette lettre les dernières ligatures se défont, les lettres se délient comme s'ouvrent les esprits. »

Cette fois, la lettre romaine a bel et bien pris le pas sur la gothique. Pour autant, même après l'invention de l'imprimerie, l'écriture humanistique ne s'imposera pas partout, et de loin. Certains, à commencer par Pétrarque lui-même, ayant vu dans le gothique la forme manuscrite primitive continueront à l'utiliser même pour les écrits antiques. D'autres y resteront attachés pour les écrits religieux. D'autres encore verront dans l'écriture romaine une écriture grossière. C'est en caractères gothiques que Gutenberg imprima ses Bibles – celle des « trente-six » et celle des « quarante-deux lignes » – comme aussi ses autres ouvrages. Ainsi, quand les premiers imprimeurs allemands qui œuvraient dans son sillage parvinrent en Italie, ils découvrirent l'humanistique qui s'y était répandue. C'est la raison pour laquelle ils commencèrent à graver aussi des caractères d'une écriture qu'on allait appeler plus tard la rotunda (1467) ou type de subiaco, du nom du monastère fondé par saint Benoît et où les lettres en avaient été dessinées. Plus souple que l'écriture gothique dite textura, on peut tenir la rotunda pour la première mouture allemande du romain, en somme l'ancêtre du schwabacher, l'écriture courante germanique.

C'est ici qu'il faut évoquer l'épisode de la « lettre française d'art de main » ou

1. Dans *De plomb, d'encre et de lumière*, *op. cit.*

« façon d'escriture » toute de contorsions et de palabres graphiques que Granjon était parvenu à graver en 1557. Plus tard, lorsque l'usage de ce caractère fut réservé aux traités de savoir-vivre, et sans doute par référence au *Manuel de civilité puérile et honnête* d'Érasme, il fut appelé « lettre de civilité ». Paradoxalement, tout en étant pourvu des rotondités du romain, le caractère de civilité, par son aspect général, se réfère sans conteste à la gothique. L'exemple est à relever, qui prouve l'habileté dont sont dotés les dessinateurs et graveurs de caractères capables de sans cesse renouveler l'écriture et même, comme c'est ici le cas, de lui conférer tout à la fois un style et son contraire. En vérité, contrairement à leur appellation, les caractères de civilité furent utilisés pour la publication d'ouvrages de philosophie ou de pédagogie.

Les premiers caractères romains sont l'œuvre de Conrad Sweynheym et Arnold Pannartz, deux Allemands travaillant à Subiaco (1465), puis de Jean et Wendelin de Spire, deux autres Allemands qui produisent, à Venise cette fois, un authentique romain débarrassé de sa gangue gothique. Mais c'est un Français, Nicolas Jenson, qui, à Venise encore, sut d'emblée, du moins en bas de casse, les porter à un niveau apparemment indépassable. Pour ce qui est des capitales, on peut légitimement estimer que c'est l'aîné des Spire, Jean, qui l'emporta sur ses rivaux. La clarté de ses lettres diffuse, une fois les mots assemblés, une lumière idéale.

PLANTIN Christophe (1520-1589). L'architypographe du roi

Comme on peut le lire dans le coin gauche du tableau qui se trouve dans le musée Plantin à Anvers, le portrait anonyme de Christophe Plantin est daté de « 1584 à l'âge de 64 ans ». Enfoncé dans son costume noir à col tuyauté, le personnage est austère. Il tient dans sa main un compas d'or qu'il utilisait comme marque sur ses livres accompagnée de la devise « *Labore et constantia* ». C'est d'après ce portrait pour lequel Plantin a certainement posé que Rubens, qui n'avait que douze ans à la mort du grand imprimeur, a peint une autre toile, conservée dans la maison de Plantin cette fois, et qui est une des œuvres majeures du peintre. Sur la toile de Rubens, se révèle un homme de nature très sensible sans doute mais doté d'une volonté farouche.

Christophe Plantin est né aux environs de Tours en 1520. Il fut apprenti chez Robert II Macé à Caen. En 1549, il vint s'installer à Anvers comme relieur d'abord puis comme imprimeur. Au lieu de s'enfermer dans un système d'autonomie provinciale peu propice au développement commercial, Anvers s'était, en effet, liée à l'État bourguignon, ce qui lui avait valu de devenir un centre économique de premier plan. Les richesses de l'empire de Charles Quint transitent par son port. Les pratiques financières s'en trouvent modifiées. C'est ainsi que, faisant fi des règlements corporatifs périmés, les entrepreneurs investissent à Anvers des intérêts financiers considérables. Des industries nouvelles s'y développent, tout particulièrement celles liées à la taille du diamant et à l'imprimerie. Compte tenu du petit nombre de lecteurs, pour être rentable, l'édition devait avoir un réseau de diffusion international. Sur ce point, Anvers était le meilleur lieu qu'on puisse trouver.

Plantin n'était pas un graveur de caractères, aussi achetait-il ses poinçons chez les meilleurs spécialistes, les Français Granjon et Guillaume Le Bé. Un spécimen des caractères en sa possession datant de 1575 révèle soixante-quinze types divers et sept de notes de musique. À l'heure actuelle, il reste, au magnifique musée Plantin d'Anvers – le plus imposant d'Europe en matière de typographie –, quinze mille matrices et cinq mille poinçons d'une valeur inestimable. En ce qui concerne les presses typographiques, les plus anciennes qui subsistent au monde sont là. Celles du XVIIe siècle fonctionnent toujours. Plantin disposait de vingt-cinq presses en 1576 ; les Estienne n'en ont jamais utilisé plus de quatre. On estime à plus d'une soixantaine le nombre d'ouvriers ayant travaillé pour Plantin lequel avait des agents à Leyde, Londres,

Salamanque et même en Afrique du Nord. Il disposait aussi d'un imposant magasin à Francfort.

Plantin édita et imprima plus de mille cinq cents livres. Son œuvre la plus imposante et qui marque son style – il y a en effet un style d'impression comme il y en a un de dessin ou de peinture – est son édition des textes bibliques. Pour les protestants de l'époque, si la Bible était la base de la foi, l'intelligence des textes originaux était la science par excellence. Plantin convainquit Philippe II d'Espagne de financer son entreprise. Avec l'appui d'Arias Montanus, la Bible polyglotte en huit volumes (1568-1572) demanda quatre années de travail. Cette somptueuse édition valut à son auteur le titre d'architypographe du Roi. Il publia aussi l'*Atlas* d'Ortelius, des ouvrages de botanique, des partitions musicales.

À une époque où la censure s'exerçait sans masque, la publication de livres revêtait une importance considérable. Elle permettait de diffuser, confondue à la pensée luthérienne, celle de la contestation contre le pouvoir, lequel faisait pièce avec l'Église. En 1562, Plantin qui était déjà accusé de collusion avec la secte hétérodoxe d'Henri Niclaes, la Famille de charité, fut confondu pour avoir imprimé des livres hérétiques. Contraint de quitter Anvers, il se réfugia à Paris tandis qu'on organisait une vente fictive de ses biens pour éviter leur confiscation. À son retour à Anvers, il recouvrit son imprimerie et, financé par ses mêmes amis, put reprendre son commerce qui se poursuivit de 1563 à 1567.

Plantin eut cinq filles. Les maris de l'aînée, de la deuxième et de la quatrième reprirent l'imprimerie de leur beau-père et connurent des fortunes diverses. Le plus connu, Moretus, a fondé à son tour une dynastie. Le représentant le plus notable en fut Baltasar Ier (1574-1641), ami de Rubens. L'imprimerie perdura jusqu'en 1876, année où elle cessa son activité. La maison avec tout ce qu'elle contenait fut rachetée par la ville d'Anvers. Elle devint un musée de l'imprimerie et du livre unique au monde[1].

Poésie visuelle

Comment nier que le terme « poésie visuelle » englobe nombre de formulations poétiques qui, pour avoir toutes recours à l'image comme à l'écriture, ont chacune une spécificité ? Du moins en est-il une, la poésie concrète, dont la définition paraît plus aisée à formuler.

Apprenant que Pignatari, devenu le rédacteur en chef d'une revue consacrée à cette nouvelle forme poétique, venait de donner à sa publication le titre de *Poesia concreta*, Gomringer lui écrivit : « Votre titre me plaît beaucoup. Avant de donner pour titre à mes poèmes le mot *Constellations*, j'ai vraiment pensé les appeler "poèmes concrets". [...] Par l'exemplarité de ses règles, la "poésie nouvelle" peut influencer la langue quotidienne. La constellation est la possibilité la plus simple de créer une poésie reposant sur le mot. Elle englobe un groupe de mots comme un certain nombre d'étoiles. Elle devient constellation. La constellation est un ordre et, en même temps, un espace de jeu avec des grandeurs fixes. La constellation est fixée par le poète qui détermine l'espace, le chant des forces et désigne ses possibilités. Le lecteur, le nouveau lecteur, accepte le sens du jeu. Avec la constellation, on met quelque chose au monde. C'est une réalité en soi et non un poème sur quelque chose d'autre[2]. »

Très vite, les mouvements de poésie concrète sont apparus un peu partout dans le monde. Outre, donc, en Suisse, en Allemagne et au Brésil, en Tchécoslovaquie, en Espagne et au Portugal, en Italie, en Belgique et aux Pays-Bas, en Angle-

1. D'après *Le Prince des imprimeurs : Christophe Plantin*, Dossiers radiovisuels d'éveil RU 141, Ofrateme (Office français des techniques modernes d'éducation), 1973-1974.

2. Eugen Gomringer, « Vom Vers zur Konstellation », *Poesia concreta*, n° 3, 1953, São Paulo ; *Konstellationen*, Berne, Spiral Presse, 1953.

terre, aux États-Unis et même au Japon. Depuis la parution de son livre *Spatialisme et poésie concrète*[1], Pierre Garnier est, en France, l'un des représentants les plus en vue de ce mode d'expression.

SCHOEFFER Pierre (1425-1502)

Né à Gernsheim, en Allemagne, mort à Paris. Il fut l'associé de Gutenberg, puis, toujours à Mayence, de Fust. On considère généralement qu'il est le premier à avoir entrepris la gravure des poinçons en acier et la frappe des matières en cuivre dans lesquelles étaient fondues les lettres en plomb et en étain. Pour ce faire, il inventa le moule à main, dont se servaient les fondeurs avant l'invention des machines. Avec Fust, il imprima la Bible dite des « trente-six lignes », dont la régularité d'impression est remarquable. On assigne à cette Bible la date de 1456.

TORY Geoffroy (v. 1480-1533)

« Geoffroy Tory est célèbre et peu connu et nous ne savons de sa vie que ce que lui-même nous en apprend dans les préfaces de ses travaux littéraires de jeunesse et dans son *Champ Fleury* », écrit Jacques Mégret, auteur d'une des rares études qui lui ait été consacrée[2]. Né dans un faubourg de Bourges vers 1480, malgré la pauvreté de ses parents il put cependant faire des études qu'il termina en Italie dans les premières années du XVIe siècle. De retour en France, Tory se fixa à Paris. Nommé professeur au collège du Plessis, il édita pour Henri Estienne et Jean Hongot la *Cosmographie* d'Æneas Sylvius, dont l'achevé d'imprimer est daté du 10 octobre 1509. Déjà, l'avis au lecteur révèle chez Tory le grammairien préoccupé de la réforme de l'orthographe.

Il partit pour l'Italie après la bataille de Marignan (1515) et fit un long et enthousiaste séjour à Rome. « Fervent d'antiquités, poursuit Jacques Mégret, il nous dit avoir visité le Colisée plus de mille fois. Il lut le *Liber elementorum literarum* de Sigismond Fanti de Ferrare qui avait paru à Venise en 1514 et y trouva l'idée de son *Champ Fleury* : les rapports des proportions des lettres avec le corps humain. L'architecture et la gravure le passionnent. De retour à Paris, conquis par l'Italie renaissante, Tory réalisera ses théories : il renouvellera l'art du livre et l'artisan doublera l'humaniste. »

Comme pour les chrétiens le pèlerinage de Saint-Jacques-de-Compostelle ou celui de La Mecque pour les musulmans, pour un typographe au même titre que pour nombre d'artistes de la Renaissance, le voyage d'Italie est indépassable. C'est à Venise en effet que, chez les Alde Manuce, Jenson a gravé le premier des caractères romains.

« Les lettres sont si naturellement bien proportionnées que, à la semblance du corps humain, elles sont composées de membres, c'est-à-dire de nombre de points et de lignes consistant en esgalles partitions », explique Tory dans son livre. « La lettre A a les jambes élargies et épatées comme un homme a ses pieds et ses jambes en marchant et passant outre [...]. Sa barre transversale couvre précisément le membre génital de l'homme pour dénoter que pudicité et chasteté avant toute chose sont requises en ceux qui demandent accès et entrée aux bonnes lettres, desquelles le A est l'entrée et la première de toutes les abécédaires. » Plus ou moins inconsciemment, ne jugerions-nous pas de la beauté autant de l'efficacité d'une lettre au fait de savoir si oui ou non, nous nous reconnaissons en elle ? En fait, l'usage nous apprend que même si les lettres ont été bâties à partir des proportions du corps humain, ou encore d'après des lois mathématiques rigoureuses, les caractères qui en ont été extraits n'ont jamais trouvé la faveur du public. La conclusion à tirer de ces superbes mésaventures – qu'elles soient le fait de Vinci, de Dürer, de Vincentino, de Le Bé ou de Grandjean – c'est qu'issues de la main, sourdement, les lettres n'en aspirent

1. Paris, Gallimard, 1968.
2. Jacques Mégret, « Geoffroy Tory », *Arts et métiers graphiques*, n° 28, mars 1932.

pas moins à s'inscrire dans le courant de l'écriture. On a beau affiner la « grille » à laquelle chaque caractère est assujetti, l'écriture rejette encore le carcan qui lui est imposé. Oui, la lettre est vivante et pour peu qu'on l'oublie, on va à rebours du sens.

Mais Tory ne s'en est pas tenu à la lettre A pour justifier la ressemblance des lettres avec le corps humain. Il a trouvé dans les lettres I et O, puis Q et V de quoi confirmer son propos. Pour ce faire, il a fait appel à la fable d'Argus et Io à l'origine des deux lettres, fondamentales selon lui : l'I et l'O. Une charmante allégorie virgilienne justifie sa thèse : « Ie ne veulx ici encores laisser à dire, ung beau secret de Virgile qui est en la segonde Eglogue intitulée Alexis, pour monstrer qu'en lettres et sciences est insinuée Armonye, laquelle est dénotée es sept Ars liberaulx qui participent et accordent ensemble come sont les voix de musicque lune avec lautre consonantes. Ledict Virgile dit soubz personne de pasteur nommé Corydon. *Est mihi disparibus septem compacta cicutis Fistula, Damœtas dono mihi quam dedit olim.* I'ay ung flageol qui a sept troux en nombre inégal, que Dametas me dona iadis en pur don. Par le dict flageol qui est long & rond & faict au tour, peuvent estre entendues nosdictes deux lettres I et O & par les sept troux, les sept Ars liberaulx que je y ay cy dessus figurez et ordones. Nous voyons comunement que sur le dos dung flageol y a sept troux ordones de mesure lung apres lautre, mais dessoubs en y a ung pour le poulce, qui represente avec les sept Ars liberaulx Apollo. Et davantage pour plus grande armonye, nous voyons aussi audict flageol ung aultre trou qui est au costé demprès le bout de derrière qui faict le neuviesme trou & represente la perfection & acomplicement des neuf Muses avec les sept Ars liberaulx. Et si avec cesdictes neuf Muses voulés encores trouver Apollo, le trou demprès la bouche, auquel le son de tous les aultres troux se faict et accorde, signifira le dict Apollo. » Et Tory trouve pour chaque lettre d'aussi subtiles origines... Seule, la lettre Q l'étonne et l'embarrasse : pourquoi se prolonge-t-elle par une petite boucle au-dessous de la ligne ? Son esprit lui suggère cette explication : « Ceste dicte lettre Q est la seulle entre toutes les autres lettres qui sort hors de ligne par dessoubz, & jamais nay peu trouver homme qui m'en aye sceu dire la raison, mais touttefois je la diray cy & mettray par escript. J'ay tant tourné, & rumyné autour de ces dictes lettres attiques, que i'ai trouvé que le Q sort hors de ligne pource qu'il ne se laisse escripre en diction entière, sans son compagnon & bon frère V & pour monstrer qui le desire tousiours apres soy, il le va embrasser de sa queue par dessoubz comme je figureray cy après en son renc. »

« Le *Champ Fleury* est non moins précieux pour le philologue et le grammairien que pour le graphiste. Les dissertations mythologiques et architecturales sur la forme et la construction des lettres sont coupées de longs passages sur les beautés du français, sur les prononciations provinciales, sur les patois, sur les réformes nécessaires de l'orthographe. » Nommé imprimeur du Roi par François Ier en 1530, Tory est de ceux qui, les premiers, introduisirent le caractère romain pourvu d'accents, l'apostrophe et la cédille. Son *Livre d'heures* (1525), superbe ouvrage décoré, est moins célèbre que son *Champ Fleury* (1529).

Typoésie[1]

En publiant en 1995 aux Éditions des Cendres un dictionnaire des mots-images intitulé *Le Petit Peignot*, nous avons visé à démontrer qu'il était parfaitement possible, sinon de faire passer toute la langue du côté des images, du moins d'y faire basculer des pans entiers de notre vocabulaire. Mieux encore, travaillant à ce livre, nous avons fini par prendre conscience que, la plupart du temps, le fait, avec les

1. Titre donné à l'anthologie de poésie visuelle que j'ai publiée aux Éditions de l'Imprimerie nationale en 1993.

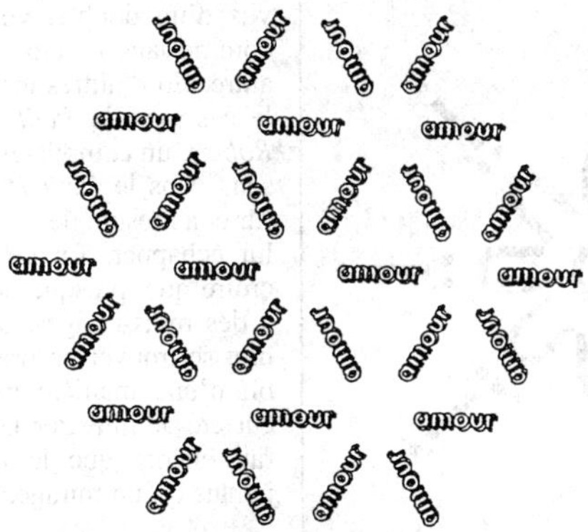

« J'ai vu le mécanisme de ce qui se passe dans mon cœur et, faute de meilleur mot, je l'ai appelé cristallisation », écrit Stendhal à propos de la naissance de l'amour.

(© Éditions du Seuil, 2004)

« Le ciel est un beau texte, dit-il, lyrique. Malheureusement, il est incompréhensible : le Créateur a oublié de rédiger les notes en bas de page. »

(© Éditions du Seuil, 2004)

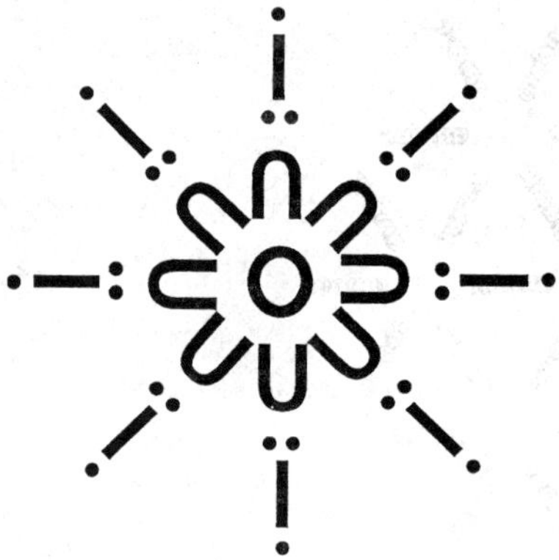

L'inouï surgissait dans leurs yeux.

Extraits de *Toutes les pommes se croquent* (© Éditions du Seuil, 2004)

mots, de dessiner ce à quoi ils se réfèrent fait déboucher sur bien plus que la vision, disons prosaïque, de leur référent. Elle met au jour un sens auquel, jusqu'alors, personne n'avait encore songé à faire un sort. Dans les meilleurs moments, il est indéniable, en effet, que ce langage-là révèle la face cachée du réel.

C'est ainsi que nous en sommes venus à penser que, dans le but d'aider ceux qui voudraient s'essayer à la forme « typoétique », il est possible de définir sinon les lois, du moins les procédés de ce mode d'écriture. On peut faire appel non seulement aux écritures anagrammatique ou palindromique mais aussi à la confrontation des sens de l'écriture (gauche-droite et droite-gauche, de haut en bas et de bas en haut, circulaire de gauche à droite comme de droite à gauche), à l'écriture en carré, en croix, aux effets de miroir ; aux mots inscrits dans d'autres, aux variations de graisse des caractères, au renversement – total ou partiel – des lettres, au jeu avec les accents...

Comme tout dictionnaire qui se respecte, le nôtre s'annule au fur et à mesure qu'il se construit. Disant cela, j'évoque le fait que nombreux sont ici les mots pourvus d'un double, voire d'un triple sens, comme aussi ceux qui renvoient à un autre. En d'autres termes, comme cela est le cas avec le *Petit Larousse* ou le *Petit Robert*, un compilateur à la recherche d'un sens dans le *Petit Peignot* ne cessera, au fur et à mesure de sa tâche, de voir celui-ci lui échapper. En effet, on était fondé à croire que, puisque nous avions fait appel à des mots-images, on allait avec chaque mot se trouver en présence d'un sens établi d'une manière irrévocable. L'espérer eût été administrer la preuve qu'on ignorait encore que le réel, lui aussi, n'est jamais qu'un mirage.

« On ne peut manquer d'être sensible à ces “poèmes” soigneusement et habilement construits à partir de diverses lettres, de chiffres et de toutes sortes d'autres signes utilisés en typographie » m'écrivit Gallimard à qui j'avais proposé mon *Divertissement typographique en cinq actes.* « Mais il nous semble aussi que le plaisir pris à leur élaboration est sans doute supérieur à celui ressenti à leur lecture. » Aussitôt, je m'avisai que la justification du refus m'autorisait à penser que je pouvais espérer être pris ailleurs. En effet, alors que les critiques comme les lecteurs s'accordent à penser que, par excellence, le plaisir qu'un écrivain a pris à écrire est le critère de toute littérature, chez Gallimard, au contraire, c'est l'argument dont on se prévaut pour refuser un manuscrit !

Qu'il s'agisse de l'écriture pictographique, de l'écriture hiéroglyphique ou bien encore de l'écriture de l'île de Pâques, toutes sont dotées d'un caractère sacré. Elles le doivent à cela que leur création est le fait d'un pouvoir surnaturel. Dans les religions juive et musulmane, il en va de même et c'est la raison pour laquelle le recours aux images est interdit. Interdit à moins qu'il ne s'agisse d'images générées par l'écriture. Or, grâce à la typoésie, précisément, il est à nouveau possible d'écrire à coups d'images, d'images alphabétiques mais d'images quand même. Aucun poète ayant recours à ce mode d'écriture-là ne niera qu'il confère le sentiment de détenir un pouvoir méphistophélique.

ZAPF Hermann (né en 1918)

Hermann Zapf, né à Nuremberg, est considéré comme le plus grand calligraphe et dessinateur de caractères du XXe siècle. Du moins pour les néophytes, il peut y avoir là un paradoxe. En effet, on peut à bon droit estimer que la calligraphie entraîne à une sorte de relâchement ou pour le moins à un manque de rigueur préjudiciable à la maîtrise du dessin de la lettre. Dans le cas de Zapf, c'est le processus inverse qui a opéré. Son talent pour la calligraphie a conféré à ses créations typographiques la solidité d'une exceptionnelle distinction.

Après quatre années d'apprentissage dans la retouche, Zapf fut l'élève de Rudolf Koch, le maître de l'école calligraphique et typographique allemande de 1914 à 1938. Il étudia ses manuels ainsi que le célèbre livre d'Edward Johnston, *L'Écriture, son enluminure et son dessin.* Il dessina son premier caractère, le Gilgenart, en 1939. La guerre passée, il enseigna le dessin de la lettre à Nuremberg et Offenbach. C'est entre 1947 et 1956 que, devenu directeur artistique de la fonderie Stempel à Francfort, il créa ses caractères les plus connus, tenus aujourd'hui pour d'authentiques œuvres d'art : le Palatino, l'Optima, le Zapf Chancery et plus de deux cents autres caractères au très haut niveau de perfection esthétique. Le Michelangelo, le Zapf International et le Zapf Renaissance sont parmi les chefs-d'œuvre de l'art typographique mondial. C'est la raison pour laquelle ils sont présentés sur la plupart des logiciels de nos ordinateurs.

Hermann Zapf a également travaillé pour la société Linotype, produisant quelques-uns de ses premiers et plus beaux caractères. De 1960 à 1970, à titre de designer indépendant, il a œuvré pour l'International Typeface Corporation, URW, la Hell-Digiset et encore d'autres clients prestigieux. Le caractère Marconi est son premier alphabet dessiné spécialement pour la composition digitalisée.

Le caractère Optima, favori[1] de son auteur, mérite qu'on s'y arrête. Fruit de plusieurs années de travail, il a été dessiné à main levée en 1958, donc pour la composition en plomb. Bien que ce caractère ne soit pas pourvu d'empattements, il ne s'agit pas d'une linéale. Il n'est pourvu d'aucune droite, pas même pour le *i* dont la silhouette est incurvée. Quant au *o*, son dessin intérieur et son profil extérieur ne sont pas non plus des cercles mais des ovales savamment agencés l'un par rapport à l'autre.

Parvenir à créer deux cents caractères plus accomplis les uns que les autres sans pour autant s'en prendre à l'intégrité de l'alphabet est déjà en soi une prouesse. Elle le semblera plus encore si on songe que ce renouvellement opère depuis... Gutenberg et ne cesse de nous apporter de nouveaux types qui peuvent même, et à bon droit, passer pour des archétypes. De la création de caractères à l'ère de l'informatique, Hermann Zapf dit : « Pour dessiner un alphabet – car je ne veux plus parler de caractères d'imprimerie, parce que cela implique le métal et me semble inséparable de Gutenberg et de son invention –, il faut tirer avantage des ressources disponibles et des nécessités présentes et donc se servir d'Irakus et de Metafont. Il nous faut concevoir nos alphabets en fonction d'une grille qui est celle de la digitalisation. »

Designer typographe, Hermann Zapf est aussi un éminent enseignant de la lettre. En 1946, à Nuremberg, il a donné des cours organisés par le Deutscher Gewerkschaftsbund, l'Union des syndicats ; de 1948 à 1950, il a enseigné à l'École d'Art d'Offenbach ; en 1960, à la Graphic Design au Carnegie Institute of Technology, à la Carnegie-Mellon University de Pittsburgh ; de 1972 à 1981 à la Techni-

1. Précision donnée par Fernand Baudin in *L'Effet Gutenberg*, Éditions du Cercle de la librairie, octobre 1994.

sche Hochschule de Darmstadt ; de 1977 à 1987 à la Rochester Institute of Technology (RIT) qui est l'École supérieure de science et de gestion de l'imprimerie aux États-Unis.

L'enseignement de la lettre n'est pour ainsi dire pas dispensé en France. Pas plus d'ailleurs que celui de l'écriture qui ne l'a jamais été qu'aux élèves du primaire jusque dans l'immédiat après-guerre et qui est en voie de complète disparition. Cette dégradation s'est d'autant plus accusée ces vingt dernières années que l'informatique s'est imposée partout, y compris dans les écoles primaires. On ne saurait contester enfin qu'en dépit de ce qui devrait apparaître comme le bon sens on dissocie l'enseignement de la lecture de celui de l'écriture jusqu'à rendre ce dernier absent des cursus tant scolaires qu'universitaires.

Fernand Baudin a eu raison de reprendre les propos d'Hermann Zapf lors d'une conférence tenue à Londres en 1987[1]. Le titre de son intervention était « La pollution épigraphique des monuments publics ». Pour contrer la dégradation à laquelle nous assistons, Zapf donna son point de vue : « Seule une meilleure éducation dans les arts visuels fera cesser cette pollution épigraphique du paysage urbain. C'est à l'école qu'il faut sensibiliser le jeunesse à l'enlaidissement progressif de notre environnement graphique quotidien. »

Zapf a dessiné aussi et en très grand nombre des caractères arabes, cyrilliques et grecs, ainsi que de superbes ornements typographiques comme en témoignent les livres qu'il a publiés, notamment son manuel de styles calligraphiques intitulé *Pen and Graver* (1949). Il a également produit une grande quantité de « travaux de ville », de jaquettes de livres, de paravents imprimés et de placards calligraphiés au moyen d'une technique dite du « sgraffito » mise au point par lui et permettant d'élever, en Occident, la calligraphie à un niveau qu'elle n'avait encore jamais atteint.

Enfin, Hermann Zapf a publié quelques livres sur la calligraphie et la typographie qui ont joué un rôle déterminant dans l'évolution de ces arts au XXe siècle. Il faut d'abord citer les deux manuels publiés en 1954 et 1968 contenant nombre de caractères qui depuis sont devenus des classiques. Ses autres publications – *Variations typographiques* préfacé par Charles Peignot en 1963, *Orbis typographicus* publié en 1984 et *Poetry through typography* publié en 1992 –, éditées par les plus grands éditeurs allemands tels que Suhrkamp, S. Fischer, Insel et quelques autres, témoignent d'une prodigieuse dextérité. Nombre d'entre elles ont été couronnées « plus beau livre de l'année ».

1. Séminaire organisé par l'International Council of Graphic Designers Associations, ICOGRADA.

GLOSSAIRE

par Jérôme Peignot

ALPHABET. Notre alphabet ne compta d'abord que vingt-trois lettres. Ce n'est que dans la quatrième édition de son Dictionnaire, parue en 1762, que l'Académie établit une distinction entre le *j* et l'*i* et l'*y* et le *u*. Le *j* et le *v* furent employés par les imprimeurs hollandais dès la seconde moitié du XVIe siècle. Le *w* fut introduit beaucoup plus récemment et ce par l'entremise de l'usage de plus en plus fréquent de mots étrangers dans notre langue. C'est à la fin du XIVe siècle que l'habitude s'est instaurée de mettre un point sur les *i*.

APPROCHE. Il s'agit de la distance entre l'œil d'une lettre et le talus du caractère qui supporte cet œil. Les approches bien régulières étaient le fait des fondeurs de talent. Il est, en effet, certaines lettres qui, accouplées, créent des blancs disgracieux. Le set est un coefficient d'approche. Il est normal lorsqu'il correspond à l'approche normale prévue par le typographe pour telle ou telle sorte dans un corps donné. La Lumitype permet de faire varier cette approche en utilisant un set différent de celui du corps : l'on peut ainsi composer plus large que l'approche normale ou plus serré (ce que l'on ne peut faire avec le plomb) jusqu'à chevauchement et même superposition (set zéro).

BAS DE CASSE. Nom donné aux lettres minuscules. On les a nommées ainsi parce qu'elles se trouvent placées dans le bas de la casse typographique.

BÂTARDE. Le premier type de bâtarde dite « antique » fut gravé en 1490 à Paris par Heilman. La deuxième bâtarde, qui imitait l'écriture du XVIIe siècle, le fut par Pierre Moreau qui en présenta les matrices à Louis XIII. La troisième bâtarde, dite « coulée », fut gravée à Paris par Fournier en 1741. Une dernière bâtarde dite « du Louvre » fut enfin gravée par Louis Luce aux alentours des années 1755.

BIBLE. À Mayence, Gutenberg imprima la *Biblia Sacra Latina*, qui est la première édition latine en caractères mobiles de la Bible. Elle a été dénommée Bible « à quarante-deux lignes ». On la suppose imprimée vers 1455. Il s'agit d'un volume in-folio de 317 à 324 pages, imprimé sur deux colonnes. L'un des exemplaires sur parchemin qui faisait partie de la collection d'un amateur new-yorkais a été acquis en 1938 par l'État américain. La Bibliothèque nationale et la bibliothèque Mazarine possèdent chacune un exemplaire de cette Bible sur parchemin. Le Vatican, le British Museum et la bibliothèque de l'université de Göttingen en possèdent également un exemplaire.

La seconde Bible de Gutenberg, dite « des trente-six lignes », fut imprimée en 1458. Le musée Plantin à Anvers en possède un exemplaire.

CADRAT. Petit morceau de plomb plus bas que les caractères d'imprimerie que le compositeur typographe emploie pour combler les lignes dans une fin d'alinéa ou dans les blancs de quelque importance. Le cadratin est un cadrat dont le corps et l'approche sont d'égale force. C'est donc un carré.

CAPITALES. Lettres que l'on désigne grammaticalement sous le nom de majuscules. Les grandes capitales sont des lettres majuscules de la hauteur totale de l'œil. Les petites capitales ont la forme des grandes capitales mais le calibre des lettres bas de casse démunies de hastes. Les titres courants des livres ordinaires sont, souvent, en petites capitales.

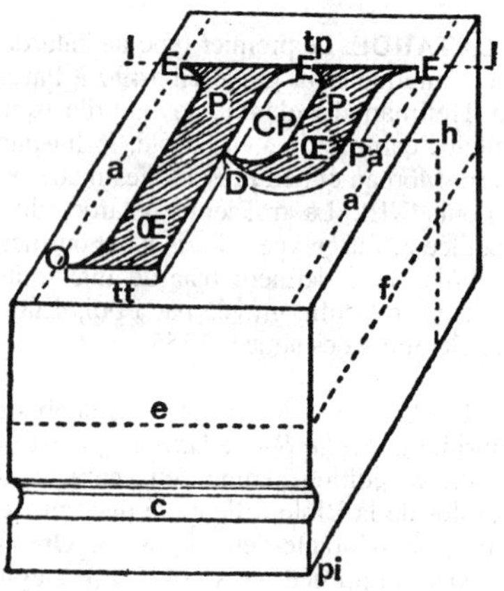

GRAVURE : *CP* : contre-poinçon, *creux intérieur de la lettre* ; *D* : délié ; *EE* : empattements ; *O* : obit, *l'empattement de tête* ; *Œ* : Œil de la lettre, *partie en relief marquant son empreinte au tirage* ; *P* : Pleins.
FONTE : *a* : approche, *blanc fixant la régularité de l'écartement entre chaque lettre* ; *e* : épaisseur *de la lettre* ; *f* : force de corps, *s'évalue systématiquement en* points ; *h* : hauteur d'œil, *62 points 3/4 ou 23,6 mm* ; *l* : ligne, *base d'alignement des lettres ; pi* : pied de la lettre ; *u* : talus de tête ; *tp* : talus de pied.
MANIPULATION : *c* : cran, *entaille déterminant le placement de la lettre dans le composteur.*

CARACTÈRES. Nom générique utilisé pour décrire les signes alphabétiques d'une langue. Il y a des caractères de différents modèles et de différentes grosseurs. Il existe des caractères en bois, en bronze pour la reliure et surtout en alliage d'imprimerie. À l'origine de l'imprimerie, les premiers caractères mobiles furent en bois. La hauteur des caractères, qui s'appelle le *corps*, s'énonce en *points*. Un caractère corps 8 est un caractère ayant 8 points d'épaisseur. Le corps de chaque caractère d'imprimerie est désigné par le nombre de points typographiques sur lequel il est fondu.

CASSE. La casse est une boîte divisée en un certain nombre de compartiments dans lesquels se trouvent les caractères que le typographe prend pour composer.

CHASSE. Par chasse d'un caractère, on entend son encombrement sur une ligne. En d'autres termes, il s'agit de la longueur linéaire d'un alphabet. On dit d'un caractère qu'il chasse plus ou moins qu'un autre selon qu'il permet l'utilisation de plus ou moins de signes sur une justification déterminée. Deux caractères d'un même corps peuvent avoir une chasse différente.

CICÉRO (ou douze). Le cicéro est une longueur typographique égale à 12 points typographiques. Le cicéro a environ 0,0045 m.

COMPOSER. Composer consiste à assembler les divers matériaux préparés par le fondeur de façon à constituer des lignes, des pages, des tableaux propres à l'impression. Ces opérations qui, dans le cas de la typographie traditionnelle, s'effectuaient à la main, ou avec l'aide de Linotypes ou de Monotypes, depuis l'entrée en lice de la Lumitype ne sont plus que photographiques. Avec le plomb, une lettre ne peut forcément que s'accoler à une autre. En photocomposition, une lettre peut être approchée de sa voisine jusqu'à lui être superposée. Il en est de même avec la ligne : l'interlignage zéro correspond à la superposition exacte de deux lignes. Cette double possibilité implique que soient respectés des minima d'interlignages (hauteur) et de sets (largeur), si l'on veut maintenir l'équilibre et l'harmonie de la composition.

COQUILLE. La coquille est une faute qui se glisse dans un mot par suite du changement, de l'omission ou du redoublement d'une ou de plusieurs lettres. La première coquille typographique connue se trouve dans le Psautier de 1457 imprimé par Fust et Schoeffer. On lit sur un feuillet *Spalmorum Codex* au lieu de *Psalmorum Codex.* Cette transcription fut corrigée dans la seconde édition de l'ouvrage.

CORPS. Par corps d'un caractère on entend parler de l'espace réservé à une lettre entre deux lignes non interlignées. Ne pas confondre le corps d'un caractère et l'œil d'une lettre. La notion de corps en Lumitype résulte du coefficient d'agrandissement obtenu par l'utilisation de l'un des douze objectifs de l'appareil. Les caractères figurant sur les disques des Lumitypes sont dessinés de façon à conserver une analogie entre les œils de la typographie plomb et ceux de la Lumitype. Par exemple, en utilisant le 12 Lumitype, on obtiendra l'œil d'un caractère analogue à celui du corps 12 sur plomb. (Le plus souvent l'œil Lumitype est plus petit que l'œil du même caractère fonderie.) Dans certains caractères, certains *corps* sont fondus en petit œil ou en gros œil. C'est le cas par exemple des corps 12 et 16 du Garamond. À partir du corps le plus petit, généralement le corps 6, les caractères augmentent par 2 points jusqu'au corps 16 (ou de 1 point pour les corps bâtards : 4, 5, 7, 9, 11).

CORRECTEUR. Le correcteur est un ouvrier chargé de relire les épreuves pour corriger les fautes grammaticales ou typographiques. De nombreux écrivains ont exercé ce métier, notamment Michelet et Proudhon. Une série de signes conventionnels propres à effectuer les corrections a été dressée. C'est l'Allemand Jérôme Hornschuch qui, à Leipzig, publia le premier manuel du correcteur. Cet *Instructio* rédigé en latin en 1608 fut traduit en allemand en 1634. En Angleterre le premier ouvrage de ce genre fut publié en 1683. En France, le *Protocole typographique* de Pierre-François Didot date de 1773.

CUNÉIFORME (écriture). Écritures en forme de coin, de clou, dont les dernières furent utilisées lors du Ier siècle de l'ère chrétienne. On n'a commencé à pouvoir les déchiffrer qu'au début du XIXe siècle. Il s'agit d'une écriture tracée dans l'argile.

EMPATTEMENT. Forme de la terminaison des jambages. Le premier exemple connu est, à Delphes, celui du pilier élevé par Paul Émile en 167 av. J.-C., après sa victoire sur Persée. La forme des empattements est l'un des critères d'après lequel les imprimeurs déterminent la « famille » d'un caractère. À Rome, les empattements n'eurent droit de cité qu'au milieu du Ier siècle avant notre ère. On peut tenir aussi l'empattement pour un produit de la plume et du geste d'écrire. C'est la raison pour laquelle on estime que l'empattement est également une réminiscence de l'écriture cursive. Aujourd'hui, il sert à mettre l'accent sur la ligne continue d'une écriture. Il a été, fort heureusement, maintenu dans la plupart des lettres fondues.

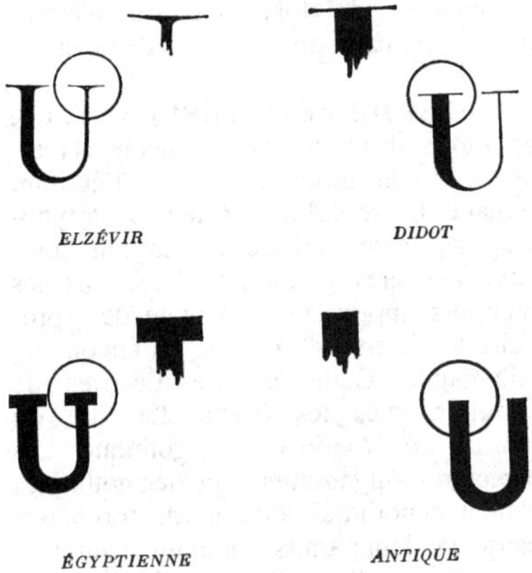

Classification classique de Thibaudeau

L'empattement accuse aussi les courbes du C, du G et de l'S. Les mots « apex » et « obit » servent à désigner les empattements supérieurs.

ESPACE. Il s'agit d'une petite fiche de métal plus basse que les lettres afin de ne pas marquer sur le papier lors du tirage. En terme de photocomposition, ce mot signifie seulement un blanc. Ces blancs ou ces espaces servent à séparer les mots les uns des autres, ou les lettres d'un même mot. Dans l'Antiquité, ce souci de mettre des blancs n'existait pas. En aucun cas une espace ou un blanc ne doit dépasser l'épaisseur d'un cadratin du corps utilisé.

FONDERIE TYPOGRAPHIQUE. Les premiers fondeurs furent tous des orfèvres ou des médailleurs. Ce fut le cas de Gutenberg, de Schoeffer, de Fust et de Nicolas Jenson. La première fonderie importante en France fut ouverte en 1530 par Garamond. Elle fut acquise par Le Bé, son élève, en 1561, et resta entre les mains de la famille Le Bé jusqu'en 1730. En Angleterre, la première fonderie fut créée par John Fell en 1467 à Oxford. L'American Type Founders Company est le successeur de la fonderie que Benjamin Franklin amena de Paris en 1785. Pour désigner les caractères courants, et par opposition aux caractères de publicité que l'on appelle « caractères de fonderie » ou « bilboquets », on parle de caractères de labeur.

GOTHIQUE (ÉCRITURE). C'est une écriture stylisée qui, au XIIe siècle, a remplacé, tout au moins en Europe, l'écriture romane. Lorsqu'elle fut fixée par la typographie, cette écriture donna naissance aux caractères gothiques. Avec eux les premiers imprimeurs ont tenté de reproduire les écritures en usage à l'époque en Allemagne. Cette écriture n'a rien de commun avec les Goths. Le titre du journal *Le Monde* est en gothique. Les caractères vulgairement appelés gothiques étaient dénommés « lettres de forme » à cause de leurs traits angulaires qui leur donnent une allure plus compliquée. C'est en cette sorte de lettre que furent imprimés presque tous les premiers ouvrages en France. On a découvert des caractères gothiques percés sur les côtés, ce qui nous apprend qu'au XVe siècle on les maintenait par une tige afin de former une ligne. Les « lettres de somme » sont des caractères gothiques de forme un peu carrée, mais aux angles moins vifs que ceux des lettres de forme. Ils furent employés pour les livres de scholastique et tout particulièrement pour la *Somme théologique* de saint Thomas d'Aquin.

GRAISSE. Par graisse d'un caractère on entend l'épaisseur de ses hastes prises alors comme élément de référence. Bon nombre de caractères existent avec des variantes dans l'épaisseur du dessin. Il y a les caractères gras, demi-gras, maigres étroits et étroits serrés.

GRAPHOMOTRICITÉ. « Parce que nous n'avons plus de grands écrivains populaires, écrit Alfred Tajan, spécialiste de la graphomotricité, parce que la lecture devient élitiste avec nombre d'écrivains contemporains, parce que les biographies des romans historiques au goût du jour inclinent le lecteur à la paresse, parce que surtout le son et l'image ont détrôné l'écrit, la lecture recule et le niveau de notre culture s'abaisse. Parallèlement, l'écriture n'est plus considérée comme une valeur, même par ceux qui l'enseignent. Une enquête sur l'écriture des Français âgés de vingt à trente ans montrerait que notre écriture se distingue aujourd'hui par une dissolution généralisée des formes » (*La Graphomotricité*, Paris, PUF, coll. « Que sais-je ? », n° 1998, 1982).

On aurait tort de ne pas prendre cet avertissement au sérieux et de ne pas en tirer les conséquences qui s'imposent : relancer l'étude de l'écriture à tous les niveaux de l'enseignement. En ce qui concerne l'apprentissage de l'écriture à l'adresse des tout jeunes enfants, il s'agit d'abord et avant tout de certaines pratiques néfastes comme par exemple le recours à la scripte. En l'occurrence, le propos n'est pas tant d'apprendre aux enfants à écrire que de les aider à prendre conscience du plaisir qu'ils peuvent avoir à le faire. Par la suite, la tâche des instituteurs ne pourra qu'en être facilitée. D'autre part, à ces mêmes instituteurs devrait être, de manière impérative, dispensé un enseignement sur l'histoire de l'écriture. Le fait d'écrire est en effet inhérent à la nature humaine et, pour reprendre la formule de Roland Barthes, l'écriture est « une pratique corporelle de jouissance ». Par cette expression il entendait donner toute sa signification à sa formule devenue célèbre : « le plaisir du texte ». Pourquoi, en effet, le plaisir d'écrire n'aurait-il pas sa place à tenir dans la manifestation du sens ?

Sans doute Jacques Derrida a-t-il à juste titre dénoncé le logocentrisme sous l'empire duquel nous sommes depuis Socrate. Déjà, dans les années 1960, Henri Lefebvre s'est demandé si, « enregistrée dans l'écriture, devenue objet, la parole n'était pas mutilée, réduite et même modifiée [...]. L'histoire du langage porte peut-être les marques de l'écriture, des diverses écritures et graphismes depuis qu'on les inventa », s'interrogeait-il. Et timidement il ajoutait : « L'étude de ces écritures et de ces graphismes ne permet-elle pas de surprendre certains aspects de l'activité créatrice sinon de dévoiler les secrets de la création elle-même ? » Ce n'est que tout récemment qu'il vient d'être répondu à ces questions. Cette réponse est le fait d'un chercheur américain, Jack Goody, dont le titre de l'ouvrage résume à lui seul tout le propos : *La Raison graphique* (Paris, Éditions de Minuit, 1979). Goody écrit là : « Il y a au-delà de la variété des systèmes d'écriture et des conditions sociales de leurs utilisations une certaine spécificité de la pensée écrite, du savoir graphique [...]. Même si on ne peut pas réduire un message au moyen matériel de sa transmission, tout changement dans le système des communications a nécessairement d'importants effets sur les contenus transmis. »

Prenons le postulat de Goody à rebours. Nous pouvons alors affirmer que le fait qu'une langue ne dispose que d'une typographie sans art n'est pas sans conséquence sur la qualité de la pensée qu'on y formule.

HÉLIOGRAVURE. Le mot désigne les procédés conduisant à l'obtention de planches en taille douce dont les noirs sont en creux. L'héliogravure est exécutée généralement sur cuivre. La planche métallique préalablement recouverte de gélatine bichromatée exposée à la lumière à travers des pellicules photographiques, insolée et souvent, lorsqu'il s'agit de reproduction de photographie, tramée au moyen du même procédé de l'insolation, est soumise à la morsure d'un acide. Le cylindre, recouvert de cette plaque de cuivre gravée en creux, baigne dans un bain d'encre et, en tournant, il est essuyé par une racle. Plus les creux du cylindre qui, dans le cas de la reproduction d'une photographie sont disposés comme les alvéoles d'une ruche, sont profonds, plus ils sont remplis d'encre et plus, à cet endroit, l'impression est noire. Pris dans son ensemble, depuis 1792, ce procédé a fait l'objet de plusieurs mises au point et ce n'est qu'en 1878 que, grâce au photographe Charles Klietsch, il prit son essor. Il est le procédé de prédilection pour l'impression des documents photographiques en noir et blanc.

IMPRESSION TYPOGRAPHIQUE. Dans l'impression typographique, les éléments à imprimer sont en relief et c'est sur eux que l'encre se dépose. Outre l'impression typographique, il existe surtout deux autres façons d'imprimer mécaniquement : ce sont les impressions en « héliogravure » et les impressions en « offset ».

IMPRIMERIE NATIONALE. Fondé par Richelieu en 1640, cet établissement n'a cessé de fonctionner. Il possède un matériel considérable. Il exécute tous les imprimés des administrations de l'État. Il effectue également quelques éditions très luxueuses et a imprimé des publications ou des ouvrages en langues orientales.

INITIALES. Les initiales ont la forme des capitales. Ce nom est consécutif à l'introduction par Fournier le Jeune et par

François-Ambroise Didot en 1775 de la désignation des caractères par le nombre de points que comporte le corps. Elles sont fondues sur toute la hauteur du corps.

INTERLIGNAGE. C'est la distance qui sépare l'alignement de base d'une ligne de caractères de l'alignement correspondant pris sur la ligne précédente. L'interlignage peut se régler par multiple de 1/10 de point métrique, soit 0,025 mm. L'interlignage minimum correspondant à un caractère déterminé dans un corps donné est celui qui permet d'éviter le contact entre longues du haut et longues du bas composées l'une au-dessus de l'autre. L'interlignage normal correspondant à une composition non interlignée dans la typographie plomb (distance entre lignes correspondant au corps et comprenant le talus) s'obtient sur la Lumitype en multipliant le corps par 1,5. Le surinterlignage désigne tout interlignage plus grand que l'interlignage normal. La valeur maxima d'interlignage que la Lumitype peut donner en une seule opération est de 12,5 mm.

JUSTIFIER. Mettre entre les mots le blanc nécessaire pour que la ligne d'un texte soit à la longueur voulue. Ce mot signifie aussi l'opération qui, au moyen d'interlignes, consiste à donner aux pages ou aux colonnes d'un texte la hauteur voulue. Généralement elle s'établit en cicéro ou en douze (points).

En Lumitype, toutes les justifications sont possibles, de point métrique en point métrique, c'est-à-dire de 1/4 en 1/4 de mm dans la limite de la largeur utile du film, soit 225 mm.

LETTRE-TRANSFERT. Dans les années 1950 les publicitaires nous ont fait assister à un insensible mais pourtant déterminé glissement des lettres de la typographie du plomb à celle des lettres dites *transfert.* Il s'agissait d'une sorte de décalcomanie dont, préalablement déposées sur un support transparent, les lettres passaient sur une maquette au moyen d'un frottage. Ingénieux, le procédé de composition aurait dû promouvoir de nouvelles, cocasses et judicieuses mises en page. Manipuler un « plomb » qui ne pesait pas plus que des ailes de papillon donnait précisément des ailes. Sans compter que, prétexte à une jouissance créatrice équivalente à celle que Max Ernst n'a certainement pas manqué d'éprouver à exécuter les siens, ces « frottages » d'un nouveau genre étaient la source d'un véritable plaisir de potache. Pour cela, il eût fallu que cette belle invention s'inscrivît dans le courant de la création graphique. Force fut bientôt de reconnaître qu'on était loin du compte. Le pléonasme étant la grande loi des dessinateurs de ces lettres, peu à peu, jouets de leurs graphismes aberrants, nous étions conviés à juger du bien-fondé d'une lettre beaucoup plus à cela que nous pouvions l'estimer adéquate à son nom qu'à la qualité de ses proportions. Pour un peu, nous étions voués à admirer davantage les fausses prouesses des auteurs de Baby Teeth, du Mr Bear ou du Via face Don que le sérieux de l'homme qui, par exemple, a dessiné le Goudy, lequel était pourtant venu à bout de cette sorte de quadrature du cercle qui consiste à bouleverser les habitudes de lecture admises, sans entamer l'alphabet dans son intégrité. De plus en plus bavardes, nombre de lettres ont fini par nous en dire davantage par leur allure que par ce qu'elles étaient pourtant censées véhiculer.

À force de s'être si longtemps fait oublier, la typographie a fini par être négligée. On en vient même à penser que les choses se sont à ce point détériorées que la situation ne peut que s'améliorer. Certains signes l'attestent comme le retour aux empattements, apanage du dernier-né de la grande famille des elzéviriennes, avec le Sully-Jonquières de Mendoza qui a été repris en lettre-transfert. Reste qu'en dépit de ce retour à un peu plus de goût et surtout de raison, l'ordinateur a fait perdre à la lettre-transfert beaucoup de son attrait.

LIGATURE. Il s'agit du lien qui sert à attacher deux ou plusieurs lettres liées ensemble et quelquefois des mots entiers dont toutes les lettres sont unies dans un seul trait de plume ou dans un seul dessin. Dans le premier Garamond italique se trouvaient soixante-huit ligatures. À titre d'exemple on peut citer le *ff*, le *fi* et le *ffl*.

LINOTYPE[1]. Avec la Linotype et à l'aide d'un clavier ressemblant à celui des machines à écrire, on compose et fond des caractères par lignes complètes. Au lieu d'assembler des caractères mobiles, la machine assemble (compose) des matrices. Lorsque la ligne est complète, et après justification, un jet de matière en fusion est projeté dans le moule en face duquel se trouve l'assemblage des matrices. Le résultat de cette opération donne une ligne complète (ligne bloc) pouvant servir à l'impression. Les Linotypes servent surtout à la composition mécanique des journaux. La première machine à composer dite Linotype fut mise dans le commerce en juillet 1886. Elle avait été mise au point par Ottmar Mergenthaler pour le compte de l'éditeur du *New York Herald Tribune*.

LITHOGRAPHIE. Ce procédé d'impression a été mis au point par Aloys Senefelder. Sur la surface lisse d'une pierre de calcaire il s'agit de tirer profit de la répulsion de l'eau pour les matières grasses.

LUMITYPE[1]. Nom de la photocomposeuse française commercialisée par la firme Deberny et Peignot. Le mot est passé dans le Larousse. Le principe de la photocomposition est simple : il fait appel à un dispositif photographique au millionième de seconde. À cette rapidité, les lettres sont photographiées une à une sur une pellicule sensible. Les modèles qui leur donnent naissance sont tous rassemblés sur un disque de 25 cm de diamètre. Le disque-matrice comporte 16 séries d'alphabets de 90 signes en négatif. Ces 16 styles de caractères combinés avec 12 objectifs signifient que 192 polices de caractères sont disponibles pour un seul disque, soit un total de 17 280 signes.

Les disques sont fabriqués spécialement pour chaque client par Deberny et Peignot. L'utilisateur peut donc indiquer son choix de caractères et préciser les particularités de ses travaux (caractères spéciaux, sortes étrangères, signes divers, etc.).

Les caractères à photographier sont choisis sur le clavier dans le style et le corps désirés, les lignes sont justifiées, alignées à gauche, à droite, ou centrées automatiquement. La vitesse de composition ne dépend donc que de la dextérité de l'opérateur.

Ce disque-matrice tourne continuellement à la vitesse de dix révolutions à la seconde. Un faisceau lumineux issu d'une lampe stroboscopique éclaire le signe choisi et projette son image à travers l'objectif approprié sur un film ou un papier photographique. L'éclair stroboscopique (d'une durée d'environ deux millionièmes de seconde) réalise une insolation pratiquement instantanée garantissant la netteté de la projection. De toutes ces opérations naît un « typon » (pellicule transparente) en tout point semblable à celui que l'on utilise couramment dans l'impression en offset.

MATRICE. Bloc de métal tendre comportant l'empreinte du poinçon de la lettre – lequel est en acier – et qui doit recevoir le jet d'alliage en fusion afin de produire des caractères.

MONOTYPE. La Monotype est une machine à composer qui fond et compose des caractères isolés qui viennent automatiquement s'assembler dans l'ordre que chacun d'eux doit occuper. Cette machine comprend deux appareils distincts : un clavier semblable à celui d'une machine à écrire et une fondeuse. En actionnant les touches, l'opérateur provoque la perforation d'une bande de papier qui se déroule. Par sa position déterminée sur cette bande de papier, chaque perforation entraîne le déplacement d'une matrice déterminée.

1. Marque déposée.

C'est alors qu'un jet de métal fondu est automatiquement projeté dans le moule d'un caractère que termine l'empreinte en creux du signe ou du caractère à fondre. Inventée par Jolbert Lanston en 1887, cette machine n'entra dans le commerce qu'en 1892. L'occasion est bonne de préciser ici que, dans le domaine de l'imprimerie, un certain laps de temps s'écoule toujours entre le moment où une nouvelle technique est mise au point et celui où elle entre en application. La raison en est qu'en la matière toute découverte entraîne une reconversion totale de la profession. C'est, transposé dans le monde de l'imprimerie, le drame consécutif à l'invention des métiers Jacquard au début du XIXe siècle. L'apparition des photocomposeuses pose à son tour un certain nombre de problèmes sociaux qui ne peuvent être résolus qu'avec l'aide du temps.

ŒIL. L'œil d'une lettre est constitué par la partie imprimante du caractère qui correspond au dessin de la lettre et dont l'empreinte est fixée sur le papier. Fondues dans un même corps, les mêmes lettres d'un même caractère peuvent ne pas avoir le même « œil ». Le corps 10 petit œil est, par exemple, un caractère fondu sur l'épaisseur du corps 10, mais dont la lettre est gravée dans des dimensions plus petites que l'œil proportionné à ce corps.

OFFSET. Ce mot est d'origine anglaise. Dès 1798, date à laquelle il inventa le principe de la lithographie, Senefelder chercha à appliquer le principe de la rotativité à son invention. Mais ce n'est qu'en 1904 que le lithographe américain Rubel découvrit le principe de ce mode d'impression. La machine à imprimer offset est, pour l'essentiel, composée de trois cylindres. Le premier est recouvert d'une plaque de zinc qui, après avoir été enduite d'une pellicule sensible à la lumière et insolée au travers de négatifs photographiques, supporte le motif qui doit être imprimé, lequel peut être aussi bien une photographie que des caractères. Le deuxième cylindre, habillé d'une plaque de caoutchouc, est chargé de recueillir l'image du zinc lequel a été légèrement gravé, afin de la reporter sur le papier supporté par un troisième cylindre.

Le typon est le nom que l'on donne à cette surface d'une consistance semblable à celle d'une pellicule photographique sur laquelle se trouve imprimé ou insolé le motif à reproduire. Les lumitypes produisent des films qui servent à la fabrication des reports offset ou héliogravure ou à graver un cliché trait. En fait, le procédé offset est très fréquemment utilisé pour les impressions en couleurs.

PLOMB. Métal très dense et malléable qui entre en une forte proportion dans l'alliage servant à fondre les caractères d'imprimerie (entre 65 et 85 %). Fondu sans exiger une trop forte température on lui adjoint de l'antimoine qui lui donne plus de résistance à l'écrasement. Par extension, le mot plomb s'emploie souvent pour désigner les caractères.

POINT TYPOGRAPHIQUE. C'est l'unité de mesure typographique. Avant Fournier il n'y avait aucune règle pour les dimensions typographiques, la force et la hauteur des caractères. En 1737, Fournier le Jeune imagina le *point* typographique et rapporta tout le matériel en usage à cette unité. Mais cette mesure était arbitraire et ne se réferait à aucune autre. Au reste, Fournier modifia son point typographique en 1764. Le *onze* de Fournier est aujourd'hui remplacé par le *douze* de Didot. En effet en 1775, Firmin Didot remania le système et le fit dériver des mesures légales en usage à l'époque. Il divisait la ligne de pied de roi, alors unité légale d'une valeur de six points. Le point typographique équivaut à 0,3759 mm. Le douze, ou cicéro, équivaut à 4,5 mm.

La Lumitype travaille suivant le système métrique. L'unité de base est un point métrique de 0,25 mm. La correspondance entre ce point métrique et le point didot est facile : 10 points didot = 15 points métriques (3,75 mm).

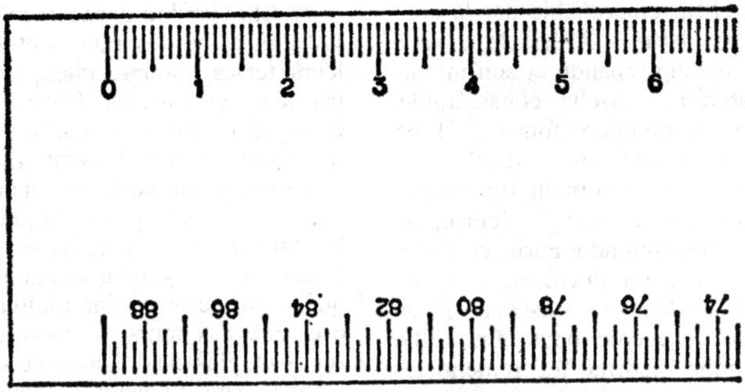

TYPOMÈTRE
La ligne du haut est une graduation en cm, la ligne du bas en points typographiques.

POLICE. La série complète des lettres et signes dans un corps déterminé s'appelle une police. Il s'agit d'un assortiment de caractères de différentes sortes. Le nombre des lettres de chaque sorte figurant dans une police est proportionnel à la fréquence de son emploi dans la langue. En français, la lettre la plus fréquente est le *e* suivi du *s*, de l'*i*, de l'*a*, de l'*o* et de l'*r*.

PONCTUATION. Le point fut employé dès la plus haute antiquité, mais il était l'unique signe de ponctuation, aussi les Grecs et les Romains en graduaient-ils la valeur en le plaçant soit en haut, soit en bas, soit au milieu de la ligne. La virgule, dans sa forme graphique actuelle, n'apparut qu'au VIIIe siècle. C'est au IXe siècle que l'on commença à faire usage de la ponctuation, laquelle fut mise irrégulièrement jusqu'au XVIe siècle. Alors, après l'invention de l'imprimerie, notre système moderne de ponctuation s'est développé et fixé. L'origine des guillemets, en tant que signe, serait l'antilambda ou le lambda renversé horizontalement (< >) employé dans les anciens manuscrits pour isoler les citations. Son nom viendrait de celui des Guillemet, imprimeurs-libraires au XVIe siècle. Au XVIIe siècle, on introduisit l'alinéa, le point-virgule et le point d'exclamation. L'usage des points de suspension date de la fin du XVIIIe siècle et celui du trait et des crochets du XIXe.

On peut regretter que, comme cela se produit en espagnol, en français, le point d'exclamation ou le point d'interrogation ne puissent pas être placés au début des phrases exclamatives ou interrogatives.

ROMAIN (caractère). Nos caractères romains ont pour origine les livres écrits à la main par les humanistes de la Renaissance, lesquels étaient nombreux, surtout à Florence. Les lettres que ces hommes dessinaient sont appelées aujourd'hui « néo-carolines », et quand elles furent transposées typographiquement, elles reçurent le nom de « lettres antiques ». En fait, ces lettres eurent l'avantage considérable de sortir l'imprimerie du marécage gothique où elle s'enlisait. Plus tard, le mot « romain » devait remplacer l'appellation d'« antique ». Cette transformation provient de ce que les premières fontes de caractères, utilisées sur les presses de la Sorbonne en 1470, furent des copies de celles dont on se servait à Rome en 1467. En réalité, le « romain » se divisait déjà en deux groupes bien distincts : le « romain » proprement dit et l'« italique ».

Durant la première décade de l'histoire des caractères romains, il faut surtout mentionner le « romain » de Nicolas

Jenson (1470), remarquable par la couleur de ses lettres. Ainsi, le Jenson s'est-il beaucoup répandu et son importance historique est-elle considérable. Gravé pour la première fois vers 1465 par Conrad Sweynheym et Arnold Pannartz à Subiaco, le romain fut ensuite perfectionné par Jenson à Venise, en 1468, et par Garamond à Paris, en 1520. Le type Caslon fut gravé en 1733 en Angleterre et le type Baskerville, en 1754, dans le même pays. En 1789, Firmin Didot modifia légèrement les proportions du romain. La partie courante de la plupart des livres que nous lisons est en romain. Tant en ce qui concerne le mot romain que le mot italique, je n'ai pas cru devoir, ici, en dire davantage, tant il est vrai que l'évolution du bas de casse romain fait l'objet de l'essai qui précède.

SCRIPTES. La première version typographique d'un scripte latin est celle de Pierre Moreau qui date de 1643.

SPÉCIMEN. En typographie, ce mot désigne l'ouvrage publié par des fondeurs en caractères d'imprimerie ou par des imprimeurs aux fins de montrer soit de nouvelles créations typographiques, soit la variété des caractères fondus dans une entreprise, soit le contenu des casses typographiques d'une imprimerie.

TAGS. Nombre des tags qu'on découvre aux coins des rues sont beaux par leurs textes comme, quelquefois aussi, par leurs graphismes. C'est le cas, par exemple, de cet « On s'aime à tout-va » tiré du vieux logo des éditions Larousse « Je sème à tout vent » ou bien de l'écologique « Touche pas à ma planète ». Ils le sont surtout en ce qu'ils se réduisent à l'acte qui les génère comme ce « Par quelle phrase incertaine toujours effacée oser dire aux murs ce que d'autres taisent » et, plus encore, avec ce somptueux « Saisir dans l'éphémère désordre d'un graffiti l'éternel défi d'exister ».

Ainsi, ce qui comble et confond à la fois, c'est la distance dont ces tagueurs font preuve à l'égard de leur œuvre. Ils donnent d'autant plus l'envie d'effacer leur tag que celui-ci emporte l'adhésion. À cet égard, il faut citer le « Défense d'afficher » de la loi de 1881 devenu « Défonce d'afficher » et les allusions à OLGA (l'Organisation de la lutte contre les graffitis et l'affichage sauvage) : « Allô OLGA y a un pochoir à effacer. » Ici, la pire des provocations réside dans le succès de son échec. Et, plus que tout, ce qui fascine chez les tagueurs, ce n'est pas seulement qu'ils ne signent jamais que de dérisoires pseudonymes (Sulfur, Raoul Torpedo, Midnight Heroes, Speedy Graphito, Jef Aerosol, Mis Tic) mais encore qu'ils aient fait de l'effacement de leur œuvre le principe de leur fulgurance.

BIBLIOGRAPHIE

par PAUL-MARIE GRINEVALD et JÉRÔME PEIGNOT

Paul-Marie Grinevald, conservateur de la bibliothèque du comité historique, économique et financier de la France (CHEFF), ancien conservateur de la bibliothèque de l'Imprimerie nationale, outre de nombreux articles dans *Bulletin Impressions de l'Imprimerie nationale* (1983-1985), *InInfo* et *Agenda de l'Imprimerie nationale* (1986-1997), et la rédaction de 94 notices pour le *Dictionnaire de l'imprimerie et de l'édition* (Promodis-Cercle de la librairie, 2 vol., 2002 et 2005) est l'auteur en particulier des articles et textes suivants :

« Richelieu et l'Imprimerie nationale », in *Richelieu et le monde de l'esprit*, Paris, Imprimerie nationale, 1985, p. 237-248.

« La bibliothèque de l'Imprimerie nationale », *Art et métiers du livre*, n° 145, juin 1987, p. 56-62, ill.

« L'art du livre à l'Imprimerie nationale », *Métiers d'art*, 1990, n° 43.

L'Encyclopédie, Diderot & D'Alembert. Les métiers du livre (en coll. avec Christian Paput), Paris, La Bibliothèque de l'Image, 1994, 139 p., ill.

Description de l'Égypte, Bilan scientifique d'une expédition militaire, catalogue de l'exposition organisée par l'Association pour la sauvegarde des livres anciens de la bibliothèque de la Cour de cassation (ASLAB), 8-28 juin 1995, Paris, Cour de cassation, 1995, 48 p., ill.

« L'imprimerie à Sedan, XVIe-XVIIIe siècle », in *De l'Europe des principautés à l'Europe des Nations*, actes du colloque de la Société d'histoire et d'archéologie du Sedanais, Nançy, Presses Universitaires de Nançy, 1995, p. 40-63.

« Le Cabinet des poinçons de l'Imprimerie nationale », *Art et métiers du livre*, novembre-décembre 1996, n° 200, p. 46-49, ill.

« Claude Garamont, graveur en lettre, v.1480-1561 », in *Défense et illustration de la typographie française*, actes du colloque Claude Garamond tenu par les Rencontres de Lure à la Bibliothèque nationale, 30, 31 octobre et 1er novembre 1993, s.l., Cahier de Lure, 1996.

« Les éditions orientalistes de l'Imprimerie nationale au XIXe siècle », in *Le Livre et l'historien : études offertes en l'honneur du professeur Henri-Jean Martin*, Genève, Droz, « Histoire et civilisation du livre, 24 », 1997, p. 795-804.

« La *Description de l'Égypte*, un monument éditorial », in *L'Expédition d'Égypte, une entreprise des Lumières (1798-1801)*, actes du colloque international tenu à Paris, 8-10 juin 1998, Paris, Tec & Doc, 1999, p. 297-305.

« Les Grecs du Roi », *Graphê*, janvier 2004, n° 27, p. 2-5, ill.

« Histoire de l'Imprimerie nationale », *Art et métiers du livre*, novembre-décembre 2004, n° 245, p. 46-59, ill.

Cette bibliographie s'articule en six rubriques : ouvrages généraux ; histoire de l'écriture ; histoire de la lettre ; histoire et technique de la typographie ; calligraphie ; calligramme et poésie visuelle.

Sachant que notre but est de fournir des pistes aux chercheurs, cette bibliographie comprend tous les livres en langue française que nous avons trouvés, mais non pas les articles, à quelques exceptions près. Pour plus de lisibilité sur les ouvrages, nous donnons la description bibliographique complète, avec indication des bibliographies là où elles sont pertinentes et offrent de nouvelles ouvertures. Le lecteur peut ainsi s'y référer. Pour les modèles d'écriture, on peut consulter les ouvrages reproduisant des manuscrits ou les spécimens typographiques, trop nombreux pour figurer ici.

Ajoutons que toute personne désirant produire un texte typographique (imprimé ou informatique) se doit de consulter et suivre les règles édictées dans les manuels, en choisir une et y rester fidèle d'un bout à l'autre du document. Voici les principaux codes en vigueur :

Abrégé du code typographique. Paris, Centre de formation et de perfectionnement des journalistes (CFPJ), coll. « Les Guides du Centre de formation et de perfectionnement des journalistes », 1984, 18 cm, 87 p. 2e éd. 1989, 94 p. et 6e éd. 2000, 102 p.

Auger (Daniel), *Grammaire typographique*. Paris, D. Auger, 1980, 2 vol., 30 cm, 463 p. et 505 p. Bibliographie : t. II, p. 477-480. Index.

Code typographique : choix de règles à l'usage des auteurs et des professionnels du livre. Préface de Georges Lecomte, de l'Académie française. 6e éd. Paris, Syndicat national des cadres et maîtrises du livre, de la presse et des industries graphiques, 1957, 21 cm, xv-122 p. 12e éd. 1977 ; 16e éd. 1989 et 17e éd. 1993.

Gouriou (Claude), *Mémento typographique*. Préface de Ranc, directeur de l'École Estienne. Paris, Hachette, 1961, xii-131 p. Rééd. : Paris, Cercle de la librairie, 1973, 24 cm, v-121 p. ; puis 1990, 1993 et 1998.

Guide du typographe romand : règles typographiques à l'usage des auteurs et éditeurs, compositeurs et correcteurs de langue française. 3e éd., Lausanne, Groupe de Lausanne de l'Association suisse des typographes, 1963, 173 p. Rééd. en 1982, 1993 et nouv. éd. : *Guide du typographe : règle et grammaire typographiques pour la préparation, la saisie et la correction des textes*, Lausanne, Groupe de Lausanne de l'Association suisse des typographes, 2000, 23 cm, 259 p.

Lexique des règles typographiques en usage à l'Imprimerie nationale. Paris, Imprimerie nationale, 1971, 21 cm, [2]-161 p. 2e éd. 1975 ; 3e éd. revue en 1990, 199 p. Rééd. en 1998 et 2002.

PERROUSSEAUX (Yves), *Manuel de typographie française élémentaire : à l'usage des personnes qui pratiquent la PAO sans connaissances en typographie*. Reillanne, Atelier Perrousseaux, 1995, 23 cm, 126 p., ill.

RAMAT (Aurel), *Grammaire typographique*. 4e éd. mise à jour. Saint-Lambert, A. Ramat, 1989, 22 cm, 93 p. 1re éd. 1982.

— *Ramat typographique*. Condé-sur-Noireau, Charles Corlet, 1994, 23 cm, 127 p.

OUVRAGES GÉNÉRAUX

ABEL-RÉMUSAT (Jean-Pierre), *Éléments de la grammaire chinoise ou Principes généraux du kou-wen ou style antique et du kouan-hoa, c'est-à-dire de la langue commune généralement usitée dans l'Empire chinois*. Introduction par Alain Peyraube… Notice biographique par Adolphe Thiers. Paris, Ala productions, 1987, 27 cm, [10]-240-[7] p. Rééd. de la nouvelle édition augmentée de L. Léon de Rosny, 1857. 1re éd. 1822.

ANIS (Jacques), *Texte et ordinateur : l'écriture réinventée ?* Bruxelles, De Boeck université, coll. « Méthodes en sciences humaines », 1988, 24 cm, 290 p., ill.

ARMANTIER (Louis), *Orientalisme et linguistique : introduction aux principales langues continentales de l'Extrême-Orient* (*les idiomes sino-tibétains*). Québec, L'Aurore/Univers, coll. « Champs. Les Sentiers de la création », 1980, 22,5 cm, 219 p., ill.

Aventure des écritures (L'). II : Matières et formes, sous la direction de Simone BRETON-GRAVEREAU et de Danièle THIBAULT. Paris, Bibliothèque nationale de France, 1999, 27 cm, 192 p., ill.

Aventure des écritures (L'). III : La Page, sous la direction d'Anne ZALI. Paris, Bibliothèque nationale de France, 1999, 27 cm, 215 p., ill.

BALPE (Jean-Pierre), *Hyperdocument, hypertextes, hypermédias*. Paris, Eyrolles, 1990, 24 cm, XII-200 p. Bibliographie : p. 195-200. Index.

BARTHES (Roland), *L'Empire des signes*. Genève, A. Skira ; Paris, Flammarion, coll. « Champs. Les Sentiers de la création », 1980, 17 cm, 151 p., ill. 1re éd. 1970.

— *Le Plaisir du texte*, précédé de *Variation sur l'écriture*. Préface de Carlo Ossola. Paris, Le Seuil, coll. « Tel quel », 2000. 1re éd. 1973 ; 2e éd. 1982, coll. « Points ».

BONACINI (Claudio), *Bibliografia delle arti scrittorie e della calligrafia*. Florence, Sansoni Antiquariato, 1953, 25 cm, 412 p., fig., fac-sim.

BURNS (Alfred), *The Power of the Written Word : the role of literacy in the history of Western civilization*. New York, Peter Lang, coll. « Studia classica, 1 », 1989, 23 cm, XII-378 p.

CHANGEUX (Jean-Pierre), *L'Homme neuronal*. Paris, Fayard, coll. « Le temps des sciences », 1983, 24 cm, 419 p., ill. Rééd. : Paris, Hachette, coll. « Pluriel », 1984.

CHOMSKY (Noam), *Reflections on Language*. New York, Pantheon Books, 1975, 21 cm, 269 p. Trad. fr. : *Réflexions sur le langage*. Paris, François Maspéro, 1977. Rééd. : Paris, Flammarion, coll. « Champs », 1981 et 1995.

DERRIDA (Jacques), *De la grammatologie*. Paris, Minuit, coll. « Critique », 1967, 22 cm, 248 p. Rééd. 1974, 1979, 1985, 1992 et 1997.

— *L'Écriture et la Différence*. Paris, Le Seuil, coll. « Tel », 1967, 22 cm, 440 p. Rééd. 1979, coll. « Points, 100 ».

Dictionnaire de la civilisation égyptienne, par Georges POSENER, en collaboration avec Serge SAUNERON et Jean YOYOTTE. Paris, Fernand Hazan, 1959, 21 cm, VIII-324 p., ill.

Dictionnaire encyclopédique du livre, sous la direction de Pascal FOUCHÉ, Daniel PÉCHON et Philippe SCHUWER. Préface de Henri-Jean Martin. Paris, Promodis, 2002, 21 × 29 cm, 4 vol. ill. T. I : *A-D*, 2002, 900 p. ; t. II-IV, à paraître.

Écriture, typographie, pédagogie, sous la direction de Anne MACHET. Rencontres internationales de Lure, [avec la collaboration du] Centre de linguistique appliquée à l'École des beaux-arts de Besançon, [Besançon, 1985], coll. « Cahiers de Lure, 28 », 29 cm, 219 p., ill. (Titre de couverture : *Réécriture de l'écriture*.)

Éloge du scribe : textes de l'ancienne Égypte. Textes et documents réunis par Ève MENEI. Paris, Alternatives, coll. « Pollen », 2000, 19 cm, 80 p.

FABRE (Daniel), dir., *Écritures ordinaires*, par Jean-Pierre Albert, Marlène Albert-Llorca, Dominique Blanc… [*et al.*]. [Paris], Bibliothèque publique d'information, Centre Georges-Pompidou, POL, coll. « Études et recherche », 1993, 23 cm, 374 p., [8] p. de pl., ill.

— dir., *Par écrit, ethnologie des écritures quotidiennes*, textes réunis par Martin de La Soudière et Claudie Voisenat. Paris, Maison des sciences de l'homme, coll. « Ethnologie des écritures quotidiennes, 11 », 1997, 23 cm, XIII-393 p., ill.

FRAENKEL (Béatrice), *La Signature : genèse d'un signe*. Paris, Gallimard, coll. « Bibliothèque des histoires », 1992, 23 cm, 319 p. [4] p. de pl., ill.

GOODY (Jack), *L'Homme, l'écriture et la mort*, entretiens avec Pierre-Emmanuel Dauzat. Paris, Belles Lettres, coll. « Entretiens », 1996, 22 cm, 247 p.

GUITEL (Geneviève), *Histoire comparée des numérations écrites*. Préface de Charles Morazé. Paris, Flammarion, coll. « Nouvelle bibliothèque scientifique », 1975, 21 cm, 851 p., [6] dépl., ill. Bibliographie : p. 769-778. Index.

GRANET (Marcel), *La Pensée chinoise.* Paris, Albin Michel, coll. « L'Évolution de l'humanité, 25 bis », in-8°, XXIII-615 p., 1934. Rééd. 1950, avec *Mentalité chinoise et psychologie comparée*, avant-propos par Henri Berr, 20 cm, XXIII-616 p. Nouv. éd. 1968, coll. « L'Évolution de l'humanité, 3 », 18 cm, 569 p. Nouv. éd. et préface de Léon Vandermeersch, 1999, puis 2002, coll. « Bibliothèque de l'évolution de l'humanité, 34 », XI-518 p., ill.

➤ Voir le chapitre I : « L'expression de la pensée ».

GUSDORF (Georges), *La Parole.* Paris, PUF, coll. « Initiation philosophique, 3 », 1953, 18 cm, 124 p. 2e éd. 1956 et 5e éd. 1966. Rééd. en 1998 dans la coll. « Quadrige ».

HAENENS (Jean d'), « Écrire, utiliser et conserver des textes pendant 1 500 ans : la relation occidentale à l'écriture », *Scritura e civiltà*, 7, 1983, p. 225-260.

HAGÈGE (Claude), *L'Homme de paroles, contribution linguistique aux sciences humaines.* Paris, Fayard, 1985, 24 cm, 314 p. Rééd. : Paris, Gallimard-Fayard, 1996, coll. « Folio, essais, 49 ».

➤ Voir le chapitre IV « Écriture et oralité ».

HAMMAN (Adalberg-Gautier), *L'Épopée du livre : la transmission des textes anciens, du scribe à l'imprimerie*. Paris, Librairie académique Perrin, coll. « Pour l'Histoire », 1985, 23 cm, 239 p., [16] p. d'ill.

Histoire de la lecture dans le monde occidental, sous la direction de Guglielmo CAVALLO et Roger CHARTIER [traduit de l'anglais et de l'italien par Jean-Pierre Bardos, traduit de l'allemand par Marie-Claude Auger]. Paris, Le Seuil, coll. « L'univers historique », 1997, 23 cm, 522 p. Rééd. 2001, coll. « Points Histoire, H 297 ». (Traduction de : *Storia della lettura*. Rome/Bari, Giuseppe Laterza e Figli, 1995.)

Histoire de l'édition française, sous la direction de Henri-Jean MARTIN et Roger CHARTIER. Paris, Promodis, 1983-1986, 21 × 29 cm, 4 vol. ill. T. I : *Le Livre conquérant*, 1983, 632 p., ill. ; t. II : *Le Livre triomphant*, 1984, 656 p., ill. ; t. III : *Le Temps des éditeurs : du romantisme à la Belle Époque*, 1985, 540 p. ; t. IV : *Le Livre concurrencé : 1900-1950*, 1986, 612 p. ; t. V : *L'Édition française depuis 1945*, 900 p., ill. Nouv. éd. en format poche chez Fayard.

IFRAH (Georges), *Histoire universelle des chiffres : lorsque les nombres racontent les hommes*. Paris, Seghers, 1981, 25 cm, [4]-567 p., ill. Rééd. 1984, 1987. Nouv. éd. : Paris, Robert Laffont, coll. « Bouquins », 1994, 2 vol., 1042 et 1010 p., ill.

— *Les Chiffres ou l'Histoire d'une grande invention.* Paris, Robert Laffont, 1985. 2e éd. revue et corrigée, 1986, 24 cm, 335 p., ill.

JACNO (Marcel). *Un bel avenir.* Paris, Maurice Nadeau/Papyrus, 1981, 21 cm, 140 p.

JAVAL (Émile), *Physiologie de la lecture et de l'écriture.* Paris, CEPL, coll. « Les Classiques des sciences humaines », 1978, 23 cm, XXIX-296 p., ill.

KRAMER (Samuel Noah), *L'Histoire commence à Sumer.* Traduit de l'anglais par Josette Hesse, Marcel Moussy et Paul Stephano. Avant-propos de Jean Bottéro. Paris, Arthaud, coll. « Clefs de l'aventure, clefs du savoir », 1957, in-8° (21 cm), 315 p., pl., cartes, fac-sim. Rééd. en 1958, 1975. Nouv. éd. : Paris, Arthaud, 1986, 24 cm, 253 p., 18 p. de pl., ill.

KRISTEVA (Julia Joyaux), *Le Langage, cet inconnu.* Paris, SGPP, 1969. Rééd. : *Le Langage, cet inconnu : une initiation à la linguistique.* Paris, Le Seuil, coll. « Points, 125 », 1981, 18 cm, 334 p.

Langues du monde (Les) : par un groupe de linguistes, sous la direction de Antoine MEILLET et Marcel COHEN. Paris, Librairie ancienne Édouard Champion, 1924, 25 cm, XVLI-811 p., cartes dépl. Nouv. éd. : Paris, CNRS Éditions, 1952, XLIII-811 p., 26 f. de pl. ; 1964, 2 vol. gr. in-8° (25 cm), XLII-1297 p., 21 cartes en noir et en coul. jointes. Réimpr. : Genève/Paris, Slatkine, 1981.

Langues écrites du monde (Les) : relevé du degré et des modes d'utilisation/ The Written Languages of the World : a survey of the degree and modes of use, Centre international de recherche sur le bilinguisme ; sous la direction de Heinz KLOSS et Grant D. MCCONNELL. Laval (Québec), Les Presses de l'Université Laval, 1978-1995, 10 vol., 22 × 28 cm.

LAUFER (Roger) et SCAVETTA (Domenico), *Texte, hypertexte, hypermédia.* Paris, PUF, coll. « Que-sais je ?, 2629 », 1992, 18 cm, 128 p. 2e éd. corrigée, 1995.

LEFEBVRE (Henri), *Le Langage et la Société.* Paris, Gallimard, coll. « Idées », 1966, 17 cm, 383 p. Rééd. 1968 et 1970.

LEROI-GOURHAN (André), *Le Geste et la Parole.* Paris, Albin Michel, 1964-1965, 2 vol. in-16 (19 cm), 325 et 287 p., ill. T. I : *Techniques et langage* ; t. II : *La Mémoire et les rythmes.*

LÉVI-STRAUSS (Claude), *La Pensée sauvage.* Paris, Plon, 1958, 19,5 cm, II-397 p., ill. Nombreuses rééd., dernière en 1996. En poche chez Presses Pocket, 1990.

MALHERBE (Michel), *Les Langages de l'humanité : une encyclopédie des 3 000 langues parlées dans le monde.* Paris, Seghers, 1983, 25 cm, 443 p. Nouv. éd. : Paris, Robert Laffont, coll. « Bouquins », 1995, 20 cm, IX-1 734 p., cartes.

MALLARMÉ (Stéphane), *Écrits sur le livre : choix de textes.* [Préface par] Henri Meschonnic ; [éd. par Christophe Romana et Michel Valensi]. Paris, L'Éclat, coll. « Philosophie imaginaire, 3 », 1986, 19 cm, 185 p.

— *Quant au livre.* Paris, Gallimard, coll. « Bibliothèque de la Pléiade », 1945.

MARTIN (Henri-Jean), *Livre, pouvoirs et société à Paris au XVIIe siècle (1598-1701).* Paris-Genève, Droz, coll. « Histoire et civilisation du livre, 3 », 1969, 15,5 × 24 cm, 2 vol., 1091 p., 11 cartes. Index. 2e éd. 1984 ; 3e éd. avec préface de Roger Chartier, 1999, 2 vol., 19 cm, XXI-1091 p., ill.

— *Histoire et pouvoirs de l'écrit.* Préface de Pierre Chaunu. Paris, Librairie académique Perrin, coll. « Histoire et décadence », 1989, 24 cm, 518 p. Bibliographie. Index. Réimpr. 1990. Rééd. : Paris, Albin Michel, coll. « Bibliothèque de l'évolution de l'humanité », 1996, 19 cm, XXI-536 p.

MÉRON (Jean), *Ortho-typographie : recherches bibliographiques*. La Ferté-sous-Jouarre, Méron ; Paris, La Convention typographique, 2002, 29,7 cm, IX-349 p., ill.

Mise en page et mise en texte du livre manuscrit, sous la direction de Henri-Jean MARTIN et Jean VEZIN. Préface de Jacques Monfrin. Paris, Cercle de la librairie/Promodis, 1990, 31 cm, 472 p., ill.

MOUNIN (Georges), *Histoire de la linguistique : des origines au XXe siècle*. 2e éd. mise à jour. Paris, PUF, 1970, 18 cm, 230 p. 3e éd. rev. 1974 ; 4e éd. corr. 1985. Rééd. 1996, coll. « Quadrige ».

PEIGNOT (Jérôme), *Du chiffre, aspects graphiques, typographiques et plastiques*. Paris, Jacques Damase, 1982, 30 cm, 223 p., 200 ill.

— *Moïse ou la Preuve par l'alphabet de l'existence de Yahvé*. [Sainte-Agnès], Jérôme Millon, 1988, 22 cm, 157 p. Annexes : p. 131-154. (Sur la couverture : *Petit essai d'épigraphie polémique*.)

PEIRCE (Charles Sanders), *Écrits sur le signe*. Rassemblés, traduits et commentés par Gérard Deledalle. Paris, Le Seuil, coll. « L'Ordre philosophique », 1978, 21 cm, 262 p. (Recueil de textes traduits de l'anglais, extraits pour la plupart de diverses revues et publications, 1885-1958.) Rééd. 1992.

PETRUCCI (Armando), *La scrittura : ideologia e rappresentazione*. Turin, Einaudi, « Piccola biblioteca Einaudi, 473 », 1986, 19 cm, XXV-190 p., ill.

PROU (Maurice), *Manuel de paléographie latine et française*. Avec la collaboration de Alain de BOÜARD. 4e éd. refondue accompagnée d'un album de 24 pl. Paris, A. Picard, 1924, 23 cm, XII-511 p. Bibliographie : p. 289-302. Index.

Schéma typographique (Le) : écriture et mise en page, la bibliologie scripturale, sous la direction de Tibor PAPP. Paris, Société de bibliographie et de schématisation, 1982, 175 × 270 mm, 120 p., fig., n° 17 de la revue : *Schéma et schématisation*. [Robert ESTIVALS, éditorial : « La bibliologie scripturale », p. 5. — I. – Écriture : Ratcho KAZANSKY, « Les problèmes des écritures manuscrites face à la révolution scientifique et technique », p. 14 ; Stéphane BANOV, « Nouveau système d'écriture à l'usage général », p. 21 ; Jean CAMION, « Une écriture phonétique : présentation du code phonétique positionnel », p. 25 ; Francis EDELINE et Philippe MINGUET, « Les métaplasmes dans la poésie lettriste et spatialiste », p. 31. — II. – La mise en page. - Histoire et technologie : Pierre DUPLAN, « Trois âges du traitement de l'écrit : le manuscrit, Gutenberg, le livre Aldin », p. 43. – Les genres littéraires : Mohamed SADID, « La mise en page du livre arabe (approche descriptive générale) », p. 54. – L'auteur : Tibor PAPP, « Le rôle du schéma typographique dans la création littéraire », p. 67. – Le lecteur : Henri CONDOM, « Les ardoises du toit : essai d'analyse sémiologique d'une typographie et de sa mise en page », p. 80. – Le système de communication : John G. KIRIAKOS, Jean-Charles GAUDY et Robert ESTIVALS, « Analyse bibliométrique de la mise en page de *Télé 7-Jours* », p. 90. – La création : Michel CANDELIER, « La mise en page d'auteur I : les moyens graphiques dans l'enseignement grammatical. Essai de mise en page schématique », p. 99 ; Xavier CASANOVA et Marie-Paule COSTANTINI, « La mise en page d'auteur II », p. 101 ; Robert ESTIVALS et Jean-Charles GAUDY, « La mise en page d'auteur III. Introduction à la lecture du livre : la bibliologie graphique. L'évolution graphique des plans de Paris », p. 104.]

SALIBI (Kamal), *La Bible est née en Arabie*. Traduit de l'anglais par Gérard Mannoni. Paris, Grasset, 1987, 23 cm, 284 p., carte.

SAUSSURE (Ferdinand de), *Cours de linguistique générale*. Édition critique préparée par Tullio de Mauro. Paris, Payot, 1972, 23 cm, XVIII-511 p. Bibliographie : p. 481-485. Index. (Payothèque. Reproduction en fac-similé de la 3e éd., 1931. L'édition de 1972 est augmentée par Tullio De Mauro d'une introduction, de notes et commentaires, traduits de l'italien, d'une bibliographie et d'un index.) 1re éd. : Lausanne/Paris, Payot, 1916, 24 cm, 336 p. Nombreuses rééd. ; dernière en 1995.

STIENNON (Jacques), *Paléographie du Moyen Âge*. 3e éd. Paris, Armand Colin, coll. « U. Série histoire médiévale », 1999, 23 cm, 367 p., portrait, cartes, fac-sim. 1re éd. 1973 ; 2e éd. 1991.

TAJAN (Alfred) et DELAGE (Guy), *L'Analyse des écritures : techniques et utilisations*. Paris, Le Seuil, 1972, 21 cm, 239 p., ill.

Techniques avancées pour l'hypertexte, par Jean-Pierre BALPE, Alain LELU, Imad SALEH… [*et al.*]. Paris, Hermès, 1996, 24 cm, 288 p. Bibliographie : p. 275-284. Index.

VENDRYÈS (Joseph), *Le Langage : introduction linguistique à l'histoire*. Paris, La Renaissance du livre, 1921, XXVIII-439 p. Rééd. : Paris, Albin Michel, coll. « L'Évolution de l'humanité, 6 », 1968, 18 cm, 444 p.

➤ Voir la 5e partie : L'écriture.

Visible Language : the journal for research on the visual media of language expression, éd. Merald E. Wrolstad. Providence (RI), Rhode Island School of Design, Graphic Design Dept. Depuis 1971. (Importante revue américaine faisant suite à : *Journal of Typographic Research*.)

WALTER (Henriette), *L'Aventure des langues en Occident : leur origine, leur histoire, leur géographie*. Préface d'André Martinet. Paris, Robert Laffont, 1994, 24 cm, 498 p. Rééd. : Paris, Librairie générale française, « Le Livre de poche, 14000 », 1996, 18 cm, 595 p., ill.

WHITEMAN (Marcia Farr), *Variation in Writing : functional and linguistic-cultural differences*. [Titre d'ensemble : *Writing : the nature, development, and teaching of written communication*.] Hillsdale (NJ), L. Erlbaum, 1981, 23 cm, X-214 p., ill. (Articles extraits de la conférence, « The National Institute of Education's first conference on writing », tenue en juin 1977 à Los Alamitos [Calif.], en collaboration avec SWRL Education Research and Development Laboratory.) Notes bibliogr. Index.

HISTOIRE DE L'ÉCRITURE

AGUIRRE (Manuel), *La escritura en el mundo*. Madrid, Libreria Reliex, 1961, 24 cm, 514 p., ill. (Mongol, semphore, berber, lolo…)

ALLETON (Viviane), *L'Écriture chinoise.* Paris, PUF, 1970, 18 cm, 128 p., ill. 2e éd. 1976, coll. « Que sais-je ?, 1437 ».

ANDRÉ (Béatrice), *L'Invention de l'écriture.* Paris, Nathan, coll. « Poche Nathan, 769 », 1986, 18 cm, 70 p., ill.

ANIS (Jacques), *L'Écriture : théories et descriptions.* Avec la collaboration de Jean-Louis CHISS et Christian PUECH. Bruxelles, De Boeck université, coll. « Prisme. Problématiques, 10 », 1988, 24 cm, 252 p., ill.

Art et l'Écriture (L') / Schrift und Bild/Schrift en beeld/Art and Writing, sous la direction de Dietrich MAHLOW. Francfort-sur-le-Main, Typos Verlag, 1963, 24 cm, 176-LXXXIV p., ill. (Catalogue de l'exposition : Stedelijk Museum Amsterdam, 3 mai-10 juin 1963 ; Staatliche Kunsthalle Baden-Baden, 14 juin-4 août 1965.)

Art et l'Écriture (L'). Préface de Marcel Cohen. Exposition, 1965. Paris, Unesco, 1965, 23 cm, [18 p.], 50 f. ill.

Atlas zur Geschichte der Schrift. Gewerbelehrerstudium Graphisches Gewerbe. Darmstadt, Technische Hochschule Darmstadt, 1986-1989. 3 vol. (31 cm), ill. Bd I : *Von der sumerischen Keilschrift bis Gutenberg* ; Bd II : *Von Gutenberg bis Ende des 19. Jahrhunderts* ; Bd III : *Ausgewählte Schriftsbeispiele des 20. Jahrhunderts*, zusammengestellt von Hermann Zapf.

Aventure de l'alphabet : les écritures cursives et linéaires du Proche-Orient et d'Europe du Sud-Est à l'âge de bronze. S.l., s.n., 2002.

Aventure des écritures (L') : naissances. [Exposition, Paris, Bibliothèque nationale de France, 4 novembre 1997-17 mai 1998.] [Catalogue] sous la direction d'Anne ZALI et d'Annie BERTHIER. Paris, Bibliothèque nationale de France, 1997, 27 cm, 223 p., ill.

BARNES (Harry Elmer), *A History of Historical Writing.* 2e éd. New York, Dover Publications, 1963, 22 cm, XIV-451 p., 1 portrait en frontispice.

BELLASEN (Joël), *Méthode d'initiation : perfectionnement à la langue et à l'écriture chinoise.* En collaboration avec Zhang PENGPENG. Paris, La Compagnie, 1990-1991, 21 cm, 279 et 351 p., ill.

BERGER (Philippe), *Histoire de l'écriture dans l'Antiquité.* Paris, Imprimerie nationale, 1891, gr. in-8°, XVIII-389 p., fig., 9 pl. noir et coul. en héliogr. Dujardin. 2e éd. 1892. (Ministère de l'Instruction publique et des Beaux-Arts, Musée pédagogique et Bibliothèque centrale de l'enseignement primaire. Mémoires et documents scolaires publiés par le Musée pédagogique, fascicule n° 98.)

BETRÒ (Maria Carmela), *Hiéroglyphe : le mystère de l'écriture.* Traduit de l'italien par Dominique Pourille et Anne Guglielmetti. Paris-Milan, Flammarion, 1995, 25 cm, 251 p., ill.

BILLETER (Jean-François), *L'Art chinois de l'écriture.* Genève, Albert Skira, 1989, 28 cm, 320 p., 320 ill. en noir et en coul.

BOLTZ (William G.), *The Origin and Early Development of the Chinese Writing System.* New Haven (Conn.), American Oriental Society, coll. « American Oriental Series », 1994, 26 cm, IX-205 p., ill. Bibliographie : p. 185-192. Index.

BORD (Lucien-Jean) et MUGNAIONI (Remo), *L'Écriture cunéiforme : syllabaire sumérien, babylonien et assyrien*. Paris, Librarie orientaliste Paul Geuthner, coll. « Manuels », 2002, 24 cm, 253 p.

BOTTERO (Jean), *Mésopotamie, l'écriture, la raison et les dieux*. Paris, Gallimard, « Bibliothèque des histoires », 1987, 20 × 27 cm, 373 p., ill. Bibliographie : p. 359-365. Rééd. : Paris, Gallimard, 1989 et 1994, 23 cm, 367 p., [4] p. de pl., ill. Rééd. en poche « Folio. Histoire », 1997, 552 p., ill.

— « L'écriture et la formation de l'intelligence en Mésopotamie ancienne », *Le Débat*, n° 62, nov.-déc. 1990, p. 38-60.

— *Babylone et la Bible*, entretien avec Hélène Monsacré. Paris, Hachette, coll. « Pluriel », 1994, 23 cm, XVI-318 p., carte.

CALVET (Louis-Jean), *Histoire de l'écriture*. Paris, Plon, 1996, 21 cm, 296 p., ill. Rééd. : Paris, Hachette littérature, coll. « Pluriel », 1998, 18 cm, 296 p., ill.

CATICH (Edward M.), *The Origin of the Serif, Brush Writing and Roman Letters*. Davenport (Iowa), Catfish Press, 1968, in-4° (28 cm), XII-310 p., ill. en noir et en coul.

CHENG (François), *L'Écriture poétique chinoise*. Paris, Le Seuil, 2001, 25 × 29 cm, 408 p., ill.

CLAIBORNE (Robert), *Le Miracle de l'écriture : l'histoire de la plus grande réalisation intellectuelle de l'homme*. Traduit de l'anglais par Simon Noireaud et Pierre-Louis Millet. [Amsterdam], Times Life International, coll. « Les Origines de l'homme », 1976, 26 cm, 160 p., ill. (Édition originale : *Birth of Writing*, Londres, Time Life Books, 1971. Rééd. 1976.)

CLODD (Edward), *The Story of the Alphabet*. Londres, George Newnes, 1900, in-8°, 234 p., 90 ill. Nouv. éd. : New York, McClure, Philipps & Co., 1904 ; New York, Appleton Century & Co., 1938, in-8°, 209 p. (Traduit en italien par Giuseppe Nobili, Turin, 1903.)

COHEN (Marcel Samuel Raphaël), *L'Écriture*. Paris, Éditions sociales, 1953, in-8°, 131 p., pl., carte, fac-sim.

— *La Grande Invention de l'écriture et son évolution*. Paris, C. Klincksieck (Imprimerie nationale), 1958, 27 cm, 2 vol. in-4, XII-473-229 p., 95 pl. ([1.] Textes ; [2.] Documentation et index.)

— *L'Art de l'écriture*. Exposition, 1965. Paris, Unesco, 1965, 23 cm, [18 p.], 50 f. d'ill.

COULMAS (Florian), *The Writing Systems of the World*. Oxford/New York, Basil Blackwell, 1989, 24 cm, IX-302 p., ill. Bibliographie : p. 274-289. Index.

COYAUD (Maurice), *Langues et écritures en Chine et alentour*. 2e éd. rev. et augm. Paris, UER de linguistique de l'université René-Descartes, 1984, 30 cm, 166 p., carte, bibliographie.

CUNEO (Anne), *Le Maître de Garamond : Antoine Augereau, graveur, imprimeur, éditeur, libraire*, roman. Paris, Stock, 2003, 24 × 14 cm, 505 p. Rééd. : Paris, Librairie générale française, « Le Livre de poche, 30190 », 2004, 18 cm, 632 p.

DALBY (David), *L'Afrique et la Lettre/Africa and the Written Word*. Paris/Lagos, Karthala, 1986. (Université de Rouen.)

DAVOUST (Michel), *Introduction à l'écriture maya…* Thèse, 3e cycle. Paris, École des hautes études en sciences sociales, 1983 ; Angers, 1983, 30 cm, 114 f., ill.

— *Le Déchiffrement de l'écriture maya : bilan et perspectives*. Thèse, doctorat d'État. Paris, École des hautes études en sciences sociales, 1986, 6 vol., 1 755 f., ill.

— « Le déchiffrement de l'écriture maya depuis 1960 », *Histoire Épistémologie Langage,* Paris, t. VIII, fasc. 1 (1986), p. 179-198 (23 cm, 20 p. et 4 p. de pl.).

— *L'Écriture maya et son déchiffrement*. Paris, CNRS Éditions, 1995, 31 cm, 650 p., ill. Bibliographie : p. 627-644.

Déchiffrement des écritures et des langues (Le). Actes du colloque sous la direction de Jean LECLANT. Paris, L'Asiathèque, 1973, 24 cm, 227 p.

Déchiffrement des écritures mésoaméricaines (Le). Methodological approaches to pre-columbian art. [La] arqueología de Esmeraldas. Ecuador, XLIIe Congrès international des américanistes. Introduction par Joaquín Galarza. Paris, Société des américanistes, 1980, 25 cm, 468 p. (Actes du XLIIe Congrès international des américanistes. VII.)

DÉTIENNE (Marcel), *Les Savoirs de l'écriture : en Grèce ancienne*. Lille, Presses universitaires de Lille, 1988, 29,7 cm, 540 p.

DHORME (Édouard), *Langues et écritures sémitiques*. Paris, Librairie orientaliste Paul Geuthner, 1930, in-8°, 76 p. (Études sémitiques, publiées sous la direction du P.P. Dhorme, OPI.)

DILLMANN (François-Xavier), *Les Runes*. Thèse, Université de Rouen, 1976.

DIRINGER (David), *The Alphabet : a key to the history of mankind*. Foreword by Ellis Minns… Londres, Hutchinson's, [1947], 23,5 cm, XII-607 p. Bibliographie : p. 574-576. Index. [New York, Philosophical library, avril 1948.] Éd. révisée : New York, Philosophical library en avril 1949. Nouveau tirage : New York, Philosophical library en 1953, in-8°, 607 p., 257 fig. 3e éd. complètement revue avec l'assistance de Reinhold Regensburger, New York, Funk & Wagnalls, [1968], 2 vol., 26 cm, ill. (vol. de 452 p. d'ill.). New Delhi, Munshiram Manoharlal Publishers, 1996, 25 cm, XII-13-508 p, ill.

— *Staples Alphabet Exhibition… The alphabet throughout the ages and in all lands*. David Diringer… assisted by H. Freeman. [Foreword by Ronald Staples.] Exposition, 1953. Londres, Staples Press, 1953, in-4°, 27 cm, 82 p., cartes, fac-sim., plan, tableau.

— *Writing*. Londres, Thames and Hudson, 1962, 21 cm, 261 p., ill., 3 cartes, fac-sim., tables.

DOBLHOFER (Ernst), *Le Déchiffrement des écritures*. Traduit de l'allemand par Monique Bittebierre. Préface de Jean Bottéro. Grenoble, Arthaud, coll. « Signe des temps, 5 », 1959, 21 cm, 351 p., fig., 41 ill. Réimpr. en 1960. (Édition originale : *Entzifferung alter Schriften und Sprachen*. Stuttgart, Reclam Verlag, 1957. Rééd. 2000, coll. « Reclam-Bibliothek, 1702 », 19 cm, 350 p., fig., fac-sim.)

DRUET (Roger) et GRÉGOIRE (Herman), *La Civilisation de l'écriture*. Préface de Roland Barthes. Présentation de François Richaudeau. Paris, Dessain &

Tolra/Fayard, 1976, 24 × 31 cm, 312 p., ill. en noir et en coul. Réimpr. en 1980.

« Du signe à l'écriture », *Pour la science*. Dossier hors série, octobre 2001-janvier 2002. (Recueil d'articles d'A.-M. Christin, J.-J. Glassner, F. d'Errico, C. Houzel, P. Vernus, L. Murawiec sur : les naissances, l'évolution et la pratique de l'écriture.)

« Écriture », *Corps écrit*. Paris, PUF, février 1982. (Études sur l'écriture cunéiforme, le rôle de l'écriture dans la Grèce ancienne, les Grecs et l'écriture, les voix paradoxales de l'écriture celtique, florilèges de la calligraphie arabe, l'écriture chinoise.)

Écriture (L') : le cerveau, l'œil et la main. Texte d'un colloque réuni par Colette Sirat, Jean Irigoin et Emmanuel Poulle. Brepols, Turnhout, coll. « Bibliologia : elementa ad librorum studia pertinentia, 10 », 1990, 27 cm, 421 p., ill.

Écriture et la psychologie des peuples (L'). XXIIe semaine de synthèse. Centre international de synthèse. (Textes de : James G. Février, Henri-Jean Martin.) Paris, Armand Colin, 1963, 24 cm, 380 p., ill.

Écritures : systèmes idéographiques et pratiques expressives. Actes du colloque international de l'université Paris VII, UER Sciences des textes et des documents, 22, 23 et 24 avril 1980, organisé par Anne-Marie Christin. Paris, Le Sycomore, 1982, 22 cm, 400 p.

Écritures : une petite histoire de l'invention de l'écriture. [Images animées] vidéogramme réalisé par Caroline Philibert. Conseiller scientifique : Ghislaine Haas. Producteur : Université de Bourgogne avec le soutien du CRDP de Dijon, ENESAD/CNERTA, Musée archéologique de Besançon. Diffusion : Centre audiovisuel La Passerelle, SFRS, CNRS Audiovisuel. Image-montage : Bruno Sansano. Son-musique : Michel Thibault. Infographie : Christian Straboni. Accompagné d'un livret pédagogique : *Les Systèmes d'écriture*, publié par le CNDP. Vidéocassette [VHS] (15 min), coul., SECAM.

Écritures II, textes réunis par Anne-Marie Christin. Paris, Le Sycomore, 1982, 22 cm, 379 p., ill. (Textes de conférences tenues en 1982-1983 au Centre d'étude de l'écriture de l'université Paris VII.)

Espace et la Lettre (L'), sous la direction d'Anne-Marie Christin. Paris, Union générale d'éditions, coll. « 10-18, 1180 », 1977, 18 cm, 438 p., ill. (N[o] spécial des « Cahiers Jussieu », 3, 1977.)

➤ Voir notamment : Jean-Marie Durand, « Diffusion et pratique des écritures cunéiformes au Proche-Orient ancien », et Maurice Sznycer, « L'origine de l'alphabet sémitique ».

Étiemble (René), *L'Écriture*. Paris, Robert Delpire, 1961, 112 p., ill. Rééd. : Paris, Gallimard, coll. « Idées, 280 », 1973, 16,5 cm, 188 p., ill.

Fairbank (Alfred), *A Book of Scripts*. Londres, Penguin Books, 1949, 19 cm, 36 p., 64 p. de pl. Rééd. : Londres, Faber and Faber/Penguin Books, 1977.

Février (James G.), *Histoire de l'écriture*. Avec 135 figures dans le texte. Paris, Payot, 1948, 22,5 cm, 616 p. Nouv. éd. 1959. Rééd. 1982, 1984 et 1995.

FISCHER (Henry-George), *L'Écriture et l'art de l'Égypte ancienne.* Paris, PUF, « Essais et conférences du Collège de France », 1986, 24 cm, 253 p., ill. en noir et en coul. (Texte de quatre leçons prononcées au Collège de France en octobre 1981.)

FISCHER (Steven Roger), *A History of Writing.* Londres, Reaktion Books, 2001, 22 cm, 352 p., 7 ill. Rééd. 2004.

FISHMAN (Joshua A.), dir., *Advances in the Creation and Revision of Writing System.* La Haye/Paris, Mouton, 1977, 24 cm, XVIII-491 p.

FOSSEY (Charles), *Notices sur les caractères étrangers anciens et modernes.* Paris, Imprimerie nationale, 1927, 230 × 285 mm, X-326 p., 1 tableau dépliant. Nouv. éd. 1948, 230 × 285 mm, XV-427 p., 1 tableau dépliant.

FRIEDRICH (Johannes), *Entzifferung verschollener Schriften und Sprachen.* Berlin, Springer-Verlag, 1954, 19 cm, VI-147 p., fig., fac-sim. (Heidelberg, Carl Winter Universitats Verlag, 1966.)

— *Geschichte der Schrift unter besonderer Berücksichtigung ihrer geistigen Entwicklung.* (Bildauswahl und Zeichnungen : W. Zaumseil) Mit 424 Abbildungen. Heidelberg, Carl Winter Universitats Verlag, 1966, 24 cm, 408 p., ill.

GARDINER (Alan Henderson), *Egyptian Grammar : being an introduction to the study of hieroglyphs.* Oxford, Griffith Institute/Ashmoleum Museum, 1994, 29 cm, XXXVI-646 p., pl., ill. Bibliographie. 1re éd. 1927 ; 3e éd. 1957.

GAUR (Albertine), *Writing Materials of the East.* Londres, British Library, 1979, 23 cm, 35 p., ill.

— *A History of Writing.* Londres, British Library, 1984, 27 cm, 224 p., ill. (New ed.) with corrections : Londres, British Library, 1987, 224 p., 4 p. of plates, ill. (some col.), fac-sim., 1 map. Rééd. révisée : Londres, The British Library, 1992, 27 cm, 236 p., ill.

GELB (Ignace Jay), *The Study of Writing : the foundations of grammatology.* Chicago, The University of Chicago Press, 1952, in-8°, XV-295 p., 94 fig., 1 tableau. 2e éd. revue et mise à jour, 1963. Trad. fr. : *Pour une théorie de l'écriture.* Paris, Flammarion, coll. « Idées et recherches », 1973, 304 p., fig.

GLASSNER (Jean-Jacques), *Écrire à Sumer : l'invention du cunéiforme.* Paris, Le Seuil, coll. « L'univers historique », 2000, 21 cm, 300 p., ill.

— « L'Invention de l'écriture sumérienne : système de notation ou langage », *Les Actes de lecture*, n° 73, mars 2001, p. 94-102, ill.

GODART (Louis), *Le Pouvoir de l'écrit : au pays des premières écritures.* Paris, Errance, 1990, 25 cm, 240 p., ill. Rééd. : Paris, Armand Colin, coll. « Civilisations U », 1990, 24 cm, 240 p., ill. Bibliographie : p. 235-237. Index.

GORCE (Matthieu-Maxime), *Les Pré-écritures et l'évolution des civilisations (dix-huit mille à huit mille avant Jésus-Christ).* Paris, Klincksieck, 1974, in-8°, 197-[8] p., fig.

GOODY (Jack), *The Domestication of Savage Mind.* Cambridge, University Press, 1977. Trad. fr. : *La Raison graphique : la domestication de la pensée sauvage.* Traduction et présentation de Jean Bazin et Alban Bensa. Paris, Minuit, coll. « Le sens commun », 1979, 22 cm, 275 p., ill. (Recueil de textes partiellement extraits de diverses revues et publications, 1973-1977.)

— « Alphabet and writing », dans Raymond WILLIAMS (ed.), *Contact : human communication and its history*, Londres, Thames and Hudson, 1981.

— *La Logique de l'écriture : aux origines des sociétés humaines.* Paris, Armand Colin, 1986, 24 cm, 198 p. Bibliographie : p. 187-196. (Traduction de : *The Logic of Writing and the Organization of Society.* Cambridge/Londres/New York [etc.], Cambridge University Press, 1987, 22 cm, XVII-213 p.)

— *Entre l'oralité et l'écriture.* Traduit de l'anglais par Denise Paulme et révisé par Pascal Ferroli. Paris, PUF, coll. « Ethnologies », 1994, 24 cm, 323 p., ill. Bibliographie : p. 305-315. Index. (Traduction de : *The Interface between the Written and the Oral.* Cambridge/Londres/New York [etc.], Cambridge University Press, 1987, 23 cm, XX-328 p., ill.)

GRAY (Nicolete), « L'écriture scripte : un handicap pour les enfants », *Communication et langage*, n° 40, 1978, p. 29-41.

GRÉSILLON (Almuth) et WERNER (Michaël), *Leçons d'écriture : ce que disent les manuscrits.* Hommage à Louis Hay. Paris, Lettres modernes, 1986, 22 cm, XIV-361 p., ill.

HAARMANN (Harald), *Geschichte der Schrift.* Francfort, Campus Verlag, 1998. Rééd. : Munich, Beck, 2002, 18 cm, 128 p., ill.

HAJNAL (István), *L'Enseignement de l'écriture aux universités médiévales*, 2e éd. revue… et augmentée des manuscrits posthumes de l'auteur, avec un album de fac-similés, par László Mezey. Budapest, Maison d'édition de l'Académie des sciences de Hongrie, 1959, 24 cm, 303-12 p., 50 ff. de fac-sim. 1re éd. 1954.

HARRIS (Roy), *The Origin of Writing.* Londres, Duckwoth, 1986, 22 cm, IX-166 p., ill. ; et La Salle (Ill.), Open Court, 1986, 23 cm, IX-166 p., ill.

— *La Sémiologie de l'écriture.* Paris, CNRS Éditions, coll. « CNRS Langage », 1993, 24 cm, 377 p., [8] p. de pl., ill. en noir et en coul.

— *Signs Origin of Writing.* Londres/New York, Routledge, 1995, 24 cm, VIII-185 p., [18] p. de pl., ill.

HAVELOCK (Eric A.), *Aux origines de la civilisation écrite en Occident : étude de psychologie historique.* Paris, Maspero, « Petite collection Maspero », 1981, 18 cm, 105 p. 1re éd. : Toronto, 1974. (Texte de quatre conférences prononcées à Toronto, 25-28 mars 1974.)

HEALY (John F.), *The Early Alphabet.* Londres, British Museum Press, 1990, 24 cm, 64 p. ; et Berkeley, University of California Press, « Reading the Past, vol. 9 », 1991.

HIGOUNET (Charles), *L'Écriture.* Paris, PUF, coll. « Que sais-je ?, 653 », 1980, 17,5 cm, 128 p.

Histoire de l'écriture : de l'idéogramme au multimédia, sous la direction d'Anne-Marie CHRISTIN. Paris, Flammarion, 2001, 29 cm, 405 p., ill. en noir et en coul.

HODGE (Carleton T.), *Ritual and Writing : an inquiry into the origin of Egyptian script.* Lisse, Peter de Ridder Press, coll. « PDR [Peter de Ridder] Press publications on writing systems », 1975, 24 cm, 22 p. Bibliographie : p. 19-22.

HOOKER (J.T.), ed., *Ancient Writing from Cuneiform to the Alphabet.* Berkeley, University of California Press, coll. « Reading the Past », 2000, 24 cm, 419 p.

IFRAH (Georges), *Histoire universelle des chiffres.* Paris, Seghers, 1981, 25 cm, [4]-567 p., ill. Nouv. éd. : *Histoire universelle des chiffres : l'intelligence des hommes racontée par les nombres et le calcul.* Paris, Robert Laffont, coll. « Bouquins », 1994, 2 vol., 1 042 et 1 010 p., ill. Bibliographie : t. II, p. 783-878. Index.

IRWIN (Keith Gordon), *The Romance of Writing, from Egyptian Hieroglyphics to Modern Letters, Numbers, and Signs.* New York, The Viking Press, 1956, 22 cm, 160 p., ill. 10e réimpr. en 1968.

JACKSON (Donald), *The Story of Writing.* 1981. Trad. fr. : *Histoire de l'écriture.* Traduit par Guy Durand. Paris, Denoël, 1982, 27 cm, 176 p., ill.

JAVAL (Émile), *Physiologie de la lecture et de l'écriture.* Paris, Félix Alcan, 1905. Rééd. avec une préface de François Richaudeau. Paris, Éditions Retz/CEPL, coll. « Les classiques des sciences humaines », 1978. 165 × 220 mm, XXIX-296 p., fig.

JEAN (Georges), *L'Écriture, mémoire des hommes.* Paris, Gallimard, coll. « Découvertes », 1987, 18 cm, 224 p., ill.

— *Langage de signes : l'écriture et son double.* Paris, Gallimard, coll. « Découvertes », 1989, 18 cm, 224 p., ill.

JULLIAN (Marcel), *L'Art et l'écriture, mémoire de l'Homme : le roman de l'Homme.* [Enregistrement vidéo]. [S.l.], La Cinquième Développement, cop. 1997. Vidéocassette [VHS] (52 min), coul., SECAM.

KATAN (Norma Jean), MINTZ (Barbara) et POSLANIEC (Michèle), *Hieroglyphs : the writing of ancient Egypt.* New York, Atheneum, 1981. Trad. fr. : *Hiéroglyphes : l'écriture de l'Égypte ancienne.* Paris, L'École des loisirs, 1982, 19 cm, 94 p., ill.

[KHAZAI (Khosro)], *Naissance et évolution de l'écriture.* Préface de P. Amiet. Bruxelles, Société générale de banque, 1984, 24 cm, XI-231 p., ill. [Catalogue de l'exposition Bruxelles, Société générale de banque, 8 novembre 1984-3 janvier 1985 ; et Luxembourg, Banque générale du Luxembourg, 16 janvier-6 mars 1985.]

LACAU (Pierre), *Sur le système hiéroglyphique.* Le Caire, IFAO, coll. « Bibliothèque d'étude, n° 25 », 1954. Gr, in-4°, 146 p.

LAFONT (Robert), dir., *Anthropologie de l'écriture.* Paris, CCI/Centre Georges-Pompidou, coll. « Alors », 1984, 19 cm, 269 p.

LA MARLE (Hubert), *L'Aventure de l'alphabet : les écritures cursives et linéaires du Proche-Orient et d'Europe du Sud-Est à l'âge de bronze.* Paris, Librairie orientaliste Paul Geuthner, 2002, 24 cm, 177 p., ill.

Langage (Le), sous la direction de André MARTINET. Paris, Gallimard, coll. « Encyclopédie de la Pléiade, 25 », 1968, 18 cm, XVI-1527 p., ill.

LECLANT (Jean), *Le Déchiffrement des écritures et des langues.* Colloque sur le déchiffrement des écritures et des langues, 1973. Paris, L'Asiathèque, 1975, 24 cm, 227 p., 4 p. de pl., ill.

LONGHENA (Maria), *L'Écriture maya : portrait d'une civilisation à travers le signe*. Traduit de l'italien par Ida Giordano et Anne-Lise Quendolo. Paris, Flammarion, 1999, 25 cm, 179 p., ill.

LU XUN, *Sur la langue et l'écriture chinoises*. Traduction et notes de Michelle Loi. Paris, Aubier/Montaigne, coll. « Présence et pensée », 1979, 22 cm, 131 p. (Recueil de textes extraits de diverses revues et publications, 1934-1935.)

MALHERBE (Michel), *Les Langages de l'humanité : Une encyclopédie des 3 000 langues parlées dans le monde*. Paris, Seghers, 1983, 25 cm, 448 p., fig. Nouv. éd. : Paris, Robert Laffont, coll. « Bouquins », 1995, 20 cm, IX-1 734 p., fig.

MALLON (Jean), *De l'écriture : recueil d'études publiées de 1937 à 1981*. Liminaire de Jean Glénisson. Paris, CNRS Éditions, 1982, 31,5 cm, 367 p., ill.

MANDEL KHÂN (Gabriele), *L'Écriture arabe : alphabet, styles et calligraphie*. Traduit par Pascaline Nicou. Paris, Flammarion, 2001, 17 × 24 cm, 179 p.

— *L'Écriture hébraïque : alphabet, styles et calligraphie*. Traduit de l'italien par Anne Guglielmetti. Paris, Flammarion, 2001, 17 × 24 cm, 179 p.

MANDEL (Ladislas), « Nouveau regard sur l'antiquité de notre écriture », *Communication et langages*, n° 52, 1982, p. 29-52, ill.

— *Écriture, miroir des hommes*. Reillanne, Atelier Perrousseaux, 1996, 16 × 23 cm, 160 p.

— *Du pouvoir de l'écriture*. Reillanne, Atelier Perrousseaux, 2004, 23 cm, 228 p., ill.

MARGOULIÈS (Georges), *La Langue et l'écriture chinoises*. Paris, Payot, coll. « Bibliothèque scientifique », 1943. Rééd. : 1957, 23 cm, 272 p., ill.

MASSIN (Robert), *Style et écriture : du rococo aux arts déco*. Paris, Albin Michel, coll. « Bibliothèque Albin Michel. Idées », 2001, 19 cm, 152 p.

MESTRE (Édouard), *Quelques résultats d'une comparaison entre les caractères chinois modernes et les siao-tchouan*. Paris, E. Leroux, coll. « Bibliothèque de l'École des hautes études. Sciences religieuses, 40 », 1925, in-8°, 75 p.

MOORHOUSE (Alfred-Charles), *Writing and the Alphabet*. Londres, Cobbett Press, 1946, 19 cm, XIV-97 p., 6 pl. h.t. Nouv. éd. : *The Triumph of the Alphabet : a history of writing*. New York, 1953, in-8°, XIV-223 p., 12 pl. h.t.

MULLER (André), *Les Écritures secrètes : le chiffre*. Paris, PUF, coll. « Que sais-je ?, 116 », 1971, 18 cm, 128 p., ill. 2e éd. corrigée, 1982.

MUNSCH (René Henri), *L'Écriture et son dessin*. Paris, Eyrolles, « L'Enseignement technique et professionnel », 1948, 21 cm, 141 p., fig., fac-sim., ill. 2e éd. 1951 ; 3e éd. 1954.

— *Histoire de l'écriture*. Paris, Tournai (Belgique), Bloud et Gay, 1961, 22 cm, 72 p., ill.

Naissance de l'écriture : cunéiformes et hiéroglyphes. [Exposition], Galeries nationales du Grand Palais, 7 mai-9 août 1982. Paris, Réunion des musées nationaux, 1982, 24 cm, 383 p., ill.

Naissance des écritures (La) : du cunéiforme à l'alphabet. Introduction de J.T. Hooker. Traduit de l'anglais et présenté par Christiane Zivie-Coche. Paris,

Le Seuil, 1994, 25 cm, 503 p., ill. Bibliographie. Index. (Articles de L. Bonfante, J. Chadwick, B.F. Cook, W.W. Davies, J.F. Healy, J.T. Hooker et C.B.F. Walker, initialement publiés en 1990 par le British Museum.)

NAVEH (Joseph), *Early History of the Alphabet : an introduction to west semitic epigraphy and paleography.* Jérusalem, Magnes Press/Hebrew University ; Leyde, E.J. Brill, 1982, 23 cm, IX-211 p. [24] p. de pl., ill. Bibliographie. Index.

NISSEN (Hans J.), DAMEROW (Peter) et ENGLUND (Robert K.), *Frühe Schrift und Techniken der Wirtschaftsverwaltung im alten Vorderen Orient : informationsspeicherung und verarbeitung vor 5000 Jahre.* Berlin, Franzbecker, 1991, 22 cm, XII-222 p., ill.

OBER (J. Hamebleton), *Writing : man's greatest invention.* Baltimore, Peabody Institute, 1965, 24 cm, XVI-174 p., ill. Bibliographie : p. 167-168.

OGG (Oscar), *An Aphabet Sourcebook.* New York, Harper & Brothers, 1940, 25 cm, 199 p., ill.

— *The 26 Letters.* New York, Thomas Y. Crowell & Co., 1948, 25 cm, 254 p., ill. Nouv. éd. revue : Crowell & Co., 1971. Rééd. : New York/Londres, Van Nostrand Reinhold, 1983, 23 cm, VII-294 p., ill.

OUAKNIN (Marc-Alain), *Les Mystères de l'alphabet : origines de l'écriture.* Paris, Assouline, 1997, 22 cm, 371 p., ill. Rééd. : Paris, Le Grand Livre du mois, 2001.

POMMIER (Gérard), *Naissance et renaissance de l'écriture.* Paris, PUF, 1993, 22 cm, 381 p., ill.

PUECH (Émile), « Origine de l'alphabet », *Revue biblique*, t. 93, n° 2, 1986, p. 161-213.

ROBINSON (Andrew), *The Story of Writing.* Londres, Thames and Hudson, 1995, 26 cm, 224 p., ill. Index.

SAMOYAULT (Tiphaine), *Le Monde des alphabets.* [Paris], Circonflexe, 1996, 28 cm, 32 p., ill. Trad. angl. : *Alphabetical Order : how the alphabet began.* New York, Viking/Penguin, 1998.

SAMPSON (Geoffrey), *Writing Systems : a linguistic introduction.* Stanford, Stanford University Press ; Londres, Hutchinson, 1985, 24 cm, 234 p., ill. Rééd. en 1987 et 1998. Trad. esp. : *Sistemas de escritura*, Barcelone, Gedisa, 1997, 23 cm, 329 p.

Secrets des écritures oubliées (Les). Paris, Robert Laffont, coll. « La grande aventure de l'archéologie », dirigée par Guy Rachet, 1981, 155 × 240 mm, 309 p., ill.

SENNER (Wayne M.), éd., *The Origins of Writing.* Lincoln, University of Nebraska Press, 1919, 26 cm, VIII-245 p., ill. Bibliographie. Index.

SHI (Bo), *Entre ciel et terre : sur les traces de l'écriture chinoise.* Paris, Le Grand Livre du mois, 2003, 24 cm, 123 p., ill. Bibliographie : p. 123.

SIRAT (Colette), *Écriture et Civilisations*, avec la collaboration de Michèle DUKAN. Paris, Institut de recherche et d'histoire des textes/CNRS Éditions, coll. « Études de paléographie hébraïque », 1981, 30 cm, 117 p., ill. Bibliographie.

— *L'Examen des écritures : l'œil et la machine. Essai de méthodologie.* Paris, CNRS Éditions, coll. « Études de paléographie hébraïque », 1981, 27 cm, 92 p., [30] p. d'ill.

SIVRY (Sophie de) et BECCARIA (Laurent), *L'Art et l'Écriture.* Paris, L'Iconoclaste, 1998, 29 cm, 125 p., ill. en noir et en coul.

SOURDEL-THOMINE (Janine), « Les origines de l'écriture arabe à propos d'une hypothèse récente », *Revue des sciences islamiques*, vol. 34, 1966, p. 151-157.

STIENNON (Jacques), *Paléographie du Moyen Âge.* Paris, Armand Colin, 1973. 2e édit. refondue : Paris, Armand Colin, coll. « U », 1991, 24 cm, 368 p.

Tablettes à écrire de l'Antiquité à l'époque moderne (Les). Actes du colloque international du CNRS, Paris, Institut de France, 10-11 octobre 1990, édités par Élisabeth LALOU. Turnhout, Brepols, coll. « Bibliologia : elementa ad librorum studia pertinentia, 12 », 1992, 27 cm, 356 p., ill.

TAJAN (Alfred) et DELAGE (Guy), *Écriture et structure, pour une graphistique.* Paris, Bibliothèque Payot, coll. « Petite Bibliothèque Payot, 393 », 1981, 18 cm, 179 p., ill.

TAZI-SADEQ (Sophia), *Le Bruissement du calame : histoire de l'écriture arabe.* Paris, Alternatives, 2002, 24 cm, 143 p., ill.

TEMPLE (Charles A.) *et al.*, *The Beginnings of Writing*, 3e éd., Boston (Mass.)/ Londres, Allyn and Bacon, 1982, 24 cm, X-230 p., ill. Bibliographie. Index.

THOMPSON (James Westfall), *A History of Historical Writing*, with the collaboration of Bernard J. HOLM. Gloucester (Mass.), P. Smith, 1967, 2 vol. (24 cm), XVI-676 p. et IX-674 p. Bibliographie. Index. Vol. 1 : *From the Earliest Times to the End of the Seventeenth Century* ; vol. 2 : *The Eighteenth and Nineteenth Century.* 1re éd. 1950.

THOMPSON (John Eric Sidney), *Maya Hieroglyphic Writing : an introduction.* Washington, Carnegie Institution of Washington, « Publications, 589 », 1950, 30 cm, XVI-347 p., 64 p. (photographies et dessins) et 64 p. (descriptions). Rééd. : Norman, University of Oklahoma Press, 1960 ; 3e éd. 1971.

TRAGER (George), « Writing and writing systems », dans *Current Trends in Linguistics*, vol. 12 : *Linguistics and Adjacent Arts and Sciences*, La Haye/ Paris, Mouton, 1974, 4 vol., XXIII-3037 p.

Trésors d'Irlande. Catalogue exposition du Grand Palais, 23 octobre 1982-17 janvier 1983. [Exposition organisée par l'Association française d'action artistique.] Paris, Galerie du Grand Palais, 1983, 27 cm, 256 p., ill. Bibliographie : p. 250-254.

WIEGER (Léon), S.J., *Caractères chinois, étymologie, graphes, lexique*... 7e éd. Taichung (Taiwan), Kuangchi Press ; Paris, J. Maisonneuve, 1963, 22 cm, 943 p. 1re éd. 1924. (La couverture porte : « 9e éd. ».)

WOODARD (Roger Dillard), *Greek Writing from Knossos to Homer : a linguistic interpretation of the origin of the Greek alphabet and the continuity of ancient Greek literacy.* New York/Oxford, Oxford University Press, 1997, 24 cm, XIV-287 p., cartes. Bibliographie : p. 268-278. Index. Glossaire.

HISTOIRE DE LA LETTRE

ABRIOUX (Pierre), *Histoire de l'alphabet.* Paris, imprimerie des Orphelins-Apprentis d'Auteuil, 1975, 21 cm, 128 p., ill.

ALEXANDER (Jonathan James Graham), *La Lettre ornée.* Traduit de l'anglais par R. Labourdette. Paris, Éditions du Chêne, 1979, 29 cm, 118 p., ill. (Traduction de : *The Decorated Letter*, New York, George Braziller, 1978.)

Alphabets. [Exposition. Paris, 22 octobre 1986-21 février 1987], Musée-galerie de la Seita. [Organisée avec la collaboration de la Bibliothèque nationale et de l'Imprimerie nationale.] Catalogue par MASSIN, en collaboration avec Ségolène LE MEN, Paris, Musée-galerie de la Seita, 1986, 25 cm, 95 p., ill.

Alphabets à personnages ou Alphabets à anthropomorphes (Les). Paris, Jacques Damase, 1989, 120 p., 150 ill.

ANDERSCH (Martin), *Traces signes lettres.* Paris, Ulisseditions, 1994, 205 × 310 mm, 256 p., ill.

ANIS (Jacques), *L'Écriture : théories et descriptions*, avec la collaboration de Jean-Louis CHISS et Christian PUECH. Bruxelles, De Boeck-Wesmael Université, coll. « Prisme. Problématiques, 10 », 1988, 24 cm, 252 p., ill.

AUDIN (Maurice), « Les types du XVe siècle » (I. Historique ; II. Étude technique ; III. Conclusions), *Gutenberg-Jahrbuch*, 1954, p. 84-100.

BARTL (P.) *et al.*, *Mots et images.* Catalogue de l'exposition « La typographie des années 80 », organisée au Centre Georges-Pompidou (9 sept.-nov. 1985). Paris, Alternatives, 1985, 144 p., ill. en noir et en coul.

BARTRAM (Alan), *English Lettering Tradition from 1700 to the Present Day.* Londres, Lund Humphries, 1986, 28 cm, 180 p., 300 ill. en noir et en coul.

BAUDIN (Fernand), *La Lettre d'imprimerie, son dessin, sa fabrication, sa composition.* Saint-Ouen/Paris, Ofmi-Garamont, s.d., 20 cm, 47 p., ill.

BAUER (Hans), *Der Ursprung des Alphabets.* Leipzig, J.C. Hinrich, coll. « Der alte Orient, 46 », 1937, in-8°, 45 p., pl. (Marcel Cohen indique 445 p.)

Bauhaus 1919-1969. [Exposition.] Musée national d'art moderne, Musée d'art moderne de la ville de Paris. [Catalogue par Wulf Herzogenrath.] Paris, Réunion des musées nationaux, 1969, 22 cm, 362 p., addendum, ill.

BEAUJON (Paul), « The garamond types : sixteenth and seventeenth century sources considered », *The Fleuron*, 5, 1926, p. 131-179.

BIEGELEISEN (Jacob Israel), *The ABC of Lettering.* 2e éd. New York, Harper & Row [c. 1958], 34 cm, 239 p. ; 4e éd. 1971, 34 cm, XIII-266 p. ; 5e éd. ; New York, Barnes & Noble, 1984, 28 cm, XVI-255 p.

BIGELOW (Charles) et DAY (Donald). « Digital typography », *Scientific American*, vol. 249, n° 2, août 1983, p. 106-119.

BIGGS (John R.), *An Approach to Type.* Londres, Blandford Press, 1949, gr. in-8°, 152 p., ill.

BLACKWELL (Lewis), *20th Century Type : remix.* Londres, L. King, 1998, 28 cm, 191 p., ill. en noir et en coul. Trad. fr. : *Typo du XXe siècle.* Paris, Flammarion, 1994, 31 cm, 256 p., ill. en noir et en coul.

BLANCHARD (Gérard), *La Lettre.* Paris, Gymnase typographique, 1979, 21 cm, 48 p., ill.

— *Pour une sémiologie de la typographie.* Andenne (Belgique), Rémy Magermans, Les Rencontres de Lure et l'École des beaux-arts de Besançon, 1979, 257 p., 254 ill. (Édition du texte en italien : *L'Eredità Gutenberg, per una semiologia della tipografia.* [S.l.], Gianfranco Altieri editore, 1989, XVI-408 p., ill.)

BONFILS (Robert), *La Lettre typographique.* Paris, École Estienne, 1950.
➤ Très rare.

Caractères de l'Imprimerie nationale (*Les*). Préface d'Étiemble. Historique de Paul-Marie Grinevald. Paris, Imprimerie nationale, 1990, gr. in-8° (250 × 260 mm), 340 p., ill.

CARTER (Harry Graham) et VERVLIET (Hendrik D.L.), *Civilité Types.* Published for The Oxford Bibliographical Society, Oxford, Oxford University Press, 1966, in-8°, XIV-138 p., 4 pl. ill.

CARTER (Patricia), *Alphabets enluminés.* Traduction française de Gisèle Pierson. Paris, Dessain & Tolra, 1992, 26 cm, 64 p., ill. Rééd. 1994.

CARTER (Sebastien), *Twentieth Century Type Designers.* New York, W.W. Morton ; Londres, Lund Humphries, 1995, 22 cm, 192 p., ill. 1re éd. : New York, Taiplinger, 1987, 25 cm, 168 p., ill.

CEJADOR Y FRANCA (Julio), *Alphabet et inscriptions ibériques : généralités, époque du renne pyrénéen.* Traduit par M.J. Brouta. Paris, Paul Catin, 1929, 22 cm, 160 p., ill.

COUEIGNOUX (Philippe), « La reconnaissance des caractères », *La Recherche*, n° 126, 1982, p. 1094.

DAIR (Carl), *Design with Type.* Londres, 1967. Réimpr. : Toronto, University of Toronto Press, 1995, 21 cm, 162 p., ill.

DÉDAME (Roger), *Mémoire des métiers du livre : à l'usage de la publication assistée par ordinateur.* T. I : *Histoire, technologie d'utilisation et avenir du caractère d'imprimerie*, par Roger DÉDAME avec le concours d'André DELORD. Paris, Cercle d'Art ; La Plaine-Saint-Denis, Association pour la formation permanente des personnels d'imprimerie, 1998, 23 cm, 184 p., 12 pl. h.t., ill.

DENMAN (Frank), *The Shaping of our Alphabet : A study of changing type styles.* New York, Knopf, 1955, in-8°, 228 p.

DOWDING (Geoffrey), *An Introduction to the History of Printing Types : an illustrated summary of the main stages in the development of type design from 1440 up to the present day. An aid to type face identification.* Londres, Wace, coll. « Primers for students of typography », 1961, 26 cm, XXIV-277 p., fig. Réimpr. : Londres, The British Library ; New Castle (Delaware), Oak Knoll Press, 1998, 26 cm, XXIV-277 p., ill. Bibliographie : p. 269-271. Index.

DUVILLÉ (Daniel), *L'Art du tracé rationnel de la lettre : 110 alphabets et jeux de chiffres à l'usage des dessinateurs publicitaires, lithographes, graveurs, décorateurs, architectes.* Paris, Société française d'éditions littéraires et techniques, 1931, in-folio, 113 p., ill. et 1 feuille dépl. 3e éd. augmentée de quarante-quatre planches et de lettres ornées : Paris, Edgar Malfère, 1942, in-folio, 109 p., ill. et 1 feuille dépl.

Écritures : graphies, notations, typographies. Paris, 23 septembre-2 novembre 1980. Exposition mise en œuvre par Jérôme Peignot et Marc Dachy. Paris, Fondation nationale des arts graphiques et plastiques, 1980, 20 × 21 cm, [116]-24 p., ill.

Esprit et la lettre (L'). Numéro spécial, *La Parisienne*, n° 42, mars 1957, p. 263-382. (Textes de Cassandre, Jean Jouve, Giono, Maximilien Vox, Roger Escoffon, Jérôme Peignot, etc.)

Essai sur la lettre d'imprimerie : à propos des collections conservées au Musée de l'imprimerie et de la banque [Signé : Maurice Audin, André Jammes.] Lyon, Imprimerie Audin, s.d. [1968], 25 cm, 70 p., ill.

FROISSART (Jean-Luc), *L'Or, l'âme et les cendres du plomb : l'épopée des Peignot 1815-1983*. Paris, J.-L. Froissart, diffusion librairie Teckhnê, 7, rue des Carmes 75005 Paris, 2004, 394 p., CVII p. de pl. en noir et en coul.

FRUTIGER (Adrian), *Der Mensch und seine Zeichen*. Paris, A. Frutiger, 1978-1981, 3 vol., 104, 118 et 139 p., ill. Trad. française : *Des signes et des hommes*. Denges (Suisse), Delta et Spes, 1983, 240 p., ill.

— *L'Homme et ses signes : signes, symboles, signaux*. Reillanne, Atelier Perrousseaux, 2000, 23 cm, 319 p., ill.

— *À bâtons rompus, ce qu'il faut savoir du caractère typographique*. Reillanne, Atelier Perrousseaux, 2001, 30 cm, 93 p., ill.

GID (Raymond), *Célébration de la Lettre*. Angers, Compagnons de Lure, 1978, 180 × 200 mm, [60] p., fig. 1re éd. Au Jas du Revest-Saint-Martin, R. Morel, 1962. Nouv. éd. suivie de *Variations typographiques*, [Saint-Clément-la-Rivière], Fata Morgana, 1992, 62-[28] p., ill.

GOUDY (Frederic W.), *The Alphabet and Elements of Lettering : revised and enlarged with many full-page plates and other illustrations drawn & arranged by the author.* Londres, Bracker Book, 1989, 22,5 cm, XV-101 p. et 27 pl. 1re éd. 1918. Réimpr. : New York, Dover Publications, 1963.

— *Typologia : studies in type design and type making. With comments on the invention of typography, the first types, legibility and fine printing*. Berkeley, University of California Press, 1977, 25 cm, XVIII-170 p., ill. (Reproduction photomécanique de l'édition de 1940.)

GRAY (Nicolette), *A History of Lettering : creative experiment and letter identity.* Oxford, Phaidon, 1986, 26 cm, 256 p., ill. Bibliographie. Index.

Greek Letters : from tablets to pixels. A collection of new essays by Hermann Zapf, Matthew Carter, Stephen V. Tracy, Nicolas Barker and other leading authorities. Edited by Michael S. Macrakis, New Castle (Delaware), Oak Knoll Press, 1996, 27 cm, 325 p., ill.

HAEBLER (Konrad), *Typenrepertorium der Wiegendrucke*. Halle, R. Haupt, 1905-1924, 5 tomes en 4 vol., in-8°. Rééd. : Leipzig, 1922 et Neudeln, Kraus reprint limited, 1968.

HALEY (Allan), *Alphabet : the history, evolution, and design of the letters we use today.* New York, Watson-Guptill Publications, BPI, 1995, 23 cm, 127 p., ill.

HANDOVER (Phyllis-Margaret), *En marge de la grande histoire : d'où vient la lettre que nous appelons l'antique ?* Paris, Société Monotype, 1962, in-8° (23 cm), 36 p., ill.

HERSCH (Roger D.), ed., *Visual and Technical Aspects of Type*. (André Gürtler, Christian Menglet, Mark Jamra, André Jacques, Fernand Baudin.) Londres/ New York, Cambridge University Press, 1993, 26 cm, 204 p.

HOCHULI (Jost), *Les Détails de la typographie : la lettre, l'interlettrage, le mot, l'espacement, la ligne, l'interligne, la colonne*. [Trad. fr. Fernand Baudin.] Wilmington [USA], Compugraphic Corporation, 1989, 23 cm, 46 p., ill.

HOLTZ-BONNEAU (Françoise), *Lettre, image, ordinateur*. Préface de Mario Borillo. Paris, Hermes/INA, 1987, 24 cm, 192 p., 8 p. de pl. en coul.

Image des mots (L') : le graphisme et la typographie des années 80 à travers le monde. Paris, Éditions du Centre Georges-Pompidou, 1985, 30 cm, 144 p., 300 ill. en noir et en coul.

« Instance de la lettre (L') », *Littoral*, revue de psychanalyse, n°s 7-8. (Actes du colloque tenu le 19-20 juin 1982 à Paris.) Paris, Érès, février 1983, 23,5 cm, 258 p. (Textes de Pascal Verrnus, Anne-Marie Christin, Michel Guibal…)

JACNO (Marcel), *Anatomie de la lettre*. Paris, Compagnie française d'édition/ École Estienne, coll. « Caractère », 1978, 28 cm, 98 p., ill.

JAMMES (André), *La Réforme de la typographie royale sous Louis XIV : le grandjean*. Paris, librairie Paul Jammes, 1961, 1 vol. in-folio (52 cm) en deux parties, 37 p., ill. et album de 35 planches gr. sur cuivre. Rééd. en fac-similé : Paris, Promodis, 1985, 29 cm, 37 p., ill., 34 pl.

JASPER (W. Pincus), BERRY (William Turner) et JOHNSON (Alfred Forbes), *The Encyclopaedia of Type Faces*. Londres, Blandford Press, 1970, 30 cm, XIII-420 p., ill. 4e éd. 1990, XII-416 p., ill.

JOHNSTON (Edward), *Writing and Illuminating, and Lettering : with diagrams & illustrations by the author & Noel Rooke…* Londres, Pitman & Sons, « The Artistic crafts series of technical handbooks edited by W. R. Lethaby », 1906. Réimpr. : New York, Taplinger, 1979, 19 cm, 338 p. ; New York, Dover Publications, 1995, 19 cm, XXIX-434 p., ill.

KAPR (Albert), *The Art of Lettering : the history, anatomy and aesthetics of the roman letter forms*. [Traduit de l'allemand par Ida Kimber]. Munich/ Londres, K.G. Saur, 1983, 30 cm, 470 p., ill. Bibliographie : p. 460-432. Index. Titre allemand : *Schriftkunst : Anatomie und Schönheit der Lateinischen Buchstaben*. Munich/Londres, K.G. Saur, 1983, 30 cm, 472 p., ill. Bibliographie : p. 460-432. Index.

KARROW (Peter), *Digital Formats for Typefaces*. Hambourg, URW Verlag, 1987, 21 cm, 400 p., ill. Nouv. éd. revue : *Digital Typeface : description and format*. Foreword by Hermann Zapf. Berlin/Heidelberg, Springer Verlag, 1994, 25 cm, XIII-448 p., 230 fig.

— *Schrifttechnologie : Methoden Und Werkzeuge*. Geleitw. von Gerard Unger. New York/Hambourg, Springer Verlag, 1992, 25 cm, XVI-460 p., ill. Trad. angl. : *Font Technology : description and tools*. Foreword by Hermann Zapf. New York/Berlin/Hambourg, Springer Verlag, 1994, 25 cm, 448 p. Bibliographie : p. 437-440. Index.

KNUTH (Donald Erwin), *TeX and Metafont*. Bedford, American Mathematical Society/Digital Press, 1979, 21 cm, 106 p., ill. Adaptation française par Bernard DESGRAUPES : *LaTex, apprentissage, guide et référence*. Paris, Vuibert Informatique, 2000, 24 cm, 760 p. ; et *Metafont, guide pratique*. Paris, Vuibert Informatique, 1999, 24 cm, 288 p.

LAWSON (Alexander), *Printing Types : an introduction*. Boston (Mass.), Beacon Press, 1971, 24 cm, [IV-] 120 p., ill.

— *Anatomy of a Type Face*. Londres, Hamish Hamilton, 1990, in-8°, 428 p., ill.

LE ROY (Florian), *Les Caractères de l'Imprimerie nationale*. Gravures et citations réunies par les éditions Richelieu. Paris, [Imprimerie nationale], 1955, 20 cm, 140 p.

Lettres capitales, cahier des Rencontres internationales de Lure. Andenne (Belgique), Rémy Magermans, 1982, 29,7 cm, 184 p., ill.

Lettres françaises : Spécimen de caractères français. Ouvrage réalisé sous la direction de Jean-François PORCHEZ et composé par Philippe MILLOT. Préface de Mark Butty. [S.l.], Association typographique internationale/Association pour la diffusion de la pensée française, 1998, 23 cm, 104 p., ill.

MALLON (Jean), « Le problème de l'évolution de la lettre », dans *Les Arts et les Techniques graphiques*. Paris, Arts et Métiers graphiques, 1937, p. 25-30.

MARCHAND (Valérie-Marie), *Les Alphabets de l'oubli : signes et savoirs perdus*. Paris, Alternatives, coll. « Écritures », 2002, 24 cm, 160 p., ill. Bibliographie : p. 156-158. Le Grand Livre du mois, 2002, 24 cm, 160 p.

MARTIN (Henri-Jean), « Au commencement était le signe », dans *Histoire de l'édition française*, Paris, Promodis, 1983, t. I, p. 463-476.

MASSIN (Robert), *La Lettre et l'image : la figuration dans l'alphabet latin du huitième siècle à nos jours*. Préface de Raymond Queneau. Paris, Gallimard, 1973, 28 cm, 304 p., ill. Rééd. 1981. Rééd. revue et augmentée, commentaire de Roland Barthes, 1993, 30,5 cm, 304 p., 1083 ill.

MORISON (Stanley), *Caractère de l'écriture dans la typographie*. Paris, Pégase, 1927, in-4°, 52 p., 30 fig., 3 pl.

— *On Type Faces : examples of the use of type for printing of books : with an introductory essay and notes*. S.l. [Londres], published jointly by the Medici society of seven Grafton St. London W. and the Fleuron Wesminster, 1932, 25 × 32 cm, XIII-105 p.

— *On Type Designs Past and Present : a brief introduction*. New ed. revised and enlarged : Londres, E. Benn, 1962, 22 cm, 79 p., ill.

NESBITT (Alexandre), *The History and Technique of Lettering*. New York, Dover Publications, 1950, 24 cm, 300 p., ill. Rééd. 1957 et 1998.

NORDENFALK (Carl), *Manuscrits irlandais et anglo-saxons : l'enluminure dans les îles Britanniques de 600 à 800*. Paris, Éditions du Chêne, 1977, 28 cm, 126 p., ill. (Traduction de : *Celtic and Anglo-saxon Painting*. New York, 1977.)

NOORDZY (Gerrit), *The Stroke of the Pen : fundamental aspects of western writing*. La Haye, Korimklyke Academie van Bechdende Kunsten, 1982, in-8°, 52 p., ill.

Œil de la lettre (L') : les rapports de la lettre et de la photographie des origines à nos jours. Introduction de Jérôme Peignot ; commentaire de Michel Frizot. Paris, Centre national de la photographie, coll. « Photo copies, 2 », 1989, 26 × 28 cm, 117 p., ill. en noir et en coul. (Publié à l'occasion de l'exposition présentée à Paris, Palais de Tokyo, 26 janvier-27 mars 1989.)

PACCIOLI (Luca), *La divine proportione*. Venise, 1509. Plusieurs fac-similés, dont Parme, Cassa di Risparmio, 1982 et celui présenté par Augusto Marinoni, Milan, Silvana, 1986, 2 vol., (31 cm), CXX-19 p.

PAPUT (Christian), *La Gravure du poinçon typographique*. S.l. [Massy], TVSO, 1990, 34 p., ill. Nouv. éd. avec traduction anglaise par Christiane Prat sous le titre : *La Lettre : la gravure du poinçon*. S.l. [Wissous], TVSO, 1998, 72 p., ill. (Reprise de l'édition de 1990 enrichie d'une traduction anglaise en regard.)

PARIS (Muriel), *Petit manuel de composition typographique*. Soisy-Bouy, Chez l'auteur, (impr. IPA Patoux), 1999, 25 cm, 81 p. 4e éd. 2002.

— *Des caractères : exposition les Silos, Maison du livre et de l'affiche, Chaumont, 20 septembre-15 décembre 2002*, avec la collaboration de Paul-Marie GRINEVALD, Christian PAPUT et Michel WLASSIKOFF. Paris, IPA Patoux, 2002, 25 cm, 174 p.

PEIGNOT (Jérôme) et ANTENEN (Jean-Marie), *L'Alphabet des lettres, ou le Petit Hamburgefons*. Genève, JMA, 1994 (cop. 1993), 29 cm, non paginé, ill. en noir et en coul.

PEIGNOT (Jérôme) et BOTON (Albert), *Typocédaire ou le Dictionnaire des lettres*. Paris, L'Équerre, 1981, 22 cm, 115 p., ill.

PFOHL (Gerhard), ed., *Das Alphabet : Entstehung und Entwicklung der griechischen Schrift*. Twenty papers on the origins and development of the Greek alphabet. Darmstadt, Wissenschaftliche Buchgesellschaft, 1968, 20 cm, XL-461 p., ill.

PONOT (René), « La classification des caractères d'imprimerie », *Revue graphique* jusqu'en 1967, puis *Imprivaria*, nº 2 (mai 1963), nº 5 (août 1963), nº 6 (septembre 1963), nº 7 (octobre 1963), nº 1 (mars 1964), nº 2 (mars 1964), nº 3 (juin 1964), nº 5 (août 1964), nº 6 (septembre 1964), nº 8 (novembre 1964), nº 10 (janvier 1965), nº 1 (mars 1965), nº 2 (mai 1965), nº 4 (juillet 1965), nº 6 (septembre 1965), nº 8 (novembre 1965), nº 10 (janvier 1966), nº 12 (mars 1966), nº 2 (mai 1966), nº 5 (août 1966), nº 6 (septembre 1966), nº 7 (octobre 1966), nº 8 (novembre 1966), nº 10 (janvier 1967), nº 12 (mars 1967), nº 1 (avril 1967), nº 4 (juin 1967), nº 5 (juillet 1967), nº 7 (octobre 1967), nº 8 (novembre 1967), nº 10 (janvier 1968), nº 12 (mars 1968), nº 2 (mai 1968), nº 6 (septembre 1968), nº 7 (octobre 1968), nº 8 (novembre 1968), nº 9 (décembre 1968), nº 11 (février 1969), nº 12 (mars 1969), nº 1 (avril 1969), nº 3 (1969), nºs 4-5 (juillet-août 1969), nº 6 (septembre 1969), nº 7 (octobre 1969), nº 8 (novembre 1969), nº 9 (décembre 1969), nº 11 (février 1970), nº 12 (mars 1970), nº 2 (mai 1970), nº 6 (septembre 1970), nº 7 (octobre 1970), nº 8 (novembre 1970), nº 11 (février 1971), nº 12 (mars 1971), nº 2 (mai 1971), nº 3 (juin 1971), nº 6 (septembre 1971), n° 9 (décembre 1971), n° 11 (février 1972), n° 12 (mars 1972), n° 3 (juin 1972), n°s 4-5 (juillet-août 1972), n° 6 (septembre 1972), n° 8 (novembre 1972), n° 9 (décembre 1972), n° 10 (janvier 1973) et n° 11 (février 1973). Une partie de ces articles ont pour sous-titre : « Les humanes », I-XX (mars 1964 à janvier 1967), puis « Les garaldes », I-XLIV (mars 1967 à février 1973). Ils ont été rassemblés en un volume photocopié pour les Rencontres internationales de Lure sous le titre : *Les Garaldes*. S.l.s.n., 1993, 29,7 cm, 184 p., ill.

— *La Fonderie typographique de Laurent, Balzac et Barbier créée en 1827 par Honoré Balzac* : réédition du *Spécimen des divers caractères, vignettes et ornemens typographiques de la fonderie de Laurent et De Berny, dit de Balzac*. Édition établie et présentée par René Ponot, avec un avant-propos de John Dreyfus. Paris, Éditions des Cendres, 1992, 28 cm, XXXIX-86 p. de pl., ill.

— *Louis Perrin & l'énigme des Augustaux*. Préface de Fernand Baudin. Paris, Éditions des Cendres, 1998, 28 cm, 113 p. dont 2 dépl., ill.

POTTER (Tony), *Lettering & Typography*. Londres, Usborne, 1987. Trad. fr. : *Les Lettres et la Calligraphie*, conçu par Iain Ashman, ill. par Steve Cross, traduit par J.J. Schakmundès, avec la collaboration de Jean Combroux. Londres, Usborne, « Guides Usborne », 1987, 26 cm, 48 p., ill. (La couverture porte en plus : « avec la calligraphie et le graphisme ».)

QUENEAU (Raymond), *Bâtons, chiffres et lettres*. Paris, Gallimard, 1950, 18,5 cm, 271 p., ill. Nouv. éd. : Paris, Gallimard, 1965, 17 cm, 379 p. coll. « Idées, 70 ».)

➤ Voir le chapitre « Graphies ».

RICHAUDEAU (François), *La Lettre et l'Esprit : vers une typographie logique*. Préface de Maximilien Vox. Paris, Bibliothèque Retz, coll. « Présence Planète », 1965, 20 cm, 101 p., ill.

— *La Lisibilité*. Paris, Denoël/Gonthier, coll. « Médiations », 1969, 22 cm, 304 p., ill. (La couverture porte en plus : « Langage, typographie, signes, lecture ».) Nouv. éd. : Paris, Retz/CEPL, « Actualité des sciences humaines », 1976, 301 p., ill.

RIGAUD (Germaine), *Le Caractère typographique... artisan de la pensée*. Paris, Prisma, coll. « Cahiers Prisma de la jeunesse, 4 », 1946. 118 × 155 mm, 52 p., ill. h.t.

ROBERT (Jacques), *Les Avatars du caractère : de Gutenberg à la photocomposition*. Paris, Kodak-Pathé, 1972, 27 cm, 111 p., ill.

Romain du Roi (Le) : la typographie au service de l'État, 1702-2002. Textes de James Mosley, Sylvie de Turckheim-Pey, André Jammes, Arnauld d'Hauterives, Paul-Marie Grinevald, Christian Paput et Jacques André. Lyon, Musée de l'imprimerie, 2002, 30 cm, 127 p., ill.

SELIGMAN (Patricia), *Guide pratique des lettres enluminées*. Paris, Dessain & Tolra, 1996, 23 × 23 cm, 157 p., ill.

SIRAT (Colette) et AVRIN (Leila), *La Lettre hébraïque et sa signification*. Paris, CNRS Éditions ; Jerusalem, the Israel Museum/Department of Judaica, coll. « Études de paléographie hébraïque », 1981, 27 cm, 80 p., 118 p. de pl.

SURET-CANALE (Nadine), *L'Indispensable pour les polices de caractères.* Alleur (Belgique), Marabout, coll. « Marabout informatique, 1086 », 1995. 18 cm, 256 p., ill.

SUTTON (James) et BARTRAM (Alan), *Typefaces for Books.* Londres, British Library, 1990, 28 cm, 288 p., ill.

THIBAUDEAU (Francis), *La Lettre d'imprimerie : origine, développement, classification et 12 notices illustrées sur les arts du livre...* Paris, Bureau de l'Édition, 1921, 2 vol. in-8° (23 cm), XXIII-698 p. et [121] p. de pl., ill.

— *De la classification des caractères d'imprimerie.* Paris, Bureau de l'Édition, 1924, in-8°, ill.

TORY (Geoffroy), *Champ Fleury. Auquel est contenu lart & science de la deue & vraye proportion des lettres attiques, qu'on dit autrement lettres antiques, & vulgairement lettres romaines proportionnées selon le corps et visage humain. Ce livre est privilegie pour dix ans par le Roy nostre Sire, & est a vendre à Paris sus Petit Pont a lenseigne du Pot Casse par Mestre Geoffroy Tory de Bourges - libraire, et Autheur dudict Livre, et par Gils Gourmont aussi libraire demeurant en la Rue Sainct Jacques a lenseigne des Trois Couronnes.* [1529]. Petit in-fol. de [8]-LXXX ff. [Paris, BnF., Fol. Rés.V.516.] Rééd. par V. Gaultherot en 1549, et trois éditions en fac-similé : Paris, 1931, précédée d'un avant-propos et suivie de notes, index et glossaire par Gustave Cohen ; New York, Johnson reprint, 1970 ; Paris, Bibliothèque de l'image, 1998. Préface de Paul-Marie Grinevald.

TSCHICHOLD (Jan), *Treasury of Alphabets and Lettering : a source book of the best letter forms of past and present for sign painters, graphic artists, commercial artists, typographers, printers, sculptors, architects and schools of art and design.* Londres, Lund Humphries, 1995, 22 cm, 236 p., ill. 1re éd. 1952 ; 2e éd. 1966.

ULLMANN (Berthold Louis), *The Origin and Development of Humanistic Script.* Rome, Edizioni di Storia e Letteratura, 1960, 25 cm, 146 p., fac-sim.

UPDIKE (Daniel Berkeley), *Printing Types : their history, forms and use. A study in survivals.* Cambridge, Harvard University Press, 1922, 2 vol. in-8°. 2e éd. 1937 et 3e éd. 1962.

VOX (Maximilien), *Nouvelle classification des caractères.* Paris, École Estienne, s.d. [1954], in-8°, 8 f.n.ch.

— *Défense et illustration de la lettre.* Illustrations de MM. Jacno, P. Robbes, Gourmelin, Josso, G. Blanchard, J. Garcia, R. Sommaruga et E. Duler. Paris, S.A. Monotype, 1955, 30,5 cm, [24] p.

ZAPF (Hermann), *Hermann Zapf and his Design Philosophy : selected articles and lectures on calligraphy and contemporary developments in type design, with illustrations and bibliographical notes, and a complete list of his typefaces.* Presented by Carl Zahn. Chicago, Society of Typographic Arts/American Center for Design, 1993, 31 cm, 254 p., ill. en noir et en coul. [Traduction : *Hermann Zapf et sa philosophie du design : quelques articles et conférences sur l'évolution contemporaine en matière d'alphabets, assortis d'illustrations, de bibliographies et de la liste complète des caractères qu'il a dessinés.*] (Contient des articles et extraits de discours écrits de 1959 à 1986, publié à l'occasion du 60e anniversaire d'Hermann Zapf.)

HISTOIRE ET TECHNIQUE DE LA TYPOGRAPHIE

ANDRÉ (Jacques), *Création de fontes en typographie numérique*. Thèse, Université de Rennes I. Rennes, IRISA/IFSIC, 1993, 24 cm, V-124 p., ill.

Art of Printed Book 1455-1955 : masterpieces of typography through five centuries from the collections of the Pierpont Morgan Library. Avec un essai de Joseph Blumenthal. New York, The Pierpont Morgan Library, 1973, 32 cm, XIV-51-192 p., ill. Rééd. en 1984.

ATKINS (Gordon), *The Classification of Printing Types*. Leicester, Apple Barrell Press, 1975, in-8°, [64 p.], ill.

AUDIN (Marius), *Histoire de l'imprimerie par l'image*. T. II : *La Lettre d'imprimerie*. Paris, Henri Jonquières, 1929, 23 cm, 105 p., tabl., 35 p. ill., pl. np.

— *Le Garamont, dit à tort « caractères de l'Université »*. Paris, Henri Jonquières, 1931, 23 cm, 15 p., ill.

— « La fonderie de lettres et les fondeurs français », *Art et métiers graphiques*, n° 35, mai 1933, p. 27-34 ; n° 37, sept. 1933, p. 45-49 et n° 40, mars 1934, p. 44-49.

AUDIN (Maurice), « Réflexions au sujet de la naissance et des transformations du signe graphique », *Gutenberg-Jahrbuch*, 1950, p. 1-15.

— *Histoire de l'imprimerie. Radioscopie d'une ère : de Gutenberg à l'informatique*. Préface de H.-J. Martin. Paris, A. et J. Picard, 1969, 4 vol. Rééd. 1972, X-480 p., 200 fig. in-t. Glossaire. Index.

AUGER (Daniel), *La Typographie.* Paris, PUF, coll. « Que sais-je ?, 1862 », 1980, 17,5 cm, 128 p.

« Avant-garde et nouvelle typographie », *Actualités des arts plastiques*, n° 66, 3e trimestre 1985, [texte et diapos].

BAIN (Erik K.), *Theory and Practice of Typographic Design*. New York, Hasting House, « Visual communication books », 1967, 25 cm, 182 p., ill. Bibliographie.

BALSAMO (Luigi) et TINTO (Alberto), *Origini del corsivo nella tipographia italiana nel cinquecento.* Milan, Edizioni Il Polifilo, « Documenti sulle arti del libro, vol. 6 », 1967, 30 cm, 185 p., ill.

BARBIER (Frédéric), *Histoire du livre.* Paris, Armand Colin, 2000, 24 cm, 304 p.

BARKER (Nicolas), « Typography and the meaning of words. The revolution in the layout of books in the XVIIIth century », dans Giles BARBER et Bernhard FABIAN (dir.), *Buch und Buchhandel in Europe im achtzehnten Jarhrhundert/The Book and the Booktrade in Eighteenth Century.* Hambourg, Ernst Hauswedell, 1981, p. 127-166.

— « The Page », *Book Collector*, vol. 50, nos 11-12, 2001, p. 309-327.

BAUDIN (Fernand), *La Typographie au tableau noir.* Paris, Retz, 1984, 22 cm, 162 p., ill.

— *L'Effet Gutenberg.* Paris, Cercle de la librairie, 1994, 31 cm, 468 p., ill.

BAUDRY (Georges) et MARANGE (Roger), *Comment on imprime.* Paris, Cercle de la librairie, 1955, 25 cm, 641 p., ill. 3e éd. revue : Paris, Dunod, 1966, 25 cm, XX-672 p., ill. ; 4e éd. : Paris, Dunod, 1971, 25 cm, XVIII-635 p., ill.

BEAUME (Joseph) et PONOT (René), *Qui a ramassé la plume d'oie ?* Paris, Dessain & Tolra, 1979, 24 cm, 336 p., ill.

BECHTEL (Guy), *Gutenberg.* Paris, Fayard, 1992, 22 cm, 697 p., ill.

BELLANTONI (Jeff) et WOOLMAN (Matt), *Typo-graphisme : la lettre et le mouvement.* Londres, Thames and Hudson, 2000, 21,5 cm, 176 p., 1 756 ill.

BERNARD (Yves), *Apprivoiser la chaîne graphique : réussir vos documents et imprimés.* Paris, Les Éditions d'organisation, 1993, 24 cm, 141 p.

BERTHELOT (Jacques), *Édition et techniques éditoriales.* Paris, Hachette Technique, coll. « Lexitec », 1992, 21 cm, 176 p.

BLACKWELL (Lewis), *Twentieth Century Type.* Londres, Calmann & King, 1992. Trad. fr. : *Typographie du XXe siècle.* Paris, Flammarion, 1994, 31 cm, 256 p., 395 ill. dont 265 en coul. Nouv. éd. augm. 2004, 28 cm, 215 p., ill.

BLANCHARD (Gérard), *Aide au choix de la typo-graphie.* Reillanne, Atelier Perrousseaux, 1998, 23 cm, 232 p., ill.

BOUVAIST (Jean-Marie), *Pratiques et métiers de l'édition.* Paris, Promodis, 1986, 24 cm, 317 p. Rééd. : Paris, Cercle de la librairie, 1991, 24 cm, 384 p., ill.

BRINGHURST (Robert), *The Elements of Typographic Style.* 2e éd. : Point Roberts (Washington), Hartley & Marks, 1996, 24 cm, 350 p., ill. Bibliographie : p. 327-334. Index. Rééd. 2004.

Cahiers GUTenberg. Rennes, (c/oIRISA) Association Gutenberg, 1988-, 30 cm, no 1 et suivants. (Revue de typographie, Cahiers Groupe francophone des utilisateurs de TEXenberg.)

CARTER (Harry Graham), *A View of Early Typography up to About 1600.* Oxford, Clarendon Press, coll. « Lyell lectures, 1968 », 1969, 23 cm, XII-137 p., [41] pl., carte. Reprinted with an introduction by James Mosley, Londres, Hyphen Press, 2002, [22]-137 p. Index, 84 ill. h.t.

CHATELAIN (Roger), *Rencontres typographiques.* Préface de Philippe Dechartre. Avant-propos de Michel Stauffer, Lausanne, Eracom-Procom, 2004, 31 cm, 338 p., ill. Bibliographie : p. 327-331.

Chose imprimée (La) : histoire, techniques, esthétique et réalisations de l'imprimé, sous la direction de François RICHAUDEAU et John DREYFUS. Paris, Retz/CEPL, coll. « Les Encyclopédies du savoir moderne », 1977, 23 cm, 641 p., ill. Rééd. mise à jour et enrichie : 1984, 23 cm, 650 p.

CLAIR (Colin), *Christopher Plantin.* Londres, Cassell and Co., 1960, 25 cm, XVI-302 p., ill., pl.

CLEARY (Ed), SIEBERT (Jürgen) et SPIEKERMANN (Erik), *Font Book.* Berlin, FontShop International, 1995.

COHEN (Monique) et MONNET (Nathalie), *Impressions de Chine.* Paris, Bibliothèque nationale, 1992, 30 cm, 176 p., ill.

CUVELIER (Fernand), *Histoire du livre des origines à la révolution de 1789.* Monaco, Éditions du Rocher, coll. « Documents », 1982, 24 cm, 303 p., pl.

DANSEREAU (Bernard), *L'Avènement de la linotype : le cas de Montréal à la fin du XIXe siècle.* Montréal, VLB, 1992, 23 cm, 154 p., fig.

De plomb, d'encre et de lumière : essai sur la typographie et la communication écrite. Paris, Imprimerie nationale, 1982, 24 × 26,5 cm, 347 p., 402 ill. (Raymond Gid, Rémy Peignot, René Ponot et Jérôme Peignot.)

Dossier A-Z 73 : Copenhague, août 1973, sous la direction de Fernand Baudin et de John Dreyfus. Andenne (Belgique), Rémy Magermans, 1973, 29,7 cm, 152 p., ill. (Publié à l'occasion du congrès de l'Association typographique internationale, Copenhague, 20-25 août 1973.)

DUPLAN (Pierre) et JAUNEAU (Roger), *Maquette mise en page.* Paris, Éditions de l'Usine nouvelle, 1973, 27 cm, 310 p., ill. Nouv. éd. revue et augmentée, avec la collaboration de Jean-Pierre Jauneau : Paris, Cercle de la librairie, 2004, 27 cm, 250 p., ill.

DUSONG (Jean-Luc) et SIEGWART (Fabienne), *Typographie : du plomb au numérique.* Paris, Dessain & Tolra, 1996, 28 cm, 191 p., ill. Nouv. éd. 2003.

Éditer une publication : guide à l'usage des administrations, par la Commission de coordination de la documentation administrative. Paris, La Documentation française, coll. « Guides et répertoires de la CCDA », 1994, 24 cm, 267 p.

ENCAUSSE (Michel), *Imprimer.* Paris, Le Groupement des métiers de l'imprimerie, 1990, 21 cm, 45 p., ill. (5, rue de Crussol, 75011 Paris.)

Encyclopédie de la chose imprimée, du papier à l'écran, sous la direction de Marc Combier et Yvette Pesez. Paris, Retz, 1999, 23 cm, 544 p., ill.

Étapes graphiques : le magazine des itinéraires graphiques et infographiques. Paris, Pyramyd NTCV, 1994-, 28 cm, n° 1 (mai-juin 1994) et suivants. (Nouvelles technologies de la communication visuelle, devient mensuel à partir de janvier 1995.)

FEBVRE (Lucien) et MARTIN (Henri-Jean), *L'Apparition du livre.* 2e éd. Avec le concours de Anne Basanoff, Henri Bernard-Maitre, Moché Catane, Marie-Roberte Guignard et Marcel Thomas. Nouv. éd. corrigée : Paris, Albin Michel, coll. « L'évolution de l'humanité, 30 », 1971, 18 cm, 544 p. Bibliographie : p. 477-510. Index. Rééd. avec postface de Frédéric Barbier, 1999. 1re éd. 1958.

FELICI (James), *Le Manuel complet de typographie*. Préface de Frank Romano. Paris, Peachpit Press, 2003, 28 cm, XXI-324 p., ill.

FINEL (Gérard) et SASSIER (Daniel), *Un livre, des hommes : de l'auteur au lecteur.* Paris, Savoir-livre (Belin, Hachette, Hatier, Magnard, Nathan), 1988, 29 cm, 80 p., ill. en noir et en coul.

FLÖHLICH (Godi) et RÜEGG (Ruedi), *Typografische Grundlagen : Handbuch für Technik und Gestaltung/Bases typographiques : manuel pour technique et conception/Basic typography : handbook of technique and design.* [Traduit par Denise Schai et M.J. Schärer-Wynne]. Zurich, ABC Verlag, 1972, 26 cm, 220 p., ill.

FOURNIER (Pierre-Simon), *Manuel de typographie, utile aux gens de lettres.* Paris, Barbou, 1764, 2 vol. in-8°. Rééd. en fac-similé avec une traduction anglaise par Harry Carter, complétée par un essai biographique de Harry Carter et une introduction générale et des notes de James Mosley. Darmstadt, Lehrdruckerei THD, 1995, 3 vol., 11 × 18 cm, XXXII-323 p., XVI f. de pl. en dépl. ; XLIV-306 p. dont 5 dépl. ; 496 p. (La traduction et l'essai d'Harry Carter avaient paru à : Londres, The Soncino Press, 1930.)

FRUTIGER (Adrian), *Type, Sign, Symbol.* Avec des contributions de Maurice Besset, Émil Ruder et Hans Schneebeli. Zurich, ABC Verlag, 1980, 15 cm, 151 p.

— *Des signes et des hommes.* Denges (Suisse), Delta et Spes, 1983, 190 × 300 mm, 240 p., ill.

GAUTIER (Damien), *Typographie : guide pratique.* Paris, Pyramyd, 1998, 36 cm, 94 p. 2e éd. revue et corrigée : *Typo-graphie : guide pratique*, Paris, Pyramyd, 2001, 36 cm, [6]-47 p., ill.

GID (Raymond), *Typographies.* Préface de Gérard Blanchard. Paris, Imprimerie nationale, 1998, 20 cm, 248 p., fig.

GILMONT (Jean-François), *Le Livre, du manuscrit à l'ère électronique : notes de bibliologie.* Liège (Belgique), CLPCF, « Bibliothèque élémentaire du bibliothécaire, 1 », 1989, 24 cm, 115 p., ill. 2e éd 1993 et 3e éd. rev. et augm., 1998, Liège, Centre d'éditions, de fournitures et d'aides pour la lecture (CEFAL), 24 cm, 154 p., ill.

GOTTSCHALL (Edward M.), *Typographic Communications Today.* Editor Aaron Burns *et al.* Cambridge (Mass.), The MIT Press ; New York, International Typeface Corporation, 1989, 37 cm, IV-249 p., ill. Bibliographie : p. 240-243. Index.

GUIGNARD (Jacques), *Gutenberg et son œuvre.* Cours magistraux de l'École Estienne. Paris, École Estienne, 1960, in-8°, 86 p., 20 pl.

HAUMONT (Jacques), *Discours sur la typographie.* Paris, impr. de l'auteur, 1952, in-12, 34 p.

Impression numérique, sous la direction de Patrice LE GRAVEREND. Paris, IDIGG, coll. « Outils du management », 1998, 22,5 × 18 cm, 90 p. (CD-Rom Mac/PC.)

LAUFER (Roger), *La Machine à écrire.* Colloque organisé par l'Institut d'étude du livre. Paris, Solin, 1982, 21 cm, 286 p.

LECHENE (Robert), *L'Imprimerie de Gutenberg à l'électron.* Préface de Julien Cain. Paris, La Farandole, 1972, 23 cm, 205 p., ill. en noir et en coul.

LECLANCHE-BOULÉ (Claude), *Le Constructivisme russe : typographies et photomontages.* Paris, Flammarion, 1991, 35 cm, 173 p., ill. en noir et en coul. Bibliographie : p. 155-157. Index. 1re éd. sous le titre : *Typographies et photomontages constructivistes en URSS.* Paris, Papyrus, 1984. Rééd. en 1986.

LEDEMÉ (Pierre), *Anthologie de la coquille d'imprimerie.* Pyla (Gironde), L'Enclos, 1989, 4 vol., 22 cm. (1. *Analyse des causes.* Préf. François Donzel, 158 p., ill. ; 2. *Répertoire et collections*, 158 p., ill.)

LEE (Hee-Jae), *La Typographie coréenne au XVe siècle.* Paris, CNRS Éditions, 1987, 24 cm, 210 p., ill.

LETOUZEY (Victor), *La Typographie.* 2e éd. mise à jour. Paris, PUF, coll. « Que sais-je ?, 1101 », 1970, 18 cm, 128 p.

LEWIS (John), *Typography : basic principles. Influences and trends since the 19th century.* Londres, Studio Books, 1963, 20 cm, 96 p., ill.

— *Anatomy of Printing : the influences of art and history on its design.* Londres, Faber and Faber, 1970. Gr. in-8°, 228 p., ill.

— *Typography : design and practice.* Londres, Barrie and Jenkins, 1978, 27 cm, 144 p., ill.

Livre et l'imprimerie en Extrême-Orient et en Asie du Sud (Le). Actes du colloque organisé à Paris du 9 au 11 mars 1983, préparés par M. Jean-Pierre DRÈGE, Mme Mitchiko ISHIGAMI-IAGLNITZER et Mme Monique COHEN. Bordeaux, Société des bibliophiles de Guyenne, 1986, 257 p., ill.

LOWRY (Martin), *The World of Aldus Manutius : business and scholarship in Renaissance Venice.* Oxford, B. Blackwell, 1979, 25 cm, 350 p., ill. Trad. fr. : *Le Monde d'Alde Manuce : imprimeurs, hommes d'affaires et intellectuels dans la Venise de la Renaissance.* Traduit par François Dupuigrenet Desroussilles et Sheila Mooney. Paris, Promodis/Cercle de la librairie, 1989, 24 cm, 355 p., ill.

Lumitype-Photon (La) : René Higonnet, Louis Moyroud et l'invention de la photocomposition moderne. Actes de colloque, Musée de l'imprimerie et de la banque, Lyon, 20 et 21 octobre 1994. Textes réunis et présentés par Allan MARSHALL. Lyon, Ville de Lyon/Musée de l'imprimerie et de la banque, 1995, 23 cm, 248 p., ill.

LUNA (Paul), *Understanding Type for Desktop Publishing.* Londres, Blueprint, 1992, 22 cm, VIII-136 p.

MACLEAN (Ruan), *Manuel of Typography.* Londres, Thames and Hudson, 1988 ; 2e éd. 1992.

MAC LUHAN (Herbert Marshall), *La Galaxie Gutenberg, la genèse de l'homme typographique.* Traduit de l'anglais [*The Gutenberg Galaxy*] par Jean Paré, Montréal, Éditions HMH, 1967, in-8° (21 cm), 432 p. Rééd. sous ce titre : Gallimard, 1977, coll. « Idées », 2 vol., 520 p. Paru également sous le titre : *La Galaxie Gutenberg face à l'ère électronique, les civilisations de l'âge oral à l'imprimerie.* Paris, Mame, 1967, 21,5 cm, 347 p. Rééd. 1972.

MARGERIE (Anne de), *J.B. Bodoni, typographe italien : 1740-1813.* Préface de Franco Maria Ricci. Paris, Jacques Damase, 1985, 21 × 22 cm, 118 p., ill. Bibliographie : p. 111-118.

MARSHALL (Alan), *Ruptures et continuités dans un changement de système technique : le remplacement du plomb par la lumière dans la composition typographique.* Rennes, IRISA, 1992, 29,7 cm, 510 p., ill. Nouv. éd. : *Du plomb à la lumière.* Préface d'Henri-Jean Martin. Paris, Maison des sciences de l'homme, 2003, 27 cm, XVI-432 p., 93 ill.

MARTIN (Gérard), *L'Imprimerie.* Paris, PUF, coll. « Que sais-je ?, 1067 », 1979, 17,5 cm, 128 p.

— *Introduction aux techniques de la communication graphique.* Paris, INIAG, 1983, 24 cm, 254 p., ill.

— *L'Imprimerie d'aujourd'hui.* Paris, Cercle de la librairie, 1992, 27 cm, 264 p., ill.

MARTIN (Henri-Jean), *La Naissance du livre moderne : mise en page et mise en texte du livre français (XIVe-XVIIe siècle).* En collaboration avec Jean-Marc Chatelain, Isabelle Diu, Aude Le Dividich et Laurent Pinon. Paris, Cercle de la librairie, 2000, 31 cm, IX-494 p., 777 ill.

MINARD (Philippe), *Typographes des lumières.* Suivi des *Anecdoctes typographiques, 1762* de Nicolas Contat. Avant-propos de Daniel Roche. Seyssel, Champ Vallon, coll. « Époques », 1989, 24 cm, 298 p., ill.

MORAN (James), *Printing Presses : history and development from the fifteenth century to modern times.* Londres, Faber and Faber, 1973, 28 cm, 263 p., 109 fig., 64 pl.

MORISON (Stanley), *Caractères de l'écriture dans la typographie, étude historique. Traduit de l'anglais* [*On Script Types*]. Paris, À l'enseigne du Pégase, 1927, in-fol., 33 cm, 52 p., 30 fig., 3 pl. (Traduit par Diane de Brouckère, d'après J. Carter, *A Handlist of the Writings of Stanley Morison.*)

— *Selected Essays on the History of Letter Forms in Manuscript and Print.* Edited by David McKitterick. Cambridge, Cambridge University Press, 1981, 2 vol., XXII-294 et XIII- (295 à 417) p., 126 pl.

— *Les Premiers Principes de la typographie.* [*First Principles of Typography.*] Traduit de l'anglais et présenté par Fernand Baudin. Sainte-Agnès, Jérôme Millon, 1989, 22 cm, 64 p. 1re éd. dans *Stanley Morison et la tradition typographique.* Exposition, Bibliothèque Albert Ier [Bruxelles], du 29 janvier au 20 février 1966. Catalogue par Fernand Baudin. Bruxelles, 1966, 25 cm, 91 p., ill.

Mots en liberté, futuristes (Les). Édité par Gérard-Georges Lemaire. Paris, Jacques Damase ; Lausanne, L'Âge d'homme, 1987, 22 cm, 95 p., 120 ill.

MOURON (Henri), *A.M. Cassandre : affiches, arts graphiques, théâtre.* Genève, Skira, 1985, 27 cm, 319 p.

Mouvement de l'espace typographique (Le) : années 1920-1930. Paris, Jacques Damase, 1989, 29,7 cm, 124 p., 100 ill.

MÜLLER-BROCKMANN (Joseph), *Grid Systems In Graphic Design/Raster Systeme für die visuelle Gestaltung.* Stuttgart, F. Hatje ; Heiden (Suisse), Arthur Niggli, 1981. 3e éd. revue, 1988, 31 cm, 176 p., ill.

NAKOV (Andréi B.), *Russian Pioneers : at the origins of non-objective art* [Précurseurs russes : aux sources de l'art non objectif]. Londres, Annely Juda Fine Art, mai-septembre 1976, 24 × 18 cm, 95 p., ill.

PAILLARD (Jean), *Claude Garamont, graveur et fondeur de lettres : étude historique.* Paris, 1914, 24 cm, 46 p., ill. Réimpr. : La Courneuve, OFMI Garamont, mai 1969.

PAPUT (Christian), *Vocabulaire des arts graphiques, de la communication, de la PAO, etc.* Wissous, TVSO, 1998, 21 cm, 288 p.

PEIGNOT (Jérôme), *De l'écriture à la typographie.* Paris, Gallimard, coll. « Idées, 126 », 1967, 18 cm, 245 p.

— *Pierre Leroux, inventeur du socialisme.* Paris, Klincksieck, 1988, 21 cm, 246 p. Bibliographie : p. 241-246.

— *Petit traité de la vignette : elle contribue à l'ivresse de la lecture.* Paris, Imprimerie nationale, 2000, 160 × 220 mm, 168 p.

PERROUSSEAUX (Yves), *Mise en page et impression : notions élémentaires.* Préface de François Richaudeau. Reillanne, Atelier Perrousseaux, 1996, 23 cm, 160 p., ill.

Pierre Faucheux, le magicien du livre : propos, textes et témoignages recueillis par Marie-Christine Marquat. Préface de François Caradec. Paris, Cercle de la librairie, 1995, 31 cm, 271 p., ill.

POHLEN (Joep) et SETOLA (Geert), *La Fontaine aux lettres.* Roermond (Pays-Bas), Éditions Fontana, 1994, 25 cm, 384 p., ill.

RATHAUX (Bernard), *Histoire des inventions et techniques du livre.* Mennecy, Ediru, coll. « Usage et procédés de l'édition », 1983, 22 cm, 126 p.

RICHAUDEAU (François), *Manuel de typographie et de mise en page.* Paris, Retz, 1989, 19 cm, 174 p., ill. Bibliographie : p. 169-170. Index. Rééd. 1993.

ROOSES (Max), *Christophe Plantin, imprimeur anversois.* 2e éd. Anvers, J. Maes, 1896, in-folio, 416 p., fig., pl. et portr.

RUDER (Emil), *Typographie : ein Gestaltungslehrbuch/Typography : a manuel of design/Typographie* : *un manuel de création.* Teufen, Arthur Niggli, 1967, 24 cm, 273 p., ill. Rééd. 1982 ; 1996 ; 2001 : Préface d'Adrian Frutiger. Reproduction de l'édition de 1967, 274 p., 500 ill.

RYCHNER (Jacques), *Genève et ses typographes vus de Neuchâtel, 1770-1780.* Genève, Christian Braillard, 1984, 22 cm, 220 p., ill.

SCHMIDT-FRIDERICHS (Bertram), *Typographie, par Fournier le jeune, 1712-1760.* Paris, Jacques Damase, coll. « Parade », 1991, 13 cm, XCII p., ill.

SIROST (Jean-Claude), *L'Offset : principes, technologies, pratiques*. Préface de Pierre Durchon, directeur technique à la Fédération de l'imprimerie et de la communication graphique. Paris, Dunod, 1994, 24 cm, 208 p., fig.

SPIEKERMANN (Erik) et GINGER (E.M.), *Stop Stealing Sheep & Find out How Type Works.* Mountain View, Adobe Press, 1993, 22 cm, 174 p., ill. Rééd. : San José, Adobe ; Hemel Hempstead, Prentice Hall, 2000, 200 p.

STROMER (Wolfgang von), *Le Mystère Gutenberg : de Tourfan à Karstein. Les origines chinoises de l'imprimerie.* Édité par Dirk Reitz. Traduit de l'allemand par Brigitte Schröter. Genève, Slatkine, 2000, 28 cm, 115 p., ill.

Technologies de l'imprimerie. Paris, Imaye Graphic/Techno-Nathan, 1989, 24 cm, 74 p., photos, schémas, tabl.

Terminologie des industries et arts graphiques/Graphic Arts Dictionnary/ Fachwörterbuch der grapfischen Industrie. Lausanne, Édition Tra & Doc, 1993, 29,7 cm, 400 p.

Trois Révolutions du livre (Les) : actes du colloque international de Lyon-Villeurbanne, 1998, réunis sous la direction de Frédéric BARBIER. Numéro spécial de la *Revue française d'histoire du livre*, nos 106-109, nouvelle série, 2000. Genève, Droz, 2001, 24 cm, 343 p., ill.

Trois Révolutions du livre (Les) : catalogue de l'exposition du Musée des arts et métiers, 8 octobre 2002-5 janvier 2003, sous la direction de Alain MERCIER. (Avec des études de Françoise Demange... *et al.* [trad. de Jean-Léon

Muller].) Paris, Imprimerie nationale, Musée des arts et métiers, 2002, 28 cm, 511 p., ill.

TSCHICHOLD (Jan), *Livre et typographie : essais choisis*. Traduit de l'allemand par Nicole Casanova. Postface de Muriel Paris. Paris, Allia, 1994, 22 cm, 248 p.

Typographic Opportunities in the Computer Age. Papers of the 11th Congress of the Association typographique internationale (AtypI), Prague, june 1969. Edited by John DREYFUS et René MURAT. Prague, Typographia, 1970, 20 cm, 75 p.

VEYRIN-FORRER (Jeanne), *La Lettre et le Texte : trente années de recherches sur l'histoire du livre*. Paris, École normale supérieure de jeunes filles, « Collection de l'École normale supérieure de jeunes filles, n° 34 », 1987, 24 cm, XXX-486 p., ill.

CALLIGRAPHIE

ANDERSON (Donald M.), *The Art of Written Forms : the theory and practice of calligraphy*. New York/Chicago/San Francisco, Holt/Rinehart and Winston, 1969, 27 cm, IX-358 p., ill. Nouv éd. rev. sous le titre : *Calligraphy : the art of written forms*. New York, Dover Publications, 1992.

AZIZA (Mohamed), *La Calligraphie arabe*. Préface de René Étiemble. Tunis, Société tunisienne de diffusion, coll. « Esthétique et civilisation », 1973, 29 cm, 141 p., ill.

BARTHES (Roland), *Carte, segni*. A cura di Carmine Benincasa. Milan, Electa, 1981, 24 cm, 191 p., ill.

BICKHAM (George), *The Universal Penman, engraved by George Bickham, London, 1743*. With an introductory essay by Philip Hofer. New York, Dover Publications, 1968, 35 cm, 212 p. 1re éd. : Londres, 1743.

BILLETER (Jean-François), *L'Art chinois de l'écriture : essai sur la calligraphie*. Genève, Schira, 1989, 28 cm, 319 p., ill. en noir et en coul. Rééd. : Genève/Milan, Skira ; Paris, Le Seuil, 2001, 29 cm, 324 p., ill.

BONACINI (Claudio), *Bibliografia delle arti scrittorie e della calligrafia*. Florence, Sansoni Antiquariato, « Biblioteca bibliografica italica, 5 », 1953, 25 cm, 409 p., fig., fac-sim.

Calligraphie. Gérard Blanchard, Roger Druet, Martin Dufour, Raymond Gid, Jean-Claude Lamborot, Jacques Leroux, Claude Médiavilla, Ladislas Mandel, Henri de Montrond, Michel Otthofer, Nicolas de Saint-Agathe, Odette Vérat et Rémy Magermans. Andenne (Belgique), Rémy Magermans/Compagnons de Lure, coll. « Cahiers de Lure », 1984, 29,7 cm, 223 p., ill.

Calligraphie islamique en Turquie depuis le XIIe siècle (La). Paris, Jacques Damase, 1971, 21 cm, 126 p., ill.

CHILD (Heather), *Calligraphy today : 20th century tradition and practice*. New York, A. & C. Black, 1963, 28 cm, 126 p., ill. Rééd. 1976 et 1988.

DAMASE (Jacques), *La Calligraphie islamique en Turquie depuis le 12e siècle.* Paris, Jacques Damase, 1976, 30 cm, 122 p., ill.

DEVIGNE (Roger), « Du trait de plume dans l'ornementation typographique », *Arts et métiers graphiques*, nº 2, 1927, p. 98-100.

ÉTIEMBLE (René), « Calligraphie orientale et calligraphie occidentale », *Art de France*, nº 2, 1962, ill.

FAIRBANK (Alfred John), *Calligraphy and Palaeography : essays presented to Alfred Fairbank on his 70th birthday.* Edited by A.S. Osley. [With a portrait.] Londres, Faber and Faber, 1965, 26 cm, XXIII-286 p., 68 ill. et 48 pl. (Regroupe 27 essais dont « The origins of the italic type », par A.S. Osley ; « Non-arbitrary proportions of page and type area », par Jan Tschichold ; « Expressionist lettering », par Nicolete Gray et « How the Italic hand came to New York », par Paul Standard.)

— *The Story of Handwriting : origins and development.* Londres, Faber and Faber, 1970, 22 cm, 108 p., ill., pl. en noir et en coul. Bibliographie : p. 102-103. Index.

GAUR (Albertine), *A History of Calligraphy.* Londres, British Library, 1994, 27 cm, 232 p., ill. Bibliographie : p. 224-227. Index.

Handwriting Everyone's Art. Edited by Timothy WILCOX and Ewan CLAYTON. Dichting (Sussex), Dichting Museum, 1999, 64 p., 71 ill.

International Calligraphy Today. Presented by Hermann Zapf, Philipp Grushking and Jeanyee Wong. Londres, Thames and Hudson, 1982, 29 cm, 192 p., ill

JESSEN (Peter), *Masterpieces of Calligraphy, 261 examples, 1500-1800.* New York, Dover Publications, 1981, 29 cm, XI-[200] p., ill. en noir et en coul.

JOHNSON (Alfred Forbes), *Three Classics of Italian Calligraphy : Arrighi, Tagliente and Palatino.* [With a bibliography by Alfred F. Johnson.] New York, Dover Publications, 1953, in-8°, X-272 p. (*La operine* et *Il modo de temporare*, par Ludovico Degli Arrighi ; *La presente libro insegna*, par Giovanio Antonio Tagliente et *Libro nuovo*, par Giovanni Battista Palatino.)

KHATIBI (Abdelkébir), *L'Art calligraphique arabe ou Célébration de l'invisible.* En collaboration avec Mohamed SIJELMASSI. Paris, Éditions du Chêne, coll. « Art ancien », 1976, 31 cm, 255 p., ill. en noir et en coul. Bibliographie.

LEGEZA (Laszlo), *Magie du tao : le langage secret des diagrammes et de la calligraphie.* Paris, Éditions du Chêne, 1976, 30 cm, 128 p., ill.

LOREAU (Max), *Dotremont : logogrammes.* Paris, Georges Fall, 1975, 21 cm, 83 p., ill.

MASSOUDY (Hassam), *Calligraphie arabe vivante* [traduction de : *Khatt al-Arabi*]. Avec la collaboration de Isabelle NITZER. Paris, Flammarion, 1981, 33 cm, 191 p., ill. en noir et en coul. Nouvelle éd. revue et modifiée par l'auteur : Paris, Flammarion, 1999, 32 cm, 159 p., ill.

MÉDIAVILLA (Claude), *Calligraphie.* Préfaces de Pierre Restany et Gérard Xuriguera. Paris, Imprimerie nationale, 1993, 33 cm, 336 p., 380 ill. en noir et en coul.

MÉTOUI (Lassaâd), *Calligraphie arabe : dans le sillon du calame.* Préface de Jack Lang. Paris, L'Harmattan, 1998, 30 cm, 160 p., ill.

MORISON (Stanley), *Calligraphy 1535-1885. A collection of seventy-two writing-books and specimens from the Italian, French, Low Countries and Spanish schools. Catalogued and described with upwards of 210 illustrations and an introduction by Stanley Morison.* Avant-propos de Carla C. Marzoli. Milan, La Bibliophila, 1962, in-4°, 175 p., fig.

NAEF (Silvia), *L'Art de l'écriture arabe : passé et présent.* Avec en annexe un manuscrit coranique attribué au calife Utmân. Genève/Paris, Slatkine, coll. « Arabiyya », 1992, 24 cm, 72 p., ill.

NOAD (Timothy), *La Calligraphie : l'art de la belle écriture.* Traduit par Gisèle Pierson. Paris, Solar, 1998, 29 cm, 104 p., ill. en noir et en coul.

PAILLASSON (Charles), « L'art de l'écriture », dans *L'Encyclopédie de Diderot et d'Alembert.* Rééd. : Paris, Les Libraires associés, 1964, in-16 oblong (13 × 19), VI-138 p., ill. ; Paris, Henry Veyrier, 1965 ; Paris, Bibliothèque de l'image, 1994.

— *Abrégé des Principes de Lettres Mineures, Majeures & Capitales, qui composent les Alphabets qui sont en usage en France, par M. Paillasson, Expert-Écrivain-Juré-Vérificateur, & ancien Professeur de l'Académie Royale d'Écriture.* Suivi de *Notice historique Sur les Hommes célèbres de toutes les Nations de l'Europe, qui, depuis la renaissance des Sciences et des Arts, se sont distingués dans la configuration des Caractères qui composent les diverses Écritures, & qui ont donné au Public des principes & des pièces sur cet Art.* [Par M. PAILLASSON.] Préface de Paul-Marie Grinevald. Wissous, TVSO éditions. (À paraître.)

PEIGNOT (Jérôme), *Du trait de plume aux contre-écritures.* Paris, Jacques Damase, 1983, 30 cm, 176 p., ill. (Titre de couverture : *Calligraphie.*)

OGG (Oscar), *The 26 Letters.* New York, Crowell Co., 1948, 25 cm, 254 p., ill. Rééd. revue : Crowell Co., 1971 et New York/Londres, Van Nostrand Reinhold, 1983, 23 cm, VII-294 p., ill.

SAFADI (Yasim Hamid), *Calligraphie islamique.* Paris, Éditions du Chêne, 1978, 28 cm, 144 p., ill.

SCHWANDNER (Johann Georg), *Calligraphy, Calligraphia latina.* [*Dissertatio epistolaris de calligraphiae nomenclatione. English & latin.*] Vienne, 1756. Réimpr. : New York, Dover Publications, 1958, 34 cm, 14 p., fac-sim.

STRIBLEY (Miriam), *The Calligraphy Source Book.* Londres, Quarto Publishing, 1986. Trad. fr. : *La Calligraphie.* Paris, Dessain & Tolra, 1986, 24 cm, 160 p., ill. en noir et en coul.

Universal Penman (The) : a survey of western calligraphy from the roman period to 1980, by Joyce Irene WHALLEY and Vera KADEN. Londres, Victoria and Albert Museum, 1980. (Catalogue exposition.)

TAWHÎHI (Ali), *Épître sur la calligraphie.* Damas, 1951.

WEITZMANN (Kurt), *Late Antique-Early Christian Painting.* New York, Georges Braziller, 1977, 28 cm, 127 p., ill. Trad. fr. : *Manuscrits gréco-romains et paléo-chrétiens.* Traduit par Michel Courtois. Paris, Éditions du Chêne, 1977, 28 cm, 127 p., dont 48 ill.

YANG YU-HSUN, *La Calligraphie chinoise depuis les Han, avec 32 planches et un index chinois*. Paris, Librairie orientaliste Paul Geuthner, 1937, in-4°, 182-XIV p., ill. 1re éd. 1933. (Thèse pour le doctorat d'université, Université de Paris. Faculté des lettres.)

ZAYN DÎNE AÂJI, *Atlas de calligraphie arabe*. Bagdad, 1968.

ZENKER (Shinta S.), *La Découverte de la calligraphie latine*. Paris, Dessain & Tolra, coll. « Les initiations », 2003, 30 cm, 63 p., ill. Glossaire.

CALLIGRAMME ET POÉSIE VISUELLE

ADLER (Jeremy) et ERNST (Ulrich), *Textes als Figur : visuelle Poesie von der Antike bis zur Moderne.* [Ausstellung, Zeughaus der Herzog August Bibliothek, Wolfenbüttel, vom 1. Sept. 1987 bis 23. Mai 1988, Wissenschaftszentrum in Bonn vom 21. Juni bis 28. August 1988.] New York, Acta humanonia ; Weinnheim, VCH, 1987, 26 cm, 336 p., ill. (Exposition. 1987. Wolfenbüttel. Herzog August Bilbliothek, Zeughaus.)

APOLLINAIRE (Guillaume), *L'Esprit nouveau et les poètes.* Conférence au Vieux Colombier, 25 novembre 1817. Paris, impr. de J. Haumont, 1946, 18,5 cm, VII-31 p. Rééd. : Paris, Altamira, 1994. (Extrait du *Mercure de France*, 1er décembre 1918.)

— *Calligrammes*. Préface de Michel Butor. Paris, Gallimard, coll. « Poésies », 1966, 17 cm, 191 p., ill. 1re éd. 1918. Nombreuses éditions, dont Paris, Imprimerie nationale, 1991.

BASSY (Alain-Marie), « Forme littéraire et forme graphique : les schématogrammes d'Apollinaire », *Scolies*, nos 3-4, 1974, p. 161-208.

BELLEGUIE (André), *Le Mouvement de l'espace typographique : Werkman, Zwart, Strzeminski, Eggeling, Schuitema, Berlewi*. Paris, Jacques Damase, coll. « Les grandes familles typographiques », 1984, 22 cm, 120 p., ill.

COLONNA (Francesco), *Le Songe de Poliphile*. Paris, Imprimerie nationale, coll. « La Salamandre », 1994, 25 cm, 560 p., ill. 1re éd. : Venise, Alde Manuce, 1499. 1re éd. fr. : Paris, Kerver, 1524.

DAMASE (Jacques), *Révolution typographique depuis Stéphane Mallarmé.* Genève, Galerie Motte, 1966, 27 cm, XXVII-130 p., ill.

DOTREMONT (Christian), *Logbook.* Paris, Yves Rivière, 1974, 30 cm, 218 p., ill.

DUCHESNE (Alain) et LEGUAY (Thierry), *Petite fabrique de littérature*. T. II : *Lettres en folie : dictionnaire de jeux avec les mots*. Paris, Magnard, coll. « Textes et contextes. Périphériques », 1988, 25 cm, 287 p., ill. Rééd. 1990.

FAUCONNET (René), *Robot Fauconnet a écrit un conte satirique, c'est RF. 22.301*. Dole-du-Jura, chez l'auteur, [L'oiseau-livre] (Manosque, impr. A. Rico), 1961, 17 cm, 103 p., ill.

FINCH (Christopher), *Image as Language : aspects of British art, 1950-1968*. Harmondsworth (Midx), Penguin Books, coll. « Pelican original », 1969, 18 cm, 186 p., 71 p. de pl.

FOUCAULT (Michel), *Ceci n'est pas une pipe*. Deux lettres et quatre dessins de René Magritte. Saint-Clément-la-Rivière, Fata Morgana, coll. « Scholies », 1977, 20 cm, 91 p., ill. Rééd. en 1986. 1re éd. : Paris, Gallimard, coll. « Cahiers du chemin », 1968.

GARNIER (Pierre), *Spatialisme et poésie concrète*. Paris, Gallimard, 1968, 20 cm, 202 p., fig.

GROSS (Ronald) et QUASHA (George), *Open Poetry : four anthologies of expanded poems*. Edited by Ronald Gross & George Quasha, with Emmett Williams, John Robert Colombo & Walter Lowenfels. New York, Simon and Schuster, 1973, 23 cm, XIX-614 p.

GUÉGAN (Bertrand), « Les vers figurés dans l'Antiquité et au Moyen Âge », et « Vers figurés et calligrammes », *Arts et métiers graphiques*, n° 32, 1932, p. 27-42.

HUIDOBRO (Vicente), *Altazor : manifestes*. Transformations, bio-bibliographies par Gérard de Cortanze. Préface de Saúl Yurkiévich. Paris, Champ Libre, coll. « Projectoires », 1976, 25 cm, 331 p., fac-sim. 1re éd. 1918.

KHATIBI (Abdelkefir), *La Blessure du nom propre*. Paris, Lettres nouvelles/ Denoël, coll. « Dossiers des Lettres nouvelles », 1974, 23 cm, 246 p., ill. Rééd. 1986.

KLONSKY (Milton), ed., *Speaking Pictures : a gallery of pictorial poetry from the sixteenth century to the present*. New York, Harmony Books, 1977, 22 cm, XVI-533 p., ill.

LAPACHERIE (Jean Gérard), « Écriture et lecture du calligramme », *Poétique*, n° 50, avril 1982, p. 194-206.

LASCAULT (Gilbert), « Lettres figurées, alphabet fou », *Critique*, n° 285, février 1971, p. 160-174.

LEIRIS (Michel), *Mots sans mémoire*. Paris, Gallimard, 1969, 21 cm, 153 p., ill.

LEREBOULET (Anne-Marie), *Les Calligrammes dans l'expression littéraire*. Mémoire de diplôme d'études supérieures rédigé sous la direction du Pr Étiemble. Institut de littératures modernes comparées de la faculté des lettres de l'Université de Paris, 1966-1967.

Lettering by Modern Artists. New York, The Museum of Modern Art, 1964, 20 cm, 35 p., ill. (Catalogue.)

MAUR (Raban), *De laudibus Sanctae Crucis/Louange à la Sainte Croix*. Traduit par Michel Perrin. Paris, Berg international ; Amiens, Éditions Trois Cailloux, Maison de la culture, coll. « L'Image et le mot », 1988, 30 cm, 245 p., ill. 1re éd. 1503. (BM Amiens, ms 223.)

MILLÁN (Fernando) et GARCÍA SÁNCHEZ (Jesús), *La escritura en libertad : antología de poesía experimental*. Madrid, Alianza, coll. « Alianza tres », 1975, 20 cm, 331 p., fig.

PEIGNOT (Jérôme), « Quand le bœuf de l'écriture/boustrophédon redevient sauvage », *Opus*, nos 40-41, 1973, p. 70-79.

— *Du calligramme*. Paris, Éditions du Chêne, coll. « Dossiers graphiques du Chêne », 1978, 30 cm, 128 p., ill.

— *Typoésie*. Paris, Imprimerie nationale, 1993, 160 × 220 mm, 464 p. (Anthologie de poésies typographiques. 380 poèmes agrémentés de citations.)

— *Toutes les pommes se croquent : divertissement typoétique en cinq actes*. Paris, Éditions des Cendres, 1996, 17 cm, 217 p., ill.

— *Typoèmes : poésie visuelle*. Paris, Le Seuil, 2004, 12,5 × 18,5 cm, 256 p., ill.

Poésie de la Beat generation (La). Textes traduits de l'américain par Jean-Jacques Lebel. Préface d'Alain Jouffroy. Paris, Denoël, 1965, 20 cm, 190 p.

Poètes baroques allemands, traduits et présentés par Marc Petit. Paris, François Maspéro, coll. « Action poétique », 1977, 22 cm, 223 p., fac-sim. (Texte allemand et traduction française en regard pour la plupart des poèmes.)

RAILING (Patricia), *More About Two Squares*. Forest Row (Sussex), Artists Bookworks, 1990, 28 cm, 52 p., ill. (Supplément de *About 2*.)
➤ Sur El Lissitzky.

ROUDAUT (Jean), « L'espace sacré », dans *Apollinaire*. Paris, Garnier, 1971.

VILMORIN (Louise de), *L'Opéra de l'odorat*. Préface de Colette. Poèmes et calligrammes de Louise de Vilmorin, aquarelles de Guillaume Gillet. S.l., Aljanvic, 1949, 28 cm, 80 p., ill.

— *L'Alphabet des aveux, illustré par Jean Hugo*. 1re éd. Paris, Gallimard/NRF, 1954, in-16, 173 p., ill. Nouv. éd. augm. de onze dessins inédits : [Paris], Le Promeneur, 2004, 22 cm, 184 p., ill.

ZUMTHOR (Paul), *Langue, texte, énigme*. Paris, Le Seuil, coll. « Poétique », 1975, 21 cm, 266 p. Rééd. en 1990. (Recueil de textes remaniés, extraits de diverses revues et publications, 1958-1974.)

— « Carmina Figurata : une mode carolingienne », *Change*, nº 4, 1969, p. 148-159, ill.

INDEX

DES NOMS PROPRES, DES LANGUES ET ÉCRITURES

Le présent index recense, en caractères majuscules, les noms de personnes (incluant les personnages mythologiques) ; en caractères minuscules, les noms de lieux, de peuples et tribus, d'écritures, de langues et parlers.

Certains d'entre ces noms ont une orthographe qui a évolué ou qui accepte des variantes, ainsi n'avons-nous pas corrigé le texte, sauf dans de rares cas précis (par exemple : La Mekke corrigée en La Mecque, Taïti corrigé en Tahiti) : quand un même nom a été diversement orthographié dans les textes du présent volume, toutes ses formes ont été retenues et un système de renvois permet de retrouver toujours l'entrée principale.

Les numéros de page en caractères gras signalent les parties consacrées plus particulièrement au thème.

Les astérisques devant certains noms indiquent que ceux-ci ont fait l'objet d'un article dans le Répertoire des thèmes et des grands noms des dynasties de l'écriture et de la typographie, *supra*, p. 1045.

A

B

C

D

E

F

G

I

J

K

L

N

O

P

Q

R

S

T

U

V

TABLE DES MATIÈRES

HISTOIRE DE L'ÉCRITURE

LA GRANDE INVENTION DE L'ÉCRITURE ET SON ÉVOLUTION

par MARCEL COHEN

PROLOGUE

Avant l'invention de l'écriture

PREMIÈRE PARTIE

Les stades de l'invention : de l'histoire sans paroles à la lettre

DEUXIÈME PARTIE

Les évolutions de l'écriture alphabétique

ÉPILOGUE

L'écriture et d'autres inventions

RÉSUMÉ PERSPECTIVE

(Chapitre XV)

RÉSUMÉ SYSTÉMATIQUE

(Chapitre XVI)

L'ÉCRITURE ET LA PSYCHOLOGIE DES PEUPLES

avec la collaboration de
Marcel Cohen • Jean Sainte Fare Garnot
et
Raymond Bloch • Alphonse Dain • James Février • Jean Filliozat • Jacques Gernet • René Labat • Emmanuel Laroche • Henri Lévy-Bruhl • Robert Marichal • Henri-Jean Martin • Olivier Masson • Alfred Métraux • Maxime Rodinson • Janine Sourdel-Thomine • André Vaillant

L'ART DE L'ÉCRITURE

CALLIGRAPHIE

Du trait de plume aux contre-écritures

par Jérôme Peignot

ÉCRITURES

par Charles Paillasson

DU CALLIGRAMME

par Jérôme Peignot

DE L'ÉCRITURE À LA TYPOGRAPHIE

par Jérôme Peignot

ANNEXES

BIBLIOGRAPHIE

par Paul-Marie Grinevald et Jérôme Peignot

INDEX

DES MÊMES AUTEURS

Marcel Cohen

Cérémonies et croyances abyssines, E. Leroux, 1912.
Le Parler arabe des Juifs d'Alger, Honoré Champion, « Collection linguistique, 4 », 1912.
Le Système verbal sémitique et l'expression du temps, Imprimerie nationale, « Publications de l'École des langues orientales vivantes, V^e série, vol. XI », 1923.
Couplets amhariques du Choa : thèse complémentaire, Imprimerie nationale, 1924.
Les Langues du monde (en coll. avec Antoine Meillet), Champion, « Collection linguistique, 16 », 1924. Nouv. éd. : CNRS, 1952.
Instructions d'enquête linguistique : instructions pour les voyageurs, Institut d'ethnologie, 1928.
« Observation sur les dernières persistances du langage enfantin », *Journal de psychologie normale et pathologique*, 30e année, n°s 1-4, 1933, p. 390-399.
Traité de langue amharique (Abyssinie), Institut d'ethnologie, « Travaux et mémoires de l'Institut d'ethnologie, 24 », 1936 ; 3e éd., avec une postface de Joseph Tubiana, 1995.
Histoire d'une langue, le français : des lointaines origines à nos jours, Éditions sociales, 1950 ; 4e éd. revue et mise à jour : 1973.
Pour une sociologie du langage, Albin Michel, « Sciences d'aujourd'hui », 1956. Nouv. éd. : *Matériaux pour une sociologie du langage*…, F. Maspero, « Petite collection Maspero, 83-84 », 1971, 2 vol.
La Grande Invention de l'écriture et son évolution, C. Klincksieck (Imprimerie nationale), 1958, 2 vol.
Nouveaux regards sur la langue française, Éditions sociales, 1963.
Grammaire française en quelques pages, SEDES, 1965.
Encore des regards sur la langue française, Éditions sociales, 1966.
Essai comparatif sur le vocabulaire et la phonétique du chamito-sémitique, Champion, « Bibliothèque de l'École des hautes études, IVe section, Sciences historiques et philologiques, 291 », 1969.
Toujours des regards sur la langue française, Éditions sociales, 1970.
Le Français de tous [textes choisis et présentés], Centre d'études et de recherches marxistes, « Les Cahiers du Centre d'études et de recherches marxistes, 59 », 1971.
Une fois de plus des regards sur la langue française, Éditions sociales, 1972.

Jérôme Peignot

Jérômiades, Le Seuil, 3 vol. : 1. *Jérômiades*, suivi de *Traité de la grande myopie*, 1957 ; 2. *Constance, roman*, 1959 ; 3. *L'Or des fous, roman*, 1962 (prix Sainte-Beuve).

Grandeur et misères d'un employé de bureau, Gallimard, 1965.
L'amour a ses princes, Gallimard, 1967.
De l'écriture à la typographie, Gallimard, « Idées », 1967.
Le Chiffre (en coll. avec Georges Adamoff), P. Tisné, 1969.
La Tour, Christian Bourgois, 1971.
Ma mère diagonale, in *Écrits de Laure*, Pauvert, 1971.
Les Gens du monde au pouvoir : (la Vᵉ République et la culture), E. Losfeld, « L'Extricable, 3 », 1972.
Les Jeux de l'amour et du langage, UGE, « 10/18 », 1974.
Le Pense-bêtes, texte sur des insectes de Colette Portal, Grasset-Fasquelle, « Album trois pommes pour les enfants hauts comme trois pommes », 1974.
Au pied de la lettre, déductions imagées de Jérôme Peignot ; poèmes graphiques de Robert Constantin, J.P. Delarge, 1976. Rééd. : Des lires, 2003.
Du calligramme, Chêne, « Dossiers graphiques du Chêne », 1978.
Journal rétrospectif, J.-M. Laffont, « Poésie, le grand écart », 1979.
Le Petit Gobe-mouches, Christian Bourgois, 1979.
Du chiffre, rééd. augm., Jacques Damase, 1982.
De la calligraphie latine : [thèse soutenue sur un ensemble de travaux], thèse d'histoire de l'art, Paris I, 1983.
Du trait de plume aux contre-écritures..., Jacques Damase, 1983 (titre de couverture : *Calligraphie*).
Lisible, illisible, BPI, 1985.
Puzzle, L'Âge d'homme, « Contemporains », 1986.
Pierre Leroux, inventeur du socialisme, Klincksieck, 1988.
Moïse ou la Preuve par l'alphabet de l'existence de YHWH, Jérôme Millon, 1988.
Affiches : Air France, 1933-1983, Hazan, 1988.
Un printemps à Pékin ou le Triangle botanique : récit, M. Sell-Calmann-Lévy, « Petite bibliothèque européenne du XXᵉ siècle », 1993.
Typoésie [éd. par], Imprimerie nationale, 1993.
Puzzle II, préface de Bernard Noël, Talus d'approche, 1996.
Toutes les pommes se croquent : divertissement typoétique en cinq actes, Cendres, 1996.
Le Petit Peignot : dictionnaire de mots-images, Cendres, 1996.
Une rupture, 1934 : correspondances croisées de Laure (Colette Peignot) avec Boris Souvarine, sa famille, Georges Bataille, Pierre et Jenny Pascal, Simone Weil ; augm. d'une correspondance inédite de Michel Leiris, texte établi par Jérôme Peignot et Anne Roche, préface d'Anne Roche, repères biographiques par Jérôme Peignot, Cendres, 1999.
Petit traité de la vignette : elle contribue à l'ivresse de la lecture, Imprimerie nationale, 2000.
Je vous donne de mes nouvelles, Cendres, 2001.
Texte-Image (en coll. avec Marcel Bénabou et Jacques Jouet), *Formules*, nº 7, 2003.
Typoèmes, poésie visuelle, Le Seuil, 2004.
Broyer du bleu, Rocher (à paraître fin 2005).

Achevé d'imprimer en août 2005
dans les ateliers de Normandie Roto Impression s.a.s.
61250 Lonrai
N° d'impression : 05-2105

Composé par Nord Compo
à Villeneuve-d'Ascq

Imprimé en France